Inhaltsverzeichnis

Zur Arbeit mit dem *Kursbuch Geschichte*

Themeneinführungen

Diese vier Seiten führen Sie übergreifend in die historischen **Zusammenhänge und Strukturen** der Themenfelder ein.

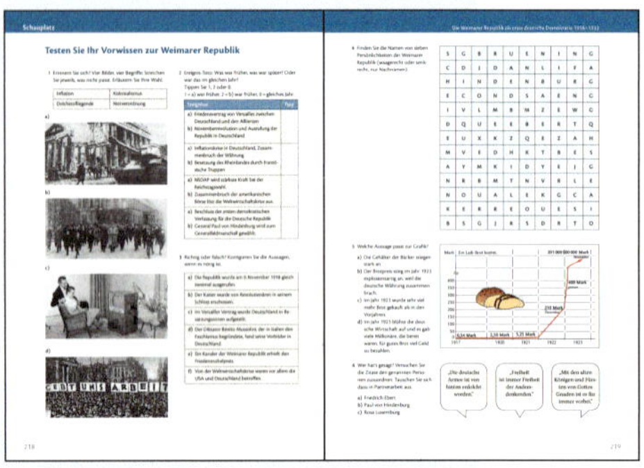

Vorwissen aktivieren

Auf den **Schauplatz-Seiten** finden Sie spielerische Aufgaben und Quizformate zum nachfolgenden Kapitel.

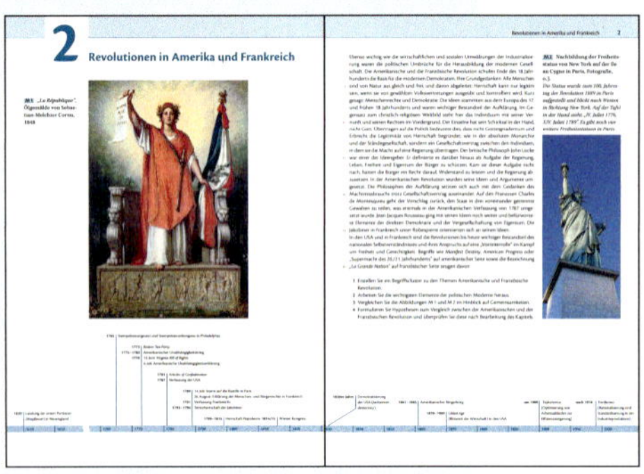

Orientieren und eigene Fragen stellen

Auf der **Auftaktseite** eines Kapitels bieten Ihnen großformatige Bilder und ein Text erste Gesprächsanlässe. Der Zeitstrahl gibt eine zeitliche Orientierung. Arbeitsaufträge regen zu Hypothesen und Fragen an.

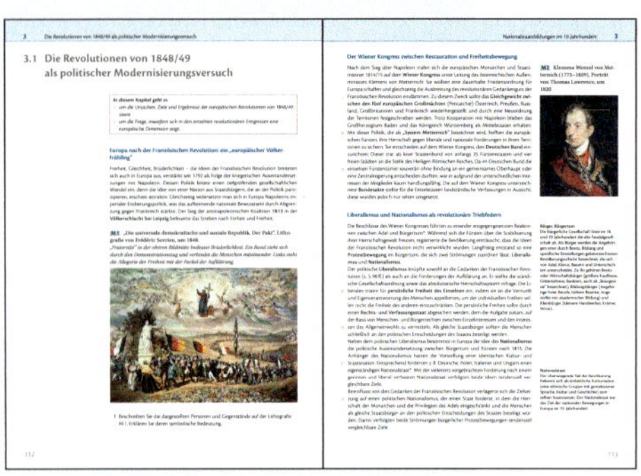

Themen untersuchen

Die Kapitelinhalte sind in **Themeneinheiten** gegliedert. Am Beginn orientiert ein Kasten über die Inhalte. Die **Darstellung** bereitet die Fachinhalte mit texterschließenden Aufgaben auf. In der Randspalte finden Sie Personenporträts, Erläuterungen, Verweise auf den **Materialteil** und Webcodes. Der Materialteil bietet Ihnen Text- und Bildquellen, Sekundärtexte, Karten, Grafiken, Statistiken und Webcodes. Ein Hinweiskasten und die Aufgaben ermöglichen eigenständiges Arbeiten mit kreativen und kooperativen Aufgabenformaten, Wahlaufgaben, Stationenlernen, **Tipps** zur Aufgabenbearbeitung, **Zusatzaufgaben** für Interessierte sowie **Vertiefungsangeboten** für den fünfstündigen Kurs.

Methodisch arbeiten

Auf den **Methodenseiten** können Sie an Beispielen passend zum Kapitel Ihre fachmethodischen Kompetenzen trainieren. Systematische Arbeitsschritte leiten Sie dabei an. Lösungshilfen finden Sie direkt im Anschluss.

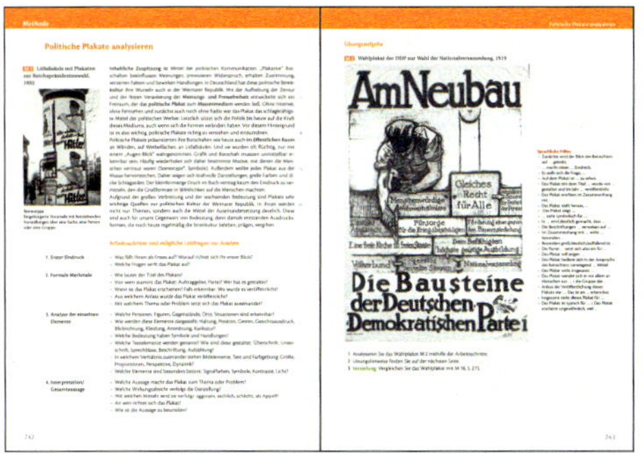

Anwenden und wiederholen

Jedes Kapitel endet mit einer Doppelseite. Für das **Anwenden** finden Sie links eine Beispielklausur zum Üben. Die rechte Seite **wiederholt** die Kapitelinhalte anhand von Aufgaben mit Wahl- und Vertiefungsmöglichkeiten, Formulierungshilfen sowie der zentralen Begriffe des Kapitels. Eine Präsentationsaufgabe bietet jeweils ein geeignetes GFS-Thema an.

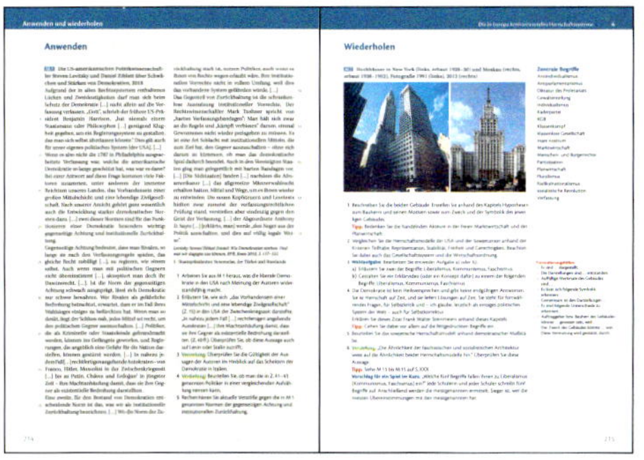

Fenster zur Welt

Die **Sonderseiten „Fenster zur Welt"** untersuchen Vorformen globaler Vernetzungen im 19. und 20. Jahrhundert.

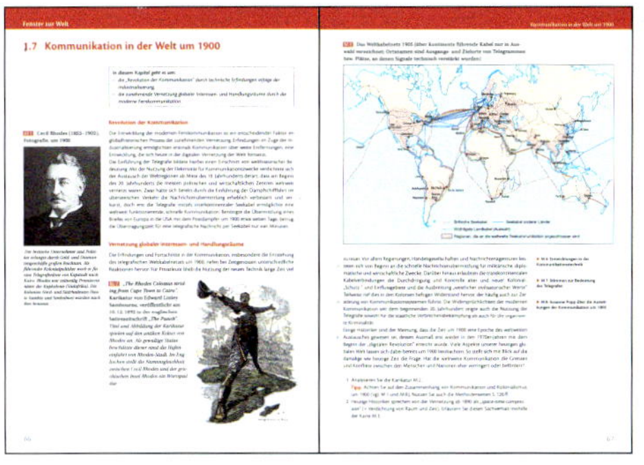

Auf das Abitur vorbereiten

Im Anhang finden Sie Tipps zur Vorbereitung auf Themen, eine Checkliste zum Abfassen einer Abiturklausur, ein Klausurbeispiel mit Lösungen sowie Erklärungen zu Operatoren und Arbeitstechniken, Lexikon und Register.

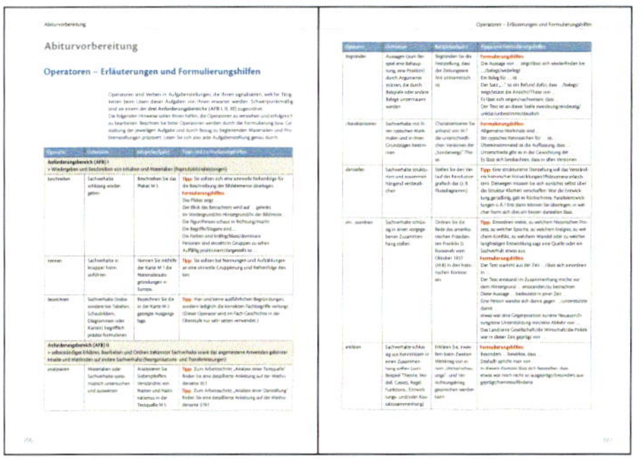

Wege in die Moderne

M 1 Der Alexanderplatz in Berlin, Fotografie, um 1900

Säkularisierung
Lösung der Menschen aus kirchlichen und religiösen Bindungen

M 2 Demonstration der *„Fridays for Future“*-Bewegung in Karlsruhe, Fotografie, 2019

Feudalismus
Gesellschaftssystem, bei dem personale Bindungen z. B. durch Lehen gefestigt werden

▶ **Erläuterungen zu wichtigen Begriffen finden Sie auch im Lexikon, S. 426 ff.**

„Modern“ und Modernisierung

„Wir leben in modernen Zeiten“ – bei dieser Aussage denken wir an unseren Alltag, an unsere Kleidung, Ernährung, Kommunikation und Technik. Auf einer anderen Ebene sind damit aber auch die Wirtschaftsweise, das gesellschaftliche Zusammenleben und die Lebensgewohnheiten gemeint. Da all dies sich ständig ändert und weiterentwickelt, sprechen wir in diesem Zusammenhang von „Modernisierung“. Es gibt eine **Fülle von Kennzeichen**, die zur Modernisierung gehören: Verstädterung, Säkularisierung*, Rationalisierung, Erhöhung des technischen Standards, wirtschaftliches Wachstum und Globalisierung, Verbesserung der Infrastruktur (Verkehrswege, Kommunikation) und des Bildungsstandards der Bevölkerung, räumliche und soziale Mobilität, bessere medizinische Versorgung, die parlamentarische Demokratie sowie das Zusammenleben in Nationalstaaten und supranationalen Einrichtungen wie der EU. Dieses Verständnis von Modernisierung, das eng mit dem Begriff **Fortschritt** verbunden ist, wird zunehmend kritisch gesehen. Die **westliche Sichtweise auf die Geschichte** und die damit verbundenen Leben- und Wirtschaftsformen wurden anderen Menschen oft aufgezwungen und dadurch deren Kultur unterdrückt, wenn nicht gar zerstört. Die wirtschaftlichen Folgen sind größer werdende Unterschiede zwischen armen und reichen Ländern sowie die Abhängigkeit armer Länder von westlichen Banken, Konzernen und Regierungen. In Zeiten des **Klimawandels** sind die Folgen der westlichen Wirtschaftsweise für die Umwelt vielen Menschen bewusst geworden und sie werden immer stärker kritisiert. Ein weiterer Kritikpunkt ist das Vernichtungspotenzial „moderner“ Waffen, das erstmals im Amerikanischen Bürgerkrieg zu einer Industrialisierung des Tötens führte. Der Prozess der Modernisierung kann also nicht als geradlinige Entwicklung hin zu einer besseren Welt dargestellt werden; er wurde und wird auch immer von Nebenwirkungen und Rückschritten begleitet.

Anfänge der Modernisierung

Wenn wir heute sagen, dass das Mittelalter um das Jahr 1500 zu Ende ging, heißt das nicht, dass von einem Jahr auf das nächste plötzlich die Welt für die darin lebenden Menschen eine andere war. Die Renaissance hatte schon vorher zu einem Aufbruch im Denken, in der Wissenschaft und in der Kunst geführt. Dies war aber nur an einigen Orten und bei einer bestimmten Gruppe von Menschen der Fall gewesen. Ausgehend von einigen Städten in Italien verbreiteten sich die neuen Ansichten allmählich in Europa. Die Mehrzahl der Menschen erfuhr davon aber nichts. Sie lebte weiterhin in der überkommenen feudalen* Ständegesellschaft, in der jeder Mensch in einen bestimmten Stand hineingeboren war. Die überwiegende Mehrzahl der Menschen fristete als Bauern ein karges Dasein. Die Abgaben an die Grundherren machten es so gut wie unmöglich, Überschüsse zu produzieren. Diese Menschen waren besonders betroffen von dem Klimawandel, der seit ca. 1570 zu einer kleinen Eiszeit führte. Lange Winter und kalte verregnete Sommer mit vielen Unwettern vernichteten häufig die Ernten.

Industrielle Revolution und Kapitalismus

Um die Ernährung sicherer zu machen, wurde der internationale Handel intensiviert. Gleichzeitig expandierten die europäischen Händler in entfernte, erst vor kurzem von Europäern entdeckte Gebiete. Die Erfolgreichsten unter ihnen waren Niederländer und Briten mit ihren großen **Handelsgesellschaften**, einer Art Vorläufer von modernen Kapitalgesellschaften. Ihre im Überseehandel erwirtschafteten Gewinne waren eine wich-

tige materielle Voraussetzung für die **Umgestaltung der Wirtschaftsweise**. Die in beiden Ländern verbreitete calvinistische Prädestinationslehre* war eine geistig-moralische Voraussetzung für den Kapitalismus, da sie Reichtum nicht mehr als unmoralisch, sondern als Zeichen für die Gunst Gottes deutete.
Um 1780 begann in England die **Industrielle Revolution**. Andere Länder wie Deutschland folgten im 19. Jahrhundert. Investitionen in neue Technologien, wie die Dampfmaschine, führten zu einer **völlig neuen Arbeitsweise in der Fabrik** und zu einer **Neuverteilung des Vermögens**. Es blieb zwar bei einem großen Gefälle zwischen Reich und Arm, aber in der marktwirtschaftlich geprägten kapitalistischen Gesellschaft lösten die **Unternehmer** den Adel als führende Gruppe ab. Viele Bauern wurden gezwungen, in die schnell wachsenden Städte zu ziehen und ihren Lebensunterhalt als Fabrikarbeiter zu verdienen. Adel und Klerus klammerten sich zwar an ihr soziales Ansehen, konnten aber wirtschaftlich mit dem Bürgertum nicht mehr mithalten.

Politische Revolutionen

Der neue materielle Reichtum weckte beim Bürgertum den Wunsch nach **Teilhabe an politischen Entscheidungsprozessen**. Mit der fortschreitenden Säkularisierung war es den herrschenden Schichten kaum noch möglich, die alte Ordnung, die bis dahin als gottgegeben legitimiert war, aufrechtzuerhalten. Von der **Rationalität der Aufklärung** geprägte Philosophen propagierten die Gleichheit aller Menschen mit natürlichen Rechten ebenso wie die Trennung und gegenseitige Kontrolle der staatlichen Gewalten (Montesquieu) – beide Forderungen waren eine Kampfansage an den Absolutismus. Eine wichtige Rolle bei der Verbreitung dieser Ideen spielte die zunehmende Alphabetisierung insbesondere in den Städten. Zum ersten Mal in der Geschichte wurden diese Gedanken 1776 mit der **Unabhängigkeitserklärung der Vereinigten Staaten von Amerika** zur Grundlage eines Staates gemacht. Für die Machtübernahme und die Durchsetzung dieser Ideen war allerdings eine Revolution in Form des Unabhängigkeitskriegs nötig. Die Basis der daraufhin geschaffenen Demokratie bildeten die **Menschen- und Bürgerrechte, die Volkssouveränität und der Parlamentarismus**. Staatliche Macht ging prinzipiell vom Volk aus und wurde von diesem an Abgeordnete für eine bestimmte Zeit verliehen. Die Abgeordneten trafen sich im Parlament, um dort über Gesetze zur Regelung der öffentlichen Angelegenheiten zu beraten und abzustimmen. Von der Teilhabe an dieser Demokratie blieben jedoch weite Kreise der Bevölkerung ausgeschlossen.
Nur kurze Zeit später, 1789, beendeten die **Franzosen** in einer **Revolution** die absolutistische Herrschaft des Königs und machten aus ihrem Staat zunächst eine konstitutionelle Monarchie mit Menschen- und Bürgerrechten und später sogar eine Republik.
Einen völlig anderen Weg der Modernisierung beschritt das Kaiserreich **Japan**, das in der **„Meiji-Restauration“** den Sprung vom traditionellen Feudalstaat zum industrialisierten Nationalstaat machte, ohne das Kaisertum abzuschaffen. Diesem Beispiel schlossen sich keine weiteren Länder in Asien oder Afrika an.
Die Fürsten in Europa stemmten sich mit aller Gewalt gegen diese modernen Ansichten, weil sie ihre Stellung bzw. ihr Leben gefährdeten. Nach ihrem Sieg über Napoleon 1815 schienen sie sich für einige Zeit durchsetzen zu können, ein Zurück zum Absolutismus sollte es dennoch nicht mehr geben: Der Wunsch der meisten Menschen nach Selbstbestimmung ließ sich nicht mehr dauerhaft unterdrücken. Weil sich relativ zeitnah die Art des Wirtschaftens, vor allem die Produktionsweise und die politischen Grundlagen des menschlichen Zusammenlebens radikal änderten, sprechen Historiker in diesem Fall von einer **Doppelrevolution**.

1 Stellen Sie mithilfe des Darstellungstextes die verschiedenen Aspekte des Begriffs „Moderne“ grafisch dar.

Prädestinationslehre
Laut Johannes Calvin hat Gott schon vor der Geburt eines Menschen festgelegt, ob er nach seinem Tod ins Paradies kommt.

M3 Ein Schiff der *British East India Company*, einer 1600 gegründeten britischen Handelsgesellschaft, vor der indischen Stadt Mumbai, Gemälde von John Wood, 1850

M4 Porträt von Charles de Secondat, Baron de Montesquieu (1689–1755), anonyme Radierung, 1777.
In seinem Standardwerk „Vom Geist der Gesetze“ fordert Montesquieu eine strikte Trennung von Exekutive, Legislative und Jurisdiktion, um die Freiheit der Bürger zu sichern.

M5 Der Historiker und Schriftsteller Philipp Blom über den Zusammenhang von Klima und Modernisierung, 2018

Auch um die Wende zum 18. Jahrhundert war der Kontinent zerrissen und die Menschen Europas wurden weiterhin heimgesucht von Kriegen, Hungersnöten und Seuchen, gleichzeitig aber hatten sie begonnen, sich an den Druck der klimatischen Veränderung[1] anzupassen und ihre Strategien hatten erste Erfolge gezeigt. [...] Besonders die Krise der Landwirtschaft und der Finanzen der Herrscherhäuser sowie die dauernden Kriege forcierten Innovationen und nach vielen, oft erfolglosen Experimenten blieben Neuerungen übrig, die auf verschiedene Weise halfen, unter geänderten Umständen die Versorgung der Bevölkerung und damit auch die Macht der Herrschenden zu sichern.

Unter diesen Neuerungen war einerseits eine landwirtschaftliche Revolution, die sich von den Niederlanden und von England aus langsam in ganz Europa ausbreitete. Die Einführung von neuen Getreidearten und Gemüse wie Kartoffel und Mais diversifizierten die Produktion, effektivere landwirtschaftliche Praktiken und intensivere Düngung steigerten gemeinsam mit der Viehzucht die Ernten um mehr als zwanzig Prozent, die Zusammenfassung von Land in Gutshöfe und die Privatisierung von *Commons* und Almenden[2] machten die professionelle Verwaltung der landwirtschaftlichen Flächen effektiver und schufen gleichzeitig eine Klasse von Vertriebenen, die zum Arbeiten in die Städte gehen mussten. Mehr und mehr landwirtschaftliche Betriebe produzierten nicht primär für den eigenen Bedarf, sondern für den Markt.

Der Nordosten Europas war die Kornkammer des Kontinents und exportierte Getreide über Amsterdam bis in den Mittelmeerraum. Internationaler Handel machte es möglich, schlechte Ernten auszugleichen, erhöhte aber gleichzeitig den Bedarf nach Geld. [...] Die heimische Wirtschaft sollte durch qualifizierte Immigranten, Steuerprivilegien und Investitionen in die Infrastruktur wachsen. Das Resultat war ein wohlorganisiertes Staatswesen mit starker heimischer Manufaktur und steigenden Exporten, das anderen Waren liefert und dafür Gold und Silber hortet, um Kriege zu finanzieren.

[...] Der Handel mit Übersee und besonders die Produktion von Konsumgütern für den europäischen Markt versprachen unerhörte Profite, zumal Rohstoffe wie Silber und Produkte wie Gewürze, Tabak, oder Rohrzucker und Baumwolle günstig von Sklaven geliefert wurden. [...] Das neue wirtschaftliche Denken stellte sich als erstaunlich erfolgreich heraus. Es beruhte auf einem einfachen Prinzip: Wirtschaftswachstum, das auf Ausbeutung beruht.

*Philipp Blom, Die Welt aus den Angeln. Eine Geschichte der Kleinen Eiszeit von 1570 bis 1700, Hanser, München 2018, S. 215 f.**

1 *klimatische Veränderung:* Gemeint ist die kleine Eiszeit von 1570–1700.
2 *Commons und Allmenden:* Felder, die dem gesamten Dorf gehören und von allen genutzt werden können

M6 Die *Boston Tea Party* 1773, Gravur von W. D. Cooper, 1789.

Indischer Tee, der mit hochseetüchtigen Schiffen der East India Company nach Amerika gebracht worden war, wurde von Bostoner Bürgern aus Protest gegen das ihrer Meinung nach ungerechte politische System, bei dem sie keinerlei Mitspracherechte hatten, über Bord geworfen.

M7 Innenansicht des *„Crystal Palace"* während der „großen" Weltausstellung in London 1851, Lithografie, 1851.

Im „Crystal Palace", einer riesigen Konstruktion aus Stahl und Glas, wurden 1851 in der „Great Exhibition of the Works of Industry of All Nations" die Erzeugnisse der neuen industriellen Produktionsweise in London vorgestellt.

M8 Titelblatt der britischen Tageszeitung „*Daily Mirror*“ zum Untergang der „Titanic“, 1912.

Beim Stapellauf als unsinkbares Wunderwerk der Technik und als Triumph des Menschen über die Naturgewalten gefeiert, sank der Luxusdampfer „Titanic“ trotz seines Sicherheitssystems bereits auf der Jungfernfahrt am 14. April 1912 nach einer Kollision mit einem Eisberg.

The Daily Mirror

THE MORNING JOURNAL WITH THE SECOND LARGEST NET SALE.

No. 2,645. TUESDAY, APRIL 16, 1912 One Halfpenny.

DISASTER TO THE TITANIC: WORLD'S LARGEST LINER SINKS AFTER COLLIDING WITH AN ICEBERG DURING HER MAIDEN VOYAGE.

M9 Der Historiker Jürgen Osterhammel über den Begriff „Moderne“, 2009

Was will man unter „Moderne“ primär verstehen? Den Beginn eines langfristigen Wachstums der Pro-Kopf-Einkommen; eine rationale, rechenhafte Lebensführung; den Übergang von der Stände- zur Klassengesellschaft; die Ausweitung politischer Partizipation; die Verrechtlichung von Herrschaftsverhältnissen und gesellschaftlichem Umgang; die Entwicklung von Zerstörungskapazitäten neuartiger Dimension; die Umorientierung der Künste von der Nachahmung der Tradition zur kreativen Zerstörung ästhetischer Normen? Es gibt kein Konzept von Moderne, das alle diese Aspekte (und andere) in neutraler Ausgewogenheit umfassen würde, und eine bloße Liste von Merkmalen bliebe unbefriedigend. Moderne-Konzepte setzen stets Prioritäten und [...] übersehen auch in der Regel nicht, dass nur in wenigen historischen Fällen die verschiedenen Aspekte in Harmonie miteinander auftraten. Es genügt, einen Pionier der Moderne wie Frankreich genauer zu betrachten, um auf Beispiele für Diskrepanzen und Verzögerungen zu stoßen.

Die französischen Aufklärungsphilosophen waren in ihrem Jahrhundert die „modernste“ Gruppe von Denkern weltweit, und die Französische Revolution, vor allem in ihrer Frühphase vor der Hinrichtung des Königs und dem Beginn des Terrors, gilt vielen Historikern und Theoretikern bis heute als eine besonders wichtige Quelle von politischer Modernität. Auf der anderen Seite war Frankreich ein Land, in dem sich außerhalb von Paris und wenigen anderen großen Städten bis weit in das 19. Jahrhundert hinein archaische Gesellschaftsformen hielten, wie sie gleichzeitig in England, den Niederlanden oder Südwestdeutschland viel seltener anzutreffen waren. Auch dauerte es volle neunzig Jahre nach dem Beginn der Großen Revolution, bis Frankreich in der Politik zu bürgerlich-demokratischen Verhältnissen fand. Die ideengeschichtliche „Geburt“ der Moderne setzte sich erst über langwierige Prozesse in Institutionen und Mentalitäten um, die den Moderne-Definitionen der Gesellschaftstheorie nahekommen. Auch hat die Erfahrung des 19. und erst recht des 20. Jahrhunderts gezeigt, dass ökonomische Modernität mit politisch autoritären Verhältnissen einhergehen kann; darauf beruhen bis heute maßgebliche Interpretationen des Deutschen Kaiserreiches.

*Jürgen Osterhammel, Die Verwandlung der Welt. Eine Geschichte des 19. Jahrhunderts, C. H. Beck, 6., überarb. Aufl., München 2020, S. 1282 f.**

2 Erläutern Sie auf der Grundlage von M 5 Ursachen und Wirkungen der Modernisierung, wie sie Blom beschreibt.

3 Vergleichen Sie M 6 und M 7. Welche Aspekte der Modernisierung werden jeweils dargestellt?

4 Beurteilen Sie, inwiefern die Titanic (M 8) als Höhe- und Wendepunkt der Moderne gesehen werden kann.
Tipp: Bedenken Sie, dass zwei Jahre später die europäischen Nationen z. T. begeistert in den Ersten Weltkrieg zogen.

5 Erörtern Sie mithilfe von M 9 die Problematik des Begriffs „Moderne“.

Testen Sie Ihr Vorwissen zur Industrialisierung

1 Wann wurde was erfunden?
Identifizieren Sie die in a) bis e) dargestellten Erfindungen und ordnen Sie sie den Zeitangaben 1) bis 5) zu. Beurteilen Sie die jeweilige Bedeutung der Erfindungen für die Industrialisierung.

1) um 1880
2) 1930
3) 1770
4) 1886
5) 1829

a)

b)

c)

d)

e)

2 Entscheiden Sie:
Die Anfänge der Industrialisierung liegen in

a) Deutschland,
b) England,
c) China,
d) den USA.

3 Der Begriff „soziale Frage" bezeichnet

a) die Entstehung der Sozialversicherung im 19. Jahrhundert in Deutschland,
b) die sozialen Missstände, die mit der Industrialisierung einhergingen,
c) die Diskussionen innerhalb der Arbeiterparteien über eine zukünftige sozialistische Gesellschaft.

4 Wer hat's gesagt?
Versuchen Sie die Zitate den genannten Personen zuzuordnen.

„Der Sozialismus wird uns noch viel Mühe machen. Den Regierungen ist oft der Vorwurf gemacht worden, es sowohl an Energie wie an Wohlwollen haben fehlen zu lassen. Ich nenne es nicht Nachsicht, wenn ein Mensch so feige ist, dem Druck einer Demonstration nachzugeben. Zuweilen besteht das rechte Wohlwollen darin, Blut zu vergießen. Das Blut einer aufrührerischen Minorität, und zwar zur Verteidigung der ruheliebenden und dem Gesetz gehorchenden Majorität."

„Die Kommunisten verschmähen es, ihre Ansichten und Absichten zu verheimlichen. Sie erklären es offen, dass ihre Zwecke nur erreicht werden können durch den gewaltsamen Umsturz aller bisherigen Gesellschaftsordnung. Mögen die herrschenden Klassen vor einer kommunistischen Revolution zittern. Die Proletarier haben nichts in ihr zu verlieren als ihre Ketten. Sie haben eine Welt zu gewinnen. Proletarier aller Länder, vereinigt euch!"

„Ich habe den Mut gehabt, für die Verbesserung der Lage der Arbeiter Wohnungen zu bauen, worin 20 000 Seelen untergebracht sind, ihnen Schulen zu gründen und Einrichtungen zu treffen zur billigeren Beschaffung von allem Bedarf. Ich habe mich dadurch in eine Schuldlast gesetzt, die abgetragen werden muss. Damit es geschehen kann, muss jeder seine Schuldigkeit tun in Friede und Eintracht und in Übereinstimmung mit meinen Vorschriften."

„Ein Grundfehler in der Behandlung der sozialen Frage ist, dass man das gegenseitige Verhältnis zwischen der besitzenden und der unvermögenden arbeitenden Klasse so darstellt, als ob zwischen ihnen ein unversöhnlicher Gegensatz Platz griffe, der sie zum Kampf aufrufe. Ganz das Gegenteil ist wahr. Die Natur hat vielmehr alles zur Eintracht, zu gegenseitiger Harmonie hin geordnet."

- Alfred Krupp
- Papst Leo XIII.
- Karl Marx
- Otto von Bismarck

5 Richtig interpretiert?

Kapazität aller Dampfmaschinen (in 1 000 PS)		
Jahr	**Großbritannien**	**Deutschland**
1840	620	40
1850	1 290	260
1860	2 450	850
1870	4 040	2 480
1880	7 600	5 120

David S. Landes, Der entfesselte Prometheus,. dtv, München 1983, S. 211.

a) Im Jahr 1880 gab es in Deutschland 5 120 Dampfmaschinen.
b) Im Jahr 1900 wird Deutschland in der Dampfkraft England überholt haben.
c) Beim Einsatz von Dampfmaschinen konnte Deutschland in der zweiten Hälfte des 19. Jahrhunderts rasch aufholen.
d) 1840 war Deutschland ein „Entwicklungsland".

1 Modernisierungsprozesse durch die Industrialisierung

M1 **Borsigs Maschinenbauanstalt zu Berlin, Gemälde von Eduard Biermann, 1847**

um 1760 Agrarrevolution in England

1763–1784 Verbesserung der Dampfmaschinentechnik

1764 Erfindung der ersten industriellen Spinnmaschine (*Spinning Jenny*)

um 1770 Beginn der Industrialisierung in England

1776 Adam Smith veröffentlicht *„The Wealth of Nations"*

1785 Erfindung des mechanischen Webstuhls

1829 Erste Eisenbahnfahrt in England (*The Rocket*)

1835 Erste Eisenbahn in deutschen Ländern („Der Adler")

1750 | 1760 | 1770 | 1780 | 1790 | 1800 | 1810 | 1820 | 1830

Als der Fabrikantensohn Friedrich Engels im Jahre 1845 die englische Stadt Manchester besuchte, gelangte er nach seinem Besuch zu dem Schluss, dass die „Industrie" mit ihrer Arbeitsteilung und dem Einsatz von Dampfkraft und Maschinen „die Welt aus ihren Fugen" heben würde. Er erlebte die ökonomischen, sozialen und ökologischen Auswirkungen der Industrialisierung, des Umbruchprozesses von der vorindustriellen, traditionellen Wirtschaft zur modernen Industriewirtschaft. Im historischen Rückblick stellt die Industrialisierung einen so tiefen Einschnitt im Leben der Menschen dar, dass sie aus heutiger Sicht nur noch mit der Neolithischen Revolution vor etwa 10 000 Jahren verglichen werden kann, als die Menschheit von der jagenden und sammelnden zur sesshaften Lebensweise der Viehzüchter, Bäuerinnen und Bauern überging.

1 Beschreiben Sie die Bilder M 1 und M 2. Machen Sie sich Notizen, was Ihnen auffällt und was Ihnen noch unklar ist.
2 Erläutern Sie Merkmale der Industrialisierung, die in den Bildern deutlich werden.
3 Welche Auswirkungen werden erkennbar? – Erörtern Sie die Folgen der Industrialisierung.
4 Formulieren Sie, ausgehend von Text und Bildern, eigene Fragen. Welche Aspekte wecken Ihr Interesse?

M 2 Stickereibild mit dem Porträt des Mitbegründers der SPD, August Bebel, um 1910

- **1869** Gründung der Sozialdemokratischen Arbeiterpartei
- **um 1840** Beginn der Industriellen Revolution in Deutschland
- **1844** Aufstand der schlesischen Weber
- **1847/48** Veröffentlichung des „Kommunistischen Manifests" von Karl Marx und Friedrich Engels
- **1873–1895** „Große Depression"
- **1875** Vereinigung der deutschen Arbeiterparteien zur „Sozialistischen Arbeiterpartei" (ab 1891: SPD)
- **1878–1890** Unterdrückung der deutschen Sozialdemokraten durch das Sozialistengesetz
- **um 1890** Beginn der „zweiten" Industriellen Revolution: Nutzung der Elektrizität als Energiequelle
- **1913** Einführung des Fließbands

1850 | 1860 | 1870 | 1880 | 1890 | 1900 | 1910 | 1910

1.1 Die Anfänge der Industrialisierung

In diesem Kapitel geht es um
- *eine inhaltliche und begriffliche Klärung, was unter Industrialisierung zu verstehen ist,*
- *die Bedingungen und Voraussetzungen, die den Prozess der Industrialisierung in England in Gang gebracht haben,*
- *die Entstehung einer Wirtschaftstheorie, mit der die Industrialisierung erklärt und begründet werden konnte.*

Der Begriff „Industrialisierung"

„Wenn große Teile der Welt um 1910 anders aussahen als um 1780", schreibt der Historiker Jürgen Osterhammel, „dann war die wichtigste Ursache dieser physischen Verwandlung des Planeten die Industrie." Im 19. Jahrhundert erfassten die industrielle Produktionsweise und die damit verbundenen gesellschaftlichen Veränderungen große Teile der Welt. Osterhammel betont jedoch, dass die weltweiten Prozesse der Industrialisierung nicht einförmig und gleichmäßig gewesen seien.

Unter **Industrialisierung** versteht man den technischen, wirtschaftlichen und sozialen Wandel, der die agrarisch geprägte Gesellschaft binnen weniger Jahrzehnte zu einer Industriegesellschaft veränderte und der bis in die Gegenwart fortwirkt. In der Geschichtswissenschaft wird der Begriff allerdings nicht einheitlich verwendet. Da er einigen Historikern für die Charakterisierung der ökonomischen und gesellschaftlichen Modernisierung als zu blass erscheint, bevorzugen sie für den Anfang des 19. Jahrhunderts die Bezeichnung **„Industrielle Revolution"**. In Analogie zur „Französischen Revolution" bringe dieser Begriff den revolutionären Charakter der tiefgreifenden Entwicklung stärker zum Ausdruck, argumentieren sie. Während früher meist die erste entscheidende Wachstumsphase der Industrialisierung mit einer „Revolution" gleichgesetzt worden ist, benutzt die Geschichtswissenschaft inzwischen beide Bezeichnungen weitgehend identisch.

▶ M 6 und M 7: Zum Begriff „Industrielle Revolution"

M 1 Phasen der Industrialisierung

	Erste Industrielle Revolution Schwerindustrielle Phase	Zweite Industrielle Revolution Hochindustrialisierung
Zeitraum	2. Hälfte 18. Jh.–1870er-Jahre, Höhepunkt: 1867–1873	1880–1914
Dominante Technik und Rohstoffe	Dampfmaschine, mechanischer Webstuhl, Eisenverarbeitung, Kohle, Baumwolle	Elektrizität, Chemie, Verbrennungsmotor, Fließband, Kohle, Öl
Führungsbranchen	Textilindustrie, Bergbau, Eisenbahn- und Maschinenbau	Elektro- und Chemieindustrie
Führende Industrienationen	England	England, USA, Deutschland, Japan

M2 Die Industrialisierung in Europa bis 1850

Merkmale und Voraussetzungen

Den Prozess der Industrialisierung kennzeichnet eine Reihe von Merkmalen, deren wesentlichstes die Ablösung der bis ins 19. Jahrhundert auf der Handarbeit basierenden Produktionsweise durch die **maschinelle Fertigung** ist. Der Einsatz von Maschinen erhöhte die Produktivität* sprunghaft und ermöglichte die Massenproduktion von Gütern. Erfindungen wie Eisenbahn und Dampfschiff revolutionierten das Verkehrswesen, sorgten für einen **beschleunigten Transport** und erschlossen somit **neue Absatzmärkte** für die Massengüter. **Arbeitsteilung** und **Spezialisierung** im Fertigungsprozess setzten eine ausreichende Zahl an Arbeitskräften voraus. So sank der Anteil der in der Landwirtschaft Beschäftigten, während gleichzeitig die Zahl der in der Industrie tätigen Arbeitskräfte zunahm. Eine neue gesellschaftliche Schicht bildete sich heraus: die **Arbeiterschaft**. Ihr gegenüber stand eine kleine Unternehmerschicht, die über Fabrikanlagen, Maschinen und Geld verfügte. Die Investition dieses Kapitals bewirkte letztendlich ein dauerhaftes, wenn auch schwankendes und oft kurzfristig unterbrochenes Wachstum des Sozialprodukts.

Erfindungen wie der mechanische Webstuhl oder die Dampfmaschine machten den umfassenden Einsatz von Maschinen möglich und bildeten neben ausreichend vorhandenen Rohstoffen wie Kohle und Eisenerz die entscheidenden Voraussetzungen für die Industrialisierung. Darüber hinaus führten der Wandel von der Dreifelder- zur Fruchtwechselwirtschaft („Agrarrevolution") sowie verbesserte Kultivierungstechniken – z. B. die Verwendung von Kunstdünger – zu einer Steigerung der landwirtschaftlichen Erträge. Der seit dem 17. Jahrhundert zu verzeichnende **Bevölkerungsanstieg** stellte genügend Arbeitskräfte zur Verfügung und steigerte die Nachfrage nach Nahrungsmitteln und Verbrauchsgütern. Ein freier Zugang zu den Märkten und die Garantie der Gewerbefreiheit schließlich, die Produktionsbeschränkungen und Regulierungen durch Zünfte beseitigte, leisteten Schrittmacherdienste für die Industrielle Revolution.

Produktivität
Verhältnis von Produktionsergebnis (*Output*) und Einsatz von Produktionsfaktoren (*Input*). Die Produktivität ist gestiegen, wenn bei gleichem Einsatz an Produktionsfaktoren das Produktionsergebnis größer ist oder wenn bei gleichem Produktionsergebnis die Einsatzmenge der Produktionsfaktoren kleiner ist. Die Produktivität lässt sich für den Produktionsvorgang in einer Fabrik, für ein Unternehmen, einen Wirtschaftszweig oder auch eine Volkswirtschaft berechnen.

Manufaktur
Großbetrieb, in dem mit handwerklichen Methoden Waren hergestellt wurden. Die Zerlegung der Arbeit in einzelne Schritte ermöglichte eine höhere Produktivität. Durch eine direkte Aufsicht und die Vergütung mit Geldlöhnen konnten die Arbeiter besser überwacht und gemaßregelt werden.

Fabrik
(von lat. *fabrica* = Werkstätte); zentralisierte Produktion von Waren in Gebäuden mit Kraftmaschinen (z. B. Dampfmaschinen) als Antrieb und Arbeitsmaschinen (z. B. Drehmaschinen) zur Bearbeitung von Rohstoffen. Weitere Merkmale sind: spezialisierte Tätigkeiten, eine im Vergleich mit Handwerksbetrieben größere Anzahl an Arbeitskräften, Produktion in größeren Stückzahlen.

▶ **M 8, M 9: Wandel in der britischen Landwirtschaft**

Pionierland England

Die Industrialisierung setzte in der Mitte des 18. Jahrhunderts in England ein, erfasste Anfang des 19. Jahrhunderts den westlichen Teil des europäischen Kontinents sowie Nordamerika und breitete sich in der zweiten Hälfte des 19. Jahrhunderts über Osteuropa und Japan sowie im 20. Jahrhundert schließlich über die gesamte Welt aus. England gilt dabei als „Mutterland der Industrialisierung". Hier hatte sich frühzeitig der Umbruch von der traditionellen handwerklichen Fertigung in Kleinbetrieben oder Manufakturen* zur modernen **industriellen Produktion in Fabriken*** vollzogen. Anfang des 19. Jahrhunderts entstanden erste industrielle Ballungszentren.
England nahm eine Vorreiterrolle im Industrialisierungsprozess ein, weil die **Voraussetzungen** hier besonders günstig waren. Es besaß große Ackerflächen und neue ertragssteigernde Anbaumethoden. Die *Gentry*, adlige und bürgerliche Großgrundbesitzer, hatte gegenüber dem König das unbegrenzte Verfügungsrecht über ihren Besitz erlangt und sich den kollektiven Gemeindebesitz der Kleinbauern, die Allmende, angeeignet. Deshalb konnte sich eine Agrarproduktion mit kapitalistischer Ordnung entwickeln. Für ein ausreichendes Angebot an Arbeitskräften sorgten die Bevölkerungszunahme und – da die oft verarmten Bauern nicht mehr an den Grund und Boden gebunden waren – die Abwanderung der Landbevölkerung in die Städte.
England verfügte über einen relativ großen Binnenmarkt mit einem geregelten Zoll- und Finanzsystem, über umfangreiche und leicht abzubauende Kohlevorkommen sowie kurze und kostengünstige Verkehrswege wie Straßen und Kanäle, später auch Eisenbahnen. Ohnehin war England im 18. und 19. Jahrhundert Mittelpunkt des Welthandels. Ihm stand ein riesiger Exportmarkt, vor allem in Europa und in den Kolonien, zur Verfügung und es kontrollierte als führende Seemacht die Handelswege. Die Kolonien dienten als preisgünstige Rohstofflieferanten, was den Verlauf der Industriellen Revolution erheblich beschleunigte.
Zudem erwiesen sich die gesellschaftlichen und politischen Rahmenbedingungen als günstig: Keine Zunftschranken behinderten die freie Entfaltung von individuellen Fähigkeiten, das Bürgertum besaß nicht nur notwendige Freiheitsrechte, sondern auch ein politisches Mitspracherecht.

Textilindustrie als Schrittmacher

Motor der Industrialisierung in England war die **Textilindustrie** („Schrittmacherindustrie"). Die technischen Neuerungen, etwa die Spinnmaschine von Hargreaves (*Spinning Jenny*, 1764) oder die Dampfmaschine von James Watt (1769), revolutionierten die Textilherstellung und mündeten in die Fabrikproduktion. Mit diesen technischen Neuerungen konnte ab Mitte des 18. Jahrhunderts die erhöhte Nachfrage nach Textilien abgedeckt werden, die das Bevölkerungswachstum mit sich brachte. Die kostengünstige Massenproduktion hatte zur Folge, dass sich der Import von Baumwolltuch aus Indien nicht mehr lohnte und die Preise für Textilien sanken. Sie wurden daher auch für breite Bevölkerungsschichten erschwinglich. Zudem stieg England zum weltweit größten Exporteur von Baumwolltextilien auf.
Bergbau und Hüttenindustrie bildeten seit Beginn des 19. Jahrhunderts den führenden Wirtschaftszweig der englischen Industrialisierung. Die Verwendung von Dampfmaschinen in Bergwerken erhöhte die Förderleistung von Erz und Kohle. Neue Produktionsverfahren für die Umwandlung von Roheisen in hochwertigen Stahl sowie innovative Walzverfahren ließen eine leistungsfähige Schwerindustrie entstehen. Sie produzierte primär für die Rüstung, den Maschinenbau und das Transportwesen, vor allem den Eisenbahnbau. England war Mitte des 19. Jahrhunderts die führende Industrienation der Welt geworden.

Wirtschaftstheorie

Bis ins 18. Jahrhundert hinein gab es in Europa zwar eine Vielzahl ökonomischer Einzelbetrachtungen, aber keine zusammenhängende Wirtschaftstheorie. Der Erste, der eine Gesamtschau präsentierte, an der sich alle folgenden Ökonomen abarbeiten konnten, war der schottische Moralphilosoph und Aufklärer Adam Smith (1723–1790) mit seinem Werk ***„The Wealth of Nations"*** (Der Wohlstand der Nationen). Nicht wie bisher im Besitz von Gold und Silber, sondern in der menschlichen Arbeit, besonders in der Arbeitsteilung sieht er die Quelle des Wohlstands. Er kritisiert die in seiner Zeit vorherrschende Wirtschaftspolitik des Merkantilismus und die Reste der Ständegesellschaft, plädiert für freien Handel und möglichst wenig Eingriffe des Staats in die Wirtschaft, die sich unter gewissen Rahmenbedingungen selbst organisieren könne. Obwohl jeder Marktteilnehmer im Eigeninteresse handle, profitierten in der Summe letztlich alle, wie durch eine „unsichtbare Hand" gelenkt. Dieser Gedanke diente bald für jedwede Art der Rechtfertigung einer Deregulierung der Märkte, um den Unternehmen möglichst viele Freiheiten zu gewähren, und setzte sich besonders in England und den USA durch. Die sozialpolitischen Überlegungen in seinem Werk fanden bis heute nur selten Eingang in die ökonomische Forschung und Lehre.

1 Beschreiben Sie mithilfe der Karte M 2 den Entwicklungsstand der europäischen Wirtschaft in der Mitte des 19. Jahrhunderts.
2 Stellen Sie Merkmale und Voraussetzungen der Industrialisierung in einem Schaubild dar.
3 Erklären Sie, warum England zum Pionierland der Industrialisierung wurde.
4 Beschreiben Sie mithilfe der Abbildungen M 3 und M 4, wie sich die Technik des Spinnens veränderte.
5 Beurteilen Sie – ausgehend von M 5 und dem Darstellungstext –, wie modern die Wirtschaftstheorie von Adam Smith damals war.
6 **Wahlaufgabe:** Bearbeiten Sie entweder Aufgabe a) oder b).
Die Bank of England plant die Einführung einer neuen 20-Pfund-Banknote zu Ehren Adam Smiths und dessen Werk „Der Wohlstand der Nationen".
Begründen Sie,
a) warum die Banknote gedruckt werden soll oder
b) warum sie *nicht* gedruckt werden soll.

Adam Smith, Wohlstand der Nationen (Videos)
cornelsen.de/Webcodes
Code:keveso

▶ **M 10: „Wohlstand der Nationen" (Auszüge)**

M 3 ***„Spinning Jenny"***, **Spinnmaschine für 16 Fäden mit Handbetrieb, Kupferstich, um 1775**

M 4 Fabriksaal mit Wagenspinnmaschinen, Stahlstich, England, um 1835

M 5 Adam Smith, Statue vor St. Giles in Edinburgh, Fotografie, 2006.

Nach einem Philosophiestudium in Oxford wird Adam Smith 1750 Professor für Logik und Moralphilosophie in Glasgow. In dieser Zeit entsteht eine enge Freundschaft mit dem schottischen Aufklärer David Hume. 1759 erscheint sein erstes Hauptwerk, „Theorie der ethischen Gefühle". Nach einer dreijährigen Bildungsreise durch Europa als Tutor eines jungen Lords kehrt er nach Schottland zurück und verfasst dort sein zweites Hauptwerk, „Der Wohlstand der Nationen", das 1776 erscheint. 1778 wird Smith zum Zollkommissar von Schottland berufen.

Hinweise zur Arbeit mit den Materialien
In den folgenden Materialien wird zunächst die Kontroverse unter Historikern, was man unter Industrialisierung zu verstehen hat, thematisiert (M 6 und M 7). Mit der Quelle M 8 und dem Text M 9 können Sie sich genauer mit den Veränderungen in der britischen Landwirtschaft beschäftigen, die eine wichtige Voraussetzung für den Beginn der Industrialisierung war. Adam Smith gilt bis heute vielen Ökonomen als „Urvater der Ökonomie" oder sogar als „Gründervater des Kapitalismus". Die Auszüge aus seinem Hauptwerk (M 10) ermöglichen Ihnen einen differenzierten Einblick in sein Denken und die Grundlagen seiner Theorie.

Industrialisierung oder Industrielle Revolution?

M 6 Der Schweizer Historiker Flurin Condrau, 2005

Aber was war die Industrialisierung nun: Revolution oder langsamer Wandel? Die Frage wird seit langem diskutiert und wirkt mittlerweile etwas abgegriffen. Moderne Skepsis steht zeitgenössischer Euphorie gegenüber. In der Mitte des 19. Jahrhunderts war es für Friedrich List[1] ganz selbstverständlich, von einer „industriellen Revolution" zu sprechen, und seit Arnold Toynbees[2] klassischen Vorlesungen zur industriellen Revolution bürgerte sich der Begriff als feststehende Epochenbezeichnung ein. Die Rede von Industrialisierung als Revolution hielt sich bis in die 1970er-Jahre, als erste Kritik an dem Modell laut zu werden begann. Mit der komplexer werdenden Forschungslage zur Geschichte der Industrialisierung musste ein relativ kurzer und letztlich einfacher Begriff wie derjenige der Revolution problematisiert werden. Besonders unter dem Eindruck der Forschungen von Nicholas Crafts[3] zu den Wachstumsraten der englischen Industrie kamen fundamentale Zweifel am revolutionären Charakter des wirtschaftlichen Wandels auf. Crafts argumentiert, dass der Prozess der Industrialisierung schon im 17. Jahrhundert eingesetzt habe und deswegen langsamer verlaufen sei als bisher angenommen. Auch der unbestreitbar massive Strukturwandel seit der Mitte des 18. Jahrhunderts wird nicht mehr nur der zunehmenden Bedeutung der Industrie zugewiesen. [...]

Die Bedeutung der Problematik der großen Epochenbegriffe für die Geschichtswissenschaft und die Vermittlung historischer Kenntnisse lässt sich hier nicht abschließend studieren. [Es gibt jedoch] nach wie vor zahlreiche Historiker, die das Revolutionäre der Industrialisierung nicht preisgeben möchten. Sie betonen, dass Strukturwandel natürlich Zeit braucht, aber dass keine vorhergehende und auch keine seither folgende Epoche einen derartig weitgehenden sozioökonomischen Strukturwandel bedeutet hat. Dabei lässt sich über Dauer, Veränderungsraten oder die Bedeutung des Revolutionsbegriffs trefflich streiten. Aber es möchte doch niemand ernstlich infrage stellen, dass sich Deutschland beziehungsweise die verschiedenen Einzelstaaten auf dem Gebiet des späteren deutschen Reiches zwischen 1800 und 1900 eklatant [= sehr deutlich] verändert hat. Die industrielle Welt des 20. Jahrhunderts wird von Strukturelementen charakterisiert, die es vor 1800 ganz einfach nicht gab. Man braucht nur auf die Eisenbahn (und später das Automobil) oder die Märkte für industrielle Güter in vielen Bereichen des täglichen Lebens hinzuweisen, um diesen fundamentalen Wandel zu betonen. Ein zentrales Problem bei jeder Epocheneinteilung ist zweifellos die Distanz zwischen beurteilendem Historiker und der beurteilten Epoche. Das gilt besonders für die Industrialisierung, zumal aus heutiger Perspektive der Wandel nicht mehr so revolutionär erscheint angesichts mehrerer Generationen, die sich bereits im Alltag mit der industriellen Welt auseinandersetzen konnten. Dabei handelt es sich hierbei um ein altes, der Geschichtswissenschaft schon seit dem 19. Jahrhundert bekanntes Problem. Ranke[4] selbst und mit ihm der Historismus hielt bekanntlich die zeitliche Distanz zwischen Historiker und Untersuchungsgegenstand für hilfreich, ja sogar notwendig, um dem Historiker einen vorurteilsfreien Blick auf die Geschichte zu ermöglichen. Im Fall der Industrialisierung dreht sich diese Perspektive allerdings um: Man muss sich immer wieder vergegenwärtigen, was die Eisenbahn, das Fabrikwesen und die Verlängerung der Lebenserwartung für die Zeitgenossen bedeuteten.

*Flurin Condrau, Die Industrialisierung in Deutschland, WBG, Darmstadt 2005, S. 6 f.**

1 *Friedrich List (1789–1846):* deutsch-amerikanischer Ökonom und Politiker, der die Idee des Zollvereins und des deutschen Eisenbahnwesens förderte
2 *Arnold Toynbee (1852–1883):* britischer Ökonom und Wirtschaftshistoriker
3 *Nicholas Crafts (geb. 1949):* britischer Ökonom und Wirtschaftshistoriker
4 *Leopold von Ranke (1795–1866):* deutscher Historiker und bedeutender Vertreter des Historismus, der die Aufgabe der Geschichtswissenschaft darin sah, möglichst objektiv zu zeigen, „wie es eigentlich gewesen" sei, wobei vor allem die Staatsgeschichte und weniger sozial- und wirtschaftsgeschichtliche Gesichtspunkte im Mittelpunkt der Untersuchungen stehen

M7 Der deutsche Historiker Jürgen Osterhammel, 2009

Wenn große Teile der Welt um 1910 anders aussahen als um 1780, dann war die wichtigste Ursache dieser physischen Verwandlung des Planeten die Industrie. Das 19. Jahrhundert war die Epoche der Ausbreitung der industriellen Produktionsweise sowie der damit verbundenen Gesellschaftsnormen über große Teile der Welt. Es war jedoch nicht die Zeit einer einförmigen und gleichmäßigen Industrialisierung. Wo die Industrie sich verwurzelte und wo dies misslang, spät begonnen oder gar nicht erst versucht wurde – dies waren die jeweils lokalen Weichenstellungen, aus denen eine neue Geografie von Zentren und Peripherien, von dynamischen und stagnierenden Regionen entstand. Was aber ist „Industrialisierung"? Dieser so einfach anmutende Begriff löst bis heute Debatten aus. Obwohl der Begriff der Industrialisierung schon seit 1837 im Gebrauch war und derjenige der „Industriellen Revolution", 1799 erstmals belegt, 1884 wissenschaftliche Würden erhielt, haben sich Historiker auf keinen einheitlichen Wortgebrauch einigen können. Die verzweigten Diskussionen über die Industrialisierung sind sehr unübersichtlich: Es gibt keine einzelne Frage, auf die sich die Debatte konzentrieren würde; vielmehr muss immer wieder neu geklärt werden, worüber man gerade diskutiert. Außerdem trägt es zur Unübersichtlichkeit bei, dass die beteiligten Historikerinnen und Historiker jeweils eigene wirtschaftstheoretische Konzepte an das Thema herantragen. So sehen etwa die einen Industrialisierung als einen Prozess messbaren wirtschaftlichen Wachstums, der vor allem von technologischen Neuerungen getrieben wurde, während andere den institutionellen Wandel für wichtiger halten, in diesem Wandel einen mitverursachenden Faktor erkennen und sogar den Begriff „Industrielle Revolution" ersetzen wollen. Einig sind sich die Industrialisierungsforscher in zwei Punkten: Zum einen lassen sich die industriewirtschaftlichen und -gesellschaftlichen Veränderungen in der Welt, die um 1900 auf allen Kontinenten zu erkennen waren, auf einen Innovationsschub zurückführen, der seinen Ursprung nach 1760 hatte. Dem können selbst diejenigen zustimmen, die diese Innovation für relativ undramatisch und daher den Begriff der Industriellen Revolution für übertrieben halten. Zum anderen bestreitet keiner, dass Industrialisierung, zumindest in ihren Anfängen, niemals ein nationales, sondern stets ein regionales Phänomen gewesen ist. Auch wer die Bedeutung des institutionell-rechtlichen Regelungsrahmens, wie ihn im 19. Jahrhundert die Nationalstaaten bereitstellen konnten, hoch bewertet, wird einräumen, dass Industrialisierung sehr stark an die Ressourcenausstattung bestimmter Standorte gebunden ist und dass sie nicht notwendig auch auf längere Sicht ganze Nationalgesellschaften prägen muss. Nur wenige Länder auf der Welt waren um 1920 „Industriegesellschaften". Selbst in europäischen Ländern wie Italien, Spanien oder Russland strahlten die Inseln industrieller Entwicklung keineswegs prägend auf die Gesamtgesellschaft aus.

*Jürgen Osterhammel, Die Verwandlung der Welt. Eine Geschichte des 19. Jahrhunderts, C. H. Beck Verlag, München 2009, S. 909 f.**

7 **Partnerarbeit:** Fassen Sie arbeitsteilig die Argumente in M 6 und M 7, die für die Begriffe „Industrialisierung" bzw. „Industrielle Revolution" sprechen, zusammen und vergleichen Sie Ihre Ergebnisse.

8 Erklären Sie, warum die Begriffsdefinition für diesen historischen Gegenstand so problematisch ist.

9 **Gruppenarbeit:** Diskutieren Sie in verteilten Rollen die Frage: „Industrialisierung" oder „Industrielle Revolution"? Berücksichtigen Sie dabei die Begriffsdefinition „Revolution" (s. S. 429).

10 **Zusatzaufgabe:** Siehe S. 410.

11 **Essay:** Schreiben Sie einen Essay, der an einem weiteren historischen Beispiel Condraus Aussage „Ein zentrales Problem bei jeder Epocheneinteilung ist zweifellos die Distanz zwischen beurteilendem Historiker und der beurteilten Epoche" (M 6, Z. 50 ff.) belegt.

Landwirtschaft in England

M8 Erfindungen in der englischen Landwirtschaft, Kupferstich, 18. Jahrhundert

M 9 Der Historiker Barrington Moore über den Wandel in der britischen Landwirtschaft, 1969

Die Historiker stimmen weitgehend darin überein, dass der Zeitraum von ungefähr 1688 bis zum Ende der napoleonischen Kriege das goldene Zeitalter der großen Landgüter war. [...] Noch niemand hat die grundsätzliche Bedeutung der Einhegungen[1] bestritten oder dass unzählige Bauern ihre Rechte auf das Gemeinland der Dörfer verloren, als die großen Gutsherren diese Ländereien vereinnahmten. Es war ein Zeitalter, in dem die landwirtschaftliche Technik verbessert wurde, z. B. durch stärkeren Einsatz von Düngemitteln, durch Einführung neuer Getreidearten und durch Fruchtwechsel. Die neuen Anbaumethoden konnten auf den Feldern, die der gemeinsamen Bewirtschaftung unterlagen, nicht zur Anwendung gelangen; sie waren für den Landwirt, der über ein geringes [...] Kapital verfügte, nur schwer zu verwirklichen. Zweifellos ist es zum großen Teil auf die höheren Gewinne und geringeren Kosten der größeren Besitze zurückzuführen, dass die Durchschnittsgröße der landwirtschaftlichen Betriebe zunahm. [...] [Der „Landkapitalist" rechtfertigte] das von ihm verursachte Elend mit der Berufung auf den Gewinn, den er [...] der Gesellschaft einbrachte. Ohne diese Vorstellungen [...] wäre es unmöglich, die Rücksichtslosigkeit der Einhegungsbewegung zu verstehen. [...] Steigende Lebensmittelpreise (durch wachsende Nachfrage) und [...] auch die Schwierigkeit, Arbeitskräfte zu finden, waren offenbar die Hauptfaktoren, die die Grundherren anreizten und zugleich zwangen, ihren Grundbesitz zu vergrößern und seine Bewirtschaftung zu rationalisieren. [...] Diese nach kommerziellen Grundsätzen geführten großen Güter zerstörten in weiten Teilen Englands das mittelalterliche bäuerliche Gemeinwesen. [...] Der Bodensatz der kleinen Leute auf dem Lande wurde auf diese Weise weggefegt; sie vergrößerten entweder das neue Heer von Tagelöhnern, das noch eine Zeit lang benötigt wurde, um Hecken, Gräben und Wege anzulegen, [...] oder sie stießen zu den armseligen Arbeitern in den [...] entstehenden Industriestädten.

*Barrington Moore, Soziale Ursprünge von Diktatur und Demokratie. Die Rolle der Grundbesitzer und Bauern bei der Entstehung der modernen Welt, übers. v. Gert H. Müller, Suhrkamp, Frankfurt/M. 1969, S. 43–45, 47–48.**

1 *Einhegungen:* Überführung von Gemeindeland oder offener Feldflur in Privatbesitz

12 Beschreiben Sie mithilfe von M 8 und M 9 den Wandel in der englischen Landwirtschaft.

13 Beurteilen Sie den Beitrag der Landwirtschaft für die industrielle Vorreiterrolle Englands.

Wirtschaftstheorie

M 10 Aus Adam Smiths Hauptwerk „Der Wohlstand der Nationen", 1776

a) Über Eigeninteresse, Gemeinwohl und die Rolle des Staates in der Wirtschaft:

Der Mensch [...] braucht fortwährend die Hilfe seiner Mitmenschen und vergeblich erwartet er diese von ihrem Wohlwollen allein. Er wird viel eher sein Ziel erreichen, wenn er ihr Selbstinteresse zu seinen Gunsten lenken und ihnen zeigen kann, dass sie auch ihren eigenen Vorteil verfolgen, wenn sie für ihn tun, was er von ihnen haben will. [...] Nicht von dem Wohlwollen des Fleischers, Brauers oder Bäckers erwarten wir das, was wir zum Essen brauchen, sondern von der Rücksichtnahme auf ihr eigenes Interesse. [...] Der Einzelne ist stets darauf bedacht, herauszufinden, wo er sein Kapital [...] so vorteilhaft wie nur irgend möglich anlegen kann. Und tatsächlich hat er dabei den eigenen Vorteil im Auge und nicht etwa den der Volkswirtschaft. Aber gerade das Streben nach seinem eigenen Vorteil ist es, das ihn ganz von selbst oder vielmehr notwendigerweise dazu führt, sein Kapital einzusetzen, wo es auch dem ganzen Lande den größten Nutzen bringt. Wenn er es vorzieht, die nationale Wirtschaft anstatt die ausländische zu unterstützen, denkt er eigentlich nur an die eigene Sicherheit, und wenn er dadurch die Erwerbstätigkeit so fördert, dass ihr Ertrag den höchsten Wert erzielen kann, strebt er lediglich nach eigenem Gewinn. Und er wird in diesem wie auch in vielen anderen Fällen von einer unsichtbaren Hand geleitet, um einen Zweck zu fördern, den zu erfüllen er in keiner Weise beabsichtigt hat. Auch für das Land selbst ist es keineswegs immer das Schlechteste, dass der Einzelne ein solches Ziel nicht bewusst anstrebt, ja gerade dadurch, dass er das eigene Interesse verfolgt, fördert er häufig das der Gesellschaft nachhaltiger. [...] Der Einzelne vermag ganz offensichtlich aus seiner Kenntnis der örtlichen Verhältnisse weit besser zu beurteilen, als es irgendein Staatsmann oder Gesetzgeber für ihn tun kann, welcher Erwerbszweig im Lande für den Einsatz seines Kapitals geeignet ist und welcher einen Ertrag abwirft, der den höchsten Wertzuwachs verspricht.

*Adam Smith, Der Wohlstand der Nationen, übers. v. Horst Claus Recktenwald, dtv, München 1978, S. 369ff.**

b) Über die Folgen der Arbeitsteilung:

Mit fortschreitender Arbeitsteilung wird die Tätigkeit der überwiegenden Mehrheit derjenigen, die von ihrer Arbeit leben, also der Masse des Volkes, nach und nach auf einige wenige Arbeitsgänge eingeengt, oft-

mals auf nur einen oder zwei. Nun formt aber die Alltagsbeschäftigung ganz zwangsläufig das Verständnis der meisten Menschen. Jemand, der tagtäglich nur wenige einfache Handgriffe ausführt, die zudem immer das gleiche oder ein ähnliches Ergebnis haben, hat keinerlei Gelegenheit, seinen Verstand zu üben. [...] Solch geistige Trägheit beraubt ihn nicht nur der Fähigkeit, Gefallen an einer vernünftigen Unterhaltung zu finden oder sich daran zu beteiligen, sie stumpft ihn auch gegenüber differenzierten Empfindungen [...] ab, sodass er auch [...] seine gesunde Urteilsfähigkeit verliert. [...] Dies aber ist die Lage, in welche die Schicht der Arbeiter, also die Masse des Volkes, in jeder entwickelten und zivilisierten Gesellschaft unweigerlich gerät, wenn der Staat nichts unternimmt, sie zu verhindern. [...]
In einer entwickelten und kommerzialisierten Gesellschaft sollte sich die Öffentlichkeit vielleicht mehr um die Erziehung des einfachen Volkes kümmern als um die der oberen Schicht. Vornehme und vermögende junge Leute sind meist achtzehn oder neunzehn Jahre alt, ehe sie sich einem Beruf zuwenden, in welchem sie sich auszuzeichnen hoffen. Zuvor steht ihnen die ganze Zeit zur Verfügung, um sich jene Kenntnisse anzueignen, [...] die ihnen allgemeine Achtung einbringen oder sie für eine solche würdig machen. Ihre Eltern oder Erzieher sorgen in der Regel hinreichend dafür, dass sie eine gute Ausbildung erhalten. [...]
Ganz anders verhält es sich mit den jungen Leuten aus der unteren Schicht. Sie haben nur wenig freie Zeit für ihre Ausbildung [...], und sobald sie arbeitsfähig sind, müssen sie sich eine Beschäftigung suchen, um ihren Lebensunterhalt selbst zu verdienen. [...]
Mit nur geringem Aufwand kann der Staat fast der gesamten Bevölkerung diese Schulausbildung erleichtern, sie dazu ermutigen, ja sogar dazu zwingen. So kann die Regierung dabei helfen, indem sie in jeder Gemeinde oder jedem Distrikt eine bescheidene Schule errichtet, in der die Kinder gegen ein geringes Schulgeld unterrichtet werden, das auch der einfache Arbeiter aufbringen kann. [...] Der Staat kann fernerhin die Schulausbildung in diesen elementaren Fächern fördern, indem er den Kindern der unteren Schicht, die sich darin auszeichnen, kleine Prämien und Zeichen der Anerkennung aussetzt.
Er kann schließlich der gesamten Bevölkerung fast ohne Ausnahme auferlegen, dass jedermann die wichtigsten Grundlagen dieser Erziehung erlernt, indem er ihn zu einer Prüfung darüber verpflichtet [...], ehe er [...] ein Gewerbe betreiben darf.

*Adam Smith, Der Wohlstand der Nationen, dtv, München 1978, S. 622ff.**

c) Über Löhne:

Unter Unternehmern besteht immer und überall eine Art stillschweigendes, aber dauerhaftes und gleichbleibendes Einvernehmen, den Lohn nicht über den jeweils geltenden Satz zu erhöhen. [...] Mitunter finden sich Unternehmer auch zusammen, um die Löhne sogar unter das bestehende Niveau zu senken. Diese Absprache geschieht bis zum Zeitpunkt der Ausführung stets in aller Stille und möglichst heimlich. [...] Doch häufig widersetzen sich die Arbeiter solchen Abreden, indem sie ihrerseits zur Gegenwehr eine Absprache treffen. Aber auch ohne solche Provokation schließen sie sich [...] aus eigenem Antrieb zusammen, um Lohnerhöhungen durchzusetzen. [...] Verzweifelt wie sie sind, handeln sie mit der ganzen Torheit und Maßlosigkeit von Menschen, die entweder am Verhungern sind oder ihre Arbeitgeber in Furcht und Schrecken versetzen müssen, damit ihre Forderungen sofort erfüllt werden. Aber auch die Unternehmer schimpfen und klagen bei solcher Gelegenheit ebenso laut über die andere Seite, rufen zu ihrer Unterstützung unablässig nach der Obrigkeit [...]. Daher haben die Arbeiter mit den Gewalttätigkeiten bei solch tumultartigen Aktionen recht selten Erfolg [...], weil entweder die Zivilbehörde einschreitet [...] oder weil sich die meisten Arbeiter aus Sorge um das tägliche Brot unterwerfen müssen.
Wenn auch solche Lohnkämpfe in der Regel zugunsten der Arbeitgeber enden, so gibt es dennoch einen bestimmten Satz, unter den der übliche Lohn selbst für die allereinfachste Tätigkeit [...] nicht gedrückt werden kann.
Der Mensch ist darauf angewiesen, von seiner Arbeit zu leben, und sein Lohn muss mindestens so hoch sein, dass er davon existieren kann. Meistens muss er sogar noch höher sein, da es dem Arbeiter sonst nicht möglich wäre, eine Familie zu gründen.

*Adam Smith, Der Wohlstand der Nationen, übers. v. Horst Claus Recktenwald, dtv, München 1978, S. 58f.**

14 Gruppenarbeit:
- **a)** Arbeiten Sie die wesentlichen Aussagen Adam Smiths heraus (M 10).
- **b)** Erläutern Sie, in welchem Verhältnis Smiths Aussagen zur Industrialisierung in England stehen.

15 Vertiefung: Analysieren Sie M 10 im Hinblick auf die Funktion des Staates im Wirtschaftsprozess.

16 Diskussion: Unter Berufung auf Adam Smith wurde und wird immer wieder behauptet, der Markt zeitige automatisch optimale Ergebnisse, wenn er nur vom Staat nicht reguliert und von Gewerkschaftsforderungen nicht gestört werde. Diskutieren Sie dies auf der Grundlage Ihrer Arbeitsergebnisse.

Eine Statistik auswerten

Statistiken sind in der Geschichtswissenschaft, insbesondere in der Wirtschafts- und Sozialgeschichte, eine eigenständige Form der historischen Quelle. Genau genommen handelt es sich um eine Mischform aus Quelle und Darstellung: Einerseits stützen sie sich auf **sicheres Datenmaterial**, z. B. von Behörden oder Umfrageinstituten, andererseits nimmt der Autor der Statistik durch Auswahl und Zusammenstellung der Daten bereits eine **Deutung** vor. Denn Statistiken sollen häufig nicht nur informieren, sondern auch Thesen belegen und Meinungsbildung steuern. So objektiv Statistiken aufgrund präziser Zahlenangaben also auf den ersten Blick erscheinen, so sind sie immer auch Ausschnitte von komplexen historischen Sachverhalten bzw. Perspektiven auf diese.
Statistische Daten begegnen uns als **Zahlentabelle** oder als **Diagramm**. Die in Tabellen aufgeführten Zahlen können unterschiedlich sein. Daher ist es notwendig, genau die Einheit zu benennen, in der die Werte angegeben sind, sowie den Zeitraum, auf den sich diese Werte beziehen. Die verwendete Einheit wird häufig in der Legende oder in der Tabelle selbst angegeben. Möglich sind absolute Werte wie Euro oder Tonne sowie relative Werte wie Prozent oder ein Orientierungswert auf einen Index, der alle Daten an einer Bezugsgröße ausrichtet, der z. B. der Wert 100 zugeordnet wird.

Arbeitsschritte

1. Leitfrage

- Welche Fragestellung bestimmt die Untersuchung der Statistik?

2. Analyse

Formale Aspekte
- Wer ist der Autor und/bzw. Auftraggeber?
- Wann und wo wurde sie veröffentlicht?
- Was thematisiert die Statistik?
- Welche Darstellungsform (Tabelle oder Diagramm) liegt vor?

Inhaltliche Aspekte
- Welcher geografische Raum bzw. welche Räume werden erfasst?
- Auf welchen Zeitraum bezieht sich die Statistik? Gibt es ggf. Lücken?
- Welche Einheiten (absolute Werte, z. B. Dollar, Tonnen; relative Werte, z. B. Prozent, Index) werden in den Zeilen und Spalten bzw. Graphen verwendet?
- Welche Daten werden wie aufeinander bezogen (z. B. Jahreszahlen und Bevölkerungszahlen)?
- Welche Einzelinformationen (Schwerpunkte, Ausschläge, regelhafte Verläufe, Zusammenhänge; ggf. bei Vergleich von Regionen: Gemeinsamkeiten und Unterschiede) ergeben sich?
- Welche Intention verfolgte(n) Autor und/bzw. Auftraggeber?

3. Historischer Kontext

- Auf welchen historischen Sachverhalt (Epoche, Ereignis, Prozess) bezieht sich die Statistik?

4. Urteil

- Worüber gibt die Statistik keine Auskunft?
- Gibt es Hinweise auf Manipulationen?
- Mit welchen anderen Statistiken und/oder Quellen lässt sich die Statistik ggf. vergleichen bzw. überprüfen?
- Welche Gesamtaussage lässt sich im Hinblick auf die Leitfrage formulieren?

Beispiel

M1 Beschäftigtenanteile der volkswirtschaftlichen Hauptsektoren in Deutschland 1800–1907 (in %)

Jahr	Landwirtschaft	Industrie und Gewerbe	Dienstleistungen
1800	61,8	21,3	16,9
1825	59,0	22,0	19,0
1846	56,8	23,6	20,4
1855	53,9	25,4	20,6
1861	51,7	27,3	21,0
1871	49,3	28,9	21,8
1882	42,2	35,6	22,2
1895	36,6	38,9	24,8
1907	34,0	40,0	26,0

Zahlen nach: Toni Pierenkemper, Umstrittene Revolutionen. Die Industrialisierung im 19. Jahrhundert, Fischer Taschenbuch, Frankfurt/M. 1996, S. 95.

M2

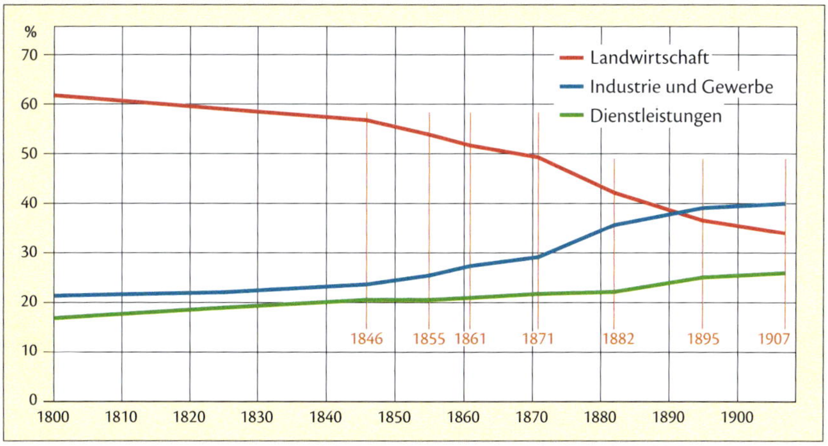

M3

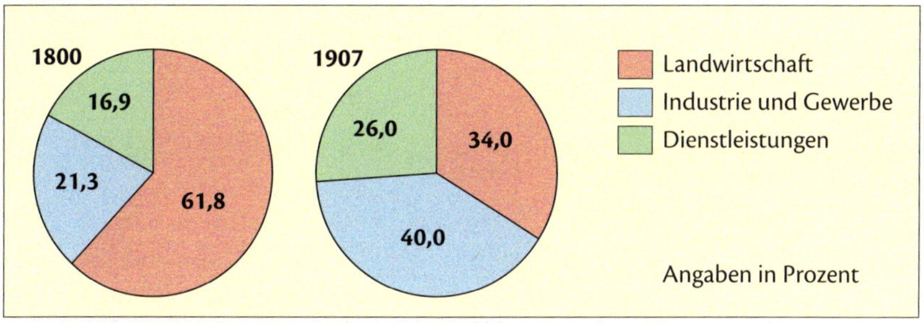

1 Untersuchen Sie die Tabelle anhand der Arbeitsschritte.

2 Diskutieren Sie die Vor- und Nachteile der unterschiedlichen Darstellungsformen.

Formulierungshilfen

- Die Statistik zeigt ...
- In der Tabelle werden ... verglichen
- ... die Entwicklung von ... bis/über einen Zeitraum von ... Jahren
- Im Vergleich dazu ... zeigt sich ...
- Vergleicht man die Entwicklung von ... mit ...
- Der Anteil ... nimmt zu/ab
- An dieser Stelle überholt ...
- ... spielte eine starke/schwache Rolle
- ... gewann/verlor Bedeutung
- Besonders auffällig ist ...
- Zusammenfassend lässt sich sagen, dass ...

M 1 **Beschäftigtenanteile der volkswirtschaftlichen Hauptsektoren in Deutschland 1800–1907 (in %)**

Jahr	Landwirtschaft	Industrie und Gewerbe	Dienstleistungen
1800	61,8	21,3	16,9
1825	59,0	22,0	19,0
1846	56,8	23,6	20,4
1855	53,9	25,4	20,6
1861	51,7	27,3	21,0
1871	49,3	28,9	21,8
1882	42,2	35,6	22,2
1895	36,6	38,9 [1]	24,8
1907	34,0	40,0	26,0

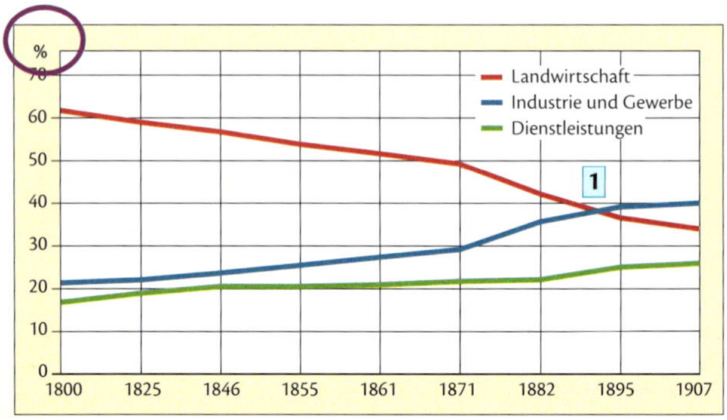

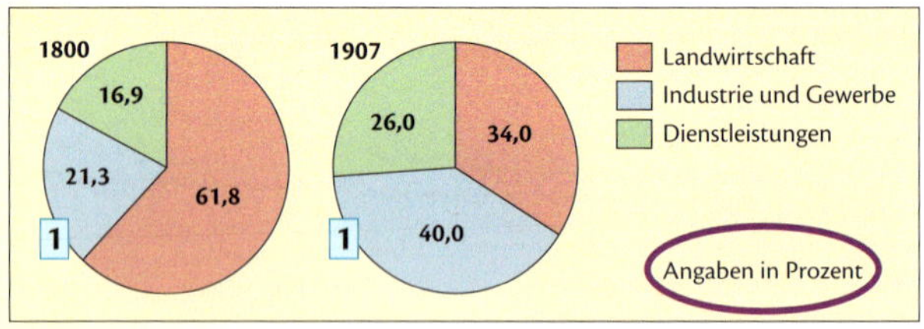

Lösungshinweise

Zu 1: Leitfrage

- Mögliche Untersuchungsfrage: Wie entwickelte sich die Beschäftigung in den einzelnen Wirtschaftssektoren während der Industrialisierung?

Zu 2: Analyse

Formale Aspekte

- Darstellungsform: Tabelle
- Autor: Toni Pierenkemper (1944–2019), Wirtschaftshistoriker
- Erscheinungsdatum: 1996, Autor beruft sich auf andere wissenschaftliche Veröffentlichungen aus den Jahren 1973, 1982 und 1987
- Anlass und Erscheinungsort: wissenschaftliche Veröffentlichung über die Geschichte der Industrialisierung im 19. Jh.

Inhaltliche Aspekte

- Thema: Entwicklung der Beschäftigten in den volkswirtschaftlichen Hauptsektoren der deutschen Wirtschaft 1800 bis 1913
- Zahlenwerte: Zeitangaben (Jahreszahlen) und Prozentangaben, keine absoluten Zahlen
- Kategorien, die in Beziehung gesetzt werden: Jahreszahlen zu Beschäftigtenanteilen; Beschäftigte in Landwirtschaft, Industrie und Gewerbe sowie Dienstleistungen
- Einzelinformationen: Der Anteil der Beschäftigten in der Landwirtschaft nimmt stark ab; der Anteil der Beschäftigten in Industrie und Gewerbe nimmt stark zu und überholt Ende des Jahrhunderts den Beschäftigtenanteil der Landwirtschaft [1]; der Anteil der im Dienstleistungsbereich Beschäftigten nimmt leicht zu.
- Zusammenhänge: Die relative Bedeutung des Agrarbereichs nimmt ab, die des gewerblichen Bereiches nimmt zu (M 1); innerhalb des industriellen/gewerblichen Bereiches nimmt die Bedeutung der Industrie in dem Maße zu, wie die des Verlagswesens abnimmt.
- Intention: Der Autor will seine Forschungsergebnisse mit empirischem Zahlenmaterial absichern, d. h. Belege für seine These anführen; die wissenschaftliche Seriosität soll verdeutlicht werden.
- Hinweise auf Manipulationen: keine

Zu 3: Historischer Kontext

- Zeitraum/Epoche: Industrialisierung im 19. Jahrhundert
- Geografischer Raum: Deutschland

Zu 4: Urteil

- Industrialisierung bedeutet sektoralen Wandel: Die Bedeutung der Agrarproduktion ging im 19. Jahrhundert deutlich zurück; der industrielle Sektor wuchs stark an; die Dienstleistungsproduktion konnte ihren Anteil an der Gesamtproduktion leicht verbessern.

1.2 Der Durchbruch der Industrialisierung in Deutschland

In diesem Kapitel geht es um
- *die Ursachen und Voraussetzungen der späten Entwicklung der Industrialisierung in Deutschland,*
- *die besondere Rolle des Eisenbahnbaus als Schrittmacher in diesem Prozess,*
- *die aktive wirtschaftspolitische Rolle des preußisch-deutschen Staats sowie*
- *die „Zweite Industrielle Revolution“ auf der technologischen Basis der Elektrotechnik und Chemie.*

Nachzügler Deutschland

Deutschland war in der ersten Phase der Industrialisierung im Vergleich mit England ein „Entwicklungsland“. Erst in der zweiten Hälfte des 19. Jahrhunderts beschritt Deutschland den Weg zum Industriestaat. Diese **späte Entwicklung** hatte sowohl politische als auch wirtschaftliche Gründe. Die Entstehung eines nationalen Marktes wurde durch zahlreiche Binnenzölle, verschiedene Währungen, Maß-, Münz- und Gewichtssysteme, welche die **politische und territoriale Zersplitterung Deutschlands** mit sich brachten, verhindert. Allein in Preußen beispielsweise galten 67 lokale Zolltarife. Eingriffe der absolutistischen Herrscher in die Wirtschaft, z. B. Ein- und Ausfuhrbeschränkungen sowie Produktionsmonopole, erschwerten ebenso die Herausbildung eines freien Handels.

▶ **M 2: Friedrich List über Zollpolitik**

▶ **M 3: Karikatur**

Die preußischen Reformen
Oktoberedikt 1807: Beendigung der Leibeigenschaft (personengebundene Erbuntertänigkeit) der Bauern; Recht auf Eigentumserwerb; Freiheit der Berufswahl
Städteordnung 1808: Einführung der kommunalen Selbstverwaltung
Verwaltungsreform 1808: Schaffung der fünf klassischen Fachministerien (Inneres, Finanzen, Auswärtiges, Krieg und Justiz) anstelle des früheren preußischen „Generaldirektoriums“; Gliederung des Staates in Regierungsbezirke
Aufhebung der Zunftordnungen und Gewerbefreiheit 1810/11: Abschaffung des Zunftzwangs und Einführung der Gewerbefreiheit
Steuerreform 1810–1812: Vereinheitlichung des Steuersystems, z. B. durch eine einheitliche Gewerbesteuer und einheitliche Verbrauchssteuern

Der Beginn der Industrialisierung in Deutschland

In der zweiten Hälfte des 19. Jahrhunderts setzte in Deutschland der Abbau politischer und wirtschaftlicher Hemmnisse ein. Vorreiterrollen übernahmen dabei Preußen und Bayern. Die Niederlage Preußens in den Koalitionskriegen gegen Napoleon 1806 hatte die Rückständigkeit des Landes offenbart. Mit einem umfangreichen Reformprogramm* sollte Preußen modernisiert werden. Zu den Kernpunkten gehörten die **Abschaffung der Leibeigenschaft** und die **Einführung der Gewerbefreiheit,** die entscheidende Voraussetzungen für den Durchbruch der Industrialisierung bildeten. Mehrere deutsche Staaten begannen nun die rechtlichen Hindernisse für einen Wirtschaftsaufschwung nach und nach zu beseitigen und Bedingungen für die Entstehung freier Arbeits-, Kapital- und Bodenmärkte zu schaffen. Die Abschaffung der Binnenzölle sowie die Gründung des **Deutschen Zollvereins 1834** bedeuteten die Aufhebung von hinderlichen Zollschranken. Unter preußischer Führung schloss sich ein Großteil der deutschen Staaten zu einem einheitlichen Wirtschaftsraum zusammen. Zwischen den verschiedenen Landeswährungen wurde ein fester Wechselkurs vereinbart. Weitere Schritte zur **Vereinheitlichung des deutschen Wirtschaftsraumes** waren nach der Reichsgründung die Einrichtung der Zentralnotenbank 1875 und die Schaffung einer Einheitswährung 1876 („Deutsche Mark“).

Der Deutsche Zollverein
trat durch den am 22. März 1833 unterzeichneten Zollvereinigungsvertrag am 1. Januar 1834 in Kraft und war ein Zusammenschluss von Staaten des Deutschen Bundes unter der Führung Preußens für den Bereich der Zoll- und Handelspolitik. Ziel des Zollvereins war die Schaffung eines wirtschaftlichen Binnenmarkts und die Vereinheitlichung steuerlicher Rahmenbedingungen.

„Motor“ Eisenbahn

Übernahm in England die Textilindustrie die Rolle des Schrittmachers für die Industrialisierung, leistete in Deutschland der **Eisenbahnbau** diesen Dienst. 1835 fuhr die erste Eisenbahn in Deutschland (England: 1825/28) zwischen Nürnberg und Fürth – auf einer Länge von 6,5 km. Der Staat unterstützte den Ausbau des überwiegend privat finanzier-

▶ **M 4: Wirkungen des Eisenbahnbaus**

▶ **M 6: Heinrich Heine über die Eisenbahn**

M1 Industrialisierung in Deutschland 1830 bis 1914

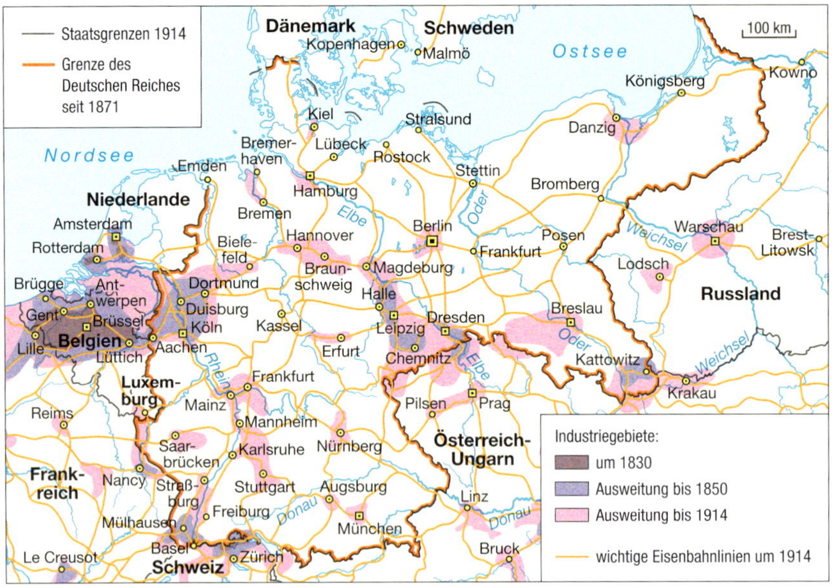

ten Eisenbahnnetzes, indem er z. B. die Gründung von Aktiengesellschaften zuließ. Bereits 1850 hatte das deutsche Streckennetz eine Länge von ca. 6 000 km. Der wachsende Bedarf an Schienen, Lokomotiven und Waggons brachte für die Bereiche Eisenerz- und Steinkohleförderung sowie Eisenverarbeitung und Maschinenbau einen starken Entwicklungsschub mit sich. Die neu entstandenen Industrien schufen wie der Streckenbau und der Eisenbahnbetrieb eine wachsende Zahl von Arbeitsplätzen. Vor allem das Ruhrgebiet, aber auch Oberschlesien, entwickelte sich dabei wegen der Steinkohlevorkommen zur schwerindustriellen Führungsregion.

Konjunktur
Periodisch wiederkehrende Schwankungen einer Volkswirtschaft oder der Weltwirtschaft. Ein Konjunkturkreislauf besteht in der Regel aus vier Phasen:
1. Aufschwung (Gewinne, Investitionen und Beschäftigung steigen);
2. Hochkonjunktur (hohe Gewinne und Vollbeschäftigung);
3. Abschwung (sinkende Gewinne und Investitionen, mehr Arbeitslose);
4. Konjunkturkrise oder Depression (wenig Investitionen, hohe Arbeitslosigkeit).

Deutschland wird Industrienation

1870 überholte Deutschland das Nachbarland Frankreich in der Roheisenproduktion. Mit **Elsass-Lothringen,** das nach dem Deutsch-Französischen Krieg 1870/71 annektiert worden war, gewann das neu gegründete Deutsche Kaiserreich ein an Eisenerzvorkommen reiches Gebiet hinzu. Die Reparationen, die Frankreich nach dem verlorenen Krieg an Deutschland zahlen musste, wirkten in vielen Industriebereichen als Anschubfinanzierung und lösten den Boom der „Gründerjahre" aus. Schon früh zeigte sich jedoch die Krisenanfälligkeit des kapitalistischen Wirtschaftssystems: Die sogenannte **„Große Depression"** (1873–1895/96) wurde ausgelöst durch den „Gründerkrach" von 1873, einen Zusammenbruch der weltweiten Finanzmärkte infolge einer **Überhitzung der Aktienmärkte.** Dem Kurssturz an den Börsen folgte ein Konjunkturtief*.

▶ **M 7: Werner Plumpe über die „Große Depression"**

▶ **M 8: Gemälde von Christian Ludwig Bokelmann**

Staat und Wirtschaft

Die Krise führte zu einer wirtschaftspolitischen Umorientierung: War die preußische und später die deutsche Handelspolitik der 1860er- und beginnenden 1870er-Jahre ganz auf den Freihandel ausgerichtet gewesen, verstärkten sich jetzt die Bestrebungen zum Protektionismus* und zur Schutzzollpolitik*. Dabei wirkten die Interessen der von der Einfuhr billigen Eisens bedrohten Schwerindustrie und der Landwirtschaft zusammen. Mit den Zollgesetzen von 1879 führte der Staat Zölle auf Eisen und Industriewaren sowie auf Getreide ein; auch die Textilzölle wurden erhöht. Die gestiegenen Zölle konnten zwar nicht die englische Konkurrenz ausschalten, verbesserten aber die Wettbewerbslage der einheimischen Industrie und förderten deren weiteren Ausbau.

Protektionismus
Bezeichnung für wirtschaftspolitische Maßnahmen eines Staates zur Abwehr ausländischer Konkurrenz. Neben der Setzung von technischen Normen (z. B. dem deutschen „Reinheitsgebot" beim Bier), die Importgüter erfüllen müssen, sind Zölle das wirksamste Instrument, um die heimische Wirtschaft und ihren Absatz zu schützen.

Schutzzollpolitik
von Otto von Bismarck 1878/79 eingeleitete protektionistische Maßnahmen zum Schutz der deutschen Wirtschaft

Angesichts des steigenden Imports ausländischer Produkte und des ausbaufähigen Inlandsmarktes forderte die Großindustrie statt Schutzzöllen noch rigorosere Zollmauern. Durch Ausschluss der ausländischen Konkurrenz sollten die durch die gewaltige Produktionssteigerung sinkenden Preise aufgefangen und Gewinne verteidigt werden. Dies wurde vor allem durch die Zusammenschlüsse zu Kartellen* ermöglicht. Der Ausbau der Industrie wurde in Deutschland – wie auch in anderen europäischen Ländern – nicht nur durch die Privatinitiative von Unternehmern, sondern auch vom Staat vorangetrieben. Der preußische Staat verstärkte seine Position in der Wirtschaft, indem er nach 1875 die damals ertragreichen Eisenbahnen verstaatlichte. Länder und Gemeinden beteiligten sich am Ausbau der staatlichen Bergwerke und Eisenbetriebe. Die Städte übernahmen Elektrizitätswerke, Gas- und Wasserwerke, Straßenbahnen und Schlachthäuser oder errichteten eigene Betriebe. Am Vorabend des Ersten Weltkrieges besaß das Deutsche Reich daher ein **gemischtes Wirtschaftssystem,** in dem das öffentliche Eigentum kaum hinter dem privaten zurückblieb. Ganz in Staatseigentum waren übergegangen: Post, Telefon, Telegraf (mit Ausnahme der Überseekabel) und Eisenbahnen. Fast vollständig in Gemeinde- oder gemischtwirtschaftlichem Eigentum standen Gas- und Wasserwerke, Straßenbahnen, Kraftwerke. Überdies gab es mehrere starke Staatsbanken; das Sparkassenwesen lag in den Händen der Kommunen.

Kartelle
Zusammenschluss juristisch und wirtschaftlich weitgehend selbstständig bleibender Unternehmen der gleichen Wirtschaftsstufe zur Marktbeherrschung durch Wettbewerbsbeschränkung (Preis-, Mengen- und Gebietsabsprachen)

„Zweite Industrielle Revolution"

Ende des 19. Jahrhunderts entwickelte sich Deutschland zur **drittgrößten Industrienation** (nach den USA und Großbritannien) und trat in die entscheidende Phase seiner Industrialisierung ein, die häufig auch als **„Zweite Industrielle Revolution"** bezeichnet wird. Der enorme wirtschaftliche Aufschwung in dieser Zeit lässt sich besonders deutlich an den **Beschäftigtenzahlen** ablesen: Arbeitete bei der Gründung des Kaiserreichs 1871 noch etwa die Hälfte aller Beschäftigten in der Landwirtschaft, so war dies vor dem Ersten Weltkrieg (1914–18) nur noch ca. ein Drittel.
Für diese zweite Industrialisierungswelle sorgten vor allem die forschungsorientierte **Elektro- sowie die Chemieindustrie**, welche die Schwerindustrie und den Maschinenbau als Führungsbranchen ablösten. In der **Elektroindustrie**, die das schnellste Produktionswachstum verzeichnete, wurde nun Deutschland zum Pionierland. Durch die Erfindung der Dynamomaschine konnte mechanische in elektrische Energie umgewandelt werden. Der Elektromotor, der die umweltschädliche Dampfmaschine ablöste, sowie isolierte Kabel ermöglichten es, fast beliebig Energie herzustellen und zu verteilen. Um die Energienachfrage, vor allem infolge der **Urbanisierung** (siehe S. 58 ff.), zu befriedigen, wurden Kraftwerke zur Stromerzeugung und Hochspannungsnetze errichtet. Sie stellten beispielsweise die öffentliche und private Beleuchtung in den Städten sicher. Als führende Unternehmen in der Elektroindustrie etablierten sich die Firmen Siemens & Halske und die Berliner Allgemeine Elektricitäts-Gesellschaft (AEG), die vor Beginn des Ersten Weltkriegs 75 Prozent der elektrotechnischen Produkte herstellten.

▶ **M 9: Werner Kurzlechner über Kartellbildung in der Elektroindustrie**

1 Fassen Sie die Gründe für das späte Einsetzen der Industrialisierung in Deutschland zusammen.
2 **Partnerarbeit:** Bearbeiten Sie zunächst arbeitsteilig die Aufgaben a) und b). Überprüfen Sie anschließend gegenseitig Ihre jeweiligen Ergebnisse.
  a) Erläutern Sie die Voraussetzungen für den Durchbruch der Industrialisierung in Deutschland.
  b) Analysieren Sie die Karte M 1 „Industrialisierung in Deutschland".
3 **Wahlaufgabe:** Bearbeiten Sie entweder Aufgabe a) oder b).
  a) Charakterisieren Sie das Verhältnis von Staat und Wirtschaft während der Industrialisierung in Deutschland.
  b) Beschreiben Sie die Kennzeichen der „Zweiten Industriellen Revolution".

Hinweise zur Arbeit mit den Materialien
In den folgenden Materialien wird zunächst auf das Problem der Zollschranken in Deutschland in der ersten Hälfte des 19. Jahrhunderts eingegangen (M 2 und M 3). M 4 und M 5 gibt Ihnen einen Überblick über die Entwicklung des Eisenbahnbaus in Deutschland und seine Bedeutung als Schrittmacher für die Industrialisierung. M 6 verdeutlicht, wie stark diese Innovation viele Menschen in Europa bewegt hat. Die Krisenanfälligkeit des neuen kapitalistischen Systems zeigte sich bereits ab 1873 in der „Großen Depression" (M 7 und M 8). Wie der Staat zunehmend aktiv in die wirtschaftliche Entwicklung eingriff, um den Industrialisierungsprozess weiter zu fördern und abzusichern, wird in M 9 dargestellt.

Nachzügler Deutschland

M 2 Der Wirtschaftswissenschaftler und Politiker Friedrich List (1789–1846) über Zollpolitik, 1819

Vernünftige Freiheit ist die Bedingung aller physischen und geistigen Entwicklung des Menschen. Wie der menschliche Geist niedergehalten wird durch Bande des Gedankenverkehrs, so wird der Wohlstand der Völker gebeugt durch Fesseln, welche der Produktion und dem Verkehr materieller Güter angelegt werden. Nur alsdann werden die Völker der Erde den höchsten Grad physischen Wohlstandes erreichen, wenn sie allgemeinen, freien, unbeschränkten Handelsverkehr unter sich festsetzen. Wollen sie sich aber gegenseitig recht schwächen, so müssen sie nicht nur die Ein- und Ausfuhr und den Durchgang fremder Güter durch Verbote, Auflagen, Sperrung der Schifffahrt usw. erschweren, sondern die gegenseitige Kommunikation ganz aufheben. Achtunddreißig Zoll- und Mautlinien in Deutschland lähmen den Verkehr im Innern und bringen ungefähr dieselbe Wirkung hervor, wie wenn jedes Glied des menschlichen Körpers unterbunden wird, damit das Blut ja nicht in ein anderes überfließe. Trostlos ist dieser Zustand für Männer, welche wirken und handeln möchten: mit neidischen Blicken sehen sie hinüber über den Rhein, wo ein großes Volk vom Kanal bis an das mittelländische Meer, vom Rhein bis an die Pyrenäen, von der Grenze Hollands bis Italien auf freien Flüssen und offenen Landstraßen Handel treibt, ohne einem Mautner zu begegnen.

*Friedrich List, Gesammelte Schriften, 2. Teil, Cotta, Stuttgart 1850, S. 15ff.**

M 3 „Gränzverlegenheit", Karikatur aus den Fliegenden Blättern, 1848.
Bildunterschrift: „Sie sehen, Herr Gränzwächter, daß ich nix zu verzolle hab'; denn was hinte auf'm Wage ist, hat die Lippi'sche Gränz noch nit überschritten, in der Mitt ist nix, und was vorn drauf is, ist schon wieder über der Lippischen Gränze drüben."

Gränzverlegenheit.

„Sie sehen, Herr Gränzwächter, daß ich nix zu verzolle hab', denn was hinte auf'm Wagen ist, hat die Lippi'sche G

4 Partnerarbeit: Bearbeiten Sie zunächst arbeitsteilig die Aufgaben a) und b). Beurteilen Sie anschließend, weshalb die Zollschranken ein wesentliches Hindernis für die Entwicklung der deutschen Industrie waren.

a) Formulieren Sie das von Friedrich List beschriebene Problem der Zollschranken in Deutschland (M 2).

b) Analysieren Sie die Karikatur M 3.

Ausbau des Eisenbahnsystems

M4 Wirtschaftliche Wirkungen des Eisenbahnbaus 1860–1900

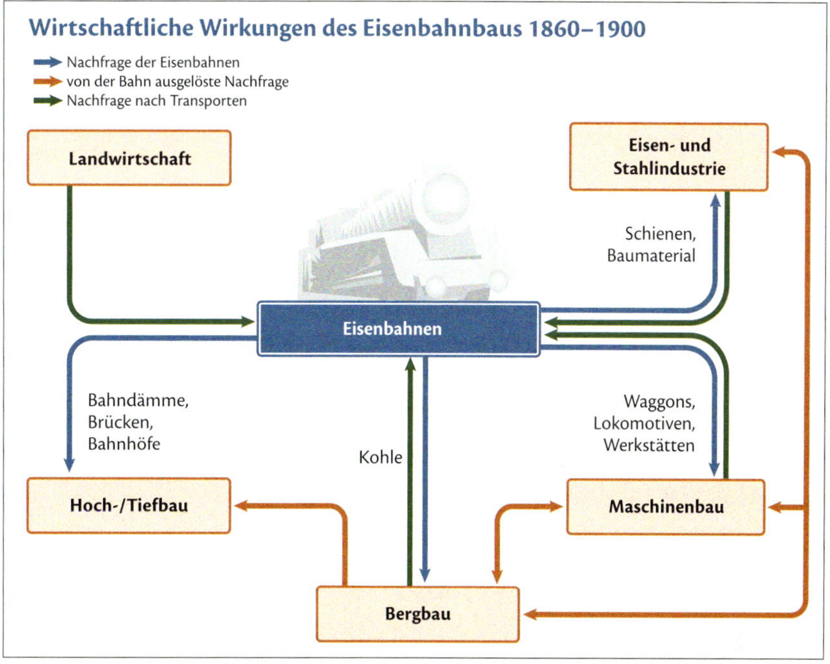

5 Erklären Sie die wirtschaftlichen Wirkungen des Eisenbahnbaus.

M5 Die Entwicklung der Wirtschaft in Großbritannien und Deutschland 1840 bis 1910

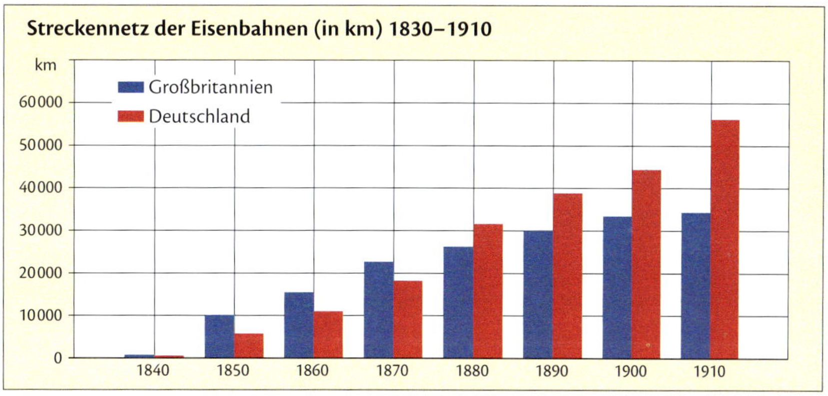

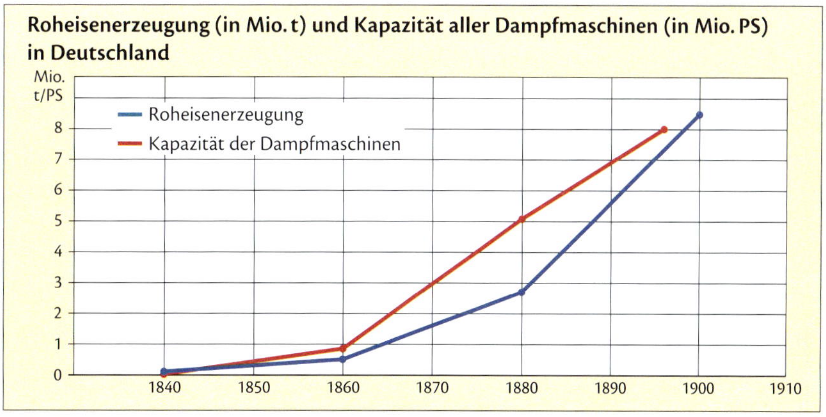

Nach: Wolfgang Köllmann, Die Industrielle Revolution, Klett, Stuttgart 1972, S. 19–21.

6 **Gruppenarbeit:** Analysieren Sie die Materialien M 1 (siehe S. 28), M4 und M 5. Erläutern Sie anschließend gemeinsam die wirtschaftliche Wirkung des Eisenbahnbaus und klären Sie hierbei den Begriff der „industriellen Schrittmacherindustrie".

M6 Heinrich Heine über die Eisenbahn, 1843

Der in Paris im Exil lebende deutsche Dichter schrieb 1843 für die „Augsburger Allgemeine Zeitung" folgenden Bericht:

Aber die Zeit rollt rasch vorwärts, unaufhaltsam, auf rauchenden Dampfwagen, und die abgenutzten Helden der Vergangenheit, die alten Stelzfüße abgeschlossener Nationalität, die Invaliden und Inkurabeln[1], werden wir bald aus den Augen verlieren.

Die Eröffnung der beiden neuen Eisenbahnen, wovon die eine nach Orléans, die andere nach Rouen führt, verursacht hier eine Erschütterung, die jeder mitempfindet, wenn er nicht etwa auf einem sozialen Isolierschemel steht. Die ganze Bevölkerung von Paris bildet in diesem Augenblick gleichsam eine Kette, wo einer dem andern den elektrischen Schlag mitteilt. Während aber die große Menge verdutzt und betäubt die äußere Erscheinung der großen Bewegungsmächte anstarrt, erfasst den Denker ein unheimliches Grauen, wie wir es immer empfinden, wenn das Ungeheuerste, das Unerhörteste geschieht, dessen Folgen unabsehbar und unberechenbar sind. Wir merken bloß, dass unsre ganze Existenz in neue Gleise fortgerissen, fortgeschleudert wird, dass neue Verhältnisse, Freuden und Drangsale uns erwarten, und das Unbekannte übt seinen schauerlichen Reiz, verlockend und zugleich beängstigend. So muss unsern Vätern zumut gewesen sein, als Amerika entdeckt wurde, als die Erfindung des Pulvers sich durch ihre ersten Schüsse ankündigte, als die Buchdruckerei die ersten Aushängebogen des göttlichen Wortes in die Welt schickte. Die Eisenbahnen sind wieder ein solches providentielles[2] Ereignis, das der Menschheit einen neuen Umschwung gibt, das die Farbe und Gestalt des Lebens verändert; es beginnt ein neuer Abschnitt in der Weltgeschichte, und unsre Generation darf sich rühmen, dass sie dabei gewesen. Welche Veränderungen müssen jetzt eintreten in unsrer Anschauungsweise und in unsern Vorstellungen! Sogar die Elementarbegriffe von Zeit und Raum sind schwankend geworden. Durch die Eisenbahnen wird der Raum getötet, und es bleibt uns nur noch die Zeit übrig. Hätten wir nur Geld genug, um auch letztere anständig zu töten! In vierthalb Stunden reist man jetzt nach Orléans, in ebenso viel Stunden nach Rouen. Was wird das erst geben, wenn die Linien nach Belgien und Deutschland ausgeführt und mit den dortigen Bahnen verbunden sein werden! Mir ist, als kämen die Berge und Wälder aller Länder auf Paris angerückt. Ich rieche schon den Duft der deutschen Linden; vor meiner Türe brandet die Nordsee.

*Heinrich Heine, Lutetia – Zweiter Teil, LVII, zit. nach: Heinrich Heine, Sämtliche Schriften, hg. v. Klaus Briegleb, Bd. 5, dtv, München 1997, S. 448 f.**

1 *Inkurabeln:* die Unheilbaren
2 *providentiell:* von der Vorsehung bestimmt

7 Arbeiten Sie heraus, wie Heinrich Heine die Bedeutung der Eisenbahn einschätzt und welche Ängste und Hoffnungen er damit verbindet.

8 Beurteilen Sie, inwieweit diese Ängste und Hoffnungen aus heutiger Sicht berechtigt waren.

Krisen und die Rolle des Staates

M7 Der Historiker Werner Plumpe über die „Große Depression", 2013

In der Folge kam es in Deutschland wie weltweit zu einem schweren konjunkturellen Einbruch. Produktion und Absatz gingen zurück, die Preise fielen und auch die Investitionen brachen ein. Eine regelrechte Depression setzte ein, die zwar faktisch nur bis 1878/79 andauerte, aber das Klima bis in die 1890er-Jahre zu bestimmen schien („Große Depression"). [...]

Bei den Zeitgenossen der 1880er- und 1890er-Jahre herrschte nicht zuletzt wegen der deflationären[1] Konstellation eine „pessimistische und unzufriedene Grundstimmung" (Hans Rosenberg). [...]

Die Jahre zwischen 1873 und 1895 waren insgesamt nicht, wie man lange Zeit vermutet hat, eine Phase der Stagnation, sondern des verminderten Wachstums unter deflationären Bedingungen. Diese bewirkten sinkende Margen und Erträge, sodass die Stimmung in den Unternehmen schlecht war, ein Stimmungstief, das nach der Euphorie der Gründerjahre die ganze Gesellschaft erfasste. Vor allem verlor der Wirtschaftsliberalismus, der in der Gründerzeit das öffentliche Denken bestimmt hatte und bei der Liberalisierung des Aktienrechtes Pate stand, an Überzeugungskraft. Der Aufstieg der wissenschaftlichen „Socialpolitik"[2] als Hauptströmung der Wirtschaftswissenschaft in Deutschland in jenen Jahren war nicht nur eine Frage nach der richtigen staatlichen Sozialpolitik, sondern betraf auch die Grundlagen des ökonomischen Denkens, das [...] zumindest in Deutschland dem Staat wieder eine sehr viel aktivere Rolle zubilligte. Die Zeit der liberalen Dominanz war vorüber. Ein ganzes Bündel von Maßnahmen, die in den Jahren nach 1873 ergriffen wurden, gehört in

dieses Bild. Die erneute Änderung des Aktienrechts und die Verstärkung des Gläubigerschutzes 1884 sind hier ebenso zu nennen wie die Mischung aus Zuckerbrot und Peitsche, die mit Sozialistengesetz[3] und staatlicher Sozialversicherung zwischen 1878 und 1887 verfolgt wurde.
Zugleich beendete das Deutsche Reich, ebenso wie alle anderen Mächte mit Ausnahme Großbritanniens und der Niederlande, die Zeit des unbedingten Freihandels.

*Werner Plumpe, Wirtschaftskrisen. Geschichte und Gegenwart, 4. Aufl., C. H. Beck, München 2013, S. 65–68.**

1 *Deflation:* Rückgang des Preisniveaus für Güter und Dienstleistungen aufgrund einer Absatzkrise
2 *Sozialpolitik:* Siehe M 7, S. 46.
3 *Sozialistengesetz:* Siehe Marginalie S. 42.

9 Analysieren Sie die Ursachen und Wirkungen der „Großen Depression".
Tipp: Unterscheiden Sie zwischen den objektiven wirtschaftlichen Daten und den subjektiven Sichtweisen der Zeitgenossen.

10 **Wahlaufgabe/Internetrecherche:** Bearbeiten Sie zunächst Aufgabe a) und dann entweder b) oder c).
a) Sammeln Sie Informationen über Ursachen, Verlauf und Folgen der ersten Weltwirtschaftskrise 1857.
b) Beschreiben Sie jeweils in einem Vergleich mit der „Großen Depression" Gemeinsamkeiten und Unterschiede.
c) Vergleichen Sie diese erste Weltwirtschaftskrise mit einer weiteren Ihnen bekannten Wirtschaftskrise.

M 8 Sparer versammeln sich vor der Wiener Volksbank kurz vor deren Zusammenbruch, Gemälde von Christian Ludwig Bokelmann, 1877

11 **Geschichte kreativ:** Über was sich die Menschen auf dem Gemälde wohl unterhalten? Suchen Sie sich ein Paar/eine Gruppe aus und schreiben Sie eine Gesprächsszene, die Sie im Plenum vortragen.
Tipp: Achten Sie auch auf die Elemente, mit denen der Maler die Stimmung während des Bankenkrachs darstellt.

M9 Der Wirtschaftshistoriker Werner Kurzlechner über Kartellbildung in der Elektroindustrie um 1900, 2008

Eine neue Phase der Kartellierung setzte ein, als dem Rausch der Reichsgründung 1871 ein genauso heftiger Kater folgte. In der durch die Krise von 1873 ausgelösten und bis 1879 andauernden Rezession suchten immer mehr Unternehmen, einen Konkurs durch die Gründung von Kartellen abzuwehren. Die Bezeichnung „Kartell" für wettbewerbsbeschränkende Absprachen führte der österreichische Jurist und Nationalökonom Friedrich Kleinwächter ein. [...] Und er lieferte mit seinem Diktum, Kartelle seien „Kinder der Not", zugleich die ideale Rechtfertigung für ihre Errichtung. Diese Deutung trifft bedingt auf einen Teil der frühen Kartelle zu und zeitlich höchstens noch für die erneute Krise Ende der 1880er-Jahre. In dieser Phase ging die Initiative nicht zwingend von den Unternehmern selbst aus: Im Kalisektor[1] setzen 1876 preußische Administratoren die Kartellierung durch, in anderen Fällen spielten Banken die entscheidende Rolle. Die Kartellbildung nahm auch während der von 1890 bis zum Ersten Weltkrieg anhaltenden Hochkonjunktur weiter Fahrt auf. Offensichtlich wollten die Unternehmer zur Stabilisierung ihrer Märkte darauf nicht mehr verzichten, ein Zuwachs an Berechenbarkeit in den Kalkulationen war ihnen höchst willkommen. Sie erkannten Kartelle als strategisches Instrument der Unternehmensführung und nutzten es. [...]

Nach einer von der Pionierrolle der Eisenbahnen geprägten Periode erfreute sich Ende des 19. Jahrhunderts neben der Chemie insbesondere die Elektroindustrie einer auf technologischer Innovation beruhenden Wachstumsdynamik. An der Spitze der Branche spiegelte sich für viele Jahrzehnte die aus den USA bekannte Zweierkonstellation. Die Unternehmenshistorie von Siemens begann 1847 in einem Berliner Hinterhof. Der Bau von Telegrafen brachte die Firma an die Spitze des Fortschritts, die die Ingenieure der Entwicklungsabteilung zu behaupten wussten. In den folgenden Jahrzehnten produzierte das Unternehmen Unterwasserkabel, Messinstrumente, Telefone, Straßenbahnen und Fahrstühle. 1876 beschäftigte Siemens 950 Mitarbeiter. Bis 1913 wuchs ein Großkonzern mit fast 82 000 Beschäftigten heran. 1903 spaltete sich der Konzern in zwei Einheiten auf: Siemens & Halske für die Schwachstromtechnik und Siemens & Schuckert für Starkstromtechnik. Die Allgemeine Elektricitäts-Gesellschaft (AEG) war eine Neugründung der 1880er-Jahre. Mithilfe der von Edison[2] gehaltenen Patente für Glühlampen baute Emil Rathenau ein modernes Managerunternehmen auf. Die Elektroindustrie ist ein typisches Beispiel für das deutsche Kapitalismus-Modell, in dem sich Großunternehmen ungern bis aufs Blut bekriegen: Siemens und AEG waren die größten Firmen in einem oligopolistischen[3] Markt. Als Hausbank beider fungierte die Deutsche Bank, in beiden Aufsichtsräten vertreten, und schwächte die Härten des Konkurrenzkampfes ab. Siemens hielt ein Zwölftel der AEG-Aktien und die beiden Unternehmen kooperierten in einigen Geschäftsfeldern: In trauter Zweisamkeit gründeten sie 1913 den Radiohersteller Telefunken und 1919 die Glühbirnenfirma Osram.

Die in diesem Beispiel offensichtliche Bedeutung der Banken ist ein wesentliches Element des *cooperative capitalism*[4] deutscher Provenienz. Die meist in Berlin ansässigen Großbanken Deutsche Bank, Dresdner Bank, Commerzbank und Disconto-Gesellschaft finanzierten als Universalbanken die Industrie und zügelten unliebsame Auswüchse des Wettbewerbs. Des Öfteren stießen sie Fusionen oder die Bildung von Kartellen an, wobei sich insbesondere die Disconto-Gesellschaft hervortat. Weitere Merkmale des deutschen Modells sind die enge Verbindung des Staates zur Wirtschaft, der dieser mit Schutzzöllen und Bürgschaften half, sowie die starke Rolle der Verbände.

*Werner Kurzlechner, Fusionen – Kartelle – Skandale, Redline Verlag/FinanzBuch Verlag GmbH, München 2008, S. 29–35.**

1 *Kalisektor:* Industriezweig zum Abbau und zur Weiterverarbeitung von Kalisalz
2 *Thomas Alva Edison (1847–1931):* US-amerikanischer Erfinder und Unternehmer mit dem Schwerpunkt auf dem Gebiet der Elektrizität und Elektrotechnik
3 *Oligopol:* Marktform, bei der wenige Anbieter vielen, relativ kleinen Nachfragern gegenüberstehen
4 *cooperative capitalism:* Form des Kapitalismus, der weniger durch die Konkurrenz, sondern die Zusammenarbeit und Verflechtung von Unternehmen geprägt ist

12 **Vertiefung:** Arbeiten Sie die Hintergründe und Merkmale der Kartellbildung in der deutschen Elektroindustrie heraus.

13 Vergleichen Sie diese Entwicklungen in Deutschland mit dem *„Big Business"* in den USA (siehe S. 91).

14 Erörtern Sie folgende Frage: Hätte sich die „Zweite Industrielle Revolution" in Deutschland ohne das oben beschriebene Zusammenwirken von Unternehmen, Banken und Staat ebenso dynamisch entwickeln können?

Eine schriftliche Quelle analysieren

Quellen bilden die Grundlage unserer historischen Kenntnisse. Ihre systematische Analyse ermöglicht uns die Rekonstruktion und Deutung von Geschichte. Quellen können konkrete Sachzeugnisse wie Bauwerke, Münzen, Schmuck, Malereien, Skulpturen oder Gebrauchsgegenstände und abstrakte wie Sprache oder historische Landschaften sein. Schriftliche Zeugnisse werden von der Geschichtswissenschaft seit dem 19. Jahrhundert unterteilt in **erzählende Quellen**, die zum Zweck der Überlieferung verfasst wurden, zum Beispiel Chroniken, Geschichtsepen, Mono- und Biografien, sowie in **dokumentarische Quellen**, zum Beispiel Urkunden, Akten, Gesetzestexte und Zeitungen, die gesellschaftliche und private Ereignisse und Prozesse unmittelbar und meist unkommentiert wiedergeben. Bei der Untersuchung schriftlicher Quellen kommt es darauf an, zusätzlich zur Analyse der formalen und inhaltlichen Merkmale deren präzise Einordnung in den historischen Kontext vorzunehmen und ihren Aussagegehalt kritisch zu überprüfen. Denn Quellen vermitteln nie objektives Wissen über die Vergangenheit, sondern spiegeln bestimmte Wahrnehmungen wider, die sich – je nach Standort der Beteiligten – erheblich unterscheiden können. Diese Standortgebundenheit der historischen Akteure, zum Beispiel Zugehörigkeit zu einer sozialen Schicht oder eigene Interessen, muss bei der Interpretation der Quelle daher berücksichtigt werden.

M1 **Friedrich List, Holzstich, o.J.**

Arbeitsschritte zur Analyse einer schriftlichen Quelle

1. Erster Eindruck
- Wie ist Ihr Eindruck nach dem ersten Lesen der Quelle?
- Welche Leitfrage könnte die Quellenanalyse bestimmen?

2. Formale Merkmale (äußere Quellenkritik)
- Wer ist der Autor (ggf. Amt, Stellung, Funktion, soziale Schicht)?
- Wann und wo ist der Text entstanden bzw. veröffentlicht worden?
- Um welche Quellengattung (Textsorte) handelt es sich (z. B. Brief, Rede, Zeitungsartikel, Vertrag, Fachbuch)?
- Was ist das Thema des Textes? Wird eine Absicht, ein Interesse offen formuliert?
- Wer ist der Adressat bzw. sind die Adressaten (z. B. Privatperson, Institution, Machthaber, Öffentlichkeit, Nachwelt)?

3. Inhaltliche Analyse (innere Quellenkritik)
- Was sind die wesentlichen Textaussagen (zu erschließen anhand des gedanklichen Aufbaus bzw. anhand einzelner Abschnitte)?
- Welche Begriffe sind von zentraler Bedeutung (Schlüsselbegriffe)?
- Wie ist die Textsprache (z. B. sachlich, emotional, appellativ, informativ, argumentativ, manipulierend, ggf. rhetorische Mittel)?
- Welche Überzeugungen, Interessen werden vom Verfasser offen vertreten?
- Historischer Kontext: Auf welches Ereignis, welchen Konflikt, welche Prozesse bzw. Epoche bezieht sich die Quelle?

4. Interpretation/ Gesamtaussage

Beurteilen nach sachlichen zeitgenössischen Aspekten (Sachurteil)
- Welchen politisch-ideologischen Standpunkt nimmt der Autor ein?
- Welche Intention verfolgt der Autor (tatsächlich)? Welche Wirkung soll der Text bei den Adressaten erzielen?
- Gibt der Text Antworten auf die Leitfrage(n)?
- Inwieweit ist der Text glaubwürdig? Enthält der Text Widersprüche?
- Welche weiterführenden Fragestellungen ergeben sich aus dem Text?

Bewerten nach heutigen Wertmaßstäben (Werturteil)
- Wie lassen sich die Aussagen des Textes im Hinblick auf die Leitfrage(n) aus heutiger Sicht bewerten?

M2 Der Volkswirtschaftler und Politiker Friedrich List (1789–1846) über den Eisenbahnbau, 1838

Durch den Eisenbahntransport, wie dies ganz klar aus den Wirkungen des Dampfboottransports in England und Nordamerika sich abnehmen lässt, kommt rasche Bewegung und neues Leben in die stillstehende und träge Masse. Es ist dem Arbeiter nun ebenso gut wie den mittleren und höheren Ständen möglich, zu seiner Bildung oder zur Verbesserung seiner Lage zu reisen. [...] Das Beispiel größerer Anstrengung, höheren Verdienstes und größerer Genüsse reizt zur Nacheiferung, und Mehrleistung wird zur Gewohnheit. Erscheinungen, wie z. B. die des Hollandgehens[1] in Westfalen, des Ernte-Laufens der Weingärtner am Fuß der Schwäbischen Alb nach der Donau usw., werden nun allgemein. Seit man auf den Dampfbooten für einen Schilling von Irland nach England fährt, kommen die Irländer zu Hunderttausenden nach dem letzteren Lande, um zur Heu- und Erntezeit oder in den Minen und Fabriken oder bei neuen Bauten Handlangerdienste zu verrichten. Der Taglöhner, der kleine Bauer und Handwerker in den Dörfern und in den Landstädten, dem es oft wochenlang an Arbeit fehlt, wird seine Zeit nicht mehr im Müßiggange verbringen, sondern sich nach entfernten Städten oder Gemeinden begeben, wo für den Augenblick eine außergewöhnliche Zahl von Arbeitern gesucht wird; und die Lage einer großen Zahl von Gewerbsleuten und Arbeitern wird dadurch bedeutend verbessert werden, dass sie sich mit ihren Familien auf dem Lande ansiedeln und für die Stadt arbeiten oder die Woche über in die Stadt auf Arbeit gehen und den Sonntag im Kreise ihrer Familien zubringen. Ein momentaner Stillstand einzelner Fabriken oder ganzer Fabrikationszweige oder eine Reduktion ihrer Arbeiter wird bei weitem nicht so verderblich auf diesen Stand wirken wie bisher, da der Arbeitslose nun viel leichter in entfernten Gegenden einen neuen Brotherrn aufsuchen kann.

Wäre die Nationalökonomie, die uns lehrt, wie die Reichtümer erworben, verteilt und konsumiert werden, eine Wissenschaft, die uns auch unterrichtete, wie die produktiven Kräfte erzeugt, aus dem Todesschlaf erweckt und groß gezogen oder eingeschläfert, gelähmt oder getötet werden, so würde sie uns schon längst den Wert einer mit dem Ackerbau und den Bedürfnissen einer großen Nation im richtigen Verhältnis stehenden Fabrikationskraft für den allgemeinen Wohlstand des Volkes, den Reichtum und die Macht der Nation und für die Pflege der Wissenschaften und der Volksbildung überhaupt kennen gelernt haben. Alsdann würden wir auch längst schon von den Systembauern der politischen Ökonomie über die zweckmäßigsten Mittel, eine kräftige und gesunde Fabrik-Industrie emporzubringen, und dass die Heranziehung eines tüchtigen Standes von Arbeitern eines der kräftigsten dieser Mittel sei, belehrt worden sein. Polytechnische Schulen, Preise, Vergünstigungen und Auszeichnungen wirken nur auf den Fabrik-Unternehmer und den Werkführer; nirgends und nie wird aber ein Fabrikzweig zur Blüte gelangen, wo diese beiden eines geschickten, einsichtsvollen, fleißigen, fertigen und durch und durch eingeübten Standes von Arbeitern ermangeln. Weise Regierungen und einsichtsvolle Fabrikanten werden also vor allem trachten, die Klasse der Arbeiter zu veredeln, wie der Gärtner die Bäume veredelt.

Friedrich List, Das deutsche National-Transport-System in Volks- und staatswirtschaftlicher Beziehung, J. F. Hammerich, Altona/Leipzig 1838, S. 9.

1 *Hollandgehen bzw. Ernte-Laufen:* die saisonale Arbeitsmigration von Wanderarbeitern aus wirtschaftlich schwachen Gebieten Deutschlands

1 Analysieren Sie die Quelle M 2 anhand der Arbeitsschritte auf S. 35. Lösungshinweise finden Sie auf der nächsten Seite.

Lösungshinweise

1. Erster Eindruck

2. Formale Merkmale

- *Autor:* Friedrich List, Volkswirtschaftler und Politiker (1789–1846)
- *Quelle:* Erscheinungsdatum/-ort: Altona und Leipzig 1838
- *Textart:* ein Text aus einem Fachbuch
- *Thema:* Förderung der Fabrikindustrie in Deutschland und die Bedeutung der Entwicklung eines fähigen Arbeiterstandes hierzu
- *Adressat:* Öffentlichkeit, Nachwelt

3. Analyse der einzelnen Elemente

Wesentliche Textaussagen: Durch die Eisenbahn gewinnen die Arbeiter eine neue Mobilität, die es ihnen erlaubt, an anderen Orten Arbeit zu finden und dadurch ihre Lebenssituation zu verbessern.
Die Mobilität bringt Bauern und Handwerkern auf dem Land, denen es zeitweise an Arbeit mangelt, neue Erwerbsquellen.
Von der Mobilisierung fähiger Arbeiter profitiert die Fabrikindustrie, indem sie wächst.

- *Schlüsselbegriffe:* Eisenbahntransport, Arbeiter, Bildung, Verbesserung seiner Lage, gesunde Fabrikindustrie, tüchtiger Stand von Arbeitern, veredeln, Wert der Fabrikationskraft für den Wohlstand, Klasse
- *Textsprache:* informativ, teilweise pathetisch, lange Sätze
- *Kernaussage:* Die Volkswirtschaft gewinnt durch die neue Mobilität der Arbeiter, die sich nun dort Arbeit suchen können, wo es sie gibt. Die Mobilität müsse gefördert werden, um einen geschickten Arbeiterstand wachsen zu lassen, der zu Prosperität der Fabrikindustrie führt.

M2 Der Volkswirtschaftler und Politiker Friedrich List (1789 bis 1846) über den Eisenbahnbau, 1838

Durch den Eisenbahntransport, wie dies ganz klar aus den Wirkungen des Dampfboottransports in England und Nordamerika sich abnehmen lässt, kommt rasche Bewegung und neues Leben in die stillstehende und träge Masse. Es ist dem Arbeiter nun ebenso gut wie den mittleren und höheren Ständen möglich, zu seiner Bildung oder zur Verbesserung seiner Lage zu reisen. [...] Das Beispiel größerer Anstrengung, höheren Verdienstes und größerer Genüsse reizt zur Nacheiferung, und Mehrleistung wird zur Gewohnheit. [...] Der Taglöhner, der kleine Bauer und Handwerker in den Dörfern und in den Landstädten, dem es oft wochenlang an Arbeit fehlt, wird seine Zeit nicht mehr im Müßiggänge verbringen, sondern sich nach entfernten Städten oder Gemeinden begeben, wo für den Augenblick eine außergewöhnliche Zahl von Arbeitern gesucht wird; [...] Wäre die Nationalökonomie [...] eine Wissenschaft, so würde sie uns schon längst den Wert einer mit dem Ackerbau und den Bedürfnissen einer großen Nation im richtigen Verhältnis stehenden Fabrikationskraft für den allgemeinen Wohlstand des Volkes, den Reichtum und die Macht der Nation und für die Pflege der Wissenschaften und der Volksbildung überhaupt kennen gelernt haben. Alsdann würden wir auch längst schon von den Systembauern der politischen Ökonomie über die zweckmäßigsten Mittel, eine kräftige und gesunde Fabrik-Industrie emporzubringen, und dass die Heranziehung eines tüchtigen Standes von Arbeitern eines der kräftigsten dieser Mittel sei, belehrt worden sein. Polytechnische Schulen, Preise, Vergünstigungen und Auszeichnungen wirken nur auf den Fabrik-Unternehmer und den Werkführer; nirgends und nie wird aber ein Fabrikzweig zur Blüte gelangen, wo diese beiden eines [...] eingeübten Standes von Arbeitern ermangeln. Weise Regierungen und einsichtsvolle Fabrikanten werden also vor allem trachten, die Klasse der Arbeiter zu veredeln [...].

Friedrich List, Das deutsche National-Transport-System in Volks- und staatswirtschaftlicher Beziehung, J. F. Hammerich, Altona/Leipzig 1838, S. 9.

4. Interpretation

a) Historischer Kontext
Epoche: erste Hälfte des 19. Jahrhunderts, Frühindustrialisierung, stetiger Ausbau des Eisenbahnnetzes in Deutschland; Einsatz der Fabrikarbeiter unter extrem harten Arbeitsbedingungen

b) Beurteilung des Aussagegehalts

- *Autor:* List zeigt sich als Förderer der Fabrikindustrie und Wirtschaftsliberalist (freie Arbeiter, Gewerbefreiheit, Zollfreiheit). Er wirbt mit seiner Argumentation indirekt für den Ausbau des Eisenbahnnetzes. Er wendet sich weiterhin indirekt gegen Fabrikanten, die ihre Arbeiter nicht als wertvolle Produktionsfaktoren fördern.
- *Quelle:* Aus heutiger Sicht idealisiert der Text an vielen Stellen, z. B. werden die für Arbeiter hohen Reisekosten sowie die Probleme der erzwungenen Mobilität nicht berücksichtigt. List scheint es weniger um den Vorteil für die Arbeiterschaft gegangen zu sein als um den Vorteil für den Fabrikherrn bzw. die nationale Volkswirtschaft.
- *Adressat:* vermutlich Industrielle, denen die Bedeutung der Arbeiterschaft für das Prosperieren des eigenen Betriebs und der nationalen Volkswirtschaft vor Augen geführt werden soll

Das „TECHNOSEUM“ in Mannheim

„In Karlsruh' ist die Residenz, in Mannheim die Fabrik“, heißt es im „Badnerlied“, der um 1865 entstandenen inoffiziellen Hymne des badischen Landesteils. Aus einem kleinen Residenzstädtchen hatte sich Mannheim im Verlauf des 19. Jahrhunderts zu einer bedeutenden Arbeiter- und Industriestadt entwickelt. Von daher war es der ideale Standort für das 1990 eröffnete „Landesmuseum für Technik und Arbeit“. Mit einer Ausstellungsfläche von 9000 Quadratmetern gehört es neben dem Deutschen Museum in München und dem Deutschen Technikmuseum in Berlin zu den großen Technikmuseen in Deutschland. Gegenstand der Dauerausstellung sind die Entwicklungen in Naturwissenschaft und Technik vom 18. Jahrhundert bis heute sowie der soziale und ökonomische Wandel, den die Industrialisierung ausgelöst hat. Maschinen werden nicht einzeln ausgestellt, sondern in Ensembles inszeniert und Vorführtechniker erklären die Arbeitsabläufe.

An den Hauptbau schließt sich ein Museumspark an, in dem u.a. Ausstellungen zur Bionik (der Übertragung von Phänomenen in der Natur auf die Technik) sowie zur Mediengeschichte zu sehen sind. An Bord des zum Museum gehörenden Raddampfers „Mainz“ aus dem Jahr 1929 befindet sich eine Dauerausstellung zur Geschichte der Binnenschifffahrt. Begleitet wird die Dauerausstellung von einer Reihe wechselnder Sonderausstellungen zu aktuellen Themen aus Naturwissenschaften, Technik und Gesellschaft. Verbunden mit einem neuen museumspädagogischen Konzept wurde 2009 der alte, eher sperrige Name in TECHNOSEUM abgeändert.

M1 Außenansicht des Technoseums, Fotografie, o.J.

1 Informieren Sie sich im Internet über die Geschichte und die Angebote des Technoseums.
2 Planen Sie einen Museumsbesuch. Überlegen Sie sich dazu im Vorfeld, welche Themen Sie besonders interessieren, und bilden Sie Gruppen, die sich auf verschiedene Themenschwerpunkte vorbereiten.
3 Konzipieren Sie einen Rundgang gemäß Ihren Themenschwerpunkten.

M2 Lokomotive auf dem Außengelände, Fotografie, o.J.

M3 Technoseum Mannheim, Ausstellungssaal mit Papiermühle, Fotografie, o.J.

M4 Der Museumsleiter Hartwig Lüdtke über das Ausstellungskonzept des Technoseums, 2015

Die konkrete Umsetzung dieser zunächst abstrakten Ideen in eine museale Ausstellung basierte auf zwei Prinzipien: der „Raum-Zeit-Spirale" und dem Prinzip des „arbeitenden Museums". Dies bedeutete, dass die gesamte Ausstellung mit all ihren Exponaten und Inszenierungen im Wesentlichen entlang eines chronologischen roten Fadens eingerichtet wurde. Der Beginn des Rundgangs lag dabei in der obersten Etage, der Ebene „A", und beschrieb die Situation am Ende des 18. Jahrhunderts, also die Zeit gerade vor Beginn der intensiven Industrialisierung Südwestdeutschlands. Der Ausstellungsrundgang folgt dann diesem roten Faden von Ebene zu Ebene abwärtsschreitend bis schließlich auf der untersten Ebene „F" die Gegenwart erreicht wird. Im Verlauf dieser Wanderung durch die Zeiten begegnet der Besucher unterschiedlichen Branchen, die jeweils beispielhaft bestimmte technische und soziale Entwicklungen in der jeweiligen Zeit veranschaulichen. Zugleich durchwandert der Besucher während dieses Rundganges verschiedene „Räume" auch in einem übertragenen Sinne: Er durchschreitet einen agrarischen Kontext, gewissermaßen „auf dem Dorf", er schlendert über den Boulevard einer Großstadt und findet sich an anderer Stelle mitten in der Maschinenhalle einer Fabrik. Auf diese Weise erzählt das Museum mit seiner spezifischen Abfolge von Ausstellungseinheiten eine große Geschichte, die sich aber aus vielen kleinen einzelnen Erzählungen zusammensetzt, die multiperspektivisch konzipiert sind.

Die zweite Säule der Museumskonzeption ist das Prinzip des „arbeitenden Museums". An insgesamt etwa zehn bis zwölf Stationen innerhalb des Museums sind historische (und in der jüngeren Epoche auch gegenwärtige) Maschinenensembles nicht nur als Objekte zu betrachten, sondern sie werden von „Vorführtechnikern" Tag für Tag zu festen Zeiten in Betrieb genommen und vorgeführt, sodass sowohl die technische Funktionsweise für Besucher erkennbar wird als auch die jeweils spezifische Arbeitssituation der ehemals dort tätigen Arbeiterinnen und Arbeiter. Die Belastungen durch Lärm beispielsweise ebenso wie spezifische Gefährdungspotenziale werden verstehbar und nachvollziehbar. [...] Dieses Prinzip, historische Maschinen auch praktisch noch funktionsfähig vorzuführen, war für ein technisches Museum im Jahre 1990 für sich genommen nicht neu; wohl aber war es eine neue Idee, dies in einen Gesamtrundgang dergestalt zu integrieren, dass aus der Kombination vieler dieser Stationen ein nachvollziehbares Bild der Industrialisierungsgeschichte entsteht.

Abgerundet wurde die Ausstellung des Museums bei der Eröffnung 1990 durch eine spezifische Informationsebene, die als sogenannter „Zeitzug" die Ausstellungseinheiten begleitete: An insgesamt über 20 Stationen, die entlang des chronologischen Rundganges aufeinander folgen, werden einzelne, historisch relevante Phänomene durch kleine Filmsequenzen näher erläutert und für die Besucher verständlich gemacht. Ergänzt wird diese Serie von Filmsequenzen durch lebensgroße Figuren, die in jeweils situationsspezifischer Kleidung und Tätigkeit dargestellt werden, sodass ein entsprechender Blickfang gegeben ist. Die zentrale Figur für die Vermittlung diverser Inhalte ist in allen diesen Filmsequenzen der „Zeitreisereporter Herr Eisele", der den Betrachter jeweils mitnimmt in die unterschiedlichen Epochen und einzelne Phänomene in bestimmten Industriebranchen oder angesichts bestimmter gesellschaftlicher Entwicklungen erläutert.

*Hartwig Lüdtke, 25 Jahre Technoseum, Theiss, Darmstadt 2015, S. 35 f.**

M5 Querschnitt durch das Technoseum

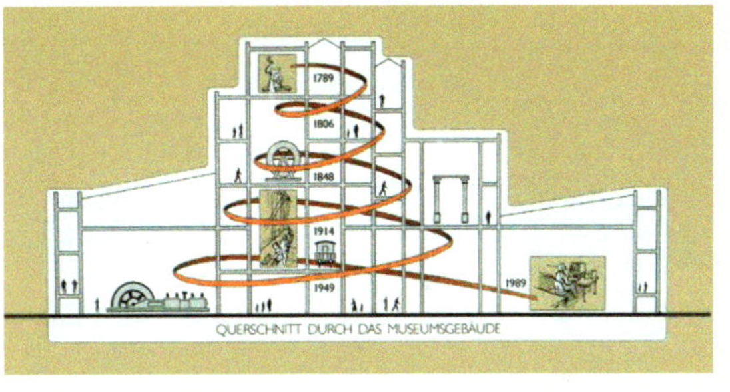

Aus: Hartwig Lüdtke, 25 Jahre Technoseum, Theiss, Darmstadt 2015, S. 68.

4 Fassen Sie die wesentlichen Aspekte des Mannheimer Museumskonzepts zusammen (M4 und M5).

5 Überlegen Sie, welche alternativen Ausstellungskonzepte möglich wären, und erörtern Sie die jeweiligen Vor- und Nachteile.

6 Finden Sie das Mannheimer Museumskonzept überzeugend? Begründen Sie Ihre Meinung.

7 **Geschichte kreativ:** Erarbeiten Sie unter Einbeziehung verschiedener Museumskonzepte ein Konzept für ein anderes Museum in Ihrer Region.

1.3 Gesellschaftlicher Wandel und soziale Frage

In diesem Kapitel geht es um
- *den Wandel von der Agrar- zur Industriegesellschaft und die damit verbundenen Veränderungen für die verschiedenen sozialen Gruppen,*
- *die Entstehung der neuen Schicht des Industrieproletariats,*
- *die „soziale Frage" und die unterschiedlichen Ansätze, sie zu lösen, sowie*
- *die Veränderungen des Familienbildes unter den neuen sozialen Verhältnissen.*

Von der Agrar- zur Industriegesellschaft

M1 Die Unternehmerfamilie von Bohlen und Halbach und Dienstboten in ihrer Villa in Badenweiler, Fotografie, Anfang der 1880er-Jahre

Die Industrialisierung führte zu großen gesellschaftlichen Veränderungen. Immer weniger Menschen lebten auf dem Land und arbeiteten in der Landwirtschaft, immer mehr zogen in die Städte und fanden Arbeit in der Industrie oder im Dienstleistungsbereich. Dennoch blieb die Landwirtschaft bis zur Jahrhundertwende der wichtigste Wirtschaftssektor in Deutschland. Die Einführung neuer Produktionsprozesse, die unabhängig von natürlichen Bedingungen wie Tageslicht oder Witterung abliefen, führte zur **Entkoppelung von Arbeit und Natur**. Richtete sich der Bauer nach den natürlichen Gegebenheiten, wurde nun die Tätigkeit des Fabrikarbeiters vom Takt der Maschinen bestimmt. Diese Veränderungen gingen einher mit einem **gesellschaftlichen Wandel**: Während die vorindustrielle Gesellschaft gekennzeichnet war durch rechtliche Ungleichheit zwischen den einzelnen Ständen, verlor im Zeitalter der Industrialisierung die Standeszugehörigkeit der Menschen immer mehr an Bedeutung. In der **Ständegesellschaft** entschieden Geburt und soziale Herkunft über die Ausübung politischer Rechte, die Wahl der Ausbildung und des Berufs, den Erwerb von Besitz und Land und somit über den Lebensstandard. In der **Industriegesellschaft** lösten sich die Menschen aus den überlieferten sozialen Bindungen und beanspruchten mehr politische Mitbestimmung sowie wirtschaftlichen Gestaltungsraum. Die Voraussetzungen hierzu lieferten die politischen und gesellschaftlichen Umbrüche seit der **Französischen Revolution** (siehe S. 98 ff., die 1789 erstmals in Europa die mittelalterliche Feudalordnung beseitigt hatte.

Soziale Gruppen in der Industriegesellschaft

M2 Arbeiterfamilien im Hof eines Mietshauses („Langer Jammer" am Brauerknechtgraben) in Hamburg, Fotografie, um 1900

Während Adel und Geistlichkeit, die Führungsschichten der alten Ständegesellschaft, im Zeitalter der Industrialisierung fast alle Vorrechte und Privilegien verloren hatten, gewannen neue soziale Gruppen politische und wirtschaftliche Bedeutung. Allerdings blieb der Adel in Deutschland auch nach der Revolution von 1848/49 in Staat und Wirtschaft eine gesellschaftliche Führungsschicht. Er stellte sich zwar in den Dienst des modernen Verfassungsstaates, verstand sich jedoch nach wie vor als Elite, verteidigte vehement seine verbliebenen Vorrechte und setzte sich aufgrund seiner konservativen Grundhaltung vorbehaltlos für die Monarchie ein. Als neue Elite traten die Unternehmer auf, die nicht nur in Gesellschaft und Wirtschaft, sondern auch in der Politik an Einfluss gewannen. Diese Wirtschaftsbürger, zu denen Fabrikanten, Bankiers und Großkaufleute zählten, waren in der Regel sowohl Eigentümer als auch Manager ihrer Fabrik. Sie entschieden über Investitionen sowie über Einstellung und Entlassung der Arbeiter. Die industrielle Modernisierung veränderte auch das Leben der Handwerker. Traditionelle Handwerksberufe verloren aufgrund von Erfindungen und automatisierter Fabrikproduktion an Bedeutung. Viele Familien gerieten in Existenznöte. Nachhaltig änderte sich auch die Lebenswelt der Landbevölkerung. Die Industrialisierung der Landwirtschaft führte zur Freisetzung von Arbeitskräften. Der Einsatz von Maschinen und neuen Anbaumethoden ersetzte sukzessive die an der Eigenproduktion orientierten Höfe der Kleinbauern durch spezialisierte landwirtschaftliche Großbetriebe. Millionen von Bauern und Landarbeitern wanderten in die Städte, um dort Erwerbsmöglichkeiten zu finden. Lebte 1871 nur ein Viertel der Bevölkerung in den Städten mit mehr als 5 000 Einwohnern, war es 1914 bereits mehr als die Hälfte.

▶ **M 6: Rainer Geißler zur Sozialstruktur im 19. Jahrhundert**

Entstehung des Industrieproletariats

Die bedeutendste neue soziale Schicht, die im Verlauf der Industrialisierung entstand, war die **Arbeiterschaft**. Arbeiter sind persönlich frei, besitzen aber keine Produktionsmittel (Fabriken, Maschinen, Rohstoffe u. a.) und stehen in einem Vertragsverhältnis mit einem Unternehmer, für den sie gegen Lohn fremdbestimmte Arbeit verrichten. Als Arbeiter galten Handarbeiter und Tagelöhner, Handwerksgesellen und Gehilfen sowie Industriearbeiter. Diese Schicht stellte bereits Ende des 19. Jahrhunderts mehr als zwei Drittel der arbeitenden Bevölkerung. Die stärkste Gruppe bildeten die **Industriearbeiter**, die häufig gegen einen geringen Lohn in der Fabrik für einen Unternehmer arbeiteten. Innerhalb dieser Gruppe lässt sich der Arbeitsorganisation entsprechend zwischen gelernten, angelernten und ungelernten Arbeitern differenzieren. Viele Arbeiter entwickelten im 19. Jahrhundert das Bewusstsein, als **Klasse** zusammenzugehören. Sie verstanden sich als Industrieproletariat und kämpften für die Verbesserung ihrer Arbeits- und Lebensbedingungen. In diesem Zusammenhang wird von der **Entstehung einer Klassengesellschaft** gesprochen.

Schon unter den Zeitgenossen galt der entstehende Industriekapitalismus als ein System, bei dem soziale Konflikte praktisch unvermeidbar waren. Nicht die „gemeinschaftlichen Interessen aller“, so der liberale Politiker Gustav von Mevissen (1815–1899), bildeten sein Lebenselixier, sondern der rücksichtslose Eigennutz der Einzelnen, die mit- und gegeneinander konkurrierten. Laut Karl Marx standen sich dabei zwei große Interessengruppen gegenüber: die **Bourgeoisie** (Kapitalbesitzer) und das **Proletariat** (Industriearbeiter) – um diese beiden Pole organisierte sich die kapitalistische Klassengesellschaft, die sich als Folge und Begleiterscheinung der Industrialisierung seit der Mitte des 19. Jahrhunderts herauszuschälen begann.

M3 Karl Marx (1818–1883), Fotografie, um 1870.
Der deutsche Philosoph und Ökonom formulierte mit Friedrich Engels eine radikale Kritik am Kapitalismus, den es durch eine sozialistische Revolution zu überwinden gelte.

Pauperismus und „soziale Frage“

Im beginnenden 19. Jahrhundert überstieg das rasche Bevölkerungswachstum die Fähigkeit der bestehenden Agrargesellschaft, für die immer größere Anzahl von Menschen ausreichend Nahrung bereitzustellen. Eine Folge war die **Massenverarmung**. Dieser Pauperismus (lat. *pauper* = arm) entwickelte sich von der Mitte der 1820er-Jahre bis 1848 zum allgemeinen Kennzeichen der Zeit. Ins Bewusstsein der Öffentlichkeit rückte er schlaglichtartig durch den **Aufstand der schlesischen Weber*** (1844).

Die moderne Geschichtswissenschaft sieht im Phänomen des Pauperismus noch eine **„Krise alten Typs“***. Kennzeichen dieses Krisentypus sind schlechte Getreideernten, die zu Ernährungsengpässen und Hungerunruhen führen. Die wirtschaftlichen Veränderungen sprengten das soziale Gefüge der Gesellschaft, da die maschinell hergestellten Waren aufgrund ihres günstigen Preises und ihrer überlegenen Qualität traditionelle Arbeitsplätze vernichteten.

Mit dem Begriff der **„sozialen Frage“** bezeichnen Historiker und Sozialwissenschaftler die Notlage und die ungelösten Probleme besonders der Industriearbeiter während der Industrialisierung. Das industrielle Wachstum reichte im 19. Jahrhundert lange Zeit nicht aus, um die Arbeiter von materieller Not zu befreien. **Elend und Rechtlosigkeit der Arbeiter**, des Proletariats, entwickelten sich zum zentralen Problem der Industriegesellschaft. Hauptmerkmale waren unsichere Arbeitsplätze, häufige Arbeitslosigkeit,

Der Aufstand der schlesischen Weber 1844
In der preußischen Provinz Schlesien war die Bevölkerung von 1815 bis 1844 von rund 1,9 auf knapp 3 Millionen Menschen angewachsen. Arbeitslosigkeit, sinkendes Lohnniveau und steigende Lebensmittelpreise führten zu Elend und Verzweiflung, aber auch zum Zorn der Weber auf Fabrikanten und Großhändler, die sie für die soziale Not verantwortlich machten. Vom 4. bis 6. Juni 1844 kam es zu einer Revolte, in deren Verlauf Fabrikantenvillen gestürmt und geplündert wurden. Den Aufstand ließ die Regierung blutig niederschlagen.

Krisen alten Typs
Kurzfristige, sich höchstens über mehrere Jahre erstreckende Teuerungs- und Hungerkrisen, die in vorindustriellen Produktions- und Wirtschaftsformen wurzeln. Auslöser sind oft wechselhafte klimatische Ereignisse, die zu Missernten führen.

M4 Friedrich Engels (1820–1895), Fotografie, um 1870.
Der Kaufmann und Industrielle Engels war der engste Weggefährte von Marx, theoretischer Mitbegründer des Marxismus sowie wichtiger Organisator der Arbeiterbewegung.

▶ M 7: Lösungsansätze für die „soziale Frage"

▶ M 8–M 10: Geschichte kontrovers: Revolution oder Reform

Sozialistengesetz
Von Bismarck initiiertes Gesetz vom 21. Oktober 1878 „gegen die gemeingefährlichen Bestrebungen der Sozialdemokratie".
Anlass und Motive: Für zwei Attentate auf Kaiser Wilhelm I. machte Bismarck fälschlich, aber öffentlichkeitswirksam die Sozialdemokratie verantwortlich und konnte die im Bürgertum ohnehin vorhandene Sozialistenfurcht weiter schüren.
Inhalt: Verbot der SPD-Parteipresse und -Parteiversammlungen (aber nicht der Partei selbst). Ausweisungen und Verhaftungen von SPD-Mitgliedern. Die SPD-Anhänger fanden sich während der Zeit der Sozialistengesetze zur Tarnung in Sport- und Geselligkeitsvereinen zusammen.

niedrige Löhne bei langen Arbeitszeiten, Wohnungselend sowie fehlende Absicherung bei Krankheit, Invalidität und Tod. Verstärkt wurden die Probleme durch die Trennung von der alten Lebenswelt beim Umzug in die Städte und die ungewohnte Fabrikarbeit.

Lösungsansätze

Um ihre Interessen zu vertreten, mussten die Arbeiter ihre Marktposition stärken und Koalitionen bilden. Seit den 1840er-Jahren kam es zu ersten **Zusammenschlüssen**. Durch die Vereinigung des 1863 von Ferdinand Lassalle ins Leben gerufenen „Allgemeinen Deutschen Arbeitervereins" mit der 1869 von Wilhelm Liebknecht und August Bebel gegründeten „Sozialdemokratischen Arbeiterpartei" zur **„Sozialistischen Arbeiterpartei"** im Jahre 1875 besaß die Arbeiterbewegung eine schlagkräftige Partei, um die Politik mit parlamentarischen wie außerparlamentarischen Mitteln zu beeinflussen. Mitte des 19. Jahrhunderts schlossen sich die Buchdrucker und Zigarrenarbeiter, dann weitere Handwerksgesellen und Facharbeiter zu **Gewerkschaften** zusammen, um ihre Interessen besser gegenüber den Arbeitgebern durchzusetzen und durch gegenseitige Hilfe ihre Lebensbedingungen zu verbessern. Unter der Führung von Carl Legien bildeten 1890 die sozialistischen Gewerkschaften als Dachverband die Freien Gewerkschaften. Außerdem gab es Gründungen von liberalen und seit 1895 christlichen Gewerkschaften. Bei diesen Gewerkschaften besaß die soziale Absicherung am Arbeitsplatz Vorrang vor politischen Forderungen.
Zur Bewältigung der „sozialen Frage" gab es im 19. Jahrhundert unterschiedliche Lösungsvorschläge. Im **„Kommunistischen Manifest"** und seinem Buch „Das Kapital" (1867) erklärte Karl Marx den **Kommunismus** (über die Vorstufe des **Sozialismus**) zum gesellschaftspolitischen Ziel. Für Marx und seinen Mitstreiter **Friedrich Engels*** war der Kapitalismus mit seiner Garantie des Privateigentums an Produktionsmitteln die Ursache für das soziale Elend der Arbeiter. Deswegen forderten sie die revolutionäre Abschaffung des Privateigentums an Produktionsmitteln und deren Vergesellschaftung. Bei ihrer Gründung verzichtete die „Sozialistische Arbeiterpartei" im „Gothaer Programm" zunächst auf einen revolutionären marxistischen Weg. Als jedoch Bismarck mit dem Sozialistengesetz die Sozialdemokratie unterdrückte, radikalisierten sich die deutschen Sozialisten. Im „Erfurter Programm" von 1891 forderte die neue „Sozialdemokratische Partei Deutschlands" die Vergesellschaftung der Produktionsmittel. Allerdings trat der Sozialdemokrat Eduard Bernstein schon bald für ein revidiertes Parteiprogramm ein, das Reformen den Vorzug vor revolutionären Zielen einräumte. Dagegen strebte der Kreis um Rosa Luxemburg weiterhin die Revolution mithilfe eines Generalstreiks an. Der SPD-Theoretiker Karl Kautsky vermittelte in diesem Konflikt und fand die Kompromissformel, dass die Sozialdemokratie eine revolutionäre, aber keine Revolution machende Partei sei. Seitdem war der **Reformismus** die beherrschende Strömung in der SPD, die darin auch von den Gewerkschaften unterstützt wurde.
Liberale Politiker wie Friedrich Hakort (Fabrikant) und Hermann Schulze-Delitzsch (Jurist und Verfechter der genossenschaftlichen Selbsthilfe) bevorzugten soziale Reformen zur Verbesserung der Lage der Arbeiter. Sie forderten z. B. bessere Bildungschancen für die Unterschichten und wirtschaftliche Selbsthilfevereine wie Versicherungs- oder Konsumvereine. Führende Wirtschaftswissenschaftler wie Gustav Schmoller und der von ihm 1872/73 gegründete „Verein für Sozialpolitik" verlangten vom Staat, dass er sich als Schiedsrichter in den Konflikt zwischen Unternehmer und Arbeiter einmischen und vermitteln solle.
In der **evangelischen Kirche** regte 1848 Johann Hinrich Wichern die Gründung des „Central-Ausschusses für die Innere Mission" an, der überall in Deutschland Einrichtungen für eine evangelische Sozialarbeit schuf. Auf **katholischer Seite** rief Adolph Kolping 1849 den ersten „katholischen Gesellenverein" ins Leben. Der Mainzer Erzbischof Frei-

herr von Ketteler trat für Sozialreform, Koalitions- und Streikrecht ein und prägte das Sozialprogramm der katholischen Zentrumspartei von 1870 ebenso mit wie die päpstliche Sozialenzyklika *„Rerum Novarum"* von 1891. Weil die Kirche aber die Gleichheitsforderungen der Arbeiterbewegung nicht übernahm, kam es nicht zu einer breiten Aussöhnung zwischen sozialistischer Arbeiterbewegung und Kirche.

Die Vorschläge einiger **Unternehmer** zielten auf die Einrichtung betrieblicher Unterstützungskassen für den Krankheitsfall, die Altersvorsorge sowie bei Unfällen und Invalidität. Überdies verringerten in manchen Unternehmen betriebliche Konsumvereine und Betriebswohnungen die Lebenshaltungskosten der Arbeiter, übernahmen Kindergärten die Betreuung der Arbeiterkinder. Allerdings verlangten die Unternehmer in patriarchalischem Stil für ihre Bemühungen als Gegenleistung absoluten Gehorsam und wurden daher von der Arbeiterbewegung scharf kritisiert.

Die **staatliche Reformpolitik** drängte nicht nur Auswüchse bei der Frauen- und Kinderarbeit zurück und baute die Arbeitsschutzgesetzgebung aus, sondern begann während der Bismarckzeit mit der Einrichtung einer **staatlichen Sozialversicherung**. Bismarck wollte damit, wie er 1881 erklärte, „dem Geist der Unzufriedenheit und der Ausbreitung der sozialistischen Bewegung" den Boden entziehen. Denn das ständige Anwachsen und die Wahlerfolge der sozialistischen Arbeiterbewegung in der zweiten Hälfte des 19. Jahrhunderts sowie deren radikale Opposition gegen die bestehende politische und gesellschaftliche Ordnung nährte bei den besitzenden Schichten die Furcht vor einem revolutionären Umsturz. Zur Stabilisierung der Gesellschaft unterdrückte der deutsche Staat nicht nur mithilfe des Sozialistengesetzes die Arbeiterbewegung. Er begann auch mit der Einführung der Krankenversicherung, der Unfallversicherung sowie der Invaliden- und Rentenversicherung.

Sozialenzyklika *„Rerum Novarum"*
Papst Leo XIII. wandte sich 1891 sowohl gegen die Ausbeutung der Arbeiterschaft wie gegen den Sozialismus. Er versuchte zwischen Kapital und Arbeiterschaft zu vermitteln, ohne die gesellschaftlichen Besitz- und Machtverhältnisse infrage zu stellen.

M5 **Arbeiter beim Fabrikanten, Gemälde von Stanisław Lentz, 1895**

Bürgerliche und proletarische Familie

▶ M 11: Der Dichter Friedrich Schiller über das bürgerliche Ideal der Geschlechterrollen

▶ M 12: Der sozialdemokratische Fabrikarbeiter Moritz Th. W. Bromme aus Sachsen über sein Familienleben

In den **bürgerlichen Schichten** setzte sich im 19. Jahrhundert zunehmend das aus der Aufklärung stammende Familienbild durch. Die Familie erhielt ihren Wert nicht durch kirchlichen Segen, sondern wurde in erster Linie als freie Übereinkunft der Partner verstanden. Eine der Ursachen war der mit der Industrialisierung eintretende ökonomische Wandel, der mit einer Verlagerung der Produktion aus dem häuslichen Bereich in die Welt der Industriefabriken einherging. Die **Trennung von Privat- und Berufssphäre** veränderte den Familienalltag: Die Aufgaben der Frau wurden jetzt auf das Führen des heimischen Haushalts beschränkt, während der Mann das finanzielle Auskommen der Familie durch eine außerfamiliäre Berufstätigkeit sicherte. Zu den gewandelten Rollenbildern innerhalb der Familie gesellte sich auch ein neues Verständnis in der Beziehung zwischen den Eheleuten. Die Idee des „Gesellschaftsvertrages" wurde auf die Ehe übertragen und ließ den Gedanken aufkommen, dass eine Ehe der Einwilligung beider Partner bedurfte. Voraussetzung hierfür war eine neue emotionale Komponente, die im bisherigen Eheverständnis gefehlt hatte: Liebe. Grundlage einer Ehe bildete demnach die individuelle Entscheidung zwischen den Partnern. Damit entstand zugleich in klarer Abgrenzung vom öffentlichen Raum eine Privatsphäre als Schutzraum, in dem das irdische Glück der Ehe verwirklicht werden konnte. Die Entwicklung hatte allerdings ihre Schattenseiten: Sie manifestierten sich in einem starren Rollenverständnis, das Frauen die politische Betätigung jenseits des Haushalts prinzipiell verwehrte und sie von politischer Teilhabe ausschloss.

In den Arbeitermilieus der beginnenden Industrialisierung konnte sich das bürgerliche Familienideal zunächst nicht durchsetzen. Auch hier war es notwendig, dass alle Familienmitglieder mitarbeiteten. Im Gegensatz zu den bäuerlichen Familien waren Arbeiterfamilien kleiner und beschränkten sich auf die aus Eltern und Kindern bestehende Kernfamilie. Durch häufig offene Wohnformen mit vielen Untermietern hatte sie nicht den Charakter des Privatraumes; wegen der oft notwendigen Erwerbstätigkeit beider Eltern entsprach sie auch nicht dem Ideal einer auf die Erziehung der Kinder konzentrierten emotionalen Gemeinschaft; aufgrund erhöhter Mobilität fehlte den Arbeiterfamilien schließlich häufig der Zusammenhalt zwischen den Generationen.

1 Stellen Sie in einer Übersichtsgrafik den Wandel von der Agrar- zur Industriegesellschaft dar.

2 Erläutern Sie den Begriff „soziale Frage".

3 **Wahlaufgabe:** Bearbeiten Sie entweder Aufgabe a) oder b).

   a) Analysieren Sie die Fotografien M 1 und M 2 und zeigen Sie kriterienorientiert Unterschiede zwischen den beiden sozialen Gruppen auf.

   b) Analysieren Sie M 5 vor dem Hintergrund der Auseinandersetzungen zwischen Unternehmern und Arbeitern.

   Tipp: Achten Sie auf Kleidung, Körperhaltung und Gestik. Welchen Ausbildungsstand der Arbeiter vermuten Sie?

4 **Arbeitsteilige Partnerarbeit:** Beschreiben Sie die Auswirkungen der Industrialisierung auf die Familie aus der Sicht

   a) eines bürgerlichen Mannes/einer bürgerlichen Frau,

   b) eines verheirateten Arbeiters/einer verheirateten Arbeiterin.

   Vergleichen Sie anschließend Ihre Ergebnisse.

Hinweise zur Arbeit mit den Materialien
Mit M 6 können Sie den Wandel der traditionellen Ständegesellschaft in eine Klassengesellschaft nachvollziehen. M 7 gibt Ihnen eine Übersicht über verschiedene Lösungsansätze der „sozialen Frage". Mit über Webcode angebotenen Zusatzmaterialien können Sie sich mit diesem Themenaspekt auch genauer auseinandersetzen. „Revolution oder Reform?" – diese Frage wurde immer wieder in der Arbeiterbewegung des 19. und 20. Jahrhunderts diskutiert. Die Quellen M 8 und M 9 dokumentieren die gegensätzlichen Positionen. Der Text M 10 beschreibt die politischen Rahmenbedingungen dieser Diskussion. M 11 bis M 13 gibt Ihnen einen Einblick, wie die Industrialisierung die Familie verändert hat.

M6 Der Soziologe Rainer Geißler über Veränderungen in der Sozialstruktur während des 19. Jahrhunderts, 2014

Die Umschichtungen in der Sozialstruktur des 19. Jahrhunderts wurden von Zeitgenossen wie Lorenz von Stein oder Karl Marx als die allmähliche Umwandlung der Ständegesellschaft in die Klassengesellschaft beschrieben. [...]
Soziale Ungleichheiten änderten ihre Form: aus Ständen wurden Klassen. Stände sind relativ scharf umrissene, durch Tradition, Sitte und Recht festgelegte soziale Gruppierungen. Die durch Geburt – oder auch seltener durch Verdienst – erworbene Standeszugehörigkeit ist mit bestimmten Verpflichtungen, Privilegien oder Benachteiligungen verbunden, die die gesamte Lebensführung umgreifen. Von ihr hängen Ansehen und „Ehre" ab; sie verpflichtet zu bestimmten Berufen und regelt die berufliche Tätigkeit; sie schreibt einen „standesgemäßen" Lebensstil, die Formen der Geselligkeit und die Erziehung der Kinder vor; sie greift in die Wahl des Ehepartners und in das religiöse Leben ein und bestimmt die politischen Rechte.
Die ständische Grobgliederung der deutschen Gesellschaft im 18. Jahrhundert [...] unterschied die vier Hauptstände Adel, Geistlichkeit, Bürger und Bauern und darunter die sozial schlechter gestellten „unterbäuerlichen" bzw. „unterbürgerlichen" Schichten der Armen, Nichtsesshaften und Juden. Innerhalb der Hauptstände gab es vielfach abgestufte Differenzierungen, zwischen ihnen Überlappungen.
Diese ständische Ordnung, die bereits zu Beginn des 19. Jahrhunderts aufgelockert war, wurde im Verlauf des Jahrhunderts immer weiter zurückgedrängt. Die ständischen Korporationen, die nahezu die gesamte Lebenswelt ihrer Mitglieder regelten, verloren an Gewicht. In den Städten wurden die Privilegien der Zünfte und Gilden gebrochen und schließlich aufgehoben; auf dem Lande verschwanden nach und nach die feudalen Abhängigkeiten in Grund- und Gutsherrschaften. [...] Räumliche und soziale Bindungen wurden abgebaut, stattdessen wurden die Menschen stärker den Kräften des Wirtschaftslebens und des Marktgeschehens ausgesetzt.
Diese Tendenzen waren die Grundlage der Entstehung von Klassen, die die überkommenen ständischen Strukturen zunehmend dominierten, ohne sie indes ganz zu verdrängen. [...]
Wie sehen die groben Entwicklungslinien der neuen Klassengesellschaft aus? An der Spitze der Gesellschaft etablierte sich neben dem grundbesitzenden Adel, der sein hohes Prestige in der wilhelminischen Gesellschaft behauptete, das kapitalbesitzende Großbürgertum als zweite Führungsschicht. Auch in die Mitte der Gesellschaft kam Bewegung. In der oberen Mitte rangierten die kleinen Gruppen des akademischen Bildungsbürgertums, zu dem auch mit wenigen Ausnahmen die Geistlichen gezählt wurden, und des wohlhabenden Besitzbürgertums. In der unteren Mitte gerieten die „alten Mittelstände" der Handwerker, Händler und Bauern in ökonomische und soziale Bedrängnis und wurden teilweise proletarisiert. Der Aufschwung von Handel und Verkehr sowie die Unternehmenskonzentration hatten zur Folge, dass neben den „alten Mittelständen" ein „neuer Mittelstand" von Angestellten entstand. Zum neuen Mittelstand gehören aber auch die kleinen und mittleren Beamten. [...] In den vielgestaltig zersplitterten verarmten Unterschichten, die die große Mehrheit der Bevölkerung ausmachten, stieg die in sich differenzierte Industriearbeiterschaft zur dominierenden Klasse auf.

*Rainer Geißler, Die Sozialstruktur Deutschlands, 7. Aufl., Springer VS, Wiesbaden 2014, S. 12 f.**

5 Arbeiten Sie aus M 6 die Veränderungen in der deutschen Sozialstruktur während des 19. Jahrhunderts heraus.

6 Arbeiten Sie die unterschiedlichen Formen der Ungleichheit heraus.

7 Erläutern Sie die Unterschiede zwischen einer Stände- und einer Klassengesellschaft.
Tipp: Hilfen dazu finden Sie auch im Darstellungstext.

8 **Gruppenarbeit:** Diskutieren Sie, ob die heutige Gesellschaft der Bundesrepublik Deutschland als Klassengesellschaft bezeichnet werden kann.
Tipp: Führen Sie eine Amerikanische Debatte.

M 7 Lösungsansätze für die „soziale Frage"

Gruppen bzw. Institutionen	Motive	Maßnahmen
Kirchen	– traditionelle christliche Verantwortung gegenüber den Schwächeren der Gesellschaft und karikatives Engagement, Bewahrung der christlichen Grundlagen der Gesellschaft	– soziale Einrichtungen und Bildungsinitiativen
Staat	– einerseits: staatliche Fürsorge – andererseits: Schwächung der Arbeiterbewegung und der Sozialdemokratie – Gewährleistung der Schulbildung – Erhaltung der Gesundheit junger Männer für den Militärdienst	– Verbot der Kinderarbeit – Fabrikinspektionen – Sozialistengesetz (1878) zur Bekämpfung der Sozialdemokratie – Sozialgesetzgebung: Einführung der Krankenversicherung (1883), Unfallversicherung (1884), Invaliden- und Altersversicherung (1889)
Unternehmer	– einerseits: patriarchalische Fürsorgepflicht und ethische Verantwortung – andererseits: ökonomisches Kalkül (höhere Motivation und Produktivität der Arbeiter, geringere Fluktuation)	– Einrichtung von Kranken- und Pensionskassen (Betriebsrenten) – Bau von günstigen Werkswohnungen, Schulen und Kindergärten sowie günstige Einkaufsmöglichkeiten
Gewerkschaften	– Verbesserung der Lebens- und Arbeitsbedingungen der Arbeiter – Fürsorgepflicht für Mitglieder durch Unterstützung in sozialen Notlagen – Verbesserung der Aufstiegschancen – Anerkennung als gleichberechtigte Partner, z. B. im Tarifstreit	– Zusammenschluss zu organisierten Interessensverbänden: Entstehung der ersten deutschen Gewerkschaft (1865) – Aushandlung von Tarifverträgen – Streik als Mittel in den Tarifkonflikten mit den Unternehmern nach Aufhebung des Koalitionsverbots (1869) – Einrichtung von Streik- und Unterstützungskassen (z. B. bei sozialer Not infolge einer Kündigung) – Bau von Gewerkschaftshäusern (Bildungsangebote, preiswerte Unterkunft für Gesellen auf der Wanderschaft)
Arbeiterparteien	– Verbesserung der Arbeits- und Lebensbedingungen – politisches Mitspracherecht – sowohl marxistische Forderungen (Überwindung der Klassengegensätze durch revolutionären Umsturz) als auch reformerische Ideen für gewaltlose Veränderungen z. B. des Wahlrechts	– Gründung von Arbeiterparteien: Allgemeiner Deutscher Arbeiterverein (1863) und Sozialdemokratische Arbeiterpartei (1869), Zusammenschluss zur Sozialistischen Arbeiterpartei (1875) – enge Zusammenarbeit mit den Gewerkschaften im Kampf um Verbesserung der Arbeits- und Lebensverhältnisse – Kampf für politische Freiheiten (als Voraussetzung für die ökonomische Befreiung der Arbeiter)

9 Vergleichen Sie Motive und Maßnahmen der in M 7 genannten Lösungsansätze für die soziale Frage.
Tipp: Hilfen dazu finden Sie auch im Darstellungstext.

10 **Vertiefung:** Vergleichen Sie Motive und Maßnahmen der in M 7 genannten Lösungsansätze für die soziale Frage in Form eines Gruppenpuzzles. Benutzen Sie für die Erarbeitung der Lösungsansätze in den Expertengruppen die Zusatzmaterialien, die Sie unter dem angegebenen Webcode finden.

Lösungsansätze zur sozialen Frage
cornelsen.de/Webcodes
Code: bicofa

Geschichte kontrovers: Revolution oder Reform?

M8 Aus dem Manifest der Kommunistischen Partei von Marx und Engels, 1848

Ein Gespenst geht um in Europa – das Gespenst des Kommunismus. Alle Mächte des alten Europa haben sich zu einer heiligen Hetzjagd gegen dies Gespenst verbündet, der Papst und der Zar, [...] französische Radikale und deutsche Polizisten. [...]

Alle bisherigen Bewegungen waren Bewegungen von Minoritäten[1] oder im Interesse von Minoritäten. Die proletarische Bewegung ist die selbstständige Bewegung der ungeheuren Mehrzahl im Interesse der ungeheuren Mehrzahl. Das Proletariat, die unterste Schicht der jetzigen Gesellschaft, kann sich nicht erheben, nicht aufrichten, ohne dass der ganze Überbau der Schichten, die die offizielle Gesellschaft bilden, in die Luft gesprengt wird. [...]

Das Proletariat wird seine politische Herrschaft dazu benutzen, der Bourgeoisie nach und nach alles Kapital zu entreißen, alle Produktionsinstruments in den Händen des Staats, d.h. des als herrschende Klasse organisierten Proletariats, zu zentralisieren und die Masse der Produktionskräfte möglichst rasch zu vermehren.

Es kann dies natürlich zunächst nur geschehen vermittelst despotischer Eingriffe in das Eigentumsrecht und in die bürgerlichen Produktionsverhältnisse, durch Maßregeln also, die ökonomisch unzureichend und unhaltbar erscheinen, die aber im Lauf der Bewegung über sich selbst hinaustreiben und als Mittel zur Umwälzung der ganzen Produktionsweise unvermeidlich sind.

Diese Maßregeln werden natürlich je nach den verschiedenen Ländern verschieden sein. Für die fortgeschrittensten Länder werden jedoch die folgenden ziemlich allgemein in Anwendung kommen können:

1. Expropriation[2] des Grundeigentums und Verwendung der Grundrente zu Staatsausgaben.
2. Starke Progressivsteuer.
3. Abschaffung des Erbrechts.
4. Konfiskation[3] des Eigentums aller Emigranten und Rebellen.
5. Zentralisation des Kredits in den Händen des Staats durch eine Nationalbank mit Staatskapital und ausschließlichem Monopol.
6. Zentralisation des Transportwesens in den Händen des Staats.
7. Vermehrung der Nationalfabriken, Produktionsinstrumente, Urbarmachung und Verbesserung der Ländereien nach einem gemeinschaftlichen Plan.
8. Gleicher Arbeitszwang für alle, Errichtung industrieller Armeen, besonders für den Ackerbau.
9. Vereinigung des Betriebs von Ackerbau und Industrie, Hinwirken auf die allmähliche Beseitigung des Unterschieds von Stadt und Land.
10. Öffentliche und unentgeltliche Erziehung aller Kinder. Beseitigung der Fabrikarbeit der Kinder in ihrer heutigen Form. [...]

Die Kommunisten verschmähen es, ihre Ansichten und Absichten zu verheimlichen. Sie erklären es offen, dass ihre Zwecke nur erreicht werden können durch den gewaltsamen Umsturz aller bisherigen Gesellschaftsordnung. Mögen die herrschenden Klassen vor einer kommunistischen Revolution zittern. Die Proletarier haben nichts in ihr zu verlieren als ihre Ketten. Sie haben eine Welt zu gewinnen.

Proletarier aller Länder, vereinigt euch!

*Karl Marx u. Friedrich Engels, Manifest der Kommunistischen Partei (1848), in: Institut für Marxismus-Leninismus beim Zentralkomitee der SED (Hg.), Marx-Engels-Werke (MEW), Bd. 4, Dietz Verlag, Berlin 1964, S. 471–493.**

1 *Minoritäten:* Minderheiten
2 *Expropriation:* Enteignung
3 *Konfiskation:* Beschlagnahmung

11 Arbeitsteilige Partnerarbeit:

a) Arbeiten Sie aus M8 heraus, wie Marx und Engels die Gesellschaft ihrer Zeit gesehen haben und was sie an dieser kritisierten.
b) Arbeiten Sie aus M8 heraus, welche Forderungen Marx und Engels formulierten und welche Perspektiven für die Gesellschaft sie entwickelten.
c) Stellen Sie sich anschließend gegenseitig ihre Ergebnisse vor und begründen Sie, warum es sich bei dem Text um ein revolutionäres Manifest handelt.

12 Bewerten Sie, die Forderungen des Manifests aus heutiger Sicht.

M9 Aus dem Manifest des deutschen Arbeiterkongresses in Berlin an die konstituierende Versammlung zu Frankfurt am Main, 1848

Stephan Born (1824–1898) berief am 23. August 1848 einen „Allgemeinen deutschen Arbeiterkongress" ein, der bis zum 3. September in Berlin tagte und auf dem die erste politische Arbeiterorganisation, die „Arbeiterverbrüderung", gegründet wurde. Der Sieg der Gegenrevolution unterbrach den Aufstieg dieser überregionalen Organisation – sie wurde verboten.

Sie haben nunmehr leider die Überzeugung erlangt, dass auch in der Verfassungsurkunde für Deutschland die soziale Frage ebenso wenig wie in andern Verfassungsarbeiten eine Stelle finden könne.

Wir Arbeiter und unsre Angelegenheiten stehen den Augen der Staatsmänner, wie diese bisher durch das Staatsleben gebildet wurden, zu fern, ja, für die meisten waren die Arbeiter eigentlich gar nicht als Staatsbürger sichtbar, sondern nur als Ziffern in den Bevölkerungslisten und in den Berechnungen der Volksmacht.

Der Staat kennt nur den Besitz, als etwas Bleibendes, und die Besitzenden, als bereits verschiedentlich organisierte und leiblich vorhandene Staatsbürgerkaste; diese Massen liegen dem Staatsmanne, der über eine neue Konstitution verhandelt, lebendig vor Augen, sind durch spezielle Gesetze organisiert, und seine neue Arbeit hat es nun bloß damit zu tun, den Umständen gemäß da und dort einige Umgestaltungen anzubringen. Die Gesamtheit der Arbeiter steht dagegen nicht als eine bestimmte Staatsbürgermasse, welche einen Besitz habe und in diesem geschätzt oder besser geordnet werden müsse, vor den Augen der Gesetzgeber. [...]

Es ist also vor allem erforderlich, dass die Arbeiter, um ihre Arbeiten als einen bestimmten Besitz in das Grundgesetz des Staats einzuführen, sich selbst als lebendige Gemeinschaften, gleichsam als politisch beseelte Körperschaften, unter die übrigen Bürger hinstellen und den Staatsmännern bemerklich machen. [...]

So organisiert, in dem festen Vorsatze, an der weiteren Ausbildung unseres Organismus mit aller Macht fortzuarbeiten, und in dem uns hiermit wiedergeborenen Bewusstsein unserer Persönlichkeit und unserer Berechtigungen im Staatsleben treten wir jetzt unter unsere Mitbürger und vor den gesetzgebenden Körper unserer Wahl, mit der Bitte: in der künftigen Gesetzgebung auch uns, als Besitzer der Arbeit, anzuerkennen und solche gesetzlichen Bestimmungen eintreten zu lassen, durch welche die Existenz und Fortdauer unserer Organisation und Assoziation für alle Zeiten geschützt und ihre weitere gedeihliche Ausbildung von Seiten des Staates begünstigt werden möge. [...]

Wir, die Arbeiter, sind von Natur die Stützen der Ruhe und der Ordnung, denn wir wissen sehr wohl, dass wir zum Leben vor allem der Ruhe und Ordnung bedürfen. Wir reichen unseren Mitbürgern und unseren Gesetzgebern die Hand und die Verheißung unseres Worts: Ja! wir wollen die Ruhe und Ordnung der Staaten aufrechterhalten – wir können es verheißen, denn wir haben die Kraft dazu und sind uns unserer politischen Bedeutung bewusst. Nur notgedrungen würden wir, wenn wir abgewiesen würden, wenn der alte Wahn aufrechterhalten und unserer Rechte auch fernerhin, wie früher, von keinem der Machthaber auf humane Weise gedacht würde, [...] aus den wärmsten Freunden der bestehenden Ordnung zu den bittersten Feinden derselben werden müssen.

*Wolfgang W. Mickel (Hg.), Quellen zur Sozial- und Wirtschaftspolitik im 19. und 20. Jh., Hirschgraben, Frankfurt/M. 1968, S. 12ff.**

13 Arbeiten Sie die in M 9 vertretene Position heraus und vergleichen Sie diese mit derjenigen von Marx und Engels (M 8).

14 Erörtern Sie, welche Position vor dem Hintergrund der damaligen sozialen und politischen Verhältnisse angemessener erscheint.

M 10 **„Der Streik", Gemälde von Robert Köhler, 1886**

15 **Gruppenarbeit:**
Analysieren Sie das Gemälde M 10. Wählen Sie jeweils eine andere im Gemälde abgebildete Person aus. Schreiben Sie einen inneren Monolog für diese Person. Tragen Sie sich anschließend die Ergebnisse vor und erörtern Sie gemeinsam, ob Sie das Gemälde für eine geeignete Illustration des Themas „Die soziale Frage" halten.

Vertiefung: Bürgerliche und proletarische Familie

M 11 Der Dichter Friedrich Schiller über das bürgerliche Ideal der Geschlechterrollen, 1799/1800

Der Mann muss hinaus
Ins feindliche Leben,
Muss wirken und streben
Und pflanzen und schaffen,
Erlisten, erraffen,
Muss wetten und wagen,
Das Glück zu erjagen. [...]

Und drinnen waltet
Die züchtige Hausfrau,
Die Mutter der Kinder,
Und herrschet weise
Im häuslichen Kreise,
Und lehret die Mädchen
Und wehret den Knaben,
Und reget ohn Ende
Die fleißigen Hände,
Und mehrt den Gewinn
Mit ordnendem Sinn.

Friedrich Schiller, Das Lied von der Glocke, in: Karl Otto Conrady (Hg.), Das große deutsche Gedichtbuch, Athenäum, Königstein/Ts. 1978, S. 319 f.

16 Arbeiten Sie aus M 11 heraus, welche Lebensbereiche den Geschlechtern jeweils zugeordnet wurden.

17 **Gruppenarbeit:** Erörtern Sie, welche Konsequenzen dies für die Handlungs- und Freiheitsräume von Männern und Frauen in Familie, Beruf und Freizeit hatte.

M 12 Der sozialdemokratische Fabrikarbeiter Moritz Th. W. Bromme aus Sachsen über sein Familienleben, um 1900

Meiner Verheiratung stand [nach der umgangenen Einziehung zum Militär] also nichts mehr im Wege, doch so viel steht fest: Hätte ich meine Braut nicht geschwängert gehabt, ich hätte noch lange nicht geheiratet und wäre vielleicht Soldat geworden.
So zogen wir denn im Juli 1895 zusammen und bewohnten das Erkerlogis in dem kleinen Häuschen des Schwiegervaters. [...] Am 10. August fand die Hochzeit statt. [...] An Essen und Trinken [...] hat es nicht gefehlt, und jeder hat sich in der besten Weise amüsiert. Freilich hatten die alten Weiber uns gewarnt, während der Hundstage zu heiraten. Aber wir mussten eben. Denn am 28. desselben Monats kam meine erste Tochter an, die ich Hedwig genannt habe. [...] Zum Ball des Arbeitervereins am 20. Oktober machte ich Kindstaufe. [...] Auch diese erste Taufe war noch ein fröhliches echtes Familienfest. [...] Meine Frau ging dann wieder mit auf Arbeit und das Kind behielt die Schwiegermutter, wenn ich nicht irre, für 4 Mark wöchentlich. [...]
Im März schenkte [meine Frau] einem zweiten Töchterchen das Leben. [...] Sollten wir nun 7 oder 8 Mark für die Pflege der beiden Kinder ausgeben?[1] Das wäre doch Unsinn gewesen. Meine Frau musste also nun zu Hause bleiben. Sie nähte nun zu Hause weiter aus. [...] Sie bekam schlechtere Stücke, und der Verdienst ging zurück. Jetzt hieß es noch mehr aufpassen, denn die Kinder kosteten immer mehr Geld. Meine Frau ward manches Mal ärgerlich! In solcher Laune schlug sie auch öfters mittags die Kleine auf die Hände, weil sie nach den Tassen griff und eine derselben umwarf. Schließlich schlug sie gleich mit dem Löffel auf die kleinen Finger. Das erste Mal hatte ich es ruhig angesehen und ihr's verboten; denn ich wusste ja, warum sie es tat: nur der Ärger über den elenden Mammon, der nicht ausreichen wollte. [...] Sollten nun noch mehr Kinder kommen? Es wurde mir schon Angst, wenn ich daran dachte. Eines Tages brachte unser Chef Pariser Artikel mit in die Arbeitsräume, von denen ich da zum ersten Male hörte. Vorher hatte ich noch nichts von Schwangerschaftsverhütung vernommen. [...] Als sicherstes Mittel wurde außer der völligen Enthaltsamkeit das „Vorortsgeschäft" bezeichnet. *„Coitus interruptus"* ist der medizinische Ausdruck dafür. [...] Trotzdem ich die Pessare und ebenfalls auch das letztgenannte Mittel anwandte, war mir ein Jahr später mein Sohn Ernst beschert. [...] Meine Familienverhältnisse aber wurden dadurch immer misslicher.

*Moritz Th. W. Bromme, Lebensgeschichte eines modernen Fabrikarbeiters. Nachdruck der Ausgabe von 1905. Mit einem Nachwort von Bernd Neumann, Athenäum, Frankfurt/Main 1971, S. 219–225.**

1 Bromme verdiente zu der Zeit ca. 13 Mark in der Woche, seine Frau 9 Mark, zusätzlich 2 bis 5 Mark in der Woche durch Hausarbeit.

18 Charakterisieren Sie am Beispiel der Familie Bromme eine Arbeiterfamilie um 1900 (M 12).

19 Arbeiten Sie aus M 12 den Stellenwert der Erwerbsarbeit der Ehefrauen in der Arbeiterfamilie heraus.

20 Beurteilen Sie die Folgen dieser Erwerbsarbeit der Ehefrauen für das Familienleben um 1900.

21 **Partnerarbeit:** Häufig wird die These vertreten, dass das bürgerliche Ideal der Familie auch Leitbild der Arbeiterfamilie gewesen sei.
a) Analysieren Sie arbeitsteilig M 11 und M 12.
b) Vergleichen Sie Ihre Ergebnisse.
Inwiefern entsprach die Familie Bromme dem Ideal der bürgerlichen Familie?

1.4 Der Weg der Baumwolle

M1 Baumwolle, handkolorierter Stich, 1801

Die *British East India Company* war eine 1600 gegründete britische Handelsgesellschaft, die das Monopol im Indienhandel erhielt. Seit der zweiten Hälfte des 17. Jahrhunderts wurde die Gesellschaft mit souveränen Rechten ausgestattet, sodass sie zum Organisator und Herrscher von Britisch-Indien wurde.

▶ M 4: Der Wandel der Beziehungen zwischen Baumwollbauern, -herstellern und -verbrauchern weltweit

M2 Ein Weber und seine Frau, indische Illustration, 1797

▶ M 7: Kommentar in der Londoner Wochenzeitung „*The Economist*", 1865

▶ M 8: „*Over the Way*", Karikatur, 1861

Während sich Europa bis in die Frühe Neuzeit hinein größtenteils in Wolle und Leinen hüllte, lag die Heimat der Baumwolle über Tausende von Jahren in Asien, später auch in Afrika und Südamerika. Spinner und Weber in Indien, Peru, Mali, China und in Anatolien waren über das Verlagssystem mit städtischen Kaufleuten verbunden, welche die in heimischen Manufakturen hergestellten Stoffe auf entfernten Märkten vertrieben. Die **hochwertigen Produkte indischer Weber** dominierten den interkontinentalen Handel. Später entstand auch in Norditalien und in den Städten Süddeutschlands eine bedeutende Baumwollindustrie.

Die Verhältnisse änderten sich ab 1600 mit dem bewaffneten Handel und der Errichtung der europäischen Kolonialherrschaft. Nach dem Vorbild der *British East India Company** entstanden **moderne Kapitalgesellschaften** mit weitreichenden Machtbefugnissen. Die Regierungen verliehen ihnen das Recht, Krieg zu führen, Verträge zu schließen und Land in Besitz zu nehmen. In seiner „Geschichte des Kapitalismus" schreibt der Historiker Jürgen Kocka: „Der Übergang zwischen kapitalistischem Geschäft und Kriegführung war fließend. Es gab Jahre, in denen die Gesellschaft [die niederländische Vereinigte Ostindische Kompanie] offenbar den größten Teil ihrer Einnahmen aus dem Kapern konkurrierender bzw. feindlicher Schiffe bezog."

Dabei ging es in erster Linie um die Eroberung bisher unabhängiger Produktions- und Vertriebsnetzwerke: Durch militärische Macht wurden die asiatische Textilherstellung, das europäische Kapital und die amerikanische Rohstoffproduktion Teil eines globalen Wirtschaftssystems. Das Herzstück dieses Systems war zunächst die **Sklaverei**. Mit indischen Textilien wurden an der westafrikanischen Küste Sklaven gekauft, mit denen man in Amerika Baumwollplantagen betreiben konnte, deren Erzeugnisse wiederum dabei halfen, die europäische Ressourcenknappheit zu überwinden. Man hatte Zugang zu billigem Rohstoff, technische Neuerungen erlaubten eine Produktionssteigerung bei sinkenden Preisen und die britischen Spinner und Weber wurden Arbeiter in den neuen Fabriken. Um 1830 war in England jeder sechste Arbeiter in der Baumwollindustrie beschäftigt. Er verarbeitete dort Baumwolle, die in der Karibik, in Brasilien und in den amerikanischen Südstaaten von Sklaven angebaut wurde (siehe Kapitel 1.1, S. 18).

Mit dem Amerikanischen Bürgerkrieg und der Abschaffung der Sklaverei (siehe S. 88 f.) brach dieses wirtschaftliche Zusammenspiel auseinander. Dadurch wurde 1861 die erste **globale Rohstoffkrise** ausgelöst und in Europa wurden hunderttausende Textilarbeiter arbeitslos. In den USA setzte sich ein neues System der Arbeit durch: die Pachtbauernschaft. Ehemalige Sklaven schlossen Verträge mit den weißen Landbesitzern, in denen sie sich zum Baumwollanbau verpflichteten. Als Gegenleistung erhielten sie die Hälfte der Ernte. Dieses System führte zur Verschuldung und Abhängigkeit der schwarzen Bevölkerung bei ihren ehemaligen Herren. Die Folge war eine grassierende Armut unter den Baumwollbauern. Die Exporte stiegen jedoch wieder.

Zugleich verschob sich der Baumwollanbau geografisch: Erzeuger in Indien und Ägypten, Zentralasien und Westafrika produzierten nun immer größere Mengen des gefragten Rohstoffs. Auch hierbei war der Einfluss europäischer Kaufleute und Kolonialmächte entscheidend: Englische, französische und deutsche Textilfabrikanten übten enormen Druck auf ihre Regierungen aus, neue Baumwollquellen zu erschließen. In vielen Regionen wurde die Landwirtschaft deshalb gewaltsam umorganisiert, Kleinbauern wurden entmachtet, teils sogar enteignet. Große Infrastrukturprojekte – Kanäle in Zentralasien, Eisenbahnen in Indien und Westafrika – brachten europäisches Kapital in die auszubeutenden Gebiete. Tausende Bauern gerieten dadurch in Pachtknechtschaft. In der Folge zeichneten sich sämtliche Landstriche der Welt, in denen Baumwolle produziert wurde, durch extreme Armut, politische Unterdrückung und Zwangsarbeit aus.

M4 **Der Wandel der Beziehungen zwischen Baumwollbauern, -herstellern und -verbrauchern weltweit**

I 1000–1600	II 1600–1780	III nach 1780
Phase 1: multipolar, unverbunden	Phase 2: nach 1600. Europa rückt zunehmend in den Fokus der Netzwerke, aber die Produktion bleibt verzweigt.	Phase 3: Nach der Industriellen Revolution bildet Europa den Fokus der Produktionsnetzwerke, eine multizentrische Industrie wird unipolar.

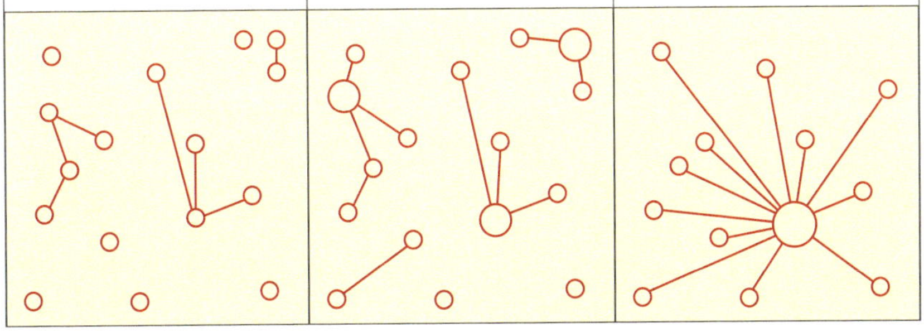

Nach: Sven Beckert, King Cotton. Eine Geschichte des globalen Kapitalismus, C. H. Beck, München 2015, S. 69.

1 **Partnerarbeit:**

a) Analysieren Sie die Abbildungen M 2, M 3 und M 5 und ordnen Sie sie in den im Informationstext beschriebenen historischen Zusammenhang ein.

b) Erläutern Sie – unter Einbeziehung des Informationstextes – den von Sven Beckert skizzierten Wandel (M 4).

M6 **Die britische Kronkolonie Indien um 1914**

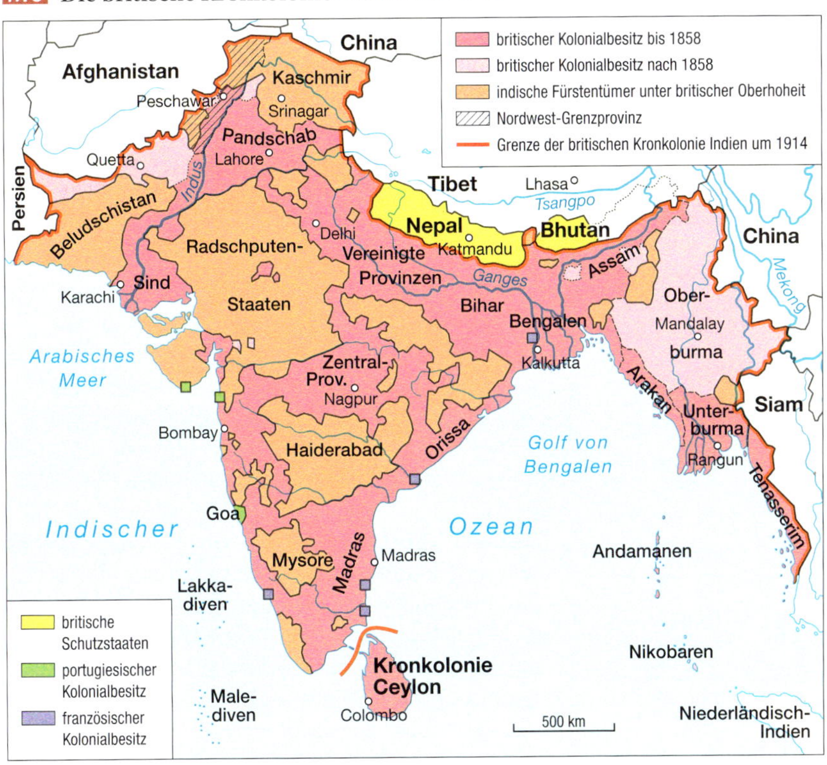

▶ M 9: Der Historiker und Soziologe Mike Davis über den Baumwollanbau in Berar (Indien), 2001

▶ M 10: Der Historiker Sven Beckert über die Hungerkatastrophen in Berar, 2015

M3 **Sklavenfamilie beim Baumwollpflücken, Georgia, USA, Fotografie, ca. 1860**

M5 **Opfer der großen Hungersnot in Indien 1876–79, Fotografie, undatiert**

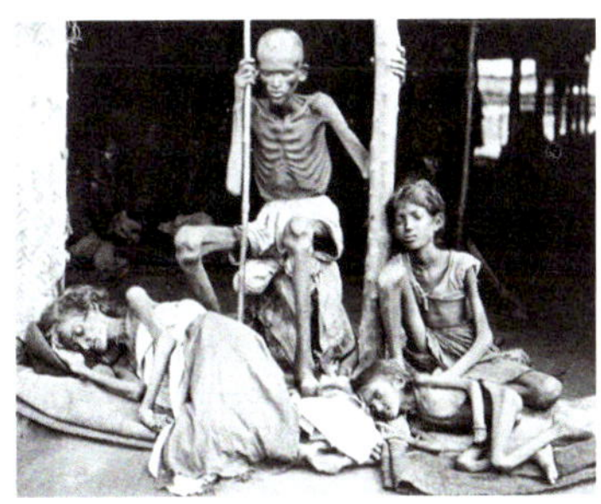

M7 Kommentar in der Londoner Wochenzeitung *„The Economist"* anlässlich der Abschaffung der Sklaverei in den USA, 1865

Es gibt wahrscheinlich kein politisches Thema, das so weitreichende oder so langfristige wirtschaftliche Resultate berührt wie die Beziehung zwischen den weißen und den dunklen Rassen der Welt [...]. Es ist wohl das Schicksal [...] der europäischen, genauer: der englischen Familie der Menschheit, die industriellen Unternehmungen ganz Asiens, ganz Afrikas und jener Teile Amerikas, die von afrikanischen, asiatischen oder gemischten Rassen besiedelt sind, zu lenken und zu fördern. [...] Die grundlegende Notwendigkeit für die Entwicklung dieser neuen Quellen des Wohlstands ist die Organisation eines industriellen Systems, unter dem große Zahlen dunkler Arbeiter bereitwillig unter sehr wenigen europäischen Aufsehern arbeiten. Gebraucht wird [...] organisierte Arbeit, so wissenschaftlich organisiert, dass ein Maximum an Ergebnis bei einem Minimum an Kosten erreicht wird, dass gewaltige plötzliche Anstrengungen, wie sie beim Tunnelgraben, Baumwollpflücken und vielen anderen Vorhaben nötig sind, ohne Streiks oder Streitigkeiten möglich sind, und dass es vor allem keinen unnatürlichen Anstieg der Arbeitskosten in Form von Bestechungsgeldern an die Arbeiter gibt, damit sie Befehle befolgen, die ihrem Denken von Natur aus zuwider sind. [Sicherlich wurden] all diese Ziele, wie man offen zugeben muss, durch die Sklaverei erreicht. Zur bloßen Ausführung großer Arbeiten bei geringen Kosten kam keine Organisation der gleich, die den qualifizierten Europäer an die Spitze stellte und ihn zum despotischen Gebieter über den wenig qualifizierten schwarzen oder kupferfarbenen Arbeiter unten machte. Aber die Sklaverei hatte auch moralische und soziale Folgen, die nicht wohltätig sind. [Aus diesem Grund muss] eine neue Organisation in Angriff genommen werden. [Sie] beruht auf völliger Freiheit und beiderseitigem Eigeninteresse [...]. Wird aber das Prinzip der völligen Freiheit gewählt, so ist klar, dass die dunklen Rassen auf die eine oder andere Art dazu gebracht werden müssen, weißen Männern bereitwillig zu gehorchen.

*Zit. nach: Sven Beckert, King Cotton. Eine Geschichte des globalen Kapitalismus, C. H. Beck, München 2015, S. 255.**

2 Arbeiten Sie die Haltung des britischen Autors zur Sklaverei und zur Rolle der „weißen" sowie der „dunklen Rassen" in der globalen Wirtschaft des 19. Jahrhunderts heraus (M 7).

3 **Geschichte kreativ:** Stellen Sie sich vor, ein gerade befreiter Sklave erfährt von diesem Kommentar. Verfassen Sie seine Reaktion darauf.

M8 *„Over the way"*, Karikatur aus dem englischen Satiremagazin Punch, 1861.

Mr. Bull: „Wenn ihr beiden euch lieber prügelt anstatt was zu verkaufen, gehe ich zum Laden gegenüber."
Viele Nationen besitzen Symbolfiguren, in denen sich Wertvorstellungen oder nationale Stereotype wiederfinden. Sie werden oft in Karikaturen verwendet. Der untersetzte englische John Bull hat meist eine konservative Gesinnung, der hagere Uncle Sam verkörpert die USA und ihre Politik.

4 Analysieren Sie die Karikatur unter Einbeziehung des Informationstextes.
Tipp: 1861 begann der Amerikanische Bürgerkrieg.

5 Beurteilen Sie die Aussage der Karikatur unter dem Aspekt der Verharmlosung/Übertreibung. Beziehen Sie dabei Ihre bisherigen Arbeitsergebnisse mit ein.

M9 Der Historiker und Soziologe Mike Davis über den Baumwollanbau in Berar[1] (Indien), 2001

Die [...] Provinzen von Berar und der angrenzende Distrikt Nagpore waren von der „Cotton Supply Association" – einem Ableger der Handelskammer von Manchester – als Schauplatz für eine spezialisierte Baumwollmonokultur ausgewählt worden. Nach [...] der erzwungenen Einführung des Freihandels verfügte diese Gesellschaft über einen außergewöhnlichen Einfluss auf die Umgestaltung der indischen Wirtschaft. [...]

Im Fall von Berar betrieb die Baumwollgesellschaft die Abschaffung des balutedari-Systems, durch das die herrschenden lokalen Klans und Kasten ein komplexes Netzwerk der gesellschaftlichen Produktion, darunter kommunale Bewässerungssysteme und Baumwollwebereien, verwalteten und kontrollierten. [...] In der praktischen Umsetzung wurde die Regierung zum obersten Grundbesitzer, mit Pachtbauern, die [...] mit aller Härte zu pünktlichen Steuerzahlungen verpflichtet wurden.

Die komplizierten gegenseitigen Beziehungen des alten balutedari-Systems [...] machten brutalen und einseitigen Ausbeutungsverhältnissen Platz. Vielfalt und Mobilität [...] wurden durch eine erzwungene Standardisierung und Sesshaftigkeit abgelöst. Die Steuereintreibung wie auch die lokale Baumwollvermarktung fielen schließlich in die Hände von Geldverleihern und Getreidehändlern, die [...] am Ende fast alle Transaktionen zwischen der Dorfwelt, Kalkutta und Manchester kontrollierten. Unterdessen zerstörten Strafzölle auf lokale Textilerzeugnisse und eine Flut billiger englischer Importe [...] die einheimische Produktion und zwangen die ruinierten Handwerker, als eigentumslose Arbeiter auf den Feldern zu arbeiten. [...]

Aus der Sicht der Briten dagegen war die Rekonstruktion der Gesellschaft in Berar ein überwältigender Erfolg. 1867 exportierte Berar allein mehr Baumwolle nach Manchester als das gesamte Ägypten, und bis 1890 hatten sich die Anbauflächen vermutlich verdoppelt. [...] Ein Vertreter der „Cotton Supply Association“ erklärte 1869: „Im Allgemeinen hat der Bauer, der die Baumwolle pflanzt und verkauft, keinen Einfluss auf die Regulierung der Marktpreise. Deshalb ist er vom einheimischen Markt und von vielen verschiedenen Faktoren, aufgrund derer die Preise in Liverpool steigen und fallen, abhängig.“ [...]

Die Bauern waren mit anderen Worten für die Baumwollgesellschaft lediglich abhängige Arbeitskräfte, und sie hatte nicht die Absicht, ihnen jemals irgendeine wirtschaftliche Eigenständigkeit auf dem internationalen Baumwollmarkt zuzugestehen. Stattdessen wurden sie in einen Strudel von hohen Steuern, chronischen Schulden und Existenzsorgen hineingerissen. [...] Zum Zeitpunkt der großen Dürren in den 1890er-Jahren waren die wirklich unabhängigen Bauern nur noch eine kleine Minderheit, und mindestens 70 Prozent der Bevölkerung waren entweder verarmte Kleinbauern oder landlose Tagelöhner, deren Schicksal vom launenhaften Auf und Ab der Baumwollpreise an den Handelsbörsen in Übersee bestimmt wurde.

[...] Eine für ihren Reichtum an Baumwollstoffen legendäre Gesellschaft wurde sprichwörtlich durch die Armut entkleidet [...]. Die meisten Kinder in Berar liefen nackt herum, die meisten Männer in Berar waren nur halb bekleidet und der Großteil der Frauen in Berar ging in Lumpen. [...]

Berar war kein Einzelfall. Auch im gesamten Dekhan[2] wurde die Nahrungsmittelsicherheit den Baumwollexporten geopfert.

*Mike Davis, Die Geburt der Dritten Welt. Hungerkatastrophen und Massenvernichtung im imperialistischen Zeitalter, übers. v. Ingrid Scharf, Assoziation A, Berlin 2004, S. 316–319.**

1 *Berar:* im südwestlichen Teil der Zentralprovinzen gelegene Region (siehe Karte M 6)
2 *Dekhan:* der südliche Teil des indischen Subkontinents

6 Arbeiten Sie die in M 9 dargestellten wirtschaftlichen und gesellschaftlichen Veränderungen in der indischen Region Berar heraus. Stellen Sie Ihre Arbeitsergebnisse in einem Flussdiagramm dar.

7 Beurteilen Sie die Rolle von Politik, Verwaltung und Wirtschaft in diesem Fall.

M 10 Der Historiker Sven Beckert über die Hungerkatastrophen in Berar, 2015

Die existenzielle Unsicherheit infolge der Spezialisierung auf Baumwolle und der Schwächung der Heimindustrie konnte lebensbedrohliche Ausmaße annehmen. [...] Die Hungersnöte entstanden nicht durch Nahrungsmangel (vielmehr wurde weiterhin Getreide aus Berar exportiert), sondern weil die ärmsten Landarbeiter sich die dringend gebrauchten Lebensmittel nicht mehr leisten konnten. Allein in Indien verhungerten Ende der 1870er-Jahre zwischen 6 und 10 Millionen Menschen. Während der Hungersnot um 1900 starben etwa 8,5 % der Bewohner von Berar, die meisten in den am stärksten auf Baumwollanbau spezialisierten Bezirken. [...] Besitzlose Landarbeiter und frühere Weber litten besonders, „denn sie mussten nicht nur mehr für ihre Nahrung bezahlen, sondern es sanken ihre Löhne wegen der Konkurrenz“ durch Arbeiter aus anderen Regionen. Ein Journalist beobachtete scharfsinnig: „Wäre Berar eine isolierte, auf sich selbst gestellte Gegend gewesen, hätte es [...] keine Hungersnot gegeben.“ Die medizinische Zeitschrift *The Lancet* aus England schätzte, dass bei den indischen Hungersnöten der 1890er-Jahre [ca.] 19 Millionen Menschen starben.

*Sven Beckert, King Cotton. Eine Geschichte des globalen Kapitalismus, C. H. Beck, München 2015, S. 314.**

8 Beschreiben Sie Ursachen und Ausmaß der Hungerkatastrophen in Berar (M 10, M 5).

9 **Zusatzaufgabe:** Siehe S. 410.

Der heutige Weg der Baumwolle vom Anbau bis zum fertigen Produkt

cornelsen.de/Webcodes
Code: gucazo

1.5 Vertiefung: Migration als Folge der Industrialisierung

In diesem Kapitel geht es um
- *die starke Zunahme von Migrationsbewegungen in und nach Deutschland durch die Entstehung neuer Industrieregionen am Beispiel des Ruhrgebiets,*
- *die daraus entstehenden Konflikte und Integrationsprobleme,*
- *die im 19. Jahrhundert aus sozialen und politischen Ursachen gespeisten Auswanderungswellen, vor allem in die USA.*

Masuren
Obwohl die Masuren aus dem südlichen Ostpreußen eine dem Polnischen verwandte Sprache hatten, sahen sie sich nicht als Polen. Ihr Land hatte schon im Mittelalter zum Territorium des Deutschen Ritterordens gehört und im Unterschied zu den Polen waren sie Protestanten.

M 1 Fahne des polnischen Knappenvereins Dortmund-Eving, 1898

▶ M 3: Erlebnisse eines Zuwanderers

▶ M 4: Eingesessene und Zuwanderer in den Ruhrgebietsstädten 1907

Kulturkampf (1871–1887)
Nach der deutschen Reichsgründung 1871 forcierte Reichskanzler Bismarck die strikte Trennung von Kirche und Staat und hoffte, durch die Eindämmung der katholischen Zentrumspartei die weitgehende Verdrängung der katholischen Kirche aus politischen und sozialen Entscheidungsprozessen zu erreichen.

Binnenwanderung und Einwanderung

Das **Ruhrgebiet** entwickelte sich nach der deutschen Reichsgründung 1871 zu einer der bedeutendsten Industrieregionen Deutschlands (s. Karte M 1 S. 28) und Europas. Die Zahl der Bergwerks- und Hüttenunternehmen vervielfachte sich. Bereits zur Zeit der Reichsgründung 1870/71 begannen die Unternehmer damit, Arbeiter aus weit entfernten Gebieten anzuwerben. Die überwiegende Zahl der Zuwanderer kam aus Ost- und Westpreußen (Masuren*) sowie aus dem von Preußen annektierten Teil Polens. Sie gehörten in der Regel zu den ärmsten Bauern und den am schlechtesten bezahlten Tagelöhnern, denen das Geld für eine Auswanderung nach Amerika fehlte. Die Anwerbe-Agenten der Bergbauunternehmer versprachen ihnen nicht nur besser bezahlte und dauerhafte Beschäftigung, sondern lockten auch mit preiswerten Wohnungen und einem angenehmeren Leben. Allerdings sah die Wirklichkeit oft ganz anders aus: Die Neuankömmlinge mussten häufig die schwersten und am schlechtesten entlohnten Arbeiten verrichten; der Aufstieg in höherwertige Positionen mit besserer Bezahlung gelang erst in der zweiten oder dritten Generation. Außerdem waren die Zuwanderer anfangs gesellschaftlich isoliert und hatten mit Vorurteilen der einheimischen Bevölkerung zu kämpfen. Obwohl viele Zuwanderer ursprünglich nur vorübergehend im Ruhrgebiet arbeiten wollten, um genügend Geld für ein Stück Land in ihrer Heimat zu verdienen, blieben doch die meisten von ihnen dauerhaft. Die Folge davon war eine Verdoppelung der Bevölkerung in Duisburg, Essen, Dortmund und Bochum zwischen 1871 und 1890 auf fast 1,1 Mio. Menschen. Bis 1914 hat sich die Bevölkerung nahezu verdreifacht. Dieser Bevölkerungszuwachs schlug sich in einer raschen **Urbanisierung** nieder: Gab es in den 1880er-Jahren im Ruhrgebiet noch keine Großstadt, waren es 1910 im Revier schon sieben. Die Integration der Zuwanderer wurde durch mehrere staatliche Maßnahmen erschwert. Der **„Kulturkampf“***, Bespitzelung und Kontrolle sowie Germanisierungsversuche durch den preußischen Staat verstärkten zunächst die gesellschaftliche und kulturelle Abkapselung der „Ruhrpolen“. Die **Integration** der östlichen Zuwanderer vollzog sich in erster Linie am Arbeitsplatz. Dazu trug vor allem das Prinzip bei, den Lohn des einzelnen Bergmannes nach der Leistung seiner Arbeitsgruppe zu berechnen. So entstand ein Zusammenhalt unter den Bergleuten, der unabhängig von der Herkunft war.

Auswanderung nach Amerika

▶ M 5: Überseeische Auswanderung in Deutschland 1816–1939

Die deutsche Auswanderung nach Amerika begann bereits im 17. und 18. Jahrhundert, als meist kleine Familien die beschwerliche Reise nach Übersee antraten, um dort ein neues Leben zu beginnen. Aber erst im 19. Jahrhundert entwickelte sich die deutsche Amerika-Emigration zu einer Massenerscheinung. In Amerika, vor allem im „Land der unbegrenzten Möglichkeiten“, den USA, glaubten die Emigranten, ein wirtschaftlich gesichertes Leben in Freiheit führen zu können. 90 Prozent der deutschen Auswanderer nach Übersee gingen in die USA, mit großem Abstand folgten Kanada, Brasilien und Argentinien. Insgesamt wanderten zwischen 1816 und 1914 rund 5,5 Millionen Deutsche in die Vereinigten Staaten aus.

Der Grund für die Massenauswanderung nach Amerika lag in der bedrückenden **Armut und Not im handwerklich-bäuerlichen Gewerbe**, die durch die Bevölkerungszunahme seit dem 18. Jahrhundert ausgelöst wurden. Nicht zufällig wuchs die deutsche Übersee-Auswanderung seit den Krisenjahren 1816/17 rasch an, als verheerende Missernten zu bitterer Hungersnot führten. In den 1830er- und 1840er-Jahren verstärkte die Verteuerung wichtiger Grundnahrungsmittel wie Roggen und Kartoffeln den Entschluss vieler Menschen zum Verlassen ihrer Heimat. Massenarmut (Pauperismus) entwickelte sich zum allgemeinen Kennzeichen der Zeit. Eine weitere Ursache ist in der Unzufriedenheit mit den bestehenden politischen Verhältnissen im Deutschen Bund zu sehen. Diese nahm insbesondere nach der Julirevolution von 1830 in Frankreich und im Gefolge des Hambacher Festes von 1832 (siehe S. 114) in breiteren Bevölkerungsschichten zu.

Eine Mischung aus wirtschaftlicher Unzufriedenheit und enttäuschten politischen Hoffnungen über das **Scheitern der Revolution 1848/49** gab der bereits begonnenen Auswanderungswelle einen gewaltigen Schub. Vor allem Klein- und Kleinstbauern, Tagelöhner, Dienstknechte und -mägde sowie Kaufleute und Handwerker, deren Gewerbe überfüllt war, verließen das Land. Mancher von ihnen musste auch vor politischer Verfolgung im Zuge oder in der Folge der Revolution fliehen.

Der Strom in die „Neue Welt" wurde vorübergehend abgebremst durch die Weltwirtschaftskrise* von 1857/58 und den Amerikanischen Bürgerkrieg zwischen 1861 und 1865. Doch seit Mitte der 1860er- und dann noch einmal in den 1880er-Jahren folgten weitere Auswanderungswellen. Sie kamen nun jedoch nicht mehr nur aus Baden, Württemberg, der bayerischen Pfalz und den hessischen Staaten, sondern aus den bevölkerungsreichen preußischen Ostprovinzen, wo sich seit der Jahrhundertmitte die Arbeits- und Lebensbedingungen dramatisch verschlechtert hatten. Vor allem Angehörige der besitzlosen ländlichen Unterschichten und der landwirtschaftlichen, zunehmend auch der industriellen Arbeiterschaft fassten nun immer mehr den Entschluss zum Verlassen der Heimat.

Die **Verbesserung des Transportwesens**, also neue Straßen und Häfen, der Eisenbahnbau seit 1835 sowie modernere und größere Schiffe revolutionierten das Reisen, minderten die Angst vor dem Risiko der Migration und erleichterten dadurch den Auswanderungsentschluss. Außerdem entstanden seit Mitte des 19. Jahrhunderts **Auswanderungsvereine** oder -gesellschaften und Beratungsbüros, die durch spezielle Zeitungen und Bücher über das Leben jenseits des Ozeans informierten. Als besonders glaubwürdig galten dabei Auswandererbriefe, die in der lokalen Presse erschienen. Der ersehnte Erfolg hing oft davon ab, ob die Einwanderer die englische Sprache beherrschten und ob sie ihre beruflichen Fertigkeiten (zum Beispiel als Handwerker oder Facharbeiter) nutzen konnten. Vielen Deutschen gelang der Aufbau einer gesicherten Existenz jedoch nicht. Sie entschieden sich zur Rückwanderung nach Deutschland. Schätzungen über ihre Zahl schwanken zwischen 10 und 25 Prozent.

1 Erläutern Sie den Zusammenhang von Binnenwanderung und industriellem Wandel im Ruhrgebiet.

2 **Partnerarbeit:** Stellen Sie den Einfluss von politischen und wirtschaftlichen Entwicklungen auf die Migration von Menschen grafisch dar (mit Beispielen). Unterscheiden Sie zwischen Push- und Pull-Faktoren.

M2 Fahrplan der Hamburg-Amerika-Linie, 1910.
Eine Überfahrt in einer kleinen Kajüte kostete 230–270 Mark, im Massenquartier unter Deck etwa 160 Mark – das war mehr als der Monatslohn eines Arbeiters.

Die Weltwirtschaftskrise 1857
begann am 24. August 1857 in New York City, als die Bank Ohio Life Insurance Company ihre Zahlungen einstellen musste und weitere Kreditinstitute mit in die Insolvenz riss. Insbesondere waren die weiter entwickelten Finanzzentren in den USA und Europa betroffen, aber auch viele Kolonien und kleinere Staaten wurden in Mitleidenschaft gezogen.

▶ M 6: Brief aus Amerika, 1858

Hinweise zur Arbeit mit den Materialien
Mit M 3 können Sie einige Ursachen und Motive für die Migration aus Oberschlesien ins Ruhrgebiet nachvollziehen. Anhand von M 4 können Sie das Ausmaß der Zuwanderung ins Ruhrgebiet bestimmen. M 5 zeigt Ihnen die verschiedenen Auswanderungswellen nach Amerika. M 6 wirft die Frage auf, welche Wirkung die Briefe von Ausgewanderten auf die in Deutschland Zurückgebliebenen haben konnten.

M 3 Erlebnisse eines Zuwanderers

Hans Marchwitza zog 1910 als junger Mann aus Oberschlesien ins Ruhrgebiet. Er arbeitete im Bergbau und schloss sich 1920 der KPD an. Wegen der Beteiligung an Streiks wurde er mehrfach entlassen und arbeitete dann als Journalist und Schriftsteller. 1947 verfasste er in der SBZ den autobiografischen Roman „Meine Jugend".

In Beuthen stellte sich alle paar Wochen ein Agent von der Ruhr ein, der nicht viel zu locken brauchte. Hunderte Unzufriedene wie wir umlagerten das schmutzige Hotel. Der Agent betrog die Angeworbenen [...] mit dem Kontrakt, den jeder unterschreiben musste. Wenige nur fanden den Mut, sich den Vertrag durchzulesen. [...] „Jetzt lässt du uns allein", hatte der Vater geklagt, „meine ganze Hoffnung habe ich in dich gesetzt, glaubte, später eine Hilfe in dir zu haben, jetzt gehst du." – [...] Der Zug rollte. Unser armes Land flog vorbei. Staubige, feuerspeiende, schweißtriefende Städte, traurige Straßen, abgewetzte barfüßige Kinderscharen, bleiche Frauen und ausgemergelte uns nachstarrende Männer. [...] Der Zug rollte durch das flammende Westfalen – Dortmund, Bochum, Essen – die Kanonenstadt Krupps. Rauch, Donnerschlag, verrußte Kasernen, das Ruhrgebiet, das „Kap der guten Hoffnung", der Goldwesten des Reiches. Lange Reihen Bergleute, lange Reihen hastender Fabrikarbeiter, die emporragenden Schächte, alles bekannt [...]. Dieses einst so verlockende Ruhrland verlor nach und nach jeden Reiz für mich, und ich kämpfte zuweilen mit dem Gedanken, mich rasch wieder in den Zug zu setzen und [...] zurückzufahren. Das kostete aber mindestens zwanzig Mark, und die hatte ich nicht. So schob ich diese Fluchthoffnung beiseite und ließ mich [...] weiter drangsalieren und Halunken schimpfen. Unter meinen Leuten spielte ich den Ausdauernden, und wir belogen uns auf diese Weise alle. Wir redeten immer lauter von schönen Anzügen und Schuhen mit Lackkappen. Und vom Sparen – die alte Krankheit.

*Hans Marchwitza, Meine Jugend, Verlag Tribüne, Berlin-Ost 1976, S. 152–163.**

3 Arbeiten Sie aus M 3 Marchwitzas Motive für die Auswanderung heraus.

4 Erläutern Sie seine Probleme im Ruhrgebiet.
Tipp: Nutzen Sie dafür auch den Darstellungstext.

M 4 Eingesessene und Zuwanderer in den Ruhrgebietsstädten 1907

			Duisburg	Essen	Bochum	Dortmund	Gelsenkirchen
Gesamtbevölkerung (absolute Zahl)			204 283	242 165	125 926	188 817	154 585
Davon:	Zuwanderer (absolute Zahl)		104 887	129 170	79 945	109 590	94 973
	Zuwanderer (in Prozent)		51,4	53,4	63,5	58,1	61,4
	Davon:	Nahwanderer (in Prozent)	31,1	30,8	39,8	30,7	28,5
		Fernwanderer (in Prozent)	20,3	22,6	23,7	27,4	32,9

Gerhard A. Ritter/Klaus Tenfelde, Arbeiter im Deutschen Kaiserreich 1871 bis 1914, J. H. W. Dietz Nachf., Bonn 1992, S. 190.

5 Analysieren Sie M4.
Tipp: Achten Sie auf das Verhältnis von Zuwanderern und Eingesessenen in den Ruhrgebietsstädten für das Jahr 1907. Beziehen Sie bei den Zuwanderern das Verhältnis von Fern- und Nahwanderern mit ein.

M5 **Überseeische Auswanderung in Deutschland 1816–1939**

	Auswanderer (in Tausend)	Durchschnittlich jährlich (in Tausend)	Im Jahr	Maximum Auswanderer
1816–1844	303,2	10,5		
1845–1858 (1. Welle)	1361,1	97,2	1854	239,2
1859–1863	212,6	42,5		
1864–1873 (2. Welle)	1040,4	104,0	1867	138,4
1874–1879	190,9	31,8		
1880–1893 (3. Welle)	1783,7	127,4	1881	220,9
1894–1922	638,3	23,6		
1923–1928 (4. Welle)	420,4	70,1	1923	115,4
1929–1939	227,0	20,6		
Summe:				
1816–1914	5456,1			
1915–1939	721,5			

Peter Marschalk, Bevölkerungsgeschichte Deutschlands im 19. und 20. Jahrhundert, Suhrkamp, Frankfurt/Main 1984, S. 177.

M6 **Brief aus Amerika, 1858**

Der Verfasser Peter Klein war Bergmann und stammte aus dem Saarland. Er wanderte 1854 nach Amerika aus.

Liebste Ältern es erfreuet mich sehr das ich inen noch eine woltat thun kan es ist zwar ein kleine gabe aber Leite unseres Standes können keine großen sagen wirken, Liebe Ältern ich sende inen ein hunderd Thaler und hoffe das ier zufrieren sein werten mit dieser kleine gäbe biß ich mehr thun kan Vater ier wolen wissen ob ich fier mich arbeiten oter für eine heerschaft ich arbeite auf meinem eigentum Vater in Americka gibt es keine heerschaft hier ist ein jeter ein freier agend wen es mir an einem platz nicht gefallen thut so gehet mann zu einem andern dan hier sind wir alle kleig Ich kaufte mir ein stik Land in dem Stätjen Sutte[r] Creek und baute mir ein kleines hauß u[nd] beköstige mich selbst, dan die kost ist sehr theuer hir wan mann in die kost geen wil so ist sie 8 Thaler die woge Liebe Altem ich habe jetzt eine a[uss]icht das ich im stand bin inen zu hälfen wen sie es haben wollen nur mießen sie mir schreiben Auf dem ob besachten stick Land das ich gekauft habe grabe ich golt darauf und habe ungefär 3 jahre arbeit darauf, Was meine Brüter anbetrift so kan ich gar nichts darzu sagen sie sind mayerin [majorenn: volljährig] und mießen selbst wissen was am besten ist fir sie, einem gefält es in Americka und dem nicht, Nathierlich es ist ein fremtes Land fremte Sitten fremte Mentschen fremte Sitten und so weiter.

*Zit. nach: Wolfgang Helbich, Walter D. Kamphoefner, Ulrike Sommer (Hg.), Briefe aus Amerika. Deutsche Einwanderer schreiben aus der Neuen Welt 1830–1930, C. H. Beck, München 1988, S. 372 f.**

6 **Wahlaufgabe:** Bearbeiten Sie entweder Aufgabe a) oder b).

a) Untersuchen Sie mithilfe von M 5 die zeitlichen Schwerpunkte der deutschen Überseewanderung und erklären Sie diese vor dem Hintergrund der wirtschaftlichen und gesellschaftlichen Entwicklung.

b) Gestalten Sie den Antwortbrief einer Schwester/eines Bruders (beide auswanderungswillig).

7 **Projektarbeit/Vertiefung:** Bekannte deutsche Auswanderer in die USA aus Baden und Württemberg:
Friedrich List (1789–1846), Wirtschaftstheoretiker
Karl Pfizer (1824–1906), Pharmaunternehmer
Gustav Struve (1805–1870), politischer Aktivist
Franz Sigel (1824–1902), Offizier
Ottmar Mergenthaler (1854–1899), Erfinder
Carl Laemmle (1867–1939), Filmproduzent
Recherchieren Sie eine Biografie Ihrer Wahl und präsentieren Sie diese Ihren Mitschülern.

1.6 Die moderne Industriegesellschaft um 1900 zwischen Fortschritt und Krise

In diesem Kapitel geht es um
- *den Prozess der zunehmenden Rationalisierung der Arbeit,*
- *die Entstehung der modernen Großstadt mit ihren neuen Möglichkeiten und Anforderungen an ihre Bewohner,*
- *ein neues Zeitempfinden, das den Anforderungen des industriellen Produktionsprozesses entsprach, sowie*
- *die Entstehung einer Massengesellschaft mit ihren Vorzügen und Gefahren.*

Rationalisierung der Arbeit

▶ M 5: Manfred Füllsack über die Rationalisierung der Arbeit

Ein entscheidender Schritt bei der **Rationalisierung, Mechanisierung** und **Automatisierung** der Fabrikproduktion war die Einführung des Fließbandes im ausgehenden 19. und beginnenden 20. Jahrhundert. Es erlaubte die Zerlegung der Fertigung in eine zusammenhängende Folge maschineller Vorgänge und kleiner Arbeitsschritte. Für die Ausführung der einzelnen manuellen Arbeiten benötigten die Unternehmer keine teuren Facharbeiter, sondern es genügten billigere, angelernte Arbeiter. Allerdings mussten für die mechanisierten Arbeiten zum Teil teure Spezialmaschinen entwickelt und angeschafft werden. Um die Kosten für den Einsatz dieser Maschinen möglichst niedrig zu halten bzw. die Arbeitsproduktivität zu erhöhen, ließen die Unternehmer Arbeitsabläufe, -zeiten und -leistungen untersuchen. Die Ergebnisse mündeten in eine detaillierte Planung der Arbeitsabläufe. Die Arbeiter erhielten genaue Vorgaben, welche Leistungen sie in bestimmten Zeiten zu erbringen hatten. Dieses System der Arbeitsorganisation, das nach der Jahrhundertwende in Deutschland auf zunehmendes Interesse stieß, wird **Taylorismus** genannt. Die Fließbandarbeit beschleunigte die Produktion und schuf durch die Serienproduktion mit austauschbaren Einzelteilen die Voraussetzungen für die Herstellung von Massenartikeln: zunächst einfachere Produkte wie Gewehre oder Schuhe, später Nähmaschinen, Fahrräder, Schreibmaschinen und Autos.

M 1 Lichthof der Kaufhauses Wertheim, Fotografie, 1906

Urbanisierung

▶ M 6: Besuch im Berliner Kaufhaus Wertheim

Urbanisierung
Ausbreitung städtischer Lebensformen durch Wachstum von Städten (physische Urbanisierung), infrastrukturelle Erschließung ländlicher Regionen (funktionale Urbanisierung) und durch verändertes Sozialverhalten der Bewohner (soziale Urbanisierung)

Die rasche Bevölkerungszunahme und die Binnenwanderung mündeten in die Verstädterung bzw. die Urbanisierung. Immer mehr Menschen zogen während der Industrialisierung in die stark anwachsenden Städte. So kam es zu einer verstärkten **Urbanisierung,** worunter Historiker veränderte Lebensformen in den Großstädten verstehen. Die **Metropolen** verkörperten zwischen 1890 und dem Ersten Weltkrieg den neuen Stadttyp. Sie waren die Zentren des organisierten Kapitalismus und der modernen Gesellschaft. Durch den Zustrom von Menschen entstanden **slumartige Arbeiterwohnviertel**, die Kriminalität wuchs, Verwaltung und Politik verloren an Kontrolle. In den Zentren bildeten sich **Geschäftsviertel** mit Handelshäusern, Banken und Versicherungen, während die wohlhabenden Bürger in Villen in den grünen Vororten zogen. Grand Hotels und **Warenhäuser** schufen neue urbane Räume, in denen sich Frauen der besseren Schichten unbegleitet bewegten. Es entwickelte sich ein verbessertes Bildungsangebot, neue und vermehrte **kulturelle Entfaltungsmöglichkeiten**, besondere Formen des intellektuellen Austauschs, aber auch eine besondere Empfindlichkeit für Reize, die nicht nur durch ein größeres Warenangebot oder von der Reklameflut ausgelöst wurden, sondern auch schlicht mit der Tatsache zu tun haben, dass der Stadtmensch einer immer größeren Anzahl von fremden Menschen begegnete. Eine Folge der Verstädterung bestand außerdem in der **Auflösung gewachsener regionaler, familiärer und konfessioneller Bindungen**. Immer mehr Menschen in den Städten heirateten Partner anderer Konfessionen.

Die Erfahrung der Zeit

▶ M 7: Jürgen Osterhammel über die Zeit als kultureller Faktor der Industrialisierung

Heute müssen wir unser Leben nach ganz anderen **Zeitvorstellungen** organisieren als die Menschen in vormodernen bzw. vorindustriellen Gesellschaften. In diesen Gesellschaften wurde menschliche Arbeit ausschließlich von den natürlichen Umweltbedingungen bestimmt. Das Leben des Einzelnen richtete sich dabei sehr stark nach den Jahreszeiten. Die Erwartungen der Menschen waren in erster Linie den Traditionen verhaftet. Über viele Generationen hinweg herrschten die gleichen Produktionsprozesse vor und wurden selten in größerem Ausmaß verändert.

▶ M 8: Werbeanzeige für Stechuhren

Das ist in modernen wissenschaftlich-technischen Zivilisationen ganz anders. Seit der Industriellen Revolution muss sich die Arbeit der Veränderung des Produktionsprozesses anpassen, wie sie von jeder Produktinnovation oder neuen wissenschaftlichen und technischen Entwicklungen vorgegeben wird. Besonders die Fabrikarbeiter mussten sich daran gewöhnen, dass nicht mehr der Wechsel der Jahreszeiten ihr Leben und Arbeiten bestimmte, sondern Maschinen. Zeit war ein wichtiger Faktor der Fabrikorganisation. Um die Arbeiter zu einer strikten **Arbeitsdisziplin** zu erziehen, verabschiedeten die Unternehmen strenge Fabrikordnungen, die dem Einzelnen kaum noch Spielräume

M 2 Bevölkerungsentwicklung in Mitteleuropa 1850–1910

zur eigenen Gestaltung ließen. Die Fabrikuhr, an zentraler Stelle angebracht, und die Fabriksirene gaben den Takt vor. Die „Demokratisierung der Taschenuhr" (David Landes), ermöglicht durch die maschinelle Herstellung preisgünstiger Massenware, machte Ende des 19. Jahrhunderts **Pünktlichkeit** zu einer allgemein erreichbaren Tugend.

Die Industriegesellschaft – eine Massengesellschaft?

M3 Berlin Friedrichstraße/ Unter den Linden, Fotografie, um 1900

▶ M 9: Kaspar Maase über das Verhältnis von Demokratisierung und Massengesellschaft

Wir leben heute in einer sogenannten Massengesellschaft. Darunter verstehen die Sozialwissenschaftler eine Gesellschaft, die die breiten unteren Volksschichten nicht nur in die politische Willensbildung einbezieht, sondern auch viele Möglichkeiten des Konsums und der Teilhabe am kulturellen Leben sowie der eigenen wirtschaftlichen und sozialen Interessenvertretung eröffnet. Diese **Teilhabe der Gesellschaft** an politischen Entscheidungen sowie an Wohlstand und Kultur ist das Ergebnis der Industrialisierung. Waren z. B. Reisen oder Freizeit in der vorindustriellen Welt Vorrecht der Oberschicht, verbringen heute Menschen aus allen Schichten ihren Urlaub in fernen Regionen.
Kulturkritiker haben jedoch schon im ausgehenden 19., besonders aber im 20. Jahrhundert, darauf hingewiesen, dass die Massengesellschaft auch negative Züge trage. Mit Schlagworten wie **„Vermassung"**, „Aufstand der Massen" oder „Asphaltkultur" warnten sie vor dem Verschwinden des selbstbestimmten Individuums bzw. vor dessen Aufgehen in Massenkollektiven. In der Wissenschaft hat sich allerdings ein neutraler Gebrauch des Begriffs durchgesetzt, der unter Vermassung die schichtübergreifende Verbreitung der Errungenschaften der Moderne versteht. Nur als Massenprodukt ist z. B. das Auto erschwinglich und erhöht damit die Mobilität in der modernen Gesellschaft, wird durch die massenhafte Nutzung aber auch zu einem globalen Problem.

▶ M 10: Hannah Arendt über die Bedeutung der Massengesellschaft für den Aufstieg der totalitären Diktaturen

Umweltgefährdung

Seit der Industrialisierung veränderte sich das Verhältnis des Menschen zu seiner Umwelt. Schon die Zeitgenossen erkannten, dass eine intensive Nutzung der natürlichen Ressourcen Mensch und Natur schaden konnte. Ein Beispiel dafür ist die zunehmende **Wasserverschmutzung** durch industrielle Abwässer. Die durch tierische und menschliche Exkremente, durch Abfälle aus Haushalten und Schlachthöfen sowie durch industrielle Abwässer verunreinigten Flüsse, Bäche und Brunnen stellten eine kaum zu unterschätzende Gefahr für die Gesundheit dar. Hinzu kamen die starke Verschmutzung der Straßen und Gassen sowie der damit verbundene Gestank und die katastrophalen hygienischen Zustände. Die Kanalisation der Städte, die um 1900 weitgehend realisiert war, sowie eine verbesserte Stadtplanung gehörten zu den ersten und wichtigsten Maßnahmen zur Verminderung der Umweltbelastungen. Auch das Problem der **Luftverschmutzung** existierte bereits im 19. Jahrhundert: Verantwortlich dafür waren noch nicht die Autos, da Deutschland bis 1914 ein weitgehend autofreies Land blieb. Umso mehr beschäftigten sich Medizin und Naturwissenschaft während der Industriellen Revolution mit der Luftverschmutzung durch Rauchschäden, die durch den Einsatz der Kohle zunahmen. Filter sollten verhindern, dass Schadstoffe in die Luft gelangten, möglichst hohe Schornsteine den Rauch weitflächig verteilen und die Schadstoffe verdünnen. Bei Konflikten um den Vorrang von Naturschutz oder industriellem Wachstum trug oft die Industrie den Sieg davon. Denn qualmende Schornsteine galten im 19. Jahrhundert auch als Zeichen für wirtschaftlichen Fortschritt und Wohlstand.

▶ M 11: Gemälde Die „Neusser Hütte"

1 Arbeiten Sie die wichtigsten Veränderungen heraus, die den Übergang von der traditionalen Agrargesellschaft zur modernen Industriegesellschaft im 19. Jahrhundert prägten.
2 Analysieren Sie M 2, auch mit Blick auf die regionalen Schwerpunkte der Urbanisierung. Nutzen Sie dazu die methodischen Tipps im Anhang, S. 416.

Hinweise zur Arbeit mit den Materialien
In den folgenden Materialien wird zunächst auf das Problem der Rationalisierung der Arbeit eingegangen (M 4 und M 5). M 6 gibt Ihnen einen Einblick in die neue Welt der Kaufhäuser und des Massenkonsums. M 7 und M 8 verdeutlichen, wie tiefgreifend sich das Zeitverständnis der Menschen verändert hat. Die kontroversen Texte M 9 und M 10 regen zu einer Diskussion über die hellen und dunklen Seiten der modernen Massengesellschaft an. Das Gemälde M 11 verdeutlicht, dass der Industriekapitalismus von Anfang an gravierende Auswirkungen auf die Umwelt mit sich brachte.

Rationalisierung der Arbeit

M 4 Französische Karikatur über die Industriearbeit, Kohlezeichnung von Jean Veber, um 1900

3 Analysieren Sie die Karikatur.
Formulieren Sie einen passenden Titel, der die Aussageabsicht des Zeichners widerspiegelt.

M 5 Der österreichische Sozialwissenschaftler Manfred Füllsack über die Rationalisierung der Arbeit, 2009

Die industrielle Zergliederung der Arbeit in einzelne, diskrete Schritte hat nicht nur erlaubt, tendenzielle „Störfaktoren" auszuschließen, die – wie etwa ungünstige Arbeitsplatzanordnungen – Zeit und Energie kosteten. Sie hat die geteilte Arbeit auch zu einem erforschbaren Phänomen werden lassen. Erst die Zerteilung in messbare Einheiten hat die Arbeit der wissenschaftlichen Methode geöffnet und damit Untersuchungen darüber ermöglicht, wie sich der Arbeitsprozess effektiver gestalten lässt. Zum Schlagwort für diese wissenschaftliche Erfassung der Arbeit wurde der Begriff „Taylorismus", benannt nach dem US-amerikanischen Sozialwissenschaftler Frederick W. Taylor, der in zahlreichen Studien um die Wende vom 19. zum 20. Jahrhundert das sogenannte loafing von Arbeitern untersuchte, also deren vielfältige Versuche, die von ihnen erwartete Leistung nicht vollständig zu erbringen. [...]
Nur die Arbeiter, die unmittelbar selbst in den Arbeitsprozess involviert[1] sind, überblicken sämtliche Rahmenbedingungen und damit auch jene Nischen, in denen sie, unbemerkt vom Arbeitgeber, langsamer arbeiten oder gar Pausen einlegen können. Um dies zu verhindern, bleibt Arbeitergebern nur die Möglichkeit, den Arbeitsprozess systematisch, und das heißt in letzter Konsequenz wissenschaftlich zu beobachten. Eine Methode, die Taylor dazu vorschlug, bestand in der sogenannten Zeit-Budget-Erhebung, in der die zeitliche Dauer einzelner Arbeitsschritte gemessen und in statistischen Vergleichen sodann zu optimieren versucht wurde. Dazu wurden zum Beispiel Produktionsteile und Werkzeuge am Arbeitsplatz rational angeordnet, oder auch die Arbeitsplätze in der Fabrikhalle so aufgeteilt, dass Vorarbeiter jederzeit Einsicht in die Aktivitäten der Arbeiter hatten.
[...] Die Arbeitenden zeigten sich über solche Maßnahmen freilich wenig erfreut. Als Folge verringerte sich, was Taylor'sche Maßnahmen als ursächliches Problem zugrunde gelegt hatten, noch zusätzlich: nämlich die schon der Industriearbeit inhärente mangelhafte Arbeitsmotivation. Erlaubte schon die frühe Industriearbeit den Arbeitenden nur mehr ausschnitthaft wahrzunehmen, wozu ihre Anstrengungen eigentlich gut waren, so tat die repetitive und geistlose Arbeit am Fließband ihr Übriges. Die fehlende Motivation der Arbeiter wurde zu einem Problem und die Wissenschaft mit ihrer Lösung beauftragt. [...]
Die Betriebswirtschaftslehre wandte sich Aspekten wie Personal- oder Organisationslehre zu. Forschungsarbeiten widmeten sich Gruppenphänomenen, sozialen Interaktionen, der Arbeitszufriedenheit und kooperativen Führungsstilen. Und die Unternehmer gingen dazu über, Maßnahmen zur Zufriedenheit ihrer Arbeiter nicht mehr nur als humane Zusatzaufgabe zu sehen, sondern als direkte Investition in ihre Produktion.

*Manfred Füllsack, Arbeit, Facultatas Verlags- und Buchhandels AG, Wien 2009, S. 97ff.**

1 *involviert:* einbezogen

4 Erklären Sie den Zusammenhang zwischen wissenschaftlicher Erfassung von Arbeit durch die Arbeitgeber und der Produktivität der Arbeitenden.

5 **Wahlaufgabe:** Bearbeiten Sie entweder Aufgabe a) oder b).
- a) Versetzen Sie sich in die Situation eines Unternehmers in einer Maschinenfabrik um 1900 und erstellen Sie einen Maßnahmenkatalog zur Arbeitsmotivation.
- b) Versetzen Sie sich in die Rolle eines Gewerkschafters, der mit Fließbandarbeitern über ihre Arbeit diskutiert. Formulieren Sie Forderungen an die Betriebsleitung.

Tipp: Nutzen Sie den Webcode.

Definition „teilautonome Arbeitsgruppe"
cornelsen.de/Webcodes
Code: moqetu

6 **Gruppenarbeit:** Diskutieren Sie Ihre Ergebnisse im Plenum.

M6 Bericht über einen Besuch im Berliner Kaufhaus Wertheim, 1903

Neulich habe ich Wertheim zum ersten Male besucht. Es handelte sich um den Einkauf verschiedenerlei Dinge, von denen meine Frau behauptete, dass man sie bei Wertheim am billigsten und besten bekäme. Da habe ich den Berliner Louvre kennengelernt. Zuerst musste ich mir an einer der Hauptkassen ein „Sammelbuch" kaufen; die Kassen waren umdrängt, aber nach einer kleinen halben Stunde hatte ich mein Buch und konnte nun losziehen. Doch ich zog nicht. Ich versuchte zunächst einmal, mich zu orientieren. Ich bin nicht ganz ohne Findigkeit; hier jedoch verließ mich jedwede topografische Begabung. Die strömende Menschenmenge schob mich hin und her; ich wollte zu den Parfüms und geriet zu den Kurzwaren, und plötzlich stand ich vor einer Dame, die mir Taschentücher zeigte, und eine halbe Minute später war ich mitten unter das Emaillegeschirr geraten. Nun dachte ich, das Parfüm bis zuletzt zu lassen und mich den Korbwaren zuzuwenden [...]. Da musste ich aber in den dritten Stock. Einer der offiziellen Führer, ein Herr, der wie ein Legationssekretär[1] aussah, sagte mir, ich solle doch den Fahrstuhl benutzen oder die Rutschbahn. [...] Die Wertheimsche Rutschbahn ist ein *trottoir roulant*[2]; bei Schwindelfreiheit kann man sich ihm beruhigt anvertrauen.
Das tat ich denn auch; aber zu den Korbwaren gelangte ich doch nicht; ich weiß nicht, woher es kam – ich befand mich plötzlich in einer Gemäldeausstellung. [...] Jetzt fasste mich der Grimm; ich beschloss, die Korbwaren zu suchen, koste es, was es wolle. Ich unternahm Gebirgspartien, stieg hinauf in luftige Höhen, geriet unvermutet in einen Menschenknäuel hinein, der die fotografischen Apparate umdrängte, und sah mich dann wieder von wallenden Schleiern, farbigen Bändern, von Spitzen und Rüschen umgeben. Ein Herr, der wie ein Geheimrat[3] aus dem Kultusministerium aussah, möchte meine Verlegenheit bemerken und fragte nach meinem Begehr. „Oben", meinte er lächelnd und wies auf den Lift. Aber ich hatte nicht aufgepasst: der Lift ging nicht hinauf, sondern hinunter – und als ich mich umschaute, weilte ich in einem prachtvollen Saale mit Lapislazulisäulen und hörte eine Fontäne rauschen. [...] Ich schlenderte mit schweren Schritten weiter, kam in einen Palmengarten und an ein Büfett, wo ein niedliches Mädchen mir ein Glas Limonade kredenzte, kam [...] hierauf zu den Phonographen und endlich zu den ersehnten Parfüms.
Gott sei dank – so weit war ich nun! Aber ich merkte doch, wir sind alle von des Tantalus[4] Geschlecht. Ich spürte den Duft des Parfüms, sah auch die gelben, grünen, roten, amarantfarbenen und safrangelben Flacons – aber heran kam ich nicht. Ganze Menschenringe umballten die Verkaufstische; ich berechnete, dass ungefähr fünfviertel Stunden verfließen würden, ehe ich an die Reihe käme. Das dauerte mir zu lange, und da mir meine Frau auch anbefohlen hatte, ich solle mich auf Postkarten fotografieren und sechsunddreißig mal abziehen lassen, so wollte ich inzwischen das fotografische Atelier des Hauses aufsuchen. Ein Herr, der wie ein Rittmeister[5] in Zivil aussah, bedeutete mich: zu diesem Zwecke müsse ich mir an einer bestimmten Kasse erst eine „Nummer" kaufen, und rief ein Fräulein herbei, das mich an diese Kasse führen sollte. Das Fräulein war hübsch, was ich ihr auch sagte, worauf sie mir erwiderte: „Mein Herr, ich habe keine Zeit zu so etwas" – eine Äußerung, die mich anfänglich befremdete, mir doch aber auch des Nachdenkens wert schien.

*Zit. nach: Gerhard A. Ritter/Jürgen Kocka (Hg.), Deutsche Sozialgeschichte 1870–1914, C. H. Beck, München 1982, S. 198f.**

1 *Legationssekretär:* Beamter im höheren auswärtigen Dienst
2 *trottoir roulant:* (hier:) Rolltreppe
3 *Geheimrat:* führender Beamter
4 *Tantalus/Tantalos:* König aus der griechischen Mythologie, der für seine Untaten von den Göttern bestraft wurde. Er stand in einem Teich, von dem er nicht trinken konnte, und sah nah vor sich, aber unerreichbar Früchte. Daher das Sprichwort der „Tantalos-Qualen".
5 *Rittmeister:* Offizier der Kavallerie

7 a) Analysieren Sie den Bericht in M6.
b) Beurteilen Sie den Bericht (siehe auch M1).
Tipp: Welcher gesellschaftlichen Gruppe ist der Kaufhausbesucher zuzuordnen?

8 Schildern Sie den Vorfall aus der Sicht des „Fräuleins" am Schluss des Textes.

Arbeit und Zeit

M7 Der Historiker Jürgen Osterhammel über die Zeit als kulturellen Faktor der Industrialisierung, 2009

Die Verbreitung mechanischer Zeitmessung trug zu einer Quantifizierung und Verstetigung von Arbeitsprozessen bei, die auch aus anderen Quellen gespeist wurde. In der vorindustriellen Arbeitswelt, so hat der englische Sozialhistoriker E. P. Thompson in einem berühmten Aufsatz argumentiert, sei die Arbeit unregelmäßig und ungleichmäßig abgelaufen. Mit zunehmender Arbeitsteilung und der Organisation der Produktion in immer größeren und kapitalintensiveren Betrieben im Laufe des 19. Jahrhunderts hätten Unternehmer und Marktkräfte dann ein strikteres Zeitregiment und längere Arbeitszeiten durchgesetzt. Die Arbeiter, die sich, aus Landwirtschaft und Handwerk kommend, in den ersten Fabriken wiederfanden, seien durch Uhren, Glocken und Strafen einem ihnen fremden Konzept von abstrakt gemessener Zeit unterworfen worden. Das klingt plausibel und besitzt den zusätzlichen Reiz, dass sich englische Fabrikarbeiter, Arbeiter in sich später industrialisierenden Ländern und koloniale Untertanen in einer prinzipiell ähnlichen Situation sozialer Disziplinierung und kultureller Entfremdung wiederfanden. Thompsons modernitätskritische These scheint also universalisierbar zu sein. Überall wurde die Uhr zur Waffe der Modernisierung. Vermutlich ist dies jedoch später geschehen, als E. P. Thompson meinte. Selbst in Großbritannien waren exakt gehende und nach verbindlichen Normzeiten eingestellte Uhren erst am Ende des 19. Jahrhunderts im Alltag allgemein verbreitet.

[...] Schon Karl Marx hatte behauptet, der Arbeitstag sei zusehends verlängert worden. Zahlreiche andere Zeugnisse von Zeitgenossen bestätigen, dass der Beginn industrieller Fabrikproduktion oft oder fast immer mit einer Zunahme der von einzelnen insgesamt aufgewendeten Arbeitszeit verbunden war. Arbeitstage von bis zu 16 Stunden scheinen überall in der Frühzeit maschineller Baumwollspinnerei üblich gewesen zu sein. [...] Der Kampf um die Verkürzung der Arbeitszeit setzte voraus, dass auch die Arbeiter eine Vorstellung von ihrer tatsächlichen Leistung entwickelten. Die Uhr in der Hand des Arbeiters konnte die Zumutungen des Kapitalisten überprüfen.

In qualitativer Hinsicht lässt sich also darüber streiten, ob die Uhr wirklich kaum mehr als ein Zwangsinstrument in den Diensten der Unternehmer war. Und wenn man die technologische Entwicklung nicht als unabhängige Variable betrachten möchte: Schuf erst die Erfindung der mechanischen Uhr ein Bedürfnis nach exakter Zeitmessung, oder war nicht vielmehr zuerst dieses Bedürfnis vorhanden und weckte dann eine Nachfrage nach technischen Mitteln zu seiner Befriedigung? Zweifellos war die minutengenau messende Uhr überall auf der Welt, wo sie eingeführt wurde, das Werkzeug einer Mechanisierung oder gar ihrer gesteigerten Form, einer Metronomisierung[1] der Produktion und zahlreicher anderer Lebensvorgänge. Sie war das Emblem eines Zeitregiments, das gleichförmiger war als die Zeiterfahrungen einer naturnahen bäuerlichen Lebensweise.

1 *Metronomisierung:* Taktgebung

Jürgen Osterhammel, Die Verwandlung der Welt. Eine Geschichte des 19. Jahrhunderts, C. H. Beck, München 2009, S. 123 f.

M8 „Arbeits-Zeit-Kontrolle", Werbeanzeige für Stechuhren, 1920er-Jahre

9 Beschreiben Sie, wie sich der Umgang mit der Zeit im Verlauf der Industrialisierung änderte (M 7, M 8).

10 **Gruppenarbeit:** Erörtern Sie, inwieweit die im Text M 7 beschriebenen Sachverhalte auch heute noch Gültigkeit haben.

Geschichte kontrovers: Die Massengesellschaft – Element der Demokratisierung oder Untergang der Demokratie?

M9 Der Kulturwissenschaftler Kaspar Maase über das Verhältnis von Demokratisierung und Massengesellschaft, 1997

Zur Mitte des 19. Jahrhunderts dominierten Künste [...], die vom wohlhabenden und gebildeten Bürgertum gepflegt wurden: Oper und Theater, Tafelbild[1] und Denkmal, Dichtung und ernste Musik. Indem sie „hohe Kultur" repräsentativ herausstellten, unterstrichen diese Schichten ihren Anspruch auf die Führung der Gesellschaft. Im Lauf von gut 100 Jahren hat bürgerliche Kultur in diesem Sinn ihren Platz abgegeben an die moderne Populärkultur.

Deren Aufstieg war Teil eines ganzen Bündels von Entwicklungen, die Max Weber[2] schon vor 1918 als „aktive Massendemokratisierung" bezeichnete. Die (für bürgerliche Augen) rohen und unkultivierten Massen, die (gemessen an ihren Schulabschlüssen) „Ungebildeten" betraten die gesellschaftliche Bühne. Alle Männer und Frauen erhielten [...] Wahlrecht. Interessenorganisationen, Parteien und Bewegungen entstanden, die für das Volk zu sprechen behaupteten. [...] Die Unterschichten errangen Freizeit und Kaufkraft, sie entwickelten eine bislang ungekannte Nachfrage nach Kunst und Vergnügen. Ein kultureller Massenmarkt bildete sich heraus, beliefert von spezialisierten Unternehmen, die sich an den Wünschen der großen Mehrheit orientierten [...].

Die Kulturindustrie zielte auf Gewinn, nicht auf Erziehung, Propaganda oder Erbauung. Gerade deswegen konnten die einfachen Leute die modernen Massenkünste ihren Vorlieben und ihren Lebensgewohnheiten anpassen. Unter dem Gesichtspunkt der geistigen Wahlmöglichkeiten bedeutete die Einbeziehung in den Kultur-Warenmarkt einen revolutionären Durchbruch, eine Befreiung von bürgerlicher Vormundschaft. Im gesamten 19. Jahrhundert hatten sich Kirchen, Schulbehörden und Volksbildungsorganisationen bemüht, das Volk auf solche geistige Nahrung zu beschränken, die sie für zuträglich hielten. Zu ihrem eigenen Besten, so wurde argumentiert, solle man die „Ungebildeten" unter fürsorgliche Überwachung stellen. Nun wurden die liberalen Prinzipien der Selbstbestimmung und der freien Entscheidung [...] von jenen in Anspruch genommen, für die sie ursprünglich nicht gedacht waren. [...]

Die kapitalistische Industriegesellschaft hat nur wenig von dem eingelöst, was die Losung „Freiheit, Gleichheit, Brüderlichkeit" versprach. Wer an den Idealen der Aufklärung festhielt und allen den geistigen und ästhetischen Reichtum der Menschheit erschließen wollte, der musste die Erfolgsgeschichte der Massenkultur mit gemischten Gefühlen betrachten. [...]

Mittlerweile stoßen wir auf Massenkultur und ihre Prominenz überall dort, wo sich Gesellschaft und Politik repräsentativ in Szene setzen. Nicht mehr prunkvolle Opernhäuser sind die Kathedralen der Gegenwartskultur, sondern Sportpaläste, Musicaltheater [...] und voll klimatisierte Feriendörfer. [...] Massenkultur hat sich als „herrschende Kultur" der Massendemokratie etabliert. Dass sie sich gegen jahrzehntelange Abwertung und Ausgrenzung durchsetzen konnte, hat das Kräfteverhältnis zwischen „einfachen Leuten" und kulturellen Eliten verändert.

*Kaspar Maase, Grenzenloses Vergnügen, Fischer, Frankfurt/M. 1997, S. 16–20.**

1 *Tafelbild:* Malerei auf einem festen Untergrund (Metall, Holz usw.)

2 *Max Weber (1864–1920):* einer der bedeutendsten deutschen Ökonomen und Soziologen seiner Zeit

M10 Die Philosophin Hannah Arendt über die Bedeutung der Massengesellschaft für den Aufstieg der totalitären Diktaturen im 20. Jahrhundert, 1951

Totalitäre Bewegungen [...] sind überall da möglich, wo Massen existieren, die aus gleich welchen Gründen nach politischer Organisation verlangen. Massen werden nicht von gemeinsamen Interessen zusammengehalten und ihnen fehlt jedes spezifische Klassenbewusstsein, das sich bestimmte, begrenzte und erreichbare Ziele setzt. Der Ausdruck „Masse" ist überall da zutreffend, und nur da, wo wir es mit Gruppen zu tun haben, die sich, entweder weil sie zu zahlreich oder weil sie zu gleichgültig für öffentliche Angelegenheiten sind, in keiner Organisation strukturieren lassen, die auf gemeinsamen Interessen an einer gemeinsam erfahrenen und verwalteten Welt beruht, also in keinen Parteien, keinen Interessenverbänden. [...]

Der Massenerfolg der totalitären Bewegungen bedeutete das Ende zweier Illusionen, die allen Demokraten und besonders allen Anhängern des europäischen Parteiensystems teuer gewesen waren. Die erste Illusion war, dass alle Einwohner eines Landes auch Bürger sind, die ein aktives Interesse an öffentlichen Angelegenheiten nehmen, und dass jeder Einzelne zwar nicht notwendigerweise in einer Partei organisiert zu sein brauchte, aber doch mit irgendeiner von ihnen sympathisierte und sich von ihr auch dann vertreten fühlte, wenn er selbst niemals wählte. [...] Die zweite Illusion, die von den totalitären Bewe-

gungen vernichtet wurde, war, dass diese politisch neutralen und indifferenten Massen auch ohne politisches Gewicht seien, dass sie wirklich, wenn es sie schon gab, neutral seien und nur den Hintergrund des politischen Lebens der Nation bildeten. Die tiefe Erschütterung des gesamten politischen Lebens, welche die totalitären Bewegungen auch dort auslösten, wo sie nicht zur Macht kommen, zeigt deutlich, dass eine demokratische Verfassung auf die schweigende Duldung aller politisch inaktiven Elemente in der Bevölkerung angewiesen ist und von dieser inartikulierten und unkontrollierbaren Massenstimmung ebenso abhängt wie von den artikulierten und organisierten öffentlichen Institutionen. [...]
Der Zusammenbruch der Klassengesellschaft, welche die einzige zugleich soziale und politische Strukturiertheit der Nationalstaaten bildete, war zweifellos „eines der dramatischsten Ereignisse der neueren deutschen Geschichte" und hat dem Aufstieg der Nazibewegung die gleichen günstigen Bedingungen geboten [...]. Unter solchen Bedingungen einer Massengesellschaft verlieren die demokratischen Institutionen wie die demokratischen Freiheiten ihren Sinn; sie können nicht funktionieren, weil die Mehrheit des Volkes nie in ihnen vertreten ist, und sie werden ausgesprochen gefährlich, wenn der nicht vertretene Teil des Volkes, der die wahre Mehrheit darstellt, sich dagegen auflehnt, von einer angeblichen Mehrheit regiert zu werden.

*Hannah Arendt, Elemente und Ursprünge totaler Herrschaft, Piper, München (Piper) 1986, S. 667–672.**

11 Arbeitsteilige Partnerarbeit

a) Arbeiten Sie aus M 9 bzw. M 10 heraus, wie die moderne Massengesellschaft beurteilt wird. Berücksichtigen Sie dabei, welche Aspekte der Massengesellschaft jeweils behandelt werden.

b) Tauschen Sie sich über Ihre Ergebnisse aus und erörtern Sie, inwieweit sich die beiden Positionen widersprechen oder ergänzen.

c) Diskutieren Sie die Aktualität der beiden Standpunkte.

12 Erörtern Sie davon ausgehend die Vor- und Nachteile der modernen Massengesellschaft bzw. Massenkultur, auch aus heutiger Sicht.

Umweltverschmutzung und Umweltbewusstsein

M 11 Die „Neusser Hütte" am Rhein, Gemälde von Andreas Achenbach, 1860/67

13 Analysieren Sie das Bild unter dem Aspekt der Umweltbelastungen.

14 Im weiteren Verlauf der Industrialisierung wurden immer höhere Schornsteine gebaut. Erläutern Sie Wirkung und Grenzen dieser „Umweltschutzmaßnahme".

15 Geschichte kreativ: Der Rhein hat sich in den letzten 200 Jahren in seinem Lauf zwischen Basel und Rotterdam stark verändert. Zeichnen Sie in einem Projekt die Veränderungen nach. Gehen Sie dabei auf die Bedeutung des Flusses für die Industrialisierung der Länder, die er durchfließt, sowie die damit verbundene Umweltproblematik ein.
Tipp: Nutzen Sie den Webcode.

„Der geopferte Rhein"
cornelsen.de/Webcodes
Code: wepori

1.7 Kommunikation in der Welt um 1900

In diesem Kapitel geht es um:
- *die „Revolution der Kommunikation" durch technische Erfindungen infolge der Industrialisierung,*
- *die zunehmende Vernetzung globaler Interessen- und Handlungsräume durch die moderne Fernkommunikation.*

M1 Cecil Rhodes (1853–1902), Fotografie, um 1900

Der britische Unternehmer und Politiker erlangte durch Gold- und Diamantengeschäfte großen Reichtum. Als führender Kolonialpolitiker warb er für eine Telegrafenlinie von Kapstadt nach Kairo. Rhodes war zeitweilig Premierminister der Kapkolonie (Südafrika). Die Kolonien Nord- und Südrhodesien (heute Sambia und Simbabwe) wurden nach ihm benannt.

Revolution der Kommunikation

Die Entwicklung der modernen Fernkommunikation ist ein entscheidender Faktor im globalhistorischen Prozess der zunehmenden Vernetzung. Erfindungen im Zuge der Industrialisierung ermöglichten erstmals Kommunikation über weite Entfernungen, eine Entwicklung, die sich heute in der digitalen Vernetzung der Welt fortsetzt.
Die Einführung der Telegrafie bildete hierbei einen Einschnitt von welthistorischer Bedeutung. Mit der Nutzung der Elektrizität für Kommunikationszwecke verdichtete sich der Austausch der Weltregionen ab Mitte des 19. Jahrhunderts derart, dass am Beginn des 20. Jahrhunderts die meisten politischen und wirtschaftlichen Zentren weltweit vernetzt waren. Zwar hatte sich bereits durch die Einführung der Dampfschifffahrt im überseeischen Verkehr die Nachrichtenübermittlung erheblich verbessert und verkürzt, doch erst die Telegrafie mittels interkontinentaler Seekabel ermöglichte eine weltweit funktionierende, schnelle Kommunikation. Benötigte die Übermittlung eines Briefes von Europa in die USA mit dem Postdampfer um 1900 etwa sieben Tage, betrug die Übertragungszeit für eine telegrafische Nachricht per Seekabel nur vier Minuten.

Vernetzung globaler Interessen- und Handlungsräume

Die Erfindungen und Fortschritte in der Kommunikation, insbesondere die Entstehung des telegrafischen Weltkabelnetzes um 1900, riefen bei Zeitgenossen unterschiedliche Reaktionen hervor. Für Privatleute blieb die Nutzung der neuen Technik lange Zeit viel

M2 *„The Rhodes Colossus striding from Cape Town to Cairo"*, Karikatur von Edward Linley Sambourne, veröffentlicht am 10.12.1892 in der englischen Satirezeitschrift *„The Punch"*.
Titel und Abbildung der Karikatur spielen auf den antiken Koloss von Rhodos an. Als gewaltige Statue beschützte dieser einst die Hafeneinfahrt von Rhodos-Stadt. Im Englischen stellt die Namensgleichheit zwischen Cecil Rhodes und der griechischen Insel Rhodos ein Wortspiel dar.

M3 **Das Weltkabelnetz 1905 (über Kontinente führende Kabel nur in Auswahl verzeichnet; Ortsnamen sind Ausgangs- und Zielorte von Telegrammen bzw. Plätze, an denen Signale technisch verstärkt wurden)**

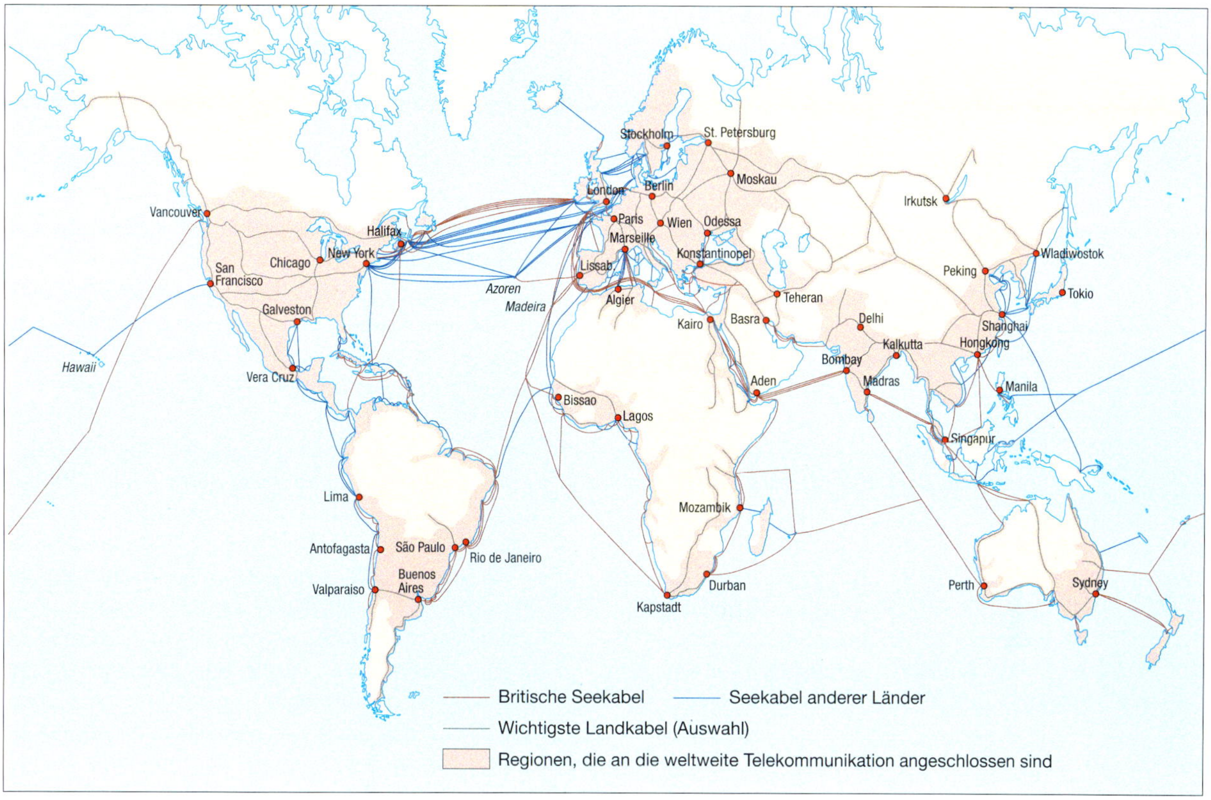

zu teuer. Vor allem Regierungen, Handelsgesellschaften und Nachrichtenagenturen leisteten sich von Beginn an die schnelle Nachrichtenübermittlung für militärische, diplomatische und wirtschaftliche Zwecke. Darüber hinaus erlaubten die transkontinentalen Kabelverbindungen die Durchdringung und Kontrolle alter und neuer Kolonial-, „Schutz-" und Einflussgebiete und die Ausbreitung „westlicher zivilisatorischer Werte". Teilweise rief dies in den Kolonien heftigen Widerstand hervor, der häufig auch zur Zerstörung von Kommunikationssystemen führte. Die Widersprüchlichkeit der modernen Kommunikation seit dem beginnenden 20. Jahrhundert zeigte auch die Nutzung der Telegrafie sowohl für die staatliche Verbrechensbekämpfung als auch für die organisierte Kriminalität.

Einige Historiker sind der Meinung, dass die Zeit um 1900 eine Epoche des weltweiten Austausches gewesen sei, dessen Ausmaß erst wieder in den 1970er-Jahren mit dem Beginn der „digitalen Revolution" erreicht wurde. Viele Aspekte unserer heutigen globalen Welt lassen sich dabei bereits um 1900 beobachten. So stellt sich mit Blick auf die damalige wie heutige Zeit die Frage: Hat die weltweite Kommunikation die Grenzen und Konflikte zwischen den Menschen und Nationen eher verringert oder befördert?

▶ **M 4: Entwicklungen in der Kommunikationstechnik**

▶ **M 7: Stimmen zur Bedeutung des Telegrafen**

▶ **M 8: Susanne Popp über die Auswirkungen der Kommunikation um 1900**

1 Analysieren Sie die Karikatur M 2.
Tipp: Achten Sie auf den Zusammenhang von Kommunikation und Kolonialismus um 1900 (vgl. M 1 und M 8). Nutzen Sie auch die Methodenseiten S. 126 ff.

2 Heutige Historiker sprechen von der Vernetzung ab 1890 als *„space-time-compression"* (= Verdichtung von Raum und Zeit). Erläutern Sie diesen Sachverhalt mithilfe der Karte M 3.

M4 Entwicklungen in der Kommunikationstechnik um 1900 (Auswahl)

1837 Schreib-Telegraf (Samuel Morse, USA)
1866 Erste Telegrafie-Verbindung über den Atlantik
1876 Telefon (Alexander Graham Bell/Elisha Gray, USA)
1881 Erstes öffentliches Fernsprechamt in Berlin
1887 Grammofon[1] (Emil Berliner, USA)
1888 Elektromagnetische Funk- und Radiowellen (Heinrich Hertz, Deutschland)
1889 Automatische Fernsprechvermittlung (Almon Brown Strowger, USA); Münzfernsprecher (William Gray, USA)
1891 Kinematograf[2] (Thomas Alva Edison, USA); Telefonkabel zwischen England und Frankreich
1896 Drahtlose Telegrafie (Guglielmo Marconi, Italien), Empfänger für Funksignale (Alexander Stepanowitsch Popow, Russland)
1899 Drahtlose Telegrafie-Verbindung zwischen England und Frankreich (Guglielmo Marconi, Italien)
1901 Telegrafie-Übertragung per Funk über den Atlantik (Guglielmo Marconi, Italien)
1902 Bild-Telegrafie (Arthur Korn, Deutschland)
1906 Vakuumröhre zur Verstärkung schwacher Radiowellen (Lee de Forest, USA)

1 *Grammofon:* Gerät zum Aufzeichnen und Abspielen von Tonaufnahmen (Vorläufer des Plattenspielers)
2 *Kinematograf:* Apparat zur Aufnahme und Wiedergabe bewegter Bilder

M5 Verlegung des Transatlantikkabels 1866, Holzstich, spätere Kolorierung, 1877.
Das 1865 verlorengegangene Kabel wird dabei zunächst gehoben, bevor das neue Kabel verlegt wird.

M6 Internationale Seekabelverbindungen

Bei der Verlegung der ersten Seekabel standen die Wissenschaftler und Ingenieure im 19. Jahrhundert nicht nur vor technischen Problemen. Die erste Verbindung über das offene Meer zwischen Dover und Calais im Jahr 1850, die die Anbindung Englands an das europäische Festlandstelegrafennetz gewährleisten sollte, hielt nur wenige Stunden. Ein Fischer hatte das Kabel mit seinem Netz versehentlich hochgezogen und mit einem Beil getrennt, weil er glaubte, er habe eine bis dahin unbekannte Art von Seetang entdeckt. Ein Jahr später gelang die Verlegung.
Nachdem eine erste telegrafische Verbindung über den Atlantik hergestellt worden war, erfolgte bis zum Ende des 19. Jahrhunderts sukzessive der Aufbau eines weltumspannenden Seekabelnetzes. Die Reihenfolge der angeschlossenen Erdteile entsprach deren Bedeutung im Rahmen der sich zunehmend entwickelnden weltwirtschaftlichen Verflechtungen. Nach Indien, China und Japan folgten Australien, Südamerika und zuletzt Afrika. Als im Jahr 1902 die Überbrückung des Pazifiks gelang, konnte nach einer rund 40-jährigen Aufbauzeit das weltumspannende Telegrafennetz in Betrieb genommen werden. Es war nun möglich, Nachrichten zwischen Weltmetropolen und Handelsplätzen innerhalb weniger Minuten auszutauschen. Daher kann das telegrafische Weltnetz als ein Symbol gesehen werden.

Originalbeitrag von Robert Rauh

M7 Zeitgenössische Stimmen zur Bedeutung des Telegrafen

a) Aus einem Brief des US-amerikanischen Hauptfinanziers des Transatlantikkabels Cyrus Fields an seinen Bruder, 1866:

[Der Telegraf] bringt die Länder der Welt zusammen. Er verbindet die getrennten Hemisphären[1]. Er vereint entfernte Nationen [...]. Ein Meereskabel ist keine Eisenkette, die kalt und tot in den eisigen Tiefen des Atlantiks begraben ist. Es ist eine lebendige Verbindung aus Fleisch und Blut, die getrennte Teile der menschlichen Familie vereint, und die stets von Liebe und Zärtlichkeit durchpulst ist. Diese starken Bande tragen dazu bei, die menschliche Rasse in Frieden und Einmütigkcit zu einen [...]. Es scheint, als wäre diese Meeresnymphe[2], die sich aus den Wellen erhebt, geboren worden, um vom Frieden zu künden.

1 *Hemisphäre:* Erdhalbkugel, Erdhälfte
2 *Meeresnymphe:* in der griechischen Mythologie niedere weibliche Naturgottheit (Tochter des Meeresgottes Okeanos)

b) Aus einer Rede des New Yorker Geschäftsmanns W. E. Dodge, 1868:

Es werden Zweifel laut, ob der Telegraf tatsächlich ein so guter Freund der Händler ist, wie dies weithin angenommen wird. Heute werden Berichte über die wichtigsten Weltmärkte täglich veröffentlicht, und unsere Kunden werden ständig telegrafisch kontaktiert. Statt einiger weniger Lieferungen pro Jahr muss der Händler nun permanent auf Trab sein und sein Geschäft kontinuierlich steigern. Er [...] erfährt innerhalb von Wochen die Ergebnisse von Lieferungen, die er vor einigen Jahren monatelang nicht erfahren hätte, und lässt die Erträge in Waren investieren, deren Wert wohlbekannt ist, und die schon vor ihrer Ankunft weiterverkauft werden. So wird er ständig auf Trab gehalten und findet keine Zeit für Ruhe und Entspannung.

c) Sir John Pender, Vorsitzender der Guttapercha Company[1], 1894:

Die Telegrafie hat oftmals den Abbruch der diplomatischen Beziehungen und damit Dauerkriege verhindert. Sie stellt ihre Bedeutung für Frieden und Glück auf der Welt immer wieder unter Beweis [...]. Es besteht kein Anlass für böse Gefühle oder auch nur den kleinsten Grund zur Klage. Das Kabel hat das Übel der Missverständnisse, die zum Krieg führten, bereits im Keim erstickt.

M 5 a bis c zit. nach: Tom Standage, Das Viktorianische Internet, Midas Verlag, St. Gallen/Zürich 1999, S. 100, 182 f. und 176.

1 1845 wurde zur Vermarktung des kautschukartigen Rohstoffes Guttapercha die Guttapercha Company in London gegründet. Ihr erster Auftrag war es, ein Seekabel zwischen England und Frankreich zu isolieren.

M 8 Die Historikerin Susanne Popp über die Auswirkungen der Kommunikation um 1900, 2021

Infolge der massiven Ausweitung und Vernetzung, Intensivierung und Beschleunigung des Nachrichtenverkehrs konnten im letzten Viertel des 19. Jahrhunderts ungleich mehr und ungleich aktuellere Nachrichten als je zuvor aus weit entfernten Weltregionen in die „westliche“ Welt bzw. in die Gesellschaften gelangen, die an die internationalen Telegrafennetze angeschlossen waren. Das neuartige Erleben von Aktualität führte zusammen mit der Entwicklung wesentlich leistungsfähigerer Druck- und Satzverfahren in der zweiten Hälfte des 19. Jahrhunderts zu einem Gründungsboom von Tageszeitungen, die nicht von ungefähr häufig den Begriff „Telegraph“ im Titel führten, sowie von Börsenzeitungen, Nachrichtenagenturen und Pressekonzernen.

In diesem Kontext veränderte sich nicht zuletzt auch die Kriegsberichterstattung in den öffentlichen Medien. So wurde beispielsweise im Zuge des Krimkrieges (1853–1856) im Auftrag der französischen und britischen Regierung ein Telegrafennetz bis zur Krim ausgebaut, damit die jeweiligen Regierungen direkt mit den Kommandanten der Streitkräfte auf dem Schlachtfeld kommunizieren konnten. Auch Berichte über eine mangelhafte medizinische Versorgung der Verwundeten gelangten über die Presse an die Öffentlichkeit, was dann in Großbritannien zu Protestdemonstrationen und zur Gründung von Organisationen zur professionellen Kriegsverwundetenpflege führte. [...]

Schließlich wurde die Fernkommunikation seit dem 19. Jahrhundert sowohl für die staatliche Verbrechensbekämpfung als auch vonseiten der organisierten Kriminalität genutzt.

Originalbeitrag von Susanne Popp

3 Kooperative Partnerarbeit: Bearbeiten Sie a) und b) arbeitsteilig und c) anschließend gemeinsam.
- **a)** Erläutern Sie mithilfe von M 4, M 5 und M 6 die Entstehung des Weltkabelnetzes um 1900.
- **b)** Untersuchen Sie M 7 a–c auf Hoffnungen und Ängste im Kontext der damaligen Verkabelung.
- **c)** Diskutieren Sie ausgehend von Ihren Arbeitsergebnissen, inwiefern die „Weltverkabelung“ um 1900 eine Zäsur von welthistorischer Bedeutung war. Vergleichen Sie hierzu auch M 8.

4 Vertiefung: Ordnen Sie die „Revolution der Kommunikation“ in die Geschichte der Industrialisierung ein (s. Kap. 1.1 und 1.2). Visualisieren Sie Ihr Ergebnis in Form eines Schaubildes.

5 Wahlaufgabe: Bearbeiten Sie entweder a) oder b).
- **a)** Vergleichen Sie an ausgewählten Beispielen die heutige Kommunikation mit der um 1900. Gestalten Sie dazu ein Lernplakat.
- **b)** Hat die weltweite Kommunikation die Grenzen und Konflikte zwischen den Menschen und Nationen eher verringert oder befördert? Erörtern Sie diese Frage in einer Diskussionsform Ihrer Wahl (z. B. amerikanische Debatte).

1.8 Wohin steuert die moderne Industriegesellschaft?

In diesem Kapitel geht es um
- *den Strukturwandel in Wirtschaft und Gesellschaft seit 1970,*
- *den wachsenden Einfluss der Finanzmärkte auf die Realwirtschaft sowie*
- *die Grenzen unseres wachstumsbasierten Wirtschaftsmodells.*

Das kapitalistische Wirtschaftssystem unterscheidet sich von früheren Formen des Wirtschaftens besonders durch seine **technikgetriebene Dynamik**. Alle 50 bis 60 Jahre entstanden durch neue, umwälzende Techniken tiefgreifende Veränderungen in der Wirtschaft.

M1 Der Weg zur Industrie 4.0

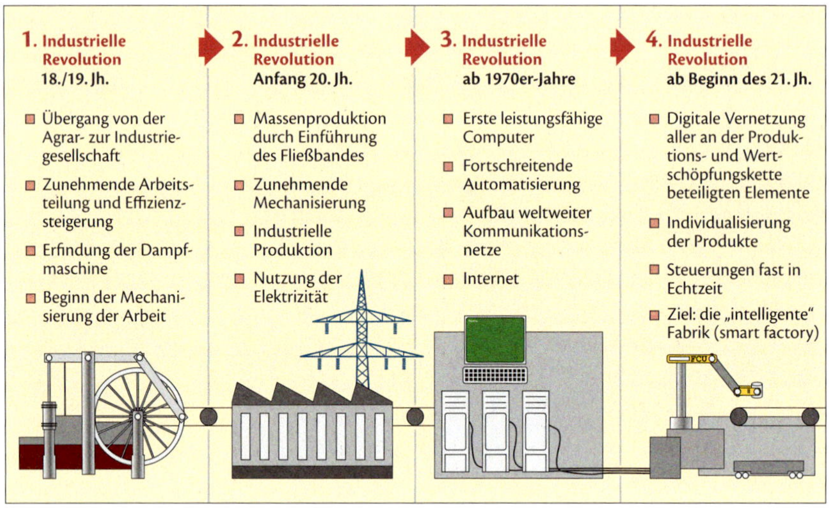

M2 Anteil der Wirtschaftsbereiche an der Gesamtbeschäftigung in Deutschland von 1950 bis 2020 (Anteil in Prozent)

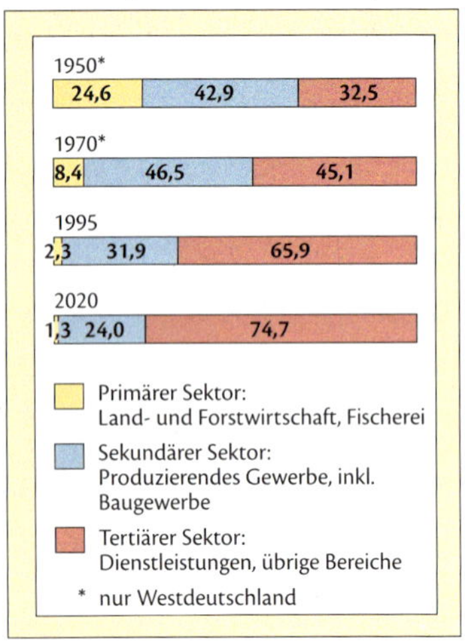

Quelle: Ergebnisse der Erwerbstätigenrechnung im Rahmen der Volkswirtschaftlichen Gesamtrechnungen (VGR); zit. nach: destatis.de, 2021.

Digitale Revolution
durch Digitaltechnik und Computer ausgelöster Umbruch, der seit Ausgang des 20. Jahrhunderts einen Wandel nahezu aller Bereiche von Wirtschaft, Staat, Gesellschaft und Alltag bewirkt

Tertiarisierung
immer weiter wachsende Bedeutung des tertiären Sektors

Von der Industrie- zur Dienstleistungsgesellschaft

Auch seit den 1970er-Jahren wurden die westlichen Industrieländer wieder von einem tiefgreifenden, von Krisen geprägten **Strukturwandel** erfasst. Hauptmerkmal dieses Wandels ist der vielgestaltige Rückgang des industriellen Sektors* in den jeweiligen Wirtschaftsräumen, der als **Deindustrialisierung** bezeichnet wird. Vor allem die Fabriken der „alten" Industrien – Stahlwerke, Kohlezechen, Schiffswerften und Textilfabriken –, die in den Boom-Jahren nach dem Zweiten Weltkrieg das wirtschaftliche Rückgrat dieser Länder gebildet hatten, wurden im Verlauf dieses Veränderungsprozesses vor allem nach Asien verlagert und mit ihnen Millionen von Arbeitsplätzen. Zugleich kam es zu einer deutlichen Steigerung der Arbeitsproduktivität in diesem Sektor. Technologisch waren diese Jahrzehnte geprägt durch die Ausbreitung der elektronischen, computergestützten **Datenverarbeitung** in allen Bereichen der Industrieunternehmen, von der Produktion bis hin zum Dienstleistungssektor. Dies wird auch als **digitale Revolution*** bezeichnet.
Mitte der 1970er-Jahre bildeten Industriearbeiterinnen und Industriearbeiter in den meisten Ländern Westeuropas und Nordamerikas die mit Abstand größte Berufsgruppe, während heute die meisten Menschen in den verschiedensten Dienstleistungsberufen arbeiten. Diese **Tertiarisierung*** – der Prozess der Umwandlung einer Industriegesellschaft hin zur **postindustriellen Informations- und Dienstleistungsgesellschaft** –

hat die westeuropäischen Gesellschaften tiefgreifend verändert. Das anhaltende Schrumpfen der Industrie kostete viele Arbeiter den Arbeitsplatz und hinterließ sie ohne Perspektive.

Mit der steigenden **Bedeutung von Information, Wissen und Qualifikation** wurden viele Hoffnungen verknüpft. Der Dienstleistungssektor schien angenehme, geistig anspruchsvolle, wegen der unstillbaren Nachfrage nach Dienstleistungen sichere und infolge hoher Produktivität auch gut bezahlte Arbeitsplätze für immer mehr Menschen zu bieten. Es entwickelte sich vor allem im städtischen Milieu ein neues, **postmodernes* Lebensgefühl** mit einer individualistischen Lebensphilosophie des *anything goes*. Die Erwartung, dass sich die Zunahme von Verteilungs- und Chancengleichheit im Verlaufe der Industrialisierung, wie sie sich im Laufe des 20. Jahrhunderts am Wachsen der Mittelschicht gezeigt hatte, auch in der postindustriellen Gesellschaft fortsetzen würde, hat sich jedoch nicht erfüllt. Innerhalb des Dienstleistungssektors taten sich **enorme neue Ungleichheiten** auf. Viele Qualifizierte in produktiven Branchen kennen kaum Arbeitslosigkeitsrisiken und haben gute Verdienstmöglichkeiten. Auf der anderen Seite müssen nicht nur niedrig Qualifizierte oft um ihren schlecht bezahlten, unsicheren Arbeitsplatz mit vielen Bewerbern konkurrieren, z. B. in der Paketbranche oder der Kreativwirtschaft. Ihnen droht die Prekarisierung*. In den schrumpfenden Mittelschichten, die vor wenigen Jahrzehnten noch als eine Zone der Prosperität und Sicherheit galten, wachsen die Ängste.

▶ M 6: Raphael Lutz über den wirtschaftlichen Strukturwandel zwischen 1970 und 2000, 2019

Postmoderne
Sammelbezeichnung für eine Geisteshaltung oder Denkrichtung, die sich als Gegenbewegung zur Moderne versteht. Der auf Vernunft und Ordnung gerichteten Moderne stellt die Postmoderne eine prinzipielle Offenheit, Vielfalt und Suche nach Neuem entgegen, die von ihren Gegnern als Beliebigkeit kritisiert wird.

Prekarisierung
Ausbreitung unsicherer Beschäftigungsverhältnisse ohne reguläres Normalarbeitsverhältnis mit befristeter Beschäftigung, Leiharbeit, Mini-Jobs, unfreiwilliger Teilzeitarbeit oder Scheinselbstständigkeit. Verbreitet haben sich damit Beschäftigungsformen, die nur ein geringes Maß an sozialer Sicherheit aufweisen.

Neue Bedeutung der Finanzmärkte

Parallel dazu entwickelte sich seit den 1980er-Jahren, ausgehend von den USA, ein digitaler **Finanzmarktkapitalismus**, der sich zu Beginn des 21. Jahrhunderts international durchsetzte. Voraussetzung dafür war ein radikaler Abbau von Kontrollen und Hemmnissen grenzüberschreitender Kapitalanlagen. Der weltweite Aktienbestand stieg von 2,9 Billionen Dollar 1980 auf 85,3 Billionen Dollar 2017. Nicht mehr nur die Manager großer Firmen bestimmten jetzt das wirtschaftliche Geschehen, sondern zunehmend **Fondsgesellschaften,** die große Aktienanteile der Unternehmen besitzen, sowie **Analysten** und **Ratingagenturen**. Mit ihrer Marktmacht an den Aktienbörsen nehmen sie im Sinne der Kapitaleigner und Aktienbesitzer großen Einfluss auf Unternehmen im Sinne des ***Shareholder Values****. Dadurch kommt es auch zu „feindlichen Übernahmen", d. h. den Kauf von Unternehmen gegen deren Willen, und die Zerlegung von Unternehmen in profitable und nichtprofitable Bestandteile. Durch diese Entwicklung wurde die Weltwirtschaft krisenanfälliger, was sich z. B. in der Finanz- und Wirtschaftskrise ab 2007 zeigte. Damals wurden infolge einer Immobilienkrise in den USA mehrere Banken zahlungsunfähig mit schwerwiegenden Folgen für die Weltwirtschaft.

Shareholder-Value
Der Shareholder-Value-Ansatz fordert von einer Unternehmensführung, sich ausschließlich am Aktionärsvermögen als langfristige Zielgröße auszurichten. Aus der Sicht der Aktionäre geht es vor allem um dauerhafte Dividenden und Kurssteigerungen ohne Rücksicht auf die Interessen der Arbeitnehmer oder des Allgemeinwohls.

M3 **Protest gegen das Waldsterben, Demonstrant im Taxöldener Forst bei Wackersdorf/Bayern, Fotografie, 1986**

Grenzen des Wachstums

„Wenn die gegenwärtige Zunahme der Weltbevölkerung, der Industrialisierung, der Umweltverschmutzung, der Nahrungsmittelproduktion und der Ausbeutung von natürlichen Rohstoffen unvermindert anhält, werden die absoluten Wachstumsgrenzen auf der Erde im Laufe der nächsten hundert Jahre erreicht", schrieben die Wissenschaftler Donella und Dennis Meadows bereits 1972 in ihrer wegweisenden Studie „Die Grenzen des Wachstums". Sie wurde zu einer Art Gründungsdokument der Umweltbewegung. Zu Beginn des 21. Jahrhunderts werden die **Grenzen des materiellen Wachstums** durch den sich beschleunigenden menschengemachten **Klimawandel,** durch **Artensterben** und **Ressourcenknappheit** von neuem schmerzhaft spürbar. Das bestehende wachstumsbasierte Wirtschaftsmodell gerät daher zunehmend in eine Legitimationskrise; alternative Wirtschaftsmodelle werden in der Öffentlichkeit diskutiert. Geht der Kapitalismus nach 250 Jahren seinem Ende entgegen?

Finanz- und Wirtschaftskrise 2007
cornelsen.de/Webcodes
Code: hadoda

M4 Tagesbilanz der globalen Umweltzerstörung

Jeden Tag …
- belasten 99 Millionen Tonnen Kohlenstoffdioxid die Atmosphäre.
- werden 35 600 Hektar Wald vernichtet.
- werden 11 Milliarden Kubikmeter Frischwasser verbraucht.
- nimmt das verfügbare Ackerland um 33 000 Hektar ab.
- werden 256 000 Tonnen Fisch aus Seen und Meeren gefangen.
- kommen drei neue Pflanzen- und Tierarten auf die „Rote Liste" der bedrohten Arten.
- produzieren die Menschen 3,6 Millionen Tonnen Müll.

Stand 2015 oder nach jüngster verfügbarer Quelle: FAO, Weltbank, IUCN u. a.

M5 Vierter globaler Klimastreik, Demonstration *Fridays for Future* in Berlin, Fotografie, 29. November 2019.

„Fridays for Future" ist eine globale soziale Bewegung ausgehend von Schülern und Studierenden seit 2018, die sich für möglichst umfassende, schnelle und effiziente Klimaschutzmaßnahmen einsetzen.

▶ M 7: Nikolaus Piper über Klimawandel und Kapitalismus, 2020

▶ M 8: Ulrike Herrmann über ein mögliches Ende des Kapitalismus, 2015

▶ M 9: Kate Raworth über das Modell der „Donut"-Ökonomie, 2017

1 **Wahlaufgabe:** Bearbeiten Sie entweder Aufgabe a) oder b).
   a) „Die digitale Revolution verändert unsere Arbeits- und Lebenswelten." – Überprüfen Sie diese Aussage ausgehend von M 1 und weiteren Ihnen bekannten Beispielen.
   b) „Digitalisierung – Segen oder Fluch für die Menschheit?" – Erörtern Sie diese Frage ausgehend von den in M 1 beschriebenen Entwicklungen.

2 Arbeiten Sie unter Einbeziehung von M 2 die wichtigsten Elemente des Strukturwandels zwischen 1970 und heute heraus.

3 Überprüfen Sie, inwiefern die 1972 in „Die Grenzen des Wachstums" formulierten Befürchtungen durch die Tagesbilanz in M 4 bestätigt werden.

4 **Wahlaufgabe/Geschichte kreativ:**
   a) Der Strukturwandel der Arbeitswelt im Spielfilm *„Sorry We Missed You"* von Ken Loach (2019). Organisieren Sie eine Filmvorführung mit anschließender Diskussion in Ihrem Kurs oder Ihrer Jahrgangsstufe. Verwenden Sie zur Vorbereitung die Materialien im Weblink.
   b) Verfassen Sie ein Kurzreferat zum Thema „Der Strukturwandel im Ruhrgebiet von 1970 bis heute" auf der Basis einer Internetrecherche.

   Tipp: Verwenden Sie jeweils das Material aus dem Webcode.

„Sorry We Missed You"
cornelsen.de/Webcodes
Code: zosopa

Ruhrgebiet
cornelsen.de/Webcodes
Code: zohibe

Hinweise zur Arbeit mit den Materialien
In den folgenden Materialien werden zunächst die wichtigsten Elemente des Strukturwandels, insbesondere die der „Digitalen Revolution" beschrieben (M 6). Die Texte M 7 und M 8 regen zu einer Diskussion über die Zukunft des Kapitalismus an. In M 9 wird ein alternatives Wirtschaftsmodell vorgestellt, das sich zum Ziel gesetzt hat, den sozialen und ökologischen Problemen besser gerecht zu werden.

Strukturwandel

M 6 Der Historiker Lutz Raphael über den wirtschaftlichen Strukturwandel zwischen 1970 und 2000, 2019

Zusammengenommen ergeben die […] Veränderungen das Bild eines dramatischen Strukturwandels mit weitreichenden gesellschaftlichen Folgen. Er war Teil der längerfristigen Verschiebungen von Beschäftigung und Wertschöpfung in den Volkswirtschaften Westeuropas, aber zugleich auch aufs Engste mit dem Aufstieg des Finanzmarktkapitalismus und mit den technologischen Revolutionen der Digitalisierung verbunden.

(1) In allen drei Ländern [Großbritannien, Frankreich, Bundesrepublik Deutschland] generierte der Niedergang traditioneller Industrien eine Beschäftigungskrise, deren Auswirkungen vor allem in den alten Industriezentren für mehr als drei Jahrzehnte zu spüren waren und deren Lasten vor allem Industriearbeiterinnen und -arbeiter zu tragen hatten. […]

(2) Die Deindustrialisierung Westeuropas war in dieser Phase aufs Engste verknüpft mit einer sehr dynamischen Neuverteilung industrieller Produktion weltweit. Die meisten Industriebranchen mussten ihren Platz im Standortwettbewerb der europäischen und der internationalen Arbeitsteilung behaupten beziehungsweise neu finden. […] Im Ergebnis veränderte sich industrielle Arbeit in einem für die Zeitgenossen schwer zu überschauenden Prozess permanenter Umstrukturierungen, pragmatischer Anpassungen und experimenteller Neuerungen. […]

(3) Der Aufstieg des Finanzmarktkapitalismus […] ergriff erst relativ spät die Welt der industriellen Unternehmen Westeuropas. […] Anders als Zeitgenossen zunächst vermuteten, veränderten die neuen Spielregeln für Kapitalbeschaffung, Unternehmensführung und Renditeerwartungen nicht grundlegend die Regime industrieller Produktion, die seit den 1980er-Jahren entwickelt und erprobt wurden. […] Spielräume für unterschiedliche Unternehmensorganisationen, für langfristige Unternehmensstrategien blieben erhalten, und Gewerkschaften und Betriebsräten gelang es auch unter erschwerten Bedingungen, Ansprüche und Forderungen der Beschäftigten zur Geltung zu bringen. […]

(4) Die Rolle des Staates änderte sich tiefgreifend. Die Rezessionen 1973/74 und 1980–82 entwickelten sich zu Belastungsproben etablierter Routinen staatlicher Industriepolitik. Weder Subventionen noch Verstaatlichungen und Konjunkturprogramme konnten die Deindustrialisierungsdynamik stoppen. Die frühen 1980er-Jahre leiteten einen Rückzug des Staates aus dem industriellen Sektor ein. Privatisierung staatlicher beziehungsweise öffentlicher Industrieunternehmen, Verzicht auf Konjunkturprogramme und Orientierung der Währungspolitik am Primärziel der Geldwertstabilität[1] verengten die Spielräume staatlicher Interventionen im industriellen Sektor erheblich. Übrig blieben nach wie vor öffentliche Subventionen für einige politisch sensible Sektoren (Rüstung, Luftfahrt, Atomwirtschaft) sowie auf regionaler Ebene. Letztere zielten vor allem darauf, die sozialen Folgen der Deindustrialisierung in den alten Industrieregionen abzufedern.

*Lutz Raphael, Jenseits von Kohle und Stahl. Eine Gesellschaftsgeschichte Westeuropas nach dem Boom, Suhrkamp, Frankfurt 2019, S. 88–91.**

1 *Geldwertstabilität:* Zum Hauptziel der Währungspolitik wurde die Stabilität der Preise für Güter und Dienstleistungen erklärt.

5 Arbeiten Sie aus M 6 die verschiedenen Aspekte des Strukturwandels heraus und fassen Sie Ihre Ergebnisse in einem Schaubild oder einer Mindmap zusammen.

Geschichte kontrovers: Die Zukunft des Kapitalismus

M 7 Der Wirtschaftsjournalist Nikolaus Piper über Klimawandel und Kapitalismus, 2020

Der Aufstieg des Kapitalismus und der Abbau fossiler Rohstoffe, der eigentlichen Ursache des menschengemachten Klimawandels, gingen in der Geschichte Hand in Hand: Dampfmaschinen und kohlebetriebene Fabriken, Ölförderung und Massenmotorisierung. Nur durch die Nutzung von fossilem Kohlenstoff gelang es, in Nordamerika, Westeuropa, Japan und einigen anderen Weltgegenden einen aus historischer Sicht beispiellosen Wohlstand zu schaffen, Epidemien und früher tödliche Krankheiten zu bekämpfen,

den Hunger fast auszurotten und die Lebensgrundlage für 7,7 Milliarden Menschen zu schaffen. [...]
Das Geheimnis des Kapitalismus sind funktionierende Märkte, die nicht nur die kaufkräftige Nachfrage von heute befriedigen, sondern auch Produkte entwickeln, für die es heute noch keine Nachfrage gibt, weil sie noch niemand kennt. [...] Das bedeutet auch – besonders bei der Umsetzung neuer wissenschaftlicher Erkenntnisse –, dass Märkte Fehler schneller erkennen und so Gesellschaften teure Umwege ersparen.
Für sich genommen sind Märkte weder klimafreundlich noch -feindlich. Aber Regierungen können sie durch kluge Hebel für die Klimapolitik einsetzen. Beispiele sind der Emissionshandel[1] und die CO_2-Steuer. Mehr und mehr erkennen aber auch private Unternehmen, dass der Klimawandel ihre Interessen betrifft. [...]
Nun gibt es bei Märkten und der Klimapolitik tatsächlich ein fundamentales Problem. [...] Wenn Deutschland aus der Kohleverstromung aussteigt, dann hat die ganze Welt etwas davon. Die Kosten aber trägt Deutschland allein. Dazu kommt, dass alles, was 80 Millionen Deutsche alleine machen können, im Verhältnis zu den Vereinigten Staaten, China, Indien oder Brasilien, global kaum ins Gewicht fällt. Deshalb geht es nicht ohne internationale Vereinbarungen, wie etwa das Pariser Klimaabkommen. [...]
Man kann Inlandsflüge, SUVs und andere Symbole in Deutschland vielleicht verbieten. Es hilft nur (fast) nichts. Vor allem dann nicht, wenn man gleichzeitig den Kapitalismus mit seinen Märkten und seiner Profitgier verteufelt. Die Fähigkeit dieser Märkte, Neues zu entdecken, ist heute notwendiger denn je. Sie sollen zu den Innovationen führen, ohne die eine klimaneutrale Produktion kaum möglich sein wird. Und ohne die ganz sicher keine politischen Mehrheiten auf der Welt für eine entschlossene Klimapolitik zu haben sind.

*Nikolaus Piper, Märkte nützen dem Klima, SZ.de vom 2. 2. 2020, https://www.sueddeutsche.de/wirtschaft/kapitalismus-klima-wandel-fridays-for-future-1.4779721 (abgerufen am 10. 2. 2020).**

1 *Emissionshandel:* Marktwirtschaftliches Instrument, mit dem das Klima geschützt werden soll. Wer die Luft mit Treibhausgasen belastet, benötigt hierzu Rechte. Wer seine Treibhausgas-Emissionen reduziert, kann die entsprechend weniger benötigten Rechte verkaufen.

M8 Die Wirtschaftshistorikerin Ulrike Herrmann über ein mögliches Ende des Kapitalismus, 2015

Inzwischen ist [...] eine neue Form der Kapitalismuskritik hinzugekommen: Das Wachstum als solches wird hinterfragt, während die früheren Varianten der Kritik monierten, dass das Wachstum nicht gerecht verteilt werde und auf Ausbeutung beruhe. Das einflussreichste Buch dieser neuen Kapitalismuskritik war zweifellos der Bericht des *Club of Rome* „Die Grenzen des Wachstums" von 1972. Die konkreten Prognosen haben sich zwar als falsch erwiesen, aber die zentrale Botschaft hat sich durchgesetzt: Der Kapitalismus ist zum Untergang verdammt. Er benötigt Wachstum, aber in einer endlichen Welt kann es unendliches Wachstum nicht geben. Die Rohstoffe werden knapp, und zudem zerstört der Mensch seine eigenen Lebensgrundlagen, indem er die Umwelt verseucht.
Der Kapitalismus wird chaotisch und brutal zusammenbrechen – nach allem, was man bisher weiß. Dieser Pessimismus mag zunächst übertrieben wirken. Schließlich fehlt es nicht an Konzepten, wie eine ökologische Kreislaufwirtschaft aussehen könnte, die den Kapitalismus überwinden soll. [...]
Die Vorschläge für eine Postwachstumsgesellschaft basieren immer auf der Idee, Arbeit und Einkommen zu reduzieren. Doch der Kapitalismus ist keine Badewanne, bei der man den Stöpsel ziehen und einfach die Hälfte des Wassers ablassen kann. Er ist kein stabiles System, das zum Gleichgewicht neigt und verlässliche Einkommen produziert, die man ruhig senken kann. Stattdessen ist der Kapitalismus ein permanenter Prozess. Sobald es kein Wachstum gibt, droht chaotisches Schrumpfen.
Wie dieser Strudel funktioniert, hat der Schweizer Ökonom Hans Christoph Binswanger beschrieben, der unter anderem die Ökosteuer erfunden hat. [...] Die „Investitionsketten" würden reißen, wie er es technisch ausdrückte. Übersetzt: Firmen investieren nur, wenn sie Gewinne erwarten. Gesamtwirtschaftlich sind diese Gewinne aber identisch mit Wachstum. Ohne Wachstum müssen die Unternehmen also Verluste fürchten. Sobald aber Profite ausbleiben, investieren die Unternehmen nicht mehr, und ohne Investitionen bricht die Wirtschaft zusammen. Es würde eine unkontrollierbare Abwärtsspirale einsetzen, die an die Weltwirtschaftskrise ab 1929 erinnert: Arbeitsplätze gehen verloren, die Nachfrage sinkt, die Produktion schrumpft, noch mehr Stellen verschwinden. [...]
Da sich das Wachstum nicht einfach abschaffen lässt, machen neuerdings Konzepte wie *„Green New Deal"*

oder „nachhaltiges Wachstum" Karriere. Sie wollen Wachstum und Rohstoffverbrauch „entkoppeln", indem die Effizienz gesteigert wird. Diese „Entkoppelung" ist nicht völlig abwegig, denn seit 1970 hat sich der Energieverbrauch pro Wareneinheit halbiert. Die Umwelt wurde allerdings nicht entlastet, weil prompt der „Bumerang-Effekt" zuschlug: Die Kostenersparnis wurde genutzt, um die Warenproduktion auszudehnen, sodass der gesamte Energieverbrauch nicht etwa fiel, sondern sogar zunahm. [...]
Es ist ein Dilemma: Ohne Wachstum geht es nicht, komplett grünes Wachstum gibt es nicht, und normales Wachstum führt unausweichlich in die ökologische Katastrophe. Es bleibt nur ein pragmatisches Trotzdem: trotzdem wenig fliegen, trotzdem Abfall vermeiden, trotzdem auf Wind und Sonne setzen, trotzdem biologische Landwirtschaft betreiben. Aber man sollte sich nicht einbilden, dass dies „grünes" Wachstum sei. Wie man den Kapitalismus transformieren kann, ohne dass er chaotisch zusammenbricht – das muss noch erforscht werden.

*Ulrike Herrmann: Vom Anfang und Ende des Kapitalismus, in: Aus Politik und Zeitgeschichte, 35–37/2015, S. 8 f.**

6 Arbeitsteilige Gruppenarbeit: Eine Hälfte des Kurses fasst M 7, die andere Hälfte M 8 zusammen und bereitet jeweils eine Debatte vor.

7 Diskussion: Führen Sie im Kurs eine amerikanische Debatte, d. h., die Argumente werden wechselseitig von allen Teilnehmern ausgetauscht.

M9 Die Ökonomin Kate Raworth über das Modell der „Donut"-Ökonomie, 2017

Was ist der Donut? Vereinfacht gesagt ist er ein radikal neuer Kompass für die Menschheit in unserem Jahrhundert. Und er weist in eine Zukunft, in der die Bedürfnisse jedes Menschen befriedigt werden, während zugleich die lebendige Welt geschützt wird, von der wir alle abhängig sind. Unterhalb des gesellschaftlichen Fundaments des Donuts liegen die Defizite und Unzulänglichkeiten, die jene zu spüren bekommen, denen lebensnotwendige Güter vorenthalten werden, wie Nahrung, Bildung und Wohnen. Oberhalb der ökologischen Decke liegt der überschießende Druck, der auf die lebensspendenden Systeme der Erde ausgeübt wird, etwa durch den Klimawandel, die Versauerung der Ozeane und die chemische Umweltverschmutzung. Zwischen diesen beiden Grenzen befindet sich jener angenehme, ideale Bereich – der unverkennbar die Form eines Donuts aufweist –, der den Menschen einen sicheren und gerechten Raum bietet. Im 21. Jahrhundert stellt sich uns eine völlig neue Aufgabe: Es geht darum, die Menschheit in diesen sicheren und gerechten Raum hineinzuführen. [...]
Eine distributiv angelegte Wirtschaftsordnung ist eine Ordnung, deren Dynamik darauf zielt, den geschaffenen Wert zu verteilen und zirkulieren zu lassen, anstatt ihn in immer weniger Händen zu konzentrieren. Eine Wirtschaftsordnung, die regenerativ angelegt ist, ist eine Ordnung, in der die Menschen in vollem Umfang an der Regenerierung der lebensspendenden Zyklen der Erde teilnehmen, sodass wir innerhalb der planetaren Grenzen auskömmlich leben können. Das ist die Herausforderung unserer Generation.

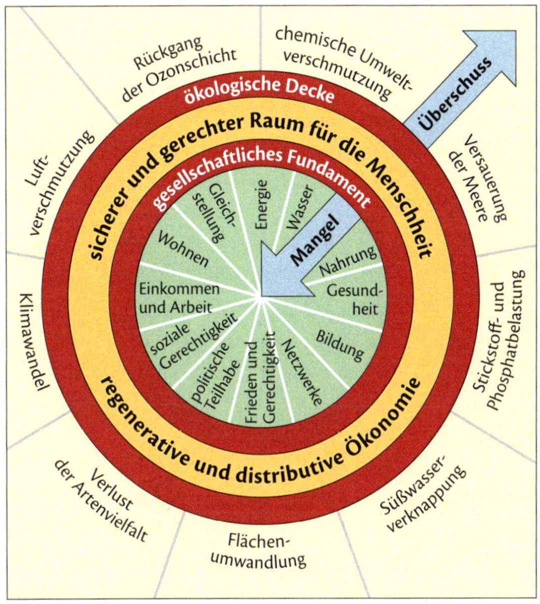

*Kate Raworth, Die Donut-Ökonomie, Carl Hanser Verlag, München 2017, S. 60 f., 190.**

8 Erläutern Sie das Modell der britischen Ökonomin Kate Raworth in eigenen Worten.

9 Vertiefung:

a) Recherchieren Sie arbeitsteilig in Kleingruppen, in welchen Bereichen heute Mangel herrscht und wo die „ökologische Decke" durchbrochen wird. Unterscheiden Sie dabei die europäische und die globale Ebene.

b) Stellen Sie Ihre Ergebnisse im Plenum vor und diskutieren Sie gemeinsam die Realisierungsmöglichkeiten für einen „sicheren und gerechten Raum für die Menschheit".

Tipp: Hören Sie den Podcast im Webcode.

„Wir müssen uns zurückentwickeln"
cornelsen.de/Webcodes
Code: gaqimo

Anwenden

M 1 Der Unternehmer Alfred Krupp über die Prinzipien seiner Betriebspolitik, 1877

Alfred Krupp entwickelte die von seinem Vater 1811 gegründete Gussstahlfabrik „Friedrich Krupp" in Essen zu einem Großunternehmen, dessen Belegschaft von vier auf 20 000 Arbeiter anwuchs. In einer Rede vor seinen Arbeitern führte er aus:

Ich habe Kräfte gebraucht und solche engagiert, ich habe ihnen den geforderten Lohn gezahlt, meistens ihre Stellung verbessert und, nach gesetzlichen Bestimmungen, den Kontrakt verlängert oder sie entlassen. Mancher hat die Fabrik verlassen, um anderswo sich zu verbessern, der eine ist gegangen, und ein anderer hat die Stelle wieder besetzt, und wo ursprünglich 3 Mann beschäftigt waren, standen später 15 000. Im Laufe der Zeit haben mehr als 100 000 Mann solchen Wechsel auf meinen Werken durchgemacht. Jeder hat sich nach seiner Kraft und nach seiner Fähigkeit seinen Lohn verdient, und anstatt eines jeden konnte in den meisten Fällen auch ein anderer hingestellt werden, denn die Arbeiter haben nicht das Verdienst der Erfindung, und überall finden sich geschickte Arbeiter zum Ersatz. Es kann also keine Rede davon sein, dass irgendjemand einen besonderen Anspruch behalte außer solchem, der selbstverständlich ist, der in Steigerung des Lohnes und des Gehaltes besteht und immer Folge einer höheren Leistung ist. Die Apostel der Sozialdemokraten suchen aber den bescheidensten Leuten durch ihre verführerischen Reden den Kopf zu verdrehen, und sie werden das Unglück von manchem Arbeiter verschulden, der ihnen Gehör schenkt und deshalb entlassen wird. [...] Ich habe den Mut gehabt, für die Verbesserung der Lage der Arbeiter Wohnungen zu bauen, worin bereits 20 000 Seelen untergebracht sind, ihnen Schulen zu gründen und Einrichtungen zu treffen zur billigeren Beschaffung von allem Bedarf. Ich habe mich dadurch in eine Schuldenlast gesetzt, die abgetragen werden muss. Damit es geschehen kann, muss jeder seine Schuldigkeit tun in Friede und Eintracht und in Übereinstimmung mit unseren Vorschriften. [...] Genießet, was Euch beschieden ist. Nach getaner Arbeit verbleibt im Kreise der Eurigen, bei den Eltern, bei der Frau und den Kindern und sinnt über Haushalt und Erziehung. Das sei Eure Politik, dabei werdet Ihr frohe Stunden erleben. Aber für die große Landespolitik erspart Euch die Aufregung. Höhere Politik treiben erfordert mehr freie Zeit und Einblick in die Verhältnisse, als dem Arbeiter verliehen ist. Ihr tut Eure Schuldigkeit, wenn Ihr durch Vertrauenspersonen empfohlene Leute erwählt. Ihr erreicht aber sicher nichts als Schaden, wenn Ihr eingreifen wollt in das Ruder der gesetzlichen Ordnung. Das Politisieren in der Kneipe ist nebenbei sehr teuer, dafür kann man im Hause Besseres haben.

*Krupps Briefe 1826–1887, hg. von Wilhelm Berdrow, Hobbing, Berlin 1928, S. 343ff.**

1 Analysieren Sie die Position Krupps (M 1) unter folgenden Gesichtspunkten:
  a) Sein Verständnis von den Rechten und Pflichten des Arbeiters.
  b) Maßnahmen, die er zur Besserung der Lage vorschlägt.

2 Beurteilen Sie die Krupp'sche Position vor dem Hintergrund der sozialen Auseinandersetzungen des 19. Jahrhunderts.

3 Gestalten Sie eine Rede, in der Sie als Gewerkschaftsvertreter Position gegen die Auffassungen des Unternehmers Krupp beziehen.

M 2 Die Ausweitung des Eisenbahnnetzes in Deutschland 1835–1870 im internationalen Vergleich in km

	Deutschland	England	Frankreich	USA
1835	6	k. A.	k. A.	1 280
1840	500	2 300	500	4 430
1850	5 870	10 650	2 500	13 000
1860	11 150	k. A.	9 550	32 700
1870	19 000	25 000	17 900	k. A.

Aus: Helmut Hofacker (Hg.), Materialien zum historisch-politischen Unterricht 3, Metzler, Stuttgart 1979, S. 107.

4 Untersuchen Sie die Tabelle anhand der Arbeitsschritte S. 24.

Wiederholen

M 3 Adolph Menzel, Eisenwalzwerk („Moderne Cyclopen"), Gemälde, 1875

1 Vergleichen Sie die Industrialisierung in England und Deutschland nach folgenden Kriterien: Voraussetzungen, Schrittmacherindustrie, Take-off, gegenseitige Beeinflussung, gesellschaftliche Veränderungen, Kolonien.
2 Analysieren Sie M 3. Gehen Sie dabei auch auf die Auswirkungen der Fabrikarbeit auf das Leben der Menschen ein. Siehe auch die sprachlichen Formulierungshilfen.
3 **Vertiefung:** Diskutieren Sie, ob es sich bei Menzels Gemälde um eine verherrlichende, realistische oder sozialkritische Darstellung der industriellen Arbeit handelt.
4 **Wahlaufgabe:** Beschreiben Sie die Modernisierungsprozesse im 19. und 20. Jahrhundert. Wählen Sie dabei zwei Bereiche aus: a) Technik, b) Arbeit, c) Bevölkerungsentwicklung, d) soziale Sicherheit, e) Verkehr.
Beurteilen Sie die gesellschaftlichen Folgen in den von Ihnen gewählten Bereichen.
5 Charakterisieren Sie den Wandel von der Industrie- zur Dienstleistungsgesellschaft und die sich daraus ergebenden gesellschaftlichen Veränderungen.
6 „Eigentum verpflichtet. Sein Gebrauch soll zugleich dem Wohl der Allgemeinheit dienen." (Grundgesetz Artikel 4, Absatz 2) – Diskutieren Sie im Plenum die Grenzen des privaten Gebrauchs des Eigentums.
7 **Präsentationsaufgabe:** Wie die Industrielle Revolution unsere Region veränderte: das Beispiel von … (ein oder zwei regionale Beispiele).

Zentrale Begriffe

Arbeiterbewegung
Auswanderung
Baumwolle
Binnenwanderung
Dienstleistungsgesellschaft
Eisenbahn, Eisenbahnbau
„Große Depression"
Industriegesellschaft
Industrielle Revolution
Klassengesellschaft
Massengesellschaft, Massenkultur
Modernisierung
Pauperismus
Proletariat
Schrittmacherindustrie
Soziale Frage
Sozialismus
Urbanismus, Verstädterung
Wirtschaftsliberalismus

Formulierungshilfen für die Bildanalyse

- Das Bild zeigt eine Szene aus …
- Ihre Kleidung/Gestik/Körperhaltung …
- Die Fabrikhalle ist … und vermittelt eine … Atmosphäre.
- Die Lichtgestaltung rückt … in den Mittelpunkt.
- Durch das Zusammenspiel der verschiedenen Personengruppen wird der Zusammenhang … dargestellt.
- Das Gemälde verdeutlicht … der industriellen Arbeit im 19. Jahrhundert.

Testen Sie Ihr Vorwissen zu den Revolutionen in Amerika und Frankreich

1 Finden Sie die richtige Antwort.

Der Historiker Eric Hobsbawm prägte den Begriff „Langes 19. Jahrhundert". Was meint er damit?

a) die Zeit von 1806 (Ende Hl. Römisches Reich Deutscher Nation) bis 1918 (Ende Deutsches Kaiserreich)
b) die Zeit von 1799 (Staatsstreich Napoleons) bis 1917 (russische Revolution)
c) die Zeit von 1789 (frz. Revolution) bis 1914 (Erster Weltkrieg)

Was feiern die USA am 4. Juli?

a) die Gründung der USA
b) die Erklärung der Unabhängigkeit von Großbritannien
c) die Verabschiedung der Verfassung

Wie lauten die schlagwortartigen Prinzipien der Französischen Revolution?

a) Freiheit – Gleichheit – Brüderlichkeit
b) Leben – Freiheit – Streben nach Glück
c) Brot – Land – Frieden

2 Entscheiden Sie sich für die passende Aussage der Karikatur. Es sind auch mehrere Nennungen möglich.

- Die USA sind seit ihrer Gründung ein Einwanderungsland.
- Alle Menschen in den USA haben die gleichen Rechte und werden gleich behandelt.
- Manche ethnischen Gruppen werden benachteiligt und ausgegrenzt.
- Es gibt in den USA erwünschte Einwanderer und nicht erwünschte Einwanderer.

3 Bestimmen Sie, welches Bild nicht in die Reihe passt. Erläutern Sie Ihre Wahl.

a)

b)

c)

4 Die Französische Revolution vollzog sich in mehreren Schritten. Bei der folgenden Liste ist etwas durcheinandergeraten. Korrigieren Sie die Reihenfolge. Die Buchstaben ergeben dann einen Revolutionsbegriff.

- Der französische König Ludwig XVI. wird hingerichtet. (E)
- Frankreich wird eine konstitutionelle Monarchie. (I)
- In Paris erobern aufständische Handwerker, Händler und Kleinbürger die alte Stadtfestung „Bastille", um sich Waffen zu besorgen. (R)
- In Versailles treten die Generalstände zusammen. (F)
- Die „Schreckensherrschaft" unter Maximilien de Robespierre endet mit dessen eigener Hinrichtung. (I)
- Napoleon Bonaparte krönt sich zum „Kaiser der Franzosen". (T)
- Die französische Nationalversammlung verliest die „Erklärung der Menschen- und Bürgerrechte". (E)
- Frankreich wird Republik. (H)

5 Bestimmen Sie, welcher Begriff bzw. welcher Name jeweils nicht zu den anderen passt.

a)

Bürgerkrieg	Verfassung
Unabhängigkeitskrieg	Kontinentalkongress

b)

Schreckensherrschaft	Sansculotten
Paulskirche	Ballhausschwur

c)

Thomas Jefferson	George Washington
Benjamin Franklin	John F. Kennedy

d)

Napoleon Bonaparte	Ludwig XVIII.
Maximilien de Robespierre	Ludwig XVI.

6 Wer von den folgenden Personen war ein Kaiser?
a) George Washington
b) Benjamin Franklin
c) Napoleon Bonaparte
d) Maximilien de Robespierre

7 In der Geschichte gibt es eine Reihe von Revolutionen. Ermitteln Sie zu den folgenden Bildern jeweils die passende Revolution.

a)

b)

c)

2 Revolutionen in Amerika und Frankreich

M1 ***„La République"*, Ölgemälde von Sebastian-Melchior Cornu, 1848**

- **1620** Landung der ersten Puritaner (*Mayflower*) in Neuengland
- **1765** Stempelsteuergesetz und Stempelsteuerkongress in Philadelphia
- **1773** *Boston Tea Party*
- **1775–1783** Amerikanischer Unabhängigkeitskrieg
- **1776** 12. Juni: *Virginia Bill of Rights*
  4. Juli: Amerikanische Unabhängigkeitserklärung
- **1781** *Articles of Confederation*
- **1787** Verfassung der USA
- **1789** 14. Juli: Sturm auf die Bastille in Paris
  26. August: Erklärung der Menschen- und Bürgerrechte in Frankreich
- **1791** Verfassung Frankreichs
- **1793–1794** Terrorherrschaft der Jakobiner
- **1799–1815** Herrschaft Napoleons
- **1814/15** Wiener Kongress

1620 | 1630 | 1760 | 1770 | 1780 | 1790 | 1800 | 1810 | 1820

Ebenso wichtig wie die wirtschaftlichen und sozialen Umwälzungen der Industrialisierung waren die politischen Umbrüche für die Herausbildung der modernen Gesellschaft. Die Amerikanische und die Französische Revolution schufen Ende des 18. Jahrhunderts die Basis für die modernen Demokratien. Ausgehend von dem Gedanken, dass alle Menschen von Natur aus gleich und frei sind, leiteten die Revolutionäre ab, dass Herrschaft nur dann legitim sein kann, wenn sie von gewählten Volksvertretungen ausgeübt und kontrolliert wird. Es ging ihnen um Menschenrechte und Demokratie. Die Ideen stammten aus dem Europa des 17. und frühen 18. Jahrhunderts und waren wichtiger Bestandteil der Aufklärung. Im Gegensatz zum christlich-religiösen Weltbild steht hier das Individuum mit seiner Vernunft und seinen Rechten im Vordergrund. Der Einzelne hat sein Schicksal in der Hand, nicht Gott. Übertragen auf die Politik bedeutete dies, dass nicht Gottesgnadentum und Erbrecht die Legitimität von Herrschaft begründen, wie in der absoluten Monarchie und der Ständegesellschaft, sondern ein Gesellschaftsvertrag zwischen den Individuen, in dem sie die Macht auf eine Regierung übertragen. Der englische Philosoph John Locke war einer der Ideengeber. Er definierte es darüber hinaus als Aufgabe der Regierung, Leben, Freiheit und Eigentum der Bürger zu schützen. Kam sie dieser Aufgabe nicht nach, hatten die Bürger ein Recht darauf, Widerstand zu leisten und die Regierung abzusetzen. In der Amerikanischen Revolution wurden seine Ideen und Argumente umgesetzt. Die Philosophen der Aufklärung setzten sich auch mit dem Gedanken des Machtmissbrauchs trotz Gesellschaftsvertrag auseinander. Auf den Franzosen Charles de Montesquieu geht der Vorschlag zurück, den Staat in drei voneinander getrennte Gewalten zu teilen, was erstmals in der Amerikanischen Verfassung von 1787 umgesetzt wurde. Jean-Jacques Rousseau ging mit seinen Ideen noch weiter und befürwortete Elemente der direkten Demokratie und der Vergesellschaftung von Eigentum. Die Jakobiner in Frankreich unter Robespierre orientierten sich an seinen Ideen.

In den USA und in Frankreich sind die Revolutionen bis heute wichtiger Bestandteil des nationalen Selbstverständnisses und ihres Anspruchs auf eine „Vorreiterrolle" im Kampf um Freiheit und Gerechtigkeit. Begriffe wie *Manifest Destiny*, *American Progress* oder „Supermacht des 20./21. Jahrhunderts" auf amerikanischer Seite sowie die Bezeichnung *„La Grande Nation"* auf französischer Seite zeugen davon.

1 Erstellen Sie ein Begriffscluster zu den Themen Amerikanische und Französische Revolution.
2 Arbeiten Sie die wichtigsten Elemente der politischen Moderne heraus.
3 Vergleichen Sie die Abbildungen M 1 und M 2 im Hinblick auf Gemeinsamkeiten.
4 Formulieren Sie Hypothesen zum Vergleich zwischen der Amerikanischen und der Französischen Revolution und überprüfen Sie diese nach Bearbeitung des Kapitels.

M2 Nachbildung der Freiheitsstatue von New York auf der Ile au Cygne in Paris, Fotografie, o. J.

Die Statue wurde zum 100. Jahrestag der Revolution 1889 in Paris aufgestellt und blickt nach Westen in Richtung New York. Auf der Tafel in der Hand steht: „IV. Juliet 1776, XIV. Juliet 1789". Es gibt noch vier weitere Freiheitsstatuen in Paris.

30er-Jahre Demokratisierung der USA (*Jacksonian Democracy*)
1861–1865 Amerikanischer Bürgerkrieg
1870–1900 *Gilded Age* (Blütezeit der Wirtschaft) in den USA
um 1900 Taylorismus (Optimierung von Arbeitsabläufen zur Effizienzsteigerung)
nach 1918 Fordismus (Rationalisierung und Standardisierung in der Industrieproduktion)

1840 | 1850 | 1860 | 1870 | 1880 | 1890 | 1900 | 1910 | 1920

2.1 Vertiefung: Aus Kolonien werden „Vereinigte Staaten“

In diesem Kapitel geht es um
- *die nordamerikanischen Kolonien und ihre Strukturen,*
- *Ursachen, Träger und Ziele des Unabhängigkeitskrieges sowie*
- *die philosophischen Wurzeln und grundlegenden Elemente der amerikanischen Verfassung.*

Die nordamerikanischen Kolonien

Puritaner
Mitglieder einer kirchlichen Reformbewegung in England seit Mitte des 16. Jahrhunderts. Sie traten für eine strikte Trennung von Kirche und Staat, für Toleranz und Gewissensfreiheit und für ein einfaches, gottgefälliges Leben ein.

Bis zur Mitte des 18. Jahrhunderts waren an der Ostküste Nordamerikas durch die Ansiedlung von europäischen Einwanderern insgesamt 13 englische Kolonien entstanden. Neben wirtschaftlichen Motiven spielten vor allem religiös-politische Gründe eine Rolle bei der Auswanderung. Die ersten **Puritaner*** kamen 1620 mit der *Mayflower* nach Amerika. Sie suchten dort Schutz vor religiöser Verfolgung und wollten eine neue „ideale“ christliche Gemeinschaft aufbauen. Die meisten nordamerikanischen Kolonien wiesen ähnliche **politische Strukturen** auf. Ein vom englischen König ernannter Gouverneur stand an der Spitze der lokalen Regierung. An seiner Seite gab es einen ernannten Rat („*Council*“), der den Gouverneur bei der Verwaltung beriet, sowie ein gewähltes

M1 Entstehung der USA 1763–1795

Parlament („*Assembly*"), das an der Gesetzgebung und der Steuerbewilligung mitwirkte. Nicht nur diese Regierungsformen, sondern auch die Rechte der freien Einwohner der Kolonien orientierten sich am englischen System, das zuletzt durch die *Glorious Revolution** und die *Bill of Rights** (1689) modernisiert worden war. Unabhängige Rechtsprechung und die Unverletzlichkeit des Eigentums galten auch in den Kolonien. Zwischen ihnen gab es jedoch keine politisch-organisatorischen Verbindungen.
In **wirtschaftlicher und sozialer Hinsicht** wiesen die Kolonien große Unterschiede auf. Während im Norden in Neuengland Schiffbau und Handel überwogen und ein kapitalkräftiges, puritanisch geprägtes Bürgertum entstand, dominierte im Süden der Plantagenanbau mithilfe von Sklaven. Katholische und anglikanische Großgrundbesitzer, die einen adligen Lebensstil pflegten, verdienten ihr Geld mit Tabak, Reis, Baumwolle und Indigo. In den mittleren Kolonien um Pennsylvania wurde vor allem Getreide angebaut und Viehwirtschaft betrieben. Viele Einwanderer stammten neben Großbritannien aus Deutschland, Skandinavien und Holland. Ihnen kamen die politischen Freiheiten und der wachsende Wohlstand zugute. Die indigene amerikanische Bevölkerung sowie die Sklaven blieben von beidem ausgeschlossen.

Glorious Revolution/Bill of Rights
Im Machtkampf mit dem König (1688/89) setzte der Adel in Großbritannien die *Bill of Rights* durch. Das Gesetz von 1689 schrieb die Rechte des Parlamentes gegenüber dem König fest, u a. regelmäßige Einberufung und Steuerbewilligung.

Der Weg zur Unabhängigkeit

Bevölkerungswachstum, Ausbau der Städte und wirtschaftlicher Erfolg steigerten das Selbstbewusstsein der Kolonien. Im Siebenjährigen Krieg (1756–1763) hatten sie zudem an der Seite der Briten erfolgreich gegen die Franzosen in Kanada gekämpft. Als die Briten versuchten, ihre angehäufte Schuldenlast über neue Ein- und Ausfuhrzölle sowie durch Steuern in den Kolonien abzubauen, kam es zu Protesten in den Kolonien. Insbesondere die **Stempelsteuer von 1765** auf amtliche Schriftstücke und Druckerzeugnisse sorgte für gewaltsame Unruhen und das erstmalige Zusammentreffen der Mehrheit der Kolonien im **Stempelsteuerkongress**. Die Mitglieder des Kongresses argumentierten, dass das Parlament in England keine Steuergesetze für die Kolonien verabschieden dürfe, da die Bewohner der Kolonien dort nicht repräsentiert seien („*no taxation without representation*"). Sie sahen ihre Selbstverwaltung bedroht.
Der Widerstand in Nordamerika formierte sich auf verschiedenen Ebenen. *Committees of Correspondence* der einzelnen Kolonien sorgten für eine Vernetzung der Kommunikation und der Organisation. Die radikalen Mitglieder der Gruppe *Sons of Liberty* führten zum Teil gewaltsame Aktionen gegen britische Steuereintreiber durch. Am bekanntesten ist ihre Erstürmung von Schiffen der *East India Company* im Hafen von Boston am 16. Dezember 1773 und die Vernichtung eines Teils der Teeladung, die ***Boston Tea Party***. Bis auf die Teesteuer waren zu diesem Zeitpunkt alle Abgaben nach Protesten wieder zurückgenommen worden. Die daraufhin verhängten Strafmaßnahmen gegen die Kolonie Massachusetts, zu der Boston gehörte, verschärften den Konflikt zwischen Kolonien und Mutterland weiter, da sich die anderen Kolonien solidarisch erklärten. Im September 1774 trafen sich die Kolonien auf dem **Ersten Kontinentalkongress** in Philadelphia. Ziel war noch nicht die Unabhängigkeit, sondern die Autonomie unter der Oberhoheit des britischen Königs. Im April 1775 kam es in Lexington und Concord zu ersten Gefechten zwischen Milizen der Kolonisten und der britischen Armee. Das war der Startpunkt für den **Unabhängigkeitskrieg (1775–1783)**. Der gerade tagende **Zweite Kontinentalkongress** übernahm die Regierungsfunktion für die Kolonien und ernannte **George Washington** (1732–1799) zum Oberbefehlshaber der Streitkräfte. Doch erst 1776 kam mit der Schrift *„Common Sense"* des britisch-amerikanischen Publizisten Thomas Paine die Idee der Unabhängigkeit auf. Schließlich setzten sich auch auf dem Zweiten Kontinentalkongress die Befürworter der Unabhängigkeit, die sogenannten Patrioten, gegen die Loyalisten durch. Am 4. Juli 1776 wurde die von allen Kolonien unterzeichnete **Unabhängigkeitserklärung** veröffentlicht, der erste formale Schritt zur Gründung der Vereinigten Staaten von Amerika war getan.

M2 ***„The Boston Tea Party"*, Stich von Daniel Chodowiecki, Berlin, Ende 18. Jahrhundert.**
Aus Protest gegen die Teesteuer werfen als „Indianer" verkleidete Siedler den Tee über Bord.

▶ M 4: Unabhängigkeitserklärung

Aufklärung
Europäische Reformbewegung des 17./18. Jahrhunderts. Zentrale Forderungen waren unbeschränkte Öffentlichkeit, freie Meinungsäußerung, Toleranz gegenüber anderen Meinungen.

Staatenbund
Ein Staatenbund ist ein Zusammenschluss souveräner Staaten, die ihre Selbstständigkeit behalten und nur einige Kompetenzen, etwa die Verteidigung, an eine gemeinsame Institution auf Bundesebene abgeben.

Föderalisten/Antiföderalisten
Abweichend vom deutschen Verständnis des Begriffs „föderal" hat das englische *„federal"* die Bedeutung von zentral, auf Bundesebene.

▶ **M 6: Alexander Hamilton über die Rolle der Zentralregierung**

▶ **M 7: George Washington in seiner *„Farewell Address"***

Gewaltenteilung
Idee des französischen Aufklärers Charles de Montesquieu (1689–1755), nach der die Gewalt im Staat in Exekutive, Legislative und Judikative getrennt sein soll

▶ **M 8: Udo Sautter über die Verfassung und die Sklaverei**

▶ **M 9: Michael Hochgeschwender über den Gründungsmythos der USA**

Der neue Staat

Die Ideale **Freiheit, Gleichheit und Streben nach Glück** gingen auf die Aufklärung* zurück und entwickelten sich zum Kern des *American Dream*, dass jeder das Recht auf eine freie persönliche Entfaltung und damit auch auf Erfolg durch Leistung habe. 1781 wurde dann mit den *Articles of Confederation* die erste Verfassung der USA ratifiziert, die die Kolonien zu einem Staatenbund* mit weitgehenden Rechten der Einzelstaaten machte. Mit dem Sieg im Unabhängigkeitskrieg 1783 zeigte sich jedoch, dass die durch den Krieg verschärften sozialen und politischen Konflikte mit den bestehenden gemeinsamen Strukturen nicht zu lösen waren. Ein Delegiertenkonvent wurde mit der Ausarbeitung einer neuen Verfassung beauftragt. Es kristallisierten sich zwei Gruppen heraus: die Föderalisten* (Befürworter einer starken Zentralmacht) und die Anti-Föderalisten* (Befürworter weitgehender Rechte der Einzelstaaten). Die **1787 verkündete Verfassung** stellte einen Kompromiss dar: Erstmals wurden konsequent die Gewaltenteilung* umgesetzt und Kompetenzen von Zentralmacht und Einzelstaaten genau geregelt. In den Senat konnte jeder Staat zwei Vertreter entsenden, doch im Repräsentantenhaus waren die Staaten proportional zu ihrer Bevölkerungszahl vertreten.
Mit der Umsetzung von **Volkssouveränität, Gewaltenteilung und dem Wahlrecht** für die männliche weiße Bevölkerung wurden in den USA die Grundlagen für eine moderne Demokratie geschaffen. Mit der *Virginia Bill of Rights* von 1776 wurde in den USA 1789 erstmals eine **Menschenrechtserklärung** in eine Verfassung aufgenommen, 13 Jahre vor der Erklärung der Menschen- und Bürgerrechte in Frankreich.

M3 Die Verfassung der USA von 1787 (mit heutiger Anzahl von Bundesstaaten)

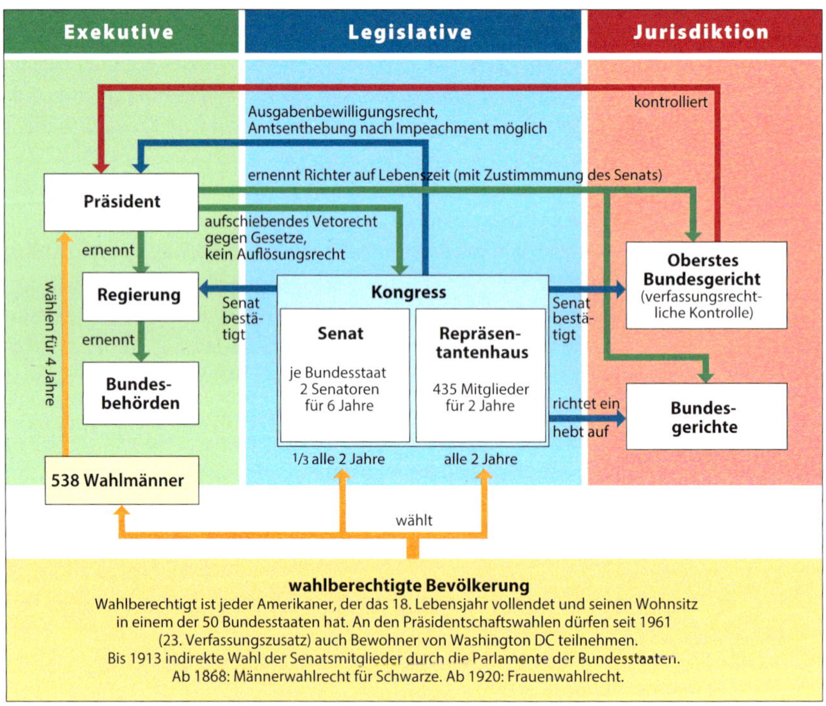

1 Beschreiben Sie die Situation der Kolonien vor der Revolution.
Tipp: Gehen Sie auf die Dimensionen Politik, Wirtschaft und Gesellschaft ein.
2 Erstellen Sie eine Zeitleiste zum Weg der USA in die Unabhängigkeit.
3 **Geschichte kreativ:** Verfassen Sie aus der Sicht eines jüngst eingewanderten Europäers einen Bericht in die alte Heimat über das politische System der USA.

Hinweise zur Arbeit mit den Materialien
Das Kapitel legt den Schwerpunkt auf die politischen Ideen und Strukturen der Gründungszeit der USA sowie deren Auswirkungen auf das Selbstverständnis des Landes bis heute. Die Unabhängigkeitserklärung (M 4) ermöglicht Ihnen die Erarbeitung philosophischer Wurzeln und politischer Ideen. M 5 bis M 7 spiegeln die Grundprobleme der neuen Demokratie wider. M 8 und M 9 greifen aus der wissenschaftlichen Debatte die Themen Sklaverei sowie die Bedeutung der Amerikanischen Revolution heraus.

Stationenlernen oder Gruppenpuzzle: Die Amerikanische Verfassung und die Revolution

4 Bearbeiten Sie M 4–M 9 entweder als Stationenlernen oder als Gruppenpuzzle.
   a) **Stationenarbeit:** Bearbeiten Sie die Stationen in Einzel- oder Partnerarbeit. Präsentieren Sie Ihre Ergebnisse in einem zusammenfassenden Schaubild.
   b) **Gruppenpuzzle:** Bearbeiten Sie die Stationen arbeitsteilig. Stellen Sie sich abschließend Ihre Ergebnisse gegenseitig vor und präsentieren Sie diese in einem zusammenfassenden Schaubild.
   Tipp: Dieses Schaubild sollte wesentliche Faktoren und Entwicklungen beinhalten und deren Vernetzung sollte veranschaulicht werden (etwa als Flussdiagramm oder Mind-Map etc.).

Station 1: Unabhängigkeit und Grundrechte

M 4 Die Unabhängigkeitserklärung der USA, entworfen von Thomas Jefferson, 4. Juli 1776

Folgende Wahrheiten erachten wir als selbstverständlich: Dass alle Menschen gleich geschaffen sind; dass sie von ihrem Schöpfer mit gewissen unveräußerlichen Rechten ausgestattet sind; dass dazu Leben, Freiheit und das Streben nach Glück gehören; dass zur Sicherung dieser Rechte Regierungen unter den Menschen eingerichtet werden, die ihre rechtmäßige Macht aus der Zustimmung der Regierten herleiten; dass, wenn irgendeine Regierungsform sich für diese Zwecke als schädlich erweist, es das Recht des Volkes ist, sie zu ändern oder abzuschaffen und eine neue Regierung einzusetzen und sie auf solchen Grundsätzen aufzubauen und ihre Gewalten in der Form zu organisieren, wie es zur Gewährleistung ihrer Sicherheit und ihres Glücks geboten zu sein scheint. Gewiss gebietet die Vorsicht, dass seit langem bestehende Regierungen nicht um unbedeutender und flüchtiger Ursachen willen geändert werden sollten, und demgemäß hat noch jede Erfahrung gezeigt, dass die Menschen eher geneigt sind zu dulden, solange die Übel noch erträglich sind, als sich unter Abschaffung der Formen, die sie gewöhnt sind, Recht zu verschaffen. Aber wenn eine lange Reihe von Missbräuchen und Übergriffen, die stets das gleiche Ziel verfolgen, die Absicht erkennen lässt, sie absolutem Despotismus zu unterwerfen, so ist es ihr Recht, ist es ihre Pflicht, eine solche Regierung zu beseitigen und sich um neue Bürgen für ihre zukünftige Sicherheit umzutun. [...]
[...] Wir müssen uns daher mit der Notwendigkeit abfinden, welche unsere Trennung gebietet, und sie, wie die übrige Menschheit, für Feinde im Krieg, für Freunde im Frieden halten.
Daher tun wir, die Vertreter der Vereinigten Staaten von Amerika, versammelt in einem allgemeinen Kongress, an den Obersten Richter der Welt betreffs der Rechtlichkeit unserer Absichten appellierend, im Namen und kraft der Autorität des rechtlichen Volkes dieser Kolonien feierlich kund und erklären, dass diese Vereinigten Kolonien freie und unabhängige Staaten sind und es von Rechts wegen sein sollen; dass sie von jeglicher Treuepflicht gegen die britische Krone entbunden sind und dass jegliche politische Verbindung zwischen ihnen und dem Staate Großbritannien vollständig gelöst ist und sein soll und dass sie als freie und unabhängige Staaten Vollmacht haben, Kriege zu führen, Frieden zu schließen, Bündnisse einzugehen, Handel zu treiben und alle anderen Akte und Dinge zu tun, welche unabhängige Staaten von Rechts wegen tun können. Und zur Stütze dieser Erklärung verpfänden wir alle untereinander in festem Vertrauen auf den Schutz der göttlichen Vorsehung unser Leben, unser Gut und unsere heilige Ehre.

*Zit. nach: Adolf Rock, Dokumente der amerikanischen Demokratie, übers. v. Adolf Rock, 2. Aufl., Limes, Wiesbaden 1953, S. 102ff.**

5 Arbeiten Sie aus M 4 die wichtigsten Argumente heraus, mit denen die amerikanischen Kolonien ihre Trennung vom englischen Mutterland begründen.
6 Erläutern Sie die Grundprinzipien des angestrebten Staatswesens.
   Tipp: Beachten Sie dabei z. B. die Rechte des Einzelnen, die Gewaltenteilung, die staatliche Macht und Befugnisse der Regierung.
7 **Zusatzaufgabe:** Siehe S. 410.

Unabhängigkeitserklärung im englischen Original
cornelsen.de/Webcodes
Code: yaqova

Station 2: Probleme der Demokratie

M5 Amerikanische Banknote von 1776

M6 Alexander Hamilton (1755–1804) über die Macht der Bundesregierung, 1787

Wenn […] die Maßnahmen der Föderation nicht ohne Mitwirkung der Regierungen der Einzelstaaten durchgeführt werden können, besteht wenig Aussicht, dass sie überhaupt durchgeführt werden. Die leitenden Männer der verschiedenen Mitgliedstaaten werden, ob sie dazu ein verfassungsmäßiges Recht haben oder nicht, selbst über die Richtigkeit der Maßnahmen zu entscheiden trachten. Sie werden Erwägungen anstellen, ob die Beschlüsse oder Erlässe ihrem Interesse oder ihren unmittelbaren Zielen entsprechen und ob deren Annahme ihnen im Augenblick gelegen oder ungelegen erscheint. All das wird getan werden, und zwar im Geiste einer eigennützigen und argwöhnischen Prüfung und ohne jene Kenntnis der gesamtnationalen Umstände und Gründe, die für ein richtiges Urteil nötig sind. […]
In unserem Falle, also unter der Föderation, bedarf es zur völligen Durchführung jeder wichtigen Maßnahme, die von der Föderation ausgeht, der Übereinstimmung des souveränen Willens von dreizehn Staaten. Es ist geschehen, was vorauszusehen war: Die Maßnahmen der Union sind nicht durchgeführt worden; die Pflichtverletzungen der Staaten haben Schritt für Schritt ein solches Ausmaß erreicht, dass schließlich alle Räder der nationalen Regierung zu einem betrüblichen Stillstand gekommen sind. Der Kongress besitzt derzeit kaum die Möglichkeit, die Formen der Verwaltung so lange aufrechtzuerhalten, bis die Staaten Zeit haben werden, sich über einen leistungsfähigen Ersatz für den gegenwärtigen Schatten der Bundesregierung zu einigen.

*Zit. nach: Herbert Schambeck u. a. (Hg.), Dokumente zur Geschichte der Vereinigten Staaten von Amerika, übers. v. Herbert Schambeck u. a., Duncker & Humblot, Berlin 1993, S. 20.**

M7 George Washington in einem Brief an das amerikanische Volk (Auszug), sog. *„Farewell Address“*, 1796

[…] Es ist gleichermaßen wichtig, dass die Denkgewohnheiten in einem freien Land diejenigen, denen seine Regierung anvertraut ist, zur Vorsicht mahnen sollten, sich auf ihren jeweiligen verfassungsgemäßen Aufgabenbereich zu beschränken […]. Der Geist des Übergreifens auf Befugnisse anderer tendiert dazu, die Befugnisse aller Abteilungen in einer zu vereinen und so ungeachtet der Regierungsform tatsächlich einen Despotismus zu schaffen. […] Die Notwendigkeit gegenseitiger Kontrollen bei der Ausübung politischer Macht durch deren Teilung und Aufteilung auf unterschiedliche Stellen und durch die Einsetzung jeder von ihnen als Wächter des öffentlichen Wohls gegen Eingriffe der anderen ist in alter und neuer Zeit durch Experimente belegt worden, von denen einige in unserem eigenen Land und unter unseren eigenen Augen erfolgten. Sie zu erhalten muss genauso notwendig sein, wie sie einzurichten. Wenn nach der Meinung des Volkes die Verteilung oder die Ausprägung der verfassungsmäßigen Gewalten in irgendeinem Punkt falsch ist, soll er in der Weise, die die Verfassung vorsieht, durch eine Ergänzung korrigiert werden. Doch verhindert jede Veränderung durch Ersetzung [einer Verfassungsbestimmung]; denn obwohl dies zunächst ein Mittel zum Guten sein mag, ist es das übliche Mittel, durch das freie Regierungssysteme zerstört werden.

*Richard D. Brown (Hg.), Major Problems in the Era of the American Revolution 1760–1791. Documents and Essays, Heath and Company, Lexington 1992, S. 576–584; übers. v. Joachim Biermann.**

8 Erläutern Sie die Bedeutung einer eigenen gemeinsamen Währung für die Kolonien (M 5).
Tipp: Gehen Sie dabei auch auf die verwendete Symbolik ein.

9 Begründen Sie auf Grundlage von M 6, ob Alexander Hamilton ein Föderalist oder Antiföderalist war.

10 Fassen Sie Washingtons Gedanken thesenartig zusammen.

11 **Wahlaufgabe:** Bearbeiten Sie entweder Aufgabe a) oder b).
- **a)** Beurteilen Sie seine Argumentation.
  Tipp: Beziehen Sie das Verfassungsschaubild (M 3) in Ihr Sachurteil mit ein.
- **b)** Verfassen Sie einen Antwortbrief an George Washington mit einer Gegenposition.
  Tipp: Beziehen Sie M 6 mit ein.

Station 3: Historikerurteile zur Amerikanischen Revolution

M 8 Der Historiker Udo Sautter über die Verfassungsrealität in Bezug auf die Sklaverei, 1998

Die Halbheit der amerikanischen Revolution äußerte sich besonders deutlich in der Beibehaltung der Sklaverei als Institution. Die volltönende Eingangspassage der Unabhängigkeitserklärung war mit Blick auf die imperiale Verfassungsfrage geschrieben worden. Zu einer Verwirklichung des ihr zugrunde liegenden naturrechtlichen Konzepts innerhalb der amerikanischen Gesellschaft selbst konnte man sich nicht entschließen. Die Unangemessenheit dieses Verhaltens wurde von nicht wenigen Zeitgenossen schmerzlich empfunden. Einige nördliche Staaten gingen auch mit gutem Beispiel voran. In Pennsylvania, Connecticut, Rhode Island, New York und New Jersey verabschiedete man in den 1780er-Jahren Gesetze, die auf ein allmähliches Auslaufen der Sklaverei abzielten. Aber nur in Massachusetts und, durch Bundesgesetz, im Nordwest-Territorium schaffte man die Einrichtung sofort ab. Hier konnte man es sich wirtschaftlich leisten, hatte die Sklaverei doch nie eine bedeutende Rolle gespielt. In allen Staaten von Maryland an südwärts hielt man am Hergebrachten fest. [...]
Wenn von einer weitergehenden revolutionsbedingten Veränderung der amerikanischen Verhältnisse die Rede sein soll, so ist eher auf die durch die politische Umwälzung eröffneten Möglichkeiten zu verweisen als auf vollendete Entwicklungen.

*Udo Sautter, Geschichte der Vereinigten Staaten von Amerika, 6. Aufl., Kröner, Stuttgart 1998, S. 93 f.**

M 9 Der Amerikahistoriker Michael Hochgeschwender über die Amerikanische Revolution als Gründungsmythos, 2016

Die Amerikanische Revolution war ein komplexes, mitunter widersprüchliches historisches Ereignis, genauer: eine epochale Kette von Ereignissen, ein Prozess, der lange vor dem Ausbruch der Gewalttätigkeit 1774 begann und erst Jahrzehnte nach dem Frieden von Paris 1783, der den USA die Unabhängigkeit brachte, allmählich zu einem Ende kam. Historische Ereignisse aber sind beständig interpretationsbedürftig. Und nicht umsonst haben sich Historiker, Politikwissenschaftler und Publizisten seit den 1780er-Jahren über den Charakter der Amerikanischen Revolution gestritten. Dabei leisteten sie immer wieder auch Mythen[1] Vorschub. Für Leopold von Ranke[2] etwa stellte der amerikanische Unabhängigkeitskampf aus der Sicht des Jahres 1854 die größte Revolution der Weltgeschichte dar, da just hier der kühne Weg zu liberalen Fortschritts- und Freiheitsidealen beschritten worden sei. [...] R. R. Palmer[3] beispielsweise sprach von einem Virus der Freiheit, der von Amerika ausgegangen sei und einerseits die Besonderheit [...] der Vereinigten Staaten begründet, sich andererseits aber im gesamten transatlantischen Raum als wirksam erwiesen habe. Die Revolution in Frankreich sei ohne das amerikanische Vorbild kaum denkbar. Ähnliches gelte für die Unabhängigkeitsbewegungen in Lateinamerika oder die fortschrittlichen liberalen Bewegungen im Rest Europas. In dieser Sichtweise [...] stand die Amerikanische Revolution ohne jede Ambivalenz[4] für einen idealistischen Durchbruch in die Moderne. Gerade für Amerikaner war das unter Gesichtspunkten der nationalen Identität zentral, denn diese Interpretation erleichterte es, aus den Ereignissen von 1776 einen Gründungsmythos zu konstruieren, der gleichzeitig nach innen – im Zuge nationaler Integration – und nach außen – hegemonial – nutzbar war. Die USA befanden sich im eigenen Selbstverständnis von Beginn an auf der richtigen Seite der Geschichte, nicht nur weil sie den Unabhängigkeitskrieg gegen Großbritannien gewonnen hatten, sondern vor allem weil sie in einzigartiger Weise für die Idee von Freiheit, Fortschritt, Demokratie, Modernität und Eigentum eintraten. Die Revolution hatte ihnen eine exzeptionelle Mission[5] mit auf den Weg gegeben, die es weltweit durchzusetzen galt.

*Michael Hochgeschwender, Die Amerikanische Revolution. Geburt einer Nation 1763–1815, C. H. Beck, München 2016, S. 9 f.**

1 *Mythen:* Geschichten von der Entstehung eines Volkes oder der Welt, die Personen, Ereignisse etc. überhöhten und glorifizierten
2 *Leopold von Ranke (1795–1886):* deutscher Historiker und einer der Mitbegründer der modernen Geschichtswissenschaft
3 *Robert Roswell Palmer (1909–2002):* amerikanischer Historiker und Verfasser von Standardwerken zur Amerikanischen Revolution
4 *Ambivalenz:* Doppelwertigkeit bestimmter Begriffe oder Phänomene
5 *exzeptionelle Mission:* außergewöhnlicher, herausgehobener Auftrag

12 Arbeiten Sie die Hauptaussagen und deren Begründung stichwortartig/thesenartig aus den jeweiligen Texten (M 8 und M 9) heraus und vergleichen Sie anschließend die beiden Historikerurteile.
Tipp: Achten Sie dabei auch darauf, welche Bedeutung der Amerikanischen Revolution für die weitere Entwicklung der USA jeweils hervorgehoben wird.

2.2 Die Modernisierung der USA

In diesem Kapitel geht es um
- *die Weiterentwicklung der Demokratie in den USA im 19. Jahrhundert,*
- *das amerikanische Selbstverständnis,*
- *die wirtschaftliche Entwicklung in den USA im 19. Jahrhundert,*
- *den Kampf der afroamerikanischen Bevölkerung um Gleichberechtigung.*

M1 Andrew Jackson (1767–1845), 7. Präsident der USA, Stich, ca. 1880

„Marktrevolution" und Demokratisierung

Zu Beginn des 19. Jahrhunderts hatten sich die politischen Grundstrukturen der Vereinigten Staaten von Amerika etabliert, waren aber noch stark von Ideen und Persönlichkeiten der Revolution wie John Adams und Thomas Jefferson geprägt. Gleichzeitig schufen Individualismus und Liberalismus die Grundlage für eine wirtschaftliche und gesellschaftliche Dynamik, die tiefgreifende Veränderungen mit sich brachte. Da war zum einen die *„Frontier"*, die Grenze der USA, die ständig weiter nach Westen verschoben wurde. Die neuen Gebiete wurden durch Verkehrswege erschlossen, es wurden Bundesstaaten gegründet, die Teil der Union wurden. Hinzu kamen rasches Bevölkerungswachstum, Effizienzsteigerung der Landwirtschaft und der Beginn der Industrialisierung. Geschichtswissenschaftler bezeichnen diesen Vorgang in den USA als **„Marktrevolution"**. Obwohl immer mehr Gebiete und Menschen in den Markt eingebunden wurden und von ihm profitierten, verstärkten sich gleichzeitig die sozialen und regionalen Unterschiede und Konflikte.

In den 1820er-Jahren setzten Veränderungen in der politischen Mentalität ein. Viele Staaten schafften schrittweise die Beschränkungen des Wahlrechts durch das Steuereinkommen ab. Vorreiter waren die neu entstehenden Staaten im Westen. 1830 besaßen 20 von 26 Staaten keine Zensusbeschränkungen mehr. Demokratie wurde zunehmend als legitime und notwendige Auseinandersetzung zwischen verschiedenen politischen Positionen und Interessen begriffen, an der auch der „einfache Mann" (*Common Man*) zumindest als Wähler beteiligt werden sollte. Politiker sollten um Stimmen werben, ihre Parteien organisieren und Wahlkämpfe bestreiten. Der Präsident sollte nicht mehr über den Parteien stehen, sondern einer ihrer Führer sein. Der erste Präsident, der von diesem Umbruch 1829 profitierte und ihn weiter ausbaute, war **Andrew Jackson***. Er war auch der erste Präsident, der nicht der Elite der Ostküstenstaaten entstammte, sondern aus Tennessee, einem neuen Staat jenseits der Appalachen. Nach ihm wurde das neue System benannt, dessen Etablierung bis in die 1840er-Jahre andauerte: die ***Jacksonian Democracy***. Zusammen mit Martin Van Buren (1782–1862) gründete er die Demokratische Partei, indem er sie aus der Demokratisch-Republikanischen Partei herauslöste. Während seiner Amtszeit setzte er einige wichtige Änderungen durch: Die Wahlmänner bei den Präsidentenwahlen wurden nun direkt von den Bürgern in den Einzelstaaten und nicht mehr von den dortigen Abgeordneten gewählt. Die Präsidentschaftskandidaten wurden von den Parteien aufgestellt. Und der siegreiche Kandidat besetzte die Ämter in Washington mit seinen Anhängern.

▶ M 5: Horst Dippel über Andrew Jackson

Im Zuge der Demokratisierung äußerten sich auch diejenigen in der Öffentlichkeit, die sich durch das System benachteiligt sahen. Frauen kämpften für das Frauenwahlrecht, Arbeiterorganisationen setzten sich für bessere Arbeitsbedingungen und Löhne ein. Zu einer zentralen Streitfrage wurde die Sklaverei, was schließlich sogar zu einem **Bürgerkrieg zwischen Nord- und Südstaaten** (1861–1865) führte. Der Norden siegte, schaffte die Sklaverei ab, doch Diskriminierung und Segregation (Rassentrennung) blieben bis weit ins 20. Jahrhundert ein Kennzeichen der amerikanischen Gesellschaft.

▶ M 14 bis M 18: Materialien zum Kampf der Afroamerikaner um Gleichberechtigung

M2 „Amerikanischer Fortschritt", Ölgemälde von John Gast, 1872

Grundlagen des amerikanischen Selbstverständnisses

Von Demokratisierung und wirtschaftlichem Aufschwung profitierte vor allem die weiße Bevölkerung. Und diese beiden Aspekte prägten auch das amerikanische Selbstverständnis von einem Land, in dem jeder sozial aufsteigen und mit harter Arbeit gutes Geld verdienen konnte. Eng verbunden damit war die Betonung von besonderen Freiheitsrechten (Glaubens- und Religionsfreiheit, wirtschaftliche und politische Freiheit) und dem Prinzip demokratischer Gleichheit, das Amerika dem eigenen Selbstverständnis nach von den traditionellen Strukturen in Europa abhob und es zu einer überlegenen Nation machte. Der Pioniergeist der Siedler, die den Westen immer weiter in Besitz nahmen (Frontierbewegung) mischte sich mit dem puritanischen Selbstverständnis, dazu bestimmt zu sein, ein ideales Gemeinwesen mit Vorbildcharakter für andere zu schaffen. Man sah die nationale Bestimmung Amerikas („*Manifest destiny*") darin, den Kontinent bis zur Küste des Pazifiks zu erschließen und zu besiedeln. Und man vertraute auf die freien Kräfte des Marktes sowie die individuelle Leistungsfähigkeit, um Wohlstand und Fortschritt voranzubringen.

▶ **M 6: Frederick Jackson Turner: Frontier**

▶ **M 7: John O'Sullivan: Selbstverständnis der USA**

Das „vergoldete Zeitalter" (*Gilded Age*)

Nach dem Ende des Bürgerkriegs 1865 begann der Prozess der „Wiedererrichtung" (*Reconstruction*). Dieser umfasste sowohl die ökonomische Ebene – d. h. den Wiederaufbau von Städten, Eisenbahnlinien etc., vor allem im Süden – als auch die politisch-soziale Ebene, die Klärung der Rolle der Schwarzen sowie die Zusammenführung der gespaltenen Nation. Der Sieg des industriell weit entwickelten Nordens hatte der sich dynamisch entwickelnden Wirtschaft in den USA weiteren Auftrieb gegeben. Es wurden die ersten **großen Eisenbahngesellschaften** gegründet, die den Ausbau der Infrastruktur des riesigen Landes mit staatlicher Unterstützung weiter vorantrieben. Kohleförderung, Stahl- und Eisenproduktion, aber auch die Industrialisierung der Landwirtschaft wurden ebenfalls von einer beispiellosen Dynamik erfasst. Hinzu kamen wichtige **Erfindungen** wie das Telefon oder die Elektrifizierung, die die Kommunikation und den Alltag revolutionierten. Dies alles verstärkte den **Glauben an den grenzenlosen Fortschritt** und die Vorreiterrolle Amerikas.

Gilded Age
Als „vergoldete Jahre" bezeichnet man die Phase in den USA von den 1870er-Jahren bis ca. 1900. Diese Zeit war einerseits durch einen starken wirtschaftlichen Aufschwung gekennzeichnet, der quasi einen äußeren Glanz erzeugte. Unter der Oberfläche gab es andererseits aber auch Armut, soziale Spannungen und Korruption. Der Begriff stammt von dem Schriftsteller Mark Twain.

Viele Entwicklungen hatten schon in der ersten Hälfte des 19. Jahrhunderts begonnen, doch seit den 1870er-Jahren erreichten die Großproduktion von Massengütern, der Kapitalbedarf, aber auch der Preiskampf und das Konkurrenzdenken neue Ausmaße und befeuerten sich gegenseitig. Das beschleunigte Wirtschaftswachstum konnte nur dank über 13,5 Millionen **Einwanderern** zwischen 1865 und 1900 bewältigt werden. Diese kamen zunächst vorwiegend aus Nord- und Westeuropa, dann aus Süd- und Osteuropa. Vor allem die städtischen Industriezentren erlebten einen enormen Zuzug. Dank der Entwicklung von Stahlträgern konnte nun in die Höhe gebaut werden, immer höhere **Wolkenkratzer** wurden errichtet und zum Symbol amerikanischer Städte. Um 1900 waren die USA zu einer Weltwirtschaftsmacht aufgestiegen.

▶ **M 8: Weltindustrieproduktion 1880–1938**

Typisch für die „vergoldeten Jahre" war das **grenzenlose Wachstums- und Wettbewerbsdenken**. Um im Wettbewerb mithalten zu können, wurden neue Unternehmensformen wie Aktiengesellschaften entwickelt, aber auch Kartelle gebildet, d. h., es wurden innerhalb eines Produktionszweiges Preisabsprachen zwischen den verschiedenen Unternehmen getroffen, um die Preise des Marktes zu bestimmen. Eine Weiterentwicklung des Kartells war der Zusammenschluss in *Trusts*. Mehrere Firmen wurden zu einem großen Unternehmensverbund zusammengefügt, der dann ganze Produktionszweige beherrschte und Zulieferern und Abnehmern die Preise diktieren konnte. An ihrer Spitze standen Industrielle wie **John D. Rockefeller**, der mit seiner *Standard Oil Company* die Erdölindustrie dominierte, oder **Andrew Carnegie**, der Chef eines Stahlimperiums war, das vom Bergbau bis zur Vermarktung alle Stufen der Stahlproduktion in seinem Unternehmen vereinte. Und auch die Finanzwirtschaft mischte mit. Großbanken erwarben größere Aktienanteile an den führenden Unternehmen und nahmen Einfluss

▶ **M 12: Sherman-Anti-Trust-Gesetz 1890**

▶ **M 11: Karikatur Industriekapitäne**

M3 Industrieentwicklung in den USA 1860

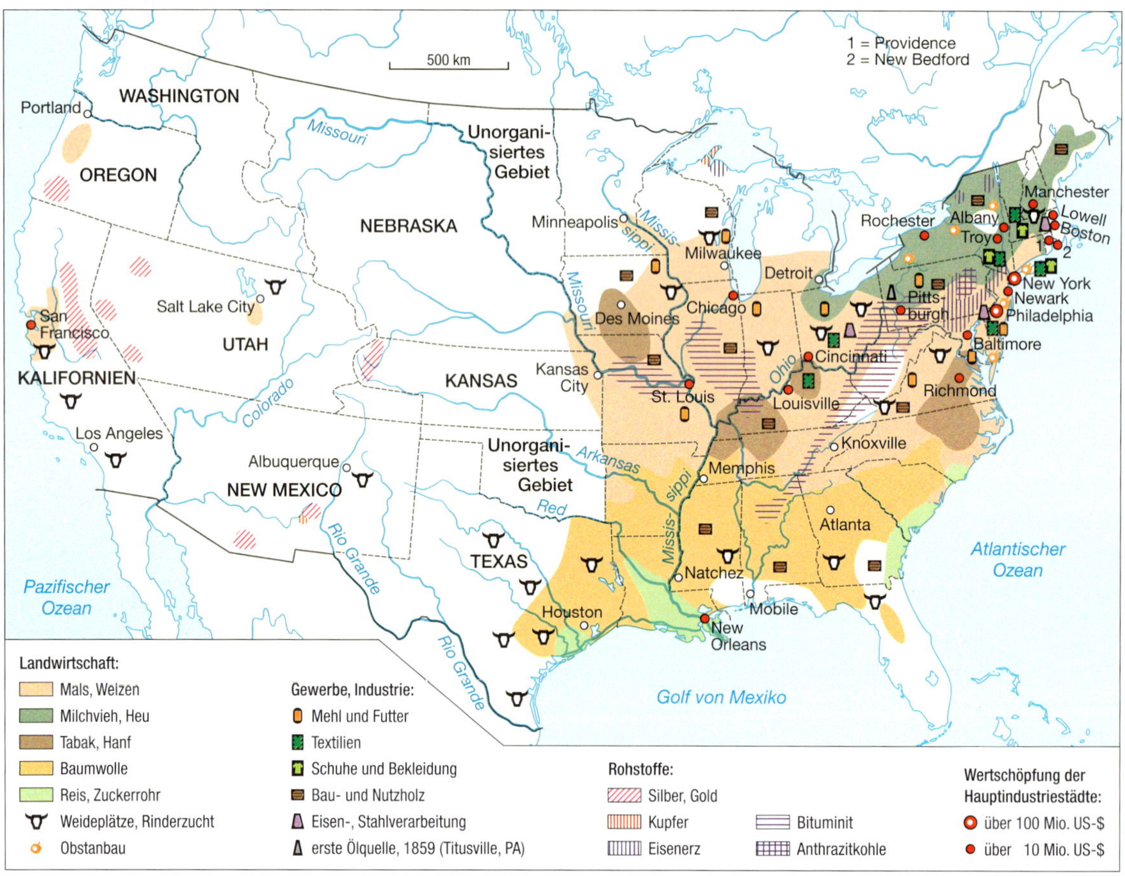

auf deren Entwicklung. So entstand ein enges Netzwerk aus kapitalkräftigen Unternehmern und Bankiers, die die Wirtschaft in ihren Händen hatten. Dabei kam ihnen zugute, dass die Regierung bereit war, das ökonomische Wachstum zu fördern, indem sie Geld, Land und andere Ressourcen zur Verfügung stellte sowie die Industrie mit hohen Schutzzöllen gegen ausländische Konkurrenz abschirmte. Das widersprach zwar im Kern dem **Prinzip des *Laissez-faire***, das von einer bestmöglichen Entwicklung der Wirtschaft bei freier Entfaltung der Kräfte ausging, doch auch die Politik profitierte von dem ***Big Business****. Industrielle finanzierten Wahlkämpfe und zahlten Geld für politische Entscheidungen. Korruption war weit verbreitet. Der Boom der Industrialisierung hatte das Land tiefgreifend verändert.

Big Business
Bezeichnung für Großunternehmen, -banken und Unternehmenszusammenschlüsse, die aufgrund ihrer Kapitalkraft die Macht besitzen, Regierung und Parlament zu beeinflussen

Die andere Seite des Wachstums und des Massenkonsums

Wirtschaftsboom, Urbanisierung und Massenproduktion verbesserten die Lebenssituation vieler Menschen, auch hier wieder vor allem der weißen Bevölkerung im Norden. Sie hatten sichere Arbeitsplätze, wohnten in modernen Wohnungen und konnten sich dank sinkender Preise Konsumgüter leisten. Doch die Arbeitsbedingungen waren hart. In der Industrie herrschten niedrige Sicherheitsstandards, die Löhne wurden immer wieder gedrückt und es kam ständig zu Diskriminierungen. So wurden weiße, in Amerika geborene Protestanten Einwanderern vorgezogen. Auch innerhalb der Einwanderer wurden Unterschiede gemacht: Europäer galten mehr als Asiaten, Protestanten mehr als Katholiken und Juden. In den Städten bildeten sich ethnisch weitgehend homogene Viertel wie *Chinatown* oder *Italian Quarters*. Die **Gewerkschaften*** (*Trade Unions*) in den USA waren zunächst eher schwach: Nur ca. 10 % der Industriearbeiter waren organisiert. Hauptziel war die Sicherung der Löhne. Da Immigranten zunächst nicht aufgenommen wurden, gründeten diese ihre eigenen Organisationen. Erst die 1881 gegründete *American Federation of Labor* (AFL) brachte einen lockeren Zusammenschluss verschiedener Facharbeitergewerkschaften, der Bestand hatte. Mit den wachsenden sozialen Problemen gewannen die Gewerkschaften an Einfluss, Streiks nahmen zu. Unternehmen und Regierungen griffen zu radikalen Gegenmitteln. So ging die Polizei bei Streiks mit Gewalt gegen die demonstrierenden Arbeiter vor.

Die Bemühungen, das Wirtschaftswachstum und die Massenproduktion immer weiter anzukurbeln, brachten verschiedene Neuerungen in der industriellen Arbeitsorganisation hervor. Fredrick Winslow Taylor (1856–1915) entwickelte das nach ihm benannte System des **Taylorismus** (s. S. 58). Hierbei wurden auf der Basis von Untersuchungen der Arbeitsprozesse in einem Betrieb vom Management genaue Pläne für die einzelnen Arbeitsschritte im Produktionsprozess ausgearbeitet und umgesetzt. Jeder einzelne Schritt wurde dann immer wieder optimiert und so die Effizienz der Produktion gesteigert und Kosten gespart. Nach dem Ersten Weltkrieg steigerte sich die Optimierung der Arbeitsprozesse noch durch den **Fordismus**. Er geht auf den Industriellen Henry Ford (1863–1947) zurück, der u. a. die Fließbandproduktion* für den Autobau entwickelte. Kennzeichnend war die Verbindung von hohen Löhnen einerseits und umfassenden Kontrollmaßnahmen gegenüber den Arbeitern (Disziplin, kein Alkohol) andererseits.

Amerikas Aufstieg zur führenden Industrienation hatte viele Schattenseiten. Um die Wende vom 19. zum 20. Jahrhundert entwickelte sich ein Bewusstsein, dass Reformen von Gesellschaft, Wirtschaft und Politik notwendig seien und dass der Staat eine wichtige Rolle dabei spielen müsse.

▶ M 9: Lohn- und Preisentwicklung 1850–1890

Gewerkschaften (*Trade Unions*)
1866 Gründung der National Labor Union in Baltimore
1869 Knights of Labor
1881 American Federation of Labor
1905 Industrial Workers of the World

M4 Fließbandarbeiter, Fotografie, um 1930

1 Stellen Sie den Zusammenhang zwischen Wirtschaftswachstum, Expansion nach Westen und Demokratisierungsprozessen in den USA dar.
2 Analysieren Sie das amerikanische Selbstverständnis im 19. Jahrhundert.
3 **Gruppenarbeit:** Beurteilen Sie die Phase des *Gilded Age* im Hinblick auf Modernisierungsprozesse in den Bereichen Politik, Wirtschaft und Gesellschaft.

Hinweise zur Arbeit mit den Materialien
Die Materialien dieses Kapitels legen den Schwerpunkt auf die Verflechtung der wirtschaftlichen und politischen Entwicklungen der USA im 19. Jahrhundert. Zunächst können Sie mithilfe eines wissenschaftlichen Textes (M 5) die Grundideen von Präsident Andrew Jackson erarbeiten. Anschließend ermöglichen Quellen zur „Frontier" sowie zum „Manifest Destiny" (M 6/M 7) die Diskussion zentraler Bestandteile des amerikanischen Selbstverständnisses. Der Materialblock zu den Entwicklungen im „Gilded Age" wird eingeleitet von statistischem Material zur Industrieproduktion sowie Lohn- und Preisentwicklungen (M 8/M 9). Die weiteren Materialien bieten Ihnen die Möglichkeit der multiperspektivischen Analyse. Ein Historikertext aus den 1950er-Jahren bewertet die Verflechtungen von Großunternehmern und Politik (M 10). Eine Karikatur bietet eine ergänzende Perspektive (M 11). Das Anti-Trust-Gesetz (M 12) zeigt eine Maßnahme der Politik gegen Missstände. Mithilfe einer Analyse des Historikers Volker Depkat können die Entwicklungen in den USA unter dem Aspekt der Modernisierung diskutiert werden (M 13). Abschließend schlagen Materialien zum Kampf um die Gleichberechtigung der Afroamerikaner einen Bogen ins 20. Jahrhundert und ermöglichen die Überprüfung des politischen Selbstverständnisses (M 14 bis M 18). Diese Materialien können von Ihnen auch als Basis für die Erarbeitung einer GFS genutzt werden.

Jacksonian Democracy

M5 Der Historiker Horst Dippel über den Präsidenten Andrew Jackson, 2018

Am 10. Juli 1832 legte Präsident Jackson sein Veto gegen eine Verlängerung der Konzession der Bank of the United States ein. Diese hatte bisher quasi als Zentralbank fungiert und in der Wirtschaftskrise von 1819 viele Farmer mit der Kündigung von Krediten in den Ruin getrieben.

Den größten Eindruck jedoch hinterließen die radikaldemokratischen Passagen seines Vetos. Zu oft hätten die Reichen und Mächtigen Regierungsmaßnahmen für ihre selbstsüchtigen Zwecke missbraucht. Zwar könnten von Menschen geschaffene Einrichtungen keine Gleichheit der Talente, der Bildung und des Wohlstands hervorbringen. „Aber wenn die Gesetze bewirken, dass zu diesen natürlichen und gerechten Vorteilen künstliche Unterscheidungen hinzugefügt werden, indem sie Titel, Vergünstigungen und exklusive Privilegien gewähren, indem sie die Reichen reicher und die Mächtigen noch mächtiger machen, dann haben die einfachen Mitglieder der Gesellschaft – die Farmer, Handwerker und Arbeiter –, die weder die Zeit noch die Mittel haben, für sich ähnliche Vorzüge zu erwirken, ein Recht, sich über die Ungerechtigkeit der Regierung zu beklagen."

Nie hat ein amerikanischer Präsident das republikanische, radikaldemokratische Potenzial der amerikanischen Revolution als moralische Verpflichtung der Regierung machtvoller als in dieser Umbruchphase formuliert, in der die alten republikanischen Tugenden zunehmend dem neuen und seither bestimmenden amerikanischen Mythos wichen.

*Horst Dippel, Andrew Jackson 1829–1837. Präsident des demokratischen Umbruchs, in: Christof Mauch (Hg.), Die Präsidenten der USA, C. H. Beck, München 2018, S. 133.**

4 Erläutern Sie mithilfe von M 5 Jacksons Demokratieverständnis.

5 **Internetrecherche:** Informieren Sie sich über den Präsidenten Andrew Jackson und die Politik seiner Amtszeit. Präsentieren Sie Ihre Ergebnisse in einem Referat oder mithilfe eines Lernplakats.

Amerikanisches Selbstverständnis

M6 Der Historiker Frederick Jackson Turner über die Bedeutung der *Frontier*-Bewegung für die USA, 1903

Die Wildnis im Westen, von den Alleghenies bis zum Pazifik, stellte das größte Geschenk dar, das je vor dem zivilisierten Menschen ausgebreitet wurde. Dem Bauern und Handwerker der Alten Welt, der in die Zwänge seiner gesellschaftlichen Klasse eingebunden war, [...] bot der Westen einen Ausweg in ein freies Leben und in ein größeres Wohlergehen inmitten der Freigebigkeit der Natur und all der Schätze, die nach menschlichem Bemühen verlangten und als Gegenleistung die Chance zum unbegrenzten Aufstieg auf der Leiter des gesellschaftlichen Erfolges boten. [...]

Die amerikanische Demokratie ist im Grunde das Ergebnis der Erfahrungen des amerikanischen Volkes in der Auseinandersetzung mit dem Westen. Die westliche Demokratie förderte während der ganzen früheren Zeit die Entstehung einer Gesellschaft, deren wichtigster Zug die Freiheit des Individuums zum Aufstieg im Rahmen sozialer Mobilität und deren Ziel die Freiheit und das Wohlergehen der Massen waren. Diese Vorstellungen haben die gesamte amerikanische Demokratie mit Lebenskraft erfüllt und sie in scharfen Gegensatz zu den Demokratien der Geschichte gebracht und zu den modernen Bemühungen in Europa, ein künstliches demokratisches Ordnungssystem mithilfe von Gesetzen zu errichten.

*Zit. nach: Günter Moltmann, Die Vereinigten Staaten von Amerika von der Kolonialzeit bis 1917, Schöningh, Paderborn 1980, S. 41 f.**

M7 Der New Yorker Journalist John L. O'Sullivan über das Selbstverständnis der USA, 1839

Wir dürfen zuversichtlich daran glauben, dass unser Land dazu bestimmt ist, die große Nation der Zukunft zu sein. [...] Wir sind die Nation des menschlichen Fortschritts, und wer will oder was kann unser Vorwärtsschreiten aufhalten? [...] Amerika ist auserwählt zu einer heiligen Mission gegenüber den Nationen der Welt, die ausgeschlossen sind vom Leben spendenden Licht der Wahrheit.

*Zit. nach: Heinz D. Schmid, Fragen an die Geschichte, Bd. 3, übers. v. Heinz D. Schmidt, 4. Aufl., Hirschgraben, Frankfurt/M. 1981, S. 129.**

6 Beschreiben Sie die Unterschiede zwischen der „Alten" und der „Neuen Welt" nach Turner (M 6).

7 Vergleichen Sie Turners Demokratieverständnis mit dem von Andrew Jackson (M 5).

8 Analysieren Sie den Zusammenhang zwischen Fortschritt und „heiliger Mission"(M 7). Beziehen Sie das Bild M 2, S. 89 in Ihre Analyse mit ein.

9 **Gruppenarbeit:** Bewerten Sie das amerikanische Selbstverständnis.

Gilded Age

M8 Weltindustrieproduktion 1880–1938 (Anteile in % ausgewählter Länder)

	1880	1900	1913	1928	1938
Großbritannien	22,9	18,5	13,6	9,9	10,7
Vereinigte Staaten	14,7	23,6	32,0	39,3	31,4
Deutschland	8,5	13,2	14,8	11,6	12,7
Frankreich	7,8	6,8	6,1	6,0	4,4
Russland	7,6	8,8	8,2	5,3	9,0
Österreich-Ungarn	4,4	4,7	4,4	–	–
Italien	2,5	2,5	2,4	2,7	2,8

Nach: Paul M. Kennedy, Aufstieg und Fall der großen Mächte, übers. v. Catharina Jurisch, Random House, Frankfurt/M. 1989, S. 311.

M9 Löhne und Preise in den USA 1850–1890

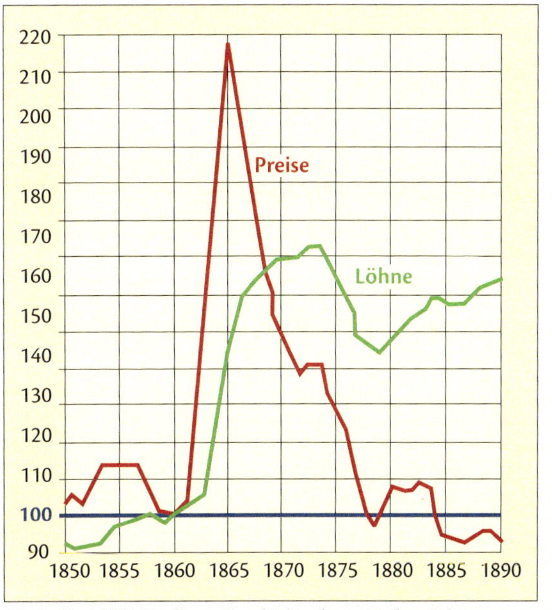

Nach: Harold U. Faulkner, Geschichte der amerikanischen Wirtschaft, Econ, Düsseldorf 1957, S. 485.

10 **Kooperative Partnerarbeit:** Bearbeiten Sie a) und b) arbeitsteilig und stellen Sie sich anschließend Ihre Ergebnisse vor. Zusammen bearbeiten Sie dann c).

a) Analysieren Sie M 8 im Hinblick auf die Rolle der USA.
Tipp: Bedenken Sie auch das internationale Wachstum der Industrieproduktion zu dieser Zeit.

b) Analysieren Sie M 9.
Tipp: Erläutern Sie die Auswirkungen der Entwicklungen auf die Bevölkerung.

c) Beurteilen Sie, wie gut der Begriff „*Gilded Age*" die wirtschaftliche Entwicklung der USA wiedergibt.

M10 Der amerikanische Historiker Richard Hofstadter über das US-Unternehmertum zwischen 1865 und Ende des 19. Jahrhunderts, 1954

Es gibt keine andere Periode in der Geschichte der Nation, wo die Politik durch die wirtschaftlichen Veränderungen so völlig zwergenhaft erschien, keine, in der das Leben des Landes so vollständig in den Händen des industriellen Unternehmers ruhte. [...]

In Geschäft und Politik taten die Industriekapitäne ihre Arbeit dreist, freundlich und zynisch. Arbeiter ausbeutend und Farmer schröpfend, Kongressabgeordnete schmierend, Gesetzgebungen kaufend, Konkurrenten ausspionierend, bewaffnete Wachmannschaften mietend, Besitztümer in die Luft sprengend, Drohungen und Intrige und Gewalt brauchend, machten sie ein Gespött aus den Idealen der schlichten Honoratioren, die sich eingebildet hatten, die Entwicklung der Nation könne mit Würde und Zurückhaltung unter dem Regime des *Laisser-faire* vor sich gehen […].

Dennoch wäre es ein Missverständnis anzunehmen, das Gewissen sei unter den Geschäftsbaronen abgestorben gewesen. Was ihnen ermöglichte, in den Grenzsphären von Politik und Gewerbe mit solch munterer und schrankenloser Raubgier zu operieren, war die Tatsache, dass sie – ausgedrückt in jenen letztendlichen Rationalisierungen, auf denen das Gewissen ruht – die einleuchtendsten, die gewichtigsten Gründe hatten zu glauben, was sie taten, werde schließlich zum Guten wirken. Wenn sie Kongressabgeordnete ohne Entschuldigung, auch nur vor sich selbst, kaufen konnten, so war es, weil sie für einen wohltätigen Wandel von gewaltigem Ausmaß wirkten – oder doch der Meinung waren. […]

Die redlichen Rationalisierungen der Industriekapitäne waren vielfältig. Vielleicht ihre primäre Verteidigung war, dass sie ein großes Industriereich aufzubauen im Begriff seien. […]

Ferner standen sie breitbeinig auf der amerikanischen Mythologie von der Gelegenheit für den einfachen Mann. Die großen Industrieführer hatten ihr Leben in der Unterschicht oder unteren Mittelklasse begonnen; die meisten von ihnen konnten auf frühere Laufbahnen von Entbehrung, harter Arbeit und Sparsamkeit hinweisen […]. Solche Männer konnten sich und der Welt erzählen, ihre Reichtümer und ihre Macht seien das Ergebnis harter Arbeit und besonderer Begabung, konnten sich selbst dem aufstrebenden amerikanischen Mittelstand als Schulbeispiel einer Wirtschaft von großartigen Möglichkeiten vorhalten. Und da sie nur in einer Weise erfolgreich waren, wie jedermann es erstrebte, genossen sie mehr Freiheit von moralischer Verurteilung, als man in der angekränkelten Rückschau vom 20. Jahrhundert würdigen kann. Sie hatten das Gefühl, einen guten Anspruch auf alles zu haben, was sie bekommen konnten.

*Zit. nach: Erich Angermann, Der Aufstieg der Vereinigten Staaten von Amerika 1607–1914, Klett, Stuttgart 1965, S. 37 f.**

11 Arbeiten Sie aus M 10 die Thesen des Autors heraus.

12 **Wahlaufgabe:** Bearbeiten Sie entweder Aufgabe a) oder b).

- **a)** Erläutern Sie, wie M 10 mit dem amerikanischen Selbstverständnis zusammenhängt.
- **b)** Arbeiten Sie die persönliche Einstellung des Autors heraus.

Tipp: Achten Sie besonders auf seine Wortwahl.

13 **Zusatzaufgabe:** Siehe S. 410.

M 11 „Amerikanische Finanziers, die Beschützer unserer Wirtschaft“, Karikatur, 1883.

Die Karikatur zeigt die amerikanischen Investoren Cyrus Field, Jay Gould, William Henry Vanderbilt und Russell Sage auf einem Floß, getragen von Arbeitern diverser Berufe.

14 Analysieren Sie die Karikatur M 11.

M 12 Auszug aus dem Sherman-Anti-Trust-Gesetz, 2. Juli 1890

1. Jeder Vertrag, jeder Zusammenschluss in Form eines Trusts oder dergleichen, jede geheime Absprache zur Einschränkung des zwischenstaatlichen Handels oder des Außenhandels wird hierdurch für ungesetzlich erklärt. Jede Person, die solch einen Vertrag abschließt oder sich an einem solchen Zusammenschluss oder an einer geheimen Absprache beteiligt, soll eines Vergehens für schuldig gehalten werden und im Falle ihrer Überführung mit einer Geldstrafe bis zu 5 000 Dollar oder mit Gefängnis bis zu einem Jahr oder mit beiden besagten Strafen, je nach Ermessen des Gerichts, belegt werden.

2. Jede Person, die ein Monopol aufrichtet oder versucht, dies zu tun, oder sich mit einer oder mehreren anderen Personen zusammenschließt beziehungsweise heimlich abspricht, um den zwischenstaatlichen Handel zu monopolisieren oder dies mit fremden Nationen zu tun, soll eines Vergehens für schuldig gehalten werden und im Falle ihrer Überführung mit einer Geldstrafe bis zu 5 000 Dollar oder mit Gefängnis bis zu einem Jahr oder mit beiden besagten Strafen, je nach Ermessen des Gerichts, belegt werden.

3. Jeder Vertrag, jeder Zusammenschluss in Form eines Trusts oder dergleichen, jede geheime Absprache zur Einschränkung des Handels […] wird hiermit für illegal erklärt. Jede Person, die solch einen Vertrag abschließt oder sich an einem Zusammenschluss oder einer geheimen Absprache beteiligt, soll eines

Vergehens für schuldig gehalten werden und bei Überführung mit einer Geldstrafe bis zu 5000 Dollar oder mit Gefängnis bis zu einem Jahr oder mit beiden besagten Strafen, je nach Ermessen des Gerichts, belegt werden. […]

7. Jede Person, die in ihrem Geschäft oder in ihrem Eigentum durch eine andere Person oder Handelsgesellschaft aufgrund von Handlungen, die nach diesem Gesetz verboten oder für ungesetzlich erklärt sind, geschädigt wird, kann deswegen ohne Rücksicht auf den Streitwert bei jedem Bezirksgericht der Vereinigten Staaten, in dessen Bereich der Beklagte wohnt oder angetroffen wird, Klage erheben und soll den ihm zugefügten Schaden dreifach und dazu die Gerichtskosten und ein angemessenes Anwaltshonorar ersetzt bekommen.

8. Das Wort „Person" oder „Personen" soll, wo immer es in diesem Gesetz benutzt wird, Handelsgesellschaften einschließen, die aufgrund der Gesetze der Vereinigten Staaten, der Gesetze eines Territoriums, der Gesetze eines Einzelstaates oder der Gesetze eines fremden Landes existieren oder registriert worden sind.

*Zit. nach: Herbert Schambeck u. a. (Hg.), Dokumente zur Geschichte der Vereinigten Staaten von Amerika, übers. v. Helmut Widder u. a., Duncker & Humblot, Berlin 2007, S. 407f.**

15 Erläutern Sie die Regelungen des Gesetzes (M 12).

16 **Gruppenarbeit:** Diskutieren Sie, wann und wie sich der Staat in die Wirtschaft einmischen sollte.

17 **Recherche:** Vergleichen Sie die Regelungen des Gesetzes mit aktuellen Bestimmungen in der Bundesrepublik bzw. der EU.

M 13 Der Historiker Volker Depkat über den „Durchbruch der Moderne" in den USA, 2016

Nachdem die politische Moderne in den USA bereits mit der revolutionären Gründung der liberalen Demokratie im späten 18. Jahrhundert begonnen hatte, formierte sich nach dem Bürgerkrieg die industrielle Moderne mit allem was dazugehört: Aufstieg der Industrie zum dominanten Sektor der Volkswirtschaft, wirtschaftliche Konzentrationsprozesse, die zur Bildung von gigantischen Trusts führten, atemberaubendes Wachstum der Städte, Technologisierung der Alltagswelt, Beschleunigung der Transport- und Kommunikationsrevolution, Entstehung einer kommerzialisierten Unterhaltungskultur, die Freizeit zu einem zunehmend großen Geschäft werden ließ, sowie nicht zuletzt die mit Max Webers bildreichem Wort von der „Entzauberung der Welt" beschriebene Säkularisierung von Wissens- und Vorstellungswelten. In einem so dynamischen wie chaotischen wirtschaftlichen Wachstumsprozess verwandelten sich die USA in gerade einmal 50 Jahren von einem Agrarland in die führende Industrienation der Welt.

Volker Depkat, Geschichte der USA, Kohlhammer, Stuttgart 2016, S. 139.

18 Vergleichen Sie den in M 13 angesprochenen politischen und wirtschaftlichen Modernisierungsprozess in den USA mit dem Europas (siehe Kap. 1).

Kampf der Afroamerikaner in den USA um Gleichberechtigung

M 14 Aus dem Urteil *„Separate but equal"* des Obersten Bundesgerichts der USA, 1896

Richter Brown: Dieser Fall [Plessy vs. Ferguson] bezieht sich auf die Verfassungsmäßigkeit eines Gesetzes des Parlaments von Louisiana vom Jahr 1890, das getrennte Eisenbahnwaggons für Weiße und Farbige vorsieht. […]

Das Ziel des [14.] Verfassungszusatzes [von 1868: Bürgerrechte für ehemalige Sklaven] war ohne Zweifel, die absolute Gleichheit beider Rassen vor dem Gesetz zu erzwingen, aber der Natur der Sache nach konnte damit nicht beabsichtigt sein, Unterschiede, die auf der Hautfarbe beruhen, auszumerzen oder soziale Gleichheit, die von der politischen zu unterscheiden ist, durchzusetzen oder gar eine Vermengung der Rassen unter für beide Seiten unbefriedigenden Bedingungen. Gesetze, die die Rassentrennung dort erlauben oder sogar verlangen, wo beide Seiten in Kontakt kommen müssen, besagen nicht notwendigerweise auch, dass eine Rasse der anderen unterlegen sei. Solche Gesetze sind im Allgemeinen, wenn auch nicht überall, anerkannt als in die Kompetenz der Staatenlegislativen und in den Bereich der Polizeigewalt gehörend. Das bekannteste Beispiel hierfür sieht man bei der Errichtung von getrennten Schulen für weiße und farbige Kinder. Dies ist immer als rechtmäßige Ausübung der Gesetzgebungsbefugnis gewertet worden, selbst von den Gerichten jener Einzelstaaten, die die politischen Rechte der farbigen Rasse am längsten und nachdrücklichsten verwirklicht haben. […]

Die Beweisführung unterstellt ferner als zwingend, dass dann, wenn die Farbigen die Vormacht in der Staatslegislative erhielten – was mehr als einmal der Fall gewesen ist[1] und was wieder so kommen könnte – und ein entsprechendes Gesetz beschlössen, die weiße Rasse dadurch auf eine untergeordnete Position verwiesen wäre. Wir könnten uns vorstellen, dass die weiße Rasse sich, gelinde gesagt, mit dieser Annahme nicht abfinden würde. Die Beweisführung unterstellt auch, dass man soziale Vorurteile mithilfe der Gesetzgebung überwinden könne und dass die Gleichberechtigung des Negers nur hergestellt werden könne durch eine Vermengung der zwei Rassen. Wir können dieser Auffassung nicht zustimmen. Wenn sich die zwei Rassen auf der Basis gesellschaftlicher Gleichheit treffen sollen, dann muss dies das Resultat natürlicher Affinität, gegenseitiger Wertschätzung der Verdienste des jeweils anderen und freiwilliger Übereinstimmung von Einzelnen sein. [...] Diese Gesetzgebung kann nicht rassische Instinkte auslöschen oder Unterschiede aufgrund physischer Merkmale aufheben; jeder Versuch, dies zu tun, kann nur die Schwierigkeiten der gegenwärtigen Situation unterstreichen. Wenn bürgerliche und politische Gleichberechtigung für beide Rassen besteht, kann die eine gegenüber der anderen weder bürgerlich noch politisch niedriger gestellt sein. Wenn die eine Rasse gegenüber der anderen Rasse jedoch sozial niedriger steht, kann die Verfassung der Vereinigten Staaten sie auch nicht auf eine gemeinsame Ebene heben.

Richter Harlan, abweichend: [...] Wenn aus der Vermengung der zwei Rassen auf öffentlichen Straßen, die zum Nutzen aller gebaut sind, Übles entstände, wäre dies unendlich geringer als jenes, das mit Sicherheit aus einer staatlichen Gesetzgebung resultiert, die den Genuss der Bürgerrechte auf rassischer Grundlage regelt. Wir rühmen uns der Freiheit, die unser Volk im Unterschied zu allen anderen Völkern genießt. Aber man kann dies Rühmen schwerlich mit dem Stand einer Gesetzgebung in Einklang bringen, die in der Praxis einem großen Teil unserer Mitbürger, unseren Gleichberechtigten vor dem Gesetz, den Stempel der Knechtschaft und der Erniedrigung aufdrückt. Die fadenscheinige These, dass Fahrgästen in Eisenbahnwaggons „gleiche" Transportbedingungen gewährt werden, wird keinen täuschen oder etwa aussöhnen mit dem Unrecht, das dieser Tag gebracht hat.

*Zit. nach: Henry S. Commager (Hg.), The Struggle for Racial Equality, ACLS Humanities, New York 1967, S. 29ff.; übers. v. Dr. Wolfgang Jäger.**

1 In der Zeit der radikalen *Reconstruction* (vom Norden bestimmte Wiederaufbaupolitik im Süden) 1867–1877 bildeten die Afroamerikaner in einigen Südstaaten die Mehrheit der Wahlberechtigten. Viele wurden auch in die Parlamente gewählt, einige übernahmen Regierungsämter.

19 Nehmen Sie Stellung zu dem Gerichtsurteil. Arbeiten Sie aus M 14 heraus, wie die Rassentrennung legitimiert wird.

20 **Vertiefung:** Bewerten Sie die abweichende Meinung von Richter Harlan.

M 15 **Straße in Tennessee, Fotografie, 1939**

21 Analysieren Sie die Fotografie M 15.

22 **Vertiefung:** Recherchieren Sie, in welchen Bereichen in den USA die Segregation galt und stellen Sie das Ergebnis grafisch dar.

M 16 **Der US-amerikanische Bürgerrechtler Martin Luther King in seiner Washingtoner Rede „Ich habe einen Traum", 28. August 1963**

In gewissem Sinne sind wir in die Hauptstadt unserer Nation gekommen, um einen Scheck einzulösen. Als die Erbauer unserer Republik die herrlichen Worte der Verfassung und der Unabhängigkeitserklärung schrieben, unterzeichneten sie einen Schuldschein, an dem jeder Amerikaner seinen Anteil erben sollte. Dieser Schuldschein war ein Versprechen, dass allen Menschen, ja, schwarzen Menschen ebenso wie weißen, die unveräußerlichen Rechte des Lebens, der Freiheit und des Strebens nach Glück zugesichert werden sollten.

Heute ist es offensichtlich, dass Amerika, was seine farbigen Brüder betrifft, diese Schuld nie bezahlt hat. Anstatt dieser heiligen Verpflichtung nachzukommen, hat Amerika den Negern einen falschen Scheck gegeben, einen Scheck, der mit dem Vermerk „Keine Deckung" zurückgekommen ist. Aber wir weigern uns zu glauben, dass die Bank der Gerechtigkeit

bankrott ist. Wir weigern uns zu glauben, dass nicht genug Deckung in den großen Tresoren der Möglichkeiten dieser Nation vorhanden ist. So sind wir gekommen, diesen Scheck einzulösen, einen Scheck, der uns auf Verlangen die Schätze der Freiheit und die Sicherheit der Gerechtigkeit geben wird. Wir sind auch deshalb an diesen geheiligten Ort gekommen, um Amerika daran zu erinnern, wie brennend dringlich unsere Sache jetzt ist. [...]
Ich sage euch heute, meine Freunde: Obwohl wir den Schwierigkeiten von heute und von morgen gegenüberstehen, habe ich immer noch einen Traum. Dieser Traum wurzelt tief im Amerikanischen Traum. Ich habe einen Traum, dass eines Tages diese Nation aufstehen und nach dem echten Sinn ihres Glaubensbekenntnisses leben wird: „Wir halten es für selbstverständliche Wahrheit, dass alle Menschen gleich geschaffen sind."
[...] Und wenn Amerika eine große Nation sein soll, muss sich dieser Traum erfüllen.

*Zit. nach: Herbert Schambeck u. a. (Hg.), Dokumente zur Geschichte der Vereinigten Staaten von Amerika, übers. v. Herbert Schambeck u. a., 2. Aufl., Duncker & Humblot, Berlin 2007, S. 573 ff.**

23 Erarbeiten Sie auf Basis von M 14 bis M 17 eine Präsentation zum Thema „Kampf der Afroamerikaner in den USA um Gleichberechtigung".

Rede Martin Luther Kings
cornelsen.de/Webcodes
Code: nifixo

M 17 Martin Luther King bei seiner Rede *I have a dream* vor dem Lincoln Memorial in Washington, Fotografie, 28. August 1963

24 Analysieren Sie das Foto M 17.

M 18 Antrittsrede von Präsident Barack Obama, Januar 2009

Meine lieben Landsleute,
ich stehe hier heute demütig angesichts der Aufgabe, die vor uns liegt, dankbar wegen des Vertrauens, das ihr mir gewährt habt und eingedenk der Opfer unserer Vorfahren. [...] Vierundvierzig Amerikaner haben bisher den Amtseid des Präsidenten abgelegt. Diese Worte wurden gesprochen in Flutzeiten des wachsenden Wohlstands und in der ruhigen See von Friedenszeiten. Doch ebenso oft wird der Amtseid abgelegt, wenn Wolken aufkommen und Stürme wüten. In solchen Zeiten ist Amerika nicht nur deswegen weitergekommen, weil die hohen Amtsträger so begabt oder so weitsichtig gewesen waren, sondern auch deswegen, weil das Volk den Idealen unserer Vorfahren und unseren Gründungsdokumenten treu geblieben ist. [...]
Die Herausforderungen, vor denen wir stehen, mögen neu sein. Die Instrumente, mit denen wir sie meistern wollen, mögen ebenfalls neu sein. Aber die Werte, von denen unser Erfolg abhängt – harte Arbeit und Ehrlichkeit, Mut und *Fair-Play*, Toleranz und Neugier, Loyalität und Patriotismus – diese Dinge sind alt. Diese Dinge sind wahr. Sie sind in unserer gesamten Geschichte die stille Kraft des Fortschritts gewesen. [...] Was von uns nun verlangt wird, ist eine neue Ära der Verantwortung, eine Anerkennung, von jedem Amerikaner, dass wir Pflichten gegenüber uns selbst haben, gegenüber unserer Nation und gegenüber der Welt, Pflichten, die wir nicht unwillig akzeptieren, sondern eher froh annehmen, fest im Bewusstsein, dass nichts so befriedigend für den Geist, so bestimmend für unseren Charakter ist, als alles für eine schwierige Aufgabe zu geben.
Dies ist der Preis und das Versprechen der Staatsbürgerschaft. Das ist die Quelle unserer Zuversicht, das Wissen, dass Gott uns gerufen hat, ein unbestimmtes Schicksal zu formen.
Das ist die Bedeutung unserer Freiheit und unseres Glaubens, warum Männer und Frauen und Kinder von jeder Hautfarbe und mit jedem Glauben sich der Feier auf dieser prächtigen Straße anschließen können, und warum ein Mann, dessen Vater vor weniger als 60 Jahren noch nicht einmal in einem örtlichen Restaurant bedient worden wäre, nun vor euch stehen kann, um einen heiligsten Eid zu leisten. [...]

*Zit. nach: https://www.dw.com/de/dokumentation-die-obama-antrittsrede-deutsch/a-3963993 (abgerufen am 16. 4. 2019).**

25 Arbeiten Sie aus der Rede Obamas (M 18) Bezüge zum amerikanischen Selbstverständnis und zur amerikanischen Geschichte heraus.

2.3 Vertiefung: Die Französische Revolution

In diesem Kapitel geht es um
- *die Veränderung Frankreichs in der liberalen Phase der Revolution von 1789 bis 1791,*
- *die Auswirkungen der Radikalisierung durch Republik und Jakobinerdiktatur,*
- *die Rolle Napoleons bei der Verbreitung der Revolution,*
- *den Vergleich der Französischen Revolution mit der Amerikanischen Revolution.*

Ursachen der Revolution

Ancien Régime
Bezeichnung für Frankreich vor der Revolution 1789; es war politisch vom Absolutismus und sozial von der mittelalterlichen Ständegesellschaft geprägt.

Gegen Ende des 18. Jahrhunderts geriet das ***Ancien Régime**** in Frankreich in eine tiefe gesellschaftlich-politische Krise, die sich zu einer Staatskrise ausweitete und schließlich zum Ausbruch der Revolution führte. Die Geschichtswissenschaft macht dafür ein komplexes Ursachenbündel verantwortlich:
- die katastrophale Finanzlage infolge der hohen **Staatsverschuldung**,
- die wachsende **Verarmung der Bevölkerung**, vor allem des Dritten Standes (Bürgertum und Bauern) aufgrund von Hungersnöten und hoher Abgabenlast,
- die Verkrustung der aus dem Mittelalter stammenden Ständegesellschaft durch Beharren des Ersten und Zweiten Standes (Geistlichkeit und Adel) auf **Privilegien** wie z. B. der Steuerfreiheit,
- die erfolglosen Versuche König Ludwigs XVI., eine **Finanz- und Steuerreform** durchzusetzen,
- Ideen der Aufklärung,
- die Vorbildwirkung der Amerikanischen Revolution.

M1 Der Schwur im Ballhaus in Versailles, anonymes zeitgenössisches Gemälde nach einer Zeichnung von Jacques-Louis David (1748–1825) von 1791.
David, selbst Revolutionär und Mitglied des Jakobinerclubs, wurde von diesem 1790 beauftragt, den „Ballhausschwur" in einem großen Wandgemälde darzustellen, doch er vollendete das Gemälde nie.

Die liberale Phase: Freiheit und Rechtsgleichheit

Die liberale Phase der Französischen Revolution (1789–1791) ist gekennzeichnet durch das Nach- und Ineinander verschiedener Revolutionen: die **Verfassungsrevolution**, die **Revolution der Stadtbürger und die Revolution der Bauern**. Als König Ludwig XVI. im Frühjahr die **Generalstände*** zur Behebung der Finanzkrise einberief, verlangten die Vertreter des Dritten Standes grundlegende Veränderungen. Vor allem der geforderte neue Abstimmungsmodus (nach „Köpfen“, nicht nach Ständen) stieß auf Widerstand des Königs und großer Teile des Adels. Daraufhin erklärte sich der Dritte Stand am 17. Juni 1789 zur **Nationalversammlung***, die nach dem Prinzip der Volkssouveränität politische Mitbestimmungsrechte (Gesetzgebung, Steuerbewilligung) beanspruchte. Angesichts der Unnachgiebigkeit des Königs erklärte sich die Nationalversammlung am 9. Juli zur **Verfassunggebenden Versammlung**. In den Städten kam es aufgrund der katastrophalen wirtschaftlichen Lage zum Ausbruch spontaner Gewalt. Am 14. Juli 1789 eroberten etwa 8 000 bewaffnete Pariser Bürger die Bastille. In dieser Situation verabschiedete die Nationalversammlung in der Nacht vom 4. auf den 5. August 1789 den Verzicht auf feudale Abgaben und auf steuerliche Privilegien. Damit war die mittelalterliche Feudalordnung beseitigt.

Als Grundlage der neuen Ordnung verabschiedete die Nationalversammlung am 26. August 1789 die **Erklärung der Menschen- und Bürgerrechte**, die sich erstmals auf alle Menschen in allen Ländern bezog. Mit diesem umfassenden Anspruch gilt die Erklärung als Schlüsseldokument für die europäische Verfassungsentwicklung. Wie die amerikanische *Bill of Rights* bestimmt die französische Erklärung zunächst die natürlichen Rechte des Menschen und definiert deren Schutz als Zweck der staatlichen Herrschaftsordnung. Darüber hinaus proklamiert sie die Souveränität der Nation: Unter Berufung auf den Philosophen Rousseau sollten die Gesetze den allgemeinen Willen (*volonté générale*) zum Ausdruck bringen.

Nach zweijähriger Beratung verabschiedete die Nationalversammlung am 3. September 1791 eine Verfassung. Sie sah die Bildung einer **konstitutionellen Monarchie** vor und orientierte sich an den Prinzipien der Gewaltenteilung und der Volkssouveränität. Vorangestellt wurde der neuen Verfassung die Menschenrechtserklärung von 1789. Allerdings gelang es der vor allem vom Besitzbürgertum geprägten Nationalversammlung nur zum Teil, die politischen Konsequenzen aus dieser zu ziehen. So ließ beispielsweise das indirekte Zensuswahlrecht nicht alle Franzosen zur Wahl der Nationalversammlung zu. Ungeachtet dieser Inkonsequenz entstand mit der französischen Verfassung von 1791 erstmals ein bürgerlich-liberaler Nationalstaat auf dem europäischen Kontinent. Außerdem ebnete sie den Weg zur modernen **parlamentarischen Demokratie** und wurde neben der amerikanischen Verfassung zum Leitbild aller Verfassungen des 19. Jahrhunderts.

Generalstände
Im Mittelalter entstandene Ständeversammlung des *Ancien Régime*, die seit 1614 nicht mehr einberufen worden war. Sie setzte sich aus dem Ersten Stand (Klerus), dem Zweiten Stand (Adel) und dem Dritten Stand (die nicht privilegierte Bevölkerung = ca. 98 %) zusammen. Die Abstimmung erfolgte nach Ständen, sodass Klerus und Adel den Dritten Stand stets mit 2 : 1 überstimmen konnten.

Nationalversammlung
Als Nationalversammlung werden gewählte Parlamente bezeichnet, die eine neue Verfassung ausarbeiten. Die französische Nationalversammlung war zunächst nur ein Teil der Generalstände, der aber den nationalen Alleinvertretungsanspruch für sich geltend machte.

▶ **M 5: Erklärung der Menschen- und Bürgerrechte**

▶ **M 8: Verfassung von 1791**

Radikalisierung und Jakobinerdiktatur

Trotz der Verabschiedung der Verfassung beruhigten sich die politischen Verhältnisse in Frankreich nicht. Im Gegenteil: Die Revolution radikalisierte sich und mündete in einer Terrorherrschaft (***La Terreur***, 1793–1794). Verursacht wurde diese Entwicklung durch eine Reihe außen- und innenpolitischer Faktoren: Zum einen arbeiteten der König und Teile der Aristokratie gegen die Umsetzung der Verfassung. Werteverfall des Geldes, Arbeitslosigkeit und weiterhin steigende Lebensmittelpreise verschärften außerdem die soziale Krise und führten zu „Teuerungsunruhen“. Schließlich verursachte der drohende Krieg gegen die europäischen Monarchien die Furcht, Österreich und Preußen könnten die französischen Emigranten unterstützen, ihre Macht zurückzuerlangen. Nach Beginn der Koalitionskriege (1792–1809) zwischen Frankreich und den europäischen Großmächten beschleunigten sich die Ereignisse: Im August 1792 stürmten *Sansculotten** die Tuilerien, das königliche Stadtschloss, nahmen die Königsfamilie fest und zwangen die Nationalversammlung, **Neuwahlen zu einem Nationalkonvent** auszurufen. Der Nationalkonvent trat am 21. September 1792 erstmals zusammen und erklärte die Abschaffung der Monarchie sowie die Errichtung der „unteilbaren Republik". Er verurteilte den König wegen „Verschwörung gegen die Freiheit" zum Tode und ließ ihn am 21. Januar 1793 öffentlich guillotinieren. Die neue **Verfassung von 1793** sah ein allgemeines Wahlrecht und Elemente der direkten Mitbestimmung vor, trat jedoch nicht in Kraft, weil die Jakobiner* eine revolutionäre Diktatur errichteten.

Zu den entscheidenden politischen Akteuren wurden in dieser Phase (1793–1794) die Jakobiner. Zusammen mit den *Sansculotten* machten sie die Girondisten* für die Koalitionskriege sowie für königstreue Bauernaufstände verantwortlich und entmachteten sie. Am 6. April 1793 errichteten die Jakobiner einen Wohlfahrtsausschuss, der unter der Führung Robespierres* die Regierungsgewalt übernahm. In der Folgezeit erhielt diese Institution immer mehr Macht und übte eine „Schreckensherrschaft" (*La Terreur*) aus. Diese war gekennzeichnet durch Einschränkungen der Bürgerrechte sowie durch Revolutionstribunale, die Zehntausende zum Tode verurteilten. Robespierre legitimierte die Diktatur mit dem Argument, die Republik müsse sich mithilfe von Terror gegen die militärische Belagerung von außen und die Konterrevolution im Innern behaupten.

Zu den Kennzeichen der Schreckensherrschaft gehörten aber auch die Verkündung sozialer Grundrechte, z. B. das Recht auf Arbeit, das Recht auf Bildung sowie eine Reihe sozialpolitischer Maßnahmen wie die Festsetzung von Höchstpreisen für Getreide und die öffentliche Unterstützung von Armen und Kranken. Robespierre berief sich dabei auf Aufklärer wie Montesquieu und Rousseau, die in der Forderung nach Gleichheit nicht nur ein rechtliches, sondern auch ein soziales Problem erkannt hatten. Sie waren der Meinung, dass der Schutz des privaten Eigentums zwar Aufgabe des Staates sein sollte, ungleiche Besitzverteilung jedoch eine Gefahr für die Demokratie darstellte.

Das Direktorium: Rückkehr zu den bürgerlich-liberalen Anfängen?

Mit den militärischen Erfolgen des Volksheeres gegen die europäischen Monarchien ließ sich die Diktatur nicht mehr rechtfertigen. Als der Terror zunehmend auch Konventsmitglieder bedrohte, formierte sich eine Opposition gegen Robespierre, der am 27. Juli 1794 verhaftet und am nächsten Tag mit 21 seiner engsten Anhänger guillotiniert wurde. Nach dem Ende der Jakobinerdiktatur begann die Herrschaft des Direktoriums (1794–1799), in der das Besitzbürgertum seine Macht wiederherstellte. Der Konvent knüpfte an die Verfassung von 1791 an und verabschiedete am 22. August **1795 die Direktorialverfassung**. Die Wahl eines fünfköpfigen Direktoriums als oberstes Exekutivorgan sollte die Machtkonzentration in den Händen eines Einzelnen verhindern. Die Gewaltenteilung war gewährleistet, allerdings wurde das Wahlrecht wieder an das Einkommen gebunden (Zensuswahlrecht) und die unter den Jakobinern eingeführten sozialen Grundrechte abgeschafft. Die neue Regierung, das Direktorium, stützte sich primär auf das Militär. Als im Sommer 1799 die royalistische Opposition in der Armee und der jakobinische Widerstand in den Städten zunahmen, stürzte General Napoleon Bonaparte (1769–1821) am 9. November 1799 das Direktorium, übernahm die Regierungsgewalt und erklärte die Revolution für beendet.

Napoleon – der Erbe der Revolution?

Mit der Konsularverfassung vom 13. Dezember 1799 begann die nachrevolutionäre Phase (1799–1815). Napoleon war für zehn Jahre „Erster Konsul", fungierte als oberster Befehlshaber und verfügte über die Gesetzesinitiative. Sukzessive baute er seine Herrschaft aus: 1802 ließ er sich das Konsulat auf Lebenszeit übertragen und zwei Jahre später durch Senatsbeschluss und Plebiszit zum **Kaiser der Franzosen** krönen. Obwohl

▶ M 7: Rolf Reichardt über die Herausbildung politischer Organisationen

Politische Gruppierungen
Sansculotten: Sie repräsentierten die politisierten kleinbürgerlichen Schichten und prägten seit dem Sturm auf die Tuilerien 1792 das politische Geschehen. Sie verteidigten die Republik und wollten Formen direkter Demokratie durchsetzen.
Jakobiner: Sie waren radikale Demokraten und wollten die Republik. Sie stützten sich auf Kleinbürger und Arbeiter.
Girondisten: Sie waren liberale Demokraten, strebten eine konstitutionelle Monarchie an und repräsentierten das Besitzbürgertum.

M 2 Maximilien de Robespierre (1758–1794), Gemälde, um 1790

▶ M 9: Maximilien de Robespierre über das Eigentum

Napoleon die Alleinherrschaft ausübte, genoss sein autoritäres Regime in der Bevölkerung eine hohe Akzeptanz. Sie basierte auch auf dem gewährten Schutz der errungenen bürgerlichen Freiheiten. So schuf er mit dem *Code civil* von 1804 eine einheitliche Gesetzgebung, in der die Freiheit des Einzelnen, der Schutz des Eigentums, die Trennung von Staat und Kirche, die Zivilehe und Ehescheidung sowie die Rechtsgleichheit – allerdings zunächst nur für die männliche Bevölkerung – garantiert wurde.

M3 **Napoleon Bonaparte (1769–1821) als Erster Konsul, anonymes Gemälde, um 1800**

Europa unter Napoleon

Die Französische Revolution bewirkte als „Laboratorium der Moderne" (Hans-Ulrich Thamer) langfristige tiefgreifende Veränderungen. In Deutschland stießen die Forderungen nach „Freiheit, Gleichheit und Brüderlichkeit" vor allem im Bürgertum auf begeisterte Zustimmung. Es war Napoleon, der nach der Auflösung des Heiligen Römischen Reiches Deutscher Nation (1806) in den linksrheinischen Gebieten mit dem *Code civil* erstmals in Deutschland Rechtsgleichheit und bürgerliche Grundrechte einführte. Am weitesten gingen die Veränderung in den süddeutschen Staaten **Bayern, Baden und Württemberg**: Sie verabschiedeten **Verfassungen** (1818/19), die den Wandel vom feudalen Stände- zum bürgerlich-liberalen Staat einleiteten. Die **Restauration** verhinderte jedoch die Umsetzung verfassungsrechtlich garantierter Menschenrechte in allen Bundesstaaten des 1815 gegründeten Deutschen Bundes.

1 Erläutern Sie die Veränderungen in Frankreich, orientiert an den verschiedenen Phasen der Französischen Revolution.
2 Arbeiten Sie Aspekte der Modernisierung durch die Revolution heraus.
3 **Simulationsspiel:** Bilden Sie drei Arbeitsgruppen, die sich jeweils mit einer politischen Gruppe der Revolution (Girondisten, *Sansculotten*, Jakobiner) auseinandersetzen. Simulieren Sie anschließend eine Abschlussdebatte zur Verabschiedung der Verfassung von 1793.

▶ M 11–M 12: Geschichte kontrovers: Bedeutung der Französischen Revolution für die Moderne

▶ M 6: *Code civil*

Französische Verfassung von 1793
cornelsen.de/Webcodes
Code: razode

M4 **Europa unter napoleonischer Herrschaft**

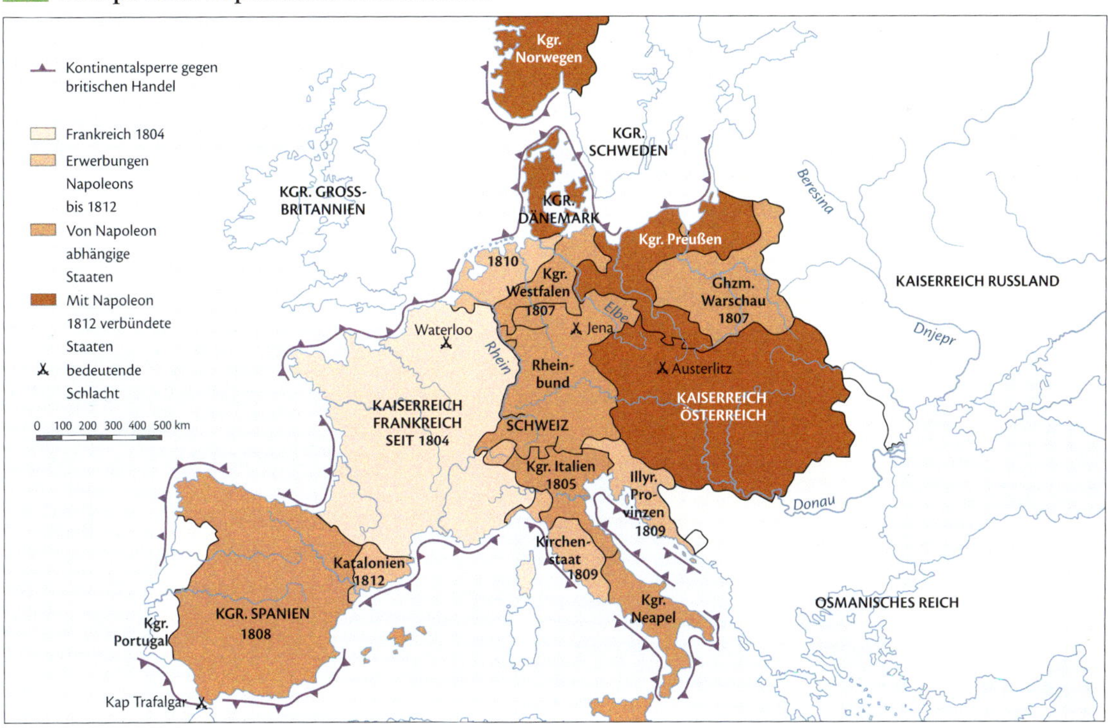

Hinweise zu den Materialien
In einem ersten Materialblock können Sie die Grundideen der Französischen Revolution anhand der Erklärung der Menschen- und Bürgerrechte (M 5) erarbeiten und einen Bogen zum Code civil (M 6) spannen. Anschließend können Sie die konkrete politische Umsetzung der Ideen auf der Basis der Bildung politischer Gruppierungen (M 7) sowie der Verfassung von 1791 (M 8) analysieren. Außerdem können Sie mithilfe übergreifender Arbeitsaufträge sowie von M 9 und M 10 die Auswirkungen der Revolution auf die Gesellschaft in den Blick nehmen. Abschließend können Sie die Frage nach der Bedeutung der Französischen Revolution für die Moderne diskutieren (M 11 und M 12).

Menschen- und Bürgerrechte

M 5 Erklärung der Menschen- und Bürgerrechte durch die französische Nationalversammlung, 26. August 1789

Die als Nationalversammlung vereinigten Vertreter des französischen Volkes betrachten die Unkenntnis der Menschenrechte, die Vergessenheit oder Missachtung, in die sie geraten sind, als die einzigen Ursachen der öffentlichen Missstände und der Verderbtheit der Regierungen. Daher haben sie beschlossen, in einer feierlichen Erklärung die angestammten, unveränderlichen und heiligen Rechte des Menschen darzutun, auf dass diese Erklärung jeglichem Gliede der menschlichen Gesellschaft ständig vor Augen sei und ihm seine Rechte und Pflichten für und für [= unablässig] ins Gedächtnis rufe; auf dass die Handlungen der gesetzgebenden sowie die der ausübenden Gewalt jederzeit am Endzweck jeder politischen Einrichtung gemessen werden können und so mehr Achtung finden mögen: dass die Forderungen der Bürger, nunmehr auf klare und unerschütterliche Prinzipien begründet, stets der Aufrechterhaltung der Verfassung und dem Wohl aller dienen. [...]

Art. 1. Frei und gleich an Rechten werden die Menschen geboren [...]. Die sozialen Unterschiede können sich nur auf das gemeine Wohl gründen.

Art. 2. Der Zweck jedes politischen Zusammenschlusses ist die Bewahrung der natürlichen und unverlierbaren Menschenrechte. Diese Rechte sind Freiheit, Eigentum, Sicherheit und Widerstand gegen Bedrückung.

Art. 3. Jegliche Souveränität liegt im Prinzip und ihrem Wesen nach in der Nation: Keine Körperschaft und kein Einzelner kann eine Autorität ausüben, die sich nicht ausdrücklich von ihr herleitet.

Art. 4. Die Freiheit besteht darin, alles tun zu können, was anderen nicht schadet. Also hat die Ausübung der natürlichen Rechte bei jedem Menschen keine anderen Grenzen als die, den anderen Mitgliedern der Gesellschaft den Genuss der gleichen Rechte zu sichern. Diese Grenzen können nur durch das Gesetz bestimmt werden.

Art. 5. Das Gesetz hat nur das Recht, Handlungen zu verbieten, die der Gesellschaft schädlich sind. [...]

Art. 6. Das Gesetz ist der Ausdruck des Gemeinwillens. Alle Bürger haben das Recht, persönlich oder durch ihre Vertreter an seiner Schaffung mitzuwirken. Es muss für alle das gleiche sein, mag es nun beschützen oder bestrafen. Alle Bürger sind vor seinen Augen gleich. Sie sind in der gleichen Weise zu allen Würden, Stellungen und öffentlichen Ämtern zugelassen, je nach ihrer Fähigkeit und ohne andere Unterschiede als ihre Tüchtigkeit und Begabung.

Art. 7. Niemand darf angeklagt, verhaftet oder gefangen gehalten werden, es sei denn in den vom Gesetz bestimmten Fällen. [...] Wer Willkürakte anstrebt, befördert, ausführt oder ausführen lässt, ist zu bestrafen; aber jeder Bürger, der durch ein Gesetz gerufen oder erfasst wird, muss augenblicklich gehorchen; durch Widerstand macht er sich schuldig.

[...]

Art. 10. Niemand darf wegen seiner Überzeugungen behelligt werden, vorausgesetzt, dass ihre Betätigung die durch das Gesetz gewährleistete öffentliche Ordnung nicht stört.

Art. 11. Die freie Mitteilung seiner Gedanken und Meinungen ist eines der kostbarsten Rechte des Menschen. Jeder Bürger darf sich also durch Wort, Schrift und Druck frei äußern; für den Missbrauch dieser Freiheit hat er sich in allen durch das Gesetz bestimmten Fällen zu verantworten.

Art. 12. Die Sicherung der Menschen- und Bürgerrechte macht eine öffentliche Gewalt notwendig; diese Gewalt wird demnach zum Nutzen aller eingesetzt, nicht aber zum Sondervorteil derjenigen, denen sie anvertraut ist.

Art. 13. Für den Unterhalt der öffentlichen Gewalt und für die Ausgaben der Verwaltung ist eine allgemeine Steuer vonnöten: Sie ist gleichmäßig auf alle Bürger zu verteilen nach Maßgabe ihres Vermögens.

Art. 14. Die Bürger haben das Recht, selbst oder durch ihre Vertreter die Notwendigkeit einer öffentlichen Auflage zu prüfen, sie zu bewilligen, ihren Gebrauch zu überwachen und ihre Teilbeträge, Anlage, Eintreibung und Dauer zu bestimmen.

[...]

Art. 16. Eine Gesellschaft, deren Rechte nicht sicher verbürgt sind und bei der die Teilung der Gewalten nicht durchgeführt ist, hat keine Verfassung.
Art. 17. Da das Eigentum ein unverletzliches [...] Recht ist, darf es niemandem genommen werden, es sei denn, dass die gesetzlich festgestellte öffentliche Notwendigkeit es augenscheinlich verlangt, und nur unter der Bedingung einer [...] Entschädigung.

*Zit. nach: Walter Markov u. a. (Hg.), Die Französische Revolution, übers. v. Walter Markov, Propyläen, Berlin 1989, S. 66ff.**

4 Erläutern Sie die Gedanken der Präambel.
5 Arbeiten Sie Rechte und Pflichten der Bürger heraus.
6 Bewerten Sie diese Erklärung aus heutiger Sicht.
Tipp: Sind die Artikel noch zeitgemäß? Fehlt etwas?

M6 Aus dem *Code civil* von 1804

1. Die Freiheit
Der Staatsbürger hat mit seiner Großjährigkeit die Freiheit, über seine Person zu verfügen. Er kann daher seinen Wohnsitz wählen, wo es ihm gut dünkt. [...] Wir bezeichnen es als Naturrecht, dass wir den Menschen als moralisches Wesen behandeln, d. h. als ein vernunftbegabtes und freies Wesen, das dazu bestimmt ist, mit anderen vernunftbegabten und freien Wesen zusammenzuleben.

2. Die Rechtsgleichheit
Nachdem unsere Verfassung die Rechtsgleichheit eingeführt hat, muss jeder, der ihr wieder abschwört und die abgeschafften Vorrechte der Geburt wieder einführen will, als Frevler gegen unseren Gesellschaftsvertrag gelten und kann nicht Franzose bleiben.

3. Die Gewalt des Familienvaters als Vorbild
Der Ehemann schuldet seiner Frau jeglichen Schutz, die Ehefrau schuldet dem Manne Gehorsam. Die Frau kann vor Gericht erscheinen nur mit Ermächtigung ihres Mannes, auch wenn sie selbst einen Beruf ausübt. In Dingen, die ihr Geschäft betreffen, ist sie selbstständig. [...]

4. Von dem Eigentum
Eigentum ist das Recht, eine Sache auf die unbeschränkte Weise zu benutzen und darüber zu verfügen, vorausgesetzt, dass man davon keinen durch die Gesetze oder Verordnungen untersagten Gebrauch mache. Niemand kann gezwungen werden, sein Eigentum abzutreten, wenn es nicht des öffentlichen Wohls wegen und gegen eine angemessene und vorgängige Entschädigung geschieht.

Code Napoléon. Einzige offizielle Ausgabe für das Großherzogtum Berg, Düsseldorf 1810.

7 **Wahlaufgabe:** Bearbeiten Sie entweder Aufgabe a) oder b).
a) Arbeiten Sie aus dem *Code civil* das ihm zugrunde liegende Menschenbild heraus.
b) Vergleichen Sie die Bestimmungen des *Code civil* mit der Erklärung der Menschen- und Bürgerrechte.
8 Beurteilen Sie die Auswirkungen von Verfassungen, Erklärungen etc. einerseits und Gesetzbüchern andererseits auf den Alltag der Menschen.

Politische Umsetzung

M7 Der Historiker Rolf Reichardt über die Herausbildung politischer Organisationen, 1999

Ein grundlegendes Massenphänomen der Französischen Revolution [war]: jenes Netz meist spontan gegründeter Revolutionsklubs oder Volksgesellschaften, das sich, ausgehend von den städtischen Zentren, 1791/92 über das ganze Land verbreitete und zur Zeit seiner größten Dichte, um die Jahreswende 1793/94, bis zu 6000 Sozietäten[1] umfasste. Tulle gehört zu den Städten mit über 4000 Einwohnern, die landesweit sämtlich einen Revolutionsklub aufweisen, während diese Quote bei Orten mit 2000 bis 3000 Einwohnern auf 87% und bei den Dörfern auf 13% sinkt. Das war freilich immer noch genug, um die wichtigsten revolutionären Schlagworte auch auf dem platten Lande bekannt zu machen. Insgesamt traten 15 bis 30% aller erwachsenen Männer (in Tulle 20%) einem Revolutionsklub bei. Verglichen mit den 850 Freimaurerlogen der 1780er-Jahre, bedeutete dies nicht nur quantitativ, sondern auch qualitativ eine neue Dimension; denn während die Logen der Aufklärungszeit ziemlich unpolitische Geheimgesellschaften und nur ein Sozietätsmodell unter anderen (Akademien, Salons, Lesekabinette) waren, waren die revolutionären Volksgesellschaften zugleich öffentlich und politisch und galten zu ihrer Zeit als die einzige legitime Form der Vereinigung.

Rolf E. Reichardt, Das Blut der Freiheit, Fischer, 2. Aufl., Frankfurt/M. 1999, S. 84f.

1 *Sozietät:* durch gleiche Interessen und Ziele verbundene Gruppe

9 Arbeiten Sie aus M7 heraus, worin Reichardt die Bedeutung der Revolutionsklubs für den Verlauf der Revolution sieht.
10 **Geschichte kreativ:** Gestalten Sie ein Flugblatt mit politischen Forderungen vom Juli 1789.
11 **Zusatzaufgabe:** Siehe S. 410.

M8 **Die französische Verfassung von 1791**

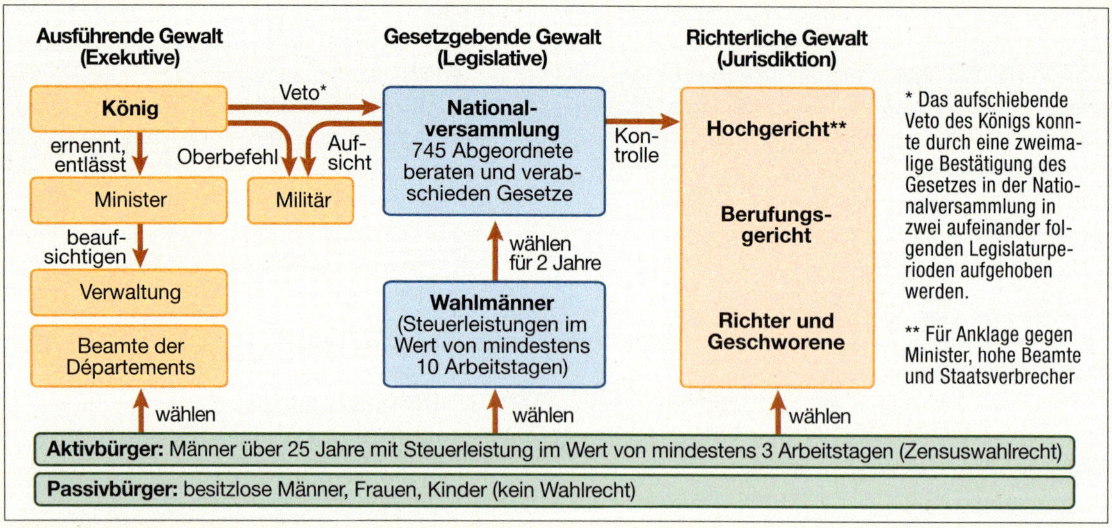

12 Analysieren Sie das Verfassungsschaubild (M 8).
Tipp: Siehe Methodenseite S. 136.

Auswirkungen auf die Gesellschaft

M9 **Maximilien de Robespierre im Nationalkonvent über Freiheit und Eigentum, 24. April 1793**

Als ihr die Freiheit definiert habt [in der Erklärung der Bürger- und Menschenrechte], [...] da habt ihr ganz richtig gesagt, dass die Freiheit ihre Grenzen in den Rechten des Nächsten hat; warum habt ihr diesen Grundsatz nicht auch auf das Eigentum angewandt, das doch ebenfalls eine soziale Einrichtung ist? [...] Ihr habt eine Vielzahl von Artikeln verfasst, um eine möglichst große Freiheit in der Ausübung des Eigentumsrechtes zu gewährleisten, und ihr habt nicht ein einziges Wort gesagt, um den legitimen Charakter des Eigentums zu bestimmen, sodass eure Erklärung nicht für die Menschen im Allgemeinen, sondern für die Reichen, die Spekulanten, die Wucherer und die Tyrannen gegeben zu sein scheint. Ich schlage vor, diese Mängel zu beseitigen und die folgenden Wahrheiten einzusetzen:

Artikel 1. Das Eigentum ist das Recht eines jeden Bürgers, über den Teil der Güter frei zu verfügen, der ihm durch das Gesetz garantiert wird.

Artikel 2. Das Eigentumsrecht ist wie jedes andere Recht durch die Verpflichtung eingeschränkt, die Rechte des Nächsten zu respektieren.

Artikel 3. Das Eigentum darf weder die Sicherheit, die Freiheit, die Existenz noch das Eigentum unserer Mitmenschen beeinträchtigen.

Artikel 4. Jeder Besitz und jeder Handel, der diesen Grundsatz verletzt, ist unlauter und unmoralisch.

Ihr sprecht des Weiteren von der Steuer [...]; aber ihr vergesst eine Verordnung, die das Interesse der Menschheit fordert: ihr vergesst die Steuer auf progressiver Basis[1] festzusetzen. Denn gibt es in Bezug auf die öffentlichen Beiträge einen Grundsatz, der besser in der Natur der Sache und der ewigen Gerechtigkeit begründet läge als der, den Bürgern die Verpflichtung aufzuerlegen, zu den Ausgaben des Staates progressiv, entsprechend der Größe ihres Vermögens beizutragen, d. h. gemäß der Vorteile, die ihnen die Gesellschaft gewährt? Ich schlage vor, diesen Grundsatz mit folgenden Worten in einem Artikel niederzulegen: „Die Bürger, deren Einkommen die für ihren Lebensunterhalt notwendige Summe nicht übersteigt, sollen von der Verpflichtung entbunden werden, zu den öffentlichen Ausgaben beizutragen; die anderen sollen progressiv je nach der Größe ihres Vermögens die Lasten tragen."

*Zit. nach: Walter Grab (Hg.), Die Französische Revolution. Eine Dokumentation, übers. v. Walter Grab, Nymphenburger Verlagshandlung, München 1973, S. 222.**

1 *Steuerprogression:* Die Steuerprogression, d. h. der im Verhältnis zur Höhe des Einkommens stetig steigende Steuersatz, war eine Idee der Aufklärung des 18. Jahrhunderts und setzte sich im 19. Jahrhundert als Standard durch.

M 10 ***„Vive le roi, vive la nation"*** **(„Es lebe der König, es lebe die Nation"), frz. Karikatur, 1789**

13 Charakterisieren Sie die Argumentation von Robespierre (M 9).

14 Erläutern Sie die Aussage der Karikatur (M 10).

15 Bewerten Sie die gesellschaftlichen Auswirkungen der Französischen Revolution auf Basis des Darstellungstextes und der Materialien M 5 bis M 10.

Geschichte kontrovers: Die Bedeutung der Französischen Revolution für die Moderne

M 11 Der Historiker Wolfgang Mager, 1980

Auf die Entwicklung der Landwirtschaft hat die Französische Revolution mehr hemmende als förderliche Auswirkungen gehabt. Seit den 1730er-Jahren ist eine kontinuierliche [...] Zunahme der Nahrungsmittelproduktion zu verzeichnen. [...] Auf die Entwicklung der gewerblich- industriellen Produktion hat sich die Französische Revolution im Ganzen abträglich ausgewirkt. Im großgewerblichen Sektor hatte Frankreich in den Jahrzehnten vor der Revolution ähnliche Zuwachsraten [...] erzielt wie England während der Frühindustrialisierung ein halbes Jahrhundert zuvor. Mit der Französischen Revolution brach der industrielle Aufschwung ab. [...] Da zugleich mit der Herbeiführung von Rechtsgleichheit und Gewerbefreiheit die Ungleichheit in der Verfügung über Eigentum, Einkommen und Bildung ausdrücklich beibehalten und bekräftigt wurde, erhielt die neue Gesellschaft die ökonomisch-soziale Struktur einer Klassengesellschaft. [...] Der Code civil Napoleons, der die Zivilrechtsordnung der Revolution sanktionierte, blieb bis heute in der Substanz unangetastet. [...] Fasst man die Gesamtentwicklung vom Ancien Régime zur Moderne in allen ihren Dimensionen ins Auge, so erscheint die Französische Revolution als akute [...] Krise innerhalb eines säkularen Prozesses beschleunigten Wandels, der im zweiten Drittel des 18. Jahrhunderts einsetzte und nicht vor dem zweiten Drittel des 19. Jahrhunderts zu einem gewissen Abschluss kam, ein Wandel, der inhaltlich als „bürgerliche Umwälzung" zu bestimmen ist.

*Wolfgang Mager, Frankreich vom Ancien Régime zur Moderne, Kohlhammer, Stuttgart 1980, S. 225–233.**

M 12 Der Historiker Hans-Ulrich Thamer, 2004

Als epochales Ereignis hat die Französische Revolution weit über den nationalen französischen Rahmen hinaus tiefe Spuren in der politischen und sozialen Entwicklung anderer Länder hinterlassen. [...] Sie wurde zum Laboratorium der Moderne, indem sie in der kurzen Spanne eines Jahrzehnts die unterschiedlichsten Verfassungsformen entwickelte, die für das 19. und 20. Jahrhundert wirkungsmächtig werden sollten [...]; indem sie die Grundlagen einer bürgerlich-individualistischen Eigentums- und Gesellschaftsverfassung schuf; indem sie zum ersten Mal eine demokratische politische Kultur entfaltete und damit den Durchbruch zur politischen Freiheit erkämpfte; indem sie einen fundamentalen Prozess der Politisierung der Gesellschaft und der Ideologisierung der politischen Sprache auslöste. [...]
Mit der Französischen Revolution entsteht ein neuer Begriff von Revolution. Revolution war nicht mehr das, was das 18. Jahrhundert darunter verstanden hatte: eine allgemeine staatliche Veränderung, ein geistiger Fortschritt, eine Veränderung im Denken. Nun verband sich mit dem Begriff Revolution die Erfahrung eines dramatischen, von Gewalt begleiteten umfassenden Wandels in Politik und Gesellschaft mit dem Anspruch, eine neue gerechte Ordnung zu schaffen und damit den geschichtlichen Fortschritt zu gestalten.

*Hans-Ulrich Thamer, Die Französische Revolution, C. H. Beck, München 2004, S. 7–10.**

16 Kooperative Partnerarbeit:

a) Erläutern Sie arbeitsteilig die Hauptthesen von Mager (M 11) und Thamer (M 12).

b) Beurteilen Sie, inwieweit Thamer eine Gegenposition zu Mager darstellt.

Anwenden

M 1 Der Journalist Rainer Traub über Thomas Jefferson und die Französische Revolution, 2010

Jeffersons Frankreich-Begeisterung hielt sich während seiner Zeit als US-Gesandter in Paris – von 1785 bis 1789 – in Grenzen; voll entflammte sie erst nach seiner Rückkehr in die USA. Er war zwar ein scharfer Gegner der Monarchie als Institution, glaubte aber zunächst an die guten Absichten Ludwigs XVI. Im Übrigen traute er den Franzosen keine Revolution zu. Seine Skepsis begründete der Botschafter im November 1788 in einem Brief an Washington mit einem echt puritanischen Argument: Die französische Nation sei zwar „von unserer Revolution aufgeweckt" worden und spüre „ihre Stärke". Doch drohe jeder politische Fortschritt an den lockeren Sitten der Franzosen, an der „Allmacht" der Sexualität und am „Einfluss der Frauen in der Regierung" zu scheitern.

Am 11. Juli 1789 äußerte sich Jefferson in einem Brief an [Thomas] Paine dann doch beeindruckt darüber, dass die Nationalversammlung „die alte Regierung gestürzt" habe und entschlossen dabei sei, „das Königreich an allen vier Ecken in Brand zu setzen". Seine Achtung stieg weiter, als das Bürgertum nach dem Bastille-Sturm die militärische Macht an sich gerissen hatte und Lafayette Pariser Kommandant geworden war: „Eine gefährlichere Kriegsszene als jene, die Paris in den letzten fünf Tagen bot", schrieb er demselben Briefpartner, „habe ich in Amerika nie gesehen."

Ende 1789 kehrte der Botschafter in die USA zurück, um dort auf Präsident Washingtons Wunsch Außenminister zu werden. Die Verteidigung der Französischen Revolution machte Jefferson nun zur Chefsache. Er identifizierte sie mit der „heiligen Sache der Freiheit", als deren Garant sich der Autor der amerikanischen Unabhängigkeitserklärung sah.

Auch die gewalttätigsten Auswüchse in Frankreich rechtfertigte Jefferson nun als unvermeidlichen Preis des Fortschritts: Man könne nicht erwarten, „den Übergang vom Despotismus zur Freiheit in einem Federbett zu erleben". Ein Landsmann, der den Terror kritisierte, wurde 1793 energisch von ihm zurechtgewiesen. „Die Freiheit der ganzen Erde" hänge vom Ausgang des Kampfes in Frankreich ab: „Wurde je zuvor ein solcher Preis mit so wenig unschuldigem Blut errungen? Ich selbst war zutiefst erschüttert über das Schicksal einiger Märtyrer, die für diese Sache ihr Leben ließen, doch lieber hätte ich die halbe Welt verwüstet, als ihr Scheitern gesehen; wären in jedem Land nur ein Adam und eine Eva übriggeblieben, und wären sie aber frei, so wäre das besser als der jetzige Zustand."

*Rainer Traub, SPIEGEL GESCHICHTE 1/2010, S. 92ff., zit. nach: http://www.spiegel.de/spiegel/spiegelgeschichte/d-68812755.html (abgerufen am 23. Januar 2019).**

M 2 Anonymes Flugblatt, das eine Bilanz des Terrors zieht, Ende 1794.

Robespierre guillotiniert den Henker. Zu seinen Füßen die Verfassungen von 1791 und 1793; auf der Grabespyramide steht die Aufschrift: „Hier ruht ganz Frankreich".

1 Arbeiten Sie aus M 1 die Einstellung von Thomas Jefferson zu Frankreich und zur Französischen Revolution heraus.
2 Analysieren Sie das Flugblatt M 2.
3 Bewerten Sie Jeffersons Schlussfolgerung: „Wären in jedem Land nur ein Adam und eine Eva übriggeblieben, und wären sie aber frei, so wäre das besser als der jetzige Zustand" (Z. 47 ff.).

Wiederholen

M3 „Quer über den Kontinent. Nach Westen dehnt sich das Imperium aus", Farblithografie von Nathaniel Currier und James Merritt Ives, 1868

1 Erläutern Sie zentrale Neuerungen im politischen Denken der Moderne und ihre Folgen.

2 In der Geschichtswissenschaft werden im Zusammenhang mit den Revolutionen der Moderne die Begriffe „koloniale Befreiungsrevolution", „Verfassungsrevolution", „soziale Revolution" und „Revolution als Modernisierungsschub" diskutiert. Überprüfen Sie im Rückblick auf dieses Kapitel entweder die Amerikanische oder die Französische Revolution im Hinblick auf die oben genannten Begriffe.
Tipp: Formulierungshilfen finden Sie im Anhang, S. 410.

3 **Wahlaufgabe:** Bearbeiten Sie entweder Aufgabe a, b oder c.
Vergleichen Sie die Französische Revolution mit der Amerikanischen Revolution, indem Sie Unterschiede und Gemeinsamkeiten der folgenden Themenbereiche in einer Tabelle gegenüberstellen:
a) Konfliktlinien vor der Revolution,
b) politische Ideen und Verfassungen,
c) Rolle der Revolution im nationalen Selbstverständnis.

4 Analysieren Sie die Darstellung „Quer über den Kontinent" (M 3). Greifen Sie bei Bedarf auf die Formulierungshilfen zurück.

5 **Gruppenarbeit:** Diskutieren Sie den Zusammenhang zwischen Demokratie und freier Entfaltung der Wirtschaft am Beispiel der USA im 19. Jahrhundert.

6 **Vertiefung:** Beurteilen Sie die Folgen der politischen und wirtschaftlichen Modernisierung in den USA.
Tipp: Formulierungshilfen finden Sie im Anhang, S. 410.

7 **Präsentationsaufgabe:** Abraham Lincoln: Märtyrer der Freiheit oder kühler Pragmatiker der Macht? Recherchieren Sie und präsentieren Sie Ihre Ergebnisse.

Zentrale Begriffe

American Progress
Amerikanische Revolution
Big Business
Boom
Fordismus
Frontierbewegung
Freiheit
Gleichheit
Gilded Age
Jacksonian Democracy
Jakobinerdiktatur
Laissez-faire
Massenkonsum
Menschen- und Bürgerrechte
Taylorismus
Unabhängigkeit
Verfassung
Volkssouveränität
Wahlrecht

Formulierungshilfen
- Auf dem Bild ist/sind … zu sehen.
- Im Vordergrund des Bildes ist/sind … dargestellt.
- Im Hintergrund sieht man …
- Es werden folgende Personengruppen gezeigt: …
- Folgende Gegenstände/Symbole werden verwendet …
- Die … Farbgebung des Bildes erzielt die Wirkung, dass …
- Das Bild vermittelt den Eindruck, dass …

Testen Sie Ihr Vorwissen zu den Nationalstaatsbildungen

1 Wer weiß denn sowas? Lösen Sie das Rätsel mit einem Partner/einer Partnerin.

a) Sie kam von Paris nach Baden und verbreitete sich von dort weiter.
A Französische Revolution 1789
B Revolution 1848/49
C Meiji-Restauration 1868

b) In den Staaten des Deutschen Bundes galt überwiegend die Staatsform:
A Republik
B Monarchie
C Demokratie

c) Dadurch wurde die Frankfurter Paulskirche berühmt:
A Frankfurter Nationalversammlung
B Dankgottesdienst zum Ende der Befreiungskriege
C Deklaration der Menschenrechte

d) In diesem Schloss wurde 1871 das Deutsche Kaiserreich ausgerufen:
A Solitude in Stuttgart
B Sanssouci in Potsdam
C Versailles bei Paris

e) Bernhard von Bülow verlangte „einen Platz an der Sonne" und meinte damit:
A die Erlaubnis zur Teilnahme an einer Lotterie
B die Einführung gesetzlichen Urlaubs für Arbeiter
C den Anspruch auf Weltmachtgeltung durch Kolonien

f) Die Initialzündung für den Ersten Weltkrieg war:
A fünf Schüsse auf Bismarck in Berlin
B Attentat auf Franz Ferdinand in Sarajewo
C Attentat auf Wilhelm I. in Baden-Baden

2 Silbenrätsel
a) Bringen Sie die Silben auf einem eigenen Notizzettel in die richtige Reihenfolge, sodass acht Begriffe entstehen.
b) Wählen Sie einen Begriff aus und versuchen Sie, diesen in eigenen Worten zu definieren.
c) Stellen Sie Zusammenhänge zwischen einzelnen Begriffen her. Erläutern Sie kurz.

-ar-, -be-, -blik, -chie, -de-, -fass-, Frei-, -ge-, -heit, -is-, Li-, Mon-, -mus, Na-, -nal-, -pu-, -ral-, Re-, -recht, -sell-, -schaft, -staat, Stän-, -tio-, -ung, Ver-, Wahl-

3 Denkmale und ihre Ereignisse
a) Ordnen Sie die Denkmäler (M 1–M 5) den Ziffern auf der Karte M 6 zu.
b) Wählen Sie 1 bis 2 Denkmäler aus und stellen Sie Vermutungen an, warum sie errichtet wurden.

M1 Völkerschlachtdenkmal

M2 Hambacher Schloss

M3 Burschenschaftsdenkmal und Wartburg

M6 Karte von Deutschland

M4 Germania am Niederwalddenkmal

M5 Bismarckturm in Tübingen

3 Nationalstaatsbildungen im 19. Jahrhundert

M1 „Germania", Gemälde von Philipp Veit, 1848

1813 | Ende der napoleonischen Herrschaft in Europa
1814/15 | Wiener Kongress
1817 | Wartburgfest
1819 | Karlsbader Beschlüsse
1830 | Julirevolution in Frankreich, Novemberaufstand in Polen
1832 | Hambacher Fest
1848 | Februarrevolution in Frankreich, Märzrevolutionen in ganz Europa
1849 | Paulskirchenverfassung, Scheitern der europäischen Revolutionen

1810 | 1820 | 1830 | 1840 | 1850

Die Fußball-Weltmeisterschaft 2006 in Deutschland führte zu einem euphorischen Gemeinschaftsgefühl, nicht nur unter eingefleischten Fußballfans. Durch schwarz-rot-goldene Fahnen, Autowimpel und zahlreiche weitere Accessoires (M 2) drückte sich ein neuer Nationalstolz aus, der von vielen begrüßt und gelobt wurde. Kritische Stimmen warnten allerdings vor einem übersteigerten Nationalismus.

Der Gedanke von Nationen und Nationalstaaten entstand im ausgehenden 18. Jahrhundert, als die Amerikanische und die Französische Revolution althergebrachte Denkmuster wie die von einer ständischen Ordnung durchbrachen, Menschenrechte einforderten und rechtsstaatliche Instanzen aufbauten. Europäische Bewegungen des 19. Jahrhunderts knüpften an diese Bestrebungen an. Die deutsche Nationalbewegung des 19. Jahrhunderts forderte nationale Einheit und Freiheit. Damit richtete sie sich als „nationale Opposition" gegen den Deutschen Bund mit seiner Struktur als loser Staatenbund und die Herrschaftsordnung in den bestehenden Territorialstaaten. Folgerichtig suchte die erste „deutsche" Revolution 1848 nach einer neuen, dauerhaften, nationalstaatlichen Ordnung und fragte nach einer angemessenen Legitimation von Herrschaft. Ihre Ideale drückte die Bewegung mit einer symbolhaften Darstellung der Germania (M 1) auf einem Schmucktransparent aus, das über der Rednertribüne des Frankfurter Paulskirchenparlaments hing.

Konnten diese Ideale verwirklicht werden? Das 19. Jahrhundert löste politische, wirtschaftliche und soziale Entwicklungen aus, für die ein Vergleich mit der Gegenwart lohnt: Welche Aspekte in Staat und Gesellschaft lassen sich auf Ergebnisse der revolutionären Bewegungen von 1848 zurückführen? Neue Möglichkeiten der Kommunikation ermöglichten im 19. Jahrhundert einen schnelleren und weiträumigeren Informationsaustausch. Die immer engere Vernetzung führte aber auch zu einem stärkeren Konkurrenzdenken der Nationen. Nationalistische und imperialistische Bestrebungen mündeten schließlich in einem Weltkrieg. Und heute? Welche Bedeutung haben derartige Begriffe und Vorstellungen angesichts wachsender globaler Migrationsbewegungen?

M 2 Zuschauer bei der Fußball-Weltmeisterschaft in Deutschland, Fotografie, 2006

1 Beschreiben Sie die Germania-Darstellung M 1, indem Sie besonders auf die Bildsymbolik eingehen.
2 Besprechen Sie im Kurs, ob nationale Symbole auch heute noch eine Rolle spielen und wenn ja, welche.
3 Vergleichen Sie M 1 und M 2. Nennen Sie Merkmale eines für Sie plausiblen Nationsbegriffs.
Tipp: Als Merkmale einer Nation galten seit dem 19. Jahrhundert z. B. Sprache, Kultur, Geschichte, Religion, Staats- und Rechtsordnung.

1861 Gründung des Königreichs Italien
1862 Bismarck wird preußischer Ministerpräsident
1869 Judenemanzipation im Norddeutschen Bund
1870/71 Deutsch-Französischer Krieg
1871 Gründung des Deutschen Kaiserreiches
1879 Wilhelm Maar gründet Antisemiten-Liga
1884/85 Berliner Westafrika-Konferenz
1894/95 Japan steigt durch Sieg über China zur Kolonialmacht auf

1860 | 1870 | 1880 | 1890 | 1900

1871–1878 Kulturkampf
1878–1890 Sozialistengesetze
1868–1912 Meji-Ära in Japan
1888–1918 Kaiser Wilhelm II.

3.1 Die Revolutionen von 1848/49 als politischer Modernisierungsversuch

In diesem Kapitel geht es
- *um die Ursachen, Ziele und Ergebnisse der europäischen Revolutionen von 1848/49 sowie*
- *um die Frage, inwiefern sich in den einzelnen revolutionären Ereignissen eine europäische Dimension zeigt.*

Europa nach der Französischen Revolution: ein „europäischer Völkerfrühling“

Freiheit, Gleichheit, Brüderlichkeit – die Ideen der Französischen Revolution breiteten sich auch in Europa aus, verstärkt seit 1792 als Folge der kriegerischen Auseinandersetzungen mit Napoleon. Dessen Politik leitete einen tiefgreifenden gesellschaftlichen Wandel ein, denn die Idee von einer Nation aus Staatsbürgern, die an der Politik partizipieren, erschien attraktiv. Gleichzeitig widersetzte man sich in Europa Napoleons imperialer Eroberungspolitik, was das aufkeimende nationale Bewusstsein durch Abgrenzung gegen Frankreich stärkte. Der Sieg der antinapoleonischen Koalition **1813** in der **Völkerschlacht bei Leipzig** befeuerte das Streben nach Einheit und Freiheit.

M1 „Die universale demokratische und soziale Republik. Der Pakt“, Lithografie von Frédéric Sorrieu, um 1848.
„Fraternité“ in der oberen Bildmitte bedeutet Brüderlichkeit. Ein Band zieht sich durch den Demonstrationszug und verbindet die Menschen miteinander. Links steht die Allegorie der Freiheit mit der Fackel der Aufklärung.

1 Beschreiben Sie die dargestellten Personen und Gegenstände auf der Lithografie M 1. Erklären Sie deren symbolische Bedeutung.

Der Wiener Kongress zwischen Restauration und Freiheitsbewegung

Nach dem Sieg über Napoleon trafen sich die europäischen Monarchen und Staatsmänner 1814/15 auf dem **Wiener Kongress** unter Leitung des österreichischen Außenministers Klemens von Metternich: Sie wollten eine dauerhafte Friedensordnung für Europa schaffen und gleichzeitig die Ausbreitung des revolutionären Gedankenguts der Französischen Revolution eindämmen. Zu diesem Zweck sollte das **Gleichgewicht zwischen den fünf europäischen Großmächten** (Pentarchie) Österreich, Preußen, Russland, Großbritannien und Frankreich wiederhergestellt und durch eine Neuordnung der Territorien festgeschrieben werden. Trotz Kooperation mit Napoleon blieben das Großherzogtum Baden und das Königreich Württemberg als Mittelstaaten erhalten. Mit dieser Politik, die als **„System Metternich"** bezeichnet wird, hofften die europäischen Fürsten, ihre Herrschaft gegen liberale und nationale Forderungen in ihren Territorien zu sichern. Sie entschieden auf dem Wiener Kongress, den **Deutschen Bund** einzurichten: Dieser trat als loser Staatenbund von anfangs 35 Fürstenstaaten und vier freien Städten an die Stelle des Heiligen Römischen Reiches. Da im Deutschen Bund die einzelnen Fürstentümer souverän ohne Bindung an ein gemeinsames Oberhaupt oder eine Zentralregierung entscheiden durften, war er aufgrund der unterschiedlichen Interessen der Mitglieder kaum handlungsfähig. Die auf dem Wiener Kongress unterzeichnete **Bundesakte** stellte für die Einzelstaaten landständische Verfassungen in Aussicht, diese wurden jedoch nur selten umgesetzt.

M2 **Klemens Wenzel von Metternich (1773–1859), Porträt von Thomas Lawrence, um 1820**

Liberalismus und Nationalismus als revolutionäre Triebfedern

Die Beschlüsse des Wiener Kongresses führten zu einander entgegengesetzten Reaktionen zwischen Adel und Bürgertum*: Während sich die Fürsten über die Stabilisierung ihrer Herrschaftsgewalt freuten, registrierte die Bevölkerung enttäuscht, dass die Ideen der Französischen Revolution nicht verwirklicht wurden. Langfristig entstand so eine **Protestbewegung** im Bürgertum, die sich zwei Strömungen zuordnen lässt: **Liberalismus** und **Nationalismus**.

Der politische **Liberalismus** knüpfte sowohl an die Gedanken der Französischen Revolution (s. S. 98 ff.) als auch an die Forderungen der Aufklärung an. Er stellte die ständische Gesellschaftsordnung sowie das absolutistische Herrschaftssystem infrage. Die Liberalen traten für **persönliche Freiheit des Einzelnen** ein, indem sie an die Vernunft und Eigenverantwortung des Menschen appellierten, um der individuellen Freiheit willen nicht die Freiheit des anderen einzuschränken. Die persönliche Freiheit sollte durch einen **Rechts- und Verfassungsstaat** abgesichert werden, dem die Aufgabe zukam, auf der Basis von Menschen- und Bürgerrechten zwischen Einzelinteressen und den Interessen des Allgemeinwohls zu vermitteln. Als gleiche Staatsbürger sollten die Menschen schließlich an den politischen Entscheidungen des Staates beteiligt werden.

Neben dem politischen Liberalismus bestimmte in Europa die Idee des **Nationalismus** die politische Auseinandersetzung zwischen Bürgertum und Fürsten nach 1815. Die Anhänger des Nationalismus hatten die Vorstellung einer identischen Kultur- und Staatsnation. Entsprechend forderten z. B. Deutsche, Polen, Italiener und Ungarn einen eigenständigen Nationalstaat*. Mit der vielerorts vorgebrachten Forderung nach einem geeinten und liberal verfassten Nationalstaat verfolgten beide Ideen tendenziell vergleichbare Ziele.

Beeinflusst von den Gedanken der Französischen Revolution verlagerte sich die Zielsetzung auf einen politischen Nationalismus, der einen Staat forderte, in dem die Herrschaft der Monarchen und die Privilegien des Adels eingeschränkt und die Menschen als gleiche Staatsbürger an den politischen Entscheidungen des Staates beteiligt würden. Damit verfolgten beide Strömungen bürgerlicher Protestbewegungen tendenziell vergleichbare Ziele.

Bürger, Bürgertum
Die bürgerliche Gesellschaft löste im 18. und 19. Jahrhundert die alte Feudalgesellschaft ab. Als Bürger werden die Angehörigen einer durch Besitz, Bildung und spezifische Einstellungen gekennzeichneten Bevölkerungsschicht bezeichnet, die sich von Adel, Klerus, Bauern und Unterschichten unterscheidet. Zu ihr gehören Besitz- oder Wirtschaftsbürger (größere Kaufleute, Unternehmer, Bankiers, auch als „Bourgeoisie" bezeichnet), Bildungsbürger (Angehörige freier Berufe, höhere Beamte, Angestellte mit akademischer Bildung) und Kleinbürger (kleinere Handwerker, Krämer, Wirte).

Nationalstaat
Der überwiegende Teil der Bevölkerung bekennt sich als einheitliche Kulturnation (eine ethnische Gruppe mit gemeinsamer Sprache, Kultur und Geschichte) zum selben Staatswesen. Der Nationalstaat war das Ziel der nationalen Bewegungen in Europa im 19. Jahrhundert.

Burschenschaften
Vereinigung von Studenten, die sowohl nationalistischen als auch liberalen Vorstellungen anhingen

▶ M 9: Karlsbader Beschlüsse

Demagogen
griech. *demagogos* = Volksverführer; im antiken Griechenland ein einflussreicher Redner in Volksversammlungen; in der Neuzeit ein Volksverführer, Aufwiegler

In Deutschland führte die Enttäuschung der liberalen und nationalen Hoffnungen zur Gründung der **Burschenschaften*** 1815 in Jena. 1817 trafen sich Studenten in Eisenach zum Wartburgfest: Sie verbrannten die Bundesakte sowie Symbole der Restauration und forderten Freiheit und einen deutschen Nationalstaat. Die Reaktion der Fürsten ließ nicht lange auf sich warten: Nach der Ermordung des konservativen Schriftstellers Kotzebue verboten sie 1819 in den **Karlsbader Beschlüssen** die Burschenschaften, entließen kritische Universitätsprofessoren und führten ein staatliches Überwachungs- und Zensursystem gegen vermeintliche **Demagogen*** ein.

Politische und wirtschaftliche Krisen im Vormärz (1830–1848)

Konstitutionelle Monarchie
Staatsform, bei der ein regierender Monarch an eine Verfassung (Konstitution) gebunden ist

Kongresspolen
Bezeichnung für das russisch besetzte Königreich Polen, das auf dem Wiener Kongress 1815 aus Teilen des früheren Großherzogtums Warschau geschaffen und in Personalunion mit Russland verbunden wurde

▶ M 10–M 13: Liberalismus und Nationalismus

In den 1830er-Jahren breitete sich eine revolutionäre Bewegung in weiten Teilen Europas aus. Zunächst brach in **Frankreich** im Juli 1830 eine Revolution aus, in deren Verlauf der Versuch Karls X., zur absoluten Monarchie zurückzukehren, verhindert wurde. Nach erbitterten Straßenkämpfen floh der König und an seiner Stelle wurde Louis Philippe I. als „Bürgerkönig" an die Spitze einer **konstitutionellen Monarchie*** gewählt, in der die Rechte des Parlaments gestärkt wurden. Die französischen Entwicklungen lösten Aufstände in einigen **italienischen Staaten**, in **Belgien** und in **Kongresspolen*** aus. Im Kern ging es überall um nationale Selbstbestimmung und Freiheit. Der erfolglose polnische Aufstand gegen die russische Fremdherrschaft fand große Aufmerksamkeit in der europäischen Öffentlichkeit. Emigranten aus Polen wurden begeistert empfangen und als Freiheitskämpfer gefeiert. Auch im **Deutschen Bund** kam es vereinzelt zu Protestbewegungen. Im Mai 1832 kam es zu ersten Massendemonstrationen für politische Freiheit und nationale Einheit auf deutschem Boden: das **Hambacher Fest**. Rund 30 000 Menschen, vor allem Deutsche, aber auch Polen und Franzosen, zogen zum Hambacher Schloss bei Neustadt in der Pfalz. Mit Nachdruck wurde die Einlösung der Verfassungsversprechen von 1815 gefordert. Die deutschen Regierungen reagierten unterschiedlich auf die Proteste: Teilweise wurden in einigen Staaten Verfassungen erlassen, teilweise wurde die Repression verstärkt, indem Pressezensur und Versammlungsverbot verschärft, Berufsverbote erteilt, Vereine verboten und Verdächtige verhaftet wurden. Diese als **Vormärz** bezeichnete Phase zwischen 1830 und 1848 war geprägt vom Wechselspiel revolutionärer National- und Befreiungsbewegungen sowie restaurativer Bestrebungen der Fürsten als Antwort darauf. Viele Bürger waren enttäuscht und ließen sich von den restriktiven Maßnahmen einschüchtern. Sie reagierten resigniert und zogen sich in ihr Privatleben zurück. Diese Lebenseinstellung wird mit dem Begriff „Biedermeier" bezeichnet.

M3 Der Zug zum Hambacher Schloss am 27. Mai 1832, Gemälde von Hans Mocznay (1906 bis 1996) nach einem zeitgenössischen Stich, vermutlich 1948.
Neben der schwarz-rot-goldenen Fahne ist die rot-weiße Fahne Polens und am rechten Bildrand die französische Trikolore zu erkennen.

Die Krise des politischen Systems ging mit wirtschaftlichen Krisen einher, die zu großer **sozialer Not und gesellschaftlichen Spannungen** führten (s. S. 40 ff. und 58 ff.). Durch den Übergang von der Agrar- zur Industriegesellschaft geriet das traditionelle Handwerk in eine Krise, da es sich in Konkurrenz zur Fabrikproduktion immer weniger behaupten konnte. Die steigende Arbeitslosigkeit wurde durch ein großes Bevölkerungswachstum in der ersten Hälfte des 19. Jahrhunderts verschärft. Es kam zu „Hungerkrawallen“ und „Maschinenstürmereien“. Eine Landflucht führte zum Überangebot an Arbeitskräften in den Städten und drückte die Fabriklöhne. Es bildete sich ein in großem Elend lebendes Industrieproletariat. Diese wirtschaftliche Strukturkrise fiel mit der ersten modernen „Welthandelskrise“ zusammen, deren Folgen ein Konjunkturrückgang und Massenentlassungen waren. Missernten infolge der sich über Europa ausbreitenden Kartoffelfäule führten zu enormen Teuerungsraten. Die Verzweiflung der hungernden Unterschichten in Stadt und Land entlud sich im Frühjahr 1848 in Streikwellen und Agrarrevolten. Die Verbindung von politischer Unzufriedenheit mit wirtschaftlichen Krisen und sozialer Not besaß jene Sprengkraft, die 1848 europaweit zu Revolutionen führte.

Der revolutionäre Südwesten als Wiege der Revolution von 1848/49

Die beiden deutschen Staaten **Württemberg und Baden** waren durch die napoleonischen Veränderungen in Deutschland stark vergrößert worden und mussten deshalb bei ihren neuen Untertanen um Akzeptanz werben. Zwischen 1806 und 1814 führte der württembergische König Friedrich II. eine moderne Ministerialverwaltung nach französischem Vorbild ein, schaffte die Binnenzölle ab, schuf ein eigenständiges Justiz-Departement und trennte es von der Verwaltung. Sein Sohn Wilhelm I. setzte 1819 eine Landesverfassung durch. Mit der Einführung eines Zwei-Kammer-Systems (erste Kammer: v. a. adlige Standesherren, zweite Kammer: gewählte Abgeordnete aus dem Bürgertum) machte er **Württemberg** zu einer **konstitutionellen Monarchie**. Im Großherzogtum Baden wurde bereits 1818 eine Landesverfassung mit einem Zwei-Kammer-System zugestanden. Die **badische Verfassung** garantierte **Menschen- und Bürgerrechte** wie Glaubens-, Meinungs- und Berufsfreiheit, die Freiheit der Person und die Gleichheit vor dem Gesetz und galt als die seinerzeit liberalste Verfassung in Deutschland. Durch die Karlsbader Beschlüsse von 1819 gerieten diese Errungenschaften ernsthaft in Gefahr. Als am 24. Februar 1848 Louis Philippe I. in **Paris** abdanken musste und dort die zweite Französische Republik ausgerufen wurde (**„Februarrevolution“**), kam es in der Schweiz, in Italien, Ungarn und Teilen des Deutschen Bundes zu revolutionären Erhebungen. Besonders in den **südwestdeutschen Staaten** zündeten die liberalen und nationalen Ideen: Schon am 12. September 1847 hatten sich im badischen Offenburg radikale Demokraten unter der Leitung von Friedrich Hecker und Gustav Struve versammelt, die die Aufhebung der Karlsbader Beschlüsse forderten. Sie verfassten „13 Forderungen des Volkes in Baden“, in denen die „Selbstregierung des Volkes“, Bürgerrechte und wirtschaftliche Reformen verlangt wurden. Nach den Ereignissen von Paris versammelten sich am 27. Februar 1848 in **Mannheim** etwa 4 000 Bürger. Unter Federführung der **radikalen Demokraten** wurden **„Märzforderungen“** formuliert, die sich in nahezu allen deutschen Staaten ausbreiteten. Die badischen Revolutionäre wollten die Regierung stürzen und eine Republik durchsetzen. In Karlsruhe scheiterte die Bewegung an den Truppen des Deutschen Bunds. Die eher gemäßigten bürgerlichen Liberalen wollten eine politische Neuordnung in Vereinbarung mit den Fürsten erreichen. Am 5. März 1848 versammelten sich in **Heidelberg** 51 süddeutsche Politiker und Parlamentarier unterschiedlichster politischer Richtungen, die eine gesamtdeutsche Nationalversammlung einforderten. Unter dem Druck der Bevölkerung gab die großherzogliche badische Regierung schließlich nach und berief am 9. März eine neue Regierung, der einige gemäßigte liberale Wortführer als **„Märzminister“** angehörten. Damit wurde Ba-

M4 Friedrich Hecker (1811 bis 1881), Stahlstich von Johann Georg Nordheim, ca. 1850.
Hecker war Jurist und Abgeordneter der zweiten badischen Kammer. In Baden wollte er eine Republik gründen (Heckerzug, S. 118). Nach der Niederschlagung seines Aufstands musste er fliehen, wanderte in die USA aus und nahm dort am Amerikanischen Bürgerkrieg teil.

M5 Gustav Struve (1805 bis 1870), undatiertes Porträt.
Struve (Jurist und radikaldemokratischer Politiker) verfasste zusammen mit Hecker (M 4) das „Offenburger Programm“ (M 14) und entschied sich mit diesem zum bewaffneten Aufstand. Nach der Niederschlagung gelang ihm die Flucht in die USA.

M6 Revolutionäre Ereignisse in Europa 1848

	Paris	Berlin	Wien	(Buda-)Pest	Mailand
Beteiligte	radikale Bürger, Handwerker, Arbeiter, Arbeitslose	radikale Bürger, Studenten, Handwerker, Arbeiter, Arbeitslose	radikale Bürger, Studenten, Handwerker, Arbeiter, Arbeitslose	radikale Bürger, Jugendliche, Studenten	italienische Bevölkerung aus allen Schichten
Verlauf und Formen des Protests	Februar 1848: Wiederholte Proteste gegen die zunehmend autoritäre Regierung des Königs Louis Philippe I. (Einschränkung der Freiheitsrechte, Zensuswahlrecht). Als sich die Wirtschaftskrise (s. S. 115) weiter zuspitzt, explodiert die Stimmung zwischen dem 22. und 24. Februar 1848: Es kommt zu blutigen Straßenkämpfen.	Seit März 1848: – Kundgebungen, in denen die Aufhebung der Zensur, die Einführung von Bürgerrechten, die Ausarbeitung einer Verfassung für Preußen und eine Deutsche Nationalversammlung gefordert wird – Versprechen durch König Wilhelm IV., dass die Märzforderungen erfüllt werden sollen 18. März: Schüsse bei einer Versammlung vor dem Berliner Schloss führen zu blutigen Barrikadenkämpfen in ganz Berlin. 19. März: Wilhelm IV. reagiert mit der Proklamation „An meine lieben Berliner“, in der er ankündigte, das Militär teilweise zurückzuziehen. Nach dem vollständigen Rückzug des Militärs: Waffenstillstand	13. März 1848: Soldaten schießen auf demonstrierende Studenten und Arbeiter Folgen: – blutige Straßenkämpfe – Entlassung Metternichs durch den Kaiser Ferdinand I., um die Straßenkämpfe zu beruhigen – zahlreiche revolutionäre Erhebungen im gesamten Kaisertum (Budapest, Prag, Mailand, Venedig)	15. März 1848: – Jugendliche lassen in einer Druckerei das „Nationallied“ von Sándor Petőfi und die „12 Punkte“ von Mór Jókai ohne Erlaubnis der Zensur drucken. – Am Nachmittag halten die Revolutionäre am Museumsplatz eine Versammlung mit 10 000 Teilnehmern ab und ziehen anschließend, inzwischen 20 000 Teilnehmer, zur Statthalterei nach Ofen (= dt. Name für Buda).	15. Februar 1848: Großherzog Leopold II. erlässt eine liberale Verfassung. Das genügt den radikalen Kräften der Bevölkerung nicht, da sie die österreichische Fremdherrschaft beseitigen wollen. 18.–22. März 1848: Volksaufstand in Mailand unter der Leitung von Carlo Cattaneo
Ergebnisse	– Abdankung des Königs – Ausrufung der Republik – Verfassung mit garantierten Menschen- und Bürgerrechten – allgemeines und gleiches Wahlrecht für Männer über 21 – Recht auf Arbeit	„An meine lieben Berliner“: – Bestätigung der Märzforderungen durch Wilhelm IV. – Versprechen einer Volksvertretung für Preußen – Ehrbezeugung für die toten Revolutionäre durch den König	– Aufhebung der Zensur – liberale „Märzministerien“ – Verabschiedung einer Verfassung am 25. April 1848 – Zustimmung zu einer Deutschen Nationalversammlung	Forderungen der Demonstranten werden erfüllt: – Aufhebung der Zensur – Freilassung der politischen Häftlinge	Österreichische Truppen müssen Mailand vorübergehend räumen. Im folgenden Unabhängigkeitskrieg stellt das österreichische Heer die Herrschaft in Norditalien wieder her.

den für viele deutsche Bundesstaaten Vorbild, denn die Fürsten installierten vielerorts **„Märzministerien"**, in die sie gemäßigte liberale Minister einberiefen, um Reformen einzuleiten und damit eine radikale Revolution zu verhindern. Diese Spaltung in radikale Demokraten sowie gemäßigte Liberale schwächte jedoch die revolutionäre Bewegung.

M7 Träger der Revolution

Richtungen	Gemäßigte Liberale	Radikale Demokraten
Gruppen	Wirtschaftsbürgertum, Beamtentum, z. B. Friedrich List	Kleinbürgertum, Studenten, Professoren, Arbeiter, z. B. Gustav Struve, Friedrich Hecker
Ziel	konstitutionelle Monarchie (Vorbild England)	demokratische Republik (Vorbild USA)
Weg	Reform: Zusammenarbeit mit den „Fürsten" (daher „die Halben" genannt)	Revolution: Beseitigung der „Fürstenherrschaft" (daher „die Ganzen" genannt)

Revolution 1848/49 – eine europäische „Revolution von unten"

▶ M 6: Revolutionäre Ereignisse in Europa 1848

Der Historiker Jürgen Kocka bezeichnet die Revolution von 1848/49 als „europäischste aller Revolutionen zwischen 1789 und 1989". In ganz Europa geriet das politische Leben in Bewegung. Mit Reformen konnten in Belgien, Dänemark, Großbritannien, Norwegen, Schweden, in den Niederlanden und der Schweiz Revolutionen verhindert werden. In Russland und Spanien behaupteten sich die alten Mächte durch gewaltsame Unterdrückung der politischen Opposition. Europa war „durch das entstehende Eisenbahnnetz, durch die neuen Telegraphen, auch durch die weiter entwickelte Presse erheblich zusammengewachsen" (Hartmut Kaelble). Durch dieses Zusammenwachsen des Kontinents zu einem Kommunikationsraum verbreitete sich die revolutionäre Bewegung schlagartig auch über Landesgrenzen hinweg. Wichtige Zentren waren Paris, Berlin, Wien, Budapest und Mailand.

M8 Schauplätze der Revolution 1848 in Europa

Die erste deutsche Nationalversammlung zwischen Ideal und Wirklichkeit

Vom 31. März bis zum 3. April 1848 versammelten sich in Frankfurt am Main Landtagsabgeordnete aller deutschen Staaten zu einem **Vorparlament**, das die Wahl zu einer Nationalversammlung vorbereiten sollte. Bereits hier wurden Differenzen über die politische Ausrichtung des künftigen Nationalstaats sichtbar: Republik oder konstitutionelle Monarchie? Als sich abzeichnete, dass die Mehrheit im Vorparlament radikale Umwälzungen ablehnte, organisierten Hecker und Struve (s. S. 115) am 13. April von Konstanz aus einen eigenen Volkszug („Heckerzug") über den Schwarzwald und riefen die Republik aus. Die erhoffte Massenunterstützung blieb allerdings aus und der Heckerzug wurde von badischen und hessischen Truppen vernichtend geschlagen. Währenddessen wurde die erste deutsche **Nationalversammlung** auf Grundlage des **allgemeinen und gleichen Wahlrechts** aller selbstständigen Männer gewählt. Diese trat am 18. Mai in der Frankfurter Paulskirche zusammen. Die meisten Abgeordneten kamen aus akademischen Berufen, waren Verwaltungsbeamte, Juristen oder Universitätsprofessoren. Nur vier Abgeordnete vertraten das Handwerk, Arbeiter waren ungeachtet ihrer maßgeblichen Rolle bei der Märzrevolution überhaupt nicht vertreten. Im Laufe der Debatten bildeten sich **Fraktionen*** mit unterschiedlicher politischer Zielsetzung, die ihren Sitzplätzen entsprechend in der Paulskirche eingeteilt waren. Vom Rednerpult aus gesehen gab es eine radikalere republikanische Linke, eine liberale Mitte und eine konservative Rechte. Aus diesen Interessenvertretungen entwickelten sich später politische Parteien.

Fraktionen in der Paulskirche und ihre Tagungslokale

Demokraten
- Extreme Linke (Donnersberg): 40 Abgeordnete (6,8 %)
- Gemäßigte Linke (Deutscher Hof): 60 Abgeordnete (10,2 %)

Liberale
- Linke Mitte (Württemberger Hof): 100 Abgeordnete (17,0 %)
- Mitte (Landsberg): 40 Abgeordnete (6,8 %)
- Rechte Mitte (Casino): 120 Abgeordnete (20,5 %)

Konservative
- Rechte (Café Milani): 40 Abgeordnete (6,8 %)

Fraktionslose
- 185 Abgeordnete (32 %)

▶ **M 15: Grundrechte der Paulskirchenverfassung**

▶ **M 16: Paulskirchenverfassung**

Die zentrale Aufgabe der **Paulskirchenversammlung** bestand in der Ausarbeitung einer Verfassung für einen künftigen deutschen Nationalstaat. Besonders kontrovers wurden die Staatsform (Monarchie oder Republik), das Staatsoberhaupt (Erb- oder Wahlkaisertum) und die Festlegung der Grenzen diskutiert. Zunächst erarbeitete die Versammlung einen **Grundrechtekatalog**, der am 27. Dezember 1848 verkündet wurde. Hauptinhalte waren individuelle Freiheits- und Eigentumsrechte, Gleichheit vor dem Gesetz und damit Aufhebung der Sonderstellung des Adels wie aller Feudallasten, Sicherung vor willkürlicher Verhaftung, Abschaffung der Todesstrafe und die Unabhängigkeit der Justiz. Die Verabschiedung der Grundrechte verlieh den erkämpften bürgerlichen Freiheits- und Eigentumsrechten Verfassungsrang und verpflichtete die gesamte Nation auf gemeinsame Grundwerte. Die Forderung der Demokraten, auch soziale Rechte aufzunehmen, scheiterte am Widerstand der bürgerlich-liberalen Mehrheit. Das am 28. März 1849 verkündete Verfassungswerk stellte einen Kompromiss zwischen einer Monarchie und einer Republik dar und war geprägt von der bürgerlich-liberalen Mehrheit im Parlament. Sie strebte einen föderalen Bundesstaat an mit einem aus zwei Kammern bestehenden Parlament und einem erblichen Monarchen an der Spitze, dem nur ein aufschiebendes Veto zustand. Gegenüber der Regierung besaß damit das Parlament, also der **Reichstag**, das Übergewicht. Große Sprengkraft besaß die Frage nach dem Staatsgebiet des zu schaffenden deutschen **Nationalstaats**. Debattiert wurde, ob ein deutscher Nationalstaat ohne Österreich (**„kleindeutsche" Lösung**) oder unter Einbeziehung aller zum Deutschen Bund gehörenden österreichischen Gebiete (**„großdeutsche" Lösung**) entstehen sollte. Die von einer Mehrheit favorisierte großdeutsche Lösung war für die Habsburgermonarchie nicht hinnehmbar, da sie tatsächlich die Auflösung dieses Vielvölkerstaates bedeutet hätte. Eine knappe Mehrheit von 267 zu 263 Stimmen entschied sich deshalb für die kleindeutsche Lösung. Die Nationalversammlung wählte den preußischen König Friedrich Wilhelm IV. zum „Kaiser der Deutschen", der die Krone am 3. April 1849 jedoch ablehnte.

Die Revolution von 1848/49 zwischen Scheitern und Hoffen

Während in Frankfurt die Nationalversammlung beriet, hatte in Preußen die Reaktion neue Kräfte gesammelt: Die scheinbare Solidarität des preußischen Königs mit den Revolutionären war einer offen reaktionären Politik gewichen. Überall sammelten sich die **Kräfte der Gegenrevolution**: In Wien schlug das Militär im Oktober die „zweite Revolution" nieder. In Preußen marschierte das Militär im November 1848 in Berlin ein und entwaffnete die Bürgerwehren. Das preußische Parlament wurde am 5. Dezember aufgelöst und eine Verfassung oktroyiert*. Als der preußische König im April 1849 die ihm von der Nationalversammlung angebotene Kaiserkrone ablehnte, war das Paulskirchenparlament mit seinen Bemühungen um einen einheitlichen Nationalstaat gescheitert. Die **Reichsverfassungskampagne*** wurde vom Paulskirchenparlament abgelehnt. Die Mehrheit der Abgeordneten resignierte. Ein verbleibendes Rumpfparlament war Ende Mai nach Stuttgart gezogen. Als zuerst die konservativen Regierungen ihre Beamten von dort abberiefen und dann das württembergische Militär die verbleibenden Reste am 18. Juni 1849 auflöste, war die Nationalversammlung am Ende. Preußen führte im Dezember 1849 das **Dreiklassenwahlrecht*** ein, welches bis 1918 in Kraft blieb. Gegen die überlegenen fürstlichen Truppen konnten sich die Revolutionäre in den europäischen Nachbarländern nicht lange halten und unterlagen, woraufhin die Fürsten strenge Zensurbestimmungen und eigene Verfassungen erließen, die die Mitsprache der Bürger nur scheinbar gewährten. 1851 wurde der Deutsche Bund mit dem Ziel wiederhergestellt, den konservativen Obrigkeitsstaat zu restaurieren. Überwachung und Repressionen waren die Folge.

oktroyieren
aufdringen, aufzwingen; ein Gesetz, eine Verfassung durch landesherrliche Verfügung, ohne Zustimmung des Parlaments, in Kraft setzen

Reichsverfassungskampagne
Im Mai und Juni 1849 gab es letzte Versuche in einzelnen Staaten, durch Barrikadenkämpfe die Reichsverfassung doch noch durchzusetzen.

Dreiklassenwahlrecht
Form des Zensuswahlrechts: Die Wähler werden ihrer Steuerleistung entsprechend in drei Klassen eingestuft und ihre Stimmen nach dem Vermögensstand unterschiedlich gewichtet. Dabei wurden das wohlhabende Bürgertum und der vermögende Adel deutlich bevorzugt.

▶ **M 18–M 20: Scheitern der Revolution**

2 Charakterisieren Sie Liberalismus und Nationalismus, indem Sie aussagekräftige Schlagworte auswählen und dem jeweiligen Bereich zuordnen. Notieren Sie Gemeinsamkeiten in der Mitte.

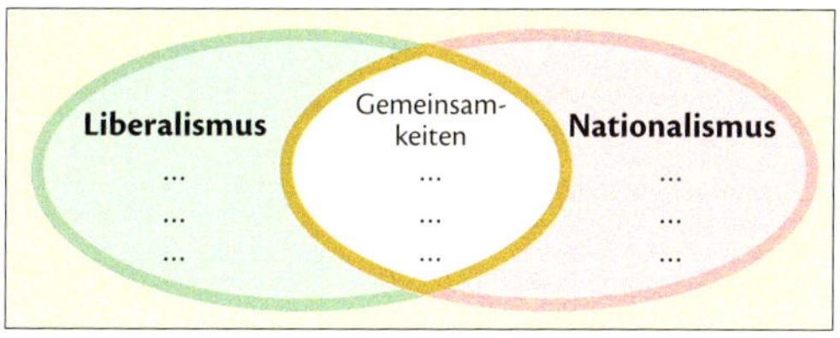

3 **Partnerarbeit:** Entwickeln Sie fünf Quizfragen zu den Ursachen, die im Vormärz zu einer revolutionären Stimmung führten. Stellen Sie einem Partner die Fragen und beantworten selbst dessen Fragen. Wählen Sie anschließend gemeinsam drei zentrale Fragen aus, deren Antworten Sie verschriftlichen.

4 Überprüfen Sie die Aussage von M 1, indem Sie auf die Bildkomposition eingehen. Beziehen Sie den Darstellungsteil ein.
Tipp: Achten Sie auf das im Bild abgebildete Band.

5 **Wahlaufgabe:** Bearbeiten Sie entweder a) oder b).
- **a)** Beschreiben Sie vergleichend die revolutionären Ereignisse in Europa im Frühjahr 1848 (M 6). Heben Sie Gemeinsamkeiten und Unterschiede hervor.
- **b)** Analysieren Sie die Karte M 8. Beschreiben Sie möglichst detailliert den Verlauf der revolutionären Erhebungen in Europa 1848.

Stellen Sie Ihre Erkenntnisse im Plenum vor.
Tipp: Achten Sie auf zeitliche und räumliche Abläufe.

Hinweise zur Arbeit mit den Materialien
Während M 9 mit einem Auszug aus den Karlsbader Beschlüssen die Maßnahmen der Restauration beleuchtet, kommen in M 10–M 13 liberale und nationale Vorstellungen zum Tragen. M 14–M 16 veranschaulichen den Modellcharakter der Revolution, indem Aufgaben, Forderungen und Ergebnisse vergleichend dargestellt werden. Die Historikerdarstellungen M 17–M 20 setzen sich mit dem Ende der europäischen Revolutionen auseinander.

M 9 Die „Karlsbader Beschlüsse", 1819

a) Aus dem Universitätsgesetz:

§ 1. Es soll bei jeder Universität ein mit zweckmäßigen Instruktionen und ausgedehnten Befugnissen versehener [...] landesherrlicher Bevollmächtigter [...] von der Regierung [...] angestellt werden. [...]

§ 2. Die Bundesregierungen verpflichten sich gegeneinander, Universitäts- und andere öffentliche Lehrer, die durch erweisliche Abweichung von ihrer Pflicht oder Überschreitung der Grenzen ihres Berufes, durch Missbrauch ihres rechtmäßigen Einflusses auf die Gemüter der Jugend, durch Verbreitung verderblicher, der öffentlichen Ordnung und Ruhe feindseliger oder die Grundlagen der bestehenden Staatseinrichtungen untergrabender Lehren, ihre Unfähigkeit zur Verwaltung des ihnen anvertrauten wichtigen Amtes unverkennbar an den Tag gelegt haben, von den Universitäten und sonstigen Lehranstalten zu entfernen [...].

§ 3. Die seit langer Zeit bestehenden Gesetze gegen geheime oder nicht autorisierte Verbindungen auf den Universitäten sollen [...] aufrechterhalten und insbesondere auf den seit einigen Jahren gestifteten, unter dem Namen der allgemeinen Burschenschaft bekannten Verein [...] ausgedehnt werden [...]. Die Regierungen vereinigen sich darüber, dass Individuen, die [...] erweislich in [...] nicht autorisierten Verbindungen geblieben oder in solche getreten sind, bei keinem öffentlichen Amte zugelassen werden sollen.

b) Aus dem Pressgesetz:

§ 1. Solange der gegenwärtige Beschluss in Kraft bleiben wird, dürfen Schriften, die in der Form täglicher Blätter oder heftweise erscheinen, desgleichen solche, die nicht über 20 Bogen im Druck stark sind, in keinem deutschen Bundesstaate ohne Vorwissen und vorgängige Genehmhaltung der Landesbehörden zum Druck befördert werden.

c) Aus dem Untersuchungsgesetz:

Art. 2. Der Zweck [der Außerordentlichen Zentraluntersuchungskommission des Deutschen Bundes] ist gemeinschaftliche, möglichst gründliche und umfassende Untersuchung [...] des Tatbestandes, des Ursprungs und der mannigfachen Verzweigungen der gegen die bestehende Verfassung und innere Ruhe, sowohl des ganzen Bundes als einzelner Bundesstaaten, gerichteten revolutionären Umtriebe.

*Ernst R. Huber (Hg.), Dokumente zur deutschen Verfassungsgeschichte, Bd. 1, 3. Aufl., Kohlhammer, Stuttgart 1978, S. 100ff.**

6 Erläutern Sie Zielsetzung und Folgen der Karlsbader Beschlüsse (M 9).
7 **Zusatzaufgabe:** Siehe S. 410.

Liberalismus und Nationalismus

M 10 Ernst Moritz Arndt: Was ist des Deutschen Vaterland?

Arndt (1769–1860) schrieb das Gedicht 1813 anlässlich des Sieges über Napoleon.

Was ist des Deutschen Vaterland?
Ist's Preussenland, ist's Schwabenland?
Ist's, wo am Rhein die Rebe blüht?
Ist's, wo am Belt die Möwe zieht?
O nein! nein! nein!
Sein Vaterland muss grösser sein! [...]
So weit die deutsche Zunge klingt
und Gott im Himmel Lieder singt,
das soll es sein!
das, wackrer Deutscher, nenne dein! [...]
Das ganze Deutschland soll es sein!

*Zit. nach: https://www.volksliederarchiv.de/was-ist-des-deutschen-vaterland/ (abgerufen am 4. März 2020).**

M 11 Philipp Jakob Siebenpfeiffer: Der Deutschen Mai, Lied für den Zug auf das Hambacher Schloss, 1832

1. Hinauf, Patrioten, zum Schloss, zum Schloss!
Hoch flattern die deutschen Farben;
Es keimet die Saat und die Hoffnung ist groß,
Schon binden im Geiste wir Garben.
Es reifet die Ähre mit goldnem Rand,
Und die goldne Ernt' ist das – Vaterland.

2. Wir sahen die Polen, sie zogen aus,
Als des Schicksals Würfel gefallen,
Sie ließen die Heimat, das Vaterhaus
In der Barbaren Räuberkrallen;
Vor des Zaren finsterem Angesicht
Beugt der freiheitliebende Pole sich nicht.

3. Auch wir, Patrioten, wir ziehen aus,
In festgeschlossenen Reihen;
Wir wollen uns gründen ein Vaterhaus
Und wollen der Freiheit es weihen;
Denn vor der Tyrannen Angesicht
Beugt länger der freie Deutsche sich nicht.

Johann Georg August Wirth, Das Nationalfest der Deutschen zu Hambach, Neustadt 1832 (Nachdr. 1981), S. 12f.

8 Arbeiten Sie heraus, welche Ideen in den Liedern zum Ausdruck gebracht werden.

9 Vergleichen Sie Aussagen und Stimmungen der beiden Lieder (M 10, M 11). Gehen Sie dabei auf den historischen Kontext ein.

M 12 Aus der Rede von Philipp Jakob Siebenpfeiffer auf dem Hambacher Fest 1832

Siebenpfeiffer (1789–1845) organisierte zusammen mit Johann Georg August Wirth das Hambacher Fest. In Hambach galten aus der französischen Besatzungszeit noch zahlreiche Freiheitsrechte des „Code civil". Siebenpfeiffer wurde nach dem Fest zunächst verhaftet, konnte aber in die Schweiz flüchten.

Und es wird kommen der Tag, [...] wo der Deutsche vom Alpengebirg und der Elbe den Bruder im Bruder umarmt, wo die Zollstöcke und die Schlagbäume, wo alle Hoheitszeichen der Trennung und Hemmung und Bedrückung verschwinden samt den Konstitutiönchen[1], die man etlichen mürrischen Kindern der großen Familie als Spielzeug verlieh; wo freie Straßen und freie Ströme den freien Umschwung aller Nationalkräfte und Säfte bezeugen; wo die Fürsten die bunten Hermeline feudalistischer Gottstatthalterschaft mit der männlichen Toga deutscher Nationalwürde vertauschen und der Beamte, der Krieger, statt mit der Bedientenjacke des Herrn und Meisters mit der Volksbinde[2] sich schmückt. [...] [W]o jeder Stamm, im Innern frei und selbstständig, zu bürgerlicher Freiheit sich entwickelt und ein starkes selbst gewobenes Bruderband alle umschließt zu politischer Einheit und Kraft [...]. Wo das deutsche Weib, nicht mehr die dienstpflichtige Magd des herrschenden Mannes, sondern die freie Genossin des freien Bürgers, unsern Söhnen und Töchtern schon als stammelnden Säuglingen die Freiheit einflößt. [...] [W]o der Bürger nicht in höriger Untertänigkeit den Launen des Herrschers, [...] sondern dem Gesetze gehorcht und auf den Tafeln des Gesetzes den eigenen Willen liest und im Richter den frei erwählten Mann seines Vertrauens erblickt; [...] es lebe das freie, das einige Deutschland! Hoch leben die Polen, der Deutschen Verbündete! Hoch leben die Franken[3], der Deutschen Brüder, die unsere Nationalität und Selbstständigkeit achten! Hoch lebe jedes Volk, das seine Ketten bricht und mit uns den Bund der Freiheit schwört! Vaterland – Volkshoheit – Völkerbund hoch!

*Zit. nach: Das Nationalfest der Deutschen zu Hambach, beschr. v. J. G. A. Wirth, Landau 1832, S. 34ff.**

1 *Konstitutiönchen:* Gemeint sind die noch stark auf die Fürsten ausgerichteten Verfassungen einiger deutscher Staaten.
2 *Volksbinde:* Gemeint ist eine schwarz-rot-goldene Binde.
3 *Franken:* Gemeint sind die Franzosen.

M 13 Der Historiker Thomas Brendel zum Hambacher Fest, 2005

Das Hambacher Fest, wo „bei nahezu allen Reden die betont internationale, europäische Ausrichtung auffiel" (Cornelia Foerster), war die erste deutsche Großkundgebung, in der Deutsche öffentlich das Ziel der nationalen Wiedererweckung in einem Atemzug mit der internationalen Völkersolidarität in Europa und damit ein – wenn auch zum damaligen Zeitpunkt nicht realisierbares – Ideal einer konföderativen Vereinigung der europäischen Völker, eines „Bundes der freien Völker", propagierten. [...] Den Hambacher Liberalen und allen voran Wirth[1] kam somit das Verdienst zu, als Erste der „politisch aktiven" deutschen Vormärzliberalen einen konkreten Integrationsgedanken für den europäischen Kontinent entwickelt zu haben: Die deutschen Demokraten definierten Europa nicht mehr nur als ideologischen Abwehrblock gegenüber der Restauration, sondern nunmehr auch durch eine eigenständige schlichte, aber europaweit gleiche Programmatik, der Forderung nach Schaffung verbrüderter und gleichberechtigter volkssouveräner europäischer Republiken und von Freiheitsrechten. Ein derart gestaltetes freiheitliches Europa wurde für die Hambacher Demokraten zur fixen politischen Bezugsgröße ihres Denkens und Handelns.

*Thomas Brendel, Zukunft Europa? Das Europabild und die Idee der internationalen Solidarität bei den deutschen Liberalen im Vormärz (1815–1848), Verlag D. Dieter Winkler, Bochum 2005, S. 312f.**

1 *Johann Wirth schloss seine Rede wie folgt:* „Hoch! Dreimal hoch leben die vereinigten Freistaaten Deutschlands! Hoch! Dreimal hoch das konföderierte republikanische Europa!"

10 Arbeiten Sie die Ziele Siebenpfeiffers aus M 12 heraus.

11 Auf dem Wartburgfest 1817 lehnten die Studenten alles Nichtdeutsche ab. Beim Hambacher Fest nahmen auch Polen und Franzosen teil. Begründen Sie diesen Wandel mithilfe von M 13.

12 **Zusatzaufgabe:** Siehe S. 410.

13 **Geschichte interaktiv:** Führen Sie Interviews auf Straßen und öffentlichen Plätzen Ihrer Heimatstadt. Welchen Stellenwert hat die Nation heute noch? Vergleichen Sie mit Ihren Ergebnissen von S. 111.

M 14 Die Forderungen des Volkes in Baden

Am 12. September 1847 wurde das „Offenburger Programm" als erstes demokratisches Programm Deutschlands verabschiedet.

Art. 1. Wir verlangen, dass sich unsere Staatsregierung lossage von den Karlsbader Beschlüssen vom Jahre 1819, von den Frankfurter Beschlüssen von 1831 und 1832 und von den Wiener Beschlüssen von 1834. Diese Beschlüsse verletzen gleichmäßig unsere unveräußerlichen Menschenrechte wie die deutsche Bundesakte und unsere Landesverfassung.

Art. 2. Wir verlangen Pressfreiheit: das unveräußerliche Recht des menschlichen Geistes, seine Gedanken unverstümmelt mitzuteilen, darf uns nicht länger vorenthalten werden.

Art. 3. Wir verlangen Gewissens- und Lehrfreiheit. Die Beziehungen des Menschen zu seinem Gott gehören seinem innersten Wesen an, und keine äußere Gewalt darf sich anmaßen, sie nach ihrem Gutdünken zu bestimmen. Jedes Glaubensbekenntnis hat daher Anspruch auf gleiche Berechtigung im Staat. Keine Gewalt drängt sich mehr zwischen Lehrer und Lernende. Den Unterricht scheide keine Konfession.

Art. 4. Wir verlangen Beeidigung des Militärs auf die Verfassung. Der Bürger, welchem der Staat die Waffen in die Hand gibt, bekräftige gleich den übrigen Bürgern durch einen Eid seine Verfassungstreue.

Art. 5. Wir verlangen persönliche Freiheit. Die Polizei höre auf, den Bürger zu bevormunden und zu quälen. Das Vereinsrecht, ein frisches Gemeindeleben, das Recht des Volks, sich zu versammeln und zu reden, das Recht des Einzelnen, sich zu ernähren, sich zu bewegen und auf dem Boden des deutschen Vaterlandes frei zu verkehren, seien hinfür[1] ungestört.

Art. 6. Wir verlangen Vertretung des Volks beim deutschen Bund. Dem Deutschen werde ein Vaterland und eine Stimme in dessen Angelegenheiten. Gerechtigkeit und Freiheit im Innern, eine feste Stellung dem Ausland gegenüber gebühren uns als Nation.

Art. 7. Wir verlangen eine volkstümliche Wehrverfassung. Der waffengeübte und bewaffnete Bürger kann allein den Staat schützen. Man gebe dem Volk Waffen und nehme von ihm die unerschwingliche Last, welche die stehenden Heere ihm auferlegen.

Art. 8. Wir verlangen eine gerechte Besteuerung, Jeder trage zu den Lasten des Staats nach Kräften bei. An die Stelle der bisherigen Besteuerung trete eine progressive[2] Einkommensteuer.

Art. 9. Wir verlangen, dass die Bildung durch Unterricht allen gleich zugänglich werde. Die Mittel dazu hat die Gesamtheit in gerechter Verteilung aufzubringen.

Art. 10. Wir verlangen Ausgleichung des Missverhältnisses zwischen Arbeit und Kapital. Die Gesellschaft ist schuldig, die Arbeit zu heben und zu schützen.

Art. 11. Wir verlangen Gesetze, welche freier Bürger würdig sind und deren Anwendung durch Geschworenengerichte. Der Bürger werde von dem Bürger gerichtet. Die Gerechtigkeitspflege sei die Sache des Volks.

Art. 12. Wir verlangen eine volkstümliche Staatsverwaltung. Das frische Leben eines Volks bedarf freier Organe. Nicht aus der Schreibstube lassen sich seine Kräfte regeln und bestimmen. An die Stelle der Vielregierung der Beamten trete die Selbstregierung des Volks.

Art. 13. Wir verlangen Abschaffung aller Vorrechte. Jedem sei die Achtung freier Mitbürger einziger Vorzug und Lohn.

Ernst Rudolf Huber (Hg.), Dokumente zur deutschen Verfassungsgeschichte, Bd. 1: Deutsche Verfassungsdokumente 1803–1850, 3. Aufl., Kohlhammer, Stuttgart 1978, S. 323 f.

1 *hinfür:* fortan
2 *Steuerprogression:* Bei höherem Einkommen erhöht sich auch der Steuersatz.

14 Fassen Sie die 13 Forderungen in M 14 in kurzen Thesen zusammen und gliedern Sie diese nach selbstgewählten Kategorien.
Tipp: Als Kategorien eignen sich z. B. Freiheitsrechte, Bildungs- und Sozialpolitik.

M 15 Grundrechte des deutschen Volkes

Bereits am 27. Dezember 1848 in Kraft gesetzt, wurden die Grundrechte 1849 der Reichsverfassung angefügt.

§ 133 Jeder Deutsche hat das Recht, an jedem Orte des Reichsgebietes seinen Aufenthalt und Wohnsitz zu nehmen, Liegenschaften jeder Art zu erwerben und darüber zu verfügen, jeden Nahrungszweig zu betreiben, das Gemeindebürgerrecht zu gewinnen. [...]

§ 137 Vor dem Gesetz gilt kein Unterschied der Stände. Der Adel als Stand ist aufgehoben. Alle Standesvorrechte sind abgeschafft. Die Deutschen sind vor dem Gesetze gleich. Alle Titel, insoweit sie nicht mit einem Amte verbunden sind, sind aufgehoben und dürfen nie wieder eingeführt werden. Kein Staatsangehöriger darf von einem auswärtigen Staate einen Orden annehmen. Die öffentlichen Ämter sind für alle Befähigten gleich zugänglich. Die Wehrpflicht ist für alle gleich; Stellvertretung bei derselben findet nicht statt.

§ 138 Die Freiheit der Person ist unverletzlich. Die Verhaftung einer Person soll, außer im Falle der Ergreifung auf frischer Tat, nur geschehen in Kraft richterlichen, mit Gründen versehenen Befehls. Dieser Befehl muss im Augenblicke der Verhaftung oder innerhalb der nächsten vierundzwanzig Stunden dem Verhafteten zugestellt werden.

§ 139 Die Todesstrafe, ausgenommen, wo das Kriegsrecht sie vorschreibt oder das Seerecht im Fall von Meutereien sie zulässt, sowie die Strafen des Prangers, der Brandmarkung und der körperlichen Züchtigung sind abgeschafft.

§ 140 Die Wohnung ist unverletzlich. Eine Haussuchung ist nur zulässig: 1. in Kraft eines richterlichen, mit Gründen versehenen Befehls […].

Artikel IV.

§ 144 Jeder Deutsche hat volle Glaubens- und Gewissensfreiheit. Niemand ist verpflichtet, seine religiöse Überzeugung zu offenbaren. […]

§ 152 Die Wissenschaft und ihre Lehre ist frei.

§ 153 Das Unterrichts- und Erziehungswesen steht unter der Oberaufsicht des Staats. […]

§ 161 Die Deutschen haben das Recht, sich friedlich und ohne Waffen zu versammeln. […]

§ 162 Die Deutschen haben das Recht, Vereine zu bilden. […]

§ 164 Das Eigentum ist unverletzlich. Eine Enteignung kann nur aus Rücksichten des gemeinen Besten, nur aufgrund eines Gesetzes und gegen gerechte Entschädigung vorgenommen werden. […]

§ 166 Jeder Untertänigkeits- und Hörigkeitsverband hört für immer auf. […]

§ 174 Alle Gerichtsbarkeit geht vom Staat aus […].

§ 175 Die richterliche Gewalt wird selbstständig von den Gerichten geübt. […]

*Zit. nach: Ernst Rudolf Huber (Hg.), Dokumente zur deutschen Verfassungsgeschichte, Bd. 1, 3. Aufl., Kohlhammer, Stuttgart 1978, S. 375 ff.**

15 Gliedern Sie M 15 nach thematischen Schwerpunkten.

16 **Partnerarbeit:** Vergleichen Sie das Offenburger Programm (M 14) mit der Paulskirchenverfassung (M 16) und den Grundrechten (M 15).
Tipp: Achten Sie darauf, welche der ursprünglichen Forderungen verwirklicht worden sind.

17 **Vertiefung:** Vergleichen Sie die Grundrechte von 1849 mit den Grundrechten des bundesdeutschen Grundgesetzes. Beurteilen Sie davon ausgehend die historisch-politische Bedeutung des Grundrechtskatalogs von 1848/49.

M 16 **Die Verfassung der deutschen Nationalversammlung vom 28. März 1849**

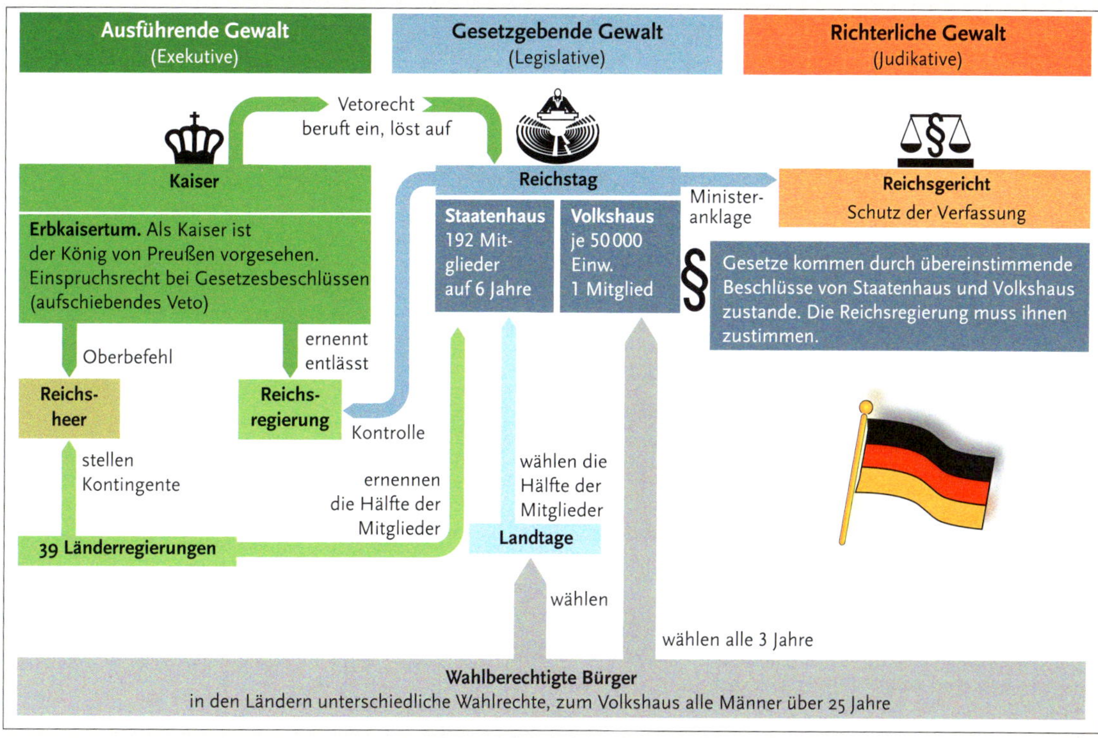

Die europäische Dimension der Revolution

M 17 Die Historiker Heinz-Gerhard Haupt und Dieter Langewiesche über die europäische Dimension der Revolution, 1998

Revolution, Revolutionsabwehr und Gegenrevolution verbanden 1848 Europa zu einer Einheit. In der Revolution und durch sie wuchs der Kontinent zu einem Kommunikations- und Handlungsraum zusammen und erreichte eine neue, zuvor nicht gekannte Informationsdichte [...]. Die Möglichkeiten, sich zu informieren, verbesserten sich für alle Bevölkerungskreise mit der Revolution schlagartig [...]. Die Europäisierung der Information ermöglichte die Revolutionierung Europas. Ausgelöst hatte diesen Prozess die Pariser Februarrevolution. Zuvor, im Januar und Anfang Februar, hatte in Italien die Revolution zwar bereits begonnen und erste Erfolge gefeiert. Doch weder diese italienischen Revolutionen zu Beginn des Jahres 1848 noch die polnischen von 1846 (Krakau und Galizien) [...] zündeten eine politische Kettenreaktion in Europa. Sie schufen auch keine europäische Öffentlichkeit. Das Fanal dazu ging von Paris aus. Anders als 1789 trug Frankreich jedoch seine Revolution 1848 nicht mit Waffengewalt über die eigenen Grenzen hinweg nach Europa. Viele hatten das erhofft und noch mehr befürchtet. [...] Die französische Revolution überschritt 1848 nicht die Staatsgrenze, gleichwohl blickte man überall in Europa nach Paris [...]. An der europäischen Revolutionshauptstadt schulten alle, Revolutionäre und ihre Gegner, ihre Hoffnungen und ihre Ängste. Im Februar siegte in Paris die politische Revolution, und bereits vier Monate später, im Juni 1848, unterlag dort die soziale Revolution. Beides, Sieg und Niederlage, war von gesamteuropäischer Bedeutung. Europa bildete seine Vorstellungen an dem, was in Paris geschah, doch waren es eigenständige Revolutionen, mit je eigenen Ursachen, Zielen und Verlaufsformen, die 1848 den größten Teil des europäischen Kontinents erschütterten. Gleichwohl lässt sich bei aller Komplexität des revolutionären Geschehens ein gemeinsames Grundmuster erkennen. Denn 1848 standen alle europäischen Gesellschaften vor der Herausforderung, die politische Ordnung zu demokratisieren und die soziale Frage zu lösen. Sofern sie noch nicht nationalstaatlich organisiert waren – dies galt für den größten Teil Europas –, kam als weitere große Reformkraft der Wille zur nationalen Selbstbestimmung hinzu.

*Heinz-Gerhard Haupt u. Dieter Langewiesche, Die Revolution in Europa 1848, in: Dieter Dowe, Heinz-Gerhard Haupt, Dieter Langewiesche (Hg.), Europa 1848. Revolution und Reform, J. H. W. Dietz Nachf., Bonn 1998, S. 13f.**

18 Wahlaufgabe: Bearbeiten Sie a) oder b).
- **a)** Erläutern Sie mithilfe von M 17 die Ursachen und Ziele der europäischen Revolutionen 1848. Berücksichtigen Sie auch M 6 bis M 8.
- **b)** „Die Europäisierung der Information ermöglichte die Revolutionierung Europas" (Z. 8 ff.). Erläutern Sie diese Aussage. Berücksichtigen Sie auch M 8.

19 Vertiefung: Diskutieren Sie die These, die Revolution 1848/49 sei eine europäische Revolution gewesen.

Geschichte kontrovers: Die Diskussion über das Scheitern der Revolution von 1848/49

M 18 Der Historiker Wolfgang Schieder, 1979

Die Revolution ist gescheitert am Widerstand der alten Dynastien, der königstreuen Offiziere und Beamten, die ihre soziale Basis im Adel hatten. Sie ist auch gescheitert an der Lethargie[1] der bäuerlichen Massen, die 1848 in Deutschland immer noch bei weitem den Hauptanteil der Bevölkerung stellten. Der alte Obrigkeitsstaat wurde durch die Revolution zwar schwer erschüttert, aber nicht in seinem Kern getroffen. Er konnte sich nach der Revolution daher erneut durchsetzen. Die Revolution ist aber auch gescheitert an der inneren Schwäche der revolutionären Bewegung. Das deutsche Bürgertum war in sich nicht geschlossen. Daher war es von vornherein nicht zu einheitlichem Handeln fähig, als es von der Revolution überrascht wurde. Erst recht nicht war es dazu in der Lage, mit anderen, übrigens ebenso wenig homogenen sozialen Klassen gegen den vom Adel beherrschten Obrigkeitsstaat zu kooperieren. Für ein im historischen Rückblick auch noch so wünschenswertes Bündnis von Bürgertum und Volksmassen bestand 1848 keine reale Chance. Bürgerliche Liberale und Demokraten gingen in der Revolution auseinander und kämpften jeweils mit einer eigenen Strategie gegen die etablierten Mächte. Weder der liberale Weg der Vereinbarung noch der demokratische der Konfrontation führten zum Ziel. Am Ende waren sowohl Liberale wie Demokraten geschlagen. Siegreich war allein die konservative Gegenrevolution.

Wolfgang Schieder, 1848/49 – die ungewollte Revolution, in: Carola Stern/Heinrich August Winkler (Hg.), Wendepunkte deutscher Geschichte, Fischer TB, Frankfurt/M. 1979, S. 34f.

1 *Lethargie:* Zustand körperlicher und psychischer Trägheit; gemeint ist hier das Ausscheiden der Bauern aus der Revolution, nachdem ihre Forderungen nach Aufhebung der Feudalrechte erfüllt worden waren.

M 19 Der deutsche Historiker Thomas Nipperdey, 1983

Die Revolution ist nicht am Zwiespalt zwischen Linken und Mitte gescheitert. Der Zwiespalt hat, gewiss, die Gegenrevolution begünstigt, die Polarisierung hat die Revolution, die vom Verrinnen der Zeit bedroht war, geschwächt; aber er war nicht die wesentliche Ursache für ihr Scheitern. Auch ein gemeinsames Vorgehen, eine revolutionäre „Volksfrontpolitik" hätte – jenseits des großen Krieges – keine besseren Chancen gehabt, weder ein gemäßigteres noch ein geschlosseneres Auftreten der Gesamtrevolution. Gewiss, es gab zu viel und zu wenig Revolution; zu wenig, um die alten Gewalten ganz zurückzudrängen – aber das wollten die Bürger in ihrer Mehrheit nicht und das hatte wenig Chancen –, und zu viel, weil die radikalen Demokraten die gemeinsame Front zerstörten und die Mitte im Effekt nach rechts drängten, die Revolution diskreditierten[1]. [...] Wenn man unter den einzelnen Ursachen für das Scheitern in Deutschland gewichten will, so muss man meiner Meinung nach sagen, dass es das großdeutsch-kleindeutsche Problem und das Problem des österreichischen Nationalitätenstaates und seiner Konflikte waren, die am meisten zählten. Sie haben schon eine schnelle Entscheidung im Sommer unmöglich gemacht, haben die ersten großen Siege der Gegenrevolution in Österreich ermöglicht, haben die Einheit der Revolution seit dem Herbst so erschüttert, dass ein gemeinsames Handeln nicht mehr möglich war, haben die Entscheidung dann auf Preußen zugespitzt. Sie letzten Endes haben die Revolution in den Wettlauf mit der Zeit gebracht, den sie nicht gewinnen konnte.

*Thomas Nipperdey, Deutsche Geschichte 1800–1866, C. H. Beck, München 1983, S. 667ff.**

1 *diskreditieren:* jemandes Ruf, Ansehen schaden

M 20 Der Historiker Hans-Werner Hahn, 2010

Die neuere Forschung relativiert daher die ältere Auffassung von der „gescheiterten Revolution" und rückt auch Erfolge und langfristige Wirkungen der Jahre 1848/49 deutlicher ins Blickfeld. Zu den Erfolgen gehörte nicht nur der in vielen einzelstaatlichen Gesetzen vollzogene Abbau feudaler Lasten und ständischer Vorrechte. Auch die gescheiterte Paulskirchenverfassung hat nicht zuletzt durch den Grundrechtekatalog Maßstäbe für eine von Gleichheit und Freiheit geprägte Ordnung gesetzt, die auch unter obrigkeitsstaatlichen Strukturen fortwirkten und in den späteren deutschen Verfassungen und Gesetzen ihren Niederschlag finden sollten. In der Geschichte der deutschen Parteien und Parlamente hat die Revolution von 1848/49 ebenfalls wichtige und nachhaltige Traditionen begründet. Sie hat in Deutschland eine nationale Öffentlichkeit geschaffen, die es in dieser Form vorher nicht gab, und den Politisierungsprozess der Gesellschaft vorangetrieben. Für die Formierung der großen Parteirichtungen vom Liberalismus über die Arbeiterbewegung, den politischen Katholizismus bis hin zu den Konservativen und das Entstehen großer nationaler Verbände waren die Organisationsbestrebungen der Revolutionsmonate eine wichtige Grunderfahrung. [...] Die Revolution von 1848/49 hat den gesellschaftlichen und wirtschaftlichen Modernisierungsprozess durch die Fortschritte bei der Agrarreform und zahlreiche andere Gesellschafts- und Wirtschaftsreformen nachhaltig gefördert. Sie hat Hemmnisse der kapitalistischen Entwicklung beseitigt und die Regierungen veranlasst, auch aus Gründen der Revolutionsprävention den wirtschaftlichen Wandel nachhaltiger zu fördern und die vormärzliche Pauperismuskrise zu überwinden.

*Hans-Werner Hahn/Helmut Berding, Reformen, Restauration und Revolution 1806–1848/49, Klett-Cotta, Stuttgart 2010, S. 653f.**

20 Arbeitsteilige Gruppenarbeit:
a) Analysieren Sie arbeitsteilig die Positionen der Historiker in M 18 bis M 20.
b) Vergleichen Sie die drei Positionen.

21 Diskutieren Sie Stärken und Schwächen der Deutungen und formulieren Sie eine eigene Position.

22 Präsentation: Revolution in der Rückschau
Verfassen Sie zwei Kolumnen zum fünften Jahrestag (1854) des Scheiterns der Revolution:
a) aus der Sicht eines nach Amerika geflohenen Revolutionärs aus dem Paulskirchenparlament;
b) aus der Sicht eines wohlhabenden Kaufmanns.
Präsentieren Sie Ihre Ergebnisse und stellen Sie sie zur Diskussion.
Hinweis: Eine Kolumne ist eine meinungsbildende, journalistische Textsorte, die regelmäßig an der gleichen Stelle der jeweiligen Zeitung oder Zeitschrift erscheint. Sie ist eine Form des Kommentars und spiegelt die Ansichten des jeweiligen Autors zu einem Sachverhalt wider.

Karikaturen analysieren

M1 „Was ist deutsch?“ Karikatur von Gerhard Mester, 1999

Lithografie
Steindruckverfahren, bei dem das zu druckende Motiv seitenverkehrt auf eine Steinplatte gezeichnet wird

Der Begriff Karikatur leitet sich von dem italienischen Verb *caricare* = überladen, übertreiben ab. Schon in der Antike und im Mittelalter gab es satirische und verzerrende Darstellungen von Personen und Vorgängen. Doch schuf erst die europäische Frühe Neuzeit die Bedingungen, unter denen sich Absichten und Wirkungsmöglichkeiten der Karikatur voll entfalten konnten. Die Karikatur braucht die Öffentlichkeit, an deren Entstehung der Buchdruck ab etwa 1500 maßgeblich beteiligt war. Die Karikatur erlebte ihre erste Blüte während der Reformation und im Bauernkrieg Anfang des 16. Jahrhunderts, fand ihren eigentlichen Charakter aber erst im 17. Jahrhundert durch die städtische Kultur Italiens. Die Französische Revolution löste dann einen weiteren Aufschwung der Karikatur aus. Die Erfindung der Lithografie* am Ende des 18. Jahrhunderts trug entscheidend zur besseren Verbreitung der Karikaturen bei. So kann das gesamte 19. Jahrhundert mit seinen politischen und sozialen Revolutionen und Kämpfen als die Epoche der Karikatur bezeichnet werden.

Karikaturen stehen immer in Bezug zu realen Personen, Ereignissen oder Zuständen – und damit zum geschichtlichen Kontext und zur Öffentlichkeit. Indem der Karikaturist Personen oder Zustände überzeichnet, gibt er sie der Lächerlichkeit preis und kritisiert sie. Dies funktioniert aber nur, wenn die Verzerrung die Wirklichkeit noch wiedererkennen lässt und nicht zur reinen Erfindung wird. Außerdem sollte die Absicht schnell erkennbar sein. Während uns dies heute bei tagespolitischen Ereignissen meist gelingt, müssen wir bei Karikaturen aus anderen Epochen erst den historischen Kontext erschließen.

Arbeitsschritte und mögliche Leitfragen zur Analyse

1. Erster Eindruck
- Wie wirkt die Karikatur auf Sie? Worauf richtet sich Ihr erster Blick?
- Welche Fragen wirft die Karikatur auf?

2. Formale Merkmale
- Wer ist der Zeichner und/bzw. der Auftraggeber (ggf. gesellschaftliche Stellung)?
- Wann und wo ist die Karikatur entstanden bzw. veröffentlicht worden?
- Gibt es einen Titel oder/und einen Zusatzkommentar? Ist ein Anlass erkennbar?
- Was thematisiert die Karikatur?

3. Analyse der einzelnen Elemente
- Welche Gestaltungsmittel sind verwendet worden: Personen, Gegenstände, Orte, Situationen; Figurendarstellung wie Mimik, Gestik, Kleidung; Symbole, Allegorien, Beschriftungen; Proportionen, Anordnung, Verhältnis der Elemente zueinander, besondere Betonung?
- Welche Bedeutung haben die einzelnen Gestaltungsmittel?
- Was ist die zentrale Bildaussage („Botschaft“)?
- In welchen historischen Zusammenhang (Epoche, Ereignisse, Strukturen, Prozesse bzw. Konflikte) lässt sich die Karikatur einordnen?

4. Interpretation/ Gesamtaussage
- Welche Intention verfolgten der Zeichner und/bzw. der Auftraggeber?
- Welche Wirkung sollte beim zeitgenössischen Betrachter erzielt werden?
- Inwieweit gibt die Karikatur den historischen Gegenstand angemessen wieder?
- Mit welchen anderen Bild- und Textquellen lässt sich die Karikatur ggf. vergleichen?
- Werden die anfangs gestellten Fragen beantwortet? Welche Fragen bleiben offen?
- Wie lässt sich die Karikatur aus heutiger Sicht bewerten?

Übungsaufgabe

M2 „Rundgemälde von Europa im August 1849", Federlithografie von Ferdinand Schröder (1818–1857), einem Abgeordneten im Paulskirchenparlament, erschienen 1849 in den „Düsseldorfer Monatsheften".

Im Zentrum ist der preußische König Friedrich Wilhelm IV. positioniert. Davor befinden sich König Maximilian II. von Bayern und der württembergische König Wilhelm I. Frankreichs Präsident Louis Napoleon Bonaparte (der spätere Kaiser Napoleon III.) ist links unten zu erkennen. Der Soldat unten rechts mit dem Doppeladler auf der Pickelhaube soll Russland symbolisieren. Der Junge mit dem Doppeladler auf der Jacke links neben ihm stellt den österreichischen Kaiser Franz Joseph dar, der Soldat im Husarenkostüm rechts von ihm einen ungarischen Revolutionär. Der dänische König Friedrich VII. erscheint im Bild oben. Die englische Königin Victoria beobachtet von der britischen Insel aus die Ereignisse.

1 Analysieren Sie die Karikatur M 2 mithilfe der Arbeitsschritte. Lösungshinweise finden Sie auf der nächsten Seite.

2 **Vertiefung:** Analysieren Sie zur Übung die Karikatur M 1 mithilfe der Arbeitsschritte.

Formulierungshilfen
- Zunächst wird der Blick auf ... gelenkt.
- Die Karikatur mit dem Titel ... von ... aus dem Jahr ... erschien in ...
- Als Thema steht im Zentrum ...
- Auf der Karikatur ist ... zu sehen.
- Als Personen sind zu sehen ...
- Im Vordergrund ... in der Bildmitte ... im Hintergrund ist zu erkennen ...
- Besonders groß/auffallend ist ...
- Die Mimik/Gestik/Blickrichtung der Figur/en verdeutlicht ...
- Die Person/Figur macht ..., zeigt ...
- ... Gegenstände wie ... Kleidungsstücke wie ... stehen symbolisch für ...
- Die Beschriftungen verweisen auf ...
- Anlass für die Karikatur war ... Dies ist zu erkennen an ...
- Die Karikatur hat die Intention ... zielt darauf ab ... kritisiert ...
- Die Karikatur wendet sich an ...
- Insgesamt steht die Karikatur für ...
- Aus heutiger Sicht ...

Lösungshinweise

1. Erster Eindruck

- (individuelle Antworten)

2. Formale Merkmale

- Karikaturist: Ferdinand Schröder (1818–1857), bekannter Zeichner und Augenarzt; gehörte dem linken Flügel der Frankfurter Nationalversammlung an
- Entstehungsdatum: Abschluss der Karikatur um die Jahresmitte 1849
- Erscheinungsort: Satirische „Düsseldorfer Monatshefte"
- Titel: Rundgemälde von Europa im August 1849

3. Analyse der einzelnen Elemente

- Komposition: Ihrer Macht im Sommer 1849 entsprechend sind Reaktionäre groß, Revolutionäre klein dargestellt.
- Historischer Kontext: Sieg der Reaktion über die Revolution in Europa im Sommer 1849.

4. Interpretation/ Gesamtaussage

- Die Karikatur formuliert eine antimonarchische Kritik am Sieg der Reaktion in Europa. Die Niederlage der Revolution ist endgültig: Der preußische König „fegt" gut gelaunt die letzten Aufständischen in Baden zusammen, die in die Schweiz flüchten. Louis Napoleon Bonaparte lässt die Aufständischen ins Ausland verschiffen. Der russische Soldat d. h. Russland, greift als Mitglied der Heiligen Allianz in den Konflikt zwischen Kaiser Franz Joseph und den ungarischen Revolutionären ein. Königin Victoria, von revolutionären Erhebungen in England verschont geblieben, beobachtet das Geschehen auf dem europäischen Kontinent, ignoriert dabei die bettelnden Iren, deren Erhebung 1848 blutig niedergeschlagen wurde.
- Die Karikatur beschreibt die politische Situation im Sommer 1849 in Europa, nachdem die letzten revolutionären Erhebungen von den europäischen Mächten militärisch niedergeschlagen worden waren. Schröder kritisiert den Sieg der Reaktion von Frankreich bis Polen, von Italien bis Dänemark und spiegelt damit die europäische Perspektive der Zeitgenossen auf die Niederlage der Revolution wider.

3.2 Deutsche Nationalstaatsgründung: Reichsgründung „von oben“

In diesem Kapitel geht es um
- *den Weg zur Reichsgründung 1871,*
- *die Konstruktion einer „deutsch-französischen Erbfeindschaft“ sowie*
- *den Charakter der Reichsverfassung.*

Der Nationalstaat als Projekt preußischer Politik

Während auf der einen Seite die preußische Monarchie ab 1849 wieder erstarkte und sich die Vormachtstellung Preußens in Deutschland herausbildete, verlor auf der anderen Seite Österreich seinen starken Einfluss im Deutschen Reich. Das hatte verschiedene Gründe:
- Die auf dem Wiener Kongress hinzugewonnenen Territorien lagen für Preußen strategisch ungünstig, sodass sich ein Gegensatz zwischen den preußisch-brandenburgischen Stammlanden und den rheinisch-westfälischen Gebieten im Westen ergab. Es lag also nahe, die Territorien zu verbinden und so einen deutschen Staat zu schaffen.
- Die 39 Staaten des 1815 gegründeten Deutschen Bunds hatten jeweils eigene Zollgrenzen, die dem Handel im Wege waren. Preußen hob als erstes Mitglied des Deutschen Bundes im eigenen Land die Zollgrenzen auf und erreichte so schnell wirtschaftlichen Wohlstand. Aus einer Position der wirtschaftlichen Stärke knüpfte Preußen immer engere Handels- und Verkehrsbeziehungen mit den übrigen deutschen Staaten. 1828 wurden zunächst regional begrenzte Zollvereine eingerichtet. 1834 folgte der **Deutsche Zollverein***, dem Österreich nicht angehörte. Für die Mitglieder des Zollvereins entstand eine Freihandelszone, die schließlich zu einer weiteren Verflechtung der einzelstaatlichen Ökonomien beitrug. Die kleineren deutschen Staaten orientierten sich an Preußen, das damit in Deutschland eine wirtschaftlich führende Rolle erhielt.
- Darüber hinaus bot die Ausrichtung auf Preußen auch politische Vorteile, denn ein Zusammenschluss zu einem Nationalstaat, ohne die eigene Souveränität komplett (z. B. Staatsangehörigkeit) aufgeben zu müssen, erschien attraktiv.

Der Deutsche Zollverein
Der Zollverein ist ein auf Initiative Preußens 1834 gegründetes Bündnis der Staaten des Deutschen Bundes für eine wirtschaftliche Einigung, das ein einheitliches Maß-, Gewichts- und Währungssystem schuf. Er hat die spätere politische Einigung im Deutschen Reich von 1871 vorbereitet.

1862 wurde Otto von Bismarck auf dem Höhepunkt einer schweren Staatskrise Ministerpräsident von Preußen. Er setzte die von Wilhelm I. angestrebte Heeresreform ohne einen vom Parlament bewilligten Etat durch. Über einzelne Fragen dieser Heeresreform war es zum Streit zwischen den liberalen Kräften in der Regierung und dem König gekommen, sodass dieser, als ihm die Finanzierung des Heers verweigert wurde, das Parlament auflöste. Bismarck behauptete, dass die Verfassung im Falle einer Uneinigkeit zwischen König und Abgeordnetenhaus keine Regeln vorschreibe, also eine Lücke aufweise („Lückentheorie“). Daher dürfe derjenige regieren, der die Macht über das Militär habe und deshalb in der Lage sei, diese durchzusetzen. De facto bedeutete das, dass der Monarch und seine Regierung das Recht hätten, ihre eigene Politik durchzusetzen. Ergebnis war eine deutliche Schwächung der Liberalen und ein Prestigegewinn des preußischen Heers.

Unter Bismarcks Führung zielte Preußen auf eine kleindeutsche Integration der einzelnen Staaten des Deutschen Bundes hin, indem es drei **„Einigungskriege“** führte. Zuerst gelang es Bismarck, dass Österreich gemeinsam mit Preußen im Auftrag des Deutschen Bundes einen Krieg gegen Dänemark führte (1864), weil Dänemark Schleswig annek-

▶ M 4–M 6: Die „Einigungskriege“

M1 **Deutschland von 1834 bis 1871**

M2 Der Weg zur Nationalstaatsgründung

1862	Preußischer Verfassungskonflikt
1864	Deutsch-Dänischer Krieg
1865/67	Erneuerung des Zollvereins
1866	Preußisch-Österreichischer Krieg; Auflösung des Deutschen Bundes
1867	Norddeutscher Bund
1870/71	Deutsch-Französischer Krieg
1871	Gründung des deutschen Nationalstaats

Emser Depesche
Nach dem Streit um die Kandidatur eines Hohenzollern für den spanischen Thron provozierte Bismarck den französischen Kaiser mit einem bewusst verkürzt telegrafierten Text des preußischen Königs Wilhelm I.

tiert hatte. 1866 führte der Streit zwischen Preußen und Österreich um die Verwaltung von Schleswig und Holstein zum Preußisch-Österreichischen Krieg. Nach dem Sieg über Österreich in der Schlacht von Königgrätz am 3. Juli 1866 annektierte Preußen große Gebiete österreichischer Bundesgenossen nördlich der Mainlinie: Hannover, Kurhessen, Frankfurt und Nassau. Damit erhielt Preußen ein zusammenhängendes Staatsgebiet und die Rivalität mit Österreich endete. Der Deutsche Bund wurde aufgelöst und an seiner Stelle 1867 der **Norddeutsche Bund** unter Führung Preußens gegründet, das sich mit den anderen nord- und mitteldeutschen Staaten nördlich der Mainlinie zusammenschloss. Mit den süddeutschen Staaten schloss Preußen Verteidigungsbündnisse. Nach Bismarcks gezielter Provokation („Emser Depesche“*) erklärte 1870 schließlich Frankreich Preußen den Krieg. Auf diese Weise erhielt dieser den Charakter eines Verteidigungskriegs, der das Einheitsgefühl der deutschen Bundesstaaten und ihr Nationalbewusstsein bestärkte. Obwohl „von oben“ initiiert und gelenkt, erhielt der Krieg den Charakter eines „nationalen und innenpolitischen Integrationskrieges“ (Hans-Ulrich Wehler). Die Niederlage Frankreichs bei Sedan am 2. September führte zum erneuten Ende der französischen Monarchie und zur Proklamation des deutschen Kaiserreichs am 18. Januar 1871 im Spiegelsaal von Schloss Versailles. Der Friedensschluss folgte in Frankfurt/Main am 10. Mai 1871. Frankreich musste Kriegsentschädigungen in beträchtlicher Höhe zahlen sowie Elsass-Lothringen an Deutschland abtreten.

Wachsender deutsch-französischer Gegensatz

Bereits 1840 wurden in Deutschland nationale „Rheinlieder" komponiert als Reaktion auf die Geltendmachung französischer Ansprüche auf das linke Rheinufer. Den Sieg Preußens im Preußisch-Österreichischen Krieg nahm Frankreich mit Sorge wahr, denn durch ihn erlangte Preußen die Vorrangstellung im Norddeutschen Bund. Für Frankreich stellte der sich einigende und erstarkende Nachbarstaat eine akute Bedrohung dar. Die Niederlage im Deutsch-Französischen Krieg, die Kaiserproklamation Wilhelms I. im Versailler Spiegelsaal sowie die Friedensbedingungen bedeuteten eine Demütigung für Frankreich. Der Jahrestag der Schlacht bei Sedan wurde als deutscher Nationalfeiertag bestimmt – damit zeigte der neu gegründete deutsche Nationalstaat nicht nur seine militär- und obrigkeitsstaatliche Ausrichtung, sondern demonstrierte auch seine Dominanz und vermeintliche Überlegenheit gegenüber Frankreich. Bismarck instrumentalisierte zudem innenpolitisch die von Frankreich ausgehende Gefahr, um die innere Einigung des neuen Kaiserreichs zu festigen. Es entstanden wirkungsmächtige Feindbilder, die eine **„deutsch-französische Erbfeindschaft"** konstruierten.

▶ M 7, M 8: Zur Kaiserproklamation

▶ M 11, M 12: Der deutsch-französische Gegensatz in Karikaturen

▶ M 1, S. 137: Verfassungsschema

▶ M 9, M 10: Zur Verfassung und zum politischen System des Kaiserreiches

M3 **Otto von Bismarck (1815 bis 1898), Farblithografie, um 1875**

Die Reichsgründung 1871

Die Verfassung des Deutschen Reiches trat am 16. April 1871 in Kraft und ging inhaltlich weitgehend auf die Verfassung des Norddeutschen Bundes zurück. Kennzeichnend waren das monarchische Prinzip, die Dominanz von Bundesrat und -kanzler sowie die eingeschränkten Rechte des Parlaments. Die Verfassung war maßgeblich durch Otto von Bismarck beeinflusst, der „die Frage der Einigung konsequent als Machtfrage behandelte" (Jörg Fisch). Konsequenterweise waren im Spiegelsaal von Versailles am 18. Januar 1871 nur die Fürsten der deutschen Staaten versammelt, um den preußischen König Wilhelm I. zum ersten deutschen Kaiser zu proklamieren. Bürgerliche Vertreter waren nicht eingeladen worden. Das Deutsche Reich war ein **Bundesstaat mit einer konstitutionellen Monarchie**, bestehend aus 25 Einzelstaaten mit 22 souveränen Monarchen und drei Senaten der Freien Städte. Darunter waren auch alte Mittelstaaten wie Sachsen, Baden, Württemberg und Bayern, die bereits ein eigenes „Nationalbewusstsein" herausgebildet hatten. Regionale Identitäten sollten daher den entstandenen Staat nachhaltig prägen. Die Rechte des Bundes und der Einzelstaaten hielten sich die Waage. An der Spitze des Bundes stand in Personalunion der deutsche Kaiser und König von Preußen, der das Reich nach außen völkerrechtlich vertrat. Er war erbliches Staatsoberhaupt des Bundes, die Einzelstaaten behielten jedoch ihre Souveränität. Das zentrale Entscheidungsgremium war der Bundesrat. Dessen Vorsitzender war der Reichskanzler, der zugleich auch preußischer Ministerpräsident war. Das Prinzip, dass wichtige Posten in Preußen und im Reich jeweils die gleiche Person besetzte (Personalunion), trug zur Verschmelzung Preußens mit dem Deutschen Reich bei. Durch sein territoriales und politisches Übergewicht konnte Preußen die Reichspolitik bestimmen.

1 Begründen Sie mithilfe des Darstellungstexts und der Karte M 1, warum der deutsche Nationalstaat als Projekt der preußischen Politik gelten kann.
2 Vervollständigen Sie die Chronologie zum Weg der Nationalstaatsgründung (M 2), indem Sie die Phasen mit Inhalten und Ergebnissen ergänzen.
3 Überprüfen Sie folgende Aussage: Mit der Reichsgründung 1871 war der nationale Teil der Forderungen der Revolutionäre von 1848 erfüllt, nicht aber der liberale.
4 **Zusatzaufgabe:** Siehe S. 411.

Hinweise zur Arbeit mit den Materialien
M 4 und M 5 veranschaulichen Ihnen Bismarcks politische Zielsetzung. M 6 thematisiert die Wahrnehmung der deutschen Einigungskriege in Frankreich. M 7 bis M 10 erlauben eine Auseinandersetzung mit der Reichsgründung 1871 sowie mit Urteilen über die Reichsverfassung und den politischen Charakter des Reichs. M 11 und M 12 veranschaulichen, wie sich der deutsch-französische Gegensatz etablierte.

Die „Einigungskriege"

M 4 Aus einem Privatschreiben Otto von Bismarcks an den Minister von Manteuffel, 1856

[D]ie Seele eines preuß[isch]-östr[eichischen] Bündnisses, auch in der größten gemeinsamen Gefahr, {würde] das Gegenteil von dem sein, was ein Bündnis fest macht. Gegenseitiges politisches Misstrauen, militärische und politische Eifersucht [...]; das alles würde uns jetzt stärker und lähmender sein, als in irgendeinem schlecht assortierten Bündnis der Vergangenheit. [...] Nach der Wiener Politik ist einmal Deutschland zu eng für uns beide; solange ein ehrliches Arrangement über den Einfluss eines jeden in Deutschland nicht getroffen und ausgeführt ist, pflügen wir beide denselben streitigen Acker, und so lange bleibt Österreich der einzige Staat, an den wir nachhaltig verlieren und von dem wir nachhaltig gewinnen können. [...] Wir haben eine große Anzahl streitender Interessen, die keiner von uns aufgeben kann, ohne auf die Mission, an die er für sich glaubt, zu verzichten. [...] Selbst der schwerste Druck von außen, die dringendste Gefahr der Existenz beider, vermochte 1813 und 1849 das Eisen nicht zu schmieden. Der deutsche Dualismus hat [...] in jedem Jahrhundert regelmäßig in einem größeren inneren Krieg seine gegenseitigen Beziehungen reguliert, und auch in diesem Jahrhundert wird kein anderes als dieses Mittel die Uhr der Entwicklung auf ihre richtige Stunde stellen können.

*Zit. nach: Hans-Joachim Schoeps, Preußen. Geschichte eines Staates, Propyläen, Berlin 1966, S. 373 f.**

M 5 Aus einer Rede Bismarcks vor der Budgetkommission des preußischen Abgeordnetenhauses, 1862

Die frei gehaltene Rede wurde nicht stenographiert, sondern in den Zeitungen in indirekter Form wiedergegeben.

Nicht auf Preußens Liberalismus sieht Deutschland, sondern auf seine Macht; Bayern, Württemberg, Baden mögen dem Liberalismus indulgieren[1], darum wird ihnen doch keiner Preußens Rolle anweisen; Preußen muss seine Kraft zusammenfassen und zusammenhalten auf den günstigen Augenblick, der schon einige Male verpasst ist; Preußens Grenzen nach den Wiener Verträgen sind zu einem gesunden Staatsleben nicht günstig; nicht durch Reden und Majoritätsbeschlüsse werden die großen Fragen der Zeit entschieden – das ist der große Fehler von 1848 und 1849 gewesen –, sondern durch Eisen und Blut.

Otto von Bismarck, Die gesammelten Werke, Bd. 10: Reden 1847–1869, hg. v. Wilhelm Schüßler, Stollberg, Berlin 1928, S. 140.

1 *indulgieren:* mit Nachsicht reagieren

5 Arbeiten Sie aus M 4 und M 5 Bismarcks deutschlandpolitische Ziele heraus.
6 Vergleichen Sie diese mit den Forderungen der Revolutionäre von 1848.

M 6 „Der große deutsche Menschenfresser", französische Karikatur, 1866

7 Analysieren Sie die Karikatur M 6.
Tipp: Berücksichtigen Sie dabei den Entstehungsort.
8 Vergleichen Sie die außenpolitische Wahrnehmung der Einigungskriege mit Bismarcks Äußerungen (M 4–M 6).

Die Reichsgründung 1871

M7 Die Proklamierung des Deutschen Kaiserreiches, Ölgemälde von Anton von Werner, 1885.
Die abgebildete Fassung ist die dritte (sog. „Friedrichsruher Fassung"), Werner erstellte sie zu Bismarcks 70. Geburtstag.

M8 Der Historiker und Journalist Johannes Willms über die Kaiserproklamation, 1998

In dieser Zeremonie, die der Historienmaler Anton von Werner mehrfach festgehalten hat, womit er dazu beitrug, dieses in vielerlei Hinsicht geschmacklose Geschehnis zu einer nationalen Ikone zu stilisieren, ist der widersprüchliche und unausgegorene Charakter des Deutschen Reichs gebündelt. Paris darbte und litt noch immer unter preußischem Beschuss, und es würde noch Tage und Wochen dauern, bis die Republik um einen Waffenstillstand nachsuchte. So fand das Spektakel, an dem außer einer Krankenschwester, die zufällig zugegen war und die damit das in seinen Stämmen geeinte deutsche Volk repräsentierte, nur uniformierte und ordensgeschmückte Schranzen, Heroen und Halbheroen[1] teilnahmen, mitten in einem besetzten und vom Krieg verheerten Land statt, dessen Einwohner noch immer mit wütender Entschlossenheit um ihre Existenz kämpften. Bismarck trug für all das die letzte Verantwortung. Nein, die Gründung des Deutschen Reichs war eine einzige Improvisation, eine Bastelarbeit, deren Gelingen entschieden mehr mit einer Fülle glücklicher Umstände als mit einer überlegenen strategisch-politischen Planung zu tun hatte. Das Einzige, was für Bismarck seit 1866 feststand, was er auf Biegen und Brechen zu erreichen suchte und womit er sich schließlich durchsetzte, war, dieses Gebäude vom First und nicht vom Keller her zu errichten. Verglichen mit der untadeligen Eleganz, mit der Bismarck auf Königgrätz[2] zugesteuert war und mit der er diesen militärischen Sieg politisch verwertet hatte, war die Art und Weise, mit der er die kleindeutsche Lösung in seinem Sinne vollendete, höchst plump und von bisweilen primitiver Brutalität. Letzten Endes waren es entschieden mehr die prestigesüchtigen Dummheiten des napoleonischen Regimes als Bismarcks überlegene staatsmännische Qualitäten, die Deutschland 1871 in den Sattel halfen.

Johannes Willms, Bismarck – Dämon der Deutschen. Anmerkungen zu einer Legende, Kindler, München 1998, S. 250 f.

1 *Schranzen, Heroen und Halbheroen:* abwertende Begriffe für Menschen, die sich in der Nähe von höhergestellten Personen aufhalten und ihnen nach dem Mund reden
2 *Schlacht bei Königgrätz 1866:* Entscheidungsschlacht im Deutsch-Österreichischen Krieg, bei der Preußen Österreich besiegte

9 Analysieren Sie das Gemälde M 7, indem Sie die einzelnen Bildelemente beschreiben und dabei auf die Personendarstellung (Farben, Kleidung, Gestik, Mimik) sowie die Bildkomposition eingehen.

10 **Wahlaufgabe:** Bearbeiten Sie entweder a) oder b).
- **a)** Vergleichen Sie Ihre Interpretation von M 7 mit dem Blick des Historikers auf die Kaiserproklamation in M 8.
- **b)** Überprüfen Sie die Thesen des Historikers in M 8 mithilfe des Darstellungstextes.

11 Überprüfen Sie mithilfe der Materialien, inwiefern die Reichsgründung als „Revolution von oben" bezeichnet werden kann.

Vertiefung: Zur Reichsverfassung und zum politischen Charakter des Deutschen Reichs

M 9 Der Historiker Thomas Nipperdey, 1992

Die Monarchie im Reich war nicht mehr absolutistisch oder halbabsolutistisch. Sie war konstitutionell. [...] Sie war an die Verfassung, die rechtsstaatlichen Normen, die Mitwirkung des Parlaments gebunden, an die Form der Regierung durch Beamten-Minister oder den einen Reichskanzler, die die politisch-moralische „Verantwortung" für das Handeln von Monarch und Regierung [...] übernahmen, und darum an einen [...] Konsens der bürgerlichen Öffentlichkeit, ihrer Mehrheit. Dass die Regierung nicht vom Vertrauen des Parlaments abhängig war [...], ist demgegenüber kein Einwand. Die innere Geschichte des Reiches ist demgemäß vom Verhältnis der Regierung zu Parlament und Öffentlichkeit bestimmt. [...] Gegenüber dem vom Monarchen ernannten Kanzler (und der „Regierung") und gegenüber den im Bundesrat institutionalisierten verbündeten Regierungen stand das Parlament, der Reichstag, Organ der einen Nation, unitarisch insoweit, nationaldemokratisch: das vierte Element dieser Verfassung neben Föderalismus, Hegemonie und monarchisch-bürokratischer Exekutive. Da der Reichstag keinen Einfluss auf die Zusammensetzung der „Regierung" und damit jedenfalls keinen bestimmenden Einfluss auf den Kurs der Gesamtpolitik hatte, steht er bei nachgeborenen Historikern nicht in hohem Ansehen. Aber so einfach ist es mit seiner Macht oder Ohnmacht nicht.

*Thomas Nipperdey, Deutsche Geschichte 1866–1918, Bd. 2: Machtstaat vor Demokratie, C. H. Beck, München 1992, S. 99 ff.**

M 10 Der Historiker Hans-Ulrich Wehler, 1994

Das Hauptgewicht ruht bei dem Begriff der konstitutionellen Monarchie auf dem Substantiv, nicht auf dem Adjektiv. Und um eine „Königsherrschaft" handelte es sich durchaus. Der preußische Monarch kontrollierte nicht nur im Hegemoniestaat, der zwei Drittel des Reiches ausmachte, die drei Säulen des absolutistischen Staates: Heer, Bürokratie und Diplomatie, sondern auch als Reichsmonarch den Verwaltungsapparat der neuen Reichsbehörden, das Militär und die Außenpolitik. [...] Institutionell blieb damit, verfassungsrechtlich abgeschirmt, das Machtgefüge des absolutistischen Staates im Wesentlichen erhalten. Wenn der Vorbehalt zugunsten der königlichen Exekutive das essentielle Kriterium der konstitutionellen Monarchie ist, dann besaß der preußische König und deutsche Kaiser kraft seiner Verfügungsgewalt über diese drei Säulen den „entscheidenden und somit wesenbestimmenden" Einfluss innerhalb der Reichsverfassung; die absolutistischen Kräfte bleiben, anders gesagt, von „verfassungsbestimmender Macht". Da mithin die Machtfaktoren des alten Obrigkeitsstaates weiter vom Monarchen (und seinen Beratern!) kontrolliert wurden, hing einmal Entscheidendes von der autoritären Spitze ab. Zum Zweiten blieb, obwohl die Verfassung als Konzession an die liberalen Forderungen der bürgerlichen Zeit unvermeidbar geworden war, der harte Kern des traditionellen Herrschaftssystem erhalten. [...] Es handelt sich um einen autokratischen, halbabsolutistischen Scheinkonstitutionalismus, da die realen Machtverhältnisse nicht entscheidend verändert worden waren.

*Hans-Ulrich Wehler, Das deutsche Kaiserreich, Vandenhoek & Ruprecht, Göttingen 1994, S. 62.**

12 Vergleichen Sie das Urteil Nipperdeys (M 9) mit den Ansichten Wehlers (M 10).

13 Nehmen Sie begründet Stellung zu der Frage, ob die Bezeichnung „Scheinkonstitutionalismus" (M 10, Z. 30) für die Verfassung im Kaiserreich (s. M 1, S. 137 f.) berechtigt ist.

Konstruktion der deutsch-französischen Erbfeindschaft

M 11 ***„Excessive Bail“*** **(dt.: „Übertriebene Kaution“), Zeichnung von John Tenniel in der englischen Zeitung „Punch“, 18. Februar 1871.**
Der Untertitel lautet übersetzt: Justitia (zu Bismarck): „Ihre Mandantin wurde angegriffen, und Sie fordern, dass die Angeklagte dazu fest verpflichtet sein soll, den Frieden für viele Jahre zu erhalten. Aber ich kann eine Forderung nach maßlosen Sicherheiten nicht gutheißen.“
Die Frauenfigur neben Bismarck stellt Marianne, die Personifizierung Frankreichs, dar. Als „Mandantin“ Bismarcks ist Germania, die Personifikation des Deutschen Reiches, gemeint. Sie ist nicht in der Karikatur dargestellt.

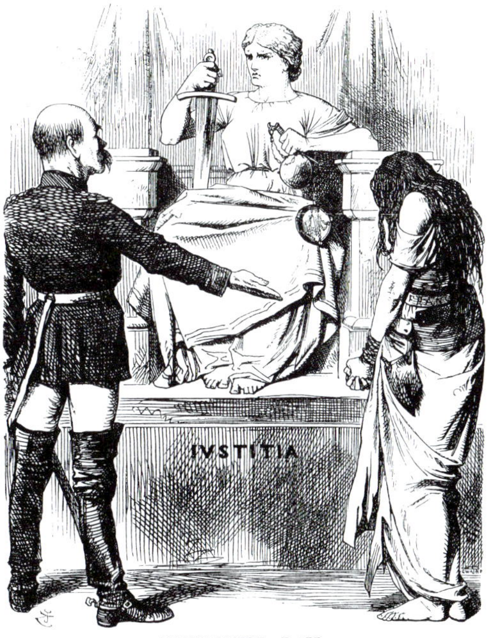

EXCESSIVE BAIL.

M 12 „Unterzeichnung des Friedensvertrags“, französische Karikatur auf den Vorfrieden von Versailles am 26. Februar 1871

14 Charakterisieren Sie mithilfe der Karikaturen (M 11, M 12) die Haltung Frankreichs und Englands zum Vorfrieden von Versailles 1871.
Tipp: Bei der abgebildeten Frauenfigur handelt es sich jeweils um die personifizierte Marianne, die Nationalfigur Frankreichs.

15 Vertiefung: Verfassen Sie einen fiktiven Zeitungskommentar eines neutralen Landes (z. B. Schweiz) zu einer der beiden Karikaturen.

Ein Verfassungsschaubild analysieren

Eine Verfassung bestimmt den gesetzlichen Rahmen eines Staates, indem sie die **Staatsform**, den **organisatorischen Aufbau**, die **Aufgaben** und die **Beziehungen der einzelnen Institutionen** sowie die **Rechte der Bevölkerung** festlegt. Verfassungsschaubilder können dabei die häufig umfangreichen und komplizierten Gesetzestexte grafisch vereinfachen und übersichtlich darstellen.
Als Vorläufer moderner Verfassungen gelten die Analysen bestehender Staats- und Regierungsformen in der griechischen Antike, wie sie z. B. Aristoteles formulierte. Die moderne Verfassungsentwicklung begann in Europa im 17. Jahrhundert mit der in **England** verabschiedeten ***Bill of Rights***. Erstmals wurden die Rechte des Einzelnen gegenüber dem Staat sowie die Gewaltenteilung festgeschrieben. Die am 16. April 1871 vom Reichstag verabschiedete Verfassung des Deutschen Reiches glich inhaltlich weitgehend der Verfassung des Norddeutschen Bundes von 1867 und resultierte aus den Verträgen, die der Bund unter Führung Preußens infolge der militärischen Erfolge im Deutsch-Französischen Krieg von 1870 mit dem Großherzogtum Baden und Hessen sowie dem Königreich Bayern und Württemberg zur Vorbereitung auf die Reichsgründung geschlossen hatte. Die Verfassung, die am 4. Mai 1871 in Kraft trat, existierte faktisch bis zum 9. November 1918 (Abdankung des Kaisers) und wurde formalrechtlich erst durch die Weimarer Reichsverfassung vom 14. August 1919 aufgehoben.

Arbeitsschritte zur Analyse

1. Erster Eindruck/ Leitfragen
- Welche Leitfrage könnte die Analyse des Schaubildes bestimmen?

2. Formale Merkmale
- Für welchen Staat galt/gilt die Verfassung? Wann und durch wen wurde die Verfassung ausgearbeitet, wann trat sie in Kraft und wie lange war sie gültig?
- Wie ist das Schaubild zu lesen?
- Welche Bedeutung haben Farben, Pfeile, Symbole etc.?
- Welche Fachbegriffe werden verwendet und müssen geklärt werden?

3. Analyse der einzelnen Elemente

Staatsorgane
- Welche Staatsorgane sind dargestellt?
- Wie sind die Organe zusammengesetzt, welche Aufgaben/Befugnisse besitzen sie?

Machtverteilung
- Welche Auskunft gibt das Schaubild über die staatliche Machtverteilung, -konzentration und -beschränkung?
  Tipp: Achten Sie darauf, von wem viele Pfeile weggehen.
- Wie wird ggf. die Gewaltenteilung umgesetzt?
  Tipp: Dies wird häufig mit unterschiedlichen Farben gekennzeichnet.

Rechte des Volkes
- Welche Rechte werden der Bevölkerung garantiert?
- Wer darf wen wie und für wie lange wählen?

Struktur des Staates
- Um welche Staatsform handelt es sich?
- Beinhaltet die Verfassung föderative oder/und zentralistische Elemente?

4. Interpretation/ Gesamtaussage
- Wie übersichtlich und aussagekräftig ist das Schaubild?
- Erkennt man aus heutiger Sicht Stärken und Schwächen dieser Verfassung?
- Welche Fragen stellen sich nach der Analyse – was ist unklar?
- Welche Gesamtaussage lässt sich hinsichtlich der Leitfrage formulieren?

Übungsbeispiel

M1 Die Verfassung des Deutschen Reiches von 1871

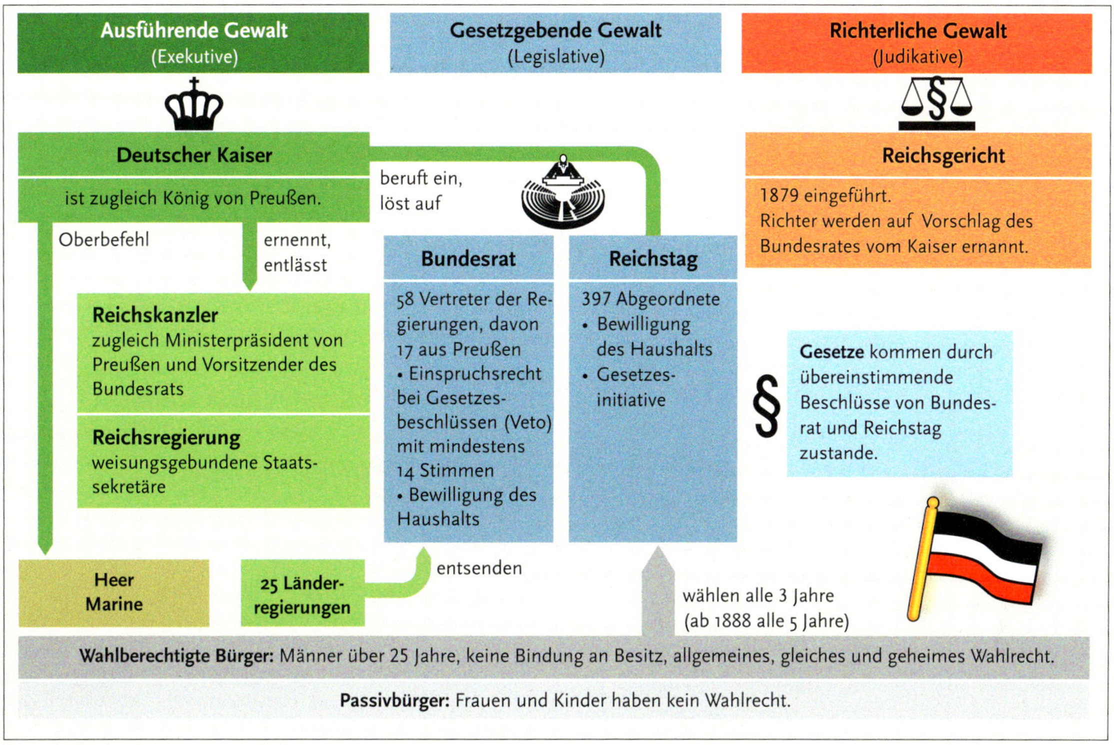

1 Analysieren Sie das Verfassungsschaubild mithilfe der genannten Arbeitsschritte.

2 Vergleichen Sie anschließend die Reichsverfassung von 1871 mit der Verfassung der USA von 1787/91 (S. 84) und der Paulskirchenverfassung von 1849 (S. 123).

Tipps zum Vorgehen:
- Verschaffen Sie sich zuerst einen groben Überblick (Arbeitsschritte 1 und 2), gliedern Sie das Schaubild in die auffälligsten Strukturelemente, achten Sie auf Farben, Pfeile und Gliederungsebenen.
- Vertiefen Sie sich erst danach ins Detail, orientieren Sie sich dabei an den Arbeitsschritten 3 und 4.
- Richten Sie den Fokus auf die Leitfrage.
- Für einen Vergleich der Verfassungen sollten Unterschiede vor allem hinsichtlich der Rechte für die Bevölkerung, d. h. der demokratischen Elemente berücksichtigt werden.

Formulierungshilfen
- Das Schaubild zeigt …
- In dem Schaubild wird dargestellt …
- Auf dem Schaubild ist … zu sehen.
- Zur Veranschaulichung dienen …
- Das Schaubild ist grob in … Bereiche gegliedert …
- Durch die Farben … wird verdeutlicht, …
- Die Pfeile weisen …
- Folgende Ebenen lassen sich unterscheiden: …
- Es wird deutlich, dass …
- Dies zeigt sich auch bei …
- Bei … handelt es sich um demokratische/nicht-demokratische Elemente …
- Durch … sind Partizipationsmöglichkeiten für das Volk gewährleistet/eingeschränkt …
- Das Staatswesen lässt sich … charakterisieren.
- Die Verfassungsorgane setzen sich zusammen aus …
- … gehört zur Legislative/Exekutive und ist zuständig für …
- Gewaltenteilung ist gegeben durch …
- Im Zusammenhang mit … wirkt …
- Besonders auffallend ist …
- Es lässt sich festhalten, dass das Schaubild sowohl in gestalterischer Hinsicht als auch in Bezug auf seine darstellerische Funktion gut/schlecht gelungen ist, weil …
- Letztlich geht aus dem Schaubild hervor, dass …
- Zusammenfassend …
- Das Schaubild demonstriert insgesamt …
- Im Hinblick auf die Aussage zu … wäre/sollte …

Lösungshinweise

1. Erster Eindruck/Leitfragen

Erster Eindruck:
individuelle Antworten

Mögliche Leitfragen:
Fragen, die sich aus dem Vergleich mit der US-Verfassung 1791 und der Paulskirchenverfassung 1849 ergeben

2. Formale Merkmale
- Staat: Deutsches Reich
- Verabschiedung: 16. April 1871, durch den Reichstag
- Inkraftsetzung: 4. Mai 1871
- Gültigkeitsdauer: blieb faktisch bis zum 9. November 1918 in Kraft; formalrechtlich aufgehoben mit der Weimarer Reichsverfassung vom 14. August 1919

3. Analyse der einzelnen Elemente

Verfassungsorgane
- Verfassungsorgane: Deutscher Kaiser, Reichskanzler, Reichsregierung (Exekutive), Landesregierungen der 25 Bundesstaaten, Reichstag, Bundesrat (Legislative)

Zusammensetzung und Aufgaben bzw. Befugnisse der Institutionen (exemplarisch):
- Deutscher Kaiser: zugleich König von Preußen; Aufgaben: Ernennung des Reichskanzlers, Oberbefehl über das Heer, Einberufung/Auflösung des Reichstages
- Reichstag: 397 Abgeordnete; Aufgaben: Etatbewilligung (= Genehmigung des Haushalts), Gesetzesinitiative und -beschlüsse, „Kontrolle" des Reichskanzlers
- Bundesrat: 58 Vertreter der Landesregierungen (17 aus Preußen); Aufgaben: Verwaltungsvorschriften für das Reich, Zustimmung zu Gesetzesbeschlüssen des Reichstages, Kontrolle der Exekutive (Reichsregierung)

Machtverteilung
- stärkste verfassungsrechtliche Stellung der Exekutive (Kaiser und Reichskanzler)
- Kaiser: fehlende demokratische Legitimation als Staatsoberhaupt; seine Macht war zwar an die Verfassung gebunden, seine Befugnisse entsprechen jedoch z. T. den Befugnissen eines vorkonstitutionellen Monarchen (vgl. Aufgaben bzw. Befugnisse)
- Reichskanzler: leitet zwar Regierungsgeschäfte, eine politische Verantwortung bestand jedoch nur dem Kaiser und nicht dem demokratisch gewählten Reichstag (Legislative) gegenüber; war allerdings auf politische Mehrheiten angewiesen, da ohne die Zustimmung des Parlaments kein Gesetz in Kraft treten konnte

Rechte des Volkes
- Wahlberechtigung: Die Abgeordneten des Reichstages wurden alle drei Jahre (ab 1888 alle fünf Jahre) nach dem allgemeinen, geheimen, gleichen und direkten Mehrheitswahlrecht für männliche Staatsbürger über 25 Jahre gewählt. Für die damalige Zeit war das fortschrittlich.

Struktur des Staates
- Staatsform: konstitutionelle Monarchie
- Staatsaufbau: föderaler Aufbau (Bundesstaat), da Einzelstaaten über den Bundesrat an der Gesetzgebung des Reiches beteiligt waren; keine gleichberechtigte Stellung der Bundesstaaten, weil der preußische König zugleich Deutscher Kaiser war, der preußische Ministerpräsident zugleich Reichskanzler war und den Vorsitz im Bundesrat innehatte sowie Preußen im Bundesrat mit 17 von 58 Stimmen über eine Sperrminorität (Veto mit 14 Stimmen) verfügte

4. Interpretation/Gesamtaussage

Interpretation/Gesamtaussage
Charakterisierung des dargestellten Staates z. B. hinsichtlich seiner Staatsform und seines Staatsaufbaus

Fehlende Aspekte
- Organe: die 25 Landesparlamente als Bestandteil der Legislative
- Gewährung von Grundrechten (Hinweis: Da die Verfassungen der Bundesstaaten bereits eigene Grundrechtskataloge beinhalteten, wurden auf Bundesebene keine Grundrechte festgeschrieben.)

M2 **Vergleich zwischen der Reichsverfassung 1871, der US-Verfassung 1787/91 und der Paulskirchenverfassung 1849**

US-Verfassung 1787/91	Paulskirchenverfassung 1849	Reichsverfassung 1871
Staatsform: Republik	**Staatsform:** Konstitutionelle Monarchie	**Staatsform:** Konstitutionelle Monarchie
Präsident: gewählt von Wahlmännern, die in den Einzelstaaten von der Volksvertretung oder direkt vom Volk gewählt wurden	**Deutscher Kaiser:** beruft Volks- und Staatenhaus ein, Oberbefehl über die Streitkräfte, Vetorecht für Beschlüsse des Volkshauses	**Deutscher Kaiser**/König von Preußen; **Reichskanzler**/preußischer Ministerpräsident jeweils in Personalunion, keine Wahl
Senat: Wahl zweier Vertreter je Bundesstaat schafft Ausgleich für Unterschiede der Einzelstaaten in Größe und Bevölkerungszahl Gegenseitige Kontrolle von Exekutive, Legislative, Judikative (*checks and balances*)	**Konstitutionelle Monarchie:** Partizipation des Volkshauses durch Verabschiedung von Gesetzen, Kontrolle der Reichsregierung, Mitbestimmung des Haushaltsplans	**Reichstag** als Volksvertretung mit geringem Einfluss (vgl. Machtverteilung) Sperrminorität Preußens (Veto mit 14 von 58 Stimmen im Bundesrat)
Wahlberechtigte Bürger: Amerikaner (Männer) ab 18 – Afroamerikaner und Indigene sind nicht zugelassen	**Wahlberechtigte Bürger:** Männer über 25 (Volkshaus)	**Wahlberechtigte Bürger:** Männer über 25
Wahlen der wahlberechtigten Bevölkerung: Senat, Repräsentantenhaus, Wahlmänner	**Wahlen** zum Volkshaus durch allgemeines freies Wahlrecht	**Wahlen** zum Reichstag durch allgemeines freies Wahlrecht
Garantie von **Freiheitsrechten** seit 1791 (*Bill of Rights*)	Garantie von **Freiheits- und Grundrechten**	Kein festgeschriebener **Freiheits- und Grundrechtskatalog**
Fundament einer **modernen Demokratie**	**Rechte des Volks** stark ausgeprägt	**Obrigkeitsstaat**, Rechte des Volks nur geringfügig berücksichtigt

3.3 Vertiefung: Nationalstaatsbildung am Beispiel Italiens

In diesem Kapitel geht es um
- *das Risorgimento (= Wiedererstehung) als Epoche in Italien,*
- *die Gründung des „jungen Nationalstaats" Italien zwischen 1859 und 1870 sowie*
- *die unterschiedliche Nationalstaatsbildung von „alten" und „jungen" Nationalstaaten in Europa.*

Epoche des Risorgimento

Konstitutionalismus
Staatsform, bei der Rechte und Pflichten der Staatsgewalt (besonders des Monarchen) und der Bürger in einer Verfassung mit Gewaltenteilung festgelegt sind

M 1 **Giuseppe Mazzini (1805 bis 1872), Gemälde eines unbekannten Künstlers, 19. Jh.**

Der **Wiener Kongress** führte 1815 auch in Italien, besonders in den von Österreich besetzten Gebieten in Norditalien, zur **Restauration**, die wichtige napoleonische Reformen rückgängig machte. Dies rief Widerstand und revolutionäre Proteste hervor. Die sich daraus entwickelnde Bewegung, die Freiheit und nationale Unabhängigkeit forderte, wird rückblickend als ***Risorgimento*** **(= Wiedererstehung)** bezeichnet. Der Name leitet sich von *„Il Risorgimento"* ab, einer 1847 gegründeten Zeitung, die den Liberalismus, den Konstitutionalismus* und die Einheit Italiens unterstützte.
Einer der wichtigsten Freiheitskämpfer war **Giuseppe Mazzini**, der ein einiges, republikanisches und demokratisches Italien anstrebte. Er gründete ab 1830 eine neue Bewegung, genannt *„Giovine Italia"* (Junges Italien), die in den revolutionären Aufständen des Jahres 1848 zur *„Associazione Nazionale Italiana"* wurde. Mazzini beeinflusste mit seinen Ideen große Teile der italienischen Bevölkerung und bereitete somit die italienische Einheit vor, auch wenn er selbst mit seinen Aktivitäten erfolglos blieb. Er gehörte zum radikalsten Flügel des Risorgimento, denn er arbeitete an einer demokratischen Staatsgründung durch das Volk, also einer Nationalstaatswerdung „von unten", und lehnte jede Form des Kompromisses ab.
Diesem Ansatz stand die konservative politische Führung des Königtums Piemont-Sardinien gegenüber: König **Viktor Emanuel II.** und sein Ministerpräsident **Camillo Benso Graf von Cavour**. Cavour war Gründer und Herausgeber der Zeitung „Il Risorgimento". Mit seinen Artikeln beeinflusste er die sardisch-piemontesische Politik und entwickelte sich zu einem der Motoren der italienischen Einheit. Cavour und seine Mitstreiter favorisierten allerdings eine konstitutionelle Monarchie unter Leitung des Königreichs Piemont-Sardinien und strebten damit – im Gegensatz zu den Ideen Mazzinis – eine Nationalstaatswerdung „von oben" durch Reformen an.

Der Weg zur Gründung des „jungen Nationalstaats"* Italien

Alte und junge Nationalstaaten
„Alte Nationalstaaten" nennt man die Staaten im Norden und Westen Europas, die vor 1800 entstanden sind und die als Nation auf einem zusammenhängenden Territorium mit klaren Grenzen ununterbrochen bis heute existieren. „Junge" bzw. „verspätete" Nationalstaaten haben sich dagegen erst im Verlauf des 19. und beginnenden 20. Jahrhunderts gebildet.

► M 8: Zur Nationalstaatsbildung in Deutschland und Italien
► M 11: Zur Typologie europäischer Nationalstaatsbildung

Ähnlich wie Deutschland war Italien im 19. Jahrhundert in viele Einzelstaaten zersplittert. Weite Teile des Nordens gehörten zum Vielvölkerstaat Österreich-Ungarn, in Mittelitalien herrschte der Papst und im Süden hatte das Herrscherhaus der spanischen Bourbonen die Macht. Auch in Italien waren die Ideen der Französischen Revolution auf fruchtbaren Boden gefallen. Der Wunsch nach einem Nationalstaat wurde immer größer und 1848 kam es in den italienischen Kleinstaaten – wie in ganz Europa – zu revolutionären Erhebungen für nationale Selbstbestimmung und Freiheit, in deren Zuge die päpstliche Herrschaft und Österreich offen herausgefordert wurden (s. S. 112 ff.). Das Zentrum der Revolution bildete die Republik Venedig. Als jedoch österreichische Truppen im Sommer 1848 Venetien und Mailand besetzten, gerieten die Aufständischen fast überall in Italien in die Defensive. Ein halbes Jahr später unterlagen auch die

Truppen des Königreichs Piemont-Sardinien, dessen Herrscher auf Betreiben Cavours Österreich den Krieg erklärt hatte, in der Schlacht bei Novara am 23. März 1849 dem österreichischen Heer. Obwohl die Revolutionen von 1848/49 scheiterten und sich die Restauration in ganz Italien wieder durchgesetzt hatte, blieben das liberale und nationale Gedankengut in den Einzelstaaten erhalten.

Die Italiener versuchten dennoch weiterhin im Sinne des ***Risorgimento***, die fremden Mächte zu vertreiben und den Papst in die Schranken zu weisen. Zur treibenden Kraft wurde das Königreich Piemont-Sardinien, ein von König Viktor Emanuel II. vergleichsweise liberal regierter Staat. Er wandte sich gegen die meist absolutistisch regierten Einzelstaaten Italiens und gegen Österreich. Cavour betrieb seit 1852 als Ministerpräsident des Königreichs Piemont-Sardinien die italienische Einheit: Um die Unterstützung des Auslands für die italienische Sache zu erlangen, trat 1855 Sardinien als Verbündeter Großbritanniens und Frankreichs in den Krimkrieg ein. Auf dem **Pariser Kongress**, der den Krimkrieg beendete, kritisierte Cavour 1856 die Besetzung Norditaliens durch Österreich. Er wusste, dass nationalistische Aufstände ohne Hilfe von außen kaum Erfolg hatten. Deshalb versicherte er sich der französischen Unterstützung, bevor er Österreich 1859 zur Kriegserklärung gegen Piemont-Sardinien provozierte (Sardischer Krieg). In der Schlacht von Solferino fügten die italienisch-französischen Truppen den Österreichern eine schwere Niederlage zu. Jedoch zog sich danach der französische Kaiser Napoleon III. im **Vorfrieden von Villafranca** aus den militärischen Aktionen zurück, woraus Piemont-Sardinien erhebliche Nachteile und territoriale Verluste erwuchsen.

In diesem Augenblick erhielt Piemont-Sardinien unverhoffte Unterstützung durch den **Freiheitskämpfer Giuseppe Garibaldi**, einen Anhänger Mazzinis und Mitglied des „Jungen Italiens". Dieser segelte am 5. Mai 1860 mit tausend „Rothemden" von Genua aus nach Süden. Er wollte mit seinen Truppen Sizilien und Neapel erobern („Zug der Tausend"), während Viktor Emanuel in die zum Kirchenstaat gehörende Provinz Umbrien einrückte.

M2 Camillo Benso Graf von Cavour (1810–1861), Gemälde von Michele Gordigiani, um 1900.

Cavour war seit 1852 Ministerpräsident des Königreichs Piemont-Sardinien und später erster Ministerpräsident des vereinigten Königreichs Italien.

▶ M 9, M 10: Karikaturen zu Garibaldi und Cavour

M3 Die Abreise des italienischen Patrioten Giuseppe Garibaldi (1807–1882) und der Tausend („Rothemden") in Quarto bei Genua, 6. Mai 1860, Zeichnung von Tancredi Scarpelli (1866–1937), um 1930

M4 Viktor Emanuel II. (1820 bis 1878), Gemälde von Gerolamo Induno, ca. 1855.
Viktor Emanuel II. war seit dem 17. März 1861 der erste König des vereinigten Königreichs Italien.

Nach blutigen Kämpfen gelang es schließlich, einen italienischen Nationalstaat zu gründen, allerdings noch ohne Rom und Venetien: 1861 stimmten die Wahlbürger von Neapel-Sizilien und des Kirchenstaates für eine Union mit Piemont-Sardinien. Daraufhin wurde im März desselben Jahres das Königreich Italien ausgerufen, jedoch entsprach dieses Ergebnis nicht den Vorstellungen der Patrioten um Garibaldi: Viktor Emanuel wurde 1861 König von ganz Italien und setzte entgegen Garibaldis Idee einer Republik die **konstitutionelle Monarchie** als Staatsform durch. Doch die Kämpfe gingen weiter. 1866 wurde Venetien infolge des Deutsch-Österreichischen Krieges (s. S. 129 f.) Teil des Königreichs. 1870/71 konnten schließlich die Truppen des Papstes besiegt werden. Rom wurde erobert und Hauptstadt des Nationalstaats Italien.

M5 Die Einigung Italiens 1859 bis 1870

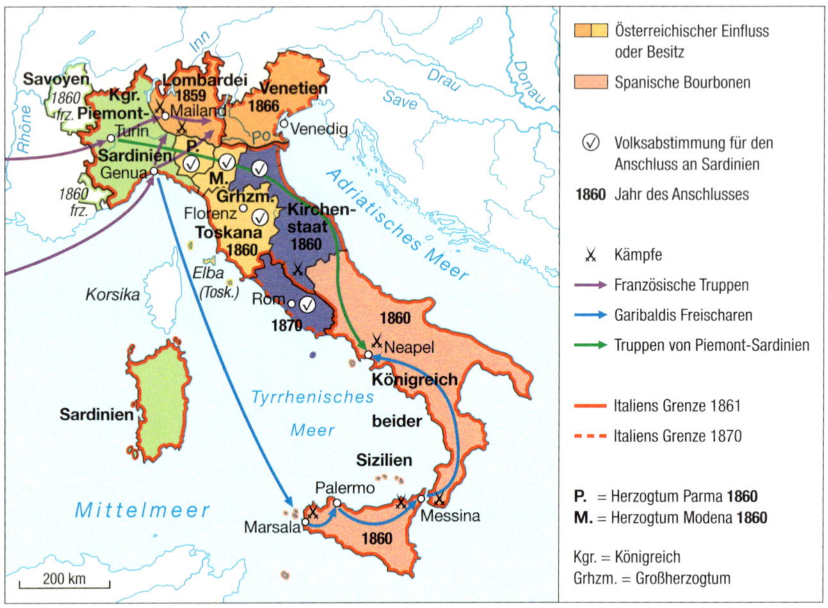

Ausführliche Darstellung zum Risorgimento auf historicum.net
cornelsen.de/Webcodes
Code: pekimu

1 Gliedern Sie mithilfe des Darstellungstextes sowie der Karte M 5 den Weg der italienischen Nationalstaatsgründung in drei Phasen. Charakterisieren Sie die einzelnen Phasen mithilfe aussagekräftiger Schlagworte.

2 **Wahlaufgabe:** Bearbeiten Sie entweder a) oder b).
a) Versetzen Sie sich in die Lage Giuseppe Garibaldis auf der Abbildung M 3 und gestalten Sie einen fiktiven Appell an seine Mitstreiter, in dem Sie Ihre Hoffnungen und Wünsche vor Ihrer Abreise nach Sizilien zum Ausdruck bringen.
b) Schreiben Sie aus der Sicht von Giuseppe Garibaldi einen Brief an Giuseppe Mazzini, der auf den 17. März 1861 – den Tag, an dem Viktor Emanuel II. erster König des vereinigten Italiens wird – datiert. Erläutern Sie Ihre Gedanken zur Nationalstaatsgründung.

Hinweise zur Arbeit mit den Materialien
Die Materialien beschäftigen sich vergleichend mit der Nationsbildung Deutschlands und Italiens. M 6 und M 7 zeigen Ihnen die Leitideen zweier Protagonisten der italienischen Einigung: Giuseppe Mazzini und Camillo Benso von Cavour. M 8 stellt die deutsche und die italienische Nationalstaatsgründung aus Forschungsperspektive gegenüber. M 9 und M 10 zeigen zeitgenössische Perspektiven auf Cavour und Garibaldi.

M 6 Aus dem Programm „Das Junge Italien" des Italieners Giuseppe Mazzini, 1832

§ 1 Das Junge Italien ist die Verbrüderung derjenigen Italiener, welche an ein Gesetz des Fortschritts und der Pflicht glauben und die Überzeugung haben, dass Italien berufen sei, eine Nation zu sein. […] Sie weihen […] Gedanken und Tat der großen Absicht, Italien als eine Nation von freien und gleichen Bürgern, als ein einiges, unabhängiges und souveränes Volk wiederherzustellen. […]

§ 3 Das Junge Italien ist republikanisch und für die Einheit. Republikanisch – weil alle Männer einer Nation nach dem Gesetze Gottes und der Menschheit berufen sind, gleich und verbrüdert zu sein. Republikanisch – weil Italien keine Elemente für die Monarchie hat: keine ehrwürdige und mächtige Aristokratie, die sich zwischen den Thron und die Nation stellen könnte, keine Dynastie italienischer Fürsten, die durch langjährigen Ruhm wichtige, der Entwicklung der Nation geleistete Dienste der Liebe und Zuneigung aller Staaten, aus denen Italien besteht, sich erworben hätte. […]

§ 4 Die Mittel, die die Verbindung anzuwenden beabsichtigt, um ihren Zweck zu erreichen, sind Erziehung und Aufstand. […] Wo der Aufstand beginnt, wird er die italienische Fahne, italienischen Zweck und italienische Sprache haben. […]

§ 6 Die Farben des Jungen Italien sind weiß, rot und grün. Die Fahne des Jungen Italien trägt auf diesen Farben auf einer Seite als Inschrift die Worte: Freiheit, Gleichheit, Menschheit, auf der andern: Einigkeit, Unabhängigkeit.

*Zit. nach: Gottfried Guggenbühl (Hg.), Quellen zur Geschichte der Neuesten Zeit, 4. Aufl., Schulthess, Zürich 1966, S. 107 f.**

M 7 Aus einem Brief Camillo Cavours an König Viktor Emanuel über ein Treffen mit Napoleon III., 24. Juli 1858

Der Kaiser fragte mich […] nach dem Grund meiner Reise. Er sagte dann, dass er entschlossen sei, Sardinien mit allen seinen Kräften in einem Krieg gegen Österreich zu unterstützen, vorausgesetzt, dass dieser Krieg aus einem nicht-revolutionären Grunde geführt würde, der sich diplomatisch und vor allem vor der öffentlichen Meinung in Frankreich und Europa rechtfertigen ließe. […] Der Kaiser kam mir zu Hilfe, und wir machten uns gemeinsam daran, alle italienischen Staaten durchzugehen, um diesen so schwer zu findenden Kriegsgrund zu suchen. […] Wir kamen überein, dass ein Gesuch der Bevölkerung [von Massa und Carrara] an Eure Majestät provoziert werden sollte, um Ihren Schutz zu erbitten und sogar die Annexion dieser Herzogtümer durch Sardinien zu verlangen. […] Welches sollte das Kriegsziel sein? Der Kaiser gab ohne weiteres zu, dass es notwendig sei, die Österreicher aus Italien hinauszuwerfen und ihnen kein Körnchen Land jenseits der Alpen und des Isonzo zu überlassen. Aber wie sollte Italien dann organisiert werden? […] Die Poebene, die Romagna und die Legationen[1] des Kirchenstaats würden das Königreich Oberitalien bilden, über die das Haus Savoyen herrschen würde. Rom und das umliegende Gebiet würde man dem Papst belassen. Der Rest des Kirchenstaats würde mit der Toskana das Königreich Mittelitalien bilden. Die Grenzen des Königreichs Neapel würden keine Veränderungen erfahren. Diese vier italienischen Staaten würden nach dem Beispiel des Deutschen Bundes einen Staatenbund bilden, dessen Vorsitz dem Papst gegeben würde, um ihn über den Verlust des größten Teils seiner Staaten hinwegzutrösten. […] Nachdem das künftige Schicksal Italiens festgelegt war, fragte mich der Kaiser, was Frankreich bekommen würde und ob Eure Majestät Savoyen und die Grafschaft Nizza abtreten würden. Ich antwortete, Eure Majestät würden Verständnis haben, dass gemäß dem Nationalitätenprinzip Savoyen mit Frankreich vereint werden müsste und dass er infolgedessen bereit sei, dies Opfer zu erbringen […].

*Zit. nach: Beatrix Mesmer (Bearb.), Napoleon III. und die italienische Einigung, Lang, Bern 1969, S. 9–12 (übers. von Christine Keitz).**

1 *Legationen:* Verwaltungseinheiten im Kirchenstaat

M 8 Die Historiker Anne Bruch und Ferdinand N. Göhde zur Nationalstaatsbildung in Deutschland und Italien, 2012

Die Idee, dass sich die italienische Nation in der Gestalt eines Staates organisieren könne, fand ihren politischen Höhepunkt in der Gründung des Königreichs Italien im Frühjahr 1861. […] Der Vergleich zwischen der deutschen und italienischen Nationsbildung gehört zu den Klassikern der beiden jeweiligen Forschungslandschaften. Seit Heinrich von Treitschke[1] sind dabei […] immer wieder die vermeintlichen Gemeinsamkeiten in der Nationalstaatsgründung Deutschlands und Italiens herausgearbeitet worden, zu denen die Parallelen zwischen Cavour und Bismarck sowie Piemont und Preußen gehören. Auch die historisch und kulturell tief verankerten regionalen und munizipalen[2] Identitäten, die sich einem Vereinigungsnationalismus über einen langen Zeitraum widersetzten – man denke hier nur Bayern und Venedig –, gehören zu den üblichen Referenzpunkten des Vergleichs. Gerade aus dieser letzten Parallelität ergibt sich aber auch der entscheidende Unterschied zwischen der deutschen und italienischen Nationalstaatsgründung: Während in Italien ein unitarischer[3] Zentralstaat errichtet wurde, konnte sich in der Schweiz und Deutschland die föderale Option durchsetzen.

Tagungsbericht: Das Risorgimento im europäischen Kontext: Politik – Kultur – Transfer, 14.06.2011 – 18.06.2011 Loveno di Menaggio, in: H-Soz-Kult, 21.05.2012, zit. nach: www.hsozkult.de/conferencereport/id/tagungsberichte-4226 (abgerufen am 06.04.2021).

1 *Heinrich von Treitschke (1834–1896):* deutscher Historiker
2 *munizipal:* städtisch; gemeint ist hier die Tradition der italienischen Stadtstaaten
3 *unitarisch:* Staat mit starker Zentralgewalt

M 9 Giuseppe Garibaldi und Camillo Benso von Cavour, italienische Karikatur, 1860.

Die Bildunterschrift lautet: „Finirà così?“ – „Wird es so enden?“ Die große Frauenfigur in der Bildmitte stellt die „Italia turrita“ dar, die Personifikation Italiens. Sie trägt eine Mauerkrone (ital. „turrita“ für Türme). Die davonlaufende Figur vorne rechts trägt eine Jakobinermütze mit Kokarde, dem Zeichen der französischen Revolutionäre.

M 10 Garibaldi und Cavour stellen Italien her, italienische Karikatur, 1861.

Cavour wird als Schuhmacher dargestellt, der den (italienischen) Stiefel hergestellt hat und skeptisch auf das Bein Garibaldis deutet. Garibaldi (links) würde sich den Stiefel gerne anziehen; die beiden Stiefelanzieher hält er schon gestikulierend in seinen Händen.

3 Analysieren Sie das Programm Mazzinis in M 6.
4 Charakterisieren Sie das Vorgehen Cavours bei den Verhandlungen um die Einigung Italiens (M 7).
5 a) Arbeiten Sie aus M 8 die Thesen der Historiker zur Nationalstaatsbildung in Deutschland und Italien heraus.
  b) Vergleichen Sie diese Thesen mit dem Darstellungstext.
  Tipp: Beziehen Sie die deutsche Nationalstaatsgründung (s. S. 129 ff.) mit ein.
6 **Wahlaufgabe:** Analysieren Sie eine der Karikaturen M 9 oder M 10.
7 Erörtern Sie die Frage: Camillo Benso Graf von Cavour – Bismarck Italiens?
  Tipp: Nutzen Sie auch Ihre Ergebnisse aus den Aufgaben 4 und 6. Beachten Sie darüber hinaus die Materialen auf S. 132 ff.), v. a. M 7 und M 8.

„Alte" und „junge" Nationalstaaten – unterschiedliche Wege zum Nationalstaat

In der Französischen Revolution (s. S. 98 ff.) entstand 1789 die demokratische Idee einer selbstbestimmten Nation, von der die Staatsgewalt ausgehen sollte. Die Nation sollte eine politische und soziale Gemeinschaft rechtsgleicher Staatsbürger sein. Frankreich gehört – mit England – zu denjenigen Staaten, die Ende des 18. Jahrhunderts bereits über einen gefestigten Staat und ein festes Staatsgebiet verfügten. Im Gegensatz dazu mussten andere Völker Europas, bei denen das noch nicht gegeben war, im Verlauf des 19. und beginnenden 20. Jahrhunderts erst die Idee einer nationalen Zusammengehörigkeit innerhalb eines möglichen gemeinsamen Staatsgebietes entwickeln. Dazu wurde das Konstrukt der Kulturnation verwendet: Literatur, Musik, bildende Kunst und Sprache, aber auch gemeinsame Herkunft, Abstammung und Geschichte sollten ein Gefühl der Zusammengehörigkeit stiften. Auf dieser Grundlage richtete sich das Bestreben dieser Völker auf die Vereinigung verschiedener selbstständiger Herrschaften (oder Territorien) zu einem zusammenhängenden Staatsgebiet. Deutschland und Italien werden aus diesem Grund als „verspätete" Nationalstaaten bezeichnet.

M11 Die Historiker Wolfgang von Hippel und Bernhard Stier zur Typologie europäischer Nationalstaatsbildung, 2012

Insgesamt waren Ausgangslage und Entwicklungsmöglichkeiten der Nationalbewegungen in den einzelnen Ländern recht unterschiedlich beschaffen, je nachdem, ob sie sich in einem bereits bestehenden, ethnisch, sprachlich und konfessionell wenigstens einigermaßen homogenen Staat entfalten konnten oder ob sie einen solchen Staat selbst erst anstrebten. Im ersten Fall bildete der bereits bestehende Staat den gegebenen Aktions- und Vorstellungsraum, dem das Nationalbewusstsein folgte. In Großbritannien äußerte es sich z. B. als Gefühl der Einzigartigkeit, als Stolz auf die politische und wirtschaftliche Vorrangstellung in der Welt sowie auf die Überlegenheit der eigenen Verfassung. In Spanien orientierte sich die liberale Nationalbewegung im Kampf gegen den 1814 restaurierten monarchischen Absolutismus am revolutionären Konzept der Staatsbürgernation nach französischem Vorbild. [...] In Frankreich konkurrierte nach 1814 das fortbestehende revolutionäre Nationskonzept des Bürgertums bzw. der liberal-demokratischen Opposition mit dem der Regierung, welche die Nation im monarchisch-religiösen Charakter der Verfassung verkörpert sah. [...] Anders als in bestehenden Staatsnationen gestaltete sich die Situation da, wo Nation und Staat nicht deckungsgleich waren und die Nationalbewegungen deshalb in Opposition zur territorialen Neuordnung von 1815 und damit zum Herrschaftssystem insgesamt standen. [...] In Deutschland und ebenso in Italien stand die Bildung des Nationalstaats aus mehreren souveränen Einzelstaaten auf der Tagesordnung [...]. [...] Gravierende Probleme entstanden durch das Aufkommen des Nationalgefühls in den europäischen Vielvölkerstaaten Habsburgermonarchie, Osmanenreich und Russland angesichts der Vermischung unterschiedlicher Ethnien, Sprachgemeinschaften und Religionen. Neben dem Osmanenreich war das Kaisertum Österreich mit etwa einem Dutzend Nationalitäten (Deutsche, Tschechen, Polen, Slowaken, Ruthenen, Italiener, Ungarn, Serben, Bosnier, Kroaten, Slowenen, Rumänen) derjenige Staatsverband, für den das erwachende Nationalbewusstsein der verschiedenen Bevölkerungsgruppen und die daraus abgeleiteten, teilweise konkurrierenden Gebietsansprüche die größte Existenzbedrohung darstellten. Während auf dem Balkan das Osmanenreich Schritt für Schritt zurückweichen musste, suchte Metternich für die Habsburgermonarchie deshalb einen Kurs konservativer Abwehr gegen die politisch aktiven Nationalbewegungen bei gleichzeitiger Förderung kultureller Identitäten innerhalb der Vielvölkermonarchie. [...] Auf längere Frist [...] konnten die „Vielvölkerreiche" bei schwindender Bindekraft der überkommenen dynastischen Herrschaft dem wachsenden Druck nationalstaatlicher Bestrebungen nicht standhalten.

*Wolfgang von Hippel, Bernhard Stier, Europa zwischen Reform und Revolution 1800–1850, Ulmer, Stuttgart 2012, S. 404–408.**

8 Arbeiten Sie aus M 11 die Typen europäischer Nationalstaatsbildung mit ihren wesentlichen Merkmalen heraus.

9 **Wahlaufgabe:** Vergleichen Sie die Nationalstaatsbildung von

a) Frankreich und Deutschland oder

b) Frankreich und Italien.

Erstellen Sie dafür eine nach Kriterien gegliederte Tabelle. Nutzen Sie dafür die Informationen zu Deutschland (S. 129 ff.), zu Italien (S. 140 ff.) sowie zu Frankreich (S. 98 ff.).

Tipp: Mögliche Kriterien sind Ausgangsbedingungen, Verlauf der Nationalstaatsbildung, Typ Nationalstaat, Gewinner/Verlierer, Partizipationsmöglichkeiten und Freiheitsrechte im neuen Nationalstaat.

10 **Zusatzaufgabe:** Siehe S. 411.

3.4 Politische Kultur im Kaiserreich

In diesem Kapitel geht es um
- *die politischen und gesellschaftlichen Gruppierungen des Kaiserreichs,*
- *das Parteienspektrum sowie*
- *die Auseinandersetzung mit der katholischen Kirche und mit der Sozialdemokratie als „Reichsfeinde".*

Interessen und Verbände im Kaiserreich

Das Kaiserreich wurde von unterschiedlichen **politischen und gesellschaftlichen Gruppierungen** bestimmt, die sich die Macht untereinander teilten. Großgrundbesitzer, die meist dem **Adel** angehörten, und Industrielle bildeten die Eliten des Kaiserreichs. Dabei besetzte der Adel administrative, militärische und politische Führungspositionen und stellte die Mehrzahl der Mitglieder der Ersten Kammern in den Landtagen. An Einkommen und Sozialprestige dem Adel gleichgestellt war das **Besitz- und Großbürgertum**, das sich nach unten vom übrigen Bürgertum abgrenzte und am adligen Lebensstil orientierte. Als Unternehmer waren die Besitz- und Großbürger die Träger der Industrialisierung und unterstützten das Kaiserreich durch ihre loyale und konservative Einstellung. Das **Militär** war ein verfassungsrechtlich verankerter wichtiger Bestandteil der Regierung und unterstand dem Oberbefehl des Kaisers. Offiziersposten wurden vornehmlich an Adlige vergeben. Daneben prägte eine **Beamtenschaft** mit einer konservativen und loyalen Haltung zum Staat die Verwaltung.
Politische und soziale Verbände und Interessensgruppen hatte es bereits im Deutschen Bund gegeben. Allerdings stiegen mit der Reichsgründung die Mitgliederzahlen stark und es kam zu einer politischen (Massen-)Mobilisierung breiter Bevölkerungsschichten in den einzelnen Verbänden. So hatten die **Verbände** der Unternehmer und Landwirte großen Einfluss auf die Politik. Sie brachten gezielt die politischen und materiellen Interessen ihrer Mitglieder in der Öffentlichkeit und gegenüber der Regierung zum Ausdruck. Sowohl der **Centralverband Deutscher Industrieller** als auch der **Bund der Landwirte** setzten die deutsche Schutzzollpolitik* für Agrarprodukte durch. Noch vorher erreichten 1863 die **Gewerkschaften** mit der Gründung des Allgemeinen Deutschen Arbeitervereins (ADAV) ihren Durchbruch (s. S. 42 f.). Von nachhaltiger Bedeutung war hier der sozialistische Flügel. 1913 bildeten die Freien Gewerkschaften mit 2,5 Millionen Mitgliedern die größte Gewerkschaft Europas. Auch private Vereinigungen wie der Deutsche **Kolonialverein**, der den Imperialismus förderte, mit 15 000 Mitgliedern oder der **Flottenverein**, der den Ausbau der Flotte unterstützte, mit 1,1 Millionen Mitgliedern (1913), gewannen an politischer Bedeutung.

Schutzzollpolitik
Eine Politik, die Zölle mit der Absicht erhebt, die heimische Produktion vor ausländischer Konkurrenz im eigenen Land zu schützen. Der Verkauf ausländischer Waren wird erschwert, da sie teurer werden. Der Verkauf heimischer Produkte wird erleichtert, weil diese, relativ gesehen, günstiger werden.

M1 Mitgliedskarte des Bundes der Landwirte, Abteilung Thüringen, 1893.
Der Bund der Landwirte wurde 1893 als Interessenverband der Bauern und Landwirte gegründet

Die Parteien und Parteienspektrum im Kaiserreich

M2 Die Parteien im Kaiserreich

Partei	Wähler	Zielsetzungen
Deutschkonservative Partei gegr. 1876	preußische Großgrundbesitzer, Unternehmer, völkisch-national ausgerichtete Gruppen des Mittelstands	– Erhalt der Monarchie – Sicherung der bürgerlichen Freiheiten – Kampf gegen „zersetzenden jüdischen Einfluss“ und gegen die „vaterlandslosen“ Bestrebungen der Sozialdemokratie
Nationalliberale Partei gegr. 1867	rechtsliberales, protestantisches und industrielles Bürgertum	– Sicherung der bürgerlichen Freiheiten – Unterstützung Bismarcks im Kampf gegen Sozialdemokratie und das Zentrum
Deutsche Fortschrittspartei gegr. 1861; ab 1884 Deutsche Freisinnige Partei	vor allem linksliberales und demokratisch gesinntes Bürgertum, „neuer“ Mittelstand	– Sicherung der bürgerlichen Freiheiten, v. a. Gleichheit vor dem Gesetz – Trennung von Kirche und Staat
Deutsche Zentrumspartei (Zentrum) gegr. 1871	vor allem Katholiken aus allen sozialen Schichten	– Erhaltung der Selbstständigkeit der Kirche – Erhalt konfessioneller Schulen – Selbstbestimmung der Bundesländer
Sozialdemokratische Arbeiterpartei Deutschlands (SPD) gegr. 1875 durch Zusammenschluss von ADAV und SAP	vor allem Arbeiter	– Abschaffung der Klassenherrschaft – mehr politische Mitspracherechte des Volkes – allgemeines Wahlrecht – keine Konfessionsschulen – Gleichberechtigung der Frau

M3 Wahlergebnisse der Reichstagswahlen seit 1871 (in Prozent)

Wahljahr	Wahlbeteiligung	SPD	Linksliberale Parteien (u. a. Dt. Fortschrittspartei)	Zentrum	Rechtsliberale (u. a. Nationallib. Partei)	Konservative Parteien (u. a. Deutschkonservative Partei)	Minderh., Sonst., regional. Grupp.
1871	52,0	3,2	9,3	18,6	37,3	23,0	8,6
1874	61,2	6,8	9,0	27,9	30,7	14,1	11,4
1877	61,6	9,1	8,5	24,8	29,7	17,6	10,1
1878	63,4	7,6	7,8	23,1	25,8	26,6	9,0
1881	56,3	6,1	23,1	23,2	14,7	23,7	9,1
1884	60,5	9,7	19,3	22,6	17,6	22,1	8,7
1887	77,5	10,1	14,1	20,1	22,3	25,2	8,1
1890	71,5	19,8	18,0	18,6	16,3	19,8	7,6
1893	72,4	23,3	14,8	19,1	13,0	22,7	7,7
1898	68,1	27,2	11,1	18,8	12,5	18,8	11,5
1903	76,1	31,7	9,3	19,8	13,9	16,1	9,5
1907	84,7	28,9	10,9	19,4	14,5	17,5	8,8
1912	84,2	34,8	12,3	16,4	13,6	15,1	7,7

Gerhard A. Ritter (Hg.), Gesellschaft, Parlament und Regierung, Droste, Düsseldorf 1974, S. 220f., und Gerd Hohorst u. a. (Hg.), Sozialgeschichtliches Arbeitsbuch, Bd. 2, 2. Aufl., C. H. Beck, München 1978, S. 173ff.

M4 Junge in preußischer Uniform mit Eisernem Kreuz und Pickelhaube, Fotografie, um 1915

Staatstragend im Kaiserreich waren die liberalen und konservativen Parteien, die Bismarck unterstützten. Bei den Liberalen gaben die **Nationalliberalen** den Ton an, die das protestantische Bildungsbürgertum und das industrielle Großbürgertum repräsentierten. Sie traten für die preußische Hegemonie im Reich ein. Das katholische **Zentrum** und die Sozialdemokraten wurden als staatsgefährdende „Reichsfeinde" ausgegrenzt. Aufgrund der Weltwirtschaftskrisen zwischen 1873 und 1882 wandte sich Bismarck von den Nationalliberalen ab und stützte sich auf die konservativen Parteien und ging wirtschaftspolitisch von einer **liberalen Freihandelspolitik** 1879 zu einer **konservativen Schutzzollpolitik** über.

Bismarck akzeptierte nur solche Parteien, die sich seiner Politik fügten. Andererseits brauchte der Kanzler die Parteien zur Mehrheitsbildung für seine Gesetzesvorlagen. Deshalb verfolgte er die Strategie des *„divide et impera"* (lat. = teile und herrsche) gegenüber den Reichstagsfraktionen, um sich mit wechselnden Partnern im Reichstag Mehrheiten zu verschaffen.

Ausgrenzung von „Reichsfeinden" und Kulturkampf

Das Kaiserreich war ein **Obrigkeits- und Militärstaat* unter preußischer Führung**, aber auch ein **Verfassungsstaat** (s. M 1, S. 137). Damit bot das Reich sowohl für Nationale und Liberale als auch für Militär und Adel ein Identifikationsangebot an. Die durch die Einigungskriege herbeigeführte Reichseinigung (s. S. 129 ff.) sollte durch innere Geschlossenheit mithilfe eines verstärkten Nationalismus abgesichert werden. Dieser war gekennzeichnet durch die Hervorhebung der nationalen Gemeinschaft, Anerkennung von Macht und Autorität, Ablehnung von Parlamentarismus und Grundrechten. Nation und Nationalgefühl bezogen sich auf die bestehende Gesellschaftsordnung, Veränderungen waren nicht vorgesehen. Wer solche forderte, wurde als Gegner des Reichs eingestuft. Die Verfassung sah **keinen Minderheitenschutz** vor. Das hatte zur Folge, dass nationale Minderheiten wie Polen, Dänen, Tschechen, Sorben, Elsässer und Lothringer, die innerhalb der Reichsgrenzen lebten und sich gegen eine Germanisierung wehrten, als national unzuverlässig abqualifiziert und ausgegrenzt wurden. Deutsch wurde zur Schul-, Geschäfts- und Amtssprache erhoben.

Trotz beginnender staatlicher Sozialgesetzgebung (s. S. 46) war die Politik des Kaiserreichs maßgeblich an den Interessen der Unternehmer ausgerichtet. Die Arbeiterschaft orientierte sich deshalb ausschließlich an Institutionen, die ihre Interessen vertraten: **Sozialdemokratie und Gewerkschaften**. Die Anhänger des Nationalismus sahen sich von diesen bedroht ebenso wie von der katholischen Kirche, denn als 1870 das erste Vatikanische Konzil die Unfehlbarkeit des Papstes proklamierte, fürchtete Reichskanzler Otto von Bismarck einen starken Einfluss des Papstes auf die deutschen Katholiken. Er unterstellte der Zentrumspartei als deren politischem Arm im Reich, dass sie reichsfeindliche Kräfte, z. B. katholische Minderheiten wie Polen oder Elsässer, unterstützte. Er bekämpfte den Katholizismus und die Sozialdemokratie deshalb als **„Reichsfeinde"**. Mit der Einführung des sogenannten Kanzelparagrafen 1871, der Geistlichen unter Strafandrohung verbot, über Angelegenheiten des Staates zu predigen, begann der **„Kulturkampf"**, in dem Bismarck die **Trennung von Staat und Kirche** anstrebte. In dessen Verlauf erfolgten u. a. folgende Gesetze und Sanktionen gegen die katholische Kirche: 1871 Kanzelparagraf, 1872 Schulaufsichtsgesetz, das den Unterricht unter staatliche Kontrolle stellte, 1872 Verbot des Jesuitenordens, 1873 Maigesetze, die die Kirchen in Deutschland weitgehend staatlicher Aufsicht unterstellten, das Zivilstandsgesetz 1874, das die Registrierung von Geburt, Tod und Trauungen durch staatliche Standesämter vorsah, und 1875 die Zivilehe, die zur standesamtlichen Eheschließung verpflichtete. Als Folge der Gesetze wurden viele Geistliche entlassen oder verhaftet.

Obrigkeits- und Militärstaat
Staat, in dem die öffentlichen Angelegenheiten ausschließlich durch einen Herrscher geregelt werden. Im deutschen Kaiserreich übten Kaiser und Reichskanzler die oberste Staatsgewalt aus. Es war ein Militärstaat, da der Kaiser zugleich oberster Kriegsherr war und militärische Grundsätze und Wertvorstellungen im öffentlichen und privaten Leben vorherrschten.

▶ M 6, M 7: Zur Germanisierungspolitik

▶ M 8, M 9: Reden Bismarcks und Windthorsts im „Kulturkampf"

Bismarck verfehlte allerdings langfristig sein Ziel, die katholische Kirche zu schwächen, da seine Sanktionen die innerkirchliche Solidarität und die Solidarität mit dem Papsttum stärkten. Die **Zentrumspartei** konnte in den Landtags- und Reichstagswahlen 1873/74 die Anzahl ihrer Sitze verdoppeln und wurde 1881 stärkste Reichstagsfraktion. Nach dem Tod von Papst Pius IX. 1878 legte Bismarck den Kulturkampf 1879/80 bei, indem er einige Kirchengesetze abmilderte bzw. zurücknahm. Kanzelparagraf, die staatliche Schulaufsicht und die Zivilehe blieben jedoch erhalten.

Bismarcks Auseinandersetzung mit der Sozialdemokratie

Den Hauptfeind des Reiches sah Bismarck in der Sozialdemokratie. Er versuchte, sie durch eine **Doppelstrategie** zu bekämpfen: Einerseits wurden mit dem am 21. Oktober 1878 verabschiedeten **Sozialistengesetz** alle sozialdemokratischen Vereine und Verbände sowie die Partei- und Gewerkschaftspresse verboten. Als Anlass für das Gesetz nutzte Bismarck zwei Attentate auf Kaiser Wilhelm I. im Mai und Juni 1878, die allerdings nicht der Sozialdemokratie anzulasten waren. Führende Sozialdemokraten wurden verhaftet oder ausgewiesen. Die Partei selbst blieb aber bestehen. Das Sozialistengesetz, mit dem Bismarck den Einfluss der Sozialdemokratie zurückdrängen wollte, wurde bis 1890 mehrfach verlängert, dann allerdings aufgegeben, da die erhoffte Wirkung ausblieb und die Sozialisten weiterhin ihre Abgeordneten wählten. In Reaktion auf das Sozialistengesetz organisierte die SPD ihre Aktivitäten im Untergrund oder im Ausland, wo sie ihre Parteitage abhielt und Parteischriften drucken ließ. Ausweichmöglichkeiten boten auch Tarnorganisationen wie Vereine für Sport, Bildung, Gesang, Musik oder Wandern sowie Unterstützungsvereine. Schon ab 1880 kam es wieder zu größeren Streiks.

Andererseits versuchte Bismarck durch Sozialversicherungsgesetze, die Arbeiterschaft enger an den Staat zu binden und sie der SPD zu entfremden. Wichtige Sozialversicherungsgesetze waren das Krankenversicherungsgesetz 1883, das Unfallversicherungsgesetz 1884 und die Alters- und Invaliditätsversicherung 1889. Damit legte Bismarck erste Grundlagen für den **Sozialstaat**. Das Ziel, die Sozialdemokratie zu schwächen, wurde jedoch weder mit dem Sozialistengesetz noch durch die Sozialgesetzgebung erreicht. Die Wut auf den gemeinsamen Gegner Obrigkeitsstaat schweißte die Arbeiterschaft noch enger zusammen. Somit ging die SPD gestärkt aus dem Machtkampf mit dem Staat hervor: Bei den Reichstagswahlen verbuchten die Sozialdemokraten wachsende Stimmenanteile. Bereits 1890 hatte die SPD die meisten Stimmen und damit auch die meisten Sitze einer Partei im Reichstag erhalten und war damit stärkste Partei. Bis 1912 baute sie ihren Vorsprung noch weiter aus.

M 5 August Bebel (1840–1913), Ölgemälde von Georg Tronnier, um 1905

▶ M 10: Bismarck über die Sozialdemokratie

▶ M 11: Britische Karikatur zum Sozialistengesetz

▶ M 12, M 13: Reichstagsdebatte über das Sozialistengesetz

1 Stellen Sie die politischen und gesellschaftlichen Kräfte im Kaiserreich in geeigneter Form grafisch dar.
Tipp: Ein Ordnungsprinzip kann z. B. die Einstellung gegenüber dem Staat sein.

2 Analysieren Sie die Tabelle M 3.
Tipp: Achten Sie auf Verschiebungen im politischen Kräfteverhältnis.

3 **Geschichte kreativ:** Wie hätten die Parteien aus M 2 auf einer Veranstaltung ihre Anhänger wohl angesprochen? Gestalten Sie jeweils eine solche Begrüßungsformel.

4 Erläutern Sie mithilfe des Darstellungstextes und M 3 die Behauptung: Mit seiner Doppelstrategie „mit Zuckerbrot und Peitsche" ist Bismarck gescheitert.

Hinweise zur Arbeit mit den Materialien
M 6 und M 7 beleuchten den Umgang mit nationalen Minderheiten im Kaiserreich. Anhand der Materialien M 8 bis M 13 können Sie sich multiperspektivisch mit Positionen im Kulturkampf und in der Kontroverse über die Sozialistengesetze auseinandersetzen.

Umgang mit nationalen Minderheiten

M 6 „Studt bringt den polnischen Kindern das deutsche Vaterunser bei", Karikatur von Paul Singer aus dem „Wahren Jacob", Dezember 1906.
Die Karikatur bezieht sich auf den preußischen Kultusminister Konrad von Studt und die Germanisierungspolitik gegenüber den Polen der Provinz Posen.

M 7 Aus der Protesterklärung der Abgeordneten von Elsass-Lothringen im Reichstag, 18.2.1874
Abg. Teutsch: Den Antrag[1] [...] habe ich nicht für meine eigene Person gemacht; ich machte ihn im Interesse einiger Lothringer Kollegen, welche die deutsche Sprache nicht sprechen und nicht verstehen. Diese Kollegen und wir selbst, alle Abgeordneten von Elsass-Lothringen, glaubten, da Deutschland zum ersten Male sich ein französisches Volk, das nicht deutsch spricht, *(Oho! Oho!)* annektiert hat, dass der Reichstag [dies] heute ausnahmsweise gestatten würde *(Glocke des Präsidenten [...])*. Es handelt sich, meine Herren, von dem Antrage, den am 16. dieses Monats 15 Abgeordnete von Elsass-Lothringen gestellt haben. Diesen Antrag[2] werde ich die Ehre haben jetzt zu begründen. Da die deutsche Sprache nicht meine Muttersprache ist, *(Oho! Gelächter. Ruf: Sie sprechen es ja!)* [...] meine Herren, so erbitte ich mir einige Nachsicht.

Hans Fenske (Hg.), Im Bismarckschen Reich 1871–1890, WBG, Darmstadt 1978, S. 119f. *

1 Antrag auf Zulassung des Französischen für Abgeordnete aus Elsass-Lothringen
2 Antrag, in Elsass-Lothringen eine Abstimmung über die Einverleibung durch Deutschland abzuhalten

5 Analysieren Sie die Karikatur M 6.
6 Ordnen Sie M 7 in den historischen Zusammenhang ein und charakterisieren Sie die Stimmung im Reichstag am 18. Februar 1874.
7 Arbeiten Sie aus M 6 und M 7 Maßnahmen der Germanisierungspolitik heraus und stellen Sie begründete Vermutungen über die Motive und Folgen auf.

Strategien im Kulturkampf

M 8 Bismarck in einer Rede im Preußischen Herrenhaus über seine Gegner im neuen Deutschen Reich, 24. April 1873
Ich verweise darauf, [...] dass zur Notwehr für den gefährdeten Staat die Regierung gezwungen sei, und [...] dass der Staat in seinen Fundamenten bedroht und gefährdet ist von zwei Parteien, die beide das gemeinsam haben, dass sie ihre Gegnerschaft gegen die nationale Entwicklung in internationaler Weise betätigen, dass sie Nation und nationale Staatenbildung bekämpfen. Gegen diese beiden Parteien müssen meines Erachtens alle diejenigen, denen die Kräftigung des staatlichen Elements, die Wehrhaftigkeit des Staats am Herzen liegen, gegen die, die ihn angreifen und bedrohen, zusammenstehen, und deshalb müssen sich alle Elemente zusammenscharen, die ein Interesse haben an der Erhaltung des Staats und an seiner Verteidigung, teils gegen diejenigen, welche offen sagen, was sie an der Stelle des Staates wollen, teils gegen diejenigen, welche einstweilen den Staat untergraben, sich aber noch vorbehalten, was sie an seine Stelle setzen wollen [...].

Otto von Bismarck, Die gesammelten Werke, hg. v. Wilhelm Schüßler, Bd. 11: Reden 1869–1878, Stollberg, Berlin 1929, S. 298. *

M 9 Ludwig Windthorst, Vorsitzender der Zentrumspartei, über den „Kulturkampf", 1873
Die Übertreibung des Staatskirchentums, welche hier vor uns liegt, wird notwendig den Rückschlag nach dieser Richtung haben, und davon seien Sie überzeugt; dieser Rückschlag wird nicht stillstehen auf der Basis, die jetzt in der Verfassung liegt, er wird

unzweifelhaft auf die Grundlage des amerikanischen Systems[1] kommen. [...]
Wenn ich vorhin schon sagte, dass freilich diese Gesetze zu begreifen in der Tat unmöglich sei, so muss ich meinesteils erklären: Eine größere Tyrannei als in diesen Gesetzen angebahnt wird, hat kaum zu irgendeiner Zeit der Kirchengeschichte bestanden, da ist mir die reine nackte Gewalt, wie wir sie in den ersten drei Jahrhunderten, wie wir sie in Russland noch jetzt dann und wann vor uns sehen, viel lieber. Denn die ist wenigstens offen und klar. Hier soll der Mord durch die Vergiftung geschehen. [...] Nun ist vielfach – und das war ja eigentlich die große breite Basis der Diskussion – in Beziehung auf die vorgelegten Gesetze die Bedürfnisfrage behandelt worden. Man hat von Veränderungen in der Verfassung der katholischen Kirche gesprochen, man hat von Aggressionen einzelner, vieler, aller Katholiken geredet, von einer Staatsgefährlichkeit der katholischen Kirche überhaupt. [...] Das Gesetz beschäftigt sich zunächst mit der Erziehung, sodann mit der Anstellung des Klerus; dass niemand ein geistliches Amt haben soll, der nicht nach Maßgabe des Gesetzes gebildet ist und gegen den nicht der Staat Einspruch erhebt durch den Oberpräsidenten, der schließlich entscheidet, wenn man nicht etwa vonseiten der kirchlichen Organe sich an den Minister wenden will. Das heißt, um es klar auszusprechen: Für die katholische Kirche wird in Beziehung und auf die Anstellung des Klerus an die Stelle des Bischofs der Oberpräsident und anstelle des Papstes Seine Exzellenz der Herr Kultusminister gesetzt. [...] Der Einspruch, der bewirken soll, dass keine Anstellung erfolgen kann, soll nur motiviert werden, mit staatsbürgerlichen Rücksichten. [...] Ich habe die feste Überzeugung, dass dieses Gesetz vom Übel ist, und dass es nichts bewirken wird als Unzufriedenheit und Trauer, namentlich auch für viele Familien, denen ich dies erspart sehen möchte, nicht sowohl in kirchlicher Hinsicht als wegen der Bildung und Versorgung ihrer Kinder in der Zukunft. Deshalb bitte ich Sie, dieses Gesetz abzulehnen.

*Dokumente der Deutschen Politik und Geschichte von 1848 bis zur Gegenwart, hg. v. Johannes Hohlfeld, Bd. 1: Die Reichsgründung und das Zeitalter Bismarcks 1848–1890, Wendler, Berlin 1951, S. 329ff.**

1 *Grundlage des amerikanischen Systems:* völlige Trennung von Staat und Kirche

8 Arbeiten Sie aus M 8 heraus, worin nach Bismarck die Gefahr besteht, die von den „zwei Parteien" (M 8, Z. 4 f.) ausgeht.

9 Charakterisieren Sie die Haltung Windhorsts (M 9).

Auseinandersetzung mit der Sozialdemokratie

M 10 Bismarck in einem Brief an den preußischen Handelsminister Heinrich Graf von Itzenplitz am 17. November 1871

[D]ie [sozialistische Bewegung] weist [...] jede Unterstützung und Kooperation der bestehenden Regierungen auf das entschiedenste zurück und stellt an die Spitze ihres Programms die Umformung der bestehenden Staaten in den sozialistischen Volksstaat. [...] [Es ist jedoch] nicht allein eine sachliche Verständigung noch möglich, sondern es wird beim rechten Eingreifen des Staates zur Zeit auch noch gelingen, die Mehrzahl der Arbeiter mit der bestehenden Staatsordnung auszusöhnen und die Interessen von Arbeitern und Arbeitgebern wiederum in Harmonie zu bringen. [...] Im Übrigen sind aber die sozialistischen Theorien und Postulate[1] bereits so tief und breit in die Massen eingedrungen, dass es als vergebliches Bemühen erscheint, dieselben ignorieren oder die Gefahren derselben durch Stillschweigen beschwören zu wollen. Im Gegenteil erscheint es mir als dringend geboten, dieselben so laut und so öffentlich als möglich zu erörtern, damit die irregeleiteten Massen [...] aus dem Für und Wider lernen, was an ihren Forderungen berechtigt und unberechtigt, möglich und unmöglich ist. Dass hierbei die brennendsten Fragen von Arbeitszeit und Arbeitslohn, Wohnungsnoth u. dgl. nicht ausgeschlossen werden dürfen, betrachte ich als selbstverständlich.

*Michael Stürmer (Hg.), Bismarck und die preußisch-deutsche Politik 1871–1890, dtv, München 1970, S. 44f.**

1 *Postulate:* Forderungen

M 11 *„Keeping it down"*, britische Karikatur auf die Sozialistengesetze aus dem *„Punch"*, 28. September 1878

M 12 Rede des Abgeordneten August Bebel in der Reichstagsdebatte über das Sozialistengesetz, 16. September 1878

August Bebel (1840–1913) war Mitbegründer der organisierten sozialistischen Arbeiterbewegung, Führungspersönlichkeit der 1875 gegründeten sozialistischen Arbeiterpartei Deutschlands (SAP) und seit 1892 Vorsitzender der Sozialdemokratischen Partei Deutschlands (SPD).

Umso notwendiger ist aber, dass endlich einmal nicht bloß vor dem Reichstag, sondern vor der gesamten deutschen Nation, ja vor der gesamten zivilisierten Welt, die in der lebhaftesten Weise an diesen Ereignissen Anteil genommen hat und bis heute nimmt, konstatiert wird, was an allen diesen wochen- und monatelang hinausgeschleuderten Beschuldigungen Wahres ist. Man hat uns in einer Weise verfolgt, die an die dunkelsten Zeiten des Mittelalters erinnert. Wie man im Mittelalter religiös Andersgläubige, Juden, Hugenotten, Protestanten verfolgte, so hat man im letzten Viertel des neunzehnten Jahrhunderts einen allgemeinen Hetzkrieg gegen die Sozialdemokraten als politisch Andersgläubige, an dem sich fast alle Parteien beteiligt haben, in Szene gesetzt. Man hat die Männer sozialdemokratischer Gesinnung aus Arbeit und Brot geworfen und ihnen die Existenz abzuschneiden versucht, man hat sie beschimpft und verleumdet, für ehr- und rechtlos erklärt. [...] Nie hat wohl eine Partei in einer solch schwierigen und gefährlichen Situation sich befunden wie die unsere, und nie hat wohl eine Partei mehr gezeigt wie die unsere, dass sie sich ruhig und friedlich entwickeln will, dass sie nicht gewillt ist, auf Provokationen irgendeiner Art einzugehen, zu unbesonnenen Schritten sich verleiten zu lassen. Ich glaube, dass dies die Sozialdemokratie sowohl in den Monate währenden unausgesetzten Hetzereien wie in dem verflossenen Wahlkampf für jeden bemerkbar gezeigt hat. Aber ich wiederhole: Wir verlangen, dass endlich diesen unbegründeten Hetzereien und Verdächtigungen ein Ende gemacht wird, dass endlich einmal die Protokolle[1] zutage gefördert werden, dass dem Reichstag und speziell der Kommission, welche diesen Gesetzentwurf zu prüfen hat, dieselben im Druck vorgelegt werden. [...] Es würde ferner auch dahin kommen, dass unser gesamtes öffentliches und privates Leben beunruhigt oder vergiftet, dass auch der ruhigste und friedlichste Bürger mit diesen Zuständen unzufrieden würde. Für uns unterliegt es keinem Zweifel, dass dies ganz unzweifelhaft der Erfolg dieses Gesetzes sein wird, und dass es schließlich der Sozialdemokratie nur nützen kann – das ist unsere ausgesprochene Meinung. [...] Denn Tausende und Abertausende, die heute noch keine Sozialdemokraten sind, werden es dann sicher werden. Wir sind in wenigen Jahren stärker als je zuvor. (*Sehr richtig!*)

*Zit. nach: Hans Fenske (Hg.), Im Bismarckschen Reich 1871–1890, WBG, Darmstadt 1978, S. 202 f.**

1 *Gemeint sind die Protokolle der Vernehmungen des Attentäters Karl Eduard Nobiling, der am 2. Juni 1878 mit einer Schrotflinte den Kaiser schwer verwundete.*

M 13 Rede des Abgeordneten Hans von Kleist-Retzow, 17. September 1878

Hans von Kleist-Retzow (1811–1892) vertrat die 1876 gegründete Deutschkonservative Partei.

Ich bleibe also dabei, dass die ganze Sozialdemokratie der Weg ist zum Hochverrat, dass sie [...] eine Untergrabung der Fundamente der Staatsordnung ist – das Wort passt vortrefflich, das im Gesetz steht, weil sie die Vorarbeit ist für den Umsturz, [...] dass alle ihre Vereine und ihre ganze Presse diese Tendenz der Verleitung zum Hochverrat haben und darum unter das Strafgesetz als solches fallen. Sind [...] denn die Dinge, die sie da treiben, die Gesänge, die sie singen, die Schlachtgesänge, die Marseillaise der Zukunft, die sie selbst auf der Straße singen, etwa bloß Kinderspiele, sind sie geringere Vorbereitungen, als wenn jemand Schrot und Pulver kauft? Sie verlangen etwa Tatsachen, die beweisen und dartun sollen, dass diese Gesinnungen und Vorbereitungen so stark sind, dass sie voraussichtlich auch zum Ausbruch führen? Sind denn die beiden Attentate gegen den Kaiser noch nicht starke Tatsachen genug, um das zu beweisen? Sie stellen ja selbst die Gesamtheit der Genossenschaft allenthalben als eine einheitliche dar. Es ist nichts anderes, meine Herren, als wie der Krieg, ein Angriffskrieg gegen denjenigen Feind, von dem wir gewiss sind, dass er uns angreifen wird, wenn ihm die Zeit günstig scheint, als das Recht der Notwehr gerechtfertigt und geboten ist. [...] Wenn man einmal ein solches Gesetz will, so muss es vor allen Dingen ein wirksames sein und kein halbes, denn nichts ist gefährlicher als halbe Maßregeln zu solchem Zweck. Halbe Maßregeln schlummern ein, sie machen sicher, während unter dem Deckmantel des Gesetzes die Agitation erst recht vor sich geht.

*Zit. nach: Hans Fenske (Hg.), Im Bismarckschen Reich 1871–1890, WBG, Darmstadt 1978, S. 205 f.**

10 Analysieren Sie Bismarcks Brief M 10.

11 Analysieren Sie M 11. Formulieren Sie die Kritik des Karikaturisten an Bismarcks Vorgehen gegen die Sozialdemokratie.

12 Vergleichen Sie die Argumentation der beiden Abgeordneten Bebel (M 12) und Kleist-Retzow (M 13).

3.5 Stationenlernen: Das Kaiserreich zwischen Tradition und Moderne

Das deutsche Kaiserreich stellte sich einerseits in die Tradition des Heiligen Römischen Reiches – indem es z. B. den alten Namen „Reich“ annahm und sein Oberhaupt „Kaiser“ nannte – und definierte sich andererseits als moderner Nationalstaat. Damit konkurrierten traditionelle und moderne Elemente: Fürsten- und Adelsherrschaft standen einer sich industrialisierenden und modernisierenden Gesellschaft gegenüber.

Hinweise zur Arbeit mit den Materialien

Im Mittelpunkt dieses Kapitels steht der Gegensatz von Tradition und Moderne im Kaiserreich. In den Blick genommen werden dabei drei verschiedene gesellschaftliche Bereiche, in denen sich eine besondere Dynamik zwischen althergebrachten Denkmustern und neuem Denken beobachten lässt: Frauen – Juden – Militär und Erziehung. Zum Erschließen der verschiedenen Bereiche eignet sich die Arbeit in Stationen.

Vorschlag für Stationenlernen
Bearbeiten Sie die Seiten 153–164 als „Stationen“ in Partnerarbeit: Dabei sind die ersten drei Stationen verpflichtend; Station 4 können Sie als Ergänzung bearbeiten.
- Station 1 (Pflicht): Frauen fordern Rechte – Frauenbewegung im Kaiserreich
- Station 2 (Pflicht): Radikalnationalismus und Militarismus im Kaiserreich
- Station 3 (Pflicht): Judenemanzipation und Antisemitismus im Kaiserreich
- Station 4 (Wahlpflicht/Vertiefung): Antisemitismus in Frankreich: die Dreyfus-Affäre

Führen Sie anschließend in Dreier- oder Vierergruppen mithilfe der Methode Placemat (s. S. 414) klassenteilig ein stilles Schreibgespräch durch, in dem Sie entweder diskutieren, welche Erscheinungsformen des Kaiserreichs Sie a) als modern oder b) als den Fortschritt hemmend empfinden.
Einigen Sie sich am Ende des Placemats in der Gruppe auf „7 Aspekte“ zu Ihrer Fragestellung und notieren Sie diese gut lesbar in der Mitte Ihres Placemats. Anschließend präsentieren alle Gruppen ihre Ergebnisse (Placemat-Plakat) vor der Klasse – so können die Ergebnisse gut verglichen werden. Beurteilen Sie abschließend gemeinsam, ob der Rückgriff auf die Geschichte für das Kaiserreich eher stabilisierend oder destabilisierend war.

M1 **Auguste Schmidt und Louise Otto-Peters – die beiden Vorsteherinnen des Deutschen Frauenvereins, Holzstich aus der „Gartenlaube“, 1871**

▶ M 7, M 8: Hedwig Dohm und Clara Zetkin über die Ziele der Frauenbewegung

Station 1 (Pflicht): Frauen fordern Rechte – Frauenbewegung im Kaiserreich

„Ich fordere, dass Frauen bei denjenigen Gesetzen, welche sie selbst betreffen, eine Stimme haben. Ich fordere diese Stimme für sie auch da, wo es gilt, Vertreter des ganzen Volkes zu wählen – denn wir Frauen sind ein Teil dieses Volkes.“ Louise Otto-Peters (1819–1895) gab mit diesen Worten den Frauen im Kaiserreich eine Stimme und begründete mit ihrem Engagement die erste bürgerliche Frauenbewegung. Ihre Forderung mündete in die Feststellung, dass die „Teilnahme der Frau an den Interessen des Staates [...] nicht allein ein Recht [sei], sie [sei] eine Pflicht der Frauen“. **Louise Otto-Peters** war die Begründerin der bürgerlichen Frauenbewegung. Sie gab schon 1849 den Anstoß für die erste Frauen-Zeitung unter dem Motto „Dem Reich der Freiheit werb ich Bürgerinnen“ und gründete 1865 den ersten „Allgemeinen Deutschen Frauenverein“ (ADF). Die **Frauenbewegung** forderte Zugang zu Bildung, Verbesserung der Erwerbstätigkeit und die Wahrung der Rechte von Frauen.

M2 **Arbeiterinnenversammlung in Berlin 1890, Holzstich von Carl Koch aus der „Leipziger Illustrierten Zeitung“**

▶ M 3–M 6: Weibliche Rollenbilder und rechtliche Stellung der Frauen

Zeitleiste „Der Weg zu Frauenwahlrecht und Demokratie“ der lpb Baden-Württemberg:

cornelsen.de/Webcodes
Code: kodavo

Porträts der „Wegbereiterinnen der Demokratie im Südwesten“:

cornelsen.de/Webcodes
Code: qowapo

Emanzipation
(lat. *emancipare* = in die Selbstständigkeit entlassen) (Selbst-)Befreiung aus einem Zustand der Abhängigkeit und Unterdrückung, meist im Zusammenhang mit benachteiligten Gesellschaftsschichten (Arbeiter, Frauen, Juden)

Rechtsstellung von Frauen im 19. Jahrhundert

Die Familie war in der Frühen Neuzeit in der Regel eine **patriarchalische Familie**, in der der Hausvater eine Vorrangstellung einnahm. In der ländlichen Gesellschaft arbeitete die Frau im **bäuerlichen Betrieb** mit und trug zur Existenzsicherung bei. Dasselbe galt auch für die Frauen in den **Heimarbeiterfamilien** und für viele Frauen in **Handwerkerfamilien**. Nur die wenigsten unter ihnen konnten sich allein auf den Haushalt und die Erziehung konzentrieren – die meisten hatten sich „auch“ um Haushalt und Erziehung zu kümmern. In **Adelsfamilien** beschränkte sich die Pflicht der Frauen auf Repräsentationsaufgaben. Für alle Frauen galt, dass sie strikt den Männern untergeordnet waren. In den **bürgerlichen Familien** begann der Prozess der Trennung von Arbeits- und Familienleben, der später die moderne Industriegesellschaft prägte. Damit trennten sich auch die Lebensbereiche von Männern und Frauen. Nach dem **bürgerlichen Rollenverständnis** war der Bereich des Mannes die Öffentlichkeit, während der Bereich der Frau die Privatsphäre mit der Sorge sowohl für den Ehemann als auch für die Kinder war. Trotz zunehmender Erwerbstätigkeit von Frauen war die moderne Industriegesellschaft eine **Männergesellschaft**, in der die wirtschaftliche und gesellschaftliche Stellung der Frau von der ihres Mannes abhängig war. Im 19. Jahrhundert waren unverheiratete Frauen zwar geschäftsfähig, von politischer Teilhabe aber wie alle Frauen ausgeschlossen. In Rechtsfragen wurden minderjährige und verheiratete Frauen von Vätern oder Ehemännern vertreten. Der Ehemann war Eigentümer und Nutznießer sowohl des Vermögens seiner Ehefrau als auch ihres Arbeitslohnes.
Gegen die Vorherrschaft der Männer und die soziale Benachteiligung der Frauen formierte sich seit Mitte des 19. Jahrhunderts eine bürgerliche Gegenbewegung. In der Revolution 1848/49 gründeten Frauen eigene Vereine und traten öffentlich für ihre **Emanzipation*** in Politik und Gesellschaft ein:

1791	Die französische Revolutionärin Olympe de Gouges fordert mit der „Erklärung der Rechte der Frau und Bürgerin“ die Gültigkeit der Menschen- und Bürgerrechte auch für die Frau.
1848	Anfänge einer deutschen Frauenrechtsbewegung im Zuge der Revolution, z. B. Gründung demokratischer Frauenvereine
1865	Gründung des „Allgemeinen Deutschen Frauenvereins“ (ADF) auf dem internationalen Frauenkongress in Leipzig
1888	Gründung des Vereins „Reform“, später „Verein Frauenbildung-Frauenstudium“
1890	Gründung des „Allgemeinen deutschen Lehrerinnenvereins“ durch Helene Lange
1891	Die SPD fordert als erste deutsche Partei das Frauenwahlrecht.
1893	Gründung des ersten deutschen Mädchengymnasiums in Karlsruhe
1900	Zulassung von Frauen zum Universitätsstudium im Großherzogtum Baden; bis 1908 (Preußen) auch in den anderen deutschen Staaten BGB tritt in Kraft: Frauen werden geschäfts- und prozessfähig
1919	Die Weimarer Reichsverfassung verleiht den Frauen das aktive und passive Wahlrecht. Erstmals werden in dieser Verfassung die staatsbürgerliche Gleichheit und die Geschlechtergleichheit festgelegt. Die Gesetzgebung der Weimarer Republik erkennt die volle Rechtsfähigkeit und politische Mündigkeit der Frau an.
1949	Die Verfassungen der Bundesrepublik Deutschland und der DDR erklären die Gleichberechtigung von Männern und Frauen.

Proletarische Frauenbewegung

Im kaiserlichen Deutschland entstand neben der bürgerlichen auch eine sozialdemokratische bzw. proletarische Frauenbewegung. Die theoretischen Grundlagen hatte **August Bebel** in seinem Buch „Die Frau und der Sozialismus" aus dem Jahre 1879 formuliert, das zu den meistgelesenen Büchern in der deutschen Sozialdemokratie gehörte. Aus der Sicht Bebels waren die Frauen in der kapitalistischen Gesellschaft doppelt unterdrückt: zum einen durch ihre soziale Abhängigkeit von den Männern im Privaten, zum anderen durch ihre wirtschaftliche Abhängigkeit im Bereich des Arbeitslebens. Diese zweifache Unterdrückung könne nur durch die Umgestaltung der kapitalistischen in eine sozialistische Wirtschafts- und Gesellschaftsordnung beseitigt werden. Folgerichtig verstanden die sozialdemokratischen Frauen ihr politisches Engagement gleichzeitig als antikapitalistischen Kampf. Sie unterstützten die im **Erfurter Programm*** von 1891 verankerte Forderung nach einem Wahlrecht für alle Staatsbürger „ohne Unterschied des Geschlechts". Darüber hinaus setzten sie sich für die Sicherung des Rechts auf Arbeit in der Verfassung und eine gesellschaftliche Verantwortung für die Kindererziehung ein.

Erfurter Programm
Das Erfurter Programm bildete bis 1921 die theoretische Grundlage sozialdemokratischer Politik. Der erste Teil beschreibt die Entwicklungsgesetze des Kapitalismus nach der Theorie von Karl Marx. Ein zweiter Teil enthält konkrete Forderungen: z. B. das Frauenwahlrecht, die Einführung des Acht-Stunden-Tages, die Abschaffung der Kinderarbeit sowie aller Gesetze, die zur Benachteiligung der Frau beitrugen.

M3 Die Kinder eines Zigarrenmachers helfen ihrem Vater beim Herstellen der Zigarren in der Küche ihrer Wohnung, Berlin, um 1900

M4 Die kleine Köchin, Zeichnung von Otto Gebhardt für ein Kinderbuch, 1907

1 Charakterisieren Sie die rechtliche und gesellschaftliche Stellung der Frau im 19. Jahrhundert.
2 Wählen Sie zwei Phasen der Frauenbewegung aus und erläutern Sie, inwiefern diese wichtige Etappen auf dem Weg zu Gleichberechtigung und Emanzipation darstellen.
3 Vergleichen Sie die Geschlechterrollen des 19. Jahrhunderts mit heute.
Tipp: Untersuchen Sie z. B. die Lebensbereiche Politik, Bildung, Beruf und Familie.
4 a) Beschreiben Sie die dargestellten Personen in M 3 und M 4.
b) Analysieren Sie die zugrunde liegenden Rollenbilder.

Rollenbild und Rechtsstellung der Frau

M5 Eduard Windthorst, Richter und Reichstagsabgeordneter der Fortschrittspartei, zur Frage der Gleichberechtigung der Frau, 1912

Die Organisation ist eben beim Weibe anders geartet als beim Manne, und ihre Kräfte reichen nicht aus, die schweren Arbeiten zu verrichten, die dem Manne obliegen und von seiner kräftigeren Natur leicht zu bewältigen sind […]. Die Männer sind die Vertreter der Kraft und zeichnen sich aus durch die darauf beruhenden aktiven Tugenden des Heldenmutes und der Standhaftigkeit, der Vaterlandsliebe und der Gerechtigkeit. Die Frauen sind die Vertreterinnen der Schönheit und der Liebe und ragen in unerreichbarer Überlegenheit über die Männer hinaus in den mehr passiven Tugenden der Demut und der Milde, der aufopfernden Hingebung und Barmherzigkeit. Die fast ausschließliche männliche Schöpfungskraft in Wissenschaft und Kunst wird ausgeglichen durch die unglaublich steigerungsfähige Empfänglichkeit der Frauen für die höchsten Ideale des Lebens. Der Mann wird in seinem Denken und Handeln bestimmt von seinem scharfen, alles durchdringenden Verstande, das Weib lässt sich leiten von den Regungen des bei ihm stärker entwickelten Gefühls.

*Eduard Windthorst, Lebenserfahrungen eines Idealisten, Bonn 1912, S. 464ff.**

5 Beschreiben Sie Windthorsts Bild der Geschlechter.
6 Vergleichen Sie mit den Abbildungen M 3 und M 4.

M6 Auszüge aus dem Bürgerlichen Gesetzbuch (BGB) vom August 1896

§ 1354 Dem Manne steht die Entscheidung in allen das gemeinschaftliche eheliche Leben betreffenden Angelegenheiten zu; er bestimmt insbesondere Wohnort und Wohnung. […]

§ 1356 Die Frau ist […] berechtigt und verpflichtet, das gemeinsame Hauswesen zu leiten. Zu Arbeiten im Hauswesen und im Geschäft des Mannes ist die Frau verpflichtet, soweit eine solche Tätigkeit nach den Verhältnissen, in denen die Ehegatten leben, üblich ist. […]

§ 1358 Hat sich die Frau einem Dritten gegenüber zu einer von ihr in Person zu bewirkenden Leistung verpflichtet, so kann der Mann das Rechtsverhältnis ohne Einhaltung einer Kündigungsfrist kündigen, wenn er auf seinen Antrag von dem Vormundschaftsgerichte dazu ermächtigt worden ist. Das Vormundschaftsgericht hat die Ermächtigung zu erteilen, wenn sich ergibt, dass die Tätigkeit der Frau die ehelichen Interessen beeinträchtigt. […]

§ 1360 Der Mann hat der Frau […] Unterhalt zu gewähren. Die Frau hat dem Manne, wenn er außerstande ist, sich selbst zu unterhalten, den seiner Lebensstellung entsprechenden Unterhalt nach Maßgabe ihres Vermögens und ihrer Erwerbsfähigkeit zu gewähren. […]

§ 1363 Das Vermögen der Frau wird durch die Eheschließung der Verwaltung und Nutznießung des Mannes unterworfen (eingebrachtes Gut). Zum eingebrachten Gut gehört auch das Vermögen, das die Frau während der Ehe erwirbt.

*Hellmut Hofacker, Französische Revolution, Industrielle Revolution, Imperialismus, Frauenbewegung. Materialienteil, J. B. Metzlersche Verlagsbuchhandlung, Stuttgart 1979, S. 119f.**

7 Stellen Sie in einer Tabelle die Rechte und Pflichten der Ehepartner nach M 6 zusammen.

Bürgerliche und proletarische Frauenbewegung – ein Vergleich

M7 Hedwig Dohm über die Ziele der bürgerlichen Frauenbewegung, 1876

Hedwig Dohm (1831–1919) zählte gegen Ende des 19. Jahrhunderts zum radikalen Flügel der bürgerlichen deutschen Frauenbewegung.

Die Frauen fordern das Stimmrecht als ihr Recht. Warum soll ich erst beweisen, dass ich ein Recht dazu habe? Ich […] bin Bürgerin des Staats, ich gehöre nicht zur Kaste der Verbrecher, ich lebe nicht von Almosen, das sind die Beweise, die ich für meinen Anspruch beizubringen habe. Der Mann bedarf, um das Stimmrecht zu üben, eines bestimmten Wohnsitzes, eines bestimmten Alters, eines Besitzes, warum braucht die Frau noch mehr? […] Aus ihrer Macht über die Frauen leiten die Männer ihre Rechte den Frauen gegenüber her. Die Tatsache der Herrschaft ist aber kein Recht. Gesetzlich bestimmen sie alle die Maßregeln, Gebräuche und Ordnungen, die zur Unterdrückung des weiblichen Geschlechts dienen, und nennen diese Arrangements dann einen Rechtszustand. Das Unrecht wird aber nicht geringer, wenn ein Gesetz es sanktioniert hat, die Unterdrückung nicht weniger nichtswürdig, sondern nur umso furchtbarer, wenn sie einen universellen, einen weltgeschichtlichen Charakter trägt. […] Die Frauen wollen keine Gnadenbeweise und Privilegien, sie betteln nicht um Wohltaten und Almosen. Sie fordern Gerechtigkeit. […] Die Frauen verlangen das Stimmrecht, weil jede Klasse, die am politischen Leben unbeteiligt ist, unterdrückt wird; die Beteiligung am politischen Leben dagegen notwendig im Laufe der Zeit die Gleichheit vor dem Gesetze zur Folge haben muss. Die Klassen, die das Stimmrecht nicht üben dürfen, sind in der Gewalt der anderen Klassen, die es üben. Dieses Prinzip ist stets so einstimmig von allen liberalen Parteien anerkannt worden, dass die Verleugnung desselben, den Frauen gegenüber, schier unbegreiflich ist. [...] Der Mangel des Stimmrechts bedeutet für die Frau: Du sollst kein Eigentum haben, keine Erziehung, kein Recht an den Kindern, dich darf der Mann, der Starke, züchtigen, dich stößt die Gesellschaft als Witwe mit deinen unversorgten Kindern [...] in die Wüste des Elends. [...] So sind auch die Frauen frei, weil in einem Staate freier Menschen es keine Unfreien geben kann. Die Menschenrechte haben kein Geschlecht.

*Anne Conrad/Kerstin Michalik (Hg.), Quellen zur Geschichte der Frauen, Bd. 3: Neuzeit, Reclam, Stuttgart 1999, S. 318ff.**

M 8 Clara Zetkin über die Grundsätze der proletarischen Frauenbewegung auf dem Gothaer Parteitag der SPD, 1896

Clara Zetkin (1857–1933) war zunächst Mitbegründerin der bürgerlichen Frauenbewegung, trat jedoch 1878 in die Sozialistische Partei ein und entwickelte sich zu einer führenden Persönlichkeit der proletarischen Frauenbewegung. Sie war verheiratet mit einem russischen Revolutionär.

Wir würden der bürgerlichen Frauenbewegung Unrecht tun, wenn wir sie nur auf rein wirtschaftliche Motive zurückführen wollten. Nein, sie hat auch eine tiefernste geistige und sittliche Seite. Die bürgerliche Frau verlangt nicht nur ihr eigenes Brot, sondern sie will sich auch geistig ausleben und ihre Individualität entfalten. [...] Für die proletarische Frau ist es das Ausbeutungsbedürfnis des Kapitals, unaufhörlich Rundschau zu halten nach den billigsten Arbeitskräften, das die Frauenfrage geschaffen hat. [...] Dadurch ist auch die Frau des Proletariats einbezogen in den Mechanismus des wirtschaftlichen Lebens unserer Zeit, ist sie in die Werkstatt, an die Maschine getrieben worden. Sie ist herabgestiegen in das wirtschaftliche Leben, um dem Manne einige Hilfe im Erwerb zu bringen, und die kapitalistische Produktionsweise verwandelte sie in eine Schmutzkonkurrentin; sie wollte Wohlstand in die Familie bringen, und als Folge zog eine größere Not in die proletarische Familie ein; die Proletarierfrau wurde selbsttätig erwerbend, weil sie ihren Kindern das Leben sonniger und freundlicher gestalten wollte, und sie wurde ihren Kindern zum großen Teil entrissen. Sie wurde dem Mann als Arbeitskraft vollständig gleich: Die Maschine machte die Muskelkraft überflüssig und überall konnte die Frauenarbeit sich mit den gleichen Ergebnissen für die Produktion betätigen wie die Männerarbeit. Und da sie eine billige Arbeitskraft war und vor allen Dingen eine willige Arbeitskraft, die nur in den seltensten Fällen wagte zu löcken wider den Stachel[1] der kapitalistischen Ausbeutung, so haben die Kapitalisten die Möglichkeit vervielfältigt, um die industrielle Frauenarbeit in der höchsten Stufe anwenden zu können. Die Frau des Proletariats hat infolgedessen ihre wirtschaftliche Selbstständigkeit errungen, aber wahrhaftig! sie hat sie teuer erkauft und hat praktisch für den Augenblick nichts dabei gewonnen. [...]

Deshalb kann der Befreiungskampf der proletarischen Frau nicht ein Kampf sein wie der der bürgerlichen Frau gegen den Mann ihrer Klasse; umgekehrt, es ist der Kampf mit dem Mann ihrer Klasse gegen die Kapitalistenklasse. Sie braucht nicht darum zu kämpfen, gegen die Männer ihrer Klasse die Schranken niederzureißen, die ihr bezüglich der freien Konkurrenz gezogen sind. Das Ausbeutungsbedürfnis des Kapitals und die Entwicklung der modernen Produktionsweise nahm ihr diesen Kampf vollkommen ab. Umgekehrt, es gilt, neue Schranken zu errichten gegen die Ausbeutung der proletarischen Frau, es gilt, ihr ihre Rechte als Gattin, als Mutter wiederzugeben und zu sichern. Das Endziel ihres Kampfes ist nicht die freie Konkurrenz mit dem Manne, sondern die Herbeiführung der politischen Herrschaft des Proletariats. Hand in Hand mit dem Manne ihrer Klasse kämpft die proletarische Frau gegen die kapitalistische Gesellschaft. Allerdings stimmt sie auch den Forderungen der bürgerlichen Frauenbewegung zu. Aber sie betrachtet die Erfüllung dieser Forderung nur als Mittel zum Zweck, damit sie gleich ausgestattet an Waffen mit dem Proletarier in den Kampf ziehen kann.

*Anne Conrad/Kerstin Michalik (Hg.), Quellen zur Geschichte der Frauen, Bd. 3: Neuzeit, Reclam, Stuttgart 1999, S. 333f.**

1 *wider den Stachel löcken:* aufbegehren, sich widersetzen

8 Vergleichen Sie M 7 und M 8 unter folgenden Gesichtspunkten:
- **a)** Welche Kritik wird an den bestehenden Verhältnissen geübt?
- **b)** In welchen Punkten stimmen beide Frauen in ihrer Kritik überein?
- **c)** Welche Forderungen bzw. Ziele der Frauenbewegung werden formuliert?

Tipp: Legen Sie eine Tabelle an.

9 Erörtern Sie, inwiefern sich die damals formulierten Ziele in der gegenwärtigen Gesellschaft verwirklicht haben.

Station 2 (Pflicht): Radikalnationalismus und Militarismus im Kaiserreich

Um 1900 wurde der Nationalismus in den europäischen Staaten aggressiver, denn das Bewusstsein, zu einer bestimmten Nation zu gehören, wurde gleichzeitig mit der festen Vorstellung verbunden, wer nicht dazu gehörte. Dieser **Radikalnationalismus** war beeinflusst von einer im 19. Jahrhundert entstandenen sozialwissenschaftlichen Theorierichtung: dem **Sozialdarwinismus***. Diese Theorie war völkisch und rassenbiologisch geprägt; die Nation wurde als ethnische Abstammungsgemeinschaft definiert. Anhänger dieser Denkrichtung, die in vielen Ländern vertreten war, glaubten in einer Art pseudoreligiöser Überhöhung, eine auserwählte Nation und damit anderen überlegen zu sein. Imperialistisches Weltmachtstreben wurde so legitimiert. Unter Rückgriff auf scheinbare historische Kontinuitäten wurden Feindbilder konstruiert bzw. gepflegt, um die eigene Nation gegen einen „Feind" zu einen, so zum Beispiel die französisch-deutsche Erbfeindschaft (s. S. 131). Der neue Nationalismus im Deutschen Reich forderte die Abkehr vom Freihandel, um die nationale Wirtschaft zu schützen. Nach innen stemmte sich dieser Nationalismus allen politisch-sozialen Demokratisierungs- und Liberalisierungsbestrebungen entgegen, nach außen forderte er die aggressive und militärische Durchsetzung deutscher Interessen. Im Deutschen Reich sammelten sich in Vereinen wie dem „Alldeutschen Verband", dem „Flottenverein" oder dem „Wehrverein" Mitglieder, die ihre Nation finanziell oder auch durch Taten unterstützen wollten. Dieser Funktionswandel „vom liberalen zum reaktionären Nationalismus" (Heinrich August Winkler) vollzog sich nicht allein in Deutschland, sondern auch in anderen Staaten, z. B. in Frankreich.

Das Deutsche Reich ging aus den Einigungskriegen (s. S. 129 ff.) hervor und wurde durch die Traditionen der preußischen Militärmonarchie beeinflusst. Die „Reichsgründung von oben" führte zu einem Macht- und Obrigkeitsstaat, in dem das **Militär eine Sonderstellung** innehatte. Der obrigkeitsstaatliche Charakter zeigte sich in der nahezu unbeschränkten Verfügungsgewalt des Kaisers über das Heer und einer uneingeschränkten Macht über die Marine. Der Monarch entschied über Krieg und Frieden sowie über den Einsatz des Militärs in der Innenpolitik. Dies führte nicht nur dazu, dass das Offizierskorps eine privilegierte Stellung in der Gesellschaft erhielt, ein ausgeprägtes Standesbewusstsein entwickelte und sich zunehmend als Staat im Staate verstand, sondern das Militär begann auch das Alltagsbewusstsein der Bevölkerung zu bestimmen. Die Schulerziehung bemühte sich intensiv um die Vermittlung militärischer Disziplin, Normen und Werte. Militärische Prachtentfaltung durch Paraden und Uniformen machten Offiziere und Armee zum Idol auch des Bürgertums. Der dreijährige Militärdienst wurde zur „Schule der Nation". Wegen dieser **Militarisierung von Politik und Gesellschaft** sprachen sozialdemokratische Kritiker des Reiches vom Militarismus* des Deutschen Reiches, was einige Historiker übernahmen, um damit die kaiserliche Gesellschaft zu kennzeichnen. Der Militarismus mündete in ein Wettrüsten und führte zu Rivalitäten zwischen Nationen.

Neben Radikalnationalismus, Fremdenfeindlichkeit und Militarismus war das 19. Jahrhundert auch vom **Fortschrittsoptimismus** geprägt: Der Glaube an eine bessere, wenn nicht gar große Zukunft bildete ein wichtiges Integrationsmoment des Kaiserreichs. Der Adel vertraute dabei auf die Militärmonarchie und die Stärke des Militärs, das Wirtschaftsbürgertum auf die schnelle Entwicklung von Handel und Industrie. Der Arbeiterschaft versprachen die Sozialgesetzgebung und die Mitte der 1890er-Jahre steigenden Realeinkommen* eine Verbesserung ihrer Situation.

Sozialdarwinismus
Eine im 19. Jahrhundert entstandene sozialwissenschaftliche Theorierichtung, die Teilaspekte der Evolutionstheorie Darwins missbräuchlich auf menschliche Gesellschaften anwendete. Sie basierte auf der Annahme, dass Menschen in „Rassen" eingeteilt werden könnten, im ständigen gegenseitigen Kampf würde sich die „stärkere Rasse" durchsetzen.

Militarismus
(lat. *militaris* = soldatisch, kriegerisch) Vorherrschen militärischer Grundsätze und Wertvorstellungen (z. B. Autoritätsgläubigkeit, bedingungsloser Gehorsam) im öffentlichen und privaten Leben eines Landes

Realeinkommen
das nach Abzug der Inflation zur Verfügung stehende Einkommen; gibt Auskunft über die tatsächliche Kaufkraft des Einkommens

M 1 Der Historiker Hans-Peter Ullmann über Militarismus im Kaiserreich, 1999

Das Kaiserreich war nicht zuletzt ein Militärstaat. Denn das Militär, Droh- und Kampfinstrument für äußere Konflikte wie für innere Unruhen, stand als ein eigenständiger Machtfaktor weitgehend außerhalb von Verfassung, Verwaltung und Recht. Diese Sonderstellung, ein Erbe aus vorkonstitutioneller Zeit, beruhte auf der Kommandogewalt des Kaisers über Heer und Marine. Sie machte das Reichsheer, obwohl aus Kontingenten der Einzelstaaten mit zum Teil noch selbstständiger Heeresverwaltung zusammengesetzt, zu einer einheitlichen, preußisch geprägten Armee, während sich die Marine als neu geschaffene Teilstreitkraft zu einer Institution des Reichs entwickelte. Den Oberbefehl über beide Waffengattungen übte der Kaiser durch zahlreiche ihm unmittelbar unterstehende, oft miteinander rivalisierende militärische Kommando- und Verwaltungsstellen aus. Das Militär war der zivilen Gewalt nicht unter-, sondern nebengeordnet. So verstrickten sich beide immer wieder in heftige Auseinandersetzungen, die allein der Kaiser schlichten konnte […]. Nicht minder spannungsvoll standen Kommandogewalt und Parlamentsrechte gegeneinander. Während der Kaiser über Personal oder Gliederung der Verbände allein entschied, konnte das Parlament lediglich bei der Finanzierung und einigen anderen Fragen mitreden. Das schränkte die parlamentarische Kontrolle der Militärpolitik erheblich ein. Doch nicht nur im politischen System, in dem das Militär einen überstarken Einfluss hatte, auch in der Gesellschaft nahm es eine Sonderstellung ein. Diese wurde von staatlicher Seite etwa durch die Schulerziehung gefördert, zugleich aber von größeren Teilen der Bevölkerung akzeptiert. Das galt weniger für die Arbeiterschaft mit ihrem ambivalenten Verhältnis zum Militär, mehr dagegen für bürgerliche und kleinbürgerliche Kreise. Bei ihnen stand das Militär, besonders sein Offizierskorps, nach den Einigungskriegen von 1864, 1866 und 1870/71 in hohem Ansehen, symbolisierte als Teil des Reichsgründungsmythos die Nation.

*Hans-Peter Ullmann, Politik im Deutschen Kaiserreich 1871–1918, Oldenbourg, München 1999, S. 6 f.**

1 Erläutern Sie mithilfe von M 1 die Stellung des Militärs in Politik und Gesellschaft des Kaiserreiches. **Tipp:** Nutzen Sie folgende Begriffe: Militarismus, Sonderstellung, Kommandogewalt/Oberbefehl, parlamentarische Kontrolle, Alltagsbewusstsein.
2 Analysieren Sie die Karikatur M 2 und überprüfen Sie ihre zentrale Aussage mithilfe von M 1.
3 Analysieren Sie die Karikatur M 3.

M 2 Polizist als Lehrer im kaiserlichen Deutschland, Karikatur von Th. Th. Heine, 1911.

Untertitel: „In den preußischen Schulen soll jetzt als neues Unterrichtsfach Staatsbürgerkunde eingerichtet werden. Es ist wohl selbstverständlich, dass der Unterricht von Schutzleuten (= Polizisten) erteilt wird."

M 3 Britische Karikatur zum Militarismus, 1915.

Die große Figur in der Bildmitte ist als „Militarismus" bezeichnet. Die kleineren Personen symbolisieren verschiedene Nationen; sie schütten Eimer mit „Barbarei", „Hass", „Eifersucht", „Expansion" und „Ehrgeiz" in den Kessel. Auf den Röhren steht „Harmonie" bzw. „Liebe" und auf dem Eimer „universeller Friede". Im Hintergrund ist der Friedenspalast in Den Haag zu erkennen.

Station 3 (Pflicht): Judenemanzipation und Antisemitismus im Kaiserreich

Aufklärung
Eine viele Lebensbereiche umfassende Reformbewegung des 17./18. Jh. in Europa gegen klerikale, feudale und absolutistische Bevormundung. Zentrale Forderungen der Aufklärer waren unbeschränkte Öffentlichkeit, freie Meinungsäußerung und Toleranz gegenüber anderen Meinungen. Mittel zur Durchsetzung der Aufklärung waren vor allem Wissenschaft und Erziehung.

M1 Moses Mendelssohn, Gemälde von Anton Graff, nach 1770

Assimilation (= Angleichung/Anpassung)
bewusste oder unbewusste Angleichung einer ethnischen, religiösen oder sozialen Gruppe (in der Regel einer Minderheit) an eine andere (in der Regel die Mehrheit), z. B. die Angleichung von Einwanderern an die Werte des Einwanderungslandes

▶ **M 4, M 5: Berliner Antisemitismus-Streit (1879–1881)**

Antisemitismus
Ablehnung oder Bekämpfung von Juden aus „rassischen", religiösen oder sozialen Gründen. Der Begriff setzte sich seit 1879 durch; religiös begründete Judenfeindschaft gab es jedoch schon seit der Antike. Seit etwa 1860 verstärkte eine pseudowissenschaftliche, völkisch-rassische Begründung den Antisemitismus; die Juden galten den Antisemiten als „minderwertige Rasse".

▶ **M 2: Helmut Berding über den antisemitischen Hofprediger Stoecker**

Judenemanzipation

Im ausgehenden 18. und im 19. Jahrhundert wurden die Juden Mitteleuropas allmählich in die sie umgebenden Mehrheitsgesellschaften integriert. Die Anstöße dazu kamen von der **europäischen Aufklärungsbewegung***: Statt kirchlicher Dogmen sollte das Denken und Handeln der Menschen vom „Licht der Vernunft" geleitet werden und den Menschen zu einem **kritischen und selbstbewussten Bürger** erziehen. Dieser sollte **Toleranz gegenüber Andersgläubigen und Andersdenkenden** aufbringen sowie die Menschen- und Bürgerrechte achten. Eine der herausragenden jüdischen Persönlichkeiten, die sich für die Gleichstellung und die Integration der Juden einsetzten, war der deutsche Philosoph und Schriftsteller **Moses Mendelssohn** (1729–1786), der mit seiner Forderung nach staatsbürgerlicher Gleichberechtigung der Juden die Entrechtung und Ausgrenzung der jüdischen Minderheit beenden wollte. Der preußische Jurist und Staatsdiener **Christian Wilhelm Dohm** (1751–1820) trat mit seiner Schrift „Über die bürgerliche Verbesserung der Juden" von 1781 für die jüdische Emanzipation ein. Der jüdische Anteil lag im 19. Jahrhundert bei rund einem Prozent der deutschen Bevölkerung. In den deutschen Staaten sollte die Judenemanzipation stufenweise vorangehen. Erst die Verfassung von 1871 gewährte den Juden staatsbürgerliche Rechte ohne Einschränkungen. Diese rechtliche Gleichstellung ermöglichte den deutschen Juden wirtschaftlichen Erfolg, der zum sozialen Aufstieg ins Besitz- und Bildungsbürgertum führte. Juden wurden jedoch weiterhin nicht als Beamte und zu militärischen Führungspositionen zugelassen. Viele jüdische Familien legten daher besonderen Wert auf gute Schul- und Universitätsbildung, denn Ausweichmöglichkeiten boten Karrieren als Unternehmer, Bankiers, Rechtsanwälte, Ärzte und Notare. So trugen viele Juden zum wirtschaftlichen Aufschwung des Kaiserreichs bei. In ihrer Lebensweise unterschieden sich die meisten deutschen Juden nicht von der deutsch-christlichen Mehrheitsgesellschaft, d. h., sie assimilierten* sich.

Antisemitismus im Kaiserreich

Ab 1880 wanderten viele osteuropäische Juden, die in ihrer Heimat verfolgt wurden, ins Deutsche Reich ein: Bis 1914 kamen etwa 80 000 Juden, die sich durch ihre Sprache und Kleidung vom eingesessenen Bürgertum unterschieden. Die dadurch entstandenen Vorbehalte fielen mit den wirtschaftlichen und gesellschaftlichen Umwälzungen zusammen und förderten antisemitische Vorurteile. Der radikale antijüdische Journalist Wilhelm Marr (1818–1904) hat für die moderne Judenfeindschaft das Wort **„Antisemitismus"*** geprägt. Dieses Schlagwort emotionalisierte und politisierte vorhandene antijüdische Einstellungen. Juden wurden für die sich verschlechternde Situation verantwortlich gemacht und deshalb als „Fremdkörper der deutschen Nation" erneut ausgegrenzt. Der **Historiker Heinrich von Treitschke** forderte diese Ausgrenzung in seinen Schriften und machte sie so gesellschaftsfähig. Außerdem organisierte sich der moderne Antisemitismus in Verbänden und Parteien, so z. B. in der „Christlichsozialen Partei" Adolf Stoeckers. Und der Antisemitismus nahm zunehmend rassistische Züge an, wobei sich rassenideologische und völkische Ideen zu einem aggressiven, nach außen wie innen gerichteten Nationalismus verbinden konnten. Um den erstarkenden Antisemitismus abzuwehren, gründeten Juden 1893 den **„Centralverein der deutschen Staatsbürger jüdischen Glaubens"** mit einer eigenen Rechtsschutzabteilung.

1 Erläutern Sie die Folgen der Judenemanzipation für die jüdische Minderheit.
2 Charakterisieren Sie die gesellschaftliche Stellung von Juden im Kaiserreich.

M2 Der Historiker Helmut Berding über die politische Instrumentalisierung des Antisemitismus durch den Hofprediger Adolf Stoecker, 1988

Stoecker gab nicht auf, verstärkte im Gegenteil seine Propagandatätigkeit, konzentrierte jedoch seine Anstrengungen auf andere Zielgruppen [als die Arbeiter]. Er sprach den gewerblichen Mittelstand, besonders die protestantischen Handwerker und Ladenbesitzer in der Reichshauptstadt, an, bemühte sich um Angestellte, Beamte, Angehörige freier Berufe und nicht zuletzt um die akademische Jugend. Unermüdlich eilte Stoecker in Berlin von Volksversammlung zu Volksversammlung, und er sprach auf Wahlveranstaltungen in der Provinz, wo er vor allem das kleinstädtische Bürgertum und die bäuerliche Bevölkerung für die christlichsoziale Bewegung zu mobilisieren versuchte. In diesen von der wirtschaftlichen Depression hart betroffenen mittelständischen Schichten waren tief verwurzelte judenfeindliche Einstellungen außerordentlich verbreitet. [...] Am 19. September 1879 stellte [Stoecker] auf einer Wahlveranstaltung seiner Partei in Minden mit einer Rede über „Unsere Forderungen an das moderne Judentum" den Antisemitismus zum ersten Mal in den Mittelpunkt der Agitation und erhielt stürmischen Beifall. Von diesem Tage an spielte in den Versammlungen des christlichsozialen Parteiredners der Antisemitismus eine zentrale Rolle. Stoecker, der sich als „Begründer der antisemitischen Bewegung" ansah, schätzte die mobilisierende Kraft des politischen Antisemitismus sehr hoch ein. Der Erfolg schien ihm Recht zu geben. Es war gelungen, mithilfe judenfeindlicher Parolen mittelständische Schichten an den Konservativismus heranzuführen. Der Zulauf zu den Volksversammlungen hatte sich bedeutsam verstärkt. Am besten waren die Veranstaltungen besucht, auf denen Stoecker zur „Judenfrage" redete. Oft strömten bis zu 3000 Menschen zusammen. Auch bei Wahlen erzielten die Christlichsozialen beachtliche Erfolge. So stieg ihre Stimmenzahl bei den Reichstagswahlen in Berlin von 14 000 im Jahre 1878 auf 46 000 im Jahre 1881 und 56 000 im Jahre 1884. Der Hofprediger selbst gehörte seit 1879 dem preußischen Abgeordnetenhaus und seit 1881 dem Reichstag an. [...] Stoecker gründete als erster konservativer Politiker eine politische Partei, die den Antisemitismus als breitenwirksames Instrument zur Schaffung einer Massenbasis einsetzte. Er wusste als Demagoge, worauf es ankam, zeichnete ein klares Feindbild und hämmerte es dem Publikum unentwegt ein. Dadurch trug er ganz erheblich zur Vergiftung der politischen Atmosphäre und zur Verstärkung antijüdischer Vorurteile bei. Neben gewerblichem Mittelstand und bäuerlicher Bevölkerung erreichte er mit seiner antisemitischen Agitation hauptsächlich das Bildungsbürgertum, in dem er aufgrund des hohen Ansehens als Hofprediger den Antisemitismus gesellschaftsfähig machte.

*Helmut Berding, Moderner Antisemitismus in Deutschland, Suhrkamp, Frankfurt/M. 1988, S. 90, 98.**

3 Untersuchen Sie mithilfe von M 2 Ziele, Methoden und Folgen der politischen Propaganda Stoeckers.

4 Beurteilen Sie unter Einbeziehung von M 2 und M 3 die These, dass der Antisemitismus im Kaiserreich bewusst als Instrument zur Mobilisierung der Massen eingesetzt wurde.

M3 Bildpostkarte der Nordseeinsel Borkum, um 1910.

Bereits seit dem Ende des 19. Jahrhunderts wurde die jüdische Bevölkerung in einigen Kurbädern offen diskriminiert und dadurch ferngehalten. Besonders aggressive Beispiele für diesen „Bäderantisemitismus" sind die Nordseebäder Borkum, Langeoog sowie das Ostseebad Zinnowitz. Borkum machte um 1900 Werbung damit, dass Juden auf der Insel nicht erwünscht seien.

Der Berliner Antisemitismus-Streit (1879–1881)

M4 Aus der Schrift „Ein Wort über das Judentum" des Historikers Heinrich von Treitschke, 1880

Treitschke war ein einflussreicher Historiker und Politiker, Mitglied des Reichstags 1871–1884, bis 1878 nationalliberal, danach ohne Parteizugehörigkeit.

Was wir von unseren israelitischen Mitbürgern zu fordern haben, ist einfach: Sie sollen Deutsche werden, sich schlicht und recht als Deutsche fühlen – unbeschadet ihres Glaubens und ihrer alten heiligen Erinnerungen, die uns allen ehrwürdig sind; denn wir wollen nicht, dass auf die Jahrtausende germanischer Gesittung ein Zeitalter deutsch-jüdischer Mischkultur folge. Es wäre sündlich zu vergessen, dass sehr viele Juden, getaufte und ungetaufte, [...] deutsche Männer waren im besten Sinne, Männer, in denen wir die edlen und guten Züge deutschen Geistes verehren. Es bleibt aber ebenso unleugbar, dass zahlreiche und mächtige Kreise unseres Judentums den guten Willen, schlechtweg Deutsche zu werden, durchaus nicht hegen. [...] Mancher meiner jüdischen Freunde wird mir mit tiefem Bedauern Recht geben, wenn ich behaupte, dass [...] die Einwirkung des Judentums auf unser nationales Leben [...] sich neuerdings vielfach schädlich zeigt. [...] Überblickt man alle diese Verhältnisse [...], so erscheint die laute Agitation des Augenblicks doch nur als eine brutale und gehässige, aber natürliche Reaktion des germanischen Volksgefühls gegen ein fremdes Element, das in unserem Leben einen allzu breiten Raum eingenommen hat. [...] Bis in die Kreise der höchsten Bildung hinauf, unter Männern, die jeden Gedanken kirchlicher Unduldsamkeit oder nationalen Hochmuts mit Abscheu von sich weisen würden, ertönt es heute wie aus einem Munde: Die Juden sind unser Unglück!

*Heinrich von Treitschke, Ein Wort über unser Judentum, Reimer, Berlin 1880, S. 3f.**

M5 Aus der Antwort des Historikers Theodor Mommsen auf Treitschke, 1880

Mommsen war Altertumswissenschaftler und Nobelpreisträger für Literatur (1902), liberaler Politiker und Mitglied des Reichstags von 1881 bis 1884.

Das ist der eigentliche Sitz des Wahnes, der jetzt die Massen erfasst hat, und sein rechter Prophet ist Herr von Treitschke. Was heißt das, wenn er von unseren israelitischen Mitbürgern fordert, sie sollen Deutsche werden? Sie sind es ja, so gut wie er und ich. Er mag tugendhafter sein als sie; aber machen die Tugenden den Deutschen? Wer gibt uns das Recht, unsere Mitbürger dieser oder jener Kategorien wegen der Fehler, welche im Allgemeinen dieser Kategorie, es sei auch mit Recht, zur Last gelegt werden, aus der Reihe der Deutschen zu streichen? [...] Wir, die eben erst geeinte Nation, betreten mit dem Judenkrieg eine gefährliche Bahn. Unsere Stämme sind recht sehr ungleich. Es ist keiner darunter, dem nicht spezifische Fehler anhaften, und unsere gegenseitige Liebe ist nicht so alt, dass sie nicht rosten könnte. Heute gilt es den Juden, [...] morgen wird vielleicht bewiesen, dass genau genommen jeder Berliner nicht besser sei als ein Semit. Noch etwas weiter hin, und der Pommer fordert die Erstreckung der Statistik auf die Windbeutelei und hofft, durch Zahlen zu beweisen, dass dann in den westlichen Provinzen ein doppelter Prozentsatz sich herausstellen werde. Es wäre das nicht der ungeschickteste Weg, um die Einheit unserer Nation zu untergraben.

*Theodor Mommsen, Auch ein Wort über unser Judentum, Weidmann, Berlin 1880, S. 11f.**

5 Vergleichen Sie die Positionen Treitschkes (M 4) und Mommsens (M 5).
Tipp: Legen Sie eine Tabelle an.

6 Erläutern Sie, was diese Kontroverse über die deutsche Gesellschaft im Kaiserreich aussagt.

M6 Aus einem Brief Walter Rathenaus an einen antisemitisch eingestellten Freund, 1916

Rathenau (1867–1922) war der Sohn des Gründers der AEG, Unternehmer, Schriftsteller und Politiker. 1922 wurde er als Außenminister der Weimarer Republik von radikalen Nationalisten ermordet.

Ich habe kein anderes Blut als deutsches, [...] kein anderes Volk als deutsches. Vertreibt man mich von meinem deutschen Boden, so bleibe ich dennoch deutsch und es ändert sich nichts [...]. Meine Vorfahren und ich haben sich von deutschem Boden und deutschem Geist genährt und unserem, dem deutschen Volk erstattet, was in unseren Kräften stand. Mein Vater und ich haben keinen Gedanken gehabt, der nicht für Deutschland und nicht Deutsch war. [...] Ich bin in der Kulturgemeinschaft der Juden geblieben, weil ich keinem Vorwurf und keiner Beschwernis mich entziehen wollte, und habe von beidem bis auf den heutigen Tag genug erlebt. Nie hat eine Kränkung mich unwillig gemacht. Nie habe ich meinem, dem deutschen Volke, mit einem Worte oder einem Gedanken derlei vergolten.

*Zit. nach: Walther Rathenau, Ein preußischer Europäer, Vogt, Berlin 1955, S. 146.**

7 Stellen Sie anhand von M 6 dar, wie Rathenau sein Verhältnis zu Deutschland beschreibt.

Station 4 (Wahlpflicht/Vertiefung): Antisemitismus in Frankreich: die Dreyfus-Affäre

1894 verurteilte ein Kriegsgericht in Paris den **jüdischen Artilleriehauptmann Alfred Dreyfus** wegen Hochverrats zu lebenslanger Verbannung auf die Teufelsinsel im südamerikanischen Französisch-Guayana. Angeblich hatte er dem deutschen Geheimdienst vertrauliche militärische Informationen zugespielt.
Der Fall entwickelte sich zu einem ganz Frankreich erschütternden Skandal, der als **Dreyfus-Affäre** bekannt wurde. Denn zum einen versuchten höchste militärische Funktionsträger eine mögliche Rehabilitierung Dreyfus' zu verhindern, und zum anderen betrieben antisemitische, klerikale und monarchistische Zeitungen eine Hetzjagd gegen Dreyfus und beeinflussten so die öffentliche Meinung maßgeblich. Der Verurteilte war Elsässer* und zugleich Jude – und somit als angeblicher Verräter geradezu prädestiniert. Es ging hier also letztlich nicht um den singulären Verrat eines ranghohen militärischen Amtsinhabers, sondern um die „exemplarische" Schuldzuweisung gegen einen Juden. Radikale Nationalisten bildeten zusammen mit reaktionären Katholiken eine neue antisemitische Bewegung. Menschen, die Dreyfus verteidigten, wurden bedroht, juristisch verfolgt und auch aus dem Dienst entlassen. Ein Beispiel hierfür ist der bekannte französische Schriftsteller **Émile Zola**, der in seinem Artikel ***„J'accuse*** **– Ich klage an"** öffentlich anprangerte, dass der eigentlich Schuldige freigesprochen worden sei. Gegen Zola wurde eine Verleumdungsklage erhoben. Er wurde schuldig gesprochen und floh direkt nach seiner Verurteilung nach London ins Exil.
Durch den offenen Brief Zolas wurde der Fall Dreyfus zu einer nationalen Affäre mit weltweiter Beachtung: Jetzt wurde offensichtlich, dass die Dreyfus-Affäre zu einer tiefen inneren Spaltung der französischen Gesellschaft geführt hatte. Zwei unversöhnliche Lager standen sich gegenüber: die *Dreyfusards*, die sich aus linken Intellektuellen, liberalen Journalisten und Juristen zusammensetzten und von der Unschuld des jüdischen Hauptmanns überzeugt waren, und die *Anti-Dreyfusards*, deren Anhänger aus dem konservativen Lager, dem Militär, dem Klerus und der Antisemitenliga stammten.
Das Verfahren gegen Dreyfus wurde 1899 wegen des Protests im In- und Ausland wieder aufgenommen. Die Revisionsverhandlung vor dem Kriegsgericht in Rennes endet jedoch – unter Zubilligung „mildernder Umstände" – mit der erneuten Verurteilung von Dreyfus zu 10 Jahren Gefängnis. Um den Prozess zu beenden, wurde Dreyfus vom französischen Präsidenten begnadigt. Erst 1906 wurde Dreyfus vollständig rehabilitiert, wieder in die Armee und in die französische Ehrenlegion aufgenommen.

M1 **Alfred Dreyfus (1859 bis 1935), Artilleriehauptmann, Fotografie, 1894**

Elsass
Ursprünglich französisch wurde das Elsass 1870/71 nach dem Deutsch-Französischen Krieg von Deutschland annektiert. Dreyfus behielt die französische Staatsbürgerschaft und siedelte nach Paris um.

▶ M3: Zola *„J'accuse* – Ich klage an"

bpb-Dossier: Der Fall Dreyfus und die Folgen

cornelsen.de/Webcodes
Code: cowecu

M2 **„Ein Abendessen in der Familie", französische Karikatur, 1898.**
Text links: „Vor allem lasst uns nicht über die Dreyfus-Affäre reden!"
Text rechts: „... sie haben darüber geredet."

M3 Émile Zola: „Ich klage an", 1898

Der offene Brief erschien am 13. Januar 1898 auf der Titelseite der Tageszeitung L'Aurore. Der französische Schriftsteller Émile Zola richtete ihn an Félix Faure, den damaligen Präsidenten der Französischen Republik, um über die wahren Hintergründe der Dreyfus-Affäre zu informieren.

Herr Präsident!

Gestatten Sie mir, dass ich in meiner Dankbarkeit für die wohlwollende Aufnahme, die ich einst bei Ihnen gefunden, heute Ihren berechtigten Ruhm mir am Herzen liegen lasse, und Ihnen sage, dass Ihr bisher so glückhafter Stern von dem allerschimpflichsten und unauslöschlichsten Flecken bedroht sei? [...] [W]elch ein Schmutzfleck auf Ihrem Namen – fast hätte ich gesagt auf Ihrer Regierung – diese abscheuliche Affäre Dreyfus! [...]

Meine Pflicht ist es, zu sprechen, ich will nicht Mitschuldiger sein. Meine Nächte würden gestört werden durch das Gespenst des Unschuldigen, der da drüben für ein Verbrechen büßt, das er nicht begangen hat. Und Ihnen, Herr Präsident, will ich sie entgegenschreien, diese Wahrheit, mit aller Macht der Empörung eines rechtschaffenen Mannes. Zu Ihrer Ehre bin ich überzeugt, dass sie Ihnen unbekannt ist. Und wem anders sollte ich jenen üblen Haufen der wahren Schuldigen anzeigen, wenn nicht Ihnen, dem höchsten Beamten des Landes? Zunächst die Wahrheit über den Prozess und die Verurteilung von Dreyfus.

[Es folgt eine ausführliche Darstellung der zahlreichen juristischen Fehlleistungen, Beweisfälschungen und Vertuschungsversuche.]

Ich klage den Oberstleutnant du Paty de Clam an, der teuflische Verfertiger des Justizverbrechens – wenn auch unbewusst, wie ich glauben will – gewesen zu sein und dann sein unheilvolles Werk seit drei Jahren mit den abgeschmacktesten und verwerflichsten Machenschaften verteidigt zu haben. Ich klage den General Mercier an, sich mindestens aus Schwäche an einer der größten Ungerechtigkeiten des Jahrhunderts mitschuldig gemacht zu haben. Ich klage den General Billot an, die sicheren Beweise für Dreyfus' Unschuld in Händen gehabt und sie unterdrückt und sich dieses Verbrechens einer Verletzung der Menschlichkeit und der Gerechtigkeit schuldig gemacht zu haben, in der politischen Absicht, den kompromittierten Generalstab zu retten. Ich klage den General de Boisdeffre und den General Gonse an, sich an demselben Verbrechen mitschuldig gemacht zu haben, der eine zweifellos aus leidenschaftlichen klerikalen Neigungen, der andere vielleicht aus jenem Korpsgeist heraus, der die Bureaus des Kriegsministeriums zum unnahbaren Allerheiligsten macht. Ich klage den General de Pellieux und den Major Ravary an, eine verbrecherische Untersuchung geführt zu haben; ich verstehe darunter eine Untersuchung von jener ungeheuerlichen Parteilichkeit, wie sie sich uns in dem Bericht Ravarys kundgibt, einem unvergänglichen Denkmal von naiver Verwegenheit. Ich klage die drei Schreibsachverständigen, die Herren Belhomme, Varinard und Couard, an, verlogene und betrügerische Berichte erstattet zu haben, es sei denn, dass eine ärztliche Untersuchung sie als von einer Erkrankung des Seh- und des Urteilsvermögens befallen erklärt. Ich klage das Kriegsministerium an, in der Presse, insbesondere im *„Eclair"* und im *„Echo de Paris"*, einen abscheulichen Feldzug geführt zu haben, um die öffentliche Meinung irrezuleiten und seinen Fehler zu verdecken. Ich klage endlich das erste Kriegsgericht an, das Recht vergewaltigt zu haben, indem es einen Angeklagten auf ein geheimgebliebenes Schriftstück hin verurteilte, und ich klage das zweite Kriegsgericht an, diese Rechtsverletzung gedeckt zu haben, indem es seinerseits das Rechtsverbrechen beging, wissentlich einen Schuldigen freizusprechen.

Indem ich diese Anklagen erhebe, weiß ich sehr wohl, dass ich mich vor den Artikeln 30 und 31 des Pressgesetzes vom 29. Juli 1881, die das Vergehen der üblen Nachrede mit Strafe bedrohen, verantwortlich mache. Absichtlich setze ich mich dem aus. Die Leute, die ich anklage, kenne ich nicht, ich habe sie nie gesehen, ich hege weder Groll noch Hass gegen sie. Sie sind für mich nur Erscheinungen, Symptome der Krankheit der Gesellschaft. Und die Handlung, die ich hier vollziehe, ist nur ein radikales Mittel, um den Ausbruch der Wahrheit und der Gerechtigkeit zu beschleunigen. Ich habe nur eine Leidenschaft, die des Lichtes, im Namen der Menschheit, die so viel gelitten hat und die ein Recht auf Glück besitzt. Mein flammender Protest ist nur der Schrei meiner Seele. Man wage es also, mich vor ein Schwurgericht zu stellen und die Untersuchung beim hellen Tageslichte vor sich gehen zu lassen! Ich warte darauf.

*Zit. nach: Reden, die die Welt bewegten, Mundus, Stuttgart 1986, S. 180–189.**

1 Analysieren Sie den offenen Brief Émile Zolas.
Tipp: Achten Sie besonders auf seine Argumentation und auf seine Haltung.

2 Erörtern Sie die (beabsichtigte) Wirkung des Artikels in der französischen Öffentlichkeit.
Tipp: Gehen Sie auf die Form als offener Brief ein.

3.6 Deutsche Außenpolitik und internationale Ordnung

In diesem Kapitel geht es um
- *Bismarcks außenpolitisches Konzept und Bündnissystem,*
- *den Wandel der deutschen Außenpolitik unter Wilhelm II. sowie*
- *den Weg in den Ersten Weltkrieg.*

Bismarcks außenpolitisches Konzept und Bündnissystem

Die Gründung des Deutschen Reichs veränderte das Kräfteverhältnis in Europa. Deutschland besaß nach dem Deutsch-Französischen Krieg 1870/71 eine **halbhegemoniale* Stellung**: Es war zu stark, als dass die europäischen Mächteverhältnisse gegen seinen Willen hätten verändert werden können; und es war zu schwach, um die Vorherrschaft auf dem Kontinent zu übernehmen. Die europäischen Staaten befürchteten dennoch, das Kaiserreich plane weitere Expansionskriege. Deshalb war das oberste Ziel für Bismarck, den Frieden in Europa zu sichern und die Stellung im Kreis der Großmächte zu halten. Seine Außenpolitik war durch folgende Aspekte gekennzeichnet:
- Erhaltung des ***Status quo***: Bismarcks Versicherung, das Deutsche Reich sei „saturiert", stelle also keine weiteren Gebietsansprüche;
- **Verhinderung einer Zwei-Fronten-Konstellation** (Gefahr der Einkreisung Deutschlands): Isolierung des ehemaligen und auf Revanche hoffenden Kriegsgegners Frankreich, sodass dieses keine Bündnisse gegen Deutschland schließen konnte;
- **Verzicht auf eine aktive Kolonialpolitik**: Bismarcks Auffassung „Meine Karte von Afrika liegt in Europa";
- **Deutschland als Vermittler** in internationalen Krisen: z. B. Bismarcks Agieren als „ehrlicher Makler" auf dem Berliner Kongress 1878 (Ausgleich zwischen den Mächten im Kontext der Balkankrise);
- Abschluss von **Defensivbündnissen** mit potenziellen Gegnern.

Hegemonie
Vormachtstellung eines Staates innerhalb einer Gruppe von Staaten. Sie stützt sich in der Regel auf militärische Überlegenheit. Sie kann sich aber auch auf die Bereiche Wirtschaft und Kultur beziehen.

▶ **M 8, M 9: Bismarcks Bündnissystem**

M 1 Bismarcks Bündnissystem (Chronologie)

1873, 1881 erneuert	**Dreikaiserbündnis**: Deutschland, Russland, Österreich-Ungarn (= Ö-U) gegen Frankreich gerichtet
1879	**Zweibund**: Deutschland, Ö-U gegenseitige Unterstützung bei russischem Angriff und Neutralität beim Angriff einer dritten Macht
1882	Erweiterung des Zweibundes zum **Dreibund**: Deutschland, Ö-U, Italien gegenseitige Hilfe bei französischem Angriff
1887	**Rückversicherungsvertrag**: Deutschland, Russland gegenseitige Neutralität
1887	**Mittelmeerabkommen**: Großbritannien, Ö-U, Italien, Spanien Erhaltung des Status quo

M 2 Bismarcks Bündnissystem (Karte)

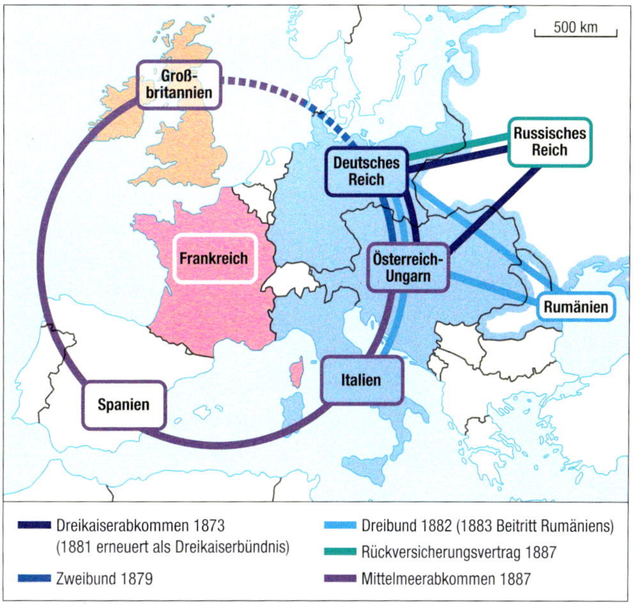

Mit seinem Ziel, die mit der Reichsgründung in Europa neu geschaffene machtpolitische Situation zu nutzen, knüpfte Bismarck an die europäische Außenpolitik seit dem Ende des 18. Jahrhunderts an: die Aufrechterhaltung des europäischen Gleichgewichts, das schon auf dem Wiener Kongress angestrebt wurde. Obwohl das von Bismarck geschaffene Bündnissystem nicht widerspruchsfrei war, sicherte es zunächst den europäischen Frieden. Doch schon Mitte der 1880er-Jahre musste Bismarck auf Druck der Öffentlichkeit die Erwerbungen deutscher Kaufleute in Übersee unter staatlichen Schutz stellen und damit aktive Kolonialpolitik betreiben.

Deutsche Weltmachtpolitik unter Wilhelm II.

M 3 Wilhelm II., Bildpostkarte, 1902

▶ **M 10–M 12: Außenpolitik unter Wilhelm II.**

Nach der Thronbesteigung Kaiser Wilhelms II. (Reg. 1888–1918) kam es mit Bismarck zu prinzipiellen Differenzen über die Sozial- und Außenpolitik, die 1890 zur Entlassung des Reichskanzlers führten. Wilhelm II. setzte in der Außenpolitik neue Akzente: Offensiv strebte er mit seiner neuen Regierung nach einer deutschen Weltmachtstellung. Mit der Forderung nach Weltgeltung verband der Kaiser nicht nur eine Großmachtstellung in Europa, sondern auch eine ebenbürtige Stellung Deutschlands unter den Kolonialimperien, insbesondere Großbritannien. Zum Ausdruck kam dieser **„neue Kurs“** in der legendär gewordenen Aussage des Staatssekretärs im Auswärtigen Amt und späteren Reichskanzlers Bernhard von Bülow von 1897: „Wir wollen niemanden in den Schatten stellen, aber wir verlangen auch unseren Platz an der Sonne.“ Die außenpolitische Neuorientierung des Kaiserreichs spiegelt den Wettlauf um Kolonien und Einflusssphären wider, der im Zeitalter des Imperialismus unter den führenden Industriemächten entbrannt war. Deutschland befürchtete an Bedeutung und Einfluss zu verlieren und begann nun, eine **aggressive Weltmachtpolitik** zu betreiben:
- massiver Ausbau der Schlacht- und Großschiffflotte mit dem Ziel, Großbritannien zu deutschen Bedingungen in ein Bündnis zu zwingen, oder, zusammen mit Russland, das britische Weltreich „aus den Angeln“ zu heben, um dessen koloniales Erbe anzutreten;
- Intensivierung der Kolonialpolitik (z. B. Erwerb weiterer Kolonien im Pazifik), die jedoch zwangsläufig zu Konflikten mit anderen Großmächten führte und hinsichtlich der „Erfolge“ ein Prestigeobjekt blieb;
- keine Fortführung von Bismarcks Bündnissystem (z. B. Nichtverlängerung des Rückversicherungsvertrages mit Russland), stattdessen: diplomatische Ungeschicklichkeiten und wechselnde Parteinahme für Russland und Großbritannien;
- Propaganda nationalistischer und völkischer Verbände (z. B. Deutscher Flottenverein), um die Bevölkerung auf die gewünschte Weltmachtstellung des Reiches einzuschwören.

Die deutsche Weltmachtpolitik unter Wilhelm II. hatte zur Folge, dass das Misstrauen der europäischen Großmächte gegenüber Deutschland wuchs und das Reich sich außenpolitisch zunehmend isolierte. Erst erzielten 1904 Frankreich und Großbritannien eine Verständigung in der Kolonialpolitik (***Entente cordiale***); dann kam es, nachdem Deutschland auf den Haager Konferenzen (1899/1907) eine Rüstungsbegrenzung abgelehnt hatte, zu einem britisch-russischen Ausgleich, der 1907 in eine informelle Erweiterung der Entente cordiale zur ***Triple Entente*** mit Russland mündete. Damit war Bismarcks „Alptraum der Koalitionen“ Wirklichkeit geworden: Dem Deutschen Reich drohte nun die Gefahr eines Zweifrontenkrieges. Deutschland sah sich eingekreist und reagierte mit der Festigung des **Zweibundes** mit Österreich-Ungarn. So standen sich in Europa am Vorabend des Ersten Weltkrieges zwei Bündnissysteme gegenüber.

M4 Bündnisse zu wilhelminischer Zeit (Chronologie)

1890	**Rückversicherungsvertrag:** Deutschland, Russland – wird nicht erneuert
1894	**Zweibund:** Russland, Frankreich – Defensivbündnis als Reaktion auf den nicht verlängerten Rückversicherungsvertrag
1902	**(geheime) Bündnisse:** Großbritannien und Japan sowie Frankreich und Italien – jeweils gegenseitige Neutralität
1904	***Entente cordiale:*** Großbritannien, Frankreich – Verständigung in der Kolonialpolitik: Ägypten und Marokko werden gegenseitig anerkannt
1907	***Triple Entente:*** Großbritannien, Frankreich, Russland – **brit.-russ. Konvention** über Afghanistan und Persien, Russland greift verstärkt auf dem Balkan ein
1912	**Erneuerung des Zweibunds:** Deutschland, Österreich-Ungarn

M5 Bündnisse zu wilhelminischer Zeit (Karte)

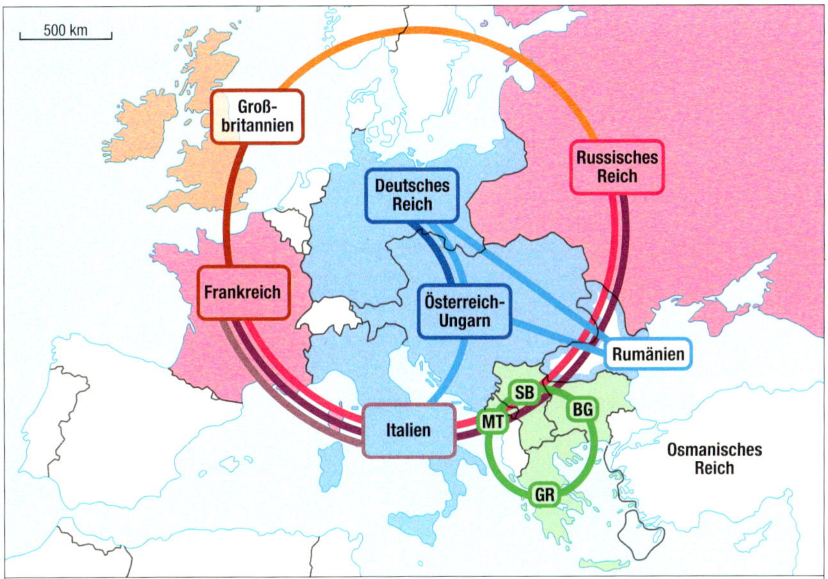

Zweibund 1879
Dreibund 1882 (1883 Beitritt Rumäniens)
französisch-russische Militärkonvention 1892
französisch-russischer Zweibund 1894
französisch-italienisches Kolonialabkommen 1902
Entente cordiale 1904
britisch-russischer Ausgleich 1907
Balkanbund 1912

SB = Serbien, MT = Montenegro, BG = Bulgarien, GR = Griechenland

Anlass und Verlauf des Ersten Weltkriegs

Mit dem Ausbruch des Ersten Weltkrieges, der „Urkatastrophe des 20. Jahrhunderts", begann eine historische Epoche, die in der Geschichtswissenschaft häufig auch als „Zeitalter der Weltkriege" (1914–1945) bezeichnet wird. Der Anlass für den Ausbruch des Ersten Weltkrieges war der **Mord am österreichisch-ungarischen Thronfolger Franz Ferdinand am 28. Juni 1914** im bosnischen Sarajewo durch bosnisch-serbische Nationalisten. Das Attentat löste die „Julikrise" aus und setzte die Automatik der Bündnissysteme in Bewegung. Es standen die Mittelmächte und ihre Verbündeten (Deutschland, Österreich-Ungarn, später auch die Türkei und Bulgarien) den Ententemächten und ihren Verbündeten (Russland, Großbritannien, Frankreich, Serbien, später Italien, Rumänien, die USA und Japan) gegenüber.

M6 Die Julikrise 1914

05.07. „Blankoscheck" D an Ö-U, bedingungslose Unterstützung
23.07. Ultimatum Ö-U an Serbien: Aufklärung des Attentats bis zum 28.7.
Bekräftigung des Bündnisses zw. FR und RU; Unterstützung Serbiens durch RU
25.07. Teilmobilmachung von Ö-U gegen Serbien
Serbien erfüllt viele Forderungen Ö's, lässt aber keine österr. Beamte an der Attentatsaufklärung mitarbeiten
28.07. Ö-U erklärt Serbien den Krieg, Beschießung Belgrads
29.07. Teilmobilmachung von RU gegen Ö-U
30.07. Mobilmachung sämtlicher Streitkräfte von RU
31.07. Ultimatum D an RU, die Mobilmachung zu stoppen, und an FR, sich neutral zu verhalten
01.08. D erklärt RU den Krieg
FR legt sein Verhalten im Kriegsfall nicht offen
03.08. D erklärt FR den Krieg, lässt Truppen ins neutrale Belgien einmarschieren
04.08. GB erklärt D den Krieg

M7 Koalitionen im Ersten Weltkrieg

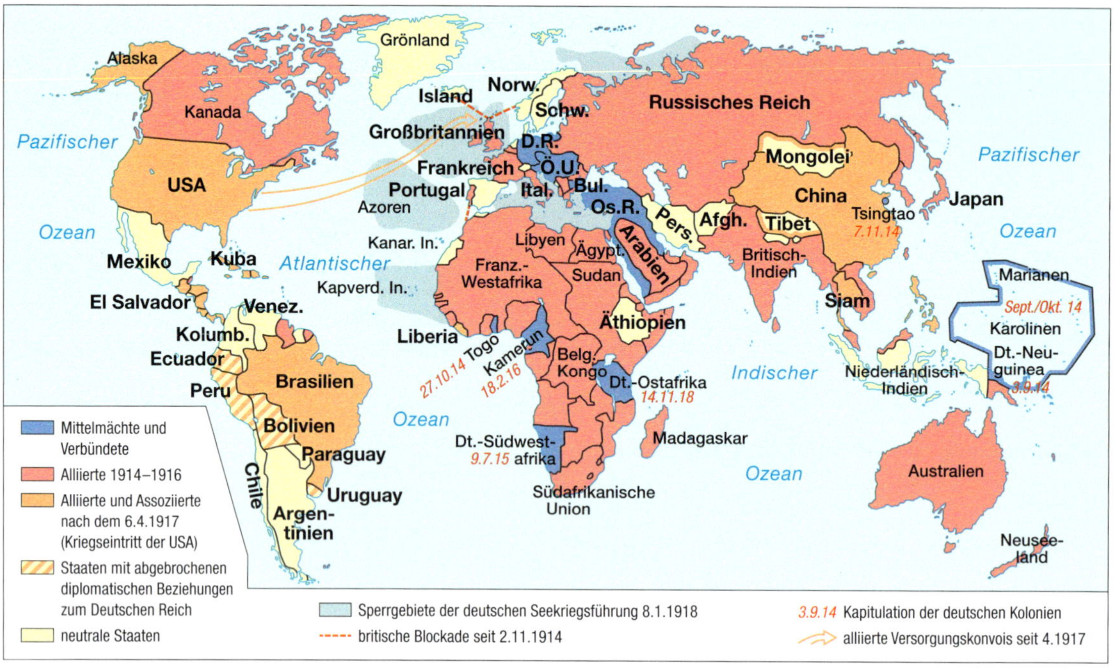

1 Beschreiben Sie Bismarcks außenpolitisches Konzept.
Tipp: Achten Sie auf Bismarcks Ziele und seine Strategie.

2 **Wahlaufgabe:** Bearbeiten Sie entweder a) oder b).
a) Vergleichen Sie die Bündnissysteme zur Zeit Bismarcks (M 1, M 2) und Wilhelms II. (M 3, M 4).
b) Beurteilen Sie die außenpolitische Lage Deutschlands vor dem Ersten Weltkrieg.
Tipp für a) und b): Verwenden Sie folgende Begriffe: Defensive, Isolation, Einkreisung, Konkurrenz, Großmachtpolitik.

3 **Geschichte kreativ:** Gestalten Sie einen Tagebucheintrag für den 31. Juli 1914 aus einer der folgenden Perspektiven: österreichische Monarchistin, serbischer Nationalist, britischer Banker, deutscher Offizier oder französische Patriotin. Beziehen Sie sich dabei auf die aktuellen Ereignisse der „Julikrise" (M 6) und formulieren Sie Hoffnungen und Ängste für die Zukunft.

> ***Hinweise zur Arbeit mit den Materialien***
> *Die Materialien M 8 und M 9 beleuchten die Außenpolitik Bismarcks. Anhand von M 10 bis M 12 können Sie im Vergleich dazu die Änderungen in der Außenpolitik unter Wilhelm II. erarbeiten.*

Bismarcks Außenpolitik

M 8 „Die dreizehnte Arbeit des Herkules“, Holzschnittkarikatur von Wilhelm Scholz aus dem „Kladderadatsch“, 8. Juli 1888.

Die Bildunterschrift lautet: „Des Reichskanzlers Stellung seit 1870“; Bismarck befindet sich zwischen den Personifikationen Frankreich (links) und Russland (rechts).

Die dreizehnte Arbeit des Herkules.

M 9 Das „Kissinger Diktat“, 15. Juni 1877

Während der Balkankrise (1875–1878) stellt Bismarck in seinem Urlaub in Bad Kissingen Überlegungen über die außenpolitische Situation des Deutschen Reiches an. Unabhängig von aller Tagespolitik gilt das „Kissinger Diktat“ als Schlüsseldokument zum Verständnis Bismarck'scher Außenpolitik nach der Reichsgründung.

Ein französisches Blatt sagte neulich von mir, ich hätte *„le cauchemar des coalitions“*[1]; diese Art Alp wird für einen deutschen Minister noch lange, und vielleicht immer, ein sehr berechtigter bleiben. Koalitionen gegen uns können auf westmächtlicher Basis mit Zutritt Österreichs sich bilden, gefährlicher vielleicht noch auf russisch-österreichisch-französischer; eine große Intimität zwischen zweien der drei letztgenannten Mächte würde der dritten unter ihnen jederzeit das Mittel zu einem sehr empfindlichen Drucke auf uns bieten. In der Sorge vor diesen Eventualitäten, nicht sofort, aber im Lauf der Jahre, würde ich als wünschenswerte Ergebnisse der orientalischen Krisis für uns ansehen:

- Gravitierung[2] der russischen und der österreichischen Interessen und gegenseitigen Rivalitäten nach Osten hin,
- der Anlass für Russland, eine starke Defensivstellung im Orient und an seinen Küsten zu nehmen, und unseres Bündnisses zu bedürfen,
- für England und Russland ein befriedigender Status quo, der ihnen dasselbe Interesse an Erhaltung des Bestehenden gibt, welches wir haben,
- Loslösung Englands von dem uns feindlich bleibenden Frankreich wegen Ägyptens und des Mittelmeers,
- Beziehungen zwischen Russland und Österreich, welche es beiden schwierig machen, die antideutsche Konspiration[3] gegen uns gemeinsam herzustellen, zu welcher zentralistische oder klerikale Elemente in Österreich etwa geneigt sein möchten.

Wenn ich arbeitsfähig wäre, könnte ich das Bild vervollständigen und feiner ausarbeiten, welches mir vorschwebt: nicht das irgendeines Ländererwerbes, sondern das einer politischen Gesamtsituation, in welcher alle Mächte außer Frankreich unser bedürfen, und von Koalitionen gegen uns durch ihre Beziehungen zueinander nach Möglichkeit abgehalten werden.

Günter Schönbrunn, Das bürgerliche Zeitalter 1815–1914, Oldenbourg, München 1980, S. 454.

1 *„le cauchemar des coalitions“:* einen Albtraum der Bündnisse
2 *Gravitierung, hier:* Orientierung
3 *Konspiration:* Verschwörung

1 Analysieren Sie die Karikatur M 8.
2 Arbeiten Sie aus dem Kissinger Diktat (M 9) die außenpolitischen Grundpositionen Bismarcks heraus.
3 Überprüfen Sie mithilfe des Darstellungstextes sowie M 1 und M 2, inwiefern Bismarcks praktische Außenpolitik den Positionen im Kissinger Diktat entsprach.
4 **Partnerarbeit:** Erörtern Sie auf der Grundlage dieses Kapitels, ob Bismarck ein Friedenspolitiker war.

Außenpolitik unter Wilhelm II.

M 10 Reichskanzler von Bülow im Reichstag am 6. Dezember 1897

Wir empfinden auch durchaus nicht das Bedürfnis, unsere Finger in jeden Topf zu stecken. Aber allerdings sind wir der Ansicht, dass es sich nicht empfiehlt, Deutschland in zukunftsreichen Ländern von vornherein auszuschließen vom Mitbewerb anderer Völker. [...] Wir betrachten es als eine unserer vornehmsten Aufgaben, [...] die Interessen unserer Schiffahrt, unseres Handels und unserer Industrie zu fördern und zu pflegen. [...] Wir müssen verlangen, dass der deutsche Missionar und der deutsche Unternehmer, die deutschen Waren, die deutsche Flagge und das deutsche Schiff in China geradeso geachtet werden wie diejenigen anderer Mächte. Wir sind endlich gern bereit, in Ostasien den Interessen anderer Großmächte Rechnung zu tragen, in der sicheren Voraussicht, dass unsere eigenen Interessen gleichfalls die ihnen gebührende Würdigung finden. Mit einem Worte: wir wollen niemand in den Schatten stellen, aber wir verlangen auch unseren Platz an der Sonne.

*Zit. nach: Rüdiger vom Bruch, Björn Hofmeister (Hg.), Deutsche Geschichte in Quellen und Darstellung. Bd. 8: Kaiserreich und Erster Weltkrieg 1871–1918, Reclam, Stuttgart 2000, S. 268 ff.**

M 11 Reichskanzler von Caprivi begründet die Nichterneuerung des Rückversicherungsvertrags mit Russland, 22. Mai 1890

Eine Annäherung Deutschlands an Russland würde unsere Verbündeten nur entfremden, England schädigen und unserer eigenen Bevölkerung, die sich in den Gedanken des Dreibundes immer mehr eingelebt hat, unverständlich und unsympathisch sein. Was gewönnen wir für diese Nachteile? Welchen Wert hätte es, wenn Russland [...] sich mindestens die ersten Wochen nach einem Angriff der Franzosen auf uns ruhig verhielte? Diese Ruhe würde nicht so vollständig sein, dass wir nicht einen Teil unserer Armee an der russischen Grenze stehen lassen müssten. Wir würden gegen Frankreich doch nicht mit unserer ganzen Kraft auftreten können, während auf der anderen Seite für Österreich der *casus foederis*[1] nicht vorläge. [...]

Was aber die Möglichkeit angeht, dass Russland die Anlehnung, die es bei uns nicht findet, anderswo suchen könnte, so kommen hierfür nur Frankreich und England in Betracht. Für den Schritt, den Russland jetzt vorzuhaben scheint, ist die französische Allianz ihm wertlos, solange die englische Mittelmeerflotte dazwischentreten kann. Durch eine englische Allianz würde Russland das, was es von uns kostenfrei zu erhalten wünscht, nur durch Opfer an anderen Stellen (Asien) gewinnen können und seine Beziehungen zu Frankreich voraussichtlich lockern. Eine Allianz aber, die England und Frankreich umschlösse, ist der englischen Interessen im Mittelmeer wegen durchaus unwahrscheinlich.

*Günter Schönbrunn, Das bürgerliche Zeitalter 1815–1914, Oldenbourg, München 1980, S. 561.**

1 *casus foederis (lat.)*: Bündnisfall

5 **Wahlaufgabe:** Bearbeiten Sie entweder a) oder b).
a) Arbeiten Sie aus M 10 und M 11 die Eckpunkte wilhelminischer Außenpolitik heraus.
b) Begründen Sie mithilfe von M 10 und M 11, inwiefern in der wilhelminischen Ära ein „Neuer Kurs“ in der Außenpolitik erkennbar ist.

6 Nehmen Sie aus Sicht eines britischen oder eines französischen Diplomaten Stellung zur wilhelminischen Außenpolitik.

M 12 *„L'enfant terrible!“* („Das missratene Kind“), englische Karikatur von John Tenniel auf Wilhelm II. aus dem *„Punch“*, 10. Mai 1890.

Die Bildunterschrift lautet übersetzt: „Seien Sie doch nicht so unruhig! Sie werden den Kahn noch zum Kentern bringen.“ Am Bug stehend: Kaiser Wilhelm II. Sitzend von links vorn: Maria Cristina von Österreich mit ihrem dreijährigen Sohn König Alfonso XIII. von Spanien (Alfonso wurde kurz nach seiner Geburt zum König ausgerufen, seine Mutter übernahm bis zu seinem 16. Lebensjahr die Regentschaft für ihn), die französische Nationalfigur Marianne, Kaiser Franz Joseph I. und der italienische König Umberto I. (mit dem dunklen Schnautzer).

7 Analysieren Sie M 12.

8 Überprüfen Sie die Aussage der Karikatur M 12 mithilfe des Darstellungstextes.

3.7 Fenster zur Welt: die Modernisierung Japans

In diesem Kapitel geht es um
- *den Imperialismus als eine Folge der Industrialisierung,*
- *die Modernisierung und Industrialisierung Japans sowie*
- *die internationale Anerkennung Japans als Großmacht.*

Imperialismus als eine Folge der Industrialisierung

Das Zeitalter des Imperialismus markiert die Endphase der Europäisierung der Welt, die bis in das „Zeitalter der Entdeckungen" seit dem 15. Jahrhundert zurückreicht, in dem europäische Staaten wie Spanien, Portugal, die Niederlande und Großbritannien Gebiete in Übersee erobert hatten. Am Ende des 19. Jahrhunderts erhielt die europäische Expansion eine neue Qualität: Kolonien sollten nicht mehr nur als Absatzmärkte und Rohstofflieferanten dienen, sondern erhöhten weltweit auch Macht, Einfluss und Ansehen des jeweiligen „Mutterlandes". Auf diese Weise wandelte sich der traditionelle europäische Kolonialismus* zum Imperialismus*, der bald in den **Hochimperialismus** überging. Letzterer war gekennzeichnet durch einen Wettlauf um Kolonialbesitz – und um die Aufteilung der Welt.
In dieser Phase traten neben den traditionellen Kolonialmächten Frankreich und Großbritannien Staaten wie Japan, Deutschland, die Vereinigten Staaten und Russland in den Wettbewerb um Kolonien ein. Die Industrialisierung begünstigte das imperialistische Streben der Großmächte: Die Erfindungen im Bereich der Mobilität mit Eisenbahn, Dampf- und Kühlschiffen, dem Bereich der Kommunikation (Telegrafie, s. S. 66 ff.) und dem Bereich der Naturwissenschaften ließen die Überlegenheit der modernen Industriestaaten immer weiter zunehmen. Die neuen Produktions- und Transportmöglichkeiten waren auf dem globalisierten Weltmarkt ebenso von Vorteil wie die sich verbessernde Waffentechnik bei der Ausstattung des Militärs.

Kolonialismus
Errichtung von Handelsstützpunkten und Siedlungskolonien in militärisch und politisch schwächeren Regionen (vor allem in Asien, Afrika und Amerika) sowie deren Inbesitznahme durch meist europäische Staaten seit dem 16. Jh.

Imperialismus
Gezielte Erweiterung und geplanter Ausbau des wirtschaftlichen, militärischen, politischen und kulturellen Macht- und Einflussbereiches eines Staates in der Welt. Der Zeitraum von ca. 1880 bis 1914 wird als „Hochimperialismus" bezeichnet, weil sich neben den europäischen Staaten auch die USA und Japan beim Wettlauf um die Aufteilung der Welt beteiligten. Koloniale Verwaltungsstrukturen wurden überall gezielt ausgebaut.

Bildarchiv der deutschen Kolonialgesellschaft
cornelsen.de/Webcodes
Code: sohoco

M1 Die Aufteilung der Welt im Zeitalter des Hochimperialismus

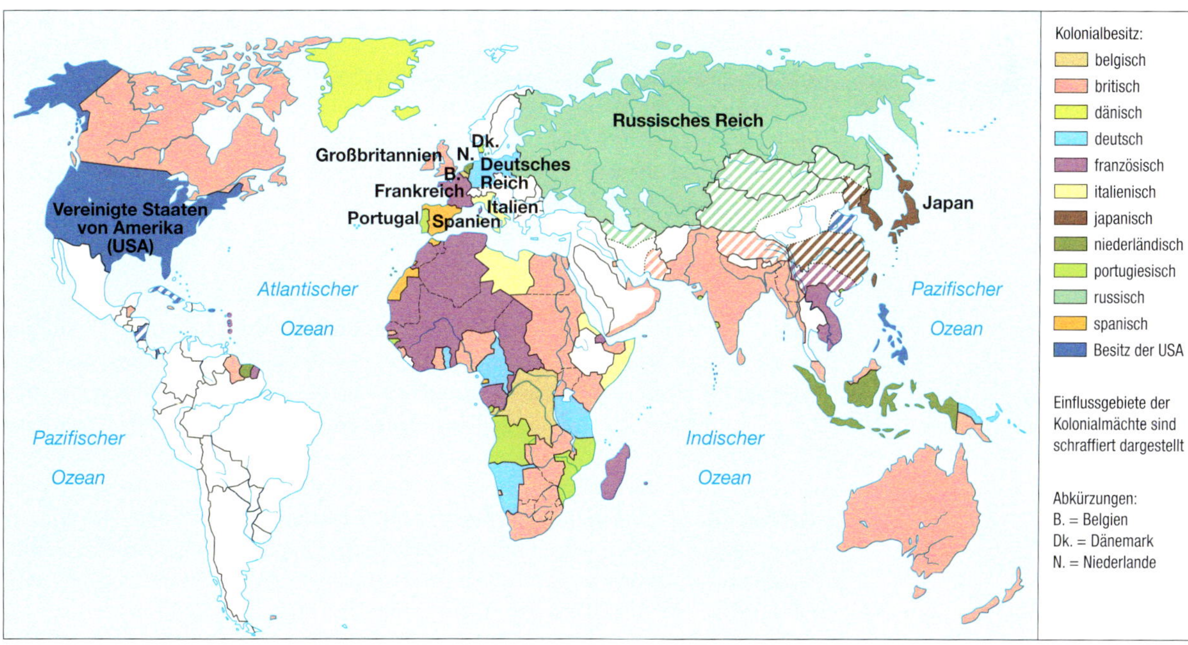

Vertragshäfen
Vor allem Großbritannien, Russland und die USA erzwangen ab 1842 in China, Japan und Korea die Öffnung von Häfen, um Handel in den bis dahin abgeschotteten Ländern treiben zu können. Von dort aus gewannen sie Einfluss in den Regionen.

M2 **Mutsuhito, Meiji-Kaiser von Japan (1867–1912), Gemälde von 1901**

▶ M 5: Hirobumi über die japanische Modernisierung

▶ M 6: Entwicklung der japanischen Industriebetriebe

▶ M 7: Die Japanologin Annelotte Piper über die japanische Industrialisierung

Modernisierung und Industrialisierung Japans

Bis zur Mitte des 19. Jahrhunderts war Japan ein streng abgeschottetes Land. Seit 1637 war es Ausländern strikt verboten, an seinen Küsten zu landen. Das änderte sich 1854, als eine amerikanische Flotte unter Commodore Matthew Perry die Öffnung von **Vertragshäfen*** und damit die Aufnahme des Handelsverkehrs erzwang. Die in den folgenden Jahrzehnten mit westlichen Kolonialmächten abgeschlossenen „ungleichen Handelsverträge" brachten Japan wenig Vorteile, sodass sich bald heftiger Widerstand dagegen organisierte. Innere Machtkämpfe führten 1868 zur Wiederherstellung des Kaisertums. Die bis 1912 dauernde Herrschaft von Kaiser Mutsuhito erhielt die Bezeichnung *„meiji"*, „Erleuchtete Regierung". Während dieser **Meiji-Restauration** wurden die **Grundlagen für das moderne Japan** gelegt. Die neue kaiserliche Regierung wollte innenpolitisch den neuen Einheitsstaat konsolidieren und außenpolitisch die volle Souveränität zurückerlangen, die durch den Abschluss der **ungleichen Verträge** eingebüßt worden war. Für die Revision dieser Verträge musste Japan als **moderner Verfassungsstaat** vom Westen anerkannt werden: Die Meiji-Regierung entschied sich für eine **konstitutionelle Monarchie** als Modell der künftigen japanischen Verfassung. Die japanische Besonderheit war der **Kaiserkult**, bei dem der Kaiser (*Tenno*) zum Symbol des Staates und der japanischen Nation wurde und als gottgleich und damit unantastbar verehrt wurde. Der Kaiser wachte als „Vater" über seine „Untertanen-Kinder". Die ernannte Regierung war ihm und nicht dem Parlament verpflichtet. Mit der Entscheidung einer konstitutionellen Monarchie sollte ein Übergang zum Parlamentarismus und die Einrichtung einer parlamentarischen Regierung verhindert werden, die vom japanischen Bürgertum gefordert wurde. 1882/83 reiste Itō Hirobumi, einflussreiches Regierungsmitglied und späterer Premierminister Japans, zu Verfassungsstudien nach Europa und modernisierte Japan nach diesem Vorbild. Entschlossen, ihr Land nicht vom Westen beherrschen und kolonisieren zu lassen, beseitigte die Regierung die Vorrechte der Samurai („Krieger") und modernisierte das Militärwesen. Vor allem aber stärkte sie die Zentralgewalt. Nicht einzelne Unternehmer, sondern der Staat trieb mit großem Tempo und dirigistischen Methoden die Modernisierung voran. Er garantierte die freie Berufswahl, wandelte die Grundsteuern von Naturalabgaben in Geldsteuern um, hob die Bindung der Bauern an den Boden auf, entwickelte ein modernes Bankwesen, führte die Gewerbefreiheit und die allgemeine Schulpflicht ein, sodass die Analphabetenrate drastisch sank. Darüber hinaus förderte der Staat den Eisenbahnbau und den Export. Obwohl Japan im Vergleich zu Großbritannien, den USA und Deutschland in seiner industriellen Entwicklung zurückblieb, war es doch das einzige nichtwestliche Land, das im ausgehenden 19. und beginnenden 20. Jahrhundert eine **Industrielle Revolution** durchlief. Auf den Grundlagen der inneren Reformen und den wirtschaftlichen Erfolgen der Industrialisierung begann Japan imperiale Ziele zu verfolgen und entwickelte sich zur Großmacht.

Entwicklung und internationale Anerkennung Japans als Großmacht

Besonders die militärischen Reformen, die deutliche **Aufrüstung** sowie die Einführung der Wehrpflicht waren für Japan entscheidend, denn sie führten dazu, dass Mutsuhito auf Augenhöhe mit den Europäern agieren konnte. 1883 umfassten die Militärausgaben fast ein Drittel des japanischen Haushalts. Lange hatte Japan die westliche militärische Übermacht erlebt. Zunächst war die japanische Strategie auf eine wehrhafte Defensive ausgelegt. Gleichzeitig aber vermittelte die Meiji-Zeit den Japanern eine nationalistische Ideologie. Es entstand die Vorstellung eines großjapanischen Reiches mit der Aufgabe, in der Region jene Führungsrolle einzunehmen, die vormals Peking innegehabt hatte. Für Japan war die Brücke nach China das Nachbarland Korea, das zum chinesischen Einflussgebiet gehörte. 1876 gelang es Japan, einen Handelsvertrag mit Korea abzuschließen, der Korea in japanische Abhängigkeit brachte. Zu dieser „Befreiungsaktion“ für „rückständige“ Völker Asiens fühlte sich Japan als ostasiatische Führungsmacht berufen. Die anderen Völker Asiens sollten sich den Japanern unterordnen. Vor allem Chinesen und Koreaner bekamen dies leidvoll zu spüren. 1894 eilten sowohl chinesische als auch japanische Truppen nach Seoul, um eine Rebellion am koreanischen Hof niederzuschlagen. Japan nutzte die Rebellion, um Korea von der formalen chinesischen Vormundschaft zu befreien: Es besetzte den koreanischen Königspalast und setzte einen neuen Herrscher ein, der wiederum China offiziell den Krieg erklärte. Japan ließ seine Kriegserklärung am 1. August 1894 folgen. Die schlagkräftige und höchst disziplinierte japanische Armee war den Chinesen überlegen. Japans Soldaten drangen in das chinesische Festland ein, sodass China sich zu Friedensverhandlungen bereit erklärte. China musste territoriale Zugeständnisse machen, Kriegsentschädigungen zahlen und ging aus dem **Japanisch-Chinesischen Krieg** besiegt und gedemütigt hervor. Bei der Eroberung von Port Arthur, einem chinesischen Hafen, richteten Teile der japanischen Armee im November 1894 ein Massaker an. Die Zahl der getöteten Chinesen ist umstritten und wird mit bis zu 60 000 angegeben. Im zweiten großen Krieg der Meiji-Ära, dem **Russisch-Japanischen Krieg 1904/05**, erreichte Japan schließlich die formelle Schutzherrschaft über Korea und weitere Gebietsgewinne. Mit dem Sieg in dieser Auseinandersetzung wurde Japan international als Großmacht anerkannt.

1 Beschreiben Sie die Aufteilung der Welt im Zeitalter des Hochimperialismus (M 1).
2 Begründen Sie, weshalb die Meiji-Restauration als Aufbruch des modernen Japans bezeichnet werden kann.
3 Beurteilen Sie, inwiefern die Modernisierung Japans eine Voraussetzung für den japanischen Imperialismus darstellt.

M3 **Ein 21-cm-Geschütz aus deutscher Fertigung (Krupp) in einem chinesischen Fort, Fotografie, 1895**

M4 **Japan 1850–1914**

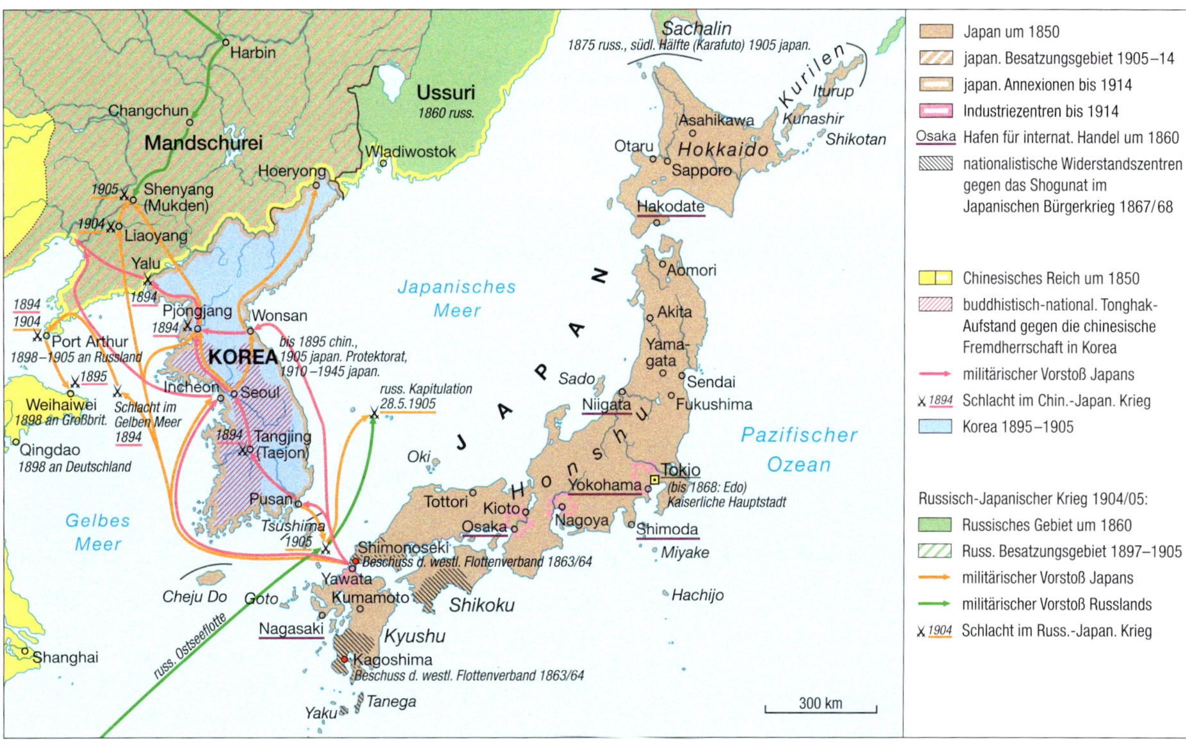

Hinweise zur Arbeit mit den Materialien
M 5 und M 6 stellen die gesellschaftlichen Rahmenbedingungen Japans und die Veränderungen durch die Industrialisierung in den Mittelpunkt. M 7 und M 8 beschäftigen sich mit der Meiji-Restauration: Während M 7 dabei Zielsetzung und Vorgehen der Regierung darstellt, zeigt die Karikatur M 8 Japan an der Seite der imperialistisch eingestellten Großmächte.

M 5 Itō Hirobumi (1841–1909), einflussreicher Reformer der Meiji-Zeit, zu Japan, ohne Jahresangabe

Von Anfang an war klar, dass die bloße Imitation ausländischer Vorbilder nicht ausreichen würde, denn es gab historische Besonderheiten unseres Landes, die zu beachten waren. Zum Beispiel ist die Krone bei uns eine Einrichtung, die weit tiefer im nationalen Gefühl und in unserer Geschichte verwurzelt ist als in anderen Ländern. [...] Andererseits gibt es eine Eigenart unserer Gesellschaftsbedingungen, die ohne Parallele in irgendeinem anderen zivilisierten Land ist: die Einheitlichkeit in Rasse, Sprache, Religion und Gefühlen, da wir so lange von der Außenwelt abgeschlossen waren, mit unseren jahrhundertealten Traditionen und der Unbeweglichkeit des Feudalsystems. [...] In der Industrie sind trotz der ungeheuren Entwicklung von Unternehmen in unserem Land unsere Arbeiter noch nicht zu geistlosen Maschinen und schuftenden Tieren geworden. Noch überlebt zwischen ihnen und dem kapitalistischen Arbeitgeber das Band zwischen Schirmherr und Schutzbefohlenem. Dies ist ein moralischer und gefühlsmäßiger Faktor, der in Zukunft ein gesundes Hindernis gegen das drohende Vordringen sozialistischer Ideen darstellen wird. [...] Nach der Verfassung [von 1889] hat das Volk das Recht, an der Regierung teilzunehmen, aber dieses Recht ist gleichzeitig nicht nur ein Recht, sondern eine wichtige Pflicht. Zu regieren ist das Vorrecht des Kaisers. Da ihr an der Regierung [...] teilnehmen werdet, müsst ihr dieses Recht als Verantwortung des Volkes, als Ehre des Volkes und als Ruhm des Volkes ansehen.

*Zit. nach: Ryusaku Tsunoda u. a., Sources of Japanese Tradition, Columbia University Press, New York 1965, S. 338, 673–677. Übers. v. Klaus Mäding.**

5 Erläutern Sie mithilfe von M 5 die politischen und gesellschaftlichen Rahmenbedingungen Japans zu Beginn seiner Industrialisierung

6 **Partnerarbeit:** Bewerten Sie die ideologischen Anspielungen Hirobumis in M 5.
Tipp: Achten Sie auf Begriffe wie Nation, Rasse oder Religion.

M 6 Entwicklung der japanischen Industriebetriebe mit zehn und mehr Beschäftigten 1886–1909

Industriezweig	1886		1900		1909	
	Betriebe	Arbeiter	Betriebe	Arbeiter	Betriebe	Arbeiter
staatliche Industrie	11	11758	27	36237	67	117259
private Industrie	863	63188	6966	351559	15426	672221
– Textilindustrie	498	35144	4277	237132	8301	422169
– Maschinenbau	42	2896	414	29730	1092	54810
– Chemie	143	13235	810	35396	1579	65966
– Nahrungsmittel	36	748	835	25403	2396	65303
– andere	144	11165	630	23898	2058	63973
Bergbau	69	36208	k. A.	131011	k. A.	233827
Transport- und Nachrichtenwesen	k. A.	22967	k. A.	166079	k. A.	366420

Rudolf Hartmann, Geschichte des modernen Japan. Von Meiji bis Heisei. Akademie Verlag, Berlin 1996, S. 90.

7 Beschreiben Sie mithilfe von M 6 den industriellen Wandel in Japan an der Wende vom 19. zum 20. Jahrhundert.
Tipp: Achten Sie besonders auf das Wachstum der unterschiedlichen Sektoren. Welche haben die höchsten, welche die niedrigsten Zuwachsraten?

8 **Zusatzaufgabe:** Siehe S. 411.

M7 Die Japanologin Annelotte Piper zur Industrialisierung in Japan, 1995

[Die Meiji-Regierung] baute die Schwerindustrie auf, um Japan militärisch zu rüsten, sie modernisierte das Verkehrs-, Transport- und Nachrichtenwesen, sie leitete die Entwicklung Hokkaidos [Nordinsel Japans] ein und sie schuf, als Sicherung gegen die drohende wirtschaftliche Überfremdung, ein technisches und finanzielles Selbsthilfeprogramm.

Die finanziellen Mittel für ihre Aktivität verschaffte sie sich [...] durch ihre Fiskalpolitik. [...] Das Pro-Kopf-Einkommen stieg von 1876 bis 1900 von Yen 100 auf Yen 180, der Pro-Kopf-Verbrauch hingegen sank von etwa Yen 80 auf Yen 60. Aus diesem Konsumverzicht wurde der Aufbau finanziert – sowohl durch private Spar- und Investitions- oder Kapitalbildungstätigkeit als auch durch die Fiskalpolitik[1], die in Form von Steuern, Staatsanleihen, Papiergeldausgabe usw. die Kapitalbildung der öffentlichen Hand vorantrieb. [...]

Die neue Regierung [nahm] die Hilfe ausländischer Fachleute in Anspruch. Damit die Ausländer nicht die politische und wirtschaftliche Unabhängigkeit Japans gefährdeten, behielt die Regierung alle Schlüsselstellungen ihren eigenen Landsleuten vor. [...] Der schnellste Weg, einen eigenen Stamm von Technikern heranzubilden, war für die japanische Regierung [...], junge Leute auf Staatskosten zu einem dreijährigen Studium nach Amerika oder Europa zu entsenden. [...] Die ins Ausland entsandten jungen Japaner stellten daher in jeder Hinsicht eine Elite dar. Neben hoher Intelligenz besaßen sie Arbeitswillen und einen großen Ehrgeiz. Vor allem aber zeichneten sie sich durch ihre einzigartige Vaterlandsliebe aus. Ihr brennender Ehrgeiz konzentrierte sich darauf, das, was sie am Westen und seiner überlegenen technischen Zivilisation bewunderten, auf das eigene Land zu übertragen und Japan zu einem großen Industrieland zu machen.

*Annelotte Piper, Japans Weg von der Feudalgesellschaft zum Industriestaat, 2., überarb. Aufl., Verlag Wissenschaft und Politik, Köln 1995, S. 154 f., 168–170.**

1 *Fiskalpolitik:* alle Maßnahmen eines Staates, mit denen durch die Veränderung der öffentlichen Einnahmen (z. B. durch Steuern) und öffentlichen Ausgaben (z. B. Vergabe von Staatsaufträgen) die konjunkturelle Entwicklung beeinflusst werden soll

9 Arbeiten Sie aus M 7 die Ziele der Meiji-Regierung heraus.

10 Beschreiben Sie die Maßnahmen der Meiji-Regierung und deren Folgen.

M8 „Der Kuchen der Könige", Karikatur aus der französischen Zeitung *„Le Petit Journal"*, Paris 1898.

Unter der Illustration steht in Französisch: „In China. Der Kuchen der Könige und ... der Kaiser". Auf den zwei einzeln beschrifteten Kuchenstücken steht: links „Kiao-Tchéou", rechts „Port-Arthur". Abgebildete Personen (von links): Königin Victoria (Großbritannien und Irland), Kaiser Wilhelm II. (Deutsches Reich), Zar Nikolaus II. (Russland), die französische Marianne und der japanische Meiji-Kaiser. Russland und Frankreich waren seit 1894 Verbündete. Im Hintergrund reckt ein Beamter der Qing-Dynastie als Vertreter Chinas die Arme in die Höhe.

11 Analysieren Sie die Karikatur M 8.
Tipp: Achten Sie auf die Konstellation und jeweilige Rolle der einzelnen Großmächte.

12 **Wahlaufgabe:** Bearbeiten Sie entweder a) oder b).
a) Erläutern Sie mithilfe des Darstellungstextes den historischen Hintergrund der Karikatur vor allem im Blick auf Japan.
b) Stellen Sie Vermutungen an: Was könnte der chinesische Beamte im Hintergrund vor allem im Blick auf Japan sagen?

Anwenden

M1 Der Historiker Dieter Langewiesche über die Bedeutung der Nation, 1998

Europäisierung und Globalisierung durch Informationsverdichtung waren nur eine Entwicklungsrichtung, die sich in der ersten Hälfte des 19. Jahrhunderts anbahnte und die Lebensverhältnisse veränderte. Eine gegenläufige Entwicklungslinie lautet: Nationalisierung. Mit der revolutionären Idee „Nation" entstand im ausgehenden 18. Jahrhundert ein fundamentaler Gegenentwurf zur Ständegesellschaft, wie sie sich seit dem Mittelalter entwickelt hatte. „Vor der Nation ist jeder Mensch gleich" – dieser Glaubenssatz der Moderne setzte Sprengkräfte frei, die nichts verschonten. Zunächst richteten sie sich gegen die alten Eliten, vor allem gegen den Adel. Die Guillotine der Französischen Revolution unterschied nicht mehr zwischen dem Haupt des Klerikers und des Bürgers, des Adligen und sogar des Königs, eines Mannes und einer Frau. Gleiche staatsbürgerliche Rechte für alle durchzusetzen dauerte länger. Der Nationalstaat verhieß rechtliche und politische Gleichheit aller Staatsbürger, doch dieses Prinzip zu verwirklichen war schwer. Der Kampf darum spitzte sich symbolhaft zu im Streit um das demokratische Wahlrecht für Männer. Das liberale Bürgertum bejahte es grundsätzlich, wollte es in der Praxis jedoch an gewisse Mindestvoraussetzungen des Besitzes und der Bildung knüpfen. Die Demokraten waren mutiger. Soziale Ausschlusskriterien lehnten sie ab. Die Frauen auszuschließen hielten jedoch auch sie lange für naturgewollt. Diese letzte Bastion politischer Ungleichheit fiel in den meisten europäischen Staaten erst im 20. Jahrhundert.

Die Nation versprach nicht nur politische Gleichheit, sondern besseres Leben für alle. Mit Nation verband sich eine säkularisierte Glücksverheißung. Deshalb konnte sie zu einer Art „irdischem Gott" werden. Keine andere Ideologie konnte damit konkurrieren. Auch Organisationen und Weltanschauungen, die beanspruchten, der gesamten Menschheit ohne nationale Unterschiede zu dienen, wie die katholische Kirche und der Sozialismus, mussten sich dem übermächtigen Prozess der Nationalisierung einfügen.

Dieter Langewiesche, Man kann spüren, dass die Alte Welt am Ende ist, in: DAMALS Spezial 1/1998, S. 8–15.

1 Arbeiten Sie aus M 1 heraus, worin Langewiesche die Bedeutung der Idee der Nation sieht.
2 Erläutern Sie, wie sich die Vorstellung einer deutschen Nation vom Hambacher Fest bis zur Reichsgründung 1871 gewandelt hat.
3 Analysieren Sie M 2.
4 In vielen Städten sind heute noch wichtige Straßen und Gebäude nach Bismarck benannt. Beurteilen Sie, ob dies heutzutage noch gerechtfertigt ist.

M2 „Die Süddeutschen werden schon noch kommen", Karikatur aus der österreichischen Satirezeitschrift „Figaro", 1868

Die Süddeutschen werden schon noch kommen
wir sind ihnen vorderhand nur noch zu liberal."

Wiederholen

M3 Die Verfassung der Dritten Französischen Republik. *Die Dritte Republik wurde im September 1870 ausgerufen. In den folgenden Jahren konnten die Anhänger der Republik die Mehrheit in Abgeordnetenkammer und Senat (1879) erringen und so den zunächst starken Einfluss der Monarchisten zurückdrängen. Bis 1875 wurden drei Verfassungsgesetze angenommen, die die Verfassung im eigentlichen Sinne bestimmten.*

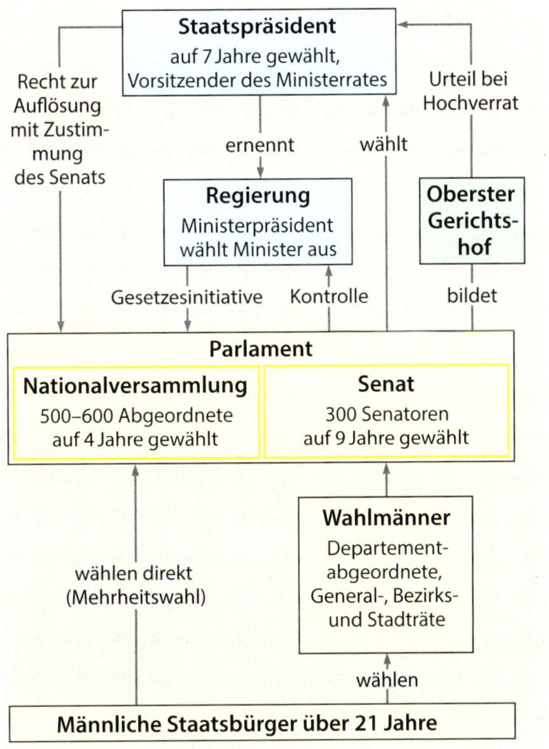

Zentrale Begriffe

Antisemitismus
Demokraten
Deutsches Kaiserreich
Dreyfus-Affäre
Frauenbewegung
Gegenrevolution
Großmacht
Imperialismus
Konstitutionelle Monarchie
Liberalismus
Meiji-Restauration
Menschen- und Bürgerrechte
Militarismus
Nationalismus
Nationalstaat
Nationalversammlung
Parlament
Radikalnationalismus
(Reichs-)Verfassung
Republik
Revolution
Risorgimento
Ungleiche Verträge
Vormärz
Wahlrecht (allgemein, Zensus-)

1 Analysieren Sie das Verfassungsschaubild M 3 mithilfe der auf S. 136 genannten Arbeitsschritte.
2 Vergleichen Sie die Verfassung der Dritten Französischen Republik mit derjenigen des Deutschen Kaiserreichs (siehe S. 137).
3 **Vertiefung:** Beurteilen Sie die Gefahr, die von der Dreyfus-Affäre für die Dritte Republik ausging.
4 **Wahlaufgabe – Partnerarbeit:**
   a) „Europäische Revolutionen oder europäische Revolution 1848/49?" Diskutieren Sie über diese Alternative und begründen Sie Ihre Auffassung.
   b) Beurteilen Sie den Einfluss der neuen Kommunikationsmöglichkeiten für die Entstehung und den Verlauf der Revolution von 1848/49.
5 „Nationalisten und Liberale – Bündnispartner oder Konkurrenten?" Begründen Sie Ihre Einschätzung. Berücksichtigen Sie hierbei den Zeitraum zwischen Vormärz und Deutschem Kaiserreich.
6 **Vertiefung:** Vergleichen Sie die deutsche Nationalstaatsgründung mit denjenigen von Italien und Japan.
7 **Präsentationsaufgabe:** Die Gesellschaft des Kaiserreichs im Spiegel der Literatur (z. B. „Der Untertan" oder „Der Hauptmann von Köpenick").

Formulierungshilfen zu M 3
- Das Schaubild zeigt …
- Das Schaubild ist in … Bereiche gegliedert …
- Durch die Farben/Pfeile … wird verdeutlicht, dass …
- Deutlich zu erkennen ist, …
- Die Verfassungsorgane setzen sich zusammen aus …
- Gewaltenteilung ist gegeben durch…
- Bei … handelt es sich um demokratische/nicht-demokratische Elemente …
- Durch…sind Partizipationsmöglichkeiten für das Volk gewährleistet/eingeschränkt.
- Das Staatswesen lässt sich als … charakterisieren.
- Das Schaubild ist sowohl in gestalterischer Hinsicht als auch in Bezug auf seine darstellerische Funktion gut/schlecht gelungen, weil …
- Zusammenfassend/Alles in allem …
- Das Schaubild zeigt insgesamt …
- Im Hinblick auf die Aussage zu …wäre/sollte…

Die Welt zwischen Demokratie und Diktatur (1917–1945)

M 1 Josef Stalin, Gemälde von Alexander Gerassimow, 1939

M 2 „Mussolini verkündet dem italienischen Volk die neue Verfassung des Reiches", Gemälde von Achille Beltrame, 1935

„Urkatastrophe des 20. Jahrhunderts" und „Epochenjahr 1917"

Im August 1914 endete das **„lange" 19. Jahrhundert** – die Zeitspanne zwischen der Doppelrevolution und dem Ausbruch des Ersten Weltkrieges umfasst etwas mehr als einhundert Jahre. Diese Epoche war geprägt von starken **Modernisierungsprozessen,** die auch weit über die westliche Welt hinausgriffen. Der **Erste Weltkrieg** (1914–1918) bildet eine Schnittstelle und wurde in der Folge zur **„Urkatastrophe des 20. Jahrhunderts"**, wie der amerikanische Diplomat George F. Kennan feststellte. Die Zerstörungskraft, die die Waffen der Industrienationen entfalteten, führte zu bisher unvorstellbaren Kriegsverletzungen und millionenfachem Sterben. Die im Verlauf wachsende **Eskalation und Entgrenzung** der Kriegsführung gab schon dem Ersten Weltkrieg die Züge eines „totalen Krieges". Er erfasste sämtliche Lebensbereiche und drang bis in die Zivilgesellschaft vor, wo jedes Mitglied der Gesellschaft seine Funktion an der „Heimatfront" zu erfüllen hatte. Die **Propaganda** der beteiligten Nationen stilisierte den Weltkrieg zum Überlebenskampf für das eigene Volk. Diese Umstände hatten schwerwiegende Auswirkungen auf die Nachkriegszeit und damit auf das 20. Jahrhundert insgesamt.
Darüber hinaus markiert das Jahr 1917 eine Zäsur: Die **Oktoberrevolution**, die in Russland zu einer kommunistischen Diktatur führte, und der **Kriegseintritt der USA**, der die amerikanische Zurückhaltung in Europa beendete, waren weltgeschichtliche Ereignisse mit Auswirkungen auf das ganze 20. Jahrhundert. Damit etablierten sich die **Grundzüge der bipolaren Weltordnung**, die nach dem Ende des Zweiten Weltkrieges in den Ost-West-Konflikt und „Kalten Krieg" mündete. Die Sowjetunion präsentierte sich als Verwirklichung der kommunistischen Staats- und Gesellschaftsidee, während sich die USA als Vorkämpferin für liberale Demokratie und Marktwirtschaft verstanden. Das Kriegsende 1918 brachte in vielen Regionen Europas tatsächlich **neue demokratische Systeme** hervor, darunter auch die Weimarer Republik in Deutschland. Mit dem Versailler Vertrag 1919 wollten die westlichen Siegermächte eine europäische Friedensordnung schaffen, er wurde allerdings zum Auslöser weiterer Konflikte. Innenpolitisch befeuerte er nationalistische und rechtsextremistische Gruppen, die ab den 1920er-Jahren die liberalen Demokratien bekämpften. Hinzu kamen wirtschaftliche Krisen mit globalen Ausmaßen – allen voran die Weltwirtschaftskrise ab 1929. In den 1920er- und 1930er-Jahren entwickelten sich unter diesen Einflüssen zahlreiche Staaten zu **modernen Diktaturen**. Dazu zählen Italien, Spanien, Österreich, Ungarn und vor allem Deutschland. Wirtschaftliche Not und politische Instabilität hatten der Zerstörung von Demokratie und Rechtsstaat in vielen Regionen den Boden bereitet und verhalfen nun **autoritären und totalitären Regimen** zum Durchbruch. In anderen Staaten, zum Beispiel in den USA oder in Frankreich, blieb die Demokratie trotz heftiger Auseinandersetzungen erhalten.

Der Zweite Weltkrieg als Zivilisationsbruch

Alle totalitären Regime stehen für Verbrechen unfassbarer Ausmaße. Die NS-Diktatur nimmt jedoch eine Sonderstellung ein hinsichtlich der staatlichen Planung des Massenmordes an Juden und weiteren Opfergruppen sowie seiner systematischen und industriellen Durchführung. Mit der Machtübernahme 1933 begann eine „nationale Revolution", wie die NS-Propaganda verkündete, die Millionen Menschen begeistert aufnahmen und die Millionen Menschen das Leben kostete. Der Zerstörung der bürgerlich-liberalen Gesellschaft und der Entrechtung, Verfolgung und Ermordung zahlreicher Gruppen folgten die Verbrechen des Zweiten Weltkrieges, der zum „totalen Krieg" wurde und in nie dagewesener Weise auch die Zivilbevölkerung erfasste. Die deutsche

Kriegsführung vor allem an der Ostfront bedeutete die Umsetzung der Vernichtungsideologie durch Unterdrückung, Ausplünderung, Hungertod, Verschleppung, Zwangsarbeit, systematischen Massen- und Völkermord. Vor allem in den eroberten Gebieten betrieben Deutsche den Genozid an den europäischen Juden (*Shoah*), den Sinti und Roma (*Porajmos*) und anderen Gruppen. Diese Verbrechen stellen einen bis heute unvergleichlichen Zivilisationsbruch dar.

M3 **„Adolf Hitler als Bannerträger", Gemälde von Hubert Lanzinger, um 1935**

Das Jahr 1945 als globale Zäsur

Die Niederlage und Befreiung des Deutschen Reiches am 8. Mai 1945 durch alliierte Truppen der USA, Großbritanniens und der Sowjetunion markiert in besonderer Weise eine Zäsur. „Man muss sich das Ausmaß der Verheerungen, der materiellen wie moralischen, vor Augen halten, um zu begreifen, wie unwahrscheinlich [die Wiederrichtung der Demokratie in Deutschland] am 8. Mai 1945 erscheinen musste und welche Errungenschaft es bedeutet, heute in einem stabilen, freiheitlichen und friedlichen Land leben zu können" (Volker Ullrich, 2020). Daneben begann mit dem Kriegsende in Asien, das die Amerikaner durch den ersten Einsatz zweier Atombomben gegen Japan erzwangen, das Atomzeitalter. Die atomare Zerstörungskraft in Verbindung mit dem Ost-West-Konflikt prägte die zweite Hälfte des 20. Jahrhunderts in entscheidender Weise.

M4 **„Guernica", Gemälde von Pablo Picasso, 1937.**

Das Bild entstand als Reaktion auf die Zerstörung der baskischen Stadt Guernica (Spanien) durch die deutsche Luftwaffe („Legion Condor") und italienische Kampfflieger während des Spanischen Bürgerkrieges am 26. April 1937. Insgesamt 31 Tonnen Bomben gingen auf Guernica nieder, zerstörten etwa 80 Prozent der Gebäude und töteten mehrere Hundert Menschen. Der Angriff diente keinem militärischen Ziel, sondern allein dazu, Terror auf die Zivilbevölkerung auszuüben. Er verstieß damit auch gegen das Kriegsvölkerrecht.

1 Der Historiker Eric Hobsbawm prägte die Bezeichnung „Zeitalter der Extreme" für das 20. Jahrhundert. Erläutern Sie mithilfe des Darstellungstextes und M 1–M 4, inwiefern dieser Ausdruck auf den Zeitraum 1917–1945 passt.
Tipp: Gliedern Sie Ihre Ergebnisse nach den historischen Dimensionen Politik – Gesellschaft – Wirtschaft – Kultur.

M5 Der Historiker Karl Dietrich Bracher über die Herausforderung von Staat und Gesellschaft durch die totalitäre Herrschaft, 1976

Totalitarismus [ist] wahrhaft ein Phänomen des 20. Jahrhunderts, grundlegend verschieden von früheren Möglichkeiten diktatorischer Regime. Seine primäre Bedingung und Ermöglichung ist eben ganz wesentlich der moderne Industrialismus und die Technologie im „Zeitalter der Massen", deren Expansion und Mobilisierung die eigentliche Basis und Legitimation totaler Herrschaft bildet. Moderne Perfektion der Organisation, der Kommunikation, der Propaganda eröffnen die Möglichkeiten und halten die Instrumente bereit für jene umfassenden Kontrollen, jene totale Mobilisierung, jene terroristisch zwingende oder verführerisch überredende Gleichschaltung des Lebens und Denkens aller Bürger, wie es sie nie zuvor in der Geschichte gegeben hat.

Der Totalitarismus als ein politisches System ist dabei das unmittelbare Produkt der Krisen, die der Erste Weltkrieg zum Ausdruck gebracht und nach sich gezogen hat. Die Entwicklung sowohl des Faschismus und Nationalsozialismus wie des Kommunismus hängt eng zusammen mit den politischen und sozio-ökonomischen Folgen des Krieges sowie mit den ideologischen Konfrontationen, die er hervorgebracht und intensiviert hat. [...] Vor allem vier Argumente geben der sozialen und politischen Struktur sowie der ideologischen Rechtfertigung eines totalitären Systems das Gepräge.

Eine offizielle Ideologie von umfassendem und exklusivem Anspruch, die teils auf der Ablehnung traditioneller Werte und der Perhorreszierung[1] der Vergangenheit, teils auf der Beschwörung chiliastischer[2] Erwartungen an die Zukunft beruht.

Eine zentralisierte, einheitspolitische, uniformierte Massenbewegung, die sich als Träger einer möglichst totalen Politisierung und Integrierung der Bürger und einer Überwindung der Klassengesellschaft versteht – entweder durch das Monopol einer Klasse und Ausschaltung der übrigen oder durch das Aufgehen aller Gruppen in der proklamierten „Volksgemeinschaft". In Wahrheit ist und bleibt die totalitäre Bewegung jedoch straff und hierarchisch organisiert als eine durchaus politisch einseitige monopolistische Staatspartei unter strikt autoritärer Führung.

Besonders wichtig erscheint die volle Kontrolle aller relevanten Mittel der Kommunikation und des Zwangs. Hier wird der Unterschied gegenüber früheren Formen der Diktatur mit ihren geringeren technischen Möglichkeiten der Gleichschaltung und Terrorisierung besonders deutlich. Hier tritt aber auch die Ähnlichkeit der Instrumente und Prozesse zur Koordinierung von Information, Ausrichtung der öffentlichen Meinung, Erzwingung von totalem Gehorsam in allen totalitären Systemen eindrucksvoll hervor. Nicht die ideologische „Qualität" der verschiedenen Regime, sondern ihre Fähigkeit zur Indoktrination und Druckausübung bietet Maßstäbe zu ihrem Vergleich und zur Beurteilung ihres totalitären Charakters.

Eine grundlegende Rolle spielt schließlich die bürokratische Kontrolle der Ökonomie und der sozialen Beziehungen: auf dem Wege des staatlichen Dirigismus, der Sozialisierung, der Verstaatlichung.

*Karl Dietrich Bracher, Zeitgeschichtliche Kontroversen um Faschismus, Totalitarismus, Demokratie, Piper, München 1976, S. 36ff.**

1 *Perhorreszierung:* Verabscheuung
2 *chiliastisch:* Erwartung eines Friedensreiches auf Erden

M6 Die nationalsozialistische Konzeption der „Welthauptstadt Germania", Modell, 1939.

Das Bild zeigt die 120 Meter breite „Nord-Süd-Achse", an deren Ende die „Volkshalle" (obere Bildmitte) mit Platz für bis zu 180 000 Besuchern stehen sollte. Hitler beauftragte im Januar 1937 den Architekten Albert Speer mit dem Umbau der Reichshauptstadt Berlin im Sinne einer nationalsozialistischen Machtrepräsentation. Ganze Straßenzüge wurden für die Umbaumaßnahmen enteignet, Tausende von Zwangsarbeitern eingesetzt. 1943 wurden die Arbeiten infolge des Krieges eingestellt.

M7 Der Historiker Horst Möller über die Zwischenkriegszeit als Epoche, 1998

Die beiden Weltkriege markieren die Epochengrenzen keineswegs in einem nur äußerlichen Sinne, vielmehr charakterisieren diese beiden fundamentalen Katastrophen die beiden Friedensjahrzehnte durchaus in einem inhaltlich-strukturellen Sinn. In seltener Einmütigkeit wird diese Periode dezidiert als „Zwischenkriegszeit" gedeutet, als eine Zeit fortdauernder Instabilität, immer wieder aufflammender Krisen der innenpolitischen Systeme wie der internationalen Ordnung. [...] Nach 1918 gab es in den größeren europäischen Staaten kaum eine innenpolitische Krise ohne außenpolitische Bedingungsfaktoren und kaum einen zentralen innenpolitischen Streit ohne außenpolitische Konsequenzen [...]. [...] Zu den grundlegenden Konstellationen gehörte die bolschewistische Revolution in Russland 1917, die ein neuartiges politisches Phänomen war, insofern eine umfassende politische Ideologie den Staat durch eine Einparteiendiktatur beherrschte, zugleich aber durch ihren Internationalismus über diesen hinauswies [...]. [...] Waren die Kommunisten dezidierte Feinde der demokratisch-liberalen Rechtsordnung, [...] so erhielten sie bald auf der anderen Seite des politischen Spektrums eine ebenso aggressive Konkurrenz [...]. Gegen den kommunistischen und sozialistischen Internationalismus entwickelten sich in einer Reihe von Staaten bald nationalistische Bewegungen unterschiedlicher Intensität, zu ihnen zählten vor allem völkisch-rassistische, faschistische und nationalsozialistische Parteien, die einstweilen jedoch Splittergruppen blieben. [...] Zu den Entsprechungen dieser rechtsextremistischen Bewegungen zählten gemeinsame Feindbilder, vor allem Sozialismus und Kommunismus in all ihren Formen, aber auch der bürgerlich-liberale Rechtsstaat mit seinen demokratischen Regierungssystemen. Die meisten europäischen Nachkriegsdemokratien wurden also von zwei extremistischen Bewegungen bekämpft, sodass man als innenpolitisches Charakteristikum der Zwischenkriegszeit den Kampf von Kommunismus und Faschismus gegen das „Liberale System" (Ernst Nolte) ansehen kann. Ungeachtet vieler gemeinsamer Aktionen gegen die demokratischen Rechtsstaaten bekämpften sich diese beiden Extremismen auch untereinander als Todfeinde, sodass das zwanzigste Jahrhundert [...] als globale Auseinandersetzung zweier totalitärer Ideologien betrachtet werden kann, die untereinander gewissermaßen einen „europäischen Bürgerkrieg" (Ernst Nolte) austrugen.

*Horst Möller, Europa zwischen den Weltkriegen, Oldenbourg, München 1998, S. 1–5.**

M8 „Blinde Macht", Gemälde von Rudolf Schlichter, 1937

1 **Partnerarbeit:** Beschreiben Sie die politische Entwicklung in Europa zwischen 1919 und 1939.
Tipp: Nutzen Sie auch die beiden Karten M 1, S. 184.

2 Arbeiten Sie aus M 5 die Merkmale eines totalitären Systems heraus.
Tipp: Berücksichtigen Sie dazu auch die Propagandabilder M 1–M 3 sowie das Modell M 6.

3 Arbeiten Sie aus M 7 heraus, wie Möller die „Zwischenkriegszeit" charakterisiert.

4 Erläutern Sie, welche Gefahren der Künstler Rudolf Schlichter in seinem Gemälde erfasst (M 8).

5 **Vertiefung:** Vergleichen Sie Pablo Picassos Gemälde (M 4) mit Rudolf Schlichters Bild (M 8).
Tipp: Gliedern Sie Ihren Vergleich mithilfe von Kategorien, zum Beispiel: Thema, Motiv, Stilmittel, Aussage.

Testen Sie Ihr Vorwissen zu den konkurrierenden Herrschaftssystemen der Zwischenkriegszeit

Die folgenden Aufgaben helfen Ihnen, die Lücken im Lösungssatz zu füllen. Dieser ist ein Zitat des Bundespräsidenten Frank-Walter Steinmeier zur Eröffnung einer Veranstaltungsreihe zur Zukunft der Demokratie am 19. September 2017. Pro Teilaufgabe gibt es ein Lösungswort. Schreiben Sie den auf S. 183 unten angegebenen Lösungssatz auf einen eigenen Zettel und fügen Sie Ihre Lösungsworte ein. Mithilfe des im Webcode angegebenen Links finden Sie das Zitat und können Ihr Ergebnis überprüfen.

Rede Steinmeiers
cornelsen.de/Webcodes
Code: qicuco

1 Bestimmen Sie, welcher der vier Staaten nicht in die Reihe passt, um ein erstes Lösungswort zu erhalten. Begründen Sie Ihre Auswahl. Tauschen Sie sich im Anschluss mit Ihrem Nachbarn über Ihre Auswahlkriterien aus.

Frankreich [militärisches]	Deutschland [politisches]
Großbritannien [stabiles]	USA [wirtschaftliches]

2 Ordnen Sie eine der beiden Darstellungen der nachstehenden Schlagzeile zu. Begründen Sie Ihre Aussage. Die richtige Kombination ergibt ein weiteres Lösungswort.

[Sach-]

[Selbst-]

Es lebe Wilson! Es lebe Amerika! Großartiger Empfang in Paris! [kritik]

3 „Domino": Setzen Sie die Dominosteine in eine sinnvolle Reihenfolge und Sie erhalten ein weiteres Lösungswort.

	H	Diktatur
Staat, der beim Zerfall eines Vielvölkerstaates entstand. Ein Beispiel wäre Ungarn.	T	
Gesellschaft, die die Regeln des Parlamentarismus noch lernen muss (z. B. Italien)	AF	Nachfolgestaat
Repräsentative Demokratie	RS	Faschismus
Herrschaftssystem, in dem eine Person alles bestimmt (Gewalt und Einschüchterung)	ER	Herrschaftsform, die auf Volkssouveränität und Gewaltenteilung basiert
Nationalistische Bewegung, die nach dem Führerprinzip organisiert ist	CH	„Improvisierte Demokratie"

4 Korrigieren Sie die zeitliche Abfolge, um ein weiteres Lösungswort zu erhalten.
1 14 Punkte Wilsons [ils]
2 „6 février" [hen]
3 Oktoberrevolution [he]
4 „Machtergreifung Hitlers" [ec]
5 Gründung des Völkerbundes [ver]
6 Mussolinis Marsch auf Rom [spr]

5 Dasselbe Bild?

a) Suchen Sie den Unterschied auf den beiden Fotografien, die Lenin bei einer Rede auf dem Swedlow-Platz in Moskau 1920 zeigen. Die beiden Bilder sind nur wenige Augenblicke nacheinander aufgenommen..

b) Welcher der folgenden Erklärungen für diesen Sachverhalt stimmen Sie zu? Erläutern Sie Ihre Wahl. Die richtige Erklärung liefert ein weiteres Lösungswort.

1 Es handelt sich wie bei vielen historischen Bildern um eine Langzeitbelichtung. Einige Personen sind während der Aufnahme aus dem Bild gegangen. [Welt]
2 Unter den Anwesenden befanden sich die Revolutionäre Leo Trotzki und Lew Kamenew. Sie wurden nachträglich aus politischen Gründen – Stalin wollte ihre Nähe zu Lenin vertuschen – wegretuschiert. [Zeit]
3 Bei einer Person handelt es sich um Josef Stalin. Dieser wollte nicht, dass er hier nur als Lenins Leibwächter zu erkennen war, und ließ sich retuschieren. Da es technisch nicht anders möglich war, verschwand auch ein weiterer Leibwächter. [Kampf]

6 Wer hat's gesagt? Ordnen Sie die Zitate den genannten Personen zu. Tauschen Sie sich dazu in Partnerarbeit aus. Setzen Sie die Zitate mit jeweils passendem Autor in die richtige zeitliche Reihenfolge. Daraus ergibt sich ein weiteres Lösungswort.

„Die Demokratie ist die schlechteste aller Regierungsformen – außer all der anderen Formen, die von Zeit zu Zeit ausprobiert worden sind." [rek]

„Die ‚reine Demokratie' ist die verlogene Phrase eines Liberalen, der die Arbeiter zum Narren hält. Die Geschichte kennt die bürgerliche Demokratie, die den Feudalismus ablöst, und die proletarische Demokratie, die die bürgerliche ablöst." [se]

„Wir gehen in den Reichstag hinein, um uns im Waffenarsenal der Demokratie mit deren eigenen Waffen zu versorgen. […] Wenn die Demokratie so dumm ist, uns für diesen Bärendienst Freifahrkarten und Diäten zu geben, so ist das ihre eigene Sache. […] Wir kommen nicht als Freunde, auch nicht als Neutrale. Wir kommen als Feinde! Wie der Wolf in die Schafherde einbricht, so kommen wir." [st]

- Joseph Goebbels im Völkischen Beobachter am 30. April 1928 [kor]
- Winston Churchill in einer Rede vor dem Unterhaus am 11. November 1947 [tur]
- Wladimir I. Lenin, 1918 [lb]

Lösungssatz

Die Demokratie ist kein ________________

und gibt keine endgültigen Antworten. Sie ist

________________ auf Zeit, und sie liefert

Lösungen auf ________________. Sie steht

für fortwährendes Fragen, für

________________ und – ich glaube, letztlich

als einziges ________________ System der

Welt – auch für ________________.

4 Die in Europa konkurrierenden Herrschaftssysteme

M1 Herrschaftsformen in Europa um 1918 und um 1936

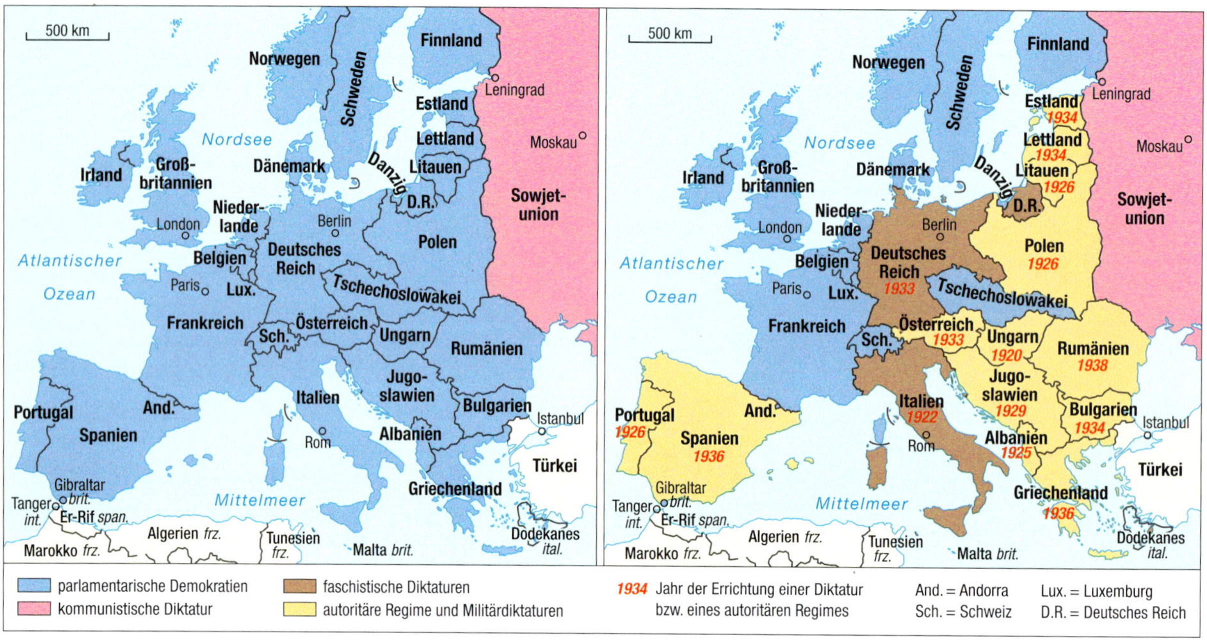

1917 | Februarrevolution und Absetzung des Zaren in Russland, Oktoberrevolution, Ermordung des Zaren, Bürgerkrieg

1918 | Wilsons „14 Punkte", Friede von Brest-Litowsk, Abdankung des deutschen und des österreichischen Kaisers

1919 | Pariser Friedensverträge (z. B. Versailler Vertrag), Gründung des „Völkerbundes", Weimarer Verfassung

1920 | Frauenwahlrecht in den USA

1922 | Mussolinis „Marsch auf Rom"

1923 | Hitlers „Marsch auf Berlin"

1924 | Tod Lenins

1926 | Aufnahme Deutschlan in den Völkerbund Militärputsche und Errichtung von Diktaturen in Polen, Portugal und Litauen

1920 — 1925

1919–1929 *Big Business* in den USA

1918–1921 Russischer Bürgerkrieg

1923–1943 Faschistischer Imperialismus: Italien erstrebt die Herrschaft im

1927–1953 Stalinismus

Europa befindet sich zu Beginn der Zwanzigerjahre des 21. Jahrhunderts in einer unruhigen Phase. Nachdem über Jahrzehnte die Werte der Freiheit, Demokratie und Zusammenarbeit in Europa als unumstößlich galten, steht das gemeinschaftliche, demokratische und freie Europa unter Druck: In zahlreichen europäischen Staaten sind rechtspopulistische Bewegungen auf dem Vormarsch, in einigen Staaten sind in den letzten Jahren rechtspopulistische und nationalistische Parteien im Parlament vertreten oder an der Regierung beteiligt. Die liberale Demokratie, die größtmögliche Freiheiten ermöglichen soll und nach dem Ende des Ost-West-Konflikts als politisches und wirtschaftliches Erfolgsmodell galt, scheint nicht mehr selbstverständlich zu sein. Auch vor hundert Jahren erlebte Europa eine unruhige Phase. Zwar war der Erste Weltkrieg beendet, mit ihm zerfielen aber auch viele politische Ordnungen in Europa. Mehrere europäische Monarchien gingen unter, unter ihnen das Russische Zarenreich, das Kaiserreich Österreich-Ungarn sowie das Deutsche Kaiserreich. Eine Umbruchphase begann. Auf den Gebieten der ehemaligen Vielvölkerstaaten entstanden Nachfolgestaaten. Nationale Bewegungen nutzten ihre Chance, um neue, selbstständige Staaten zu schaffen. In diesen stellte sich die Frage nach der Herrschaftsform. Als Vorbilder dienten zum einen die repräsentativen Systeme des Westens, die liberalen Demokratien der USA, Großbritanniens und Frankreichs. Zum anderen orientierten sich einige junge Staaten an dem neu entstandenen sozialistischen System im ehemaligen Russland. Als dritte Alternative entwickelten sich schließlich überall in Europa während der 1920er-Jahre Parteien, die nach „nationaler Erneuerung" riefen. In der Folge entstanden in zahlreichen Staaten faschistische und autoritäre Diktaturen. Die Zeit zwischen den beiden Weltkriegen, aber auch die späteren Jahrzehnte des 20. Jahrhunderts waren geprägt vom Widerstreit dieser Herrschaftssysteme.

1 Vergleichen Sie die Karten in M 1. Beziehen Sie in Ihren Vergleich auch die Situation vor dem Ersten Weltkrieg (siehe S. 165 ff.) mit ein.

2 **Wahlaufgabe:** Bearbeiten Sie entweder Aufgabe a) oder b).

   a) Der Historiker Boris Barth spricht von der „Krise der Demokratie in der Zwischenkriegszeit". Erläutern Sie diese These anhand dieser Doppelseite und Ihres Vorwissens.

   b) Stellen Sie sich vor, Sie seien Journalist und könnten einen Historiker zum Thema „Demokratie in Europa – von der Zäsur 1918 bis in die Gegenwart" interviewen. Formulieren Sie Fragen, die Sie dem Spezialisten stellen könnten.

3 Diskutieren Sie – je nach Wahlaufgabe – mit einer Mitschülerin/einem Mitschüler die These Barths oder erste Antwortmöglichkeiten auf Ihre selbst formulierten Fragen.

1929 Börsenkrach New York, Beginn Weltwirtschaftskrise

1933 Machtübernahme Hitlers in Deutschland, Roosevelt wird Präsident der USA, *New Deal*

1934 *6 fevrier* in Paris, bürgerkriegsähnliche Zustände

1936 Staatsstreich in Griechenland, Franco wird *Caudillo* (= Führer) in Spanien

1930 | 1935

1929–1932 Weltwirtschaftskrise

1933–1945 Nationalsozialismus

Mare nostrum), die Hegemonie im Mittelmeerraum und die Erweiterung der afrikanischen Kolonien

4.1 Die liberale Demokratie in den USA

In diesem Kapitel geht es um
- *die Grundlagen und Kennzeichen der liberalen Demokratie und der liberalen Wirtschaftsordnung der USA,*
- *die Weiterentwicklungen der Demokratie der USA und die gesellschaftlichen sowie wirtschaftlichen Herausforderungen für den US-amerikanischen Liberalismus in den ersten Jahrzehnten des 20. Jahrhunderts,*
- *die Idee, dieses liberale System in andere Staaten zu exportieren und durch eine Weltdemokratie dauerhaft Frieden zu etablieren.*

Liberale Demokratie und Gesellschaft

In den USA hatte man Anfang des 20. Jahrhunderts schon seit über hundert Jahren Erfahrungen mit der Demokratie gesammelt. In einem Staat, der durch Einwanderung eine äußerst heterogene und schnell wachsende Bevölkerung aufwies und dessen Staatsgebiet durch die Westexpansion sich stetig vergrößerte, bewährte sich der eingeschlagene Weg einer auf **Pluralismus*** basierenden **repräsentativen Demokratie.** Wahlen auf Bundesebene (z. B. Senat, Repräsentantenhaus, Präsident) und in den Einzelstaaten (z. B. Parlamente, Gouverneure) ermöglichten den Bürgern regelmäßige Partizipation am politischen System. Der im **präsidialen System** direkt gewählte Präsident war Staatsoberhaupt, Regierungschef und Oberbefehlshaber der Streitkräfte.
Die Vorstellung der US-Verfassung, dass alle Menschen gleich geschaffen sind und ein Recht auf Leben, Freiheit und das Streben nach Glück besitzen, wurde durch die Aufnahme der Menschen- und Bürgerechte in der *Bill of Rights* (siehe S. 83) präzisiert: Diese ersten zehn Zusatzartikel zur Verfassung beinhalten die **klassischen liberalen Abwehrrechte***. Sie sahen den Bürger als Individuum, dessen Freiheit auch vor staatlichen Übergriffen geschützt werden musste. Die Prinzipien **Freiheit und Eigentum** prägten auch den **Individualismus**. Diese Prinzipien spiegelten sich auch in der liberalen Gesellschafts- und Wirtschaftsordnung der USA wider: Das Individuum war der Ausgangspunkt wirtschaftlicher Initiative und verfügte als freier Unternehmer über die Produktionsmittel. Wettbewerb an den freien Märkten sorgte zusätzlich für Innovation. Neben Freiheit und Individualismus trat das **Prinzip der Leistungsgerechtigkeit.** Wer fleißig ist –, so die Idee – der wird für seine Mühen belohnt. Der Liberalismus ließ die Mythen vom *„Selfmade-man"* und vom *„American Dream"* entstehen.
Die Aufgabe des Staates wurde dabei einzig darin gesehen, das Eigentum zu schützen und innere und äußere Sicherheit zu garantieren – jeder Eingriff in Wirtschaft und Gesellschaft wurde als Einschränkung der individuellen Freiheit bewertet.

Pluralismus
Politische Theorie, die von der Vorstellung ausgeht, dass das Gesamtwohl einer Gesellschaft durch die Diskussion und die Auseinandersetzung verschiedener Meinungen entstehen muss. (Gegenkonzept: Rousseaus *volonté générale*, das davon ausgeht, dass ein Gemeinwohl von vornherein existiert.)

Liberale Abwehrrechte
Grundrechte, die den Bürger vor staatlichen Übergriffen schützen. Dazu gehören Meinungs- und Versammlungsfreiheit, Persönlichkeitsrechte und das Recht auf ein ordentliches Gerichtsverfahren.

M1 Thomas Woodrow Wilson (1856–1924), offizielles Gemälde von William Orpen, ca. 1919.
Der Universitätsprofessor gehörte der Demokratischen Partei an. Außenpolitisch verfolgte er die Idee des Demokratieexports. Innenpolitisch stand er mit seinem New-Freedom-Programm für einen wirtschaftspolitisch aktiven Staat.

Demokratisches Sendungsbewusstsein und Weltdemokratie

Die außenpolitische Tradition der USA sah eigentlich nicht vor, dieses System der liberalen Demokratie in die Welt zu exportieren. Bereits 1823 bekundeten die USA in der **Monroe-Doktrin ihre Haltung, sich nicht in die machtpolitischen Konflikte Europas einzumischen.** Unter der Präsidentschaft von **Thomas Woodrow Wilson*** (1913–1921) änderte sich dies. Wilson deutete die *Manifest Destiny* (siehe S. 89, 93) um: Er hielt die liberale Demokratie für das fortschrittlichste, allen anderen Systemen überlegene Regierungs- und Gesellschaftssystem und sah die Aufgabe der USA darin, den anderen Völkern der Erde mit diesem System Freiheit zu bringen. Darüber **hinaus verband er das Prinzip Demokratie mit der Friedensfähigkeit von Staaten.** Er war davon überzeugt, dass Demokratien die friedlicheren Staaten seien. Deshalb sollte in der zukünftigen demokratischen Weltordnung **für alle Völker, die dauerhaft zu einer demokratischen Selbstregierung fähig seien, das Selbstbestimmungsrecht** gelten und ein **Völkerbund** weitere Kriege verhindern. In Wilsons berühmten Satz „*the world must be made safe for democracy*" drückt sich dieses Sendungsbewusstsein, mit dem schließlich der Kriegseintritt der USA 1917 legitimiert wurde, aus. Den Weltkrieg interpretierte Wilson dabei als „*peoples' war*", als Befreiungskampf der Völker aus der autokratischen Unterdrückung. Sein liberal-demokratisches Friedensprogramm, das er 1918 in seinen **14-Punkten** nochmals zusammenfasste, betrachtete den Weltkrieg als letzten Krieg („*a war to end all wars*"). Nach dem Krieg erlangten allerdings wieder die Vertreter der Monroe-Doktrin die Mehrheit. Man wollte mit der ganzen Welt Handel treiben, sich aber aus politischen Belangen heraushalten. So wurde 1921 der Beitritt zum von Wilson angeregten **Völkerbund** vom Kongress abgelehnt.

▶ M 9: Demokratieexport

Progressive Movement und Entwicklung der Demokratie

Mit der Etablierung der Demokratie im 19. Jahrhundert gingen auch Fehlentwicklungen und Versäumnisse einher: Der Liberalismus hatte in den USA eine **Klassengesellschaft** entstehen lassen, die **große Vermögens- und Einkommensungleichheiten** kannte und durch eine **geringe soziale Absicherung** gekennzeichnet war. **Kartell- und Monopolbildung (*Trusts**)** schränkten den Wettbewerb ein und schufen mächtige **unternehmerische Zusammenschlüsse** (*Big Business*), die Politik und Wirtschaft kontrollierten. Die Folge waren auch Korruption und Wahlmanipulationen. Breiten Bevölkerungsschichten, z. B. Frauen und Afroamerikanern, fehlte das Wahlrecht. Aufgrund solcher Schattenseiten entstand aus der amerikanischen Öffentlichkeit heraus das *progressive movement:* Es handelte sich dabei nicht um eine einheitliche Bewegung, vielmehr um verschiedene Interessensgruppen, teils gar mit widersprüchlichen Forderungen. Alle teilten jedoch die Auffassung, dass die Macht der großen Trusts und die Korruption in der Politik beendet werden müssten. Endlich sollte das öffentliche Interesse wieder im Zentrum der Politik stehen und so allen Amerikanern Anteil am Fortschritt ermöglicht werden. Das *progressive movement* kann als Ausdruck einer sich formenden **demokratischen Zivilgesellschaft** betrachtet werden, eine wichtige Grundlage für das Funktionieren und die Widerstandsfähigkeit einer Demokratie. Die einzelnen Erfolge sind jedoch umstritten: Auf der einen Seite stehen die **Einführung des Frauenwahlrechts auf Bundesebene** sowie eine Demokratisierung innerhalb der politischen Parteien. Auch staatliche Eingriffe in die Wirtschaft wie die **Einführung einer Kartellaufsicht sowie Arbeitsschutz- und Sozialgesetze** sind hier zu nennen. Auf der anderen Seite blieb die Wahlbeteiligung gering und die Macht des **Big Business** im Wesentlichen erhalten.

▶ M 7: *Big Business, Trusts*

Trust* und *Holding
Während bei einem *Trust* durch den Zusammenschluss sowohl die rechtliche als auch die finanzielle Selbstständigkeit eines eingehenden Unternehmens endet, bleibt bei einer Holdinggesellschaft die rechtliche Selbstständigkeit eines eingehenden Unternehmens bestehen.

▶ Zu Progressive Movement bzw. Era und New Deal siehe auch S. 282 f.

▶ M 2, M 5, M 6: Progressive Movement

▶ M 8: Schattenseiten des Liberalismus

M2 Amerikanische Frauenrechtlerinnen demonstrieren vor dem Weißen Haus in Washington D.C./USA, Fotografie, 1917

Demokratie zwischen Konsum und Krise

▶ M 10–M 13: Konsumgesellschaft

Der Liberalismus ermöglichte trotz aller negativen Begleiterscheinungen einer wachsenden Menge an Menschen Anteil am Fortschritt und ließ eine **Konsumgesellschaft** entstehen. Die *„roaring twenties"* waren ein Spiegel dieser Entwicklung: Massenproduktion ermöglichte Massenprodukte, die sich breite Teile der Gesellschaft leisten konnten. Das Auto „Ford Modell T" steht für diesen Massenkonsum wie kein zweites Produkt. Aber auch andere Bereiche wie zum Beispiel Kunst und Kultur wurden den Massen zugänglich: Das Kino erlebte seine erste Blütezeit.

Erst der Börsencrash 1929 und die folgende **Weltwirtschaftskrise** beendeten diese Aufschwungsphase. Überproduktion in der Landwirtschaft und Sättigung der Konsummärkte führten zu Umsatzeinbußen und Konkursen. Viele Kredite konnten nicht mehr bedient werden. Banken kamen ins Straucheln. Zusätzlich hatten viele US-Amerikaner ihr Vermögen in Aktien angelegt, deren Wert durch die schlechten Bilanzen der Unternehmen sanken. Die so aufkommende Verkaufspanik an der Börse verstärkte den Wertverlust zusätzlich. Die USA stürzten in eine tiefe Depression und sahen sich einer enormen Arbeitslosigkeit und sozialem Elend gegenüber.

Der 1932 neu gewählte Präsident **Franklin D. Roosevelt*** erkannte angesichts der enormen Arbeitslosigkeit den Ernst der Lage und entwarf ein umfangreiches Aktionsprogramm. Der von ihm angestoßene **New Deal** bestand aus mehreren wirtschafts-, sozial- und strukturpolitischen Reformen, die staatliche Eingriffe in Preis- und Lohnfreiheit, Arbeitsrecht, Banken- und Börsengeschäfte, die Währung und den Außenhandel vorsahen. Roosevelt schuf durch staatliche Aufträge neue Arbeitsplätze. Außerdem verlangte er die Einrichtung einer staatlichen Arbeitslosen- und Altersvorsorge. Eine neue Auffassung staatlichen Handelns war entstanden, die durchaus in Spannung zu den bisherigen Prinzipien des Liberalismus stand: Im Interesse der Wohlfahrt aller Bürger müsse die Regierung regulierend in die Wirtschaft eingreifen. Um diese Auffassung durchzusetzen, kündigte Roosevelt bereits in seiner Antrittsrede an, die ihm von der Verfassung gegebenen Möglichkeiten bis aufs Letzte auszuschöpfen.

Der *New Deal* stand im völligen Kontrast zu den damaligen ökonomischen Vorstellungen, wie auf eine Krise zu reagieren sei. Ökonomen vertrauten den Selbstheilungskräften der Märkte. Erst der britische Ökonom **John Maynard Keynes*** zog aus der Weltwirtschaftskrise und den politischen Lösungsansätzen – wie z. B. Roosevelts *New Deal* – andere Schlüsse: Er sah in fehlender Nachfrage den Grund von Wirtschaftskrisen. Er folgerte daraus, dass der Staat Nachfrageausfälle durch staatliche Nachfrage kompensieren und durch Steuersenkungen neuen Konsum anregen müsse. Notfalls müssten dazu Schulden aufgenommen werden (*deficit spending*).

M3 Franklin D. Roosevelt (1882–1945), Fotografie, 1936.
Der Jurist und Politiker gehörte der Demokratischen Partei an und war von 1933 bis 1945 US-Präsident. Mit seinem „New Deal" wollte er die USA aus der Weltwirtschaftskrise führen.

▶ M 14–M 16: New Deal

M4 John Maynard Keynes (1883–1946), Fotografie, um 1930.
Der Brite war einer der bedeutendsten Ökonomen des 20. Jahrhunderts. Seine Theorie der antizyklischen Nachfrageorientierung findet bis heute Anwendung in der Wirtschaftspolitik.

1 Beschreiben Sie die liberale Demokratie der USA um 1920.
Tipp: Verwenden Sie dazu die Begriffe Exekutive, Legislative, Judikative, Staatsoberhaupt, Regierungsgewalt, Legitimation, Kontrolle, Wahlen.
2 Vertiefung: Erläutern Sie die Veränderung der Rolle des Staates zu Beginn des 20. Jahrhunderts.
3 Erläutern Sie die Veränderung im Auftreten des amerikanischen Staates zwischen 1917 und 1929.
Tipp: Behandeln Sie dabei auch die Wirtschafts- und Gesellschaftsordnung.
4 Charakterisieren Sie die Politik Woodrow Wilsons.
Tipp: Unterscheiden Sie dabei zwischen Innenpolitik und Außenpolitik.
5 Beschreiben Sie den New Deal.
6 Vertiefung: Erklären Sie den Ansatz von J. M. Keynes, einer Wirtschaftskrise zu begegnen.

Hinweise zur Arbeit mit den Materialien
M 2, M 5 und M 6 erlauben Ihnen eine Auseinandersetzung mit der Progressive Era und deren Einflüssen auf die US-amerikanische Demokratie. Anhand M 7 und M 8 können Sie die Schwächen der liberalen Ordnung und die Versuche, diese zu beheben, vertiefen. Wilsons Vorstellung eines Exportes der liberalen Ordnung behandelt M 9. M 10–M 13 thematisieren die Entstehung und die Kennzeichen der Konsumgesellschaft und deren Zusammenhang mit der liberalen Demokratie. Die Bedeutung der New-Deal-Politik für die liberale Demokratie der USA behandeln M 14–M 16.

Progressive Era und Weiterentwicklung der Demokratie

M 5 Entwicklungen in der *Progressive Movement*

Bürgerrechte	Umweltschutz	Staatliche Ordnung	Gesundheitswesen	Arbeitsrechte
1909 Gründung der *National Association for the Advancement of Colored People* (NAACP), um für die Rechte der Schwarzen einzutreten	1872 Gründung des Yellowstone Nationalparks, des ersten Nationalparks der Welt. Unter Theodore Roosevelt weitere 18 Nationalparks	*Wisconsin Idea*, u. a. Direktwahl der Senatoren, Steuerprogression	Nach Erscheinen des Romans *„The Jungle"* von Upton Sinclair 1905 veranlasste Th. Roosevelt bundesstaatliche Lebensmittelkontrollgesetze.	1902 ergreift Theodore Roosevelt (Präsident von 1901–1909) als erster Präsident Partei für streikende Arbeiter. Verbot der Kinderarbeit
Gewerkschaften	**Parteiensystem**	**Gesellschaft**	**Wettbewerbspolitik**	**Frauenrechtsbewegung**
1905 Gründung der *Industrial Workers of the World* (IWW), u. a. als Gewerkschaft für ungelernte Arbeiter, Frauen und Afroamerikaner	1901 Gründung der *American Socialist Party*	Breite *Temperance*-Bewegung (Mäßigung), die Gewalt, Armut sowie Alkoholkonsum ächten möchte (Prohibition)	1890 *Sherman Antitrust Act* regelt Kontrolle von Trusts, Kartellen und Monopolen. Erst unter Roosevelt stärker angewendet	1920 Frauenwahlrecht auf Bundesebene

M 6 Die Historikerin Claudia Kutschera über die Einflüsse der Progressive Ära auf das Präsidentenamt (2010)

Die Progressive Ära hat [...] in der amerikanischen Präsidentschaft massive Spuren hinterlassen. Vor allem die seit Theodore Roosevelt aus der amerikanischen Medienlandschaft nicht mehr wegzudenkende massive Berichterstattung über den Präsidenten als politische Einheit und als Person hat sich im 20. Jahrhundert exponenziell entwickelt. [...] Theodore Roosevelt [...] findet seine Nachfolger in John F. Kennedy oder Barack Obama, die alleine durch ihr Image und die Kraft ihrer Medienwirksamkeit Massen an Wählern an die Urnen bewegten und politische Agenden dominierten. Woodrow Wilsons Führungsstil inspirierte Präsidenten wie Franklin Roosevelt oder Lyndon Johnson, die durch ihre Parteiführung im Kongress ein ähnlich dichtes Programm legislativer Erfolge nachweisen konnten. Nicht zuletzt würden sich sowohl Theodore Roosevelt als auch Woodrow Wilson mit der Rhetorik Barack Obamas und vieler seiner demokratischen Vorgänger zugunsten sozialer Gerechtigkeit, politischer Verantwortung des Einzelnen und Engagement des Staates für die Schwachen in der Gesellschaft identifizieren können. [...]

Das amerikanische politische System ist überaus komplex und nicht nur durch die Verfassung und ihre 27 *Amendments* [...] geregelt, sondern auch durch 230 Jahre Leben, die [...] informelle Regelungen hinterlassen haben, die oft genauso wichtig sind wie die geschriebenen Regeln. Die Rolle des Präsidenten als Führer seiner Partei und als Impulsgeber für gezielte legislative Aktivität ist heute nicht mehr aus dem amerikanischen System wegzudenken. Die [...] geringe Kohäsion[1] der Parteien im Kongress macht gezielte Politik und gezieltes Handeln im amerikanischen System äußerst schwierig. Die horizontale und vertikale Fragmentierung der staatlichen Autorität (vertikal in die Einzelstaaten und lokalen Ebenen, horizontal durch die Gewaltentrennung) macht jedwede

Führungsarbeit im amerikanischen System fast unmöglich. In den vielen Krisen im 20. Jahrhundert hat der Präsident als Einziger die Beweglichkeit und die Initiative gezeigt, […] ein stabiles Zentrum zu bilden, das vorgibt, wohin die Mehrheit ziehen sollte. Ob die Mehrheit zieht, hängt von den verschiedensten Faktoren ab, nicht zuletzt aber von dem Präsidenten selbst, seiner Persönlichkeit und seiner Zeit.

*Claudia Kutschera, Die amerikanische Präsidentschaft in der Progressive Ära, 1896–1916, William McKinley bis Woodrow Wilson, Diplomarbeit an der Universität Wien, Wien 2010, S. 154–156. online unter: https://core.ac.uk/download/pdf/11590483.pdf, (abgerufen am 22.03.2019).**

1 *Kohäsion:* innerer Zusammenhalt

7 Begründen Sie ausgehend von M 5 und M 6, warum das *progressive movement* als „Ausdruck einer sich formenden demokratischen Zivilgesellschaft" betrachtet werden kann.
Tipp: Beziehen Sie den Darstellungstext mit ein.

8 **Vertiefung:** Beurteilen Sie die Bedeutung des *progressive movement* für die US-amerikanische Demokratie.
Tipp: Bilden Sie zunächst Kriterien, um zu einem fundierten Sachurteil zu kommen.

9 **Partnerarbeit:** Woodrow Wilson schrieb in seinem Buch *„Constitutional Government": „(Government) is accountable to Darwin, not to Newton."* Diskutieren Sie, was er damit gemeint haben könnte.

10 Analysieren Sie M 7.

Schattenseiten des Liberalismus

M 7 *„The Bosses of the Senate"*, Farblithografie von Joseph Keppler, zuerst veröffentlicht am 23. Januar 1889 im amerikanischen Satiremagazin *„The Puck"*.
Über der kleinen Tür oben links steht „People's entrance". Das Schild in der Mitte trägt die Aufschrift: „This is a Senate of the Monopolists by the Monopolists for the Monopolists!"

M8 Ausschnitte aus Upton Sinclairs Roman *„The Jungle"*, 1905

Sinclairs sozialkritischer Roman beschreibt die Erfahrungen des litauischen Einwanderers Jurgis Rudkus Anfang des 20. Jahrhunderts in den USA. Er deckte einen Skandal in der Fleischindustrie auf und veranlasste Präsident Theodore Roosevelt zu gesetzgeberischen Maßnahmen in der Lebensmittelindustrie.

In Jurgis' dritter Woche bei Brown war [...] einer von den Nachtwachleuten zu ihm gekommen und hatte ihn gefragt, ob er [...] nicht amerikanischer Staatsbürger werden wolle. Jurgis wusste nicht, wozu das gut sein solle, aber der Mann zählte ihm die Vorteile auf: Zuerst einmal koste es ihn keinen Cent, dann bekomme er einen halben Tag frei, und das bei voller Bezahlung, und außerdem dürfe er, wenn Wahlen sind, seine Stimme abgeben. [...]

Sie fuhren in die City und hielten vor einem imposanten Gebäude aus Granit, wo sie von einem Beamten in Empfang genommen wurden, der die Papiere schon fertig hatte und nur noch die Namen einzusetzen brauchte. Einer nach dem anderen legten die Männer den Eid ab, von dem sie kein Wort verstanden und dann bekam jeder eine Urkunde ausgehändigt. [...] Ein, zwei Monate später erschien der Wachmann abermals bei Jurgis und sagte ihm, wo er hingehen müsse, sich in die Wählerlisten eintragen zu lassen. Und als schließlich der Wahltag heranrückte, war in den Fabriken ein Anschlag ausgehängt, dass wer wählen gehen will, an jenem Morgen erst um neun Uhr anfangen brauchte. Der Wachmann nahm Jurgis und seine übrigen Schäfchen mit ins Hinterzimmer einer Kneipe und zeigte jedem, wo und wie er sein Kreuz machen müsse. Dann gab er jedem zwei Dollar und führte sie zum Wahllokal, wo ein eigens abkommandierter Polizist dafür sorgte, dass sie ungehindert durchkamen. Jurgis war ziemlich stolz darauf, solches Glück gehabt zu haben, bis er heimkam und hörte, was Jonas berichtete. Der hatte den Anführer beiseite genommen und ihm zugeflüstert, für vier Dollar würde er dreimal wählen. Und das Angebot war angenommen worden! [...]

Er hatte inzwischen begriffen, dass Packingtown eigentlich gar nicht aus lauter Einzelfirmen bestand, sondern ein einziger großer Konzern war, der sogenannte „Fleisch-Trust". Jede Woche setzten sich die Direktoren der Betriebe zusammen und verglichen ihre Unterlagen; so gab es für alle Arbeiter in den Yards nur eine Lohnskala. [...] Jurgis bekam erzählt, dass sie auch die Einzelpreise für Schlachtvieh sowie die Verkaufspreise der Fleischprodukte untereinander absprachen [...].

Wenn er abends heimkam, schlief der Kleine schon [...], und morgens war keine Zeit, ihn lange anzuschauen [...]. Noch härter kam es für Ona. Der Arzt hatte zwar gesagt, sie solle zu Hause bleiben und stillen, [...] aber sie konnten es sich nicht erlauben und so mussten sie es Teta (Tante) Elzbieta überlassen, den Säugling mit dem bläulichweißen Gift zu nähren, das in den Lebensmittelläden hier Milch genannt wurde. Ihr Wochenbett kostete sie nur sechs Tage Lohnausfall – am zweiten Montag ging sie bereits wieder arbeiten. [...] Also ging Ona wieder zu Brown zurück, rettete ihren Arbeitsplatz sowie einen Wochenlohn – und zog sich eine der tausend Krankheiten zu, die unter dem Sammelnamen „Frauenleiden" laufen. Richtig gesund wurde sie niemals mehr. [...]

Ende April ging Jurgis zum Arzt und bekam dort eine Bandage für seinen Knöchel und durfte wieder arbeiten. [...] Als er in der Schlachthalle von Brown erschien, eröffnete ihm der Meister, man habe ihm die Stelle nicht freihalten können. [...] Jurgis stand im Eingang, blickte traurig zu seinen werkelnden Kollegen hinüber und kam sich wie ausgestoßen vor. Dann ging er hinaus und reihte sich in die Schar der Arbeitssuchenden am Tor ein. [...]

Aber es gab keine Arbeit für ihn. [...] Besonders bitter für Jurgis war, dass er so klar erkannte, woran das lag. Als er herkam, hatte er frisch und kräftig ausgesehen und deshalb gleich am ersten Tag Arbeit erhalten; jetzt wirkte er bereits abgenutzt. [...] Sie hatten das Beste aus ihm herausgeholt – hatten ihn mit ihrem Tempovorlegen und ihrer Rücksichtslosigkeit verschlissen und dann auf den Schrotthaufen geworfen.

*Upton Sinclair, Der Dschungel, aus dem Amerika. übers. v. Otto Wilck, März Verlag, Berlin 1980, S. 128f., 150, 172f.**

11 Wahlaufgabe: Bearbeiten Sie entweder Aufgabe a) und b) oder c) und d).

a) Formulieren Sie Hypothesen, warum Jurgis Litauen, das damals zum Zarenreich gehörte, verlassen hat (Push-Faktoren) und was ihn gerade nach Amerika gezogen haben könnte (Pull-Faktoren).

b) Arbeiten Sie aus dem Romanausschnitt politische, wirtschaftliche und soziale Fehlentwicklungen heraus.

c) Nehmen Sie die Perspektive von Jurgis ein und verfassen Sie einen Brief, den Jurgis nach seiner Ankunft in den USA an seine Mutter in Litauen schreibt.

d) Jurgis kommt nach dem Tod seiner Frau in der Schlange der Arbeitslosen mit einem Leidensgenossen ins Gespräch. Gestalten Sie den Dialog.

12 Beurteilen Sie die liberale Demokratie der USA des frühen 20. Jahrhunderts.
Tipp: Nutzen Sie als mögliche Kriterien Volkssouveränität, Gewaltenteilung, Gewaltenkontrolle, Grundrechte, Wahlrecht und Partizipation, (soziale) Gerechtigkeit.

13 **Zusatzaufgabe:** Siehe S. 411.

M 9 Woodrow Wilson rechtfertigt den Kriegseintritt der USA am 2. April 1917

Wir haben keine egoistischen Ziele, denen wir dienen. Wir verlangen nach keiner Eroberung, keiner Vorherrschaft. Wir suchen [...] keine materielle Entschädigung für die Opfer, die wir bereitwillig bringen werden. Wir sind lediglich einer der Vorkämpfer für die Rechte der Menschheit. [...] the world must be made safe für democracy (die Welt muss für die Demokratie sicher gemacht werden.) [...] Dieser Aufgabe können wir unsere Leben und unser Schicksal widmen [...] mit dem Stolz jener, die wissen, dass der Tag gekommen ist, an dem Amerika die Ehre hat, sein Blut und seine Stärke einzusetzen für diejenigen Prinzipien, die ihm die Geburt und das Glück und den Frieden geschenkt haben, die es hochschätzt.

*Zit. nach: Jörn Leonhard, Der überforderte Frieden. Versailles und die Welt, C. H. Beck, München 2018, S. 88 f.**

15 Arbeiten Sie aus M 9 heraus, wie Wilson den Kriegseintritt der USA begründet.

16 Stellen Sie sich vor, Sie hätten als deutscher Journalist die Möglichkeit gehabt, Wilson nach der Rede zu interviewen. Formulieren Sie Fragen, die Sie gestellt hätten.

Die Konsumgesellschaft

M 10 Produktion des Ford Modell T in Michigan/USA, Fotografie, um 1920

M 11 Preise des Ford Modell T

1909	950 US-$
1926	320 US-$[1]

1 *Zum Vergleich:* Der durchschnittliche Jahresverdienst eines Industriearbeiters 1926 betrug 1 300 US-$.

M 12 Zahl der Autos in den USA

1920	8 Mio.
1930	23 Mio.

M 11 und M 12 nach: Jürgen Heideking/Christoph Mauch, Geschichte der USA, 6. Aufl., UTB, Stuttgart 2008, S. 233.

M 13 Szene vor dem *Broadway Theatre* in New York, Fotografie, 1927

17 Erklären Sie ausgehend von M 10–M 13 den Zusammenhang von Massenproduktion und -konsum.

18 Charakterisieren Sie ausgehend von M 10–M 13 die US-Konsumgesellschaft zu Beginn des 20. Jahrhunderts.

19 Diskutieren Sie mit Ihrer Nachbarin/Ihrem Nachbarn, ob es einen Zusammenhang zwischen liberaler Demokratie und Konsumgesellschaft gibt.

New Deal, Wirtschaftskrise und Demokratie

M 14 Franklin D. Roosevelt erläutert sein Programm in seiner Antrittsrede am 4. März 1933

Unsere größte und vordringlichste Aufgabe besteht darin, den Menschen Arbeit zu verschaffen. Dies kann [...] zum Teil durch direkte Anwerbung von Arbeitskräften seitens der Regierung selbst erreicht werden, indem wir diese Aufgabe wie den Notstand eines Krieges behandeln, dadurch aber gleichzeitig dringend benötigte Projekte durchführen, die die Nutzung unserer Bodenschätze anregen. [...] Schließlich bedürfen wir, um Fortschritte in der Arbeitsbeschaffung zu erzielen, zweier Schutzvorrichtungen gegen das Wiederauftreten alter Missstände: Es muss eine strenge Überwachung aller Bankgeschäfte [...] geben, die Spekulationsgeschäfte mit anderer Leute Geld müssen beendet werden und es muss Vorsorge für [...] gesunde Währung getroffen werden. [...] Mit diesem Aktionsprogramm schicken wir uns an, in unserer Nation Ordnung zu schaffen. [...] Unsere Verfassung ist so einfach und praktisch, dass es möglich ist, angesichts jeder außergewöhnlichen Notwendigkeit ihre Schwerpunkte und ihre Gliederung abzuändern, ohne sie dadurch ihrer wesentlichen Form zu berauben. [...] Es könnte jedoch der Fall eintreten, dass ein noch nie dagewesenes Verlangen und die Notwendigkeit zu unverzüglichem Handeln ein zeitweiliges Abweichen von diesem normalen Gleichgewicht der öffentlichen Ordnung erforderlich machen. Ich bin darauf vorbereitet, entsprechend meiner verfassungsmäßigen Pflicht die Maßnahmen vorzuschlagen, deren ein schwer heimgesuchtes Volk in einer schwer heimgesuchten Welt bedarf. Diese Maßnahmen [...] werde ich innerhalb meiner verfassungsmäßigen Vollmachten aufs Schnellste zur Annahme bringen. [...] Ich werde den Kongress um das einzig verbleibende Mittel bitten, um der Krise zu begegnen – umfassende Exekutivgewalt, um einen Krieg gegen den Notstand zu beginnen, und zwar genauso umfassend wie die Gewalt, die man mir im Falle der Invasion einer fremden feindlichen Macht übertragen würde. [...]

*Übersetzung durch Matthias Dufner, englischer Originaltext: https://www.inaugural.senate.gov/about/past-inaugural-ceremonies/37th-inaugural-ceremonies/ (abgerufen am 11.11.2019).**

Die ganze Rede Roosevelts

cornelsen.de/Webcodes
Code: yipese

M 15 Erinnerungen von Roosevelts Frau Eleanor an die Reaktionen der Zuhörer auf die Rede ihres Mannes

Es war sehr feierlich und auch furchteinflößend. Die Menschenmenge war so gewaltig, und man spürte, diese Leute würden alles tun, wenn ihnen nur jemand sagte, was zu tun war! Ich spürte es genau, denn als Franklin zu dem Teil der Rede kam, in dem er sagte, er werde möglicherweise auf Vollmachten zugreifen müssen, die einem Präsidenten normalerweise nur in Kriegszeiten zustanden, bekam er den meisten Zuspruch.

*Jason Scott Smith, Der New Deal als demokratisches Projekt. Die Weltwirtschaftskrise und die Vereinigten Staaten, in: Tim Müller/Adam Tooze, Normalität und Fragilität. Demokratie nach dem Ersten Weltkrieg, Hamburger Edition, Hamburg 2015, S. 497, übers. v. Edith Nerke u. Jürgen Bauer.**

M 16 Der Historiker Jason Scott Smith über den *New Deal*, 2015

Roosevelts Regierung begegnete der Krise mit einem umfassenden Programm, das [...] Historiker als „statebuilding", als Aufbau staatlicher Strukturen bezeichnen. Das Reformprojekt des *New Deal* zielte darauf ab, den Handlungsspielraum der Regierung bei der Mitgestaltung der Gesellschaft zu erweitern und so die Mängel des kapitalistischen Marktsystems zu beheben. Mit dem entschlossenen Vorantreiben eines [...] Wandels bei gleichzeitiger Aufrechterhaltung einer funktionierenden (wenn auch selbst für damalige Erwartungen äußerst unzureichenden) Demokratie wurde der *New Deal* zum Vorbild für zahlreiche Länder, die ebenfalls unter der Weltwirtschaftskrise litten. [...]
Als politisches Projekt war der *New Deal* bei all seinen ehrgeizigen Zielen mit erheblichen Mängeln behaftet, denn in vielen Fällen diente er dazu, die politische [...] Macht der weißen Oberschicht zu konsolidieren, und er führte auch nicht zum allgemeinen Wahlrecht. Als Maßnahmenbündel jedoch konnte er alternative politische Optionen verhindern und die Anziehungskraft von Faschismus und Kommunismus eindämmen, und er brachte der Gesellschaft eine gewisse politische und wirtschaftliche Stabilität.

*Jason Scott Smith, Der New Deal als demokratisches Projekt. Die Weltwirtschaftskrise und die Vereinigten Staaten, in: Tim Müller/Adam Tooze, Normalität und Fragilität. Demokratie nach dem Ersten Weltkrieg, übers. v. Edith Nerke, Jürgen Bauer, Hamburger Edition, Hamburg 2015, S. 498, 511.**

20 Arbeiten Sie aus M14 die Metaphorik heraus, die Roosevelt verwendet, und analysieren Sie diese.

21 **Vertiefung:** Vergleichen Sie ausgehend von M 14 die Auffassungen und Maßnahmen Roosevelts mit der Theorie Keynes (siehe Darstellungstext S. 188).

22 Erläutern Sie, was Eleanor Roosevelt als „furchteinflößend" empfand (M 15).

23 Erörtern Sie ausgehend von M 16, ob der *New Deal* die liberale Demokratie schwächte.

4.2 Russische Revolution und Sowjetunion – die kommunistische Alternative

M1 Zar Nikolaus II. und Zarin Alexandra Feodorowna in altrussischer Tracht, Fotografie, 1894

> *In diesem Kapitel geht es um*
> - *die Ursachen und den Verlauf der Russischen Revolution,*
> - *die wirtschaftliche, politische und gesellschaftliche Entwicklung der frühen Sowjetunion sowie*
> - *die Entstehung des Stalinismus mit seinem Personenkult und seinen Terrormaßnahmen.*

Die Ursachen der Revolution

In Russland begann die Industrialisierung erheblich später als in den west- und mitteleuropäischen Ländern. Die Diskrepanz zwischen Stadt und Land, zwischen einer expandierenden Industrie und der Stagnation auf dem Lande, konnte nicht überbrückt werden. Drei von vier Erwachsenen waren Analphabeten. Verschärft wurde die Lage auf dem Land durch das **Bevölkerungswachstum.** Hatte Russland 1860 etwa 60 Millionen Einwohner, so waren es 1913 bereits 74 Millionen.
Im russischen Polizeistaat, dessen Ziel die lückenlose Überwachung der Untertanen war, blieb kaum Spielraum für eine öffentliche Diskussion über Probleme und dringend gebotene Reformen von Staat, Gesellschaft und Wirtschaft. Die politische Opposition gegen die autokratische Herrschaft des Zaren wurde von einer allgegenwärtigen Geheimpolizei verfolgt und mit Gefängnishaft und Verbannung belegt. Der zaristische Staat förderte die Modernisierung der Industrie, ohne ihre **sozialen Folgen** durch politische Modernisierung abzusichern. Dies musste die sozialen und politischen Spannungen verschärfen. 1905, noch während des schließlich verlorenen **Krieges gegen Japan** um den Einfluss Russlands in Ostasien, kam es zu einer Streikbewegung der Arbeiter in den Städten und in weiten Teilen des Landes zu Bauernaufständen, die in eine – letztlich erfolglose – Revolution mündeten. Trotzdem sah sich **Zar Nikolaus II.*** zu Zugeständnissen gezwungen. 1906 wurde eine **Verfassung** mit einem Parlament, der Reichsduma, gewährt. Aber deren Rechte blieben gering. Es gab keine Verantwortlichkeit der Minister gegenüber dem Parlament und keine Kontrolle der Regierung.

Die Februarrevolution 1917

Nach Beginn des Ersten Weltkriegs 1914 genügten zwei Kriegsjahre, um Russland in eine tiefe Krise zu stürzen. Anfang 1917 nahm eine **Streikbewegung** im Lande Massencharakter an. Die Streikenden forderten Brot, die Beendigung des Krieges und die Beseitigung des Zarismus. Am 26. Februar solidarisierten sich militärische Einheiten mit den Aufständischen. Am 27. Februar war die Hauptstadt St. Petersburg völlig in der Hand der Arbeiter und Soldaten. Zar Nikolaus II. dankte ab; das Ende der mehr als dreihundertfünfzigjährigen Zarenherrschaft war gekommen.
Schon bald nach diesen Februartagen bildete sich eine **„Doppelherrschaft“** in Russland aus. Überall im Lande übernahmen **Sowjets*** (Räte) faktisch die Macht. In den Sowjets dominierten zwei Parteien, die **Menschewiki*** und die **Sozialrevolutionäre***. Sie forderten die bürgerlichen Parteien aus der zaristischen Zeit auf, eine Regierung zu bilden. Das Resultat war die **Provisorische Regierung,** die aus Vertretern der bürgerlichen Parteien und einem Minister der Sozialrevolutionäre, Alexander Kerenski, bestand. Kerenski wurde im Sommer Regierungschef.

Sowjets
(russ. = Räte) seit der Revolution von 1905 spontan entstandene basisdemokratische Selbstverwaltungsorgane der Arbeiter, Bauern und Soldaten

Menschewiki
gemäßigter, am Prinzip der demokratisch organisierten Massenpartei festhaltender Flügel der 1898 gegründeten Sozialdemokratischen Arbeiterpartei Russlands

Sozialrevolutionäre
1901/02 entstandene russische Partei, hervorgegangen aus radikalen Gruppen der *Narodniki* (russ. = Die-Ins-Volk-Gehenden). Die Sozialrevolutionäre erstrebten über freie Assoziationen von Kleinproduzenten einen bäuerlichen Sozialismus.

▶ M 7: Streik in Putilow-Werken, Petrograd

▶ M 8: „Doppelherrschaft“

Die Arbeiter, Bauern und Soldaten in den neuen Räten traten für einen sofortigen Friedensschluss ein. Darüber hinaus forderten sie weitgehende Mitbestimmungs- und Kontrollrechte für die sich überall bildenden Fabrikkomitees und eine grundlegende Agrarreform. Damit waren Konflikte mit der Provisorischen Regierung vorgezeichnet. Die stürmische Entwicklung in den Sommermonaten – die innere Auflösung der russischen Armee, die spontanen Landnahmeaktionen der Bauern, der Versuch eines Gegenputsches, die Radikalisierung der Massen, deren Forderungen nach Frieden, Brot und Land nicht erfüllt wurden –, all das schwächte die Macht der Regierung Kerenski stark.

Bolschewiki
revolutionäre sozialistische Parteigruppierung, die streng von oben nach unten organisiert war und den Sturz des Zaren anstrebte

M2 **Wladimir Iljitsch Lenin (1870–1924), Fotografie, 1918**

Oktoberrevolution oder Staatsstreich?

In dieser Situation wurden die **Bolschewiki***, die nur eine kleine Minderheit in den Räten darstellten, zum Sprachrohr insbesondere der städtischen Massen. Im April 1917 war ihr Vorsitzender **Wladimir Iljitsch Lenin***, der seit Anfang des 20. Jahrhunderts auch ein bedeutender Theoretiker des Kommunismus war, mithilfe der deutschen Reichsregierung aus dem Schweizer Exil nach Russland zurückgekehrt. Lenin vertrat im Gegensatz zu den Menschewiki und zu Teilen der eigenen Partei die Auffassung, dass die Revolution mit Energie weiter vorangetrieben werden müsse und dass allein eine Arbeiter- und Soldatenregierung, deren Keimzelle er im Petrograder Sowjet sah, die nationalen und sozialen Probleme des Landes lösen könne. Die Bolschewiki forderten daher „Alle Macht den Räten“, die sofortige Beendigung des Krieges, die entschädigungslose Aufteilung der Gutsländereien unter den Bauern, die Kontrolle der Arbeiter über die Industrieproduktion und das Selbstbestimmungsrecht für alle nicht-russischen Völker. Bei den Wahlen im September 1917 errangen die Bolschewiki die Mehrheit in wichtigen Sowjets. **Leo Trotzki***, der bedeutendste Mitstreiter Lenins, wurde Vorsitzender des Petrograder Sowjets. Am 25. Oktober (nach dem heutigen gregorianischen Kalender am 7. November) nutzte Trotzki die Ohnmacht der Regierung Kerenski. Er ließ durch das „Revolutionäre Militärkomitee“, ein Organ des Petrograder Sowjets, die Regierung absetzen. Noch am Abend trat der **Petrograder Sowjet** zusammen, in dem die Bolschewiki – nach dem Auszug der Menschewiki und Sozialrevolutionäre am selben Tag – die absolute Mehrheit hatten, und verkündete zwei Dekrete: das „Dekret über den Frieden“, gerichtet an alle Krieg führenden Länder, und das „Dekret über die entschädigungslose Enteignung von Grund und Boden“. Außerdem bildete der Petrograder Sowjet eine provisorische Arbeiter- und Bauernregierung (Rat der Volkskommissare) und wählte das „Gesamtrussische Zentralexekutivkomitee“. Zielstrebig verfolgten die Bolschewiki darüber hinaus die Schaffung der **„Diktatur des Proletariats“***. Als die Wahlen zur verfassunggebenden Nationalversammlung, die noch die Provisorische Regierung veranlasst hatte, im November 1917 eine Mehrheit der Sozialrevolutionäre ergaben und das gewählte Parlament sich weigerte, die Sowjetmacht uneingeschränkt anzuerkennen, löste der Rat der Volkskommissare das Parlament im Januar 1918 durch Truppeneinsatz auf.

M3 **Leo Trotzki (1879–1940), Fotografie, 1917**

▶ **M 9: Lenins „April-Thesen“**

▶ **M 10: Urteile über die Oktoberrevolution**

Der Bürgerkrieg in der Sowjetunion 1918–19

Das Schicksal der Revolution aber entschied sich im **Bürgerkrieg.** Von seiner Gründung an stand der neue Staat unter starkem Druck: Er musste den Krieg mit den Mittelmächten beenden und eine neue staatliche Infrastruktur in einem Land schaffen, das verkehrsmäßig wenig erschlossen war. Der Landhunger der ärmeren bäuerlichen Schichten blieb auch nach der Enteignung des gesamten Besitzes von Adel, Kirche und Zarenfamilie unbefriedigt, zumal der Zusammenbruch der Volkswirtschaft Millionen Menschen aufs Land trieb. In vielen Dörfern kam es zu massiven Gewaltausbrüchen gegen die Mitglieder der alten herrschenden Klasse, denen man sämtlichen Besitz und in vielen Fällen auch das Leben nahm. In der Industrie trafen die Betriebskomitees, die an die Stelle der

Diktatur des Proletariats
Nach Marx eine relativ kurze Übergangsperiode zwischen der kapitalistischen und der kommunistischen Gesellschaft. „Diktatur“ meint hier Zwang gegenüber den Gegnern der Revolution, deren Ausschluss von der Demokratie die Errungenschaften der Revolution sichern soll. Ziel ist die Errichtung einer klassenlosen Gesellschaft.

M4 **Der Bürgerkrieg in Russland 1918–1921**

privaten Unternehmer getreten waren, konfliktreich mit den Vertretern des Staates aufeinander, die eine planvolle Lenkung der Volkswirtschaft anstrebten. Zudem war eine breite gegenrevolutionäre Bewegung von **„Weißen"** entstanden, zunächst gestützt von deutschen und österreichischen Truppen, nach der Kapitulation der Mittelmächte von Großbritannien und Frankreich, später sogar von den USA und Japan. Ein wesentliches Motiv der Westmächte für die Intervention war die Furcht der Industriestaaten vor einer **Ausbreitung der Revolution**. Zu den „Weißen" gehörten neben den alten Oberschichten auch große Teile des Mittelstands, der einfachen Bauern und der zaristischen Armee. Zeitweilig kontrollierten sie riesige Gebiete. Die von Trotzki neu aufgebaute **„Rote Armee"** kämpfte schließlich alle gegenrevolutionären Bewegungen nieder, musste aber im Krieg gegen Polen im Westen große Gebietsverluste hinnehmen. Die Gründe für den Sieg Trotzkis liegen zum einen in dessen herausragendem Organisationstalent, aber auch in der Uneinheitlichkeit der „Weißen", die insbesondere keine Antwort auf die Nationalitätenfrage hatten.

Die Dramatik des Bürgerkriegs ist nachträglich kaum zu vermitteln. Er war begleitet von einem völligen Zusammenbruch der Geldwirtschaft, einer Zerstörung der traditionellen Familien- und Sozialmilieus und riesigen Wanderungsbewegungen. Die Bevölkerungszahl von Petrograd (heute St. Petersburg) verminderte sich gegenüber der vorrevolutionären Zeit auf ein Drittel. Millionen von Menschen starben den Hungertod; Millionen Kinder schlossen sich in Kinderarmeen zusammen, die plündernd durch das Land zogen. Zugleich war diese „heroische Periode der Großen Revolution", wie sie in der sowjetischen Geschichtsschreibung hieß, ein Tummelplatz der Utopien. Dadurch, dass die „proletarische Naturalwirtschaft" als Konsequenz der Not die alten Formen privatwirtschaftlichen Austausches überdeckte, fand die kommunistische Utopie in ihrer radikalsten Ausformung eine scheinbare Entsprechung in der Realität und wurde zur einzig legalen und richtigen erklärt. Der Spielraum für eine demokratische Entwicklung war in dieser Phase des Bürgerkriegs sehr gering und wurde nicht genutzt. Die junge Sowjetmacht antwortete auf den Terror der Weißen mit dem roten Terror, der sich nicht zuletzt gegen die Opposition in den eigenen Reihen richtete. Die Revolte in der Seefestung Kronstadt, in der sich Arbeiter und Matrosen 1921 gegen die Herrschaft der bolschewistischen Partei im Namen der Rätedemokratie auflehnten, war Ausdruck der schwersten politischen und wirtschaftlichen Krise. Trotzki ließ diese Revolte blutig niederschießen. Das, was Lenin bereits 1903 als Parteitheorie entwickelt hatte, die Partei als die „Avantgarde des Proletariats", versteinerte zur **Diktatur der bolschewistischen Partei.** Im Laufe des Jahres 1919 etablierte sich der **Kriegskommunismus***.

Kriegskommunismus
Ausrichtung der gesamten wirtschaftlichen und staatlichen Tätigkeit auf die Bedürfnisse des Bürgerkriegs (1918–1920). Die Industrie wurde verstaatlicht, die Bauern mussten ihre gesamte Produktion zu festgelegten Preisen an den Staat abliefern.

Stabilisierung der Sowjetmacht

Die Unruhen und Bauernaufstände, die 1920/21 das Land überzogen, nahmen immer radikalere Formen an. Es waren wiederum die Bauern, die sich gegen die gewaltsamen staatlichen Zwangseintreibungen der Agrarproduktion in einer Aufstandsbewegung organisierten und schließlich die Sowjetregierung zur Umkehr zwangen. Nach dem Kampf gegen alle Eigentumsformen wurden nunmehr stärker Bündnisse zwischen den besitzenden privaten Bauern und den Arbeitern gesucht. Diese Politik des sozialen Kompromisses hieß **„Neue Ökonomische Politik"** (NEP). Sie stellte den Versuch dar, unter Rückgriff auf die Konzeption einer staatskapitalistischen Übergangswirtschaft, in die jetzt auch die Bauern einbezogen werden sollten, die zentralen Aufgaben zu lösen: Sicherung der Versorgung der Bevölkerung durch die Landwirtschaft und Förderung der geschwächten und rückständigen Industrie. In weiten Bereichen der russischen Ökonomie herrschten wieder Marktbeziehungen. Unter der Kontrolle des Staates blieben Großindustrie, Banken, Verkehrswesen, Groß- und Außenhandel und die gesamtwirtschaftliche Planung, Letztere allerdings mehr in der Theorie als in der Praxis. Die Betriebe zahlten differenzierte Leistungslöhne. Tatsächlich erholte sich das Land allmählich. 1926 wurde die Vorkriegsproduktion wieder erreicht – eine enorme Leistung.

In dieser Zeit wurde auch das bereits im revolutionären Programm der Bolschewiki von 1917 formulierte Recht auf **nationale Selbstbestimmung der Völker** ansatzweise verwirklicht. Für die Ukraine, die kaukasischen und zentralasiatischen Republiken trat es jedoch hinter militärischen und politischen Erwägungen in den Hintergrund. Sie erhielten allerdings im Interesse ihrer kulturellen Eigenständigkeit von der Sowjetmacht Spielräume eingeräumt, ebenso wie etwa die deutsche Minderheit und die Juden.

Die Phase der wirtschaftlichen Liberalisierung begleitete in den Städten ein Aufschwung des kulturellen Lebens. Die Künstler stellten sich in den Dienst der Revolution. Der Konstruktivismus eines Kasimir Malewitsch in der Malerei, Experimente im Theater, Kreativität in der Dichtkunst oder im Film („Panzerkreuzer Potemkin" von Sergej Eisenstein, 1925) machten die Sowjetunion zu einem riesigen kulturellen Experimentierfeld, das auf andere Länder ausstrahlte. Intellektuelle und Künstler aus den westlichen Ländern bereisten die Sowjetunion und waren fasziniert. Bis tief in die 1920er-Jahre hinein hatten reformerische Bildungskonzeptionen eine Chance.

▶ M 11: Agrarische und industrielle Bruttoproduktion

M5 Marc Chagall, „Krieg den Palästen", Aquarell, 1917.
Das Aquarell zeigt einen Bauern, der den Palast eines Gutsherrn zertrümmert.

M6 Josef W. Stalin (1879 bis 1953), Fotografie, 1935.
Stalin schloss sich 1903 den Bolschewiki an und beteiligte sich an der Oktoberrevolution 1917. Seit Ende der 1920er-Jahre war er Alleinherrscher.

Kader
Bezeichnung der Kommunisten für leitende Personen im politischen, wirtschaftlichen und gesellschaftlichen Leben

Der Aufstieg Stalins

Den ökonomischen und kulturellen Spielräumen der 1920er-Jahre stand eine diktatorische **Konzentration der politischen Macht** gegenüber. Minderheiten oder Opposition wurden in der bolschewistischen Partei nicht geduldet. Bereits 1920/21 hatten die Gewerkschaften ihre Eigenständigkeit gegenüber der Partei verloren. Nach Lenins Tod im Herbst 1924 entspann sich ein erbitterter Kampf um die politische Richtung. Trotzki – auf dem „linken Flügel" – hatte bereits 1923 und verschärft nach dem Tode Lenins die wachsende **Bürokratisierung** der Partei angeprangert. Zugleich forderte er eine rasche Industrialisierung und das Zurückdrängen des privatwirtschaftlichen Sektors. Bucharin auf dem „rechten Flügel", der stärker unter dem Eindruck des verheerenden Kriegskommunismus stand, befürchtete, dass dann die Bauern ihre Loyalität aufkündigen würden. Er forderte daher eine weitere Stützung der Bauern, um über die Nachfrage an Industriegütern allmählich den Aufbau der verstaatlichten Industrie zu realisieren.
Ein weiterer, jedoch nicht so heftig diskutierter Punkt war Trotzkis **Theorie der „permanenten Revolution"**, der Stalin* später dann die Theorie des **„Aufbaus des Sozialismus in einem Land"** entgegensetzte. Trotzki war der Ansicht, dass die Revolution sich auf andere Länder ausbreiten müsse, um in der Sowjetunion Bestand zu haben. Diese Ausdehnung könne schon bald, vielleicht aber auch erst in dreißig Jahren geschehen, ohne dass der Sozialismus in der Sowjetunion gefährdet sei. Stalin hielt es dagegen für möglich, den Sozialismus unabhängig von der Entwicklung in den anderen Ländern in der Sowjetunion aufzubauen. Gleichzeitig glaubte er, dass das Beispiel des Sozialismus in der UdSSR in den anderen Ländern die Revolution und damit den Sozialismus herbeiführen würde. Dreißig Jahre wären dazu nicht einmal nötig.
Die Diskussionen gingen ab 1925 immer mehr in einen innerparteilichen Machtkampf über. Stalin stand nicht im Zentrum des Konflikts. Tatsächlich gelang es ihm, im Bündnis mit den Rechten zunächst 1927 den linken Flügel auszuschalten. Trotzki wurde in die Verbannung geschickt und 1940 von einem Agenten Stalins in Mexiko ermordet. 1929 folgte die Entmachtung der rechten Opposition; viele Anhänger wurden ermordet oder starben in Lagern. Stalin blieb als unangefochtener Führer übrig.
Wie konnte es Stalin gelingen, „eine unermessliche Machtfülle in seinen Händen" (so Lenin bereits 1924) zu sammeln? Einer der Gründe war sicherlich die zentralistische Struktur der bolschewistischen Partei, die sich seit 1925 „Kommunistische Partei der Sowjetunion" (KPdSU) nannte. An die Stelle politisch diskutierender Parteimitglieder trat der Apparat, der vom Zentralkomitee durch die **Kaderpolitik*** beherrscht wurde. Die Sowjets deformierten zu einem schwerfälligen, von den Parteistellen kontrollierten Verwaltungsapparat ohne eigene Macht. Offenbar prägten schon sehr früh Misstrauen und Angst die Partei. So konnte ein Mann wie Stalin als Generalsekretär ab 1922 die Arbeit der verschiedenen Parteigremien koordinieren und diese beherrschen. Hinzu kam, dass Stalins Funktion als Generalsekretär ihm Zugang zu Informationen über alle Parteikader verschaffte – bereits 1922 lagen Tausende von Personalakten vor. Stalin wählte mithilfe dieser Daten **Funktionäre** aus. Damit verdankten ihm viele ihren Aufstieg, Stalins Einfluss vergrößerte sich. Zudem hatte sich die Partei seit der Oktoberrevolution dramatisch verändert. Aus einer kleinen Partei von geschulten Berufsrevolutionären war sukzessive eine Massenpartei geworden, die durch den Parteiapparat steuerbar war. Der Apparat nutzte dies, indem er die „geschichtslosen" Neuzugänge, die die Geschichte der Bolschewiki und der russischen Arbeiterbewegung erst in der Version des Apparats kennenlernten, als Manövriermasse zur Konsolidierung seiner Vormacht einsetzte. Für eine Kritik der zunehmenden Bürokratisierung der Partei fehlte ihnen die Erfahrung und das Wissen der alten Revolutionäre.

Die Kollektivierung der Landwirtschaft

In den Jahren 1927 bis 1929 dehnte der Staat seine Herrschaft durch die Übernahme weiterer Funktionen aus. Der Verknappung von Getreide, dem schon unter zaristischer Herrschaft wichtigsten Exportgut, mit dem die Investitionen in die Industrie bezahlt wurden, begegnete Sowjetrussland mit den Methoden des Kriegskommunismus (Enteignungen, Zwangsrekrutierungen von Arbeitskräften und Soldaten und Deportation in Straflager). Stalin gab vor, dieser „Klassenkampf" richte sich gegen die **Kulaken***. Tatsächlich trafen seine Maßnahmen fast alle Bauern. Der Begriff „Kulak" wurde als Feindbild benutzt, um die **Kollektivierung*** der gesamten Landwirtschaft durchzusetzen. Sie wurde seit 1925 mit immer brutaler werdenden Mitteln durchgeführt: Millionen von Menschen wurden deportiert und ermordet. Die zwangsweise Kollektivierung führte innerhalb weniger Monate zur völligen Zerrüttung der landwirtschaftlichen Produktion, weil die bäuerlichen Einzelwirtschaften verfielen und die neuen **Kolchosen*** nicht arbeitsfähig waren. Im Winter 1932/33 brach in weiten Teilen der Sowjetunion eine **Hungersnot** aus.

Kulak
(russ. = Faust) Eine im 19. Jh. in Russland aufkommende Bezeichnung für Großbauern, seit der Jahrhundertwende zunehmend abwertend verwendet. In der Hungerkrise wurde der Begriff von den Bolschewiki auf alle selbstständigen Bauern ausgedehnt, um die Kollektivierung zu rechtfertigen.

Kollektivierung
Überführung der privaten Produktionsmittel, besonders von landwirtschaftlichem Boden, in genossenschaftlich bewirtschaftetes Gemeineigentum

Kolchose
(von russ. kollektivnoje chosjaistvo = Kollektivwirtschaft) genossenschaftlich organisierter landwirtschaftlicher Großbetrieb

Die Industrialisierung

Zugleich ging die sowjetische Führung daran, das Land in einem riesigen „Entwicklungssprung" den westeuropäischen Industrieländern gleichzustellen. Bereits für Lenin war die Modernisierung Russlands das oberste Ziel, und das bedeutete in erster Linie **Industrialisierung**. Unter Stalin war sie sinnstiftend und ersetzte die Idee der Befreiung aus der Revolution. Das Schwungrad der Industrialisierung lag in den Zentralen von Partei und Staat, die auf Hierarchien, Macht und Kontrollen achteten und weniger auf Gewinn. Die stalinistische Industrialisierungspolitik bedeutete einen völligen Bruch mit der NEP. Die Parteiführung versuchte die Schwierigkeiten zu durchbrechen, indem der Staat ohne Rücksicht auf das ökonomische Gleichgewicht große Investitionen in den Schlüsselindustrien, wie beispielsweise in die Schwerindustrie, tätigte. Darüber hinaus sollten die Arbeiter motiviert werden. Dies geschah teils durch Zwang, teils durch materielle und propagandistische Anreize. Im Zuge einer Kampagne gegen „Gleichmacherei" wurde die vorher verurteilte Akkordarbeit aufgewertet. Das verstärkte die soziale Differenzierung innerhalb der Arbeiterschaft. Individuelle Leistung führte zu gesellschaftlichem Aufstieg. Andererseits wurden häufig Entscheidungen aus Überforderung, Unsicherheit oder Angst verzögert und Anweisungen übergeordneter Instanzen abgewartet. Der erste **„Fünfjahrplan"** sah vor, in kürzester Zeit 48 000 Technikspezialisten auszubilden. Obwohl diese Anzahl nicht erreicht wurde, bildete sich eine neue Elite heraus, die sich an die Partei gebunden fühlte. Sie stand in Konkurrenz zu den bürgerlichen Spezialisten, die vormals zur menschewistischen Intelligenz gehört hatten. Diese wurden in den ersten **„Schauprozessen"** wegen Sabotage und Spionage verurteilt. Die Schauprozesse dienten der Einschüchterung möglicher Oppositioneller und dem Etablieren „proletarischer Kader" in Führungspositionen.

▶ **M 11: Agrarische und industrielle Bruttoproduktion**

Konsens und Terror

Konsensbildend wirkten in den 1930er-Jahren zwei Faktoren: Zum einen eröffneten die Produktionsschübe vielen Menschen **Aufstiegschancen**. Arbeiter wurden zu Meistern und Bauern zu Arbeitern. Letzteres geschah jedoch oft unter Zwang und wurde von den Betroffenen dann nicht als Aufstiegschance gesehen. Von 1929 bis 1941 verzehnfachte sich die Zahl der Ingenieure. Auf den Großbaustellen des Landes bildete sich so etwas wie „Pioniergeist" heraus. Zum anderen förderte das Schlagwort vom „Sozialismus in einem Land" (siehe S. 197) die **Integration** trotz der großen Wanderungsbewegungen vom Land in die Städte und der Umbrüche in den Lebensformen. Stalins Appell an das

▶ **M 12: Sowjetische Zukunftsvisionen der 1930er-Jahre**

Zusammengehörigkeitsgefühl einte die Gesellschaft, die gleichzeitig im Inneren durch Feindbilder polarisiert wurde („Sowjetpatriotismus").

Diese Faktoren reichen aber nicht aus, um den kometenhaften Aufstieg Stalins zum unumstrittenen Führer des Sowjetvolkes zu erklären. War der Personenkult, der sich in inszenierten Jubelschauen entfaltete, wirklich nur die Selbstdarstellung des Regimes? Oder gab es dafür Gründe, die in der Mentalität und der Kultur der Menschen lagen? Sprach Stalin ihre Herzen an? Im Gegensatz zu Trotzki war Stalin kein international orientierter Intellektueller, vielmehr verkörperte er ein russozentrisches Weltbild. Sein Personenkult entsprach mit seinen mystischen und pseudoreligiösen Facetten Traditionen der orthodoxen Kirche. Stalin („Väterchen Russland") war in den unruhigen Zeiten für viele ein Halt. Die **Kosten der schnellen Industrialisierung** waren immens. Der Konflikt zwischen Stadt und Land war nicht gelöst, Millionen von Bauern mussten ihr Leben auf dem Land aufgeben und in die Stadt ziehen. In den Fabriken war die Steigerung der Arbeitsleistung nur mit militärischer Disziplin möglich. **Die Planwirtschaft scheiterte** oft an den Mängeln der Datenerhebung. Auf organisatorische und personelle Unzulänglichkeiten reagierte der Staat mit der Jagd auf vermeintliche Saboteure.

▶ M 14: „Geliebter Stalin"

In den 1930er-Jahren wurden Millionen von Menschen verfolgt, verurteilt und in Lager verbannt. „Die Revolution frisst ihre Kinder": Dieser Satz, geprägt während der Französischen Revolution, erhielt eine neue, blutige Aktualität. Den **Säuberungen** fielen zunächst die alten Bolschewiki in Partei und Armee, dann die deutschen Kommunisten, die vor Hitler geflohen waren, und zuletzt die Techniker und Ingenieure aus der vorrevolutionären Zeit zum Opfer. In den Jahren 1937/38 richtete sich die Verfolgung gegen den gesamten Partei- und Staatsapparat und gegen alle Schichten der Bevölkerung. In den sowjetischen Kerkern und **Straflagern** wurden mehr Kommunisten gefangen gehalten als in allen anderen Ländern zusammen. Zur politischen Begründung der Säuberungen und Vernichtungsaktionen diente die These Stalins, dass der Fortschritt des Sozialismus die Verschärfung des Klassenkampfes voraussetze. Da es in der Sowjetunion keine kapitalistischen Produktionsverhältnisse mehr gab, also auch keinen Klassenfeind im herkömmlichen Sinn, musste man die Gegner in den eigenen Reihen suchen. Kein noch so überzeugter Kommunist konnte sicher sein, dass die **Geheimpolizei (Tscheka*)** ihn nicht am nächsten Morgen verhaftete und in das System aus Zwangsarbeitslagern, Straflagern, Gefängnissen und Verbannungsorten, den **Gulag***, einlieferte. Stalin führte einen Krieg nach innen. Die genaue Zahl der Opfer des Großen Terrors ist unklar. Allein für 1937/38 sind 2,5 Millionen Verhaftungen und rund 680 000 Erschießungen dokumentiert.

▶ M 15: Opfer von Terror und Krieg 1921–1953

Tscheka
Im Dezember 1917 entstand die „Allrussische Außerordentliche Kommission zur Bekämpfung von Konterrevolution und Sabotage" (ČK). Im Bürgerkrieg gewann sie als Instrument des „Roten Terrors" rasch an Einfluss, organisierte Gefängnisse und Internierungslager und war für die Erschießung zahlreicher politischer Gegner verantwortlich. Mit Gründung der UdSSR wurde sie durch die „Staatliche Politische Verwaltung" (GPU) ersetzt, die 1934 im gesamtstaatlichen „Volkskommissariat des Inneren" (NKWD) aufging. Trotz mehrerer Namensänderungen und Umstrukturierungen blieb die politische Geheimpolizei ein Instrument der Bespitzelung, Unterdrückung, Deportation, Folter und des (Massen-)Mords.

Gulag
Russische Abkürzung von „Hauptverwaltung der Besserungsarbeitslager und -kolonien". Der Begriff bezeichnet das Netz von Arbeitslagern in der Sowjetunion, im weiteren Sinn steht es für die Gesamtheit des sowjetischen Zwangsarbeitssystems, das neben Lagern und Zwangsarbeitskolonien auch Sonderlager, Spezialgefängnisse, Zwangsarbeitspflichten ohne Haft umfasste. Im weitesten Sinn ist das gesamte sowjetische Repressionssystem gemeint.

1 **Wahlaufgabe:** Bearbeiten Sie entweder a) oder b).
   a) Nennen Sie ausgehend vom Darstellungstext die Ursachen der Revolution.
   Tipp: Beziehen Sie auch das Foto M 1 mit ein.
   b) **Gruppenarbeit:** Erstellen Sie ein Lernplakat zum Verlauf der Russischen Revolution zwischen Januar und November 1917.
2 Beschreiben Sie ausgehend vom Darstellungstext die kurz- und langfristigen Auswirkungen des Bürgerkriegs 1918–1920.
3 Erläutern Sie die unterschiedlichen Positionen der verschiedenen Fraktionen der Bolschewiki.
4 **Partnerarbeit:** Stellen Sie die Ursachen des Stalinismus in einem Schaubild dar.
5 **Gruppenarbeit:** Entwickeln Sie eine Gewichtung der verschiedenen Ursachen des Stalinismus.
6 **Wahlaufgabe:** Bearbeiten Sie entweder Aufgabe a) oder b).
   Erstellen Sie eine Zeitleiste zur
   a) wirtschaftlichen oder
   b) politischen Entwicklung
   der Sowjetunion zwischen 1917 und 1939.

Hinweise zur Arbeit mit den Materialien
In den folgenden Materialien wird zunächst auf die Entwicklung der Russischen Revolution 1917 eingegangen (M 7–M 9). War der Umsturz vom 25. Oktober 1917 eine Revolution oder eher ein Staatsstreich? M 10 bietet Ihnen zu dieser Frage unterschiedliche Positionen von Historikern. M 11–M 14 gibt Ihnen einen Überblick über die weitere Entwicklung des Landes nach Revolution und Bürgerkrieg. Dabei geht es um die wirtschaftliche Produktion (M 11), die Bedeutung kommunistischer Zukunftsvisionen (M 12 und M 13) sowie den Stalinistischen Personenkult (M 14). In M 15 geht es um den hohen Blutzoll, den die sowjetische Bevölkerung durch den stalinistischen Terror und den Zweiten Weltkrieg leisten musste.

Die Russische Revolution 1917

M 7 Versammlung streikender Arbeiter der Putilow-Werke in Petrograd, Fotografie, Februar 1917

7 Analysieren Sie das Bild M 7.
Tipp: Gehen Sie auch auf die Stimmung ein, die es vermittelt.

8 **Geschichte kreativ:** Gestalten Sie unter Einbeziehung des Darstellungstextes S. 194 f. einen Tagebucheintrag eines streikenden Arbeiters.

M 8 Alexander Kerenski über das Problem der „Doppelherrschaft“, 1961

Alexander Kerenski (1881–1970), ehemaliger Ministerpräsident der Provisorischen Regierung, erinnert sich 1961:

Die Duma-Mehrheit musste viel vergessen, bevor sie sich auf die Seite der Revolution stellen, sich auf einen offenen Konflikt mit der zaristischen Macht einlassen und ihre Hand gegen die traditionelle Autorität erheben konnte. Wir, die Vertreter der Opposition, [...] schlugen jetzt offiziell das vor, was man als den revolutionären Kurs bezeichnen könnte. Wir forderten, dass die Duma sofort in die offizielle Sitzungsperiode eintrete, ohne irgendeinen Auflösungsbefehl zu beachten. [...] Der Rat lehnte unseren Vorschlag ab und beschloss, dass die Duma in „inoffizieller“ Sitzung zusammenkommen sollte. Politisch und psychologisch bedeutete dies, dass es ein privates Treffen einer Gruppe von Privatpersonen geben würde, von denen viele Männer von großem Einfluss und Autorität waren, aber eben nur Privatpersonen. Die Versammlung war nicht die eines Staatsorgans und sie hatte keine formelle Autorität, wofür sie allgemeine Anerkennung verlangen konnte.

Diese Weigerung, formell die Sitzungsperiode fortzusetzen, war vielleicht der größte Fehler der Duma. Sie bedeutete gerade in dem Augenblick Selbstmord zu begehen, als sie die höchste Autorität im Lande war und eine entscheidende und fruchtbare Rolle gespielt haben könnte, wenn sie offiziell gehandelt hätte. Diese Weigerung legte die charakteristische Schwäche einer Duma bloß, die sich in ihrer Mehrheit aus Vertretern der oberen Klassen zusammensetzte und die unvermeidlich die Meinungen und den Gemütszustand des Landes verzerrt wiedergab. Und so schrieb die kaiserliche Duma [...] ihr eigenes Todesurteil im Augenblick der revolutionären Wiedergeburt des Volkes. Die Mehrheit setzte die Duma bewusst auf eine Ebene mit anderen selbsternannten Organisationen, wie der Rat der Arbeiter- und Soldatendeputierten, der gerade da erschien. Später gab es Bemühungen, die Duma als eine offizielle Institution wiederzubeleben, aber sie kamen zu spät. Die Duma starb am Morgen des 12. März (Neue Zeit) [...].

Am nächsten Tag, dem 13. März (Neue Zeit), gab es bereits zwei Zentren der Autorität, die beide ihre Existenz der Revolution verdankten: die Duma in inoffizieller Sitzung mit ihrem Provisorischen Komitee, ernannt als eine provisorische Körperschaft, die die Ereignisse dirigieren sollte, und der Rat der Sowjets der Arbeiter- und Soldatendeputierten mit seinem Exekutivkomitee.

*Zit. nach: Martin Grohmann, Heiko Haumann, Gabriele Rappmann, Wirtschaft und Gesellschaft in der Sowjetunion, Schroedel, Hannover 1979, S. 10.**

9 Erläutern Sie den Zusammenhang zwischen dem Verhalten der Duma und dem Zustandekommen der „Doppelherrschaft“ (M 8). Vergegenwärtigen Sie sich dazu noch einmal die Stellung der Duma im zaristischen Russland (Darstellungstext S. 194).

M9 Lenins „April-Thesen“, 1917

Lenin legte diese Thesen nach seiner Ankunft in Russland am 3. April 1917 vor:

1. In unserer Stellung zum Krieg, der vonseiten Russlands auch unter der neuen Regierung Lwow und Co. – infolge des kapitalistischen Charakters dieser Regierung – unbedingt ein räuberischer imperialistischer Krieg bleibt, sind auch die geringsten Zugeständnisse an die „revolutionäre Vaterlandsverteidigung“ unzulässig. Einem revolutionären Krieg, der die revolutionäre Vaterlandsverteidigung wirklich rechtfertigen würde, kann das klassenbewusste Proletariat seine Zustimmung nur unter folgenden Bedingungen geben:

a) Übergang der Macht in die Hände des Proletariats und der sich ihm anschließenden ärmsten Teile der Bauernschaft;

b) Verzicht auf alle Annexionen in der Tat und nicht nur in Worten;

c) tatsächlicher und völliger Bruch mit allen Interessen des Kapitals. [...]

Organisierung der allerbreitesten Propaganda dieser Auffassung unter den Fronttruppen. Verbrüderung.

2. Die Eigenart der gegenwärtigen Lage in Russland besteht im Übergang von der ersten Etappe der Revolution, die infolge des ungenügend entwickelten Klassenbewusstseins und der ungenügenden Organisiertheit des Proletariats der Bourgeoisie die Macht gab, zur zweiten Etappe der Revolution, die die Macht in die Hände des Proletariats und der ärmsten Schichten der Bauernschaft legen muss. [...] Diese Eigenart fordert von uns die Fähigkeit, uns den besonderen Bedingungen der Parteiarbeit unter den unerhört breiten, eben erst zum politischen Leben erwachten Massen des Proletariats anzupassen.

3. Keinerlei Unterstützung der Provisorischen Regierung, Aufdeckung der ganzen Verlogenheit aller ihrer Versprechungen, insbesondere hinsichtlich des Verzichts auf Annexionen. Entlarvung der Provisorischen Regierung statt der unzulässigen, Illusionen erweckenden „Forderung“, diese Regierung, die Regierung der Kapitalisten, solle aufhören, imperialistisch zu sein.

4. Anerkennung der Tatsache, dass unsere Partei in den meisten Sowjets der Arbeiterdeputierten in der Minderheit, vorläufig sogar in einer schwachen Minderheit ist. Aufklärung der Massen darüber, dass die Sowjets der Arbeiterdeputierten die einzig mögliche Form der revolutionären Regierung sind und dass daher unsere Aufgabe, solange sich diese Regierung von der Bourgeoisie beeinflussen lässt, nur in geduldiger, systematischer, beharrlicher, besonders den praktischen Bedürfnissen der Massen angepasster Aufklärung über die Fehler ihrer Taktik bestehen kann.

5. Keine parlamentarische Republik – von den Sowjets der Arbeiterdeputierten zu dieser zurückzukehren wäre ein Schritt rückwärts –, sondern eine Republik der Sowjets der Arbeiter-, Landarbeiter- und Bauerndeputierten im ganzen Lande, von unten bis oben.

Abschaffung der Polizei, der Armee, der Beamtenschaft (d.h. Ersetzung des stehenden Heeres durch die allgemeine Volksbewaffnung. [Lenins Anmerkung])

Entlohnung aller Beamten, die durchweg wählbar und jederzeit absetzbar sein müssen, nicht über den Durchschnittslohn eines guten Arbeiters hinaus.

6. Im Agrarprogramm Verlegung des Schwergewichts auf die Sowjets der Landarbeiterdeputierten. Konfiskation aller Gutsbesitzerländereien. Nationalisierung des gesamten Bodens im Lande; die Verfügungsgewalt über den Boden liegt in den Händen der örtlichen Sowjets der Landarbeiter- und Bauerndeputierten. Bildung besonderer Sowjets von Deputierten der armen Bauern. Schaffung von Musterwirtschaften aus allen großen Gütern. [...]

7. Sofortige Verschmelzung aller Banken des Landes zu einer Nationalbank und Errichtung der Kontrolle über die Nationalbank durch den Sowjet der Arbeiterdeputierten.

8. Nicht „Einführung“ des Sozialismus als unsere unmittelbare Aufgabe, sondern augenblicklich nur Übergang zur Kontrolle über die gesellschaftliche Produktion und die Verteilung der Erzeugnisse durch den Sowjet der Arbeiterdeputierten.

*W. I. Lenin, Werke, Bd. 24, Dietz, Berlin 1959, S. 3–6.**

9 Entwickeln Sie für die Abschnitte 1. bis 8. von M9 passende Überschriften.

10 Arbeiten Sie aus M9 Lenins Haltung gegenüber der Provisorischen Regierung heraus.

11 Charakterisieren Sie Lenins Revolutionsstrategie im April 1917 vor dem Hintergrund der politischen Lage seiner Partei (M9, Darstellungstext).

M10 Urteile über die Oktoberrevolution

a) Der Historiker Jörg Baberowski, 2007

Die Menschewiki und Sozialrevolutionäre traten im Sommer 1917 in die Provisorische Regierung ein und verloren damit ihren ohnehin geringen Einfluss auf das Geschehen. Ihre revolutionäre Rhetorik widersprach ihrem Handeln, das sich auf Verfassungen und Gesetze berief. Damit untergruben sie selbst ihre Autorität. Lenin nutzte diese Situation aus. Er und seine radikalen Gefolgsleute artikulierten den Unmut, die Unzufriedenheit und den Hass der Unterschichten auf die alte Ordnung und die alten Eliten [...]. In der Atmosphäre des Hasses traten die Bolschewiki als Advokaten hemmungsloser Gewalt auf: Der Machokult des Tötens und Mordens, die Primitivität und Bösartigkeit des Vokabulars und nicht zuletzt die Kleidung wiesen sie als Männer der Tat aus. Das ist der eigentliche Grund für ihren zeitweiligen Erfolg, der es ihnen im Oktober 1917 erlaubte, die Macht nicht nur an sich zu reißen, sondern auch die Zustimmung verbitterter und enttäuschter Menschen zu mobilisieren.

*Jörg Baberowski, Was war die Oktoberrevolution? in: Aus Politik und Zeitgeschichte 44–45/2017 (Bundeszentrale für politische Bildung), S. 11.**

b) Der Historiker Heiko Haumann, 2016

Die Erinnerung an die Russische Revolution schwankt zwischen den Schrecknissen, die auf sie folgten, und den Sehnsüchten, die in ihr zum Ausdruck kamen und die immer noch nachwirken. Die Beschäftigung mit den Schrecknissen zeigt Mechanismen auf, wie revolutionäre Ziele und Ideale, die sich mit den Bedürfnissen des überwiegenden Teils der Bevölkerung decken, in eine Politik von Gewalt und Unterdrückung umschlagen können. Die Auseinandersetzung mit den Sehnsüchten gibt Aufschluss über Vorstellungen einer besseren, einer gerechten Welt, die nichts von ihrer Aktualität verloren haben, und über Menschen, die sich dafür einsetzen. (...)

Die Vorgänge von Februar bis Oktober 1917 in Russland bildeten einen Prozess revolutionären Wollens, der sich aus den Lebenswelten der Menschen entfaltete, im Laufe des Jahres radikalisierte und zu zwiespältigen Folgen führte.

Heiko Haumann (Hg.), Die Russische Revolution 1917, Böhlau, Köln 2016, S. 186f.

c) Der Historiker Manfred Hildermeier, 2017

Was in diesen Tagen – laut gregorianischem Kalender am 7./8. November – geschah, war ein umsichtig, wenn auch verdeckt vorbereiteter Staatsstreich, ein Putsch, der sich auf die Übernahme der städtischen Garnisonen stützte. Wenn „Revolution" einen fundamentalen, von gewaltsamen Massenprotesten begleiteten Umsturz auch der wirtschaftlichen und sozialen Verhältnisse meint, dann fand eine solche nicht statt. Allerdings wurde mit der Machtübernahme der Grundstein dafür gelegt.

In der Geschichte der Neuzeit gehörten Revolution und Krieg fast immer zusammen. Wenn einer Revolution kein Krieg voranging, dann folgte er ihr nach. Der Russische Bürgerkrieg von 1918 bis 1921, dessen Grausamkeit und Blutzoll die des Weltkriegs übertrafen, war im Kern ein solcher nachgeholter Revolutionskrieg. Erst der Sieg der „Roten" gegen die „Weißen" besiegelte definitiv das Schicksal der alten Ordnung in Russland. Erst um diese Zeit war endgültig klar, dass die begonnene soziale, wirtschaftliche und kulturelle Umwälzung Bestand haben würde. Nur mit Blick auf den Gesamtzeitraum von Ende 1917 bis Sommer 1921 sollte man daher von einer Revolution in der üblichen Wortbedeutung sprechen.

*Manfred Hildermeier, Die Russische Revolution und ihre Folgen, in: Aus Politik und Zeitgeschichte 34–36/2017 (Bundeszentrale für politische Bildung), S. 9.**

12 Vergleichen Sie die Urteile über die Oktoberrevolution in M 10.
Tipp: Achten Sie auf deren unterschiedliche Schwerpunktsetzung.

13 **Gruppenarbeit:** Überprüfen Sie auf der Grundlage Ihrer Arbeitsergebnisse aus diesem Kapitel, ob der Umsturz vom 25. Oktober eine Revolution war.
Tipp: Berücksichtigen Sie die Kriterien, die für eine Revolution erfüllt sein müssen.

Die Sowjetunion unter Lenin und Stalin

M 11 Statistik zur agrarischen und industriellen Bruttoproduktion in Russland/der Sowjetunion 1913–1953 (1913 = 100)

Jahr	Landwirtschaft		Industrie	
	Ackerbau	Viehzucht	Produktionsmittel	Konsumgüter
1913	100	100	100	100
1917	81	100	81	67
1921	55	67	29	33
1925	107	121	80	69
1928	117	137	155	120
1930	126	100	276	151
1933	121	65	450	196
1935	138	86	713	258
1940	155	114	1554	497
1945	57	64	112	59
1950	97	104	205	123
1953	96	124	299	177

Nach: Helmut Altrichter/Heiko Haumann (Hg.), Die Sowjetunion, Bd. 2, dtv, München 1987, S. 524 und 526.

14 Analysieren Sie M 11.
Tipp: Achten Sie besonders auf Probleme, die sich hinter diesen Zahlen verbergen.

15 Stellen Sie dar, wie sich die Kollektivierung der Landwirtschaft (Darstellungstext S. 198) auf die wirtschaftliche Entwicklung ausgewirkt hat.

M 12 Der Historiker Carsten Goehrke über die sowjetischen Zukunftsvisionen der 1930er-Jahre, 2005

Technikgläubigkeit, grenzenloser Machbarkeitswahn, die Eroberung des Luftraums – dies alles schien die Grenzen zwischen Gegenwart und Zukunft durchlässig zu machen, ja aufzuheben. Dass die Zeit für die gesellschaftliche Willenskraft keine unüberwindliche Barriere zu bilden schien, zeigte die Komprimierung des ersten Fünfjahrplans von fünf auf vier Jahre. Die Propaganda förderte derartige diffuse Zeitvorstellungen, weil diese die politische Führung unter Stalin als Baumeister und Unterpfand einer glänzenden Zukunft erscheinen ließen.

Vorweggenommene Zukunftsvisionen finden sich seit der Mitte der Dreißigerjahre immer wieder. Juri Pimenows Gemälde von 1937 „Das Neue Moskau" [s. M 13] beispielsweise zeigt eine elegant gekleidete und frisierte junge Frau am Steuer ihres offenen Kabrioletts, das sie wie selbstverständlich durch das Verkehrsgewühl der Hauptstadt hindurchsteuert – einer Stadt, die bereits vollständig nach dem monumentalistischen, neoklassizistischen Geschmack Stalins umgestaltet erscheint. Diese Szenerie darf für das Moskau des Jahres 1937 schwerlich als repräsentativ gelten, und so hat der Maler mit der Akteurin und dem Hintergrund lediglich die Zukunft in die Gegenwart geholt, wie die Parteipropaganda sie versprach. [...]

So wurde der Bevölkerung auf dem Papier und mit Worten vorgegaukelt, dass die elenden Bedingungen, unter denen sie immer noch leben musste, in Wirklichkeit bereits die untersten Sprossen auf einer Leiter waren, die geradewegs in den sozialistischen Himmel reichte.

*Carsten Goehrke, Russischer Alltag, Band 3, Sowjetische Moderne und Umbruch, Chronos, Zürich 2005, S. 186 f.**

M 13 „Das neue Moskau", Gemälde von Juri Pimenow (1903–1977), 1937

M 14 „Der geliebte Stalin ist das Glück des Volkes", Plakat von Viktor Koretzki, 1949

16 Charakterisieren Sie mithilfe von M 12 und M 13 die Aufbruchstimmung der 1930er-Jahre in der Sowjetunion.
Tipp: Berücksichtigen Sie auch die Funktion dieser Aufbruchstimmung.

17 **Zusatzaufgabe:** Siehe S. 411.

Kultur in der jungen Sowjetunion
cornelsen.de/Webcodes
Code: sowite

18 **Wahlaufgabe:** Bearbeiten Sie entweder Aufgabe a), b) oder c):
a) Analysieren Sie M 14.
Tipp: Welches Bild wird von Stalin und der Bevölkerung gezeichnet?
b) Erörtern Sie – ausgehend vom Plakat und unter Einbeziehung des Darstellungstextes S. 199 – die Bedeutung des Personenkults unter der stalinistischen Herrschaft.
c) **Internetrecherche/Präsentation:** Stalinismus und Erinnerungskultur im heutigen Russland. Recherchieren Sie im Internet zu diesem Thema und präsentieren Sie Ihre Ergebnisse im Plenum.

Erinnerungskultur
cornelsen.de/Webcodes
Code: zezewo

M 15 Der Historiker Karl Schlögel über die Opfer von Terror und Krieg 1921–1953, 2017

Insgesamt sind in der Zeit der Existenz des Gulag-Systems zwischen 1929 und 1953 um die 18 Millionen Menschen inhaftiert gewesen, wobei der Höhepunkt nicht in den 1930er-, sondern in den späten 1940er-Jahren lag. Wie groß die Unterschiede in den Berechnungen von Historikern und Demografen und zwischen Schätzungen und den dokumentierten Zahlen auch sein mögen – an der „Existenz großer Zahlen“, also einer gesellschaftlich signifikanten und exzessiven Größenordnung, kann kein Zweifel bestehen. Vor dem Krieg lassen sich zwei Millionen Insassen aller Arbeits- und Erziehungslager nachweisen, die zusammen mit Gefängnisinsassen und deportierten Kulaken sich zu 3,5 Millionen Menschen addieren. Doch innerhalb der großen Zahl von Verhaftungen und Lagerhäftlingen im Zeitraum zwischen 1929 und 1953 sticht das Jahr 1937/38 als „Exzess im Exzess“ (Alec Nove) noch einmal hervor. Innerhalb eines Jahres sind 2,5 Millionen Verhaftungen dokumentiert und rund 680 000 Erschießungen. Schon anhand dieser Zahlen ist die Massenhaftigkeit der Repression, das Massensterben und der planmäßige Massenmord eine unbestreitbare Tatsache. Nicht wenige Forscher gehen aber von wesentlich höheren Zahlen von Verhaftungen, Lagerinsassen, Todesfällen und Exekutionen aus. „Exzesse im Exzess“ trafen auch einzelne soziale und ethnische Gruppen, die gezielt verfolgt, im großen Stil deportiert oder getötet wurden: „bourgeoise Nationalisten“ (d. h. nationale ukrainische, tatarische u. a. Eliten), „Agenten des Feindes“ (d. h. grenznah lebende Japaner, Koreaner, Polen, Deutsche, Litauer u. a.); auch für einzelne Berufsgruppen – Militärführung, Geologen, Historiker – ließen sich Tabellen und Diagramme von „Leben und Sterben“ erstellen. Diese Zahlen werden nur noch von den Zahlen der Toten des Zweiten Weltkriegs und des kriegsbedingten Rückgangs der Geburtenzahlen übertroffen (...): 26,6 Millionen Tote, davon 19 Millionen Männer und 7,2 Millionen Frauen. 15 Millionen Tote entfielen auf die Zivilbevölkerung, darunter wieder als die größte betroffene Einzelgruppe 2,5 Millionen Juden, die auf dem Territorium der UdSSR ermordet wurden, 800 000 Menschen starben bei der Blockade Leningrads, 622 000 unter den Haftbedingungen im Gulag während des Krieges. Über drei Millionen sowjetischer Soldaten, die in Kriegsgefangenschaft geraten waren, kamen in den Lagern der Deutschen um. Von den ca. drei Millionen Angehörigen der während des Krieges unter Kollaborationsverdacht deportierten Volksgruppen – Krimtataren, Tschetschenen, Wolgadeutsche, Ukrainer, Polen, Angehörige der baltischen Völker – starben besonders viele infolge der schrecklichen Verhältnisse in den Viehwaggons und an den Orten der Zwangsansiedlung. An die zehn Millionen Menschen starben durch Kriegseinwirkungen wie Krankheit, Erschöpfung, Kälte und Hunger. Ein solcher Blutzoll war ungeheuer und übertrifft wohl alle vergleichbaren traurigen Bilanzen der Weltgeschichte. Wahrscheinlich wird kein noch so intelligentes Diagramm die Heillosigkeit der über die Sowjetmenschen hereinbrechenden Ereignisse erfassen können.

*Karl Schlögel, Das sowjetische Jahrhundert, Beck, München 2017, S. 499–502.**

19 Erstellen Sie mithilfe von M 15 eine grafische Übersicht der Opfer von Terror und Krieg in der Sowjetunion 1921–1953.

20 Der Historiker Karl Schlögel spricht im Zusammenhang von innenpolitischem Terror und Zweitem Weltkrieg „vom Verschwinden einer Tragödie im Schatten einer noch größeren Tragödie“. Erläutern Sie diese These.

21 **Gruppenarbeit:** Diskutieren Sie die langfristigen Auswirkungen dieser Katastrophen auf die betroffenen Menschen und die Gesellschaft.

4.3 Vertiefung: Das Modell der faschistischen Diktatur in Italien

In diesem Kapitel geht es um
- *die Merkmale des faschistischen Modells in Italien sowie*
- *den italienischen Faschismus im Kontext anderer rechter Bewegungen.*

Faschismus
Das Wort Faschismus leitet sich vom lateinischen Begriff „*fasces*" ab. Das waren Rutenbündel mit einem Beil in der Mitte. Dieses Symbol für staatliche Gewalt aus dem Römischen Reich benutzte Mussolinis Partei.

Italien um 1920: Junger Nationalstaat und junger Parlamentarismus

Italien war erst spät im 19. Jahrhundert mit der Gründung des Königreichs Italien zum Nationalstaat geworden. Der Prozess der Nationalstaatsbildung galt jedoch nicht als abgeschlossen, da immer noch Gebiete, die man als „italienisch" beanspruchte, nicht zu Italien gehörten. Obwohl Italien den Krieg auf der Seite der Siegermächte beendet hatte, waren die Gebietsansprüche nur teilweise erfüllt worden. Die Legende vom „verstümmelten Sieg" machte die liberale Regierung dafür verantwortlich.
Die Einführung des allgemeinen Männerwahlrechts 1919 führte zu einer Zersplitterung der politischen Landschaft. Die daraus folgende Handlungsunfähigkeit der Regierung stürzte die parlamentarische Monarchie angesichts von Arbeitslosigkeit und Elend in eine Krise. Es kam zu Streiks und Besetzungen von Landgütern und Fabriken. In dieser Situation sammelte Benito Mussolini 1919 in Mailand Veteranenbünde um sich und gründete die **faschistischen* Kampfbünde** (*fasci di combattimento*).

M 1 Benito Mussolini (1883 bis 1945), Lichtdruck, um 1930.
Als „Duce" (= Führer) der faschistischen Bewegung wird er Ministerpräsident und Diktator Italiens.

▶ M 2: Faschistisches Kampflied
▶ M 3, M 4: Faschismus und Rassismus
▶ M 6: Erfassung der Jugend
▶ M 7: Mediale Propaganda
▶ M 8–M 10: Faschistische Architektur

Faschistische Bewegung: Ideologie und Umsetzung

Mussolinis Bewegung war **antiliberal, antiindividualistisch, antidemokratisch, antiparlamentarisch, antikommunistisch und radikalnationalistisch**. Die Faschisten strebten nach einer Erneuerung der italienischen Nation, die sich in einem neuen Großreich nach antikem Vorbild rund um die Adria (*mare nostrum*) und bis nach Afrika ausdrücken sollte. Dazu wollten sie eine **„moderne" Diktatur** errichten, in der das Prinzip Ordnung über dem Prinzip der Freiheit stehen sollte. Um das zu erreichen, verfolgte Mussolini eine Doppelstrategie: Zum einen ließ er die faschistischen Kampfbünde mit Terror und Gewalt gegen politische Gegner, vor allem Linke, vorgehen – mit den traditionellen, konservativen Eliten kooperierte er zunächst. Zum anderen versuchte er auf legalem, parlamentarischem Weg an die Macht zu gelangen. Um die Massen zu mobilisieren, setzte er auf Propaganda und Mythenbildung. Dies lässt sich beispielhaft am Staatsstreich Mussolinis zeigen. Am 28. Oktober 1922 setzten die Faschisten ihren „Marsch auf Rom" in Bewegung. Bereits einen Tag darauf erteilte der König unter dem Druck von konservativen Vertrauten Mussolini den Auftrag, als Ministerpräsident eine Regierung zu bilden, noch bevor die faschistischen Kampfbünde Rom erreichten. Der Einmarsch in Rom wurde dann erst nachträglich inszeniert, womit der Mythos des gewaltsam erzwungenen Umsturzes durch die Faschisten entstanden war.

Faschistisches Regime: Unterwanderung und Aushöhlung

Schrittweise gestaltete Mussolini den parlamentarischen Staat nach seinen Vorstellungen um. Zunächst veranlasste er ein noch zeitlich begrenztes Ermächtigungsgesetz, das ihm erlaubte, ohne das Parlament Gesetze zu erlassen. Später ließ er die Verantwortlichkeit des Ministerpräsidenten vor dem Parlament ganz aufheben. Dann veränderte Mussolini das Wahlrecht: Zukünftig sollte diejenige Partei, die die relative Mehrheit er-

reichen würde, zwei Drittel der Sitze im Parlament bekommen. Erwartungsgemäß bestand das neue Parlament mehrheitlich aus Faschisten. Die Wahl von 1924 sollte auch die letzte freie Wahl gewesen sein, denn oppositionelle Parteien wurden danach aufgelöst. Gleichzeitig ließ Mussolini die ***Partito Nazionale Fascista (PNF)***, in der die Bewegung seit 1921 organisiert war, zu einer hierarchischen Einheitspartei ausbauen, die nach dem Führerprinzip auf ihn als Duce ausgerichtet war. Dabei kam es auch zu politischen Säuberungen: Mussolini ließ innerparteiliche Gegner verfolgen und liquidieren.
Neben dem Wahlrecht wurden weitere grundlegende, liberale Grundrechte eingeschränkt: Freie Medien, Gewerkschaften und die meisten Verbände wurden ebenfalls in Parteiorganisationen eingegliedert. Die Parteijugendorganisation *Ballila* sorgte dafür, dass der Nachwuchs im faschistischen Geist aufwuchs. Verbliebene politische Gegner wurden verhaftet und ohne ordentliches Verfahren auf entlegene Mittelmeerinseln verbannt.
Die PNF unterwanderte den italienischen Staat: Nur noch PNF-Mitglieder konnten Staatsbeamte werden und gewählte Bürgermeister wurden durch PNF-Mitglieder ersetzt. Die faschistischen Schlägertrupps (Squadristen) wurden teilweise in eine Geheimpolizei integriert. Mussolini stand seit 1925 dem Faschistischen Großrat vor und entschied über dessen Zusammensetzung. Dieses Gremium wurde schließlich zum Staatsorgan: Zukünftig durfte der König nur noch einen Regierungschef ernennen, den der Rat vorschlug, und bei Parlamentswahlen konnte nur noch über eine vom Rat abgesegnete Einheitsliste abgestimmt werden. Offiziell blieb die Verfassung des Königreiches bestehen, aber das liberal-parlamentarische System war in der Praxis ausgeschaltet und durch eine Diktatur mit totalitären Zügen* ersetzt worden.

Totalitäre Diktatur
System, das durch Ideologie, Propaganda und Terror die „Zustimmung" der Massen zu einer Partei oder einem Führer erzeugt und dabei alle Andersdenkenden gewaltsam unterdrückt

▶ **M 11: Faschismusdefinitionen**

Francisco Franco (1892–1975)
spanischer General, der nach dem Spanischen Bürgerkrieg eine Diktatur errichtete, in die auch die faschistische Falange-Partei eingebunden wurde

▶ **M 12, M 13: Entwicklung in Spanien**

Jozef Piłsudski (1867–1935)
Polnischer General, der nach der Wiederherstellung des polnischen Staates 1918 erster Regierungschef wurde. Ab 1926 regierte er mit diktatorischer Vollmacht.

▶ **M 14: Entwicklung in Polen**

Der Faschismus im Kontext anderer antiliberaler Bewegungen

In der Zeit zwischen den Weltkriegen standen die liberalen Systeme in Europa vielerorts unter dem Druck antiliberaler Kräfte (siehe Karte S. 184). In vielen Staaten gelang es, Diktaturen zu errichten, beispielsweise in Spanien unter **Franco*** oder in Polen unter **Piłsudski***. In anderen Ländern wie in Frankreich existierten zwar rechte Bewegungen, das liberale System hielt deren Druck aber stand. Zeitgenossen und sozialistische Gegenspieler haben alle diese Bewegungen als „faschistisch" bezeichnet. In der Forschung wurde jedoch darüber diskutiert, inwiefern man diese Phänomene als „faschistisch" bezeichnen kann. Darf man nur die Diktatur Mussolinis so nennen, oder handelt es sich beim Faschismus um einen Gattungsbegriff? Kann man den Nationalsozialismus oder die Diktatur Francos in Spanien als faschistisch bezeichnen? Heute sprechen sich die meisten Historiker für den Faschismus als Gattungsbegriff aus. Eine einheitliche Definition gibt es jedoch nicht. Manche gehen dabei von einem Idealtyp aus, der sich u.a. im italienischen Faschismus ausdrückt. Andere plädieren dafür, immer den italienischen Faschismus als Ausgangslage für Vergleiche zu nehmen (Realtyp). Der Faschismus steht heute als schwammiger Gattungsbegriff neben anderen rechten Herrschaftsmodellen wie zum Beispiel der **rechtsautoritären Diktatur*** oder der rechten **Militärdiktatur***.

Zusatzinformationen zu Piłsudski und Franco
cornelsen.de/Webcodes
Code: ceyasa

Rechtsautoritäre Diktatur
Herrschaftsform, in der eine kleine Elite oder ein Führer die Macht behauptet. Meinungspluralismus kann dabei eingeschränkt möglich sein. Eine klare Ideologie fehlt jedoch, weshalb die Massen nicht mobilisiert werden.

Militärdiktatur
Form der Diktatur, die sich auf die Macht des Militärs und der Polizei stützt

▶ **M 15: Entwicklung in Frankreich**

1. Arbeiten Sie Merkmale des italienischen Faschismus heraus.
2. Beschreiben Sie Umstände, die die Entstehung und den Erfolg des Faschismus in Italien begünstigt haben.
3. Vergleichen Sie die Situation in Italien mit der Situation in den USA. Entwickeln Sie auf Grundlage des Vergleichs eine Hypothese, warum sich in den USA die liberale Herrschaftsform halten konnte.
   Tipp: Beachten Sie hierbei Kapitel 4.1, S. 186 ff.

Hinweise zur Arbeit mit den Materialien
M 1 bis M 7 ermöglichen Ihnen eine vertiefende Auseinandersetzung mit dem italienischen Faschismus. Die Materialien M 8 bis M 10 erlauben über die faschistische Architektur einen alternativen Zugriff auf die faschistische Ideologie. Anhand der Materialien M 11 bis M 15 wird dieses zunächst italienische Phänomen im Kontext anderer rechter Bewegungen der Zeit untersucht, die Diskussion der Wissenschaft um den Faschismusbegriff nachvollzogen und die Einordnung verschiedener anderer rechter Phänomene geübt.

Der italienische Faschismus

M 2 Strophe eines faschistischen Kampfliedes

Zu den Waffen! Wir sind Faschisten.
Schlag auf Schlag den Kommunisten
Und dann zu gleichen Paaren
Schläge den Popularen[1]
Und dann, als Kompliment
Schläge dem Parlament!

Zit. nach: Ernst Nolte, Faschismus. Von Hitler zu Mussolini. Texte. Bilder. Dokumente, 2. Aufl., Verlag Antaios, 2016, S. 115.

1 Die *Partitio Popolare Italiano* (PPI, Italienische Volkspartei) war eine katholische Volkspartei, die zwischen 1919 und 1926 bestand. Sie ist mit dem Zentrum vergleichbar.

M 3 Die Historiker Schlemmer und Woller über Rassismus und Antisemitismus im italienischen Faschismus, 2005

Historikerinnen und Historiker der jüngeren Generation [...] haben uns auch nachdrücklich in Erinnerung gerufen, dass das faschistische Italien [...] zunächst in Libyen und dann Abessinien Mittel einsetzte, die [...] in vielem schon die Kriegs- und Vernichtungspraktiken vorweggenommen haben, die dann im Zweiten Weltkrieg zur vollen Entfaltung gelangt sind: Massenumsiedlungen, Repressaltötungen[1], Konzentrationslager, der kalkulierte Einsatz von Hungersnöten als Instrument der Kriegführung und die gezielte Ausschaltung politisch-kultureller Eliten, vom Einsatz von Giftgas ganz zu schweigen. Der Faschismus zeigte in Afrika sein wahres Gesicht. [...] Wie viele Tote die Eroberung und Besetzung Abessiniens forderte, wird angesichts der schwierigen Quellenlage wohl niemals genau zu ermitteln sein. Man schätzt, dass von 1935 bis 1941 zwischen 350 000 und 760 000 der rund zehn Millionen Einwohner des ostafrikanischen Landes den Folgen von Krieg und Besatzungsherrschaft zum Opfer fielen, und es gibt durchaus Stimmen, die das italienische Vorgehen in Abessinien als „Genozid" oder „vergessenen Holocaust" gebrandmarkt haben. Dass der Faschismus sein gewalttätiges Potenzial gleichsam exportierte, zeigte sich nach der Entfesselung des Zweiten Weltkriegs auch auf dem Balkan [...]. Nach Brunello Mantelli [...] (sei) die italienische Besatzungspolitik [...] „derjenigen des Dritten Reiches in Polen, der Sowjetunion und auf dem Balkan nicht unähnlich" gewesen. Man muss solche Zuspitzungen nicht teilen und wird sie in ihrer Pauschalität vielleicht sogar zurückweisen müssen. [...] Schon jetzt wird man allerdings sagen können, dass es mehr Ähnlichkeiten zwischen den Kriegen Hitlers und denen Mussolinis gibt, als man dies lange Zeit wahrhaben wollte, zumal die neuere Forschung auch die rassistische Motivation der italienischen Kriegführung und Besatzungspolitik herausgearbeitet hat. Damit hat aber auch der Faktor Rassismus als Unterscheidungskriterium zwischen Faschismus und Nationalsozialismus an Bedeutung verloren. Denn dass der Faschismus rassistisch gewesen ist, lässt sich heute kaum mehr bestreiten. [...] Rassismus heißt freilich nicht automatisch Antisemitismus, doch wurden die rassistischen Überzeugungen, die sich zunächst vor allem gegen Slawen und farbige Afrikaner richteten, in den dreißiger Jahren zunehmend antisemitisch aufgeladen. Die judenfeindliche Gesetzgebung von 1938 war das Produkt dieser Radikalisierung, die Entrechtung und Vertreibung der Juden ihre bitterste Konsequenz. Das deutsche Vorbild war dabei vermutlich eine notwendige, aber keine hinreichende Bedingung für die antisemitische Wende des Faschismus, die ohne starke autochthone[2] Triebkräfte nicht denkbar ist. Auch hier gilt jedoch die Feststellung, dass Analogien und Konvergenzen[3] die Unterschiede zwischen Nationalsozialismus und Faschismus nicht aufheben. Schließlich war es der NS-Staat, der mit der Ermordung der europäischen Juden ein singuläres Verbrechen ins Werk setzte, während Mussolini und seine Gefolgsleute über ihre Entrechtung, Enteignung und Vertreibung nicht hinausgingen. Für den Historiker verbietet es sich indes, vom Ende her zu denken, und er sollte sich auch hüten, von der Einzigartigkeit eines Verbrechens auf die Einzigartigkeit eines Regimes zu schließen. [...] Diese Erkenntnis sollte uns allerdings nicht dazu verleiten, den italienischen Faschismus auf die leichte Schulter zu nehmen. Denn wenn Karl Dietrich Bracher recht hat mit seiner These, dass die „Geschichte des Nationalsozialismus [...] die Geschichte seiner Unterschätzung" gewesen sei, so trifft dies auf den Faschismus nicht weniger zu.

*Thomas Schlemmer und Hans Woller, Der italienische Faschismus und die Juden 1922 bis 1945, in: Vierteljahreshefte für Zeitgeschichte 2/2005, Oldenbourg, München 2005, S. 165–201, hier S. 199ff.**

1 *Repressaltötungen:* Tötungen von Zivilisten, um Unterdrückung aufrechtzuerhalten; völkerrechtlich verboten
2 *autochthon:* an Ort und Stelle entstanden
3 *Konvergenzen:* gleichzeitiges Auftreten ähnlicher Phänomene

M4 Titelblatt der italienischen Zeitung *„La Domenico del Corriere“* zur italienischen Expansion in Afrika, 1936.
Text: „Alle Territorien des Kaiserreiches sind besetzt. Die unterworfene Bevölkerung grüßt die Trikolore.“

M5 Die Journalistin Andrea Spalinger über die Erinnerungskultur in Italien, 2019

In Italien wird die Zeit unter dem faschistischen Regime heute schöngeredet wie nie zuvor. [...] Der Lega[1]-Chef und Vizeministerpräsident Matteo Salvini [lobt] den Duce dafür, dass er die Altersvorsorge in Italien eingeführt habe. Mit der Realität hat dies wenig zu tun. Eine freiwillige Invaliditäts- und Altersvorsorge für Arbeiter gab es nämlich bereits ab 1895. Mussolini hat diese nur leicht angepasst. Ein allgemeines staatliches Rentensystem wurde dann erst 1969 eingeführt. Bis Anfang der neunziger Jahre wurde in der Öffentlichkeit wenig über das Thema gesprochen. [Es] [...] wurde ein übertriebener Widerstands-Mythos gepflegt. Obwohl die Faschisten in der Bevölkerung zu Beginn breite Unterstützung genossen, [...] gaben sich nach dem Sieg fast alle als Antifaschisten. [...] Dann [...] kam Silvio Berlusconi[2] an die Macht [...] und machte die Postfaschisten mit einem Schlag salonfähig. Die Narrative[3] begannen sich zu ändern. Antifaschisten wurden als Kommunisten beschimpft, und Mussolini wurde zum *„buon uomo“*[4]. [...] Die Verharmlosung, die Verteidigung oder gar Verherrlichung des Duce wurden zur Gewohnheit. „So verbreitet wie heute war der Revisionismus[5] noch nie“, betont [der Historiker] Filippi. Er führt dies auf die schwierige wirtschaftliche Lage zurück. Eine Gesellschaft in der Krise suche nach Identifikationsfiguren. Eine heile Vergangenheit stelle einen willkommenen Zufluchtsort dar, auch wenn sie erfunden sei. Die Rehabilitierung der totalitären Vergangenheit könnte ein totalitäres Regime in Zukunft begünstigen, befürchtet der 38-jährige Historiker aus dem Trentino. [...] Liliana Segre, Holocaustüberlebende [...], beunruhigt die zunehmende Gewaltrhetorik. [...] [S]ie [hat] dieser Tage einen Appell an den Bildungsminister gerichtet, dem Geschichtsunterricht an den Schulen wieder mehr Gewicht zu geben. Derzeit ist Geschichte in Italien kein [...] [Abiturfach].

*Zit. nach: https://www.nzz.ch/international/italien-und-mussolini-die-maer-vom-guten-duce-ld.1478270 (abgerufen am 8. Juni 2019).**

1 *Lega Nord:* italienische Partei, die rechtspopulistisch auftritt und für Separatismus des Nordens steht
2 *Silvio Berlusconi:* italienischer Politiker, Gründer der rechtspopulistischen *„Forza Italia“*, Abgeordneter, mehrfach Ministerpräsident, seit 2019 Mitglied im Europaparlament
3 *Narrativ:* sinnstiftende Erzählung
4 *„guter Mensch“:* Mensch mit Vorbildcharakter
5 *Revisionismus:* Bestreben, eine allgemein anerkannte Position nochmals zu überprüfen

M6 Faschistische Jugendorganisation Ballila, Fotografie, 1939

M 7 Mussolini während einer Rede, Fotografie, 1932

4 M 2 liest sich wie eine Kurzcharakteristik der faschistischen Ideologie. Begründen Sie dies mithilfe des Darstellungstextes S. 206 f.

5 **Wahlaufgabe:** Bearbeiten Sie entweder a) oder b).

a) Erläutern Sie, welche Merkmale des Faschismus in den Bildern M 1, M 5, M 7 und M 8 deutlich werden.
Tipp: Beziehen Sie den Darstellungstext (S. 206) mit ein.

b) Analysieren Sie M 4 und vergleichen Sie die Darstellung mit ausgewählten Elementen der NS-Ideologie. (s. S. 294 ff. und S. 336 ff.)
Tipp: Suchen Sie nach Gemeinsamkeiten und Unterschieden.

6 **Geschichte kreativ:** Gestalten Sie den in M 5 erwähnten Appell an den Bildungsminister. Begründen Sie darin ausgehend von diesem Kapitel, warum Geschichte im Europa des 21. Jahrhunderts bis zum Abitur unterrichtet werden muss.

7 **Gruppenarbeit:** In M 5 geht es um falsche Narrative und Geschichtsbilder. Vergleichen Sie dies mit ähnlichen Versuchen aus der deutschen Geschichte.

8 **Präsentation:** Recherchieren Sie die Existenz „italienischer Verhältnisse" in einem weiteren Staat, dessen liberales System zerstört wurde. Entwickeln Sie Hypothesen zu Entstehungsbedingungen des Faschismus.
Tipp: Die Karte S. 184 hilft Ihnen bei der Auswahl.

M 8 Palazzo della Civiltà del Lavoro auf dem Gelände der von Mussolini für 1942 geplanten Weltausstellung, Fotografie, um 1990.

Inschrift: „Ein Volk der Dichter, der Künstler, der Helden, der Heiligen, der Denker, der Wissenschaftler, der Seeleute, der Wandernden".

M 9 Siegesdenkmal in Bozen, erbaut 1920 als Erinnerung an den Sieg im Ersten Weltkrieg und als Symbol des Faschismus, Fotografie, 2012.

Inschrift: „Hier an den Grenzen des Vaterlandes setze die (Feld-)Zeichen. Von hier aus bildeten wir die Übrigen durch Sprache, Gesetze und Künste.

M 10 Militärparade auf der Via dell'Impero, Rom, Fotografie, 1939.

Für seine Paradestraße ließ Mussolini einen Renaissancepalast abreißen und eine breite Straße über die antiken Kaiserforen bauen.

9 Vergleichen Sie ausgehend von M 8–M 10 die faschistische Architektur mit der faschistischen Ideologie.
Tipp: Beschreiben Sie zunächst genau die Merkmale faschistischer Architektur.

10 In den Sümpfen vor Rom ließ Mussolini die Stadt Sabaudia bauen. Erläutern Sie ausgehend von diesem Kapitel seine möglichen Motive.

Der Faschismus im Vergleich

M 11 Der Historiker Wolfgang Wippermann über die Definition von Faschismus, 2011

[E]in weiteres Argument gegen die Verwendung eines allgemeinen Faschismusbegriffs [...] ist der Hinweis auf die absolute Singularität des Holocaust. Dieses Megaverbrechen sei allein an den Juden und nur durch die Deutschen begangen worden. Daher verbiete sich die Anwendung eines generischen[1] Faschismusbegriffs. Das ist eine ziemlich krause und noch dazu falsche Argumentation. [...] Einmal ist darauf hinzuweisen, dass neben Juden auch Roma zu Opfern eines Völkermordes wurden. [...] Hinzu kommt zweitens, dass an beiden Genoziden neben den deutschen auch Faschisten aus anderen Ländern beteiligt waren. Das ist Tatsache und keine Relativierung oder gar Leugnung der deutschen Schuld. Schließlich ist drittens auf die Verbrechen der anderen faschistischen Staaten hinzuweisen. Man denke nur an den Rassenkrieg des faschistischen Italiens in Abessinien. [...] Nein, der Hinweis auf den Holocaust ist wirklich kein Argument gegen die Verwendung eines generischen Faschismusbegriffs. [...] Im Ausland [...] hat man die Diskussion über den Sinn und Nutzen eines generischen Faschismusbegriffs [...] fortgeführt. Gekennzeichnet ist sie [...] durch die Entwicklung eines faschistischen Idealtypus. Diese Versuche basieren [...] auf der Faschismusdefinition Ernst Noltes, der [...] so etwas wie ein „faschistisches Minimum“ entwickelt hat, wozu er neben dem Antimarxismus auch den Antiliberalismus, das Führerprinzip und den Totalitätsanspruch des auf eine Parteiarmee gestützten Faschismus gezählt hat. [...]

Ich [habe] dagegen vorgeschlagen, anstatt einen faschistischen Idealtypus zu konstruieren, von einem faschistischen Realtypus auszugehen, der vom italienischen Faschismus repräsentiert werde. Danach können nur solche Bewegungen und Regime als faschistisch bezeichnet werden, die wesentliche Gemeinsamkeiten mit dem [...] italienischen Faschismus aufweisen. Das Problem an dieser realtypischen Definition des Faschismus ist ihre zu enge Orientierung am italienischen Faschismus. Dadurch können andere Formen und Varianten des Faschismus nicht erfasst werden. [...] Wenn es sich beim Faschismus um ein generisches Phänomen gehandelt hat, [...] dann ist eine Eingrenzung auf eine Epoche und einen Kontinent weder möglich noch notwendig.

[...] Diese Bedenken aufgreifend [...], habe ich [...] die folgende sogenannte Dreiecksdefinition des Faschismus entwickelt [...].

[Erstens] Klassisch-faschistisch sind Parteien, die sich durch ihr Erscheinungsbild (uniformierte und bewaffnete und nach dem Führerprinzip aufgebaute Partei), ihren politischen Stil (Terror und Propaganda) und ihre Ideologie (Führerkult, Nationalismus, Rassismus sowie Antidemokratismus, Antikommunismus, Antisemitismus und neuerdings auch Antiislamismus) von anderen rechten und linken Parteien sowohl unterscheiden wie gleichen, das heißt „weder rechts noch links“ sind. Klassisch faschistische Parteien hat es in der Zwischenkriegszeit in nahezu allen europäischen Ländern [...] gegeben. Zur Macht sind sie jedoch nur in Italien und Deutschland gekommen. Dies [...] durch einen Putsch oder ein Bündnis mit konservativen Kräften, in dem sich die Faschisten aber gegenüber ihren konservativen Partnern durchsetzen und gestützt auf ihre Parteiarmee und im alleinigen Besitz der Exekutive eine weitgehend unumschränkte [...] Diktatur errichten konnten. [...]

[Zweitens] Regime, die [...] sich nicht nur [...] auf Polizei und Armee stützen, sondern sich darüber hinaus mit (klassisch-)faschistischen Parteien verbünden oder selber Einheits- bzw. Staatsparteien aufbauen, welche die Funktionen der „klassischen“ faschistischen Parteien übernehmen, d. h. die Bevölkerung sowohl kontrollieren wie mobilisieren. Diese Variante des Faschismus ist auch als „Faschismus von oben“ bezeichnet worden. [Diese] Regime hat es vor und auch noch nach dem Zweiten Weltkrieg in verschiedenen europäischen und außereuropäischen Ländern gegeben, [beispielsweise] [...] in Argentinien. [...]

[Drittens] [...] Parteien und Regime, die keinen religionsfeindlichen Charakter haben, sondern sich ganz im Gegenteil auf religiöse Prinzipien berufen und im Bündnis mit religiösen Organisationen eine Politik betreiben, die sowohl mit religiösen wie mit eindeutig faschistischen [...] Ideologemen[2] begründet wird, [...] [um] einen, „Kreuzzug“ oder „Jihad“ genannten, „Heiligen Krieg“ führen zu können. [...]

Diese [...] neue Faschismus-Definition [kann] kritisiert und zurückgewiesen werden. Doch dies sollte nicht für die generelle These gelten: Faschismus [...]

hat es nicht nur gegeben, es gibt ihn immer noch. [...] Faschismus ist nicht oder nicht nur Geschichte; Faschismus ist auch Gegenwart. [...]

*Wolfgang Wippermann, Faschismus. Alte Theorie und neue Definition, zit. nach: http://faschismustheorie.de/wp-content/uploads/2011/08/Wippermann_Faschismus-Alte-Theorie-und-neue-Definition_2011.pdf (abgerufen am 5. Juni 2019).**

1 *generisch:* allgemein
2 *Ideologem:* Gedankengebilde, auf dem eine Ideologie aufgebaut ist

11 Arbeiten Sie verschiedene Faschismusdefinitionen aus M 11 heraus.
Tipp: Unterscheiden Sie mithilfe des Darstellungstextes zwischen Faschismus als „rein historischem Begriff", „Idealtyp" und „Realtyp".

12 **Gruppenarbeit:** Erörtern Sie Vor- und Nachteile der verschiedenen Faschismusbegriffe.

13 Erläutern Sie das Argument, der Holocaust spreche gegen die Verwendung eines generischen (allgemeinen) Faschismusbegriffs (M 11).
Tipp: Verwenden Sie dabei auch M 3.

14 **Projektarbeit:** „Faschismus ist nicht oder nicht nur Geschichte, Faschismus ist auch Gegenwart." (M 11) Überprüfen Sie diese These. Recherchieren Sie dazu aktuelle Bewegungen, denen eine Nähe zum Neo-Faschismus vorgeworfen wird.

M 12 Der Historiker Ian Kershaw über die Entwicklung in Spanien, 2015

Die 1933 [...] gegründete [...] faschistische Bewegung Falange Española griff die bürgerlich Rechte ebenso an wie die marxistisch Linke. [...] In einem Land mit 25 Millionen Einwohner brachte (sie) es [...] auf nicht mehr als 11 000 Mitglieder und errang bei den Wahlen von 1936 nur 44 000 Stimmen. Im gleichen Jahr wurde sie verboten. [...] Zu diesem Zeitpunkt [...] (hatte) unter Führung des General Francisco Franco [...] der Aufstand gegen die Republik begonnen. Erst im April, als Franco die Führung der Falange übernahm und sie [...] zum Eckpfeiler des Konglomerats[1] aus rechten nationalistischen Kräften machte, die seinen Aufstand unterstützten, wurde der Faschismus in Spanien zur Massenbewegung – nach dem Bürgerkrieg wurde die Falange schließlich zur Staatspartei einer Militärdiktatur, der sie diente, die sie aber nicht kontrollierte.

*Ian Kershaw, Höllensturz. Europa 1914–1949, übers. v. Klaus Binder, Bernd Leineweber, Britta Schröder, Deutsche Verlagsanstalt, München 2016, S. 336.**

1 *Konglomerat:* Gemisch

M 13 Squadristen paradieren 1939 in Madrid zu Ehren Francos, Fotografie, 1939

M 14 Der Historiker Heinrich August Winkler über die Entwicklung in Polen, 2011

Es gab zwar immer noch eine relative freie Presse, eine Vielzahl von Parteien und einen gewissen Schutz der individuellen Freiheiten, aber von einer durch freie Wahlen legitimierten Staatsführung konnte keine Rede mehr sein. Der entscheidende Machtfaktor war das Militär, das Parlament führte [...] ein Schattendasein. An diesem Zustand änderte auch die Verfassung vom 23. April 1935 nichts, die dem autoritären Präsidialstaat eine neue Rechtsgrundlage verschaffte.

*Heinrich August Winkler, Geschichte des Westens. Die Zeit der Weltkriege 1914–1945, C. H. Beck, München 2011, S. 355.**

M 15 Der Journalist Uwe Klußmann über die Entwicklung in Frankreich, 2017

[Doriot] gründete 1936 die „Französische Volkspartei" (PPF). Die Partei war zugleich antikommunistisch und antikapitalistisch. Sie propagierte einen „französischen Volksstaat" und das „Ideal eines militanten Nationalismus". Die PPF hatte 1937 bereits 100 000 Mitglieder [...]. Massenveranstaltungen mit Doriot [...] waren überfüllt. Die PPF, die eine „Volksrevolution" [...] [erreichen wollte], geriet rasch in den Sog der Nazis. [...] [Doriot forderte auch] einen „totalitären Staat".

*Uwe Klußmann, Verachtung des Bürgertums, in: Faschismus. Das europäische Inferno (Spiegel Geschichte 3/2017), S. 98 f.**

15 Überprüfen Sie, ob es sich bei den in M 12–M 15 beschriebenen Diktaturen bzw. Bewegungen um faschistische Phänomene handelt.
Tipp: Arbeiten Sie mit den Kriterien der Definitionen aus M 11 und dem Darstellungstext.

Herrschaftsmodelle visualisieren

Aus dem bisherigen Unterricht ist Ihnen vor allem die Visualisierung von **Regierungssystemen durch Verfassungsschaubilder** bekannt. Dabei wird die Legitimation und Funktionsweise der Exekutive sowie das Zusammenspiel von Exekutive und Legislative dargestellt. Gezeigt werden also die verfassungsmäßig geplanten Abläufe in einem System (Verfassungstheorie). Nicht nur das Beispiel des italienischen Faschismus zeigt, dass die Verfassungsrealität, also die tatsächlichen Machtverhältnisse, oft anders gestaltet sind. Genau dies soll die **Visualisierung von Herrschaftsmodellen** sichtbar machen. Die Frage, wer wodurch und wie herrscht und seine Interessen durchsetzen kann („Macht besitzt"), hängt von verschiedenen Punkten ab:

1. Wer ist an der Macht beteiligt? Gibt es Gegenspieler? (Machtverteilung)
2. Wodurch ist eine Machtposition legitimiert? (Quellen der Macht)
3. Wie wird die Macht durchgesetzt? (Legitimation der Entscheidung)

Um dies zu visualisieren, soll folgendes grundlegendes Schaubild verwendet werden:

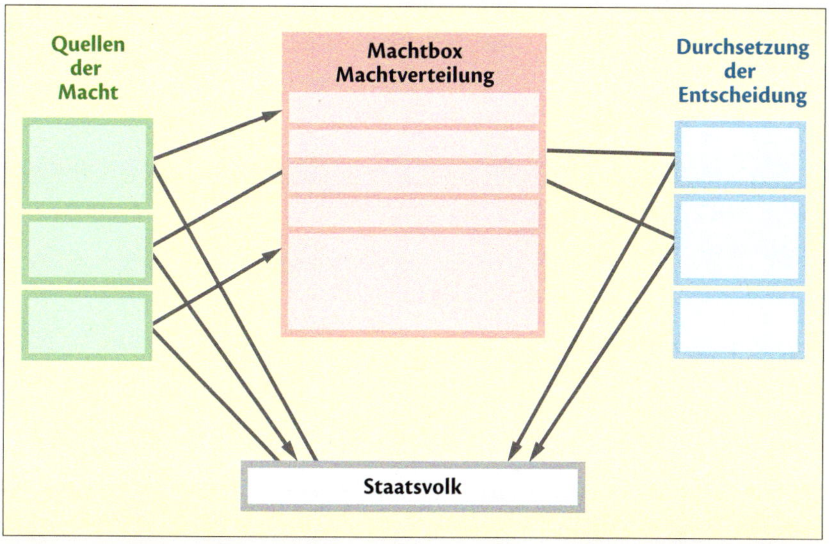

Regierungssysteme
Präsidentielle Demokratie: Der Regierungschef wird direkt vom Volk gewählt und die Exekutive ist von der Legislative getrennt.
Parlamentarische Demokratie: Der Regierungschef wird aus dem Parlament gewählt (Gewaltenverschränkung).
Absolute Monarchie: Der König hat alle Macht.
Konstitutionelle Monarchie: Regierungsform mit geteilter Exekutive; Staatsoberhaupt ist der König, Regierungschef ein vom König ernannter Ministerpräsident. Der König ist an eine Verfassung gebunden.
Parlamentarische Monarchie: Regierungsform mit geteilter Exekutive: Staatsoberhaupt ist der König, Regierungschef ein vom Parlament gewählter Ministerpräsident. Das Parlament kontrolliert sowohl den Ministerpräsidenten als auch den König.

Herrschaftsmodelle
In diesem Kapitel werden folgende Herrschaftsformen näher vorgestellt: liberale Demokratie, Rätedemokratie, sozialistische Diktatur, faschistische Diktatur.

Außerdem werden weitere Modelle thematisiert: rechtsautoritäre Diktatur, totalitäre Diktatur, Militärdiktatur.

Arbeitsschritte zur Visualisierung

Das obige Basisschaubild kann nach folgendem (offenen) Baukastenprinzip ausgestaltet werden.

Frage 1: Wer ist an der Macht beteiligt? Gibt es Gegenspieler? (Machtverteilung)

Im ersten Schritt wird die „Machtbox" mit allen Akteuren gefüllt, die auf irgendeine Weise Macht im System besitzen. Dabei werden die einzelnen Akteure voneinander durch horizontale Linien abgetrennt. Wichtig dabei ist, dass nur freie und selbstständige Akteure ein abgetrenntes Feld erhalten. Akteure, die durch andere beeinflusst werden (z. B. staatliche Medien) oder keine reale Macht besitzen (z. B. ein Scheinparlament), können geklammert dargestellt werden, erhalten aber kein eigenes Feld.

Beispiele für Akteure bzw. Machtinhaber in der „Machtbox":

- Staatschef (Exekutive)
- Regierungschef (Exekutive)
- Diktator, Führer
- Parlament (Legislative)
- unabhängige Gerichte (Judikative)
- Parteien
- Opposition
- freie Medien
- freie, unabhängige Verbände (Pluralismus)
- Räte
- Bundesstaaten/ Regionale Regierungen (vertikale Gewaltenteilung)
- ...

Frage 2: Wodurch ist eine Machtposition legitimiert? (Quellen der Macht)

Die zweite Frage klärt die Legitimation der einzelnen Machtposition. Hier geht es darum, wer wodurch an Macht gekommen ist. Wahlen, Charisma und Gewalt, aber auch Teilhabemöglichkeiten des Volkes zählen zu diesen Quellen der Macht. Es sollte möglichst für jeden Akteur der Machtbox ein eigener Pfeil gezeichnet werden. Die Unterscheidung zwischen Legitimation aus dem Volk heraus und Legitimation durch den Akteur selbst wird durch die Richtung der Pfeile angezeigt.

Legitimation (Quellen der Macht)	
aus dem Volk:	**durch den Akteur:**
(Pfeile vom Volk zur Machtbox hin)	(Pfeile von der Machtbox zum Volk hin)
– freie, direkte Wahlen – indirekte Wahlen – Meinungs- und Pressefreiheit – Organisationsfreiheit – Versammlungsfreiheit – Abstimmung – imperatives Mandat – …	– Ideologie (Faschismus, Sozialismus, Nationalsozialismus …) – Charisma – Gewalt, Einschüchterung – Tradition – Scheinwahlen – Parteizugehörigkeit – Kompetenz/Ausbildung – …

Frage 3: Wie wird die Macht durchgesetzt? (Durchsetzung der Entscheidung)

Zuletzt wird geklärt, wie die Akteure ihre Entscheidungen durchsetzen bzw. Akzeptanz für diese erhalten. Dabei sollte möglichst für jeden Punkt ein eigener Pfeil gezeichnet werden.

Durchsetzung der Entscheidung
– Abstimmungen/Mehrheitsentscheide – Transparenz durch Gesetze/Normen/Bindung an Verfassung – Propaganda – Mythenbildung – Gewalt und Staatsterror – …

Auswertungshinweise:
- Je mehr Pfeile vom Staatsvolk als Quellen der Macht ausgehen, desto mehr werden aus diesem souveräne Bürger (Volkssouveränität).
- Je mehr Pfeile als Machtquellen von der Machtbox ausgehen, desto mehr werden aus dem Staatsvolk (unmündige) Untertanen.
- Je unterteilter die „Machtbox" ist, desto mehr Herrschaftskontrolle findet statt und desto wahrscheinlicher ist die Garantie liberaler Grundrechte.
- Je weniger unterteilt die „Machtbox" ist und je mehr „Gewalt" im Schaubild auftaucht, desto totalitärer ist ein Staat.
- Lässt sich in der Visualisierung ein „Kreis" erkennen, deutet das auf ein demokratisches Herrschaftsmodell hin. Entsteht eine „Zange" handelt es sich um ein diktatorisches Herrschaftsmodell.
- Diktaturen unterscheiden sich eher durch die Quellen der Macht, während die Legitimationsmittel der Entscheidung häufig dieselben sind.

Beispiel: Liberale Demokratie (USA)

Frage 1: Wer ist an der Macht beteiligt? Gibt es Gegenspieler? (Machtverteilung)
Die ______________ und die ______________ sind in den USA streng voneinander getrennt (*checks and balances*). Es existieren verschiedene staatliche Ebenen (Bund- und Einzelstaaten). Im Zweiparteiensystem ist immer eine Partei in der ______________ .
Unabhängige ______________ garantieren den Rechtsstaat. Die bürgerlich-demokratische Zivilgesellschaft drückt sich auch durch freie ______________ und Verbände aus.

Frage 2: Wodurch ist die Machtposition gerechtfertigt? (Quellen der Macht)
Sowohl Exekutive als auch Legislative werden in den USA frei ______________ . Zusätzlich werden in den Einzelstaaten Parlamente und Gouverneure gewählt. Die Teilhaberechte (Meinungsfreiheit, Versammlungsfreiheit …) sind als Grundrechte garantiert (*Bill of Rights*), was sich in einer breiten Verbands- und Medienlandschaft widerspiegelt.

Frage 3: Wie wird die Macht durchgesetzt? (Durchsetzung der Entscheidung)

Beschlüsse werden in den demokratischen Gremien durch Mehrheitsentscheide getroffen und sind an die Verfassung und die Gesetze gebunden.

Folgende Visualisierung entsteht:

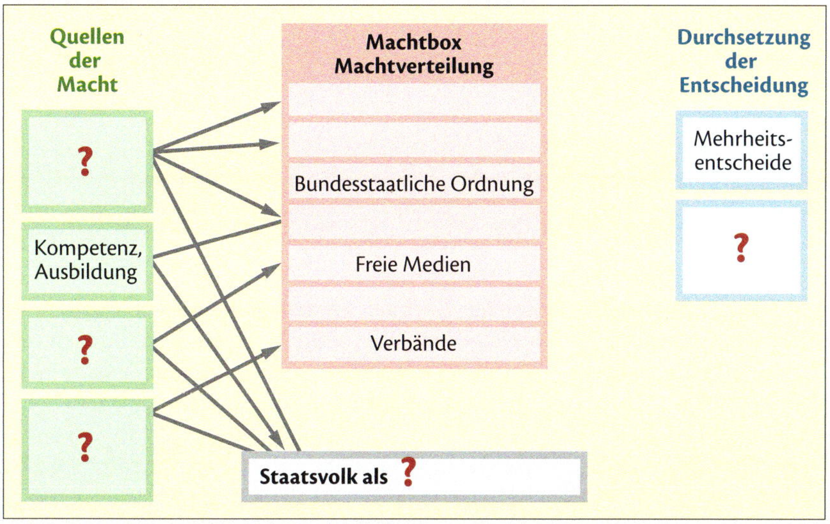

1 Aufgabe: Erstellen Sie anhand der vorgegebenen Methode eine Visualisierung des liberal-demokratischen Herrschaftsmodells.
Tipp: Nutzen Sie als Hilfe das Schema dieser Seite. Es müssen sowohl Lücken als auch Pfeile ergänzt werden.

Lösung:

Frage 1: Wer ist an der Macht beteiligt? Gibt es Gegenspieler? (Machtverteilung)

Die Exekutive und die Legislative sind in den USA streng voneinander getrennt (*checks and balances*). Es existieren verschiedene staatliche Ebenen (Bund- und Einzelstaaten). Im Zweiparteiensystem ist immer eine Partei in der Opposition. Unabhängige Gerichte garantieren den Rechtsstaat. Die bürgerlich-demokratische Zivilgesellschaft drückt sich auch durch freie Medien und Verbände aus.

Frage 2: Wodurch ist die Machtposition gerechtfertigt? (Quellen der Macht)

Sowohl Exekutive als auch Legislative werden in den USA gewählt. Zusätzlich werden in den Einzelstaaten Parlamente und Gouverneure gewählt. Die Teilhaberechte (Meinungsfreiheit, Versammlungsfreiheit ...) sind als Grundrechte garantiert (*Bill of Rights*), was sich in einer breiten Verbands- und Medienlandschaft widerspiegelt.

Frage 3: Wie wird die Macht durchgesetzt? (Durchsetzung der Entscheidung)

Beschlüsse werden in den demokratischen Gremien durch Mehrheitsentscheide getroffen und sind an die Verfassung und die Gesetze gebunden.
Eine mögliche Visualisierung finden Sie auf S. 412.

2 Entwickeln Sie eine entsprechende Visualisierung für den italienischen Faschismus. Eine Visualisierung als Lösungshilfe finden Sie auf S. 412.

Anwenden

M 1 Die US-amerikanischen Politikwissenschaftler Steven Levitsky und Daniel Ziblatt über Schwächen und Stärken von Demokratien, 2018

Aufgrund der in allen Rechtssystemen enthaltenen Lücken und Zweideutigkeiten darf man sich beim Schutz der Demokratie [...] nicht allein auf die Verfassung verlassen. „Gott", schrieb der frühere US-Präsident Benjamin Harrison, „hat niemals einem Staatsmann oder Philosophen [...] genügend Klugheit gegeben, um ein Regierungssystem zu gestalten, das man sich selbst überlassen könnte." Dies gilt auch für unser eigenes politisches System [der USA]. [...] Wenn es also nicht die 1787 in Philadelphia ausgearbeitete Verfassung war, welche die amerikanische Demokratie so lange geschützt hat, was war es dann? Bei einer Antwort auf diese Frage kommen viele Faktoren zusammen, unter anderem der immense Reichtum unseres Landes, das Vorhandensein einer großen Mittelschicht und eine lebendige Zivilgesellschaft. Nach unserer Ansicht gehört ganz wesentlich auch die Entwicklung starker demokratischer Normen dazu. [...] zwei dieser Normen sind für das Funktionieren einer Demokratie besonders wichtig: gegenseitige Achtung und institutionelle Zurückhaltung.

Gegenseitige Achtung bedeutet, dass man Rivalen, so lange sie nach den Verfassungsregeln spielen, das gleiche Recht zubilligt [...], zu regieren, wie einem selbst. Auch wenn man mit politischen Gegnern nicht übereinstimmt [...], akzeptiert man doch ihr Daseinsrecht. [...]. Ist die Norm der gegenseitigen Achtung schwach ausgeprägt, lässt sich Demokratie nur schwer bewahren. Wer Rivalen als gefährliche Bedrohung betrachtet, erwartet, dass er im Fall ihres Wahlsieges einiges zu befürchten hat. Wenn man so denkt, liegt der Schluss nah, jedes Mittel sei recht, um den politischen Gegner auszuschalten. [...] Politiker, die als Kriminelle oder Staatsfeinde gebrandmarkt werden, können ins Gefängnis geworfen, und Regierungen, die angeblich eine Gefahr für die Nation darstellen, können gestürzt werden. [...] In nahezu jedem Fall[...] rechtfertigen angehende Autokraten – von Franco, Hitler, Mussolini in der Zwischenkriegszeit [...] bis zu Putin, Chávez und Erdoğan[1] in jüngster Zeit – ihre Machtanhäufung damit, dass sie ihre Gegner als existentielle Bedrohung darstellten.

Eine zweite, für den Bestand von Demokratien entscheidende Norm ist das, was wir als institutionelle Zurückhaltung bezeichnen. [...] Wo die Norm der Zurückhaltung stark ist, nutzen Politiker, auch wenn es ihnen von Rechts wegen erlaubt wäre, ihre institutionellen Vorrechte nicht in vollem Umfang, weil dies das vorhandene System gefährden würde. [...]

Das Gegenteil von Zurückhaltung ist die schrankenlose Ausnutzung institutioneller Vorrechte. Der Rechtswissenschaftler Mark Tushner spricht von „harten Verfassungsbandagen": Man hält sich zwar an die Regeln und „kämpft verbissen" darum, einmal Gewonnenes nicht wieder preisgeben zu müssen. Es ist eine Art Schlacht mit institutionellen Mitteln, die zum Ziel hat, den Gegner auszuschalten – ohne sich darum zu kümmern, ob man das demokratische Spiel dadurch beendet. Auch in den Vereinigten Staaten ging man gelegentlich mit harten Bandagen vor. [...] [Die Südstaaten] fanden [...] nachdem die Afroamerikaner [...] das allgemeine Männerwahlrecht erhalten hatten, Mittel und Wege, um es ihnen wieder zu entwinden. Die neuen Kopfsteuern und Lesetests hielten zwar zumeist der verfassungsrechtlichen Prüfung stand, verstießen aber eindeutig gegen den Geist der Verfassung. [...] der Abgeordnete Anthony D. Sayre [...] [erklärte, man] werde „den Neger aus der Politik ausschalten, und dies auf völlig legale Weise".

Levitsky Steven/Ziblatt Daniel: Wie Demokratien sterben. Und was wir dagegen tun können, BPB, Bonn 2018, S. 117–131.

1 Staatspräsidenten Russlands, Venezuelas und der Türkei

1 Arbeiten Sie aus M 1 heraus, was die liberale Demokratie in den USA nach Meinung der Autoren widerstandsfähig macht.
2 Erläutern Sie, wie sich „das Vorhandensein einer Mittelschicht und eine lebendige Zivilgesellschaft" (Z. 15) in den USA der Zwischenkriegszeit darstellten.
3 „In nahezu jedem Fall [...] rechtfertigen angehende Autokraten [...] ihre Machtanhäufung damit, dass sie ihre Gegner als existentielle Bedrohung darstellten. (Z. 40 ff.). Überprüfen Sie, ob diese Aussage auch auf Lenin oder Stalin zutrifft.
4 **Vertiefung:** Beurteilen Sie, ob man die in Z. 40–41 genannten Politiker in einer vergleichenden Aufzählung nennen kann.

Wiederholen

M2 Hochhäuser in New York (links, erbaut 1928–30) und Moskau (rechts, erbaut 1938–1952), Fotografien, 1991 (links), 2012 (rechts)

1 Beschreiben Sie die beiden Gebäude. Erstellen Sie anhand des Kapitels Hypothesen zum Bauherrn und seinen Motiven sowie zum Zweck und der Symbolik des jeweiligen Gebäudes.
Tipp: Bedenken Sie die handelnden Akteure in der freien Marktwirtschaft und der Planwirtschaft.

2 Vergleichen Sie die Herrschaftsmodelle der USA und der Sowjetunion anhand der Kriterien Teilhabe, Repräsentation, Stabilität, Freiheit und Gerechtigkeit. Beachten Sie dabei auch das Gesellschaftssystem und die Wirtschaftsordnung.

3 **Wahlaufgabe:** Bearbeiten Sie entweder Aufgabe a) oder b).
a) Erläutern Sie zwei der Begriffe: Liberalismus, Kommunismus, Faschismus.
b) Gestalten Sie ein Erklärvideo (oder ein Konzept dafür) zu einem der folgenden Begriffe: Liberalismus, Kommunismus, Faschismus.

4 „Die Demokratie ist kein **Heilsversprechen** und gibt keine endgültigen Antworten. Sie ist **Herrschaft auf Zeit**, und sie liefert Lösungen auf Zeit. Sie steht für fortwährendes Fragen, für **Selbstkritik** und – ich glaube, letztlich als einziges politisches System der Welt – auch für **Selbstkorrektur**."
Erläutern Sie dieses Zitat Frank-Walter Steinmeiers anhand dieses Kapitels.
Tipp: Gehen Sie dabei vor allem auf die fettgedruckten Begriffe ein.

5 Beurteilen Sie das sowjetische Herrschaftsmodell anhand demokratischer Maßstäbe.

6 **Präsentationsaufgabe:** Ist der italienische Faschismus mit dem Nationalsozialismus vergleichbar? Recherchieren Sie geeignete Materialien und präsentieren Sie Ihre Ergebnisse.

Zentrale Begriffe

Antiindividualismus
Antiparlamentarismus
Diktatur des Proletariats
Gewaltenteilung
Individualismus
Kaderpartei
KGB
Klassenkampf
klassenlose Gesellschaft
mare nostrum
Marktwirtschaft
Menschen- und Bürgerrechte
Partizipation
Planwirtschaft
Pluralismus
Radikalnationalismus
sozialistische Revolution
Verfassung

Formulierungshilfen zu M 2
- Es sind ... dargestellt.
- Die Darstellungen sind ... entstanden.
- Auffällige Merkmale des Gebäudes sind ...
- Es lässt sich folgende Symbolik erkennen: ...
- Gemeinsam ist den Darstellungen ...
- Es sind folgende Unterschiede zu erkennen: ...
- Auftraggeber bzw. Bauherr des Gebäudes könnte ... gewesen sein, weil ...
- Der Zweck des Gebäudes könnte ... sein. Diese Vermutung wird gestützt durch ...

Testen Sie Ihr Vorwissen zur Weimarer Republik

1 Erinnern Sie sich? Vier Bilder, vier Begriffe: Benennen Sie jeweils, was nicht passt. Erläutern Sie Ihre Wahl.

Inflation	Kolonialismus
Dolchstoßlegende	Notverordnung

a)

b)

c)

d)

2 Ereignis-Toto: Was war früher, was war später? Oder war das im gleichen Jahr?
Tippen Sie 1, 2 oder 0.
1 = a) war früher, 2 = b) war früher, 0 = gleiches Jahr.

- **a)** Friedensvertrag von Versailles zwischen Deutschland und den Alliierten
- **b)** Novemberrevolution und Ausrufung der Republik in Deutschland

- **a)** Inflationskrise in Deutschland, Zusammenbruch der Währung
- **b)** Besetzung des Rheinlandes durch französische Truppen

- **a)** NSDAP wird stärkste Kraft bei der Reichstagswahl.
- **b)** Zusammenbruch der amerikanischen Börse löst die Weltwirtschaftskrise aus.

- **a)** Beschluss der ersten demokratischen Verfassung für die Deutsche Republik
- **b)** General Paul von Hindenburg wird zum Reichspräsidenten gewählt.

3 Richtig oder falsch? Korrigieren Sie die Aussagen, wenn es nötig ist.

- **a)** Die Republik wurde am 9. November 1918 gleich zweimal ausgerufen.
- **b)** Der Kaiser wurde von Revolutionären in seinem Schloss erschossen.
- **c)** Im Versailler Vertrag wurde Deutschland in Besatzungszonen aufgeteilt.
- **d)** Der Diktator Benito Mussolini, der in Italien den Faschismus begründete, fand seine Vorbilder in Deutschland.
- **e)** Ein Kanzler der Weimarer Republik erhielt den Friedensnobelpreis.
- **f)** Von der Weltwirtschaftskrise waren vor allem die USA und Deutschland betroffen.

4 Finden Sie die Namen von sieben Persönlichkeiten der Weimarer Republik (waagerecht oder senkrecht, nur Nachnamen). Notieren Sie die Namen auf einem eigenen Zettel.

S	G	B	R	U	E	N	I	N	G
C	D	J	D	A	N	L	I	F	A
H	I	N	D	E	N	B	U	R	G
E	C	O	N	D	S	A	E	N	G
I	V	L	M	B	M	Z	E	W	G
D	Q	U	E	E	B	E	R	T	Q
E	U	X	K	Z	Q	E	Z	A	H
M	V	E	D	H	K	T	B	E	S
A	Y	M	K	I	D	Y	E	J	G
N	R	B	M	T	N	V	R	L	E
N	O	U	A	L	E	K	G	C	A
K	E	R	R	E	O	U	E	S	I
B	S	G	J	R	S	D	R	T	O

5 Welche Aussage passt zur Grafik?

a) Die Gehälter der Bäcker stiegen stark an.

b) Der Brotpreis stieg im Jahr 1923 explosionsartig an, weil die deutsche Währung zusammenbrach.

c) Im Jahr 1923 wurde sehr viel mehr Brot gekauft als in den Vorjahren.

d) Im Jahr 1923 blühte die deutsche Wirtschaft auf und es gab viele Millionäre, die bereit waren, für gutes Brot viel Geld zu bezahlen.

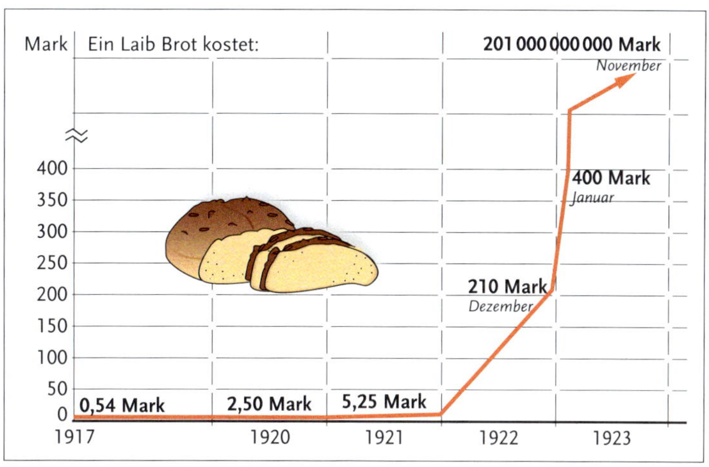

6 Wer hat's gesagt? Versuchen Sie die Zitate den genannten Personen zuzuordnen. Tauschen Sie sich dazu in Partnerarbeit aus.

a) Friedrich Ebert

b) Paul von Hindenburg

c) Rosa Luxemburg

„Die deutsche Armee ist von hinten erdolcht worden."

„Freiheit ist immer Freiheit der Andersdenkenden."

„Mit den alten Königen und Fürsten von Gottes Gnaden ist es für immer vorbei."

5 Die Weimarer Republik als erste deutsche Demokratie 1918–1933

M1 Die Weimarer Nationalversammlung (am Rednerpult Friedrich Ebert), Schulwandbild, um 1950/60

1918 Waffenstillstand, Novemberrevolution

1919 „Spartakus"-Aufstand, Versailler Vertrag, Gründung des „Völkerbundes", Weimarer Verfassung, Ebert Reichspräsident

1920 „Kapp-Putsch"

1923 Ruhrkampf zwischen Deutschland und Frankreich, Hyperinflation, Stresemann Reichskanzler, „Hitler-Putsch"

1925 Hindenb
Reichspr
dent,
Vertrag
Locarno

1920 | 1925

1871–1918 Deutsches Kaiserreich

1919–1923 Krisenjahre der Weimarer Republik

1924–1928 „Goldene Zwan

Mit dem Verweis auf die „Weimarer Republik“ und die Lehren, die man aus Weimar ziehen müsse, wird in der politischen Diskussion der Bundesrepublik die erste deutsche Demokratie immer wieder auf ihr Scheitern und dessen Folgen reduziert. Die Schreckensherrschaft der Nationalsozialisten, die mit der Ernennung Adolf Hitlers zum Reichskanzler begann, ist in der Tat ein wichtiger Grund, weshalb wir uns intensiv mit dem Staat beschäftigen, aus dem heraus sie entstanden ist. Aber es sollte nicht der einzige Grund bleiben.

Auch die Anfangszeit der ersten deutschen Republik war turbulent. Mit der Abdankung des Kaisers am Ende des Ersten Weltkriegs war zwar de facto das Kaiserreich beendet, die Frage nach einer neuen Staatsordnung für Deutschland war damit jedoch noch nicht geklärt. Die Weimarer Republik ging erst nach heftigen inneren Kämpfen und mit der Hypothek eines verlorenen Weltkriegs an den Start. Die Farben schwarz-rot-gold der Weimarer Republik knüpften an die demokratische Tradition der Revolution von 1848 an.

Der im Kaiserreich auf dem Gebiet von Wissenschaft und Industrie begonnene Modernisierungsprozess setzte sich in der Weimarer Republik in vielen weiteren Bereichen fort und ermöglichte eine kurze Blütephase. Er führte jedoch auch zu gesellschaftlichen und politischen Verwerfungen, da das Tempo der Veränderung vielen Menschen zu hoch war. Die daraus resultierenden Auseinandersetzungen in Politik und Gesellschaft waren dauerhaft heftig und zunehmend gewaltsam.

1 Welche im Text genannten Aspekte wecken Ihr Interesse?
2 Beschreiben Sie die beiden Bilder M 1 und M 2. Was fällt Ihnen auf? Was bleibt (noch) unklar?
3 Formulieren Sie – ausgehend vom Text und den beiden Bildern – eigene Fragen und ordnen Sie diese einer historischen Kategorie zu: Politik/Herrschaft – Gesellschaft – Wirtschaft – Kultur – internationale/globale Vernetzung.
4 Diskutieren Sie erste Thesen zur Beantwortung Ihrer Fragen.

M2 „Stützen der Gesellschaft“, Gemälde von George Grosz, 1926

1926 | Aufnahme Deutschlands in den Völkerbund
1929 | Börsenkrach New York, Beginn Weltwirtschaftskrise
1930 | Brüning Reichskanzler
1932 | von Papen Reichskanzler, von Schleicher Reichskanzler
1933 | Hitler Reichskanzler

1930 1935

1930–1932 Präsidialkabinette
ab 1933 Nationalsozialistische Herrschaft
ab 1930 Wirtschaftskrise

5.1 Vom Kaiserreich zur Republik

In diesem Kapitel geht es um
- *den Wandel im Deutschen Kaiserreich am Ende des Ersten Weltkrieges,*
- *den Ausbruch und den Verlauf der Revolution am Ende des Jahres 1918,*
- *das Ringen der Beteiligten um die Neugestaltung Deutschlands.*

Endphase des Krieges und Reform des Reiches

▶ „14 Punkte" siehe S. 187

„Oktoberreformen" 1918
- „Der Reichskanzler bedarf [...] des Vertrauens des Reichstages."
- „Der Reichskanzler [ist] dem Bundesrat und dem Reichstag verantwortlich."
- Die Erklärung des Krieges, Friedensverträge und internationale Vereinbarungen „bedürfen der Zustimmung des Bundesrats und des Reichstages".
- Mitglieder des Reichstages können Minister werden und Parlamentarier bleiben.

Das Eingeständnis der Obersten Heeresleitung (OHL), dass der Krieg militärisch verloren war, stand am Beginn der Umwälzungen im Herbst 1918. Die Öffentlichkeit war allerdings noch beeinflusst durch **Siegesversprechen der Propaganda** und zeigte sich deshalb tief getroffen von der plötzlich katastrophal erscheinenden Lage und forderte nun den sofortigen Friedensschluss. Überzogene Erwartungen auf einen milden Friedensvertrag nährten die **„14 Punkte"*** des amerikanischen Präsidenten Woodrow Wilson. Darin hatte er ein liberales Friedensprogramm für Europa skizziert. Allerdings machte Wilson in jedem Fall die innere **Demokratisierung des Reiches** zur Voraussetzung für einen Friedensschluss. Diese sollte Aufgabe des neuen Reichskanzlers Max von Baden sein, der mit seinem Amtsantritt den US-Präsidenten um die „Herstellung des Friedens" auf Grundlage der „14 Punkte" ersuchte. Seine neue Regierung versammelte erstmals Minister aus den Parteien, die die Reichstagsmehrheit repräsentierten (MSPD, Zentrum, Liberale). Damit war ein Übergang von der konstitutionellen zur **parlamentarischen Monarchie** angestoßen. Dieser Übergang wurde am 28. Oktober mit einer Änderung der Verfassung vollzogen (**„Oktoberreformen"***). Reichskanzler Max von Baden zeigte sich auch offen für eine weitere Reform der Monarchie. Grundsätzlich hielten die kaiserlichen Eliten aber weiter fest an der Unterordnung der zivilen Reichsleitung unter Monarchie und Militär.

M1 Revolutionäre Matrosen und Soldaten in Berlin, 1918

Ende der Monarchie

▶ Rätesystem siehe S. 194 ff.

▶ M 5: Karikatur „November 1918"

Unterdessen verschärfte sich die **Versorgungslage** und der **Ruf nach Frieden** und Abdankung des Kaisers wurde lauter. Wilhelm II. lehnte ab und entzog sich der Verantwortung, indem er ins holländische Exil übersiedelte. Zur selben Zeit leisteten Matrosen Widerstand gegen Befehle, die ein letztes Auslaufen der Flotte gegen England verlangten. Diese Aufforderung zum „Heldentod" verweigerten die Soldaten. Weitere Einheiten schlossen sich dem Aufstand an. Am 4. November war Kiel, Heimathafen der Flotte, in ihrer Hand. Von dort aus erfassten die **Proteste** das ganze Reich. Militär und Polizei kapitulierten häufig oder liefen über. In Fabriken schlossen sich Arbeiter den Revolten an, es bildeten sich **„Arbeiter- und Soldatenräte"***. Partei- und Gewerkschaftsfunktionäre unterstützten die Aufständischen. Auf Großkundgebungen wurden die Forderungen erneuert und bekräftigt. Die deutschen Fürsten in den Bundesstaaten wurden vertrieben oder dankten ab. Als Erstes rief Kurt Eisner am 7. November in München die Republik aus. In diesen Erhebungen trat ein Wille zur umfassenden Neugestaltung hervor, die Wortführer der Proteste trafen einen Nerv. Am **9. November 1918** erreichten die Unruhen schließlich ihren Höhepunkt in Berlin. Unter dem Druck der riesigen Proteste verkündete Reichskanzler Max von Baden den **Thronverzicht Wilhelms II.** Er hoffte, die Monarchie als Ganzes zu retten, indem er ihren unliebsamen obersten Vertreter „opferte". Dazu war er nicht autorisiert worden. Sein eigenes Amt gab er ebenfalls ab: Neuer **Reichskanzler wurde Friedrich Ebert** (MSPD) – zum ersten Mal übernahm damit ein Sozialdemokrat die Regierungsverantwortung in Deutschland.

M2 **Die revolutionären Ereignisse in Deutschland 1918**

Ausrufung der Republik, Revolution, Waffenstillstand

„Es lebe die deutsche Republik!" Mit diesen Worten wandte sich Philipp Scheidemann (MSPD) am 9. November 1918 von einem Balkon des Reichstags aus an eine versammelte Menge. Friedrich Ebert strebte als Reichskanzler nach einem geordneten Übergang bis zu einer gewählten Nationalversammlung. Er war nicht glücklich über den revolutionären Akt seines Parteifreundes. Doch für interne Konfliktlösung blieb keine Zeit – nur wenige Stunden später verkündete Karl Liebknecht (Spartakus-Bund) „die freie sozialistische Republik". Stellvertretend für seine Anhänger forderte er damit eine Intensivierung der Revolution. Außerdem planten weitere Gruppen in Berlin die Berufung einer provisorischen Regierung der Arbeiter- und Soldatenräte. Nun war klar: Deutschland erlebte nach dem März 1848 wieder eine **Revolution** der Bevölkerung. Auch den **Waffenstillstand*** mit den Alliierten unterzeichnete nun ein Volksvertreter: Der Reichstagsabgeordnete Matthias Erzberger (Zentrum) leistete am 11. November 1918 in Compiègne (Frankreich) stellvertretend die Unterschrift unter die Vereinbarungen. Der Krieg endete für Deutschland damit in einer Niederlage, das Kaiserreich war untergegangen.

▶ **M6, M7: Ausrufung der Republik**

Bedingungen der Alliierten für einen Waffenstillstand mit Deutschland
- Räumung der von der deutschen Armee besetzten Gebiete
- Rückzug des deutschen Heeres hinter den Rhein (östliches Ufer)
- Hinnahme der Besetzung der westrheinischen Regionen durch die Alliierten

Streit um die neue Staatsform – ein abgebremster Aufbruch?

Die provisorische Regierungsgewalt fiel ab dem 10. November 1918 an den **„Rat der Volksbeauftragten"**. Er war durch die MSPD zustande gekommen, die den Spartakus-Bund ausbremsen wollte und deshalb eine Verständigung mit der USPD erwirkte. Je drei Vertreter von MSPD und USPD führten nun die Amtsgeschäfte. Die Einigung wurde bestätigt durch die Zustimmung des Berliner Arbeiter- und Soldatenrates. Und doch bedeutete dieses Arrangement nicht das Ende der Konflikte innerhalb der Arbeiterbewegung. Die Umgestaltung Deutschlands blieb hart umkämpft:

Politische Herausforderungen für den „Rat der Volksbeauftragten“
- Rückführung der Armee
- Vorbereitung Friedensverhandlungen
- Lebensmittelversorgung
- Kriegsopferversorgung
- Anpassung der Wirtschaft (Frieden)
- Erhalt der inneren Ordnung
- Erhalt der Reichseinheit

▶ **M 8, M 9: Selbstverständnis und Programm des „Rats der Volksbeauftragten“**

M3 „Rat der Volksbeauftragten“/Gründung der Republik, Postkarte, 1919.
Die Porträts der Mitglieder im „Rat der Volksbeauftragten“ umrahmen die Ausrufung der Republik durch Scheidemann. Links die Vertreter der USPD und rechts die der MSPD (oben rechts: Friedrich Ebert, Mitte rechts: Philipp Scheidemann). Die Szene wurde für dieses Bild wohl nachgestellt, da es keine Fotografien vom Ereignis gibt.

November 1918: Ebert suchte den Ausgleich mit den alten Eliten (s. S. 226), um Stabilität gewährleisten zu können. In der USPD löste dieses Vorgehen Unmut aus.
Dezember 1918: Die USPD wollte den Termin für eine Nationalversammlung hinauszögern, um die Kraft der Revolution für sich zu nutzen. Ebert lehnte das ab. Der Kompromiss ergab: Die Wahl sollte im Sinne der MSPD stattfinden, das schloss auch das Frauenwahlrecht ein. Den Termin aber würde der „Rätekongress“ in Berlin festlegen.
16.–20. Dezember 1918: Der gesamtdeutsche „Rätekongress“ tagte in Berlin und entschied: Termin für die Wahl zur Nationalversammlung wurde der 19. Januar 1919. Den Antrag, am Rätesystem „als Grundlage der [...] Republik“ festzuhalten, lehnte er eindeutig ab. Deutschland sollte repräsentative Demokratie werden – wie die MSPD es anstrebte. Andererseits verlangten die Räte weiterhin die Sozialisierung der Wirtschaft und die Demokratisierung der Armee. Dem folgte die MSPD in der Regierung kaum.
24. Dezember 1918: Ebert und die MSPD setzten gegen einen Soldatenaufstand in Berlin Truppen der Armee ein – das wurde zum Anlass für den Bruch zwischen MSPD und USPD. Der Konflikt war nicht mehr beizulegen. Am 28. Dezember trat die USPD aus der Regierung aus. Ihre Aufgaben übernahmen Politiker der MSPD.
Januar 1919: Der Spartakus-Bund und Teile der USPD gründeten am 1. Januar die „Kommunistische Partei Deutschlands“ (KPD), um der Revolution neuen Nachdruck zu verschaffen. Ihre Anhänger beteiligten sich anschließend an gewaltsamen Unruhen („Januar-“ oder „Spartakus-Aufstand“). In dieser Auseinandersetzung griff die Staatsführung auch auf „Freikorps“* zurück, die den Aufstand blutig niederschlugen. Das Vorgehen riss tiefe Gräben in die Arbeiterbewegung und bedeutete eine Eskalation, in deren Folge die Spartakus-Führer Karl Liebknecht und Rosa Luxemburg von Freikorpssoldaten* ermordet wurden. In weiten Teilen der Bevölkerung löste diese Tat großes Entsetzen aus – trotz politischer Differenzen. Dennoch blieben die gesellschaftlichen Fronten bestehen und die Parteien der Arbeiterbewegung* dauerhaft gespalten.

Die Arbeiterbewegung auf Parteiebene

Mehrheitssozialdemokratische Partei Deutschlands (MSPD)
Bezeichnung für die SPD zwischen 1917 und 1919. Sie vertrat die Mehrheit der sozialdemokratischen Anhänger.

Unabhängige Sozialdemokratische Partei Deutschlands (USPD)
Bestand zwischen 1917 und 1919, hervorgegangen aus einer Gruppe von Kriegsgegnern innerhalb der SPD, sozialistisch geprägt.

Spartakus-Bund
Vereinigung von radikalen Sozialisten, die 1916 aus Protest gegen die deutsche Kriegspolitik u. a. von Karl Liebknecht und Rosa Luxemburg gegründet wurde. Ging 1919 in der KPD auf.

Kommunistische Partei Deutschlands (KPD)
Gegründet zu Jahresbeginn 1919 von Anhängern des Spartakus-Bundes und Teilen der USPD, die das Bündnis mit der MSPD nicht mehr wollten.

▶ **Freikorps siehe S. 229**

▶ **M 10–M 12: Urteile zur Revolution**

1 **Wahlaufgabe:** Bearbeiten Sie entweder a) oder b).
   a) Charakterisieren Sie die deutsche Revolution 1918/19.
   b) Stellen Sie den Verlauf der Revolution grafisch dar (z. B. Flussdiagramm).
2 **Vertiefung:** Vergleichen Sie die Revolution 1918 mit der Märzrevolution 1848.
   Tipp: Gliedern Sie Ihren Vergleich: Auslöser – Trägergruppen – Zielsetzungen.

Hinweise zur Arbeit mit den Materialien
Die Quellen werfen zunächst ein Schlaglicht darauf, wie die Revolution in der Presse (M 4, M 5) erschien. Die Schlagzeilen deutscher Zeitungen lassen sich Ereignissen zuordnen und die Karikatur greift die Entwicklung im November 1918 auf. Weiter können Sie die doppelte Ausrufung der Republik (M 6, M 7) nachlesen und analysieren. Daraus ergeben sich Überlegungen zum Rat der Volksbeauftragten und dem Verhältnis der Arbeiterparteien zueinander (M 8, M 9). Urteile von Zeitgenossen über die Ereignisse (M 10–M 13) finden Sie am Ende des Materialteils. Diese Aussagen regen auch zur Findung einer eigenen Position zur Revolution 1918 an.

Revolution im November 1918

M 4 Schlagzeilen deutscher Zeitungen, November 1918 bis Januar 1919, unsortiert

„Die ersten Gesetze der neuen Regierung"
Berliner Tageblatt

„Die Sozialisten fordern Abdankung des Kaisers"
Vossische Zeitung

„Konstituierung der Kommunistischen Partei"
Die rote Fahne

„Seit 11 Uhr Waffenstillstand"
Berliner Volkszeitung

„Berlin unter der roten Fahne"
Die rote Fahne

„Die Unterdrückung des Aufruhrs"
Vossische Zeitung

„Der Kaiser bekennt sich zur Neuordnung"
Berliner Volkszeitung

„Die A.-u. S.-Räte über die Nationalversammlung"
Vossische Zeitung

„Abdankung des Kaisers. Ebert Reichskanzler."
Berliner Börsenzeitung

„Austritt der Unabhängigen aus der Regierung"
Berliner Tageblatt

3 Ordnen Sie die Schlagzeilen deutscher Zeitungen Ereignissen oder Phasen der Revolution zu.
Tipp: Berücksichtigen Sie ggf. Ihre Ergebnisse zu Aufgabe 1 b (S. 224).

M 5 „November 1918", Karikatur von Wilhelm Schulz, Titelbild des „Simplicissimus", 3. Dezember 1918

4 Analysieren Sie die Karikatur „November 1918" (M 5).
Tipp: Berücksichtigen Sie dabei auch M 2.

Ausrufung der Republik

M 6 Philipp Scheidemann (MSPD), 9. November 1918, gegen 14 Uhr

Wir haben auf der ganzen Linie gesiegt, das Alte ist nicht mehr. Ebert ist zum Reichskanzler ernannt, dem Kriegsminister ist der Abgeordnete [...] Göhre [SPD] beigeordnet. Es gilt nunmehr, den errungenen Sieg zu festigen, daran kann uns nichts mehr hindern. Die Hohenzollern haben abgedankt. Sorgt dafür, dass dieser stolze Tag durch nichts beschmutzt werde. Er sei ein Ehrentag für immer in der Geschichte Deutschlands. Es lebe die deutsche Republik.

Vossische Zeitung (Abendausgabe), 9. November 1918.

M 7 Karl Liebknecht (Spartakus), 9. November 1918, gegen 16 Uhr

Parteigenossen, ich proklamiere die freie sozialistische Republik Deutschland, [...] in der es keine Knechte mehr geben wird, in der jeder ehrliche Arbeiter den ehrlichen Lohn seiner Arbeit finden wird. Die Herrschaft des Kapitalismus, der Europa in ein Leichenfeld verwandelt hat, ist gebrochen. [...] Wenn auch das Alte niedergerissen ist, dürfen wir doch nicht glauben, dass unsere Aufgabe getan sei. Wir müssen alle Kräfte anspannen, um die Regierung der Arbeiter und Soldaten aufzubauen und eine neue staatliche Ordnung des Proletariats zu schaffen, eine Ordnung des Friedens, des Glücks und der Freiheit unserer deutschen Brüder und unserer Brüder in der ganzen Welt. Wir reichen ihnen die Hände und rufen sie zur Vollendung der Weltrevolution auf.

*Vossische Zeitung, 10. November 1918.**

5 **Partnerarbeit:** Analysieren und vergleichen Sie die Reden zur Ausrufung der Republik (M 6 und M 7).

6 **Zusatzaufgabe:** Siehe S. 411.

Rat der Volksbeauftragten (MSPD/USPD)

M 8 Erklärung von Friedrich Ebert (MSPD) zur Berufung des Rates, 11. November 1918

Die Sache der Freiheit hat heute in Deutschland einen ihrer großen Siegestage erlebt. Das deutsche Volk hat gesiegt und die altverankerte Herrschaft der Hohenzollern, Wittelsbacher, Welfen usw. gestürzt. Deutschland hat seine Revolution vollendet. Formell hat zwar Prinz Max [...] nach der Abdankung des Kaisers die Kanzlerschaft an mich abgegeben. Tatsächlich hat mich jedoch das Volk durch seinen unmittelbaren Willensakt zum Kanzler gemacht. Als wir heute früh aus der Regierung austraten, weil die Kanzlerfrage noch nicht nach unserem Willen erledigt war, haben die Soldaten und Arbeiter Berlins sich fast einmütig für uns erhoben und die ganze alte Regierungsmaschine stillgelegt. Wir haben schon tatsächlich alle Macht in Händen gehabt, ehe die Vertreter der alten Herrschergewalten sie uns übertrugen. Diese Entwicklung hat sich in Deutschland seit Kriegsbeginn von langer Hand angebahnt und wäre wohl bei jedem Friedensschluss alsbald zum Durchbruch gekommen. Aber jetzt wird wohl auch der Zweifelsüchtigste erkennen, dass es mit dem Monarchismus und Imperialismus in Deutschland endgültig vorbei ist. Wer nur aus Besorgnis vor diesen Mächten oder aus Hass gegen sie uns bekämpft hat, muss nun völlig zufrieden gestellt sein. [...]

*Vossische Zeitung, 11. November 1918.**

M 9 Programmatischer Aufruf des Rats der Volksbeauftragten, 12. November 1918

Die aus der Revolution hervorgegangene Regierung, deren politische Leitung rein sozialistisch ist, setzt sich die Aufgabe, das sozialistische Programm zu verwirklichen. Sie verkündet schon jetzt mit Gesetzeskraft Folgendes: [...]
2. Das Vereins- und Versammlungsrecht unterliegt keiner Beschränkung [...]. 4. Meinungsäußerung in Wort und Schrift ist frei. [...] 6. Für alle politischen Straftaten wird Amnestie gewährt [...]. 9. Die bei Beginn des Krieges aufgehobenen Arbeiterschutzbestimmungen werden hiermit wieder in Kraft gesetzt. [...] Die Regierung wird alles tun, um für ausreichende Arbeitsgelegenheit zu sorgen. [...] Die Wohnungsnot wird durch Bereitstellungen von Wohnungen bekämpft werden. Auf die Sicherung einer geregelten Volksernährung wird hingearbeitet werden. Die Regierung wird die geordnete Produktion aufrechterhalten, das Eigentum gegen Eingriffe Privater sowie die Freiheit und Sicherheit der Person schützen. Alle Wahlen [...] sind fortan nach dem gleichen, geheimen, direkten, allgemeinen Wahlrecht [...] für alle mindestens 20 Jahre alten männlichen und weiblichen Personen zu vollziehen.

*Jörg Berlin (Hg.), Die deutsche Revolution 1918/19. Quellen und Dokumente, Pahl-Rugenstein, Köln 1979, S. 208ff.**

7 a) **Einzelarbeit:** Arbeiten Sie heraus, wie Friedrich Ebert den Regierungsanspruch des „Rats der Volksbeauftragten" begründet (M 8).
b) **Partnerarbeit:** Beurteilen Sie die Argumentation.

8 a) Arbeiten Sie geplante Maßnahmen des „Rats der Volksbeauftragten" heraus (M 9).
b) Erklären Sie, weshalb der Konflikt zwischen Spartakus-Bund und MSPD ungelöst blieb (M 7 und M 8).

Zeitgenossen über die Revolution

M 10 Theodor Wolff (Journalist) in einem Artikel, 10. November 1918

Die größte aller Revolutionen hat wie ein plötzlich losbrechender Sturmwind das kaiserliche Regime mit allem, was oben und unten dazugehörte, gestürzt. Man kann sie die größte aller Revolutionen nennen, weil niemals eine so fest gebaute, mit so festen Mauern umgebene Bastille so in einem Anlauf genommen worden ist. Es gab noch vor einer Woche einen militärischen und zivilen Verwaltungsapparat, der so verzweigt, so in einander verfädelt, so tief eingewurzelt war, dass er über den Wechsel der Zeiten hinaus seine Herrschaft gesichert zu haben schien. Durch die Straßen von Berlin jagten die grauen Autos der Offiziere, auf den Plätzen standen wie Säulen der Macht die Schutzleute, eine riesige Militärorganisation schien alles zu umfassen, in den Ämtern und Ministerien thronte eine scheinbar unbesiegbare Bureaukratie. Gestern früh war, in Berlin wenigstens, das alles noch da. Gestern nachmittag existierte nichts mehr davon.

Berliner Tageblatt (Morgenausgabe), 10. November 1918.

M 11 Oswald Spengler (Publizist und Philosoph) in einem Brief, 18. Dezember 1918

Ich habe die widerlichen Szenen vom 7. November [1918 in München] zum Teil aus der Nähe erlebt und bin vor Ekel beinahe erstickt. Und dann die Art, wie Kaiser Wilhelm fortgejagt wurde, wie jeder Lumpenhund sich herausnimmt, dem Manne Kot anzuwerfen, der 30 Jahre lang selbstlos und aufopfernd an der Größe Deutschlands mitgearbeitet hat. Ich weiß sehr wohl, dass der Pöbel in anderen Ländern über alle Maßen gemein ist, aber ob er uns in seiner Gemeinheit erreicht? [...] Ich sehe, dass die deutsche Revolution den typischen Verlauf nimmt: langsamer Abbau der bestehenden Ordnung, Sturz, wilder Radikalismus, Gewissheit, dass die Monarchie gestärkt aus dieser Krise hervorgehen wird; [...] wir müssen wie das Frankreich von 1793 das Unglück bis zu Ende durchmachen; wir brauchen eine Züchtigung, gegen die vier Kriegsjahre noch harmlos sind, [...] bis vor allem auch der Terror eine solche Empörung und Verzweiflung angesammelt hat, dass eine Diktatur, irgendetwas Napoleonisches, allgemein als Erlösung empfunden wird. Aber dann muss Blut fließen, je mehr, desto besser.

*Zit. nach: Heinrich August Winkler (Hg.), Weimar. Ein Lesebuch zur deutschen Geschichte 1918–1933, C. H. Beck, München 1999, S. 57f.**

M 12 Rosa Luxemburg (Spartakus-Bund) zum Rätekongress in Berlin, 21. Dezember 1918

In allen früheren Revolutionen traten die Kämpfer mit offenem Visier in die Schranken: Klasse gegen Klasse, Programm gegen Programm, Schild gegen Schild. [...] In der heutigen Revolution treten die Schutztruppen der alten Ordnung nicht unter eigenen Schildern und Wappen der herrschenden Klassen, sondern unter der Fahne einer „sozialdemokratischen Partei" in die Schranken. [...] Würde die Kardinalfrage der Revolution offen und ehrlich Kapitalismus oder Sozialismus lauten, ein Zweifeln, ein Schwanken wäre in der großen Masse des Proletariats heute unmöglich. [...] Es ist eine sozialistische Partei, es ist das ureigenste Geschöpf der Arbeiterbewegung und des Klassenkampfes, das sich in das wuchtigste Instrument der bürgerlichen Gegenrevolution verwandelt hat. Kern, Tendenz, Politik, Psychologie, Methoden – alles ist gut kapitalistisch. Nur Schilder, Apparat und Phraseologie[1] sind vom Sozialismus übriggeblieben.

*Jörg Berlin (Hg.), Die deutsche Revolution 1918/19. Quellen und Dokumente, Pahl-Rugenstein, Köln 1979, S. 217ff.**

1 *Phraseologie:* Wortwahl, Ausdruck, Redewendungen

9 Gruppenarbeit: Analysieren und vergleichen Sie die Aussagen über die Revolution 1918/19 (M 10–M 12).

10 Geschichte kreativ: Gestalten Sie eine Antwort an Wolff, Spengler oder Luxemburg, in der Sie auf deren Urteil eingehen.

M 13 Plakat der „Vereinigung zur Bekämpfung des Bolschewismus", Dezember 1918.

Die 1918/19 entstandene rechtsgerichtete „Vereinigung zur Bekämpfung des Bolschewismus" versuchte mit eindringlichen Plakatmotiven Ängste vor einem Bürgerkrieg und den Folgen einer sozialistischen Räterepublik nach russischem Vorbild zu schüren.

11 Analysieren Sie das Plakat M13.

12 Vertiefung: „Der Umbruch von 1918/19 war [...], trotz aller Schattenseiten, ein Meilenstein in der Geschichte der deutschen Freiheitsbewegungen." Erörtern Sie diese These des Historikers Volker Ullrich (2018).

5.2 Vertiefung: Die gebremste Revolution?

In diesem Kapitel geht es um
- *den Ausgleich der sozialdemokratischen Übergangsregierung mit den alten Eliten,*
- *die Ausmessung des Handlungsspielraums der politischen Akteure,*
- *die „Dolchstoßlegende" als Propagandalüge und Geschichtsfälschung.*

Der Weimarer Kompromiss

Alte Eliten
Bezeichnet in der Weimarer Republik die Stützen und Vertreter der Ordnung im ehemaligen Kaiserreich. Zu den alten Eliten zählten vor allem führende Angehörige der Armee, Beamte, bürgerliche Industrielle und adlige Großgrundbesitzer im preußischen Osten. Sie verkörperten tendenziell eine konservativ-nationalistische Überzeugung und verhielten sich überwiegend kaisertreu.

Am Beginn der Republik in Deutschland standen im Jahr 1918/19 eine militärische Niederlage, eine existenzielle Versorgungskrise und bürgerkriegsähnliche Auseinandersetzungen um die Gestaltung der neuen Ordnung: „ungünstigere Ausgangsbedingungen für eine Demokratiegründung ließen sich kaum denken" (Eberhard Kolb/Dirk Schumann, 2013). Und doch konnte sich die regierende MSPD in der Staatsführung behaupten – durch **intensive Zusammenarbeit mit den „alten Eliten*"**. Dieser „Weimarer Kompromiss" enttäuschte aber viele sozialdemokratische Anhänger. Vor allem junge Menschen hatten sich von der Revolution mehr erhofft. Einerseits schlossen sich deshalb viele anderen Parteien an, vor allem der radikaleren USPD. Andererseits zogen sich ehemalige Anhänger resigniert aus der politischen Öffentlichkeit zurück und blieben den Wahlen fern. Das schwächte auch die demokratische Bewegung.

Handlungsspielraum

▶ M 7–M 11: Diskussion des Handlungsspielraums

Diese Umstände des Systemwechsels 1918/19 werfen die Frage auf, ob die Akteure in den Wochen der Revolution auch hätten anders handeln können. Hatten vor allem Friedrich Ebert und die MSPD Handlungsalternativen, die zu einer größeren Stabilität und einer höheren Akzeptanz der neuen Demokratie hätten führen können? Um diese Fragen beantworten zu können, müssen mögliche Handlungsspielräume der politischen Akteure untersucht werden.

Sozialisierung
Bedeutet die Überführung von Produktionsmitteln in Gemeineigentum. Damit ist nicht zwangsläufig der Staat gemeint. Die Räte beabsichtigten damit, die Unternehmen gemeinschaftlicher Lenkung zuzuführen.

Carl Legien und Hugo Stinnes
Carl Legien (s. auch S. 42) war SPD-Mitglied, schon im Kaiserreich Reichstagsabgeordneter seiner Partei und führender Gewerkschaftsfunktionär. Hugo Stinnes war erfolgreicher Großunternehmer in mehreren Industriebereichen.

Handlungsraum 1: Industrie und Wirtschaft

Der „Rätekongress" in Berlin hatte im Dezember 1918 bekräftigt, dass die Revolution auch eine Sozialisierung* der Wirtschaft nach sich ziehen sollte. Das wäre ein Bruch mit der bestehenden Wirtschaftsordnung gewesen, die durch die Phase der Hochindustrialisierung geprägt worden war. Der „Rätekongress" konnte sich jedoch nicht durchsetzen. Hatte die Regierung die Gelegenheit verpasst, deutlicher zugunsten ihrer sozialdemokratischen Anhängerschaft zu entscheiden?

Am 15. November 1918 schlossen Unternehmerverbände und Gewerkschaften das **„Stinnes-Legien-Abkommen*"**. Es war über mehrere Wochen verhandelt worden. Darin wurde vereinbart, dass Unternehmer und Gewerkschaften künftige Reformen der Arbeitsbedingungen und Tarifverträge in gemeinsamen Verhandlungen erreichen wollten. Die Gewerkschaften waren damit als Vertreter der Arbeiterschaft anerkannt und verzichteten auf die Forderung nach Sozialisierung der Wirtschaft. Sie akzeptierten also bestehende Eigentumsverhältnisse. Die Privatwirtschaft, häufig in der Hand des kaisertreuen Bürgertums, erhielt daraufhin die Produktion aufrecht. Grundsätzliche Bedingungen der Wirtschaft in Deutschland blieben damit auch nach dem Bruch 1918 unverändert. Noch bevor Regierung, Demokratie und Parteien in der neuen Republik etabliert waren, hatte die Wirtschaft, insbesondere die Großindustrie, ihre Einflusssphäre abgesichert. Sie akzeptierte die Gewerkschaften als gleichberechtigte Tarifpartner, um eine weitergehende Sozialisierung (russische Verhältnisse) zu verhindern.

Handlungsraum 2: Staat und Armee

Am 10. November 1918, nur einen Tag nach Ausrufung der Republik, kam es zu einer **Verständigung zwischen Friedrich Ebert und General Wilhelm Groener**, nun Kopf der Obersten Heeresleitung (OHL). Sie versicherten sich wechselseitig ihrer Loyalität. Hatte Ebert damit eine Chance verpasst, einen deutlichen Bruch mit dem Kaiserreich zu vollziehen? Sowohl die politische als auch die militärische Führung des Staates wussten um die Notwendigkeit, zu einem Frieden mit den Kriegsgegnern zu kommen. Die gegenseitige Unterstützung sahen Ebert und Groener als das geeignete Mittel, um die Stabilitätskrise (Revolten, Nahrungsmangel) zu bewältigen und eine Grundlage für Friedensverhandlungen zu schaffen. Beide lehnten eine radikale Linksentwicklung ab. Außerdem musste sich die neue Regierung bei der Rückführung der Soldaten von der Front auf die herrschende Befehlsgewalt stützen. Die Offiziere der ehemaligen kaiserlichen Armee wiederum, überwiegend Angehörige des Adels und in ihrer Stellung bedroht durch die Revolten der Soldaten, profitierten vom politischen Rückhalt der sozialdemokratischen Regierung. Und schließlich: Die Russische Revolution 1917 war für viele in Deutschland eine Schreckensvision. Ebert hielt die alten Eliten früh für entmachtet, daher galt das Bündnis mit der Armee als geeignete Rückversicherung gegen linksradikale Aktivisten.

Handlungsraum 3: Straßenkämpfe und „Freikorps"

Unmittelbar nach Kriegsende bildeten sich in Deutschland bewaffnete Gruppen, in denen überwiegend Anhänger nationalistischer, völkischer und antisemitischer Überzeugungen zusammenkamen. Viele Mitglieder waren ehemalige Frontsoldaten. Diese „Freikorps" wurden von der Regierung in Dienst gestellt, um eine weitere Linksentwicklung zu bekämpfen. Sie schlugen Aufstände äußerst brutal nieder. Hatte die Regierung damit das Fundament der Demokratie bereits zu Beginn untergraben?

Der Zusammenhalt des Heeres ging in den Wochen der Revolution an vielen Stellen verloren. Zahlreiche Einheiten schlossen sich der Revolution direkt an, andere lösten sich im Chaos des Kriegsendes einfach auf. Die Aufstellung neuer Freiwilligenverbände unterstand seit dem Bündnis von Ebert und Groener der Reichsregierung und erschien unverzichtbar für die eigene Durchsetzungskraft. Die Regierung duldete jedoch auch private Initiativen, bewaffnete Einheiten aufzustellen. So erlangten auch rechtsextreme Aktivisten kurz nach der Revolution wieder öffentliches Gewicht. Der Versuch, die Freikorps in die Reichswehr einzubinden, war nur teilweise erfolgreich. Splittergruppen bildeten terroristische Geheimbünde oder unabhängige „Wehrverbände". Sie griffen bereits Sehnsüchte nach einem starken Deutschen Reich auf. In diesem Milieu erlangte Adolf Hitler in München erste Bekanntheit als politischer Redner.

M1 General Wilhelm Groener (1867–1939), Fotografie, ca. 1918

▶ Zu Eberts Einschätzung zur Entmachtung der alten Eliten siehe M 8, S. 226

M2 „Freikorps" in Berlin während der „Märzaufstände", Fotografie, 1919

M3 Der Dolchstoß, antisemitische Postkarte, 1923.
Die Zeichnung stellt den Sozialdemokraten Philipp Scheidemann mit erhobenem Dolch dar, hinter ihm steht der Zentrumspolitiker Matthias Erzberger. Im Hintergrund sind zwei Männer zu sehen, die mithilfe antisemitischer Stereotype als „vermögend" und „jüdisch" gekennzeichnet sind.

Handlungsraum 4: Geschichtsdeutung und die „Dolchstoßlegende"

Nationalisten nutzten die Situation, um einen wirkmächtigen Mythos zu erschaffen. Der Erste Weltkrieg sei nicht militärisch verloren gegangen, das deutsche Heer sei **im Felde unbesiegt** geblieben und „**von hinten erdolcht**" worden. Friedensinitiativen, Streiks und politische Unruhen in der Heimat hätten die deutsche Armee zur Kapitulation gezwungen. Ungewollt trug Friedrich Ebert zu dieser Erzählung bei, indem er heimkehrende Truppen mit den Worten grüßte: „Kein Feind hat euch überwunden. Erst als die Übermacht der Gegner […] immer drückender wurde, haben wir den Kampf aufgegeben." Er machte damit nicht die Revolution für die Niederlage verantwortlich, wiederholte aber die Legende vom unbesiegten deutschen Heer. Die ehemalige OHL unter Paul von Hindenburg und Erich Ludendorff hingegen schob die Verantwortung für die Kriegsniederlage mithilfe der „Dolchstoßlegende" erfolgreich den Vertretern der jungen Republik zu: Bis zum Kriegsende war die deutsche Öffentlichkeit vom bevorstehenden militärischen Sieg überzeugt gewesen – kein feindliches Heer war in Deutschland eingedrungen und die Kriegspropaganda hatte keinerlei Zweifel am Sieg zugelassen. Der äußerst populäre Generalfeldmarschall und spätere Reichspräsident Hindenburg nutzte schließlich einen parlamentarischen Untersuchungsausschuss, um dort die **Propagandalüge** öffentlichkeitswirksam zu formulieren. Der Geschichtsfälschung verlieh er durch sein außerordentliches Ansehen bei vielen Deutschen große Glaubwürdigkeit und seine Aussagen entsprachen der Stimmung in weiten Teilen der deutschen Bevölkerung: Für viele Deutsche war diese „Dolchstoßlegende" schlicht keine Legende, sondern eine plausible Erklärung für das überraschende Kriegsende. Insbesondere die rechtsextremen Parteien nutzten die Dolchstoßlüge fortwährend, um oftmals hasserfüllt gegen Anhänger der SPD und KPD und gegen liberale Demokraten Stimmung zu machen. Im Verlauf der 1920er-Jahre erhielten die Beschuldigungen immer radikalere antisemitische Tendenzen. Das „internationale Judentum", so die bösartige Logik, sei der eigentliche Profiteur der deutschen Niederlage und direkt für die „Erdolchung" des deutschen Heeres verantwortlich.

▶ M 6: Fotografie von Veteranen mit dem Banner „Im Felde unbesiegt"

▶ M 3 und M 4: Karikaturen zur Dolchstoßlegende

Aussage Paul von Hindenburgs vor dem parlamentarischen Untersuchungsausschuss
cornelsen.de/Webcodes
Code: ruxiya

▶ Siehe auch „Geschichtskultur: Hindenburg als „Ehrenbürger"? S. 278 f.

1 Analysieren Sie die Handlungsspielräume der Regierung in den Monaten nach der Revolution 1918.
Tipp: Achten Sie besonders auf die jeweilige Rolle von Friedrich Ebert.

2 **Gruppenarbeit/Geschichte kreativ:** Versetzen Sie sich in die Rolle eines Beraterstabes für Friedrich Ebert und die provisorische Regierung. Gestalten Sie eine Beurteilung der Lage und formulieren Sie eine eigene Handlungsempfehlung.

3 Charakterisieren Sie die „Dolchstoßlegende" und erklären Sie, welche Funktion sie für die Gegner der Weimarer Republik hatte.

Hinweise zur Arbeit mit den Materialien
Den ersten Teil des Quellenteils bilden Materialien zu ***Erscheinungsbild und Wirkung der „Dolchstoßlegende“*** *(M 4–M 6). Im Anschluss daran können Sie sich eingehender mit den* ***Handlungsspielräumen*** *der politischen Akteure befassen, indem Sie die* ***Argumentation verschiedener Historiker*** *vergleichen (M 7–M 11).*

Die Dolchstoßlegende

M 4 „An die Kurzsichtigen“, Karikatur von Werner Hahmann aus der Zeitschrift „Kladderadatsch“, 30. November 1919.
Untertitel: „Ihr sucht die Wahrheit? Wenn sie aber erscheint, wünscht ihr sie zu allen Teufeln!“

M 5 Der Historiker Gerd Krumeich über die Gedenkkultur in der Weimarer Republik, 2016
Insgesamt 13 Millionen junge Männer hatten überall in der Welt für Deutschland gekämpft; zwei Millionen waren gefallen, wohl 4,5 Millionen mehr oder weniger schwer verwundet worden. Im November 1918 kamen nicht weniger als 6,5 Millionen Soldaten in die Heimat zurück. Zermürbt, verwundet, traumatisiert von dem, was sie vor Verdun, an der Somme und an so vielen anderen Schlacht-Orten in West und Ost erlitten hatten. [...] Zwar versorgte die Republik die Zurückkommenden besser, als dies in den Siegerstaaten geschah, aber man nannte sie „Kriegsbeschädigte“ und machte rechtlich keinen Unterschied zwischen denen, die im Felde verwundet worden waren, und denjenigen, die etwa einen Verkehrs- oder Arbeitsunfall erlitten hatten. Mehr noch: Artikel 109 der Verfassung legte fest, dass die Republik keine Orden vergebe – ein heute nur noch schwer verständliches Versagen des Staates gegenüber den Bedürfnissen derer, die jahrelang ihre Haut hingehalten hatten und nun mit leeren Händen dastanden. Auch konnte man sich nicht auf ein Grabmal für den Unbekannten Soldaten einigen. Die gesamte Gedenkkultur der Weimarer Republik war zersetzt von parteipolitischem Streit. In Wirklichkeit war das ja auch viel mehr als nur Streit, es war ein abgründiger Hass, der sich überall austobte, auf der Straße wie im Parlament. [...] Das war die giftigste Frucht der durch den Krieg und durch die nicht verstandene und nicht akzeptierte Niederlage bewirkten Brutalisierung.

*Gerd Krumeich, „Wie die Nazis das Trauma des 1. Weltkriegs nutzten“, erschienen am 19. 11. 2016 im Magazin der Badischen Zeitung, Seite I und II; http://www.badische-zeitung.de/suedwest-1/wie-die-nazis-das-trauma-des-1-weltkriegs-nutzten--130030494.html.**

M 6 Kriegsteilnehmer der 1. Gardeinfanteriedivision in Potsdam, Fotografie, 1923

4 **Partnerarbeit:** Analysieren Sie arbeitsteilig die beiden Karikaturen M 3 und M 4.
Tipp: M 4 erschien kurz nach Hindenburgs Aussage vor dem Untersuchungsausschuss.
5 Erläutern Sie, warum die Dolchstoßlegende in weiten Teilen der deutschen Bevölkerung so wirkmächtig werden konnte. Berücksichtigen Sie M 5 und M 6.
6 **Zusatzaufgabe:** Siehe S. 411.

Historikerurteile zur Revolution und ihren Handlungsspielräumen 1918/19

M7 Eckhard Jesse, 1990

Zu einem großen Teil war die Option für Eberts Partei durch äußere Umstände begrenzt, sei es wegen des Fehlens von Alternativen für die Zeitgenossen, sei es wegen mannigfacher Zwänge. Hinzu kommt ein weiterer Punkt: Dort, wo für die SPD ein gewisser Spielraum bestand, war es eine große Leistung, dass sie auf eine aktivistische Politik verzichtet hat. Demgegenüber fallen bestimmte Fehler – etwa die Vertrauensseligkeit gegenüber der militärischen Führung – nicht sonderlich ins Gewicht. Es hat im Jahre 1918/19 entgegen allen Legenden keine „verpasste Chance" gegeben. [...] Treffender dürfte das Bild von der „verhinderten Katastrophe" sein, für die ein zugegebenermaßen hoher Preis zu zahlen war. [...] Insofern war ein verheißungsvoller Anfang gemacht, als es im Februar 1919 zur „Weimarer Koalition" der „Reichsfeinde" des Kaiserreiches kam – der Sozialdemokratie, des Zentrums und der Linksliberalen. Nur Kontinuität und nicht Diskontinuität konnte die aus vielfachen Gründen ungefestigte Weimarer Republik auf eine stabilere Basis stellen. „Es gab nur *einen* Weg, die Möglichkeit einer Rechtsschwenkung breiter Wählerschichten ganz auszuschließen – und das war die Abschaffung freier Wahlen. Für die Sozialdemokratie war dieser Weg nicht gangbar. Mit der Errichtung einer parlamentarischen Demokratie war das Risiko ihres Scheiterns gegeben. Der Nationalsozialismus wäre nach 1929 auch zur Massenbewegung geworden, wenn 1918/19 die Schwerindustrie sozialisiert und der Großgrundbesitz enteignet worden wäre" – die Möglichkeit und die Wünschbarkeit solcher Eingriffe einmal vorausgesetzt.

*Eckhard Jesse, Friedrich Ebert und das Problem der Handlungsspielräume in der deutschen Revolution 1918/19, in: Rudolf König u. a. (Hg.), Friedrich Ebert und seine Zeit, Oldenbourg, München 1990, S. 89–110, hier S. 107ff.**

M8 Reinhard Rürup, 1990

In einer Situation, die durch den verlorenen Krieg einerseits und die revolutionäre Bewegung andererseits bestimmt war, stand die zentrale Regierung [...] vor einer Doppelaufgabe, die in ihrer Schwierigkeit kaum zu überschätzen war. Sie [hatte] einerseits die Folgen des militärischen und politischen Zusammenbruchs zu bewältigen [...] und sie [hatte] andererseits die Ziele der Revolution zu verwirklichen, der sie ihr Mandat verdankte. [...] Beide Aufgaben durften nicht voneinander getrennt werden, wenn die Grundlagen für eine zugleich stabile und entwicklungsfähige Demokratie in Deutschland geschaffen werden sollten. [...] Nur in einem ständigen Balanceakt zwischen diesen sich nicht gegenseitig ausschließenden, wohl aber wechselseitig gefährdenden Zielsetzungen lag die Chance einer gründlichen Demokratisierung der Verhältnisse. [...] Alles das ist jedoch nicht geschehen. Friedrich Ebert und die von ihm geführte Regierung haben die auch von ihnen proklamierten Demokratisierungsaufgaben gar nicht oder ohne rechten Nachdruck in Angriff genommen. Die angekündigte Sozialisierung wurde einer Kommission von Fachleuten zur sorgfältigen Vorbereitung überwiesen. Der Aufbau einer demokratischen Volkswehr wurde beschlossen, aber nur halbherzig und damit letztlich ohne Erfolg in Angriff genommen. Die Verwaltung blieb unangetastet, und selbst in Fällen offener monarchistischer Demonstrationen verzichtete man auf die Entlassungen, wenn die Beamten sich bereit erklärten, auf der ‚Grundlage der neuen Verhältnisse' weiterzuarbeiten. Die politische Kontrolle der staatlichen und kommunalen Behörden durch die Revolutionsorgane wirkte sich dadurch in der Praxis weitgehend als eine Garantie der bestehenden Strukturen aus.

*Reinhard Rürup, Friedrich Ebert und das Problem der Handlungsspielräume in der deutschen Revolution 1918/19, in: Rudolf König u. a. (Hg.), Friedrich Ebert und seine Zeit, Oldenbourg, München 1990, S. 69–87, hier S. 77f.**

M9 Wolfram Pyta, 2004

Eine abgewogene Bilanz der revolutionären Umbruchperiode vom November 1918 bis zum Januar 1919 muss sowohl Grenzen wie auch Handlungsspielräume der unverhofft in das politische Zentrum gerückten Sozialdemokratie ausleuchten und vermessen. Die Grenzen setzten objektive Sachzwänge, ein geschlagenes Land vor einer Hungerkatastrophe zu bewahren und die Eingliederung der Millionen heimkehrender Soldaten in das Erwerbsleben zu vollziehen. In einer solchen Situation die Grundlagen des Wirtschaftens anzutasten, wäre einem politischen Abenteuer gleichgekommen. Auch war eine partielle Kooperation mit den Militärs unabdingbar, um die bedrohte Republik gegen Umsturzversuche von links zu schützen. Aber diese Feststellung bedeutet nicht, dass das Ausmaß der unvermeidlichen Zusammenarbeit eine derartige Größenordnung hätte annehmen müssen. Ein Rückgriff auf den militärischen Sachverstand von Freiwilligenverbänden musste nicht die Tolerierung von Gewaltexzessen der Freikorps nach sich ziehen. Der Verzicht auf eine grundlegende Umwälzung der Eigentumsverhältnisse schloss nicht aus, in einigen ausgewählten Fällen

[...] Eingriffe in die Besitzstruktur vorzunehmen, ohne die wirtschaftliche Effizienz zu gefährden. [...] Zögerlichkeit und Unsicherheit der regierenden Sozialdemokraten erklären sich wohl daraus, dass sie Revolutionäre wider Willen waren, die unversehens von einer revolutionären Welle an die Spitze des Staatswesens gespült worden waren, in dem sie bislang eine eher geduldete Existenz gefristet hatten.

*Wolfram Pyta, Die Weimarer Republik, Leske + Budrich, Opladen 2004, S. 30.**

M 10 Alexander Gallus, 2006

Wer der Sozialdemokratie politische Versäumnisse, Fehler und eine mangelnde Ausschöpfung der gegebenen Handlungsspielräume vorwirft, muss die materiellen Nöte und unmittelbaren Herausforderungen der deutschen Zusammenbruchsgesellschaft am Ende des Ersten Weltkriegs berücksichtigen. [...] [Einiges] spricht [...] dafür, die Sozialdemokratie für ihr Verantwortungsbewusstsein und ihr unbeirrtes Festhalten am Ziel der parlamentarischen Demokratie zu loben. Und doch erscheint das Vorgehen der Sozialdemokratie in mancher Hinsicht allzu timide[1]. So hat die Furcht vor dem Chaos und ihr Beharren auf Verwaltungskontinuität beispielsweise den alten Beamtenapparat in einem Maße verschont, das nicht notwendig gewesen wäre. Andererseits bot die Verwaltungselite zur Auswechslung auch deswegen wenig Anlass, weil sie in „guter“ etatistischer[2] Tradition – zumindest nach außen hin – Treue zur neuen staatlichen Ordnung und deren Repräsentanten bekundete. Ob ein breit angelegter Elitenaustausch in Bürokratie, Justiz und Militär für mehr Krisenfestigkeit und Stabilität gesorgt hätte, erscheint insofern fraglich, als die Bereitschaft der dann entmachteten Eliten, sich mit der neuen Ordnung anzufreunden, noch geringer ausgeprägt gewesen wäre. Und hinreichend kompetente alternative Eliten standen in genügender Zahl [...] schwerlich zur Verfügung.

*Alexander Gallus, Deutsche Revolution 1918/19: die Etablierung der Weimarer Republik, in: ders. (Hg.), Deutsche Zäsuren. Systemwechsel seit 1806, Böhlau, Köln 2006, S. 149.**

1 *timide:* ängstlich, vorsichtig, zurückhaltend, schüchtern
2 *etatistisch:* staatstragend, auf die Fähigkeiten des Staates vertrauend

M 11 Bernd Braun, 2018

Keine Regierung in der deutschen Geschichte war bis heute mit derartigen Problemen konfrontiert wie die sechs Volksbeauftragten. Es ging um nicht weniger als die Bewältigung des verlorenen Weltkrieges und die politische Neuordnung Deutschlands, noch dazu unter ungeheurem Zeitdruck. Beide Aufgaben haben die Siegermächte nach dem Zweiten Weltkrieg den politischen Akteuren in Deutschland weitgehend abgenommen und ihnen eine mehrjährige Zwangspause auferlegt. Sosehr die SPD die Überwindung des herrschenden politischen und ökonomischen Systems auch propagiert hatte: Als der Kollaps des Kaiserreiches im Herbst 1918 eintrat, hatte die Partei kein genuin sozialdemokratisches Konzept für die Zukunft. Ihre beiden Kernziele, die Etablierung einer Regentschaft[1] [...] (die mit dem 9. November obsolet[2] geworden war) und die Wahl einer verfassunggebenden Nationalversammlung als Ausgangspunkt für parlamentarische Demokratie, knüpften an die bürgerliche Revolution von 1848/49 an. Diese Kernpunkte waren nicht originell, aber sie waren die einzigen, die mehrheitsfähig waren, und sie blieben ohne echte Alternative. Es gab früher zahlreiche und es gibt auch heute noch einige Kritiker der Novemberrevolution, die in einem in Deutschland installierten Rätesystem ein mögliches basisdemokratisches Bollwerk gegen den Nationalsozialismus sehen wollen. Diese Kritiker vermögen aber nicht zu erklären, wie sich die Räte als progressives Gremium bei den bevorstehenden Mehrheiten, die sich bereits bei den Wahlen 1919 und vor allem 1920 abzeichneten, hätte behaupten wollen [...]. Machten Ebert und die SPD also während der Revolution keine Fehler? [...] Doch. Wer keine exekutive Erfahrung mitbringt, wie die SPD als Systemopposition des Kaiserreiches, und wer unter extremem Zeitdruck handelt, trifft unweigerlich auch Fehlentscheidungen. Der viel gescholtene Ebert-Groener-Pakt [...] gehört nicht zu diesen Fehlentscheidungen. Jede Regierung muss sich auf Ordnungskräfte stützen. [...] Fatal war jedoch, dass die Regierung und vor allem Reichswehrminister Gustav Noske eine Demokratisierung der Streitkräfte auch nicht ansatzweise in Angriff nahmen. [...] Die Niederschlagung des „Spartakusaufstandes“ oder die Auflösung der zweiten Münchener Räterepublik waren grundsätzlich legitim, aber die äußerst brutale Art und Weise beschädigte [...] das Ansehen der jungen Republik nachhaltig [...].

*Bernd Braun, Der Präsident, in: ZEIT Geschichte, Nr. 6/2018, S. 47f.**

1 *Regentschaft:* Übernahme der Regierung eines Staates
2 *obsolet:* überflüssig

7 Gruppenarbeit: Analysieren und vergleichen Sie M 7 bis M 11 arbeitsteilig und präsentieren Sie die Ergebnisse im Rahmen einer Podiumsdiskussion zur Frage der Handlungsspielräume 1918/19.

8 Beurteilen Sie davon ausgehend die Handlungsspielräume 1918/19.

5.3 Vertiefung: Verfassung und Parteien der Weimarer Republik

In diesem Kapitel geht es um
- *die Nationalversammlung in Weimar und ihre Arbeit an der Verfassung,*
- *die Parteien der Republik, die das politische Leben der Republik mitprägten,*
- *die Bestimmungen der Weimarer Verfassung und ihre Beurteilung.*

Nationalversammlung und Bürgerkrieg

▶ M 9 (S. 226): Aufruf des Rats der Volksbeauftragten

▶ M 6: Wahlergebnisse

M 1 Friedrich Ebert (1871 bis 1925), Fotografie, 1919

▶ Freikorps siehe S. 229

Am 19. Januar 1919, nur zwei Monate nach den Revolutionswochen, wählte Deutschland eine **Nationalversammlung**, die eine republikanische Verfassung ausarbeiten, debattieren und beschließen sollte. Der Wahlkampf unterlag keiner Zensur, Presse- und Versammlungsfreiheit galten uneingeschränkt. Das **Wahlrecht** erfüllte höchste demokratische Standards – auch im europäischen Vergleich. Die Frauen waren gleichberechtigt zur geheimen Wahl aufgerufen. Die Wahlbeteiligung insgesamt lag bei beachtlichen 83 Prozent. Trotz einer weiteren Radikalisierung von Teilen der Arbeiterbewegung konnte die MSPD diese Wahl für sich entscheiden und wurde mit 37,9 Prozent der abgegebenen Stimmen zur stärksten Fraktion. Um eine Mehrheit zu erzielen, war sie jedoch auf Partner unter den bürgerlichen Parteien angewiesen. Diese seit Herbst 1918 entwickelte Kooperation setzte sich also in der Nationalversammlung fort und prägte auch die Ausgestaltung der Verfassung.

Am 6. Februar 1919 wurde die Nationalversammlung in **Weimar** und nicht in Berlin eröffnet. Nach den Unruhen im Januar wollte man sich der anhaltend revolutionären Stimmung in der Hauptstadt entziehen. In wenigen Tagen fassten die Abgeordneten wegweisende Entschlüsse und **Friedrich Ebert** wurde zum ersten Präsidenten einer deutschen **Republik** gewählt. Die neue Regierung unter Führung von Philipp Scheidemann (MSPD) stützte sich auf die „**Weimarer Koalition**": MSPD, DDP und Zentrum.

Die Debatten über die Verfassungsordnung standen vor allem im Frühjahr 1919 unter dem Eindruck großer Streikbewegungen, Besetzungen von Fabriken und Verlagshäusern, Demonstrationen und Straßenschlachten im ganzen Land. Auch diese Aufstände, die von Enttäuschung über die Revolution zeugten, schlug die Regierung militärisch und mit Freikorps* nieder. Sie rückten Deutschland in die **Nähe eines Bürgerkriegs**.

Einflüsse auf die Entstehung der Verfassung

Neben den akuten Auswirkungen der Revolution beeinflussten Nachwirkungen des Kaiserreiches die Weimarer Reichsverfassung. Im Kaiserreich war die Sozialdemokratie kontinuierlich bekämpft worden, nun sah sie sich plötzlich mit Regierungsverantwortung konfrontiert. Das führte in der zeitlichen Enge dazu, dass für entscheidende Fragen bei der MSPD keine eigenen Konzepte vorlagen. Folglich wurden vorhandene Gestaltungsvorschläge übernommen, die vor allem die liberalen Parteien einbrachten.

Außerdem beeinflusste die späte Nationsgründung (s. S. 129 ff.) den Verfassungsentwurf. Während zur selben Zeit die USA, Großbritannien, Frankreich, die Niederlande, Belgien, skandinavische Länder oder die Schweiz auf lange Erfahrungen mit dem parlamentarischen System zurückgreifen konnten und damit „gelernte" Demokratien waren, blickte Deutschland erst auf eine kurze Phase als einheitlicher Staat mit geringer demokratischer Tradition zurück. Nationale Politik im Deutschen Reich war bisher weitge-

hend Sache der adligen Eliten gewesen und parlamentarische Regeln mussten erst eingeübt werden. Deshalb suchte die Nationalversammlung nach Vorlagen für die Gestaltung der republikanischen Verfassung, sie blickte besonders interessiert auf das Präsidialsystem der USA. Deutschland gilt daher als eine **„improvisierte" Demokratie** im Unterschied zur „gelernten" Demokratie in vielen anderen westlichen Staaten.
Insgesamt markiert die Arbeit der Nationalversammlung in der deutschen Verfassungsgeschichte eine Zäsur. In diesen Wochen wurde ein **Systemwechsel*** vollzogen. Der Reichstag hatte zwar seit der Gründung des Kaiserreichs bestanden. Seine Rolle im autoritären Kaiserstaat war aber verfassungsrechtlich eng beschnitten. Die Debatten in Weimar waren lebhaft und leidenschaftlich und mündeten schließlich in der Vorlage der Weimarer Reichsverfassung. Am 31. Juli 1919 verabschiedete die Nationalversammlung den Entwurf. Reichspräsident Ebert setzte ihn am 11. August in Kraft.

Systemwechsel
Der Begriff bezeichnet in der Politikwissenschaft den „Übergang von einem Ordnungssystem zu einem grundsätzlich anderen System" (Wolfgang Merkel). Dabei trifft im Ergebnis umfassender Wandel zum Teil auch auf Elemente der Kontinuität. Beispiele für Systemwechsel in Deutschland sind u.a. die Reichsgründung 1871 oder die Machtübernahme der Nationalsozialisten 1933.

▶ **M 10: Auszug aus der Weimarer Reichsverfassung**

M2 Schaubild der Weimarer Reichsverfassung 1919

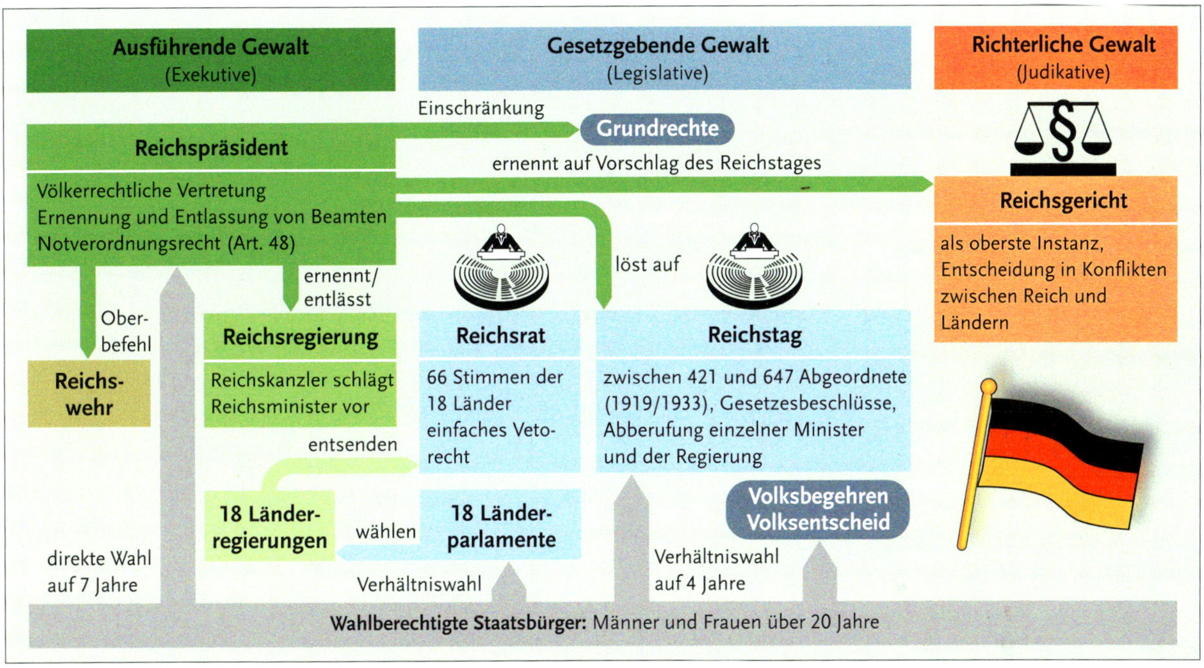

Charakter der Verfassung

Die Weimarer Verfassung konstituierte das Deutsche Reich als parlamentarische Republik. Den demokratischen Kern bildeten, direkt vom Volk gewählt, der **Reichstag** und der **Reichspräsident**. Das Amt des Reichspräsidenten wurde mit umfangreichen Rechten ausgestattet, um einem vor allem von rechts befürchteten „Parlamentsabsolutismus"* vorzubeugen. Zur Wiederherstellung von „Sicherheit und Ordnung" in einer Gefahrenlage ermöglichte zudem **Artikel 48** autoritäres Regieren und Eingriffe in Grundrechte durch das Staatsoberhaupt. Andererseits hatte der Reichstag weitreichende Befugnisse bei Gesetzgebung und Kontrolle der **Regierung**. Die Länder erhielten ihre Repräsentation im **Reichsrat**. Die **Gewaltenteilung** wurde durch die unabhängigen Gerichte verankert. Umfangreiche Debatten löste die Einbindung von **Grundrechten** im zweiten Teil der Verfassung aus, wo sich unterschiedliche Grundsatzpositionen niederschlugen.

Parlamentsabsolutismus
In einem politischen System mit Gewaltenteilung beschränken sich Legislative, Exekutive und Judikative gegenseitig. Diese Beschränkung ist im Parlamentsabsolutismus zugunsten der Legislative aufgehoben, die damit Regierung und Justiz dominiert. In der Weimarer Republik wurde mit diesem Begriff Stimmung gegen die Demokratie gemacht.

Parteien

▶ M 13, M 14: Einschätzungen von Historikern zur Rolle der Parteien

Die Weimarer Republik war ein **Parteienstaat**, obwohl die Verfassung die Aufgaben der Parteien nicht bestimmte – im Unterschied zum Grundgesetz der Bundesrepublik Deutschland, das ihnen die Mitwirkung an der politischen Willensbildung zuweist. So blieben die Parteien in hohem Maße unter dem Einfluss ihres Rollenbildes, das im Kaiserreich wurzelte. Bis 1918 verlangte die politische Arbeit im Reichstag **kaum die Fähigkeit zum Kompromiss**. Auch jetzt zeigten die Parteien wenig Bereitschaft, unter Aufgabe eigener Positionen mittels Verhandlungen zu stabilen Koalitionen zu gelangen. Das klare Wahlergebnis zur Nationalversammlung hatte diese Schwäche zunächst überdeckt, sie trat mit den unklaren Mehrheiten der folgenden Wahlen deutlich hervor.

M3 Die wichtigsten politischen Parteien in der Weimarer Republik

Partei	Mitglieder, Wähler, Anhänger	Staatsverständnis/ politische Ordnung	Sozioökonomische Ordnung
Kommunistische Partei Deutschlands (KPD) 1920 gingen Teile der USPD in der KPD auf.	Arbeiterschaft („Proletarier"); Intellektuelle	revolutionäre Umgestaltung von Staat, Gesellschaft und Wirtschaft in Anlehnung an das sowjetische Rätesystem; kommunistische Diktatur der KPD	Aufbau des Sozialismus, entschädigungslose Verstaatlichung von Banken, Industrie und Großgrundbesitz; Bildung sozialistischer Genossenschaften*
Sozialdemokratische Partei Deutschlands (SPD) Bis 1919 MSPD, dann SPD; 1922 trat die Rest-USPD der SPD bei.	Arbeiterschaft; Angestellte; Kleinbürger und Handwerker; einige Intellektuelle	parlamentarisch-demokratische Republik; demokratische Erneuerung von Staat und Gesellschaft gegen den Einfluss monarchistischer militärischer Kreise; Trennung von Staat und Kirche; Sicherung der Grundrechte	sozialer Ausgleich; Verstaatlichung der Großkonzerne (Mitbestimmung der Arbeiter durch ein Betriebsrätesystem) und von Grund und Boden; Förderung des Genossenschaftswesens
Deutsche Demokratische Partei (DDP)	überwiegend protestantisches Bildungs- und Besitzbürgertum*	parlamentarisch-demokratische Republik; liberaler Rechtsstaat; Schutz des Individuums; Freiheit von Kultur und Wissenschaft; Sicherung der Grundrechte; Trennung von Staat und Kirche	Privateigentum; Privatwirtschaft; Verhinderung von Monopolen; sozialer Ausgleich durch Steuersystem; Schutz von Handwerk und Mittelstand*
Deutsche Zentrumspartei (Zentrum) In Bayern: Bayerische Volkspartei (BVP)	deutsche Katholiken aller Schichten	parlamentarisch-demokratische Republik; Kooperation von katholischer Kirche und Staat (auch im Schulsystem: Bekenntnisschulen)	Stärkung der Sozialpolitik (besonderer Schutz der Familie); sozialer Ausgleich; Verstaatlichung gegen Entschädigung; Privateigentum; Förderung des Genossenschaftswesens; Schutz des Mittelstandes und der Bauern

Genossenschaft
Freiwilliger Zusammenschluss von gleichgesinnten Mitgliedern (Genossen), meist in der Landwirtschaft und im Handwerk. Wesentliches Ziel ist die Förderung gemeinsamer Interessen z. B. durch Kostenvorteile infolge günstiger gemeinsamer Einkaufs- und Absatzbedingungen oder durch die gemeinsame Nutzung kostenintensiver Anlagen. Die Mitglieder sind an allen wichtigen Entscheidungen der Genossenschaft demokratisch beteiligt nach dem Prinzip: ein Mitglied, eine Stimme. Heute sind z. B. viele Fairtrade-Organisationen als Genossenschaften organisiert.

Bürgertum
Bevölkerungsgruppe, die bestimmt wird von Besitz, Bildung und gemeinsamen Einstellungen. Sie hebt sich von Adel und Klerus, Bauern und Unterschichten (einschließlich Arbeitern) ab. Zum Bürgertum gehören Besitz- oder Wirtschaftsbürger („Bourgeoisie": größere Kaufleute, Unternehmer, Bankiers, Manager), Bildungsbürger mit meist akademischer Bildung (z. B. höhere Beamte und Angestellte, Ärzte, Rechtsanwälte) und am Rande auch die Kleinbürger (z. B. Handwerker, Kleinhändler, Wirte).

Mittelstand
Soziale Gruppen einer Industriegesellschaft, die nicht zu den Kapitaleignern und ihren Führungskräften (Oberschicht) und nicht zur Arbeiterschaft (Unterschicht) gehören.

Partei	Mitglieder, Wähler, Anhänger	Staatsverständnis/ politische Ordnung	Sozioökonomische Ordnung
Deutsche Volkspartei (DVP)	überwiegend protestantisches Besitzbürgertum; Unternehmer; Industrielle; ehem. „Nationalliberale"	konstitutionelle Monarchie, aber Bereitschaft zur konstruktiven Mitarbeit in der Republik; Mitwirkung des Parlaments bei der Gesetzgebung; Trennung von Staat und Kirche (auch im Schulsystem: Einheitsschule)	Privateigentum; Verstaatlichung nur in Ausnahmefällen gegen Entschädigung; Förderung von Land- und Privatwirtschaft; Vertretung industrieller Interessen; autoritär-nationale Prägung
Deutschnationale Volkspartei (DNVP)	protestantische „alte Eliten": Großgrundbesitzer; Offiziere; hohe Beamte; Industrielle	über den Parteien stehende Monarchie; Vorbild: Kaiserreich; starker Staat mit starker Exekutive; Schwächung des Parlaments: stattdessen „Ständevertretung" als Beteiligung des Parlaments an der Gesetzgebung; Militär als Machtgrundlage	Privateigentum; Anti-Kommunismus; Förderung von Land-, Privatwirtschaft und Großindustrie; Nationalismus; Militarismus; reaktionär
Nationalsozialistische Deutsche Arbeiterpartei (NSDAP) Gründung 1920	Mittelstand, v.a. Kleinbürgertum in Stadt und Land; Beamte; Arbeiter; Bildungsbürgertum	Aufbau eines starken „Führerstaates" (totalitäre Diktatur) nach italienischem Vorbild; Ablehnung aller Ausprägungen von Demokratie und Parlamentarismus	Herstellung einer „Volksgemeinschaft" nach nationalistisch-rassistischen Grundsätzen; Privateigentum; Verstaatlichung von Großbetrieben und Bodenreform; für einen gesunden Mittelstand; Antisemitismus; Antikommunismus; Antikapitalismus

1 Vergleichen Sie die Konstituierung der Weimarer Republik 1919 mit der Gründung des Deutschen Kaiserreichs 1870/71.
Tipp: Gliedern Sie Ihren Vergleich: z. B. Anlass – Beteiligte – Ergebnis – …
2 Beschreiben Sie zentrale Merkmale des politischen Systems der Weimarer Republik anhand des Darstellungstextes und des Verfassungsschaubildes M 2.
3 **Vertiefung:** Beachten Sie bei der Analyse der Verfassung die horizontale und die vertikale Gewaltenteilung.
4 Welche Parteien können wahrscheinlich Regierungskoalitionen miteinander bilden? Analysieren Sie dazu die politischen Positionen (M 3) und die Wahlergebnisse (M 6).

Weitere Wahlplakate der Parteien
cornelsen.de/Webcodes
Code: xutova

Parteiprogramme im Wortlaut
cornelsen.de/Webcodes
Code: fopima

Hinweise zur Arbeit mit den Materialien
Die Plakate M 4 und M 5 beleuchten beispielhaft den kurzen Wahlkampf vor der Wahl zur Nationalversammlung 1919. M 6 präsentiert die Wahlergebnisse der Weimarer Republik. Stellvertretend für die umfangreichen Debatten in der Nationalversammlung steht die Diskussion um das Amt des Reichspräsidenten (M 7–M 9). Der Text der Verfassung ermöglicht Ihnen eine tiefere Analyse ihrer Eigenschaften (M 10). M 12–M 14 bieten Ansätze zur Beurteilung der Weimarer Reichsverfassung.

Wahlen zur Nationalversammlung 1919

5 **Arbeitsteilige Gruppenarbeit:** Analysieren und vergleichen Sie die Wahlplakate aus dem Jahr 1919 (M 4, M 5 und M 2, S. 243).
Tipp: Beachten Sie die methodischen Hinweise auf S. 242 und stützen Sie Ihren Vergleich auf selbstgewählte Kriterien.

M4 Wahlplakat der DNVP, 1919.
Auf dem Wagen links steht: „Staatswagen". In der roten Lache rechts unten: „Revolutionssumpf".

M5 Wahlplakat der SPD, 1919.
In den Sonnenstrahlen steht: „Die neue Zeit".

M6 Wahlergebnisse in der Weimarer Republik

	Jan. 1919	Juni 1920	Mai 1924	Dez. 1924	Mai 1928	Sept. 1930	Juli 1932	Nov. 1932	März 1933
KPD	–	2,1	12,6	9,0	10,6	13,1	14,3	16,9	12,3
USPD	7,6	17,9	0,8	0,3	–	–	–	–	–
SPD	37,9	21,7	20,5	26,0	29,8	24,5	21,6	20,4	18,3
Zentrum/BVP	19,7	18,2	16,6	17,3	15,2	14,8	15,7	15,0	13,9
DDP	18,5	8,3	5,7	6,3	4,9	3,8	1,0	1,0	0,9
DVP	4,4	13,9	9,2	10,1	8,7	4,5	1,2	1,9	1,1
DNVP	10,3	15,1	19,5	20,5	14,2	7,0	5,9	8,3	8,0
NSDAP	–	–	6,5[1]	3,0[1]	2,6	18,3	37,3	33,1	43,9
Sonstige	1,6	2,8	8,6	6,5	14,0	14,0	3,0	3,4	1,6

Statistisches Jahrbuch für das Deutsche Reich, Jg. 1933, S. 599.

1 Statt der NSDAP, die 1924 verboten war, kandidierten Vertreter der Wahlplattform „Völkischer Block".

6 Beschreiben Sie die Entwicklung der Ergebnisse zu den Reichstagswahlen 1919 bis 1933 (M 6) und stellen Sie diese grafisch in einem Diagramm dar.

Debatte und Ergebnisse in der Nationalversammlung

M7 Albrecht Philipp (DNVP), Rede vor der Nationalversammlung, 4. Juli 1919

Ich will den Standpunkt der Deutschnationalen Volkspartei zu Art. 41 [...] klarstellen. [...] Eine persönliche Spitze ist überall notwendig [...]. Aber wenn das Deutsche Reich wieder in die Reihe der Großmächte treten will [...], dann ist es notwendig, dass eine Person vorhanden ist, die das Reich nach innen und außen repräsentiert; und meine politischen Freunde vertreten die Auffassung, dass die Stellung des Reichspräsidenten nicht mächtig genug sein kann. [...] Das deutsche Volk will regiert werden, und gerade die Ereignisse der letzten Monate haben das Autoritätsgefühl im deutschen Volke – in vielen Teilen wenigstens – gestärkt. [...] Wir möchten davor warnen, dass dieser Präsident [...] ein ausgesprochener Parteimann sein soll. Der Reichspräsident ist vom gesamten deutschen Volke zu wählen. [...] Wir brauchen Personen, die wenigstens über zwei oder drei Parteien stehen, wenn man für sie im deutschen Volke eine Mehrheit schaffen will.

*Verhandlungen des Reichstages, Bd. 327. 1919/20, 4. Juli 1919, Berlin 1920, S. 1304ff.**

M8 Hugo Haase (USPD), Gegenrede vor der Nationalversammlung, 4. Juli 1919

Dass der Staat eine Spitze haben muss – wie [Albrecht Philipp] ausführte –, bestreitet ihm kein Mensch. Es kommt nur darauf an, ob eine Einzelpersönlichkeit oder ob – wie wir es beantragen – das Gesamtministerium unter Kontrolle der Volksvertretung diese Spitze bildet. Nun hat der Herr Abgeordnete Philipp für seine Auffassung mehrere Gründe angegeben. [...] Darin ist die Auffassung enthalten, dass das Volk eine Herde bildet und weiter als Herde behandelt werden muss. Genau in demselben Sinne und aus demselben Geiste heraus hat er gefordert, dass die Persönlichkeit, die an die Spitze trete, dazu berufen sein solle, den Autoritätsglauben im Volke zu stützen. [...] Was Sie wollen, [...] das deutet darauf hin, dass Sie den Präsidenten nur aus dem alten Adel, vielleicht aus dem urältesten Adel holen wollen, und dass Sie deswegen diesen Weg einschlagen, um von neuem die Monarchie in Deutschland einzuschmuggeln. [...] Wir haben [...] allerdings die Sorge, dass sich ein Präsident zum persönlichen Regiment ausbilden könnte. [...] Wir wollen eine demokratische Leitung.

*Verhandlungen des Reichstages, Bd. 327. 1919/20, 4. Juli 1919, Berlin 1920, S. 1304ff.**

M9 Bruno Ablaß (DDP), Gegenrede vor der Nationalversammlung, 4. Juli 1919

Das Volk allein ist souverän. [Und] dasjenige Organ, das [...] berufen ist, die Volkssouveränität in sich am stärksten zu verkörpern, das ist der Reichstag. [...] In dieser Hinsicht haben wir uns gesagt, dass es unumgänglich notwendig ist, neben dem Reichstag ein Kontrollorgan zu schaffen, und als solches deuten wir uns den Reichspräsidenten. [...] Das ist es, was wir wünschen und wollen; nicht dass die Masse der Führer ist, sondern dass der Abgeordnete, der Erwählte, derjenige Führer ist, der nicht sklavisch dasjenige ausführt, was ihm als Befehl der Masse vorgetragen wird, sondern der ein Leiter, ein Lenker der Masse ist, ein Erzieher des Volkes. So denken wir uns die Stellung eines Abgeordneten, eines Führers und auch eines Präsidenten. [...] Die Zeiten der Monarchie sind endgültig vorüber, und auf dem Wege, den wir jetzt beschritten haben, durch die Schaffung eines starken demokratischen Präsidenten, besteht die Gefahr sicherlich nicht, dass wir etwa der Monarchie den Boden zur Rückkehr bereiten würden.

*Verhandlungen des Reichstages, Bd. 327. 1919/20, 4. Juli 1919, Berlin 1920, S. 1304ff.**

M10 Verfassung des Deutschen Reichs, 31. Juli/11. August 1919 – Erster Hauptteil

Aufbau und Aufgaben des Reiches

Art. 1. Das Deutsche Reich ist eine Republik. Die Staatsgewalt geht vom Volke aus. [...]

Art. 20. Der Reichstag besteht aus den Abgeordneten des deutschen Volkes.

Art. 21. Die Abgeordneten sind Vertreter des ganzen Volkes. Sie sind nur ihrem Gewissen unterworfen und an Aufträge nicht gebunden.

Art. 22. Die Abgeordneten werden in allgemeiner, gleicher, unmittelbarer und geheimer Wahl von den über zwanzig Jahre alten Männern und Frauen nach den Grundsätzen der Verhältniswahl gewählt. [...]

Art. 23. Der Reichstag wird auf vier Jahre gewählt. [...]

Art. 25. Der Reichspräsident kann den Reichstag auflösen, jedoch nur einmal aus dem gleichen Anlass. [...]

Art. 33. Der Reichstag und seine Ausschüsse können die Anwesenheit des Reichskanzlers und jedes Reichsministers verlangen. [...]

Art. 41. Der Reichspräsident wird vom ganzen deutschen Volke gewählt. [...]

Art. 43. Das Amt des Reichspräsidenten dauert sieben Jahre. Wiederwahl ist zulässig. Vor Ablauf der Frist kann der Reichspräsident auf Antrag des Reichstags durch Volksabstimmung abgesetzt werden. [...]

Art. 47. Der Reichspräsident hat den Oberbefehl über die gesamte Wehrmacht des Reichs.

Art. 48. Wenn ein Land die ihm nach der Reichsverfassung oder den Reichsgesetzen obliegenden Pflichten nicht erfüllt, kann der Reichspräsident es dazu mithilfe der bewaffneten Macht anhalten. Der Reichspräsident kann, wenn im Deutschen Reiche die öffentliche Sicherheit und Ordnung erheblich gestört oder gefährdet wird, die zur Wiederherstellung der öffentlichen Sicherheit und Ordnung nötigen Maßnahmen treffen, erforderlichenfalls mit Hilfe der bewaffneten Macht einschreiten. Zu diesem Zwecke darf er vorübergehend die [...] festgesetzten Grundrechte ganz oder zum Teil außer Kraft setzen. Von allen gemäß [...] dieses Artikels getroffenen Maßnahmen hat der Reichspräsident unverzüglich dem Reichstag Kenntnis zu geben. Die Maßnahmen sind auf Verlangen des Reichstags außer Kraft zu setzen. [...]

Art. 50. Alle Anordnungen und Verfügungen des Reichspräsidenten [...] bedürfen zu ihrer Gültigkeit der Gegenzeichnung durch den Reichskanzler oder den zuständigen Reichsminister. [...]

Art. 53. Der Reichskanzler und auf seinen Vorschlag die Reichsminister werden vom Reichspräsidenten ernannt und entlassen.

Art. 54. Der Reichskanzler und die Reichsminister bedürfen zu ihrer Amtsführung des Vertrauens des Reichstags. Jeder von ihnen muss zurücktreten, wenn ihm der Reichstag durch ausdrücklichen Beschluss sein Vertrauen entzieht. [...]

Art. 59. Der Reichstag ist berechtigt, den Reichspräsidenten, den Reichskanzler und die Reichsminister [...] anzuklagen, dass sie schuldhafterweise die Reichsverfassung oder ein Reichsgesetz verletzt haben. [...]

Art. 68. [...] Die Reichsgesetze werden vom Reichstag beschlossen. [...]

Art. 73. Ein vom Reichstag beschlossenes Gesetz ist [...] zum Volksentscheid zu bringen, wenn der Reichspräsident binnen eines Monats es bestimmt. [...] Ein Volksentscheid ist ferner herbeizuführen, wenn ein Zehntel der Stimmberechtigten das Begehren [...] stellt. [...]

Art. 102. Die Richter sind unabhängig und nur dem Gesetz unterworfen. [...]

Zit. nach: Ernst Rudolf Huber (Hg.), Dokumente der Novemberrevolution und der Weimarer Republik 1918–1932, 2. Aufl., Kohlhammer, Stuttgart 1966, S. 129ff. *

M 11 ***„Frédéric le Gros"*, Karikatur aus der deutschen Satirezeitschrift „Kladderadatsch", 1919.**
Der französische Titel bedeutet „Friedrich der Dicke".

7 **Arbeitsteilige Gruppenarbeit:** Analysieren und vergleichen Sie die Beiträge zur Debatte über das Reichspräsidentenamt (M 7–M 9).

8 **Vertiefung:** Beurteilen Sie das Demokratieverständnis, das den Aussagen jeweils zugrunde liegt.

9 **Wahlaufgabe:** Bearbeiten Sie entweder a) oder b).
- **a)** Erläutern Sie die Funktion des Reichspräsidenten in der Weimarer Verfassung (M 2, M 10).
- **b)** Überprüfen Sie mithilfe von M 3, welche politischen Ideen in der Weimarer Verfassung (M 10) durchgesetzt wurden. Erläutern Sie die Folgen. **Tipp:** Bedenken Sie die Begleitumstände, als die Verfassung ausgearbeitet wurde (s. Darstellungsteil).

10 **Vertiefung:** Analysieren Sie die Karikatur (M 11). Überprüfen Sie die Kernaussage der Karikatur über Friedrich Ebert als Reichspräsidenten. Berücksichtigen Sie die Verfassungsbestimmungen und recherchieren Sie eigenständig.

11 **Zusatzaufgabe:** Siehe S. 411.

12 **Wahlaufgabe:** Bearbeiten Sie entweder a) oder b).
- **a)** Vergleichen Sie die Weimarer Verfassung (M 10) mit der Verfassung des Kaiserreichs (M 1, S. 137).
- **b)** Vergleichen Sie die Weimarer Verfassung (M 10) mit der Verfassung der USA (M 3, S. 84).

Urteile zu Verfassung und Parteien

M 12 Bundestagspräsident Norbert Lammert, Rede zum 90. Jahrestag der Weimarer Verfassung, 2009

[Die Verfassung der Weimarer Republik] hatte als Dokument eines demokratischen Erneuerungswillens manche Vorzüge, aber auch erhebliche Schwächen. [...] Der wohl folgenreichste Konstruktionsfehler [...] war die fehlende Balance zwischen den Verfassungsorganen. Die juristisch kunstvolle, politisch eher künstliche Gewichtsverteilung der zentralen Institutionen und ihrer Kompetenzen – Reichspräsident und Reichskanzler, Reichstag und Regierung, dazu die Möglichkeit von Plebisziten [Volksentscheid] anstelle parlamentarischer Entscheidungen – hat eine längerfristig angelegte Arbeit der Regierung geradezu verhindert, da sie zwischen den jeweils durch Wahl direkt legitimierten Verfassungsorganen Präsident und Parlament immer wieder aufgerieben wurde. Die regelmäßigen vorzeitigen Auflösungen des Reichstages [...] sind Ausdruck dieser strukturellen Instabilität. Sie wurde begünstigt durch den berüchtigten Artikel 48 der Verfassung, die dem Reichspräsidenten ein Notverordnungsrecht zugestand, das sich mit der zunehmenden Handlungsunfähigkeit des Reichstages immer mehr zu einer Ersatzgesetzgebung entwickelte.

*Zit. nach: https://www.bundestag.de/parlament/praesidium/reden/2009/007/247758 (abgerufen am 10.01.2018).**

M 13 Der Historiker Hans-Ulrich Wehler, 2003

Die Funktionstüchtigkeit der parlamentarischen Demokratie, zu der sich die Weimarer Republik bekannte, hing ganz und gar von der Leistungs- und Kooperationsfähigkeit der politischen Parteien ab. Das galt umso mehr, als die politische Kultur des Landes noch immer durch ein hohes Maß an überzogener Parteiskepsis und [...] an Neigung zu einem autoritären Stil gekennzeichnet war. Das hervorstechende Charakteristikum des Weimarer Parteiensystems ist nun fraglos seine tiefe Ambivalenz gewesen. Zum einen bestand das alte [...] Parteienspektrum [...] ungeachtet des Systemwechsels bis 1928 weiter fort. Die Parteien des Kaiserreichs führten entweder ihren alten Namen weiter, oder sie firmierten nach einer sprachkosmetischen Umtaufung unter einem neuen Etikett, von dem sie sich mehr zeitgemäße Werbekraft versprachen. Zum andern tauchten seit 1919/20 mit der KPD und der NSDAP eine links- und eine rechtstotalitäre Bewegung auf, die als radikale politische Innovationen das bisherige Parteiensystem sprengten. Nichts demonstriert den Legitimationsverfall der ersten Republik schlagender als die Tatsache, dass diese totalitären Flügelparteien ein Dutzend Jahre später im Reichstag zusammen genommen mehrheitsfähig geworden waren!

*Hans-Ulrich Wehler, Vom Beginn des Ersten Weltkriegs bis zur Gründung der beiden deutschen Staaten 1914–1949, C. H. Beck, München 2003, S. 353.**

M 14 Der Politologe Gotthard Jasper, 1990

Ein Blick über den Zaun, nach dem Frankreich der V. Republik, bestärkt diese Warnung [die Weimarer Verfassung zu einseitig zu beurteilen], denn dort funktioniert ein Regierungssystem, das zwischen Staatspräsident und Parlament ähnliche Kompetenzprobleme enthält wie die Weimarer Verfassung. Dieser Blick lenkt darum das Augenmerk notwendigerweise vom Text der Verfassung auf die „gelebte Verfassung". [...] Verfassungen [...] sind nicht nur feste Regeln, sondern immer Angebot und Aufgabe. Verfassungen stecken nur einen Rahmen ab, der Handlungsmöglichkeiten bietet, und geben inhaltliche Ziele vor, die in Abhängigkeit von der jeweiligen Konstellation realisiert werden müssen. Um zu einer wirklichen, gelebten Verfassung zu werden, muss der jeweilige Verfassungstext immer wieder neu interpretiert werden. [...] Ob die Grundprinzipien der Verfassung in der politischen Kultur der Gesellschaft normative Kraft entfalten, das hängt vom Willen des Verfassungsvolkes zu seiner Verfassung ab. Und dabei sind insbesondere die politischen Eliten gefragt, denn die politische Kultur eines Landes ist im Kern die politische Kultur der Eliten. Für Weimar galt, dass die Bereitschaft zum verfassungsstiftenden Kompromiss erlahmte. Die Wahl Hindenburgs ist dafür das treffende Symbol. Hier lagen die Ursachen des Scheiterns und nicht so sehr in der Konstruktion von Ämtern und Kompetenzen.

Gotthard Jasper, Problematik des Reichspräsidentenamtes in der Weimarer Republik, in: Rudolf König u. a. (Hg.), Friedrich Ebert und seine Zeit. Bilanz und Perspektiven der Forschung, Oldenbourg, München 1990, S. 159.

13 Beurteilen Sie ausgehend von M 12–M 14, inwiefern die Weimarer Verfassung (de-)stabilisierend auf die Verhältnisse der Republik wirken konnte.
Tipp: Recherchieren Sie zur Kontinuität der „alten Eliten" (S. 228) sowie zur Amtsführung der Reichspräsidenten Ebert und Hindenburg (S. 228 ff.). Berücksichtigen Sie die Stellung der Parteien und der Grundrechte in der Weimarer Verfassung (Darstellungsteil).

14 **Zusatzaufgabe:** Siehe S. 411.

Politische Plakate analysieren

M1 **Litfaßsäule mit Plakaten zur Reichspräsidentenwahl, 1932**

Stereotype
eingebürgerte Vorurteile mit feststehenden Vorstellungen über eine Sache, eine Person oder eine Gruppe

Inhaltliche Zuspitzung ist Mittel der politischen Kommunikation. „Plakative" Botschaften beeinflussen Meinungen, provozieren Widerspruch, erhalten Zustimmung, verzerren Fakten und bewirken Handlungen. In Deutschland hat diese politische **Streitkultur** ihre Wurzeln auch in der Weimarer Republik. Mit der Aufhebung der Zensur und der festen Verankerung der **Meinungs- und Pressefreiheit** entwickelte sich ein Freiraum, der das **politische Plakat** zum **Massenmedium** werden ließ. Ohne Internet, ohne Fernsehen und zunächst auch noch ohne Radio war das Plakat das schlagkräftigste Mittel der politischen Werber. Letztlich stützt sich die Politik bis heute auf die Kraft dieses Mediums, auch wenn sich die Formen verändert haben. Vor diesem Hintergrund ist es also wichtig, politische Plakate richtig zu verstehen und einzuordnen.
Politische Plakate präsentierten ihre Botschaften wie heute auch **im öffentlichen Raum** an Wänden, auf Werbeflächen, an Litfaßsäulen. Und sie wurden oft flüchtig, nur mit einem „Augen-Blick" wahrgenommen. Grafik und Botschaft mussten unmittelbar erkennbar sein. Häufig wiederholen sich daher bestimmte Motive, mit denen die Menschen vertraut waren (Stereotype*, Symbole). Außerdem wollte jedes Plakat aus der Masse hervorstechen. Daher zeigen sich kraftvolle Darstellungen, grelle Farben und dicke Schlagzeilen. Der kleinformatige Druck im Buch vermag kaum den Eindruck zu vermitteln, den die Großformate in Wirklichkeit auf die Menschen machten.
Aufgrund der großen Verbreitung und der wachsenden Bedeutung sind Plakate sehr **wichtige Quellen zur politischen Kultur** der Weimarer Republik. In ihnen werden nicht nur Themen, sondern auch die Mittel der Auseinandersetzung deutlich. Diese sind auch für unsere Gegenwart von Bedeutung, denn damals entstanden Ausdrucksformen, die noch heute regelmäßig die Streitkultur beleben, prägen, vergiften.

Arbeitsschritte und mögliche Leitfragen zur Analyse

1. Erster Eindruck
- Was fällt Ihnen als Erstes auf? Worauf richtet sich Ihr erster Blick?
- Welche Fragen wirft das Plakat auf?

2. Formale Merkmale
- Wie lautet der Titel des Plakats?
- Von wem stammt das Plakat: Auftraggeber, Partei? Wer hat es gestaltet?
- Wann ist das Plakat erschienen? Falls erkennbar: Wo wurde es veröffentlicht?
- Aus welchem Anlass wurde das Plakat veröffentlicht?
- Mit welchem Thema oder Problem setzt sich das Plakat auseinander?

3. Analyse der einzelnen Elemente
- Welche Personen, Figuren, Gegenstände, Orte, Situationen sind erkennbar?
- Wie werden diese Elemente dargestellt: Haltung, Position, Gesten, Gesichtsausdruck, Blickrichtung, Kleidung, Anordnung, Karikatur?
- Welche Bedeutung haben Symbole und Handlungen?
- Welche Textelemente werden genannt? Wie sind diese gestaltet: Überschrift, Unterschrift, Sprechblase, Beschriftung, Aufzählung?
- In welchem Verhältnis zueinander stehen Bildelemente, Text und Farbgebung: Größe, Proportionen, Perspektive, Dynamik?
- Welche Elemente sind besonders betont: Signalfarben, Symbole, Kontraste, Licht?

4. Interpretation/ Gesamtaussage
- Welche Aussage macht das Plakat zum Thema oder Problem?
- Welche Wirkungsabsicht verfolgt die Darstellung?
- Mit welchen Mitteln wird sie verfolgt: aggressiv, sachlich, schlicht, als Appell?
- An wen richtet sich das Plakat?
- Wie ist die Aussage zu beurteilen?

Übungsaufgabe

M 2 Wahlplakat der DDP zur Wahl der Nationalversammlung, 1919

Formulierungshilfen
- Zunächst wird der Blick des Betrachters auf ... gelenkt.
- ... macht einen ... Eindruck.
- Es stellt sich die Frage, ...
- Auf dem Plakat ist ... zu sehen.
- Das Plakat mit dem Titel ... wurde von ... gestaltet und im Jahr ... veröffentlicht.
- Das Plakat erschien im Zusammenhang mit ...
- Das Plakat stellt heraus, ...
- Das Plakat zeigt ...
- ... steht symbolisch für ...
- In ... wird deutlich gemacht, dass ...
- Die Beschriftungen ... verweisen auf ...
- Im Zusammenhang mit ... wirkt ... besonders ...
- Besonders groß/deutlich/auffallend ist ...
- Die Partei ... setzt sich also ein für ...
- Das Plakat will zeigen ...
- Das Plakat bedient sich in der Ansprache des Betrachters vorwiegend ... Mittel.
- Das Plakat wirkt insgesamt ...
- Das Plakat wendet sich vor allem an Menschen aus ... / die Gruppe der ...
- Anlass der Veröffentlichung dieses Plakats war ... Das ist an ... erkennbar.
- Insgesamt steht dieses Plakat für ...
- Das Plakat ist typisch für ... / Das Plakat erscheint ungewöhnlich, weil ...

1 Analysieren Sie das Wahlplakat M 2 mithilfe der Arbeitsschritte. Lösungshinweise finden Sie auf der nächsten Seite.

2 **Vertiefung:** Vergleichen Sie das Wahlplakat mit M 16, S. 275.

Lösungshinweise

Politische Botschaften erscheinen als Beschriftungen von Bausteinen. Ihre unterschiedliche Größe verweist auf unterschiedliche Bedeutung.

Das Mauerwerk wird fest verbunden und zusätzlich durch Eisenklammern gestärkt.

Eindeutig erkennbarer Auftraggeber ist die „Deutsche Demokratische Partei" (DDP).

Der Titel ist am größten geschrieben, er fällt dadurch direkt ins Auge. Er gibt die Metapher vor, an die sich alle anderen Bildelemente anschließen.

Die Figur zeigt einen Bauarbeiter bei der Arbeit. Er ist eine Symbolfigur, da er nicht persönlich zu identifizieren ist (unkenntliches Gesicht).

Nicht einfach zu erkennen: die zerborstene Krone zerfällt.

1. Erster Eindruck

- (individuelle Antworten)

2. Formale Merkmale

- Titel: „Am Neubau"
- Wahlplakat der liberalen Deutschen Demokratischen Partei (DDP)
- Wahlkampf vor der Wahl zur Nationalversammlung, 1919
- Thema: Politische Grundsätze der Partei für den neu zu schaffenden Staat

3. Analyse der einzelnen Elemente

- Ein kräftiger Maurer mit hochgekrempelten Ärmeln arbeitet an einer Mauer aus großen Steinen; die ersten Reihen sind bereits errichtet. Im Hintergrund steht ein Flaschenzug zur Verfügung. Die Szene wird durch zwei Textblöcke eingerahmt.
- Der Handwerker scheint konzentriert, sein Blick ist gesenkt und ganz auf seine Tätigkeit gerichtet. Er geht mit großer Ernsthaftigkeit seiner Arbeit nach.
- Die Mauer wirkt fest und stabil, die Steine sind groß und gewichtig.
- Jeder Stein steht durch seine Beschriftung für einen politischen Grundsatz der DDP. Den Schwerpunkt bilden sozial-liberale Forderungen. Der Baustein „Gleiches Recht für Alle" sticht aufgrund seiner Größe hervor. Die unteren Bausteine sind zusätzlich durch Eisenklammern verbunden und stabilisiert, sie bilden das Fundament.
- Die zerbrochene Krone verweist auf die zu Ende gegangene Epoche.
- Die Textblöcke betonen durch ihre Position auf dem Plakat die Szene in der Mitte.
- Das Titelwort „Neubau" signalisiert Aufbruch, Zukunft, Planung, Tatkraft.

4. Interpretation/ Gesamtaussage

- Die DDP will im Rahmen der Nationalversammlung tatkräftig an der Gestaltung des neuen Staates („Neubau") mitwirken und ihre Vorstellungen durchsetzen.
- Das Plakat vermittelt ernste Zuversicht und betont die Gelegenheit zum Fortschritt.
- Die Darstellung ist sachlich-informativ gehalten.
- Die Szene und der Charakter der Forderungen legen nahe, dass sich das Plakat an Arbeiter, Angestellte, einfache Bürger als Zielgruppe richtete.
- Im Vorfeld der Nationalversammlung bestand auch Anlass für eine Aufbruchstimmung. Die Partei unterstreicht diese optimistische Haltung durchaus zurecht.

5.4 Der Versailler Vertrag – Ringen um einen dauerhaften Frieden in Europa

In diesem Kapitel geht es um
- *die Schwierigkeiten bei der Suche nach einem Friedensvertrag nach Kriegsende,*
- *die Pariser Friedenskonferenzen und die Inhalte des Versailler Vertrages sowie*
- *die Bedeutung des Versailler Vertrages für den Aufstieg der NSDAP.*

1919: Überforderung und Friedenshoffnung

Der Erste Weltkrieg unterschied sich in der Zahl der kriegführenden Staaten und den großen militärischen wie zivilen Verlusten stark von den Kriegen des 19. Jahrhunderts. In einem **„industrialisierten Massenkrieg"** waren die Grenzen zwischen Soldaten und Zivilisten verwischt worden. Die europäischen Gesellschaften wurden durch den Krieg einschneidend verändert: Die Monarchien in Russland, Deutschland und Österreich-Ungarn existierten nicht länger, einige Gesellschaften befanden sich im Übergang von der Monarchie zur Republik und multiethnische Großreiche (Osmanisches Reich, Österreich-Ungarn) gingen in neuen Staatsgründungen auf.

Nach den Schrecken des Krieges hofften viele Europäer auf eine Neugestaltung der politischen Ordnung. Genährt wurde diese Hoffnung durch den Sieg der Bolschewiki in Russland, aber vor allem durch den amerikanischen Präsidenten Woodrow Wilson. Er vertrat die Idee eines **Rechts auf nationale Selbstbestimmung**. Jedes Volk sollte das Recht haben, frei über seine Belange zu entscheiden. Die Erfahrungen von Vielvölkerstaaten, Fremdherrschaft und Kolonialismus widersprachen diesem Prinzip zutiefst.

▶ Erster Weltkrieg siehe S. 167

▶ „14 Punkte" siehe S. 187

▶ M 6: Die Ambivalenz des „Rechts auf nationale Selbstbestimmung" am Beispiel „Ungarn"

M 1 Mitteleuropa 1914/1920

M2 „Die großen Drei", Fotografie, 1919.
V.l.n.r.: David Lloyd George, Georges Clemenceau, Woodrow Wilson

▶ M 7, M 8: Die verschiedenen Standpunkte der Siegermächte

Die Pariser Friedensverträge („Pariser Vorortverträge") von 1919/1920
- Versailler Vertrag mit dem Deutschen Reich, 1919
- Vertrag von Saint-Germain-en-Laye mit Österreich, 1919
- Vertrag von Neuilly-sur-Seine mit Bulgarien, 1919
- Vertrag von Trianon mit Ungarn, 1920
- Vertrag von Sèvres mit der Türkei, 1920

Die Pariser Friedenskonferenzen

Nach der deutschen Niederlage tagte in Paris die Konferenz der Siegermächte, um eine internationale Nachkriegsordnung zu schaffen. Die besiegten Staaten waren davon ausgeschlossen. Die „großen Drei" Hauptmächte prägten die Entscheidungen dieser Nachkriegskonferenz. Vertreten wurden sie durch den **US-Präsidenten Woodrow Wilson, den britischen Premierminister David Lloyd George und den französischen Ministerpräsidenten Georges Clemenceau.** Die „Friedensmacher" konnten sich nicht auf Erfahrungen aus der Vergangenheit berufen. Der Erste Weltkrieg hatte verheerende Neuerungen in der Kriegführung mit sich gebracht. Zudem schränkten die im Krieg aufgebauten Feindbilder und die hohen Opferzahlen die Bereitschaft zu Zugeständnissen deutlich ein. Im Spannungsfeld zwischen den großen Hoffnungen auf eine europäische Neuordnung einerseits und den Schwierigkeiten bei der Suche nach einem Frieden andererseits zeigten sich schnell widersprüchliche Erwartungen der Siegermächte.

Kernpunkte des Versailler Vertrages in Bezug auf Deutschland

Während Frankreich eine nachhaltige Schwächung Deutschlands anstrebte und so eine hegemoniale Stellung erreichen wollte, zielten die britische und amerikanische Delegationen darauf ab, das europäische Gleichgewicht der Großmächte auf dem Kontinent zu bewahren – aus Furcht vor einer Ausbreitung der Russischen Revolution. Das fertige Vertragswerk beinhaltete schließlich insgesamt 440 Artikel. Deutschland verlor ungefähr 13 Prozent seines Staatsgebietes und rund 6,6 Millionen Menschen durch Abtretung von Grenzgebieten. Neben Elsass-Lothringen, das an Frankreich zurückgegeben werden musste, machten die Gebietsabtretungen an Polen den Hauptteil aus. Diese Abtretungen gingen einher mit einer erheblichen Schwächung der deutschen Wirtschaftskraft, insbesondere in der Montan- und Eisenindustrie sowie der Landwirtschaft. Des Weiteren musste Deutschland auf alle Kolonien in Übersee verzichten. Zudem verordneten die Siegermächte Deutschland eine militärische Abrüstung: Die Armee wurde auf ein Freiwilligenheer von 100 000 Mann reduziert, schwere Waffen mussten abgegeben werden und die modernen Waffengattungen Panzer, U-Boote sowie die Luftwaffe wurden verboten.

M3 Die Bestimmungen des Versailler Vertrages für Deutschland

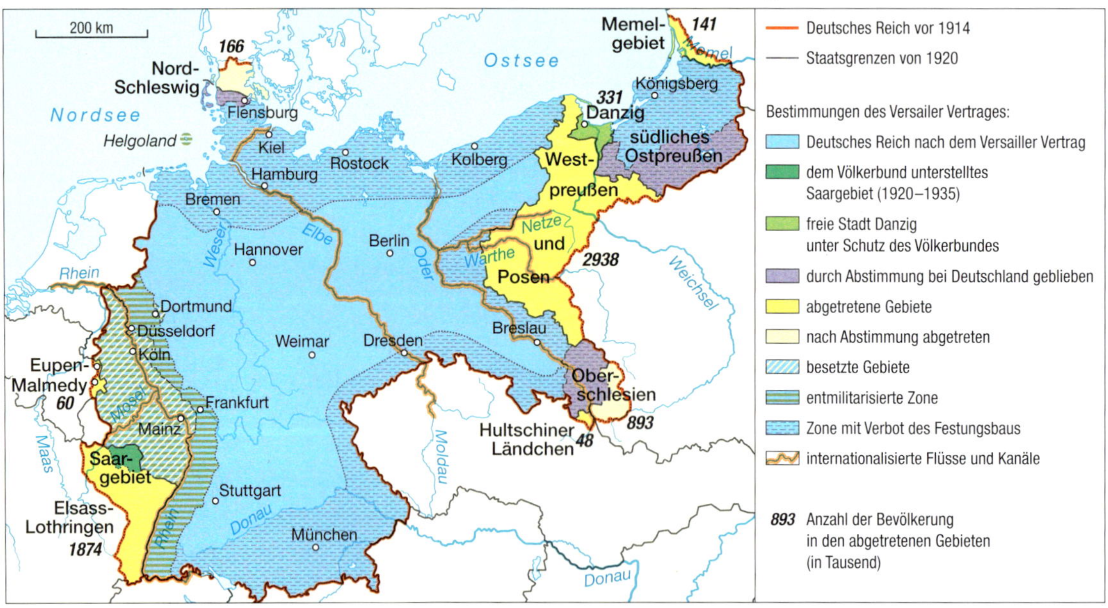

Der Kriegsschuldartikel

Zeitweise machten über 2000 akkreditierte Journalisten die Verhandlungen zu einem globalen Medienmoment des 20. Jahrhunderts. Das Interesse an den Verhandlungen spiegelt die Bedeutung der Konferenz für die Bevölkerung in Europa und den USA wider. Viele Menschen waren durch die ungekannte Brutalität des Ersten Weltkriegs ganz unmittelbar betroffen und erwarteten nun einen symbolischen Vertragsschluss. Exemplarisch lässt sich diese Emotionalisierung am Gewicht der Kriegsschuldfrage nachvollziehen. Im **Artikel 231*** („Kriegsschuldartikel") wurden Deutschland und seine Verbündeten als Urheber für alle Kriegsverluste und -schäden der Alliierten verantwortlich gemacht. Daraus leiteten sich die Forderungen der Alliierten nach einer wirtschaftlichen Entschädigung ab. Deren Gesamthöhe wurde jedoch noch nicht festgelegt.

Der Vertrag aus deutscher Sicht

Die deutsche Öffentlichkeit war vom Vertragsentwurf bitter enttäuscht und lehnte ihn nahezu einhellig ab. Sie hatte auf einen milden Frieden im Sinne eines Selbstbestimmungsrechts der Nationen gehofft. Selbst bei gemäßigten Politikern riefen die Forderungen Entsetzen hervor. Unter der Drohung einer Kriegsfortsetzung blieb der deutschen Delegation allerdings nichts anderes übrig, als den Versailler Vertrag schließlich zu unterzeichnen. Wie bereits bei der Unterzeichnung des Waffenstillstands im November 1918 übernahmen Politiker der Weimarer Republik die Verantwortung für die Aktionen der politischen und militärischen Führung des Ersten Weltkrieges. Die Feindschaft breiter Bevölkerungsschichten gegen den **„Diktat- und Schandfrieden"** von Versailles sollte die Weimarer Republik noch bis zu ihrem Ende begleiten und war – wie die „Dolchstoßlegende" – ein wesentlicher Faktor für die innenpolitische Destabilisierung.

Der Versailler Vertrag als Faktor innenpolitischer Destabilisierung

Hitler und die NSDAP nutzten die ablehnende Stimmung gegen den Vertrag: Sie machten sich zum Sprachrohr der „Revision" (Rücknahme) des Vertrages und stellten von Beginn an die Republik als „Versagerin" infrage. Diese Propaganda war im Zeichen der Weltwirtschaftskrise ab 1929 noch erfolgreicher: Angesichts der Massenarbeitslosigkeit wurden die Reparationszahlungen als noch bedrückender empfunden. Dass die Reichsregierung eine vorläufige Aussetzung der Reparationszahlungen erreichte, nahm die Bevölkerung kaum wahr. Hitlers Losung zeigte Wirkung: Die Forderungen nach einer vollständigen „Revision" des Versailler Vertrages und nach einer Beseitigung der Republik der „Novemberverbrecher und Erfüllungspolitiker" kamen bei vielen Deutschen gut an. Der Wunsch vieler Menschen nach einer Wiederherstellung des nationalen Selbstwertgefühls erklärt teilweise den rasanten Aufstieg der NSDAP. Nach der Machtergreifung vom 30. Januar 1933 setzte Hitler diese Politik konsequent um. Die große Beliebtheit, die er trotz aller Brutalität der NS-Diktatur bei vielen Deutschen genoss, lässt sich teilweise durch diese Revisionspolitik des Versailler Vertrages erklären.

1 Formulieren Sie zu jedem Absatz Fragen, auf die der Text Antworten gibt.
2 Arbeiten Sie in strukturierter Form (z. B. Mindmap oder Fließschema) Schwierigkeiten bei der Suche nach einem Frieden für Europa heraus.
3 Vergleichen Sie die damals weit verbreitete Rede vom „Diktat- und Schandfrieden" von Versailles mit der „Dolchstoßlegende" hinsichtlich der Wirkung auf die Gesellschaft der Weimarer Republik.
Tipp für mögliche Vergleichskriterien: Bedeutung für das Ansehen von politischen Vertretern der Republik – politische Feindbilder – Nutznießer solcher Geschichtsdeutungen.

M4 Versailler Vertrag, „Artikel 231"

„Die alliierten und assoziierten Regierungen erklären, und Deutschland erkennt an, dass Deutschland und seine Verbündeten als Urheber für alle Verluste und Schäden verantwortlich sind, die die alliierten und assoziierten Regierungen und ihre Staatsangehörigen infolge des ihnen durch den Angriff Deutschlands und seiner Verbündeten aufgezwungenen Krieges erlitten haben."

▶ M 11: Moralisierung von Politik

M5 Demonstration gegen den Versailler Vertrag, Fotografie, 1919

▶ M 9–M 11: Aufnahme des Versailler Vertrages in Deutschland

▶ „Dolchstoßlegende" siehe S. 230

▶ M 12, M 13: Der Versailler Vertrag und der Aufstieg der NSDAP

▶ Hitlers Revisionspolitik des Versailler Vertrages siehe S. 336

Hinweise zur Arbeit mit den Materialien
Anhand von M 6 können Sie sich exemplarisch mit der Widersprüchlichkeit des „Selbstbestimmungsrechts der Völker" am Beispiel Ungarns beschäftigen. M 7 und M 8 lassen die unterschiedlichen Standpunkte der Siegermächte hinsichtlich einer Nachkriegsordnung erkennen. Die Karikatur M 9 verdeutlicht die Aufnahme des Vertrages in Deutschland. Das Interview M 10 mit einer britischen Historikerin und der Historikertext M 11 bieten Erklärungsansätze für diese Wahrnehmung. Abschließend können Sie sich vertiefend mit dem Versailler Vertrag als Faktor für den Aufstieg Hitlers beschäftigen (M 12, M 13).

Das „Selbstbestimmungsrecht der Völker" – Anspruch und Wirklichkeit am Beispiel Ungarn

M 6 Ungarn nach der Auflösung des Kaiserreichs Österreich-Ungarn durch die Pariser Verträge 1919/20

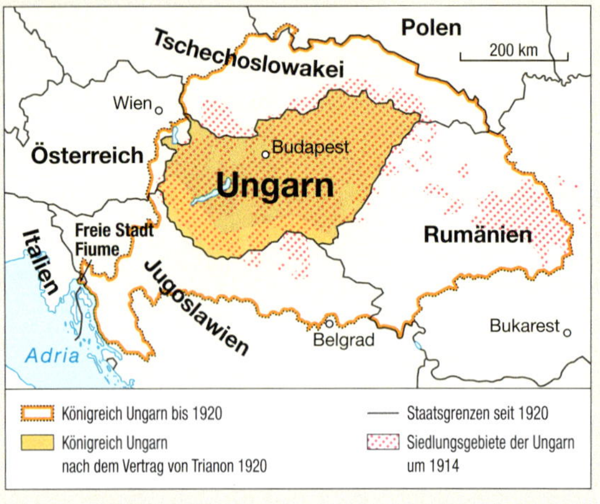

4 **Partnerarbeit:** Untersuchen Sie am Beispiel Ungarn die Chancen für einen „dauerhaften Frieden in Europa". Beziehen Sie den Darstellungstext mit ein.
Tipp für mögliche Kriterien: Ausgangsbedingungen nach dem Friedensvertrag von Trianon 1920, Umsetzung des „Selbstbestimmungsrechts der Völker", Vergleich mit den Bedingungen für Deutschland im Friedensvertrag von Versailles 1919 (M 3).

Das Ringen um einen Friedensvertrag

M 7 Denkschrift von Lloyd George, März 1919

Man mag Deutschland seiner Kolonien berauben, seine Rüstung auf eine bloße Polizeitruppe und seine Flotte auf die Stärke einer Macht fünften Ranges herabdrücken; dennoch wird Deutschland zuletzt, wenn es das Gefühl hat, dass es im Frieden von 1919 ungerecht behandelt worden ist, Mittel finden, um seine Überwinder zur Rückerstattung zu zwingen. [...] Die Erhaltung des Friedens wird dann davon abhängen, dass es keine Ursachen der Erbitterung gibt, von denen der Geist des Patriotismus, der Gerechtigkeit, der Ehrlichkeit im Völkerspiel aufgestachelt wird. Um Vergütung zu erreichen, mögen unsere Bedingungen streng, sie mögen hart und sogar rücksichtslos sein, aber zugleich können sie so gerecht sein, dass das Land, dem wir sie auferlegen, in seinem Innern fühlt, es habe kein Recht, sich zu beklagen. [...] Ich würde deshalb in den Vordergrund des Friedens die Versicherung stellen, dass wir Deutschland, sobald es unsere Bedingungen, besonders den Schadensersatz, annimmt, wir ihm die Rohstoffe und die Märkte der Welt zu den gleichen Bedingungen, wie sie für uns selbst gelten, öffnen und alles Mögliche tun wollen, um dem deutschen Volk zu helfen, dass es wieder auf seine Füße kommt.

*Zit. nach: Klaus Schwabe (Hg.), Quellen zum Friedensschluss von Versailles, WBG, Darmstadt 1997, S. 156–162.**

M 8 Aus der Besprechung der „Großen Drei" in Versailles am 27. und 28. März 1919

Wilson (an Clemenceau gewandt): Ich hoffe, Sie sind mit Herrn Lloyd George grundsätzlich darin einig, dass es notwendig ist, sich Deutschland gegenüber maßvoll zu verhalten. Wir wollen es nicht vernichten und wir können es auch nicht. Es wäre unser größter Fehler, ihm triftige Gründe zu geben, eines Tages Rache nehmen zu wollen. [...] Ich fürchte für die Zukunft nicht die Kriege, die durch geheime Verschwörungen der Regierungen vorbereitet werden, sondern vielmehr die Konflikte, die aus Unzufriedenheit der breiten Masse erwachsen. [...] Daher unser Wunsch, mit Mäßigung und Billigkeit zu verhandeln!
Clemenceau: Ich habe gestern gesagt, dass ich voll und ganz mit Herrn Lloyd George und Präsident Wilson einer Meinung bin. Wir dürfen unseren Sieg nicht missbrauchen. [...] Man darf den Deutschen, sagt Präsident Wilson, nicht das Gefühl geben, ungerecht behandelt zu werden. Einverstanden! Aber das, was wir hier in diesem Zimmer für gerecht erachten, wird nicht notwendigerweise von den Deutschen als gerecht hingenommen werden. Man ist erstaunt, dass Frankreich sich der sofortigen Zulassung der Deutschen in den Völkerbund widersetzt. Gestern erst bekam ich einen neuen Aktenstoß über die Grausamkeiten, die die Deutschen in Frankreich begangen haben. Leider haben wir die Deutschen kennen gelernt – auf unsere Kosten – und wir wissen, dass sie

ein Volk sind, das sich der Gewalt nur unterwirft, um selbst die Gewalt der ganzen Welt aufzuerlegen. [...] Gewiss kann die Gewalt nichts Dauerhaftes schaffen, wenn sie nicht der Gerechtigkeit dient. Man muss alles tun, um gegenüber Deutschland gerecht zu sein, aber sie ihrerseits zu überzeugen, dass wir ihnen gegenüber gerecht sind, ist eine andere Sache. Ich glaube, wir können es fertigbringen, die Welt vor einem deutschen Angriff für lange Zeit zu schützen, aber der deutsche Geist wird sich nicht so schnell ändern.

*Wolfgang Lautemann/Manfred Schlenke (Hg.), Geschichte in Quellen, Bd. 5: Weltkriege und Revolutionen 1914–1945, bsv, München 1975, S. 119ff.**

5 **Gruppenarbeit:**
- **a)** Arbeiten Sie aus M 7 und M 8 die zentralen Positionen der „großen Drei“ heraus. Gehen Sie arbeitsteilig vor.
- **b)** Vergleichen Sie die unterschiedlichen Positionen der „Großen Drei“.
  Tipp: Legen Sie dazu eine Tabelle an und einigen Sie sich zunächst auf Vergleichskriterien.

6 Bewerten Sie eine der drei Positionen.

Die Aufnahme des Versailler Vertrages in Deutschland

M 9 „Der Friedenskuss“, Karikatur von Thomas Theodor Heine aus der Zeitschrift „Simplicissimus“, 8. Juli 1919

M 10 Interview mit der britischen Historikerin Margaret MacMillan, 2015

ZEIT: „Die Friedensmacher“ heißt Ihre große Darstellung der Pariser Verhandlungen [...]. Wurde denn wirklich Frieden gemacht oder nur neuem Unfrieden der Boden bereitet?

MacMillan: [...] Dass sich die Deutschen so sehr über den Vertrag empörten, lag vor allem daran, dass sie sich ihre Niederlage im Ersten Weltkrieg nicht eingestehen wollten. Stattdessen setzte sich der Glaube durch, man sei „im Felde unbesiegt“ geblieben und habe nur aufgrund des Verrats durch „innere Feinde“ den Krieg verloren. Ich bin überzeugt: Die Deutschen hätten 1919 jeden Vertrag ungerecht gefunden, der sie zur Rechenschaft gezogen hätte. [...]

ZEIT: Als die Deutschen nach Versailles kamen und den Friedensvertrag lasen, waren sie entsetzt. Hatten sie sich Illusionen hingegeben, oder wurden sie durch den Vertrag übermäßig gestraft?

MacMillan: Die Deutschen lebten seit dem Kriegsende in einer Traumwelt. Sie hatten einen Waffenstillstand unterzeichnet, der einer Kapitulation gleichkam, aber sie hofften, es möge doch alles anders kommen. Woodrow Wilson hatte ihnen dazu Anlass gegeben, als er ihnen, ohne Absprache mit den europäischen Siegermächten, einen Frieden ohne schwere Sanktionen in Aussicht stellte – auf der Grundlage seines berühmten 14-Punkte-Programms. Die Deutschen rechneten daher mit einem milden Angebot und glaubten, dass Wilsons „Selbstbestimmungsrecht der Völker“ auch zu ihren Gunsten ausgelegt würde. [...]

Die Deutschen fühlten sich geknechtet [...]. Tatsächlich aber wurden viele Bestimmungen gar nicht durchgesetzt, nach und nach abgemildert oder umgangen – insbesondere die militärischen. Es gab die Tendenz, den Vertrag für alles verantwortlich zu machen, was schieflief, insbesondere die Rechten instrumentalisierten ihn. Anders agierte der Kanzler und spätere Außenminister Gustav Stresemann. Er sagte: Wir erfüllen die Bedingungen und versuchen dann, sie zu lindern – womit er recht erfolgreich war.

*Christian Staas im Interview mit Margaret MacMillan: „Den Versailler Vertrag trifft keine Schuld“, DIE ZEIT 46/2015 (Auszug).**

M 11 Der Historiker Jörn Leonhard über die Moralisierung der Politik, 2014

Im Vergleich zu den deutschen Bedingungen im Frieden von Brest-Litowsk[1] mit Russland relativiert sich die Vorstellung von der Singularität des Versailler „Diktatfriedens“, als den ihn der weit überwiegende Teil der Deutschen wahrnahm. Aber der Friedensvertrag markierte den Bruch mit den Traditionen der neuzeitlichen Friedensverträge von 1648 und 1815: Die Vorstellung des entkriminalisierten *iustus hostis*[2] wurde zugunsten einer Moralisierung der Politik und der Zuweisung einer Alleinschuld am Kriegsausbruch aufgegeben. Doch bedeutete der Friedensvertrag im Gegensatz zum Mai 1945 eben keine bedingungslose Kapitulation Deutschlands. Aus dieser Perspektive fielen die Bedingungen je nachdem zu harsch oder zu milde aus. Deutschland sah sich moralisch als stigmatisiert an und büßte doch zugleich weder politisch noch wirtschaftlich seinen europäischen Großmachtanspruch komplett ein. Anders als im Mai 1945 verfügte das Land nach dem Ersten Weltkrieg weiterhin über die Ressourcen für eine revisionistische Außenpolitik. Darin spiegelte sich der keinesfalls widerspruchsfreie Kompromiss zwischen den Siegermächten wider. Der Vertrag reflektierte das anglo-amerikanische Drängen auf eine erneuerte kontinentaleuropäische Gleichgewichtskonstellation und bremste insofern die aus den doppelten Kriegserfahrungen von 1870 und 1914 resultierenden französischen Pläne einer langfristigen Zerschlagung der deutschen Großmachtposition aus.

Jörg Leonhard, Büchse der Pandora. Geschichte des Ersten Weltkriegs, C.H. Beck, München 2014, S. 955f.

1 *Friedensvertrag von Brest-Litowsk:* 1918 zwischen Sowjetrussland und den Mittelmächten (Deutsches Reich, Österreich-Ungarn, Osmanisches Reich, Bulgarien) geschlossen.
2 *iustus hostis (lat.):* wörtlich: gerechter Feind, gemeint ist: Feind mit gleichen Rechten

7 Analysieren Sie die Karikatur M 9.
8 Arbeiten Sie heraus, wie MacMillan (M 10) die Wahrnehmung des Versailler Vertrages in Deutschland beschreibt und worin sie die Gründe dafür sieht.
9 **Vertiefung:** Erläutern Sie anhand von M 11, inwiefern der Versailler Friedensvertrag einen „Bruch mit den Traditionen der neuzeitlichen Friedensverträge" darstellt.
10 **Zusatzaufgabe:** Siehe S. 411.

Versailler Vertrag und Aufstieg der NSDAP

M 12 Adolf Hitler in einem offenen Brief an Reichskanzler Brüning, 25. Januar 1932

Aber zu einem Versailler Vertrag wäre es nie gekommen, wenn nicht die hinter Ihnen stehenden Parteien des Zentrums, der Sozialdemokratie und der Demokratie das alte Reich ausgehöhlt, zerstört und verraten hätten, wenn sie nicht die Revolution vorbereitet, durchgeführt oder zumindest akzeptiert und gedeckt hätten. Nicht ich, Herr Reichskanzler, habe jemals im Versailler Vertrag eine mögliche Basis für das Leben unseres Volkes oder das Gedeihen der Wirtschaft gesehen, aber die hinter Ihnen stehenden Parteien haben durch die Unterzeichnung dieses Vertrages seine Erfüllung zumindest als möglich vorgetäuscht. Derjenige, der als Erster in Deutschland in unzähligen Massenversammlungen gegen diesen Vertrag Stellung nahm, war, um „geschichtlichen Verwechslungen vorzubeugen", ich, nicht Sie. Die unerbittliche Handhabung aber dieses Vertrages, die, wie Sie meinen, in den ersten 5 Jahren jeden deutschen Wiederaufbau zerstörte, wäre ganz unmöglich gewesen, wenn nicht gewisse „deutsche" Parteien zu jeder Erpressung, Schmach und Schande ihre Zustimmung gegeben hätten. Ich gehe daher nicht „an den außenpolitischen Verhältnissen vorbei", auch nicht an dem dadurch geschaffenen „Sachverhalt", sondern ich mache diejenigen verantwortlich, die durch ihr Wirken diese Verhältnisse entweder schufen oder zumindest begünstigten.

Zit. nach: Johannes Hohlfeld (Hg.), Deutsche Reichsgeschichte in Dokumenten 1849–1934, Bd. 4, Leipzig 1934, S. 422–423.

M 13 *„The Source"* (dt. „Quelle"), Karikatur von Daniel Fitzpatrick aus einer amerikanischen Zeitung, 1930. *Die Person stellt Hitler dar.*

11 Analysieren Sie den offenen Brief Hitlers an Reichskanzler Brüning (M 12). Beachten Sie die methodischen Hinweise auf S. 35.
12 **Wahlaufgabe:** Bearbeiten Sie a) oder b).
a) Analysieren Sie die Karikatur *„The Source"* von Daniel Fitzpatrick (M 13).
b) Beurteilen Sie, inwiefern der Versailler Vertrag für den Aufstieg der NSDAP verantwortlich war. Berücksichtigen Sie dabei M 9–M 13.

5.5 Vertiefung: Krise und Stabilisierung der Republik 1919 bis 1929

In diesem Kapitel geht es um
- *die krisenhaften Anfangsjahre der Weimarer Republik und den Höhepunkt dieser Entwicklung im Krisenjahr 1923,*
- *die Maßnahmen, durch die sich die Weimarer Republik stabilisieren konnte, sowie*
- *die politische, gesellschaftliche, kulturelle und wirtschaftliche Situation in den „Goldenen Zwanzigern".*

Seit dem Tag ihrer Ausrufung stand die Weimarer Republik unter Druck. Außenpolitisch bedeutete der **Versailler Vertrag** eine schwere Belastung. Von vielen Deutschen als „Schanddiktat" empfunden, schädigte er im Zusammenspiel mit der **„Dolchstoßlegende"** das Ansehen der Regierungsmitglieder. Diese wurden von Nationalisten als **„Erfüllungspolitiker"** beschimpft, die sich kampflos den Siegermächten gebeugt hätten. Innenpolitisch garantierte eine **freiheitliche Verfassung** noch keine breite Zustimmung zur Demokratie in Deutschland – viele Menschen standen der jungen Republik abweisend bis feindlich gegenüber. So waren die Anfangsjahre der Weimarer Republik geprägt von mehreren, teils miteinander verflochtenen Krisen, die für den jungen Staat existenzbedrohend waren. Dass sich die Weimarer Republik trotz des **krisenhaften Beginns** stabilisieren konnte, zählt zu ihren größten Leistungen.

▶ Versailler Vertrag siehe S. 245 ff.

▶ „Dolchstoßlegende" siehe S. 230

▶ Verfassung siehe S. 234 ff.

Ein Dauerproblem: Antidemokraten im demokratischen Staat

Die republikfeindliche Haltung vieler Deutscher spiegelt sich in einem geradezu furchteinflößenden Ausmaß der Gewalt im Inneren wider. In **Freikorps** sammelten sich Tausende ehemaliger Frontsoldaten mit größtenteils antidemokratischen Ansichten. Durch Kriegserfahrungen und Gewalt im Weltkrieg geprägt, bekämpften radikale Gegner der politischen Linken und Rechten die demokratische Ordnung. **Politische Morde** und Attentate waren an der Tagesordnung und verunsicherten die Gesellschaft nachhaltig. In Justiz und Bürokratie blieben die ehemaligen Amtsträger des Kaiserreiches häufig erhalten und waren sprichwörtlich „auf dem rechten Auge blind". Die Reichswehr entwickelte sich mehr und mehr zu einem **„Staat im Staate"**, deren Führung sich nicht mit der Republik identifizierte: Sie beantwortete Putschversuche der radikalen Linken konsequent. Bei Angriffen von rechts hielt sie sich jedoch weitgehend zurück. Der **Machterhalt der alten Eliten** aus dem Kaiserreich stellte von 1918 bis 1933 ein Dauerproblem der Weimarer Republik dar.

M1 „Frankreich im Rheinland", Karikatur von Karl Arnold aus dem „Simplicissimus", 1923.
Bildunterschrift: „Es müssen noch viele verhungern, ehe ich satt werde." In dieser Darstellung der französischen Besatzungsmacht sind zeitgenössische Feindbilder erkennbar (z. B. der rassistisch gezeichnete Besatzungssoldat).

Das Krisenjahr 1923

Die Krisen der Anfangszeit gipfelten im **Krisenjahr 1923**. Innerhalb weniger Monate trafen mindestens drei gefährliche Entwicklungen zusammen, die jede für sich das Potenzial hatten, den jungen Staat in seiner Existenz zu bedrohen. Daher gilt 1923 als das Jahr der Bewährung für die Weimarer Republik.

Krisenherd 1: Ruhrbesetzung und Ruhrkampf

In der Weimarer Republik gab es seit ihrer Ausrufung große wirtschaftliche Probleme und soziale Nöte. Die **Reparationszahlungen** infolge des Ersten Weltkrieges verschärften diese Entwicklung zusätzlich. Als Deutschland 1923 mit Zahlungen an die Alliierten in Rückstand geriet, besetzten französische und belgische Truppen das **Ruhrgebiet** als „produktives Pfand". Die Reichsregierung und die Gewerkschaften riefen daraufhin die Bevölkerung zum **passiven Widerstand** und zum **Generalstreik** („Ruhrkampf") auf. Durch massenhafte Arbeitsverweigerung wurden Industrie, Verwaltung und Verkehr teilweise lahmgelegt. Die Millionenbevölkerung des Ruhrgebiets musste jedoch vom deutschen Staat weiterhin durch Fortzahlung der Löhne versorgt werden – eine enorme Belastung für den Staatshaushalt! Gleichzeitig fielen dem Staat alle Einnahmen aus seinem wirtschaftlich bedeutsamsten Zentrum weg. Im Verlauf des Jahres war absehbar, dass dieser finanzielle Kraftakt nicht lange zu stemmen war.

Krisenherd 2: Hyperinflation

Bereits während des Ersten Weltkrieges begann in Deutschland aufgrund von Kriegskrediten und -anleihen eine zunächst langsame und dann immer raschere Geldentwertung. Die staatliche Finanzierung des passiven Widerstandes im Ruhrgebiet verschärfte diese Entwicklung drastisch. Die zusätzlichen Ausgaben finanzierte die Regierung nämlich durch den Druck von immer mehr Geldscheinen: Kostete ein Laib Roggenbrot im Dezember 1919 noch 0,80 Mark, steigerte sich der Preis im April 1923 auf 474,00 Mark und im Dezember 1923 auf 399 000 000 000 Mark (s. S. 219). Bei solch einer rapiden und unkontrollierbaren Geldentwertung spricht man von einer **Hyperinflation**. Große Teile der Bevölkerung und vor allem der Mittelstand verloren durch die Hyperinflation ihr gesamtes Sparvermögen. Im Gegensatz dazu schrumpften Schulden auf kleine Beträge zusammen. Das Währungsversagen brachte Wirtschaft, Staat und Gesellschaft an den Rand des Zusammenbruchs.

M2 **Kinder spielen mit wertlos gewordenem Papiergeld, Fotografie, 1923**

▶ M 5, M 6: Auswirkungen der Inflation

M3 **Angehörige der SA treffen zur Verstärkung des Hitler-Putsches in München ein, 1923**

Krisenherd 3: Putschversuche

Bereits 1920 versuchten rechtsgesinnte Freikorpseinheiten im sogenannten **Kapp-Lüttwitz-Putsch** die ungeliebte Republik zu beseitigen. Die Verschwörer scheiterten letztlich am Widerstand der Ministerialbürokratie sowie der Arbeiterschaft, die im ganzen Reich in einen Generalstreik eintrat. In Bayern hatte sich infolge des Putsches jedoch eine rechtsgerichtete Landesregierung gebildet, die kaum gegen republikfeindliche Bestrebungen vorging. In diesem Umfeld riefen der führende Nationalsozialist **Adolf Hitler** und der Weltkriegsgeneral **Erich Ludendorff** am 8. November 1923 im Bürgerbräukeller in München die „nationale Revolution" aus. Sie erklärten die bayerische und die Reichsregierung für abgesetzt und riefen eine Gegenregierung mit Adolf Hitler als neuen Reichskanzler aus. Am nächsten Tag wurden Ludendorff und Hitler mit ihren Anhängern in München durch eine Einheit der Landespolizei aufgehalten. Der Putsch brach daraufhin zusammen und Adolf Hitler wurde zu fünf Jahren Festungshaft verurteilt.

Neben diesen beiden Putschversuchen von rechts gab es auch von links Versuche, in Deutschland einen revolutionären Umsturz nach russischem Vorbild einzuleiten. In Sachsen und Thüringen war die KPD Regierungsbündnisse mit der MSPD eingegangen. Formal zur Abwehr rechter Putschversuche wurden bewaffnete Einheiten, sogenannte **„Proletarische Hundertschaften"**, aufgestellt. Der eigentliche Zweck war die Vorbereitung einer proletarischen Revolution nach sowjetischem Vorbild.

M4 **Adolf Hitler und Erich Ludendorff, Fotografie, 1923**

Die relative Stabilisierung in Politik und Wirtschaft

Die Reichsregierung erkannte die Gefahr und ließ die Reichswehr in Sachsen einmarschieren. Damit beendete sie alle Aufstandspläne von links. Im Hinblick auf die Hyperinflation stabilisierten ebenfalls Maßnahmen der Regierung die Situation: Der Ruhrkampf wurde abgebrochen und eine Währungsreform durchgeführt. Am 16. November 1923 wurde die neue Währung, die **Rentenmark**, ausgegeben und das Verhältnis von Rentenmark zu Papiermark auf 1 : 1 Billion festgesetzt. Damit war ein wichtiger Schritt zur Beendigung der Inflation getan. Es setzte bald eine Phase der politischen Beruhigung und der wirtschaftlichen Erholung ein.

▶ M13: Die „prekäre Stabilisierung" der Jahre 1924–1929

Die „Goldenen Zwanziger Jahre" in der Weimarer Republik

Mit der wirtschaftlichen Stabilisierung ab 1924 und der zeitweiligen Beruhigung politischer Dauerkrisen stellte sich in Teilen der deutschen Gesellschaft ein neues Lebensgefühl ein. Die „eruptive Freisetzung schöpferischer geistiger Kräfte in einem kurzen Jahrzehnt denkbar weitgehender Freiheit und großer Vielfalt des geistig-künstlerischen Schaffens" (Kolb/Schumann 2013) wird zusammengefasst unter dem Begriff der „Goldenen Zwanziger Jahre". Damit gemeint ist einerseits die Zeit bahnbrechender Entwicklungen und Werke in den Bereichen Kunst, Literatur, Theater, Architektur, Städtebau, Design, Technik, Rundfunk und Film. Andererseits beschreibt der Begriff ein neues Lebensgefühl, das vor allem in der europäischen Großstadt Berlin überwiegend junge Menschen erfasste: Die freiheitliche Gesellschaftsordnung wirkte sich aus im Durchbrechen alter Tabus, traditioneller Geschlechterrollen und einer Neubestimmung des „Körpersinns". Das Vermächtnis dieser Epoche fasziniert noch heute und wirkt in vieler Hinsicht bis in die Gegenwart nach.

Allerdings waren diese Entwicklungen nicht allein repräsentativ für die „Weimarer Kultur", auch wenn sie vielfach die Themen der gesellschaftlichen Diskussion bestimmten. Der Avantgarde der Moderne trat auch eine entschieden zivilisationskritische, kulturpessimistische, traditionsverhaftete und reaktionäre Bewegung entgegen. Diese war häufig ländlich geprägt und empfand das Tempo der Veränderungen in den Großstädten, allen voran Berlin, als zu hoch.

▶ Projektarbeit: Die Kultur der „Goldenen Zwanziger Jahre", S. 257 f.

1 Stellen Sie die Begriffe: „Versailler Vertag", „Reparationszahlungen", „Erfüllungspolitik", „passiver Widerstand", „Ruhrkampf" und „Inflation" in einem Schema dar.
Tipp: Unterscheiden Sie zwischen Ursache und Wirkung der einzelnen Ereignisse.

2 Erläutern Sie die folgende Feststellung: „Verschärft wurde die innenpolitische Polarisierung von Anfang an durch die außenpolitischen Belastungen" (Hans-Ulrich Thamer). Erklären Sie davon ausgehend die Wechselwirkungen zwischen innenpolitischen und außenpolitischen Belastungen im Krisenjahr 1923.

3 Überprüfen Sie, ob die Krisenherde des Jahres 1923 dauerhaft beseitigt werden konnten.

Hinweise zur Arbeit mit den Materialien
Die Materialien M 5–M 8 ermöglichen Ihnen, sich mit innenpolitischen Belastungsfaktoren der Weimarer Republik auseinanderzusetzen. Dabei stehen die Auswirkungen der Inflation auf den Mittelstand und der Umgang mit politischen Straftaten vor Gericht im Zentrum. In den Plakaten M 9–M 12 der Jahre 1923/24 werden verschiedene Belastungsfaktoren des Krisenjahres 1923 aufgegriffen und für Wahlkampfzwecke genutzt. Der Historiker Ulrich Herbert beschäftigt sich in M 13 mit der „prekären Stabilisierung" der Jahre 1924–1929. M 14–M 19 bieten einen ersten Zugriff auf die Kultur der „Goldenen Zwanziger Jahre" an und können anhand eines Arbeitsprojektes zusammenfassend vorgestellt werden.

Innenpolitische Krisenherde

M 5 Wertverlust des Geldes 1914 bis 1923

Zeitpunkt	Wert von 100 000 Mark von 1914	Wertverlust in %
Juni 1914	100 000,00	0,00
Jan. 1919	47 190,00	52,80
Juli 1919	27 855,00	72,10
Jan. 1920	6 480,00	93,50
Juli 1920	10 638,00	89,40
Jan. 1921	6 468,00	93,50
Juli 1921	5 476,00	94,50
Jan. 1922	2 189,00	97,80
Juli 1922	851,00	99,10
Jan. 1923	23,46	100,00
Juli 1923	1,19	100,00
Sept. 1923	0,00	100,00

Zit. nach: Herbert Prokasky, Der Erste Weltkrieg und die Inflation 1914–1923; in: Geschichtsdidaktik 5, 1980, S. 267.

M 6 Leserbrief in der Braunschweigischen Landeszeitung, 1923

Schon zwischen 8 und 9 sieht man, wie das Licht eins nach dem anderen in den Häusern erlischt. Die Treppenhäuser der großen Mietskasernen und die besseren Wohnhäuser sind unbeleuchtet und in den vielen Straßen kommt man schon in den frühen Abendstunden vor verschlossenen Haustüren, weil man sein Eigentum gegen Diebstahl auf jede mögliche Art und Weise schützen muss. Die Millionenrechnungen für Gas und elektrisches Licht, auch für Heizung, zwingen zu den äußersten Einschränkungen; Gesundheit und Bequemlichkeit werden hintangestellt, um nur die allernotwendigsten Lebensbedürfnisse noch bestreiten zu können, Not und Elend überall. [...] In den letzten Wochen sind schon wieder 20 Selbstmorde vorgekommen, die ihre Ursachen in Hunger, Kummer, Not, Elend, Unzufriedenheit und Verzweiflung haben! Wann kommt der Retter? Reden haben bisher nicht geholfen und helfen auch jetzt nicht mehr. Das Volk, der Mittelstand, will endlich Taten sehen!

*Zit. nach: Reinhard Bein, Die Hyperinflation – eine traumatische Erfahrung; in: Praxis Geschichte Nr. 2/1992, S. 24 f.**

M 7 „Die Arme der Gerechtigkeit", Karikatur von Herbert Anger aus der Satirezeitschrift „Lachen links. Das republikanische Witzblatt", 1925

4 **Kooperative Partnerarbeit:** Bearbeiten Sie a) und b) arbeitsteilig und stellen Sie sich anschließend Ihre Ergebnisse vor.

a) Analysieren Sie den Leserbrief M 6. Erklären Sie anschließend – ausgehend von M 2, M 5 und M 6 –, welche Auswirkungen die Geldentwertung auf die Menschen und insbesondere auf den Mittelstand hatte.

b) **Wahlaufgabe:** Analysieren Sie M 7 oder M 8.

M8 Aus einer statistischen Übersicht zu politischen Morden (1919–1922), 1922.

Der Mathematiker und Statistiker Emil Julius Gumbel (1891–1966) untersuchte die politischen Morde in den Jahren 1919 bis 1922 und veröffentlichte seine Ergebnisse 1922 unter dem Titel „Vier Jahre politischer Mord". Er wurde dafür von der politischen Rechten diffamiert, seine Zahlen angezweifelt. Das Reichsjustizministerium bestätigte zwar die Angaben Gumbels, aber seine Bilanz blieb folgenlos: Kein Mörder wurde nachträglich bestraft. 1932 entließ ihn die Universität Heidelberg als Privatdozent, 1940 emigrierte Gumbel in die USA, wo er bis zu seinem Tod 1966 lebte.

	Politische Morde begangen von ...		Gesamtzahl
	Linksstehenden	Rechtsstehenden	
Gesamtzahl der Morde	22	354	376
– davon ungesühnt	4	326	330
– teilweise gesühnt	1	27	28
– gesühnt	17	1	18
Zahl der Verurteilten	38	24	
Geständige Täter freigesprochen	–	23	
Geständige Täter befördert	–	3	
Dauer der Einsperrung je Mord	15 Jahre	4 Monate	
Zahl der Hinrichtungen	10	–	
Geldstrafe je Mord	–	2 Papiermark	

Zit. nach: Die Zerstörung der deutschen Politik. Dokumente 1871–1933, neu hg. und kommentiert v. Harry Pross, Fischer TB, 1982, S. 145.

Krisenherde im Spiegel politischer Plakate

M9 Propagandaplakat gegen die französische Besetzung des Ruhrgebiets, 1923

M10 Plakat der Deutschen Demokratischen Partei (DDP) zur Reichstagswahl 1924.

Der am Ärmel platzierte Geldschein trägt die Aufschrift „Eine Rentenmark".

M 11 Plakat der DNVP zur Reichstagswahl 1924

M 12 Plakat des „Völkischen Blocks" zur Reichstagswahl 1924

5 Gruppenarbeit:

a) Analysieren und vergleichen Sie arbeitsteilig die politischen Plakate (M 9–M 12).
Tipp: Beachten Sie die methodischen Hinweise auf S. 242.

b) Präsentieren Sie in der Gruppe Ihr Plakat und den Belastungsfaktor, auf den es reagiert.

c) **Vertiefung:** Vergleichen Sie die Darstellung von Belastungsfaktoren auf Wahlplakaten der Weimarer Republik mit heutigen Wahlplakaten.

Relative Stabilisierung 1924–1929

M 13 Der Historiker Ulrich Herbert über die „prekäre Stabilisierung" der Jahre 1924–1929

Das politische Gefüge der Weimarer Republik blieb auch in den Jahren 1924 bis 1929 instabil; aber die Zeit des Bürgerkriegs und der Umsturzversuche war fürs Erste vorbei. Nach der Wiederherstellung einer, wenn auch brüchigen, wirtschaftlichen Stabilität standen im Mittelpunkt dieser fünf Jahre die Versuche, einigermaßen tragfähige Lösungen für die vielfältigen Probleme zu finden, denen sich die deutsche Nachkriegsgesellschaft ausgesetzt sah, und dafür parlamentarische Mehrheiten zu gewinnen. [...] Die inneren Verhältnisse in Deutschland [begannen sich] zu beruhigen, wenngleich die Grundkonflikte nur verschoben, nicht gelöst waren. [...] Das entscheidende Problem aber blieb die Instabilität des politischen Systems. Selbst [...] strittige Fragen [...] erschienen lösbar, wenn es gelang, langfristig handlungsfähige Regierungen zu installieren. Das aber war schon im späten Kaiserreich nicht mehr gelungen, als sich die gesellschaftlichen Kräfte gegenseitig blockiert hatten und substanzielle Reformen im Reichstag kaum mehr durchführbar gewesen waren. Die Suche nach politischen Instrumentarien zur Steuerung der freigesetzten Dynamik in Gesellschaft, Wirtschaft und Kultur war durch den Krieg und die dadurch verschärften ideologischen Widersprüche und Interessenskonflikte noch schwieriger geworden. Vor allem erwies es sich als nahezu unmöglich, zwischen den verschiedenen Parteien und gesellschaftlichen Lagern Bündnisse zu schmieden, die über ein ausreichendes Maß an Übereinstimmungen verfügten und in der Lage waren, diese in die politische Praxis umzusetzen. Die verbreitete These von der „Demokratie ohne Demokraten" ist insofern nur bedingt zutreffend. [...] Als nach dem Tode Friedrich Eberts 1925 der 77-jährige Paul von Hindenburg zum Reichspräsidenten gewählt wurde, kam mit ihm ein Mann ins höchste Amt der Republik, der für die wilhelminische Ära [...] stand. [...] Darin drückte sich der Wunsch eines Teils der Wählerschaft nach vergangener Größe aus [...], aber auch die kritische Haltung gegenüber Republik, Parteienstaat und Kultur der Moderne. Insofern war die Wahl Hindenburgs eine schwere Niederlage der demokratischen Kräfte. [...] [Sie] machte vor allem deutlich, dass eine antirepublikanische Mehrheit von rechts möglich war.

*Ulrich Herbert, Geschichte Deutschlands im 20. Jahrhundert, C. H. Beck, München 2014, S. 213–222.**

6 Arbeiten Sie aus M 13 heraus, warum Herbert die Entwicklung der Jahre 1924–1929 als „prekäre Stabilisierung" charakterisiert.

7 Erläutern Sie die Bedeutung der Wahl Hindenburgs zum Reichspräsidenten für die Weimarer Republik.

8 Überprüfen Sie die Aussage: „Die verbreitete These von der ‚Demokratie ohne Demokraten' ist [...] nur bedingt zutreffend" (Z. 32 ff.).

Projekt: Die Kultur der „Goldenen Zwanziger Jahre" in der Weimarer Republik

9 **Projektarbeit:** Gestalten Sie mithilfe der Materialien M 14–M 19 ein Lernplakat zur Kultur der „Goldenen Zwanziger" in der Weimarer Republik.
Tipp: Recherchieren Sie Hintergründe zu den Materialien (z. B. „Expressionismus", „Bauhaus", „Jazz").
Tipp: Achten Sie bei der Analyse der Materialien auf Brüche und Widersprüche.

M 14 Der Architekt Hannes Meyer über die „Neue Welt", 1926

Unsere Straßen stürmen die Autos: Von 18–20 Uhr umspielt uns auf der Trottoirinsel der Pariser Avenue des *Champs Elysées* das größtmögliche Fortissimo großstädtischer Dynamik. *„Ford"* und *„Rolls-Royce"* sprengen den Stadtkern und verwischen Entfernung und Grenze von Stadt und Land. Im Luftraum gleiten Flugzeuge: *„Fokker"* und *„Farman"* vergrößern unsere Bewegungsmöglichkeiten und die Distanz zur Erde; sie missachten die Landesgrenzen und verringern den Abstand von Volk zu Volk. Lichtreklamen funken, Lautsprecher kreischen, *Claxons*[1] rasseln, Plakate werben, Schaufenster leuchten auf: Die Gleichzeitigkeit der Ereignisse erweitert maßlos unsern Begriff von „Zeit und Raum", sie bereichert unser Leben. Wir leben schneller und daher länger. Unser Sinn für Geschwindigkeit ist geschärfter denn je, und Schnelligkeitsrekorde sind mittelbar Gewinn für alle. Segelflug, Fallschirmversuche und Variétéakrobatik verfeinern unser Gleichgewichtsbestreben. Die genaue Stundeneinteilung der Betriebs- und Bürozeit und die Minutenregelung der Fahrpläne lässt uns bewusster leben. [...] Radio, Marconigramm[2] und Telephoto erlösen uns aus völkischer Abgeschiedenheit zur Weltgemeinschaft. Grammophon, Mikrophon, Orchestrion und Pianola[3] gewöhnen unser Ohr an das Geräusch unpersönlich-mechanisierter Rhythmen: *„His Masters Voice"*, *„Vox"* und *„Brunswick"*[4] regulieren den Musikbedarf von Millionen Volksgenossen. Die Psychoanalyse sprengt das allzu enge Gebäude der Seele, und die Graphologie[5] legt das Wesen des Einzelwesens bloß. [...] Die Tracht weicht der Mode, und die äußerliche Vermännlichung der Frau zeigt die innere Gleichberechtigung der Geschlechter. [...] Unsere Wohnung wird mobiler denn je: Massenmiethaus, *Sleeping-car*, Wohnjacht und *Transatlantique*[6] untergraben den Lokalbegriff der „Heimat". Das Vaterland verfällt. Wir lernen Esperanto[7]. Wir werden Weltbürger.

*Hannes Meyer, „Die neue Welt", Das Werk 13, Nr. 7, 1926, S. 205–224.**

1 *Claxons:* Hupen
2 *Marconigramm:* per Funk übermitteltes Telegramm
3 *Pianola:* Gerät zum automatischen Abspielen von Musik
4 *„His Masters Voice", „Vox" und „Brunswick":* Plattenfirmen
5 *Graphologie:* Wissenschaft von der Deutung der Handschrift
6 *Transatlantique:* frz. Reederei, die mit Passagierschiffen nach Nord- und Mittelamerika sowie ins Mittelmeer fuhr
7 *Esperanto:* künstliche Plansprache, die die internationale Verständigung vereinfachen sollte

M 15 „Der Radionist", Gemälde von Kurt Günther, 1927

M 16 „Sonja", Gemälde von Christian Schad, 1928

M 17 Der Architekt und Kunsttheoretiker Paul Schultze-Naumburg über „Kunst und Rasse", 1928

Sucht man nach einem Gesamteindruck der gegenwärtigen Kunst, so ist es vor allem der eines gänzlichen Wirrwarrs, eines plan- und haltlosen Durcheinanders, eines unschöpferischen Tastens nach Sensationen, eines gänzlichen Mangels an echter schlichter Menschlichkeit und des Fehlens jeglicher Wahrhaftigkeit. Dahin gehört die etwas kindische Vorliebe für ganz fernliegende soziologische Entwicklungsstufen und für das fast perverse Liebäugeln mit fremden Rassen und ihrer Haltung. [...] Wo die Rasse zerfällt, muss natürlich auch das Rassegefühl schwinden, und wo das Rassegefühl schwindet, wird auch das Zielbild, wie es in jeder echten Rasse wurzelt, verloren gehen. [...] Man steht hier vor dem Lebensschicksal eines Volkes, dem ein großer Teil des nordischen Blutes anvertraut war, vor der Frage seines Lebens oder Vergehens.

*Paul Schultze-Naumburg, Kunst und Rasse, J. F. Lehmanns Verlag, München 1928, S. 1–3, 86–88, 101–104.**

M 18 Die Autorin Katharina Rathaus über den Tanz *„Charleston"*, 1926

Mechanisierung und Demokratisierung des Lebens zwingen den Gliedern andere, neue Bewegungen ab. Statt im Zotteltrab Tänze zu tanzen, deren Geist einer verflossenen Ära entstammt, holt die junge Generation ihre Inspirationen aus der ursprünglichen Bewegung primitiver Völker, aus der ungekünstelten Wiedergabe rhythmisch-musikalischer Erlebnisse naiver Gemüter. Landen so erlauschte Pas[1], vielleicht Bewegungsfragmente wilder Völker, in vielen Retorten verschmolzen mit den Resten abendländischer Kultur, geglüht in den Hochöfen modernster Zivilisation, in letzte Form gegossen durch Stilgefühl begabter Tänzer und abgekühlt durch die Konventionen unseres demokratisch-bürgerlichen Milieus, als Gesellschaftstänze in Salon und Ballsaal –, was Wunder, wenn Herzen und Beine ihnen zufliegen, zurasen, zujubeln! [...] Dieser Tanz [...] reinigt die Tradition vom Staub der Jahrzehnte, lässt blasierte Tanzfanatiker neu entflammen, zeigt der tanzbegeisterten Menge den Rhythmus, der ihrem Leben, Fühlen, Denken entspricht, und hört auf den Namen „Charleston".

*Katharina Rathaus, Charleston. Jede Zeit hat den Tanz, den sie verdient, in: Uhu 3 (1926), S. 120–121.**

1 *Pas:* Tanzschritt

M 19 Wohnhaus in der Stuttgarter Weissenhof-Siedlung, 1927

5.6 Außenpolitik im europäischen und internationalen Spannungsfeld

In diesem Kapitel geht es um
- *den europäischen Hauptkonflikt zwischen Frankreich und Deutschland infolge des Ersten Weltkrieges,*
- *die verschiedenen Phasen deutscher Außenpolitik sowie*
- *die Bedeutung Gustav Stresemanns für die Überwindung der außenpolitischen Isolation der Weimarer Republik.*

Das Ziel einer europäischen Friedensordnung 1919–1923

Mit den Pariser Friedensverträgen von 1919/1920 wurde der Erste Weltkrieg formal durch einen Friedensschluss beendet. Dennoch waren die Jahre von 1919 bis 1923 geprägt von starken Spannungen zwischen Deutschland und Frankreich. Eine breite Mehrheit der Deutschen lehnte das Vertragswerk ab und brandmarkte es als „Schanddiktat". Man sah im Versailler Vertrag die Fortsetzung des Krieges mit anderen Mitteln. Dieser Logik folgend schienen die Siegermächte mit dem Vertragswerk einzig die Absicht zu verfolgen, Deutschland dauerhaft zu unterdrücken. Das Ziel jeder deutschen Regierung müsste daher die Revision* des Versailler Vertrages sein.

Aus französischer Sicht gab es keinen Zweifel an der deutschen Verantwortung für den Ausbruch des Ersten Weltkrieges. Somit war Deutschland auch für das große Leid und die enorme Zerstörung, unter denen die französische Bevölkerung gelitten hatte, verantwortlich. Nach den schmerzhaften Erfahrungen des Deutsch-Französischen Krieges 1870/71 und des Ersten Weltkrieges zielte Frankreich nun auf eine dauerhafte Schwächung Deutschlands. Daher beharrte es auf einer strikten Umsetzung des Versailler Vertrages.

Um dem Ziel der Revision des Versailler Vertrages näher zu kommen, musste sich die deutsche Außenpolitik in eine andere Richtung orientieren: Im italienischen **Rapallo** schloss das Deutsche Reich 1922 mit der international geächteten Sowjetunion einen Vertrag. Darin nahm Deutschland die diplomatischen und wirtschaftlichen Beziehungen zur Sowjetunion wieder auf und beide Seiten verzichteten auf Reparationsforderungen für erlittene Kriegsschäden. Beide Länder konnten auf diese Weise ihre außenpolitische Isolierung durchbrechen. Die westlichen Großmächte zeigten sich von dem neuen Bündnis überrascht und teilweise besorgt. Insbesondere Frankreich lehnte den Vertrag strikt ab und verschärfte seine außenpolitische Haltung gegenüber Deutschland.

Auch vor diesem Hintergrund ist die **Besetzung des Ruhrgebiets** im Januar 1923 durch französische Truppen zu sehen. Sie stellte den für alle sichtbaren Höhepunkt der Auseinandersetzung zwischen Deutschland und Frankreich dar und offenbarte die deutsche Ohnmacht gegenüber Frankreich.

Einen dauerhaften und stabilen Frieden konnte es in Europa nur dann geben, wenn der europäische Hauptkonflikt zwischen Frankreich und Deutschland beigelegt oder zumindest entschärft werden könnte. Nach der Beendigung des Ruhrkampfes zeigte sich Ende 1923, dass sowohl die französische Politik des Beharrens auf Maximalforderungen als auch die deutsche Position einer Totalverweigerung gescheitert waren. Diese Situation bot die Chance auf einen Neuanfang auf beiden Seiten.

▶ **Pariser Friedensverträge siehe S. 246 ff.**

Revisionspolitik
Sie verfolgt das Ziel, Verträge zu revidieren, also rückgängig zu machen. In der Weimarer Republik zielt sie auf die Rückgängigmachung des Versailler Vertrages.

▶ **Deutsch-Französischer Krieg siehe S. 131 ff.**

Verträge von Rapallo im Wortlaut
cornelsen.de/Webcodes
Code:daniwi

▶ **Ruhrbesetzung und Ruhrkampf siehe S. 251 ff.**

▶ **M 4: Karikatur zu den Anfängen deutscher Außenpolitik**

Die „Ära Stresemann“

M1 Gustav Stresemann (1878 bis 1929), Fotografie, 1929

▶ M 1, M 2 (S. 266): Bewertungen Stresemanns

▶ M 5, M 6: Außenpolitische Leitlinien Stresemanns

Von 1923 bis 1929 prägte Gustav Stresemann als Außenminister die Außenpolitik der Weimarer Republik in wechselnden Kabinetten so stark, dass häufig von einer „Ära Stresemann“ gesprochen wird. Die nachfolgenden Generationen kamen bei der Betrachtung seiner Person und seiner Politik zu sehr unterschiedlichen Urteilen: Die einen sahen in ihm einen europäischen Verständigungspolitiker, die anderen einen nationalen Machtpolitiker. Fest steht, dass Stresemann eine bemerkenswerte Wandlung vollzog: Noch im Krieg plädierte er für einen uneingeschränkten U-Boot-Krieg und forderte einen Siegfrieden mit umfangreichen Gebietsgewinnen. Auch als Außenpolitiker der Zwischenkriegszeit verfolgte er – wie beinahe alle europäischen Staatsmänner – eine nationale Politik. Diese war geprägt vom Wunsch nach dem Wiederaufstieg Deutschlands zur gleichberechtigten politischen Großmacht in Europa. Das Hauptziel deutscher Außenpolitik blieb die Revision des Versailler Vertrages. Was Stresemann allerdings von den meisten anderen Politikern seiner Zeit unterschied, waren die Methoden, mit denen er seine Ziele erreichen wollte. Durch eine Politik der Versöhnung und Verständigung schien es ihm möglich, die Vertragsbestimmungen langfristig und schrittweise rückgängig zu machen und gleichzeitig die Großmachtstellung Deutschlands zurückzuerlangen. Dafür war er bereit, das französische Sicherheitsbedürfnis anzuerkennen und zu befriedigen. Gemeinsam mit dem französischen Außenminister **Aristide Briand** arbeitete Stresemann an einer Entspannung des deutsch-französischen Verhältnisses.

Schrittweise Überwindung der außenpolitischen Isolation

Verträge von Locarno im Wortlaut
cornelsen.de/Webcodes
Code: kuziwa

In den **Verträgen von Locarno (1925)** erkannte Deutschland die Entmilitarisierung des Rheinlandes und die deutsche Westgrenze an. Durch diesen Schritt konnte das französische Bedürfnis nach Sicherheit vor Deutschland gestillt werden. Die deutschen Zugeständnisse stellten zudem eine „vertrauensbildende Maßnahme“ dar, für die man in Zukunft Gegenleistungen erwarten durfte: Im Gegensatz zur Westgrenze hatte sich Stresemann nämlich eine Revision der deutschen Ostgrenze ausdrücklich vorbehalten. Durch den Versailler Vertrag hatte Deutschland große Gebiete im Osten vor allem an Polen abtreten müssen. Für diese Gebiete wurde kein „Locarno des Ostens“ vereinbart. Die deutsch-französische Annäherung stieß weltweit auf große Anerkennung. Die Ar-

M2 Plakat der Deutschnationalen Volkspartei (DNVP) zur Reichstagswahl 1928

chitekten des Vertrages, Stresemann und Briand, bekamen für ihren Beitrag ein Jahr später den **Friedensnobelpreis** verliehen. Innenpolitisch waren die Verträge von Locarno jedoch umstritten: Rechtsradikale und Nationalkonservative kritisierten die Verträge für die territorialen Zugeständnisse im Westen, da sie die Ergebnisse des Weltkrieges anerkannten.
Im **Berliner Vertrag (1926)** setzte die Reichsregierung ihre Politik der Annäherung an die Sowjetunion fort, die sie mit dem Vertrag von Rapallo 1922 begonnen hatte. Stresemann vermied eine einseitige Westbindung und signalisierte der Sowjetunion, dass die Annäherung Deutschlands an den Westen keine negativen Auswirkungen auf das Verhältnis der beiden Länder haben würde. Der Vertrag von Locarno hatte den Weg für die **Aufnahme Deutschlands in den Völkerbund*** frei gemacht. Der Beitritt Deutschlands wurde am 10. September 1926 vollzogen. Nur acht Jahre nach Kriegsende war damit die moralische und politische Isolierung Deutschlands überwunden und Deutschland durfte sich wieder zu den drei großen europäischen Mächten zählen. Der französische Außenminister Briand initiierte gemeinsam mit dem amerikanischen Staatssekretär Frank B. Kellogg ein Abkommen, das die Grundlage der Friedenssicherung sein sollte. Im nach ihnen benannten **Briand-Kellogg-Pakt (1928)** wurde der Krieg als Mittel der Politik völkerrechtlich geächtet. Die 15 unterzeichnenden Staaten verpflichteten sich, auf Krieg als Mittel zur Lösung internationaler Konflikte zu verzichten. Die deutsche Delegation unter Stresemann setzte sich im Vorfeld des Vertragsschlusses sehr für das Zustandekommen des Abkommens ein. Bis 1929 traten mehr als 60 Staaten dem Abkommen bei.

M3 **Aristide Briand (1862 bis 1932), Fotografie, um 1925**

Völkerbund
Der Völkerbund wurde 1920 mit Sitz in Genf gegründet. Er sollte bei Konflikten zwischen Staaten vermitteln und die Einhaltung von Friedensverträgen überwachen. Er gilt als Vorläufer der Vereinten Nationen.

Konfrontationskurs nach der Ära Stresemann

Stresemann starb im Oktober 1929 an den Folgen eines Schlaganfalls. Nach seinem Tod zeigte sich, wie eng die Entspannungspolitik mit seiner Person verbunden war. Stresemanns Politik der Verständigung mit dem Ziel einer schrittweisen Revision des Versailler Vertrages wurde zunehmend abgelöst durch einen deutlich offensiveren außenpolitischen Stil, verstärkte nationale Abgrenzung und aggressiveren Revisionismus. Es kam vermehrt zu Konflikten mit den westlichen Großmächten. Am 30. Juni 1930 erfolgte die endgültige **Räumung des besetzten Rheinlandes**. Noch im „Geiste von Locarno" vorbereitet, nahm 1932 die **Genfer Abrüstungskonferenz** ihre Arbeit auf. Deutschland erlangte dort mit der Drohung, die Konferenz zu verlassen, die grundsätzliche Anerkennung als militärisch gleichberechtigter Staat. Die deutsche Außenpolitik verfolgte nun vor allem das Ziel, die **Reparationslast** für das Reich aufzulösen. Im Zeichen der Weltwirtschaftskrise überstiegen die finanziellen Belastungen der Reparationen* die Leistungsfähigkeit der deutschen Wirtschaft. Die Krise wurde von der Reichsregierung bewusst verschärft, um die Zahlungsunfähigkeit Deutschlands zu verdeutlichen. Der **Young-Plan*** wurde schließlich auf der **Konferenz von Lausanne** aufgehoben, dies bedeutete praktisch das Ende der deutschen Reparationszahlungen. Hitler knüpfte nach seiner Wahl im Januar 1933 zwar an den bisherigen Revisionismus an. Aber der Rückzug Deutschlands aus dem Völkerbund und der Genfer Abrüstungskonferenz im Oktober 1933 stellte eine völlig neue Qualität revisionistischer Außenpolitik dar.

▶ **M7–M9: Situation Europas um 1930**

Reparationen
Kriegsentschädigungen, die Deutschland aufgrund des Versailler Vertrages zahlen sollte

Young-Plan
Der Young-Plan von 1929 sah eine Verringerung und Staffelung der Reparationszahlungen bis 1988 vor. Bereits der **Dawes-Plan** von 1924 brachte eine Reduzierung der Reparationsleistungen.

1. Stellen Sie die außenpolitischen Ereignisse in einer Zeitleiste grafisch dar. Markieren Sie jeweils den zeitlichen Rahmen verschiedener Phasen in unterschiedlichen Farben und geben Sie für jede Phase ein treffendes Schlagwort an.
2. **Geschichte kreativ:** Schreiben Sie einen Nachruf auf Gustav Stresemann. Gehen Sie dabei auf seine Bedeutung als Außenpolitiker ein.
3. **Vertiefung:** Vergleichen Sie die Außenpolitik Stresemanns mit der Außenpolitik Bismarcks.
   Tipp: Gliedern Sie Ihren Vergleich: Ziele – Mittel – Ergebnisse – Rolle der Person.

Hinweise zur Arbeit mit den Materialien
In den folgenden Materialien finden Sie eine Karikatur zu den Anfängen deutscher Außenpolitik (M 4). Gustav Stresemann erhielt gemeinsam mit seinem französischen Amtskollegen Aristide Briand 1926 den Friedensnobelpreis für ihre Politik der europäischen Verständigung. In den Quellen M 5 und M 6 lassen sich die außenpolitischen Leitlinien in der Ära Stresemann erkennen. Abschließend können Sie sich mit der Situation Europas am Ende der 1920er- bzw. Anfang der 1930er-Jahre auseinandersetzen (M 7–M 9).

Die Anfänge deutscher Außenpolitik

M 4 „Deutschland und Russland. Ein Anfang", Karikatur von Erich Schilling aus der deutschen Satirezeitschrift „Simplicissimus" vom 10. Mai 1922

4 a) Analysieren Sie die Karikatur M 4.
b) Erklären Sie, warum die Reaktionen in Frankreich auf den Vertrag von Rapallo negativ ausfielen.
Tipp: Hinweise finden Sie im Darstellungstext.

5 a) Analysieren Sie M 2 (S. 260).
Tipp: Beachten Sie die methodischen Hinweise auf S. 242.
b) Erläutern Sie die unterschiedlichen Bewertungen der deutschen Außenpolitik, die in M 2 und M 4 deutlich werden.

Außenpolitische Leitlinien in der Ära Stresemann

M 5 Aus einer Rede Stresemanns vor der „Arbeitsgemeinschaft deutscher Landsmannschaften in Groß-Berlin" am 14. Dezember 1925

Das Hauptmittel [der Außenpolitik] ist die materielle Macht, Armee und Flotte. Dass wir sie nicht besitzen, ist Ihnen bekannt. […] Eine […] Frage für die deutsche Außenpolitik ist die, ob Deutschland noch irgendwo eine Großmacht wäre und als Großmacht sich wieder in das Konzert der Mächte einschalten könnte, und diese einzige große Waffe unserer Außenpolitik sehe ich in unserer wirtschaftlichen Stellung. […] Ich glaube, man wird am weitesten kommen, wenn man irgendein Verhältnis zu anderen Nationen auf gleich laufenden Interessen aufbaut. An unserer Produktion haben die anderen kein Interesse; aber sie haben ein Interesse daran, dass die aus den Fugen geratene Weltwirtschaft […] wieder in Ordnung kommt; und sie glauben nicht daran, dass sie wieder in Ordnung kommt, wenn Deutschland in den Abgrund hineingezogen wird. […] Meine Herren, das waren Gesichtspunkte, die uns veranlassen mussten, an uns die Frage zu richten, ob es nicht für uns möglich sei, politische Fragen auf wirtschaftlichem Wege zu lösen, und unter dem Gedanken dieser unserer Machtstellung zu versuchen, den Dingen seit Versailles eine andere Wendung zu geben. […]
Was bedeuten im Sinne der Regierung der Vertrag von Locarno und die angebahnte Verständigung? […] Der wirtschaftlichen Verständigung musste eine politische Verständigung folgen. […] Gewiss bedeutet der Verzicht auf Krieg auch den Verzicht, auf kriegerischem Wege Elsass-Lothringen wiederzugewinnen. Meine Herren, einen anderen Weg sehe ich aber auch nicht. […]
Meine Herren, ich denke auch in Bezug auf die Ostfragen […] nicht an kriegerische Auseinandersetzungen. Was ich mir aber vorstelle, ist das, dass, wenn einmal Verhältnisse entstehen, die den europäischen Frieden oder die wirtschaftliche Konsolidierung[1] Europas durch die Entwicklung im Osten bedroht erscheinen lassen, […] dass dann Deutschland auch die Möglichkeit haben kann, mit seinen Forderungen Erfolge zu erzielen, wenn es sich vorher mit den ganzen Weltmächten, die darüber zu entscheiden haben, politisch auf einen freundschaftlichen Verständigungsfuß und auf eine wirtschaftliche Interessengemeinschaft auf der anderen Seite gestellt hat. Das ist meiner Meinung nach die einzig praktische Politik. […] Meine Herren, die Politik, die wir inauguriert[2] haben, hat uns mindestens immer als eine Politik der

Sicherung des deutschen Rheinlands gegen die Fortsetzung der französischen Rheinpolitik vor Augen gestanden, und da wir es nicht mit den Waffen schützen können, mussten wir es durch Verträge schützen. Nun aber ein Wort über die Inkraftsetzung und über den Völkerbund. Auch hier bekämpfen wir Deutsche uns prinzipiell wie immer. Bist du für den Völkerbund oder gegen ihn? Das ist eine ganz falsche Fragestellung. Man muss vielmehr fragen: Ist es besser für Deutschland, draußen zu bleiben oder hineinzugehen? Der Völkerbund ist mir absolut nicht sympathisch. Seine Entstehung war gegen uns gerichtet. Seine Handlungen waren gegen uns. [...] Wir hätten vom eigenen Standpunkt keine Veranlassung, große Sympathien mit ihm zu haben. Aber ich frage mich auch hier: nicht, ob mir die Menschen sympathisch sind oder nicht, sondern: nutzt oder schadet es? Da sehe ich die Dinge folgendermaßen: Alles, was das deutsche Volk auf dem Herzen hat, gerade an den noch ungelösten Fragen aus dem Weltkrieg, kann es nirgends besser anbringen als dort.

*Zit. nach: Akten zur deutschen auswärtigen Politik 1918–1945. Serie B: 1925–1933, Bd. I.1, Vandenhoeck & Ruprecht, Göttingen 1966, S. 728–751.**

1 *Konsolidierung:* Festigung
2 *inauguriert:* eingeführt

M6 Vertraulicher Brief Stresemanns an Kronprinz Wilhelm vom 7. September 1925 (1932 bekannt geworden)

Die deutsche Außenpolitik hat nach meiner Auffassung für die nächste absehbare Zeit drei große Aufgaben: Einmal die Lösung der Reparationsfrage in einem für Deutschland erträglichen Sinne und die Sicherung des Friedens, die die Voraussetzung für eine Wiedererstarkung Deutschlands ist. Zweitens rechne ich dazu den Schutz der Auslandsdeutschen, jener 10–12 Millionen Stammesgenossen, die jetzt unter fremdem Joch in fremden Ländern leben.
Die dritte große Aufgabe ist die Korrektur der Ostgrenzen: die Wiedergewinnung von Danzig, vom polnischen Korridor und eine Korrektur der Grenze in Oberschlesien. Im Hintergrund steht der Anschluss von Deutsch-Österreich [...]. Wollen wir diese Ziele erreichen, so müssen wir uns aber auch auf diese Aufgaben konzentrieren. Daher der Sicherheitspakt, der uns einmal den Frieden garantieren und England sowie, wenn Mussolini[1] mitmacht, Italien als Garanten der deutschen Westgrenze festlegen soll. Der Sicherheitspakt birgt andererseits in sich den Verzicht auf [...] Rückgewinnung Elsass-Lothringens, [...] der aber insoweit nur theoretischen Charakter hat, als keine Möglichkeit eines Krieges gegen Frankreich besteht. [...] Zudem sind alle Fragen, die dem deutschen Volk auf dem Herzen brennen, [...] Angelegenheiten des Völkerbundes [...].
Die Frage des Optierens[2] zwischen Osten und Westen erfolgt durch unseren Eintritt in den Völkerbund nicht. Optieren kann man ja übrigens nur, wenn man eine militärische Macht hinter sich hat. Das fehlt uns leider. [...] Ich warne vor einer Utopie, mit dem Bolschewismus zu kokettieren. [...] Das Wichtigste ist [...] das Freiwerden deutschen Landes von fremder Besatzung. Wir müssen den Würger erst vom Halse haben. [...] Deshalb wird die deutsche Politik [...] in dieser Beziehung zunächst darin bestehen müssen, zu finassieren[3] und den großen Entscheidungen auszuweichen.
Ich bitte E. K. H.[4] [...] diesen Brief selbst – den ich absichtlich nicht unterzeichne, damit er nicht, auch nur aus Versehen, in fremde Hände fällt – freundlichst unter dem Gesichtspunkt würdigen zu wollen, dass ich mir natürlich in allen meinen Äußerungen eine große Zurückhaltung auferlegen muss. [...]

*Gustav Stresemann, Vermächtnis, Bd. II, hg. von Henry Bernhard, Ullstein, Berlin 1932, S. 553ff.**

1 *Benito Mussolini (1883–1945):* ital. Politiker; von 1922 bis 1943 Ministerpräsident des Königreiches Italien; ab 1925 als Diktator an der Spitze des faschistischen Regimes in Italien.
2 *optieren:* sich für etwas aussprechen, entscheiden
3 *finassieren:* Tricks anwenden, um etwas zu erreichen
4 *E. K. H.:* Eure Kaiserliche Hoheit

6 Kooperative Partnerarbeit: Bearbeiten Sie zunächst a) und b) arbeitsteilig und anschließend c) gemeinsam.
   a) Analysieren Sie die Rede Stresemanns (M 5).
   Tipp: Gehen Sie auf Ziele und Methoden seiner Außenpolitik ein.
   b) Analysieren Sie den Brief Stresemanns (M 6).
   Tipp: Gehen Sie auf seine Schlussbemerkung (Z. 39 ff.) ein.
   c) Vergleichen Sie Ihre Ergebnisse und überprüfen Sie mithilfe des Darstellungstextes S. 260 f., welche Erfolge Stresemann hinsichtlich seiner Ziele erreichen konnte.

7 Vertiefung: Erörtern Sie die Aussage, Stresemanns Außenpolitik stellte eine „ökonomische Variante deutscher Machtpolitik" dar.

8 Geschichte kreativ: Gestalten Sie ein Gutachten für das Nobelpreiskomitee 1926. Halten Sie in dem Gutachten fest, welche Argumente für eine Verleihung des Friedensnobelpreises an Gustav Stresemann sprechen und welche dagegen. Formulieren Sie eine abschließende Empfehlung.

Situation Europas um 1930

M7 Warum kommt Europa nicht voran

Letzte Rede Gustav Stresemanns vor dem Völkerbund vom 9. September 1929

Ich komme zu der Frage, die in der Debatte dieser Tage erörtert worden ist. Das war die Neugestaltung der Staatenverhältnisse in Europa. […] Was erscheint denn an Europa, an seiner Konstruktion vom wirtschaftlichen Gesichtspunkte aus so außerordentlich grotesk? Es erscheint mir grotesk, dass die Entwicklung Europas nicht vorwärts, sondern rückwärts gegangen zu sein scheint. Durch den Versailler Vertrag ist eine große Anzahl neuer Staaten geschaffen worden. Ich diskutiere hier nicht über das Politische des Versailler Vertrages, denn ich darf annehmen, dass meine Anschauungen darüber bekannt sind. Aber das Wirtschaftliche möchte ich doch betonen und sagen, dass es unmöglich ist, dass Sie zwar eine große Anzahl neuer Staaten geschaffen, aber ihre Einbeziehung in das europäische Wirtschaftssystem vollkommen beiseitegelassen haben. Was ist denn die Folge dieser Unterlassungssünde gewesen? Sie sehen neue Grenzen, neue Maße, neue Gewichte, neue Ursachen, neue Münzen, ein fortwährendes Stocken des Verkehrs. […] Wo bleibt in Europa die europäische Münze, die europäische Briefmarke? Sind diese aus nationalem Prestige heraus geborenen Einzelheiten nicht sämtlich Dinge, die durch die Entwicklung der Zeit längst überholt wurden und diesem Erdteil einen außerordentlichen Nachteil zufügen, nicht nur im Verhältnis der Länder zueinander, nicht auch nur in dem Verhältnis zu den Weltteilen, draußen, sondern auch im Verhältnis anderer Weltteile, die sich oft viel schwerer in diese Dinge hineinversetzen können als ein Europäer, der es allmählich auch nicht mehr versteht?

*Henry Bernhard (Hg.), Gustav Stresemann. Vermächtnis. Der Nachlass in drei Bänden, Bd. 3, Berlin 1933, S. 577 f.**

M8 Tagebucheintrag von Harry Graf Kessler

Paris. 4. Oktober 1929. Freitag

Alle Pariser Morgenzeitungen bringen die Nachricht vom Tode Stresemanns in größter Aufmachung. Es ist fast so, als ob der größte französische Staatsmann gestorben wäre. Die Trauer ist allgemein und echt. Man empfindet, dass es doch schon ein europäisches Vaterland gibt. Die Franzosen empfinden Stresemann wie eine Art von europäischem Bismarck.

http://gutenberg.spiegel.de/buch/tagebucher-1918-1937-4378/12 (abgerufen am 6. Januar 2020).

M9 „Europa-Probleme – Hier irrt Zeus. Die Rettung der Europa durch dieses Meer geht selbst über die Kräfte eines Stieres", Karikatur von Karl Arnold, aus dem „Simplicissimus", 9. Juli 1933.

Auf den Papierwellen steht u. a.: Zölle, Arbeitslosigkeit, Völkerbund, Abrüstung, Kriegsschulden, Weltwirtschaft. Laut dem antiken Europa-Mythos entführte der Göttervater Zeus in Form eines Stieres die phönizische Prinzessin Europa und brachte sie durch das Mittelmeer auf die Insel Kreta.

9 Partnerarbeit: Überprüfen Sie unter Berücksichtigung von M 5 bis M 7, ob sich
- **a)** heutige Vorkämpfer der europäischen Einigung,
- **b)** deutsch-nationale Politiker

auf Gustav Stresemann berufen können.
- **c)** Beurteilen Sie, ob die Wahrnehmung Stresemanns als „europäischer Bismarck" (M 8, Z. 7) angemessen war.

10 a) Analysieren Sie die Karikatur „Europa-Probleme" (M 9).
- **b)** Vergleichen Sie die Europa-Probleme von damals mit heutigen.

Historische Urteile analysieren und vergleichen

Eine objektive Wahrheit gibt es in der Geschichte nicht. Jede Wahrnehmung und jede Deutung von historischen Ereignissen hängen von einer Vielzahl von Faktoren (z. B. Lebenszeit des Autors, Zugang zu Quellen, Sozialisation, emotionale Betroffenheit, Distanz zum Geschehen) ab. Darstellungen von Geschichte sind daher immer perspektivisch – unterschiedliche Menschen kommen zu unterschiedlichen Beurteilungen von ein und demselben historischen Ereignis. In diesem Sinne ist Geschichtsschreibung immer subjektiv. Historische Urteile können sich folglich stark voneinander unterscheiden. Die Frage, wie ein Historiker zu seiner Beurteilung kommt, ist mindestens so spannend und wichtig wie die nach der Beurteilung selbst. Deshalb müssen historische Urteile auf die **Stimmigkeit ihrer Argumentationskette**, auf die **Stichhaltigkeit der einzelnen Argumente** und auf die **Angemessenheit der Darstellung** geprüft werden. Nur so lässt sich die Qualität eines historischen Urteils erkennen und beurteilen.
Um einem historischen Ereignis in seiner Komplexität gerecht zu werden, ist es sinnvoll, (kontroverse) Materialien hinsichtlich zentraler Gemeinsamkeiten und Unterschiede zu vergleichen. In der Geschichtswissenschaft spricht man vom **Prinzip der Multiperspektivität**. Das Gleiche gilt für historische Urteile. Durch die Analyse und den Vergleich verschiedener historischer Urteile kann man sich ein eigenes Bild von einer historischen Begebenheit machen. In dem Wissen, dass auch das eigene historische Urteil nicht objektiv sein wird, lässt sich zumindest ein abgewogenes und in sich stimmiges historisches Urteil formulieren.

M1 Trauerzug zur Beerdigung Gustav Stresemanns in Berlin, Fotografie, 1929.
Hunderttausende Berliner wohnten dem Trauerzug zur Beerdigung Gustav Stresemanns bei.

Arbeitsschritte für die Analyse von historischen Urteilen

1. Formale Merkmale
- Welche (z. B. berufliche) Funktion/welche (politische, gesellschaftliche) Stellung hat der Verfasser?
- Wann, wo und aus welchem Anlass ist der Text entstanden?
- Um welche Textsorte (z. B. öffentliche Rede, Artikel, Fachbuch) handelt es sich?
- An wen wendet sich der Text?

2. Herausarbeiten des Inhalts
- Mit welchem Thema beschäftigt sich der Text?
- Welche zentralen Aussagen enthält der Text? Welche Thesen werden aufgestellt?
- Mit welchen Argumenten untermauert der Autor seine Thesen und Aussagen?

3. Historischer Kontext
- Auf welches Ereignis/welche Epoche/welches Problem bezieht sich der Text?
- In welchem Verhältnis steht der Autor zum behandelten Thema?

4. Aussageabsicht
- Welche Absicht verfolgt der Verfasser?
- Welchen Standpunkt nimmt er ein?
- Unter welchen Fragestellungen/Maßstäben werden die Sachverhalte beurteilt?
- Welche Gesamtaussage lässt sich formulieren?

5. Darstellungen vergleichen
- Welche Aspekte sind für den Vergleich der beiden historischen Urteile geeignet? Welche Aspekte lassen sich nicht vergleichen?
- Welche Unterschiede und Gemeinsamkeiten zeigen die Darstellungen? Gibt es Überlappungen, Ähnlichkeiten, Abweichungen oder Gegensätze?

6. Darstellungen beurteilen
- Wie glaubwürdig/überzeugend sind die Texte?
- Gibt es logische Fehler in den Argumentationsketten oder sind sie schlüssig?
- Sind die Aussagen sachlich richtig?
- Wird das Wesentliche in den Blick genommen oder werden zentrale Aspekte ausgespart?

Übungsaufgabe

M2 Der Schriftsteller und Journalist Emil Ludwig über Gustav Stresemann, 1929

Ludwigs Artikel „Der Mann des Friedens" erschien am 3. Oktober 1929 anlässlich von Stresemanns Tod in der „Vossischen Zeitung".

Stresemanns Verdienste als Staatsmann werden heute von Kennern dargestellt werden. Er hat seine Taten, die von 1923 bis 1929 reichen, mit der Rettung der Republik aus der Not des Ruhrkampfes begonnen und mit der Befreiung des Gebietes beschlossen. In der Geschichte aber wird seine Gestalt ein Symbol der Wandlung bedeuten. Ein reiner Imperialist, der an den Primat[1] der Wirtschaft nur allzu sehr glaubte, ein wilder Annexionist[2], der 1915 alle französischen Erze haben wollte, hielt er sich im November 1918 besser als gewisse Zeitgenossen: Denn er ist nicht von heute auf morgen in fünf Minuten rot geworden. Stattdessen wurde er in fünf Jahren schwarz-rot-gold. Der furchtbare Schlag hat ihn zur Besinnung gebracht. Sein Ohr hörte den verwandelten Rhythmus der Geschichte, sein historisch sehr geschulter Geist zeigte ihm die Parallelen. Er begreift, dass man in Europa nicht nach den alten Methoden weiterregieren könnte, und darum auch nicht in Deutschland. [...] Er sah, dass nicht die alte Revanchefrage derer, aus deren Kreisen er hervorging, sondern nur der Gedanke des Völkerbundes Deutschland emporführen könnte. [...]

An [...] [seinen] Zügen erkennt man den Menschen, der weniger auf rasche Wirkung als auf nachdenkliche Forderung bedacht ist. Und doch zeigte sein Charakter auch eine gewisse studentenhafte Naivität, die ihn nicht gerade zum Menschenkenner machte. So entstand in ihm eine Frische, die zur Überlegung, ein Ernst, der zur Handlung führte: Stresemann war ein sehr deutscher Charakter.

*Vossische Zeitung, 3. Oktober 1929; zit. nach: http://zefys.staatsbibliothek-berlin.de/kalender/auswahl/date/1929-10-03/27112366/ (abgerufen am 7. Januar 2020).**

1 *Primat der Wirtschaft:* Vorrangstellung der Wirtschaft
2 *Annexionist:* Person, die danach strebt, fremdes Staatsgebiet gewaltsam anzugliedern

M3 Der Historiker Hagen Schulze über Gustav Stresemann, 1983

Das erste große Ziel deutscher Außenpolitik verstand sich fast von selbst: die Revision von Versailles. [...] Im Osten dagegen strebte [Stresemann] ganz unverhohlen die Rückgabe Danzigs, des Korridors und Oberschlesiens an. Eine vertragliche Festschreibung der deutschen Ostgrenzen kam deshalb für ihn nie in Betracht; Stresemann mühte sich vielmehr, Frankreich und Polen zu entzweien. [...] Vor allem, um die Frage der deutschen Ostgrenze offenzuhalten, strebte Stresemann die Mitgliedschaft Deutschlands im Völkerbund an. [...] Ihm ging es letztlich um die Beseitigung des internationalen Systems der Pariser Vorortverträge von 1919 und um die Rückkehr zu einem europäischen Gleichgewicht, in dem Deutschland wie zur Bismarck-Zeit schon aufgrund seiner hohen Bevölkerungszahl und seiner wirtschaftlichen Überlegenheit die erste Geige spielen sollte. Stresemann, das war Bismarck *redivivus*[1], konservativ bis in die Fingerspitzen, der eine an den Grenzen des politischen Möglichen orientierte aufgeklärte Machtpolitik betrieb. Es war derselbe Stresemann, der 1914 Gebiete von Calais bis Petersburg annektieren wollte, der 1919 die Dolchstoßlegende gepredigt und sich der Annahme des Versailler Vertrages wie der Weimarer Reichsverfassung widersetzt hatte und der nun daranging, mit den westlichen Alliierten den Ausgleich zu suchen – „Entspannungspolitik" zu betreiben, würde man heute sagen –, der mit aller Macht in den Völkerbund drängte, der den Friedensnobelpreis erhalten und der Nachwelt als großer Europäer erscheinen sollte. Doch in Wirklichkeit hat eine Wandlung vom nationalistischen Saulus zum paneuropäischen Paulus[2] nie stattgefunden.

*Hagen Schulze, Weimar. Deutschland 1917–1933, Siedler, Berlin 1983, S. 272 f.**

1 *Bismarck redivivus:* der wiedererstandene Geist Bismarcks
2 *Wandlung vom Saulus zum Paulus (Redensart):* sich vom Schlechten abwenden und zum Guten werden

1 Analysieren Sie M 2 und vergleichen Sie M 3 damit.
Tipp: Formulierungshilfen finden Sie auf S. 411 f.

Lösungshinweise

1. Formale Merkmale:
Zeitungsartikel der „Vossischen Zeitung" von ..., erschienen am ...

2. Herausarbeiten des Inhalts
These 1:
Stresemann ist ein Symbol der Wandlung vom Monarchisten zum Republikaner.
These 2:
Stresemann änderte seine Außenpolitik: weg von Revancheabsichten nach dem Weltkrieg hin zur europäischen Verständigung und vertraglichen Bestimmungen.

3. Historischer Kontext
Der Zeitungsartikel erschien unmittelbar nach dem Tod Gustav Stresemanns. Dieser hatte von 1923 bis 1929 zunächst als Reichskanzler, dann als Außenminister die deutsche (Außen-) Politik maßgeblich beeinflusst (s. S. 260 f.).

4. Aussageabsicht/ Beurteilung der Person:
Sehr positive Beurteilung des Menschen und Politikers Stresemann.

M2 Der Schriftsteller und Journalist Emil Ludwig über Gustav Stresemann, 1929

[...] erschien am 3. Oktober 1929 anlässlich von Stresemanns Tod in der „Vossischen Zeitung".

Stresemanns Verdienste als Staatsmann werden heute von Kennern dargestellt werden. Er hat seine Taten, die von 1923 bis 1929 reichen, mit der Rettung der Republik aus der Not des Ruhrkampfes begonnen und mir der Befreiung des Gebietes beschlossen.

In der Geschichte aber wird seine Gestalt ein Symbol der Wandlung bedeuten. Ein **reiner Imperialist**, der an den Primat der Wirtschaft nur allzu sehr glaubte, ein wilder Annexionist, der 1915 alle französischen Erze haben wollte, hielt er sich im November 1918 besser als gewisse Zeitgenossen: Denn er ist nicht von heute auf morgen in fünf Minuten rot geworden. Stattdessen **wurde er in fünf Jahren schwarz-rot-gold**. Der furchtbare Schlag hat ihn zur Besinnung gebracht.

Sein Ohr hörte den verwandelten Rhythmus der Geschichte, sein historisch sehr geschulter Geist zeigte ihm die Parallelen. Er begreift, dass man in Europa **nicht nach den alten Methoden** weiterregieren könnte, und darum auch nicht in Deutschland. [...] Er sah, dass **nicht die alte Revanchefrage** derer, aus deren Kreisen er hervorging, **sondern nur der Gedanke des Völkerbundes** Deutschland emporführen könnte.

An [...] seinen Zügen erkennt man den Menschen, der weniger auf rasche Wirkung als auf nachdenkliche Forderung bedacht ist. Und doch zeigte sein Charakter auch eine gewisse studentenhafte Naivität, die ihn nicht gerade zum Menschkenner machte. So entstand in ihm eine Frische, die zur Überlegung, ein Ernst, der zur Handlung führte: Stresemann war ein sehr deutscher Charakter.

Vossische Zeitung, 3. Oktober 1929.

5. Darstellungen vergleichen

Möglicher Vergleichsaspekt	M 2 Emil Ludwig	M 3 Hagen Schulze
Die Wandlung von Gustav Stresemann vom Anhänger der Monarchie zu einem der führenden Köpfe der Weimarer Republik	„In der Geschichte aber wird seine Gestalt ein Symbol der Wandlung bedeuten. Ein reiner Imperialist, [...] ein wilder Annexionist, [...] wurde in [...] fünf Jahren schwarz-rot-gold." (Z. 5–13)	„Stresemann, das war Bismarck *redivivus*, konservativ bis in die Fingerspitzen." (Z. 17–19) „Doch in Wirklichkeit hat eine Wandlung vom nationalistischen Saulus zum paneuropäischen Paulus nie stattgefunden." (Z. 31–33)
Ein weiterer möglicher Vergleichsaspekt: Stresemanns Methoden, mit denen er Außenpolitik betrieb	„Er begreift, dass man in Europa nicht nach den alten Methoden weiterregieren könnte, und darum auch nicht in Deutschland. [...] Er sah, dass nicht die alte Revanchefrage derer, aus deren Kreisen er hervorging, sondern nur der Gedanke des Völkerbundes Deutschland emporführen könnte." (Z. 17–23)	„Im Osten dagegen strebte [Stresemann] ganz unverhohlen die Rückgabe Danzigs, des Korridors und Oberschlesiens an. Eine vertragliche Festschreibung der deutschen Ostgrenzen kam deshalb für ihn nie in Betracht." (Z. 3–7)

6. Darstellungen beurteilen
Überprüfung der getroffenen Aussagen mithilfe des Darstellungstextes, S. 259 ff., vor allem Aufgaben 2 und 3, sowie M 5–M 7, S. 262 ff.

5.7 Das Scheitern der Demokratie 1929 bis 1933

In diesem Kapitel geht es um
- *die Auswirkungen der Weltwirtschaftskrise auf die Weimarer Republik,*
- *die politischen und gesellschaftlichen Reaktionen im Umgang mit der Krise sowie*
- *die Zerstörung der Demokratie in Deutschland.*

Die Weltwirtschaftskrise und ihre Folgen für Europa

Deflation
Der Begriff bezeichnet einen Prozess stetiger Preissenkungen in einer Volkswirtschaft. Verursacht wird Deflation, wenn die Nachfrage geringer ist als das Angebot. Sie kann infolge einer übermäßigen Verringerung der Geldmenge entstehen (z. B. durch Kapitalabflüsse ins Ausland) und eine Wirtschaftskrise auslösen oder vertiefen. Unternehmen halten Investitionen zurück, Gewinnerwartungen sinken, die Produktion lässt nach. Einkommensverluste der Arbeiter und Angestellten senken die Konsumneigung, Arbeitslosigkeit wird zu einem bedeutenden Lebensrisiko. Die Steuereinnahmen des Staates sinken, die Sozialausgaben steigen.

Der Crash der New Yorker Börse an der Wall Street in den letzten Oktobertagen 1929 löste eine Wirtschaftskrise aus, die bis in die 1930er-Jahre hinein weltweit gravierende Folgen hatte. Sie verlief regional unterschiedlich, Deutschland war neben den USA mit am stärksten von **Deflation*** und Niedergang betroffen. Die **Ursachen für die deutsche Krisenanfälligkeit** sind verbunden mit Entwicklungen in den 1920er-Jahren:
Deutschlands Industrie blieb auch nach dem Ersten Weltkrieg **exportorientiert** und war deshalb eng verbunden mit der Weltwirtschaft. Die fortschreitende technische Entwicklung verschärfte die Konkurrenzsituation auf den Weltmärkten. Etwa ein Drittel der Beschäftigten in Deutschland arbeitete nach wie vor in der **Landwirtschaft**. Durch Verbesserung der Anbaumethoden und das steigende Angebot fielen die Preise. Landwirte mussten sich verschulden, um sinkende Preise aufzufangen und dennoch Investitionen zu tätigen. Die Pariser Vorortverträge, darunter der Versailler Vertrag, hatten ein **„Schuldenkarussell"** geschaffen, in dem die europäischen Alliierten (Großbritannien, Frankreich) ihre Kriegsschulden bei den USA mit den Reparationszahlungen aus Deutschland tilgten. Deutschland wiederum erhielt im Zuge der wirtschaftlichen Erholung umfangreiche Kredite und Investitionen aus den USA.
Die Weltwirtschaftskrise nahm ihren Anfang in den USA. Sie folgte auf das Wachstum der 1920er-Jahre („*Roaring Twenties*"), das in den USA zur Bildung einer **Spekulationsblase** an den Aktienmärkten geführt hatte: Im Glauben an einen dauerhaften Boom wurden Wertpapiere zu überhöhten Preisen gehandelt und häufig mit Krediten finanziert. Im Oktober 1929 entluden sich Vorahnungen über Kursverluste in panikartigen Verkäufen. Die Kurse fielen ins Bodenlose, hoch dotierte Aktien wurden im Handel wertlos, sowohl Banken als auch Privatanleger waren nicht mehr zahlungsfähig. Im Anschluss entwickelte sich die Finanzkrise zur **Wirtschaftskrise**:

▶ **M 5–M 10: Auswirkungen der Weltwirtschaftskrise**

- Etwa **ein Drittel der amerikanischen Banken brach zusammen**, deren Kredite und Investitionen fielen aus. Die übrigen stellten die Kreditvergabe teilweise ein und zogen Auslandsinvestitionen (besonders aus Deutschland) zurück, um inländische Verbindlichkeiten zu decken.
- Das fehlende Kapital führte dazu, dass sich **Handel und Produktion deutlich abschwächten** oder phasenweise zusammenbrachen, allerdings regional unterschiedlich. So halbierte sich in den USA die Industrieproduktion zwischen 1929 und 1932 nahezu, während beispielsweise in Großbritannien die Einbußen gering blieben.
- Der wirtschaftliche Niedergang hatte katastrophale Auswirkungen auf die **Beschäftigungslage**. Millionen Menschen verloren ihre Anstellung und damit ihre wirtschaftliche Grundlage. Alle anderen hatten gravierende Lohnkürzungen hinzunehmen. In Deutschland war wohl jede Familie direkt oder indirekt von der Krise betroffen.
- Die sinkende wirtschaftliche Leistung und die steigenden Sozialausgaben **belasteten die Staatshaushalte** und zwangen die Regierungen zum Handeln. Dabei gingen die Länder unterschiedliche Wege. In Deutschland verfolgte Reichskanzler Heinrich Brüning (Zentrumspartei) bei der Krisenbekämpfung* vor allem ehrgeizige Sparziele, auch um eine Wiederholung der Inflation von 1923 um jeden Preis zu verhindern.

Maßnahmen der Regierung Brüning zur Bekämpfung der Wirtschaftskrise
- Kürzung der Staatsausgaben
- Erhöhung direkter Steuern (Lohn-, Einkommens-, Umsatzsteuer)
- Erhöhung indirekter Steuern (Verbrauchssteuern z. B. auf Zucker, Tabak, Bier)
- „Notopfer" (Sonderabgabe) für Beamte und Angestellte
- Abbau von Sozialleistungen
- Kürzung der Gehälter im öffentlichen Dienst (mit Ausnahme der Reichswehr)
- Ledigensteuer

→ „Austeritätspolitik" (strenge Sparsamkeitspolitik)

▶ **M 9, M 10: Einschätzungen zum Umgang mit der Wirtschaftskrise**

Von der Wirtschafts- zur Staatskrise in Deutschland

Die sinkende Wirtschaftsleistung, die steigenden Arbeitslosenzahlen und die wachsende Staatsverschuldung übten stetig wachsenden **Druck auf die seit 1928 regierende „Große Koalition“** (SPD, DDP, Zentrum, DVP, BVP) aus. Außerdem bildete der ab Sommer 1929 verhandelte **„Young-Plan“*** für rechtsextreme Kreise den Anlass, die Regierung unter Reichskanzler Hermann Müller (SPD) heftig zu attackieren. Ein Volksbegehren gegen den Young-Plan scheiterte zwar deutlich. Antidemokratische, rechtsnationale und antisemitische Propaganda fand gleichwohl zunehmend öffentliche Aufmerksamkeit und wurde befeuert z.B. durch den Pressekonzern des DNVP-Vorsitzenden Alfred Hugenberg, der auch immer wieder Kontakte zu „Stahlhelm-Bund“* und NSDAP knüpfte. Politische Auseinandersetzungen verliefen immer schärfer und unerbittlicher. Schlägertrupps der Parteien lieferten sich Saal- und Straßenschlachten.

Die Fraktionen des Reichstags waren unterdessen zu parlamentarischer Mehrheitsbildung nicht mehr in der Lage, weil sie keine Kompromisse mehr eingingen und sich gegenseitig hemmten. Begünstigt durch diese Konstellation und angetrieben durch seine eigenen Überzeugungen von Staat und Gesellschaft entwickelte in dieser Phase Reichspräsident Hindenburg maßgeblichen Einfluss auf das politische System. Die Große Koalition zerbrach und damit die letzte Regierung der Republik, die demokratisch legitimiert war. Differenzen hatten sich lange entwickelt, nun gelang keine Einigung über die Erhöhung der Beiträge zur Arbeitslosenversicherung.

Zur wichtigen Weichenstellung wurde die **Berufung von Heinrich Brüning (Zentrumspartei) zum Reichskanzler** einer Regierung ohne parlamentarische Mehrheit und unter Ausschluss der SPD, die zu der Zeit mit fast 30 Prozent der Stimmen die stärkste Fraktion im Reichstag bildete. Die Durchsetzung ihrer Gesetzesvorschläge, so lauteten die Verabredungen der Brüning-Regierung, sollte auch mithilfe der präsidialen Vollmachten erfolgen. Hinter diesem Schritt stand vor allem Reichspräsident Hindenburg, der die Vereinigung der rechtsnationalen Kräfte hinter dieser Regierung wollte. Er sicherte zu, Artikel 48 der Reichsverfassung in Anwendung zu bringen, wenn keine Mehrheit im Reichstag zu beschaffen war. Das geschah zum ersten Mal im Juli 1930, als Brünings Gesetzesvorschlag zur Bekämpfung der Wirtschaftskrise, der vor allem Sparmaßnahmen, Ausgabenkürzungen und Steuererhöhungen umfasste, im Reichstag abgelehnt wurde. Mit der **Auflösung des Reichstags** und der Durchsetzung dieses Maßnahmenpakets durch eine illegitime präsidiale Notverordnung war das erste **„Präsidialkabinett“** installiert und eine neue Verfassungswirklichkeit geschaffen.

M2 Arbeitslose in Berlin beim Studium von Stellenanzeigen, Fotografie, um 1930

Young-Plan
Der Young-Plan von 1929 sah eine Verringerung und Staffelung der Reparationszahlungen bis 1988 vor. Die alliierte Kontrolle über Reichsbahn, Reichsbank und das Rheinland wurde aufgegeben. Das Ergebnis war ein Erfolg, bei DNVP und NSDAP löste es jedoch Empörung über die lange Laufzeit aus.

M1 Plakat von NSDAP/DNVP zum Volksbegehren gegen den Young-Plan, 1929

▶ M 13–M 17: Wahlkampf und politische Kultur 1932

„Stahlhelm, Bund der Frontsoldaten“
Franz Seldte gründete im Dezember 1918 die Organisation, in der sich Kriegsteilnehmer des Ersten Weltkriegs und Republikfeinde versammelten. Hindenburg war Ehrenmitglied. Der „Stahlhelm“ war paramilitärischer Arm der DNVP und verstand sich auch als militärische Reserve, da der Versailler Vertrag die Größe der Reichswehr eng begrenzt hatte. Der „Stahlhelm“ unterstützte antidemokratische, antisemitische und militaristische Propaganda. Nach 1933 wurde die Organisation „gleichgeschaltet“ und löste sich schließlich auf.

▶ M 11, M 12: Urteile zur Einrichtung der Präsidialkabinette

M3 **Funktionsmechanismus der Präsidialkabinette 1930–1933**

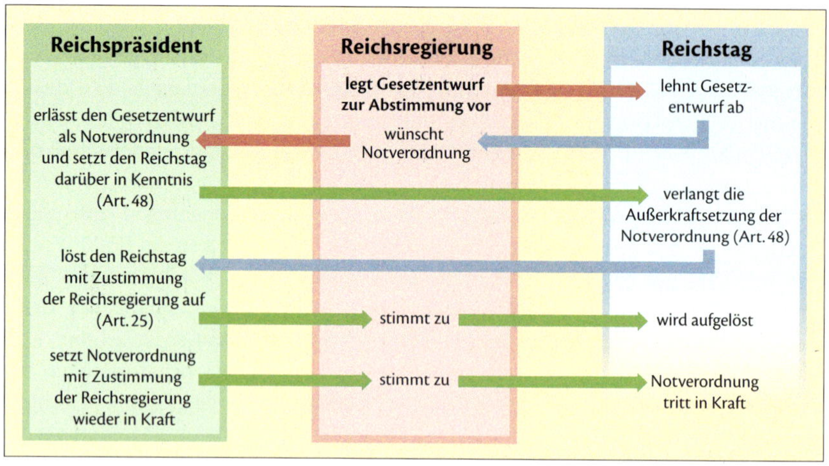

Der Aufstieg der Nationalsozialisten

Regierungen der Weimarer Republik 1924 bis 1933

Amtszeit	Reichskanzler	Koalition
1924	Wilhelm Marx (Zentrumspartei)	Z, DVP, DDP, BVP
1925	Hans Luther (parteilos)	DNVP, Z, DVP, BVP DDP
1926	Hans Luther (parteilos)	Z, DDP, DVP, BVP
1926	Wilhelm Marx (Zentrumspartei)	Z, DDP, DVP, BVP
1927–1928	Wilhelm Marx (Zentrumspartei)	DNVP, Z, DVP, BVP, DDP
1928–1930	Hermann Müller (SPD) Große Koalition	SPD, DVP, DDP, BVP, Z
1930–1931	Heinrich Brüning (Zentrumspartei)	ohne Mehrheit
1931–1932	Heinrich Brüning (Zentrumspartei)	ohne Mehrheit
1932	Franz v. Papen (parteilos)	ohne Mehrheit
1932–1933	Kurt v. Schleicher (parteilos)	ohne Mehrheit
ab 1933	Adolf Hitler (NSDAP)	ohne Mehrheit

Auf die Auflösung des Reichstags im Juli 1930 durch Reichspräsident Hindenburg folgte die Neuwahl im September 1930. Die Wahlbeteiligung lag bei 82 Prozent und war damit höher als 1928. Wahlerfolge erzielten vor allem radikale Parteien: KPD und NSDAP. „Zertrümmert ist die Mitte", konstatierte die „Vossische Zeitung" am Tag nach der Wahl und verwies damit ernüchtert vor allem auf den enormen Stimmenzuwachs der NSDAP (+15,5 Prozent) zulasten der bürgerlich-republikanischen Parteien. Dieses Ergebnis erschien als vorläufiger Tiefpunkt für die demokratische Kultur der Republik und zugleich als Höhepunkt eines jahrelangen Aufstieges der NSDAP, der aber keineswegs linear verlaufen war und nicht zwangsläufig auf die Machtübernahme 1933 zusteuerte.
Die NSDAP gewann vor allem ab 1929 größere öffentliche Aufmerksamkeit, indem sie im Rahmen eines **Volksbegehrens gegen den Young-Plan** mit der DNVP kooperierte. Das Anliegen scheiterte zwar, propagandistisch hatte die NSDAP jedoch nachhaltig auf sich aufmerksam machen können. 1930 ermöglichten dann zwei maßgebliche Faktoren den Wandel der NSDAP **von der Randerscheinung zur Sammlungsbewegung**: Überall wurde die Lage in der zweiten Jahreshälfte 1930 als existenzielle Krise wahrgenommen – wirtschaftlich und politisch. Den etablierten Parteien wurden wirksame Maßnahmen gegen die gesellschaftliche Erosion nicht mehr zugetraut, weshalb sich die NSDAP und Adolf Hitler in dieser Atmosphäre zunehmend als Hoffnungsträger profilieren konnten. Andererseits verfügte die NSDAP seit 1925 (nach dem missglückten Putschversuch und Hitlers Gefängnisaufenthalt) über eine neue Parteistruktur, die auf Massenmobilisierung ausgerichtet war. Sie war auch in dieser Hinsicht „anschlussfähig". Die Konstellation zwischen weitreichendem Wählerfrust und parteipolitischer Aufnahmefähigkeit machte die NSDAP ab 1930 zum wichtigsten **Auffangbecken** für alle, die in der krisenhaften Gegenwart enttäuscht, wütend, verbittert und radikalisiert waren. Das waren vor allem Menschen aus (häufig ehemals) mittleren Einkommensschichten. In besonderem Maße zog die NSDAP dabei junge Menschen an: 1930 waren fast 70 Prozent der Mitglieder jünger als 40 Jahre.
Bis 1932 betrieb die NSDAP eine **radikale Oppositionspolitik**, indem sie gegen sämtliche Notverordnungen der Regierung Brüning stimmte, sich jeder Kooperation im Parlament verweigerte, ihre **paramilitärischen Verbände SA** (Sturmabteilung) und **SS** (Schutzstaffel) vergrößerte und den Sturz der Regierung betrieb. Der Zulauf der Wähler hielt vorerst an, auch weil sich die wirtschaftliche Krise 1931 erneut verschärfte. Gleichwohl gelang es der NSDAP zunächst nicht, aus eigener Kraft Regierungsverantwortung an sich zu reißen und damit die Umgestaltung der verhassten Republik einzuleiten.

▶ M 18: Strategie der NSDAP

Die Aushöhlung der Demokratie 1932

Obwohl die parlamentarische Opposition im Reichstag über eine Mehrheit verfügte, konnte die Brüning-Regierung ab 1930 ihre Notverordnungen durchsetzen, weil die SPD das Regierungshandeln aus Furcht vor Stimmenverlusten bei der nächsten Wahl tolerierte. Auf dieser Grundlage und mit dem Vertrauen des Reichspräsidenten regierte Brüning bis Anfang 1932. Dann begann die Schlussphase, in der die Demokratie sukzessive zerstört wurde. Hindenburg verlor dabei nie sein Ziel aus den Augen, die „Zersplitterung Deutschlands" durch eine nationalkonservative Mehrheitsregierung zu überwinden. Dieses Vorhaben wurde stark beeinflusst durch den Aufstieg der NSDAP.

Hindenburgs schärfster Widersacher bei seiner **Wiederwahl zum Reichspräsidenten im April 1932** war Adolf Hitler. Das führte zu Wahlaufrufen für Hindenburg ausgerechnet von Seiten der SPD und der Gewerkschaften, was Hindenburg als persönliche Niederlage empfand. Er legte auch Brüning zur Last, dass sich die rechtsnationalen Kräfte hinter Hitler und nicht hinter ihm versammelt hatten. Als Brüning Garantien für weitere Notverordnungen vom Reichspräsidenten einforderte, verweigerte sich Hindenburg und entließ ihn kurz nach der Wahl. Neuer Reichskanzler wurde Franz von Papen, ein Zentrumspolitiker, der vor allem Adlige als Minister in sein **„Kabinett der Barone"** berief. Der Reichstag wurde aufgelöst mit dem Ziel, die NSDAP nach der Neuwahl einzubinden, ihre Stärke für die Zwecke der Reichsregierung zu nutzen und damit zu „zähmen". Auch Hindenburg schloss sich diesem Vorgehen an.

Die **Reichstagswahl im Juli 1932** endete mit einem Triumph für die NSDAP – und dennoch bedeuteten 37,3 Prozent der Stimmen nicht die absolute Mehrheit. Eine Diktatur war für die NSDAP auf dieser Grundlage nicht zu verwirklichen und auch Hindenburg stellte sich gegen ihren alleinigen Machtanspruch. Gleichzeitig erkannte der Reichspräsident einen „Wert" in der Hitlerbewegung als dynamische Kraft für die Realisierung einer „Volksgemeinschaft". So zeigte sich in dieser Konstellation das widersprüchliche Verhältnis von Hindenburg zur NSDAP. Hitler und seine Partei widersetzten sich dabei ohnehin einer Einbindung in die bestehende Regierung Papen und beharrten auf ihren diktatorischen Vorstellungen. Der Regierung wurde mit den Stimmen von NSDAP und Zentrum das Misstrauen ausgesprochen, woraufhin Hindenburg den frisch gewählten Reichstag am 12. September wieder auflöste. Neuwahlen wurden erst nach langem Zögern angesetzt.

Im **November 1932** sorgte das NSDAP-Ergebnis bei der Neuwahl (33,1 Prozent) parteiintern für große Enttäuschung. Auch Hitlers Position war nach den Stimmenverlusten nicht unangefochten. Kurt von Schleicher, ehemaliger Reichswehrminister und inzwischen zum Reichskanzler ernannt, versuchte erneut, die geschwächte NSDAP in eine politische „Querfront" (Gewerkschaften, Rechtsnationale, Teile der NSDAP) einzubinden. Hitler beharrte jedoch auf seinem Kurs: „alles oder nichts". In dieser Phase ging Franz von Papen erneut auf Hitler zu. Am Ende wochenlanger Verhandlungen, die Hindenburg förderte, stand im Januar 1933 eine **Verständigung zwischen NSDAP und DNVP**, die unter Adolf Hitler als Reichskanzler den Kern der Regierung bildeten. Hindenburg sah in diesem Kabinett sein politisches Grundanliegen verwirklicht: die Zusammenarbeit der Rechten mit dem Ziel, das deutsche Volk als Nation „zusammenzuführen". In der Gewissheit, einer Entwicklung in diese Richtung näher gekommen zu sein, folgte am 30. Januar 1933 die **Ernennung von Adolf Hitler zum Reichskanzler**.

1 Stellen Sie die Wechselwirkung von Ereignissen und Maßnahmen in Politik und Wirtschaft bei der Aushöhlung der Demokratie 1929 bis 1932 dar (z. B. als Tabelle).
2 Nennen Sie Zustände und Entwicklungen, die die Machtübernahme der NSDAP 1933 begünstigten bzw. ermöglichten.
Tipp: Berücksichtigen Sie auch die Zusammensetzung und Amtszeit der Regierungen (s. S. 270).

M4 Kurt von Schleicher (1882–1934, links) und Franz von Papen (1879–1969, rechts) auf dem „Reichsfrontsoldatentag" des „Stahlhelm"-Bundes, September 1932

Franz von Papen (1879–1969)
Nach seiner militärischen Laufbahn während des Ersten Weltkrieges begann Franz von Papen als Mitglied der Zentrumspartei eine politische Karriere. Seine Unterstützung für Paul von Hindenburg brachte ihn in Konflikt mit seiner Partei. 1932 wurde er als Reichskanzler Nachfolger von Heinrich Brüning, ebenfalls Zentrum, und musste seine Partei daraufhin verlassen. Franz von Papen betrieb ausdauernd die Annäherung der Konservativen um Hindenburg an die NSDAP, was in die Ernennung Hitlers zum Reichskanzler mündete.

Kurt von Schleicher (1882–1934)
In den 1920er-Jahren war der Offizier vor allem im Reichswehrministerium tätig. Er erlangte in verschiedenen Funktionen beträchtliches politisches Gewicht, das er auch bei der Ernennung von Franz von Papen zum Reichskanzler bei Hindenburg geltend machte. Seine eigene Amtszeit als Reichskanzler dauerte nur wenige Wochen und war aus der Not geboren. Da sich die NSDAP nicht unterordnen wollte und von Papen andere Lösungen suchte, musste er im Januar 1933 zurücktreten. Im Zuge des vorgeblichen „Röhm-Putsches" wurde von Schleicher 1934 durch die SS ermordet.

▶ **M 18–M 21: Hintergründe der Machtübernahme durch die NSDAP**

Hinweise zur Arbeit mit den Materialien
Der Materialteil setzt vier Schwerpunkte: Statistiken veranschaulichen die Auswirkungen der Wirtschaftskrise (M 5–M 8), das Handeln der Regierung Brüning reflektieren M 9 und M 10. Das erste Präsidialkabinett als Wendepunkt beleuchten M 11 und M 12. M 13 bis M 21 thematisieren die Zerstörung der Demokratie im Jahr 1932. M 22 bis M 24 fragen nach den Gründen, warum die Republik scheiterte.

Weltwirtschaftskrise in Deutschland

M 5 Index der Industrieproduktion (Durchschnitt der Jahre 1925–1929 = Index 100)

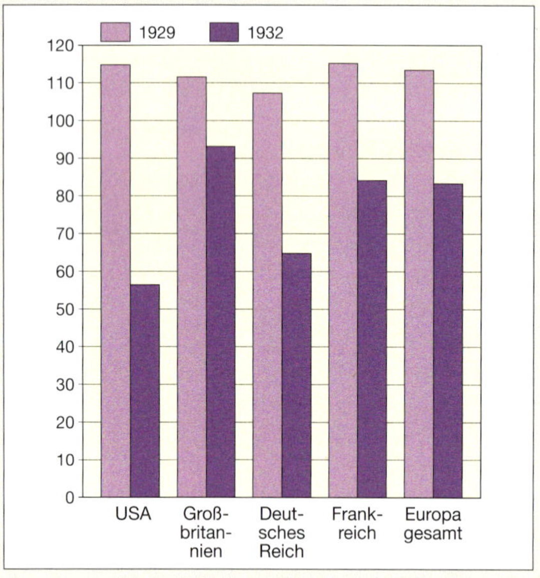

Rondo Cameron, Geschichte der Weltwirtschaft, Bd. 2: Von der Industrialisierung bis zur Gegenwart. Aus dem Amerikanischen übersetzt v. Rainer u. Barbara Fremdling, Klett-Cotta, Stuttgart 1992, S. 210.

M 6 Index der Industriegüterproduktion in Deutschland 1929–1933 (1928 = 100)

	Insgesamt	Konsumgüter	Produktionsgüter	
			insgesamt	Bergbau
1929	100	97	102	108
1930	87	91	84	94
1931	70	82	62	79
1932	58	74	47	70
1933	66	80	56	74

Dietmar Petzina u. a., Sozialgeschichtliches Arbeitsbuch, Bd. 3, C. H. Beck, München 1978, S. 61.

M 7 Die Entwicklung der Arbeitslosigkeit in Deutschland 1929–1933 (in Millionen, gerundet)

Die offiziellen Statistiken erfassten langfristig Erwerbslose oder Personen ohne festen Wohnsitz nicht. Auch waren viele Arbeitnehmer von Lohnsenkungen betroffen, die ihre Existenz trotz einer Anstellung gefährdeten. In Wirklichkeit war wohl jede deutsche Familie direkt oder indirekt von Auswirkungen der Weltwirtschaftskrise betroffen.

	Beschäftigte	Arbeitslose
April 1929	18,4	1,7
Oktober 1929	18,4	1,5
April 1930	16,9	2,8
Oktober 1930	16,3	3,2
April 1931	14,9	4,4
Oktober 1931	14,0	4,6
April 1932	12,6	5,8
Oktober 1932	13,2	5,1
Januar 1933	11,7	6,0
April 1933	13,0	5,3

Konjunkturstatistisches Handbuch 1936; zit. nach: Eberhard Kolb/Dirk Schumann, Die Weimarer Republik, Oldenbourg, München 2013, S. 125.

M 8 Wöchentliche Ausgaben einer siebenköpfigen Familie in Berlin (in Reichsmark), 1932

Die Zahlen basieren auf einem Bericht von 1932 über eine Arbeitslosenfamilie, die 15,85 Reichsmark Unterstützung in der Woche erhielt.

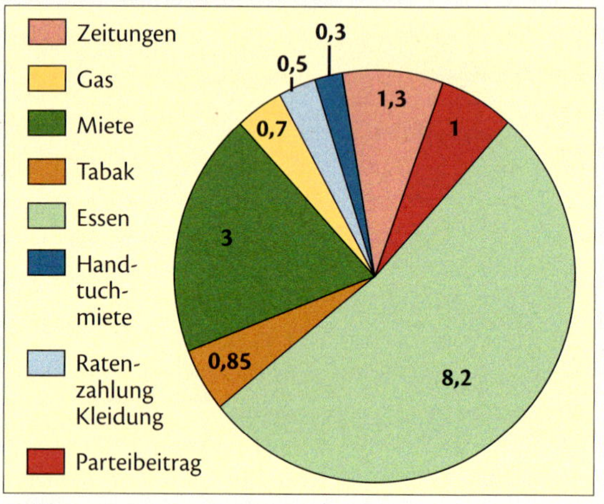

Zahlen nach: Werner Abelshauser, Anselm Faust, Dietmar Petzina (Hg.), Deutsche Sozialgeschichte 1914–1945. Ein historisches Lesebuch, C. H. Beck, München 1985, S. 334 f.

3 Gestalten Sie ein Begriffsnetz (Flowchart) zu den Auswirkungen der Krise ab 1929 in Deutschland und Europa.

4 **Wahlaufgabe:** Analysieren Sie M 7 oder M 8.

M 9 Reichskanzler Heinrich Brüning in einer Rede vor dem Reichsparteiausschuss des „Zentrums", 5. November 1931

Ich werde mich bis zum Letzten dagegen wehren, irgendeine inflatorische Maßnahme irgendeiner Art zu treffen, und zwar nicht nur aus Gerechtigkeit, nicht nur zum Schutze der Schwachen, sondern weil ich der Ansicht bin, dass die ehrliche Bilanz in der deutschen Wirtschaft trotz aller Bitternisse wiederhergestellt werden muss und dass jeder Versuch und jedes Verlangen nach inflatorischen Maßnahmen letzten Endes nur noch den Zweck haben kann, diesen Prozess der klaren Bilanz der gesamten deutschen Wirtschaft zuschanden zu machen und wiederum einen Schleier über die Fehler der Vergangenheit zu ziehen.

Erfolge in der Außenpolitik sind umso eher zu erreichen, wenn wir die Bilanz der deutschen Finanzen und der deutschen Wirtschaft klar und ehrlich jedermann in der Welt zur Einsicht vorlegen. Das ist die stärkste und durchschlagendste Waffe, die die Reichsregierung haben konnte, und diese Waffe zu schmieden war die Aufgabe des ersten Jahres der Tätigkeit dieser Reichsregierung. Das hat dazu geführt, dass die Frage der Reparationen durch die Öffentlichkeit in der ganzen Welt ohne Ausnahme völlig anders beurteilt wird als in früheren Jahren.

Wolfgang Michalka/Gottfried Niedhart (Hg.), Die ungeliebte Republik. Dokumente zur Innen- und Außenpolitik Weimars 1918–1933, dtv, München 1980, S. 307 f.

M 10 Bericht der Bank für Internationalen Zahlungsausgleich über die wirtschaftliche Situation Deutschlands, 23. Dezember 1931

Um so weit wie möglich seine Stellung gegenüber dem Ausland zu schützen – den Reichsmarkkurs und den Ausfuhrmarkt –, hat Deutschland eine zielbewusste Politik einschneidender und starker Senkung des Lohn- und Preisniveaus getrieben. [...] Durch die allmähliche Schrumpfung der Tätigkeit in Industrie und Handel ist die Erwerbslosigkeit, die bereits vor der Krise hoch war, weiter gestiegen. [...] Deutschlands Bedarf an Kapital zur Ausfüllung der durch den Krieg, die Nachkriegserscheinungen und die Inflation entstandenen Lücken war sehr groß. Tatsächlich stand dem Einströmen von Kapital, das unmittelbar nach der Marktstabilisierung einsetzte [...], ein teilweiser Abfluss durch die Reparationszahlungen [...] gegenüber. [...] Dass aber ein so großer Teil seines Kapitals in fremden Händen ist, macht Deutschland besonders empfindlich für finanzielle Störungen, namentlich soweit dieses Kapital mit kurzer Kündigungsfrist zurückgezogen werden kann. [...] Unter diesen Umständen erheischt das deutsche Problem, das in weitem Maße die Ursache für die steigende finanzielle Lähmung der Welt ist, ein gemeinsames Handeln, das nur von den Regierungen ausgehen kann. [...] Es muss daher sofort gehandelt werden, und zwar in viel weiterem Maßstab als dem durch Deutschland allein gegebenen.

*Ulrich Thürauf (Hg.), Schulthess' Europäischer Gerichtskalender, Bd. 72 (1931), C. H. Beck, München 1932, S. 518 ff.**

5 Arbeiten Sie die Motive der Regierung Brüning für ihre Wirtschaftspolitik heraus (M 9).
6 Analysieren Sie M 10 und stellen Sie die Kernaussagen von M 9 Ihren Ergebnissen gegenüber.
7 Überprüfen Sie die Wirksamkeit der deutschen Politik gegen die Krise. Diskutieren Sie Alternativen.

Präsidialkabinette

M 11 Heinrich Brüning (Zentrum) in seinen Memoiren über die erste Notverordnung seines Kabinetts im Juli 1930, veröffentlicht posthum 1970

[Es] wurde im Kabinett spontan der Wunsch geäußert, alle Minister sollten das Versprechen geben, mit mir auf dem schwankenden Schifflein auszuharren. Das war die Abwehr gegen die Versuche der Minderheiten in jeder hinter der Regierung stehenden Partei, die eigenen Parteifreunde, einen nach dem andern, herauszuschießen. Diese Methode war das letzte Aufflackern des alten instinktiven Wunsches des Reichstags, auf der ganzen Linie über das Kabinett zu herrschen und den einzelnen Abgeordneten die Möglichkeit zu verschaffen, durch Erpressungen und Drohungen die Regierung in ihrer Gesamtheit oder einzelne ihrer Minister zur Erfüllung ihrer Lieblingswünsche reif zu machen. Mit diesem System unter allen Umständen aufzuräumen, hatte ich mir vorgenommen. [...] Bei der unter größter Spannung sich vollziehenden Abstimmung [über die Notverordnung] am 18. Juli, bei der die rote Auflösungsmappe [mit der vom Reichspräsidenten unterzeichneten Vollmacht zur Auflösung des Reichstags] schon auf meinem Tisch lag, waren mehrere Deutschnationale noch immer nicht entschlossen. [...] Die Notverordnung wurde mit sieben Stimmen Mehrheit abgelehnt, der Reichstag sofort aufgelöst. Am Abend wurde in einer Kabinettssitzung der Wahltermin auf den 14. September festgelegt. Ebenfalls noch am 18. Juli schickte der Reichspräsident einen Brief an das Reichskabinett, der vorher vereinbart war, in dem er [...] bat, alsbald Vorschläge für eine neue Notverordnung zu machen. Man ging sofort an diese Arbeit heran. [...] Der Wahlkampf wurde zu einem Plebiszit[1] über die Notverordnung, aber auch gleichzeitig zu einem Entscheidungskampf zwischen einer sinnlosen Form des Parlamentarismus und einer gesunden, maßvollen Demokratie, in der die Regierung, um die öffentlichen Finanzen vor dem Zusammenbruch zu retten, vor dem ganzen Volke den Kampf für diese Aufgabe gegenüber dem Intrigenspiel und der Unvernunft im bisherigen Reichstag aufnehmen musste.

*Heinrich Brüning, Memoiren 1918–1934, Deutsche Verlags-Anstalt, Stuttgart 1970, S. 176–182.**

1 *Plebiszit:* Volksabstimmung

M 12 „Der Reichstag aufgelöst!", Zeitungsbericht, 18. Juli 1930

Die letzte Stunde des sterbenden Reichstages verlief unter ungeheurer Spannung. [Es] stand allein noch die Aufhebung der Notverordnung zum Kampf. Damit war in noch größerer Klarheit die Frage so gestellt: für Hindenburg oder gegen Hindenburg. Das Parlament entschied mit der knappen Mehrheit von 15 Stimmen gegen die Verordnungen des Reichspräsidenten. Reichskanzler Dr. Brüning erhob sich sofort und verkündete die Auflösung. Die letzten Worte der Botschaft des Reichsoberhauptes gingen, was sehr bezeichnend ist, in einem wüsten Gebrüll des zu Tode getroffenen Parlaments unter. Nachdem das Parlament in Deutschland zwölf Jahre lang die Geduld des Volkes ermüdet hat, hatte angesichts der drängenden Not eine Regierung versucht, den sachlichen Notwendigkeiten Geltung zu verschaffen. Sie hatte die parlamentarischen Möglichkeiten bis zum Letzten ausgeschöpft, und erst als sie sah, dass sie so nicht zum Ziele kommen konnte, die Autorität des Staatsoberhauptes gegen das Parlament angerufen. Hindenburg hat sich diesem Appell nicht versagt. Aber in diesem Reichstag vom 20. Mai 1928 [Wahltermin] geschah das Unglaubliche, dass der parlamentarische Fraktionsgeist über die Unterschrift des Reichspräsidenten triumphieren durfte.

Deutsche Allgemeine Zeitung, Nr. 330, 18. Juli 1930, S. 1.

8 „[An] diesem Tag [18. Juli 1930] begann die permanente Durchbrechung des Verfassungssystems durch die Diktaturgewalt des Reichspräsidenten" (Gerhard Schulze). Erläutern Sie diese Aussage.

9 Arbeiten Sie Motive der Akteure heraus (M 11).

10 Formulieren Sie Thesen, warum das Vorgehen der Regierung Brüning kaum Proteste in der Bevölkerung auslöste (M 12). Überprüfen Sie Ihre Thesen (S. 269 ff.).

Die Zerstörung der Demokratie

M 13 Wahlplakat der Zentrumspartei, Reichstagswahl Juli 1932

M 14 Wahlplakat der KPD, Reichstagswahl Juli 1932

M 15 **Wahlplakat der SPD, Reichstagswahl Juli 1930**

M 16 **Wahlplakat der NSDAP zur preußischen Landtagswahl am 24. April 1932, Juli 1932**

M 17 **Clara Zetkin (KPD) als Alterspräsidentin zur Eröffnung des Reichstags, 30. August 1932**

Die politische Macht hat zur Stunde in Deutschland ein Präsidialkabinett [unter Franz von Papen] an sich gerissen, das unter Ausschaltung des Reichstags gebildet wurde, das der Handlanger des verkrusteten Monopolkapitals und des Großagrariertums und dessen treibende Kraft die Reichswehrgeneralität ist. Trotz der Allmacht des Präsidialkabinetts hat dieses gegenüber allen innen- und außenpolitischen Aufgaben der Stunde gänzlich versagt. Die Innenpolitik charakterisiert sich genau wie die ihrer Vorgängerin durch die Notverordnungen, Notverordnungen im ureigensten Sinne des Wortes; denn sie verordnen Not und steigern die schon vorhandene Not. [...] Ehe der Reichstag Stellung nehmen kann zu Einzelaufgaben der Stunde, muss er seine zentrale Pflicht erkannt und erfüllt haben: Sturz der Reichsregierung, die den Reichstag durch Verfassungsbruch vollständig zu beseitigen versucht. Anklagen könnte der Reichstag auch erheben gegen den Reichspräsidenten und die Reichsminister wegen Verfassungsbruchs und noch weiterer geplanter Verfassungsbrüche vor dem Staatsgerichtshof zu Leipzig.

*Zit. nach: https://www.reichstagsprotokolle.de/Blatt2_w6_bsb00000138_00033.html (abgerufen am 8. Januar 2020).**

11 **Arbeitsteilige Gruppenarbeit:** Analysieren und vergleichen Sie M 13 bis M 16. Gehen Sie dabei der Frage nach, inwiefern die Plakate zur Reichstagswahl im Juli 1932 den politischen Zeitgeist widerspiegeln.

12 Charakterisieren Sie die Aushöhlung der Weimarer Demokratie und ihrer Verfassung (M 17 und S. 271).

13 **Geschichte kreativ:** Gestalten Sie einen Zeitungskommentar zur Eröffnung des Reichstags nach der Wahl im Juli 1932 (M 17).

Aufstieg und Machtübernahme der NSDAP

M 18 **Joseph Goebbels (NSDAP) über „Legalität" im „Angriff", 1928**

Wir gehen in den Reichstag hinein, um uns im Waffenarsenal der Demokratie mit deren eigenen Waffen zu versorgen. Wir werden Reichstagsabgeordnete, um die Weimarer Gesinnung mit ihrer eigenen Unterstützung lahm zu legen. Wenn die Demokratie so dumm ist, uns für diesen Bärendienst Freifahrkarten und Diäten zu geben, so ist das ihre eigene Sache. [...] Uns ist jedes gesetzliche Mittel recht, den Zustand von heute zu revolutionieren. Wenn es uns gelingt, bei diesen Wahlen [1928] sechzig bis siebzig Agitatoren unserer Parteien in die verschiedenen Parlamente hineinzustecken, so wird der Staat selbst in Zukunft unseren Kampfapparat ausstatten und besolden. [...] Wir kommen als Feinde! Wie der Wolf in die Schafherde einbricht, so kommen wir. Jetzt seid ihr nicht mehr unter euch! Ich bin kein Mitglied des Reichstags. Ich bin ein IdI, ein IdF. Ein Inhaber der Immunität. Ein Inhaber der Freifahrkarte. [...] Wir sind gegen den Reichstag gewählt worden und wir werden auch unser Mandat im Sinne unserer Auftraggeber ausüben.

*Karl D. Bracher, Die Auflösung der Weimarer Republik, Ring-Verlag, Villingen 1960, S. 375, Anm. 39f.**

M 19 Tagebuchaufzeichnungen von Joseph Goebbels (NSDAP) nach der Reichstagswahl im November, 1932

8. Dezember 1932: In der Organisation [= NSDAP] herrscht schwere Depression. Die Geldsorgen machen jede zielbewusste Arbeit unmöglich. Es laufen Gerüchte um, dass Strasser[1] eine Palastrevolution plane. Wie sie im Einzelnen verlaufen soll, konnte ich noch nicht erfahren. Man ist innerlich so wund, dass man nichts sehnlicher wünscht, als für ein paar Wochen aus all diesem Getriebe zu entfliehen. [...] Wir stehen vor der entscheidenden Probe. Jede Bewegung, die an die Macht will, muss sie bestehen. Sie kommt meist kurz vor dem entscheidenden Sieg und ist ausschließlich eine Sache der Nerven. Wir dürfen jetzt den Kopf nicht hängen lassen; wir werden schon Mittel und Wege finden, diese verzweifelte Situation zu überwinden.

*Zit. nach: Heinz Hürten (Hg.), Deutsche Geschichte in Quellen und Darstellung, Bd. 9: Weimarer Republik und Drittes Reich 1918–1945, Reclam, Stuttgart 1995, S. 137–140.**

1 *Gregor Strasser (1892–1934):* zunächst Anhänger, dann innerparteilicher Gegner von Adolf Hitler; wurde 1934 von SS-Angehörigen ermordet

M 20 Bankier Kurt Freiherr von Schröder über ein Treffen zwischen Hitler und Papen am 4. Januar 1933, Rückblick aus der Nachkriegszeit

Weiterhin führte Papen aus, dass er es für das Beste halte, eine Regierung zu formen, bei der die konservativen und nationalen Elemente, die ihn unterstützt hatten, zusammen mit den Nazis vertreten seien. Er schlug vor, dass diese neue Regierung womöglich von Hitler und Papen zusammen geführt werden sollte. Daraufhin hielt Hitler eine lange Rede, in der er sagte, dass, wenn er zum Kanzler ernannt werden würde, Anhänger von Papen als Minister an seiner (Hitlers) Regierung teilnehmen könnten, sofern sie gewillt wären, seine Politik, die viele Änderungen bestehender Zustände verfolgte, zu unterstützen. Er skizzierte diese Änderungen, einschließlich der Entfernung aller Sozialdemokraten, Kommunisten und Juden von führenden Stellungen in Deutschland und der Wiederherstellung der Ordnung im öffentlichen Leben. Papen und Hitler erzielten eine prinzipielle Einigung, durch welche viele der Punkte, die den Konflikt verursachten, beseitigt werden konnten und eine Möglichkeit der Zusammenarbeit gegeben war. [...] [Ich, der Bankier von Schröder] informierte mich allgemein, wie sich die Wirtschaft zu einer Zusammenarbeit der beiden stellte. Die allgemeinen Bestrebungen der Männer der Wirtschaft gingen dahin, einen starken Führer in Deutschland an die Macht kommen zu sehen, der eine Regierung bilden würde, die lange Zeit an der Macht bleiben würde.

*Zit. nach: http://germanhistorydocs.ghi-dc.org/sub_document.cfm?document_id=3941&language=german (abgerufen am 8. Januar 2020).**

M 21 „Brautvorführung", Karikatur aus dem schweizerischen Magazin „Nebelspalter", 10. Februar 1933.

V. l. n. r.: Paul v. Hindenburg, Franz von Papen, Germania, Alfred Hugenberg, Adolf Hitler.

14 Charakterisieren Sie die Strategie der NSDAP vor der Ernennung Hitlers zum Reichskanzler (M 18, M 19).

15 Analysieren Sie M 21. Überprüfen Sie, ob das gezeigte Verhalten der Akteure historisch haltbar ist.
Tipp: Berücksichtigen Sie M 19, M 20.

16 **Vertiefung:** Bewerten Sie Hindenburgs Rolle während der Machtübernahme der NSDAP.

Geschichte kontrovers: Das Scheitern der Weimarer Republik

M22 Der Historiker Heinrich August Winkler, 1998

Der deutsche Liberalismus hat sich von seiner Niederlage in dieser Revolution [1918] nie mehr völlig erholt. Sein Arrangement mit dem Obrigkeitsstaat hatte Wirkungen, die das Kaiserreich überdauerten. Hinter den liberalen Parteien stand, anders als bei Sozialdemokratie oder Zentrum, kein fest gefügtes „Milieu"; die Anziehungskraft nationalistischer Parolen auf ehedem liberale Wähler war so stark, dass beide liberale Parteien seit 1930 immer mehr zu Splittergruppen herabsanken. Als Weimar in seine Endkrise eintrat, hatte die Sozialdemokratie einen ihrer Partner aus der parlamentarischen Gründungskoalition, den liberalen, also bereits verloren. Der andere Partner, das Zentrum, rückte immer mehr nach rechts und gab sich schließlich der Illusion hin, es sei seine Mission, die Nationalsozialisten in einer Koalition zu zähmen. Damit war die Isolierung der Sozialdemokratie komplett. Wenn es eine Hauptursache für das Scheitern Weimars gibt, liegt sie hier: Die Republik hatte ihren Rückhalt im Bürgertum weitgehend eingebüßt und ohne hinreichend starke bürgerliche Partner konnte der gemäßigte Flügel der Arbeiterbewegung die Demokratie nicht retten.

Heinrich August Winkler, Weimar 1918–1933. Die Geschichte der ersten deutschen Demokratie, C. H. Beck, München 1998, S. 610.

M23 Der Historiker Hans-Ulrich Thamer, 2006

Die Krise der liberalen Demokratie, die in Deutschland schließlich in die Staats- und Wirtschaftskrise der Jahre 1930–1932 und zur nationalsozialistischen Machtergreifung führen sollte, hatte zugleich eine europäische Dimension. Überall stellte der Erste Weltkrieg die europäischen Staaten und Gesellschaften vor schwere materielle und soziale Belastungen und führte zu einer politischen Mobilisierung und Radikalisierung. [...] Vergleicht man die Entstehungsbedingungen der faschistischen Bewegung und Grüppchen, [...] dann lassen sich wichtige Voraussetzungen für den Durchbruch zur Massenbewegung und Regierungsbeteiligung oder umgekehrt für den Misserfolg europäischer Faschismen bestimmen. Massenwirksamkeit und politische Erfolge erreichten sie dort, wo das überkommene bürgerlich-liberale Parteiensystem nicht zur stabilen Mehrheitsbildung fähig war und die politisch-soziale Mobilisierung mit einer starken Linksbewegung das bürgerliche Lager verunsichert hatte. Zu den politisch-sozialen System- und Orientierungskrisen kamen noch Belastungen der nationalen Identität durch die Niederlage im Ersten Weltkrieg und durch eine Friedensregelung hinzu, die als nationale Schmach und als Aufforderung zu einer radikalen Revisionspolitik empfunden wurde. Nur in Italien und Deutschland konnten die faschistischen-nationalsozialistischen Bewegungen darum zu einer Massenbewegung anschwellen und zu einem eigenständigen politischen Machtfaktor werden.

*Hans-Ulrich Thamer, Machtergreifung 1933. Die Begründung des „Dritten Reiches", in: Alexander Gallus (Hg.), Deutsche Zäsuren. Systemwechsel seit 1806, Böhlau, Köln 2006, S. 171.**

M24 Die Historiker Eberhard Kolb und Dirk Schumann, 2013

Die Historiker sind sich heute zumindest darin einig, dass das Scheitern der Republik und die nationalsozialistische „Machtergreifung" nur durch die Aufhellung eines sehr komplexen Ursachengeflechts plausibel erklärt werden können. Dabei sind vor allem folgende Determinanten zu berücksichtigen: institutionelle Rahmenbedingungen, etwa die verfassungsmäßigen Rechte und Möglichkeiten des Reichspräsidenten [...]; die ökonomische Entwicklung mit ihren Auswirkungen auf die politischen und gesellschaftlichen Machtverhältnisse; Besonderheiten der politischen Kultur in Deutschland [...]; Veränderungen im sozialen Gefüge, beispielsweise Umschichtungen im „Mittelstand" mit Konsequenzen u. a. für politische Orientierung und Wahlverhalten mittelständischer Kreise; ideologische Faktoren (autoritäre Traditionen in Deutschland, extremer Nationalismus [...]; „Führererwartung" [...]); massenpsychologische Elemente, z. B. Erfolgschancen einer massensuggestiven Propaganda infolge kollektiver Entwurzelung und politischer Labilität breiter Bevölkerungssegmente; die Rolle einzelner Persönlichkeiten an verantwortlicher Stelle, in erster Linie zu nennen sind hier Hindenburg, Schleicher, Papen.

*Eberhard Kolb, Dirk Schumann, Die Weimarer Republik, Oldenbourg, München 2013, S. 277.**

17 Arbeitsteilige Gruppenarbeit: Analysieren Sie M 22 bis M 24 und vergleichen Sie Ihre Ergebnisse.

18 Wahlaufgabe: Bearbeiten Sie a) oder b).
- **a)** Gewichten und diskutieren Sie Ursachen für das Scheitern der Weimarer Republik.
- **b)** Gestalten Sie ein Begriffsnetz, das Ursachen für das Scheitern von Weimar verknüpft.

19 Geschichte kreativ: Gestalten Sie ein Erklärvideo, das den Weg zur Machtübernahme der NSDAP 1933 erklärt.
Tipp: Nutzen Sie die Hinweise von S. 319 f.

Hindenburg als „Ehrenbürger"?

Liste der Ehrenbürgerschaften Paul von Hindenburgs
cornelsen.de/Webcodes
Code: coyobu

In vielen Städten und Gemeinden finden sich bis heute Straßen und Plätze, die nach Paul von Hindenburg, General des Ersten Weltkriegs und von 1925 bis 1934 Reichspräsident, benannt sind. Zudem ernannten viele deutsche Städte nach 1933 Hindenburg auch ohne Ortsbezug zu ihrem Ehrenbürger. Nach Ende des Zweiten Weltkriegs wurden diese Ehrungen von einzelnen Städten symbolisch wieder aberkannt, in vielen Gemeinden bestehen diese aber weiter.
In den letzten Jahren entwickelten sich verstärkt Debatten über diese Ehrbezeugungen: Ist Hindenburg ein geeigneter Namensgeber für öffentliche Plätze und Straßen? Oder sollten „Hindenburgstraßen" bzw. „Hindenburgplätze" umbenannt werden? Wie sollten sich öffentliche Kommunen zur Frage der Ehrenbürgerschaft verhalten?

M1 Straßenschild in Münster, Fotografie, 2012.
Am 21. März 2012 beschloss der Rat der Stadt Münster die Umbenennung des Hindenburgplatzes in Schlossplatz. Zuvor hatte eine Historikerkommission für diesen Schritt plädiert. Gegen den Ratsbeschluss leitete die Bürgerinitiative „Pro Hindenburgplatz" ein Bürgerbegehren ein, das am 16. September 2012 stattfand: 59,38 Prozent der abgegebenen Stimmen sprachen sich für den Namen Schlossplatz aus.

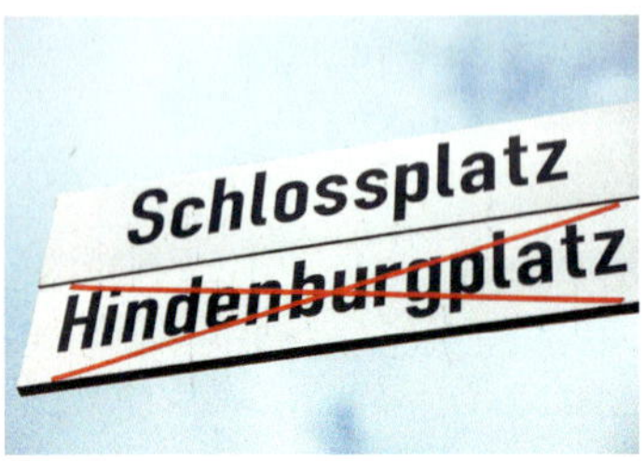

M2 Schlagzeilen zur Namenskontroverse in Münster

Bürgerbegehren „Pro Hindenburgplatz" scheitert:
Münster entscheidet sich für den Schlossplatz

Münster lehnt „Hindenburgplatz" ab

Volksabstimmung in Münster:
Schlossplatz bleibt Schlossplatz

Der Abschied vom Hindenburgplatz:
Rat beschließt Umbenennung in Schlossplatz

Namensstreit in Münster entschieden:
Schlossplatz statt Hindenburgplatz

M3 Paul von Hindenburg über das Kaisertum und die Weimarer Republik, 1920

Gegenwärtig hat eine Sturmflut wilder politischer Leidenschaften und tönender Redensarten unsere ganze frühere staatliche Auffassung unter sich vergraben, anscheinend alle heiligen Überlieferungen vernichtet. Aber diese Flut wird sich wieder verlaufen. Dann wird aus dem ewig bewegten Meere völkischen Lebens jener Felsen wieder auftauchen, an den sich einst die Hoffnung unserer Väter geklammert hat, und auf dem vor fast einem halben Jahrhundert durch unsere Kraft des Vaterlandes Zukunft vertrauensvoll begründet wurde: Das deutsche Kaisertum! Ist so erst der nationale Gedanke, das nationale Bewusstsein wieder erstanden, dann werden für uns aus dem großen Kriege, auf den kein Volk mit berechtigterem Stolz und reinerem Gewissen zurückblicken kann als das unsere, so lange es treu war, sowie auch aus dem bitteren Ernst der jetzigen Tage sittlich wertvolle Früchte reifen. Das Blut aller derer, die im Glauben an Deutschlands Größe gefallen sind, ist dann nicht vergeblich geflossen. In dieser Zuversicht lege ich die Feder aus der Hand und baue fest auf Dich – Du deutsche Jugend!

Paul von Hindenburg, Aus meinem Leben, Hirzel, Leipzig 1920, S. 403 ff.

M4 Aus einer Rede Paul von Hindenburgs im Präsidentenwahlkampf am 1. März 1932

Nach ernster Prüfung habe ich mich entschlossen, mich dem deutschen Volke für eine Wiederwahl zur Verfügung zu stellen. Alte Soldatenpflicht verlangt von mir in unserer schweren Zeit, auf meinem Posten zu verharren, um das Vaterland vor Erschütterungen zu bewahren. Der Umstand, dass die Aufforderung an mich aus allen Schichten des Volkes gekommen ist, macht mir den schweren Entschluss leichter. Denn nur auf der Grundlage vollster Unparteilichkeit und Unabhängigkeit habe ich die Kandidatur übernommen. Ich habe es abgelehnt, irgendwelche Bindungen nach der einen oder nach der anderen Seite einzugehen. Ich will wie bisher, auch im Falle meiner Wiederwahl, der Treuhänder des ganzen deutschen Volkes sein und nicht der Beauftragte einer Partei oder einer Parteiengruppe. Nur Gott, dem Vaterlande und meinem Gewissen will ich verantwortlich sein. So habe ich es bis jetzt gehalten, und so werde ich auch weiter handeln. Wie bisher in meinem Leben, so werde ich, falls ich wiedergewählt werde, auch in der Zukunft mit allen Kräften Deutschland dienen, um ihm nach außen zur Freiheit und Gleichberechtigung, nach innen zur Einigung und zum Aufstieg zu verhelfen. Die deutsche Würde und Ehre zu wahren und gegen Angriffe zu schützen, wird stets meine vornehmste Aufgabe sein. Für mich gibt es nur ein wahrhaft nationales Ziel – Zusammenschluss des Volkes in seinem Existenzkampf, volle Hingabe jedes Einzelnen in dem harten Ringen um die Erhaltung der Nation. Dazu verhelfe uns Gott.

Ernst Rudolf Huber (Hg.), Dokumente zur deutschen Verfassungsgeschichte: Dokumente der Novemberrevolution und der Weimarer Republik, 1918–1933, W. Kohlhammer, Stuttgart 1961, S. 468.

1 Informieren Sie sich, ob es in Ihrer Stadt oder Gemeinde einen öffentlichen Ort (Straße, Platz, Brücke o. Ä.) mit dem Namen „Hindenburg" gibt. Ist Hindenburg Ehrenbürger Ihres Wohnortes? Gab es in jüngster Zeit eine kontroverse Diskussion über die Namensgebung?

2 Erstellen Sie einen Steckbrief zu Hindenburgs Person. Vergleichen Sie anschließend, wie sich Hindenburgs Meinung gegenüber der Weimarer Republik von 1920 bis 1932 verändert hat (M 3 und M 4).

Rede Paul von Hindenburgs im Präsidentenwahlkampf am 1. März 1932 (Tondokument)

cornelsen.de/Webcodes
Code: soqeno

3 Recherchieren Sie mithilfe einer Suchmaschine: Wer beurteilt Hindenburg heute wie? Welche Argumente sind ausschlaggebend?
Hinweis: Präsentieren Sie mindestens zwei kontroverse Positionen und geben Sie jeweils die Quelle an.

4 Schreiben Sie ein Plädoyer: Sollte die „Hindenburgstraße" oder der „Hindenburgplatz" (in Ihrem Wohnort) umbenannt werden – oder kann der Name bleiben? Begründen Sie Ihre Position.

Die Lösung des Gemeinderates von Ravensburg

cornelsen.de/Webcodes
Code:fiqepu

5 **Zusatzaufgabe:** Finden Sie heraus, ob in Ihrer Stadt oder Gemeinde Diskussionen über Straßenumbenennungen anderer kontrovers beurteilter Persönlichkeiten geführt werden oder wurden. Oder gibt es eine Straße, deren Namensgeber Sie für fragwürdig halten?

5.8 Vertiefung: Aus welchen Gründen blieb die Demokratie in Frankreich und in den USA erhalten?

In diesem Kapitel geht es um
- *Gründe für die Widerstandsfähigkeit einer Demokratie gegenüber autoritären Tendenzen und*
- *den Erhalt der Demokratie in Frankreich und den USA in den 1930er-Jahren.*

Ausgangspunkt: Weltwirtschaftskrise

Deutschland war in der Zwischenkriegszeit (1919–1939) nicht das einzige Land, das vor große Herausforderungen gestellt wurde. Vor allem die Auswirkungen der wirtschaftlichen Entwicklung zeigten die wachsende europäische und globale Verflechtung und konfrontierten schließlich alle westlichen Gesellschaften mit vergleichbaren Problemen: Rückgang der Produktivität, Arbeitslosigkeit, Verarmung, steigende Sozialausgaben, sinkende Steuereinnahmen und Erosion staatlicher Autorität. Forscher sprechen von einer **Fundamentalkrise des Liberalismus**. In diese Phase fällt in Deutschland der Aufstieg der Nationalsozialisten, der zur Errichtung der faschistischen Diktatur nach 1933 führte. In anderen Staaten blieb die Demokratie jedoch auch unter diesen schwierigen Bedingungen erhalten – beispielsweise in Frankreich oder in den USA. Waren diese Gesellschaften immun gegen diktatorische Verheißungen? Oder standen auch diese Demokratien zumindest phasenweise vor ihrem Ende?

Das Beispiel Frankreich

Frankreich hatte den Ersten Weltkrieg zwar aufseiten der Alliierten als Sieger beendet, war aber durch Millionen Opfer und die Zerstörungen auf den Schlachtfeldern schwer gezeichnet. Mit den wirtschaftlichen Folgen hatte Frankreich bis zum Zweiten Weltkrieg zu kämpfen. Andererseits und im Unterschied zu Deutschland vereinten die Erinnerung an die Toten und die Schrecken des Krieges die Franzosen in gemeinsamer Trauer. Die französische Bevölkerung konnte von sich selbst sagen, den Angriffen widerstanden zu haben. Die **„Dritte Republik*“**, die seit 1870 bestand, hatte sich behauptet.

Der Wiederaufbau in den zerstörten Gebieten und Entschädigungszahlungen für direkt vom Krieg betroffene Familien, aber auch die Besetzung des Rheinlandes 1923 zur Durchsetzung der Reparationsforderungen bedeuteten bis 1925 erhebliche Belastungen für den französischen Staatshaushalt. Der Franc, die französische Währung, verlor außerdem dramatisch an Wert, die Kaufkraft in der Bevölkerung sank dadurch. Bis weit in die 1930er-Jahre hinein mangelte es der französischen Industrie an umfassenden Investitionen zur Steigerung der Produktivität und zur Modernisierung der Fabrikanlagen. Das Bruttosozialprodukt und der Lebensstandard stagnierten in der Folge. Deshalb ließ sich Raymond Poincaré 1924 als Ministerpräsident zum ersten Mal besondere Vollmachten vom Parlament übertragen, durch die er mithilfe von Décrets-lois (Dekreten) zügig am Parlament vorbei regieren konnte. Das schnelle, autoritäre Eingreifen sollte helfen, die Krise einzudämmen. Alle folgenden Regierungen bedienten sich ebenfalls dieses Mittels. Anders als in Deutschland blieb die Anwendung dieser präsidialen Sonderrechte aber auf finanz- und wirtschaftspolitische Probleme beschränkt und sie wurden nicht zu Angriffen auf das parlamentarische System missbraucht. Frankreich hatte eine parlamentarische Tradition verinnerlicht – die Republik präsentierte sich letztlich als **„gelernte Demokratie“** im Unterschied zur deutschen „improvisierten Demokratie“.

Dritte Republik
Frankreich durchlebte zwischen der Revolution 1789 und dem Zweiten Weltkrieg fünf Phasen als republikanischer Staat.
- Erste Republik: unter der jakobinischen Terrorherrschaft 1793–1795
- Zweite Republik: nach der bürgerlichen Revolution 1848–1852
- Dritte Republik: nach der Niederlage gegen Preußen 1870–1940
- Vierte Republik: nach dem Zweiten Weltkrieg 1946–1958
- Fünfte Republik: seit der Verabschiedung einer neuen Verfassung 1958 bis heute

In der Phase der Dritten Republik wurde Frankreich ein moderner Industriestaat, der sich auch vom antimodernistischen Einfluss der katholischen Kirche löste.

Ab 1932 setzten jedoch verzögert eintreffende Auswirkungen der Weltwirtschaftskrise Staat und Gesellschaft in Frankreich zusätzlich unter Druck – zu einem Zeitpunkt, an dem sich in Deutschland erste Zeichen wirtschaftlicher Erholung einstellten. Zwischen Juni 1932 und Februar 1934 mussten allein sieben Regierungen gebildet werden. Die **Konfrontation** zwischen **Konservativen** und **Linken** verschärfte sich, außerdem gewannen faschistische Gruppen, die Ligues (Ligen), an Gewicht. Vor allem die Liga der Croix de Feu (Feuerkreuzler), die sich aus ehemaligen Frontsoldaten gebildete hatte und mit einer faschistischen Diktatur nach italienischem Vorbild sympathisierte, bildete in den 1930er-Jahren eine Massenorganisation. Am 6. Februar 1934 mündeten antiparlamentarische Proteste hunderttausender Menschen in Paris in schwere Straßenschlachten zwischen Rechtsextremisten und Gegendemonstranten, die 16 Tote und Hunderte Verletzte zur Folge hatten. Gerüchte über einen Staatsstreich der Faschisten hatten die Runde gemacht und auch die Polizei zu hartem Eingreifen veranlasst. Die ***Crise du 6 février*** war die blutigste Auseinandersetzung während der Dritten Republik und wurde auch als Staatskrise interpretiert.

▶ M 4, M 5: Weltwirtschaftskrise in Frankreich

M 1 Wahlplakat der *Front populaire*, ca. 1936.
Auf dem Plakat steht: „Die Volksfront gegen Armut, Krieg, Faschismus; für Brot, Frieden, Freiheit.“ Das Totenkopfsymbol in der Mitte ist das Abzeichen der Croix de Feu, der faschistischen Feuerkreuzler.

In dieser Lage schlossen sich nun Sozialisten, Linksliberale und Kommunisten, die ihre Abwehrhaltung gegen die demokratische Linke damit aufgaben, zu einem Bündnis zusammen. Ihr gemeinsamer Wahlsieg führte am 5. Juni 1936 zur **Regierung der *Front populaire*** (Volksfront) unter Ministerpräsident Léon Blum. Massenstreiks zwangen die Arbeitgeber unmittelbar an den Verhandlungstisch und so konnte die Volksfront-Regierung in wenigen Wochen wesentliche Verbesserungen für die Arbeitnehmer erreichen.

Allerdings gelang es auch der Volksfront-Regierung nicht, die Auswirkungen der Weltwirtschaftskrise nachhaltig einzudämmen. Die Staatsfinanzen blieben zerrüttet und Léon Blum fand keine Mehrheit für sozialpolitisch unbequeme Maßnahmen zu ihrer Konsolidierung. Am 21. Juni 1937 musste er zermürbt zurücktreten.

Die Französische Republik fand in den Folgejahren nicht zu stabilen Verhältnissen zurück. Keine politische Formation konnte sich langfristig an der Regierung behaupten. Zunehmend traten außenpolitische Herausforderungen unmittelbar vor dem Ausbruch des Zweiten Weltkrieges in den Vordergrund, die deutsche Besatzung im Juni 1940 markierte das Ende der Dritten Republik. Allerdings konnte Frankreich auch nach 1945 unmittelbar an seine **demokratische und republikanische Kultur** anknüpfen.

▶ M 6: Maßnahmen der „Volksfront“-Regierung

▶ M 9: Frankreich in der Zwischenkriegszeit

Das Beispiel USA

▶ Zum Beispiel USA siehe auch S. 186 ff.

Die USA hatten bis zum Ersten Weltkrieg einen enormen industriellen und technischen Aufschwung erlebt, sodass sie 1910 Großbritannien als wirtschaftlich führende Nation ablösten. Auf der anderen Seite verursachte die kaum regulierte Hochindustrialisierung massive soziale und ökonomische Belastungen, zu denen Korruption und Monopolbildungen, Ausbeutung und Verelendung der Arbeiter, Kinderarbeit, fehlende Sozialsysteme wie Kranken- oder Rentenversicherung oder ökologische Schäden auch in den schnell wachsenden Städten zählten. Die Phase, in der nun politische Reformer in loser Verbindung an unterschiedlichen Stellen der amerikanischen Gesellschaft Veränderungen anmahnten, wird als ***Progressive Era*** (ca. 1896–1916) bezeichnet. Aus dieser Bewegung bildete sich zwar keine dauerhaft eigenständige Partei, ihre Anhänger, die häufig in Städten lebten und gebildet waren, gewannen aber öffentlichen Einfluss und nutzten die Machtmittel der seit 1787 bestehenden Demokratie zur Verbesserung der Lebensumstände. Auch Präsident Theodore Roosevelt (1901–1909) galt als ein *Progressive*.

Nach dem Ersten Weltkrieg erlebten die USA zwar auch wie alle anderen am Krieg beteiligten Nationen einen wirtschaftlichen Einbruch, dieser wurde jedoch schnell abgelöst durch die Roaring Twenties. Die 1920er-Jahre waren geprägt davon, dass die USA offenkundig zu einer Weltmacht geworden waren, die in vieler Hinsicht als wirtschaftliches und politisches Vorbild eine globale Führungsrolle eingenommen hatten. Es entwickelte sich eine ausgeprägte Konsumkultur, die den Alltag durch Gebrauchsgegenstände wie Autos, Kühlschränke und Radios nachhaltig veränderte. Allerdings überlagerte der Aufschwung, der nur von wenigen Industriezweigen wie der Auto- und der Elektroindustrie sowie der Bauwirtschaft getragen wurde, die wachsenden **Gegensätze** in der amerikanischen Gesellschaft. Gleichzeitig zog sich die Bundesregierung in Washington weitgehend aus der Regulierung der Wirtschaft insgesamt zurück. Präsident Calvin Coolidge (1923–1929) schützte den amerikanischen Markt durch weitreichende Zölle gegen europäische Waren, ließ den heimischen Unternehmen ansonsten aber freie Hand auf dem amerikanischen Markt, von dessen selbstregulierenden Kräften viele überzeugt waren. Die sozialreformerischen Ansätze der Progressive Era gerieten politisch ins Hintertreffen und wurden abgelöst von der Vorstellung einer weitgehenden Selbstverantwortung des Einzelnen (rugged individualism). Präsident Herbert Hoover (1929–1933) grenzte damit im Wahlkampf seine politische Position von den „fremden“, „sozialistischen“ und „unamerikanischen“ Ideen der Demokraten ab, die für eine stärkere staatliche Regulierung warben. Mit dem **Börsencrash 1929** und der aufziehenden Rezession änderten sich die Bedingungen zu Beginn der 1930er-Jahre aber gravierend.

Der Wahlkampf 1932 stand unter dem überwältigenden Einfluss der ***Great Depression****** und führte zum Sieg des Demokraten Franklin D. Roosevelt bei den Präsidentschaftswahlen im selben Jahr. Mit 57 Prozent der abgegebenen Wählerstimmen erhielt er ein klares Votum für sein politisches Programm: Roosevelt hatte „a drastic change in economic governmental policies“ versprochen, obwohl viele dem politischen System (anders als in der Progressive Era) die notwendigen tiefgreifenden Reformen aufgrund seiner parteipolitischen Spaltung kaum noch zutrauten.

Das Zustandekommen des ***New Deal****, dem zunächst kein geordnetes Konzept zugrunde lag, ist nicht allein mit den verfassungsmäßigen Rechten des US-Präsidenten zu erklären. Um die gewünschten Beschlüsse herbeizuführen, nutzte Roosevelt von Beginn an einerseits sein Talent zur öffentlichen Kommunikation und sein Charisma – zum Beispiel im Rahmen der *fireside chats* (Kamingespräche), in denen er live im Radio zur amerikanischen Bevölkerung sprach, seine Politik in einfacher Form erläuterte und Führungsstärke vermittelte. Andererseits bediente er sich der Machtfülle seines Amtes und setzte die gewünschten Beschlüsse notfalls ohne Zustimmung im Kongress durch. Auch in den USA gab es dabei öffentlichen Rückhalt für das Bestreben, die Krise der freiheitlichen Ordnung durch eine autoritäre Führungspersönlichkeit zu überwinden. Faschistische Gruppierungen* blieben allerdings nur ein Randphänomen.

Darüber hinaus traf Roosevelts forsches Regierungshandeln auf überparteiliche Zustimmung im Kongress. Seine ersten Gesetze zur Regulierung der Banken und der Industrie, zur Kürzung der Gehälter von Bundesbediensteten, zur Arbeitsbeschaffung für junge Männer, zur Preisstabilisierung von landwirtschaftlichen Produkten, zur Arbeitslosenhilfe in den Einzelstaaten und zur Entwicklung der Infrastruktur wurden von den Abgeordneten kaum beraten und schnell verabschiedet. Kurzfristig brachte Roosevelt auch das präsidiale

M2 **US-Präsident Franklin D. Roosevelt während einer Radioübertragung, 1935**

Great Depression
Der amerikanische Ausdruck für die Weltwirtschaftskrise betont vor allem den gesamtgesellschaftlichen Niedergang, den die USA zwischen 1929 und 1939 erlebten. Die *Great Depression* gilt als größte amerikanische Krise neben dem Bürgerkrieg im 19. Jahrhundert.

New Deal
Die Maßnahmen zur Bekämpfung der Wirtschaftskrise zwischen 1933 und 1936, die unter diesem Begriff zusammengefasst sind, bewirkten soziale und wirtschaftliche Reformen in den USA, die vielen Europäern zu diesem Zeitpunkt lange vertraut waren. Die tatsächliche Wirksamkeit des Programms ist bis heute umstritten.

Faschistische Gruppierungen
Auch in den USA entstanden in der Zwischenkriegszeit solche Bewegungen. Über auflagenstarke Zeitungen und Radiosendungen propagierten sie einen extrem rassistischen Nationalismus, Antisemitismus und Antikommunismus. Machtpolitisch blieben sie damals nur ein Randphänomen, ihre Ideologie lebt aber im aggressiven Amerikanismus rechtsextremer Gruppierungen der Gegenwart fort.

Recht, den Notstand zu erklären, in Anwendung, um eigenmächtig den Betrieb der Banken vorübergehend einzustellen und Teile der Finanzwirtschaft neu zu regulieren. Häufig setzte er Entscheidungen per *Executive Order** in Kraft, ohne den Kongress zu beteiligen. Der Unterschied zu den Entwicklungen in Deutschland oder Italien zur selben Zeit bestand dabei aber in der grundsätzlichen Überzeugung, das demokratische System sei funktions- und handlungsfähig. Auch die USA erwiesen sich wie Frankreich als „gelernte" Demokratie mit einer langen republikanischen Tradition.

Roosevelts Regierung erhöhte die **Staatsausgaben** trotz sinkender Einnahmen und folgte damit der Idee des *deficit spending**, die der britische Wirtschaftswissenschaftler John Maynard Keynes seit 1930 entwickelt hatte (Keynesianismus). Die Mittel flossen unter anderem in den Ausbau von Sozial- und Hilfsprogrammen. Roosevelt begründete damit, aufbauend auf den Ideen der *Progressive Era*, die amerikanische Form des *welfare state* (Wohlfahrtsstaats), der eine soziale Grundsicherung für seine Bürgerinnen und Bürger bereitstellte. Entscheidendes Element bildete der *Social Security Act* (1935), der im Rahmen des zweiten Schubs von *New-Deal*-Gesetzen verabschiedet wurde. Zum ersten Mal hatten damit Millionen Amerikanerinnen und Amerikaner Anspruch auf eine gesetzliche Rente, eine gesetzliche Arbeitslosen- und Unfallversicherung und Sozialhilfe für notleidende Kinder.

Gleichwohl waren etliche Maßnahmen des Präsidenten sehr umstritten und die Gegner des *New Deal* sahen in Roosevelts Reformeifer eine Bedrohung für das politische System der USA. Insgesamt übertrugen die Gesetze des *New Deal* zahlreiche Kompetenzen, die zuvor Staaten und Gemeinden innehatten, auf die Bundesregierung in Washington. An dieser Umgestaltung des politischen Systems entzündete sich heftiger Widerstand, der unter anderem zur Gründung einer *„American Liberty League"* (Amerikanische Freiheits-Liga) führte, die Roosevelts „Sozialismus" und seine „Diktatur" heftig attackierte. Auch der Oberste Gerichtshof (*Supreme Court*) stellte sich zeitweise gegen Roosevelt, als dieser starken Einfluss auf die Besetzung der Richterposten nehmen wollte. Mit diesem Unterfangen scheiterte der Präsident.

Gemessen an der Arbeitslosenzahl und den Daten zur wirtschaftlichen Entwicklung war Roosevelts *New Deal* kein Erfolg. Vollbeschäftigung in der Industrie und deutliches Wachstum entstanden erst nach Beginn des Zweiten Weltkriegs, der eine Produktionssteigerung im Zuge der Aufrüstung auslöste. Allerdings nahm der US-Präsident gezielten Einfluss auf die Entwicklung der Nation, indem er eine Massenbewegung anführte, die schon allein durch den Stimmungswandel eine Krisenbewältigung wieder möglich erscheinen ließ. Die Anhänger des *New Deal* setzten dabei auch auf sozialen Druck, der jeden Widerspruch im Ansatz ersticken sollte. Insgesamt gilt jedoch: „Zu einer das demokratische Regierungssystem bedrohenden Radikalisierung der Wähler wie in Deutschland kam es nicht, weil Franklin D. Roosevelt und die ab 1933 den Kongress dominierende Demokratische Partei den Glauben an die Funktionsfähigkeit des Regierungssystems in ausreichendem Maß aufrechterhielten" (Willi Paul Adams).

1 Vergleichen Sie tabellarisch die Entwicklung der Demokratie nach dem Ersten Weltkrieg in Deutschland, Frankreich und den USA mithilfe der Oberbegriffe: „Auswirkungen von Wirtschaftskrisen", „Haltung der Bevölkerung zur parlamentarischen Demokratie", „Unterstützung der Demokratie durch die Parteien", „Stellung und Verhalten des Staatsoberhauptes gegenüber dem Parlament".

2 „Demokratische Systeme funktionieren nur dann, wenn bei der Mehrheit der Bürger ein Grundkonsens über die Akzeptabilität ihres Staates und ihres Gesellschaftssystems besteht, oder zumindest die Bereitschaft, für Kompromisslösungen offen zu sein. Beides wird von Wohlstand gefördert." Überprüfen Sie diese These des britischen Historikers Eric Hobsbawm mithilfe des Darstellungstextes.

Executive Order
dt. „Durchführungsverordnung", entsprechen den Notverordnungen der Weimarer Republik; obwohl die amerikanische Verfassung keine Bestimmungen zu präsidialen Dekreten enthält, wurden sie dennoch seit 1789 regelmäßig erlassen. Ihre Anwendung beschränkt sich auf Anordnungen innerhalb der Exekutive, deren alleiniger Kopf laut Verfassung der Präsident ist.

Deficit spending
Im Rahmen der antizyklischen Finanzpolitik nach der Lehre von John Maynard Keynes soll der Staat in Zeiten einer wirtschaftlichen Krise und geringer öffentlicher Einnahmen dennoch die Staatsausgaben erhöhen und ein Haushaltsdefizit in Kauf nehmen, um die wirtschaftliche Entwicklung durch staatliche Programme zu unterstützen.

▶ **M 10: Entwicklung der Staatsfinanzen in den USA**

▶ **M 14: Anwendung von Executive Orders durch US-Präsidenten**

▶ **M 15: Roosevelts Präsidentschaft und der Erhalt der Demokratie**

M3 Öffentlicher Stillstand in New York während einer Ansprache von Präsident Roosevelt, 1941

Hinweise zur Arbeit mit den Materialien
Die Materialien vertiefen die Überlegungen zur Frage, warum in Frankreich und den USA die Demokratie erhalten blieb. Ausgehend von wirtschaftlichen Eckdaten zu Frankreich und den USA (M 4 und M 10) steht im Fall Frankreichs die Regierung der Volksfront im Mittelpunkt (M 6–M 8). Im Fall der USA geht es um den Konflikt über die Besetzung des „Supreme Court" (M 11, M 12) und den Charakter von Roosevelts Präsidentschaft. Grundsätzliche Überlegungen zu den Entwicklungen in Frankreich und den USA in den 1930er-Jahren schließen die Zusammenstellung ab (M 9, M 15).

Das Beispiel Frankreich

M 4 Index des Pro-Kopf-Einkommens (Durchschnitt der Jahre 1925–1929 = Index 100)

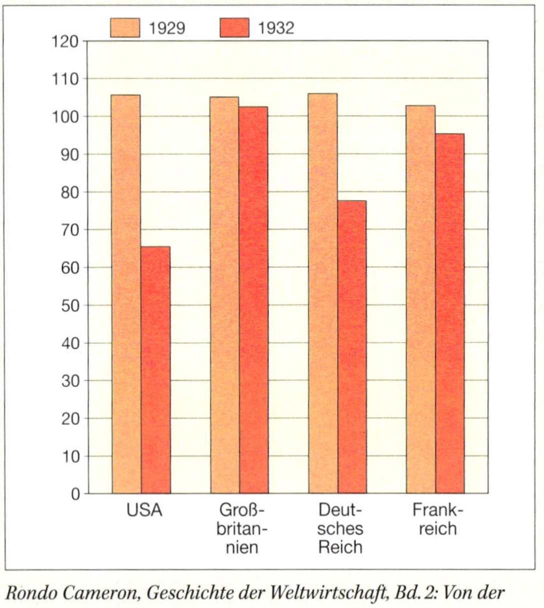

Rondo Cameron, Geschichte der Weltwirtschaft, Bd. 2: Von der Industrialisierung bis zur Gegenwart. Aus dem Amerikanischen übersetzt v. Rainer u. Barbara Fremdling, Klett-Cotta, Stuttgart 1992, S. 210.

M 5 Die Historiker Jan-Otmar Hesse, Roman Köster und Werner Plumpe über die Weltwirtschaftskrise in Frankreich, 2014

Théophile Bader, der Gründer des Kaufhauses *Galeries Lafayette,* schrieb noch im Sommer 1930, als die Zahl der Arbeitslosen in Deutschland und den USA bereits bedenkliche Ausmaße erreicht hatte, in der konservativen französischen Tageszeitung *L'Écho de Paris:* „Es gibt keine Krise; die Krise existiert nicht. Es handelt sich um ein Phantom, das bei den Unfähigen und ewig Unzufriedenen aufgebracht worden ist, die allzu glücklich sind, einen Vorwand für ihre Klagen und gegenseitigen Schuldzuweisungen zu haben." […] Industrieproduktion und Bruttoinlandsprodukt waren zwar zurückgegangen, jedoch deutlich schwächer, als dies in den USA und im Deutschen Reich geschehen war. […] Während im Ausland aber 1932 und 1933 der wirtschaftliche Tiefpunkt erreicht war und in Deutschland sogar Zeichen eines Aufschwungs zu erkennen waren, wurde Frankreich die Krise bis zum Ausbruch des Zweiten Weltkrieges nicht mehr los. Das Land laborierte länger an gravierenden ökonomischen Strukturproblemen und innenpolitischen Spannungen. Die Weltwirtschaftskrise […] nistete sich […] wie eine Dauerkrise ein, die erst nach dem Zweiten Weltkrieg wirklich überwunden werden konnte. Als der Zweite Weltkrieg begann, hatte die französische Wirtschaft das Produktionsniveau des Jahres 1929 noch nicht wieder erreicht.

*Jan-Otmar Hesse/Roman Köster/Werner Plumpe, Die Große Depression. Die Weltwirtschaftskrise 1929–1939, Campus-Verlag, Frankfurt/Main 2014, S. 128 f.**

M 6 Der Journalist Rudolf Walther über die „Volksfront"-Regierung, 2008

Die neue Regierung von Sozialisten und bürgerlichen Radikalen […] arbeitete effizient und unglaublich schnell. Schon drei Tage nach Amtsantritt gelang ihm eine Vereinbarung zwischen Regierung, Arbeitgebern und Gewerkschaften. […] Es sollte zwei Wochen bezahlten Urlaub geben, die Arbeitszeit von 48 auf 40 Stunden gekürzt und ein verbindlicher Tarifvertrag geschlossen werden. Bis zum August folgten […] die staatliche Kontrolle der Getreidepreise, die Verlängerung der Schulzeit, die Verstaatlichung der Rüstungsindustrie, die staatliche Überwachung der *Banque de France* – sowie Urlaubsfahrkarten zu ermäßigten Preisen. Léon Jouhaux, Chef der CGT[1], sah in den Leistungen für acht Millionen Arbeitende einen Beleg, „dass kein totalitärer oder autoritärer Staat nötig ist", um aus der Krise herauszukommen. […] Überdies blieb die wirtschaftliche Lage prekär. Die kräftigen Lohnerhöhungen von 7 bis 15 Prozent wurden von der Inflation wieder aufgefressen, die Produktion wuchs nur langsam. Die Arbeitslosigkeit blieb, und bald schon unterliefen die *patrons* [= Arbeitgeber] die 40-Stunden-Woche. Kapitalflucht und Abwertung schwächten die Wirtschaft weiter.

*Rudolf Walther, „Eine reine Freude"; in: Die ZEIT, Nr. 11 vom 6. März 2008.**

1 *Confédération générale du travail (CGT; dt.:* Allgemeiner Gewerkschaftsbund): französischer Gewerkschaftsbund

M7 Französisches „Volksfront"-Plakat, 1935.
Auf dem Plakat steht: „Wir schwören feierlich vereint zu bleiben, um die verbrecherischen Ligen zu entwaffnen und aufzulösen, damit die demokratischen Freiheiten verteidigt und ausgebaut werden können und der Frieden zwischen den Menschen gesichert wird."

M8 Artikel über eine Rede von Léon Blum aus der Londoner Zeitung *„The Times"*, Dezember 1936

France, M. Blum said, was a peculiar and in some ways a rather strange country. Her people had at the same time an old revolutionary tradition and a deeply conservative sense together with a strong desire for stability and continuity. The French middle class and a certain section of the employing class suffered from a certain inability to mingle their revolutionary and their conservative senses in a constant and practical way. The Anglo-Saxons were more adventurous and consequently more ready, individually and collectively, for evolutionary change. This, he thought, was why the work which his Government were trying to do had been followed with real sympathy by Great Britain and the United States. Anglo-Saxon opinion had grasped the fact that the French Government were a real Government of democracy and that their use of power was a success for international democracy. They understood that the formation of the *Front Populaire* was a spontaneous reaction of the French people against movements which, had they succeeded, would have placed France among the authoritarian and totalitarian States.

Zit. nach: http://webopac.hwwa.de/PresseMappe20/PM20.cfm?T=P&qt=193349&CFID=13416604&CFTOKEN=35940437; Dokument 65 (abgerufen am 8. Januar 2020).

M9 Der Historiker Horst Möller über Frankreich in der Zwischenkriegszeit, 1998

In Frankreich [...] bestand die [...] Dritte Republik zum Zeitpunkt der schärfsten Krise immerhin seit zwei Generationen. Sie hatte ihre eigene Legitimität [...] erworben [...] in Jahrzehnten politischer Bewährung und musste sich also nicht wie in Deutschland nach einem Wechsel von politischem System und Staatsform erst noch stabilisieren und Anerkennung erwerben. Ungeachtet der grundlegenden [...] Gegensätzlichkeit des linken und des rechten Lagers galten doch die durch Revolutionen geschaffene Republik und die Ideen von 1789 als allgemeinverbindlich. Diesem mehrheitlich stabilen nationalen Grundkonsens entzogen sich [...] nur kleine Gruppierungen [...]. [...] Allerdings begegneten auch in Frankreich neben stabilisierenden Faktoren solche der Instabilität bis hin zum politischen Mord [...]. [...] Immer wieder kam es auch in Frankreich zu politischen Unruhen, die verschiedentlich blutiger verliefen als in der Weimarer Republik, wenngleich das Gewaltpotenzial hier deutlich geringer war. [...] Schließlich ähnelte sich in Deutschland und Frankreich die feindliche Polarisierung zwischen Rechtsextremen und „antifaschistischen" Aktionen. [...] Ebenfalls charakteristisch für Deutschland und Frankreich war die Kritik am parlamentarischen System, die [...] hier wie dort eine vergleichbare Antwort provozierte: autoritäre Lösungen zur Stärkung der Regierung bzw. des Staatspräsidenten gegenüber Parlament und Parteien. In Frankreich allerdings stärkte gerade der Erfolg Poincarés[1] zeitweise – bis zu Beginn der 1930er-Jahre – den Parlamentarismus, den er durchaus anerkannte [...].

*Horst Möller, Europa zwischen den Weltkriegen, Oldenbourg, München 1998, S. 109–111.**

1 *Raymond Poincaré (1860–1934):* 1913–1920 Staatspräsident Frankreichs, 1912–1929 mehrfach Ministerpräsident

3 Erläutern Sie ausgehend von M4 und M5 die Auswirkungen der Weltwirtschaftskrise in Frankreich.
4 **Gruppenarbeit:** Charakterisieren Sie mithilfe von M6–M8 die „Volksfront"-Regierung in Frankreich.
5 Analysieren Sie M9 und begründen Sie, warum in Frankreich die Demokratie erhalten blieb.
Tipp: Beziehen Sie den Darstellungstext mit ein.

Das Beispiel USA

M 10 Einnahmen, Ausgaben und Verschuldung der USA 1929–1941 (in Mrd. Dollar)

Jahr	Einnahmen	Ausgaben	Staatsschulden
1929	4,0	3,3	16,9
1930	4,2	3,4	16,2
1931	3,1	3,6	16,8
1932	1,9	4,7	19,5
1933	2,0	4,6	22,5
1934	3,1	6,7	27,0
1935	3,7	6,5	28,7
1936	4,1	8,5	33,8
1937	5,0	7,8	36,4
1938	5,6	6,8	37,2
1939	5,0	8,9	40,4
1940	5,1	9,1	43,0
1941	7,1	13,3	49,0

Nach: Historical Statistics of the United States, Washington 1960, S. 711.

M 11 Kommentar in der Zeitung „*New York Herald Tribune*" zu Roosevelts Reformplänen für den *Supreme Court*, 6. Februar 1937

Der Oberste Gerichtshof der USA hatte mehrfach Gesetze, die im Rahmen des New Deal beschlossen worden waren, für verfassungswidrig erklärt. Roosevelt schlug nach seiner Wiederwahl 1936 am 5. Februar 1937 ein Gesetz zur Verjüngung des Gerichts vor. Dies hätte ihm ermöglicht, für jeden Richter, der das 70. Lebensjahr überschritten hatte, einen neuen zusätzlichen Richter zu ernennen. Die Mehrheitsverhältnisse im Supreme Court, der seine Beschlüsse durch Abstimmung fasst, hätten sich damit langfristig verändert, doch Roosevelt scheiterte mit diesem Vorhaben.

In diesem einhundertundeinundsechzigsten Jahr der Unabhängigkeit der Vereinigten Staaten hat Präsident Roosevelt einen Vorschlag unterbreitet, der, sollte er Gesetz werden, das Ende des amerikanischen Staates, wie er in all den langen Jahren seines Lebens existiert hat, bedeuten würde. […] Noch nie hat ein Präsident der Vereinigten Staaten auch nur den leisesten Versuch unternommen, eine so große Macht zu erringen. Mr. Roosevelt verlangt dies, kühl und schlau. Durch einen einzigen gesetzgeberischen Akt, unter Ausnutzung des einzigen Schlupfloches unserer Verfassung – die Zahl der Mitglieder des Obersten Gerichtshofes ist dort nicht festgelegt – würde er den Gleichheitsgrundsatz bei den drei Regierungsgewalten, auf dem diese Nation gegründet ist, an den Wurzeln angreifen und in sich selbst die Kontrolle der Judikative ebenso wie die der Exekutive vereinigen. Ein französischer König, Ludwig XIV., hat gesagt: „*L'État, c'est moi.*" – „Der Staat bin ich." Die papierne Hülle des amerikanischen Konstitutionalismus würde fortbestehen, wenn Roosevelt das Gesetz, das er jetzt haben will, durchbrächte. Aber sie wäre auch nicht mehr als eine Hülle.

*Zit. nach: Günter Moltmann (Bearb.), Die Vereinigten Staaten von Amerika von 1917 bis zur Gegenwart, Schöningh, Paderborn 1987, S. 27f. Übers. v. Per N. Döhler u. Günter Moltmann.**

M 12 US-Präsident Franklin D. Roosevelt über seinen Reformplan für den *Supreme Court*, 9. März 1937

Seit dem Aufstieg der modernen Bewegung für sozialen und wirtschaftlichen Fortschritt auf dem Wege der Gesetzgebung hat sich der Oberste Gerichtshof immer öfter und immer kühner das Recht herausgenommen, Gesetzen zu widersprechen, die vom Kongress und von den Parlamenten der Einzelstaaten verabschiedet worden sind. […] Wir haben daher als Nation den Punkt erreicht, wo wir etwas tun müssen, um die Verfassung vor dem Obersten Gerichtshof und den Obersten Gerichtshof vor sich selbst zu retten. Wir müssen einen Weg finden, gegen den Obersten Gerichtshof bei der Verfassung selbst Berufung einzulegen. Wir wollen einen Obersten Gerichtshof, der im Rahmen der Verfassung Recht spricht – und nicht über sie hinweg. In unseren Gerichten sollen Gesetze regieren und nicht Menschen. […] Dieser Plan verfolgt hauptsächlich zwei Zwecke. Dadurch, dass wir in das System der Rechtsprechung einen ständigen und anhaltenden Zustrom frischen und jungen Blutes leiten, hoffe ich zum einen, die Bundesrechtsprechung zu beschleunigen und damit auch billiger zu machen, zum anderen, die Entscheidungen in sozialen und wirtschaftlichen Problemen jüngeren Leuten zu übertragen, die die Tatsachen des modernen Lebens und die Bedingungen, unter denen durchschnittliche Menschen leben und arbeiten müssen, persönlich kennen und die entsprechende Kontakte gehabt haben. Dieser Plan wird unsere Verfassung davor bewahren, an judikativer Arterienverkalkung zugrunde zu gehen.

*Zit. nach: Günter Moltmann (Bearb.), Die Vereinigten Staaten von Amerika von 1917 bis zur Gegenwart, Schöningh, Paderborn 1987, S. 27f. Übers. v. Per N. Döhler u. Günter Moltmann.**

M 13 **Karikatur aus der US-Zeitung „*Tribune*“, 17. September 1935**

M 14 **Anzahl der verfügten *Executive Orders* ausgewählter US-Präsidenten, 2020**

Name	Anzahl (gesamt)	Anzahl/Amtsjahr (Schnitt)
G. Washington	8	1
A. Lincoln	48	12
W. Wilson	1803	225
C. Coolidge	1203	215
F. D. Roosevelt	3721	307
J. F. Kennedy	214	75
R. Reagan	381	48
G. W. Bush	291	36
B. Obama	276	35
D. J. Trump	220	55

https://www.presidency.ucsb.edu/statistics/data/executive-orders (abgerufen am 30. Januar 2021).

M 15 **Der Historiker Alonzo L. Hamby über Roosevelts Präsidentschaft, 2004**

Roosevelt's first inaugural electrified a nation yearning for strong leadership and new directions. Crisis times produce charismatic leaders; the Depression either brought forth or gave new importance not to just Roosevelt, but to Adolf Hitler, Benito Mussolini, and Josef Stalin. Of these, Roosevelt was the premier figure. He led the most important country, made the greatest cross-national impact, and ultimately won international recognition as democracy's dynamic leader. [...] Any history in which Roosevelt looms large must consider him as more than just a Depression fighter. He also assumed roles as the magnetic leader of the people and tribune of democracy; the champion politician; the manager of a multifaceted policy initiative (the New Deal) without precedent in American history; and the chief diplomat entrusted with guarding American security in a menacing age. As leader of the people he was the all-time great communicator of American politics, capable of projecting his authority and personality across the air waves, onto newsreel screens, and into the print press. [...]
The Depression presented established democracies with a long-term test – not the prospect of a *coup d'etat* from within, but an enhanced threat from without made formidable by withering morale und declining economic strength. [...] Varieties of fascism spread like ugly cancers across the map; a vicious Stalinist communism consolidated its grip on the Soviet Union and sought to extend its influence by infiltrating the non-Communist „progressive forces“ of the West. Democracy appeared to be in retreat. What the liberal democratic nations needed was a democratic front – a relatively united coalition facing and fighting the Depression, demonstrating the superiority of their form of government, and allied to contain the hostile powers arrayed against them. Roosevelt understood that the president of the United States was the natural leader of the world's democratic forces in times of crisis. He instinctively and articulately embraced the role, but never found practical means of implementing it. Instead, economic distress gave life and vitality to the totalitarians while weakening the forces of freedom and majority rule.

*Alonzo L. Hamby, For the Survival of Democracy. Franklin Roosevelt and the World Crisis of the 1930s, Simon & Schuster, New York 2004, S. 2 f.**

6 Analysieren Sie M 10.

7 **Arbeitsteilige Partnerarbeit:** Vergleichen Sie die Argumente zur Neuregelung bei der Besetzung des Supreme Court (M 11 und M 12).

8 **Wahlaufgabe:** Bearbeiten Sie entweder a) oder b).

a) Analysieren Sie M 13 und beurteilen Sie, ob die Aussage der Karikatur angemessen ist.

b) Erörtern Sie ausgehend von M 14 und M 15, ob Präsident Roosevelt die Demokratie in den USA eher stärkte oder eher schwächte.
Tipp: Beziehen Sie den Darstellungstext mit ein.

Anwenden

M1 Der Historiker Heinrich August Winkler über die Revolution 1918/19, 2001

Die Revolution von 1918/19, mit der die Republik ins Leben trat, gehört nicht zu den großen Revolutionen der Weltgeschichte. Dass sie keine klassische [...] Revolution war, lag, so paradox das klingen mag, an dem bereits erreichten Grad an Demokratie. Nach dem Zusammenbruch des Kaiserreichs konnte es nur um mehr Demokratie gehen, also um das Frauenwahlrecht, die Demokratisierung des Wahlrechts in den Einzelstaaten und Gemeinden, die konsequente Parlamentarisierung in Reich und Ländern. Eine Verfassunggebende Nationalversammlung musste nach dem Sturz der Monarchie zum frühestmöglichen Zeitpunkt gewählt werden: Darin war sich die große Mehrheit der Deutschen einig. Parolen wie „Alle Macht den Räten“ oder „Diktatur des Proletariats“ fanden nur bei einer kleinen Minderheit Anklang. Wer solche Parolen ausgab, propagierte damit, ob er es wollte oder nicht, den Bürgerkrieg. [...] Ein deutscher Bürgerkrieg hätte sofort die Alliierten auf den Plan gerufen, also zur Erneuerung des Weltkriegs geführt. Das konnten die gemäßigten Kräfte in Arbeiterschaft und Bürgertum nicht wollen, und weil sie es nicht wollten, mussten sie miteinander zusammenarbeiten. [...]

Ende 1918 aber war die Sozialdemokratie längst gespalten in die Mehrheitssozialdemokraten, die dem Reich bis zuletzt Kriegskredite bewilligten, und die Unabhängigen Sozialdemokraten, die die Kriegskredite ablehnten. Hätte sich die Partei nicht wegen der Kriegskredite gespalten, dann wegen eines Eintritts von Sozialdemokraten in ein Koalitionskabinett. Eine Koalition zwischen den Mehrheitssozialdemokraten und den Parteien der liberalen und katholischen Mitte setzte, marxistisch gesprochen, die wechselseitige Bereitschaft zum Klassenkompromiss voraus. Ohne diese Bereitschaft konnte es keine parlamentarische Demokratie geben, sondern nur den Bürgerkrieg. Daraus lässt sich ein weiteres Paradoxon ableiten: Die Spaltung der marxistischen Arbeiterbewegung war nicht nur eine schwere Vorbelastung der ersten deutschen Demokratie, sondern zugleich eine Vorbedingung derselben.

Die Zusammenarbeit zwischen den gemäßigten Kräften in Bürgertum und Arbeiterschaft ist einer der Gründe, warum es beim Übergang von der Monarchie zur Republik so viel gesellschaftliche Kontinuität gab. Keine der kaiserlichen Machteliten wurde 1918/19 entmachtet: nicht der Großgrundbesitz, nicht die Schwerindustrie, nicht das Militär, nicht das hohe Beamtentum, nicht die Justiz. Die Republik musste folglich mit Machteliten leben, die ihr reserviert bis feindlich gegenüberstanden.

*Heinrich August Winkler, Weimar – Bonn – Berlin, in: Peter März (Hg.), Die zweite gesamtdeutsche Demokratie, Bayerische Landeszentrale für politische Bildungsarbeit, München 2001, S. 12 f.**

M2 „Versailles“, Karikatur von Thomas Theodor Heine, erschienen in der deutschen Satirezeitschrift „Simplicissimus“ vom 3. Juni 1919.

Bildunterschrift: „Auch Sie haben noch ein Selbstbestimmungsrecht: Wünschen Sie, dass Ihnen die Taschen vor oder nach dem Tode ausgeleert werden?“

Die Männer in Schwarz v.l.n.r.: Woodrow Wilson, Georges Clemenceau, David Lloyd George.

1. Arbeiten Sie aus M 1 heraus, wodurch die politischen Handlungsspielräume 1918/19 eingeschränkt wurden und welche Belastungen sich daraus für die Republik ergaben.
2. Erläutern Sie die Aussage: „Die Republik musste [...] mit Machteliten leben, die ihr reserviert bis feindlich gegenüberstanden“ (Z. 50 ff.).
3. Beurteilen Sie unter Berücksichtigung von M 1 und M 2, inwieweit die Weichenstellungen der Jahre 1918/19 für das Ende der Weimarer Republik verantwortlich gemacht werden können.

Wiederholen

M 3 Wahlplakat der DDP zur Reichstagswahl, 1928

Zentrale Begriffe

Antiparlamentarismus
Demokratie
Frauenwahlrecht
Grundrechte
Hitlerbewegung
Inflation
Nationalversammlung
Notverordnung
Novemberrevolution
Präsidialkabinette
Rätesystem
Reparationen
Revision
Ruhrkampf
Selbstbestimmungsrecht
Versailler Vertrag
Weimarer Koalition
Weimarer Reichsverfassung
Weltwirtschaftskrise

1 **Wahlaufgabe:** Bearbeiten Sie entweder a) oder b).
   a) Erstellen Sie eine Grafik, die Verbindungen und Strukturen zwischen den zentralen Begriffen zur Weimarer Republik veranschaulicht (z. B. Wortnetz oder Wortwolke).
   b) Analysieren Sie M 3 mithilfe der methodischen Schritte auf S. 242 und bewerten Sie, wie die politische Lage in Deutschland auf diesem Plakat dargestellt wird.

2 **Gruppenarbeit:** Erstellen Sie ein begründetes Ranking der Personen, angeordnet nach der Bedeutung für die Weimarer Republik. Ergänzen Sie ggf. fehlende Personen und recherchieren Sie – wenn nötig – Hintergründe. Vergleichen und diskutieren Sie Ihre Ergebnisse mit den anderen Gruppen.

Matthias Erzberger	Paul von Hindenburg	Walter Rathenau
Friedrich Ebert	Heinrich Brüning	Kurt Eisner
Rosa Luxemburg	Franz von Papen	...

3 Erläutern Sie die folgenden Oberbegriffe, die die Aspekte zum Scheitern der Weimarer Republik zusammenfassen: „problematische Traditionen, funktionale Schwächen und äußere Belastungen" (Andreas Wirsching).

4 **Vertiefung:** Der Historiker Eckart Conze sprach 2017 davon, dass sich in der Weimarer Republik „Grundprobleme demokratisch verfasster Gesellschaften in Zeiten beschleunigten kulturellen Wandels" zeigen. Charakterisieren Sie diese Probleme und beurteilen Sie, inwiefern sie auch in unserer Gegenwart wahrnehmbar sind.

5 Überprüfen Sie Ihre zu Beginn des Kapitels formulierten Thesen. Beantworten Sie Ihre Fragen (s. S. 221).

6 **Präsentationsaufgabe:** Wahlkampf in der Weimarer Republik – ein Spiegel der politischen Kultur? Recherchieren Sie Materialien (z. B. Wahlplakate, Berichte) und präsentieren Sie Ihre Ergebnisse.

Worthilfen für ein Wortnetz
anwenden
auslösen
belasten
fordern
herausfordern
instrumentalisieren
stärken
stützen

Testen Sie Ihr Vorwissen zum Nationalsozialismus

1 Notieren Sie vier Personengruppen, die im Dritten Reich verfolgt wurden.

2 Von wem übernahm Adolf Hitler das Amt des Reichspräsidenten 1934?

a) Paul von Hindenburg
b) Otto von Bismarck
c) Franz von Papen

3 Was versteht man unter „Gleichschaltung“:

a) den geringen Empfangsbereich beim "Volksempfänger"
b) das Getriebe beim KdF-Wagen (später VW Käfer)
c) die erzwungene Vereinheitlichung des politischen und gesellschaftlichen Lebens in Deutschland

4 Bestimmen Sie, welcher Begriff nicht in die Reihe passt, und begründen Sie Ihre Wahl.

a)

Rassismus	Antisemitismus
Sozialdarwinismus	Liberalismus

b)

Appeasement-Politik	Verfolgung
„Volksgemeinschaft“	Nürnberger Gesetze

5 **Gruppenarbeit:**

a) Ordnen Sie Begriffe und Bilder einander zu. Mehrfachnennungen sind möglich.
- Ideologie
- Herrschaftssystem
- Außenpolitik
- Wirtschaft
- Propaganda

b) Begründen Sie Ihre Wahl.

a)

b)

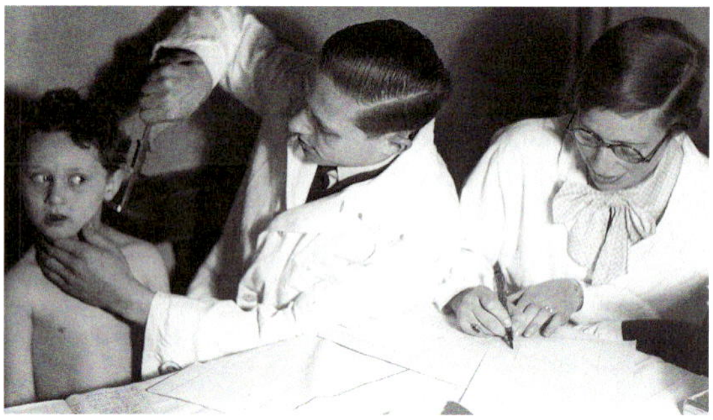

c)

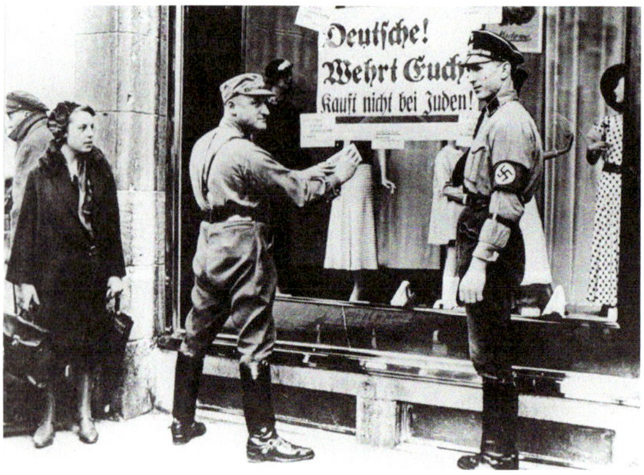

d)

e)

5 Wer ist wer?
Ordnen Sie den jeweiligen Bildern den Namen und die jeweilige Funktion im NS-Staat zu.

a) Adolf Hitler
b) Heinrich Himmler
c) Franz von Papen
d) Joseph Goebbels

1) Führer und Reichskanzler
2) Propagandaminister
3) Reichsführer SS und Chef der Deutschen Polizei
4) Vizekanzler 1933

6 Der Nationalsozialismus – Ideologie und Herrschaftsstrukturen

M1 Besucher bei der Eröffnungszeremonie der Olympischen Spiele in Berlin, Fotografie, 1. August 1936.
Das Bild wurde aufgenommen, während die teilnehmenden Sportler ins Stadion einlaufen.

1933 Ernennung Hitlers zum Reichskanzler, Reichstagsbrand, Außerkraftsetzung der Grundrechte, Ermächtigungsgesetz, Einrichtung der ersten Konzentrationslager, Boykott „nichtarischer" Geschäfte, Austritt Deutschlands aus dem Völkerbund

1934 Tod des Reichspräsidenten Hindenburg

1935 Wiedereinführung der allgemeinen Wehrpflicht, „Nürnberger Gesetze", Überfall Italiens auf Äthiopien

1936 Einmarsch Wehrmach entmilitaris Rheinland, Olympisch Spiele, Vierjahresp

1933 | 1934 | 1935 | 1936

Durch die Weltwirtschaftskrise beschleunigte sich der Niedergang der Weimarer Republik. Davon konnte vor allem die Nationalsozialistische Deutsche Arbeiterpartei (NSDAP) profitieren. Sie stieg von einer bayerischen Splitter- zu einer Massenpartei auf und zerstörte die Weimarer Republik. Innerhalb kürzester Zeit errichteten die Nationalsozialisten eine totalitäre Diktatur. In diesem Einparteienstaat verfügten die NSDAP und ihr „Führer" Adolf Hitler über uneingeschränkte Macht. Durch Sondervollmachten für Polizei und Justiz wurden politische Gegner, aber auch „Gemeinschaftsfremde" ausgeschlossen und verfolgt. Die von den Nationalsozialisten konstruierte „Volksgemeinschaft" funktionierte über Integration und Exklusion. Wer dazu- oder nicht dazugehörte, bestimmte die nationalsozialistische Ideologie. Aus ihr leiteten die Nationalsozialisten Ansprüche zur „Vergrößerung des Lebensraumes" für die angeblich höher gestellte Rasse ab. Einerseits wurden „rassisch Minderwertige" und andere Minderheiten ausgegrenzt und mit Terror und Gewalt bekämpft, andererseits wurden die „arischen" Deutschen gefördert und integriert. Zur Verbreitung der Ideologie und zur Beeinflussung der öffentlichen Meinung nutzten die Nationalsozialisten massive Propaganda und die damaligen neuen Medien wie Rundfunk und Film. Auch der wirtschaftliche Aufschwung und vor allem die außenpolitischen Erfolge verhalfen der nationalsozialistischen Diktatur zu großer Zustimmung in der deutschen Bevölkerung. Dabei griffen die Nationalsozialisten oftmals bestehende Pläne, z. B. der Weimarer Republik, auf, überhöhten vermeintliche eigene Erfolge und verbreiteten gezielt Falschinformationen zur Diffamierung des politischen Gegners – Praktiken, die auch gegenwärtig von Regierungen einiger Staaten angewandt werden.

M2 „Trau keinem Fuchs auf grüner Heid und keinem Jud bei seinem Eid", antisemitische Zeichnung aus einem Kinderbuch des nationalsozialistischen Stürmer-Verlags, 1935.
Die Bildinschrift lautet: „Einbahnstraße; tempo, tempo; Die Juden sind unser Unglück."

1 Analysieren Sie M 1.

2 Vergleichen Sie M 1 und M 2 und stellen Sie erste Hypothesen über die Gesellschaft im Nationalsozialismus auf.

3 Gestalten Sie mithilfe des Darstellungstextes eine Schautafel für eine Ausstellung, welche die Fotografie und die Zeichnung für den Ausstellungsbesucher historisch einordnet.

1938 | Anschluss Österreichs, Münchner Abkommen, Novemberpogrome

1939 | Besetzung und Eingliederung Tschechiens als „Protektorat Böhmen und Mähren", „Hitler-Stalin-Pakt", Beginn des Zweiten Weltkrieges mit dem Überfall auf Polen

6.1 Der Nationalsozialismus: eine Ideologie setzt sich durch

In diesem Kapitel geht es um
- *die Anfänge und die Entwicklung der NSDAP bis 1932,*
- *die ideologischen Grundlagen des Nationalsozialismus sowie*
- *die Feindbilder des Nationalsozialismus.*

M1 Adolf Hitler in Rednerpose, Fotografie, 1927

▶ M 9: 25-Punkte-Programm der NSDAP

▶ M 11, M 12, M 14: Auszüge aus Hitlers „Mein Kampf“

Anfänge der NSDAP

Adolf Hitlers parteipolitisches Engagement begann mit dem Eintritt in die 1919 in München gegründete „Deutsche Arbeiterpartei“ (DAP). Die bis dahin unbedeutende antisemitisch-völkische Splittergruppe profitierte vom politischen Talent Hitlers. Als begabtem Redner gelang es ihm in kürzester Zeit, der Partei die volle Aufmerksamkeit in den rechtsextremen Kreisen Bayerns zu verschaffen. Bei der von 2 000 Teilnehmern besuchten ersten Massenveranstaltung der Partei im Münchner Hofbräuhaus am 24. Februar 1920 änderte die DAP ihren Namen in „Nationalsozialistische Deutsche Arbeiterpartei Deutschlands“ (NSDAP). Außerdem wurde ein bis zum Ende gültiges Parteiprogramm verabschiedet: das **25-Punkte-Programm**. Die Partei wuchs daraufhin sehr schnell auf 56 000 Mitglieder (1923) an. Unter ihnen waren bereits spätere NS-Größen wie Rudolf Heß oder Hermann Göring. Schon die DAP hatte aufgrund zahlreicher Saalschlachten bei Parteiversammlungen seit Anfang 1920 begonnen, einen Saalschutz für ihre Veranstaltungen aufzustellen. Die NSDAP richtete Ende 1920 eine verharmlosend als „Turn- und Sportabteilung“ bezeichnete Parteigliederung ein, den Kern der späteren SA (Sturmabteilung). Mitte 1923 wurde schließlich auch der „Stoßtrupp Adolf Hitler“ gegründet, eine Art Leibwache, aus der sich die SS (Schutzstaffel) entwickelte.

M2 Flugblatt zum Hitler-Putsch, 1923

Vom „Trommler“ zum „Führer“

Nach dem gescheiterten Putsch in München 1923 wurde Hitler in einem Hochverratsprozess zu einer Mindeststrafe von fünf Jahren Festungshaft verurteilt. Die komfortablen Haftbedingungen – Folge einer Bevorzugung durch die bayerische Justiz – gaben ihm die Gelegenheit, das Buch „Mein Kampf“ zu schreiben, das seine ideologischen und fanatischen Überzeugungen zusammenfasste. Die Fertigstellung dieser Propagandaschrift erfolgte im Anschluss an die vorzeitige Entlassung nach nur zehn Monaten. Ab 1925 baute Hitler die NSDAP neu auf, welche 1923 verboten worden war. Als Konsequenz aus dem gescheiterten Hitler-Putsch verfolgte die NSDAP ab 1925 eine Taktik der Legalität. Nicht durch einen gewaltsamen Umsturz sollte die Republik beseitigt werden, sondern durch Teilnahme an Wahlen und durch Vergrößerung der nationalsozialistischen Bewegung. Auch wenn sich die Parteimitglieder größtenteils aus dem Mittelstand rekrutierten, hatte die NSDAP ebenfalls einen hohen Arbeiteranteil. Sie stellte sich als neuartige und damit als erste moderne Volkspartei dar und umwarb so alle sozialen Schichten. Dies gelang und sorgte für eine ausgewogenere Sozialstruktur als bei den übrigen Parteien.

Außerdem wurde die NSDAP ganz auf die Person Hitler ausgerichtet. Er galt als anerkannter Führer, der für sich die absolute Herrschaft innerhalb der NSDAP beanspruchte. Immer stärker inszenierte die Partei einen „Führerkult“ um Hitler. Parteimitglieder hatten mit „Heil Hitler“ zu grüßen. Insbesondere Joseph Goebbels, der 1930 Reichspropa-

gandaleiter wurde, stellte die Außenwirkung der Partei ganz entscheidend auf die Person Hitlers ab, der nicht nur als Führer der NSDAP, sondern als Führer des gesamten deutschen Volkes präsentiert wurde (Führerprinzip). Hitlers außergewöhnliche Machtstellung fußte damit zum einen in der unumstrittenen Führungsrolle innerhalb der Partei, zum anderen in der symbolischen Bedeutung einer Führerfigur. Dieser inszenierte Führerkult traf auf die Führererwartung breiter gesellschaftlicher Kreise, die sich in der sozialen, politischen und wirtschaftlichen Zerrissenheit der Weimarer Republik klare und starke Orientierung erhofften. Er bot aber auch Halt für diejenigen, die die materiellen, territorialen und persönlichen Kriegsverluste nach wie vor als nationale Demütigung sahen (Versailler Vertrag).
Im September 1930 endeten die Reichstagswahlen nach dem Bruch der Großen Koalition mit einem Erdrutschsieg der NSDAP. Die Zahl ihrer Sitze stieg von 12 auf 107 Mandate (18,3 Prozent). Ohne parlamentarische Mehrheit, nur mit Tolerierung seitens der Sozialdemokraten und auf der Grundlage von Notverordnungen setzte Reichskanzler Heinrich Brüning seine Regierung auch nach den Septemberwahlen fort. Die Notverordnungen von 1931 brachten drastische soziale Einschnitte mit sich. Entsprechend scharf war der Protest der Opposition. Im November 1931 schloss sich daher in Bad Harzburg die „Nationale Opposition" aus NSDAP, DNVP, Stahlhelm und Reichslandbund zur sogenannten Harzburger Front zusammen. Schließlich profitierte aber vor allem die NSDAP von der Weltwirtschaftskrise, die einen fruchtbaren Boden für antiliberale, antikapitalistische und vor allem antisemitische Propaganda bot. 1932 war Hitler immer wieder kurz vor der Machterlangung, es dauerte jedoch bis zum 30. Januar 1933, bis Hindenburg ihn zum Reichskanzler ernannte. Nun folgten den Reden Hitlers auch Taten und die politische und gesellschaftliche Ordnung Deutschlands wurde grundlegend verändert.

M3 **Titelbild von Hitlers „Mein Kampf", Band 2, 1926**

▶ Zur Machtübertragung siehe S. 302 ff.

Die nationalsozialistische Ideologie

Die Weltanschauung des Nationalsozialismus war eine Sammlung von nationalistischen, antisemitischen und rassistischen Vorstellungen, die sich im Laufe des 19. Jahrhunderts ausgeformt hatten. Dabei nahmen die Nationalsozialisten in den meisten Vorstellungen die extremste Position ein. Allerdings wäre es verfehlt, von der Vorstellung eines geschlossenen, durchdachten und widerspruchsfreien Gedankengebäudes auszugehen. Das am 24. Februar 1920 verabschiedete 25-Punkte-Programm entsprach inhaltlich den Forderungen der völkischen Bewegung*. Hitler war an der inhaltlichen Ausgestaltung nicht oder nur am Rande beteiligt, später bereiteten ihm einzelne Passagen erhebliche Probleme. Trotzdem wurde es 1926 unverändert wieder verkündet und für unabänderlich erklärt. Als ideologisches Grundsatzdokument war Hitlers Buch „Mein Kampf" von viel größerer Bedeutung. Das zweiteilige Buch erklärt sich aus der Situation der Jahre 1924/1925: Hitler ging es vor allem darum, seine Position als Führer der völkischen Bewegung zu etablieren und zu festigen. Zwei inhaltliche Schwerpunkte lassen sich darin hervorheben: zum einen Hitlers Fixierung auf die Rassenfrage und zum anderen seine Überlegungen zur „Vergrößerung des Lebensraumes".

Völkische Bewegung
Sie formierte sich in den 1890er-Jahren, ihr ideologischer Kern war von einem aggressiven Nationalismus und Antisemitismus sowie von einem extremen Sozialdarwinismus bestimmt: Im „Kampf ums Dasein" könne sich nur die überlegene, wertvolle „Rasse" durchsetzen.

Rassismus

Der **Rassismus** nahm innerhalb der nationalsozialistischen Ideologie eine Vorrangstellung gegenüber allen politischen, sozialen und wirtschaftlichen Fragen ein. Die Nationalsozialisten strebten eine rassistische Sozialutopie an: Sie wollten eine „rassisch reine", „arisch-germanische Volksgemeinschaft" in dem von Deutschland beherrschten eurasischen Raum. Für Rassenideologen war das Entwicklungsprinzip der Geschichte der Kampf zwischen verschiedenwertigen menschlichen „Rassen". Nach sozialdarwinistischer Auffassung galt hierbei das Recht des Stärkeren. In einer konstruierten Rangskala

M4 Untersuchung der Zugehörigkeit zur „arischen Rasse", Fotografie, um 1930

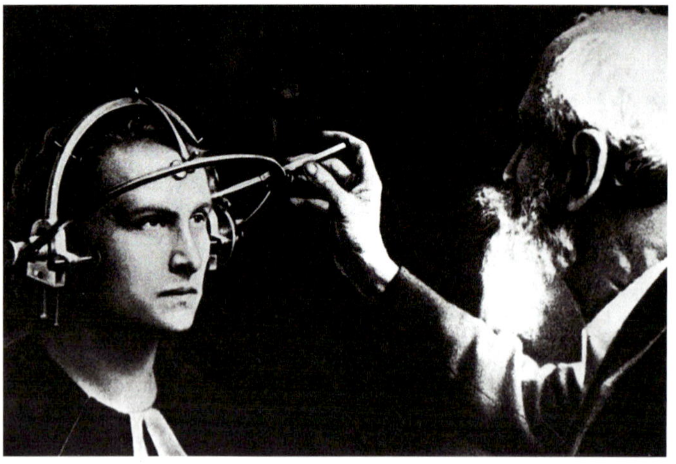

wurden die Germanen als „arische", „höherwertige" und „kulturschöpferische Rasse" angesehen, deren Lebensrecht unbedingt geschützt werden müsse. Die Juden galten den Rassenideologen hingegen als „minderwertig" und „kulturzersetzende Rasse". Wer Jude war, bestimmte dabei nicht die Religionszugehörigkeit, sondern wurde als „Eigenschaft des Blutes", das man nicht wechseln konnte, angesehen.
Die Idee einer höherwertigen „arischen Rasse" war vom französischen Diplomaten Arthur de Gobineau um 1850 formuliert und von zahllosen rassistischen Wissenschaftlern (Erbbiologen, Genetikern, Kriminologen und Medizinern) zu einer pseudowissenschaftlichen **„Rassenlehre"** entwickelt worden. Damit wurde das soziale Zusammenleben biologisch erklärt, was einschneidende Folgen für Schwache, Menschen mit Behinderung und Bedürftige hatte: Mit Berufung auf die Naturwissenschaften konnte man jede Hilfe für diese Menschen ablehnen, indem man auf ihre angeblich schlechten Erbanlagen verwies („Rassenhygiene"). Im Gegensatz zur „arischen" stand eine konstruierte „semitische Rasse". Die Nationalsozialisten machten sie für alle negativen Erscheinungen, Missstände und Übel der modernen Welt verantwortlich. Doch war auch dieses Gedankengebilde lange vor Hitler und seinen Anhängern entstanden. Ein Schwerpunkt in der NS-Ideologie lag in **der Verbindung von Rassismus und Antisemitismus**. Dieser **Rassenantisemitismus** wurde nach der Machtübernahme durch die Nationalsozialisten Leitlinie aller staatlicher Politik und gipfelte in der sogenannten „Endlösung der Judenfrage": Vertreibung und Vernichtung der Juden.

▶ **Zu Eugenik und Euthanasie siehe S. 324 und S. 358**

NS-„Volksgemeinschaft"

Mythen
Meist mündlich überlieferte Sagen und Dichtungen von Göttern und Helden oder anderen bedeutsamen Personen und Ereignissen, die häufig zu erklären versuchen, wie die Gegenwart in der Vergangenheit begründet ist.

Die Nationalsozialisten verstanden unter „Volk" die mythische* Einheit einer nach der Rassenlehre gestalteten nationalen Gemeinschaft, der nur die „erbbiologisch wertvollen" und „rassereinen" Deutschen angehörten und aus der die „Fremdvölkischen" und „Gemeinschaftsfremden", allen voran die Juden, ausgeschlossen werden sollten. Inklusion und Exklusion sind daher die beiden untrennbar zusammengehörenden Seiten der nationalsozialistischen „Volksgemeinschaft". Diese wurde als klassenlose, aber nach Berufen gegliederte und auf ihren Führer eingeschworene Kampfgemeinschaft begriffen. Das Recht und die Aufgabe dieser Gemeinschaft bestanden darin, dem „deutschen Volk" den benötigen Lebensraum zu schaffen. In diesem **„Kampf um Lebensraum"** waren die Siedlungsflächen zu erobern, die die nationalsozialistische Rassenutopie als Rohstoff- und Ernährungsbasis brauchte. Diese lagen im Osten („Lebensraum im Osten"), denn die dort lebenden slawischen Völker waren laut der Rassenideologie der Nationalsozialisten „minderwertige Untermenschen", die als Arbeitssklaven dienen oder vernichtet werden sollten.

▶ **Zur NS-„Volksgemeinschaft" siehe S. 311 ff.**

Führerprinzip

Hierarchie
eine streng von oben nach unten gegliederte Rangordnung innerhalb einer Gesellschaft

Das politisch-militärische Führerprinzip fand in der Idee der „Volksgemeinschaft" seinen gesellschaftlichen Unterbau. Die Nationalsozialisten lehnten Pluralismus, Liberalismus, Parlamentarismus, Demokratie und Mehrheitsprinzip grundlegend ab. An deren Stelle setzten sie das **Führerprinzip**. Nach diesem Prinzip sollten der Staat und die Gesellschaft konsequent, auf der Grundlage einer Auslese der Besten hierarchisch* aufgebaut sein und sich pyramidenförmig nach unten ausbreiten. Demnach sollte jeder

Funktionsträger ein Führer in seinem Bereich sein und dem Prinzip von Befehl und Gehorsam folgen. Jeder Führer wurde vom nächsthöheren Führer eingesetzt, wobei als oberster Führer nur Hitler selbst infrage kam. Die sich daraus entwickelnde **charismatische Herrschaft* Hitlers** erlangte überragende Bedeutung im nationalsozialistischen Machtgefüge.

▶ **Zur charismatischen Herrschaft siehe M 13 und M 14, S. 310**

Ideologische Feindbilder

Aus diesen Vorstellungen leiteten die Nationalsozialisten eine Reihe von Feindbildern ab. So waren ihnen alle nationalen und internationalen politischen, gesellschaftlichen, wirtschaftlichen und kulturellen Strömungen verhasst, die den Führerstaat und die politisch und rassisch homogene deutsche „Volksgemeinschaft" ablehnten. Sie standen der Trennung von Staat und Gesellschaft, von Öffentlichkeit und Privatsphäre ebenso ablehnend gegenüber wie dem Pluralismus und wirtschaftlichem Laissez-faire, wie sie der bürgerliche Liberalismus lehrte. Auch die parlamentarische Demokratie mit den Prinzipien aus Gewaltenteilung, Rechtsstaat, Mehrparteiensystem und politischem Kompromiss lehnten sie grundlegend ab. Der sozialdemokratischen und kommunistischen Arbeiterbewegung standen sie in Todfeindschaft gegenüber. Die Nationalsozialisten setzten Judentum und Marxismus gleich und behaupteten, der Bolschewismus sei der Versuch des Judentums, die „Weltherrschaft" zu erlangen und die „arische" Rasse zu unterjochen. Sie betrachteten die Bolschewisten damit als Teil eines angeblichen internationalen „Weltfinanzjudentums". Dabei leugneten die Nationalsozialisten den Gegensatz zwischen Arbeit und Kapital in der rassisch begründeten „Volksgemeinschaft". Sie dehnten den Arbeiterbegriff auf alle arbeitenden Deutschen aus und stellten an die Stelle des Klassen- den Rassenkampf. Somit wurde die Utopie der klassenlosen Gesellschaft durch die einer „rassenreinen" Gesellschaft ersetzt. Auch bestimmte Erscheinungsformen des kapitalistischen Wirtschaftens prangerten sie an: Z. B. lehnten sie jede Form von Zinsgewinnen durch Banken oder Börsenspekulationen ab und konstruierten einen Gegensatz zwischen „schaffendem" und „raffendem" Kapital. Herrschaftstechnisch war die nationalsozialistische Ideologie sehr wichtig und erfüllte je nach Situation unterschiedliche Funktionen: Die Bevölkerung sollte mobilisiert, aufgeklärt und erzogen werden. Im nächsten Schritt musste die charismatische Herrschaft legitimiert und vor allem stabilisiert werden. Und schließlich sollte die Gesellschaft zu einer „Volksgemeinschaft" und Nation integriert, soziale Konflikte sowie wirtschaftliche Probleme verschleiert und der Bevölkerung damit ein Angebot zur Weltdeutung und Sinnstiftung gemacht werden.

M 5 **„Wir Arbeiter sind erwacht", NS-Wahlplakat zur Reichstagswahl am 31. Juli 1932**

1 Erstellen Sie auf Grundlage des Darstellungstextes ein Schaubild, das zeigt, wie die NSDAP und Hitler an Einfluss und Akzeptanz gewannen.
Tipp: Wählen Sie eine stufenförmige oder linear-chronologische Darstellung.
2 Arbeiten Sie aus dem Darstellungstext und aus M 4 zentrale Elemente der nationalsozialistischen Ideologie heraus. Visualisieren Sie Ihre Ergebnisse in Form einer Concept-Map (siehe S. 414).
3 Analysieren Sie das Plakat M 5.
Tipp: Berücksichtigen Sie die Hinweise auf S. 242.

LeMO-Webseite zur Etablierung der NS-Herrschaft
cornelsen.de/Webcodes
Code: domoha

Hinweise zur Arbeit mit den Materialien
Die Materialien M 6 bis M 8 zeigen Ihnen unterschiedliche Wahrnehmungen und Deutungen der aufstrebenden NSDAP und Hitlers. Anhand von M 9 bis M 14 können Sie sich mit dem Parteiprogramm und der Ideologie der Nationalsozialisten auseinandersetzen. M 15 thematisiert die Wirkung der NS-Bewegung auf die Arbeiterschicht.

Unterschiedliche Wahrnehmungen der NSDAP

M 6 Wahlkampfrede Hitlers in Reutlingen, 29. Juli 1932

Das deutsche Volk geht seiner entscheidenden Schicksalsstunde entgegen. […] Es ist unser Ziel und eine Lebensaufgabe, die ich mir gestellt habe, diese 30 Parteien bürgerlicher und proletarisch marxistischer Observanz[1] zu beseitigen (*stürmischer Beifall*). […] Wenn jemand Deutschland wieder zum wirtschaftlichen Blühen zurückführen will, dann ist die Voraussetzung wieder die Blüte eines Deutschen Reiches, der Kraft und der Macht und der Stärke.

*Michael Freund, Geschichte des Zweiten Weltkrieges in Dokumenten, Bd. 1, Herder, Freiburg 1953, S. 135.**

1 *Observanz:* politisch-weltanschauliche Richtung

M 7 Polizeibericht aus dem „Reutlinger Anzeiger“ zu dieser Veranstaltung, 30. Juli 1932

Anlässlich der gestrigen Hitlerveranstaltung kam es schon mittags bei der Anfahrt zu Zusammenstößen zwischen Nationalsozialisten, Kommunisten und herumstehenden Leuten. […] Ein Trupp Stuttgarter Nationalsozialisten, welcher durch sein Anhalten eine große Verkehrsstörung verursachte und den polizeilichen Anordnungen keine Folge leistete, schlug mit Schulterriemen auf das Publikum ein, nachdem aus demselben Schmährufe und Beschimpfungen gefallen waren. Als die Polizei eingriff, nahmen sie gegen diese Stellung. Dabei wurde ein Polizeibeamter blutig geschlagen. Nach der Veranstaltung musste die Polizei fast ohne Unterlass bis abends 7 Uhr eingreifen.

*Michael Freund, Geschichte des Zweiten Weltkrieges in Dokumenten, Bd. 1, Herder, Freiburg 1953, S. 136.**

M 8 Kommentar der „Schwarzwälder Kreiszeitung“ zu diesem Wahlkampfauftritt, 30. Juli 1932

Um den Platz wehten Hitlerfahnen. Auf der Stirnseite des Riesenzeltes steht in Riesenlettern schwarz auf weißem Grund: „Das ganze Deutschland soll es sein!“ Auf beiden Seiten prächtige Blumenzusammenstellungen mit dem Hakenkreuz. Auf den beiden Enden der Frontseite die Aufschrift: „Deutschland erwache!“ […] Punkt ½ 4 Uhr trifft Hitler mit einem Wagen ein. Dann schreitet Hitler – in SA-Uniform mit E.K. 1. Klasse[1] – langsamen Schrittes die Front der zu beiden Seiten aufgestellten Braunhemden ab. Man erkennt in ihm den Mann aus dem Volke im besten Sinne des Wortes. Mag sein, dass er etwas ermattet aussieht. Auch für einen Hitler gibt es Grenzen der physischen Kraft. […] Eine ganze Anzahl an Reden an einem Tag […]. Im Zelt wird Hitler mit Jubel und Heil-Rufen begrüßt. Tausende von Händen erheben sich. […] Mädchen bringen Sträuße, tragen Kränzchen auf dem Haar. Ein kleiner Knabe überreicht Hitler […] ein Tablett, in dem rote und weiße Nelken das Hakenkreuz zeichnen. […] Seine Rede hob sich weit hinaus über die übliche Parteipolemik. […] Kein gegenteiliger Zwischenruf ist zu hören. Was Hitler spricht, kommt aus heißem Herzen. Man fühlt, dass er sich seiner Verantwortung als Führer einer solchen Volksbewegung bewusst ist. […] Sein erster Tag war jedenfalls ein Höhepunkt im politischen Leben Reutlingens, mag man sich zur Hitlerbewegung nun stellen, wie man will. Wäre auch die Frage interessant, ob die anderen 24 noch auf dem Reichstagswahlzettel stehenden Parteien zusammen eine solche Wahlveranstaltung zusammenbrächten. […]

*Michael Freund, Geschichte des Zweiten Weltkrieges in Dokumenten, Bd. 1, Herder, Freiburg 1953, S. 136 f.**

1 *E.K. 1. Klasse:* Eisernes Kreuz, deutsche Auszeichnung, die in vier Klassen verliehen wurde

4 Analysieren Sie den Zeitungskommentar (M 8) vor dem Hintergrund der Rede Hitlers in Reutlingen (M 6) und des dazugehörigen Polizeiberichtes (M 7).
Tipp: Zur Quellenanalyse siehe S. 35.

Programm und Ideologie der NSDAP

M 9 Das Programm der Nationalsozialistischen Deutschen Arbeiterpartei vom 24. Februar 1920

Das Programm der Deutschen Arbeiterpartei ist ein Zeitprogramm. Die Führer lehnen es ab, nach Erreichung der im Programm aufgestellten Ziele neue aufzustellen, nur zu dem Zweck, um durch künstlich gesteigerte Unzufriedenheit der Massen das Fortbestehen der Partei zu ermöglichen.

1. Wir fordern den Zusammenschluss aller Deutschen aufgrund des Selbstbestimmungsrechtes der Völker zu einem Groß-Deutschland.

2. Wir fordern die Gleichberechtigung des deutschen Volkes gegenüber den anderen Nationen, Aufhebung

der Friedensverträge von Versailles und St. Germain.

3. Wir fordern Land und Boden (Kolonien) zur Ernährung unseres Volkes und Ansiedlung unseres Bevölkerungs-Überschusses.

4. Staatsbürger kann nur sein, wer Volksgenosse ist. Volksgenosse kann nur sein, wer deutschen Blutes ist, ohne Rücksichtnahme auf Konfession. Kein Jude kann daher Volksgenosse sein.

5. Wer nicht Staatsbürger ist, soll nur als Gast in Deutschland leben können und muss unter Fremdengesetzgebung stehen.

6. Das Recht, über Führung und Gesetze des Staates zu bestimmen, darf nur dem Staatsbürger zustehen. Daher fordern wir, dass jedes öffentliche Amt [...] nur durch Staatsbürger bekleidet werden darf. Wir bekämpfen die korrumpierende Parlamentswirtschaft einer Stellenbesetzung nur nach Parteigesichtspunkten ohne Rücksicht auf Charakter und Fähigkeiten.

7. Wir fordern, dass sich der Staat verpflichtet, in erster Linie für die Erwerbs- und Lebensmöglichkeit der Staatsbürger zu sorgen. Wenn es nicht möglich ist, die Gesamtbevölkerung des Staates zu ernähren, so sind die Angehörigen fremder Nationen (Nicht-Staatsbürger) aus dem Reiche auszuweisen.

8. Jede weitere Einwanderung Nicht-Deutscher ist zu verhindern. Wir fordern, dass alle Nicht-Deutschen, die seit 2. August 1914 in Deutschland eingewandert sind, sofort zum Verlassen des Reiches gezwungen werden. [...]

10. Erste Pflicht jedes Staatsbürgers muss sein, geistig oder körperlich zu schaffen. Die Tätigkeit des Einzelnen darf nicht gegen die Interessen der Allgemeinheit verstoßen, sondern muss im Rahmen des Gesamten und zum Nutzen aller erfolgen.
Daher fordern wir:

11. Abschaffung des arbeits- und mühelosen Einkommens. [...]

18. Wir fordern den rücksichtslosen Kampf gegen diejenigen, die durch ihre Tätigkeit das Gemeininteresse schädigen. Gemeine Volksverbrecher, Wucherer, Schieber usw. sind mit dem Tode zu bestrafen, ohne Rücksichtnahme auf Konfession oder Rasse. [...]

20. [...] Die Lehrpläne aller Bildungsanstalten sind den Erfordernissen des praktischen Lebens anzupassen. Das Erfassen des Staatsgedankens muss bereits mit dem Beginn des Verständnisses durch die Schule (Staatsbürgerkunde) erzielt werden. [...]

21. Der Staat hat für die Hebung der Volksgesundheit zu sorgen durch Schutz der Mutter und des Kindes [...].

23. Wir fordern den gesetzlichen Kampf gegen die bewusste politische Lüge und ihre Verbreitung durch die Presse. Um die Schaffung einer deutschen Presse zu ermöglichen, fordern wir, dass:
a) sämtliche Schriftleiter und Mitarbeiter von Zeitungen, die in deutscher Sprache erscheinen, Volksgenossen sein müssen, [...]. Zeitungen, die gegen das Gemeinwohl verstoßen, sind zu verbieten. Wir fordern den gesetzlichen Kampf gegen eine Kunst- und Literatur-Richtung, die einen zersetzenden Einfluss auf unser Volksleben ausübt [...]. Sie (die Partei) bekämpft den jüdisch-materialistischen Geist in und außer uns und ist überzeugt, dass eine dauernde Genesung unseres Volkes nur erfolgen kann von innen heraus auf der Grundlage: Gemeinnutz vor Eigennutz. Zur Durchführung alles dessen fordern wir: Die Schaffung einer starken Zentralgewalt des Reiches.

*Heinz Hürten (Hg.), Deutsche Geschichte in Quellen und Darstellung. Weimarer Republik und Drittes Reich 1918–1945, Reclam, Stuttgart 1995, S. 67ff.**

5 Arbeiten Sie aus M 9 Elemente der NS-Ideologie heraus und markieren Sie diese grün in Ihrer Concept-Map (s. Aufgabe 2, S. 297).

6 **Vertiefung:** Erläutern Sie, welche Inhalte in M 9 welche sozialen Schichten ansprechen sollten.

M 10 NS-Propagandaplakat „Volksgemeinschaft", zwischen 1933–1939

7 Analysieren Sie das Plakat M 10.

M 11 Auszüge aus Hitlers „Mein Kampf“, 1925

Menschliche Kultur und Zivilisation sind auf diesem Erdteil unzertrennlich gebunden an das Vorhandensein des Ariers. [...] Die Blutvermischung und das dadurch bedingte Senken des Rassenniveaus ist die alleinige Ursache des Absterbens aller Kulturen. [...] Was nicht gute Rasse ist auf dieser Welt, ist Spreu. [...] Den gewaltigsten Gegensatz zum Arier bildet der Jude [...]. Nein, der Jude ist kein Nomade; denn auch der Nomade hatte schon eine bestimmte Stellung zum Begriff „Arbeit“. [...] Das Judentum war immer ein Volk mit bestimmten rassischen Eigenschaften und niemals eine Religion. [...] Er ist und bleibt der ewige Parasit [...], wo er auftritt, stirbt das Wirtsvolk nach kürzerer oder längerer Zeit ab. [...] Der Marxismus aber stellt sich als der in Reinkultur gebrachte Versuch des Juden dar, auf allen Gebieten des menschlichen Lebens die überragende Bedeutung der Persönlichkeit auszuschalten und durch die Zahl der Masse zu ersetzen. Dem entspricht politisch die parlamentarische Regierungsform, die wir, von den kleinsten Keimzellen der Gemeinde angefangen bis zur obersten Leitung des gesamten Reiches, so unheilvoll wirken sehen, und wirtschaftlich das System einer Gewerkschaftsbewegung, die nicht den wirklichen Interessen des Arbeitnehmers dient, sondern ausschließlich den zerstörenden Absichten des internationalen Weltjuden. [...] So ist der Jude heute der größte Hetzer zur restlosen Zerstörung Deutschlands. Wo immer wir in der Welt Angriffe gegen Deutschland lesen, sind Juden ihre Fabrikanten. [...] Die Gedankengänge des Judentums dabei sind klar. Die Bolschewisierung Deutschlands, d. h. die Ausrottung der nationalen völkischen Intelligenz und die dadurch ermöglichte Auspressung der deutschen Arbeitskraft im Joch der jüdischen Weltfinanz [...].

*Adolf Hitler, Mein Kampf, Eher Verlag, München 1935, S. 70 f. und S. 333 ff.**

M 12 Auszüge aus Hitlers „Mein Kampf“, 1925

Die Forderung nach Wiederherstellung der Grenzen des Jahres 1914 ist ein politischer Unsinn von Ausmaßen und Folgen, die ihn als Verbrechen erscheinen lassen. Ganz abgesehen davon, dass die Grenzen des Reiches im Jahre 1914 alles andere eher als logische waren. Denn sie waren in Wirklichkeit weder vollständig in Bezug auf die Zusammenfassung der Menschen deutscher Nationalität noch vernünftig in Hinsicht auf ihre militärgeografische Zweckmäßigkeit. Sie waren nicht das Ergebnis eines überlegten politischen Handelns, sondern Augenblicksgrenzen eines in keinerlei Weise abgeschlossenen Ringens, ja zum Teil Folgen eines Zufallsspieles. [...] Das Recht auf Grund und Boden kann zur Pflicht werden, wenn ohne Bodenerweiterung ein großes Volk dem Untergang geweiht erscheint. Noch ganz besonders dann, wenn es sich dabei nicht um ein x-beliebiges Negervölkchen handelt, sondern um die germanische Mutter all des Lebens, das der heutigen Welt ihr kulturelles Bild gegeben hat. Deutschland wird entweder Weltmacht oder überhaupt nicht sein. [...] Wir setzen dort an, wo man vor sechs Jahrhunderten endete. Wir stoppen den ewigen Germanenzug nach dem Süden und Westen Europas und weisen den Blick nach dem Land im Osten. Wir schließen endlich ab die Kolonial- und Handelspolitik der Vorkriegszeit und gehen über zur Bodenpolitik der Zukunft. Wenn wir aber heute in Europa von neuem Grund und Boden reden, können wir in erster Linie nur an Russland und die ihm untertanen Randstaaten denken.

*Adolf Hitler, Mein Kampf, Eher Verlag, München 1935, S. 736 und S. 742.**

M 13 Plakat zur NS-Ausstellung „Der ewige Jude“, München 1937

8 Analysieren und bewerten Sie das Plakat M 13.
Tipp: Berücksichtigen Sie Ihre bisherigen Ergebnisse zur NS-Ideologie.

M 14 Auszüge aus Hitlers „Mein Kampf", 1925

Die junge Bewegung ist ihrem Wesen und ihrer inneren Organisation nach antiparlamentarisch, d. h., sie lehnt im Allgemeinen wie in ihrem eigenen inneren Aufbau ein Prinzip der Majoritätsbestimmung ab, in dem der Führer nur zum Vollstrecker des Willens und der Meinung anderer degradiert wird. Die Bewegung vertritt im Kleinsten wie im Größten den Grundsatz der unbedingten Führerautorität, gepaart mit höchster Verantwortung. Die praktischen Folgen dieses Grundsatzes in der Bewegung sind nachstehende: Der erste Vorsitzende einer Ortsgruppe wird durch den nächsthöheren Führer eingesetzt, er ist der verantwortliche Leiter der Ortsgruppe. Sämtliche Ausschüsse unterstehen ihm und nicht er umgekehrt einem Ausschuss. [...] Immer wird der Führer von oben eingesetzt und gleichzeitig mit unbeschränkter Vollmacht und Autorität bekleidet. Nur der Führer der Gesamtpartei wird aus vereinsgesetzlichen Gründen in der Generalmitgliederversammlung gewählt. Er ist aber der ausschließliche Führer der Bewegung. Sämtliche Ausschüsse unterstehen ihm und nicht er den Ausschüssen. Er bestimmt und trägt damit aber auch auf seinen Schultern die Verantwortung. Es steht den Anhängern der Bewegung frei, vor dem Forum einer neuen Wahl ihn zur Verantwortung zu ziehen, ihn seines Amtes zu entkleiden, insofern er gegen die Grundsätze der Bewegung verstoßen oder ihren Interessen schlecht gedient hat. An seine Stelle tritt dann der besser könnende neue Mann, jedoch mit gleicher Autorität und mit gleicher Verantwortlichkeit. Es ist eine der obersten Aufgaben der Bewegung, dieses Prinzip zum bestimmenden nicht nur innerhalb ihrer eigenen Reiche, sondern auch für den gesamten Staat zu machen.

*Adolf Hitler, Mein Kampf, Eher Verlag, München 1935, S. 378 f.**

9 Arbeiten Sie heraus, welche Elemente der NS-Ideologie (Darstellungstext) in Hitlers „Mein Kampf" (M 11, M 12, M 14) angelegt waren. Markieren Sie diese rot in Ihrer Concept-Map (s. Aufgabe 2, S. 297).

10 Wahlaufgabe: Bearbeiten Sie entweder a) oder b):

a) Vergleichen Sie das „25-Punkte-Programm" (M 9) mit Hitlers „Mein Kampf" (M 11, M 12, M 14).

b) Beurteilen Sie die Bedeutung der beiden Schriften (M 9 oder M 11, M 12, M 14) für die Entwicklung der nationalsozialistischen Ideologie.

Die Arbeiter und die NSDAP

M 15 Aus einem Deutschlandbericht der Exilsozialdemokraten, 1934

Die Jugend ist [...] für das System, das Neue: das Exerzieren, die Uniform, das Lagerleben, dass Schule und Elternhaus hinter der jugendlichen Gemeinschaft zurücktreten, all das ist herrlich. [...] Viele glauben, dass ihnen durch Juden- und Marxistenverfolgung wirtschaftliche Wege geöffnet sind. Je mehr sie sich begeistern, umso leichter sind die Examen, umso eher gibt es eine Stellung, einen Arbeitsplatz. Die bäuerliche Jugend lebt in der HJ (Hitlerjugend) und in der SA zum ersten Male mit dem Staat. Auch junge Arbeiter machen mit: „Vielleicht kommt doch eines Tages der Sozialismus, man versucht ihn eben auf eine neue Art, die anderen haben ihn bestimmt nicht gebracht, Volksgemeinschaft ist doch besser als unterste Klasse sein", so etwa denken sie.

*Deutschlandberichte der SoPaDe 1934, hg. v. Klaus Behnken, Verlag Petra Nettelbeck, Salzhausen 1980, S. 117.**

11 Vertiefung: Erläutern Sie den Satz: „Vielleicht kommt doch eines Tages der Sozialismus, man versucht ihn eben auf eine neue Art" (Z. 11 ff.).

12 Geschichte kreativ: Nehmen Sie eine der folgenden Rollen ein und berichten Sie unter Einbezug aller Materialien in einem Brief an einen Onkel, der 1919 in die USA immigriert ist, wie sich in den letzten 13 Jahren die politische Landschaft Deutschlands entwickelt hat, wie Sie sich angesichts der nationalsozialistischen Ideologie fühlen und welche Erwartungen Sie an die Zukunft haben:

a) einfacher Arbeiter der Friedrich Krupp AG,

b) jüdischer Ladenbesitzer in Berlin,

c) SPD-Reichstagsabgeordneter,

d) Beamtin aus einer Kleinstadt mit jüdischer Gemeinde,

e) ehemaliger Soldat aus dem Ersten Weltkrieg (arbeitslos) oder

f) Großindustrieller.

13 Begründen Sie, wieso so viele Menschen den nationalsozialistischen Versprechungen glaubten.

6.2 Die Errichtung der NS-Diktatur

In diesem Kapitel geht es um
- *die Ernennung Hitlers zum Reichskanzler,*
- *die Durchsetzung und Etablierung der NS-Herrschaft sowie*
- *die Gleichschaltung der staatlichen und gesellschaftlichen Institutionen und die Herrschaftsstruktur des Nationalsozialismus.*

M1 **„Wie Adolf Hitler das Wort legal in den Mund nimmt“, Karikatur aus „Der Wahre Jacob“, Berlin 1932**

Tag der Machtübergabe
cornelsen.de/Webcodes
Code: cacejo

Stahlhelm
bewaffneter rechter Kampfbund, der ursprünglich den Saalschutz für die Deutschnationale Volkspartei stellte

Reichstagsbrand
Bis 2019 galt der linksorientierte holländische Arbeiter Marinus van der Lubbe als Einzeltäter. Neue Quellenfunde legen jedoch eine unmittelbare Tatbeteiligung der Nationalsozialisten am Reichstagsbrand nahe.

▶ **M5, M6: Reaktionen auf die Ernennung Hitlers zum Reichskanzler**

▶ **M7: „Reichstagsbrandverordnung“**

Machtübertragung und Märzwahlen 1933

Am 30. Januar 1933 ernannte Reichspräsident Paul von Hindenburg den „Führer“ der NSDAP, Adolf Hitler, zum Reichskanzler. Von den Nationalsozialisten wurden die Ereignisse um den 30. Januar 1933 als **„Machtergreifung“** oder „nationale Revolution“ bezeichnet. Dagegen spricht die Forschungsliteratur von einer **„Machtübertragung“** oder „Aushändigung der Macht“ durch Hindenburg. Als eigentliche Machtergreifung werden heute die Durchsetzung und Etablierung der NS-Herrschaft nach der Ernennung Hitlers zum Reichskanzler gesehen. Dabei ergänzten sich pseudolegale Maßnahmen der Regierung und terroristischer Druck der Partei und ihrer Kampfverbände.
Im Vertrauen auf die Herrschaft über die wichtigsten institutionellen Machtapparate wie Justiz oder Bürokratie glaubte die militärische, politische und wirtschaftliche Elite, die Nationalsozialisten als Mehrheitsbeschaffer benutzen und von den eigentlichen politischen Entscheidungen fernhalten zu können. So soll von Papen gesagt haben: „In zwei Monaten haben wir Hitler in die Ecke gedrückt, dass er quietscht.“
Mit der Ernennung Hitlers zum Reichskanzler hatten die Nationalsozialisten Zugriff auf die staatlichen Einrichtungen des Deutschen Reiches. Ihnen ging es zunächst um die Stabilisierung und den Ausbau der neugewonnenen Macht. Auf staatlicher Ebene sollte eine Führerdiktatur entstehen, auf gesellschaftlicher Ebene Hitlers charismatische Führung nicht nur auf die eigene Bewegung, sondern auf die gesamte deutsche Gesellschaft ausgedehnt werden. Nach der Machtübertragung musste die politische Macht tatsächlich erobert und abgesichert werden. Um nicht länger mit Notverordnungen des Reichspräsidenten, sondern mit einer parlamentarischen Mehrheit regieren zu können, hatte Hitler auf **Neuwahlen am 5. März 1933** gedrungen. Mit der **Notverordnung vom 4. Februar 1933 „Zum Schutz des Deutschen Volkes“** wurde die Versammlungs- und Pressefreiheit aller nicht nationalsozialistischen Parteien erheblich eingeschränkt. Die KPD rief aus Protest zum Generalstreik auf, welcher durch drastische Beschränkungen der Presse- und Versammlungsfreiheit, begleitet von Terror, beantwortet wurde. Der anhaltende Wahlkampf erinnerte zuweilen mehr an einen Bürgerkrieg, der vor allem von der SA, der SS und dem „Stahlhelm“* auf die Straßen getragen und mit äußerster Brutalität geführt wurde. Am Abend des 27. Februars 1933 spitzte sich die Lage dramatisch zu. In dieser Nacht brannte der Reichstag. Wer das Feuer gelegt hatte, konnte bis heute nicht abschließend geklärt werden.* Noch in der Nacht entschieden Hitler, Göring, Goebbels und von Papen, eine **Notverordnung „Zum Schutz von Volk und Staat“ („Reichstagsbrandverordnung“)** ausarbeiten zu lassen. Der Brand lieferte den Vorwand für die **Verkündung des Ausnahmezustandes**. Vordergründig ging es um die Bekämpfung einer angeblichen, von den Kommunisten ausgehenden Bürgerkriegsgefahr, tatsächlich erwies sich der Ausnahmezustand als entscheidender Schritt in Richtung **Diktatur**. Politische Gefangene durften nun ohne gerichtliche Überprüfung festgehalten werden, was vor allem die KPD traf. Hindenburg unterzeichnete die Notverordnung noch am Nachmittag des 28. Februars und setzte damit fast alle wichtigen Grundrechte der Weimarer Verfassung außer Kraft. Die „Reichstagsbrandverordnung“ hüllte den

Beginn der Machtmonopolisierung in den Deckmantel der Scheinlegalität. Tatsächlich bestimmten Terror und Gewalt, Verfolgung und Unterdrückung das Vorgehen gegen die politischen Gegner. Während des Wahlkampfes und vor allem nach den für die Nationalsozialisten erfolgreichen Wahlen wurden politische Gegner als „Staatsfeinde" verhaftet, zusammengeschlagen und in den Kellern der SA und in frühen Konzentrationslagern gequält. Auch die Diskriminierung, Ausgrenzung und Verfolgung der jüdischen Bevölkerung setzte in den ersten Wochen nach der Ernennung Hitlers ein. Das Regierungshandeln stieß bei weiten Teilen der Bevölkerung auf Zustimmung. Bei der Reichstagswahl vom 5. März verfehlte die NSDAP die angestrebte absolute Mehrheit und war weiterhin auf eine Koalition mit der DNVP angewiesen. Diese Koalitionsregierung verfügte über eine Mehrheit von 51,9 Prozent. Die linken Parteien (SPD und KPD) konnten trotz des Terrors und der Verfolgung ihre Stimmanteile beinahe halten.

„Gleichschaltung*" der Länder

Gleich nach der Wahl begannen die Nationalsozialisten ein bedeutendes Hindernis auf dem Weg zur Alleinherrschaft zu beseitigen: die in der Weimarer Verfassung garantierte Selbstständigkeit der deutschen Länder. Handhabe dazu bot Paragraf 2 der „Verordnung zum Schutz von Volk und Staat". Dieser ermöglichte es dem Reichsinnenminister, in die Souveränität der Länder einzugreifen, wenn diese nicht mehr Ruhe und Ordnung garantieren konnten. Dabei lief die Machtübernahme in den Ländern immer nach demselben Muster ab: Die örtliche SA marschierte vor den Rathäusern und Regierungsgebäuden auf und drohte, wegen der angeblich unhaltbaren Zustände (meist war es das Fehlen der Hakenkreuzfahne) die Gebäude zu stürmen. Dies bot die Möglichkeit für Reichsinnenminister Frick zu intervenieren und „Ruhe und Ordnung" wiederherzustellen und einen treuen Parteigenossen als Reichskommissar mit Polizeibefugnissen einzusetzen. Am 31. März wurden die Landtage schließlich aufgelöst und gemäß den lokalen Stimmenverhältnissen bei der Reichstagswahl im jeweiligen Land neu zusammengesetzt. Somit kontrollierte die NSDAP alle Landesparlamente. In einer zweiten Phase der Gleichschaltung, am 7. April 1933, wurden die Landesregierungen aufgelöst und in allen Ländern, bis auf Preußen, Reichsstatthalter eingesetzt, die meist identisch mit den jeweiligen Gauleitern der NSDAP waren. Dies bedeutete das Ende des Föderalismus und schuf ein wesentliches Kennzeichen der Staatsorganisation unter den Nationalsozialisten: eine Überlagerung von Staats- und Parteiorganen.

Gleichschaltung
Prozess der erzwungenen Vereinheitlichung des gesamten politischen und gesellschaftlichen Lebens

Der „Tag von Potsdam" und das Ende der Gewaltenteilung

Mit Terror und Unterdrückung alleine konnten die Nationalsozialisten ihre Macht nicht festigen, sie mussten auch breite Teile der Bevölkerung und der alten Eliten von sich überzeugen. Die feierliche Eröffnung des neuen Reichstages am 21. März 1933 war ein erster Höhepunkt der nationalsozialistischen Propaganda. Der von Goebbels organisierte „Staatsakt" in der Potsdamer Garnisonkirche, der Begräbnisstätte des preußischen Königs Friedrichs II., sollte die Verbindung von konservativem Traditionsbewusstsein und nationalsozialistischer Bewegung symbolisieren. Den Höhepunkt bildete der Handschlag zwischen dem „alten" und „neuen" Deutschland, zwischen Hindenburg und Hitler.

Da die Nationalsozialisten bei den Reichstagswahlen die alleinige Mehrheit knapp verpasst hatten, wollten sie das Parlament auf andere Weise ausschalten: Am 23. März 1933 verabschiedete der Reichstag daher zunächst auf vier Jahre das „Gesetz zur Behebung der Not von Volk und Reich" (**„Ermächtigungsgesetz"**). Dadurch wurde die Regierung ermächtigt, Gesetze ohne Reichstag und Reichsrat zu erlassen. Damit ging die legislative Gewalt in der exekutiven auf, was eine **Selbstentmachtung des Reichstages** bedeutete. Notwendig für die Verabschiedung des Gesetzes war eine Zweidrittelmehr-

▶ **M 12: Anonymer Tagebucheintrag zum „Tag von Potsdam"**

▶ **M 8: „Ermächtigungsgesetz"**

▶ **M 9–M 11: Reichstagsdebatte über das „Ermächtigungsgesetz"**

M2 Reichskanzler Hitler und Reichspräsident von Hindenburg vor der Garnisonkirche in Potsdam, Fotografie, 21. März 1933.
Vom Handschlag während des Festakts existiert keine Aufnahme. Dieses Bild zeigt die Verabschiedung Hitlers von Hindenburg, es wurde gelegentlich auch von der NS-Propaganda benutzt.

heit. Diese konnte nur dadurch erreicht werden, dass die KPD-Abgeordneten verhaftet oder geflohen waren, Teile der SPD-Abgeordneten ebenfalls in Haft saßen und das (katholische) Zentrum und die Bayerische Volkspartei für das Gesetz stimmten. Das Zentrum stimmte zu, da Hitler in den Verhandlungen versprochen hatte, die Rechte der katholischen Kirche nicht anzutasten. Zudem hatte die Partei Angst, wie unter Bismarck wieder als innerer Feind zu gelten.

Reichstagsdebatte zum „Ermächtigungsgesetz“
cornelsen.de/Webcodes
Code: dokevi

Unter der Drohkulisse der SS, die den Reichstag abgeriegelt hatte, und der SA, die im Gebäude aufmarschiert war, stimmten nach einer emotionalen Debatte gegen 94 Stimmen der SPD alle anderen Abgeordneten dem Gesetz zu. Damit war der rechtliche Rahmen für Gesetze geschaffen worden, die nicht verfassungskonform sein und die Grundrechte nicht wahren mussten. Selbst auf den Reichspräsidenten und dessen Notverordnungen war Hitler nicht mehr angewiesen. Die Nationalsozialisten brachten mit dem **„Gesetz zur Wiederherstellung des Berufsbeamtentums“ vom 7. April 1933** schließlich noch den Beamtenapparat unter Kontrolle. Die Staatsbürokratie wurde in beinahe allen höheren Funktionen mit NSDAP-Mitgliedern besetzt. Jüdische, kommunistische, sozialdemokratische und teilweise auch christliche Beamte wurden aus dem Staatsdienst entlassen.

„Gleichschaltung“ der gesellschaftlichen Institutionen

Als Nächstes ging es an die Zerschlagung der Gewerkschaften und Parteien. Zunächst wurde der 1. Mai als „Tag der nationalen Arbeit“ zum Feiertag erklärt und es fanden propagandistisch inszenierte große Kundgebungen statt. Damit hatten die Nationalsozialisten eine alte Gewerkschaftsforderung erfüllt. Doch schon am 2. Mai 1933 drang die SA in Gewerkschaftshäuser ein, Gewerkschaftsmitglieder wurden festgenommen und misshandelt und das Vermögen der Gewerkschaften beschlagnahmt. Die Regierung erklärte die **freien Gewerkschaften für aufgelöst** und gründete die von den Nationalsozialisten kontrollierte „Deutsche Arbeitsfront“ (DAF).

Nach der Zerschlagung der KPD im Zuge der „Reichstagsbrandverordnung“ und der Inhaftierung vieler ihrer Mitglieder im neu errichteten Konzentrationslager Dachau folgte im Juni die **Auflösung der übrigen Parteien**. Die Mehrheit der SPD-Führung war bereits in Folge der Auflösung der freien Gewerkschaften ins Exil geflüchtet und hatte von dort erfolglos zum Sturz des NS-Regimes aufgerufen. Die Partei wurde verboten und die bürgerlichen Parteien beschlossen, sich selbst aufzulösen, um einem derartigen Verbot zuvorzukommen. Nachdem dies geschehen war, wurde die NSDAP per Gesetz zur **alles beherrschenden Staatspartei**.

Auch die Gesellschaft passte sich der politischen Entwicklung an. Am 10. Mai 1933 organisierte die Deutsche Studentenschaft (DSt), die seit 1931 vom Nationalsozialistischen Deutschen Studentenbund beherrscht wurde, eine öffentliche Bücherverbrennung von Autoren wie Sigmund Freud oder Albert Einstein unter dem Motto „Wider den undeutschen Geist".

Die **katholische Kirche** war durch das Konkordat* des Vatikans mit dem Deutschen Reich vom 20. Juli 1933 in ihrem Bestand gesichert worden. Darin wurde geregelt, dass die katholische Kirche ihre Unabhängigkeit behalten durfte, wenn sie im Gegenzug auf jegliche politische Tätigkeit verzichtete. Viele deutsche Katholiken gaben danach ihre Vorbehalte gegen die neue Regierung auf.

Den Endpunkt des Prozesses der Machtergreifung markiert der Tod des Reichspräsidenten Hindenburg am 2. August 1934. Durch das „Gesetz über das Staatsoberhaupt des Deutschen Reiches" hatte Hitler schon am 1. August die **Ämter des Reichspräsidenten und Reichskanzlers vereinigt**. Am Todestag schließlich ließ er die Reichswehr auf sich persönlich vereidigen und nahm den **Titel „Führer und Reichskanzler"** an. Diese Personalunion zerstörte das System der Gewaltenteilung und der gegenseitigen Kontrolle aus der Zeit der Weimarer Republik endgültig.

M3 Studenten und SA-Männer mit zur Vernichtung bestimmten Schriften auf dem Opernplatz in Berlin vor der Universität, Fotografie, 10. Mai 1933

Konkordat
völkerrechtlicher Vertrag zwischen dem Vatikan und einem Staat

Politisierung der Justiz

Beim Vorgehen gegen sogenannte „innere Feinde" höhlten die Nationalsozialisten den Rechtsstaat systematisch aus. Die Justiz und vor allem die Strafjustiz wurden von den Nationalsozialisten für ihre politischen Zwecke instrumentalisiert. Eine der ersten Maßnahmen bei der Verfolgung der „Staats- und Reichsfeinde" war die Einführung der „Schutzhaft" durch die Reichstagsbrandverordnung. Dadurch konnte die Geheime Staatspolizei (Gestapo)* nun politische Gegner vorbeugend ohne Gerichtsverfahren in Haft nehmen. Dafür wurde die Zuständigkeit der schon in der Weimarer Republik existierenden Sondergerichte nach 1933 auf die Verbrechen, die unter die „Heimtückeverordnung"* vom März 1933 und die „Verordnung zum Schutz von Volk und Staat" fielen, ausgeweitet. All diese Delikte konnten mit dem Tod bestraft werden. Für eine Inhaftierung genügte schon der bloße Verdacht. Auf der Grundlage des „Gesetzes zur Aburteilung von Hoch- und Landesverrat" am 1. August 1934 wurde der **Volksgerichtshof** als ein politisches Sondergericht der NSDAP eingesetzt. Gegen dessen Entscheidungen waren keinerlei Rechtsmittel zulässig. In den Anfangsjahren wurden politische Gegner oftmals nach einer verbüßten Haftstrafe, die durch ein ordentliches Gericht verhängt worden war, wieder von der Gestapo aufgegriffen und in ein **Konzentrationslager (KZ)** gebracht. Diese seit dem Frühjahr 1933 errichteten Lager waren ein wichtiges Zwangs- und Terrorinstrument des Regimes.

Geheime Staatspolizei (Gestapo)
politische Polizei und Geheimpolizei der Nationalsozialisten; 1933 zunächst mit dem Ziel gegründet, politische Gegner einzuschüchtern und auszuschalten, wurde sie auch zu einem Teil des NS-Vernichtungsapparats

Heimtückeverordnung
erlaubte es, Kritik an der Regierung mit schweren Strafen zu belegen

Herrschaftsorganisation

Im nationalsozialistischen Führerstaat wurde Autorität in der Staats- und Parteiorganisation von oben nach unten ausgeübt, Verantwortung von unten nach oben verlagert. Das **Führerprinzip** verlangte die bedingungslose Unterwerfung des Einzelnen unter die Ziele von Staat und Partei. Opposition war strikt verboten. Außerdem kannte das NS-Regime keine Gewaltenteilung. Der „Führer" vereinte in sich die oberste vollziehende, gesetzgebende und richterliche Gewalt, er bedurfte dafür keiner Legitimation und forderte unbedingten Gehorsam. Hitler fällte die grundlegenden Entscheidungen in Staat und Partei.

M4 Die Struktur des NS-Staates

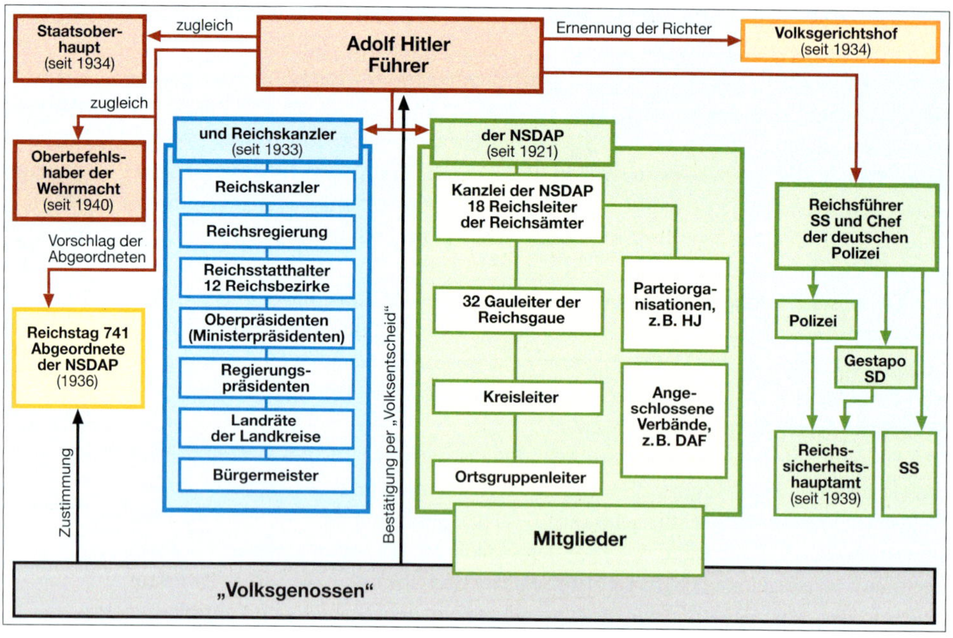

Unterhalb der Führerebene rivalisierten **unterschiedliche staatliche Behörden und Parteiführer** miteinander, aber auch verschiedene Parteigliederungen rangen um die Vorherrschaft in ihren Machtbereichen. So beanspruchten im Erziehungs- und Bildungswesen gleich drei Personen bzw. Institutionen der NSDAP die Verantwortung für Schule und Erziehung: der NS-Reichsjugendführer Baldur von Schirach, das Reichsministerium für Wissenschaft, Erziehung und Volksbildung unter Bernhard Rust sowie Alfred Rosenberg als „Beauftragter des Führers“. Und im Schulalltag kam es häufig zu Konflikten zwischen Lehrern und HJ-Führern. Die Historiker bezeichnen dieses Kompetenzchaos als **Polykratie** (griech. *poly* = viel; *kratein* = Herrschaft; hier: Herrschaft vieler), die während der NS-Herrschaft mit Hitlers **Monokratie** (Herrschaft eines Einzelnen) verbunden war. Monokratie und Polykratie bildeten im NS-Herrschaftsgefüge keine unüberbrückbaren Gegensätze, sondern ergänzten sich gegenseitig.

▶ M 13, M 14: Historikerdarstellungen zur Frage „Polykratie oder Monokratie?“

1 Analysieren Sie M 1.
Tipp: Gehen Sie dabei auch auf die Frage ein, wie prophetisch die Karikatur für die Zeit nach dem 30. Januar 1933 war.

2 Erstellen Sie eine grafische Übersicht über die wichtigsten Etappen der nationalsozialistischen Machtergreifung.
Tipp: Gliedern Sie nach Bereichen. Nutzen Sie eine stufenmäßige Darstellung, in der Höhenunterschiede die Relevanz des Ereignisses für die Errichtung der Diktatur symbolisieren.

3 Erklären Sie anhand des Darstellungstextes und des Schaubildes M 4, warum Gewaltenteilung, Föderalismus, Rechtsstaatlichkeit und Grundrechte Grundpfeiler einer freien, pluralistischen Gesellschaft darstellen.

4 **Vertiefung:** Erörtern Sie ausgehend von M 4, ob eine Diktatur grundsätzlich die Verbindung von Monokratie und Polykratie für ihr Funktionieren braucht.

Hinweise zur Arbeit mit den Materialien
Mit den Materialien M 5 und M 6 können Sie die Reaktionen aus dem In- und Ausland auf Hitlers Ernennung zum Reichskanzler analysieren. Die Materialien M 7 bis M 11 ermöglichen Ihnen eine vertiefende Analyse wichtiger Stationen der nationalsozialistischen Machteroberung und -stabilisierung. M 12 thematisiert den „Tag von Potsdam". Mithilfe von M 13 und M 14 können Sie sich mit der Forschungskontroverse um die Einschätzung des nationalsozialistischen Herrschaftssystems als Monokratie oder Polykratie auseinandersetzen.

Reaktionen auf die Ernennung Hitlers zum Reichskanzler

M 5 Artikel in „Der deutsche Volkswirt" vom 3. Februar 1933

Am Montag, den 30. Januar vormittags, hat der Reichspräsident von Hindenburg den Führer der NSDAP, Adolf Hitler, zum Reichskanzler ernannt. Zum Reichskanzler nicht einer parlamentarischen Mehrheitsregierung, sondern eines Kabinetts der Harzburger Front. [...] Bedenken des Reichspräsidenten hat man offenbar durch drei Momente überwunden [...]. Erstens: Hitler hat seinen Anspruch auf unmittelbare Auslieferung des Machtapparates des Staates fallen gelassen. Das Reichswehrministerium führt wieder ein hochgebildeter, loyaler General [...]. Und Hitler erhält auch nicht das unmittelbare Kommando über die preußische Polizei, denn nicht der Reichskanzler [...] ist Reichskommissar in Preußen, sondern der Vizekanzler von Papen. Ohne seine Zustimmung sind Veränderungen in der preußischen Verwaltung unmöglich. Zweitens: Die Regierungsmacht ist aufgebaut auf die Kooperation Hitler–Papen. [...] Sie manifestiert sich in der absonderlichen Tatsache, dass wenigstens zunächst die Vorträge beim Reichspräsidenten der Reichskanzler zusammen mit dem Vizekanzler hält, [...] Papen ist für den Reichspräsidenten offenbar der persönliche Garant dafür, dass diese Regierung nicht in eine nationalsozialistische Alleinherrschaft abgleitet. Und drittens: Die beiden entscheidenden Ressorts der Außenpolitik und der Finanzen sind in den bewährten Händen geblieben, in denen sie bisher lagen. Der Reichspräsident sieht darin die Garantie, dass das Staatsschiff nicht in den Strudel außenpolitischer und währungspolitischer Experimente gerät.

*Wolfgang Lautemann u. a. (Hg.), Geschichte in Quellen. Weltkriege und Revolutionen 1914–1945, bsv, München 1961, S. 274 f.**

M 6 Artikel der *„New York Times"* vom 31. Januar 1933

Es wäre sinnlos, wollte man versuchen, das tiefe Unbehagen zu verbergen, das die Nachricht aus Berlin bei allen Freunden Deutschlands hervorrufen muss. An die Spitze der deutschen Republik ist ein Mann gestellt worden, der sie öffentlich verhöhnt und geschworen hat, sie zu vernichten, sobald er die persönliche Diktatur errichtet hätte [...]. Von allen Sicherungen ist die beste, dass Präsident Hindenburg Oberster Befehlshaber bleibt und bereit ist, Hitler gegebenenfalls so schnell abzusetzen, wie er ihn berufen hat [...].

*Wolfgang Lautemann u. a. (Hg.), Geschichte in Quellen. Weltkriege und Revolutionen 1914–1945, bsv, München 1961, S. 275 f.**

5 Arbeiten Sie aus M 5 und M 6 heraus, warum man glaubte, Hitler in einem Hitler-Papen-Kabinett unter Kontrolle zu haben.

M 7 Aus der Notverordnung zum „Schutz von Volk und Staat" vom 28. Februar 1933, erlassen anlässlich des Reichstagsbrandes vom Vortag

Aufgrund des Artikels 48 Abs. 2 der Reichsverfassung wird zur Abwehr kommunistischer staatsgefährdender Gewaltakte Folgendes verordnet:

§ 1. Die Artikel 114, 115, 117, 118, 123, 124 und 153 der Verfassung des Deutschen Reiches werden bis auf Weiteres außer Kraft gesetzt. Es sind daher Beschränkungen der persönlichen Freiheit, des Rechts der freien Meinungsäußerung einschließlich der Pressefreiheit, des Vereins- und Versammlungsrechts, Eingriffe in das Brief-, Post-, Telegrafen- und Fernsprechgeheimnis, Anordnungen von Haussuchungen und von Beschlagnahmen sowie Beschränkungen des Eigentums auch außerhalb der sonst hierfür bestimmten gesetzlichen Grenzen zulässig.

§ 2. Werden in einem Lande die zur Wiederherstellung der öffentlichen Sicherheit und Ordnung nötigen Maßnahmen nicht getroffen, so kann die Reichsregierung insoweit die Befugnisse der obersten Landesbehörde vorübergehend wahrnehmen.

§ 3. Die Behörden der Länder und Gemeinden (Gemeindeverbände) haben den aufgrund des § 2 erlassenen Anordnungen der Reichsregierung im Rahmen ihrer Zuständigkeit Folge zu leisten.

§ 4. Wer den von den obersten Landesbehörden oder den ihnen nachgeordneten Behörden zur Durchführung dieser Verordnung erlassenen Anordnungen [...] zuwiderhandelt oder wer zu solcher Zuwiderhandlung auffordert oder anreizt, wird [...] mit Gefängnis nicht unter einem Monat oder mit Geldstrafe von 150 bis zu 15 000 Reichsmark bestraft. [...]

§ 5. Mit dem Tode sind die Verbrechen zu bestrafen, die das Strafgesetzbuch in den §§ 81 (Hochverrat), 229 (Giftbeibringung), 307 (Brandstiftung), 311 (Explosion), 312 (Überschwemmung), 315 Abs. 2 (Beschädigung von Eisenbahnanlagen), 324 (gemeingefährliche Vergiftung) mit lebenslangem Zuchthaus bedroht.
Mit dem Tode oder, soweit nicht bisher eine schwerere Strafe angedroht ist, mit lebenslangem Zuchthaus oder mit Zuchthaus bis zu 15 Jahren wird bestraft, 1. wer es unternimmt, den Reichspräsidenten oder ein Mitglied oder einen Kommissar der Reichsregierung oder einer Landesregierung zu töten, oder wer zu einer solchen Tötung auffordert, sich erbietet, ein solches Erbieten annimmt oder eine solche Tötung mit einem anderen verabredet; 2. wer in den Fällen des § 115 Abs. 2 des Strafgesetzbuchs (schwerer Aufruhr) oder des § 125 Abs. 2 des Strafgesetzbuchs (schwerer Landfriedensbruch) die Tat mit Waffen oder in bewusstem und gewolltem Zusammenwirken mit einem Bewaffneten begeht; 3. wer eine Freiheitsberaubung [...] in der Absicht begeht, sich des der Freiheit Beraubten als Geisel im politischen Kampfe zu bedienen.
§ 6. Diese Verordnung tritt mit dem Tage der Verkündung in Kraft.

*Reichsgesetzblatt 1933, Teil 1, Nr. 17, S. 83.**

6 Nennen Sie die Grundrechte, die in der „Reichstagsbrandverordnung" außer Kraft gesetzt werden.

7 **Vertiefung:** Erörtern Sie das Verhältnis von angeblicher Zielsetzung der Notverordnung und den tatsächlichen Möglichkeiten, die sie eröffnet.

Reichstagsdebatte über das „Gesetz zur Behebung der Not von Volk und Reich" („Ermächtigungsgesetz") am 23. März 1933

M8 „Ermächtigungsgesetz"

1. Reichsgesetze können außer in dem in der Reichsverfassung vorgesehenen Verfahren auch durch die Reichsregierung beschlossen werden. [...]
2. Die von der Reichsregierung beschlossenen Reichsgesetze können von der Reichsverfassung abweichen, soweit sie nicht die Einrichtung des Reichstags und des Reichsrats als solche zum Gegenstand haben. Die Rechte des Reichspräsidenten bleiben unberührt.
3. Die von der Reichsregierung beschlossenen Reichsgesetze werden vom Reichskanzler ausgefertigt und im Reichsgesetzblatt verkündet. Sie treten, soweit sie nichts anderes bestimmen, mit dem auf die Verkündung folgenden Tage in Kraft. [...]
4. Verträge des Reichs mit fremden Staaten, die sich auf Gegenstände der Reichsgesetzgebung beziehen, bedürfen für die Dauer der Geltung dieser Gesetze nicht der Zustimmung der an der Gesetzgebung beteiligten Körperschaften. Die Reichsregierung erlässt die zur Durchführung dieser Verträge erforderlichen Vorschriften.
5. Dieses Gesetz tritt mit dem Tag seiner Verkündung in Kraft. Es tritt mit dem 1. April 1937 außer Kraft, es tritt ferner außer Kraft, wenn die gegenwärtige Reichsregierung durch eine andere abgelöst wird.

*Heinz Hürten (Hg.), Deutsche Geschichte in Quellen und Darstellung, Bd. 9: Weimarer Republik und Drittes Reich 1918–1945, Reclam, Stuttgart 2012, S. 164 f.**

8 Arbeiten Sie die Bestimmungen des „Ermächtigungsgesetzes" (M 8) heraus.

M9 Reichskanzler Hitler, NSDAP

Um die Regierung in die Lage zu versetzen, die Aufgaben zu erfüllen, die innerhalb dieses [...] Rahmens liegen, hat sie [...] das Ermächtigungsgesetz einbringen lassen. [...] Die Autorität und damit die Erfüllung der Aufgaben der Regierung würden aber leiden, wenn im Volke Zweifel an der Stabilität des neuen Regiments entstehen könnten. Sie hält vor allem eine weitere Tagung des Reichstages im heutigen Zustand der tief gehenden Erregung der Nation für unmöglich. [...] Erfüllt von der Überzeugung, dass unser Zusammenbruch seine Ursache in inneren Schäden unseres Volkskörpers besitzt, ist es das Ziel der Regierung der nationalen Revolution, diejenigen Gebrechen aus unserem völkischen Leben zu beseitigen, die auch für die Zukunft jeden tatsächlichen Wiederaufstieg verhindern würden. Der durch die marxistische Irrlehre systematisch herbeigeführte Zerfall der Nation in weltanschaulich unvereinbare Gegensätze bedeutet die Vernichtung der Basis eines möglichen Gemeinschaftslebens. [...]
Weder die Existenz des Reichstags noch des Reichsrats soll dadurch bedroht sein. Die Stellung und die Rechte des Herrn Reichspräsidenten bleiben unberührt; die innere Übereinstimmung mit seinem Willen herbeizuführen, wird stets die oberste Aufgabe der Regierung sein. Der Bestand der Länder wird nicht beseitigt. Die Rechte der Kirchen werden nicht geschmälert [...]. Da die Regierung an sich über eine klare Mehrheit verfügt, ist die Zahl der Fälle, in denen eine innere Notwendigkeit vorliegt, zu einem solchen Gesetz die Zuflucht zu nehmen, an sich eine begrenzte.

*Hans-Georg Fernis u. a. (Hg.), Grundzüge der Geschichte. Sekundarstufe II, Quellenband II: Vom Zeitalter der Aufklärung bis zur Gegenwart, Diesterweg, Frankfurt/Main 1975, S. 225 f.**

M 10 Otto Wels, SPD

Der Vorsitzende der SPD legte als einziger der Redner ein mutiges Bekenntnis gegen das „Ermächtigungsgesetz“ ab. Die SPD stimmte in der darauffolgenden Abstimmung als einzige Partei im Reichstag dagegen.

Nach den Verfolgungen, die die Sozialdemokratische Partei in der letzten Zeit erfahren hat, wird billigerweise niemand von ihr verlangen oder erwarten können, dass sie für das hier eingebrachte Ermächtigungsgesetz stimmt. [...] Kritik ist heilsam und notwendig. Noch niemals, seit es einen Deutschen Reichstag gibt, ist die Kontrolle der öffentlichen Angelegenheiten durch die gewählten Vertreter des Volkes in solchem Maße ausgeschaltet worden, wie es jetzt geschieht und wie es durch das neue Ermächtigungsgesetz noch mehr geschehen soll. Eine solche Allmacht der Regierung muss sich umso schwerer auswirken, als auch die Presse jeder Bewegungsfreiheit entbehrt. [...] Aber wir stehen zu den Grundsätzen des Rechtsstaates, der Gleichberechtigung, des sozialen Rechtes, die in ihr (Verfassung der Weimarer Republik) festgelegt sind. Wir deutschen Sozialdemokratien bekennen uns in dieser geschichtlichen Stunde feierlich zu den Grundsätzen der Menschlichkeit und der Gerechtigkeit, der Freiheit und des Sozialismus. Kein Ermächtigungsgesetz gibt Ihnen die Macht, Ideen, die ewig und unzerstörbar sind, zu vernichten.

Zit. nach: Johannes Hohlfeld u. a. (Hg.), Dokumente der deutschen Politik und Geschichte von 1848 bis zur Gegenwart, Bd. 4, Wendler & Co., Berlin 1955, S. 38 ff.

M 11 Prälat Kaas, Zentrumspartei

Im Angesicht der brennenden Not, in der Volk und Staat gegenwärtig stehen, im Angesicht der riesenhaften Aufgabe, die der deutsche Wiederaufbau an uns stellt [...], reichen wir von der deutschen Zentrumspartei in dieser Stunde allen, auch früheren Gegnern die Hand, um die Fortführung des nationalen Aufstiegswerkes zu sichern. [...] Die gegenwärtige Stund kann für uns nicht im Zeichen der Worte stehen. Ihr Gesetz, ihr einziges, ihr beherrschendes Gesetz ist das der raschen, bewahrenden, aufbauenden und rettenden Tat. Die Tat kann nur geboren werden in der Sammlung. Die deutsche Zentrumspartei, die den großen Sammlungsgedanken schon lange vertreten hat, setzt sich in dieser Stunde [...] bewusst und aus nationalem Verantwortungsgefühl über alle parteipolitischen und sachlichen Bedenken hinweg. Sie lässt selbst solche Bedenken in den Hintergrund treten, die in normalen Zeiten pflichtmäßig und kaum überwindbar wären. Die Regierungserklärung [...] enthält manches Wort, das wir unterschreiben können, und manches andere [...] auf das einzugehen wir uns im Interesse der Sammlung, die das Gesetz dieser Stunde sein muss, bewusst versagen. [...] [D]ie deutsche Zentrumspartei [gibt] dem Ermächtigungsgesetz ihre Zustimmung.

Verhandlungen des Reichstags, VIII. Wahlperiode 1933, Bd. 457, Berlin 1933, S. 37.

9 Arbeitsteilige Gruppenarbeit:
- a) Analysieren Sie jeweils eine der Positionen M 9 bis M 11.
- b) Vergleichen Sie Ihre Ergebnisse.
- c) Bewerten Sie im Anschluss die Positionen.

Tipp: Die Debatte über das Ermächtigungsgesetz können Sie über den Webcode auf S. 304 anhören.

Der „Tag von Potsdam“

M 12 Tagebuchaufzeichnung einer anonymen Frau vom 21. März 1933

Der „Tag von Potsdam“! Ein Flaggenmeer in allen Straßen. Auch wir konnten uns nicht ausschließen. Ich hole also die alte schwarz-weiß-rote Fahne aus dem Weltkrieg vom Boden herunter und hisse sie. Die schwarz-rot-goldene, das gute, geschändete, verratene und niemals genug geschätzte Stück wandert dafür auf den Boden. Am Vormittag Übertragung der Feiern in Potsdam über den Rundfunk. Alles geschickt, eindrucksvoll, ja hinreißend, jedenfalls für die Massen. [...] Welch großartige Inszenierung durch den Meisterregisseur Goebbels! [...] Dann spricht Hitler. Es ist nicht zu leugnen: er ist gewachsen. Aus dem Demagogen und Parteiführer, dem Fanatiker und Hetzer scheint sich [...] der wirkliche Staatsmann zu entwickeln. [...] Der greise Feldmarschall reicht seinem Gefreiten aus dem Weltkrieg die Hand. Der Gefreite neigt sich tief über die Hand des Feldmarschalls. [...] Niemand kann sich der Erschütterung entziehen. [...] Am Abend eine stille Stunde mit M. Er ist völlig unberührt von den Geschehnissen des Tages, [...]. Er hält alles nur für abgekartetes Theater [...]. Ich schweige beschämt und zerrissen.

*Wolfgang Lautemann u. a. (Hg.), Geschichte in Quellen. Weltkriege und Revolutionen 1914–1945, bsv, München 1961, S. 274 f.**

10 Analysieren Sie M 12. Gehen Sie dabei auch auf M 2 (S. 304) ein.

11 Vertiefung: Recherchieren Sie im Internet den geplanten Wiederaufbau der Potsdamer Garnisonkirche und die dadurch ausgelöste Debatte über den Umgang mit der NS-Vergangenheit.

12 Geschichte kreativ: Verfassen Sie einen Blog-Eintrag zum geplanten Wiederaufbau.

Geschichte kontrovers: Polykratie oder Monokratie?

M 13 Der Historiker Hans-Ulrich Wehler, 2009

Die Sehnsucht, durch einen politischen Messias, einen „zweiten Bismarck", aus dem Tal der Tränen, in das sich so viele Deutsche durch die Kriegsniederlage, die Demütigung durch „Versailles" und die Belastung während der wirtschaftlichen Depression verstoßen fühlten, herausgeführt zu werden, schien endlich in Erfüllung zu gehen. Mit ihrer plebiszitären Zustimmung zu dem autoritären Kurs des neuen Cäsars in Berlin bejubelten sie ihre eigene Entmündigung. Der Aufbruch zu jenen neuen Ufern, wo für sie die Wiedergewinnung des Status als nationaler Machtstaat winkte, versöhnte sie mit ihrem Freiheitsverlust. [...] Parallel zum Ausbau von Hitlers Monokratie entwickelte sich im „Dritten Reich" eine Polykratie miteinander rivalisierender Partikulargewalten. [...] In der Realität des NS-Regimes gehörten die charismatische Einherrschaft und die Polykratie der Machtaggregate sogar mit systembedingter Notwendigkeit zusammen. Als Initiator der Partikulargewalten konnte Hitler nicht nur mit diesen Sonderstäben, die Effizienz in seinem Sinn versprachen, das Routinehandeln der Bürokratie umgehen, sondern auch einen erbitterten Wettbewerb zwischen den etablierten Staatsinstanzen und neuartigen Parteiformationen, zwischen überkommenen Funktionseliten und ad hoc geschaffenen Exekutivstäben freisetzen, bis sich der Stärkste [...] durchgesetzt hatte [...]. Der „Pluralismus der Aktionszentren" gestattete es zum einen, dass der Diktator sich längere Zeit [...] von unentschiedenen Konflikten fernhalten konnte [...]. Zum anderen wurden durch diese polykratische Rivalität [...] die institutionellen Grenzen zwischen Staat, Gesellschaft und Partei zusehends verflüssigt [...]. Er allein fungierte als Besitzer des Interpretationsmonopols und als abschließende „überrechtliche Definitionsinstanz", nach deren Spruch es keine Revisionsmöglichkeit mehr gab.

*Hans-Ulrich Wehler, Der Nationalsozialismus. Bewegung, Führerschaft, Verbrechen 1919–1945, C. H. Beck, München 2009, S. 81–83 und 96–98.**

M 14 Der Historiker Ludolf Herbst, 2011

Hans-Ulrich Wehler möchte die Hitler-Diktatur als „charismatische Herrschaft" verstanden wissen [...]. Hitler habe dank seines rhetorischen Talents die deutsche Bevölkerung, „seine Deutschen", in seinen Bann gezogen und eine mehr oder weniger totale Zustimmung für seine Politik erreicht. [...] Es war ja gerade das vornehmste Ziel der NS-Propaganda, eine real existierende charismatische Beziehung zwischen Hitler und den Deutschen zu behaupten. [...] Wenn der Historiker diesem Trugbild folgt, entgeht ihm – um das Mindeste zu sagen – der zentrale Aspekt des nationalsozialistischen Herrschaftssystems: die Bürokratisierung und Durchdringung aller Lebensbereiche mit Kommandostrukturen. Sie sollten sicherstellen, dass die politische Führung ihre irrwitzigen, jeder Vernunft und Humanität widersprechenden und weit über die Kraft Deutschlands hinausgehenden Ziele verfolgen konnte. Dieser Widerspruch zwischen Anspruch und Leistung zwang die NS-Führung dazu, alle Lebensbereiche mit einem Netz von Lenkungsbehörden zu überziehen. Hitler persönlich spielte in diesem Netzwerk gewiss eine zentrale Rolle – nicht aber als Person und Charismaträger, sondern als Appellationsinstanz. Das Funktionieren eines solchen komplexen Systems ließ sich nur gewährleisten, wenn Hitlers Rolle vollständig entpersönlicht wurde. Der Führer wurde zum Prinzip.

Das „Dritte Reich" war eine Führer-Diktatur nicht, weil „der" Führer an ihrer Spitze stand, sondern weil auf allen Ebenen das Führerprinzip galt. [...] Um sich in diesem System zurechtzufinden, benötigten schon die Zeitgenossen ein Führer-Lexikon, das wie ein Telefonbuch in ständig aktualisierter Form für jeden Lebens- und Funktionsbereich herausgegeben wurde. [...] Das nationalsozialistische Herrschaftssystem mit seiner monolithischen Fassade war ebenso komplex wie labil. Es wäre daher völlig falsch anzunehmen, darin habe nur ein Wille, nämlich der Adolf Hitlers, gegolten und man habe diesem „entgegengearbeitet". [...] Wenn man daher vom „Führerstaat" spricht, ist dies nur gerechtfertigt, wenn man den Plural mitdenkt und den Blick auf das Führer-Prinzip richtet und nicht auf die Person des Führers an der Spitze.

*Ludolf Herbst, Nicht Charisma, sondern Terror. Der Propagandafassade entsprach keine Wirklichkeit, in Frankfurter Allgemeine Zeitung, 20. Juli 2011, S. N 4.**

13 **Arbeitsteilige Gruppenarbeit:** Arbeiten Sie arbeitsteilig in Gruppen die unterschiedlichen Positionen aus M 13 und M 14 heraus und präsentieren Sie diese.

14 Beurteilen Sie die unterschiedlichen Forschungspositionen.

15 **Vertiefung:** Erörtern Sie abschließend, ob es sich bei der Umgestaltung des Staates durch die Nationalsozialisten um eine Revolution gehandelt hat.
Tipp: Vergleichen Sie hierfür vor allem die Aufteilung der Macht in der Weimarer Verfassung und im Nationalsozialismus.

6.3 Die nationalsozialistische „Volksgemeinschaft"

In diesem Kapitel geht es um
- *den Versuch der Nationalsozialisten, aus der deutschen Gesellschaft eine „Volksgemeinschaft" zu formen,*
- *die Funktion der NS-Propaganda sowie*
- *die Exklusion von „Gemeinschaftsfremden" zur Schaffung einer „Volksgemeinschaft".*

Die propagierte „Volksgemeinschaft"

▶ M 7: Rede Hitlers zum Erntedankfest, 1933

Ziel der Nationalsozialisten war ein gesellschaftlicher Gegenentwurf zur pluralistischen Gesellschaft der Weimarer Republik. An ihre Stelle sollte eine **partei- und klassenübergreifende Gemeinschaft** treten, die gemeinsam mit dem „Führer" an einem Strang zog. Im Begriff der „Volksgemeinschaft" sahen die Nationalsozialisten alle gesellschaftlichen Unterschiede aufgehoben. Nicht soziale Schicht, Bildung, familiäre Herkunft oder Einkommen sollten ausschlaggebend für den Status einer Person sein, sondern ausschließlich die „Rassenzugehörigkeit" und das biologische Erbgut. Die Partei mit allen Gliederungen und angeschlossenen Verbänden sollte die gesamte Bevölkerung zu einer „Volksgemeinschaft" zusammenschließen. Durch soziale, materielle und kulturelle Leistungen sowie Aufstiegsversprechungen wurden die Mitglieder gebunden. Historiker sprechen in diesem Zusammenhang vom „sozialen Volksstaat". Diese Verheißung von sozialer Gemeinschaft und nationalem Wiederaufstieg, von Überwindung der Klassengesellschaft und politischer Einheit trug entscheidend zur Attraktivität des Nationalsozialismus bei. Der neuen Gesellschaftsordnung sollten nur die nach nationalsozialistischer Überzeugung „erbbiologisch wertvollen" und „rassenreinen" Deutschen angehören und die „Gemeinschaftsfremden", zuvorderst die Juden, ausgeschlossen werden. Die gesellschaftliche Spaltung legitimierte die Ausgrenzung, Beraubung, Entrechtung und schließlich die Deportation und Vernichtung der Juden und anderer „Untermenschen". **Inklusion und Exklusion** sind daher die beiden untrennbar zusammengehörenden Methoden zur Schaffung der „Volksgemeinschaft".

M 1 Menschenmenge während eines Besuchs Adolf Hitlers auf der Hamburger Werft Blohm & Voss, Fotografie, 1936.
Während eine überwältigende Mehrheit von Angestellten der Werft Blohm & Voss in Hamburg bei einem Besuch Adolf Hitlers 1936 die Arme zum „Deutschen Gruß" hebt, verschränkt ein einzelner Arbeiter seine Arme.

M2 „Wir bleiben Kameraden", Plakat der Deutschen Arbeitsfront, nach 1933

▶ M 8: Gespräch zwischen August Winning und deutschen Arbeitern, 1935

Arbeiterschaft

Die Arbeiter standen den Nationalsozialisten zunächst mehrheitlich distanziert gegenüber. Nach der Zerschlagung der Gewerkschaften 1933 wurden die Arbeiter in der neu gegründeten **„Deutschen Arbeitsfront" (DAF)** zwangseingegliedert (s. S. 304 f.). Die Nationalsozialisten setzten „Treuhänder der Arbeit" ein, welche die Lohn- und Arbeitsbedingungen aushandeln sollten. Dies geschah meist zugunsten der Arbeitgeber. Mit der betrieblichen „Gleichschaltung" wurden die **Tarifautonomie und die Sozialpartnerschaft aufgelöst**. Die NS-Propaganda feierte die Treuhänder als Instrument zur Überwindung des Klassenkampfes.
Gleichzeitig unternahm das Regime zahlreiche Anstrengungen, die Arbeiterschaft für sich zu gewinnen. Der verordnete Lohnstopp engte den Handlungsspielraum der DAF zwar ein, aber gerade deswegen versuchte sie, für materielle Verbesserung zu sorgen: Sie förderte die berufliche Aus- und Weiterbildung, gewährte Sozialleistungen, verbesserte die Hygiene in den Betrieben und gewährte Kranken- und Sterbegeld. Sie verfügte über ein „Amt für Volksgesundheit" und baute moderne Arbeitersiedlungen. Das DAF-Amt **„Kraft durch Freude" (KdF)** kümmerte sich um die Freizeitorganisation der Arbeitnehmer, veranstaltete Kulturabende und Reisen, was damals keineswegs selbstverständlich war. Die Verheißungen der „Volksgemeinschaft" sorgten gerade bei der jüngeren Generation für eine Akzeptanz des Regimes. Auch wenn es dem NS-Regime nie gelang, die Arbeiter vollständig für sich zu gewinnen, stärkten der Abbau der Arbeitslosigkeit, die Hoffnung auf wachsende Konsummöglichkeiten, der wirtschaftliche Aufstieg und individuelle Aufstiegschancen – vor allem in der Zeit zwischen 1933 bis 1939 – durchaus die Loyalität gegenüber dem Regime.

Jugend

▶ M 11: Rede Hitlers

▶ M 12: Grafik zur Jugend im NS-Staat

Der Jugend galt ein besonderes Augenmerk des NS-Regimes: Mit deren Erziehung und Ausbildung sollte der Grundstein für die „Volksgemeinschaft" der Zukunft gelegt werden. Daher wurde die **„Hitler-Jugend" (HJ)** ab 1933 zur Staatsjugend aufgewertet und alle konkurrierenden Jugendverbände aus der Weimarer Republik wurden verboten. Die HJ wurde der NSDAP angeschlossen und, nachdem die Mitgliedschaft zunächst noch freiwillig war, mit dem „Gesetz über die Hitler-Jugend" vom 1. Dezember 1936 und der „Jugenddienstpflicht" vom 25. März 1939 verpflichtend. Analog zu den Jungen wurden die Mädchen in einer Teilorganisation der HJ, dem **„Bund Deutscher Mädel" (BDM)**, zusammengefasst. Die HJ sollte laut einer Verordnung von 1934 „den neuen nationalsozialistischen Menschen von Grund auf formen". Daher war die Staatsjugend militärisch organisiert und trug Uniform. Propagandamärsche, Paraden, Zeltlager, Fahrten, Geländespiele, Luft- und Kleinkalibergewehrschießen sowie wöchentliche „Heimabende" waren einerseits attraktive Formen der Freizeitgestaltung für Jugendliche, andererseits dienten sie dazu, der Jugend militärische Werte wie Kameradschaft, Disziplin und körperliche Leistungsfähigkeit zu vermitteln. Gerade die Zeltlager von HJ und BDM dienten der **Vorbereitung auf den Wehrdienst und der Erziehung zur „Volksgemeinschaft"**.

M3 „Komm zu uns! – Deutsches Jungvolk in der Hitlerjugend", Werbeplakat der HJ, um 1933

Frauen

Das Frauenbild der Nationalsozialisten war traditionalistisch und konservativ, unterschied sich aber vom herkömmlich-konservativen Frauenbild durch den rassistisch-sozialdarwinistischen Unterbau. So war die Funktion der Frau in erster Linie die der Gebärerin. Nationalsozialistische Frauenpolitik hieß daher auch zuerst Familien- und Geburtenpolitik. Als „Keimzelle der Volksgemeinschaft" stand die „erbgesunde" und rassenbiologisch „artgerechte" Familie und Ehe unter dem besonderen Schutz des NS-

Regimes. Dieser propagierte „Schutz der Familie" diente einem rassistischen Zweckmäßigkeitsdenken, daher wurden Ehescheidungen aus rassenbiologischen Gründen auch gefördert. Außerdem konnten junge verheiratete Paare als Zuschuss für den Kauf der Haushaltseinrichtung ein Ehestandsdarlehen von 1000 Reichsmark beantragen. Die Rückzahlungssumme wurde dann pro Geburt reduziert. Jedoch war die Gewährung des Darlehens an Bedingungen geknüpft: Die Ehefrau sollte keiner außerhäuslichen Arbeit nachgehen und die Gewährung des Darlehens war von einem „erbgesundheitlichen" Gutachten abhängig. Behinderte oder „nicht-arische" Ehepaare waren davon ausgeschlossen.

Ihre Teilnahme an den NS-Organisationen eröffneten Frauen aber auch soziale Aufstiegschancen. Hier übernahmen sie verantwortungsvolle Aufgaben, die eigenständiges Handeln verlangten. Das gelang ihnen ebenso in der Besatzungsverwaltung der während des Zweiten Weltkrieges eroberten Ostgebiete in Polen und der Sowjetunion, wo Frauen zu selbstständig handelnden Täterinnen wurden. Wer sich mit den Geschlechterrollen von Mann und Frau in der NS-Gesellschaft beschäftigt, muss also sorgfältig unterscheiden zwischen ideologischem Anspruch und Realität. Das von der NS-Propaganda entworfene Bild entsprach nicht der Wirklichkeit, wie der Blick auf die Frauenerwerbstätigkeit zeigt. Obwohl die Geburtenrate stieg, nahm die Frauenerwerbstätigkeit nicht ab, sondern in einigen Bereichen, wie Industrie und Landwirtschaft, sogar zu. Die Ausweitung der Rüstungsproduktion nach Kriegsbeginn erforderte den verstärkten Einsatz von Frauen. Die Einführung einer allgemeinen Dienstpflicht für Frauen lehnte Hitler allerdings ab. Stattdessen kompensierte das NS-Regime den Arbeitskräftemangel in der Kriegswirtschaft mit dem Einsatz von Zwangsarbeitern aus den besetzten Ländern.

M4 Begrüßung neuer „Arbeitsmaiden" aus dem Reichsgebiet in einem Lager des „Reichsarbeitsdienstes" (RAD) im Warthegau, Fotografie, 1943

Propaganda und Kultur

Um die Massen zu mobilisieren und von dem Weltbild des Nationalsozialismus zu überzeugen, setzte das NS-Regime massiv auf Propaganda*. Schon für seinen Aufstieg hatte das Regime neue Werbemedien geschickt zu nutzen gewusst. **Joseph Goebbels** nutzte als **„Reichspropagandaminister"** seit 1933 intensiv die neuen Medien Kino und Radio sowie Kunst, inszenierte Großkundgebungen, eine aufwändige Parteipresse und Plakate zur Beeinflussung der Öffentlichkeit und Verbreitung der nationalsozialistischen Ideologie. Dabei setzten die Nationalsozialisten gerade beim Film auf den schönen äußeren Schein, wie in den Propagandafilmen von Leni Riefenstahl über die Olympischen Spiele 1936 in Deutschland oder den Nürnberger Reichsparteitag 1934 zu sehen ist. Eingängige Sprache und sich wiederholende Symbole sowie die Verwendung eines klaren Freund-Feind-Bildes dienten der Identifikation mit der NSDAP und dem Führer. Das „Reichsministerium für Volksaufklärung und Propaganda" unter der Leitung von Joseph Goebbels hatte ein Informations- und Meinungsbildungsmonopol. Unangepasste Künstler und Intellektuelle wurden mit Berufsverboten belegt, viele gingen ins Exil. Andere passten sich an oder engagierten sich aktiv für den Nationalsozialismus.

Propaganda
(lat. *propagare* = ausbreiten) früher als Synonym für Werbung verwendet; beschreibt die Verbreitung politischer Ideen

M5 Lichtdom beim Reichsparteitag in Nürnberg, Fotografie, 1936

Exklusion von „Gemeinschaftsfremden"

Hinter der Fassade der propagierten „Volksgemeinschaft" zeigten sich **Terror, Verfolgung und Massenmord**. Das Regime führte von Beginn an Krieg im Inneren. Die gewaltsame Verfolgung gehörte in den Jahren von 1933 bis 1939 zu den Instrumenten, mit denen die Macht gesichert und gefestigt wurde. Der Terror richtete sich nach der Machtübernahme gegen alle Gegner des Nationalsozialismus. Die Gewaltakte Anfang 1933 trafen vor allem die politischen Gegner wie Kommunisten und Sozialdemokraten, aber auch Menschen, die sich der NS-Bewegung nicht angeschlossen hatten. Oppositionelle wurden von lokalen SA-Gruppen in „wilden Konzentrationslagern" interniert

▶ M 14: Brief Kurt Schumachers aus dem KZ Oberer Kuhberg Ulm, 1934

▶ M 15: Das „Lied der Heuberger“, 1933

▶ M 16: Hans-Ulrich Wehler über die „Volksgemeinschaft“, 2003

und misshandelt. Im April 1933 erreichte die Zahl der Inhaftierten mit 50 000 ihren ersten Höhepunkt. Unmittelbar nach der Ernennung Hitlers zum Reichskanzler wurden in ganz Deutschland größere Konzentrationslager eingerichtet. Dazu zählen die ersten Konzentrationslager der SS in Dachau und Oranienburg. Für die Verwaltung und Bewachung der Lager waren besondere SS-Einheiten zuständig: die SS-Totenkopfverbände. Diese Verbindung von politischer Polizei, Konzentrationslagern und SS-Wachmannschaften wurde zu einem effektiven Herrschaftsinstrument für die Verfolgung und den uneingeschränkten Terror.

1 Erstellen Sie ein Wirkungsgefüge zur Funktionsweise der NS-„Volksgemeinschaft“. **Tipp:** Inklusion und Exklusion sowie Propaganda und Wirklichkeit dieses Konzepts sollten sichtbar werden.

2 Analysieren Sie die Karikatur „Das Firmenschild“ (M 6).

M 6 „Das Firmenschild“, Karikatur von Jacobus Belsen, erschienen in „Der Wahre Jacob“, 1930

Hinweise zur Arbeit mit den Materialien
Die Materialien ermöglichen Ihnen eine differenzierte Auseinandersetzung mit dem Verhältnis von nationalsozialistischer Ideologie und Wirklichkeit. Die Materialien M 2–M 4, M 7, M 9, M 11 bis M 13 verdeutlichen die nationalsozialistischen Vorstellungen der „Volksgemeinschaft". Mit den Materialien M 9 und M 10 können Sie das Prinzip der In- und Exklusion im Nationalsozialismus genauer analysieren. M 14 und M 15 thematisieren den Terror gegen politische Oppositionelle. M 16 beschäftigt sich mit dem Ideal der bürgerlichen Gesellschaft und der Frage, inwieweit diese ihre Werte während des Nationalsozialismus verraten habe.

M 7 Aus einer Rede Hitlers zum Erntedankfest am Bückeberg bei Hameln am 1. Oktober 1933

Der Nationalsozialismus hat weder im Individuum noch in der Menschheit den Ausgangspunkt seiner Betrachtungen, seiner Stellungnahme und Entschlüsse. Er rückt bewusst in den Mittelpunkt seines ganzen Denkens das Volk. Dieses Volk ist für ihn eine blutsmäßig bedingte Erscheinung, in der er einen von Gott geweihten Baustein der menschlichen Gesellschaft sieht. Das einzelne Individuum ist vergänglich, das Volk ist bleibend. Wenn die liberale Weltanschauung in ihrer Vergötterung des einzelnen Individuums zur Zerstörung des Volkes führen muss, so wünscht dagegen der Nationalsozialismus das Volk zu schützen, wenn nötig, auf Kosten des Individuums. Es ist notwendig, dass der einzelne sich langsam zur Erkenntnis durchringt, dass sein eigenes Ich unbedeutend ist, gemessen am Sein des ganzen Volkes [...], dass vor allem die Geistes- und Willenseinheit einer Nation höher zu schätzen sind als die Geistes- und Willenseinheit des einzelnen.

*Wolfgang Lautemann u. a. (Hg.), Geschichte in Quellen. Weltkriege und Revolutionen 1914–1945, bsv, München 1961, S. 342 f.**

3 Arbeiten Sie aus M 7 heraus, wie Hitler die Idee der „Volksgemeinschaft" begründet.

M 8 Aus einem Gespräch zwischen dem Gewerkschafter und ehemaligem SPD-Politiker August Winning und deutschen Arbeitern, 1935

Eines Morgens sagte einer: „[...] Die Nazis werden ja viel gescholten, aber ich kann nicht schelten. Wir haben volle Arbeit und es wird für uns gesorgt. Sehen Sie: Jetzt im Mai war ich zwölf Tage am Rhein; [...] von Köln gings mit dem Schiff weiter: Loreley, Bingen, Mäuseturm – na, Sie werden das ja kennen. Aber nun frag ich Sie: Wer hat uns denn früher so etwas geboten? Wir logierten immer in den besten Hotels: Haben wir uns das früher gedacht?" [...]
(Ein anderer Arbeiter erwidert daraufhin:)
„[...] Was da heute dem Arbeiter vorgemacht wird und wie er sich dazu verhält, das ist eine Affenschande. [...] Ich meine, damals hatte der Arbeiter noch seine Ehre. Heute schmeißt er sie für eine Rheinreise weg." [...]
(Der Arbeiter zu Winning, als diese alleine sind:)
„Ist eine Hoffnung da, dass man diese Verbrecher wieder los wird?"
(Winning zu dem Arbeiter:) Mir scheint, es schiebt der eine die Aufgabe dem anderen zu. Die Wirtschaftsführer sagen, die Entscheidung müsste im kulturellen Sektor fallen, damit meinen sie vorerst die Kirche. Die Kirche sagt, ihr Anhang sei zu gering, man müsste auf die Arbeiter hoffen. Sie hoffen auf die Armee, und die Armee schweigt."

*Wolfgang Lautemann u. a. (Hg.), Geschichte in Quellen. Weltkriege und Revolutionen 1914–1945, bsv, München 1961, S. 342 f.**

4 Erläutern Sie anhand von M 8, warum die Nationalsozialisten den Arbeitern ansprechende Erholungsreisen anboten.

5 Verfassen Sie aus Winnings Sicht einen Bericht über die Situation in Deutschland an die Exil-SPD.

M 9 Postkarte des NS-Winterhilfswerks, 1935/36

M 10 Frauen, denen ein Verhältnis mit Zwangsarbeitern nachgesagt wird, werden öffentlich gedemütigt, Fotografie, ohne Datum.

Die Frauen tragen ein Schild mit der Aufschrift „Ich bin aus der Volksgemeinschaft ausgestoßen". Im Hintergrund ist ein SS-Angehöriger zu sehen.

6 Erklären Sie anhand der Materialien M 9 und M 10, wie das Prinzip der Inklusion und Exklusion im Nationalsozialismus funktionierte.

M 11 Aus einer Rede Hitlers vor NSDAP-Funktionären in Reichenberg (Sudetenland), 2. Dezember 1938

Diese Jugend, die lernt ja nichts anderes als deutsch denken, deutsch handeln. Und wenn nun dieser Knabe und dieses Mädchen mit ihren zehn Jahren in unsere Organisation hineinkommen und dort nun so oft zum ersten Mal überhaupt eine frische Luft bekommen und fühlen, dann kommen sie vier Jahre später vom Jungvolk in die Hitlerjugend, und dort behalten wir sie wieder vier Jahre, und dann geben wir sie erst recht nicht zurück in die Hände unserer alten Klassen- und Standeserzeuger, sondern dann nehmen wir sie sofort in die Partei oder in die Arbeitsfront, in die SA oder in die SS, in das NSKK (NS-Kraftfahrerkorps) und so weiter. Und wenn sie dort zwei Jahre oder anderthalb Jahre sind und noch nicht ganze Nationalsozialisten geworden sein sollten, dann kommen sie in den Arbeitsdienst und werden dort wieder sechs und sieben Monate geschliffen, alle mit einem Symbol, dem deutschen Spaten. Und was dann nach sechs oder sieben Monaten noch an Klassenbewusstsein oder Standesdünkel da oder da noch vorhanden sein sollte, das übernimmt dann die Wehrmacht zur weiteren Behandlung auf zwei Jahre. Und wenn sie dann nach zwei oder drei oder vier Jahren zurückkehren, dann nehmen wir sie, damit sie auf keinen Fall rückfällig werden, sofort wieder in SA, SS und so weiter. Und sie werden nicht mehr frei, ihr ganzes Leben.

Zit. nach: Kurt-Ingo Flessau, Schule der Diktatur, Fischer, München 1977, S. 26.

M 12 Organisation der Jugend im NS-Staat

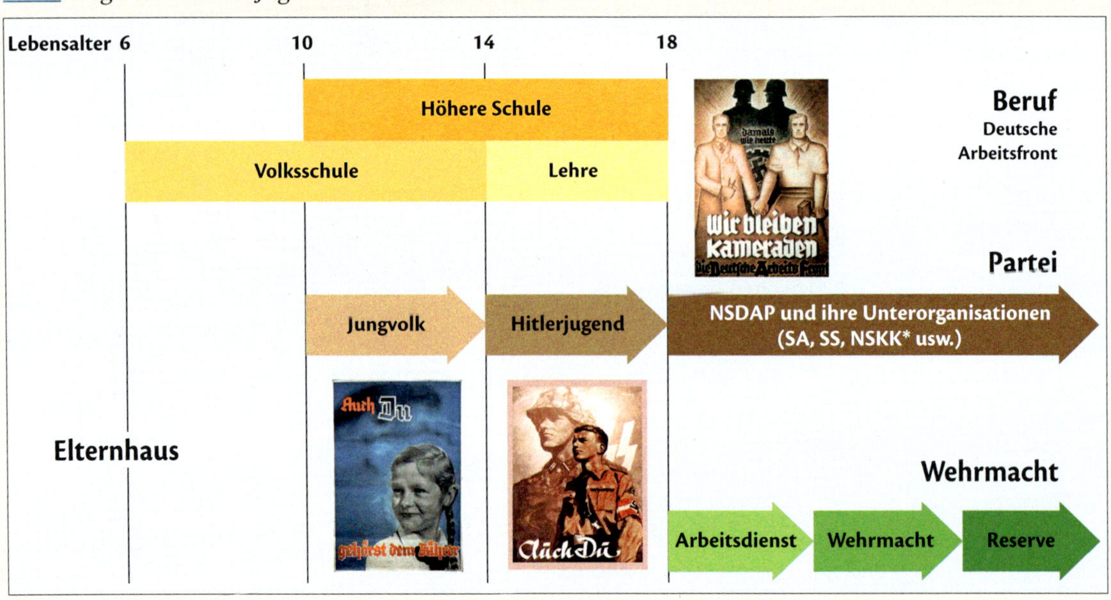

M 13 Aus dem Buch „Das ist Nationalsozialismus" von Engelbert Huber, 1933

Für die politische Frau ist in der Ideenwelt des Nationalsozialismus kein Platz. [...] Die geistige Einstellung der Bewegung zu diesem Thema geht gegen die politische Frau. Sie weist die Frau in ihren naturgegebenen Kreis der Familie und in ihre Aufgaben als Gattin und Mutter zurück. Die politisierende Frau, diese Nachkriegserscheinung, die in parlamentarischen Wortgefechten nur selten „gute Figur" machte, bedeutet eine Entwürdigung der Frau. Die deutsche Erhebung ist ein männliches Erzeugnis.

*Zit. nach: George L. Mosse, Der Nationalsozialistische Alltag. So lebte man unter Hitler, übers. v. Renate Becker, Athenäum, Königstein 1978, S. 159.**

7 **Wahlaufgabe:** Bearbeiten Sie Aufgabe a) oder b).
 a) Erläutern Sie das nationalsozialistische Jugendbild.
 b) Erläutern Sie das nationalsozialistische Frauenbild.
 Tipp: Verwenden Sie auch die Materialien aus dem Darstellungsteil.

8 **Geschichte kreativ:** Suchen Sie arbeitsteilig im Internet nach passenden Propagandaplakaten zu den oben aufgeführten Themen und und präsentieren Sie Ergebnisse in Ihrem Kurs.
 Tipp: Nutzen Sie für die Analyse die methodischen Hinweise auf S. 242–244.
 Tipp: Gehen Sie bei der Präsentation auch auf Konzeption und Wirkung der Plakate ein.

M 14 Brief von Kurt Schumacher (SPD) aus dem KZ Oberer Kuhberg Ulm an seine Verlobte Maria Fiechtl, 1934

Liebste Miga,

[...] Wenn du Besuchserlaubnis für den Kuhberg erhältst, wirst Du gut daran tun, Dir vom Bahnhof eine Taxe zu nehmen. [...] Mitbringen von irgendwelchen Dingen, mit denen Du meinst, mir eine Freude machen zu können, rentiert sich unter keinen Umständen. [...] Besorge mir doch bitte ein Frottierhandtuch zum Wechseln, anderes ist im Augenblick noch nicht nötig, außer vielleicht ein Tintenstift und 2–3 Postkarten. Es wird gut sein, schon jetzt bezüglich des Wintermantels das zu unternehmen, was sich machen lässt. Mach Dir doch bitte nicht die unnötigen Sorgen darum, wie es mir geht [...]. Einmal änderst Du damit ja nichts und vergällst Dir nur Dein Dasein, zum anderen hast Du es ja auch schon eine ganze Zeit hindurch alles andere als schön. [...]

Du bist eine Frau. Darum musst Du in Anbetracht aller Umstände die Freiheit haben, Deine Zukunft ohne Rücksicht auf mich zu gestalten. [...] Ich hoffe, dass diese Auslassungen bei Dir keine Missverständnisse hervorrufen. Aber wenn ich hier in rosarotem Optimismus Dir blindes Vertrauen auf die Schönheit eines gemeinsamen Lebens predigen sollte, so wäre das ein Verbrechen Dir gegenüber. Man kann die Sache betrachten, von welchem Standpunkt aus man immer will, das Resultat ist immer ein gleich trübes. Damit meine ich nicht nur die eventuelle Dauer meiner Schutzhaft, sondern auch, was dahinter kommen mag in wirtschaftlicher, gesellschaftlicher und persönlicher Hinsicht. Du musst dir alles genau überlegen, sonst opferst Du Dich eventuell einem Phantom und stehst am Ende vor einem großen Trümmerhaufen zerschlagener Hoffnungen.

*Zit. nach: „Württembergisches Schutzhaftlager Ulm". Ein frühes Konzentrationslager im Nationalsozialismus 1933–1935, hg. v. Oberschulamt Tübingen u. Dokumentationszentrum oberer Kuhberg Ulm u. a., Tübingen/Ulm 2004, S. 98f.**

9 Recherchieren Sie im Internet die Person Kurt Schumacher und die Bedeutung des KZs Oberer Kuhberg.

10 Erläutern Sie ausgehend von M 14 den Umgang der Nationalsozialisten mit politischen Gegnern.
 Tipp: Ergänzen Sie, was Kurt Schumacher in seinem Brief nicht nennt, wahrscheinlich aber erleben musste.

M 15 Das „Lied der Heuberger", 1933

Das Lied wurde von Häftlingen des KZ Heuberg bei Stetten am kalten Markt getextet. Es wurde auf die Melodie des russischen Volksliedes „Stenka Rasin" gesungen.

Auf des Heuberg rauen Höhen / Eng umspannt mit Stacheldraht, / Liegt das Lager der Marxisten / Vom Faschismus hinverbannt.

Menschenrechte sind verloren / Und Beschwerden gibt es nicht. / Anstatt Fleisch gibt es nur Knochen, / Gutes Essen wäre Gift.

Menschen wollen wir erst werden, / bisher waren wir es nicht, / denn in jedes Häftlings Herzen / wächst der Rache stärkstes Gift.

Doch die Freiheit, die kommt wieder – / Dann, SA-Mann gebe acht! / Rotgardisten werden siegen, / rufen auf zur letzten Schlacht.

Rote Fahnen werden wehen / Auch auf diesem Lager dann! / Nicht SA hat dann die Waffen, / sondern nur der Arbeitsmann!

Zit. nach: „Württembergisches Schutzhaftlager Ulm". Ein frühes Konzentrationslager im Nationalsozialismus 1933–1935, hg. v. Oberschulamt Tübingen u. Dokumentationszentrum Oberer Kuhberg Ulm u. a., Tübingen/Ulm 2004, S. 98f.

11 Analysieren Sie das Lied M 15.

12 **Geschichte kreativ:** Nehmen Sie eine der folgenden Rollen ein und berichten Sie unter Einbezug der Materialien M 1 bis M 15 in einem Brief an Ihren Onkel, der 1919 in die USA emigriert ist, wie sich die Gesellschaft in Deutschland seit Ihrem letzten Brief entwickelt hat, wie Sie sich angesichts der nationalsozialistischen Umgestaltung der Gesellschaft fühlen und welche Erwartungen Sie an die Zukunft haben:

- **a)** einfacher Arbeiter der Friedrich Krupp AG
- **b)** jüdischer Ladenbesitzer in Berlin
- **c)** ehemaliger SPD-Reichstagsabgeordneter (seit April 1933 im KZ Oberer Kuhberg oder Exil)
- **d)** Beamtin aus einer Kleinstadt mit jüdischer Gemeinde
- **e)** ehemaliger Soldat aus dem Ersten Weltkrieg (jetzt in Arbeit)
- **f)** Großindustrieller

Vertiefung

M 16 Der Historiker Hans-Ulrich Wehler über die bürgerliche Gesellschaft in der „Volksgemeinschaft“, 2003

Die Reaktion auf diesen ausgreifenden Anspruch [vollständige Eingliederung des Bürgertums in die Volksgemeinschaft] fiel zwiespältig aus. Zum einen kritisierten einige heimlich die Anmaßungen der „braunen Proleten“, schotteten sich nach Möglichkeit in exklusiven Verkehrskreisen ab und suchten, ohne Anstoß zu erregen, eine gewisse soziale Distanz zu wahren. Zum anderen aber kapitulierten die meisten vor dem neuen, übermächtigen Ideal, übernahmen es bereitwillig als überzeugenden Grundsatz der Sozialverfassung und Lebensführung [...]. Auf jeden Fall wurde die traditionelle bürgerliche Hierarchie von Besitz und Bildung im Kern infrage gestellt. [...]

Die gleichberechtigte Teilhabe aller Staatsbürger [...] am politischen Prozess wurde durch die begeisterte Akklamation des charismatischen „Führers“ ersetzt: Die rapide um sich greifende Negierung eines gut Teils bürgerlicher Rechtssicherheit wurde [...] passiv, wenn nicht gar zustimmend hingenommen. Die Arena freier, rechtlich geschützter, marktwirtschaftlicher Tätigkeit [...] wurde durch das Exerzierfeld des staatlichen Dirigismus ersetzt. [...] Die Anerkennung wissenschaftlicher Leistung ohne Ansehen von „Rasse“, Geschlecht und Herkunft des Forschers wurde in allen Disziplinen, wo das Regime Druck ausübte, durch die beflissene, charakterlose Verbeugung vor einer völkisch-rassistischen Pseudowissenschaft ersetzt, die sich in der Rechts- und Geschichtswissenschaft, der Literatur- und Sozialwissenschaft, sogar in der „deutschen Physik“ und der „deutschen Mathematik“ ausbreiten konnte, ohne dass diese Afterlehren auf leidenschaftlichen öffentlichen Widerstand stießen. An die Stelle der freien Meinungsäußerung einer kritischen, namentlich durch zensurfreie Printmedien aller Art verkörperten Öffentlichkeit, einem zentralen Bestandteil der von Aufklärungsgedanken entworfenen „Bürgerlichen Gesellschaft“, trat die pedantisch regulierende, straff zensierende Gängelung durch die staatliche Propagandamaschinerie. [...]

Die ehemals diskriminierten Minderheiten etwa hatten inzwischen die staatsbürgerlichen Gleichheitsrechte gewonnen, wurden jetzt aber einer lückenlosen Exklusion unterworfen, ehe ihr Leben womöglich ausgelöscht wurde. Der Fortschritt auf dem steinigen Weg, der zur Gleichberechtigung der Frauen führen sollte, wurde vom offiziellen Antifeminismus negiert, der Ausbau des Sozialstaats durch Parlamentsmehrheiten und selbstständige Tarifpartner von einer etatistischen[1] Verordnungspraxis abgelöst.

*Hans-Ulrich Wehler, Deutsche Gesellschaftsgeschichte. Vom Beginn des Ersten Weltkriegs bis zur Gründung der beiden deutschen Staaten 1914–1949, C. H. Beck, München 2003, S. 719–721.**

1 *etatistisch:* ausschließlich auf das Staatsinteresse eingestellt

13 Arbeiten Sie aus M 16 heraus, inwiefern die Nationalsozialisten vormals bürgerliche Normen und Werte ersetzten.
Tipp: Fassen Sie zunächst die bürgerlichen Werte und Normen zusammen und vergleichen Sie diese dann mit den Neuerungen der Nationalsozialisten.

14 Erörtern Sie ausgehend von M 16 die These, dass das Bürgertum während der NS-Herrschaft die bürgerlichen Werte und Normen verraten habe.

M 17 Aus der Rede Goebbels bei der Eröffnung der Reichskulturkammer am 1. November 1933

Sie [die Revolution] hat alle Gebiete des öffentlichen Lebens erfasst und von Grund auf umgestaltet. Sie hat die Beziehungen der Menschen untereinander, die Beziehungen der Menschen zum Staat und zu den Fragen des Daseins vollkommen geändert und neu geformt.

Wolfgang Lautemann u. a. (Hg.), Geschichte in Quellen. Weltkriege und Revolutionen 1914–1945, bsv, München 1961, S. 291.

15 Überprüfen Sie Goebbels' Aussage in M 17.

Erklärvideos erstellen

Themen über einen Vortrag oder eine Präsentation vor der Klasse zu präsentieren, ist weit verbreitet. Eine interessante Alternative zur klassischen Präsentation bildet das Erklärvideo. Ein Erklärvideo läst sich auf vielfältige Weise gestalten. Dabei stehen Ihnen folgende technische Umsetzungsmöglichkeiten zur Verfügung:
- Legetechnik (Legevideo)
- Abfilmen eines Blattes/Whiteboards/einer Tafel
- *Screencapture*-Programme
- Verfilmung einer mit einer Präsentationssoftware erstellten Präsentation

Tipp: Wenn Sie zum ersten Mal ein Erklärvideo gestalten möchten, empfiehlt es sich, auf die Legetechnik oder das Abfilmen eines Blattes zurückzugreifen. Dabei bestehen die geringsten technischen Hürden, da Sie sowohl für das Legevideo als auch für das Abfilmen nur ein Smartphone benötigen und keine weitere Software. Bei Screencapture-Programmen ist eine zusätzliche Software und zudem ein Einarbeiten in diese notwendig.

Weg zum Erklärvideo

1. Thema erarbeiten

Überlegen Sie sich, was in dem Video erklärt werden soll und welche Informationen die Zuschauer zum Verstehen des Themas benötigen. Sie sollten sich darüber im Klaren sein, welches das Ziel des Videos ist. Auf der Grundlage des Erarbeiteten erstellen Sie nun zunächst eine grobe Gliederung.

2. Storyboard erstellen

Bei einem Storyboard handelt es sich um eine kurze Version eines Drehbuches. Dabei sollte der Umfang zwei DIN-A4-Seiten nicht überschreiten. Im Storyboard werden grobe Skizzen der einzelnen Szenen angefertigt und der dazugehörige Text stichwortartig aufgeschrieben.
Das Storyboard soll also einen groben Eindruck vermitteln, wie das fertige Video einmal aussehen wird. Es stellt die zentralen Stellen des Videos als Skizzen dar, ergänzt durch den geplanten Sprechtext und Anmerkungen zu den Einblendungen oder Animationen. Ziel des Ganzen ist es, einen Eindruck zu bekommen, ob Sie auf dem inhaltlich und didaktisch richtigen Weg sind.

Tipp: Falls Sie (noch) Schwierigkeiten mit den notierten Stichworten haben, formulieren Sie den Text zunächst aus. Das reduziert am Anfang die Zahl der Aufnahmeversuche.

3. Material erstellen

Erstellen Sie nun das passende Material zu Ihrem Storyboard. Dabei sollten Sie verschiedene Elemente zur visuellen Unterstützung herstellen.

4. Film drehen

M1 Das Storyboard

Skizze der Szene	Beschreibender Text	Benötigtes Material

Aufbau eines Erklärvideos

Tipp: Drehen Sie den Film mit mindestens einem Sprecher und zwei Legern. Suchen Sie sich dafür einen ruhigen, hellen und störungsfreien Platz.

Beginn
- Titel/Thema des Videos
- 1–2 gesprochene Sätze zur Erläuterung

→ soll in das Thema kurz einführen

Hauptteil
- Inhalt auf mehreren „Folien"/in mehreren Szenen
  Tipp: Orientieren Sie sich beim Aufbau und Umfang an einer PowerPoint-Präsentation

→ soll das Thema ausführlich behandeln

Ende
- Kurze Zusammenfassung des Erklärten
- Weiterführende Tipps
- Verweise auf Materialien und/oder Aufgaben

→ soll das erklärte Thema abrunden und einen Ausblick geben

Technische Tipps
- *Halten Sie das Smartphone ruhig.*

Verwenden Sie z. B. beim Filmen eines Blattes, auf dem Sie etwas erklären, ein Stativ oder legen Sie das Smartphone auf einen Bücherstapel oder Stuhl. Nach Bedarf können Sie es auch mit Kreppband fixieren.
- *Filmen Sie immer im Querformat, drehen Sie nicht im Hochformat.*
- *Schalten Sie den Autofokus beim Abfilmen eines Blattes (auch Legevideo) aus.*
- *Markieren Sie den Bereich, der gefilmt werden soll.*
  Durch die Markierung bleibt dieser Bereich im Kamerafokus und die Gegenstände werden richtig im Bild platziert (*Vorsicht:* Zwischen der Foto- und der Videoeinstellung bestehen Unterschiede!).
- *Vermeiden Sie musikalische Unterstützung.*
  Meist lenkt diese vom Wesentlichen ab. Sollten Sie dennoch nicht auf Musik verzichten wollen, dann müssen Sie dafür Sorge tragen, dass diese nicht zu laut ist.
- *Achten Sie auf die Lichtquelle.*
  Am besten filmen Sie in einem Raum mit ausreichend Tageslicht. Wenn dies nicht möglich ist, vermeiden Sie Neonröhren, da diese oft flackern.

6.4 Die Verfolgung der Juden und anderer „Gemeinschaftsfremder" 1933–1939

In diesem Kapitel geht es um
- *die Entfesselung der Gewalt gegen Juden und andere „Gemeinschaftsfremde",*
- *die Diskriminierung, Ausgrenzung und Entrechtung der jüdischen Bevölkerung sowie*
- *den Umgang mit anderen „Gemeinschaftsfremden".*

Die Entfesselung des nationalsozialistischen Gewaltpotenzials

Hinter der propagandistischen Fassade der „Volksgemeinschaft" zeigten sich schon früh **Terror und Verfolgung**. Unmittelbar nach der Machtübertragung 1933 begann die Verfolgung von politischen Gegnern, Homosexuellen, „Erbkranken" und „Asozialen", Sinti und Roma sowie Juden. Insbesondere gegen die Juden gingen die Nationalsozialisten immer radikaler vor, was einen vorläufigen Höhepunkt im **Pogrom* vom 9./10. November 1938** fand. Diese Entfesselung des nationalsozialistischen Gewaltpotenzials wurde von den Zeitgenossen oftmals mit der Instabilität und Irrationalität des polykratischen* Systems erklärt. Doch dieses Erklärungsmodell wird in der neueren Forschung modifiziert. So löste sich der Staat nicht auf und die verschiedenen Säulen der NS-Herrschaft (NS-Bewegung, Ministerialbürokratie, Wehrmacht und Industrie) existierten nicht unverbunden nebeneinander. Die enge Zusammenarbeit vor Ort und das effiziente Zusammenspiel der verschiedenen Instanzen sorgten für ein Mindestmaß an Stabilität. So sprachen sich die Gauleiter im regionalen Rahmen auf informellen Treffen ab. Während die Regierung durch die rassenideologische Gesetzgebung und mithilfe der gleichgeschalteten Verwaltung gegen die Juden vorging, wurden die verschiedensten Institutionen und Organisationen von sich aus in vorauseilendem Gehorsam gegen die jüdischen Mitglieder in ihrem Kreis tätig. Dazu kamen **staatlich gesteuerte gewaltsame Boykottaktionen gegen Geschäfte in jüdischem Besitz und spontane Ausschreitungen**. Die Nationalsozialisten setzten auch Nicht-Juden unter Druck, die sich solchen Maßnahmen nicht anschließen mochten. Diese wurden bei Betreten von jüdischen Geschäften fotografiert und in örtlichen Zeitungskästen, in denen das antisemitische Hetzblatt „Der Stürmer" aushing, präsentiert.

Pogrom
Ausschreitungen gegen nationale, religiöse oder ethnische Minderheiten

▶ **Zum polykratischen System siehe S. 306 ff.**

M1 **Schaukasten des nationalsozialistischen Hetzblattes „Der Stürmer" in Köln, Fotografie, um 1938**

M2 Maßnahmen gegen Juden in Deutschland

1.4.1933	reichsweiter Boykott „nicht-arischer“ Geschäfte
7.4.1933	Juden dürfen kein Rechtsanwaltsbüro mehr eröffnen
11.4.1933	Entlassung von Beamten mit mindestens einem jüdischem Großelternteil
4.5.1933	Entlassung aller jüdischen Arbeiter und Angestellten bei Behörden
5.2.1934	Nichtzulassung jüdischer Medizinstudenten zur Prüfung
6.9.1935	Verkaufsverbot von jüdischen Zeitungen in Geschäften oder an Kiosken
14.11.1935	Aberkennung des Wahlrechts für Juden
21.12.1935	Verbot des Staatsdienstes für jüdische Notare, Ärzte, Professoren, Lehrer
2.7.1937	Beschränkung der Zahl jüdischer Schüler an Schulen
26.4.1938	Zwang zur Anmeldung des Besitzes von mehr als 5000 Mark
14.6.1938	Erfassung und Kennzeichnung aller jüdischen Gewerbetreibenden
20.6.1938	Betretungsverbot für Juden in Behörden
11.7.1938	Aufenthaltsverbot für Juden an Kurorten
5.10.1938	Abgabe aller Reisepässe; Beschränkung der Reisepassausgabe mit Aufdruck „Jude“
9.11.1938	Reichspogromnacht: u.a. Zerstörung aller Synagogen in Deutschland
11.11.1938	Verbot des Besitzes von Waffen für Juden
12.11.1938	Besuchsverbot von Konzerten, Theatern, Kinos, Parkanlagen und Stränden für Juden
15.11.1938	Besuchsverbot öffentlicher Schulen für Juden

▶ Siehe auch M 3, S. 161.

Diskriminierung

Am Beginn der antijüdischen Verfolgungen standen **Rempeleien sowie Schläge und Tritte** gegen Juden auf offener Straße durch SA-Trupps. Nach der **antisemitischen Propagandakampagne** bei den Reichstagswahlen vom 5. März kam es zu **Ausschreitungen und blutigen Unruhen**. Dabei setzten sich nicht, wie die NS-Propaganda behauptete, „erregte Menschenmassen“ gegen das „mächtige Judentum“ zur Wehr, sondern örtliche Anhänger der NSDAP terrorisierten gezielt jüdische Geschäftsleute, Ärzte und Juristen. Jedoch kamen den Nationalsozialisten die Unruhen zu diesem Zeitpunkt ungelegen, da diese den Konsolidierungsprozess ihrer Herrschaft störten. Noch musste die NS-Regierung Rücksicht auf ihre bürgerlich-konservativen Koalitionspartner, den Reichspräsidenten, die Reichswehr, die Verwaltung und die Wirtschaft nehmen, da sie deren Vertrauen gewinnen wollte. Die antisemitischen Gewalttätigkeiten belasteten zudem die Beziehungen zum westlichen Ausland und schränkten die außenpolitischen Handlungsspielräume der neuen Regierung ein. Außerdem wollte die NS-Führung das Gewaltmonopol auf jeden Fall fest in der Hand behalten und setzte bei der Verfolgung ihrer Gegner auf den Einsatz der Polizei und die abschreckende Wirkung der Konzentrationslager. Um aber den auf antijüdische Aktionen drängenden Gruppen wie der SA entgegenzukommen, entschloss sich das Regime zu einem straff organisierten **Boykott jüdischer Geschäfte, Praxen und Kanzleien**. Es ging den Nationalsozialisten nicht nur darum, die deutschen Juden zu isolieren und für rechtlos zu erklären, sondern auch darum, jegliche Solidarität und jedes Mitleid mit den Verfolgten zu verhindern und auszulöschen.

M3 Boykottposten vor einem Geschäft in Berlin, während eine Kundin den Laden verlässt, Fotografie, April 1933

▶ M 11: Aus den Deutschland-Berichten der Exil-SPD

Verdrängung und Ausgrenzung

Im April 1933 verabschiedete die Regierung verschiedene Gesetze und Verordnungen, die mithilfe des **„Gesetzes zur Wiederherstellung des Berufsbeamtentums“**, das den sogenannten „Arierparagrafen“ enthielt, Juden aus der öffentlichen Verwaltung und dem öffentlichen Leben verbannen sollten. Auch im Alltag mussten „Gemeinschaftsfremde“ jederzeit damit rechnen, beschimpft, gedemütigt und attackiert zu werden – ungestraft und in aller Öffentlichkeit. Mit den **„Nürnberger Gesetzen“** aus dem Jahre 1935 begann die systematische Ausgrenzung aller Juden, die zu **Staatsbürgern minderen Rechts** herabgestuft wurden. Das „Reichsbürgergesetz“ vom 15. September 1935 nahm den Juden ihre politischen Bürgerrechte, allen voran das Wahlrecht; sie waren nur noch „Staatsangehörige“, nicht mehr „Reichsbürger“. Gleichzeitig verbot das Regime im **„Gesetz zum Schutz des deutschen Blutes und der deutschen Ehre“** die Eheschließung und auch außereheliche Beziehungen zwischen „Ariern“ und Juden. Übertretungen des Verbots galten als „Rassenschande“ und wurden mit Zuchthaus bestraft. Mit einer Vielzahl von Sondergesetzen und -verordnungen setzte der NS-Staat in den nächsten Jahren die Diskriminierung, Ausgrenzung und Verdrängung der deutschen Juden aus dem öffentlichen Leben fort. Jüdische Geschäftsleute und Industrielle bekamen keine Aufträge mehr oder wurden von Rohstofflieferungen abgeschnitten, sodass viele ihre Unternehmen aufgeben mussten. Das Regime entzog den Juden jeglichen Rechtsschutz. So wurden beispielsweise Verträge, die mit Juden abgeschlossen worden waren, vor Gericht für ungültig erklärt. Eine breite Protestbewegung gegen die Judenverfolgung gab es in der deutschen Bevölkerung nicht.

▶ **M 2: Maßnahmen gegen Juden in Deutschland**

▶ **M 6, M 7: „Nürnberger Gesetze“**

▶ **M 8–M 10: Zum inszenierten „Prangermarsch“ in Gelsenkirchen 1935**

Entrechtung

Im Vorfeld und während der Olympischen Spiele 1936 drosselten die Nationalsozialisten ihre Verfolgungen vorübergehend, da sie die prestigeträchtige Sportveranstaltung nicht gefährden und sich den internationalen Gästen und Berichterstattern im positiven Licht zeigen wollten. Doch unmittelbar nach den Spielen forcierte das Regime seine antijüdischen Maßnahmen wieder. Das von den Nationalsozialisten geplante und reichsweit durchgeführte **Pogrom gegen die Juden vom 9. auf den 10. November 1938** zielte nicht mehr allein auf die Diskriminierung und Ausgrenzung der deutschen Juden, sondern auf deren Vertreibung sowie auf die Auslöschung jüdischer Kultur in Deutschland. Diese Radikalisierung zeigte sich deutlich in der **Enteignung und Ausplünderung** der noch in Deutschland lebenden Juden, die damit ihre wirtschaftliche Existenz verloren. Hauptziel war die Aneignung jüdischer Vermögen und Wirtschaftsbetriebe. Diese planmäßige und praktisch entschädigungslose Enteignung wurde vom Regime als **„Arisierung“** deklariert. Diese „Arisierungspolitik“ hatte allerdings bereits 1933 eingesetzt. Bis 1937 sollten die Boykotte die Besitzer von Einzelhandelsgeschäften, mittleren und kleineren Betrieben entweder zu „freiwilligen“ Verkäufen unter Wert zwingen oder in den Ruin treiben. Im Jahre 1938 gehörte nur noch ein Drittel der jüdischen Unternehmen ihren ursprünglichen Eigentümern. Seit 1937/1938 systematisierte der NS-Staat die „Arisierungspolitik“. Um die beschleunigte Aufrüstung des Reiches zu finanzieren, ordnete der für den Vierjahresplan zuständige Minister Göring an, dass das eingefrorene jüdische Vermögen dem staatlichen Rüstungshaushalt zufließen sollte. Nach dem Novemberpogrom beschloss die NS-Regierung die entschädigungslose Zwangsenteignung jüdischer Unternehmen. Der Staat verbot den Juden die Ausübung ihrer Berufe und bei ihrer Entlassung verloren diese alle Ansprüche auf Rente, Pension und Versicherung. Die verschärfte Arisierungspolitik brachte drei Dinge klar zum Vorschein: den **unbedingten Vernichtungswillen des NS-Regimes**, die **vollständige Rechtlosigkeit der Juden in Deutschland** und die weitgehende **Passivität der deutschen Bevölkerung**.

▶ **M 12: Blitzfernschreiben Heydrichs, 10. November 1938**

▶ **M 13: Zum Pogrom 1938 in Baden-Baden**

M 4 Der ehemalige jüdische Frontsoldat Richard Stern protestiert mit angelegtem Eisernen Kreuz vor seinem Geschäft in Köln gegen die Boykottmaßnahmen, 1. April 1933

Vertreibung, Widerstand, Exil

▶ Zum jüdischen Widerstand siehe S. 369 ff.

Die Politik der forcierten Vertreibung wurde von Hitler ausdrücklich bekräftigt: Am 30. Januar 1939 hielt Hitler eine Rede vor dem Reichstag, in der er die europäischen Mächte aufforderte, für eine **„Lösung der Judenfrage"** zu sorgen. Er endete mit der Drohung, falls es zum Krieg käme, werde das Ergebnis die „Vernichtung der jüdischen Rasse in Europa" sein. Innerhalb der jüdischen Organisationen stand daher kurz zur Debatte, dem Regime organisierten Widerstand zu leisten. Jedoch wurde diese Idee aufgrund der Aussichtslosigkeit bald wieder verworfen. Als Reaktion auf die immer stärker werdende Verfolgung beschlossen viele Juden, die finanziell dazu in der Lage waren, ihre Heimat zu verlassen und auszuwandern. Bereits 1933 verließen 37 000 jüdische Deutsche ihre Heimat. Danach sank die Zahl der jährlichen Auswanderer auf rund 20 000. Im Jahr des Novemberpogroms stieg die Zahl wieder auf 40 000, ehe sie 1939 mit 78 000 ihren Höhepunkt erreichte. Insgesamt emigrierten 270 000 Juden, um einer weiteren Verfolgung zu entgehen.

Schicksal anderer „Gemeinschaftsfremder"

M5 NS-Propagandaplakat zur Euthanasie, 1936

Schon früh richtete sich die Gewalt auch gegen „Gemeinschaftsfremde" und „Asoziale". Das alles überragende Ziel war die „Reinigung des deutschen Volkes" von „minderwertigen Elementen", insbesondere Juden, aber auch psychisch Kranken, Menschen mit Behinderung, Homosexuellen, Sinti und Roma und anderen Minderheiten. Dabei überlagerten sich Antisemitismus und Eugenik. Ziel der Eugenik, einer damals weit verbreiteten erbbiologischen Lehre, war die genetische „Verbesserung" der Bevölkerung. Rassenhygieniker befürworteten die Zwangssterilisierung vermeintlich „minderwertiger" Menschen, um sie an der Fortpflanzung zu hindern. Die rechtlichen Voraussetzungen dafür wurden durch das **„Gesetz zur Verhütung erbkranken Nachwuchses"** vom 14. Juli 1933 geschaffen. Man schätzt, dass bis 1939 300 000 Menschen von den Nationalsozialisten sterilisiert wurden. Über die Zwangssterilisierung entschieden „Erbgesundheitsgerichte". Dabei genügte die vage Kategorie „angeborener Schwachsinn" für die Zwangssterilisierung von gesellschaftlichen Randgruppen. Auch **Sinti und Roma** wurden als „Asoziale" verfolgt. Bereits im Kaiserreich und in der Weimarer Republik hatten Behörden Sinti und Roma schikaniert. Das NS-Regime systematisierte deren Verfolgung und mehrere Städte internierten bereits 1936 während der Olympischen Spiele Angehörige dieser Minderheit unter unmenschlichen Bedingungen in Lagern. Mit der Verschärfung des Paragrafen 175 des Strafgesetzbuches wurde „Unzucht" zwischen zwei Männern unter Gefängnisstrafe gestellt. Die **Verfolgung von Homosexuellen** führte über Zwangskastration zur Einlieferung in Konzentrationslager, in denen sie oftmals besonderen Demütigungen ausgesetzt waren. Grundsätzlich musste im nationalsozialistischen Deutschland jeder, der das Makel des „Gemeinschaftsfremden" trug, jederzeit damit rechnen, ungestraft und in aller Öffentlichkeit beschimpft, gedemütigt und attackiert zu werden.

1. **Wahlaufgabe:** Bearbeiten Sie entweder a) oder b).
   a) Erstellen Sie eine Grafik zur Entfesselung der nationalsozialistischen Gewalt. **Tipp:** Verwenden Sie hierfür eine Fieberkurve.
   b) Erläutern Sie die Strategie der Nationalsozialisten im Umgang mit Juden und anderen „Gemeinschaftsfremden".
2. Recherchieren Sie, welche dieser Maßnahmen in Ihrem Heimatort bzw. in Ihrer Heimatregion umgesetzt wurden.
3. Nach 1945 haben viele Deutsche behauptet, sie hätten von den Gräueln gegen Juden und andere „Gemeinschaftsfremde" nichts mitbekommen. Überprüfen Sie mithilfe des Darstellungstextes und Ihrer Ergebnisse zu Aufgabe 2 diese Aussage.

Hinweise zur Arbeit mit den Materialien
Anhand M 6 und M 7 können Sie die nationalsozialistischen „Rassegesetze" und ihre Auswirkungen erarbeiten. M 8 bis M 11 bieten Ihnen die Möglichkeit, anhand eines konkreten Beispiels die „Judenpolitik" der Nationalsozialisten und die Reaktionen der Bevölkerung auf diese zu analysieren. Anhand von M 12 und M 13 können Sie Vorgeschichte, Verantwortlichkeit und Durchführung des Novemberpogroms 1938 untersuchen.

M 6 Aus den Rassegesetzen des „Reichsparteitages der Freiheit" in Nürnberg 1935 („Nürnberger Gesetze")

a) „Reichsbürgergesetz" vom 15. September 1935

§ 1 (1) Staatsangehöriger ist, wer dem Schutzbund des Deutschen Reiches angehört und ihm dafür besonders verpflichtet ist. [...]

§ 2 (1) Reichsbürger ist nur der Staatsangehörige deutschen oder artverwandten Blutes, der durch sein Verhalten beweist, dass er gewillt und geeignet ist, in Treue dem deutschen Volk und Reich zu dienen.

(...) (3) Der Reichsbürger ist der alleinige Träger der vollen politischen Rechte nach Maßgabe der Gesetze. [...]

b) „Gesetz zum Schutze des deutschen Blutes und der deutschen Ehre" vom 15. September 1935

Durchdrungen von der Erkenntnis, dass die Reinheit des deutschen Blutes die Voraussetzung für den Fortbestand des deutschen Volkes ist, und beseelt von dem unbeugsamen Willen, die deutsche Nation für alle Zukunft zu sichern, hat der Reichstag einstimmig das folgende Gesetz beschlossen [...]:

§ 1 (1) Eheschließungen zwischen Juden und Staatsangehörigen deutschen oder artverwandten Blutes sind verboten. Trotzdem geschlossene Ehen sind nichtig, auch wenn sie zur Umgehung dieses Gesetzes im Ausland geschlossen sind. [...]

§ 2 Außerehelicher Verkehr zwischen Juden und Staatsangehörigen deutschen oder artverwandten Blutes ist verboten.

§ 3 Juden dürfen weibliche Staatsangehörige deutschen oder artverwandten Blutes unter 45 Jahren in ihrem Haushalt nicht beschäftigen.

§ 4 (1) Juden ist das Hissen der Reichs- und Nationalflagge und das Zeigen der Reichsfarben verboten.

(2) Dagegen ist ihnen das Zeigen der jüdischen Farben gestattet. Die Ausübung dieser Befugnis steht unter staatlichem Schutz.

§ 5 (1) Wer dem Verbot des § 1 zuwiderhandelt, wird mit Zuchthaus bestraft.

(2) Der Mann, der dem Verbot des § 2 zuwiderhandelt, wird mit Gefängnis oder mit Zuchthaus bestraft.

(3) Wer den Bestimmungen der §§ 3 oder 4 zuwiderhandelt, wird mit Gefängnis bis zu einem Jahr und mit Geldstrafe oder mit einer dieser Strafen bestraft.

*Reichsgesetzblatt, Jg. 1935, Teil 1, Nr. 100, S. 1146 f.**

5 Arbeiten Sie aus M 6 und M 7 die Bestimmungen der „Nürnberger Gesetze" heraus und erläutern Sie die Folgen.

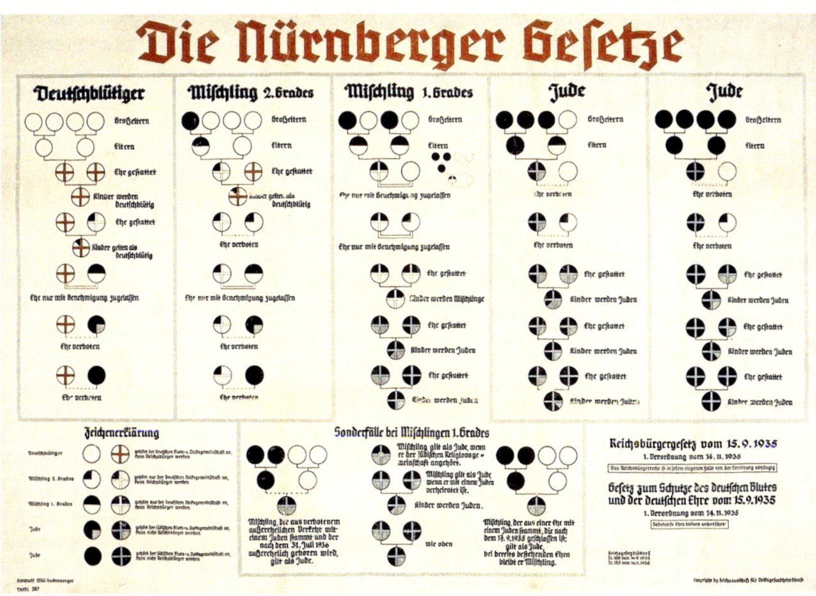

M 7 Erklärende Schautafel zu den „Nürnberger Gesetzen", 1935

6 **Vertiefung:** Beurteilen Sie den Stellenwert der „Nürnberger Gesetze" für die Entfesselung der Gewalt gegen Juden im Deutschen Reich.
Tipp: Berücksichtigen Sie dazu auch Ihre Ergebnisse aus Aufgabe 5.

M8 Aktennotiz der Gelsenkirchener Polizei, 7. August 1935

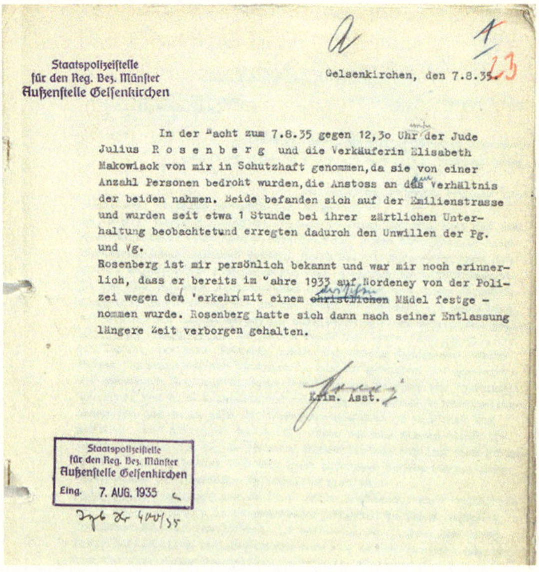

Staatspolizeistelle
für den Reg. Bez. Münster
Außenstelle Gelsenkirchen

Gelsenkirchen, den 7.8.35.

In der Nacht zum 7.8.35 gegen 12,3o Uhr der Jude Julius R o s e n b e r g und die Verkäuferin Elisabeth Makowiack von mir in Schutzhaft genommen, da sie von einer Anzahl Personen bedroht wurden, die Anstoss an das Verhältnis der beiden nahmen. Beide befanden sich auf der Emilienstrasse und wurden seit etwa 1 Stunde bei ihrer zärtlichen Unterhaltung beobachtetund erregten dadurch den Unwillen der Pg. und Vg.
Rosenberg ist mir persönlich bekannt und war mir noch erinnerlich, dass er bereits im Jahre 1933 auf Nordeney von der Polizei wegen den Verkehr mit einem ~~christlichen~~ Mädel festgenommen wurde. Rosenberg hatte sich dann nach seiner Entlassung längere Zeit verborgen gehalten.

Krim. Asst.

Staatspolizeistelle
für den Reg. Bez. Münster
Außenstelle Gelsenkirchen
Eing. 7. AUG. 1935

M9 Julius Rosenberg und Elisabeth Makowiak werden in Gelsenkirchen öffentlich gedemütigt, Fotografie, 8. August 1935

M10 Artikel aus der Gelsenkirchener Bezirksausgabe der „Nationalzeitung", 8. August 1935

[...] Einer der widerwärtigsten Vertreter dieser Rassenschänder ist der Jude Julius Rosenberg, in der Ringstraße 48 wohnhaft, der schon seit Jahren vornehmlich deutsche Frauen schändet, obwohl er ein „festes" Verhältnis mit der Verkäuferin Elisabeth Makowiak, genannt „Mack", Franz-Seldte-Straße 76, unterhält. [...] Seit Wochen schon bildeten die beiden, die sich fast Abend für Abend am Bahnhof trafen, um dann die Wohnung des Juden in der Ringstraße aufzusuchen, ein Ärgernis für die deutsch denkende Bevölkerung Gelsenkirchens. Und so kam es am Dienstagabend dazu, dass sich die Kriminalpolizei veranlasst sah, den Juden mit seiner Dirne in Schutzhaft zu nehmen, um ihn vor der erregten Bevölkerung, die das schamlose Treiben dieses Juden nicht mehr länger dulden wollte, zu schützen.
Als der Jude mit seinem Liebchen am Mittwochnachmittag wieder aus der Schutzhaft entlassen wurde, hatte sich vor dem Polizeiamt eine mehrere hundert Personen zählende erregte Menschenmenge angesammelt, die die beiden zwang, mit ihnen zu gehen und dem Juden ein Schild mit der Inschrift: „Ich bin ein Rassenschänder Jude Julius Rosenberg, Ringstraße 48" und der Judendirne ein solches mit der Inschrift: „Ich blonder Engel schlief bei diesem Judenbengel, Elisabeth Makowiak, Franz-Seldte-Straße 76" umhängte. Außerdem wurde der Hut des Juden mit der großen Inschrift „Rassenschänder" geziert. Immer wieder hörte man Stimmen aus der nach Tausenden zählenden Volksmenge, die sich ansammelte „So ist es recht, das wird hoffentlich den anderen Juden eine heilsame Lehre sein."
Durch die Bahnhofstraße, die Bochumer Straße [...] bewegte sich der immer mehr anschwellende Zug durch die Franz-Seldte-Straße an der Wohnung der Eltern der Makowiak vorbei, denen die Schande ihrer Tochter so vor Augen geführt wurde. Durch die Adolf-Hitler-Straße kam der riesige Zug auf der „Wiese" an, auf der sich ebenfalls zahlreiche Volksgenossen versammelt hatten, die den jüdischen Rassenschänder mit seiner abgrundtiefen Hässlichkeit und die Judendirne mit verachtenden Blicken straften. [...] Überall erregte der Zug das Aufsehen, das notwendig ist, um alle deutschen Väter und Mütter, vor allem aber die weibliche Jugend Gelsenkirchens, darauf aufmerksam zu machen, dass der Jude die größte Gefahr für das deutsche Blut darstellt und dass er wie die Pest zu meiden ist. [...] Und so rufen wir den Eltern unserer weiblichen Jugend und ihr selbst zu: „Hütet euch vor dem Juden, er ist der Verbrecher des Leibes und der Seele der deutschen Frau! Haltet euer Blut rein, denn es ist das kostbarste Blut, das ihr im Interesse der Zukunft der Nation sauber und rein zu bewahren habt."

*Zit. nach: http://www.stolpersteine-gelsenkirchen.de/stolperstein_julius_rosenberg.htm (abgerufen am 17. Juni 2020).**

7 Erläutern Sie anhand der Materialien M 8 bis M 10, welche Absicht die Nationalsozialisten mit dem „Rassenschande-Umzug" verfolgten.
Tipp: Gehen Sie dabei auf den Begriff des „Volksgenossen", die „Schutzhaft" und die Aufgaben der „deutschen Frau" ein.

M 11 Aus den Geheimberichten der Exil-SPD, 1934–1938

Nach dem Verbot der SPD 1933 gab der geflüchtete Parteivorstand mithilfe eines geheimen Berichterstattersystems „Deutschland-Berichte" heraus, die über die Situation in Deutschland informierten.

Aus dem Bericht von 1934: […] Viele glauben, dass ihnen durch Juden- und Marxistenverfolgung wirtschaftliche Wege geöffnet sind. Je mehr sie sich begeistern, umso leichter sind die Examen, umso eher gibt es einen Arbeitsplatz. […] Auch junge Arbeiter machen mit: „Volksgemeinschaft ist doch besser als unterste Klasse zu sein", so etwa denken sie.

1935: Die Judenverfolgung findet in der Bevölkerung keinen aktiven Widerhall. Aber sie bleiben andererseits nicht ganz ohne Eindruck. Unmerklich hinterlässt die Rassenpropaganda doch ihre Spuren. Die Leute verlieren ihre Unbefangenheit gegenüber den Juden und viele sagen sich: eigentlich haben die Nazis mit ihrem Kampf gegen die Juden doch recht, aber man ist gegen die Übertreibungen dieses Kampfes […].

1936: Die allgemeine antisemitische Psychose wirkt auf denkende Menschen, auch auf unsere Genossen. Alle sind entschiedene Gegner der Ausschreitungen, man ist aber dafür, dass die jüdische Vormachtstellung ein für alle Mal gebrochen und den Juden ein bestimmtes Betätigungsfeld zugewiesen wird. […] Das Empfinden dafür, dass die Juden eine andere Rasse sind, ist heute allgemein.

1938: In Mannheim und im ganzen badischen Unterland wurde die Verfolgung der Juden mit unmenschlicher Brutalität durchgeführt. In der Stadt Mannheim drang der Pöbel unter der Führung von SA- und SS-Leuten in die Wohnungen der jüdischen Familien ein, misshandelte die Familienangehörigen, wobei auch Frauen, Kinder und Greise nicht verschont blieben. […] [H]äufig kam es auch zu Plünderungen […]. Die Bevölkerung selbst, sowohl Arbeiter als auch bürgerliche Kreise, nahm die Nachrichten von dem Terror gegen die Juden mit Missbilligung und Abscheu auf. […] Aber man konnte auch Beweise für die Wirkung der Nazierziehung sehen, denn es gab Leute, die sich offenbar an diesem traurigen Schauspiel erfreuten und lustig grinsten. […]

*Klaus Behnken (Hg.), Deutschland-Berichte der Sozialdemokratischen Partei Deutschlands, Band 1, Verlag Zweitausendeins, Leipzig 1980, S. 2, 3, 5.**

8 Stellen Sie ausgehend von M 11 dar, wie sich die Maßnahmen gegen Juden in der jüdischen und der nicht-jüdischen Bevölkerung auswirkten und beurteilen Sie die hier aufgezeigte Entwicklung.

M 12 Blitzfernschreiben von Reinhard Heydrich, Chef des Sicherheitsdienstes SD, an die Staatspolizeistellen, München 10. November 1938, 1:20 Uhr

Ernst vom Rath war Botschaftssekretär in Paris und wurde am 7. November 1938 von Herschel Grynszpan, einem ausgewanderten polnischen Staatsbürger jüdischen Glaubens, niedergeschossen. Vom Rath erlag am 9. November seinen Verletzungen.

[…] Dringend! Sofort dem Leiter oder seinem Stellvertreter vorlegen! Betr.: Maßnahmen gegen Juden in der heutigen Nacht.

Aufgrund des Attentats gegen vom Rath in Paris sind im Laufe der heutigen Nacht – 9. auf 10.11.1938 – im ganzen Reich Demonstrationen gegen die Juden zu erwarten. Für die Behandlung dieser Vorgänge ergehen die folgenden Anordnungen:

1) Die Leiter der Staatspolizeistellen oder ihre Stellvertreter haben sofort nach Eingang dieses Fernschreibens mit den für ihren Bezirk zuständigen politischen Leitungen – Gauleitung und Kreisleitung – fernmündlich Verbindung aufzunehmen und eine Besprechung über die Durchführung der Demonstrationen zu vereinbaren, zu der der zuständige Inspekteur oder Kommandeur der Ordnungspolizei zuzuziehen ist. […]:

a) Es dürfen nur solche Maßnahmen getroffen werden, die keine Gefährdung deutschen Lebens oder Eigentums mit sich bringen (z. B. Synagogenbrände nur, wenn keine Brandgefahr für die Umgebung vorhanden ist).

b) Geschäfte und Wohnungen von Juden dürfen nur zerstört, nicht geplündert werden. Die Polizei ist angewiesen, die Durchführung dieser Anordnung zu überwachen und Plünderer festzunehmen.

c) In Geschäftsstraßen ist besonders darauf zu achten, dass nichtjüdische Geschäfte unbedingt gegen Schäden gesichert werden.

d) Ausländische Staatsangehörige dürfen – auch wenn sie Juden sind – nicht belästigt werden.

2) […] sind die stattfindenden Demonstrationen von der Polizei nicht zu verhindern, sondern nur auf die Einhaltung der Richtlinien zu überwachen. […]

5) Sobald der Ablauf der Ereignisse dieser Nacht die Verwendung der eingesetzten Beamten hierfür zulässt, sind in allen Bezirken so viele Juden – insbesondere wohlhabende – festzunehmen, als in den vorhandenen Hafträumen untergebracht werden können. Es sind zunächst nur gesunde männliche Juden nicht zu hohen Alters festzunehmen. Nach Durchführung der Festnahme ist unverzüglich mit den zuständigen Konzentrationslagern wegen schnellster Unterbringung der Juden in den Lagern

Verbindung aufzunehmen. Es ist besonders darauf zu achten, dass die aufgrund dieser Weisung festgenommenen Juden nicht misshandelt werden. [...]

*Zit. nach: Heinz Lauber, Judenpogrom: „Reichskristallnacht" November 1938 in Großdeutschland, Bleicher, Göttingen 1981, S. 80ff.**

M 13 Dr. Arthur Flehinger, ein ehemaliger Studienrat des Badener Gymnasiums, berichtet über die Reichspogromnacht in Baden-Baden in einem Bericht an das Leo-Baeck-Institut, 1955

Im Kurort Baden-Baden begann das Pogrom um sieben Uhr morgens. In Galauniform nahm die Polizei die Verhaftung der Juden vor und brachte sie in den Gefängnishof, wo sie aufgereiht bis Mittag stehen mussten.

Gegen Mittag öffnete sich das Tor und ein Zug Wehrloser mit viel Bewachung rechts und links, begann sich durch die Straßen der Stadt zu bewegen. Man hatte bis Mittag gewartet, offenbar um der Menge etwas zu bieten. Aber zur Ehre der Badener sei es gesagt, dass die meisten doch davor zurückschreckten, sich auf der Straße zu zeigen. Was an Zuschauern zu sehen war, war Pöbel. [...] Der Zug näherte sich der Synagoge, wo die obersten Stufen der Freitreppe schon mit allerhand Gesindel in und ohne Uniform angefüllt war. Das war ein richtiges Spießrutenlaufen. [...] Ich selbst hatte auf dem ganzen Zug den Leuten fest in die Augen geschaut, und als wir uns der obersten Stufe näherten, schrie einer herunter: „Guck net so frech, Professor!" [...] Meinem Freund Dr. Hauser gegenüber, der in Baden-Baden ein vielbeschäftigter und hochangesehener Anwalt war – man hatte ihn und seine Frau später aus Südfrankreich nach Celle und von dort in die Todeskammer nach Auschwitz gebracht –, zeigte sich der Mob weniger gnädig. Der Ärmste erhielt von den Vertretern des Faustrechts allerhand Faustschläge, und ich sah den Bejammernswerten dann noch auf einen Gebetsmantel fallen, den die Nazis auf dem Boden ausgebreitet hatten, damit wir darüber schritten. In der Synagoge war alles wie verwandelt [...]. Das Gotteshaus wurde zum Tummelplatz schwarzer, uniformierter Horden. Ich sah, wie oben in der Frauengalerie Leute geschäftig hin- und herliefen und Leitungsdrähte legten. Es waren keine Badener. Man ließ für den 10. November SS aus den Nachbargemeinden kommen als Leute, die durch das Fehlen auch nur eines Funkens von menschlichem Mitgefühl in ihrer Bewegungsfreiheit nicht gehemmt wurden. [...] Plötzlich ertönte eine freche, fette Stimme: „Ihr singt jetzt das Horst-Wessel-Lied." Es wurde so gesungen, wie es jeder erwartet hatte. Wir mussten es zum zweiten Mal singen [...]. Dann rief man mich hinauf zum Vorlesetisch und gab mir eine Stelle aus „Mein Kampf" zu lesen. Eine Weigerung hätte unter den damaligen Umständen das Leben der Mitleidenden gefährdet. So sagte ich: „Ich habe den Befehl erhalten, Folgendes vorzulesen", und ich las leise genug. In der Tat so leise, dass der hinter mir stehende SS-Mann mir mehrere Schläge in den Nacken versetzte. [...] Wir mussten in den Hof, damit wir unsere Notdurft verrichteten. Wir durften aber keineswegs das Klosett benutzen, sondern mussten mit dem Gesicht gegen die Synagoge dastehen und bekamen dabei von hinten allerlei Fußtritte. [...] Von der Synagoge ging es in das gegenüberliegende Hotel Central. [...] als der Kantor der Gemeinde, Herr Grünfeld, leichenblass den Saal betrat und blutenden Herzens die Worte sagte: „Unser Gotteshaus steht in Flammen." [...] Der brutalste der Hitlerbande kommentierte die traurige Botschaft [...], indem er noch den frivolen Satz hinzufügte: „Wenn es auf mich angekommen wäre, wärt ihr alle in den Flammen umgekommen!" [...] Der Autobus wartete schon vor der Tür und mit ihm eine ganze Anzahl „wütender Volksgenossen". Die Deportation nach Dachau war schon längst geplant, nur wir Armen wussten es nicht. Im Laufschritt mussten wir hinaus zum Autobus rennen, und wer nicht schnell genug rannte, bekam einen Denkzettel. Am Bahnhof warteten wir auf den Sonderzug aus der Freiburger Gegend. Er brachte die Juden aus dem Oberland. [...] Als der Zug hinter Karlsruhe in Richtung Stuttgart fuhr, hörte man nur noch das grausige Wort „Dachau".

*Rita Thalmann/Emmanuel Feinermann, Die Kristallnacht, Athenäum, Frankfurt/Main, 1988, S. 103.**

9 Überprüfen Sie mithilfe von M 13 die Umsetzung der in M 12 angeordneten Maßnahmen.

10 **Geschichte kreativ:** Nehmen Sie wieder eine der folgenden Rollen ein und berichten Sie unter Einbezug aller Materialien in einem Brief an Ihren Onkel, der 1919 in die USA emigriert ist, wie sich die Gesellschaft in Deutschland entwickelt hat, wie Sie sich angesichts des Umgangs der Nationalsozialisten mit den Juden fühlen und welche Erwartungen Sie an die Zukunft haben:

- **a)** einfacher Arbeiter der Friedrich Krupp AG
- **b)** jüdischer Ladenbesitzer in Berlin
- **c)** ehemaliger SPD-Reichstagsabgeordneter (nach Inhaftierung im KZ Oberer Kuhberg oder im Exil)
- **d)** Beamtin aus einer Kleinstadt mit jüdischer Gemeinde
- **e)** Soldat aus dem Ersten Weltkrieg (jetzt in Arbeit)
- **f)** Großindustrieller

6.5 NS-Wirtschaftspolitik – Propaganda und Wirklichkeit

In diesem Kapitel geht es um
- *die wirtschaftliche Entwicklung im nationalsozialistischen Deutschland zwischen 1933 und 1939 sowie*
- *die propagandistische Nutzung der Wirtschaftspolitik durch den Nationalsozialismus.*

Die Organisation der Wirtschaft

Von Anfang an machte das NS-Regime deutlich, dass der **Vorrang der Politik** auch im ökonomischen Bereich uneingeschränkt zu gelten hatte. Die Wirtschaft hatte sich in den Dienst des Nationalsozialismus zu stellen. Sie sollte **unabhängig (autark)** von Rohstoff- und Nahrungsmittelimporten aus dem Weltmarkt werden. Dennoch war die NS-Wirtschaftsordnung keine Planwirtschaft, in der der Staat alle wirtschaftlichen Entscheidungen traf. Auch wenn das NS-Regime die Verfügungs- und Eigentumsrechte immer stärker einschränkte, so blieb die private Eigentumsordnung erhalten und die Unternehmer hatten im Rahmen der staatlichen Lenkungsvorgaben ein hohes Maß an unternehmerischer Selbstbestimmung, ganz im Gegensatz zu den Arbeitern, deren Ge-

▶ M 7: Ergebnisse der Autarkiepolitik 1936–1942

▶ M 10: Aus Hitlers geheimer Denkschrift zum Vierjahresplan, 1936

M 1 „Hurrah, die Butter ist alle!", Fotomontage von John Heartfield, 1935.
Dieses Bild erschien in der „Arbeiter Illustrierten Zeitung" (AIZ), einer linksgerichteten Zeitung, die von 1921 bis 1933 in Berlin und ab 1933 im Exil in Prag erschien. In Deutschland durfte die Fotomontage nicht gedruckt werden.

▶ Zur DAF und Zerschlagung der Gewerkschaften siehe S. 312

werkschaften zerschlagen wurden und in der Deutschen Arbeitsfront (DAF)* aufgingen. Der Historiker Hans-Ulrich Wehler bezeichnete die NS-Wirtschaft daher als „staatsgelenkte Marktwirtschaft".

Überwindung von Wirtschaftskrise und Massenarbeitslosigkeit

M2 Titelbild einer KdF-Verkaufsbroschüre 1938

▶ Antizyklische Konjunkturpolitik siehe S. 188

▶ M 9: Aus dem Sitzungsprotokoll der Reichsregierung für Arbeitsbeschaffung, 1933

Am 1. Februar 1933 kündigte Hitler in seiner Regierungserklärung an, dass die Arbeitslosigkeit binnen vier Jahren überwunden sein müsse. Die NS-Führung wusste, dass die Zustimmung der Bevölkerung und damit die Machtsicherung vom spürbaren Abbau der Arbeitslosigkeit abhingen. Für den **Kampf gegen die Arbeitslosigkeit** prägten die Nationalsozialisten die propagandistische Formel der **„Arbeitsschlacht"**. Als 1936 Vollbeschäftigung erreicht wurde, gelang dies unter anderem, indem ganze Bevölkerungsgruppen durch die zweijährige Wehrpflicht und den halbjährlichen „Reichsarbeitsdienst" dem Arbeitsmarkt entzogen wurden. Um die Konjunktur anzukurbeln, vertrauten die Nationalsozialisten, genauso wie die Präsidialregierungen der Weimarer Republik und auch die übrigen marktwirtschaftlich orientierten Staaten zu dieser Zeit, auf die Wirkung antizyklischer Konjunkturpolitik* mit staatlichen Investitions- und Arbeitsbeschaffungsmaßnahmen sowie Steuererleichterungen. Dieses auf staatlicher Verschuldung basierende Programm von direkter Arbeitsbeschaffung und Förderung privatwirtschaftlicher Investitionen durch Anreize und Prämien bei gleichzeitiger Kontrolle der Preise und Löhne setzte das NS-Regime mit erheblichen Finanzmitteln um. Von Anfang an verknüpfte das NS-Regime Arbeitsbeschaffung mit **Aufrüstung**, und so war der eigentliche Weg aus der Krise, den das NS-Regime beschritt, die Vorbereitung ihres imperialistischen Programms der **„Lebensraumgewinnung im Osten"**, das sich nur durch einen siegreichen Krieg verwirklichen ließ. Die NS-Führung setzte darauf, den eigenen Staatshaushalt auf Kosten der eroberten Länder auszugleichen. Die gesamte Wirtschaftspolitik der Nationalsozialisten war strikt ihren rassistischen, nationalistischen und imperialistischen Zielen untergeordnet.

Propagandaprojekt Reichsautobahn

M3 Postkarte zur Eröffnung der Reichsautobahn München–Reichsgrenze durch Adolf Hitler, 1936

Der Bau der Autobahnen war für die einen Beweis für die nationalsozialistischen Anstrengungen, die Massenarbeitslosigkeit zu beseitigen und Deutschland zu modernisieren, für die anderen ein Instrument der NS-Aufrüstungs- und Kriegspolitik. Die neuere Forschung hat beide Thesen entkräftet: Sowohl der Beitrag des Autobahnbaus zum Abbau der Arbeitslosigkeit als auch ihr militärischer Nutzen waren gering. Jedoch ist der **propagandistische Wert des Autobahnbaus** sehr viel höher einzustufen. Das NS-Regime inszenierte ihn, um der Öffentlichkeit seine Bemühungen um Massenbeschäftigung eindrucksvoll zu demonstrieren. Außerdem wollte es der Bevölkerung seine Aufgeschlossenheit für moderne wissenschaftlich-technische Entwicklungen verdeutlichen. Der Autobahnbau sollte, so die NS-Propaganda, die verkehrstechnischen Voraussetzungen der **Massenmotorisierung** schaffen. Unerwähnt ließen die Nationalsozialisten, dass sie hierbei fertige Pläne aus der Weimarer Republik aufgriffen.

1 Charakterisieren Sie mithilfe des Darstellungstextes die NS-Wirtschaftspolitik.
2 Analysieren Sie die Fotomontage M 1.
3 Vergleichen Sie M 1 und M 2.
4 **Wahlaufgabe:** Bearbeiten Sie entweder a) oder b).
   a) Beurteilen Sie mithilfe des Darstellungstextes die Bedeutung der NS-Wirtschaftspolitik für die Festigung des NS-Regimes.
   b) Historiker sprechen heute vom „Mythos Reichsautobahn" – begründen Sie diese Charakterisierung.

Hinweise zur Arbeit mit den Materialien
Im Folgenden können Sie sich anhand eines umfassenden Projektes (Erstellen eines Erklärvideos) mit der Wirtschaftspolitik des NS-Regimes beschäftigen. Dafür stehen Ihnen verschiedene Statistiken zur wirtschaftlichen Entwicklung und zur Arbeitslosigkeit, schriftliche Materialien zur Wirtschaftspolitik, Zwangsarbeit und Propaganda sowie ein Plakat zur Verfügung. Die Materialien M 13 bis M 15 thematisieren abschließend die Forschungskontroverse zur Rolle der NS-Wirtschaftspolitik.

M4 Gesamtwirtschaftliche Entwicklung im Deutschen Reich 1929 bis 1938 (Quartalsdaten)

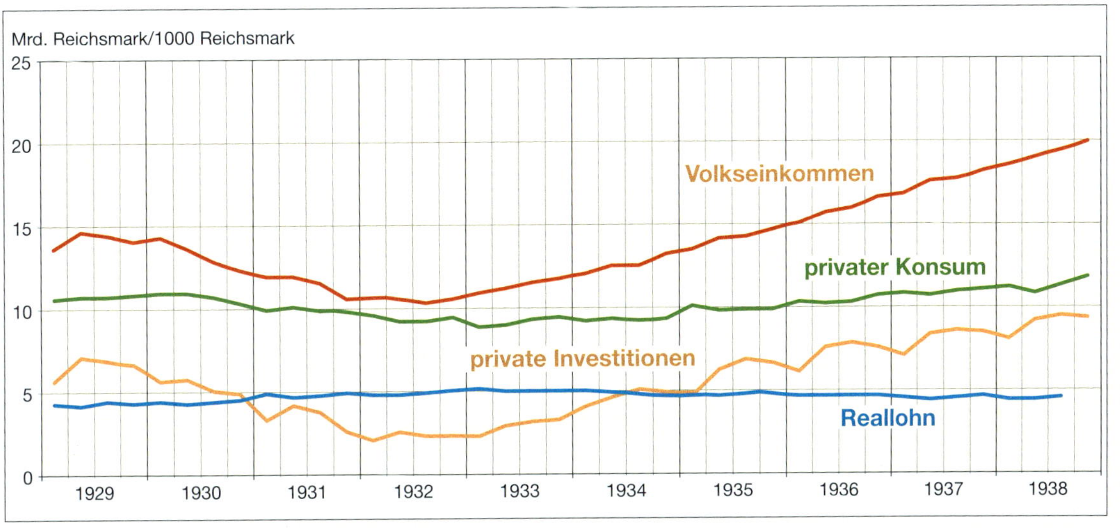

Albrecht Ritschl, Deutschlands Krise und Konjunktur 1924–1934, Akademie, Berlin 2002, Anh. C.2.

1 *Volkseinkommen = Bruttosozialprodukt + Subventionen – indirekte Steuern – Abschreibungen*
2 *Konsum und Investitionen in Mrd. RM*
3 *Reallohn:* jährliche Lohnsumme pro Beschäftigten in 1000 RM

M5 Öffentliche Ausgaben im Deutschen Reich 1932 bis 1938 in Mrd. RM

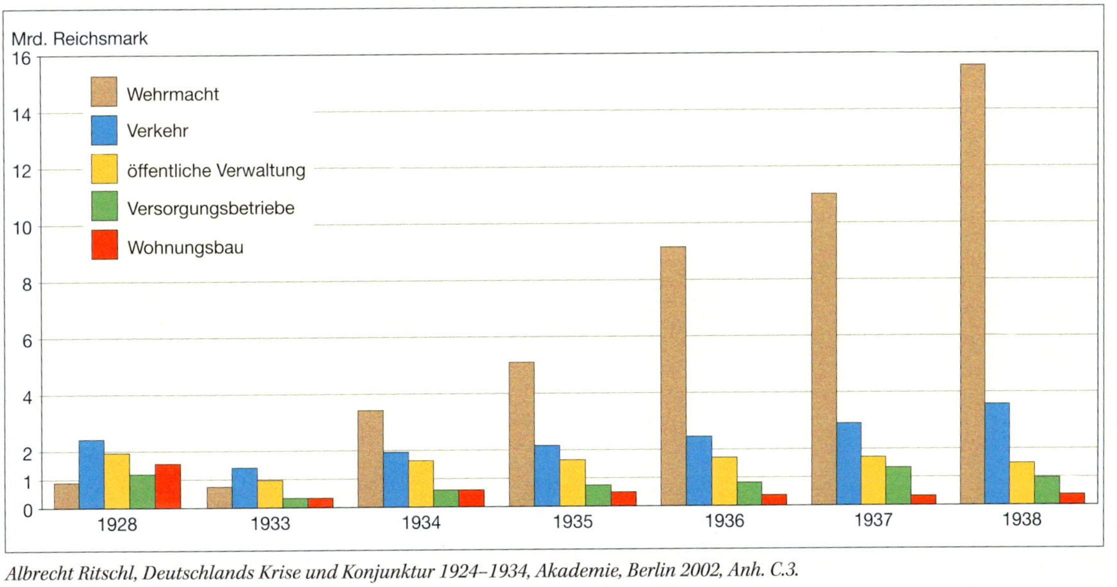

Albrecht Ritschl, Deutschlands Krise und Konjunktur 1924–1934, Akademie, Berlin 2002, Anh. C.3.

M6 Arbeitslosigkeit in verschiedenen Ländern 1924 bis 1938, Angaben in Prozent

Jahr	Deutschland	Großbritannien	USA	Frankreich
1924	4,9	10,3	8,0	3,0
1926	10,0	12,5	2,8	3,0
1929	8,5	10,4	4,7	1,0
1932	29,9	22,1	34,0	15,4
1933	25,9	19,9	35,3	14,1
1934	13,5	16,7	30,6	13,8
1935	10,3	15,5	28,4	14,5
1936	7,4	13,1	23,9	10,4
1937	4,1	10,8	20,0	7,4
1938	1,9	12,9	26,4	7,8

Zahlen nach: Hans-Ulrich Thamer, Verführung und Gewalt. Deutschland 1933–1945, btb, Berlin 1994, S. 470.

M7 Ergebnisse der Autarkiepolitik 1936–1942[1]

Produktionssektor	Erzeugung jeweils in 1000 Tonnen			Steigerung 1936–1942 1936 = 100	Planungen in 1 000 t pro Jahr	Planerfüllung für 1940 bzw. 1942 in %
	1936	1938	1942			
Mineralöl	1 790	2 340	6 260	350	13 830	45
Aluminium	98	166	260	268	273	98
Buna (Kautschuk)	0,7	5	96	13 700	120	80
Lederaustauschstoffe	14,5	23	61	421	65	94
Stickstoff	770	914	930	121	1 040	89
Zellwolle	42,8	154	300	700	146,5	206
Kunstseide	45,5	65	90	198	64,9	138
Sprengstoffe	18	45	300	1667	233	135
Pulver	20	26	150	750	217	69
Eisen	15 302	18 045	15 332	100	19 500	72
Stahl	19 216	22 656	20 480	106	24 000	80
Kupfer	61,4	68,8	41,1	67	75,9	54
Eisenerz	2 255	3 360	4 137	182	5 549	90
Braunkohle	161 382	194 985	245 918	152	240 500	103
Steinkohle	158 400	186 186	166 059	105	213 000	87

Zit. nach: Dietmar Petzina, Autarkiepolitik im Dritten Reich. Der nationalsozialistische Vierjahresplan, DVA, Stuttgart 1968, Tab. 16.

1 *Die Resultate sind nicht vollständig vergleichbar, weil die Planerfüllung bei Eisen, Stahl, Braun- und Steinkohle für 1940, bei allen anderen Erzeugnissen für 1942 ermittelt wurden.*

M8 Rudolf Heß, Hitlers Stellvertreter, appelliert bei einer Rede in Hof an die Bevölkerung, Oktober 1936

Im Sommer 1936 kam es während einer „Fettkrise" zu Schwierigkeiten in der Lebensmittelversorgung. Heß' Rede wurde auf der Titelseite des Parteiorgans „Völkischer Beobachter" abgedruckt.

Wie ungeheuer sind doch die Leistungen des neuen Reiches allein auf wirtschaftlichem Gebiet! [...] Was bedeutet es doch, im Januar 1933 einen Staat zu übernehmen, der vor dem Zusammenbruch steht, mit einer Wirtschaft, die eigentlich längst hätte Konkurs ansagen müssen, und dann innerhalb kürzester Frist mittels dieses Staates, mittels dieser Wirtschaft die Gesundung herbeizuführen, Millionen wieder in Arbeit und Brot zu bringen, eine moderne Wehrmacht auszubauen und zugleich mit diesen gewaltigen Anstrengungen unserem Volke das Brot zu sichern! [...] Wir sind bereit, auch künftig – wenn notwendig, mal etwas weniger Fett [...] zu verzehren, weil wir wissen, dass dieses kleine Opfer ein Opfer bedeutet auf dem Altar der Freiheit unseres Volkes. Wir wissen, dass die Devisen, die wir dadurch sparen, der Aufrüstung zugutekommen. Auch heute gilt die Parole: „Kanonen statt Butter!"

*Zit. nach: Norbert Frei, Der Führerstaat. Nationalsozialistische Herrschaft 1933 bis 1945, C. H. Beck, München 2002, S. 226f.**

M9 Aus dem Sitzungsprotokoll der Reichsregierung für Arbeitsbeschaffung vom 8. Februar 1933

Die Zukunft Deutschlands hänge ausschließlich und allein vom Wiederaufbau der Wehrmacht ab. Alle anderen Aufgaben müssten hinter der Aufgabe der Wiederaufrüstung zurücktreten. [...] Jedenfalls steht er [Hitler] auf dem Standpunkt, dass in Zukunft bei einer Kollision zwischen Anforderungen für die Wehrmacht und Anforderungen für andere Zwecke die Interessen der Wehrmacht unter allen Umständen vorzugehen hätten. [...] Er halte die Bekämpfung der Arbeitslosigkeit durch Vergebung öffentlicher Aufträge für die geeignetste Hilfsmaßnahme. Das 500-Millionen-Programm sei das größte seiner Art und besonders geeignet, den Interessen der Wiederaufrüstung dienstbar gemacht zu werden. Es ermöglicht am ehesten die Tarnung der Arbeit für die Verbesserung der Landesverteidigung. Auf diese Tarnung müsse man gerade in der nächsten Zukunft besonderen Wert legen, denn er sei überzeugt davon, dass gerade die Zeit zwischen der theoretischen Anerkennung der militärischen Gleichberechtigung Deutschlands und der Wiedererreichung eines gewissen Rüstungsstandes die schwierigste und gefährlichste sein werde. Erst wenn Deutschland so weit aufgerüstet habe, dass es für den Zusammenschluss mit einer anderen Macht bündnisfähig werde, nötigenfalls auch gegen Frankreich, werde man die Hauptschwierigkeiten der Aufrüstung überwunden haben.

*Konrad Repgen (Hg.), Akten der Reichskanzlei. Die Regierung Hitler, Bd. 1, Teil 1: 1933/34, Harald Boldt Verlag, Boppard am Rhein 1983, S. 62f.**

M10 Aus Hitlers geheimer Denkschrift zum Vierjahresplan, 1936

[...] Deutschland [muss] politisch und wirtschaftlich in die Lage der Selbsterhaltung gebracht werden[...]. Zu diesem Zwecke sind auf all den Gebieten, auf denen eine eigene Befriedigung durch deutsche Produktion zu erreichen ist, Devisen einzusparen, um sie jenen Erfordernissen zuzulenken, die unter allen Umständen ihre Deckung nur durch Import erfahren können. [...] Die Frage des Kostenpreises dieser Rohstoffe ist ebenfalls gänzlich belanglos, denn es ist immer noch besser, wir erzeugen in Deutschland teure Reifen und können sie fahren, als wir kaufen theoretisch billige Reifen, für die das Wirtschaftsministerium keine Devisen bewilligen kann. [...] Es ist weiter notwendig, ohne Rücksicht auf die Kosten die deutsche Erzförderung zu steigern und insbesondere die Erzeugung von Leichtmaterial auf das Äußerste zu erhöhen, um damit einen Ersatzstoff für bestimmte andere Metalle zu finden. [...] Es gibt keine Zweifel darüber, dass die Außenstände unserer Wirtschaft heute ganz enorm sind. Und es gibt weiter keinen Zweifel, dass sich dahinter zum Teil auch die niederträchtige Absicht verbirgt, für alle Fälle im Ausland gewisse, dem inneren Zugriff entzogene Reserven zu besitzen. Ich sehe darin eine bewusste Sabotage der nationalen Selbstbehauptung bzw. der Verteidigung des Reiches, und ich halte aus diesem Grund die Erledigung zweier Gesetze vor dem Reichstag für notwendig:

1. ein Gesetz, das für die Wirtschaftssabotage die Todesstrafe vorsieht, und
2. ein Gesetz, das das gesamte Judentum haftbar macht für alle Schäden, die durch einzelne Exemplare dieses Verbrechertums der deutschen Wirtschaft und damit dem deutschen Volke zugefügt werden.

[...] Ich stelle damit folgende Aufgaben:

I. Die deutsche Armee muss in 4 Jahren einsatzfähig sein.

II. Die deutsche Wirtschaft muss in 4 Jahren kriegsfähig sein.

*Vierteljahreshefte für Zeitgeschichte, Jg. 3, 1955, S. 184ff.**

M11 Erinnerungen der ehemaligen Zwangsarbeiterin Vera G. (geb. 1926) aus der Ukraine, 1999

Der Verein „Spurensuche Harzregion e.V." arbeitet die Geschichte der in Goslarer Betrieben eingesetzten Zwangsarbeiter während der NS-Herrschaft auf. Aufgrund der überlieferten Meldekarten aus den Jahren 1939–1945 von über 5000 ehemals in Goslar beschäftigten Zwangsarbeitern konnten die ehemaligen Zwangsarbeiter oder ihre Hinterbliebenen kontaktiert werden.

Als ich 17 Jahre alt war, wurde ich nach Deutschland verschleppt. Wir wurden in Güterwagen gebracht und kamen in Deutschland in eine Stadt, an deren Namen ich mich nicht erinnern kann. Da wurden wir schon von Vertretern der verschiedenen Firmen und Fabriken erwartet. Wir wurden wie Sklaven in einer Reihe aufgestellt und diesen Vertretern übergeben. Fünf Mädchen mit mir zusammen wurden in die Chemiefabrik Oker-Braunschweig gebracht. In dieser Fabrik wurde chemisches Pulver hergestellt. Am Tag mussten wir zwölf Stunden arbeiten bei einer ½ Stunde Pause. Das Pulver kam wie bei einer Mühle in Säcke, diese Säcke musste ich auf die Loren stellen, ein Sack wog 20 kg. Auf eine Lore mussten 20 Säcke geladen werden. Dann musste ich diese Lore in das andere Gebäude schieben, dort ausladen und stapeln. Zwei Deutsche, Heinrich und Ernst, beobachteten diesen Prozess. Ernst hat mir geholfen, die Säcke auszuladen, aber Heinrich schrie nur: „Los Mensch!" [...]

Die ganze Zeit musste ich den Pulverstaub einatmen. Und nach kurzer Zeit wurde der ganze Körper und das Gesicht von eitrigem Ausschlag befallen. Meine Füße, Beine und der ganze Körper schmerzten und mir wurde ständig schwindlig. Diese Furunkel sind erst ein Jahr nach Ende des Krieges weggegangen. Morgens bekamen wir 300 g Brot für den ganzen Tag; später, als wir nach einem Jahr immer schwächer geworden waren, bekamen wir noch 100 g hinzu. Mittags und abends gab es gekochte Steckrüben, aber auch nicht genug, um satt zu werden. In diesen fast zwei Jahren haben wir keine Kartoffel, kein Körnchen und natürlich kein Fleisch gesehen. Wir haben nur überlebt, weil wir sehr jung waren. Wir haben am Ende Goslars gewohnt unter dem Wald. [...] Im Winter war es sehr kalt. [...] Wir waren sehr schwach und hungrig. Auf die Toilette mussten wir nach draußen. Manches schwache Mädchen hat das nicht geschafft und in solch einem Zustand mussten wir uns zur Arbeit schleppen. [...]

*Zit. nach: http://www.spurensuche-harzregion.de/?publikationen/7 (abgerufen am 17. Juni 2020).**

M12 Werbeplakat für KdF-Wagen, 1939.

1938 führten die Nationalsozialisten eine Sondersparaktion ein: Kaufinteressenten konnten mit mindestens 5 Reichsmark pro Woche für ein Auto sparen, das es noch gar nicht gab. Kurz nach Kriegsbeginn im September 1939 wurde die Produktion auf Kübelwagen für die Wehrmacht umgestellt. Bis Kriegsende erhielt kein Sparer einen KdF-Wagen. Spareinlagen von insgesamt 275 Millionen Reichsmark gingen verloren.

5 **Gruppenarbeit:** Gestalten Sie in Vierergruppen ein Erklärvideo zum Thema „NS-Wirtschaft – Propaganda und Wirklichkeit".

Tipps:

a) Befolgen Sie die methodischen Hinweise auf S. 319 f.

b) Achten Sie inhaltlich besonders auf folgende Punkte: Konsum, militärische Aufrüstung, Propaganda, Zwangsarbeit und Arbeitslosigkeit.

Geschichte kontrovers: Wurden die Deutschen vom NS-Regime bestochen?

M 13 Der Historiker Götz Aly, 2006

Die mannigfaltigen [...] Formen öffentlicher Habgier und nationaler Bereicherung ermöglichten es, die Masse des Volkes mit einer Mischung aus milder Steuerpolitik, guter Versorgung und punktuellem Terror an den Rändern der Gesellschaft wenigstens ruhigzustellen. Das stimmungspolitische Optimum[1], das die NS-Führer anstrebten, bildete allerdings die gute Laune der Deutschen. Von ihr pflegte Goebbels zu sagen, sie „ist ein Kriegsartikel, unter Umständen kann sie nicht nur kriegswichtig, sondern kriegsentscheidend sein". Die materielle Stimulierung einer gehobenen deutschen Massenlaune auf Kosten Anderer bildete das wesentliche – stets kurzfristig verstandene – Ziel des Regimes. So betrachtet, verwandelte die NS-Führung die Deutschen mehrheitlich weder in Fanatiker noch in überzeugte Herrenmenschen. Vielmehr gelang es ihr, sie zu Nutznießern zu machen. Nicht Wenige steigerten sich in eine Goldgräberstimmung, in das Gefühl von einer nahenden Zukunft, in der das Geld auf der Straße liegen würde. Wie sich der Staat im Großen in eine gewaltige Raubmaschinerie transformierte, wandelten sich gewöhnliche Leute in Vorteilsnehmer und passiv Bestochene.

*Götz Aly, Hitlers Volksstaat. Raub, Rassenkrieg und nationaler Sozialismus, Fischer, Frankfurt/Main 2006, S. 360f.**

1 *Optimum:* höchstes erreichbares Maß, höchster erreichbarer Wert

M 14 Hausrat von Juden aus Westeuropa im Sammellager Oberhausen, Mühlheimer Straße/Ecke Brücktorstraße, Fotografie (Ausschnitt), 1943

M 15 Der Historiker Hartmut Berghoff, 2007

Der NS-Staat besaß keine eigene konsumpolitische Konzeption, weder im Sinne der Nachahmung des amerikanischen Massenkonsums noch in dem eines Alternativmodells. Stattdessen adaptierte er ziemlich willkürlich einzelne Versatzstücke unterschiedlicher Provenienz.[1] [...] Letztlich verurteilten die Restriktionen der Rohstoff- und Devisenknappheit die Bemühungen um ein Ausbalancieren von „Kanonen" und „Brot" zum Scheitern. Daher war die Konsumpolitik auch so widersprüchlich. Die Konsumenten lebten im „Dritten Reich" in einer „gespaltenen" Lebenswelt. Obwohl sie z. T. unter gravierenden Versorgungsengpässen litten, kam es zu keinen für das Regime bedrohlichen Protesten. Der Bezugspunkt für das Urteil der Menschen war die Weltwirtschaftskrise und daraus resultierte die Selbstwahrnehmung einer substanziellen Verbesserung ihrer Lebensumstände. In diesem Kontext fielen weitreichende Versprechungen auf fruchtbaren Boden, zumal die Propaganda geschickt inszeniert wurde und sich Erfolge auf symbolträchtigen Gebieten wie Rundfunk, Kino und Tourismus einstellten. Hinzu kamen die trotz Aufrüstung möglichen Erfolge einiger Teile der Konsumgüterindustrie.

*Hartmut Berghoff, Gefälligkeitsdiktatur oder Tyrannei des Mangels? Neue Kontroversen zur Konsumgeschichte des Nationalsozialismus, in: Geschichte in Wissenschaft und Unterricht 09/2007, S. 502–578, hier S. 577f.**

1 *Provenienz:* Herkunft

6 Analysieren Sie M 13 und vergleichen Sie M 13 mit M 15.

7 Beurteilen Sie, ob die Deutschen vom NS-Regime bestochen wurden. Beziehen Sie M 14 in Ihr Urteil ein.

8 **Vertiefung:** Der britische Historiker Adam Tooze stellt in seinem Buch „Ökonomie der Zerstörung. Die Geschichte der Wirtschaft im Nationalsozialismus" fest, dass die Rüstung als eine Investition in den zukünftigen Wohlstand des Reiches gesehen wurde. Überprüfen Sie diese Aussage.

6.6 Vertiefung: Die NS-Außenpolitik 1933 bis 1939

In diesem Kapitel geht es um
- *die Konzeption und Durchsetzung der NS-Außenpolitik,*
- *die Bedeutung der außenpolitischen Erfolge für das NS-Regime sowie*
- *die Reaktionen der demokratischen Staaten auf die NS-Außenpolitik.*

M1 **„Sieg über Versailles", Filmplakat für einen NS-Dokumentarfilm, 1939**

M3 **Hitler verkündet den „Anschluss Österreichs" am 15. März 1938 auf dem „Heldenplatz" in Wien, Fotografie, 1938**

Hitlers Doppel-Strategie

Hitlers Machtstellung wäre ohne die außenpolitischen Erfolge bis 1939 kaum möglich gewesen. Dies galt vor allem für das Ziel, den „Schandfrieden" von Versailles zu revidieren. Der NS-Spitze ging es aber auch darum, über das 1933 noch geringe Rüstungsniveau hinwegzutäuschen und trotzdem die Expansionspolitik vorzubereiten. Vor der Machtübernahme war Hitler für eine kompromisslose Aufrüstung und außenpolitische Konfrontation eingetreten. Als Reichskanzler trat er zunächst zurückhaltender auf. So beschwor Hitler in seiner Reichstagsrede vom 17. Mai 1933 die bestehende internationale Friedensordnung. Dadurch sollten die Regierungen im Ausland und die eigene Bevölkerung beruhigt werden. In geheimen Besprechungen plädierte Hitler jedoch für Gewalt als einziges Mittel, um „Lebensraum im Osten" zu gewinnen. Bis heute ist umstritten, ob sich Hitlers Außenpolitik pragmatisch an der jeweiligen außenpolitischen Konstellation orientierte oder einem genauen Plan folgte. Eines ist jedoch klar: Er verfolgte stets seine grundsätzlichen ideologischen Ziele – Kampf gegen die Juden und den Kommunismus sowie die Erweiterung des deutschen „Lebensraums im Osten". Von Beginn an wollte er Krieg zu militärisch möglichst günstigen Bedingungen führen.

M2 **Revisionspolitik und Aufrüstung im Deutschen Reich**

19. Oktober 1933	Austritt des Deutschen Reiches aus dem Völkerbund
26. Januar 1934	Nichtangriffspakt mit Polen
16. März 1935	Wiedereinführung der Wehrpflicht und Aufbau schwerer, offensiver Waffengattungen, wie der Luftwaffe
18. Juni 1935	Unterzeichnung des deutsch-britischen Flottenabkommens: Deutschland darf wieder Kriegsschiffe bauen
7. März 1936	Einmarsch der Wehrmacht in das gemäß dem Versailler Vertrag entmilitarisierte Rheinland; Bruch der Verträge von Versailles (s. S. 246 ff.) und Locarno (s. S. 260)
Juli 1936	Unterstützung Francos im Spanischen Bürgerkrieg mit der „Legion Condor"
August 1936	Forderung Hitlers an Wirtschaft und Armee, sich bis 1940 kriegsbereit zu machen

Neue Bündnisse und ein großdeutsches Reich

Während der Olympischen Spiele 1936 inszenierte sich das NS-Regime als offenes, gastfreundliches Land, dessen Außenpolitik als gemäßigt und berechenbar erschien. Zeitgleich wurden aber bereits neue Bündnisse geschmiedet. Die ideologische Nähe zwischen dem faschistischen Italien und dem NS-Regime sowie vor allem ihr gemeinsamer Kampf gegen den Kommunismus ermöglichten die **„Achse Berlin–Rom"**. Im selben

Jahr schlossen Japan und das Deutsche Reich den **„Antikominternpakt“**, der gegen die Sowjetunion gerichtet war und dem Italien 1937 beitrat.

Im März 1938 überschritten Wehrmachtseinheiten die Grenze zu Österreich. Unter Ausnutzung innerer Schwierigkeiten hatten die Nationalsozialisten dazu beigetragen, die österreichische Republik zu destabilisieren. Die demokratischen Kräfte, allen voran die Sozialdemokraten, waren zu schwach, um sich den Nationalsozialisten zu widersetzen. Die Mehrheit der österreichischen Bevölkerung hatte das im Versailler Vertrag geregelte Verbot einer Vereinigung Österreichs mit dem Deutschen Reich ohnehin nie akzeptiert. Mit dem „Ostmark-Gesetz“ vom April 1939 wurden die österreichischen Bundesländer und ihre Regierungen aufgelöst und in sieben Reichsgaue gegliedert. Die Besetzung wurde durch eine Volksabstimmung mit 99,6 Prozent Zustimmung legitimiert. Den **„Anschluss“ Österreichs** deutete das NS-Regime als einen enormen machtpolitischen und wirtschaftlichen Gewinn.

Im Anschluss nahm Hitler Konflikte um die Rechte der **Sudetendeutschen in der Tschechoslowakei** zum Anlass, auf die tschechische Führung Druck auszuüben. Dabei ging es nur vordergründig darum, für die deutsche Minderheit einen Autonomiestatus zu erreichen. Sein Ziel war, die Tschechoslowakei zu „zerschlagen“. Als sich die Krise im Sommer 1938 zuspitzte, ließ sich Hitler unter diplomatischem Druck auf eine Konferenz mit den Regierungschefs von Frankreich, England und Italien ein. Auf der **Münchner Konferenz vom 30. September 1938** einigten sich die Teilnehmer auf dem Hintergrund der britischen ***Appeasement*-Politik*** auf die **Eingliederung der sudetendeutschen Gebiete in das Deutsche Reich**. Dafür garantierten die Beteiligten, das restliche Gebiet der Tschechoslowakei unangetastet zu lassen. Die Regierung in Prag war zu der Konferenz nicht eingeladen worden, wurde anschließend aber gezwungen, dem Abkommen zuzustimmen. Damit waren innenpolitische Konflikte zwischen Tschechen und Slowaken unvermeidbar. Als die Prager Regierung zur Erhaltung der Einheit des Landes Militär einsetzte, griff das NS-Regime militärisch ein und besetzte Tschechien, das als **„Protektorat Böhmen und Mähren“** dem Reich eingegliedert wurde. Die Slowakei wurde formal souverän, war aber völlig vom Deutschen Reich abhängig. Damit war die auf Friedenserhaltung abzielende Appeasement-Politik gescheitert.

M4 **Wütender Protest gegen den Einmarsch der Nationalsozialisten in Böhmen und Mähren, Fotografie, 15. März 1939**

Appeasement
engl. „Beschwichtigung“; abwertender Begriff für die englische Politik gegenüber Deutschland und Italien während der 1930er-Jahre, die den Frieden durch Zugeständnisse zu erhalten suchte; siehe S. 338

Der Weg in den Zweiten Weltkrieg

Um Hitler von weiteren Expansionen in Osteuropa abzubringen, gaben England und Frankreich am 30. März 1939 Garantieerklärungen für Polen ab und intensivierten ihre Aufrüstung. Zur selben Zeit setzte das NS-Regime Polen unter Druck, indem es die **Wiedereingliederung Danzigs** in das Deutsche Reich forderte. Hitler beauftragte die Wehrmacht am 11. April 1939 mit der Vorbereitung eines „vernichtenden“ Angriffs auf Polen. Den deutsch-polnischen Nichtangriffspakt kündigte er Ende April. Doch dieses Mal schienen sich die Expansionsbestrebungen in einer Sackgasse zu befinden, da das Deutsche Reich einen Krieg mit England und Frankreich bei gleichzeitigem möglichen Eingreifen der Sowjetunion und damit einem Zweifrontenkrieg nicht riskieren wollte. In dieser Konstellation änderte Hitler seinen außenpolitischen Kurs. Am 23. August 1939 schloss er einen Nichtangriffspakt mit der Sowjetunion (**„Hitler-Stalin-Pakt“**). In einem **geheimen Zusatzprotokoll** teilten Hitler und Stalin Polen unter sich auf und steckten ihre Interessensphären in Osteuropa ab.

Durch die deutsch-sowjetische Bündniskonstellation vom August 1939 sah Hitler die Voraussetzungen für den **Überfall auf Polen** als günstig an. Am **1. September 1939** überschritten die deutschen Truppen die polnische Grenze. England und Frankreich ließen sich durch den deutsch-sowjetischen Pakt – vermutlich gegen Hitlers Erwartungen – nicht davon abhalten, ihre Garantieerklärung einzulösen. Am 3. September erklärten sie Deutschland den Krieg. Die Sowjetunion marschierte am 17. September in Ostpolen ein: Der Zweite Weltkrieg hatte begonnen.

M5 **„Mal sehen, wie lange die Flitterwochen dauern werden!“, englische Karikatur, September 1939**

▶ M 9: Geheimes Zusatzprotokoll zum deutsch-sowjetischen Nichtangriffspakt, 1939

Die Reaktionen der anderen Staaten

Die **USA** hatten sich in den Jahren nach Ende des Ersten Weltkriegs zur stärksten Wirtschaftsmacht der Welt entwickelt. Ihre offizielle Außenpolitik gegenüber Europa war dennoch von **Isolationismus** geprägt. Das heißt, sie mischten sich ausdrücklich nicht mehr in europäische Konflikte ein und konzentrierten sich auf ihre Interessensphäre in Lateinamerika. Allerdings waren sie an der finanztechnischen Regelung der Reparationen aktiv beteiligt, waren sie doch der größte Kreditgeber der europäischen Siegermächte des Ersten Weltkriegs, **Frankreich und Großbritannien**. Diese waren durch die Rückzahlung der Kriegskredite und beginnende Unabhängigkeitsbestrebungen in ihren Kolonien deutlich geschwächt. **Frankreich** war zusätzlich innenpolitisch instabil und hatte zwischen 1929 und 1938 insgesamt 23 verschiedene Regierungen. Die Franzosen orientierten sich angesichts dieser unruhigen Gesamtlage außenpolitisch an Großbritannien. Die NS-Außenpolitik stellte jedoch spätestens seit der Rückgewinnung des Saargebietes 1935 und dem Einmarsch in das entmilitarisierte Rheinland 1936 eine unmittelbare Bedrohung für Frankreich dar.

▶ Siehe auch Kapitel 5, S. 220 ff.

▶ M 11–M 16: Reaktionen der demokratischen Staaten

Großbritannien wiederum war zu einem rigiden Sparkurs gezwungen und militärisch schwach. Mit einer **„*Appeasement*"-Politik** wollte man durch Nachgeben, Beschwichtigung und Deeskalation dem NS-Regime bei Forderungen, die die Revision des Versailler Vertrages und das Selbstbestimmungsrecht der Völker („Alle Deutschen heim ins Reich") betrafen, so weit entgegenkommen, dass der Ausbruch eines erneuten Krieges in Europa verhindert werden konnte. Die Briten hofften zudem, angesichts der militärischen Aufrüstung des nationalsozialistischen Deutschlands auf diese Weise Zeit für die eigene Aufrüstung und Kriegsvorbereitung gewinnen zu können.

Die **Sowjetunion** hatte bereits seit 1934 versucht, diplomatische Bündnisse gegen die wachsende Stärke des Deutschen Reiches zu knüpfen. Doch erst nach der Münchner Konferenz 1938 nahmen Frankreich und Großbritannien Verhandlungen mit ihr auf. Denn mit der Annexion des übriggebliebenen tschechischen Gebiets, das mit dem Selbstbestimmungsrecht der Völker nicht vereinbar war, ließ das NS-Regime seine wahren Expansionspläne erkennen. Den westlichen Regierungen war nunmehr klar, dass mit dem Deutschen Reich auf diplomatischem Weg keine tragfähigen Lösungen außenpolitischer Streitfragen zu erzielen waren. Insofern stellte Hitlers Erfolg 1938 die Weichen für die nun folgende Konfrontationspolitik der Westmächte gegenüber dem Deutschen Reich. Um der skrupellosen Machtpolitik des NS-Regimes nicht mehr tatenlos zuzusehen, garantierten die Westmächte die Unabhängigkeit Polens. Da Polen aber für die Truppen beider Länder nicht direkt erreichbar war, nahmen sie Verhandlungen mit der Sowjetunion auf. Dieses militärische Bündnis scheiterte jedoch an der Frage der Durchmarschrechte der sowjetischen Armee im Falle eines Krieges.

Angesichts der Entfesselung des Zweiten Weltkrieges durch das NS-Regime 1939 stellt sich in der historisch-politischen Auseinandersetzung immer wieder die Frage, ob die Siegermächte des Ersten Weltkrieges den Ausbruch des Zweiten Weltkrieges nicht hätten verhindern können. Dabei steht der Vorwurf im Mittelpunkt, dass die Westmächte zu lange darauf vertraut hatten, dass ihre Appeasement-Politik Hitler von weitergehenden Kriegsplänen abhalten würde.

M6 US-amerikanische Karikatur zu Hitlers „Friedensrede" in der New Yorker Zeitung „*The Nation*", 1933

Adolf Hitlers Reichstagsrede mit Kriegserklärung an Polen vom 1. September 1939

cornelsen.de/Webcodes
Code: rimero

1 Erstellen Sie ein Schaubild zur außenpolitischen Doppelstrategie des NS-Regimes.
Tipp: Ordnen Sie Ihre Beispiele den Kategorien „Friedensbeteuerung" und „Kriegsvorbereitung" zu.

2 Beurteilen Sie die westliche und die sowjetische Deutschlandpolitik.

3 Stellen Sie die Reaktion der anderen Staaten auf die außenpolitische Doppelstrategie des NS-Regimes dar.
Tipp: Integrieren Sie diese Reaktion in das Schaubild (Aufgabe 1).

Hinweise zur Arbeit mit den Materialien
Anhand von M 7 können Sie sich mit dem Austritt Deutschlands aus dem Völkerbund beschäftigen. M 8 beleuchtet die außenpolitischen Ziele des NS-Regimes. M 9 thematisiert den Hitler-Stalin-Pakt. M 10 formuliert eine Beurteilung der NS-Außenpolitik. Vertiefend können Sie sich anhand der Materialien M 11 bis M 16 mit den Reaktionen der demokratischen Staaten auf die NS-Außenpolitik auseinandersetzen.

M 7 Aufruf der Reichsregierung zur Abstimmung über den Austritt Deutschlands aus dem Völkerbund, 14. Oktober 1933

Die deutsche Reichsregierung und das deutsche Volk sind sich einig in dem Willen, eine Politik des Friedens, der Versöhnung und der Verständigung zu betreiben, als Grundlage aller Entschlüsse und jeden Handelns. [...] Die deutsche Reichsregierung und das deutsche Volk erneuern ihr Bekenntnis, jeder tatsächlichen Abrüstung der Welt freudig zuzustimmen, mit der Versicherung der Bereitwilligkeit auch das letzte deutsche Maschinengewehr zu zerstören und den letzten Mann aus dem Heere zu entlassen, insofern sich die anderen Völker zu Gleichem entschließen. [...] Die deutsche Reichsregierung und das deutsche Volk sind erfüllt von der gleichen Ehrauffassung, dass die Zubilligung der Gleichberechtigung Deutschlands die unumgängliche moralische und sachliche Voraussetzung für jede Teilnahme unseres Volkes und seiner Regierung an internationalen Einrichtungen und Verträgen ist. Die deutsche Reichsregierung und das deutsche Volk sind daher eins in dem Beschluss, die Abrüstungskonferenz zu verlassen und aus dem Völkerbund auszuscheiden, bis diese wirkliche Gleichberechtigung unserem Volke nicht mehr vorenthalten wird. Die deutsche Reichsregierung und das deutsche Volk sind entschlossen, lieber jede Not, jede Verfolgung und jegliche Drangsal auf sich zu nehmen, als künftighin Verträge zu unterzeichnen, die für jeden Ehrenmann und für jedes ehrenliebende Volk unannehmbar sein müssen, in ihren Folgen aber nur zu einer Verewigung der Not und des Elends des Versailler Vertragszustandes und damit zum Zusammenbruch der zivilisierten Staatengemeinschaft führen würden.

*Heinz Hürten (Hg.), Deutsche Geschichte in Quellen und Darstellung, Bd. 9, Reclam, Stuttgart 2012, S. 221 f.**

4 Analysieren Sie M 7.
5 Bewerten Sie unter Einbeziehung des Darstellungstextes das Vorgehen der Regierung beim Austritt aus dem Völkerbund (M 7).

M 8 Niederschrift des Obersten Hoßbach über eine Besprechung Hitlers mit Regierungsvertretern und führenden Militärs am 5. November 1937

Der Führer führt sodann aus: Das Ziel der deutschen Politik sei die Sicherung und die Erhaltung der Volksmasse und deren Vermehrung. Somit handele es sich um das Problem des Raumes. Die deutsche Volksmasse verfüge über 85 Millionen Menschen, die nach der Anzahl der Menschen und der Geschlossenheit des Siedlungsraumes in Europa einen in sich so fest geschlossenen Rassenkern darstelle, wie er in keinem anderen Land wieder anzutreffen sei und wie er andererseits das Anrecht auf größeren Lebensraum mehr als bei anderen Völkern in sich schlösse. [...] Der durch die Rüstungskonjunkturen verursachte Auftrieb in der Weltwirtschaft könnte niemals die Grundlage zu einer wirtschaftlichen Regelung für einen längeren Zeitraum bilden, welch Letzterer[1] vor allem auch die vom Bolschewismus ausgehenden Wirtschaftszerstörungen im Wege stünden. Es sei eine ausgesprochene Schwäche derjenigen Staaten, die ihre Existenz auf dem Außenhandel aufbauten. Da unser Außenhandel über die durch England beherrschten Seegebiete führe, sei es mehr eine Frage der Sicherheit des Transportes als eine solche der Devisen, woraus die große Schwäche unserer Ernährungssituation im Kriege erhelle [sic]. Die einzige, uns vielleicht traumhaft erscheinende Abhilfe läge in der Gewinnung eines größeren Lebensraums, ein Streben, das zu allen Zeiten die Ursache der Staatenbildung und Völkerbewegungen gewesen sei. Dass dieses Streben in Genf[2] und bei den gemäßigten Staaten keinem Interesse begegne, sei erklärlich. Wenn die Sicherheit unserer Ernährungslage im Vordergrund stünde, so könne der hierfür benötigte Raum nur in Europa gesucht werden, nicht aber ausgehend von liberalistisch-kapitalistischen Auffassungen in der Ausbeutung von Kolonien. [...] Zur Lösung der deutschen Frage könne es nur den Weg der Gewalt geben, dieser niemals risikolos sein.

*Wolfgang Michalka (Hg.), Deutsche Geschichte 1933–1945, Fischer, Frankfurt/Main 1993, S. 140 f.**

1 *Letzterer:* Gemeint ist die wirtschaftliche Regelung für einen längeren Zeitraum
2 *Genf:* Sitz des Völkerbundes

6 Analysieren Sie M 8 und erläutern Sie die darin formulierten Ziele der NS-Außenpolitik.
7 **Geschichte kreativ:** Formulieren Sie mithilfe von M 7 und M 8 einen Titel und ggf. Untertitel für M 6.

M9 Aus dem „Geheimen Zusatzprotokoll" des deutsch-sowjetischen Nichtangriffspaktes, 23. August 1939

Aus Anlass der Unterzeichnung des Nichtangriffsvertrages zwischen dem Deutschen Reich und der Union der Sozialistischen Sowjetrepubliken haben die unterzeichneten Bevollmächtigten der beiden Teile in streng vertraulicher Aussprache die Frage der Abgrenzung der beiderseitigen Interessensphären in Osteuropa erörtert. Diese Aussprache hat zu folgendem Ergebnis geführt:

1. Für den Fall einer territorial-politischen Umgestaltung in den zu den baltischen Staaten (Finnland, Estland, Lettland, Litauen) gehörenden Gebieten bildet die nördliche Grenze Litauens zugleich die Grenze der Interessensphären Deutschlands und der UdSSR. [...]

2. Für den Fall einer territorial-politischen Umgestaltung der zum polnischen Staat gehörenden Gebiete werden die Interessensphären Deutschlands und der UdSSR ungefähr durch die Linie der Flüsse Narew, Weichsel und San abgegrenzt.

Die Frage, ob die beiderseitigen Interessen die Erhaltung eines unabhängigen polnischen Staates erwünscht erscheinen lassen und wie dieser Staat abzugrenzen wäre, kann endgültig erst im Laufe der weiteren politischen Entwicklung geklärt werden. In jedem Fall werden beide Regierungen diese Frage im Wege einer freundschaftlichen Verständigung lösen.

3. Hinsichtlich des Südostens Europas wird von sowjetischer Seite das Interesse an Bessarabien betont. Von deutscher Seite wird das völlige Desinteressement an diesem Gebiet erklärt.

*Fritz Theodor Epstein u. a. (Hg.), Das nationalsozialistische Deutschland und die Sowjetunion 1939–1941. Akten aus dem Archiv des Deutschen Auswärtigen Amts, Department of State, Berlin 1948, S. 84ff.**

8 Erstellen Sie eine Skizze zu den territorialen Bestimmungen des geheimen Zusatzprotokolls (M 9).
Tipp: Nehmen Sie einen Atlas zu Hilfe.

9 Erklären Sie die Bedeutung des „Geheimen Zusatzprotokolls" im Kontext der Vorgeschichte des Zweiten Weltkrieges.

M10 Der Historiker Hans-Ulrich Wehler über die NS-Außenpolitik, 2009

Spektakuläre außenpolitischen Erfolge, die sich vorrangig mit Hitlers Person verbanden, gewannen aber die Oberhand mit einer Wirkung, die seit 1935/36 über die Erfolgsbilanz im Inneren wahrscheinlich noch weit hinausreichte. Anders gesagt: Da in der Innenpolitik die forcierte Aufrüstung für eine schwere Belastung sorgte, neue Krisen schwer abzufangen waren, Engpässe und Dienstverpflichtungen aller Art neue „Siege" erschwerten, stieg die Bedeutung der legitimatorischen Wirkung der Außenpolitik. Sie diente bis 1939 vornehmlich vier Zwecken: Sie sollte, erstens, die Konsolidierung des Regimes abschirmen, vor allem die aufklaffenden „Sicherheitslücke zwischen Rüstungsstand und Rüstungsrisiko" tarnen oder sogar schließen. Zum Zweiten sollte sie die Revision des verhassten Versailler Vertrags radikaler vorantreiben, als das die Weimarer Republik je unternommen hatte. Drittens sollte sie die Wege in die Expansion des „Dritten Reiches" vorbereiten und absichern. Und schließlich sollte sie, dem alten Ratschlag Macciavellis[1] folgend, die Zustimmungsbereitschaft der Bevölkerung erhöhen, denn Erfolge in den auswärtigen Beziehungen verschaffen gewöhnlich auch einen innenpolitischen Legitimationszuwachs.

*Hans-Ulrich Wehler, Der Nationalsozialismus. Bewegung, Führerkraft, Verbrechen 1919–1945, C. H. Beck, München 2009, S. 85f.**

1 *Niccolò Macciavelli (1469–1527):* italienischer Philosoph, Politiker und Schriftsteller, beschrieb Politik als Machtpolitik, bei der Staat und Herrschaft auf menschliche Gewalt gegründet sind

10 Erläutern Sie, wie Wehler (M 10) die Wirkung der NS-Außenpolitik beurteilt.

11 **Geschichte kreativ:** Nehmen Sie eine der folgenden Rollen ein und berichten Sie unter Einbezug der Materialien M 1 bis M 10 in einem Brief an Ihren Onkel, der 1919 in die USA emigriert ist, wie sich die deutsche Außenpolitik entwickelt hat, wie die Wirkung auf die Gesellschaft ist und welche Erwartungen Sie an die Zukunft haben:
a) einfacher Arbeiter der Friedrich Krupp AG,
b) jüdischer Ladenbesitzer in Berlin,
c) ehemaliger SPD-Reichstagsabgeordneter (nach Inhaftierung im KZ Oberer Kuhberg oder im Exil),
d) Beamtin aus einer Kleinstadt mit jüdischer Gemeinde,
e) ehemaliger Soldat aus dem Ersten Weltkrieg (jetzt in Arbeit),
f) Großindustrieller.

Die Reaktionen der demokratischen Staaten auf die NS-Außenpolitik

M11 Lloyd George (1916 bis 1922 britischer Premierminister) über Hitler in der britischen Zeitung *„Daily Express“*, 17. September 1936

[...] Die Tatsache, dass Hitler sein Land von der Furcht einer Wiederholung jener Zeit der Verzweiflung, der Armut und Demütigung erlöst hat, hat ihm im heutigen Deutschland unumstrittene Autorität verschafft. An seiner Popularität, vor allem unter der deutschen Jugend, besteht keinerlei Zweifel. Die Alten vertrauen ihm; die Jungen vergöttern ihn. Es ist nicht die Bewunderung, die einem Volksführer gezollt wird. Es ist die Verehrung eines Nationalhelden, der sein Land aus völliger Hoffnungslosigkeit und Erniedrigung gerettet hat. [...] Die Aufrichtung einer deutschen Hegemonie in Europa, Ziel und Traum des alten Militarismus vor dem Kriege, liegt nicht einmal am Horizont des Nationalsozialismus. Deutschlands Bereitschaft zu einer Invasion in Russland ist nicht größer als die zu einer militärischen Expansion auf den Mond.

*Zit. nach: Anton Egner u. a. (Hg.), Demokratie und Diktatur. Deutsche Geschichte 1918–1945, Schroedel-Schöningh, Braunschweig 1986, S. 163.**

M12 Aus einer Rede des britischen Premierministers Neville Chamberlain in Birmingham, 17. März 1939

Wie viel Rücksicht hat man genommen auf den Grundsatz der Selbstbestimmung [...], als er [= Hitler] die Trennung des Sudetengebietes von der Tschechoslowakei und dessen Einverleibung in das Reich forderte? Deutschland hat der Welt unter seinem jetzigen Regime eine Serie von unangenehmen Überraschungen bereitet. Das Rheinland, der Anschluss Österreichs, die Lostrennung des Sudetengebietes [...]. Jedoch, soviel wir auch einwenden mögen gegen die Methoden [...], etwas ließ sich doch sagen – entweder wegen der rassenmäßigen Zugehörigkeit oder wegen allzu lang missachteter gerechter Ansprüche – [...] zugunsten der Notwendigkeit einer Änderung der vorhandenen Lage. Aber die Dinge, die sich diese Woche unter völliger Missachtung der von der deutschen Regierung selbst aufgestellten Grundsätze ereignet haben, scheinen zu einer anderen Kategorie zu gehören. [...] Ist dies der letzte Angriff auf einen kleinen Staat? Ist dies sogar ein Schritt in der Richtung, [...] die Welt durch Gewalt zu beherrschen? Ich fühle mich verpflichtet, zu wiederholen, dass kein größerer Fehler begangen werden könnte als der, zu glauben, unsere Nation habe, weil sie den Krieg für

M13 *„Stepping Stones to Glory: Spineless Leaders of Democracy“*, Karikatur von David Low aus dem britischen *„Evening Standard“* vom 8. Juli 1936

STEPPING STONES TO GLORY.

eine sinnlose und grausame Sache hält, so sehr ihr Mark verloren, dass sie nicht bis zur Erschöpfung ihrer Kraft einer solchen Herausforderung entgegentreten werde, sollte sie jemals erfolgen.

*Zit. nach: Heinz D. Schmid (Hg.), Fragen an die Geschichte, Bd. 4: Die Welt im 20. Jahrhundert, Hirschgraben, Frankfurt/Main 1997, S. 67.**

M 14 Gedanken des französischen Botschafters in Deutschland, André François-Poncet, über Hitlers Politik, März 1938

Es ist klar, dass die Unternehmungen Hitlers wie Glieder einer Kette ineinandergreifen und dass jedes Glied, indem es sich schließt, ein weiteres erfasst: Wiederaufrüstung, Wiedereinführung der allgemeinen Wehrpflicht, Wiederbesetzung des Rheinlandes, Anschluss Österreichs. Ebenso klar ist es, dass die bisherige passive Haltung der Westmächte nur dazu angetan ist, Hitler zu ermutigen, seiner Kette weitere Glieder anzuführen, und dass er, wenn überhaupt, so nicht eher einhalten wird, als bis alle deutschsprachigen Bevölkerungsteile in Europa dem Reich einverleibt sind –, es sei denn, dass ihm der Weg dazu verlegt wird. Den Westmächten bleibt also keine andere Wahl, als entweder den Dingen ihren Lauf zu lassen, in der Hoffnung, dass Hitler sich in einen Kampf mit dem Osten einlassen wird, oder aber die Stellung zu beziehen, die für einen Widerstand die günstigste ist. Wollen sie alles laufen lassen, so können sie tatsächlich damit rechnen, dass Hitler im Osten den Lebensraum sucht, von dem er bereits spricht. Dabei wird er zuerst auf Polen stoßen. [...] Da Frankreich und infolgedessen England früher oder später doch mit Hitler zusammenstoßen müssen, bietet die Tschechoslowakei die für den Widerstand günstigste Stellung, zweifellos aber die letzte Möglichkeit für die Alliierten, den Frieden zu retten. Die Tschechoslowakei hat eine slawische Bevölkerung und eine nur geringe deutsche Minderheit, die Sudetendeutschen. Ihre Annexion durch das Reich wäre ein Piratenstück, das allgemeine Entrüstung auslösen müsste. [...] Die Tschechoslowakei erscheint mir wirklich als das ein-

M 15 *„Malheur! Qu'as tu fait de l'Allemagne!!!"*, französische Bildpostkarte von Paul Barbier, 1939.

Übersetzung: „Oh weh! Was hast du aus Deutschland gemacht!!!" Im Bild rechts oben sind der Dichter Johann Wolfgang von Goethe sowie der Komponist Ludwig van Beethoven zu sehen. Am Boden sind u. a. die zerrissenen Verträge von Versailles und Locarno zu sehen sowie ein Zettel mit der Aufschrift „Ich respektiere Polen".

zige Land, bei dem das gemeinsame Vorgehen der drei großen friedliebenden Nationen Europas [gemeint sind hier Frankreich, Großbritannien und die Sowjetunion] möglich wäre. Einzig und allein ihr sofortiger Zusammenschluss und die eindeutige Erklärung ihrer Absicht, diesen kleinen Staat, falls nötig auch mit Waffengewalt zu verteidigen, bietet noch eine Chance, Hitler im Zaum zu halten [...].

*Wolfgang Lautemann u. a. (Hg.), Geschichte in Quellen. Weltkriege und Revolutionen 1914–1945, bsv, München 1970, S. 377.**

M 16 Aus der „Quarantäne-Rede" des US-Präsidenten Roosevelt vom 5. Oktober 1937

[...] Die politische Weltlage hat sich in der letzten Zeit immer mehr verschlimmert und ist nun geeignet, allen den Völkern und Ländern, die mit ihren Nachbarn in Frieden und Eintracht leben wollen, ernste Besorgnisse und Befürchtungen einzuflößen. [...] Es begann damit, dass man sich ohne Berechtigung in die inneren Angelegenheiten anderer Völker einmischte oder im Widerspruch zu geltenden Verträgen fremdes Gebiet besetzte, und nun ist ein Stadium erreicht, da die eigentlichen Grundlagen der Zivilisation ernstlich bedroht sind. Die Marksteine und Traditionen, die die Entwicklung der Zivilisation zur Gesetzlichkeit, Ordnung und Gerechtigkeit kennzeichneten, werden allmählich zerschlagen. Ohne Kriegserklärung, ohne irgendwelche Warnung, ohne irgendwelche Berechtigung wird die Zivilbevölkerung, einschließlich der Frauen und Kinder, rücksichtslos durch Luftbombardements hingemordet. In sogenannten Friedenszeiten werden ohne Anlass oder Warnung Schiffe von U-Booten angegriffen. Völker schüren den Bürgerkrieg – und ergreifen Partei – in fremden Ländern, die ihnen nie etwas zuleide getan haben. Völker, die für sich selber die Freiheit fordern, verweigern sie anderen. Unschuldige Völker und Länder werden grausam hingeopfert für eine Machtgier und ein Herrschaftsbestreben, die kein Gerechtigkeitsgefühl und keine menschlichen Rücksichten kennen. [...] Die friedliebenden Nationen müssen sich gemeinsam bemühen, Front zu machen gegen diese Vertragsbrüche und diese Verachtung für menschliche Gefühle, die einen Zustand der internationalen Anarchie und Unsicherheit schaffen, dem man nicht einfach durch Isolierung oder Neutralität entrinnen kann. Alle, die ihre Freiheit lieben und ebenso ihren Nachbarn das Recht zubilligen, frei zu sein und in Frieden zu leben, müssen gemeinsam für den Sieg des Rechtes und der Moral wirken, damit Frieden, Gerechtigkeit und Zuversicht in der Welt vorherrschen. Es muss wieder dahin kommen, dass man an das gegebene Wort und an den Wert eines unterzeichneten Vertrages glaubt. [...] Wenn eine ansteckende Krankheit sich zu verbreiten beginnt, verordnet die Gemeinschaft eine Isolierung der Patienten, um die eigene Gesundheit vor der Epidemie zu schützen. Ich bin entschlossen, eine Politik des Friedens zu führen und alle zu Gebote stehenden Mittel anzuwenden, um den Krieg von uns fernzuhalten. Es sollte eigentlich undenkbar sein, dass in dieser modernen Welt und angesichts aller bisherigen Erfahrungen ein Volk so töricht und rücksichtslos sein könnte, die Gefahr eines allgemeinen Weltkrieges heraufzubeschwören, indem es unter Missachtung aller Verträge das Territorium anderer Völker, die ihm eigentlich gar nichts angetan haben und die zu schwach sind, um sich entsprechend zu schützen, überfällt und besetzt. Aber gerade das ist es, was heute den Weltfrieden und den Wohlstand und die Sicherheit eines einzelnen Landes bedroht. [...] Krieg – ob mit oder ohne Kriegserklärung – ist ansteckend. Er kann Staaten und Völker erfassen, die von dem ursprünglichen Kriegsschauplatz weit entfernt sind. Wir sind entschlossen, uns nicht in einen Krieg verwickeln zu lassen, aber es gibt keine wirksame Versicherung gegen die verheerenden Auswirkungen eines Krieges und gegen die Gefahr, mit hineingezogen zu werden. Wir treffen alle Maßnahmen, die geeignet sind, unser Risiko auf ein Mindestmaß zu reduzieren, aber in einer verwirrten Welt, in der das Vertrauen und die Sicherheit zusammengebrochen sind, kann es keinen vollständigen Schutz geben. [...]

*Wolfgang Lautemann u. a. (Hg.), Geschichte in Quellen. Weltkriege und Revolutionen 1914–1945, bsv, München 1970, S. 365 f.**

12 Gruppenpuzzle:

a) Erstellen Sie arbeitsteilig eine Mindmap zu den Positionen Großbritanniens (M 11–M 13), Frankreichs (M 14, M 15) und der USA (M 6, S. 338 und M 16). Diskutieren Sie die Positionen der demokratischen Staaten sowie das analysierte Bildmaterial im Anschluss in Dreiergruppen.

b) Erörtern Sie in Dreiergruppen, ob das deutsche Vorgehen in der Tschechoslowakei als Wendepunkt in der Politik der Westmächte und des NS-Regimes gesehen werden kann.

c) Gestalten Sie in Dreiergruppen ein Streitgespräch zwischen einem Befürworter der Appeasementpolitik und einem Gegner, in welchem Sie abschließend die Reaktionen der demokratischen Staaten auf die NS-Außenpolitik bewerten.

6.7 Die Expansion Italiens in Ostafrika vor dem Zweiten Weltkrieg

In diesem Kapitel geht es um
- *die außenpolitischen Ziele des faschistischen Italiens vor dem Zweiten Weltkrieg und*
- *deren Umsetzung in Äthiopien.*

Das außenpolitische Programm Mussolinis

▶ Zum italienischen Faschismus siehe S. 206 ff.

Die italienischen Faschisten strebten ein **Großreich im Mittelmeer** (*mare nostrum*) an. Mit diesem außenpolitischen Programm, das die Wiederherstellung der historischen „Größe Italiens" in Anlehnung an das Römische Reich der Antike zum ideologischen Fundament der italienischen Außenpolitik erhob, knüpfte der Faschismus an die imperiale Tradition des alten Rom an. Britische und französische Interessen im Mittelmeergebiet mahnten Mussolini bei der Verwirklichung seiner expansionistischen Pläne jedoch anfangs zur Vorsicht. Erst später verschafften dem faschistischen Regime vier Ereignisse neue Handlungsspielräume: Nach einem missglückten Putsch der Nationalsozialisten gegen die österreichische Regierung unter Engelbert Dollfuß (1892–1934) konnte Italien 1934 international als Garant für die Unabhängigkeit Österreichs auftreten. Nach der Einführung der allgemeinen Wehrpflicht in Deutschland sowie nach der Unterzeichnung des deutsch-britischen Flottenabkommens im Jahr 1935, welches England in der Hoffnung auf Rüstungsbeschränkungen abgeschlossen hatte, wurde Italien als möglicher Bündnispartner gegen das Deutsche Reich angesehen. Und schließlich ermöglichte ein Abkommen mit Frankreich* über Kolonialkompensationen in Afrika den **Überfall Italiens auf Äthiopien** im Oktober 1935.

M1 Benito Mussolini in reich verzierter Uniform, Fotografie, um 1930

Französisch-italienisches Abkommen vom 7. Januar 1935
Italien verzichtete darin auf Ansprüche in Tunesien, während Frankreich Italien u. a. durch Zugeständnisse in Französisch-Somaliland passive Hilfestellung zur italienischen Kolonialisierung Äthiopiens leistete.

Niederlage von Adua
Um sich ein Kolonialimperium zu sichern, griff Italien 1896 Äthiopien an, erlitt aber mit seinem Expeditionskorps bei Adua eine vernichtende Niederlage gegen die Äthiopier.

M2 Italienischer Bombenangriff auf die äthiopische Stadt Dessie, Fotografie, 6. Dezember 1935

Das faschistische Italien legitimierte die Annexion des Landes damit, dass es zwischen 1889 und 1896 für kurze Zeit als **„Abessinien“** italienische Kolonie gewesen war. Für die Planungen und Durchführung des Krieges waren in erster Linie militärische und politische Interessen entscheidend gewesen und weniger wirtschaftliche oder finanzielle Argumente. Auf außenpolitischer Ebene erhoffte sich die Regierung mit dem Sieg über das äthiopische Reich eine Wiedergutmachung der Schmach, welche Italien 1896 durch die **Niederlage von Adua*** erlitten hatte. Zudem sollte der Weltöffentlichkeit demonstriert werden, dass sich Italien nicht mehr mit den in Versailles ausgehandelten Verträgen einverstanden erklärte und stark genug war, selbst dann seine Forderungen durchzusetzen, wenn sich die internationale Gemeinschaft dagegenstellte. In geheimen, inoffiziellen Gesprächen mit Frankreich und Großbritannien wurde das Vorgehen im Vorfeld abgesichert. Die Äthiopier hatten dem mit modernsten Waffen, Giftgas und äußerster Brutalität geführten Angriff nichts entgegenzusetzen. So wurde durch massive Gasbombardements die abessinische Weihnachtsoffensive gestoppt, der Kriegsgegner in den ersten beiden Monaten des Jahres 1936 zermürbt und damit der Vorstoß italienischer Bodentruppen auf die Hauptstadt Addis Adeba vorbereitet.

Bereits 1934 hatte das Völkerbundmitglied Äthiopien die Grenzverletzungen der von Eritrea und Somalia aus operierenden italienischen Truppen beim Völkerbund angezeigt – ohne Folgen. Und auch 1935 blieben die Beschlüsse des Völkerbundes halbherzig, weil vor allem England und Frankreich ihre Proteste gegen das italienische Vorgehen nicht mit wirksamen Sanktionen verbanden. So blieb der Suezkanal, der entscheidend für den italienischen Nachschub war, offen. Die Rechnung des faschistischen Regimes ging auf. Hinzu kam, dass sich das Deutsche Reich zunehmend um die Gunst Italiens bemühte, indem es Rom wirtschaftlich unter die Arme griff. Damit hoffte das NS-Regime, Italien aus der Siegerkoalition des Ersten Weltkriegs herauszulösen und als Bündnispartner gewinnen zu können.

M3 „Eine Szene aus Eritrea“, Karikatur aus der deutschen Satirezeitschrift „Kladderadatsch“ zur italienischen Niederlage bei Adua, 1896.

Untertitel: „,Italiens Absichten auf Abessinien sehen wir ohne Eifersucht.‘ Times“

Im Vordergrund sind „Abessinien“ und Italiens Ministerpräsident Francesco Crispi zu sehen. Im Hintergrund schauen „Times“ („The New York Times“) als Personifikation der USA und „John Bull“ als Personifikation Großbritanniens der Szene zu.

▸ M 4: Italienisches Plakat gegen die Sanktionen des Völkerbundes, 1935

▸ M 5: Expansion und Ziele des italienischen Faschismus

▸ M 6: Giulia Brogini Künzi über die Funktion des Abessinienkrieges, 2006

1 **Wahlaufgabe:** Bearbeiten Sie entweder a) oder b).
   a) Erstellen Sie einen kurzen Erklärfilm zur Außenpolitik des faschistischen Italien vor dem Zweiten Weltkrieg.
   b) Stellen Sie die außenpolitischen Ziele des faschistischen Italiens vor dem Zweiten Weltkrieg dar.
2 Analysieren Sie die Karikatur M 3.

M4 Italienisches Plakat gegen die Sanktionen des Völkerbundes, 18. November 1935.
Die Übersetzung lautet: „18. November: Sanktionen" und „Italiener, erinnert euch!".

3 Analysieren Sie unter Einbeziehung des Darstellungstextes das Plakat M 4.
Tipp: Berücksichtigen Sie auch seine Wirkung auf die italienische Gesellschaft.

M5 Expansion und Ziele des italienischen Faschismus zwischen den Weltkriegen

4 Analysieren und vergleichen Sie die Karten M 5.
Tipp: Vergleichen Sie die Ziele und die tatsächlichen Ergebnisse der italienischen Expansion. Nehmen Sie auch den Darstellungstext zu Hilfe.

M6 Die Historikerin Giulia Brogini Künzi über die Funktion des Abessinienkrieges, 2006

Das wichtigste Mittel der Machterweiterung der [faschistischen] Partei lag kurzfristig in der Neutralisierung der politischen Gegnerschaft und schließlich im Aufbau eines eigenen Ordnungssystems, der Miliz. Die Schaffung einer Reihe von halbstaatlichen Institutionen, von den Freizeitvereinen über die Berufsverbände bis hin zur vormilitärischen Jugenderziehung, trug dazu bei, dass immer mehr Personen in politisch mobilisierbare Organisationen eingegliedert wurden. Die Integration neuer sozialer Schichten und neuer Generationen sowie auch des weiblichen Geschlechts war ein kontinuierlich fortschreitender Prozess. Der Zweck der Disziplinierung beziehungsweise der Konsensfindung lag in der Erhöhung der Mobilisierungskraft der Nation. Der Krieg war von Anfang an ein zentrales Motiv der faschistischen Rhetorik. Zu Beginn stellte die Kriegsverherrlichung ein Mittel zur Verarbeitung des Ersten Weltkrieges dar. Später verselbständigte sich die Ästhetisierung der Gewalt, und der Krieg symbolisierte eine Lebenshaltung, welche laut der Propaganda des Regimes notwendig war, um einen „neuen Menschentypus“ und gar eine „neue Zivilisation“ zu schaffen. Mussolini strebte die „Revolutionierung“ Italiens unter totalitärer Führung an.

In diesem Kontext stellt der Krieg in Ostafrika ein Instrument zur forcierten Transformation der Gesellschaft, der Wirtschaft und des Militärs dar. Der Abessinienkrieg diente als Vorwand für die Verschärfung der Kontrolle über die Individuen, und zwar im Alltags- wie im Berufsleben. Die politisch motivierten Verfolgungen und Bespitzelungen nahmen zu und die wirtschaftlichen Strukturen wurden in gewissen Bereichen bis hin zur Monopolbildung verdichtet. Selbst der Militärapparat bekam die „Faschistisierung“ zu spüren. Die Bürokratie, die mit der Kontrolle der öffentlichen Meinung beauftragt war, erreichte sowohl in Italien wie in den Kolonien schnell einen hohen Professionalisierungsgrad. Der Abessinienkrieg stellte auch die „Feuerprobe“ für das 1935 gegründete Ministerium für Presse und Propaganda dar. Für die Regierung und die faschistische Partei erfüllte der Abessinienkrieg vor allem eine politische Funktion.

Giulia Brogini Künzi, Italien und der Abessinienkrieg 1935/36. Kolonialkrieg oder Totaler Krieg?, Schöningh, Paderborn 2006, S. 341.

5 Arbeiten Sie aus M6 heraus, welche Funktion der Abessinienkrieg für das faschistische Regime laut Brogini Künzi erfüllte.

6 **Geschichtskultur:** General Rodolfo Graziani (1882–1955) war Vizekönig in Abessinien und verantwortlich für die Erschießung tausender Geiseln, die Errichtung von Konzentrationslagern und den Einsatz von Giftgas. In der italienischen Stadt Affile wurde ihm zu seinem 130. Geburtstag ein Denkmal inklusive Museum für 130 000 Euro errichtet.
Verfassen Sie ein Schreiben an die Stadtverwaltung, in dem Sie diese Entscheidung bewerten.

M7 *„Restoration“*, Karikatur aus der britischen Satirezeitschrift *„The Punch“*, Mai 1941.

Der Untertitel lautet: „That, Sir, was the Italian Empire.“ Dargestellt ist ein britischer Kolonialbeamter, der Haile Selassie (Kaiser von Äthiopien 1930–1936 und 1941–1974) sein von Italien zurückerhaltenes Land zeigt. Nach dem Angriff der italienischen Armee unter Benito Mussolini im Italienisch-Äthiopischen Krieg zwischen 1935 und 1936 floh Selassie nach Großbritannien, von wo aus er den äthiopischen Widerstand leitete. Am 24. Januar 1941 kehrte er mit britischer Unterstützung nach Addis Abeba zurück.

7 Analysieren Sie M 7.

8 **Vertiefung:** Vergleichen Sie die Funktion der Außenpolitik des faschistischen Italiens mit der des nationalsozialistischen Deutschlands in der Zeit vor dem Zweiten Weltkrieg.

9 **Zusatzaufgabe:** Siehe S. 412.

Anwenden

M 1 Der Historiker Michael Wildt über Judenverfolgung und „Volksgemeinschaft" im Nationalsozialismus, 2007

Die Verfolgung der deutschen Juden als „Volksfeinde", als „rassische Gegner des deutschen Volkes", war das wesentliche politische Instrument zur Zerstörung des Staatsvolkes und zur Herstellung der Volksgemeinschaft. In der politischen Praxis vor Ort hieß das, soziale Distanz herzustellen, jedwede Solidarität und Mitleid mit den Verfolgten zu stigmatisieren, um die Juden zu isolieren und für rechtlos, ja vogelfrei zu erklären. Man kann kaum unterschätzen, was zum Beispiel der Ausschluss der jüdischen Mitglieder aus den örtlichen Vereinen [...] für die soziale Isolierung der jüdischen Familien vor Ort bedeutete. [...] So wie die Täter keineswegs bloße Befehlsempfänger waren, die Anweisungen ausführten, sondern die Situation, die Gewalttat mitdefinierten, so hatten auch die Zuschauer, Passanten, *bystanders* eine gleichermaßen elementare Rolle als Duldende oder Billigende, als Komplizen. Die Opfer mussten ihre Ohnmacht erleiden, während die „Volksgenossen" ihre Ermächtigung alltäglich erfuhren und selbst diejenigen, die sich nicht direkt beteiligten, sondern dabeistanden und zuschauten, komplizenhaft an der Machtausübung teilhaben konnten. Zugleich stiftete Gewalt Gemeinschaft. Jeder kann mittun, dabei sein, ohne als Einzelner Verantwortung oder Führung zu übernehmen. Auch der Feigste darf schlagen, stoßen, Gewalt antun, ohne vor der Gegenwehr des Opfers Angst zu haben. In der Gemeinschaft vervielfacht sich die Gewalt gegenüber dem Opfer auf der einen, wie sich die Furcht des Täters, seinerseits verletzt zu werden, Schaden am eigenen Körper zu nehmen, auf der anderen Seite verringert. In der kollektiven Gewalttat gegen Juden wurde die Ausgrenzung der „Anderen" auf brutale Weise exekutiert, und gleichermaßen bedeutete die Gewalt für den einzelnen Täter eine machtvolle Erfahrung der Selbstbestätigung. In der Aktion bildet sich jene „Volksgemeinschaft", von der die NS-Propaganda sonst nur redete: eine Gemeinschaft, die einen Feind besaß, dessen Verfolgung und Vertreibung zum Prüfstein ihrer Existenz wurde; eine Gemeinschaft, die sich nicht durch Gesetze definierte, die immer auch Grenzen hätte setzen können, die sich erst durch die Tat schuf und als Selbstbestimmung erfahren werden konnte. [...] Die Gewaltaktionen gegen Juden haben nicht die „Volksgemeinschaft" geschaffen, aber die Praxis der Gewalt nahm die Wirklichkeit der „Volksgemeinschaft", wenn auch zeitlich und räumlich begrenzt, vorweg. Gewalt machte einen Gesellschaftszustand konkret, ja körperlich erfahrbar, in dem die alte Ordnung außer Kraft gesetzt war und sich eine neue politische Ordnung rassistischer Ungleichheit etablierte.

Michael Wildt, Volksgemeinschaft als Selbstermächtigung, Hamburger Edition, Hamburg 2007, S. 361 f. und 372 f.

M 2 „Deutsche Symphonie", Gemälde von Hans Toepper, um 1938

1 Arbeiten Sie aus M 1 heraus, wie nach Ansicht des Historikers Michael Wildt die „Volksgemeinschaft" im Nationalsozialismus hergestellt wurde.

2 Analysieren Sie das Gemälde M 2.
Tipp: Die dargestellten Personen stehen für bestimmte gesellschaftliche Gruppen.

3 Vergleichen Sie die Wirkung der Gewalt, wie sie Wildt beschreibt, und die Wirkung der Propaganda, wie in dem Gemälde von Hans Toepper, im Hinblick auf die Herstellung einer „Volksgemeinschaft".

4 **Vertiefung:** Beurteilen Sie abschließend, ob es sich bei der „Volksgemeinschaft" um eine tatsächliche Umgestaltung der Gesellschaft oder um nationalsozialistische Propaganda gehandelt hat.

Wiederholen

M3 Amerikanische Karikatur aus der „*New York Times*", April 1932

1 **Wahlaufgabe:** Bearbeiten Sie a) oder b).
   a) Erstellen Sie anhand der zentralen Begriffe eine Concept-Map.
   b) Ordnen Sie die zentralen Begriffe einem Unterkapitel zu und erklären Sie den Begriff kurz.

2 Analysieren Sie M 3 mithilfe der methodischen Schritte auf S. 126.

3 Vergleichen Sie diese Karikatur mit der Fotografie M 1, S. 292.
   Tipp: Gehen Sie speziell auf die Rolle des deutschen Volkes und Hitlers ein.

4 **Vertiefung:** Der Historiker Eric A. Johnson behauptete von den Deutschen: „Die meisten machten bereitwillig mit, auch wenn sie nicht alle politischen Maßnahmen Hitlers guthießen." Überprüfen Sie diese These auf der Grundlage dieses Kapitels.

5 Erläutern Sie folgende Aussage Hitlers, die er auf einem Parteitag 1935 getätigt hat: „In unseren Augen muss der deutsche Junge der Zukunft schlank und rank sein, flink wie Windhunde, zäh wie Leder und hart wie Kruppstahl."

6 **Präsentationsaufgabe:** Die Olympischen Spiele 1936 – ein Beispiel für „die zwei Gesichter des Nationalsozialismus".

Zentrale Begriffe

Antiparlamentarismus
Antisemitismus
Appeasement-Politik
Aufrüstung
Autarkie
Deportation
Diktatur
„Euthanasie"
Expansion
Führerprinzip
„Gleichschaltung"
Hitler-Stalin-Pakt
Isolationismus
Konzentrationslager
„Lebensraum im Osten"
„Machtergreifung"
Massenorganisation
Nationalsozialismus
NSDAP
Personenkult
Propaganda
Pseudolegalität
Radikalnationalismus
Rassendiktatur
Rassismus
Revision
„sozialer Volksstaat"
Terror
Verfolgung
Vierjahresplan
„Volksgemeinschaft"

Testen Sie Ihr Vorwissen zum NS-Völkermord und zum Zweiten Weltkrieg

1 Was geschah wann im Zweiten Weltkrieg? In den Bildüberschriften fehlen jeweils die Jahreszahlen. Ordnen Sie den Fotografien mithilfe Ihres Vorwissens jeweils das richtige Kriegsjahr zu.
Tipp: Zu jedem Kriegsjahr (1939–1945) passt genau ein Foto.

a) Landung alliierter Truppen an der Kanalküste in Nordfrankreich (Normandie), der sogenannte D-Day, Fotografie, 19XX

b) Amerikanische und russische Soldaten treffen bei ihrem Vormarsch in Deutschland in Torgau an der Elbe aufeinander, Fotografie, 25. April 19XX

c) Überfall auf Polen: Deutsche Infanteristen räumen den Schlagbaum an der polnischen Grenze aus dem Weg, nachträglich gestellte Fotografie, 1. September 19XX

d) Nach dem deutschen Einmarsch in Paris besucht Adolf Hitler die französische Hauptstadt, Fotografie, 19XX

e) Deutsche Kriegsgefangene nach der Niederlage in der Schlacht um Stalingrad, Fotografie, Januar/ Februar 19XX

f) Ein Panzer des Deutschen Afrikakorps rückt vor in Richtung Kyrenaika (Libyen), Fotografie, April 19XX

g) Im Rahmen der von der NS-Führung sogenannten „Endlösung der Judenfrage" beginnen im Warschauer Getto die Deportationen der Juden in die Vernichtungslager, Fotografie, 19XX

2 Bestimmen Sie, welcher der vier Namen nicht in die Reihe passt, und begründen Sie Ihre Wahl.

Joseph Goebbels	Reinhard Heydrich
Hans Scholl	Heinrich Himmler

3 Welche Erklärung passt zu welchem Begriff? Ordnen Sie jeder Ziffer einen Buchstaben zu.

1) die Kollaboration
2) der Holocaust
3) das Konzentrationslager
4) der/das Pogrom
5) die Euthanasie
6) der Widerstand

a) Bezeichnung für die Vernichtung der europäischen Juden durch die Nationalsozialisten
b) Massenlager, in denen Menschen aus rassischen, politischen, religiösen oder anderen Gründen eingesperrt, misshandelt und ermordet wurden
c) gewaltsame Ausschreitungen gegen Mitglieder einer religiösen, nationalen oder ethnischen Minderheit, im Nationalsozialismus gegen Juden
d) im Nationalsozialismus ein beschönigender Begriff (griech. guter, leichter Tod) für die systematische Ermordung psychisch kranker und behinderter Menschen
e) soziales Handeln, das gegen eine als unrechtmäßig wahrgenommene Herrschaftsordnung gerichtet ist
f) in Kriegs- oder Besatzungszeiten Bezeichnung für die Zusammenarbeit mit dem Feind

4 **Gruppenarbeit:** Arbeiten Sie in Dreier- oder Vierergruppen. Zeichnen Sie auf einem großen Bogen ein Placemat (s. S. 414).

a) Notieren Sie zunächst jeweils in Ihrem Feld, was Sie bereits über den Zweiten Weltkrieg wissen.
b) Drehen Sie dann das Placemat so oft, bis jeder alles gelesen hat und sich damit auseinandergesetzt hat.
c) Diskutieren Sie Ihre Notizen und einigen Sie sich auf wesentliche Merkmale und noch offene Fragen zum Zweiten Weltkrieg, die Sie im mittleren Feld festhalten.

7 NS-Völkermord und Zweiter Weltkrieg

M1 Denkmal für die ermordeten Juden Europas in Berlin, Fotografie, 2005.
Die zentrale deutsche Holocaust-Gedenkstätte wurde nach einem Entwurf des New Yorker Architekten Peter Eisenman erbaut und 2005 eröffnet. Das Mahnmal steht auf einem etwa 19 000 m² großen Areal, auf dem 2 711 Stelen installiert wurden. Die Betonstelen sind unterschiedlich hoch und ergeben so ein wellenförmiges Stelenfeld.

1939 Deutscher Überfall auf Polen, Beginn des Zweiten Weltkriegs, Ermordung zehntausender Polen durch sogenannte „Einsatzgruppen" der SS und Polizei

1940 Besetzung Dänemarks, Norwegens und der Niederlande, Beginn des Westfeldzugs, erste Deportation von Juden aus dem Reichsgebiet nach Lublin (Polen), Errichtung jüdischer Gettos in polnischen Städten

1941 Einmarsch deutscher Truppen in die Sowjetunion, Kriegserklärung an die USA, Entstehung erster Vernichtungslager in den Ostgebieten, Beginn der Deportation der jüdischen Bevölkerung in Gettos

1942 Wannsee-Konfere[nz], Beginn des systematischen Massenmords an [den] europäischen Jude[n]

1939 | 1940 | 1941 | 1942

1939–1945 Zweiter Weltkrieg

1942/1943 Kriegs

Das 20. Jahrhundert war geprägt von einer Entgrenzung der Gewalt in zwei Weltkriegen, die ihren grausamen Höhepunkt im systematischen Genozid der europäischen Juden im Zweiten Weltkrieg erreichte. Konsequent setzten die Nationalsozialisten ihren menschenverachtenden Rassismus und Antisemitismus in die Tat um und ermordeten mehr als 6 Millionen Juden, außerdem auch Roma und Sinti, Homosexuelle sowie kranke und behinderte Menschen. Angehörige der SS, sogenannte „Einsatzgruppen" und Soldaten der Deutschen Wehrmacht verübten Kriegsverbrechen an der Zivilbevölkerung. Historiker schätzen, dass der Zweite Weltkrieg insgesamt 60 bis 70 Millionen Menschen das Leben kostete. Bis heute finden in Deutschland Prozesse gegen Mittäter des Holocaust statt. Die Erinnerung an den Zweiten Weltkrieg und den Holocaust sowie die Auseinandersetzung mit Schuld, Scham und Verantwortung sind wichtiger denn je.

Was wissen wir heute über den Holocaust und den Zweiten Weltkrieg und welche Bedeutung hat dies für uns? Wie wurden die unfassbaren Verbrechen der Nationalsozialisten möglich? Wie wird eine Erinnerungskultur aussehen, die bald ohne lebende Zeitzeugen des größten Verbrechens der Menschheitsgeschichte auskommen muss? Mit diesen Fragen setzen wir uns 75 Jahre nach dem Ende des Zweiten Weltkrieges (2020) auseinander.

1 Stellen Sie sich vor, ein Austauschschüler fragt Sie bei einem Berlin-Besuch nach der Bedeutung des Denkmals (M 1). Recherchieren Sie die Hintergründe und erklären Sie ihm, wofür es steht und warum es gebaut wurde.
2 Der Eröffnung des Holocaust-Mahnmals in Berlin 2005 ging eine jahrelange geschichtspolitische Debatte um den künstlerischen Umgang mit deutscher Verantwortung und Schuld voraus. Recherchieren Sie unterschiedliche Positionen der Debatte.
3 Erläutern Sie unter Rückgriff auf Ihr Vorwissen Steinmeiers These, das Erinnern an die Verbrechen des Zweiten Weltkriegs und den Holocaust sei für unser deutsches Selbstverständnis von herausragender Bedeutung (M 2).

M2 Der Bundespräsident Frank-Walter Steinmeier über die Bedeutung des Erinnerns an den Holocaust, 2019

„Demokratiegeschichte kann in Deutschland nicht als gradlinige Erfolgsgeschichte erzählt werden. Sie muss immer auch im Wissen um die Diktatur und ihre Wurzeln verstanden werden. Das Erinnern an den Holocaust und an die Verbrechen des Zweiten Weltkriegs hat für unser deutsches Selbstverständnis herausragende Bedeutung gewonnen."

Zit. nach: Frank-Walter Steinmeier, Deutsch und frei, in: DIE ZEIT vom 14. März 2019, S. 7.

1943 Konferenz von Casablanca: Westalliierte fordern bedingungslose Kapitulation von Deutschland, Italien und Japan,
Beschluss der „*Combined Bomber Offensive*",
Reichspropagandaminister Joseph Goebbels ruft zum „Totalen Krieg" auf,
Niederschlagung des Aufstands im Warschauer Getto,
Kapitulation des Afrika-Korps in Tunesien

1944 „D-Day": Die Alliierten landen in der Normandie (Frankreich),
gescheitertes Attentat auf Hitler,
erste Befreiung eines deutschen Vernichtungslagers (KZ Majdanek in Lublin, Polen)

1945 Befreiung des Konzentrationslagers Auschwitz,
Konferenz von Jalta: „Die Großen Drei" (Winston Churchill, Franklin D. Roosevelt und Josef W. Stalin) planen die Aufteilung des besiegten Deutschen Reiches,
bedingungslose Kapitulation der deutschen Wehrmacht,
Aufteilung Deutschlands in vier Besatzungszonen

1943 1944 1945

:ht um Stalingrad

7.1 Völkermord und Vernichtungskrieg

In diesem Kapitel geht es um
- *den Beginn und Verlauf des Zweiten Weltkriegs,*
- *dessen besonderen Charakter als „Weltanschauungs"- und Vernichtungskrieg,*
- *den Völkermord an den europäischen Juden und weiteren Opfergruppen sowie die Ausweitung des Krieges zum globalen Krieg, den „Totalen Krieg" und das Kriegsende 1945.*

Beginn des Zweiten Weltkriegs

„Jüdischer Bolschewismus"
Hitler verband in seiner Programmschrift „Mein Kampf" seinen Hass auf die Juden mit seiner Feindschaft gegen die Sowjetunion und konstruierte damit früh ein ideologisches Feindbild. Der propagandistische Kampfbegriff vom „jüdischen Bolschewismus" wurde zum zentralen nationalsozialistischen Ideologem.

„Blitzkrieg"
von den Nationalsozialisten geprägter Begriff für die militärische Strategie, den Gegner durch einen schnellen Vorstoß mit massiven Panzerkräften zu überraschen und so in kurzer Zeit zu besiegen

▶ **M 16: Karski über das Warschauer Getto**

Zu Hitlers Zielen gehörte von Anfang an die Gewinnung von **„Lebensraum im Osten"** sowie der Kampf gegen den **„jüdischen Bolschewismus"***. Nach der Besetzung der Tschechoslowakei 1938 war **Polen** das nächste Ziel für die Nationalsozialisten. Fingierte „Grenzzwischenfälle" dienten Hitler als Vorwand, den Angriffsbefehl zu geben. Mit dem Einmarsch deutscher Truppen in Polen am 1. September 1939 begann der Zweite Weltkrieg. Da **Frankreich und Großbritannien** gegenüber Polen eine Garantieerklärung abgegeben hatten, erklärten beide Staaten dem Deutschen Reich zwei Tage später den Krieg. Die **Sowjetunion** marschierte am 17. September in Ostpolen ein (Hitler-Stalin-Pakt, s. S. 337). Bereits am 6. Oktober war Polen besiegt (**„Blitzkrieg"***). Das Deutsche Reich und die Sowjetunion teilten das Land vollständig unter sich auf. Die polnische Führungsschicht wurde ermordet oder in Konzentrationslagern interniert, die Zivilbevölkerung als Arbeitskräfte ausgebeutet. Die polnischen Juden wurden in ein „Judenreservat" gebracht. Schätzungen des polnischen Historikers Bogdan Musiał zufolge wurden bis Ende 1939 weit mehr als 45 000 polnische Zivilisten getötet, unter ihnen etwa 7 000 Juden.

Krieg im Westen

M 1 Die Kathedrale von Coventry nach dem Bombenangriff der deutschen Luftwaffe, Fotografie, 1940

Bevor es dann gegen den Hauptgegner, die Sowjetunion ging, wollten die Nationalsozialisten durch einen Sieg gegen die Länder im Westen einen erneuten Zweifrontenkrieg wie im Ersten Weltkrieg verhindern. Deswegen überfiel Deutschland im April 1940 die neutralen Staaten **Dänemark** und **Norwegen**, um eine befürchtete Truppenlandung der Briten zu unterbinden. Außerdem sollte die Eisenerz-Versorgung der deutschen Rüstungsindustrie aus Schweden gesichert werden. Mit dem deutschen Überfall auf die neutralen Länder **Belgien**, **Luxemburg** und die **Niederlande** begann der **Westfeldzug** im Mai 1940. Innerhalb von nur sechs Wochen wurde **Frankreich** besiegt, am 14. Juni zogen die deutschen Truppen in Paris ein. Während die französische Regierung unter Marschall Pétain mit Sitz in **Vichy** die Kontrolle über Mittel- und Südfrankreich behielt und formal selbstständig blieb, kamen der Norden Frankreichs und die Atlantikküste unter deutsche Militärverwaltung. Innerhalb der deutschen Bevölkerung erreichte die Zustimmung zu Hitler nach dem Sieg über Frankreich 1940 ihren Höhepunkt. Die Deportation der jüdischen Bevölkerung in den westpolnischen annektierten Gebieten wurde vorerst gestoppt, stattdessen wurde sie ab 1940 in Sammellagern zusammengepfercht. Das größte Getto wurde Mitte 1940 in Warschau errichtet. Viele Polen wurde als **Zwangsarbeiter** ins Deutsche Reich gebracht.
Anfang August begann die deutsche Luftwaffe, England zu bombardieren. Die **„Luftschlacht um England"** ging jedoch verloren. England wurde zu der Zeit bereits von den **USA** mit Rüstungslieferungen unterstützt. Hitler änderte seine Strategie und entschloss sich, den „Kampf um Lebensraum" gegen die Sowjetunion vorzuziehen. Er glaubte, mit

einem als sicher geglaubten Sieg über die Sowjetunion die Kapitulation Englands erzwingen zu können. Nach dem Kriegseintritt des Bündnispartners **Italien** am 10. Juni 1941 wurde der Krieg auf den **Balkan** und **Nordafrika** ausgeweitet, um die italienischen Kriegsziele zu unterstützen.

M2 Josef W. Stalin, Fotografie, 1945

Überfall auf die Sowjetunion

Am 22. Juni 1941 griff die deutsche Wehrmacht ohne Kriegserklärung und unter Missachtung des deutsch-sowjetischen Nichtangriffspaktes die Sowjetunion an. Mit dem Angriff auf den Hauptfeind, die kommunistische Sowjetunion, begann der eigentliche „Kampf um Lebensraum". Gleichzeitig wurde der Vernichtungswille des Nationalsozialismus unverkennbar. Von den etwa 4,7 Millionen Juden, die auf dem Gebiet der Sowjetunion lebten, wurden bis Ende 1942 etwa 2,2 Millionen ermordet. Im Herbst 1941 begannen außerdem die Deportationen der jüdischen Bevölkerung aus dem deutschen Reichsgebiet. Mit Zügen wurden sie in Gettos in Polen gebracht, gleichzeitig wurde ein Ausreiseverbot für deutsche Juden erlassen. In den Gettos verschärften sich die Lebensbedingungen dramatisch. Die Ernährung war unzureichend, die hygienischen Zustände katastrophal und viele starben an Epidemien. Im KZ Auschwitz fanden im Sommer 1941 erste Vergasungen statt.

Der sowjetische Diktator **Josef W. Stalin** und die Armeeführung waren vom **„Fall Barbarossa"*** überrascht worden. Zunächst konnte die Wehrmacht gemeinsam mit verbündeten Truppen in kurzer Zeit weite Teile Russlands erobern. Nach dem Beginn der russischen Winteroffensive blieb der Vormarsch jedoch vor Moskau stecken, der Gegenangriff der Roten Armee ließ den deutschen „Blitzkrieg" scheitern. Die deutsche Wehrmacht war speziell für solche Witterungsbedingungen sehr schlecht ausgerüstet, zahlenmäßig unterlegen und ihre Logistik unzureichend. Die Truppenverluste nahmen immer größere Ausmaße an.

„Fall Barbarossa"
Codename der nationalsozialistischen Führung für den Angriff auf die Sowjetunion am 22. Juni 1941

Besatzungspolitik

Um ihr Ziel einer weltweiten Vormachtstellung zu erreichen, wollten die Nationalsozialisten die Wirtschaft aller unterworfenen Gebiete auf die Bedürfnisse der deutschen Bevölkerung und der deutschen Industrie ausrichten. Dies setzte eine effiziente Kontrolle der eroberten und besetzten Gebiete voraus.

Während in den Ländern Nord- und Westeuropas die NS-Behörden mit kollaborationswilligen Kräften zusammenarbeiteten, übten die „Reichskommissare" und die Wehrmachtsverwaltung ihre Herrschaft in Polen und in der Sowjetunion unmittelbar aus. Diese Besatzungspolitik verdeutlicht die enge Verbindung zu den rassenideologischen Vorstellungen der Nationalsozialisten, die nun in die Tat umgesetzt wurden: In den ehemaligen polnischen und sowjetischen Gebieten war die Unterdrückung bzw. Ermordung der Bevölkerung Teil des rassistischen Unterwerfungskonzeptes, wonach den Deutschen im Osten Europas „Lebensraum" zur Verfügung gestellt werden sollte und der einheimischen Bevölkerung nur ein eingeschränktes Lebensrecht auf niedrigem Niveau zugestanden wurde.

Einsatzgruppen
Für den Vernichtungskrieg im Osten wurden spezielle Einsatzgruppen aus der Sicherheitspolizei (Sipo) und dem Sicherheitsdienst (SD) aufgestellt. Sie folgten den vorrückenden Wehrmachtsverbänden und ermordeten die Führungsschicht und die Juden. Das größte Massaker wurde 1941 in der Schlucht von Babij Jar (Ukraine) begangen: Innerhalb weniger Tage wurden 34 000 Juden aus Kiew erschossen.

Weltanschauungs- und Vernichtungskrieg

Von Anfang an wurde auf deutscher Seite der Krieg gegen die Sowjetunion als „Weltanschauungs"- und Vernichtungskrieg geführt. Gegen die sowjetischen Soldaten, die als „Untermenschen" betrachtet wurden, gingen Wehrmacht, SS und **Einsatzgruppen*** mit aller Härte vor. Dies galt auch für den Umgang mit der Zivilbevölkerung. **Partisanen***, **Freischärler*** oder auch **Zivilisten**, die sich den Anordnungen der Besatzungsmacht

Partisan
bewaffneter Kämpfer, der nicht zu den regulären Soldaten eines Staates gehört; in den besetzten Gebieten die Widerstandskämpfer gegen das nationalsozialistische Deutschland

Freischärler
Mitglied einer „Freischar", einem militärischen Freiwilligenverband

▶ M 10: Posener Rede Heinrich Himmlers

widersetzten, wurden ohne Verfahren erschossen. Soldaten, die sich an den „Säuberungsaktionen" beteiligten, wurde Straffreiheit in Aussicht gestellt.
Der sogenannte **„Kommissarbefehl"** vom Juni 1941 enthielt die Anweisung an das Heer, politische Kommissare der Roten Armee ohne Gerichtsverhandlung zu ermorden. Zur Bekämpfung von Partisanen wurden Geiseln aus der Zivilbevölkerung genommen, die nach Überfällen massenhaft ermordet wurden. Der Terror gegen die Zivilbevölkerung äußerte sich durch **Zwangsarbeit, Vertreibung und systematische Ermordung**.
Bei der Durchsetzung seiner Ziele missachtete Deutschland alle Bestimmungen des humanitären Völkerrechts. Der Krieg im Osten war seinem Charakter nach zugleich Eroberungs-, Versklavungs- und Vernichtungskrieg. Der totale Vernichtungswille, mit dem die Deutschen diesen Krieg führten, verlieh ihm seine verbrecherische Einzigartigkeit, die einen Bruch mit allen zivilisatorischen Konventionen bedeutete.

Zwangsarbeit

Lernen mit Interviews: Zwangsarbeit 1939–1945
cornelsen.de/Webcodes
Code: hudifa

Um den Mangel an Arbeitskräften in den Kriegsjahren zwischen 1939 und 1945 auszugleichen, setzten die Nationalsozialisten ausländische Arbeitskräfte als Zwangsarbeiter und Zwangsarbeiterinnen ein. Zu ihnen gehörten Kriegsgefangene, Zivilarbeiter, KZ-Häftlinge und jüdische Arbeitskräfte. Spätestens seit der Kriegswende 1942/43 war vor allem die deutsche Rüstungsindustrie auf den Einsatz von Zwangsarbeitern angewiesen. Sie sicherten nicht nur die Fortführung der Rüstungsproduktion, sondern bis 1944 auch die Ernährung der deutschen Bevölkerung. Neben Rüstungsunternehmen wie dem **Flick-Konzern** setzten beispielsweise auch das Chemie- und Pharmaunternehmen **IG Farben**, **Volkswagen** und das Keksunternehmen **Bahlsen** Zwangsarbeiter ein. In Baden-Württemberg mussten Zwangsarbeiter Rüstungsgüter für Firmen wie die **Robert Bosch GmbH** und die **Motorenwerke Mannheim AG** herstellen. **Daimler-Benz** beutete Häftlinge für die Herstellung von Motorenteilen aus. Die Gesamtzahl der Menschen, die in Deutschland zur Arbeit gezwungen wurden, betrug 1942 etwa sechs Millionen und 1944 ca. 7,6 Millionen – ein Viertel der in der deutschen Gesamtwirtschaft Beschäftigten. Damit ist die nationalsozialistische Zwangsarbeit der größte Einsatz ausländischer Arbeitskräfte in der Geschichte seit dem Ende der Sklaverei im 19. Jahrhundert. Bei der Überwachung des Arbeitseinsatzes wurden verstärkt auch „verlässliche" NSDAP-Mitglieder eingesetzt, die neben SS und Wehrmacht nicht nur für die Ordnung in den Arbeitslagern zuständig waren, sondern die Zwangsarbeiter auch von der deutschen Bevölkerung fernhalten sollten. Die Zwangsarbeiter wurden bewusst für gesundheitsgefährdende Arbeiten eingesetzt und litten in ihren primitiven Unterkünften unter katastrophalen hygienischen Verhältnissen und Mangelernährung. Darüber hinaus waren sie der Willkür des Wachpersonals ausgesetzt. Ein Großteil von ihnen starb durch Hunger, Krankheiten und Misshandlungen. Für die Überlebenden wurde im Jahr 2000 ein **Entschädigungsfonds** eingerichtet.

Wannsee-Konferenz
Treffen der NS-Führung am Berliner Wannsee, bei dem unter der Leitung von Reinhard Heydrich die systematische Ermordung der europäischen Juden koordiniert wurde

▶ M 7: Joseph Goebbels: „Die Juden sind schuld!"

▶ M 9: Protokoll der Wannsee-Konferenz

Vernichtungslager, Todeslager
Bezeichnung für eine Reihe von Lagern, die von den Nationalsozialisten für den systematischen, „industriellen" Massenmord der europäischen Juden vorwiegend auf polnischem Boden errichtet wurden. Kurz nach ihrer Ankunft in Güterzügen wurden die Menschen in Gaskammern oder durch Massenerschießungen getötet.

„Endlösung" – Holocaust – Shoah – Porajmos: Der Völkermord an den europäischen Juden, Sinti und Roma 1939–1945

Die Systematisierung des „Rassenkrieges" erreichte mit der Vernichtung der jüdischen Bevölkerung ihren mörderischen Höhepunkt. Nachdem die Juden zunächst in Gettos zusammengetrieben wurden, wurden sie nach der **Wannsee-Konferenz* am 20. Januar 1942** planmäßig in die Vernichtungs- bzw. Todeslager* **Auschwitz, Chelmno, Belzec, Sobibor, Treblinka und Majdanek** im Osten Europas deportiert. Etwa **sechs Millionen Juden** wurden ermordet: durch Hungerrationen, durch Exekution, durch Gas – allein in Auschwitz starben etwa eine Million Menschen. Hunderttausende Deutsche haben dabei mitgewirkt: als Ärzte, als Polizisten, als Eisenbahner, als Hersteller und Lieferanten von Giftgas, als Soldaten, als SS-Lagerpersonal. Nur wenige haben protestiert. Der welthistorisch einzigartige Völkermord an den Juden schloss alle Juden vom Säugling bis zu den Alten ein. Und er richtete sich nicht nur gegen die Juden im eigenen Lande, sondern gegen alle in Europa lebenden Juden. Aus allen von deutschen Truppen eroberten und besetzten Gebieten wurden sie zusammengetrieben, deportiert und in die Konzentrations- und Vernichtungslager gebracht.

Zu den aus Sicht der Nationalsozialisten „rassisch Minderwertigen" gehörten auch die Sinti und Roma. Auch sie wurden aus der „Volksgemeinschaft" ausgeschlossen. Parallel zum Genozid an den europäischen Juden begann mit dem Zweiten Weltkrieg auch der Mord an den europäischen Sinti und Roma. In ihrer Sprache bezeichnen die Sinti und Roma dieses Verbrechen mit dem Begriff „Porajmos" („das Verschlingen"). Ab Mai 1940 wurden diese aus dem deutschen Reichsgebiet und den von Deutschland besetzten Gebieten nach Polen und ab 1941 in die Sowjetunion deportiert. Die meisten von ihnen wurden in Konzentrations- und Vernichtungslagern ermordet. Die Gesamtzahl der Opfer lässt sich nicht präzise bestimmen. Schätzungen gehen davon aus, dass bis zu 500 000 Angehörige der Sinti und Roma dem Völkermord zum Opfer gefallen sind.

Weitere „rassisch Minderwertige" waren für die Nationalsozialisten auch **Homosexuelle**, **„Asoziale"***, **Kriminelle** und **unheilbar Kranke**, **nationale Minderheiten** wie die **Afrodeutschen** (Afrikaner aus den ehemaligen deutschen Kolonien und die Kinder französischer Kolonialsoldaten aus dem besetzten Rheinland), die **slawischen Minderheiten** der Kaschuben, Sorben und Masuren, allgemein Angehörige slawischer Bevölkerungsgruppen, wie z. B. Polen und Russen, sowie generell alle Menschen, die nach der NS-Ideologie nicht zu der angeblich überlegenen „nordisch-germanischen Herrenrasse" gehörten. Für die Nationalsozialisten stand fest, dass alle diese „rassisch minderwertigen" Menschen eine „lebensunwerte" Existenz führten.

▶ **M 14: Piera Sonninos Erinnerungen an ihre Ankunft in Auschwitz**

▶ **M 15: Fotografie von der Rampe in Auschwitz**

▶ **M 19: Lutz Raphael über NS-Täter**

▶ **M 20: Adolf Eichmanns Schlusswort im Prozess**

„Asoziale"
Nationalsozialistischer Sammelbegriff für Menschen aus der untersten gesellschaftlichen Schicht, die als unfähig bzw. unwillig angesehen wurden, sich in die „Volksgemeinschaft" einzuordnen. Zu ihnen zählten z. B. Obdachlose, Bettler, Prostituierte, kinderreiche Familien aus sozialen Unterschichten und Alkoholiker. Sie wurden in Konzentrationslagern interniert und mussten als Erkennungszeichen auf der Häftlingskleidung den schwarzen Winkel tragen.

M3 Die Vernichtung der europäischen Juden durch die Nationalsozialisten 1939–1945

● KZ-Hauptlager:

1 Herzogenbusch, 2 Natzweiler, 3 Niederhagen, 4 Bergen-Belsen, 5 Neuengamme, 6 Ravensbrück, 7 Sachsenhausen, 8 Mittelbau-Dora, 9 Buchenwald, 10 Groß-Rosen, 11 Flossenbürg, 12 Dachau, 13 Mauthausen, 14 Stutthof, 15 Warschau, 16 Plaszow, 17 Vaivara, 18 Klooga, 19 Riga-Kaiserwald, 20 Kauen, 21 Jasenovac

M4 Denkmal der „Grauen Busse" am Zentrum für Psychiatrie in Ravensburg-Weißenau, Fotografie, 2008.

Mit Bussen wurden in den Jahren 1940/41 allein 691 Patienten aus der „Heilanstalt" Weißenau als „lebensunwert" in die Vernichtungsanstalt Grafeneck deportiert.

Geschichte Grafenecks 1939–1941
cornelsen.de/Webcodes
Code: saveco

„Euthanasie"

Die „Ausmerzung lebensunwerten Lebens" gehörte zu den zentralen Zielen des NS-Regimes. Bereits im Juli 1939 begannen die Vorbereitungen zur Tötung behinderter Kinder. In 30 psychiatrischen Anstalten richteten die NS-Machthaber im Frühjahr 1940 „Kinderfachabteilungen" ein, wo die Kinder nach ihrer Behinderung eingruppiert wurden. Besonders schwerstbehinderte Kinder sollten mit Giftinjektionen getötet werden. Die **„Kinder-Euthanasie"** (wörtlich: guter Tod) betraf ab 1941 auch Jugendliche bis 17 Jahren und wurde bis Kriegsende kontinuierlich durchgeführt.
Gleich nach Kriegsbeginn 1939 wandte sich der NS-Staat den körperlich, seelisch und geistig Behinderten in Deutschland zu. Ärztekommissionen prüften sie auf ihre „Arbeitstauglichkeit". Wer nicht als arbeitsfähig galt, wurde in Vernichtungsanstalten ermordet, die als **„Heil- und Pflegeheime"** getarnt waren – mitten in Deutschland. Die **„Aktion T4"** (benannt nach der Zentraldienststelle in Berlin, die sich in der Tiergartenstraße 4 befand) umfasste die systematische Ermordung von mehr als 70 000 Menschen. Sie begann 1940 in der **Tötungsanstalt Grafeneck** im Landkreis Reutlingen. Dort wurden innerhalb eines Jahres über 10 000 Menschen ermordet.
Die Vergasung der schwächsten und hilflosesten Mitglieder der Gesellschaft, die sogenannte „Euthanasie", war eine im nationalsozialistischen Sinne konsequente Folge der **„Rassenhygiene"**. Einzelne Vertreter der katholischen und evangelischen Kirche wandten sich öffentlich in ihren Predigten gegen die Massenmorde. Ihr Protest sowie der Umstand, dass die an den Tötungen Beteiligten in den Einsatzgruppen und Vernichtungslagern im Osten gebraucht wurden, führten dazu, dass die Aktion T4 1941 in Deutschland eingestellt wurde. Dennoch starben weiterhin viele Behinderte an von Ärzten verabreichten Giftspritzen.

M5 Der Zweite Weltkrieg in Europa 1939–1945

Ausweitung zum globalen Krieg und Kriegswende

Das mit dem Deutschen Reich verbündete **Japan** (Dreimächtepakt*) griff **Pearl Harbor** (Hawaii) an, den wichtigsten amerikanischen Flottenstützpunkt im Pazifik. Die USA erklärten Japan daraufhin am 8. Dezember 1941 den Krieg, drei Tage später folgte die **Kriegserklärung des Deutschen Reiches an die USA**. Die Kriegswende brachte die **Schlacht um Stalingrad*** im Januar und Februar 1943, bei der die deutsche Wehrmacht eine vernichtende Niederlage erfuhr. Nachdem die Deutschen etwa 90 % der Stadt erobert hatten, wurden sie von der **Roten Armee** von außen in einem Kessel eingeschlossen. Trotz aller sinnloser Durchhalteparolen der nationalsozialistischen Führung kapitulierte die deutsche Wehrmacht. 150 000 deutsche Soldaten starben in den Kämpfen, an Hunger oder Kälte in dem eisigen Winter. Etwa 91 000 Männer gerieten in Kriegsgefangenschaft. Auf sowjetischer Seite starben mehr als 400 000 Soldaten. Die Niederlage hatte nicht nur militärisch weitreichende Folgen, sondern schwächte auch die Moral der deutschen Bevölkerung. Bereits ab März 1942 hatten die Westalliierten einen gemeinsam koordinierten strategischen Luftkrieg gegen das Deutsche Reich begonnen, um die bedingungslose Kapitulation zu erreichen. Bis 1945 wurden viele deutsche Großstädte bei den Flächenbombardements schwer beschädigt. Etwa eine halbe Million Menschen starben.

Dreimächtepakt („Achse Berlin–Rom–Tokio")
ein auf Initiative von Adolf Hitler am 27. September 1940 geschlossener Vertrag mit Japan und Italien, in dem die Bündnispartner sich verpflichteten, einander militärisch zu helfen

Stalingrad
Die nach dem sowjetischen Diktator benannte Stadt (heute: Wolgograd) liegt etwa 1 000 km südöstlich von Moskau und war ein bedeutendes Rüstungs- und Verkehrszentrum.

„Totaler Krieg" und Kriegsende 1945

Nach der Niederlage von Stalingrad rief der Reichspropagandaminister Joseph Goebbels angesichts der militärisch zunehmend schlechteren Lage zum „totalen Krieg" auf. Bei einer großen Kundgebung im Berliner Sportpalast am 18. Februar 1943 appellierte er an den Durchhaltewillen der deutschen Bevölkerung. Sein Ziel war es, die gesamte Zivilbevölkerung in die Kriegsanstrengungen einzubeziehen und ihre Opferbereitschaft zu erhöhen. So sollten beispielsweise vermehrt Frauen und Fremdarbeiter in der Rüstungsproduktion eingesetzt werden. In der nordfranzösischen **Normandie** landeten am 6. Juni 1944, dem „D-Day", die Alliierten und errichteten die von Stalin schon lange geforderte zweite Front. Die Sowjetunion startete im Juni eine Großoffensive. Auf deutscher Seite fielen in den folgenden Monaten 2,4 Millionen Soldaten und damit etwa noch einmal so viele wie vom Kriegsbeginn bis zum Beginn der Großoffensive. Für das Deutsche Reich wurde die militärische Lage immer aussichtsloser. Am 25. August befreiten die Alliierten Paris. Ende September 1944 erreichten die Alliierten schließlich die deutsche Grenze, die sowjetischen Truppen befreiten am 27. Januar 1945 das KZ Auschwitz. Millionen von Deutschen flohen vor der herannahenden Roten Armee aus Ostpreußen, Pommern und Schlesien. Die Nationalsozialisten lösten die Konzentrationslager im Osten auf und trieben die Gefangenen in Fußmärschen in die westlich gelegenen Lager. Bei diesen **„Todesmärschen"** starben schätzungsweise 200 000 bis 300 000 Menschen. Sie wurden von den SS-Wachmannschaften erschossen oder starben an Erschöpfung. Im April 1945 trafen amerikanische und sowjetische Soldaten in Torgau an der Elbe aufeinander. Hitler beging am 30. April 1945 Suizid, einen Tag später das Ehepaar Goebbels. Berlin kapitulierte am 2. Mai. Am 7. und 8. Mai unterzeichneten Generaloberst Jodl im französischen Reims und Generalfeldmarschall Keitel in Berlin-Karlshorst die **bedingungslose Kapitulation der Deutschen Wehrmacht**.

▶ M 17: NS-Broschüre zum „Totalen Krieg"

WDR ZeitZeichen: Sendung zur Sportpalastrede
cornelsen.de/Webcodes
Code: vixixo

M 6 Blick vom Rathausturm auf die zerstörte Stadt Dresden, Fotografie, 1945

1 Erstellen Sie mithilfe des Darstellungstextes und der Karten M 3 und M 4 ein Flussdiagramm zum Zusammenhang von Kriegsverlauf und Verlauf der NS-Vernichtungspolitik.
2 Erklären Sie, inwiefern von einem „Weltanschauungs"- und Vernichtungskrieg gesprochen werden kann.
3 **Zusatzaufgabe:** Siehe S. 412.

Hinweise zur Arbeit mit den Materialien
Die Materialien M 7 bis M 11, M 17 und M 18 ermöglichen Ihnen eine Auseinandersetzung mit der nationalsozialistischen Kriegspropaganda und den nationalsozialistischen Plänen für die „Endlösung der Judenfrage". In M 12 bis M 15 werden „Euthanasie" und Holocaust als „industrialisierter Massenmord" thematisiert. M 16 rückt das Leid der Opfer im Warschauer Getto ins Zentrum, während in M 19 und M 20 die Perspektive der Täter im Fokus steht.

M 7 Der Reichspropagandaminister Joseph Goebbels in der Wochenzeitung „Das Reich", 16. November 1941

Die Juden sind schuld! Die historische Schuld des Weltjudentums am Ausbruch und an der Ausweitung dieses Krieges ist so hinreichend erwiesen, dass darüber keine Worte mehr zu verlieren sind. Die Juden wollten ihren Krieg, und sie haben ihn nun. Aber es bewahrheitet sich an ihnen auch die Prophezeiung, die der Führer am 30. Januar 1939 im Deutschen Reichstag aussprach, dass, wenn es dem Internationalen Finanzjudentum gelingen sollte, die Völker noch einmal in einen Weltkrieg zu stürzen, das Ergebnis nicht die Bolschewisierung der Erde und damit der Sieg des Judentums sein werde, sondern die Vernichtung der jüdischen Rasse in Europa. Wir erleben eben den Vollzug dieser Prophezeiung und es erfüllt sich damit am Judentum ein Schicksal, das zwar hart, aber mehr als verdient ist. Mitleid oder gar Bedauern ist da gänzlich unangebracht.

Das Reich, 16. November 1941, S. 1.

4 Arbeiten Sie heraus, wie Goebbels einen Zusammenhang zwischen Krieg und Judenvernichtung herstellt.
5 Beurteilen und bewerten Sie seine Aussagen.

M 8 Auszug aus der Frontzeitung für die deutsche Luftwaffe in Italien „Adler im Süden", 1944

Der Jude ist der Gegenpol des nordischen Menschen, der Erzfeind jedes freien Volkes überhaupt. Dem ordnenden und Werte schaffenden Führerprinzip des Germanentums setzt der Jude das händlerische Machtprinzip entgegen. Der schöpferisch-aufbauenden Weltanschauung des Nationalsozialismus mit ihrer idealistischen Zielsetzung steht im Bolschewismus und im Liberalismus der angelsächsischen Demokratien die jüdische Weltanschauung des *Materialismus* und *Individualismus* gegenüber.
Dieser Krieg – in seiner letzten Tiefe gesehen – ist der jüdische Weltkampf gegen die Befreiung der arischen Menschheit aus der geistigen und materiellen Hörigkeit Alljudas, während er auf der Seite Deutschlands zum Kampf um die Befreiung und Erhaltung der Menschheit gegen alle Versuche einer jüdischen Weltherrschaft geworden ist. Als solcher muss er in seiner letzten Grundsätzlichkeit kristallklar in unser geschichtliches Bewusstsein treten, und zwar nicht nur als der kriegerische Zusammenprall zweier in voller Ausschließlichkeit sich gegenüberstehender Welten an sich, sondern als der kriegerische Endkampf eines überzeitlichen Ringens, in dem von der Welt die Entscheidung abgefordert wird zwischen einer seit Jahrtausenden angestrebten jüdischen Weltherrschaft und dem schöpferischen Leben der arischen Rasse in Gegenwart und Zukunft.

Zit. nach: Walther Hofer (Hg.), Der Nationalsozialismus. Dokumente 1933–1945, Fischer, Frankfurt am Main 1957, S. 281 f.

6 Arbeiten Sie anhand von M 8 heraus, wie die Nationalsozialisten den Krieg charakterisieren.
7 Erläutern Sie die Wirkung auf deutsche Soldaten im Jahr 1944. Berücksichtigen Sie den Kriegsverlauf.
8 **Vertiefung:** Informieren Sie sich über über aktuelle Ausprägungen antisemitischer Verschwörungsmythen und vergleichen Sie diese mit M 7 und M 8.
Tipp: Achten Sie auf Schlagworte wie „internationales Finanzjudentum", „Alljuda" und „jüdische Weltherrschaft". Beurteilen Sie immer die Seriosität Ihrer Quellen.

M 9 Auszug aus dem Protokoll der „Wannsee-Konferenz", 20. Januar 1942

Auf Einladung des Chefs der Sicherheitspolizei und des SD, Reinhard Heydrich, fand am Mittag des 20. Januar 1942 in Berlin-Wannsee eine Besprechung von Vertretern der SS, der NSDAP und mehrerer Reichsministerien statt. Thema war die „Endlösung der Judenfrage".
Anstelle der Auswanderung ist nunmehr als weitere Lösungsmöglichkeit nach entsprechender vorheriger Genehmigung durch den Führer die Evakuierung der Juden nach dem Osten getreten. Diese Aktionen sind jedoch lediglich als Ausweichmöglichkeiten anzusprechen, doch werden hier bereits jene praktischen Erfahrungen gesammelt, die im Hinblick auf die kommende Endlösung der Judenfrage von wichtiger Bedeutung sind. Im Zuge dieser Endlösung der europäischen Judenfrage kommen rund 11 Millionen Juden in Betracht. [...]
Unter entsprechender Leitung sollen im Zuge der Endlösung die Juden in geeigneter Weise im Osten zum Arbeitseinsatz kommen. In großen Arbeitskolonnen, unter Trennung der Geschlechter, werden die arbeitsfähigen Juden Straßen bauend in diese Ge-

biete geführt, wobei zweifellos ein Großteil durch natürliche Verminderung ausfallen wird. Der allfällig endlich verbleibende Restbestand wird, da es sich bei diesem zweifellos um den widerstandsfähigsten Teil handelt, entsprechend behandelt werden müssen, da dieser, eine natürliche Auslese darstellend, bei Freilassung als Keimzelle eines neuen jüdischen Aufbaues anzusprechen ist. (Siehe die Erfahrung der Geschichte.) Im Zuge der praktischen Durchführung der Endlösung wird Europa von Westen nach Osten durchgekämmt. Das Reichsgebiet, einschließlich Protektorat Böhmen und Mähren, wird allein schon aus Gründen der Wohnungsfrage und sonstiger sozialpolitischer Notwendigkeiten vorweggenommen werden müssen.

*Zit. nach: Leon Poliakov/Josef Wulf (Hg.), Das Dritte Reich und die Juden, Ullstein, Berlin 1955, S. 119 ff.**

9 Arbeiten Sie aus M 9 die Pläne für die „Endlösung der Judenfrage" heraus.

10 Analysieren Sie Sprache und Stil des Protokolls.

M 10 Aus einer Rede Heinrich Himmlers vom 4. Oktober 1943

Der Reichsführer SS hielt diese Rede bei einer SS-Gruppenführertagung in Posen vor 92 SS-Offizieren.

Ich will hier vor Ihnen in aller Offenheit auch ein ganz schweres Kapitel erwähnen. Unter uns soll es einmal ganz offen ausgesprochen sein, und trotzdem werden wir in der Öffentlichkeit nie darüber reden. Genauso wenig, wie wir am 30. Juni 1934 gezögert haben, die befohlene Pflicht zu tun und Kameraden, die sich verfehlt hatten, an die Wand zu stellen und zu erschießen,[1] genauso wenig haben wir darüber jemals gesprochen und werden je darüber sprechen. Es war eine, Gottseidank in uns wohnende Selbstverständlichkeit des Taktes, dass wir uns untereinander nie darüber unterhalten haben, nie darüber sprachen. Es hat jeden geschaudert und doch war sich jeder klar darüber, dass er es das nächste Mal wieder tun würde, wenn es befohlen wird und wenn es notwendig ist.

Ich meine jetzt die Judenevakuierung, die Ausrottung des jüdischen Volkes. Es gehört zu den Dingen, die man leicht ausspricht. – „Das jüdische Volk wird ausgerottet", sagt ein jeder Parteigenosse, „ganz klar, steht in unserem Programm, Ausschaltung der Juden, Ausrottung, machen wir." Und dann kommen sie alle an, die braven 80 Millionen Deutschen, und jeder hat seinen anständigen Juden. Es ist ja klar, die anderen sind Schweine, aber dieser eine ist ein prima Jude. Von allen, die so reden, hat keiner zugesehen, keiner hat es durchgestanden. Von Euch werden die meisten wissen, was es heißt, wenn 100 Leichen beisammen liegen, wenn 500 daliegen oder wenn 1 000 daliegen. Dies durchgehalten zu haben, und dabei – abgesehen von Ausnahmen menschlicher Schwächen – anständig geblieben zu sein, das hat uns hart gemacht. Dies ist ein niemals geschriebenes und niemals zu schreibendes Ruhmesblatt unserer Geschichte, denn wir wissen, wie schwer wir uns täten, wenn wir heute noch in jeder Stadt – bei den Bombenangriffen, bei den Lasten und bei den Entbehrungen des Krieges – noch die Juden als Geheimsaboteure, Agitatoren und Hetzer hätten. Wir würden wahrscheinlich jetzt in das Stadium des Jahres 1916/17 gekommen sein, wenn die Juden noch im deutschen Volkskörper säßen.

Die Reichtümer, die sie hatten, haben wir ihnen abgenommen. Ich habe einen strikten Befehl gegeben, den SS-Obergruppenführer Pohl durchgeführt hat, dass diese Reichtümer selbstverständlich restlos an das Reich abgeführt wurden. Wir haben uns nichts davon genommen. Einzelne, die sich verfehlt haben, werden gemäß einem von mir zu Anfang gegebenen Befehl bestraft, der androhte: Wer sich auch nur eine Mark davon nimmt, der ist des Todes. Eine Anzahl SS-Männer – es sind nicht sehr viele – haben sich dagegen verfehlt und sie werden des Todes sein, gnade[n]los. Wir hatten das moralische Recht, wir hatten die Pflicht gegenüber unserem Volk, dieses Volk, das uns umbringen wollte, umzubringen. Wir haben aber nicht das Recht, uns auch nur mit einem Pelz, mit einer Uhr, mit einer Mark oder mit einer Zigarette oder mit sonst etwas zu bereichern. Wir wollen nicht am Schluss, weil wir einen Bazillus ausrotteten, an dem Bazillus krank werden und sterben. Ich werde niemals zusehen, dass hier auch nur eine kleine Fäulnisstelle entsteht oder sich festsetzt. Wo sie sich bilden sollte, werden wir sie gemeinsam ausbrennen. Insgesamt aber können wir sagen, dass wir diese schwerste Aufgabe in Liebe zu unserem Volk erfüllt haben. Und wir haben keinen Schaden in unserem Inneren, in unserer Seele, in unserem Charakter daran genommen.

*Zit. nach: https://www.1000dokumente.de/pdf/dok_0008_pos_de.pdf (abgerufen am 7. Mai 2020).**

1 *30. Juni 1934:* Im Auftrag Hitlers wurde die gesamte SA-Führung durch SS-Einheiten liquidiert.

11 Analysieren Sie die Rede Himmlers (M 10).

12 **Partnerarbeit:** Erläutern Sie mögliche Folgen der Rede.

13 Bewerten Sie Himmlers Aussagen.

M 11 „Sieg oder Bolschewismus", NS-Plakat, 1943

14 Analysieren Sie das Plakat M 11.
Tipp: Berücksichtigen Sie dabei insbesondere die Darstellung der abgebildeten Menschen.

M 12 Der Journalist Robert Domes über den Ablauf der „Aktion T4", 2019

Im Reichsgebiet kommt es [das Kohlenstoffmonoxid-Gas] erstmals in der Anstalt Grafeneck auf der Schwäbischen Alb zum Einsatz. Im Oktober 1939 werden hier alle Patienten fortgebracht, die Einrichtung wird zur Mordanstalt umgebaut. Ein gasdichter Tötungsraum entsteht, daneben werden drei Krematoriumsöfen gebaut. Das Morden beginnt am 18. Januar 1940. Bis Ende des Jahres sterben in dem als Duschraum getarnten Vergasungsschuppen fast 11 000 Patienten an dem eingeleiteten Kohlenmonoxid. [...] Grafeneck ist die erste Mordfabrik auf deutschem Boden – ein Prototyp für die anderen Anstalten. Auf dieselbe grausame Weise werden in Brandenburg, Hartheim bei Linz, Pirna-Sonnenstein, Bernburg (Saale) und Hadamar die Kranken getötet. Bis August 1941 sterben 70 000 Menschen in den Gaskammern. Danach werden die Vergasungen eingestellt. Doch das Töten geht auf andere Art weiter: Patienten erhalten überdosierte Beruhigungsmittel oder werden durch gezielte Hungerkost und Vernachlässigung einem qualvollen Tod ausgeliefert.
In einigen Anstalten wird das Morden so sehr zum Alltag, dass kaum ein Unterschied zu den Konzentrationslagern besteht. Allerdings töten in den Anstalten keine SS-Schergen, sondern angesehene Mediziner. Auch die Elite der deutschen Ärzteschaft erweist sich als williger Vollstrecker der grausamen Rassenpolitik. Die Ärzte morden mit einer Effizienz, die sogar die SS beeindruckt: Reichsführer Heinrich Himmler erkundigt sich in der T4-Zentrale, ob und wie man Personal und Einrichtungen der Mordanstalten für die Konzentrationslager nutzen könne. Die erfahrenen Massenmörder aus der Tiergartenstraße helfen gern: Sie schicken T4-Ärzte in die Lager, um arbeitsunfähige Häftlinge für eine „Sonderbehandlung" auszuwählen. Bei dieser Aktion sterben zwischen 15 000 und 20 000 Häftlinge in den Gaskammern von Bernburg, Pirna-Sonnenstein und Hartheim. Zu diesem Zeitpunkt sind die Morde in den Anstalten längst zu einer Blaupause auch für den Holocaust geworden.

*Zit. nach: Robert Domes, Mörder in Weiß, in: ZEIT Geschichte 2/2019, S. 76 f., hier S. 77.**

15 Erläutern Sie anhand von M 12, inwiefern die systematische Ermordung von behinderten und kranken Menschen als „Blaupause" für den Holocaust diente.

M 13 Richard Glazar über die Abläufe im Vernichtungslager Treblinka, 1960er- und 1970er-Jahre

Der tschechische Holocaust-Überlebende wurde im Vernichtungslager von der SS als Funktionshäftling eingesetzt. Bei den Prozessen gegen die Täter von Treblinka vor dem Düsseldorfer Landgericht in den 1960er- und 1970er-Jahren berichtete Glazar als Zeuge.

Eine kleine Falle mit riesiger Kapazität war dieses Treblinka [...]. Keine Selektion, keine Tätowierung, aus den anrollenden Zügen ging es geradewegs in das „Desinfektionsbad" – in die Gaskammern. [...] Der Tötungsbetrieb wurde im Juni 1942 aufgenommen, nachdem die ersten Gaskammern fertiggestellt worden waren. Sie hatten eine Kapazität von 300 bis 500 Menschen pro Stunde. Irgendwann im September 1942 setzte man die neueren Gaskammern mit viel größerer Kapazität in Betrieb. In einem gemauerten Gebäude wurden entlang eines mittleren Gangs je fünf „Duschräume" angeordnet. In jede Kammer konnte man in 40 Minuten 100 Menschen drängen und so in allen den zehn Kammern 1 000 Leute auf einmal vergasen. Dazu benutzte man nicht Zyklon B wie in Auschwitz, sondern einfach Auspuffgase von

Motoren erbeuteter russischer Panzer. Auf einem Geviert von nur etwa 400 mal 600 Metern versanken im Herbst 1942 von der Oberfläche und vom Leben weg bis zu 15 000 Menschen täglich ... [...] Nach einigen Tagen wusste ich schon, was genau mit unserem Transport geschah und was überhaupt mit allen Transporten geschieht, welche in Treblinka ankommen. Noch vor dem Einfahrtstor wird auf der eingleisigen Abzweigung eine gewisse Zahl von Waggons abgekoppelt. Manchmal sind fünfhundert, manchmal abertausend Leute drin. [...] Über die Zufahrtsrampe wird die Masse der Leute auf den Entkleidungsplatz geführt. [...] Die Frauen führte man in die „Friseurstube", wo man ihnen die Haare schor. Aus Frauenhaaren sollten Dichtungen für Motoren gemacht werden. Die Männer, schon nackt ausgezogen, mussten inzwischen das Handgepäck, das sie mitgebracht haben, in der Ecke des Entkleidungsplatzes stapeln, die dem Sortierplatz am nächsten liegt. Die SS-Männer brachten sie dabei zum Laufschritt. Die Lunge atmet dann tiefer ein und es geht schneller in den Gaskammern. [...] Am Schalter [...] mussten alle ihre Dokumente, Uhren und Schmuck abgeben. Hier wurde jedem sein Name und ein Stück weiter nur noch das nackte namenlose Leben weggenommen.

*Zit. nach: Wolfgang Benz, Der Holocaust, 4. Aufl., C. H. Beck, München 1999, S. 113–115.**

M 14 Aus Piera Sonninos Erinnerungen an ihre Ankunft in Auschwitz am 28. Oktober 1944

Die Familie Sonnino aus Genua wird deportiert, nachdem die Wehrmacht 1943 den Norden Italiens besetzt hatte. Einzig Tochter Piera überlebt die Lager Auschwitz und Bergen-Belsen. Nach dem Krieg spricht Piera Sonnino nicht von ihren Erlebnissen, aber sie schreibt sie auf. Erst Jahre nach ihrem Tod findet ihre Tochter ihre Aufzeichnungen und veröffentlicht sie.

Eine große, leere Baracke. Eine lange, endlose Nacht. Roberto kam herüber, um mitzuteilen, dass wir in Auschwitz seien. Der Name sagte uns nichts. Wir dachten, wir seien in Deutschland, dabei waren wir in Polen. Die Frauen kauern sich in der Mitte des Raumes aneinander, um sich gegenseitig zu wärmen. [...] Unsere Sinneswahrnehmung ist völlig eingeschränkt. Wir leben am Rande des Bewusstseins. In einer absurd irrealen und zugleich realen Welt. Dies ist die letzte Nacht, die meine Familie gemeinsam verbringt. [...]

Die Stunden in der Baracke vergehen nur langsam. Alle erschrecken, als sich die Tür öffnet und ein Skelett mit fiebrigen Augen und einem gestreiften Häftlingsanzug hereinkommt, der um seine Knochen schlottert. Die Männer umringen das Skelett. Es hat einen Eimer in der Hand, bleibt einen Moment stehen und schleppt sich dann weiter, verschwindet. Weitere folgen ihm. Es sind Lagerarbeiter. Sie haben Nachtschicht. Einer von ihnen bleibt vor mir stehen, deutet auf meinen verbundenen Knöchel und gibt mir ein Zeichen, ich solle sofort den Verband abnehmen. Ich zögere, weil ich nicht verstehe. Ein Wort höre ich deutlich heraus: Selektion. Das Skelett wendet sich an die Männer und spricht erregt zu ihnen. Er redet auf Deutsch. Jemand übersetzt. Wir sollen auf der Stelle alles entfernen, was auf irgendeine körperliche Behinderung hinweist, Wunden oder Krankheiten. Es wird immer strenger selektiert. Die Gaskammern und Öfen arbeiten in dicht gedrängtem Rhythmus. Wer nicht arbeitsfähig ist, wird beseitigt. Ich reiße sofort den Verbandmull und die Bandage herunter, die ich um meinen Knöchel gewickelt habe. Die Worte scheinen nicht aus dem Mund eines Menschen zu kommen, sondern von der Nacht selbst. Wir flehen Papa an, seinen Gipsverband abzunehmen. Papa schüttelt den Kopf. Er scheint nicht zu verstehen, was wir ihm sagen, denn er lässt sich einfach zwischen uns fallen und bleibt reglos sitzen, mit geschlossenen Augen. Mama nimmt seine Hand und drückt sie.

*Zit. nach: Piera Sonnino, Die Nacht von Auschwitz. Das Schicksal einer italienischen Familie, Rowohlt, Reinbek 2006, S. 75–78.**

M 15 Auf der Rampe bei der Ankunft im Konzentrationslager Auschwitz, Fotografie, 1944.

Das Bild entstammt einem Album mit insgesamt 193 Fotografien, die im Auftrag der SS Ende Mai oder Anfang Juni 1944 aufgenommen wurden. Die Bilder zeigen die Ankunft ungarischer Juden in Auschwitz sowie den Ablauf der Ausbeutung und Ermordung dieser Menschen.

16 Erklären Sie anhand von M 13–M 15 die These von einem „industrialisierten Massenmord".

17 Beurteilen und bewerten Sie das Verhalten des Lagerarbeiters (M 14).

M 16 Aus Jan Karskis Bericht über seinen Besuch im Warschauer Getto 1942, 1944

Vom Warschauer Getto aus wurden polnische und deutsche Juden ab 1942 in die Vernichtungslager deportiert. Karski schleuste sich im Auftrag der polnischen Exilregierung in das Warschauer Getto ein und informierte anschließend die Westmächte über die dortigen Zustände. Es erfolgte keine Reaktion.

Ist es noch nötig, das Warschauer Getto zu beschreiben? Es ist bereits so viel darüber geschrieben worden; es gibt so viele Berichte von zuverlässigen Zeugen. War es ein Friedhof? Nein, denn diese Leichen bewegten sich noch – oftmals sogar regelrecht fieberhaft. Es waren lebendige Menschen, wenn man sie denn so bezeichnen konnte. An diesen schlotternden Gestalten waren außer Haut, Augen und Stimme kaum noch etwas Menschliches verblieben. Überall herrschte Hunger und Elend, es stank grässlich nach verwesenden Leichen, man hörte das jämmerliche Wimmern sterbender Kinder und die verzweifelten Schreie und das Keuchen eines Volkes im aussichtslosen Überlebenskampf.

Wenn man diese Mauer passierte, betrat man eine andere Welt, die sich von allem unterschied, was man sich je hätte vorstellen können. Es hatte den Anschein, als würde die gesamte Gettobevölkerung auf der Straße leben. Überall herrschte dichtes Gedränge. Als wir uns unseren Weg durch Dreck und Trümmer bahnten, huschten Schattengestalten, die einmal Männer und Frauen gewesen waren, auf der Suche nach irgendwem oder irgendetwas an uns vorbei, während ihr Blick vor Hunger oder Gier wirr flammte. Jeder und alles wirkte unnatürlich geschäftig und in ständiger Bewegung, eingehüllt in eine Aura von Krankheit und Tod, unter der der Verfall unaufhörlich voranschritt. [...]

Dann kamen wir an einem erbärmlich aussehenden parkähnlichen Gelände vorbei [...]. Mütter drängten sich auf Bänken zusammen und stillten ihre ausgezehrten Säuglinge. Kindern, an denen man jeden Knochen durch die gespannte Haut sah, spielten in Pulks und Scharen. „Sie spielen, ehe sie sterben", hörte ich meinen Begleiter zur Linken mit erstickter Stimme sagen.

*Zit. nach: Jan Karski, Mein Bericht an die Welt. Geschichte eines Staates im Untergrund, hg. v. Céline Gervais-Francelle, Suhrkamp, München 2012, S. 460–462.**

18 Geschichte kreativ: Jan Karski forderte die Alliierten auf, die deutsche Bevölkerung mittels Flugblätter über das Sterben der Menschen im Getto aufzuklären. Gestalten Sie ein solches Flugblatt.

M 17 „Nun, Volk, steh auf und Sturm brich los", Titelblatt einer nationalsozialistischen Propagandabroschüre zum „Totalen Krieg", 1943.

Die Broschüre wurde verfasst von Joseph Goebbels und von der Reichspropagandaleitung der NSDAP herausgegeben.

M 18 Adolf Hitler bei der Auszeichnung von Hitlerjungen, die im Volkssturm kämpfen, Fotografie, Berlin, 20. März 1945

19 Vertiefung: Beurteilen Sie Anspruch und Wirklichkeit der NS-Propaganda vom „totalen Krieg" (M 17, M 18).

M 19 Der Historiker Lutz Raphael über die Täter des Holocaust, 2011

Angesichts des Ausmaßes dieses Völkermords stellt sich heute vor allem die Frage nach Tätern und Zuschauern. Die SS als hauptverantwortliche Organisation lieferte das Gros[1] der Weltanschauungstäter. Sie begrüßten als radikale Antisemiten das Projekt und waren auf allen Ebenen – von der Planung bis zum Mord an einzelnen Juden – in das Programm einbezogen. Angesichts der großen Zahl von Beteiligten, geschätzt allein 300 000 Deutsche, muss man auch den vielen weltanschaulich weniger Überzeugten unter den Tätern Aufmerksamkeit schenken. Sie waren an materiellen Vorteilen und der eigenen Karriere interessiert oder passten sich dem Gruppendruck der Mehrheit an. Die Täter kamen aus allen Bevölkerungsschichten, und es waren nicht nur Deutsche. Den NS-Behörden gelang es überall, Mittäter unter der einheimischen Bevölkerung zu finden. Die Kollaboration reichte vom Verrat versteckter Juden bis zur bereitwilligen Organisation der Deportationen oder zur Stellung von Wachmannschaften in den KZs. Der in den 1930er-Jahren weiter angewachsene Antisemitismus bot insgesamt im besetzten Europa einen geistigen Nährboden für die Deportation, Gettoisierung und Ermordung der Juden. Er wurde durch die Propaganda der Besatzungsmacht, der von ihr geförderten antisemitischen Kollaborateure und der verbündeten Regierungen systematisch verstärkt. So entstand im besetzten Europa ein Meinungsklima, das von antisemitischer Ablehnung bis zu mitleidsloser Indifferenz reichte. Unter Letten, Polen, Rumänen, Kroaten oder Ukrainern etwa fanden die Deutschen zahlreiche Anhänger eines vehementen Antisemitismus. Bei vielen Westeuropäern herrschte zumindest mitleidsloses Desinteresse am Schicksal der Juden vor. Mit breiterer Unterstützung konnten die Juden nur in wenigen Ländern rechnen. Insbesondere in Frankreich, Italien oder Dänemark hat sich dies in der Rettung einer erheblichen Zahl von Juden vor der Deportation und dem sicheren Tod niedergeschlagen. Exzeptionell sind die Fälle Bulgariens und Dänemarks, deren Regierungen nach Protesten der Bevölkerung sich weigerten, die eigene jüdische Bevölkerung auszuliefern.

Lutz Raphael, Imperiale Gewalt und mobilisierte Nation. Europa 1914–1945, C. H. Beck, München 2011, S. 249.

1 *Gros:* überwiegender Teil einer Gruppe

20 Lutz Raphael (M 19) spricht von „Tätern und Zuschauern" in den besetzten europäischen Ländern (Z. 2 f.). Bewerten Sie das unterschiedliche Verhalten.

M 20 Aus Adolf Eichmanns Schlusswort im Prozess in Jerusalem, 26. Juni 1961

Adolf Eichmann war ab 1939 hauptverantwortlich für die Deportationen aus dem Reichsgebiet in den Osten und in die Vernichtungslager. Er floh nach dem Krieg nach Argentinien und wurde dort 1960 vom israelischen Geheimdienst, dem Mossad, aufgespürt. 1962 wurde er in Israel zum Tode verurteilt und hingerichtet.

Den Schuldspruch kann ich nicht anerkennen. Ich habe Verständnis, dass man Sühne fordert für die Verbrechen, die an Juden begangen worden sind. Ich hatte das Unglück, in diese Gräuel verwickelt zu werden. Aber diese Untaten geschahen nicht mit meinem Willen. Mein Wille war nicht, Menschen umzubringen. Der Massenmord ist allein die Schuld der politischen Führer. Ich betone auch jetzt wieder, meine Schuld ist mein Gehorsam, meine Unterwerfung unter Dienstpflicht und Kriegsdienstverpflichtung, unter Fahneneid und Diensteid, dazu galt ab Kriegsbeginn das Kriegsgesetz. Dieses Gehorchen war nicht leicht. Ich habe nicht mit Gier und Lust Juden verfolgt. Dies tat die Regierung. [...]

Ich sagte schon, die Führungsschicht, zu der ich nicht gehörte, hat die Befehle gegeben, sie hat, meines Erachtens mit Recht, Strafe verdient für die Gräuel, die auf ihren Befehlen an den Opfern begangen wurden. Aber auch die Untergebenen sind jetzt Opfer. Ich bin ein solches Opfer. Meine Lebensnorm, die man mich früh schon lehrte, war das Wohl und Streben zur Verwirklichung ethischer Werte. Von einem bestimmten Augenblick an wurde ich aber von Staats wegen daran gehindert, nach dieser Norm zu leben. Von der Einheit der Ethik musste ich in die Vielheiten der Moral umsteigen.

*Zit. nach: Peter Krause, Der Eichmann-Prozess in der deutschen Presse, Campus, Frankfurt/Main 2002, S. 72.**

21 Charakterisieren Sie anhand von M 20 das Selbstverständnis von Adolf Eichmann.

22 Analysieren Sie M 20 in Hinblick auf Eichmanns Verteidigungsstrategie.

23 **Partnerarbeit:** Bewerten Sie Eichmanns Schlusswort (M 20) und berücksichtigen Sie dabei seine Vorstellungen von Moral.

24 **Geschichte kreativ:** Gestalten Sie eine Entgegnung auf Eichmanns Schlusswort.

Der 27. Januar als Gedenktag für die Opfer des Nationalsozialismus

M1 Elie Wiesel (1928–2016) bei seiner Rede vor dem Deutschen Bundestag während der Holocaust-Gedenkveranstaltung am 28. Januar 2000, Fotografie.
Der US-amerikanische Schriftsteller und Friedensnobelpreisträger Elie Wiesel stammt aus einer rumänisch-jüdischen Familie. Er überlebte die Konzentrationslager Auschwitz und Buchenwald, seine Eltern und eine Schwester wurden von den Nationalsozialisten ermordet. Seitdem hielt er die Erinnerung an den Holocaust wach und engagierte sich weltweit für Menschenrechte und gegen Gewalt.

Am 27. Januar 1945 befreiten sowjetische Soldaten die Überlebenden des **Konzentrationslagers Auschwitz-Birkenau**. Im Jahr 1996 erklärte der damalige Bundespräsident **Roman Herzog** den Jahrestag zum bundesweiten **Tag des Gedenkens an die Opfer des Nationalsozialismus**. In seiner Rede zum Gedenktag am 19. Januar 1996 erklärte er: „Auschwitz steht symbolhaft für millionenfachen Mord – vor allem an Juden, aber auch an anderen Volksgruppen. Es steht für Brutalität und Unmenschlichkeit, für Verfolgung und Unterdrückung, für die in perverser Perfektion organisierte ‚Vernichtung' von Menschen." Österreich beging 1997 erstmals den Holocaust-Gedenktag, 2001 folgten u. a. Großbritannien, Frankreich, Italien und Polen. Im Jahr 2005 jährte sich die Befreiung von Auschwitz zum 60. Mal und die Vereinten Nationen führten den **Internationalen Tag des Gedenkens an die Opfer des Holocaust** ein, der seitdem weltweit begangen wird.

In Israel wird seit 1951 der Gedenktag **„Yom HaShoah"** für die sechs Millionen von den Nationalsozialisten ermordeten Juden begangen. Der nationale Feiertag beginnt nach der jüdischen Tradition mit Sonnenuntergang am 27. Nissan, einem Monat des jüdischen Kalenders (meist Mitte März bis Mitte April gelegen), und endet am darauffolgenden Abend. In den USA wurden 1978 der 28. und 29. April 1979 zu Holocaust-Gedenktagen erklärt. Das Datum verweist auf die Befreiung des Konzentrationslagers Dachau durch amerikanische Soldaten. Die *Days of Remembrance* werden seitdem jährlich begangen und orientieren sich am Datum des israelischen Gedenktags.

In Deutschland findet jedes Jahr am 27. Januar oder um dieses Datum herum eine **Gedenkstunde im Bundestag** statt. Zu diesem Anlass sprechen Gastredner vor dem Parlament. Mit dem Schriftsteller **Elie Wiesel*** sprach im Jahr 2000 erstmals ein Überlebender des Holocaust die Gedenkrede im Bundestag. Bundesweit wird mit zahlreichen Gedenkveranstaltungen an die Opfer des Holocaust erinnert. Vor öffentlichen Gebäuden wehen Flaggen an diesem Tag auf Halbmast.

M2 Der Niederländer Zoni Weisz, Sinto und Holocaust-Überlebender, hielt 2011 die Gedenkrede im Deutschen Bundestag, Fotografie, 2011

M3 Aus der Ansprache von Bundespräsident Roman Herzog zum Gedenktag für die Opfer des Nationalsozialismus im Deutschen Bundestag, 19. Januar 1996

Geschichte verblasst schnell, wenn sie nicht Teil des eigenen Erlebens war. Deshalb geht es darum, aus der Erinnerung immer wieder lebendige Zukunft werden zu lassen. Wir wollen nicht unser Entsetzen konservieren. Wir wollen Lehren ziehen, die auch künftigen Generationen Orientierung sind.

Dieses Gedenken ist nicht als ein in die Zukunft wirkendes Schuldbekenntnis gemeint. Schuld ist immer höchstpersönlich, ebenso wie Vergebung. Sie vererbt sich nicht. Aber die künftige Verantwortung der Deutschen für das „Nie wieder!" ist besonders groß, weil sich früher viele Deutsche schuldig gemacht haben. Es ist wahr, dass sich Geschichte nicht wiederholt. Aber ebenso wahr ist, dass Geschichte die Voraussetzung der Gegenwart ist und dass der Umgang mit der Geschichte damit auch zum Fundament der Zukunft wird.

An der Schwelle zum nächsten Jahrtausend ist schon das von meiner Generation Erlebte – erst recht das von den Vorfahren Erlebte – in Gefahr, in einer distanzierten Retrospektive zu verschwimmen, und die historischen Fakten drohen sich auf Jahreszahlen und Schlagworte zu reduzieren. Auch die größte Barbarei schrumpft dann zu einem anonymen Ereignis, das allmählich in ein mildes Licht nüchterner Beschreibung getaucht wird.

Würden wir uns ein Auslöschen dieser Erinnerung wünschen, dann wären wir selbst die ersten Opfer einer Selbsttäuschung. Denn es ist vor allem unser Interesse, aus der Erinnerung zu lernen. Die Erinnerung gibt uns Kraft, weil sie Irrwege vermeiden hilft. [...]

*Zit. nach: www.bundespraesident.de/SharedDocs/Reden/DE/Roman-Herzog/Reden/1996/01/19960119_Rede.html (abgerufen am 30. Juni 2020).**

M4 Aus der Rede von Zoni Weisz zum Gedenktag für die Opfer des Nationalsozialismus im Deutschen Bundestag, 27. Januar 2011

Zoni Weisz (geb. 1937 in Den Haag) ist ein niederländischer Sinto und Holocaust-Überlebender.

Gemeinsam mit Ihnen an dieser Stelle an die Schrecknisse der Nazizeit zu erinnern, ist eine besondere Erfahrung für mich persönlich, aber auch für die Gemeinschaft der Sinti und Roma insgesamt.

Hier heute stehen zu dürfen, empfinde ich als Zeichen der Anerkennung des uns während der Zeit des Nationalsozialismus zugefügten Leids.

Heute gedenken wir der Opfer des nationalsozialistischen Genozids an 500 000 Sinti und Roma, wir erinnern an die Opfer der Shoah, des Mordes an sechs Millionen Juden, und wir gedenken all der anderen Opfer des Nazi-Regimes. [...]

Sinti und Roma sind nach Einführung der Nürnberger Rassengesetze im Jahre 1935, ebenso wie die Juden, aus rassischen Gründen verfolgt worden. Juden und „Zigeuner" wurden als „fremdrassig" definiert und all ihrer Rechte beraubt. Sie wurden vom öffentlichen Leben ausgeschlossen. Dem lag eine besondere Strategie zugrunde. [...] Immer einen Schritt weiter, was letztlich in einer ganzen Reihe von Maßnahmen gipfelte: Identifizieren, erfassen, isolieren, berauben, ausbeuten, deportieren und schließlich ermorden. [...] Meine Damen und Herren, der Völkermord an den Sinti und Roma ist immer noch ein, wie ich es nenne, „vergessener Holocaust". Ein vergessener Holocaust, weil ihm in den Medien nach wie vor wenig Aufmerksamkeit entgegengebracht wird. [...] Sind die Opferzahlen ausschlaggebend für die Aufmerksamkeit, die einem zuteil wird, oder ist das Leid eines einzelnen Menschen wichtig? [...] Eine halbe Million Sinti und Roma – Männer, Frauen und Kinder – wurden im Holocaust ausgerottet. Nichts oder fast nichts hat die Gesellschaft daraus gelernt, sonst würde sie heute verantwortungsvoller mit uns umgehen. [...] [D]er 17. März 1982 ist für die Gemeinschaft der Sinti und Roma ein historisches Datum. An diesem Tag empfing der damalige Bundeskanzler Helmut Schmidt eine Delegation des Zentralrats Deutscher Sinti und Roma unter Leitung des Vorsitzenden Romani Rose. Dabei vollzog der Bundeskanzler einen völkerrechtlich ausgesprochen wichtigen Schritt, indem er das gegenüber den Sinti und Roma begangene nationalsozialistische Verbrechen als einen Völkermord anerkannte, der auf der Grundlage des Begriffs der „Rasse" begangen wurde. [...]

*Zit. nach: www.bundestag.de/rede (abgerufen am 30. Juni 2020).**

1 Erläutern Sie die Funktion des Erinnerns an den Holocaust nach Roman Herzog (M 3).

2 Erörtern Sie anhand der Rede von Zoni Weisz (M 4), inwiefern der Genozid an den Roma und Sinti als „vergessener Holocaust" (Z. 25) bezeichnet werden kann.

3 **Wahlaufgabe:** Bearbeiten Sie entweder a) oder b).

- **a)** Recherchieren Sie Beispiele für das Gedenken an Opfer der NS-Herrschaft in Ihrer Heimatregion.
- **b)** Entwickeln Sie Vorschläge für eine Gedenkveranstaltung für die Opfer der NS-Herrschaft an Ihrer Schule.

7.2 Stationenlernen: Widerstand gegen den Nationalsozialismus in Deutschland und in Europa

M1 Johann Georg Elser, Fotografie, um 1930.
Der Handwerker Georg Elser (1903–1945) scheiterte am 8. November 1939 mit dem Versuch, Hitler während einer Rede zu töten.

M2 Gertrud Luckner, Fotografie, undatiert.
Gertrud Luckner (1900–1995) verhalf als Angestellte der Caritas in Freiburg bis zu ihrer eigenen Verhaftung und Internierung zahlreichen Juden zur Flucht.

„Widerstand ohne Volk“?

In der Bundesrepublik Deutschland folgte man lange Zeit der Vorstellung des Historikers Hans Mommsen, es seien vor allem Angehöriger traditioneller Eliten gewesen, die Widerstand gegen die NS-Herrschaft geleistet hätten. Das einfache Volk hingegen hätte sich für das NS-Regime begeistert oder sich passiv verhalten. Den oppositionellen Gruppen fehlte tatsächlich der Rückhalt in der Bevölkerung. Durch frühzeitige Verhaftungswellen und Terror schalteten die Sicherheitsorgane die Gegner des Nationalsozialismus weitgehend aus und verhinderten so das Entstehen einer wirksamen Opposition. Dennoch gab es in allen gesellschaftlichen Schichten Menschen, die sich widerständig verhielten und dem NS-Regime entgegentraten.

Nonkonformität und Widerstand in der deutschen Gesellschaft

Der politische Widerstand war in viele unabhängige kleine Gruppen gespalten. Im Wesentlichen wurde die Opposition von Mitgliedern der verbotenen Linksparteien (**KPD, SPD**), aus den **Gewerkschaften** und aus den Kreisen der **evangelischen und katholischen Kirche** gebildet. Aber auch **bürgerlich-konservative Kreise** entschlossen sich zum Widerstand, als ihnen bewusst wurde, dass Hitler mit seiner Kriegspolitik Deutschland in die Katastrophe führte. Die Mitglieder der von der Gestapo sogenannten **„Roten Kapelle“** versuchten das Ausland über die drohende Kriegsgefahr zu informieren und nahmen Kontakt mit dem sowjetischen Nachrichtendienst auf. Ihr Ziel war die Beendigung des Krieges. Dem Widerstandsnetz gehörten über 150 Menschen aus unterschiedlichen sozialen und politischen Milieus an. Ab 1938 entwickelte sich überdies eine **militärische Opposition**, als manche Offiziere Hitlers aggressive Außenpolitik zunehmend kritisch sahen.

Auch wenige einzelne Menschen fassten den Mut, das NS-Regime aktiv und gewaltsam zu bekämpfen. Am 8. November 1939 verübte der Handwerker **Johann Georg Elser*** in München einen Bombenanschlag auf Hitler, Goebbels und Göring. Den Entschluss dazu hatte er 1938 gefasst, um den Krieg zu verhindern. Der Anschlag scheiterte, am 9. April 1945 wurde der Widerstandskämpfer im Konzentrationslager Dachau ermordet.

Die Ablehnung der nationalsozialistischen Ideologie konnte sich darüber hinaus in vielfältigen Formen **nonkonformen (unangepassten) Verhaltens** ausdrücken. Das Spektrum reichte von der Verweigerung des Hitlergrußes bis zur Aufrechterhaltung des Kontaktes mit Juden. Auch die **Hilfe für Verfolgte oder die Versorgung von ausländischen Zwangsarbeitern mit Lebensmitteln** gehörte zu diesem Widerstand im Kleinen, der ebenso wie das Attentat auf Hitler mit dem Tode bestraft werden konnte. Die große Mehrheit der Deutschen bestand jedoch aus Anhängern des NS-Regimes, „Mitläufern“ oder verhielt sich passiv. Nur wenige stellten sich den Verbrechen und Verletzungen der Menschenrechte der Machthaber entgegen. Menschen wie die Freiburgerin **Gertrud Luckner***, die aus ihrer christlichen Überzeugung heraus Widerstand leistete und Juden in ganz Deutschland half, waren die Ausnahme. Sie rettete viele Menschen und unterstützte unzählige Deportierte. Nachdem sie denunziert worden war, kam sie als politische Gefangene in das Konzentrationslager Ravensbrück. Der Staat Israel verlieh Luckner 1966 den Ehrentitel **„Gerechte unter den Völkern“** der Gedenkstätte Yad Vashem in Jerusalem. In der Nachkriegszeit setzte sie sich für Opfer des Holocaust ein.

Jüdischer Widerstand

Zum Symbol des jüdischen Widerstands wurde der **Aufstand im Warschauer Getto** am 19. April 1943 (s. S. 364). Darüber hinaus kämpften Hunderttausende Juden in Untergrundorganisationen in ganz Europa und in den regulären Armeen der Alliierten. Im Getto in Wilna (Litauen) verlas der Dichter **Abba Kovner*** am 31. Dezember 1941 sein „Manifest des jüdischen Widerstands", in dem er zum **bewaffneten jüdischen Widerstand** aufrief: „Wir wollen uns nicht wie die Schafe zur Schlachtbank führen lassen." Sein Appell führte zur Gründung der ersten jüdischen Widerstandsorganisation im besetzten Europa, der **Vereinigten Partisanenorganisation (FPO)**. In ihr schlossen sich Angehörige zionistischer*, kommunistischer und sozialistischer Jugendgruppen zusammen. Sie verübten **Sabotageakte** und hielten Kontakt zu jüdischen **Partisanen** in Wäldern und Widerstandsgruppen in anderen Gettos. Auch in Konzentrations- und Vernichtungslagern fand Widerstand statt. Bei dem größten Häftlingsaufstand im KZ Sobibor wurden am 12. Oktober 1943 mindestens zwölf SS-Männer und zehn ukrainische Helfer getötet. Im August 1943 hatte es einen ähnlichen Aufstand im KZ Treblinka gegeben. In Auschwitz-Birkenau (s. S. 356 ff.) zerstörten Häftlinge im Oktober 1944 mit Sprengsätzen ein Krematorium.

M4 Stufen abweichenden Verhaltens des Historikers Detlev Peukert, 1982

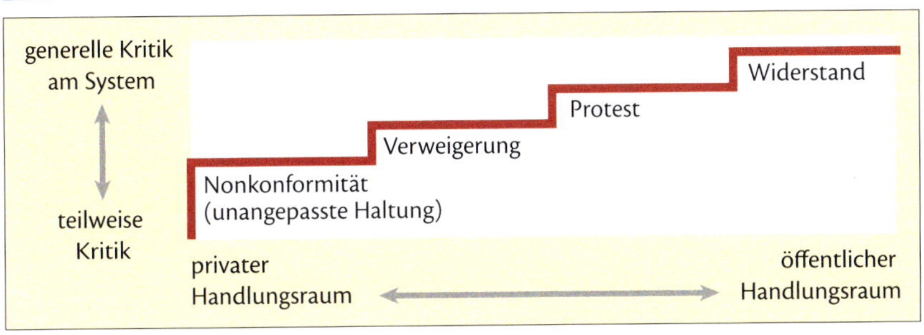

1 Ordnen Sie die Beispiele des Darstellungstextes S. 368 f. in das Stufenmodell M 4 ein und klären Sie für sich den Begriff „Widerstand im Nationalsozialismus". Eine allgemeine Begriffsbestimmung finden Sie im Lexikon, S. 431.

Vorschlag für Stationenlernen

2 Bearbeiten Sie die Seiten 370–375 als „Stationen" in Partnerarbeit. Wählen Sie jeweils zwei der drei Stationen aus.
- Station 1: Der Widerstand der Arbeiterbewegung
- Station 2: Der Widerstand der Jugend
- Station 3: Der bürgerliche und der militärische Widerstand

3 Präsentieren und erläutern Sie Ihre Ergebnisse in einem *„Gallery Walk"*.
   a) Vergleichen Sie dabei die präsentierten Beispiele für Widerstand gegen den Nationalsozialismus (Gruppen, Motive und Formen des Widerstands).
   b) Begründen Sie, weshalb sich kein einheitlicher und breiter Widerstand in Deutschland bildete.
   c) Diskutieren Sie abschließend Möglichkeiten und Grenzen des Widerstands im NS-Staat. Berücksichtigen Sie dabei die These Mommsens vom „Widerstand ohne Volk" (S. 368, Z. 1 ff.).
   d) Bei Attentatsversuchen wurde der Tod zahlreicher Menschen billigend in Kauf genommen. Bewerten Sie, ob ein Diktator wie Adolf Hitler unter diesen Umständen getötet werden darf.
   e) Erörtern Sie, ob und inwiefern Widerstand gegen eine Regierung heute noch gerechtfertigt ist.

M3 Abba Kovner als Zeuge beim Prozess gegen Adolf Eichmann in Jerusalem, Fotografie, 1961.

Der litauisch-israelische Schriftsteller Abba Kovner (1918–1987) führte seit Juli 1943 die Widerstandsorganisation FPO an und beteiligte sich 1944 mit seiner Partisanengruppe an der Befreiung Wilnas durch die Rote Armee.

Zionismus
Bezeichnung für eine im 19. Jahrhundert entstandene Bewegung, die einen jüdischen Nationalstaat fordert. 1948 wurde der unabhängige jüdische Staat Israel in Palästina gegründet.

Informationen zum jüdischen Widerstand von Yad Vashem
cornelsen.de/Webcodes
Code: remodi

Station 1: Der Widerstand der Arbeiterbewegung

Kommunisten, **Sozialisten**, **Sozialdemokraten** und **Gewerkschaftsmitglieder** bekämpften den Nationalsozialismus bereits vor 1933. Die deutsche Arbeiterbewegung war sich zwar in ihrer gemeinsamen Ablehnung des Nationalsozialismus einig. Ein gemeinsames Vorgehen scheiterte aber an den Gegensätzen zwischen der **KPD** und der **SPD**. Beide Parteien bekämpften sich lange gegenseitig. Nach der Machtübernahme 1933 wurden viele Kommunisten, Sozialdemokraten und Gewerkschafter verfolgt und in Konzentrationslagern inhaftiert. Tausende flüchteten ins Ausland und setzten ihren Widerstand vom **Exil** aus fort. In Deutschland verbreiteten **Untergrundorganisationen** Flugblätter. Nach dem Beginn des Krieges bauten Gegner der NS-Diktatur verstärkt **betriebliche Widerstandsgruppen** auf. Sie wollten der nationalsozialistischen Propaganda etwas entgegensetzen, indem sie Nachrichten über den tatsächlichen Kriegsverlauf verbreiteten. Außerdem versuchten sie, die Rüstungswirtschaft zu sabotieren, und unterstützten Verfolgte. Die SPD operierte vor allem aus dem Ausland und versuchte, die Weltöffentlichkeit über das NS-Regime aufzuklären. Vertrauensleute sammelten dafür Informationen für den **Prager Exilvorstand der SPD (SOPADE*)**.

SOPADE
SOPADE nannte sich der Vorstand der SPD, der zunächst von 1933 bis 1938 in Prag, anschließend bis 1940 in Paris die wichtigste Exilorganisation der SPD bildete. Die von der SOPADE herausgegebenen „Deutschland-Berichte" informierten die Weltöffentlichkeit über das Leben im NS-Deutschland.

Die KPD im Widerstand

Die Formen des Widerstandes aus der Arbeiterbewegung waren vielfältig. Nach dem Kriegsausbruch und insbesondere nach dem Überfall auf die Sowjetunion versuchte die Parteileitung der KPD von Moskau aus den innerdeutschen Widerstand zu beleben. Der Kommunist **Wilhelm Knöchel** kehrte dafür illegal aus der Emigration zurück ins Deutsche Reich. Die Widerstandsgruppe um ihn brachte monatlich die Untergrundzeitung „Der Friedenskämpfer" heraus, außerdem verteilte sie Flugblätter und Klebezettel. Die Gestapo verhaftete 1943 über 200 Mitglieder der Gruppe. Wilhelm Knöchel und 22 weitere Mitglieder wurden 1944 zum Tode verurteilt.

M5 Georg Lechleiter (1885 bis 1942), Fotografie, undatiert.
Der Schriftsetzer Georg Lechleiter begründete 1919 die KPD in Mannheim mit und war von 1925 bis 1933 Mitglied des badischen Landtags. Nach 1933 wurde er zwei Jahre in Konzentrationslagern inhaftiert.

Die „Lechleiter-Gruppe"

In Mannheim fand sich in den Jahren 1940 bis 1942 eine Widerstandsgruppe von Kommunisten, Sozialdemokraten und parteilosen Arbeitern zusammen. Angeführt wurde sie von dem Kommunisten **Georg Lechleiter**. Die Gruppe verbreitete Flugblätter sowie 1941 vier Ausgaben der unter Lechleiters Leitung erschienenen illegalen Zeitung „Der Vorbote". Lechleiter und viele weitere Mitglieder fielen 1942 einer Verhaftungswelle der Gestapo zum Opfer. 19 Mitglieder der Gruppe wurden 1942 in Stuttgart hingerichtet, drei weitere waren schon in der Untersuchungshaft gestorben. In Mannheim erinnert heute ein Denkmal an die Lechleiter-Gruppe.

M6 Mitglieder der Hamburger „ABC-Kolonne", Fotografie, 1941

Die Hamburger „ABC-Kolonne"

Um die Hamburger Arbeiterfunktionäre Bernhard Bästlein, Oskar Reincke, Franz Jacob und Robert Abshagen bildete sich 1941 eine kommunistische Betriebszellenorganisation, deren Schwerpunkt in den Werften lag. Nach ihren Mitgliedern Abshagen, Bretschneider und Christoffers wurde sie „ABC-Kolonne" genannt. Die Gruppe unterstützte Zwangsarbeiter und Kriegsgefangene. Ende 1942 wurde sie von der Gestapo aufgedeckt. Mehr als 60 Mitglieder wurden zum Tode verurteilt oder von der Gestapo ermordet.

M7 Aus der Flugschrift „Der Friedenskämpfer", 1942

Die illegale Flugschrift wurde von der kommunistischen Widerstandsgruppe um Wilhelm Knöchel (geb. 1899 in Offenbach, 1944 hingerichtet in Brandenburg-Görden) im Ruhrgebiet verteilt:

Mord, Plünderung, Brandschatzung und mittelalterliche Knechtschaft, das sind die Merkmale der „Tätigkeit" von Hitlers Generälen und Reichskommissaren in den besetzten Gebieten. Überall in ganz Europa, wo deutsche Truppen ihren Fuß hinsetzen, wächst das Grauen, die Not und das Elend der betroffenen Völker. [...]

Deutsche, schließt Euch zusammen gegen Hitler, gegen seine blutdürstige Leibgarde, gegen die SS und die Gestapo, gegen das ganze mörderische Naziregime. Vereinigt Euren Kampf mit dem heiligen Befreiungskampf der Völker gegen die Hitlertyrannei. Erhebt Euch mit Eurer ganzen Kraft gegen die Hitlerverbrecher. Stört und zerstört, wo und wie Ihr nur könnt, die Kriegsmaschine Hitlers, die Europa verwüstet und Deutschland in den Abgrund stürzt. [...]

Soldaten der Wehrmacht! Macht Schluss mit dem verbrecherischen Eroberungskrieg. Hört nicht auf Eure Offiziere. Schießt nicht auf die russischen Arbeiter und Bauern. [...] Geht mit den Waffen auf die Seite der Roten Armee über.

Arbeiter und Arbeiterinnen Deutschlands! Erhebt Euch zum Kampf gegen die Hitlerbande, gegen das niederträchtige Regime des Krieges, des Hungers und der Konzentrationslager! Bringt die Werkbänke zum Stehen! Macht die Maschinen, die Mordinstrumente herstellen, unbrauchbar! Arbeitet langsamer! [...]

Deutsche Bauern und Bäuerinnen! Protestiert gegen den verhassten Krieg, der Eure Wirtschaft ruiniert! Versteckt die Produkte vor den Hitlerbanden! Versteckt Eure Söhne, Männer und Brüder, die in die Hitlerarmee einberufen werden sollen! [...]

Deutsche Frauen, fordert die sofortige Heimkehr Eurer Männer, Söhne und Brüder von der Front und aus den besetzten Gebieten! [...]

Deutsche Jugend! Hitler hat Dir das Schönste im Leben, die Jugendzeit, genommen und Dich in die Arbeitslager geworfen! Verweigert die Arbeitsdienstpflicht! [...] Fort mit Hitler und seiner Mörderbande! Nieder mit dem Naziregime! Kämpft für ein neues freies Deutschland!"

*Landesarchiv NRW R, RW 0058 Nr. 12111, fol. 261ff.; zit. nach: www.gdw-berlin.de/fileadmin/bilder/publikationen/begleitmaterialien/Faksimiles_PDFs_deutsch/FS_4.5_DE-2.Aufl_RZ-web.pdf (abgerufen am 11.05.2020).**

M8 Georg Lechleiter (geb. 1885 in Appenweier, hingerichtet 1942 in Stuttgart), Brief, 1942

Am Tag vor seiner Hinrichtung schrieb Lechleiter einen letzten Brief an seine Familie:

Stuttgart, den 14.9.1942

Meine liebe Anny! Mein lieber Bub!

Nun heißt es Abschied nehmen für immer. [...] Es ist nun 10 Uhr abends, früh um 5 Uhr wird das Urteil vollstreckt werden. Sammelt also Euren Geist, wenn Ihr diese letzten Zeilen von mir lest und mit mir den stillen Ernst des Augenblicks erlebt, denn der Hauch eines Sterbenden, das Echo eines Toten grüßt Euch, aus ihnen steigt mein bleiches Bild meiner letzten Stunden, meines letzten Bekenntnisses. [...]

Der Gedanke an den nahen Tod schreckt mich nicht. Ein Mensch, der nicht fähig ist, sich für eine Idee aufzuopfern, gleich welcher Art, ist einem höheren Sinn nach kein Mensch. Ich tat das mit meinen Freunden, was erst den Menschen ausmacht – leiden für eine Idee ... Zum Leidenkönnen gehört eine Idee, wie sie zum Leben gehört. Vor allem aber zum stolzen, menschlich-würdigen Leiden. Das höchste Ziel eines Menschen besteht darin, wirklich für andere zu leben, für andere sich aufzuopfern. Schmach und Schande über den, der nicht kühn und mutig in den Tod gehen kann, hat ein heldenmütiger Kämpfer einmal geschrieben. – [...] Dir, liebe Anny, und lieber Buab einen letzten Kuss und letzter Händedruck von Papa

*Max Oppenheimer, Der Fall Vorbote. Zeugnisse des Mannheimer Widerstandes, 2. Aufl., Röderberg, Frankfurt/Main 1970, S. 142.**

4 Analysieren Sie M7.
Tipp: Welche Kritik am NS-Regime wird hier formuliert? Welche Ziele und welches Vorgehen der Widerstandsgruppe werden deutlich?

5 Arbeiten Sie heraus, wie Lechleiter seinen Widerstand gegen die NS-Diktatur begründet (M8).

6 Bewerten Sie Lechleiters Ideal des Menschen.

7 **a)** Ordnen Sie M7 und M8 in das Stufenmodell abweichenden Verhaltens von Detlev Peukert (M4, S. 369) ein.
b) Beurteilen Sie mithilfe von M7 und M8 Möglichkeiten und Grenzen des Widerstands gegen den Nationalsozialismus.

Station 2: Der Widerstand junger Menschen

M9 Helmuth Hübener (1925–1942), Fotografie, undatiert.

Der Verwaltungslehrling Hübener kam 1940/41 in Hamburg mit einer illegalen kommunistischen Jugendgruppe in Kontakt. Er hörte regelmäßig die Nachrichten ausländischer Rundfunksender und verbreitete sie weiter. Ende Januar 1942 wurden er und seine Freunde denunziert.

Auch junge Menschen widersetzten sich auf vielfältige Art und Weise dem nationalsozialistischen Regime. Es gab Gruppen, die bereits vor 1933 existierten und unter nationalsozialistischer Herrschaft an ihren Traditionen festhielten, wie die **Arbeiterjugendbewegung** oder **katholische Jugendverbände**. Junge **Kommunisten, Sozialdemokraten oder Christen** wehrten sich gegen die Vereinnahmung durch den NS-Staat. Sie hörten verbotene ausländische Rundfunksender oder verteilten Flugblätter, in denen sie über den wahren Kriegsverlauf und die nationalsozialistischen Verbrechen aufklärten. Ihre Aktivitäten wurden von der Gestapo verfolgt. Bei Entdeckung drohte ihnen die Todesstrafe. Der 17-jährige Hamburger **Helmuth Hübener*** wurde im Oktober 1942 in Berlin-Plötzensee hingerichtet. Gemeinsam mit Freunden hatte er mehr als 20 verschiedene Flugblätter entworfen und verteilt, mit denen er die Bevölkerung über die drohende militärische Niederlage aufklären wollte. Hübener war der jüngste hingerichtete Widerstandskämpfer.

Die Edelweißpiraten

Vor allem in den Kriegsjahren schlossen sich vielerorts Jugendliche zu Cliquen und Banden zusammen, gemeinsam war ihnen die Ablehnung der Hitlerjugend (HJ). Insbesondere im Rheinland und im Ruhrgebiet gab es zahlreiche Gruppen, denen mehrere Tausend Jugendliche angehörten. Sie fielen durch **nonkonformes Verhalten und Auftreten** auf und wurden nach ihrem Erkennungszeichen **„Edelweißpiraten“** genannt. Bereits die Ablehnung einer Mitgliedschaft in der HJ stellte oppositionelles Verhalten dar. Die Jugendlichen prügelten sich mit HJ-Streifen, verteilten aber auch politische Flugblätter und kritisierten in Wandparolen den Krieg. In Köln-Ehrenfeld versuchten Jugendliche, das Gestapo-Gebäude zu sprengen. Sie wurden ohne Gerichtsprozess gehenkt. Weitere bekannte jugendliche Protestgruppen waren die Hamburger **„Swing-Jugend“** und die von der Gestapo sogenannten **Leipziger „Meuten“**, die sich selbst als **„Bündische Jugend“** bezeichneten. Die „Swing-Jugend“ provozierte durch ihr lässiges Auftreten und das Hören von als „entartet“ geltender Swing- und Jazz-Musik die NS-Behörden. In Leipzig schlossen sich rund 1500 Jugendliche zusammen. Sie stammten aus kommunistisch und sozialdemokratisch geprägten Elternhäusern und lehnten die HJ ab. Nach 1939 wurden diese Gruppen durch die Gestapo zerschlagen. Viele der Jugendlichen kamen in Zuchthäuser, Jugendgefängnisse oder Erziehungsanstalten.

Die Weiße Rose

M10 Die Geschwister Hans und Sophie Scholl mit Christoph Probst vor der Abfahrt zur Ostfront, Fotografie, Juli 1942

Weiße Rose
cornelsen.de/Webcodes
Code: vehiha

Die bekannteste Widerstandsgruppe der jungen Generation ist die „Weiße Rose“. Sie formierte sich im Zweiten Weltkrieg an der Universität München. Den Kern der Gruppe bildeten die fünf Studenten **Sophie Scholl** (1921–1943) und **Hans Scholl** (1918–1943), **Willi Graf** (1918–1943), **Christoph Probst** (1919–1943) und **Alexander Schmorell** (1917–1943). Geprägt wurden sie durch einen ihrer Hochschullehrer, den Philosophen **Kurt Huber** (1893–1943). Vom Sommer 1942 bis zum Februar 1943 verbreiteten sie in München Flugblätter, die sich an das gebildete Bürgertum richteten. Die ersten vier Flugblätter verschickten sie in einer Auflage von mehr als hundert Exemplaren anonym per Post an Menschen aus ihrem Bekanntenkreis. Sie forderten zum „passiven Widerstand“ und zum Sturz des NS-Regimes auf. Der Kriegsdienst an der Ostfront im Sommer 1942 bestärkte Willi Graf, Alexander Schmorell und Hans Scholl noch mehr darin, Widerstand zu leisten. Das fünfte Flugblatt wurde in einer Auflage von mehr als 6000 Exemplaren in München und anderen Städten verteilt. Hans und Sophie Scholl wurden am 18. Februar 1943 von einem Hausmeister gestellt und der Gestapo übergeben, als sie Flugblätter in den Lichthof der Universität München warfen. Die Geschwister Scholl, Probst, Graf, Schmorell und Huber wurden vom Volksgerichtshof zum Tode verurteilt. Weitere Mitwisser erhielten lange Haftstrafen.

M 11 Aus den Erinnerungen des Edelweißpiraten Jean Jülich aus Köln, 1994

Ich aber entdeckte gegen Ende 1942 die „Edelweißpiraten" und schloss mich ihnen an, weil die freiheitliche Auffassung dieser neuen Freunde mir imponierte und mir der militärische Drill und das Strammstehen und das Uniformiertsein der Hitlerjugend nicht gefielen und in meinen Augen die Kirchen zu duckmäuserisch den Nazis gegenüber waren ... Nach und nach wurden wir bei unseren Treffen von der HJ gestört, und so kam es immer häufiger zu Prügeleien, welche meist damit endeten, dass die HJ Verstärkung durch Polizei oder SS erhielt und wir dann den Kürzeren zogen ... Wir verübten Sabotage, soweit es unsere bescheidenen Möglichkeiten erlaubten, z. B. beschädigten wir im Schutz der Verdunkelung Eigentum von Nazi-Parteigenossen ... [oder] schrieben antifaschistische Parolen auf Naziplakate ... Die Öffentlichkeit war mehr und mehr auf uns aufmerksam geworden und ebenfalls in dem zermürbenden Krieg mehr und mehr gegen die Nazis eingestellt. Nicht selten erlebten wir Sympathiebezeugungen, und nie wurden wir von den normalen Bürgern angepöbelt.

Zit. nach: Hermann Wilmes, Kursunterricht Geschichte, Teil 3, Aulis, Köln 1994, S. 299.

M 12 Aus dem letzten Flugblatt der „Weißen Rose", Februar 1943

Erschüttert steht unser Volk vor dem Untergang der Männer von Stalingrad. Dreihundertdreißigtausend deutsche Männer hat die geniale Strategie des Weltkriegsgefreiten sinn- und verantwortungslos in Tod und Verderben gehetzt. Führer, wir danken dir! Es gärt im deutschen Volk: Wollen wir weiter einem Dilettanten das Schicksal unserer Armeen anvertrauen? Wollen wir den niedrigsten Machtinstinkten einer Parteiclique den Rest unserer deutschen Jugend opfern? Nimmermehr!

Der Tag der Abrechnung ist gekommen, der Abrechnung der deutschen Jugend mit der verabscheuungswürdigsten Tyrannis, die unser Volk je erduldet hat. Im Namen der ganzen deutschen Jugend fordern wir vom Staat Adolf Hitlers die persönliche Freiheit, das kostbarste Gut der Deutschen zurück, um das er uns in der erbärmlichsten Weise betrogen hat.

In einem Staat rücksichtsloser Knebelung jeder freien Meinungsäußerung sind wir aufgewachsen. HJ, SA und SS haben uns in den fruchtbarsten Bildungsjahren unseres Lebens zu uniformieren, zu revolutionieren, zu narkotisieren versucht. „Weltanschauliche Schulung" hieß die verächtliche Methode, das aufkeimende Selbstdenken und Selbstwerten in einem Nebel leerer Phrasen zu ersticken. Eine Führerauslese, wie sie teuflischer und zugleich bornierter nicht gedacht werden kann, zieht ihre künftigen Parteibonzen auf Ordensburgen zu gottlosen, schamlosen und gewissenlosen Ausbeutern und Mordbuben heran, zur blinden, stupiden Führergefolgschaft. [...]

Freiheit und Ehre! Zehn lange Jahre haben Hitler und seine Genossen die beiden herrlichen deutschen Worte bis zum Ekel ausgequetscht, abgedroschen, verdreht, wie es nur Dilettanten vermögen, die die höchsten Werte einer Nation vor die Säue werfen. Was ihnen Freiheit und Ehre gilt, das haben sie in zehn Jahren der Zerstörung aller materiellen und geistigen Freiheit, aller sittlichen Substanz im deutschen Volk genugsam gezeigt. Auch dem dümmsten Deutschen hat das furchtbare Blutbad die Augen geöffnet, das sie im Namen von Freiheit und Ehre der deutschen Nation in ganz Europa angerichtet haben und täglich neu anrichten. Der deutsche Name bleibt für immer geschändet, wenn nicht die deutsche Jugend endlich aufsteht, rächt und sühnt zugleich, ihre Peiniger zerschmettert und ein neues geistiges Europa aufrichtet. [...]

*Zit. nach: www.bpb.de/geschichte/nationalsozialismus/weisse-rose/61028/flugblatt-vi (abgerufen am 11. 05. 2020).**

8 Analysieren Sie M 11 und M 12.
Tipp: Welche Kritik am NS-Regime wird hier jeweils formuliert? Welche Ziele der beiden Widerstandsformen werden deutlich?

9 Erläutern Sie, wie das Flugblatt M 12 auf unterschiedliche Empfänger gewirkt haben könnte.

10 **Geschichte kreativ:** Gestalten Sie selbst ein Flugblatt entweder aus der Sicht eines „Edelweißpiraten" oder aus der Sicht eines Mitgliedes der „Weißen Rose".
Tipp: Wählen Sie auch einen historischen Anlass wie in M 12 die Niederlage von Stalingrad.

11 **a)** Ordnen Sie M 11 und M 12 in das Stufenmodell abweichenden Verhaltens von Detlev Peukert (M 4, S. 369) ein.
b) Beurteilen Sie mithilfe von M 11 und M 12 Möglichkeiten und Grenzen des Widerstands gegen den Nationalsozialismus.

Station 3: Der Widerstand von Bürgertum und Militär

M 13 Helmut James Graf von Moltke, Fotografie, 1928/29

Der „Kreisauer Kreis"

Eine der bekanntesten bürgerlichen Widerstandsgruppen war der später von der Gestapo sogenannte „Kreisauer Kreis" um die Juristen **Helmuth James Graf von Moltke** (1907–1945) und **Peter Graf Yorck von Wartenburg** (1904–1944). In dem Kreis versammelten sich von 1940 an Menschen aus unterschiedlichen gesellschaftlichen Schichten, die zum Teil gegensätzliche politische Überzeugungen vertraten. Christen beider Konfessionen, Konservative, Liberale und Sozialdemokraten waren sich einig in ihrer Opposition zu Hitler. Sie teilten gemeinsame Wertvorstellungen und das Bekenntnis zu rechtsstaatlichen Prinzipien. **Freya Gräfin von Moltke** organisierte zwischen Mai 1942 und Juni 1943 drei Gesprächskreise auf dem Gut ihres Ehemannes in Kreisau (Niederschlesien). Dort trafen sich Männer und Frauen, um Entwürfe für eine staatliche, wirtschaftliche und soziale Neuordnung nach dem erhofften Ende der NS-Herrschaft zu diskutieren. Besonders wichtig war ihnen die Integration Deutschlands in eine europäische Nachkriegsordnung zur Sicherung des Friedens. Nachdem Graf von Moltke 1944 verhaftet wurde, schlossen sich einige Angehörige des Kreises dem militärischen Widerstand um Stauffenberg an.

Staatsstreich
Als Staatsstreich oder auch Putsch bezeichnet man das meist gewaltsame Absetzen („Stürzen") einer Regierung durch andere Träger staatlicher Funktionen (z. B. das Militär).

Der Goerdeler-Kreis

In Leipzig sammelte sich eine Gruppe von Gegnern des Nationalsozialismus um den ehemaligen Oberbürgermeister **Carl Friedrich Goerdeler** (1884–1945). Dem Goerdeler-Kreis gehörten ebenfalls Menschen unterschiedlicher gesellschaftlicher und ideologischer Herkunft an. Sie verfolgten das Ziel des **Staatsstreichs*** mithilfe des Militärs und hielten daher engen Kontakt zum Widerstand im Auswärtigen Amt und zu hohen Offizieren, wie dem 1938 von Hitler entlassenen General Ludwig Beck (1880–1944). Bei allen Meinungsverschiedenheiten gab es einen Minimalkonsens darüber, dass das zukünftige Deutschland ein Rechtsstaat sein müsse, in dem der Grundsatz der Sozialpflichtigkeit des Eigentums gelten sollte. Außenpolitisch strebte man ein großes und machtvolles Deutschland an, das unter den europäischen Mächten eine Führungsrolle spielen sollte.

M 14 Claus Schenk Graf von Stauffenberg, Fotografie, um 1934

Der 20. Juli 1944: Attentat auf Hitler

Seit Ende der 1930er-Jahre schlossen sich innerhalb des Militärs oppositionelle Offiziere zusammen, die den Kriegskurs Hitlers ablehnten. Um eine Niederlage Deutschlands in einem zukünftigen Krieg zu vermeiden, wollten diese Offiziere Hitler absetzen. Doch die außenpolitischen und militärischen Erfolge des „Führers" ließen diese Pläne mehrmals scheitern. Angesichts der Massenmorde an Juden, Polen und Russen, aber auch unter dem Eindruck der drohenden militärischen Niederlage nach der Landung der Alliierten in Frankreich, den Einbrüchen an der Ostfront und den Verhaftungen im „Kreisauer Kreis" entschloss sich **Claus Schenk von Stauffenberg** (1907–1944) zum Attentat auf Hitler. Nach dem Attentat sollte ein Putsch erfolgen und eine neue Regierung gebildet werden. Stauffenberg besaß als Stabschef beim Ersatzheer Zugang zum „Führerhauptquartier". Am 20. Juli 1944 wollte er im „Führerbunker" Hitler mit einer Zeitzünderbombe töten und dann in Berlin den Staatsstreich überwachen. Hitler überlebte jedoch den Anschlag. Als sich diese Nachricht verbreitete, brach der vorbereitete Staatsstreich in Berlin wie in allen Reichsteilen zusammen. Die an der Verschwörung beteiligten Personen wurden verhaftet und entweder standrechtlich erschossen oder nach Volksgerichtsurteilen hingerichtet.

Kurzbiografien zu Freya und Helmut von Moltke sowie Claus Schenk von Stauffenberg

cornelsen.de/Webcodes
Code: cakoti

M 15 Auszug aus einem Aktionsprogramm des Kreisauer Kreises, 1943

Der Entwurf stammt von Carlo Mierendorff und wurde in einem der Gesprächskreise auf Gut Kreisau diskutiert.

Die Sozialistische Aktion ruft in dieser schweren Stunde das arbeitende Volk in Stadt und Land und unsere tapferen Soldaten zum Kampf auf in der Überzeugung, dass die Rettung des gemeinsamen Vaterlandes vor politischem, moralischem und wirtschaftlichem Verfall nur möglich ist durch:

1. Wiederherstellung von Recht und Gerechtigkeit.
2. Beseitigung des Gewissenszwanges und unbedingte Toleranz in Glaubens-, Rassen- und Nationalitätenfragen.
3. Achtung vor den Grundlagen unserer Kultur, die ohne das Christentum nicht denkbar ist.
4. Sozialistische Ordnung der Wirtschaft, um Menschenwürde und politische Freiheit zu verwirklichen und die Existenzsicherheit der Angestellten und Arbeiter in Industrie und Landwirtschaft sowie des Bauern auf seiner Scholle zu schaffen, die die Voraussetzung von sozialer Gerechtigkeit und Freiheit ist. [...]

8. Abbau des bürokratischen Zentralismus und organischer Aufbau des Reiches aus den Ländern.

*Zit. nach: https://www.gdw-berlin.de/fileadmin/bilder/publikationen/begleitmaterialien/Faksimiles_PDFs_deutsch/FS_12.2_DE_2.Aufl-RZ-web.pdf (abgerufen am 11.05.2020).**

M 16 Der Historiker Magnus Brechtken in einem Interview mit der „Süddeutschen Zeitung" (SZ) über die Attentäter vom 20. Juli 1944, 2012

SZ: Wie ist die Nazi-Propaganda mit dem gescheiterten Attentat umgegangen?

[...] Propagandaminister Joseph Goebbels war hier sicherlich die wichtigste Figur. Er war am Tag des Attentats in Berlin und hat von dort aus bewerkstelligt, dass Otto Ernst Remer – Kommandeur des Wachbataillons und an sich nur ein Offizier mittleren Rangs – mit Hitler sprechen und sich davon überzeugen konnte, dass der „Führer" lebt. Die Gruppe der Verschwörer war besonders durch Goebbels' Wirken nie in der Lage, die Deutungshoheit in der Propagandamaschinerie auch nur für einen Tag zu gewinnen. Entscheidend war natürlich, dass Hitler überlebt hatte. Das Regime konnte in der Folge durch die standrechtlichen Erschießungen und späteren Schauprozesse am Volksgerichtshof die Stauffenberg-Gruppe als isolierte Vaterlandsverräter darstellen. Ein Narrativ, das zeitgenössisch auf große Resonanz gestoßen ist. [...]

SZ: Wie wurde das Attentat in den nachfolgenden Wochen von den Deutschen bewertet? [...]

Die dominierende Haltung war wohl Entsetzen und Empörung. Ein Großteil hatte Sorge, dass bestimmte Kräfte Hitler kurz vor dem vielbeschworenen Endsieg in den Rücken fallen würden. Der „Führer" überlebte aber dank der „Vorsehung" – was natürlich propagandistisch massiv ausgeschlachtet wurde. [...]

SZ: Wie wurde der Widerstand gegen Hitler in der Nachkriegsgesellschaft Deutschlands gesehen?

Die Widerständler, sei das jetzt die Gruppe um Stauffenberg oder auch der Kreisauer Kreis, hatten es sehr schwer, in der Nachkriegsgesellschaft der Bundesrepublik wahrgenommen und akzeptiert zu werden. Viele galten noch bis in die sechziger Jahre als Vaterlandsverräter.

SZ: Wann hat in Deutschland diesbezüglich ein Umdenken eingesetzt?

Das ist ein langer Prozess. [...] Eine schärfere wissenschaftliche Debatte begann in den siebziger Jahren. Das folgende Medienecho löste auch in der Gesellschaft in vielerlei Hinsicht eine neue Bewertung der NS-Zeit und auch des Widerstands gegen das Nazi-Regime aus.

SZ: Aus heutiger Sicht betrachtet: War Stauffenberg ein Held?

Als Historiker habe ich mit dem Begriff „Held" grundsätzlich ein Problem. Das ist eher ein Terminus der Populärkultur und keiner der Geschichtsschreibung. Er hat etwas getan, was historisch den Begriff vom ‚anderen Deutschland' repräsentiert. Er hat gezeigt, dass 1944 nicht alle Deutschen mit den von der Führung begangenen Verbrechen einverstanden waren.

*Zit. nach: „Stauffenberg wollte keine parlamentarische Demokratie", Matthias Kohlmaier, SZ.de vom 21.07.2012 (abgerufen am 11.05.2020).**

12 Analysieren Sie M 15.
Tipp: Welche Grundzüge einer künftigen Nachkriegsordnung werden hier deutlich?

13 Arbeiten Sie aus M 16 heraus, warum die „Widerständler vom 20. Juli 1944" als Vaterlandsverräter gesehen wurden.

14 Laut einem Zeitungsbericht (2018) hat ein Politiker auf Facebook Stauffenberg als „Verräter" und „Feigling" bezeichnet. Gestalten Sie einen Gegenpost.

15 **a)** Ordnen Sie M 15 und M 16 in das Stufenmodell abweichenden Verhaltens von Detlev Peukert (M 4, S. 369) ein.
b) Beurteilen Sie mithilfe von M 15 und M 16 Möglichkeiten und Grenzen des Widerstands gegen den Nationalsozialismus.

Nichts gewusst, wissen können oder wissen wollen?

M1 Thomas Mann (1875 bis 1955), Fotografie, undatiert.
Der deutsche Schriftsteller war ein entschiedener Gegner des Nationalsozialismus. Er emigrierte 1938 in die USA und wandte sich von dort in 58 regimekritischen BBC-Rundfunkansprachen direkt an die Deutschen.

M2 Thomas Mann in einer Rundfunkansprache der BBC an die Deutschen, 22. September 1942
„Nach den Informationen der polnischen Exil-Regierung sind alles in allem bereits siebenhunderttausend Juden von der Gestapo ermordet oder zu Tode gequält worden [...]. Wisst ihr Deutsche das? Und wie findet ihr es?"

Zit. nach: Thomas Mann, Deutsche Hörer! Radiosendungen nach Deutschland aus den Jahren 1940–1945, 5. Aufl., Fischer, Frankfurt/Main 2013, S. 76 f.

„Davon haben wir nichts gewusst!" Nach 1945 stritten viele Deutsche lange Zeit mit dieser Schutzbehauptung pauschal ab, etwas vom Holocaust erfahren zu haben. So schützte man sich vor der noch drängenderen Frage: „Warum habt ihr nichts getan?", und wich so einer Auseinandersetzung mit den Fragen nach **individueller Schuld** und den **Handlungsspielräumen** des Einzelnen aus. Die Verantwortung für die NS-Kriegsverbrechen trug nach Ansicht vieler Deutscher allein eine kleine Gruppe von Tätern. Zwar hat das NS-Regime tatsächlich versucht, das Ausmaß der Massenverbrechen während des Zweiten Weltkriegs, die Vernichtung der europäischen Juden und den Mord an Behinderten und unheilbar Kranken („Euthanasie"), vor der deutschen Bevölkerung geheim zu halten. Dennoch sind sich Historiker heute weitgehend einig, dass die Zeitgenossen vom Holocaust hätten erfahren können, wenn sie gewollt hätten.

M3 Massenmord an Juden in der Ukraine, Juni und September 1941, Fotografie, undatiert.
Das Foto wurde in der Uniform eines Soldaten gefunden.

M4 Juden aus Baden-Baden werden am 10. November 1938 von Polizei und SS vor den Augen ihrer Nachbarn durch die Straßen getrieben.
Das Foto wurde am Morgen nach der Reichspogromnacht am 9. November 1938 aufgenommen. Insgesamt wurden bei diesem Pogrom etwa 26 000 jüdische Männer und Jugendliche in die Konzentrationslager Buchenwald, Dachau und Sachsenhausen verschleppt. Viele von ihnen starben in der Folge. Vgl. M 13, S. 328.

1 Entwickeln Sie auf Basis des Zitats (M 2) und der Fotografien (M 3 und M 4) Vermutungen darüber, was die Deutschen vom Holocaust wussten oder wissen konnten.

M5 Aus den Vernehmungen des amerikanischen Offiziers Saul Padover, 1944

Der US-Offizier hatte den Auftrag, Interviews mit Deutschen zu führen, um deren Mentalität zu erkunden. Eine seiner ersten Gesprächspartnerinnen war die 21-jährige Gretel Gauß, die während des Krieges in Berlin und Breslau für die Organisation Todt[1] gearbeitet hatte.

Gretel reagiert auf alle Fragen mit einem wachen Blick und spielt lächelnd die Unwissende [...]. Ich frage sie, ob sie in Breslau von Gräueltaten gehört habe. Sie guckt mich ausdruckslos an. Ich erinnere sie, dass Breslau in der Nähe von Polen liegt, einem Land, in dem mehrere Millionen Juden und Polen ermordet wurden. „Ja“, sagt Gretel schließlich, „ich habe davon gehört. Ein Bekannter, der in Warschau Polizist war, hat mir davon erzählt. Er sagt, dass Juden hingerichtet wurden, weil sie Sabotageakte gegen das Reich begangen hatten.“ Gretels Tonfall besagt, dass es eine gerechte Strafe war. Ich frage sie, ob sie es richtig finde, wenn Frauen und Kinder hingerichtet werden. Sie zuckt mit den Schultern, ihr Gesichtsausdruck bekommt einen Anflug von Verachtung. „Von solchen Dingen verstehe ich nichts. Der Polizist hat gesagt, dass die Hinrichtungen rechtens waren. Aber ich habe damit nichts zu tun.“

*Saul K. Padover, Lügendetektor. Vernehmungen im besiegten Deutschland 1944/45, übers. v. Matthias Fienbork, Frankfurt/Main 1999, S. 31 f.**

1 *Organisation Todt:* Die nach ihrem Führer Fritz Todt benannte NS-Organisation war vor allem für die Baumaßnamen in den von Deutschland besetzten Gebieten zuständig. Ab 1943 mussten auch Zwangsarbeiter und Kriegsgefangene unter schwersten Bedingungen auf ihren Baustellen arbeiten.

M6 Auszüge aus dem Tagebuch Friedrich Kellners, 1941

Von 1938 bis 1945 führte Friedrich Kellner (1885–1970), Justizbeamter in der hessischen Provinz, sein Tagebuch. Dabei analysierte er akribisch die Tagespresse und begann die NS-Propaganda kritisch zu hinterfragen.

10. Juni 1941: In letzter Zeit mehren sich die Anzeigen über Todesfälle in der Heil- und Pflegeanstalt in Hadamar[1]. Es hat den Anschein, dass unheilbar Pflegebefohlene in diese Anstalt gebracht werden. Auch soll eine Anlage zur Einäscherung eingebaut worden. [...]

28. Okt. 1941: Ein in Urlaub befindlicher Soldat berichtet als Augenzeuge fürchterliche Grausamkeiten in dem besetzten Gebiet in Polen. Er hat gesehen, wie nackte Juden und Jüdinnen, die vor einem langen, tiefen Graben aufgestellt wurden, auf Befehl der SS von Ukrainern in den Hinterkopf geschossen wurden u. in den Graben fielen. Der Graben wurde dann zugeschaufelt. Aus den Gräbern drangen oft noch Schreie!! Diese unmenschlichen Schandtaten sind so furchtbar, dass selbst die als Handwerkzeuge benutzten Ukrainer Nervenzusammenbrüche erlitten. Sämtliche Soldaten, die Kenntnis von der bestialischen Handlungsweise dieser Nazi-Untermenschen bekamen, waren der einheitlichen Meinung, dass das deutsche Volk heute schon vor einer Vergeltung zittern kann.

*Friedrich Kellner, „Vernebelt, verdunkelt sind alle Hirne“. Tagebücher 1939–1945. Bd. 1, hg. v. Sascha Feuchert u. a., Wallstein, Göttingen 2011, S. 147 u. 191 f.**

1 *Heil- und Pflegeanstalt in Hadamar:* In der hessischen Anstalt wurden im Rahmen des sogenannten Euthanasie-Programms 1940/1941 über 10 000 Behinderte durch Giftgas getötet.

M7 Der Historiker Harald Welzer über die Frage, was die Deutschen vom Holocaust wussten, 2007

Nun war das verbreitete Wissen um die Vernichtung der europäischen Juden eben kein lexikalisches und von irgendeiner Instanz beglaubigtes Wissen, sondern hatte die [...] Form des offenen Geheimnisses. Kommunikation in der Form des offenen Geheimnisses stellt es dem auf diese Weise Wissenden frei, die Informationen als glaubhaft oder phantastisch, als authentisch oder als Feindpropaganda einzuschätzen. Es gibt ihm auch die Möglichkeit, sich im Nachhinein indifferent gegenüber dieser Art von Wissen zu verhalten.

*Harald Welzer, Die Deutschen und ihr „Drittes Reich“, in: Aus Politik und Zeitgeschichte 14/15 (2007), S. 27.**

2 Partnerarbeit: Untersuchen Sie arbeitsteilig M 5 und M 6.
Zu M 5:
a) Arbeiten Sie heraus, was Gretel Gauß vom Holocaust erfahren konnte.
b) Bewerten Sie ihre Aussagen in der Vernehmung.
Tipp: Achten Sie auf Gretel Gauß' Umgang mit dem Gehörten.
Zu M 6:
a) Arbeiten Sie heraus, was Friedrich Kellner vom Holocaust erfahren konnte.
b) Beurteilen Sie seine Schlussfolgerungen.
Tipp: Welche seiner Aussagen/Argumente sind durch Quellen belegt, welche nur Vermutungen?

3 Tauschen Sie Ihre Ergebnisse aus. Arbeiten Sie dann aus M 7 Welzers These heraus. Überprüfen Sie anschließend seine These.

4 Zusatzaufgabe: Siehe S. 412.

Darstellungen analysieren und vergleichen

Die Grundlage historischer Erkenntnis sind die **Quellen**. Die zentrale Aufgabe von Historikern ist ihre **Analyse, Einordnung und Interpretation**. Die Ergebnisse der Forschung werden in **Darstellungen**, auch **Sekundärtexte** genannt, zusammengefasst. Man unterscheidet zwischen **populärwissenschaftlichen Texten**, z. B. Sachbüchern, die sich an ein breites Publikum richten, und **fachwissenschaftlichen Texten**, die den Kriterien der Wissenschaftlichkeit genügen. Während in Sachbüchern, publizistischen Texten oder Zeitungsartikeln auf detaillierte Belege und den Nachweis des Argumentationsganges verzichtet wird, beruht wissenschaftliche Literatur auf Quellen, baut auf dem bisherigen Forschungsstand auf und bietet neue Erkenntnisse. Die Darstellung ist argumentierend und die Forschungsergebnisse sind nachprüfbar. In Anmerkungen wird auf die Quellen und auf andere wissenschaftliche Untersuchungen verwiesen.
Bei allen Sekundärtexten handelt es sich um **Deutungen von Vergangenheit**. Bei der Analyse und dem Vergleich von Darstellungen müssen daher die **Standort- und Zeitgebundenheit** des Autors berücksichtigt werden. Geschichte wird nämlich nicht nur von den Zeitgenossen unterschiedlich wahrgenommen (**Multiperspektivität**), sondern auch von den nachgeborenen Historikern. Eine zentrale geschichtswissenschaftliche Kompetenz ist es daher, Deutungen aus verschiedenen Perspektiven zu erkennen, zu analysieren, zu vergleichen und zu beurteilen (**Kontroversität**).

Arbeitsschritte zur Analyse und zum Vergleich von Darstellungen

1. Leitfrage

- Welche Leitfrage könnte die Analyse und den Vergleich bestimmen?

2. Formale Analyse

- Wer sind die Autoren (ggf. weitere Informationen recherchieren)?
- Wann und wo sind die Texte veröffentlicht worden?
- Um welche Textarten handelt es sich?
- Was ist das Thema der Darstellungen?
- An wen sind die Darstellungen gerichtet?

3. Historischer Kontext

- Auf welchen historischen Sachverhalt (Epoche, Ereignis, Entwicklung, Konflikt, Personen/Gruppe o. Ä.) beziehen sich die Texte?

4. Inhaltliche Analyse

- Was sind die wesentlichen Aussagen der Texte?
- Welche These/n vertreten die Autoren im Hinblick auf die Leitfrage?
- Wie begründen sie ihre Positionen (mit welchen Argumenten und Belegen)?
- Berücksichtigen sie auch Gegenargumente?
- Wie ist die Textsprache (z. B. sachlich, emotional, vorwurfsvoll, polemisch)?

5. Vergleich der Texte

- Welche Aspekte sind für den Vergleich geeignet? Welche nicht?
- In welchen inhaltlichen Aspekten sind sich die Autoren einig, inwiefern unterscheiden sich ihre Positionen (z. B. Ähnlichkeiten oder Gegensätze)?

6. Beurteilung

Sachurteil:
- Welcher Text ist überzeugender (Schlüssigkeit, Stichhaltigkeit, logische Fehler)?
- Mit welchem Erkenntnisinteresse/aus welcher Perspektive schreiben die Autoren?
- Welche Überzeugungen oder Interessen der Autoren sind erkennbar?
- Inwiefern sind die Texte zeit- oder standortgebunden?

Werturteil:
- Wie lässt sich der historische Sachverhalt im Hinblick auf die Leitfrage aus heutiger Perspektive bewerten?
- Werden Gesichtspunkte des Themas von den Autoren kaum/nicht berücksichtigt?

Übungsaufgabe

M1 Der Historiker Hans-Ulrich Wehler über den Holocaust, 2003

Manche „Intentionalisten“[1] haben den Judenmord auf die seit langem bekundeten, schließlich [...] zielstrebig verwirklichten Absichten Hitlers zurückgeführt. In einer langwierigen Kontroverse [...] haben dagegen bekannte Zeithistoriker eine diametral entgegengesetzte Deutung ins Feld geführt. Ihr zufolge sei durch einen Prozess „kumulativer Radikalisierung“ eine Konstellation heraufgeführt worden, unter der eine Vielzahl von Bedingungen und strukturellen Zwängen, Initiativen und Einzelmaßnahmen – [...] die Handlungsbereitschaft örtlicher SS-Führer und Dienststellenleiter, die Beflissenheit, dem „Führer entgegenzuarbeiten“, die Siege und Rückschläge im Russlandkrieg usw. – in wechselseitiger Verschränkung zusammengewirkt und die Steigerung der Judenpolitik bis zur „Endlösung“ herbeigeführt habe, ohne dass es dazu der expliziten Planung eines Entscheidungszentrums gebraucht hätte [...]. [...] Im Hinblick auf die nationalsozialistische Judenpolitik führt kein Weg daran vorbei, dass in dem von Hitler repräsentierten [...] Weltbild ein radikalisierter biologistischer Antisemitismus als Kern der rassepolitischen Grundüberzeugungen [...] eine Schlüsselposition besaß. [...] Dank seiner Sonderstellung als charismatischer[2] „Führer“ besaß Hitler frühzeitig in allen Weltanschauungsfragen ein absolutes Interpretationsmonopol. [...] Hitler als personales Entscheidungszentrum auch für den Judenmord anzuerkennen [...] bedeutet nicht, [...] dass allein ihm die Gesamtschuld am Holocaust zugerechnet werden sollte. Charismatische Herrschaft ist eine soziale Dauerbeziehung, und das hervorgehobene Individuum hängt stets von der Resonanz und Folgebereitschaft seiner Gesellschaft ab. Daher bleiben die Hunderttausende von Aktivisten und Millionen von bereitwilligen Helfern, die am Judenmord beteiligt waren, ein zentrales Problem. Aber noch einmal: Ohne die letztinstanzliche Legitimierung ihres Tuns durch den „Führer“ hätten sie nicht mit dieser [...] Konsequenz handeln können.

*Hans-Ulrich Wehler, Deutsche Gesellschaftsgeschichte. Bd. 4: 1914–1949, C. H. Beck, München 2003, S. 883–885.**

1 *Intentionalisten:* Forschungsansatz, nach dem in Hitlers frühem Denken seine Ziele schon enthalten waren und diese sich in der Politik des Dritten Reiches realisierten. Sie sehen Hitler damit als entscheidende Führungsfigur.

2 *Charismatische Herrschaft:* Der Soziologe Max Weber beschreibt den „charismatischen Führer“ als jemanden, dessen Bindung an das Parteigefolge in erster Linie auf dessen Charisma beruhe. Siehe S. 310.

M2 Der Politikwissenschaftler, Historiker und Publizist Götz Aly über den Holocaust, 2005

Die Genesis des Holocaust erschließt sich [...] nicht allein aus den Schriftstücken, die das Rubrum[1] „Judenfrage“ auf dem Deckel tragen. [...] Die NSDAP stützte sich auf die Lehre von der Ungleichheit der Rassen und versprach den Deutschen im selben Atemzug mehr Chancengleichheit [...]. In der Praxis geschah das auf Kosten anderer, mit den Mitteln des Raub- und Rassenkriegs. [...] Hitler sprach vom „Aufbau des sozialen Volksstaats“, eines „Sozialstaats“, der vorbildlich sein werde und in dem „alle [sozialen] Schranken immer mehr einzureißen“ seien. [...]
Die Frage, wie hoch die deutsche Ausbeute aus der Liquidierung jüdischen Vermögens während des Zweiten Weltkriegs insgesamt gewesen ist, lässt sich derzeit nur unbefriedigend grob beantworten. [...] Einschließlich der im Deutschen Reich nach dem 1. September 1939 erzielten Arisierungserlöse werden es zwischen 15 und 20 Milliarden Reichsmark gewesen sein, die aus Besitztümern der europäischen Juden stammten und in Form von Geld in die deutsche Kriegskasse gelenkt wurden. Da in die Löhnung deutscher Soldaten überall im besetzten Ausland [...] Geldströme aus verwertetem jüdischen Vermögen einflossen, wurde die nach Köln versandte Butter oder der ärmellose Pulli aus Antwerpen [...] auch mit den Hinterlassenschaften der enteigneten und ermordeten Juden bezahlt. Dasselbe gilt für Lebensmittellieferungen aus den besetzten und abhängigen Ländern. [...] Betrachtet man die Ausbeutung der jüdischen Zwangsarbeiter und Zwangsarbeiterinnen, dann flossen seit 1940 an die 50 Prozent ihres Lohnes in die Staatskasse und von dort als kleiner Bestandteil in die Unterhaltszahlung an deutsche Frauen und Kinder, selbstverständlich auch in die Waffenproduktion. [...] Am Ende hatte jeder Herrenmensch – und das waren nicht allein irgendwelche NS-Funktionäre, sondern 95 Prozent der Deutschen – Anteile von dem Geraubten in Form von Geld in der Tasche oder als importierte [...] Lebensmittel auf dem Teller. Bombenopfer trugen Kleider der Ermordeten und atmeten in deren Betten auf [...]. Der Holocaust bleibt unverstanden, sofern er nicht als der konsequenteste Massenraubmord der modernen Geschichte analysiert wird.

*Götz Aly, Hitlers Volksstaat. Raub, Rassenkrieg und nationaler Sozialismus, S. Fischer, Frankfurt/Main 2005, S. 11 f.**

1 *Rubrum:* kurze Inhaltsangabe, Rubrik, Schlagwort

1 Analysieren und vergleichen Sie M 1 und M 2 mithilfe der Arbeitsschritte von S. 378.
Tipp: Formulierungshilfen finden Sie auf S. 400 f.

Lösungshinweise

1. Leitfrage
Frage nach möglichen Erklärungen des Holocausts, z. B.: Was war die dominierende Antriebskraft der nationalsozialistischen Vernichtungspolitik?

2. Analyse der formalen Aspekte

Autoren:
M 1: Hans-Ulrich Wehler (1931–2014), Historiker, Vertreter der historischen Sozialwissenschaft
M 2: Götz Aly (*1947), Politikwissenschaftler, Historiker und Publizist
Textart und Veröffentlichung: beides sind Auszüge aus wissenschaftlichen Darstellungen, 2003 und 2005
Thema: Erklärungen des Holocausts

3. Historischer Kontext
Epoche: Zeit des Nationalsozialismus (1933–1945), insbesondere Phase der Vernichtungspolitik (ab ca. 1941)

4. Analyse der inhaltlichen Aspekte

M 1
These: Hitler müsse als personales Entscheidungszentrum für den Holocaust angesehen werden. Das von Hitler repräsentierte Weltbild, insbesondere sein radikalisierter biologistischer Antisemitismus, habe im Hinblick auf die nationalsozialistische Judenpolitik eine Schlüsselposition besessen (Z. 21 ff.).

Argumentation:
- Wehler widerspricht den „Intentionalisten", die den Holocaust allein auf Hitlers Absichten zurückführten, und der Auffassung, durch eine „kumulative Radikalisierung" und das Zusammenwirken verschiedener Faktoren habe sich die Judenpolitik bis zur „Endlösung" gesteigert, eine explizite Planung eines Entscheidungszentrums sei nicht notwendig gewesen.
- Eine Schlüsselposition habe Hitlers radikalisierter biologistischer Antisemitismus besessen.
- Wehler charakterisiert Hitler als „charismatischen Führer", der das Interpretationsmonopol im Hinblick auf Weltanschauungsfragen besessen habe.
- Ohne Hitler seien Planung, Durchführung und Legitimierung des Judenmords nicht denkbar gewesen.
- Hitlers Bedeutung als personales Entscheidungszentrum impliziere nicht, dass er die Gesamtschuld am Holocaust trage, Folgebereitschaft der Gesellschaft sei notwendige Bedingung gewesen.

M 2
These: Der Holocaust müsse als Massenraubmord verstanden werden, von dem 95 Prozent der Deutschen profitierten.

Argumentation:
- Hitler habe den Deutschen „Chancengleichheit" und den Aufbau eines Sozialstaats versprochen.
- Ein Raub- und Rassenkrieg sei das Mittel gewesen, seine Versprechen zu realisieren.
- Zwischen 15 und 20 Milliarden Reichsmark aus den Besitztümern europäischer Juden seien in die deutsche Kriegskasse gelenkt worden.
- Aly belegt anhand von Beispielen, dass fast jeder Deutsche von der Ermordung von Juden finanziell profitierte.
- Daher müsse der Holocaust insgesamt als „konsequentester Massenraubmord der modernen Geschichte" analysiert werden, um ihn zu verstehen.

5. Vergleich der Texte

Mögliche Vergleichsaspekte:
Z. B. Gewichtung der Antriebskräfte des Holocausts: Wehler sieht Hitlers Weltbild, in dem ein „radikalisierter biologistischer Antisemitismus als Kern der rassepolitischen Überzeugungen" eine Schlüsselposition besessen habe, als dominierende Antriebskraft an. In die Praxis umgesetzt werden konnte diese, weil Hitler als personales Entscheidungszentrum die Vernichtung der Juden legitimiert habe. Aly hingegen vertritt eine materialistische Position, er sieht als dominierende Antriebskraft die finanzielle und ökonomische Ausbeutung der Juden durch den NS-Staat und die deutsche Bevölkerung.

6. Beurteilung

Sachurteil:
- Beide Historiker belegen ihre Aussagen mit schlüssigen Argumenten.
- Weniger überzeugend ist jedoch Alys monokausal-materialistische Interpretation, der Holocaust sei zwecks eines „Massenraubmords" durchgeführt worden. Sicherlich gehörte, wie Wehler argumentiert, der radikalisierte Antisemitismus zu den entscheidenden Antriebskräften des Holocausts.

Werturteil:
Möglicher Bewertungsansatz:
Um zu verstehen, wie der Holocaust möglich werden konnte, müssen unterschiedliche Erklärungsansätze zusammen gedacht werden. Welche Argumente können als Grundlage für unsere heutige Erinnerungskultur dienen? Welcher Ansatz ermöglicht Ihnen ein vertieftes Verständnis des Nationalsozialismus?

7.3 Der Umgang mit der NS-Vergangenheit

Juristische Aufarbeitung der Verbrechen des Nationalsozialismus

„(D)ie Wirklichkeiten der Naziverbrechen, des Krieges und der Niederlage beherrschen, ob wahrgenommen oder verdrängt, offensichtlich noch das gesamte Leben in Deutschland, und die Deutschen haben sich verschiedene Tricks einfallen lassen, um den schockierenden Auswirkungen aus dem Weg zu gehen“, berichtete die jüdisch-deutsche Publizistin Hannah Arendt 1950 über ihren Besuch in Deutschland. Die mangelnde Bereitschaft vieler Deutscher, sich mit den nationalsozialistischen Verbrechen und der eigenen Verstrickung damit auseinanderzusetzen, dauerte lange an. Bis in die 1980er-Jahre fand in der breiten Öffentlichkeit kaum eine Aufarbeitung der Zeit des Nationalsozialismus statt. Sowohl in West- als auch in Ostdeutschland wollte man in die Zukunft blicken und die jüngste Geschichte vergessen.

Die Alliierten zogen nach der totalen Niederlage des NS-Regimes die Hauptkriegsverbrecher zur Verantwortung. Vor dem **Internationalen Militärgerichtshof in Nürnberg** wurden 21 Männer wegen Verbrechen gegen den Frieden, Kriegsverbrechen und Verbrechen gegen die Menschlichkeit angeklagt. Unter ihnen waren neben Hermann Göring, Albert Speer, Rudolf Heß, Hans Frank, Franz v. Papen auch Generäle wie Keitel, Jodl und Dönitz. Adolf Hitler, Heinrich Himmler und Joseph Goebbels hatten bereits vor Kriegsende Selbstmord begangen. Nach knapp einem Jahr wurde am 1. Oktober 1946 das Urteil gefällt. Drei Angeklagte wurden freigesprochen, sechs erhielten Haftstrafen, alle übrigen wurden zum Tode verurteilt. Göring entzog sich seiner Hinrichtung durch Suizid. Die NSDAP, die SS, die Gestapo und der SD wurden zu verbrecherischen Organisationen erklärt. In **zwölf Nachfolgeprozessen** wurden Eliten aus Wirtschaft, Verwaltungen und NS-Organisationen, u. a. auch Ärzte, Juristen und Unternehmer, wegen ihrer Unterstützung des Regimes zur Rechenschaft gezogen.

Die Entnazifizierung der Bevölkerung

Die Alliierten zielten auch auf eine umfassende Entnazifizierung der deutschen Bevölkerung. Hunderttausende NS-Funktionäre wurden zeitweilig interniert sowie ehemalige NSDAP-Mitglieder an Schulen, in der staatlichen Verwaltung und in Wirtschaftsunternehmen entlassen. Millionen Deutsche mussten mithilfe eines Fragebogens ihren beruflichen und politischen Werdegang in der NS-Zeit offenlegen. In den drei **Westzonen** stuften Spruchkammern in einem prozessähnlichen Verfahren die erfassten Personen je nach dem Grad ihrer individuellen Verantwortung in fünf Kategorien ein – Hauptschuldige, Belastete, Minderbelastete, Mitläufer und Entlastete – und verhängten Strafen, die aus Haft und Vermögenseinzug sowie Geldbußen oder dem Entzug des Wahlrechts bestehen konnten. Ab 1946/47 übertrugen die westlichen Militärbehörden die Entnazifizierung deutschen Spruchkammern, die manche Entlassung aus dem Öffentlichen Dienst wieder aufhoben. Außerdem endeten Verfahren immer öfter mit dem Spruch „Mitläufer“ oder „Unbelasteter“. Der Historiker Lutz Niethammer bezeichnete die Entnazifizierung in den Westzonen daher als „Mitläuferfabrik“.

In der **Sowjetischen Besatzungszone** wurde die Entnazifizierung konsequenter durchgeführt und schnell abgeschlossen. Wirtschaft, Gesellschaft und Verwaltung sollten grundlegend umgebaut werden. Die in der Sowjetunion verbindliche marxistisch-leninistische Ideologie erforderte die kompromisslose Entfernung der nationalsozialistischen Elite und die radikale Ausschaltung der nicht anpassungsfähigen oder -willigen Führungsschichten. In der sowjetischen Zone wurden daher viel mehr belastete Personen aus der öffentlichen Verwaltung entlassen, als dies in den Westzonen der Fall war. Andererseits fasste das Zentralkomitee der SED bereits 1946 einen Beschluss über die

ARD-Themenseite „Erinnerung und Aufarbeitung“
cornelsen.de/Webcodes
Code: yakami

M1 Hans Frank (1900–1946) auf der Anklagebank im Nürnberger Prozess, Fotografie, 1946.
Der Jurist und NS-Politiker Hans Frank wurde 1939 zum Generalgouverneur der besetzten polnischen Gebiete ernannt. Der „Schlächter von Polen“ ordnete unter anderem die Ermordung der polnischen Intelligenz und des Widerstandes an. Im Nürnberger Prozess wurde er zum Tod durch den Strang verurteilt.

M2 „Entnazifizierung“, Karikatur des deutschen Zeichners Stury aus der Zeitschrift „Wespennest“, 1948

M3 Blick in den Sitzungssaal des Frankfurter Schwurgerichts bei Beginn des Auschwitz-Prozesses, Fotografie, Dezember 1963.

Angeklagt waren 22 ehemalige Angehörige der SS-Wachmannschaft des Konzentrationslagers Auschwitz. Sie sitzen an den Tischen rechts im Bild mit ihren Anwälten. Die Karte im Hintergrund zeigt die Anlage des Konzentrationslagers Auschwitz.

Aufnahme ehemaliger NSDAP-Mitglieder. Neue Untersuchungen zeigen, dass auch viele NSDAP-Funktionäre, SA- und SS-Führer sowie KZ-Wächter als erfahrene Kräfte in der DDR Karriere machen konnten, vor allem beim Aufbau der Volkspolizei (VP) und der Nationalen Volksarmee (NVA). Da sich die DDR als „antifaschistischer Staat" verstand, sollte dies nicht an die Öffentlichkeit gelangen.

Vergangenheitsbewältigung – Vergangenheitspolitik

Während der deutschen Teilung wurde die historische Auseinandersetzung bestimmt von der Frage nach der Konsequenz, mit der die beiden deutschen Staaten ihre gemeinsame nationalsozialistische Vergangenheit „aufarbeiteten". Nach ihrem Selbstverständnis als „antifaschistischer Staat" sah sich die **DDR** in der Tradition des kommunistischen Widerstands stehend. Die SED-Führung propagierte den radikalen Bruch mit der Vergangenheit mit der Behauptung, die Gründung der „ersten sozialistischen Staates auf deutschem Boden" habe die „Wurzeln des Faschismus" ausgerottet. Verschwiegen wurde nicht nur die inkonsequente Entnazifizierung nach 1945, sondern auch rechtsradikale Erscheinungen in der DDR, die erst nach der Wende 1989 offen zutage traten.

▶ M 5: Aleida Assmann über Erinnerungskultur

▶ M 6: Norbert Frei über den Umgang mit der NS-Vergangenheit nach 1945

In der **Bundesrepublik** war der Umgang mit der NS-Vergangenheit in den 1950er- und noch in den 1960er-Jahren vor allem durch Verdrängung gekennzeichnet. Die Erfolge des „Wirtschaftswunders", die offizielle Beendigung der Entnazifizierung und das „Wiedergutmachungs"-Abkommen mit Israel 1952 ließen eine „Schlussstrichmentalität" in der Bevölkerung entstehen. Hinzu kamen außenpolitische Motive: Im Zeitalter des Kalten Krieges wurde der Kommunismus als bedrohlicher empfunden als der vergangene Nationalsozialismus. Über das „Dritte Reich" wurde in der Öffentlichkeit kaum diskutiert. Mit großem Interesse wurde in der deutschen Öffentlichkeit jedoch die mediale Berichterstattung über den Ulmer Einsatzgruppenprozess (1958), den Eichmann-Prozess in Jerusalem (1961) und die Auschwitz-Prozesse in den 1960er-Jahren verfolgt. Die Auseinandersetzung mit der NS-Vergangenheit rückte in den Fokus. Gleichzeitig begann die nachkommende Generation ihre Eltern, Großeltern oder Lehrer nach deren Verhalten im Nationalsozialismus zu befragen. Die studentische Protestbewegung von 1968 richtete sich unter anderem gegen das Schweigen über die NS-Vergangenheit und veränderte den gesellschaftlichen Diskurs. Auch Willy Brandts Ostpolitik trug wesentlich zu einer kritischeren Auseinandersetzung mit der nationalsozialistischen Vergangenheit bei. Als 1979 in der Bundesrepublik die US-amerikanische TV-Serie *„Holocaust"* gezeigt wurde, gelangten die NS-Verbrechen in das Bewusstsein der breiten Bevölkerung. Im selben Jahr wurde im Bundestag mit knapper Mehrheit ein Gesetz der Koalition aus SPD und FDP zur Aufhebung der Verjährung der NS-Morde beschlossen.

▶ M 9: Richard von Weizsäckers Rede zum 8. Mai 1985

▶ M 10: Jitzhak Ben-Ari über Weizsäckers Rede

▶ M 11: Max Czollek über Weizsäckers Rede

Eine **erinnerungspolitische Zäsur** leitete am 8. Mai 1985 die Rede zum Gedenken an das Ende des Zweiten Weltkriegs des damaligen Bundespräsidenten **Richard von Weizsäcker** ein. Den Tag des Kriegsendes charakterisierte er als einen „Tag der Befreiung". In der öffentlichen Wahrnehmung ebnete seine Rede den Weg zu einer Akzeptanz der deutschen Verantwortung für die nationalsozialistische Vergangenheit und zu einer Annahme der Schuld. Dem von der politischen Rechten geforderten „Schlussstrich" setzte er die Forderung entgegen, die Erinnerung an die Opfer der nationalsozialistischen Verbrechen wachzuhalten. In den letzten Jahren hat das öffentliche Interesse an der NS-Belastung von Personen und Institutionen deutlich zugenommen. Es wird vermehrt über personelle und institutionelle Kontinuitätslinien zwischen dem Nationalsozialismus und dem Nachkriegsdeutschland sowie der Bundesrepublik diskutiert und nach der **Bedeutung der Kontinuitäten für die Gegenwart** gefragt. Aus diesem Interesse resultierte beispielsweise die Untersuchung der Unabhängigen Historikerkommissionen der NS-Vergangenheit des Auswärtigen Amtes (2010). In der Folge beauftragten mehrere Bundesministerien und -behörden die Aufarbeitung ihrer nationalsozialistischen Vergangenheit. Heute führt nicht zuletzt der große zeitliche Abstand dazu, dass die Diskussion über die NS-Vergangenheit weniger emotional und sachlicher geführt wird. Die Auseinandersetzung mit dem Nationalsozialismus und die Erinnerung an die Opfer des NS-Regimes ist zu einem wesentlichen Element der politischen Kultur Deutschlands geworden, auch wenn von rechten, v. a. rechtspopulistischen Politikern in jüngster Vergangenheit wieder ein „Schlussstrich" gefordert wird.

„Wiedergutmachung" und Entschädigung der Opfer

Am 10. September 1952 wurde in Luxemburg das deutsch-israelische „Wiedergutmachungs"-Abkommen unterzeichnet. Hauptbegünstigte waren der Staat Israel sowie die *Jewish Claim Conference*, die seit 1951 die **Entschädigungsansprüche** jüdischer Opfer und Holocaust-Überlebender vertritt. Den Anhängern dieser Politik blieb stets bewusst, dass „Wiedergutmachung" ein problematischer Begriff ist, weil die begangenen Verbrechen nicht „wiedergutzumachen" seien. Die materiellen Folgen des erlittenen Unrechts wollte man durch finanzielle Leistungen an die Opfer und ihre Hinterbliebenen lindern und entzogenes Eigentum rückerstatten. In weiteren internationalen Abkommen verpflichtete sich die Bundesrepublik Deutschland zwischen 1959 und 1964 zu Entschädigungszahlungen in Höhe von 876 Millionen DM. Die geschätzt 20 Millionen **Zwangsarbeiter** mussten lange auf eine Entschädigung warten. Erst im Jahr 2000 wurde die **Stiftung „Erinnerung, Verantwortung, Zukunft"** gegründet, deren Stiftungskapital in Höhe von zehn Milliarden DM zur Hälfte von der Industrie, zur Hälfte aus Steuermitteln bezahlt wurde. Die **Opfergruppe der Sinti und Roma** erhielt eine vergleichsweise geringe Einmalzahlung. Hierbei wurden aber etwa 60 Prozent der Anträge auf Entschädigung abgelehnt, vielfach mit der Begründung, sie seien als „Kriminelle" zu Recht in Konzentrationslager eingewiesen worden. Die Überlebenden kämpfen bis heute um eine Anerkennung des erlittenen Unrechts.

▶ **M 4: Heinz Galinski über den Neubeginn jüdischen Lebens in Deutschland nach 1945**

Lernen mit Interviews: Zwangsarbeit 1939–1945

cornelsen.de/Webcodes
Code: texuki

Geschichtswissenschaftliche Forschung

In den 1960er-Jahren stand in der geschichtswissenschaftlichen Forschung die Frage nach der **Rolle Hitlers** im NS-System im Vordergrund. Außerdem wurde diskutiert, ob der Nationalsozialismus moderne Züge aufgewiesen habe (**Modernisierungstheorie**). Der Historiker Ernst Nolte vertrat in den 1980er-Jahren die These, der Holocaust sei vor allem die aus Angst geborene Reaktion auf die Vernichtungsvorgänge der Russischen Revolution gewesen. Dies löste den sogenannten **Historikerstreit** aus. Seine Kritiker, allen voran der Philosoph Jürgen Habermas, warfen ihm vor, den Bolschewismus einseitig als die Hauptursache des Nationalsozialismus zu sehen, um Deutschland von der historischen Verantwortung für die NS-Verbrechen zu entlasten. Nach dem Ende des Kalten Krieges wurden den Historikern in den osteuropäischen Archiven neue Quellen zugänglich. Daher rückten nun Untersuchungen des **nationalsozialistischen Vernichtungskriegs im Osten** in den Mittelpunkt. Neue Forschungsfelder waren auch die **Täterforschung**, die in den letzten Jahren verstärkt auch die Täterschaft von Frauen untersucht.

1 Erstellen Sie eine grafische Übersicht zum Umgang der Deutschen mit der NS-Vergangenheit seit 1945.
2 Nennen Sie wesentliche Unterschiede zwischen den westlichen und der sowjetischen Zone bei der Entnazifizierung.

Hinweise zur Arbeit mit den Materialien
Die folgenden Materialien bieten Ihnen die Möglichkeit, sich mit dem Umgang mit der NS-Vergangenheit auseinanderzusetzen. Anhand von M 4 kann eine deutsch-jüdische Perspektive der Nachkriegszeit erarbeitet werden, M 5 nimmt die aktuelle Erinnerungskultur in den Blick. Anhand von M 6 können Sie die Unterschiede und Gemeinsamkeiten des Umgangs mit der NS-Vergangenheit in der DDR und der BRD nachvollziehen. M 9 bis M 11 bieten die Möglichkeit der Auseinandersetzung mit der erinnerungskulturellen Zäsur, die Richard von Weizsäckers Rede vom 8. Mai 1985 darstellte.

M 4 Heinz Galinski (1912–1992) über den Neubeginn jüdischen Lebens in Deutschland nach 1945, 1989

Galinski betreute nach Kriegsende NS-Verfolgte und wurde der erste Vorsitzende des Zentralrates der Juden in Deutschland.

Ich bin von Auschwitz in das Lager Dora gekommen, von Dora dann nach Bergen-Belsen. Am 15. April bin ich in Bergen-Belsen befreit worden und habe mich auf den Weg nach Berlin gemacht; das ging sehr abenteuerlich vor sich [...]. Man wollte mir nicht glauben, trotz einer Urkunde, die ich bei der Entlassung in Bergen-Belsen bekommen hatte, dass ich Jude sei [...]. Ich bin in Berlin angekommen im Monat Juli. In dem Sinne bestand hier noch keine Gemeinde. Ich war mit einigen anderen dabei, diese Gemeinde wiederaufzubauen. Sie bestand ja nur aus Trümmern. So gingen wir daran, nach Sektoren Bezirksstellen aufzubauen, um in den einzelnen Sektoren jüdische Arbeit zu vollbringen.
Ich hatte mir im KZ vorgenommen, mein Leben in den Dienst der Gemeinschaft zu stellen. Das war natürlich eine Illusion. Ich habe mir selbst Mut gemacht, um über die Schwierigkeiten hinwegzukommen. Dann wurde ich hier in die Pflicht genommen, nachdem ich hier das alles gesehen habe. Das Elend der wenigen Überlebenden. Da bin ich dann hiergeblieben, obwohl das gar nicht vorhersehbar war. Ich habe 1947 geheiratet, und wir hatten uns schon geschworen auszuwandern, aber durch die Frühgeburt unserer Tochter wurde diese Auswanderung in die USA hinfällig.
Ich habe immer den Standpunkt vertreten, dass die Wannsee-Konferenz nicht das letzte Wort sein kann im Leben der jüdischen Gemeinschaft in Deutschland. Ich habe mich daher mit einigen anderen mitbeteiligt am Wiederaufbau der jüdischen Gemeinde zu Berlin. Ich habe nie zu denen gehört, die die Gemeinde hier als Liquidationsgemeinde[1] betrachtet haben, sondern mein Bestreben ging dahin, den Menschen, die überlebt hatten, den Glauben wiederzugeben an ein wiedergeschenktes, an ein neues Leben. So gingen wir daran, hier erst einmal moralisch und sozial tätig zu werden. Das war das erste Anliegen, und dann haben wir begonnen mit dem Aufbau von Institutionen, um jüdisches Leben hier wiederaufzubauen. [...]
Wir haben bis 1953 eine Gemeinde im West- und Ostteil der Stadt, ich war auch Mitvorsitzender der VVN.[2] Aber die Situation wurde immer unerträglicher. Wir wurden beobachtet, in jeder Sitzung, und ein jüdisches Leben, wie ich es mir vorgestellt habe, konnte durch die Instanzen der SED einfach nicht mehr durchgeführt werden. So habe ich seinerzeit schon alles vorbereitet, um in der Joachimsthaler Straße eine wirklich jüdische Gemeinde zu führen, was von der Oranienburger Straße aus nicht mehr möglich war. Somit war ohne Übergang wieder jüdisches Leben möglich. [...]
Wir hatten ungeheure Schwierigkeiten, weil die jüdische Welt es nicht verstehen wollte, nicht nur, dass Juden hiergeblieben sind, sondern dass sie auch Gemeinden wiederaufgebaut haben; diese Diskussion wird nie ganz aufhören, auch wenn sie heute etwas abgeflaut ist. Wir wurden in der ersten Zeit hier ziemlich geschnitten. Man hat uns nicht eingeladen zu Tagungen internationaler jüdischer Organisationen, doch wir haben uns eigentlich durchgesetzt. Ich glaube, es gab keine andere jüdische Gemeinschaft nach der Schoah, die so politisch tätig wurde und so gegen das Vergessen und Verdrängen aktiv ankämpfte wie das Judentum in Deutschland.

*Heinz Galinski, Nach dem Holocaust. Neubeginn jüdischen Lebens in Berlin, in: Eckart Conze/Gabriele Metzer, Deutschland nach 1945. Ein Lesebuch zur deutschen Geschichte von 1945 bis zur Gegenwart, 2. Aufl., C. H. Beck, München 1997, S. 37–39.**

1 *Liquidationsgemeinde:* Gemeinde, die das Ziel der eigenen Auflösung in sich trägt, da die Mitglieder alle auswandern wollen
2 *VVN:* Vereinigung der Verfolgten des Naziregimes

3 Arbeiten Sie aus M 4 heraus, welche Ziele Galinski beim Wiederaufbau der jüdischen Gemeinde in Deutschland verfolgte.

4 Entwickeln Sie Vermutungen, warum Galinski von jüdischer Seite dafür kritisiert wurde, dass er in Deutschland blieb.

M5 Die Literaturwissenschaftlerin Aleida Assmann in einem Interview von Svenja Flaßpöhler über die Erinnerungskultur in Deutschland, 2015

Flaßpöhler (F): Schon bald wird es keine Zeitzeugen, kein „kommunikatives Gedächtnis", wie Sie es nennen, mehr geben. Welche Folgen hat das für die Erinnerungskultur? Wie kann sich ein Mensch überhaupt an etwas erinnern, das er selbst nicht erlebt hat?

Assmann (A): Die Schwelle zwischen einem Erfahrungsgedächtnis und einem ausschließlich durch Medien wie Bücher, Bilder, Filme und Ausstellungen vermittelten Gedächtnis ist fühlbar und unaufhaltsam. Nach jeweils 80 bis 100 Jahren fällt ein Ereignis aus der lebendigen Kommunikation heraus und in die Geschichte zurück, wo es dann für alle gleich weit entfernt ist. Was zur Geschichte geworden ist, kann durch entsprechende Vorkehrungen und Anstrengungen aber auch Teil des allgemeinen Bewusstseins und Wissens bleiben, indem Anlässe dafür geschaffen werden, dass man sich in gemeinsamen Rhythmen erinnert und mit der Vergangenheit weiter auseinandersetzt.

F: Vonseiten vieler Historiker und Sozialforscher [...] wird die „Erinnerungskultur" hart kritisiert. Sie sei normierend, ein totalitärer Einheitsmythos, begnüge sich mit oberflächlichen Ritualen. Erinnerung lasse sich nicht gesellschaftlich verordnen. Was sagen Sie zu diesem Vorwurf? Gibt es eine Pflicht des Erinnerns?

A: Hier sind zwei Punkte angesprochen. Zum einen die Erinnerungskultur als eine nationale Angelegenheit, die man an die Politiker delegiert und deren offizielle Akte entsprechend monoton und inhaltsleer sind. Das ist jedoch ein sehr eingeschränktes Bild von der deutschen Erinnerungskultur, denn neben den offiziellen Staatsakten gibt es auch die Ebene der Zivilgesellschaft und der Künstler in den Städten und Gemeinden, die zum Beispiel die lokale Geschichte der Judenverfolgung aufarbeiten, die sich vor der eigenen Haustür abgespielt hat. Über diese Erinnerungsarbeit vor Ort erfahren wir in den überregionalen Medien kaum etwas. Deshalb übersieht man diese wichtige Dimension leicht, wenn man Erinnerungskultur einseitig als eine offizielle und zentralistische Einrichtung wahrnimmt. Zum zweiten Punkt: Eine bestimmte Geschichtsepoche kann zum Lernstoff in der Schule werden, aber Erinnerung selbst lässt sich nicht verordnen. Das bleibt der Gegenstand eines freiwilligen individuellen Interesses und selbstbestimmten Engagements. Es gibt ein Gesetz, das die öffentliche Leugnung von Auschwitz unter Strafe stellt. Es gibt aber keine Gesetze, die die Bürger zur Teilnahme an der Erinnerungskultur verpflichten.

F: Auch wird im Zeitalter von Globalisierung und Migration zunehmend fraglich, wer „wir" Deutschen eigentlich sind. Was, so wird eingewendet, hat ein eingewanderter Türke mit Auschwitz zu tun?

A: Die Antwort ist einfach: Eine eingewanderte Türkin hat sich für Deutschland als ihren neuen Lebensmittelpunkt entschieden. Mit der Einwanderung übernimmt man nicht nur die Landschaft, Architektur, Politik, Wirtschaft, Kultur und Infrastruktur eines Landes, sondern auch dessen Geschichte. In einer Einwanderungszeremonie in Kanada wurde das so ausgedrückt: „Staatsbürgerschaft ist kein Selbstbedienungsbuffet. Niemand von uns kann sich die angenehmen Stücke heraussuchen und den Rest verweigern. Wenn ihr den Eid auf die kanadische Staatsbürgerschaft geschworen habt, erbt ihr das ganze Paket kanadischer Geschichte und Bürgerrechte. Ab jetzt seid ihr mitverantwortlich, nicht nur für die guten Dinge, sondern auch für alle Fehler und alles Schlimme, das wir gemacht haben. Es ist Teil des Paketes. Vielleicht findet ihr das nicht fair, aber wer sagt denn, dass es fair ist? Es ist ein Teil des Bürgerrechts." Die Erinnerung an den Holocaust ist zudem keine rein deutsche Angelegenheit. Der transnationalen Erinnerungsgemeinschaft (IHRA), die sich auf der Stockholmkonferenz im Januar 2000 gebildet hat, gehören inzwischen 31 Staaten an. Als Türkin wird man offensichtlich andere Wege zu dieser Erinnerung finden als die der deutschen Familiengeschichte. Man kann sich aufgrund von Ausgrenzungserfahrungen und Rassismus zum Beispiel eher auf der Seite der Opfer fühlen oder stolz darauf sein, dass die Türkei während des Zweiten Weltkrieges jüdischen Flüchtlingen aus Deutschland Schutz und Asyl gewährt hat.

F: Wie würden Sie eine gelungene Form des Gedenkens beschreiben? Was sind die größten Herausforderungen für die Zukunft?

A: Gedenken wird oft auf die Formel „Nie wieder Auschwitz" gebracht. Es ist äußerst unwahrscheinlich, dass sich der Holocaust in Deutschland in dieser Form wiederholt. Wichtiger wäre deshalb die Einsicht, dass sich vieles sehr wohl wiederholt. Voraussetzungen für Rassismus und Ausgrenzung zum Beispiel gibt es immer wieder. Der NSU konnte nur deshalb ein Jahrzehnt lang ungehindert morden, weil die Behörden, ihrem rassistischen Vorurteil folgend, die Opfer als Täter einstuften und die Mehrheitsgesellschaft, ihrem rassistischen Vorurteil folgend, keine Empathie für die Opfer aufbrachte. Politische Bildung hat die Aufgabe, in der Gegenwart solche neuen Varianten alter Muster aufzuzeigen. Gedenken hält die wichtige Einsicht wach, dass die Werte der Zivilgesellschaft stets prekär sind und alles andere als ein sicheres Gut.

*Svenja Flaßpöhler, „Erinnerung lässt sich nicht verordnen". Warum die Arbeit an der eigenen Geschichte eine notwendige Aufgabe bleibt. Interview mit Aleida Assmann, in: Philosophie Magazin Sonderausgabe 03 (2015), S. 95–97, hier S. 96 f.**

5 Charakterisieren Sie, ausgehend von M 5, die gegenwärtige deutsche (NS-)Erinnerungskultur.
6 Beurteilen Sie Assmanns Aussage, mit der Einwanderung übernehme man auch die Geschichte eines Landes.
7 **Vertiefung:** Recherchieren Sie Beispiele regionaler Erinnerungsarbeit.

M6 Der Historiker Norbert Frei über den Umgang mit der NS-Vergangenheit nach 1945 in der Bundesrepublik Deutschland und der DDR, 2005

„Wer sind denn wirklich die Kriegsverbrecher?" So fragte rhetorisch, im Oktober 1952, Bernhard Ramcke beim ersten Nachkriegstreffen der Waffen-SS in Verden an der Aller. Die Antwort des Fallschirmjägers a. D. war damals weit über seine Zuhörerschaft populär: Jene, „die ohne taktische Gründe ganze Städte zerstörten, die die Bomben auf Hiroshima warfen und neue Atombomben herstellen". Solch scheinmoralische Kritik an den Siegermächten war Anfang der fünfziger Jahre im Westen Deutschlands keine Seltenheit, aber auch im Osten anzutreffen – dort freilich seitens des Regimes propagandistisch streng begrenzt auf das Stichwort „Dresden" und die Kriegsführung von Briten und Amerikanern. Handelte es sich in der DDR um den „von oben" gelenkten Versuch, jüngstvergangene deutsche Leiderfahrung im Sinne der aktuellen Ost-West-Konfrontation politisch auszumünzen, so in der Bundesrepublik um das „von unten" artikulierte Verlangen nach Rücknahme der politischen Säuberungsanstrengungen der westlichen Alliierten, das in der Forderung nach Freilassung der seit 1945 verurteilten Kriegsverbrecher gipfelte. Unter der Oberfläche allerdings ging es in diesen Diskursen hier wie dort um mehr, nämlich um sozialpsychische Schuldentlastung auf sozusagen breitester Front.

Denn während die außenpolitische Räson der beiden neuen Staaten es gebot, der „Opfer der nationalsozialistischen Gewaltherrschaft" beziehungsweise der „Opfer des Faschismus" zu gedenken, erwartete die Mehrheit der vormaligen Volksgemeinschaft wie selbstverständlich die Anerkennung aller ihrer Opfer – auch jener, die sich für die Sache des Nationalsozialismus geopfert hatten. Das größte Interesse an dieser Politik der Schuldeinebnung lag bei der um 1905 geborenen Funktionsgeneration des Nationalsozialismus, die die Geschichte der westdeutschen Gesellschaft noch lange bestimmte (und auch im Osten nicht ohne Einfluss blieb). Es war in aller Regel diese Altersgruppe, aus der – anders als heute vielfach behauptet: keineswegs erst nach Jahrzehnten, sondern regelmäßig seit Gründung der Bundesrepublik – das Argument des *tu quoque*[1] und der Hinweis auf Bombenkrieg, Flucht und Vertreibung kam, wenn sich das offizielle Bonn zu einem verantwortungsvollen Umgang mit der „jüngsten Geschichte" bekannte. Mit ihrer reflexartigen Schuldabwehr, die Besucher wie Hannah Arendt schon in den ersten Nachkriegsjahren konstatierten, später mit dem beredten Schweigen auf die Fragen der eigenen Kinder, verstellten sich wohl die meisten aus diesen Jahrgängen, die an Hitler geglaubt und das System getragen hatten, die Möglichkeit einer echten Trauer auch über das eigene Leid.

*Norbert Frei, 1945 und wir. Das Dritte Reich im Bewusstsein der Deutschen, C. H. Beck, München 2005, S. 11 f.**

1 *tu quoque (lat.):* auch du!

8 Arbeiten Sie aus M 6 Gemeinsamkeiten und Unterschiede im Umgang mit der NS-Vergangenheit nach 1945 in der BRD und der DDR heraus.
9 Bewerten Sie die Aussage des ehemaligen Mitglieds der Waffen-SS (Z. 1 ff.).

M7 „Stolpersteine" für das Ehepaar Weil in Freiburg im Breisgau, Fotografie, 2018.

Die Stolpersteine sind ein Projekt des Künstlers Gunter Demnig zur Erinnerung an die Opfer des Nationalsozialismus. In den Fußboden vor ihren ehemaligen Wohnhäusern werden Messingquader mit den eingravierten Namen und Lebensdaten der Opfer eingelassen.

Geschichte kontrovers: Das Gedenken an den 8. Mai 1945

M8 Bundespräsident Richard von Weizsäcker während seiner Rede im Bundestag über das Ende des Zweiten Weltkriegs, 8. Mai 1985

M9 Bundespräsident Richard von Weizsäcker in einer Rede im Bundestag über das Ende des Zweiten Weltkriegs, 8. Mai 1985

Viele Völker gedenken heute des Tages, an dem der Zweite Weltkrieg in Europa zu Ende ging. Seinem Schicksal gemäß hat jedes Volk dabei seine eigenen Gefühle. Sieg oder Niederlage, Befreiung von Unrecht und Fremdherrschaft oder Übergang zu neuer Abhängigkeit, Teilung, neue Bündnisse, gewaltige Machtverschiebungen – der 8. Mai 1945 ist ein Datum von entscheidender historischer Bedeutung in Europa. [...]

Der 8. Mai ist für uns vor allem ein Tag der Erinnerung an das, was Menschen erleiden mussten. Er ist zugleich ein Tag des Nachdenkens über den Gang unserer Geschichte. [...] Wir gedenken heute in Trauer aller Toten des Krieges und der Gewaltherrschaft. Wir gedenken insbesondere der sechs Millionen Juden, die in deutschen Konzentrationslagern ermordet wurden. Wir gedenken aller Völker, die im Krieg gelitten haben, vor allem der unsäglich vielen Bürger der Sowjetunion und der Polen, die ihr Leben verloren haben. [...]

Der 8. Mai ist für uns Deutsche kein Tag zum Feiern. Die Menschen, die ihn bewusst erlebt haben, denken an ganz persönliche und damit ganz unterschiedliche Erfahrungen zurück. Der eine kehrte heim, der andere wurde heimatlos. Dieser wurde befreit, für jenen begann die Gefangenschaft. Viele waren einfach nur dafür dankbar, dass Bombennächte und Angst vorüber und sie mit dem Leben davongekommen waren. Andere empfanden Schmerz über die vollständige Niederlage des eigenen Vaterlandes. Verbittert standen Deutsche vor zerrissenen Illusionen, dankbar andere Deutsche vor dem geschenkten neuen Anfang. Es war schwer, sich alsbald klar zu orientieren. Ungewissheit erfüllte das Land. Die militärische Kapitulation war bedingungslos. Unser Schicksal lag in der Hand der Feinde. Die Vergangenheit war furchtbar gewesen, zumal auch für viele dieser Feinde. Würden sie uns nun nicht vielfach entgelten lassen, was wir ihnen angetan hatten? Die meisten Deutschen hatten geglaubt, für die gute Sache des eigenen Landes zu kämpfen und zu leiden. Und nun sollte sich herausstellen: Das alles war nicht nur vergeblich und sinnlos, sondern es hatte den unmenschlichen Zielen einer verbrecherischen Führung gedient. Erschöpfung, Ratlosigkeit und neue Sorgen kennzeichneten die Gefühle der meisten. Würde man noch eigene Angehörige finden? Hatte ein Neuaufbau in diesen Ruinen überhaupt Sinn? Der Blick ging zurück in einen dunklen Abgrund der Vergangenheit und nach vorn in eine ungewisse dunkle Zukunft.

Und dennoch wurde von Tag zu Tag klarer, was es heute für uns alle gemeinsam zu sagen gilt: Der 8. Mai war ein Tag der Befreiung. Er hat uns alle befreit von dem menschenverachtenden System der nationalsozialistischen Gewaltherrschaft. Niemand wird um dieser Befreiung willen vergessen, welche schweren Leiden für viele Menschen mit dem 8. Mai erst begannen und danach folgten. Aber wir dürfen nicht im Ende des Krieges die Ursache für Flucht, Vertreibung und Unfreiheit sehen. Sie liegt vielmehr in seinem Anfang und im Beginn jener Gewaltherrschaft, die zum Krieg führte. Wir dürfen den 8. Mai 1945 nicht vom 30. Januar 1933 trennen.

Wir haben wahrlich keinen Grund, uns am heutigen Tag an Siegesfesten zu beteiligen. Aber wir haben allen Grund, den 8. Mai 1945 als das Ende eines Irrweges deutscher Geschichte zu erkennen, das den Keim der Hoffnung auf eine bessere Zukunft barg. [...] Jüngere und Ältere müssen und können sich gegenseitig helfen zu verstehen, warum es lebenswichtig ist, die Erinnerung wachzuhalten. Es geht nicht darum, Vergangenheit zu bewältigen. Das kann man gar nicht. Sie lässt sich ja nicht nachträglich ändern oder ungeschehen machen. Wer aber vor der Vergangenheit die Augen verschließt, wird blind für die Gegenwart. Wer sich der Unmenschlichkeit nicht erinnern will, der wird wieder anfällig für neue Ansteckungsgefahren. [...]

Wenn wir uns erinnern, wie rassisch, religiös und politisch Verfolgte, die vom sicheren Tod bedroht waren, oft vor geschlossenen Grenzen anderer Staaten standen, werden wir vor denen, die heute wirklich verfolgt sind und bei uns Schutz suchen, die Tür

nicht verschließen. Wenn wir uns der Verfolgung des freien Geistes während der Diktatur besinnen, werden wir die Freiheit jedes Gedankens und jeder Kritik schützen, so sehr sie sich auch gegen uns selbst richten mag. [...]
Die Jungen sind nicht verantwortlich für das, was damals geschah. Aber sie sind verantwortlich für das, was in der Geschichte daraus wird. [...] Hitler hat stets damit gearbeitet, Vorurteile, Feindschaften und Hass zu schüren. Die Bitte an die jungen Menschen lautet: Lassen Sie sich nicht hineintreiben in Feindschaft und Hass gegen andere Menschen, gegen Russen oder Amerikaner, gegen Juden oder Türken, gegen Alternative oder Konservative, gegen Schwarz oder Weiß. Lernen Sie, miteinander zu leben, nicht gegeneinander.

*Zit. nach: http://www.bundespraesident.de/SharedDocs/Reden/DE/Richard-von-Weizsaecker/Reden/1985/05/19850508_Rede.html (abgerufen am 12.05.2020).**

10 Arbeiten Sie aus M9 die Kernaussage Weizsäckers in Bezug auf das deutsche Erinnern an das Kriegsende 1945 heraus.

11 **Gruppenarbeit:** Erläutern Sie die Wirkung der Rede auf unterschiedliche Adressaten.
Tipp: Heimatvertriebene, ehemalige KZ-Häftlinge, Ausgebombte, die Witwe eines Soldaten

12 Überprüfen Sie die Aussage: „Der 8. Mai war ein Tag der Befreiung."

M 10 Der israelische Diplomat Jitzhak Ben-Ari (1924–2004) über die Rede von Weizsäckers, 1986

Der Diplomat war von 1981 bis 1988 israelischer Botschafter in Deutschland.

Sprache ist das menschlichste Mittel der Verständigung. Die Sprache der Rede Weizsäckers war reich und einfach zugleich, schön, geistvoll, und drückte Gedanken aus, die von allen Menschen verstanden wurden. Der Bundespräsident zerstreute Illusionen der Vergangenheit und auch weiter bestehende. Nicht der Krieg allein, nicht das Ende des Krieges ist die Ursache von Leid und Unfreiheit, *sie liegt in der Nazigewaltherrschaft*, im Irrweg der deutschen Geschichte, und nicht im Fehlverhalten einiger weniger. Das Unglück begann im Jahre 1933 mit der Machtergreifung der Nationalsozialisten und nicht mit der Niederlage im Kriege.
Als Richard von Weizsäcker mahnte, dass Erinnern heiße, eines Geschehens ehrlich und rein zu gedenken, dachte ich an die psychologische Konfliktsituation zwischen den Kindern von Opfern und Kindern der Kriegsgeneration. In Deutschland haben wenige Eltern der Generation, die für die Nazigewaltherrschaft verantwortlich ist, mit ihren Kindern über das gesprochen, was den Juden (und den Polen, Russen u.a.) angetan wurde. Andererseits „leiden" jüdische Jugendliche – „die Kinder der Schatten" – darunter, dass ihre Eltern, um ihr Leben ertragen zu können, ihnen immer wieder von Buchenwald und Auschwitz erzählen wollen.
Diese Ansprache, so fühlten ich und die Mehrzahl meiner Diplomaten-Kollegen, war eine Sternstunde in der Geschichte der Bundesrepublik, die alle, Opfer und die in Schuld Verstrickten, ansprach und berührte. Die Rede wies den Weg, wie Hass und Vorurteile in Freundschaft und Verständigung verwandelt werden können. Hier zeigte sich eine staatsmännische Einstellung, die auch die notwendig weisen Worte fand, bemüht, alle Menschen anzusprechen und zu überzeugen. Diese präzisen Ausführungen des Redners, von klarem und humanem Denken geprägt, machten die Übertragung und das Verständnis möglich. Sie bestärkten das Vertrauen in die Bundesrepublik. [...]
Das Orientierungsbedürfnis des Deutschen, der den Weg zu sich selbst sucht, die Trauer der Völker, die durch die Hand von Deutschen gelitten haben, finden noch immer in diesen einsichtsvollen Worten des Bundespräsidenten ein Vorbild, ein Sinnbild für Aufrichtigkeit, Gerechtigkeit, würdevolle Versöhnung und Toleranz. Viele Menschen in der ganzen Welt verstanden, was von Weizsäcker uns lehrt: Der Hass hat keine Anziehungskraft. Er ist die Eigenschaft der Rassisten – nicht die ihrer Opfer. Er löst nicht die Probleme, sondern vertieft sie – er macht uns blind und taub, er berauscht und verdummt! Der Leidtragende wird menschlicher, der Leidverursacher verliert sein menschliches Antlitz.
Richard von Weizsäcker schließt seine Ansprache mit den Worten: „Schauen wir am heutigen 8. Mai, so gut wir es können, der Wahrheit ins Auge." Dieser Mut zur Wahrheit verbindet jedes Volk mit seiner Geschichte – Vergangenheit, Gegenwart und Zukunft. Die Ansprache erweist dem Ansehen der Deutschen in der Welt auch ein Jahr später die besten Dienste und stellt das Leitmotiv des neuen friedlichen und hilfsbereiten Deutschland dar. Wir Israelis danken Richard von Weizsäcker – er hat denen Sinn und Ansporn gegeben, die sich um ein besseres Verständnis zwischen Deutschen und Juden bemühen.

*Jitzhak Ben-Ari, Der Hass hat keine Anziehungskraft, in: Ulrich Gill/Winfried Steffani (Hg.), Eine Rede und ihre Wirkung. Die Rede des Bundespräsidenten Richard von Weizsäcker vom 8. Mai 1985 anlässlich des 40. Jahrestages der Beendigung des Zweiten Weltkriegs. Betroffene nehmen Stellung, Verlag Rainer Böll, Berlin 1986, S. 23–26, hier S. 25f.**

M11 Der Lyriker und Politikwissenschaftler Max Czollek über Weizsäckers Rede, 2018

In seiner Streitschrift „Desintegriert euch!" beschäftigt sich der Autor mit der Gegenwart des deutsch-jüdischen Verhältnisses.

Zum 40. Jahrestag des Kriegsendes in Europa hielt Bundespräsident Richard von Weizsäcker am 8. Mai 1985 eine Rede, die als zentrales Dokument einer neuen deutschen Perspektive auf den Zweiten Weltkrieg gilt. Und tatsächlich muss man dieser Rede zugutehalten, dass sie auf einer Auseinandersetzung der deutschen Gesellschaft und der deutschen Politik mit dem Nationalsozialismus besteht. Das war neu damals. Zugleich aber beeindruckte der Bundespräsident die anwesenden Parlamentarier mit der Behauptung, der 8. Mai sei für die Deutschen ein Tag gewesen, an dem man „von dem menschenverachtenden System der nationalsozialistischen Gewaltherrschaft" *befreit* worden sei. Diese Aussage ist so offensichtlich unwahr, dass ich mich immer wieder frage, was Weizsäcker motivierte, so etwas zu sagen. Denn die Mehrheit der Deutschen wurde am 8. Mai 1945 natürlich nicht befreit. Sie wurde endgültig besiegt, nachdem sie bis zum bitteren Ende und weit darüber hinaus die Naziherrschaft unterstützt hatte. Der Nationalsozialismus ist nun einmal eine echte Volksbewegung gewesen.

Als Rechtswissenschaftler und Historiker wusste Weizsäcker, was er da sagte, und offensichtlich ging es ihm nicht um die Beschreibung der historischen Fakten, sondern um eine neue Form von Erinnerung an die nationalsozialistischen Verbrechen. Das machte er im weiteren Verlauf seiner Rede deutlich. Nach der Aufzählung einer Reihe von Opfergruppen nationalsozialistischer Verbrechen kam er da nämlich auch auf die Juden zu sprechen. Und ihnen hatte er in seiner Rede die Rolle einer Modellgruppe nationalsozialistischer Verbrechen mit ganz besonderer Funktion zugedacht. Passend zitierte er nicht etwa aus der christlichen Überlieferung, sondern kurioserweise einen Ausspruch des chassidischen Legendenrabbis Baal Schem Tov: „Das Vergessenwollen verlängert das Exil, und das Geheimnis der Erlösung heißt Erinnerung." Das war eine ziemlich fette Rübe, die Weizsäcker den Abgeordneten da vor die Nase hielt: Erinnert *ihr Deutschen* euch an die Judenvernichtung und ihr werdet nicht nur Vergebung finden, sondern Erlösung. [...]

Weizsäcker ging es nämlich gar nicht um die Juden. Stattdessen wollte er Deutschland ein neues Selbstbild verkaufen, das die Erinnerung an den verlorenen Krieg positiv konnotierte. Darum beschrieb er den 8. Mai 1945 als Befreiung und nicht als die krachende Niederlage, als den ihn die meisten Menschen erlebt haben. Das erklärt auch, warum er eine jüdische Tradition herbeizitierte, womit die Erinnerung der Täter*innengemeinschaft an den Holocaust schon fast ein bisschen sexy wirkte: Befreiung durch die Alliierten und Erlösung durch die jüdischen Opfer, das ist doch besser als die eine Hand am Gashahn und Nazis bis zum Schluss. Mit seiner Rede wollte Weizsäcker der deutschen Gesellschaft die Erinnerung an ihre eigenen Verbrechen schmackhaft machen. Und die Deutschen bissen an. Und zwar so genüsslich, dass das wiedervereinigte Land sich wenige Jahrzehnte später mit vor Stolz geschwellter Brust als Erinnerungsweltmeister inszenierte.

*Max Czollek, Desintegriert euch! 5. Aufl., Hanser, München 2018, S. 20–22.**

13 Vergleichen Sie, wie Ben-Ari (M 10) und Czollek (M 11) jeweils von Weizsäckers Rede (M 9) beurteilen.

Tipp: Finden Sie dafür geeignete Vergleichskriterien.

14 Bewerten Sie Czolleks These, Deutschland inszeniere sich als „Erinnerungsweltmeister" (Z. 61 f.).

7.4 Stalinismus und Nationalsozialismus – Chancen und Grenzen eines Vergleichs totalitärer Diktaturen

Die erste Hälfte des 20. Jahrhunderts war geprägt von Krieg, Terror und Gewaltherrschaft. Forscher schätzen, dass in Europa und der Sowjetunion insgesamt vermutlich mehr als 56 Millionen Menschen infolge der beiden Weltkriege gestorben sind. Der Historiker Eric Hobsbawm nannte das 20. Jahrhundert das „Zeitalter der Extreme“, für das die Auseinandersetzung zwischen Demokratie und Diktatur charakteristisch war. Seit den 1920er-Jahren entstanden überall in Europa – zunächst in Italien und Portugal, dann in Deutschland und Spanien – faschistische Diktaturen. In der Sowjetunion wurde seit Ende der 1920er-Jahre unter der bolschewistischen Herrschaft der stalinistische Unterdrückungs- und Terrorapparat ausgebaut. Diese Systeme schienen mit herkömmlichen Kategorien der Herrschaftstypologie nicht mehr zu fassen. Antifaschistische Intellektuelle prägten für die Herrschaftsform in Italien den Begriff der totalitären Diktatur („*stato totalitario*“). Kennzeichnend ist das Bestreben, alle Bereiche der Gesellschaft zu durchdringen und nach den Interessen des Regimes auszurichten, um die Herrschaft zu sichern.

M1 Hannah Arendt, Fotografie, 1963

▶ M 3: Hannah Arendt über totale Herrschaft

▶ M 5: Carl J. Friedrich über die Merkmale totalitärer Herrschaft

Totalitarismustheorie und historischer Vergleich

Eine Reihe von Wissenschaftlerinnen und Wissenschaftlern bemühte sich in den 1930er- und 1940-Jahren vor dem Hintergrund eigener Erfahrungen von Flucht und Exil, die Diktaturen des 20. Jahrhunderts umfassend zu analysieren. Sie brachten die wirkmächtige Denkfigur des „**Totalitarismus**“ in die USA.
Eine der bekanntesten Vertreterinnen der Totalitarismustheorie war die jüdische deutsch-amerikanische Publizistin **Hannah Arendt**. Sie verfasste zwischen 1945 und 1949 ihr Hauptwerk „Elemente und Ursprünge totaler Herrschaft“. Darin analysiert sie die Entstehung von totalitären Diktaturen, die sie im nationalsozialistischen Deutschland und in der Sowjetunion unter Stalin verwirklicht sah. In ihrer Analyse charakterisiert sie die „totalitären Bewegungen“ als „Massenorganisationen atomisierter und isolierter Individuen“, die dadurch gekennzeichnet seien, dass ihre Führer von der Gefolgschaft eine „unerhörte Ergebenheit und ‚Treue‘ verlangen und erhalten können“. „Erstaunlich und beunruhigend“ ist für sie „die unzweifelhafte Anziehungskraft“, die der Totalitarismus auf Teile der geistigen und künstlerischen Meinungsführer ausübe und die zu einem „zeitweiligen Bündnis zwischen Mob und Elite“ führen könne. Einmal an die Macht gelangt, stützen sich diktatorische Regime mit totalitärem, also umfassendem Herrschaftsanspruch vor allem auf **drei Machtmittel: den Staatsapparat, die Geheimpolizei und das Konzentrationslager**. Letzteres markiert Arendt als „die konsequenteste Institution totaler Herrschaft“ und als das „richtunggebende Gesellschaftsideal für die totale Herrschaft überhaupt“. Die Lager seien „Laboratorien“, in denen auf experimentelle Weise überprüft werde, „ob der fundamentale Anspruch der totalitären Systeme, dass Menschen total beherrschbar sind, zutreffend ist“. Arendt betont in einer späteren Ergänzung ihres Werkes, dass sich die kommunistischen Regime nach Stalins Tod nicht mehr als totalitär bezeichnen lassen, da sie keinen vergleichbaren ideologischen Furor* und Terror aufweisen.
Im Zeichen des Kalten Krieges wurde von westlicher Seite die vergleichende Betrachtung von Nationalsozialismus und kommunistischen Regimen zur Bekämpfung des politischen Gegners instrumentalisiert. Seit den 1960er-Jahren wurde der Begriff des Totalitarismus, der sowohl den Stalinismus als auch den Nationalsozialismus umfasst,

Furor
Raserei, Wut

zunehmend abgelehnt. Es wurde kritisiert, dass die Gleichsetzung der beiden totalitären Regime die nationalsozialistischen Verbrechen relativiere.
Sinnvoll kann ein **historischer Vergleich** nur dann sein, wenn er ergebnisoffen ist. Dabei werden sowohl Unterschiede als auch Gemeinsamkeiten untersucht, um zu einem tieferen Verständnis einzelner Aspekte der Regime zu kommen. Mittels eines Vergleichs können charakteristische Merkmale deutlicher herausgestellt werden, als es bei einer isolierten Betrachtung der Fall ist.

Diktaturvergleich und Geschichtspolitik

Seit 2009 gilt der 23. August offiziell als **„Europäischer Tag des Gedenkens an die Opfer von Stalinismus und Nationalsozialismus“**, um „das Gedenken an die Opfer von Massendeportation und -vernichtung aufrechtzuerhalten und somit Demokratie zu stärken sowie Frieden und Stabilität auf unserem Kontinent zu fördern“, wie es in einer Erklärung des Europäischen Parlaments 2008 heißt. Das Datum erinnert an den **Hitler-Stalin-Pakt von 1939** (s. S. 337), in dem in einem geheimen Zusatzprotokoll das nationalsozialistische Deutschland und die Sowjetunion Osteuropa unter sich aufteilten. Die Initiative zur Einrichtung des Gedenktags ging von mehreren hauptsächlich osteuropäischen Politikern und Intellektuellen aus. Die „Prager Erklärung zum Gewissen Europas und zum Kommunismus“ unterzeichnete unter anderem auch der spätere Bundespräsident Joachim Gauck. Der Gedenktag wird in Schweden, in den baltischen Staaten, Bulgarien, Kroatien, Polen, Ungarn und Slowenien begangen. Zwar wurde in der Entschließung des Europäischen Parlaments 2009 betont, „dass der einzigartige Charakter des Holocaust nichtsdestoweniger anerkannt werden muss“. Dennoch wurde dieser gemeinsame Gedenktag gerade wegen der **Singularität der nationalsozialistischen Verbrechen** kontrovers aufgenommen. Der israelische Holocaustforscher Yehuda Bauer kritisiert die Gleichsetzung der beiden totalitären Regime als Trivialisierung und Relativierung des Holocaust.

▶ M 6: Wolfgang Benz über den Europäischen Tag des Gedenkens an die Opfer von Stalinismus und Nationalsozialismus

▶ Zur stalinistischen Herrschaft siehe S. 194 ff.

▶ Zur nationalsozialistischen Herrschaft siehe S. 292 ff.

1 **Partnerarbeit:** Vergleichen Sie ausgehend vom Darstellungstext totalitäre Herrschaft mit liberalen Herrschaftsformen.
2 **Gruppenarbeit:** Erörtern Sie ausgehend vom Darstellungstext Chancen und Gefahren des Vergleichs von Diktaturen. Beziehen Sie M 2 in Ihre Argumentation mit ein.

M 2 ***„La Balalaikiste“*** **(Der Balalaikaspieler), Fotomontage von Marinus Jacob Kjeldgaard (1884–1964), erschienen auf der Titelseite der französischen Wochenzeitschrift „Marianne“ vom 25. Oktober 1939.**
Die Fotomontage bezieht sich auf die scheinbare Annäherung Hitlers an die Sowjetunion und den deutsch-sowjetischen Nichtangriffspakt (Hitler-Stalin-Pakt) vom August 1939.

Hinweise zur Arbeit mit den Materialien
M 3 führt Sie in Hannah Arendts Grundgedanken zu totaler Herrschaft ein. Anhand von M 5 können Sie die Merkmale totalitärer Herrschaft nach Carl J. Friedrich erarbeiten, die einen Vergleich der nationalsozialistischen und der stalinistischen Herrschaft ermöglichen. M 6 geht auf den Vorwurf ein, mit dem Europäischen Tag des Gedenkens an die Opfer des Stalinismus und Nazismus werde Geschichtsklitterung betrieben.

M 3 Hannah Arendt über totale Herrschaft, 1951

Wir haben […] immer wieder darauf hingewiesen, dass die Institutionen der totalen Herrschaft nicht nur radikaler, sondern prinzipiell verschieden von den Formen politischer Unterdrückung sind, die uns als Despotie, Tyrannis und Diktatur aus Vergangenheit und Gegenwart bekannt sind. Damit erhebt sich die Frage nach dem eigentlichen Wesen der totalen Herrschaft in dem Sinne, dass wir uns fragen müssen, ob wir hier nicht vielleicht mit einer neuen, in der Geschichte noch unbekannten „Staatsform" konfrontiert sind. […]

Die Sprengung unserer politischen Kategorien durch das Auftreten totalitärer Bewegungen und Herrschaftsapparate wird ganz offenkundig, wenn wir uns vergegenwärtigen, dass unsere Urteile über Staaten und Regierungen […] auf der Unterscheidung zwischen gesetzmäßiger Regierung und tyrannisch-gesetzloser Willkür beruhen. Nun ist zwar totalitäre Herrschaft „gesetzlos", insofern sie prinzipiell alles positiv gesetzte Recht verletzt, […] aber sie ist keineswegs willkürlich. An die Stelle des positiv gesetzten Rechts tritt nicht der allmächtig willkürliche Wille des Machthabers, sondern das „Gesetz der Geschichte" oder das „Recht der Natur", also eine Art von Instanz, wie sie das positive Recht, das immer nur konkrete Ausgestaltung einer höheren Autorität zu sein behauptet, selbst braucht und auf die es sich als Quelle seiner Legitimität immer irgendwie beruft.

Es ist in der Tat die monströse, aber sehr schwer zurückweisbare Behauptung der totalitären Machthaber, dass sie nicht nur nicht gesetzlos und willkürlich handelten, sondern im Gegenteil zu den Quellen der Autorität zurückkehrten, von denen alles positive Recht sich speist und seine Legitimität erst erhält. Damit wird […] eine höhere Form von Gesetzestreue erzeugt, die […] eine direkte und unvermittelte Ausführung von Befehlen sei, die Geschichte oder Natur selbst gegeben haben. […]

In der Verachtung der totalitären Gewalthaber für positives Recht spricht sich eine unmenschliche Gesetzestreue aus, für welche Menschen nur das Material sind, an dem die übermenschlichen Gesetze von Natur und Geschichte vollzogen und das heißt hier im furchtbarsten Sinne des Wortes exekutiert werden. Diese Exekution der objektiven Gesetze von Natur oder Geschichte soll schließlich eine Menschheit produzieren – sei es eine Rassegesellschaft oder eine klassen- und nationslose Gesellschaft –, die in sich selbst nur der Exponent der Gesetze ist, die in ihr verwirklicht werden. Hinter dem Anspruch auf Weltherrschaft, den alle totalitären Bewegungen stellen, liegt immer der Anspruch, ein Menschengeschlecht herzustellen, das aktiv handelnd Gesetze verkörpert, die es sonst nur passiv, voller Widerstände und niemals vollkommen erleiden würde.

*Hannah Arendt, Elemente und Ursprünge totaler Herrschaft, Piper, München 1986, S. 944–949.**

3 Arbeiten Sie die Besonderheiten der totalen Herrschaft heraus, wie sie Hannah Arendt (M 3) versteht.
Tipp: Beziehen Sie M 4 in Ihre Ausführungen ein.

M 4 „Ausmerzung der Kranken und Schwachen in der Natur: Was nicht den Anforderungen des Seins genügt, das zerbricht", Darstellung aus einem nationalsozialistischen Buch zur „Erblehre, Abstammungs- und Rassenkunde", Stuttgart, 1938

M 5 Der deutsch-amerikanische Philologe Carl J. Friedrich über die Merkmale totalitärer Herrschaft, 1953

Es sind fünf Faktoren oder Aspekte, die grundsätzlich allen totalitären Gesellschaften der Gegenwart gemeinsam sind […]. Diese Gesellschaften haben sämtlich:

1. eine offizielle Ideologie, bestehend aus einem offiziellen, alle Hauptaspekte des menschlichen Lebens umfassenden Lehrsystem, woran sich jedes Mitglied

dieser Gesellschaft mindestens passiv zu halten hat; im Mittelpunkt dieser Ideologie stehen [...] Forderungen für eine „vollkommene" Endgesellschaft der Menschheit.

2. eine einzige Massenpartei, bestehend aus einem relativ geringen Prozentsatz der Gesamtbevölkerung (bis zu 10 %) leidenschaftlich und bedingungslos der Ideologie ergebener Männer und Frauen, die bereit sind, die allgemeine Annahme dieser Ideologie in jeder Hinsicht zu fördern; dabei ist diese Partei gewöhnlich unter einem einzigen Führer streng hierarchisch und oligarchisch[1] organisiert und – dies ist typisch – der staatlichen Bürokratie entweder übergeordnet oder völlig mit ihr verflochten.

3. ein technisch bedingtes, fast vollkommenes Monopol der Kontrolle (in den Händen der Partei und der ihr untergeordneten Kader der Bürokratie und der Streitkräfte) über alle entscheidenden Kampfmittel.

4. ein ähnlich technisch bedingtes fast vollkommenes Monopol der Kontrolle (in denselben Händen) über alle entscheidenden Massenkommunikationsmittel wie Presse, Rundfunk, Film usw.

5. ein System terroristischer, in seiner Wirkung auf den Punkten 3 und 4 beruhender Polizeikontrolle, die sich bezeichnenderweise nicht nur gegen erwiesene „Feinde" des Regimes, sondern gegen willkürlich herausgegriffene Gruppen der Bevölkerung richtet; bei solchen eigenmächtigen Selektionen handelt es sich um Maßnahmen zur Sicherung der Fortdauer des Regimes sowie um ideologische „Folgerungen", wobei von psychologischen Erkenntnissen systematisch Gebrauch gemacht wird.

*Carl J. Friedrich, Der einzigartige Charakter der totalitären Gesellschaft, in: Bruno Seidel/Siegfried Jenker (Hg.), Wege der Totalitarismus-Forschung, WBG, Darmstadt 1968, S. 185 f.**

1 *oligarchisch:* von einer Führungsclique geleitet

4 Arbeitsteilige Partnerarbeit:

a) Ordnen Sie den fünf Kriterien Friedrichs (M 5) entsprechende Merkmale des Nationalsozialismus (S. 294 ff.) und des Stalinismus (S. 197 ff.) zu.

b) Vergleichen Sie Ihre Ergebnisse.

c) **Vertiefung:** Beurteilen Sie den möglichen Erkenntnisgewinn eines solchen Vergleichs.

M 6 Der Historiker Wolfgang Benz über den Europäischen Tag des Gedenkens an die Opfer von Stalinismus und Nationalsozialismus, 2013

[A]m 23. August 2012 [wurde] vor dem „Haus des Terrors"[1] der „Europäische Gedenktag für Opfer totalitärer und autoritärer Regime" feierlich begangen. Dieser Gedenktag, der mit der schwachen Beweiskraft der Totalitarismustheorie und dem Segen europäischer Politiker, die ahnungslos das Gute erstreben, derzeit installiert wird, nivelliert die Unterschiede zwischen nationalsozialistischer Verfolgung und kommunistischem Terror und marginalisiert damit den Judenmord wie den Genozid an Sinti und Roma. Die Nivellierung bedient Interessen, zu denen die Aufhebung von Opferkonkurrenzen[2] gehören, ebenso wie das Bedürfnis von Opfergruppen, wahrgenommen und gewürdigt zu werden. Das ist legitim und könnte dem Frieden in der Gesellschaft dienen.

Das Verlangen nach einer bestimmten Wahrnehmung, die den Status in der Opferhierarchie konstituiert, ist aber nicht gegen die historische Realität zu erzwingen. Bei aller schändlichen Willkür und Barbarei war es nicht die Intention sowjetischer Politik, Menschen auszurotten, weil sie bestimmten Ethnien oder Religionsgemeinschaften zugehörten. Der Beweis, dass Freiheitsentzug im KGB-Gefängnis das Gleiche war wie Haft im nationalsozialistischen KZ, ist weder zu erbringen noch notwendig. Denn jedes individuelle Leid hat – unabhängig von der politischen Intention des Regimes, das es verschuldet – die gleiche Würde und steht für die existenzielle Katastrophe einzelner Menschen auf gleicher Ebene. Der Beweis, dass Hitler das Gleiche gewollt habe wie Stalin, ist nicht möglich und auch nicht sinnvoll. Umso heftiger wird politisch agiert. [...] Selbstverständlich ist es legitim und notwendig, sich kommunistischer Gewaltherrschaft zu erinnern und deren Opfer zu würdigen. Es ist aber nicht legitim, auf vereinnahmende Weise der Geschichtsklitterung Vorschub zu leisten.

*Wolfgang Benz (Hg.), Ein Kampf um Deutungshoheit. Politik, Opferinteressen und historische Forschung, Metropol, Berlin 2013, S. 9 f.**

1 *„Haus des Terrors":* Das 2002 in der ungarischen Hauptstadt Budapest eröffnete Museum soll sowohl an die Herrschaft der faschistischen Pfeilkreuzler (1944–1945) als auch an die kommunistische Diktatur (1949–1989) in Ungarn erinnern und stellt dabei beide Regime in seiner Ausstellung gegenüber. Derzeit behandeln von über 20 Ausstellungsräumen zwei Räume Ungarn zur Zeit des Nationalsozialismus, 18 Räume die kommunistische Diktatur.

2 *Opferkonkurrenzen:* Gemeint ist das erinnerungskulturelle Spannungsverhältnis unterschiedlicher Opfergruppen, hier der Opfer des Nationalsozialismus und des Stalinismus.

5 Erläutern Sie Wolfgang Benz' Kritik am europäischen Gedenktag (M 6).

6 **Vertiefung:** Überprüfen Sie anhand seiner Kritik die Argumentation Hannah Arendts (M 3).

7 **Zusatzaufgabe:** Siehe S. 412.

Anwenden

M 1 Der Politikwissenschaftler Samuel Salzborn über die deutsche Auseinandersetzung mit der NS-Vergangenheit, 2020

Nimmt man die verschiedenen Formen der Erinnerung, auch des Gedenkens an den Nationalsozialismus im Laufe der Geschichte der Bundesrepublik in den Blick, stellt man fest, dass es immer wieder zu Spannungen zwischen den Formen öffentlicher Auseinandersetzung mit dem Nationalsozialismus und der privaten Haltung der Menschen gekommen ist. Auch wenn sich die Konstellationen im Laufe der Geschichte entlang der einzelnen Erinnerungsfelder immer wieder gewandelt haben, eröffnet sich ein Konfliktfeld zwischen allgemeiner und partikularer Erinnerung und den mit diesen Formen verknüpften unterschiedlichen Erinnerungsnarrativen. Als allgemein kann dabei gelten, was im öffentlichen Raum und als offizielle Form der Erinnerung installiert und etabliert wurde, von Gedenkorten und Gedenkveranstaltungen über die (teilweise erfolgte) juristische Auseinandersetzung bis hin zu politisch programmatischen Reden. Als partikular müssen die Tradierungen innerhalb von Familienerzählungen gelten, die individuelle Erlebnisse aus Berichten der Eltern- und Großelterngeneration, als das private Geschichtsbild, in dem sich reale Geschichte mit fiktionaler Ausgestaltung vermischt, nicht selten mit der Intention der Reinwaschung der eigenen (Familien-)Biografie (und zumeist unter völliger Ausblendung der Opfer). Öffentliche und private Erinnerung an den Nationalsozialismus stehen dabei immer wieder in Konflikt.

Nimmt man die Debatte über Flucht und Vertreibung nach dem Zweiten Weltkrieg in den Blick, dann zeigen sich hier jedoch bemerkenswerte Kongruenzen[1]. Während die Auseinandersetzung um den Antisemitismus und die Massenvernichtung der europäischen Juden durch die Deutschen in der bundesrepublikanischen Geschichte immer konfliktreich war – nicht zuletzt wegen der weitreichenden Integration der Nazitätergeneration in die Bundesrepublik, bis hinein in höchste politische Ämter –, hat es in Bezug auf die deutschen Opfermythologisierungen von Beginn des bundesdeutschen Staates an ein hohes Maß an Konsens und damit ein hohes Maß an Identität zwischen allgemeinem und partikularem, mehr noch aber öffentlichem und privaten Erinnern gegeben. [...] Noch während sich in den 1950er- und 1960er-Jahren die politischen Parteien und später auch die Außerparlamentarische Opposition heiße Gefechte um die Frage der Täterschaft lieferten, war die Unterstellung, dass ein Großteil der deutschen Bevölkerung passiv zu Opfern geworden sei, insbesondere die späteren Vertriebenen aus den vormals von den Deutschen eroberten Territorien Polens, der Tschechoslowakei und anderer osteuropäischer Staaten, nahezu immer Konsens in der bundesdeutschen Geschichte. Selbst bis hinein in die Pamphlete der linken politischen Bewegung findet sich diese Position. Der Opfermythos der Deutschen gehört zu den Gründungsmythen der Bundesrepublik.

Zit. nach: Samuel Salzborn, Kollektive Unschuld. Die Abwehr der Shoah im deutschen Erinnern, Hentrich & Hentrich, Leipzig 2020, S. 11 f.

1 *Kongruenzen:* Übereinstimmungen

M 2 Bundeskanzlerin Angela Merkel besucht die KZ-Gedenkstätte Dachau, Fotografie, 2013

1 Arbeiten Sie aus M 1 heraus, welches Spannungsverhältnis nach Ansicht von Salzborn zwischen „allgemeiner und partikularer Erinnerung" (Z. 11 f.) besteht.

2 Erläutern Sie Salzborns These: „Der Opfermythos [...] gehört zu den Gründungsmythen der Bundesrepublik" (M 1, Z. 57 ff.).

3 Beschreiben Sie die Fotografie M 2 und beurteilen Sie ihre Wirkung.
Tipp: Berücksichtigen Sie die methodischen Hinweise auf S. 415 ff.

Wiederholen

M3 „Babij Jar im September 1941", Acrylgemälde des deutschen Künstlers Anatol Herzfeld (1931–2019), 2008.
In der Schlucht von Babij Jar bei Kiew (Ukraine) wurden am 29. und 30. September 1941 33 771 Kiewer Juden durch „Einsatzgruppen" aus SS und Polizei ermordet. Anhand der grünen Farbe ihrer Uniform sind auf dem Gemälde vier Angehörige der Polizei erkennbar.

Zentrale Begriffe

Auschwitz-Prozess
Besatzungspolitik
Deportation
„Einsatzgruppen" der SS
„Endlösung der Judenfrage"
Entnazifizierung
„Euthanasie"
Genozid
Getto
Holocaust
Kollaboration
Konzentrationslager
Kriegsverbrechen
Nonkonformität
Pogrom
Porajmos
Shoah
Stalingrad
Todesmarsch
„Totaler Krieg"
Totalitarismustheorie
Vergangenheitspolitik
Vernichtungskrieg
Wannsee-Konferenz
Weltanschauungskrieg
Widerstand
Zwangsarbeit

1 **Wahlaufgabe:** Bearbeiten Sie als Kurs a) oder b).
   a) **Partnerarbeit:** Visualisieren Sie die zentralen Begriffe mithilfe der Strukturlegetechnik. Schreiben Sie die Begriffe auf Kärtchen, sortieren und legen Sie sie in eine sinnvolle Struktur. Achten Sie auf den inhaltlichen Zusammenhang.
   b) **Gruppenarbeit:** Erstellen Sie mithilfe einer kooperativen digitalen App ein Glossar der zentralen Begriffe. Teilen Sie dafür die Begriffe unter den Gruppenmitgliedern auf und erklären Sie jeden Begriff kurz.
2 Stellen Sie die zentralen Kriegsziele des nationalsozialistischen Deutschlands dar.
3 Analysieren Sie das Gemälde „Babij Jar im September 1941" (M 3).
   Tipp: Achten Sie auf Körperhaltung, Mimik und Gestik der Personen.
4 Erläutern Sie, was einen Polizisten dazu bewegt haben könnte, sich zu einem solchen „Einsatzkommando" zu melden.
5 Erläutern Sie Dimensionen der NS-Vernichtungspolitik. Beziehen Sie M 3 mit ein.
6 Bei einer Studie zu „gruppenbezogener Menschenfeindlichkeit" von 2004 stimmten der Aussage „Ich bin es leid, immer wieder von den deutschen Verbrechen an den Juden zu hören." 41,3 Prozent der Befragten „voll und ganz" zu und 20,9 Prozent stimmten „eher zu". Bewerten Sie dieses Ergebnis.
7 **Vertiefung:** Der Politikwissenschaftler Samuel Salzborn bezeichnet in seinem Buch „Kollektive Unschuld. Die Abwehr der Shoah im deutschen Erinnern" den Glauben an eine tatsächliche Aufarbeitung der NS-Vergangenheit als „die größte Lebenslüge der Bundesrepublik". Überprüfen Sie diese These.
8 **Präsentationsaufgabe:** Entwickeln Sie geeignete Mittel, um vor dem Hintergrund eines Konflikts zwischen öffentlicher und privater Erinnerung (vgl. M 1) heute angemessen an die NS-Vergangenheit zu erinnern.

Abiturvorbereitung

Operatoren – Erläuterungen und Formulierungshilfen

Operatoren sind Verben in Aufgabenstellungen, die Ihnen signalisieren, welche Tätigkeiten beim Lösen dieser Aufgaben von Ihnen erwartet werden. Schwerpunktmäßig sind sie einem der **drei Anforderungsbereiche (AFB I, II, III)** zugeordnet.
Die folgenden Hinweise sollen Ihnen helfen, die Operatoren zu verstehen und erfolgreich zu bearbeiten. Beachten Sie bitte: Operatoren werden durch die Formulierung bzw. Gestaltung der jeweiligen Aufgabe und durch Bezug zu begleitenden Materialien und Problemstellungen präzisiert. Lesen Sie sich also jede Aufgabenstellung genau durch.

Operator	Definition	Beispielaufgabe	Tipps und Formulierungshilfen
Anforderungsbereich (AFB) I = Wiedergeben und Beschreiben von Inhalten und Materialien (Reproduktionsleistungen)			
beschreiben	Sachverhalte schlüssig wiedergeben	Beschreiben Sie das Plakat M 3.	**Tipp:** Sie sollten sich eine sinnvolle Reihenfolge für die Beschreibung der Bildelemente überlegen. **Formulierungshilfen:** Das Plakat zeigt … Der Blick des Betrachters wird auf … gelenkt. Im Vordergrund/Im Hintergrund/In der Bildmitte … Die Figur/Person schaut in Richtung/macht … Die Begriffe/Slogans sind … Die Farben sind kräftig/blass/dominant Personen sind einzeln/in Gruppen zu sehen Auffällig positioniert/dargestellt ist …
nennen	Sachverhalte in knapper Form anführen	Nennen Sie mithilfe der Karte M 1 die Nationalstaatsgründungen in Europa.	**Tipp:** Sie sollten bei Nennungen und Aufzählungen an eine sinnvolle Gruppierung und Reihenfolge denken.
bezeichnen	Sachverhalte (insbesondere bei Tabellen, Schaubildern, Diagrammen oder Karten) begrifflich präzise formulieren	Bezeichnen Sie die in der Karte M 2 gezeigte Ausgangslage.	**Tipp:** Hier sind keine ausführlichen Begründungen, sondern lediglich die korrekten Fachbegriffe verlangt. (Dieser Operator wird im Fach Geschichte in der Oberstufe nur sehr selten verwendet.)
Anforderungsbereich (AFB) II = selbstständiges Erklären, Bearbeiten und Ordnen bekannter Sachverhalte sowie das angemessene Anwenden gelernter Inhalte und Methoden auf andere Sachverhalte (Reorganisations- und Transferleistungen)			
analysieren	Materialien oder Sachverhalte systematisch untersuchen und auswerten	Analysieren Sie Siebenpfeiffers Verständnis von Nation und Nationalismus in der Textquelle M 5.	**Tipp:** Zum Arbeitsschritt „Analyse einer Textquelle" finden Sie eine detaillierte Anleitung auf der Methodenseite 35 f. **Tipp:** Zum Arbeitsschritt „Analyse einer Darstellung" finden Sie eine detaillierte Anleitung auf der Methodenseite 378 f.

Operator	Definition	Beispielaufgabe	Tipps und Formulierungshilfen
begründen	Aussagen (zum Beispiel eine Behauptung, eine Position) durch Argumente stützen, die durch Beispiele oder andere Belege untermauert werden	Begründen Sie die Feststellung, dass der Zeitungstext M 6 antisemitisch ist.	**Formulierungshilfen:** Die Aussage von ... zeigt/lässt sich wiederfinden bei .../belegt/widerlegt ... Ein Beleg für ... ist ... Der Satz „..." ist ein Befund dafür, dass .../belegt/zeigt/stützt die Ansicht/These von ... Es lässt sich zeigen/nachweisen, dass ... Der Text ist an dieser Stelle zweideutig/eindeutig/unklar/unbestimmt/deutlich ...
charakterisieren	Sachverhalte mit ihren typischen Merkmalen und in ihren Grundzügen bestimmen	Charakterisieren Sie anhand von M 7 die unterschiedlichen Versionen der „Sonderwegs"-These.	**Formulierungshilfen:** Allgemeine Merkmale sind ... Ein typisches Kennzeichen für ... ist, ... Übereinstimmend ist die Auffassung, dass ... Unterschiede gibt es in der Gewichtung der ... Es lässt sich beobachten, dass in allen Versionen ...
darstellen	Sachverhalte strukturiert und zusammenhängend verdeutlichen	Stellen Sie den Verlauf der Revolution grafisch dar (z. B. Flussdiagramm).	**Tipp:** Eine strukturierte Darstellung soll das Verständnis historischer Entwicklungen/Phänomene erleichtern. Deswegen müssen Sie sich zunächst selbst über die Struktur Klarheit verschaffen: War die Entwicklung geradlinig, gab es Rückschritte, Parallelentwicklungen o. Ä.? Erst dann können Sie überlegen, in welcher Form sich dies am besten darstellen lässt.
ein-, zuordnen	Sachverhalte schlüssig in einen vorgegebenen Zusammenhang stellen	Ordnen Sie die Rede des amerikanischen Präsidenten Franklin D. Roosevelt vom Oktober 1937 (M 8) in den historischen Kontext ein.	**Tipp:** Einordnen meint, zu welchem historischen Prozess, zu welcher Epoche, zu welchem Ereignis, zu welchem Konflikt, zu welchem Wandel oder zu welcher langfristigen Entwicklung sagt eine Quelle oder ein Sachverhalt etwas aus. **Formulierungshilfen:** Der Text stammt aus der Zeit .../lässt sich einordnen in ... Der Text entstand im Zusammenhang mit/ist vor dem Hintergrund ... entstanden/zu betrachten Diese Aussage ... bedeutete in jener Zeit ... Eine Person wandte sich damit gegen .../unterstützte damit ... etwas war eine Gegenposition zu/eine Neuausrichtung/eine Unterstützung von/eine Abkehr von ... Das Land/eine Gesellschaft/die Wirtschaft/die Politik war in dieser Zeit geprägt von ...
erklären	Sachverhalte schlüssig aus Kenntnissen in einen Zusammenhang stellen (zum Beispiel Theorie, Modell, Gesetz, Regel, Funktions-, Entwicklungs- und/oder Kausalzusammenhang)	Erklären Sie, inwiefern beim Zweiten Weltkrieg von einem „Weltanschauungs"- und Vernichtungskrieg gesprochen werden kann.	**Formulierungshilfen:** Besonders ... bewirkte, dass ... Deshalb spricht man von ... In diesem Kontext lässt sich feststellen, dass ... etwas war noch nicht so ausgeprägt/besonders ausgeprägt/hemmte/förderte ...

Operator	Definition	Beispielaufgabe	Tipps und Formulierungshilfen
erläutern	Sachverhalte mit Beispielen oder Belegen veranschaulichen	Erläutern Sie Wolfgang Benz' Kritik am europäischen Gedenktag (M 6).	**Tipp:** Vorgehen wie beim Operator „erklären", allerdings verdeutlicht mit Beispielen. **Formulierungshilfen:** An dieser Stelle (Z. XX) wird deutlich, dass ... Wie der letzte Satz zeigt, ...
erstellen	Sachverhalte (insbesondere in grafischer Form) unter Verwendung fachsprachlicher Begriffe strukturiert aufzeigen	Erstellen Sie einen Steckbrief zu Hindenburgs Person.	**Tipp:** Sammeln Sie zunächst die wichtigsten Fakten, achten Sie dabei besonders auf die korrekte Verwendung der Fachbegriffe und strukturieren Sie diese. Eine eigene Meinung ist bei diesem Operator nicht verlangt.
herausarbeiten	Sachverhalte unter bestimmten Gesichtspunkten aus vorgegebenem Material entnehmen, wiedergeben und/oder gegebenenfalls berechnen	Arbeiten Sie aus M 11 Merkmale der nationalsozialistischen „Volksgemeinschafts"-Ideologie heraus.	**Tipp:** Erarbeiten Sie sich zunächst die wesentlichen Aussagen des Materials. Achten Sie dabei auf Zusammenhänge, auch auf solche, die nicht explizit im Material benannt werden. **Formulierungshilfen:** Zu den zentralen Merkmalen gehörte ... Die Hauptaussage lässt sich so wiedergeben: ... Allem übergeordnet/untergeordnet war ... In der Praxis/im Alltag bedeutet dies ...
vergleichen	Vergleichskriterien festlegen, Gemeinsamkeiten und Unterschiede gewichtend einander gegenüberstellen sowie ein Ergebnis formulieren	Vergleichen Sie die Analysen der beiden Historiker zu den Ursachen des Ersten Weltkriegs (M 12, M 13).	**Tipp:** Achten Sie darauf, nicht nur Gemeinsames, sondern auch Unterschiede zu vergleichbaren Sachverhalten darzulegen. Am Ende wird von Ihnen eine Gewichtung der gemeinsamen bzw. unterschiedlichen Sachverhalte erwartet. **Formulierungshilfen:** Beide Texte/Bilder ... handeln von/stammen aus ... Während der Autor von M 12 jedoch ... betont, legt die Autorin von M 13 den Schwerpunkt auf ... Schlüssig/nachvollziehbar ist die Argumentation ... Der Autor von M 12 vernachlässigt dagegen ...
Anforderungsbereich (AFB) III = reflexiver Umgang mit neuen Problemstellungen, eingesetzten Methoden und gewonnenen Erkenntnissen, um zu Begründungen, Urteilen und Handlungsoptionen zu gelangen (Reflexion und Problemlösung)			
beurteilen	Sachverhalte, Aussagen, Vorschläge oder Maßnahmen untersuchen, die dabei zugrunde gelegten Kriterien benennen und ein begründetes Sachurteil formulieren	Beurteilen Sie die Rolle des Marshallplans beim Neuaufbau in Deutschland nach 1945.	**Tipp:** Beachten Sie bei Ihrem Sachurteil auch die Ergebnisse der zuvor bearbeiteten Aufgaben zu diesem Thema. Vergessen Sie nicht, die Ihrem Sachurteil zugrunde gelegten Kriterien zu verdeutlichen. **Formulierungshilfen:** Der Sachverhalt war darauf gerichtet/zielte darauf ... Eine Person beabsichtigt/intendiert/will/strebt an/fordert/plädiert für ... Die Argumentation ist (nicht) nachvollziehbar/überzeugend/stichhaltig/schlüssig, weil ... Eine Person argumentiert einseitig/widersprüchlich/sie beschränkt sich auf ... Der Verfasser/die Verfasserin wägt ab/betrachtet differenziert/urteilt abgewogen/vorsichtig.

Operator	Definition	Beispielaufgabe	Tipps und Formulierungshilfen
bewerten	Sachverhalte, Aussagen, Vorschläge oder Maßnahmen beurteilen, ein begründetes Werturteil formulieren und die dabei zugrunde gelegten Wertmaßstäbe offenlegen	Bewerten Sie das Schlusswort des zum Tode verurteilten Adolf Eichmanns im Prozess in Jerusalem am 26. Juni 1961.	**Tipp:** Wie beim Operator „beurteilen", aber zusätzlich haben Sie ein Werturteil zur Problemfrage zu fällen, dessen Maßstäbe bzw. Kriterien Sie nachvollziehbar offenlegen müssen. **Formulierungshilfen:** Nach den Maßstäben des Grundgesetzes … Aus meiner Sicht als … Aus heutiger Sicht/Perspektive/nach heutigen Maßstäben einer freiheitlichen Gesellschaft … Der Position/Meinung/Auffassung/Ansicht von … stimme ich (nicht) zu, weil … Der Verfasser/die Verfasserin argumentiert einseitig/widersprüchlich Der Historiker/die Historikerin beschränkt sich auf …
entwickeln	zu einer vorgegebenen oder selbst entworfenen Problemstellung einen begründeten Lösungsvorschlag entwerfen	Entwickeln Sie gemeinsam mit Ihren Mitschülern erste Arbeitshypothesen.	**Formulierungshilfen:** Nach Abwägung der Positionen/der Analyse/der Argumente von … Meiner Meinung nach …, weil …
erörtern	zu einer vorgegebenen These oder Problemstellung durch Abwägen von Pro- und Kontra-Argumenten ein begründetes Ergebnis formulieren	Erörtern Sie anhand der Rede von Zoni Weisz (M 4), inwiefern der Genozid an den Roma und Sinti als „vergessener Holocaust" (Z. 25) bezeichnet werden kann.	**Tipp:** Bei Erörterungen kommt es darauf an, die Fragestellung genau zu beachten. Bei diesem Beispiel müssen Sie den zitierten Begriff „vergessener Holocaust" zunächst erläutern. Danach führen Sie Ihre Argumente, die dafür und dagegen sprechen, an und beenden die Erörterung mit einer auf den genannten Argumenten basierenden eigenen Meinung. **Formulierungshilfen:** Mit dem Begriff „XY" ist … gemeint. Was dafür spricht, ist … Man kann dies so sehen, weil … Jedoch sollte auch bedacht/erwähnt werden, dass … Ich finde die Bezeichnung (nicht) zutreffend, weil …
gestalten	zu einer vorgegebenen oder selbst entworfenen Problemstellung ein Produkt rollen- beziehungsweise adressatenorientiert herstellen	Gestalten Sie mithilfe der Materialien M 14–M 19 ein Lernplakat zur Kultur der „Goldenen Zwanziger" in der Weimarer Republik.	**Tipp:** Dies ist ein Operator, der Kreativität verlangt. Ein Lernplakat z. B. soll einen Sachverhalt klar strukturiert veranschaulichen. Finden Sie dafür geeignete Materialien. Häufig wird auch eine Perspektivübernahme gefordert, z. B. wenn Sie einen Brief, eine Rede o. Ä. gestalten sollen.
überprüfen	Aussagen, Vorschläge oder Maßnahmen an Sachverhalten auf ihre sachliche Richtigkeit hin untersuchen und ein begründetes Ergebnis formulieren	Überprüfen Sie anhand von M 15, M 16 und der Darstellung, inwieweit der Erste Weltkrieg als „moderner Krieg" bezeichnet werden kann.	**Formulierungshilfen:** Die Behauptung/These/der Sachverhalt passt (nicht) zum Begriff …, weil der Begriff … Die Aussagen stimmen mit den Informationen aus der Darstellung/den Untersuchungsergebnissen des Historikers/der Historikerin …überein/nicht überein.

Formulierungshilfen für die Bearbeitung von Quellen und Darstellungen

Arbeitsschritte	Strukturierungsfunktion	Formulierungsmöglichkeiten	Beispiel
Analyse *formale Aspekte*	Einleitung	- Der Verfasser thematisiert/behandelt/greift (auf) ... - Er beschäftigt sich/setzt sich auseinander - mit der Frage/mit dem Thema ... - Die Autorin legt dar/führt aus/äußert sich zu ... - Das zentrale Problem/Die zentrale Frage des Textes/Briefes/der Rede ist ...	Der SPD-Politiker Philipp Scheidemann thematisiert in seiner Rede vor der Weimarer Nationalversammlung am 12. Mai 1919 den Versailler Vertrag.
inhaltliche Aspekte	Wiedergabe der Position/Kernaussage	- Die Autorin vertritt die These/Position/Meinung/Auffassung ... - Er behauptet ...	Der Historiker Detlev Peukert vertritt die These, der Untergang der Weimarer Republik sei auf „vier zerstörerische Prozesse" zurückzuführen (Z. xx).
	Wiedergabe der Begründung/Argumentation/wesentlichen Aussagen	- Sie belegt ihre These ... - Als Begründung/Beleg seiner These/Behauptung führt der Autor an ... - Der Reichskanzler legt dar/führt aus ... - Die Historikerin argumentiert/kritisiert/bemängelt ... - Der Verfasser weist darauf hin/betont/unterstreicht/hebt hervor/berücksichtigt ... - Weiterhin/Außerdem/Darüber hinaus/Zudem argumentiert er ...	Kennan betont, dass die Amerikaner in Deutschland Konkurrenten der Russen seien und daher in „wirklich wichtigen Dingen" keine Zugeständnisse machen dürften (Z. xx).
	Abschließende Ausführungen	- Am Ende unterstreicht/betont der Autor noch einmal ... - Der Autor schließt seine Ausführungen mit ... - Sie kommt am Ende ihrer Argumentation zu dem Schluss, dass ... - Zum Abschluss seiner Rede ... - Abschließend/Zusammenfassend führt die Abgeordnete aus ...	Am Ende seines Briefes betont Bismarck noch einmal die Notwendigkeit eines Bündnisses mit Österreich (Z. xx).
Vergleich von Texten	Übereinstimmung	- Der Historiker ist derselben Meinung/Auffassung/Position ... - Sie teilt dieselbe Meinung/Auffassung/Position ... - Die Autoren stimmen darin überein ...	Brandt und Grass stimmen darin überein, dass die Bildung einer Großen Koalition mit Risiken verbunden sei (vgl. M 1, Z. xx; M 2, Z. xx).
	Gegensatz	- Im Gegensatz zu ... - Die Positionen widersprechen sich/weichen voneinander ab/sind unvereinbar/konträr ...	Die Positionen der beiden anonymen Verfasser sind hinsichtlich ihrer Haltung zum Terror der Jakobiner unvereinbar.

Arbeitsschritte	Strukturierungsfunktion	Formulierungsmöglichkeiten	Beispiel
Historischer Kontext		– Die Quelle(n) lassen sich/sind in ... ein(zu)ordnen. – Die Texte sind im Zusammenhang mit ... zu sehen. – Die Rede stammt aus der Zeit des/der ...	Veröffentlicht wurden beide Zeitungsartikel in der Zeit der Jakobinerherrschaft, die von 1793 bis 1794 andauerte und auch als „Schreckens- und Gewaltherrschaft" bezeichnet wird.
Urteil *Sachurteil*	Intention des Autors	– Der Autor beabsichtigt/intendiert/will/strebt an/fordert/plädiert für ... – Die Politikerin verfolgt die Absicht/das Ziel ... – Der Außenminister appelliert/ruft auf ...	Der Ministerpräsident will mit seiner Rede die Abgeordneten von der Notwendigkeit wirtschaftlicher Reformen überzeugen.
	Beurteilung des Textes	– Die Argumentation ist (nicht) nachvollziehbar/überzeugend/stichhaltig/schlüssig ... – Der Verfasser argumentiert einseitig/widersprüchlich ... – In seiner Darstellung beschränkt sich der Historiker nur auf ...	Der britische Historiker Peter Heather begründet seine These in drei stichhaltigen Argumentationssträngen.
Werturteil	Bewertung des Textes	– Aus heutiger Sicht/Perspektive kann gesagt werden/lässt sich sagen ... – Der Position/Meinung/Auffassung/Ansicht des Autors stimme ich (nicht) zu ... – Ich stimme der Position/ ... des Autors (nicht) zu ... – Die Position/ ... der Verfasserin teile ich (nicht) ... – Ich teile die Position/ ... des Historikers (nicht) ... – Meiner Meinung/Auffassung/Ansicht zufolge/nach ...	– Ich stimme der Kritik von Francisco de Vitoria am Vorgehen der Spanier in der Neuen Welt zu, weil ... – Die Position des anonymen Verfassers des ersten Zeitungsartikels (M 1) teile ich nicht, da heute in unserer freiheitlichen Grundordnung Terror zur Durchsetzung politischer Ziele abgelehnt wird.

Tipps zur Vorbereitung auf die Abiturthemen

Übung 1: Inhalte der Kapitelthemen wiederholen

1 Ein Kapitel ist in verschiedene Themeneinheiten unterteilt. Ein Darstellungstext führt zu Beginn jeder Themeneinheit in das Teilthema ein. Daran schließt sich ein Materialienteil mit Aufgaben an. Lesen Sie zur Wiederholung die Darstellungstexte durch und fertigen Sie eine Zusammenfassung an. Die Zwischenüberschriften und Fettdrucke können Ihnen hierbei Hilfestellung geben.
2 Suchen Sie sich aus jedem Kapitel drei bis vier Materialien aus und bearbeiten Sie die dazugehörigen Aufgaben.
3 Halten Sie Ihre Ergebnisse auf Karteikarten fest (s. unten „Arbeitskartei").

Übung 2: Wichtige Daten merken und anwenden

Auf den Auftaktseiten der Kapitel finden Sie jeweils einen Zeitstrahl. Auf drei Arten können Sie damit für das Abitur üben:

1 Geben Sie jeden Eintrag des Zeitstrahls mit eigenen Worten wieder.
2 Schreiben Sie auf die Vorderseite einer Karteikarte ein Ereignis, auf die Rückseite das Datum (s. unten „Arbeitskartei").
3 Vertiefen Sie Ihre Kenntnisse über zentrale Daten, indem Sie noch einmal die dazugehörigen Darstellungen und Materialien aus dem Kapitel durcharbeiten. Schreiben Sie auf Ihre Karteikarten,
   a) welche Ursachen zu einem Ereignis geführt haben,
   b) wie es abgelaufen ist,
   c) welche Folgen es gehabt hat.

Übung 3: Zentrale Begriffe verstehen und erklären

Alle zentralen Begriffe eines Kapitels sind auf der Kapitelseite „Anwenden und wiederholen" aufgelistet. Alle Erläuterungen zu den Begriffen finden Sie im Lexikon des Anhangs, S. 642 ff. (Einige Begriffserläuterungen stehen auch direkt in den Randspalten der Darstellungstexte, im Lexikon finden Sie zu diesen Begriffen einen Seitenverweis.)

1 Lesen Sie zu jedem Begriff die Erläuterung.
2 Klären Sie Fremdwörter.
3 Erläutern Sie den Inhalt jedes Begriffs anhand von historischen Beispielen. Halten Sie Ihre Ergebnisse auf Karteikarten fest (s. unten „Arbeitskartei).

Ergebnisse sichern – Arbeitskartei anlegen

Halten Sie die Ergebnisse der Übungen 1 bis 3 auf Karteikarten fest: Notieren Sie auf der Vorderseite eine Frage, einen Begriff oder ein Datum, schreiben Sie auf die Rückseite Ihre Erläuterungen.

Wiederholen Sie mithilfe Ihrer Arbeitskartei die Inhalte, Daten und Begriffe der Schwerpunktthemen – allein, in Partnerarbeit oder in Gruppen.

Übung 4: Methodentraining – Analyse schriftlicher Quellen

Die Analyse schriftlicher Quellen ist eine der zentralen Anforderungen im Abitur:

1 Prägen Sie sich die systematischen Arbeitsschritte zur Analyse einer schriftlichen Quelle von S. 35 f. ein.
2 Merken Sie sich die „Faustregel" mit den „W-Fragen" zur Analyse der formalen Merkmale schriftlicher Quellen.
3 Üben Sie die Beantwortung der „W-Fragen" anhand von fünf selbst gewählten schriftlichen Quellen aus dem *Kursbuch*.
4 Nutzen Sie auch die „Formulierungshilfen für die Bearbeitung von Quellen und Darstellungen" (S. 400 f.).

„Faustregel" für die formale Analyse schriftlicher Quellen
WER sagt WO, WANN, WAS, WARUM, zu WEM und WIE?

Checkliste zum Abfassen einer Klausur

Prüfungsvorschlag auswählen
Lesen Sie sich in Ruhe alle gestellten Klausurthemen durch. Sie sollten sich weniger nach spontanen Interessen entscheiden, sondern das Thema wählen, bei dem Sie sich fachlich wie methodisch am sichersten fühlen.

Aufgabenstellung erschließen
Achten Sie auf den genauen Wortlaut der Aufgabenstellung bzw. der einzelnen Arbeitsanweisungen. Vergegenwärtigen Sie sich, was die einzelnen Operatoren von Ihnen verlangen.

Materialien auswerten
Lesen Sie die vorgelegten Materialien mehrmals.
Unterscheiden Sie zwischen Quellen und Darstellungen, Statistiken, Gemälden usw.
Unterstreichen bzw. markieren Sie mit farbigen Stiften zentrale Aussagen bzw. Inhalte und halten Sie Schlüsselbegriffe fest. Notieren Sie sich Stichpunkte.
Analysieren und interpretieren Sie die Materialien mithilfe der gelernten systematischen Arbeitsschritte für die Analyse von Quellen und Darstellungen (siehe die Methodenseiten im Buch bzw. zusammenfassend die Übersicht S. 415 ff.) und im Hinblick auf die Aufgabenstellung.

Historische Einordnung vornehmen
Ordnen Sie die Materialien in den geschichtlichen Kontext ein und notieren Sie Stichpunkte zum historischen Hintergrund (Ereignisse, Personen, Prozesse, Strukturen, Begriffe).

Gliederung entwerfen
Entwerfen Sie eine Gliederung und ordnen Sie Ihre Notizen zur Materialauswertung und zum historischen Kontext entsprechend zu.
Vervollständigen Sie Ihre Gliederung um Argumente und Beispiele für/gegen eine These, die durch die Aufgabenstellung vorgegeben ist oder sich durch die Position des Autors/der Autoren ergibt.

Zeitplan erstellen
Ordnen Sie jeder Arbeitsanweisung einen entsprechenden Zeitumfang zu. Berücksichtigen Sie „Zeitfenster“ für Pausen und die Schlusskorrektur.

Reinschrift anfertigen
Formulieren Sie entsprechend Ihrer Gliederung einen Fließtext. Achten Sie dabei auf Ihren Zeitplan.
Belegen Sie Ihre Ausführungen mit Zitaten aus den Materialien. Stützen Sie Ihre Thesen durch Argumente und Beispiele.

Schlusskorrektur durchführen
Lesen Sie Ihre Klausur möglichst zweimal durch. Achten Sie
- auf fachliche Richtigkeit,
- auf eine sachliche Ausdrucksweise,
- auf die korrekte Anwendung der Rechtschreibung und Zeichensetzung und
- der Zitierregeln.

Klausurbeispiel mit Lösungshinweisen

Allgemeine Hinweise

Die Probeklausur orientiert sich an der schriftlichen Abiturprüfung im Fach Geschichte in Baden-Württemberg. Sie erhalten bei dieser Prüfung zwei Aufgaben zur Auswahl, jeweils eine zu den beiden Schwerpunktthemen. Sie können also zu Beginn der Abiturprüfung entscheiden, welche der beiden Aufgaben Sie bearbeiten. Die Aufgaben bestehen in der Regel aus drei unterschiedlichen Materialien mit vier Teilaufgaben aus unterschiedlichen Anforderungsbereichen. Diese Teilaufgaben werden mit 10 bis 20 Verrechnungspunkten (VP) gewichtet, in der Summe können maximal 60 Verrechnungspunkte erreicht werden. Für die Auswahl und Bearbeitung haben Sie insgesamt 270 Minuten Zeit.
Die Lösungshinweise sind nur Vorschläge. Sie verweisen lediglich auf den sachlichen Gehalt, die Art und das Niveau der Beantwortung. Sie sind nicht die einzig mögliche Lösung.

Probeklausur: Deutschland im Spannungsfeld zwischen Demokratie und Diktatur

1 Erörtern Sie, ob von einer Kontinuität zwischen Politik und Gesellschaft des Kaiserreichs und des „Dritten Reichs" gesprochen werden kann. (18/60 VP)

2 Analysieren Sie M 1. (12/60 VP)

3 Analysieren Sie M 3 und vergleichen Sie M 3 mit M 2. (16/60 VP)

4 „Überzeugung, Überredung, Zwang" – erläutern Sie diesen für den Nationalsozialismus charakteristischen Zusammenhang. (14/60 VP)

M 1 Der Historiker und Journalist Volker Ullrich zum Einfluss Bismarcks auf die politische Kultur des Kaiserreichs, 1997

Hinter dem Mythos vom Eisernen Kanzler verschwand, was seine Außenpolitik seit Mitte der Siebzigerjahre ausgezeichnet hatte: der Sinn für Mäßigung und Selbstbeschränkung, geboren aus der Einsicht, dass das Reich in der Mitte Europas nur Bestand haben würde, wenn es sich selbst als saturiert definierte. Stattdessen wurde der ehemalige Reichskanzler nun zur Kultfigur eines überhitzten Nationalismus [...]. Da half es wenig, dass Bismarck, solange er konnte, solchen Fehldeutungen seines politischen Erbes entgegenzutreten suchte. [...]
Hinter dem ins Mythische überhöhten Bismarck-Bild verschwanden aber auch die schweren Hypotheken, die er seinen Nachfolgern in der Innenpolitik hinterlassen hatte. Durch seine Neigung, gesellschaftliche Konflikte zu dramatisieren und nach dem Freund-Feind-Schema zu polarisieren, trug Bismarck ein gewalttätiges Element in die innere Politik, das die politische Kultur des Kaiserreichs nachhaltig vergiftete. „Wer mit ihm gehe, sei sein Freund, wer wider ihn gehe, sein Feind – bis zur Vernichtung", so hat er im August 1878, als er die Weichen für die innenpolitische Wende stellte, bekräftigt. [...] Die Ausgrenzung politisch Andersdenkender als Reichsfeinde, die Knebelung des Parlaments und der Parteien, die reaktionäre Formierung der Beamtenschaft – das waren Belastungen, die sich verhängnisvoll auf die deutsche Politik auswirken sollten. Der Schaden der Bismarck-Epoche, so zog der Althistoriker Theodor Mommsen am Ende seines Lebens Bilanz, sei „unendlich viel größer" gewesen „als ihr Nutzen": „Die Gewinne an Macht waren Werte, die bei dem nächsten Sturme der Weltgeschichte wieder verlorengehen; aber die Knechtung der deutschen Persönlichkeit, des deutschen Geistes, war ein Verhängnis, das nicht mehr gutgemacht werden kann."
Ganz ähnlich hat sich Max Weber 1917 in einem kritischen Rückblick auf die „Erbschaft Bismarcks" geäußert: „Er hinterließ eine Nation [...] ohne allen und jeden politischen Willen, gewohnt, dass der große Staatsmann an ihrer Spitze für sie die Politik schon besorgen werde." In dieser obrigkeitsstaatlichen Fixierung, der ein „völlig machtloses Parlament" entsprach, sah Weber den „bei weitem schwersten Schaden" der Bismarck-Zeit.

*Volker Ullrich, Die nervöse Großmacht 1871–1918, Fischer, Frankfurt/M. 1997, S. 120f.**

M 2 Aus einer Rede Adolf Hitlers auf der Sitzung des Reichstags am 30. Januar 1939

Der deutsche Mensch ist heute kein anderer als vor 10, 20 oder 30 Jahren. Die Zahl der Deutschen hat sich seitdem nur unwesentlich vermehrt. Fähigkeiten, Genie, Tatkraft usw. können nicht höher geschätzt werden als in früheren Jahrzehnten. Das Einzige, was sich wesentlich geändert hat, ist die bessere Nutzbarmachung dieser Werte durch die Art ihrer Organisation und dank der Bildung einer neuen Führungsauslese.
Das politisch und gesellschaftlich desorganisierte deutsche Volk früherer Jahrzehnte hat den größten Teil der ihm innewohnenden Kräfte in einem ebenso unfruchtbaren wie unsinnigen gegenseitigen inneren

Krieg verbraucht. Die sogenannte demokratische Freiheit des Auslebens der Meinungen und der Instinkte führte nicht zu einer Entwicklung oder auch nur Freimachung besonderer Werte oder Kräfte, sondern nur zu ihrer sinnlosen Vergeudung und endlich zur Lähmung jeder noch vorhandenen wirklich schöpferischen Persönlichkeit. Indem der Nationalsozialismus diesem unfruchtbaren Kampf ein Ende bereitete, erlöste er die bis dahin im Innern gebundenen Kräfte und gab sie frei zur Vertretung der nationalen Lebensinteressen im Sinne der Bewältigung großer Gemeinschaftsaufgaben im Inneren des Reiches als auch im Dienste der Sicherung der gemeinsamen Lebensnotwendigkeiten gegenüber unserer Umwelt.

Es ist ein Unsinn zu meinen, dass Gehorsam und Disziplin nur für Soldaten nötig wären, im übrigen Leben der Völker aber wenig nützliche Bedeutung besäßen. Im Gegenteil! Die disziplinierte und im Gehorsam erzogene Volksgemeinschaft ist in der Lage, Kräfte zu mobilisieren, die einer leichteren Behauptung der Existenz der Völker zunutze kommen und die damit der erfolgreichen Vertretung der Interessen aller dienen. Eine solche Gemeinschaft ist allerdings primär nicht durch den Zwang der Gewalt zu schaffen, sondern nur durch die zwingende Gewalt einer Idee und damit durch die Anstrengungen einer andauernden Erziehung.

Detlev Junker (Hg.) Deutsche Parlamentsdebatten, Bd. 2: 1919–1933, Fischer, Frankfurt/M. 1971, S. 181f.

M3 „Der alte Wahlspruch im ‚neuen' Reich: Blut und Eisen", Fotomontage von John Heartfield aus der deutschsprachigen Arbeiter-Illustrierten-Zeitung, Prag, 8. März 1934.

Die Unterschrift enthält eine Anspielung auf einen im Kaiserreich populär gewordenen Ausspruch Bismarcks von 1862: „Nicht durch Reden und Majoritätsbeschlüsse werden die großen Fragen der Zeit entschieden [...], sondern durch Eisen und Blut."

Lösungshinweise

Aufgabe 1

Zum Operator „erörtern" siehe S. 399.
Hier ist eine Pro- und Kontra-Argumentation mit schlüssiger Gedankenführung erforderlich:

1. Mögliche Argumente für die Kontinuitäts-These
Gesellschaft: Ausgrenzung „Andersdenkender" oder „Andersgläubiger" in der Kaiserzeit: Sozialisten, Pazifisten, Katholiken, Juden als „Reichsfeinde" (keine bedingungslose Identifikation mit dem Kaierreich); mit Ausnahme der Katholiken sind dies auch die Feinde der Nationalsozialisten und werden ausgegrenzt und verfolgt; streng hierarchischer Gesellschaftsaufbau, große Übereinstimmung bei Eliten
Mentalitäten/Weltanschauung: völkische, chauvinistische und aggressiv nationalistische Ideologien (z. B. vom Alldeutschen Verband propagiert) bereits im Kaiserreich verbreitet; später vom Nationalsozialismus aufgegriffen und weiterentwickelt; Anti-Individualismus (das Volk als „Schicksalsgemeinschaft", Opferbereitschaft für „nationale Ehre"; da die Nation das höchste Gut ist, hat sich der Einzelne unterzuordnen).
Innenpolitik: streng hierarchischer Staatsaufbau, starker Staat (Exekutive); Diffamierung der Demokratie („undeutsch"): wenig Partizipationsmöglichkeiten, da gewählte Organe wenig Macht haben
Wirtschaftspolitik: v. a. im Krieg stark dirigistisch auf Kriegsbedarf ausgerichtet, Vorläufer der NS-Kommandowirtschaft; Rolle der Rüstungsindustrie
Außenpolitik: NS-„Lebensraumpolitik" baut auf kaiserlicher Großmachtpolitik („Platz an der Sonne") auf, auch wenn nationalsozialistische Vernichtungspolitik weit darüber hinausging. Ausbeutungspolitik in den Kolonialgebieten oft rassistisch motiviert (z. B. Herero-Aufstand); bereitet NS-Ideologie (angebliche Existenz von „minderwertigen Rassen") vor.

2. Argumente gegen die Kontinuitäts-These:
Gesellschaft: Ideal der heterogenen Klassengesellschaft im Kaiserreich versus Ideal der homogenen „Volksgemeinschaft"
Weltanschauung: Antisemitismus im Nationalsozialismus zielt auf industriell betriebene Vernichtung aller europäischen Juden ab und ist deshalb viel menschenverachtender und weitergehend als im Kaiserreich; Antibolschewismus in Nationalsozialismus ist auch eliminatorisch (Kommissarbefehl)
Außenpolitik: im Kaiserreich auf Unterwerfung und Ausbeutung zielende Kolonialpolitik in anderen Kontinenten; im Nationalsozialismus an das Reichsgebiet angrenzende Lebensraumpolitik, die auf Vernichtung und Versklavung anderer Völker abzielt
Formulieren Sie ein eigenständiges begründetes Urteil.

Aufgabe 2

Zum Operator „analysieren" siehe S. 396.
Hier ist eine dreiteilige Beurteilung gefordert: Außenpolitik, Innenpolitik, Gesamturteil.
Außenpolitik: Gegensatz zwischen Bismarcks Absichten (Sicherung des Reiches durch außenpolitische Mäßigung und Selbstbeschränkung) und der Stilisierung Bismarcks zum „Eisernen Kanzler" und damit zur „Kultfigur" nationalistischer Kreise; Bismarck wehrte sich vergeblich dagegen
Innenpolitik: Zuspitzung und Polarisierung (Freund-Feind-Denken) der Konflikte durch Bismarck schädigt politische Kultur dauerhaft; Ausgrenzung von „Reichsfeinden", Knebelung von Parlament und Parteien sowie reaktionäres Beamtentum richten großen Schaden an
Gesamturteil: Negatives Urteil über Bismarck-Ära, vor allem durch Fehlen eines politischen Willens und Gewöhnung an starken Mann an der Spitze; Urteil gestützt durch Zitate von Mommsen und Weber

Aufgabe 3

Achtung: Für M 2 soll keine eigene Analyse erstellt werden.
Zum Operator „vergleichen" siehe S. 398.
Beschreibung: vier Beile zu Hakenkreuz zusammengebunden; breite Klingen und kurze Stiele: Schlacht- oder Henkerbeile; von jedem Beil tropft Blut; Anordnung in weißem Kreis wie Hakenkreuzfahne; untertitelt mit „Der alte Wahlspruch im ‚neuen' Reich: BLUT UND EISEN" (Letzteres durch Großbuchstaben hervorgehoben)
Interpretation: Hakenkreuz ist hier ein Symbol von brutaler Gewalt und Mord; Blut der Opfer tropft von den Klingen; gut ein Jahr nach der Machtübertragung im Exil in Prag veröffentlicht, d. h. Gleichschaltung sehr weit fortgeschritten (z. B. Grundrechte aufgehoben, Gewaltenteilung und Parteien abgeschafft, Konzentrationslager errichtet, erste Maßnahmen gegen Juden); Text stellt Traditionslinie zu Bismarck her (antiparlamentarische und antiliberale Politik; Einheit durch Krieg/Gewalt); „neues" (Drittes) Reich als Nachfolger des Kaiserreichs; Fotomontage kann auch als Warnung vor zukünftiger Gewalt verstanden werden

Vergleich
Gemeinsamkeiten: Hitlers scharfe Kritik an (Weimarer) Demokratie zeigt seine antiparlamentarische und antiliberale Einstellung; Disziplin und Gehorsam (militärische Durchdringung der Gesellschaft) sollen laut Hitler der Volksgemeinschaft ermöglichen, Interessen im Inneren und nach außen durchzusetzen

Unterschiede: M 2 fast fünf Jahre nach M 3 veröffentlicht; Form: Rede – Fotomontage; in M 2 kein Bezug zu Bismarck/Kaiserreich; Führungsauslese/Führerprinzip in M 3 nicht thematisiert; Hitler will Gemeinschaft nicht primär durch Gewalt, sondern durch „die zwingende Gewalt einer Idee" (= Nationalsozialismus) herstellen; *Fazit:* völlig unterschiedliche Beurteilung der deutschen Gesellschaft im Nationalsozialismus

Aufgabe 4

Zum Operator „erläutern" siehe S. 398.
Ausgangspunkt könnte der letzte Satz der Hitler-Rede (M 2) sein: Überzeugung für Hitler wichtiger als Zwang; die drei Begriffe „Überzeugung", „Überredung" und „Zwang" müssen mit Beispielen erläutert werden.
Überzeugung = Begeisterung bis hin zu Fanatismus bei vielen Deutschen, die von der Person Hitler bzw. der Ideologie überzeugt waren; Beispiel: Reichsparteitage; öffentliche Auftritte Hitlers; derartige Überzeugung der Deutschen war das Wunschziel der Nationalsozialisten; wenn das nicht funktionierte, wurde mit Propaganda und einem gewissen Druck (beides zusammen = Überredung) nachgeholfen; Gleichschaltung von Presse, Kultur und öffentlicher Meinung; möglichst permanente Beeinflussung der Menschen; Durchdringung des öffentlichen Raums mit NS-Symbolik (z. B. Hakenkreuzfahnen, Deutscher Gruß); Beispiele: Jahrestage wie Hitlers Geburtstag mit Aufforderung zur Beflaggung, öffentlich übertragene Reden oder Lockangebote für Arbeiter über die KdF; wenn auch das nicht half, erfolgten Zwangsmaßnahmen wie Stigmatisierung durch Ausschluss aus der „Volksgemeinschaft", körperliche Gewalt bzw. deren Androhung, Schutzhaft, Einweisung in Konzentrationslager, Ermordung; Beispiel: KPD-Funktionäre wie Ernst Thälmann, Gewerkschaftsfunktionäre, Boykott jüdischer Geschäfte. Überredung und Zwang werden bei Hitler in M 3 als „Erziehung" verharmlost.
Fazit: Zusammenspiel von „Zuckerbrot und Peitsche" sicherte dem NS-Regime den Rückhalt in der Bevölkerung; durch das „Zuckerbrot" der Integration in die „Volksgemeinschaft" und Lockangebote wurden viele in ihrer Überzeugung bestätigt oder aber überredet bzw. verführt; durch die „Peitsche" Ausgrenzung/Ausschluss aus der „Volkgemeinschaft" (häufig mit Gewalt) wurden einerseits Gegner eliminiert bzw. aus der Öffentlichkeit entfernt und andererseits durch die Angst davor Unentschlossene auf die Seite des Regimes gedrängt; dieses Zusammenspiel war insofern erfolgreich, als die Zustimmung der Deutschen zu Hitler und dem NS-Staat lange Zeit sehr hoch war und andererseits es kaum Widerstand gegen die Diktatur gab; dieses Zusammenspiel von „Zuckerbrot und Peitsche" ist daher charakteristisch für den NS-Staat.

Die mündliche Abiturprüfung im Basis- und Leistungsfach

Format und Ablauf der Prüfung

▶ **Die mündliche Abiturprüfung – Aufgabenbeispiel: S. 408 f.**

Kurzform des Prüfungsablaufs
- Übergabe der materialgestützten Aufgabe
- Vorbereitungszeit unter Aufsicht
- (20 Minuten)
- Prüfungsbeginn
- Eigenständiger Vortrag zu den Ergebnissen der Prüfungsaufgabe
- (ca. 10 Minuten)
- Gelenktes Prüfungsgespräch (Kolloquium) mit den Prüfern
- (ca. 10 Minuten)
- Beratung der Prüfer
- Bekanntgabe der Prüfungsnote

Die mündliche Abiturprüfung setzt sich zusammen aus einem Vorbereitungsteil (20 Minuten unter Aufsicht) und einem Prüfungsteil (20 Minuten), der aus einem eigenständigen Vortrag (ca. 10 Minuten) und einem Gespräch mit den Prüfern (ca. 10 Minuten) besteht. Sie erhalten zunächst eine materialgestützte Aufgabe, mit der Sie sich alleine während der Vorbereitungszeit auseinandersetzen. Im Anschluss beginnt die Prüfung, in der Sie zunächst während der ersten Phase Ihre Ergebnisse zu den gestellten Aufgaben vortragen. Die Prüfer werden Sie dabei möglichst nicht unterbrechen. Im zweiten Teil folgt ein Gespräch (Kolloquium), das über den Inhalt der Aufgabe hinaus weitere Themenbereiche der beiden Kursjahre erschließt. Das Gespräch führt Ihre Kurslehrerin/Ihr Kurslehrer, allerdings kann auch die/der Vorsitzende Fragen an Sie richten. Abschließend wird Ihnen nach einer Beratung der Prüfer, bei der Sie nicht anwesend sind, Ihre Prüfungsnote mitgeteilt. Ansprechpartner in allen Belangen während der Vorbereitung ist Ihre Kurslehrerin/Ihr Kurslehrer.

Anforderungen

▶ **Operatoren Siehe S. 396–399**

▶ **Fachmethoden Siehe S. 415 f.**

In allen Fächern kann die Aufgabe der mündlichen Abiturprüfung aus sämtlichen Themengebieten der vier Kurshalbjahre entnommen werden. Im Fach Geschichte baut sie in der Regel auf einem Material auf (z. B. Text-/Bildquelle, Plakat, Karikatur, Statistik) und ist in zwei bis drei Aufgaben gegliedert, die durch **Operatoren*** gestaltet sind. Häufig wird von Ihnen erwartet, dass Sie das Material analysieren und einen bestimmten Sachverhalt kritisch beleuchten. Ihre Ergebnisse stellen Sie in einem möglichst zusammenhängenden, logisch aufgebauten Vortrag dar. Die Anwendung von **Fachmethoden*** sollte dabei genauso deutlich werden wie ein dem Kursformat entsprechendes, sicheres Hintergrundwissen.

Tipps für eine erfolgreiche mündliche Prüfung

Möglicher Aufbau der Prüfungsaufgabe
- Analysieren Sie M 1.
- Erörtern/Überprüfen/Beurteilen Sie, ...
- oder
- Arbeiten Sie aus M 1 heraus, ...
- Erklären/Erläutern Sie...bzw. Ordnen Sie ein ...
- Erörtern/Überprüfen/Beurteilen Sie, ...

▶ **Arbeitstechniken Siehe S. 413 f.**

- Die mündliche Darstellung historischer Sachverhalte braucht **Übung**. Zeigen Sie Präsenz im **Unterricht** und beteiligen Sie sich regelmäßig.
- Nutzen Sie die **Darstellungstexte** des Schulbuchs, um sich Hintergrundwissen über Zusammenhänge anzueignen. Wenden Sie verschiedene **Arbeitstechniken*** an und erstellen Sie zu Themen eigene Concept-Maps oder Mindmaps. Diese Techniken können Sie möglicherweise auch in der Vorbereitungsphase der Prüfung anwenden.
- Halten Sie in einer Lerngruppe **Kurzvorträge** zu Aufgaben aus dem Unterricht (auch im Rahmen einer Videokonferenz) oder erstellen Sie eigene Lernvideos.
- Vergewissern Sie sich, welche Arbeitsschritte die **Operatoren** von Ihnen verlangen, und gewinnen Sie Sicherheit in der Anwendung der **Fachmethoden**.
- Beachten Sie die **Aufgabenstellung** in der Prüfung genau und halten Sie Ergebnisse in wenigen Punkten strukturiert fest (z. B. Concept-Map). Achten Sie auf die Zeit.
- Die 10 Minuten für Ihren **Vortrag** sollten Sie vollständig ausfüllen. Reden Sie dabei **zusammenhängend**, nicht zu schnell, umfassend zu den Aufgaben. Sprechen Sie vor allem zu Ihrer Kurslehrerin/ihrem Kurslehrer.
- Begreifen Sie die Fragen der Prüfer als Anlass, ihre Kenntnisse darlegen zu können. Nutzen Sie Gelegenheiten, das **Gespräch in eine gewünschte Richtung zu lenken**. Erwähnen Sie Inhalte, in denen Sie sich sicher fühlen. Gestalten Sie Gedanken so ausführlich wie möglich aus. Bitten Sie ggf. um etwas Zeit zum Nachdenken. Benennen Sie klar, wenn Sie zu einer Frage nichts sagen können.

Weitere Übungsaufgaben
Am Ende aller Kapitel finden Sie die Doppelseite „Anwenden und wiederholen“. Aus den Materialien und Aufgaben auf der „Anwenden“-Seite lassen sich zu vielen Themen weitere Übungsaufgaben für die mündliche Prüfung entwickeln.

Aufgabenbeispiel mit Lösungshinweisen

M 1 „Der Schmied der deutschen Einheit", Druck nach einem Gemälde von Guido Schmitt, 1866.
Die abgebildeten Personen sind Otto von Bismarck (links) und die Germania (Allegorie für Deutschland).

1 Beschreiben Sie M 1 und ordnen Sie die Darstellung in den historischen Zusammenhang ein.
2 Erläutern Sie, wie das Bild die Beziehung zwischen Bismarck und Deutschland darstellt.
3 Der Deutsche Kaiser und preußische König Wilhelm I. formulierte am 21. März 1871 anlässlich der Eröffnungssitzung des ersten Deutschen Reichstags: „Wir haben erreicht, was seit der Zeit unserer Väter für Deutschland erstrebt wurde: die Einheit [...], die Sicherung unserer Grenzen, die Unabhängigkeit unserer nationalen Rechtsentwicklung." Überprüfen Sie diese Aussage vor dem Hintergrund der Revolution 1848/1849.

1. Aufgabe	2. Aufgabe	3. Aufgabe
Beschreibung – Bismarck und Germania befinden sich in einem düsteren Raum mit einer Feuerstelle. – Bismarck als Schmied mit Lederschürze und Hammer reicht Germania ein Schwert, das offenbar soeben fertiggestellt worden ist. Germania steht erhöht auf einem Felsen. – Weitere Bildelemente: Hund, Amboss, Schmiedewerkzeuge, Schild mit einem Adler. *Einordnung in den historischen Zusammenhang* – Vor der Reichseinigung 1871 erfolgte die Gründung des Norddeutschen Bundes im Jahr 1866 nach dem Sieg Preußens über Österreich-Ungarn. – Damit konnte ein deutscher Nationalstaat ohne Österreich zustande kommen („kleindeutsche Lösung"). – Bismarck war die treibende Kraft hinter den Einigungsbestrebungen, die zunächst sowohl innerhalb Preußens, v. a. aber in den süddeutschen Staaten kritisch gesehen oder abgelehnt wurde. Siehe auch S. 129 ff.	– Bismarck als kraftvoller Akteur: die Allegorie des Schmiedes knüpft an seine „Blut und Eisen"-Rede an. Der Wachhund an seiner Seite macht ihn darüber hinaus zum „Wächter des Reiches". – Germania ist einerseits als zarte Person gezeigt, gleichzeitig trägt sie Rüstung und Helm. – Bismarck verleiht mit dem Schwert, das die Einheit Deutschlands symbolisiert, der Germania die Kraft, Macht und Stärke, die ihr bisher noch gefehlt haben. – Das Bild ist auf die Zukunft gerichtet: Bismarck wird Deutschland zu Einheit und Stärke führen.	– Zunächst erläutern Sie das Zitat: Kaiser Wilhelm I. stellt heraus, dass die von Bismarck gestaltete Einigung das erfüllt habe, was seit langem „für Deutschland erstrebt wurde" (Einheit, Fähigkeit zur Verteidigung, nationale Prägung des Rechts). – Im Anschluss untersuchen Sie, in welchem Verhältnis diese Aussage zur Revolution 1848/49 steht: Deren Ziele wurden durch die Reichsgründung nur bedingt verwirklicht. Zwar band die nationale Einheit einen Teil der „48er" an das neue Reich. Bismarcks Reichseinigung bedeutete jedoch vor allem einen Sieg des Obrigkeitsstaates über die liberalen, demokratischen, republikanischen Bewegungen. – Was „für Deutschland erstrebt wurde", weicht also 1848/49 weit ab von dem, was in der Reichseinigung 1871 verwirklicht wurde. Wilhelm I. nimmt hier der liberalen Bewegung die nationale Tradition aus der Hand – vielleicht bewusst.

Anhang

Zusatzaufgaben und Tipps

Kapitel 1

S. 21, Zusatzaufgabe zu M 7
Fassen Sie den Verlauf Ihrer Diskussion zusammen. Welche Argumente haben Sie am meisten überzeugt?

S. 53, Zusatzaufgabe zu M 10
Vergleichen Sie den Weg der Baumwolle im 19. Jahrhundert und heute.

Der heutige Weg der Baumwolle vom Anbau bis zum fertigen Produkt

cornelsen.de/Webcodes
Code: gucazo

Kapitel 2

S. 85, Zusatzaufgabe zu M 4
Die Unabhängigkeitserklärung spricht der Bevölkerung das Recht bzw. die Pflicht zu, eine despotische Regierung zu „beseitigen" (Z. 27). Vergleichen Sie mit der Gegenwart: Welche Möglichkeiten hat der Bürger in der Bundesrepublik, die Regierung zu kontrollieren bzw. sogar abzusetzen?

S. 94, Zusatzaufgabe zu M 10
Gestalten Sie ein Streitgespräch zwischen einem US-Unternehmer und einem Arbeiter des 19. Jahrhunderts über die Politik des Laissez-faire.
Tipp: Arbeiten Sie zunächst wichtige Aspekte heraus, die die Argumentation strukturieren können, zum Beispiel Nutzen, Belastungen und Perspektiven.

S. 103, Zusatzaufgabe zu M 7
Die wichtigsten revolutionären „Klubs" während der Französischen Revolution waren die Sansculotten, die Girondisten und die Jakobiner. Recherchieren Sie die Ideen und Forderungen einer dieser Gruppen und stellen Sie daraus ein Parteiprogramm zusammen.
Tipp: Siehe auch den Darstellungstext S. 99 f.

S. 107, Formulierungshilfen zu Aufgabe 2
Eine „Verfassungsrevolution" („Koloniale Befreiungsrevolution", „Bürgerliche Revolution", „Soziale Revolution", „Atlantische Revolution") umfasst folgende Veränderungen ...
Es wird bei dem Begriff ... vor allem betont, dass ...
Die Amerikanische Revolution kann als „Verfassungsrevolution" bezeichnet werden, weil sie vor allem Veränderungen auf der ... Ebene herbeiführte.
Die Hauptträgerschicht der Amerikanischen Revolution bildeten die ...
Die Französische Revolution erfüllt/erfüllt nicht die Kriterien einer ..., da sie ...
Die Französische Revolution bedeutete einen Modernisierungsschub im Bereich ...
In Bezug auf ... kann man jedoch nicht von einem Modernisierungsschub sprechen, weil ...
Der Begriff ... trifft also nur zum Teil zu.
Am treffendsten ist der Begriff ... für ...

S. 107, Formulierungshilfen zu Aufgabe 6
Die wirtschaftliche Modernisierung in den USA veränderte das Land in verschiedener Hinsicht. Zum einen ... Außerdem ... Des Weiteren ... Und schließlich ...
Insgesamt kann man von ... sprechen.
Auf politischer Ebene kam es zu folgenden Veränderungen: ..., ..., ...
Dies bedeutete, dass ...
Es profitierten insbesondere ... von den Veränderungen.
Die Verlierer der Modernisierung waren ...
Die Folgen der Modernisierung in den USA weisen Parallelen/Unterschiede zu Europa auf.
Einerseits brachten die Veränderungen einen höheren Lebensstandard, mehr politische Beteiligung, ... mit sich.
Andererseits spitzten sich Konflikte zwischen ... zu. Der Wohlstand beschränkte sich auf ...
Meiner Meinung nach hatte aber jeder in den USA die Möglichkeit, ...

Kapitel 3

S. 120, Zusatzaufgabe zu M 9
Analysieren Sie das im folgenden Webcode bereitgestellte Lied „Die Gedanken sind frei" (frühe Fassung, verbreitet besonders um 1820) und überprüfen Sie, inwiefern es eine Antwort auf die „Karlsbader Beschlüsse" sein könnte.

Lied „Die Gedanken sind frei"

cornelsen.de/Webcodes
Code:doxigu

S. 122, Zusatzaufgabe zu M 11 und M 12
Erörtern Sie, ob sich die Vision Siebenpfeiffers (M 11) erfüllt hat. Beziehen Sie M 12 ein.

S. 131, Zusatzaufgabe
Recherchieren Sie, wie sich die „deutsch-französische Erbfeindschaft" in der Geschichte fortsetzte. Wie lässt sich das Verhältnis zwischen den beiden Ländern heute beschreiben?

S. 145, Zusatzaufgaben zu M 11
1) Diskutieren Sie die Frage: Sind Nationalstaaten ein „Auslaufmodell" in Europa in Zeiten, in denen imperiale Staaten wieder stärker die Weltpolitik beeinflussen?
2) In der Europäischen Union (EU) haben die beteiligten Staaten einen Teil ihrer Selbstständigkeit aufgegeben. Angesichts zunehmender Migration fordern aber viele Menschen, dass die Nationalstaaten sich untereinander wieder stärker abgrenzen sollen. Nehmen Sie zu dieser Forderung Stellung.

S. 174, Zusatzaufgabe zu M 6
Vergleichen Sie die japanische Industrialisierung mit der Industrialisierung in Europa.

Kapitel 4

S. 192, Zusatzaufgabe zu M 8
Der deutsche Wirtschaftspolitiker und Bankier Ludwig Max Goldberger schrieb 1903 nach einer Reise in die USA einen Bericht mit dem Titel „Land der unbegrenzten Möglichkeiten". Erörtern Sie diesen Titel ausgehend von M 8 und dem Autorentext.

S. 205, Zusatzaufgabe zu M 12 bis M 14
Informieren Sie sich über die Rolle der Kunst, Literatur oder Musik in der Sowjetunion der 1920er- und 1930er-Jahre und erarbeiten Sie eine Präsentation.

Kapitel 5

S. 226, Zusatzaufgabe zu M 6
Vergleichen Sie die Rede Scheidemanns (M 6) mit der von ihm nachträglich erstellten Fassung. Erörtern Sie, ob Scheidemann damit einen „Mythos" der Revolution geschaffen hat.
Tipp: Sie finden die nachträglich erstellte Fassung z. B. auf den Internetseiten des Deutschen Bundestages unter den Stichpunkten „Scheidemann" und Republik" (auf der Seite nach unten scrollen).

S. 231, Zusatzaufgabe zu M 3 bis M 6
Recherchieren Sie die Biografie von Matthias Erzberger und überprüfen Sie ausgehend davon, welche politische Wirkung von der „Dolchstoßlegende" ausging.

S. 240, Zusatzaufgabe zu M 10
Der Reichspräsident konnte Grundrechte ganz oder zum Teil außer Kraft setzen. Erörtern Sie ausgehend von Art. 48 der Weimarer Verfassung, ob eine solche Möglichkeit die Demokratie stärkt oder schwächt.

S. 241, Zusatzaufgabe zu M 12 bis M 14
a) Wenden Sie Art. 21 des Grundgesetzes auf die Weimarer Parteien (M 3, S. 236 f.) an: Welche Parteien hätten als „verfassungswidrig" verboten werden müssen? Begründen Sie Ihre Entscheidung.

Grundgesetz Art. 21: Aufgabe und Stellung der Parteien
(1) Die Parteien wirken bei der politischen Willensbildung des Volkes mit. Ihre Gründung ist frei. Ihre innere Ordnung muss demokratischen Grundsätzen entsprechen [...].
(2) Parteien, die nach ihren Zielen oder nach dem Verhalten ihrer Anhänger darauf ausgehen, die freiheitliche demokratische Grundordnung zu beeinträchtigen oder zu beseitigen, [...] sind verfassungswidrig.
[Ein Verbotsverfahren durch das Bundesverfassungsgericht wäre die Folge.] [...]

http://www.gesetze-im-internet.de/gg/art_21.html (abgerufen am 14. 10. 2020).

b) Gestalten Sie eine Collage als Bilanz zur Nationalversammlung: „Weimar 1919 – Meilenstein der deutschen Demokratie".

S. 250, Zusatzaufgabe zu M 11
a) Recherchieren Sie mithilfe einer Suchmaschine: Welche Bedingungen stellten die Deutschen Russland im Frieden von Brest-Litowsk?
b) Vergleichen Sie die Bestimmungen des Friedens von Brest-Litowsk mit denen des Versailler Vertrags.
Tipp: Beziehen Sie Ihre Ergebnisse zu Aufgabe 3, S. 247 mit ein.

S. 266, Formulierungshilfen zur Methode „Historische Urteile analysieren und vergleichen"

Formale Merkmale
- Das vorliegende Material erschien am ...
- Der Text ist ein Auszug aus ...
- Dabei handelt es sich um einen ....
- Der Text erschien anlässlich ...

Herausarbeiten des Inhalts
- Die Darstellung von ... beschreibt ...
- Der Autor stellt heraus .../argumentiert .../ ... ist der Auffassung/behauptet, dass ...
- Der Text will zeigen, dass ...
- In ... wird deutlich gemacht, dass...

Historischer Kontext
- Der Text lässt sich einordnen in ...
- Der Autor geht ein auf .../ spricht ... an/verweist auf...
- Zum Zeitpunkt des Erscheinens ...

Aussageabsicht
- Für die Zeitgenossen ...
- Vor diesem Hintergrund .../infolgedessen ...
- In meinen Augen/aus meiner Sicht ...
- Abschließend betrachtet ...
- Der Text wirkt insgesamt ...
- Berücksichtig man die Entstehungszeit ...
- Insgesamt steht der Text für ... /... ist typisch für ...

Darstellungen vergleichen
- Anhand folgender Kriterien lassen sich M 1 und M 2 vergleichen: ...
- Beide vorliegenden Quellen stammen aus ... Zeit(en)
- Beide Quellen befassen sich mit dem Aspekt der ...
- Unterschiedliche Positionen gibt es mit Blick auf ...
- Gemeinsamkeiten zeigen sich bei ...

Darstellungen beurteilen
- Die Position von ... überzeugt, weil ...
- Die Argumentation ist nachvollziehbar, da ...
- Allerdings argumentiert ... einseitig, denn ...
- Insgesamt überzeugt mich ...

Kapitel 6

S. 347, Zusatzaufgabe zu M 7

Vergleichen Sie die Karikaturen M 3 und M 7.

Kapitel 7

S. 359, Zusatzaufgabe

Stellen Sie sich vor, Sie kämen im Mai 1945 als amerikanischer Journalist nach Deutschland. Verfassen Sie arbeitsteilig jeweils ein kurzes fiktives Interview mit
a) einem überlebenden KZ-Häftling,
b) einer Frau, die mit ihren Kindern den Krieg in Berlin erlebt hat,
c) einem deutschen Soldaten, der gerade von der Front heimgekehrt ist,
d) einem Ukrainer, der bei der Firma Dornier Zwangsarbeit leisten musste.

S. 377, Zusatzaufgabe zu M 5 bis M 7

Stellen Sie sich vor, Sie könnten sich im Jahr 1942 per Rundfunk an die Deutschen wenden. Formulieren Sie eine Ansprache.

S. 393, Zusatzaufgabe zu M 6

Überprüfen Sie den Vorwurf, durch ein gemeinsames Gedenken an die Opfer totalitärer Regime werde „Geschichtsklitterung" (Z. 40) betrieben.

Lösungshinweise zur Methode „Herrschaftsmodelle visualisieren", S. 215

Liberale Demokratie (USA)

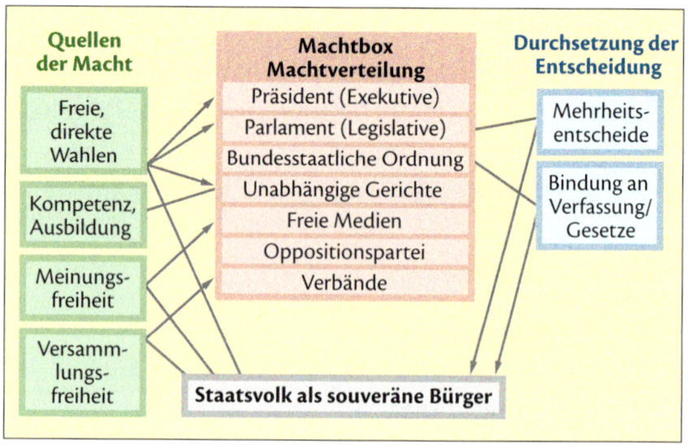

Beispiel faschistische Diktatur (Schaubild)

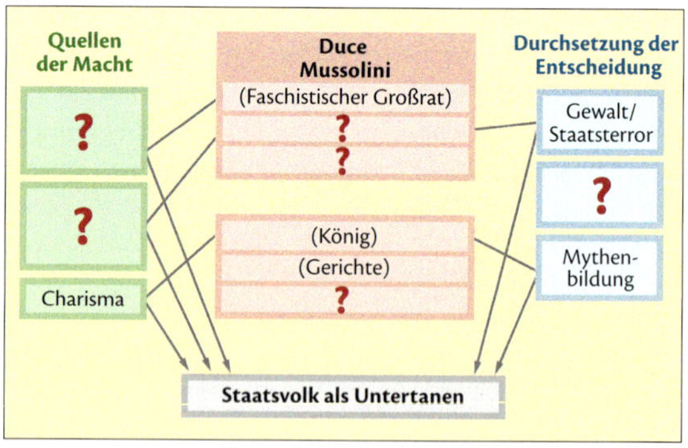

Arbeitstechniken

Einen Kurzvortrag halten
- Vorbereitung: Sammeln und ordnen Sie alle Informationen zu Ihrem Thema (z. B. in einer Mindmap).
- Entwickeln Sie eine Ordnung für Ihren Vortrag: Legen Sie zu jedem Hauptpunkt eine Karteikarte mit den wichtigsten Informationen an und nummerieren Sie die Karteikarten in einer sinnvollen Reihenfolge.
- Überlegen Sie sich einen interessanten Einstieg und Schluss für Ihren Vortrag.
- Versuchen Sie möglichst frei vorzutragen. Sprechen Sie laut, deutlich und nicht zu schnell.
- Schauen Sie Ihr Publikum an. So sehen Sie auch, wenn es Zwischenfragen gibt.
- Unterstützen Sie Ihren Vortrag durch Anschauungsmaterial (Bilder, Grafiken, Gegenstände).

Ein Lernplakat gestalten
- Verwenden Sie für das Plakat mindestens die Größe DIN A2, besser DIN A1 (= 8 DIN-A4-Blätter).
- Beschränken Sie sich auf die wesentlichen Informationen.
- Die Informationen auf dem Plakat müssen sachlich stimmen (z. B. richtige Jahreszahlen).
- Das Thema des Plakats muss deutlich zu lesen sein.
- Formulieren Sie in Stichpunkten oder in kurzen Sätzen.
- Unterstreichen Sie Schlüsselbegriffe oder rahmen Sie sie ein.
- Verwenden Sie für die Schrift einen schwarzen oder dunkelblauen Stift. Andere Farben eignen sich für Pfeile, Linien oder Hervorhebungen.
- Achten Sie auf die Lesbarkeit der Schrift (Größe und Ordnung).
  Tipp: Sie können Hilfslinien mit Bleistift zeichnen und später wegradieren.
- Gliedern Sie Ihre Informationen durch unterschiedliche Schriftgrößen. Verwenden Sie Ordnungszahlen, wenn Sie eine bestimmte Reihenfolge darstellen möchten.

Eine Mindmap anfertigen
- Werten Sie Materialien (Bilder, Texte) zunächst aus, bevor Sie mit der Mindmap anfangen. Sammeln Sie Ihre Ergebnisse in Stichpunkten.
- Schreiben Sie das Thema in die Mitte des Blattes.

- Überlegen Sie sich eine Struktur für die Mindmap: Finden Sie zunächst Schlüsselbegriffe, die Sie auf die großen Äste schreiben.
  Tipp: Mindmaps werden meist im Uhrzeigersinn gelesen. Bedenken Sie das bei Ihrem Aufbau.
- Gruppieren Sie die zugehörigen Stichpunkte, Wörter und Namen. Gehen Sie vom Abstrakten zum Konkreten.
- Beschränken Sie sich auf 4–6 Hauptäste, um die Mindmap übersichtlich zu halten.
- Verdeutlichen Sie Verbindungen innerhalb der Mindmap mit Pfeilen.
- Arbeiten Sie mit Symbolen (z. B. Blitz für Konflikte). Geben Sie den Ästen unterschiedliche Farben.

Ein Begriffscluster erstellen
- Nehmen Sie ein DIN-A4- oder DIN-A3-Blatt, schreiben Sie einen Schlüsselbegriff darauf und kreisen Sie ihn ein.
- Schreiben Sie nun spontane Assoziationen um das Kernwort herum auf.
- Verwenden Sie diese Assoziationen als neue Schlüsselbegriffe und notieren Sie wiederum Assoziationen dazu.
- Die so entstehende Assoziationskette ergibt eine netzartige Skizze aus Ideen.

Der Unterschied zwischen Mindmapping und Clustern:
Beim Clustering liegt der Schwerpunkt auf der Ideenfindung und dabei insbesondere der assoziativen Verknüpfung von Ideen und Vorstellungen in Bildmustern. Daher eignet sich diese Methode besonders gut zur Stoff*sammlung* z. B. bei Problemerörterungen.
Das Mindmapping geht einen Schritt weiter, indem die notierten Begrifflichkeiten und Assoziationen durch die Baumstruktur bereits eine logische Ordnung erfahren. Dabei ist die Baumstruktur so offen angelegt ist, dass sie ständig mit weiteren Einfällen auf einer bestimmten Ebene ergänzt werden kann. Wegen seiner begrifflichen Hierarchisierung (= Über- und Unterordnung von Begriffen bzw. Gesichtspunkten) eignet sich das Mindmapping für die Stoff*ordnung* z. B. bei Problemerörterungen gut.

Ein Placemat gestalten (Gruppenarbeit für vier Personen)

- Finden Sie sich in Vierergruppen zusammen.
- Nehmen Sie ein DIN-A2- oder DIN-A3-Blatt und zeichnen Sie folgendes Schema darauf:

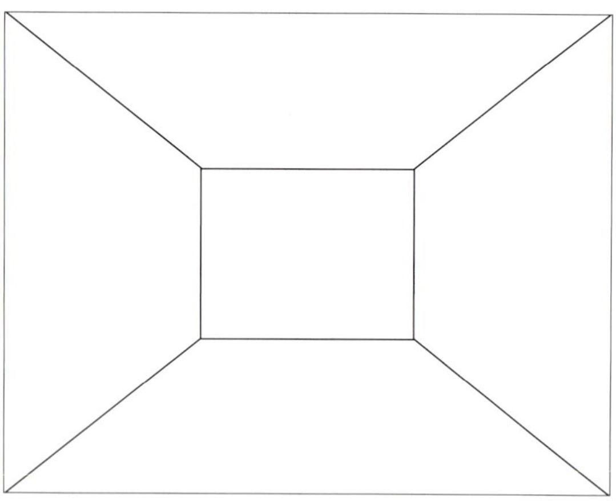

- Legen Sie das Blatt auf den Tisch. Vor jeder weißen Fläche sitzt ein Teilnehmer/eine Teilnehmerin aus Ihrer Gruppe.
- Es wird ein Thema gestellt. Jede/-r notiert in der festgelegten Zeit (ca. 5 min), was er/sie darüber weiß, wissen möchte und welche Ideen er/sie dazu hat.
- Drehen Sie das Blatt, sodass jeder lesen kann, was die anderen aufgeschrieben haben. Stellen Sie Fragen zum Verständnis (ca. 5 min).
- Entscheiden Sie am Ende als Gruppe, welche der Notizen Sie als Ergebnis in die Mitte des Blattes schreiben wollen. Einigen Sie sich auf 4–6 Stichpunkte (ca. 10 min).
- Präsentieren Sie Ihr Ergebnis dem Kurs.

Eine Concept-Map erstellen

Mit einer Concept-Map lassen sich Beziehungen zwischen Ideen visuell darstellen. Konzepte werden häufig als Kreise oder Boxen dargestellt, die mit Linien oder Pfeilen verbunden werden. Verbindungswörter zeigen zudem, wie Ideen zusammenhängen.

- Nehmen Sie ein DIN-A4- oder DIN-A3-Blatt sowie mehrere Blätter für Vorskizzen.
- Bestimmen Sie einen zentralen Gedanken oder eine Frage, der/die eine Verbindung zu allen anderen Ideen in Ihrer Map aufweist, und schreiben ihn auf das Skizzenblatt.
- Listen Sie im nächsten Schritt damit verbundene Konzepte, Begriffe oder Ideen auf das Blatt auf.
  Tipp: Beschreiben Sie jedes Konzept so knapp wie möglich; ein bis zwei Wörter reichen pro Idee aus.
- Schreiben Sie den zentralen Begriff, Gedanken oder die zentrale Frage in einen Kasten oder ein Oval oben auf das eigentliche Konzeptblatt.
- Wählen Sie die nächstwichtigen Begriffe Ihrer Liste aus und setzen Sie sie in Kasten oder Oval unter den Schlüsselbegriff. Zeichnen Sie Pfeile zur Verbindung dieser Begriffe.
- Fahren Sie darunter mit den nächstwichtigen Schlüsselwörtern fort.
- Erklären Sie die Zusammenhänge zwischen den Begriffen, indem Sie sie mit Linien verbinden und durch Beschriftung der Linien ihren Zusammenhang in ein oder zwei Wörtern erklären.
  Tipp: Der Zusammenhang kann ganz unterschiedlich sein: Ein Begriff kann Teil eines anderen sein, er kann entscheidend für einen anderen Begriff sein, er kann für die Produktion eines anderen Begriffes verwendet werden oder es kann eine Reihe anderer Verbindungen geben.

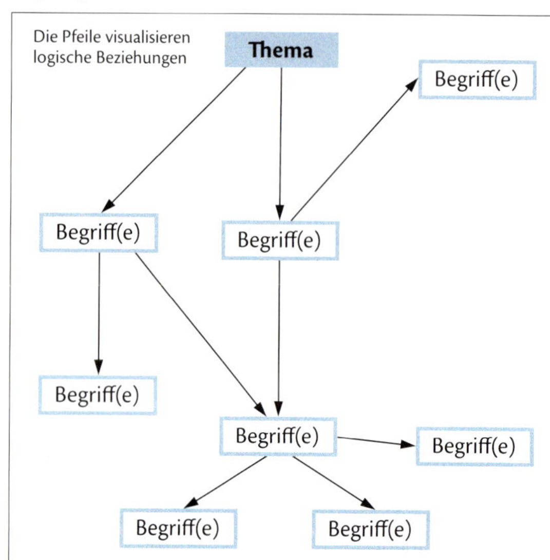

Fachmethoden

Darstellungen analysieren und vergleichen

Siehe S. 378 ff.

Schriftliche Quellen analysieren

Siehe S. 35 ff.

Schriftliche Quellen vergleichen

1. Erster Eindruck
- Welche Leitfrage könnte den Vergleich bestimmen?
- Was sind die wesentlichen Aussagen?

2. Formale und inhaltliche Merkmale
- Wer sind die Autoren oder Auftraggeber?
- Wann und wo sind die Texte entstanden bzw. veröffentlicht worden?
- Aus welchem Anlass wurden die Texte verfasst?
- Um welche Textart handelt es sich?
- Wer ist der Adressat der Texte?
- Welche Begriffe sind von zentraler Bedeutung (Schlüsselbegriffe)?
- Wie ist die Textsprache gestaltet?
- Historischer Kontext: In welche historische Epoche lassen sich die Texte einordnen?
- Auf welches Ereignis, welche Entwicklungen bzw. welchen Konflikt beziehen sich die Texte?

3. Analyse der einzelnen Elemente
- Welche Aspekte sind für einen Vergleich geeignet?
- Welche inhaltlichen Gemeinsamkeiten und Unterschiede gibt es?
- Wie sind die Unterschiede zwischen den Texten zu erklären?

4. Gesamtaussage
- Welche Wirkung sollte bei den Adressaten der Texte erzielt werden?
- Welche Position bzw. Argumentation ist vor dem historischen Hintergrund der Quellen eher nachvollziehbar und glaubwürdiger?
- Welche Gesamtaussage über den Vergleich der Texte lässt sich im Hinblick auf die Leitfrage formulieren?

Politische Plakate analysieren

Siehe S. 242 ff.

Karikaturen analysieren

Siehe S. 126 ff.

Historische Fotografie analysieren

1. Erster Eindruck und Leitfrage
- Wie wirkt das Foto auf mich, was erkenne ich sofort?
- Unter welcher Fragestellung will ich das Foto untersuchen?

2. Formale Merkmale
- Wann und wo ist das Foto entstanden?
- Wann, wo und von wem ist es veröffentlicht worden?
- Gibt es einen Titel oder Zusatzkommentar?
- Was thematisiert das Foto?
- Für welchen Zweck ist das Foto gemacht worden?
- Für welche(n) Adressaten ist das Foto gemacht worden?

3. Analyse der einzelnen Elemente
- Was ist auf dem Foto zu erkennen (z. B. Personen, Gebäude, Gegenstände)?
- Was ist der historische Kontext (Ereignis, Prozess bzw. Konflikt)?
- Welche Technik wurde verwendet? (Perspektive, Ausschnitt, Einstellung, Farbgebung)?
- Handelt es sich um den Originalzustand oder eine Bearbeitung?

4. Interpretation/Gesamtaussage
- Um welche Personen (Funktion, Amt) handelt es sich, wofür stehen gewisse Gegenstände, was drücken die Gesten bzw. die Mimik der Personen aus?
- Wird dies durch die technische Umsetzung der Fotografie verstärkt?
- Wie lautet die Kernaussage („Botschaft") der Fotografie?
- Welche Absicht(en) verfolgte der Fotograf/Auftraggeber?
- Welche Wirkung sollte beim Betrachter erzielt werden?
- Wie kann ich meine Leitfrage beantworten?
- Welche Fragen bleiben offen?

Statistik auswerten

Siehe S. 24 ff.

Verfassungsschaubild analysieren

Siehe S. 136 ff.

Historische Urteile analysieren und vergleichen

Siehe S. 265 ff.

Historische Vergleiche durchführen

1. Vergleichsthema
- Was soll verglichen werden?
- Welche Leitfrage soll geklärt werden?
- Welche (Vor-)Urteile existieren?

2. Gliederungsaspekte
- Welche inhaltlichen Aspekte gehören zum Vergleichsthema?
- Sind die historischen Dimensionen Politik, Gesellschaft, Wirtschaft und Kultur bei der Gliederung hilfreich?
- In welcher Reihenfolge sollen die Aspekte erarbeitet und dargestellt werden?

3. Analyse und Darstellung
- Welche Materialien oder Quellen können analysiert werden?
- Tabellarische Anordnung der erarbeiteten Inhalte und Sachinformationen
- Sind weitergehende Erklärungen notwendig?
- Fehlen Aspekte und müssen Inhalte ergänzt werden?

4. Sachurteil
- Welche Ähnlichkeiten werden in der Gegenüberstellung sichtbar?
- Welche Unterschiede werden in der Gegenüberstellung sichtbar?
- Welche Beziehung besteht zwischen den verglichenen Inhalten?
- Wie lautet das Ergebnis des Vergleichs?
- Wie kann dieses Ergebnis beurteilt werden?
- Inwiefern verändert der Vergleich das Urteil, das zuvor vorherrschte?
- Wie kann die Leitfrage beantwortet werden und inwiefern ergeben sich aus dem Ergebnis neue Fragen?

Historische Gemälde interpretieren

1. Leitfrage
Welches historische Ereignis thematisiert das Bild?

2. Analyse formaler Aspekte
- Wer ist der Künstler? Wer ist der Auftraggeber?
- Zu welchem Zweck entstand es? Wann entstand das Bild? Wo hing bzw. hängt es?
- Wie groß ist das Bild? Welche Materialien wurden verwendet?

3. Inhaltliche Aspekte – Beschreibung
- Welche Bildelemente sind zu sehen (Personen, Orte, Gegenstände, Landschaften, Symbole)?
- Wie sind die Personen dargestellt (Gestik, Mimik, Körperhaltung, Kleidung)?
- Wie ist die Bildkomposition (Personen, Umgebung, Gegenstände, Situation, Proportionen, Symbole in ihren Relationen) angelegt?
- Welche Darstellungsmittel wurden eingesetzt (Technik, Farben, Lichtwirkung, Perspektive)?

4. Inhaltliche Aspekte – Deutung
- Welche Bedeutung haben Bildelemente, Bildkomposition und Darstellungsmittel?
- Was war die Intention des Malers? Welche Wirkung sollte beim zeitgenössischen Betrachter erzeugt werden?

5. Historischer Kontext
- In welchen historischen Zusammenhang lässt sich das Bild einordnen?
- Wie wurde es zeitgenössisch rezipiert? Wurde es verbreitet?

6. Urteil
- Welche Funktion sollte das Bild erfüllen? An wen richtete es sich?
- Entspricht das dargestellte Ereignis den historischen Fakten? (ggf. Vergleich mit wissenschaftlichen Erkenntnissen über das Ereignis)
- Wie lässt sich das Bild aus heutiger Sicht bewerten?

Geschichtskarten und historische Karten analysieren

1. Leitfrage
Welche (historischen oder gegenwärtigen) Aussagen will die Karte dem Betrachter vermitteln?

2. Analyse
- Erster Eindruck der Karte auf den Betrachter
- Analyse der wichtigsten Kartenelemente: Titel, Maßstab, Legende, Farbgebung, verwendete Symbole, Schrift etc.
- Ermittlung des Sachverhalts, also der Informationen, die die Karte liefert
- Recherche der Kartenverfasser, Auftraggeber etc.
- Analyse des Kontextes, in dem die Karte verwendet wird (Wer hat die Karte entworfen bzw. in Auftrag gegeben? In welchem Zusammenhang ist sie erschienen? An wen richtet sie sich?)
- Ggf. Vergleich mit anderen Karten zum gleichen Thema

3. Beurteilung
Welche Schwerpunktsetzungen, expliziten und/oder impliziten Wertungen sind erkennbar?

Internet nutzen

1. Suche beginnen
- Welche Suchmaschine wähle ich aus?
- Welche Internethinweise gibt das Schulbuch?

2. Suchabsicht festlegen
Welche Suchwörter helfen mir zur Beantwortung meiner Fragen weiter?

3. Überblick über das Suchergebnis bekommen
- Welche Links sind interessant und brauchbar?
- Welche Links stammen von glaubwürdigen Anbietern?

4. Ergebnisse ordnen
Wie gehe ich mit den Informationen einer Webseite um?

5. Informationen sichern und auswerten
Wie halte ich die gefundenen Informationen fest?

Historische Spielfilme untersuchen

1. Analyse

Formale Aspekte
- Wer ist der Regisseur? Gab es Auftraggeber, die den Film finanzierten?
- Wer ist der Autor des Drehbuchs?
- Wann ist der Film entstanden und aufgeführt worden?
- Aus welchem Anlass wurde der Film gedreht?
- Mit welchem historischen Thema setzt sich der Film auseinander?

Inhaltliche Aspekte
- Wie lässt sich die Handlung kurz zusammenfassen?
- Wer sind die Hauptfiguren?
- Welche szenischen Gestaltungsmittel (Großaufnahmen, Kameraposition und -bewegungen, Steuerung der Blickrichtung des Zuschauers, Schnitte, Verhältnis von kurzen und langen Einstellungen) sind verwendet worden?
- Wie werden Ton (Geräusche, Musik, Sprache und Dialoge, Kommentare) und Beleuchtung (Hell-Dunkel bzw. Farbkontraste) eingesetzt?
- Welche Sequenzen des Films kann man als Schlüsselszenen bezeichnen?

2. Interpretation

Authentizität der Handlung
- Ist die Handlung logisch und glaubhaft?
- Halten sich der Regisseur bzw. der Autor an die historische Realität? Was ist fiktiv?

Deutung der Handlung und Figuren
- Wie werden die Hauptfiguren charakterisiert? Wie stehen sie zueinander?
- Nimmt der Film die Perspektive der Hauptfigur ein oder werden auch andere Sichtweisen dargestellt?
- Intention
- Welche Intentionen verfolgt der Film?
- Wie wirkt der Film auf den Betrachter?
- Welche öffentlichen Reaktionen rief der Film nach der Uraufführung hervor?

3. Fazit
Welche Gesamtaussage lässt sich formulieren?

Erklärvideos erstellen

Siehe S. 319 ff.

Herrschaftsmodelle visualisieren

Siehe S. 213 ff.

Literaturhinweise

Methodentraining Geschichte

Kolossa, Bernd, Methodentrainer Gesellschaftswissenschaften. Sekundarstufe II, Berlin 2000.

Rauh, Robert, Methodentrainer Geschichte Oberstufe. Quellenarbeit – Arbeitstechniken – Klausurentraining, Cornelsen, Berlin 2010.

Kapitel 1

Condrau, Flurin, Die Industrialisierung in Deutschland, WBG, Darmstadt 2005.

Fisch, Jörg, Europa zwischen Wachstum und Gleichheit 1850–1914 (= Handbuch der Geschichte Europas, Bd. 8), UTB, Stuttgart 2002.

Görtemaker, Manfred, Deutschland im 19. Jahrhundert, Leske Verlag + Budrich, Leverkusen 1989.

Hahn, Hans-Werner, Die Industrielle Revolution in Deutschland, 3., erw. Aufl., Oldenbourg, München 2011.

Henning, Friedrich-Wilhelm, Die Industrialisierung in Deutschland 1800–1914, 9. Aufl., UTB, Paderborn 1995.

Kiesewetter, Hubert, Industrielle Revolution in Deutschland 1815–1914, 3. Aufl., Suhrkamp, Frankfurt/M. 1996.

Kocka, Jürgen, Das lange 19. Jahrhundert. Arbeit, Nation und bürgerliche Gesellschaft, Klett-Cotta, Stuttgart 2001 (= Gebhardt. Handbuch der deutschen Geschichte, 10., völlig neu bearb. Aufl., Bd. 13).

Pierenkemper, Toni, Umstrittene Revolutionen. Die Industrialisierung im 19. Jahrhundert, Fischer, Frankfurt/M. 1996.

Osterhammel, Jürgen, Die Verwandlung der Welt. Eine Geschichte des 19. Jahrhunderts, 6., überarb. Aufl., C. H. Beck, München 2020.

Osterhammel, Jürgen u. Petersson, Niels P., Geschichte der Globalisierung. Dimensionen, Prozesse, Epochen, 6., aktual. Aufl., C. H. Beck, München 2019.

Reulecke, Jürgen, Geschichte der Urbanisierung in Deutschland, Nachdruck der Erstaufl., Suhrkamp, Frankfurt/M. 2005.

Ziegler, Dieter, Die Industrielle Revolution, 3. Aufl., Wissenschaftliche Buchgesellschaft, Darmstadt 2012.

Kapitel 2

Berg, Manfred, Geschichte der USA, Oldenbourg, München 2013.

Depkat, Volker, Geschichte der USA, Kohlhammer, Stuttgart 2016.

Dippel, Horst, Die Amerikanische Revolution 1763–1787, Frankfurt/M. 1985.

Dippel, Horst, Geschichte der USA, 10. Aufl., C. H. Beck, München 2015.

Fahrmeir, Andreas, Revolutionen und Reformen. Europa 1789–1850, München 2010.

Heideking, Jürgen/Mauch, Christof, Geschichte der USA, 7., aktual. Aufl., A. Francke, UTB, Tübingen 2020.

Heideking, Jürgen u. Nünning, Vera, Einführung in die amerikanische Geschichte, C. H. Beck, München 1998.

Henke-Bockschatz, Gerhard/Kuhn, Axel, Die Französische Revolution, Stuttgart 2012.

Hochgeschwender, Michael, Die Amerikanische Revolution. Geburt einer Nation 1763–1815, 3. Aufl., C. H. Beck, München 2018.

Kruse, Wolfgang, Die Französische Revolution, Paderborn 2005.

Lerg, Charlotte A., Die Amerikanische Revolution, Tübingen u. a. 2010.

Markov, Walter u. a. (Hg.), Die Französische Revolution, Propyläen, Berlin 1989.

Moltmann, Günter, Die Vereinigten Staaten von Amerika von der Kolonialzeit bis 1917, Schöningh, Paderborn 1980.

Sautter, Udo, Geschichte der Vereinigten Staaten von Amerika, 8. Aufl., Kröner, Stuttgart 2013.

Thamer, Hans-Ulrich, Die Französische Revolution, 5. Aufl., C. H. Beck, München 2019.

Kapitel 3

Alter, Peter, Nationalismus. Ein Essay über Europa, Kröner, Stuttgart 2016.

Althammer, Beate, Das Bismarckreich 1871–1890, 2., aktual. Aufl., UTB, Paderborn 2017.

Bayly, Christopher A., Die Geburt der modernen Welt. Eine Globalgeschichte 1780–1914, übers. v. Thomas Bertram/Martin Klaus, Campus, Frankfurt/M. 2008.

Berghahn, Volker R., Das Kaiserreich 1871–1914. Industriegesellschaft, bürgerliche Kultur und autoritärer Staat, Klett-Cotta, Stuttgart 2006.

Craig, Gordon A., Deutsche Geschichte 1866–1945. Vom Norddeutschen Bund bis zum Ende des Dritten Reiches, 3. Aufl., C. H. Beck, München 2006.

Dowe, Dieter u. a. (Hg.), Europa 1848. Revolution und Reform, J. H. W. Dietz Nachf., Bonn 1998.

Fehrenbach, Elisabeth, Verfassungsstaat und Nationsbildung 1815–1871, 2. Aufl., Oldenbourg, München 2007.

Gall, Lothar (Hg.), 1848 – Aufbruch zur Freiheit, Ausstellungskatalog, Berlin 1998.

Hachtmann, Rüdiger, Epochenschwelle zur Moderne. Einführung in die Revolution von 1848/49, Tübingen 2002.

Hahn, Hans-Werner und Berding, Helmut (Hg.), Reformen, Restauration und Revolution 1806–1848/49, Gebhardt Handbuch der deutschen Geschichte, Bd. 14, 10., völlig neu bearbeitete Aufl., Klett-Cotta, Stuttgart 2010.

Hein, Dieter, Die Revolution von 1848/49, 6., aktual. Aufl., C. H. Beck, München 2019.

Hippel, Wolfgang von u. Stier, Bernhard, Europa zwischen Reform und Revolution 1800–1850, UTB, Stuttgart 2012.

Langewiesche, Dieter, Liberalismus in Deutschland, Suhrkamp, Frankfurt/M. 1995.

Nipperdey, Thomas, Deutsche Geschichte 1800–1866. Bürgerwelt und starker Staat, C. H. Beck, München 2013.

Piper, Annelotte, Japans Weg von der Feudalgesellschaft zum Industriestaat, 2., überarb. Aufl., Verlag Wissenschaft und Politik, Köln 1995.

Ullrich, Volker, Die nervöse Großmacht. Aufstieg und Untergang des deutschen Kaiserreichs 1871–1918, 2., erw. Aufl., Fischer, Frankfurt/M. 2014.

Winkler, Heinrich August, Der lange Weg nach Westen, Bd. 1: Deutsche Geschichte vom Ende des Alten Reiches bis zum Untergang der Weimarer Republik, 6. Aufl., C. H. Beck, München 2005.

Kapitel 4

Adams, Willi Paul, Die USA im 20. Jahrhundert, 3., aktual. Aufl., Oldenbourg, München 2012.

Altrichter, Helmut, Kleine Geschichte der Sowjetunion 1917–1991, 4., akt. u. erw. Aufl., C. H. Beck, München 2013.

Aust, Martin, Die russische Revolution: Vom Zarenreich zum Sowjetimperium, München 2017.

Dipper, Christof/Schieder, Wolfgang (Hg.), Faschismus und Faschismen im Vergleich, SH-Verlag, Köln 1998.

Figes, Orlando, Russland. Die Tragödie eines Volkes. Die Epoche der Russischen Revolution 1891–1924, Berlin-Verlag, Berlin 2014.

Haumann, Heiko (Hg.), Die Russische Revolution 1917, 2. Aufl., UTB, Köln 2016.

Hildermeier, Manfred, Geschichte der Sowjetunion 1917–1991, 2., überarb. u. erw. Aufl., C. H. Beck, München 2017.

Kennedy, Paul, Aufstieg und Fall der großen Mächte, 5. Aufl., Fischer, Frankfurt/M. 2005.

Kershaw, Ian, Höllensturz. Europa 1914–1949, Deutsche Verlagsanstalt, München 2016.

Mantelli, Brunello, Kurze Geschichte des italienischen Faschismus, 4. Aufl., Wagenbach, Berlin 2008.

Möller, Horst, Europa zwischen den Weltkriegen, Oldenbourg, München 1998.

Müller, Tim/Tooze, Adam, Normalität und Fragilität. Demokratie nach dem Ersten Weltkrieg, Hamburger Edition, Hamburg 2015.

Neutatz, Dietmar, Träume und Alpträume. Eine Geschichte Russlands im 20. Jahrhundert, C. H. Beck, München 2013.

Schieder, Wolfgang, Der italienische Faschismus 1919–1945, C. H. Beck, München 2010.

Schwabe, Klaus, Weltmacht und Weltordnung. Amerikanische Außenpolitik von 1898 bis zur Gegenwart. Eine Jahrhundertgeschichte, 3., durchges. Aufl., Schöningh, Paderborn 2011.

Winkler, Heinrich August, Geschichte des Westens. Die Zeit der Weltkriege 1914–1945, C. H. Beck, München 2011.

Kapitel 5

Büttner, Ursula, Weimar – die überforderte Republik 1918–1933, Klett-Cotta, Stuttgart 2010.

Kolb, Eberhard/Schumann, Dirk, Die Weimarer Republik, 8., überarb. und erw. Aufl., Oldenbourg, München 2013.

Leonhard, Jörg, Büchse der Pandora. Geschichte des Ersten Weltkriegs, C. H. Beck, München 2014.

Longerich, Peter, Deutschland 1918–1933. Die Weimarer Republik, Fackelträger, Hannover 1995.

Mommsen, Hans, Die verspielte Freiheit: Aufstieg und Untergang der Republik von Weimar 1918–1933, erw. Neuausgabe, Propyläen, Berlin 2018.

Pyta, Wolfram, Die Weimarer Republik, Leske + Budrich, Opladen 2004.

Wehler, Hans-Ulrich, Deutsche Gesellschaftsgeschichte, Bd. 4: Vom Beginn des Ersten Weltkriegs bis zur Gründung der beiden deutschen Staaten 1914–1949, 3. Aufl., C. H. Beck, München 2008.

Winkler, Heinrich August (Hg.), Weimar. Ein Lesebuch zur deutschen Geschichte 1918–1933, C. H. Beck, München 1999.

Winkler, Heinrich August, Weimar 1918–1933. Die Geschichte der ersten deutschen Demokratie, 3. Aufl., C. H. Beck, München 2019.

Kapitel 6

Benz, Wolfgang, Die 101 wichtigsten Fragen. Das Dritte Reich, 3. Aufl., C. H. Beck, München 2012.

Brechtken, Magnus, Die nationalsozialistische Herrschaft 1933–1939, 2. Aufl., WBG, Darmstadt 2012.

Hehl, Ulrich von, Nationalsozialistische Herrschaft, 2. Aufl., Oldenbourg, München 2001.

Herbert, Ulrich, Das Dritte Reich. Geschichte einer Diktatur, C. H. Beck, München 2016.

Herbst, Ludolf, Das nationalsozialistische Deutschland 1933–1945, Suhrkamp, Frankfurt/M. 1996.

Hildebrand, Klaus, Das Dritte Reich, 7. Aufl., Oldenbourg, München 2009.

Kershaw, Ian, Hitler 1889–1936, übers. v. Peter Krause u. Jörg W. Rademacher, Deutsche Verlags-Anstalt, Stuttgart 1998.

Kershaw, Ian, Hitler 1936–1945, übers. v. Klaus Kochmann, Deutsche Verlags-Anstalt, Stuttgart 2000.

Recker, Marie-Luise, Die Außenpolitik des Dritten Reiches, 2., erw. Aufl., Oldenbourg, München 2010.

Schoenbaum, David, Die braune Revolution. Eine Sozialgeschichte des Dritten Reiches, dtv, München 1980.

Süß, Dietmar/Süß, Winfried (Hg.), Das „Dritte Reich". Eine Einführung, 2. Aufl., Pantheon, München 2009.

Thamer, Hans-Ulrich, Der Nationalsozialismus, Reclam, Stuttgart 2002.

Tooze, Adam, Ökonomie der Zerstörung. Die Geschichte der Wirtschaft im Nationalsozialismus. Aus dem Englischen v. Yvonne Badal, Pantheon, München 2007.

Wehler, Hans-Ulrich, Der Nationalsozialismus. Bewegung, Führerherrschaft, Verbrechen 1919–1945, C. H. Beck, München 2009.

Kapitel 7

Aly, Götz, Hitlers Volksstaat. Raub, Rassenkrieg und nationaler Sozialismus, 3. Aufl., Fischer, Frankfurt/M. 2015.

Benz, Wolfgang u. Pehle, Walter H. (Hg.), Lexikon des deutschen Widerstandes, 3. Aufl., Fischer, Frankfurt/M. 2008.

Echternkamp, Jörg, Die 101 wichtigsten Fragen. Der Zweite Weltkrieg, C. H. Beck, München 2010.

Frei, Norbert, Vergangenheitspolitik. Die Anfänge der Bundesrepublik und die NS-Vergangenheit, Neuausgabe, C. H. Beck, München 2012.

Kershaw, Ian, Der NS-Staat. Geschichtsinterpretationen und Kontroversen im Überblick, 5. Aufl., Rowohlt, Reinbek 2015.

Knigge, Volkhard/Frei, Norbert (Hg.), Verbrechen erinnern. Die Auseinandersetzung mit Holocaust und Völkermord, Bundeszentrale für politische Bildung, Bonn 2005.

Longerich, Peter, „Davon haben wir nichts gewusst!" Die Deutschen und die Judenverfolgung 1933–1945, Siedler, München 2006.

Pohl, Dieter, Verfolgung und Massenmord in der NS-Zeit 1933–1945, 3. Aufl., WBG, Darmstadt 2011.

Reichel, Peter, Vergangenheitsbewältigung in Deutschland. Die Auseinandersetzung mit der NS-Diktatur von 1945 bis heute, 2. Aufl., C. H. Beck, München 2007.

Roth, Markus, Verfolgung, Terror und Widerstand im Dritten Reich, C. H. Beck, München 2015.

Rürup, Reinhard (Hg.), Der Krieg gegen die Sowjetunion 1941–1945, Argon, 2. Aufl., Berlin 1991.

Schmädeke, Jürgen u. Steinbach, Peter (Hg.), Der Widerstand gegen den Nationalsozialismus. Die deutsche Gesellschaft und der Widerstand gegen Hitler, 3. Aufl., Piper, München 1994.

Steinbach, Peter u. Tuchel, Johannes, Lexikon des Widerstandes 1933–1945, 2. Aufl., C. H. Beck, München 1998.

Ueberschär, Gerd, Für ein anderes Deutschland. Der deutsche Widerstand gegen den NS-Staat 1933–1945, Fischer, Frankfurt/Main 2006.

Wendt, Bernd Jürgen, Deutschland 1933–1945. Das „Dritte Reich", Fackelträger, Hannover 1995.

Wildt, Michael, Geschichte des Nationalsozialismus, Vandenhoeck & Ruprecht, Göttingen 2008.

Wippermann, Wolfgang, Europäischer Faschismus im Vergleich (1922–1982), 4. Aufl., Suhrkamp, Frankfurt/M. 1997.

Sprachsensibles Lexikon

*Die **zentralen historischen Fachbegriffe der Kapitel** (die jeweils auf der letzten Kapitelseite aufgelistet sind), sind hier im Lexikon **blau** gekennzeichnet.*

Abkürzungen:
Adj. = *Adjektiv;* **arab.** = *arabisch;* **Bez./bez.** = *Bezeichnung/bezeichnen;* **dt.** = *deutsch;* **europ.** = *europäisch;* **frz.** = *französisch;* **Ggs.** = *Gegensatz;* **insb.** = *insbesondere; islam.* = *islamisch;* **Jh.** = *Jahrhundert;* **jmd.** = *jemand;* **kirchl.** = *kirchlich;* **Pl.** = *Plural;* **röm.** = *römisch;* **Sg.** = *Singular;* **Subst.** = *Substantiv;* **weibl.** = *weiblich;* **Syn.** = *Synonym (sinngleiches Wort);* **z. B.** = *zum Beispiel.*

A

Abendland *(das):* das lateinisch-röm. Westeuropa (Okzident); heute auch Europa insg. *(Ggs.* Morgenland/Orient).

Abschreibung *(die):* Begriff aus dem betriebswirtschaftlichen Rechnungswesen. Er bez. planmäßige oder außerplanmäßige Wertminderungen von Vermögensgegenständen.

Absolutismus *(der; Adj.* **absolutistisch***):* meint einen starken Monarchen an der Spitze, der unabhängig von ständischer Mitwirkung und gesetzlichen Schranken die uneingeschränkte Herrschaft anstrebt. Als Kennzeichen dieser Staatsform gelten: zentrale Verwaltung mit einem nur dem Herrscher unterstellten Beamtenapparat, stehendes Heer, staatliche Lenkung der Wirtschaft (Merkantilismus), Einbindung der Kirche in das Staatswesen, Intensivierung des höfischen Lebens und Bau repräsentativer Schlossanlagen im Stil des Barock. Modell und Vorbild eines „absolutistischen" Staates ist Frankreich unter Ludwig XIV.

abstrakt: sich im Gedanklichen oder Theoretischen bewegend, auf wenige Grundlinien reduziert *(Ggs.* gegenständlich).

Adel *(der):* höhergestellte Gesellschaftsgruppe, zu der jmd. aufgrund von Geburt gehört, z. B. im antiken Griechenland und Rom. Adlige Macht basiert auf Reichtum, Bildung, Lebensstil. Im Mittelalter und in der Frühen Neuzeit war der Adel in Europa die mächtigste Führungsschicht. Er hatte erbliche Vorrechte, politische und militärische Pflichten; er pflegte ein Standesbewusstsein und einen eigenen Lebensstil; er war mit Grundbesitz und daraus abgeleiteten Herrschaftsrechten verbunden (Grundherrschaft, Gutsherrschaft). Es gab den Hofadel, den Landadel und den Amtsadel; in den Amtsadel gelangte jmd. per Ernennung. Übt der Adel in einem Staat die Macht aus, spricht man von Aristokratie. Der Absolutismus (17./18. Jh.) minderte die Macht des Adels, die bürgerliche Gesellschaft (19. Jh.) beseitigte sie schrittweise.

Agitation *(die):* aggressive politische Tätigkeit, um andere zu beeinflussen.

aktives Wahlrecht *(das):* Möglichkeit, selbst zu wählen.

ambivalent: zwiespältig, sowohl positiv wie negativ.

Analogie *(die; z. B. in Analogie zu):* Ähnlichkeit.

Ancien Régime *(das):* siehe S. 98.

Annexion *(die; Verb* **annektieren**): erzwungene, gewaltsame Aneignung eines Gebietes.

antiimperialistisch: gegen den Imperialismus gerichtet.

Antike *(die):* Epoche (ca. 3000 v. Chr.–500 n. Chr.) für den von Griechenland und Rom geprägten Mittelmeerraum.

Antikominternpakt *(der):* 1936 geschlossener völkerrechtlicher Vertrag zwischen dem Deutschen Reich und dem Japanischen Kaiserreich mit der Hauptzielsetzung der Bekämpfung der Kommunistischen Internationale (Komintern). Ihm traten später weitere Staaten, unter anderem das faschistische Italien, bei.

Antiliberalismus *(der):* Gegnerschaft zum Liberalismus.

Antimarxismus *(der):* Gegnerschaft zum Marxismus.

antimonarchisch: gegen das Königtum als Staatsform.

Antisemitismus *(der; Adj.* **antisemitisch***):* siehe S. 160.

antizyklische Konjunkturpolitik *(die):* siehe S. 188.

Appeasement *(das):* siehe S. 337.

appellativ: nachdrücklich zu etwas aufrufend.

Arbeiter *(der)*/**Arbeiterschaft** *(die):* siehe S. 41.

Arbeiterbewegung *(die):* Zusammenschlüsse von Arbeitern als Gewerkschaften, Genossenschaften oder Parteien seit dem zweiten Drittel des 19. Jh. Ziel ist es, die politische und soziale Lage der Arbeiter zu verbessern.

Arbeiterklasse *(die):* siehe Proletariat.

„Arisierung" *(die):* siehe S. 323.

Aristokratie *(die):* Adelsherrschaft; auch: die Summe aller Adligen.

Assimilation *(die; Verb* **assimilieren***):* „Ähnlichmachung", Angleichung, Anpassung. Siehe auch S. 160.

Aufklärung *(die):* siehe S. 84 und S. 160.

Autarkie *(die):* wirtschaftliche Unabhängigkeit eines Landes, d. h. das Bestreben, ohne Importe auszukommen.

Autonomie *(die; Adj.* **autonom***):* Selbstbestimmung; im besonderen Sinne auch staatliche Unabhängigkeit.

autoritäres Regime *(das):* unbedingten Gehorsam fordernde politische Herrschaft.
Autorität *(die):* maßgeblicher Einfluss einer Person oder Einrichtung, der auf Leistung oder Tradition beruht.

B

Beamter *(der)*/**Beamtentum** *(das):* Personen, denen der Staat auf Zeit oder auf Dauer Aufgaben verantwortlich zuweist.
Besitzbürgertum *(das):* die besitzende Gruppe innerhalb des Bürgertums.
bilateral: zweiseitig; z. B. ist ein bilaterales Abkommen ein Vertrag zweier Länder.
Bill of Rights *(die):* siehe S. 83.
Billigung *(die; Verb* **billigen***):* Einverständnis.
Bischof *(der; weibl. die* **Bischöfin***):* kirchl. Amtsträger; leitet die kirchl. Gemeinden eines bestimmten Gebietes.
Blitzkrieg *(der):* siehe S. 354.
Bolschewiki *(Pl. die; weiteres Subst. der* **Bolschewismus***):* radikaler Parteiflügel der russischen Sozialdemokraten um Lenin. Sie strebten ein kommunistisches System in Form einer Diktatur des Proletariats auf der Basis von Arbeiterräten an. Nach Auffassung Lenins erfordert die Revolution eine straffe Kaderpartei mit Berufsrevolutionären, die in allen gesellschaftlichen Bereichen die politische Führung innehaben.
Boston Tea Party *(die):* siehe S. 83.
Bourgeoisie *(die):* in der kapitalistischen Gesellschaft die herrschende Klasse, die die Produktionsmittel besitzt.
Boykott *(der; z. B. einen Boykott verhängen):* jmd. politisch, wirtschaftlich oder sozial ächten bzw. ausschließen.
Bundesstaat *(der):* Gesamtstaat, der aus einzelnen Bundesstaaten zusammengesetzt ist, die einen relativ großen Teil ihrer souveränen Rechte an den Gesamtstaat übertragen haben, z. B. die Außen-, Verteidigungs-, Finanzpolitik, andere Rechte aber (z. B. in der Bundesrepublik die Bildungs- und Kulturangelegenheiten) behalten. Dieses Gestaltungsprinzip wird auch als Föderalismus bez.
Bundesverfassungsgericht *(das):* oberster Hüter des Grundgesetzes mit Sitz in Karlsruhe; Gericht und zugleich Verfassungsorgan; untersteht keiner Dienstaufsicht. Sein Präsident ist oberster Dienstherr der Beamten des Gerichts. Die Entscheidungen des Bundesverfassungsgerichts binden die Verfassungsorgane des Bundes und der Länder sowie alle Gerichte und Behörden. In den dafür in Betracht kommenden Fällen erlangen sie sogar Gesetzeskraft.
Bürger *(der)*/**Bürgertum** *(das):* siehe S. 113 und S. 236.
Bürgerkrieg *(der):* bewaffnete Auseinandersetzung innerhalb des Territoriums eines Staates zwischen verschiedenen (politischen) Gruppen.
bürgerliche Gesellschaft *(die):* seit dem 18./19. Jh. von Europa ausgehend eine Gesellschaft, die aus freien, mündigen Staatsbürgern innerhalb eines Verfassungsstaates besteht und in der das Bürgertum eine führende Rolle spielt (*Ggs.* Feudalgesellschaft).
Bürokratie *(die):* bez. seit dem Absolutismus des 17./18. Jh. die Verwaltung des Staates durch Beamte im Rahmen von Gesetzen und Verordnungen auf der Grundlage von Akten. Sie löste die Verwaltung durch Lehnsträger ab. Bürokratie ist fachlich und hierarchisch aufgebaut, nicht vererbbar und verpflichtet zur Sachlichkeit und Unbestechlichkeit. Beamte haben Vorrechte, aber auch eine bestimmte Gehorsamspflicht gegenüber dem Staat.
Burschenschaft *(die):* siehe S. 114.

C

Charta *(die):* Urkunde, häufig auch Bez. für Selbstverpflichtungserklärung.
checks and balances *(die):* (wörtl.: Kontrollen und Gegengewichte): bez. das US-amerikanische Verständnis vom System der Gewaltenteilung. Demnach werden Exekutive, Legislative und Jurisdiktion – d. h. Präsident/Regierung, Kongress (Senat und Repräsentantenhaus) und Oberster Gerichtshof – als voneinander unabhängige, aber nicht als absolut getrennte Bereiche betrachtet. Durch ein umfassendes System der Kontrollen und Gegengewichte beeinflussen sie sich wechselseitig.
Christentum *(das):* die auf Jesus Christus, sein Leben und seine Lehre zu Beginn des 1. Jh. begründete monotheistische Religion. Seine heilige Schrift ist die Bibel (bestehend aus Altem und Neuem Testament).

D

Darlehen *(das; z. B. ein Darlehen aufnehmen):* geliehene größere Geldsumme.
de facto: tatsächlich.
Deflation *(die):* siehe S. 268.
deklarieren: erklären.
Dekret *(das):* Verordnung, Verfügung.
Delegierter *(der):* Abgesandter.
Demagoge *(der):* siehe S. 114.
Demilitarisierung *(die; Syn. die* **Entmilitarisierung***):* Abbau von militärischen Truppen und Anlagen.
Demokratie *(die; weiteres Subst. die* **Demokratisierung***):* Herrschaftsform, in der der Wille des Volkes *(griech. demos)* ausschlaggebend ist. Die moderne Demokratie entwickelte sich in den europäischen Nationalstaaten als repräsentative Demokratie, d. h., die Herrschaft wird nicht direkt vom Volk ausgeübt, sondern über gewählte Abgeordnete. Merkmale sind: Garantie der Menschenrechte, allgemeines, gleiches, geheimes, freies Wahlrecht, Gewaltenteilung, Parlamente, Mehrparteiensystem, Minderheitenschutz (*Ggs.* Diktatur).

demontieren (*Subst. die* **Demontage**): (insb. Industrieanlagen) auseinandernehmen, abbauen.
Denazifizierung (*die; Syn. die* **Entnazifizierung**): von den vier Besatzungsmächten für Deutschland 1945 beschlossene und durchgeführte Maßnahmen, die nationalsozialistische Einflüsse in Staat, Wirtschaft und Kultur ausschalten sollten.
Deportation (*die; Verb* **deportieren**): zwangsweise Verschleppung von Menschengruppen, häufig in Lager und unter Verlust aller Rechte und des Eigentums.
destabilisieren (*Subst. die* **Destabilisierung**): aus dem Gleichgewicht bringen.
Deutscher Bund (*der*): loser Staatenbund von anfangs 35 Fürstenstaaten und vier freien Städten, der an die Stelle des Heiligen Römischen Reiches trat. Da im Deutschen Bund die einzelnen Fürstentümer souverän ohne Bindung an ein gemeinsames Oberhaupt oder eine Zentralregierung entscheiden durften, war er aufgrund der unterschiedlichen Interessen der Mitglieder kaum handlungsfähig.
Deutscher Zollverein (*der*): siehe S. 27 und S. 129.
Dezimierung (*die; Verb* **dezimieren**): in der Anzahl, im Bestand stark vermindern, verringern.
Dienstleistungssektor (*der*): Wirtschaftsbereich, der nicht-materielle Güter umfasst, z. B. Handel, Verkehr, öffentliche Verwaltung, Banken, Versicherungen, Gastronomie, Wissenschaft, Kunst, Gesundheitswesen, Sport.
differenziert (*Subst. die* **Differenzierung**): vielfach abgestuft, ins Einzelne gehend (*Ggs.* eindeutig, pauschal).
Diktatur (*die; weiteres Subst. der* **Diktator**): auf Gewalt beruhende Herrschaft eines Einzelnen, einer Gruppe oder Partei. Es gibt je nach Ausprägung autoritäre, faschistische, kommunistische oder Militär-Diktaturen. Merkmale: keine/mangelnde Gewaltenteilung, staatliche Überwachung der Menschen, Unterdrückung von Opposition, Propaganda und Feindbilder, keine Meinungs- und Pressefreiheit (*Ggs.* Demokratie).
Diplomatie (*die*): in der Politik das Verhandeln von Interessen durch offizielle Vertreter eines Staates.
diskriminieren: benachteiligen, verächtlich machen.
Displaced Persons (*Pl. die*): Der Begriff wurde am Ende des Zweiten Weltkriegs geprägt. Er meint die Millionen Zivilpersonen, die sich nach Verschleppung oder Deportation außerhalb ihrer Heimatländer befanden.
Dissident (*der*): Person, die mit den offiziellen (politischen) Ansichten eines (autoritären oder diktatorischen) Landes nicht übereinstimmt.
Distanz (*die*): Entfernung.
Dogmatik (*die; Adj.* **dogmatisch**): Vorgabe verbindlicher, normativer Glaubensaussagen.
Doktrin (*die; Pl. die* **Doktrinen**): politischer Standpunkt oder Leitlinie mit dem Anspruch, allgemeingültig zu sein.
dokumentarisch: durch Urkunden zeitgenössischer Berichte belegt.
Dreiklassenwahlrecht (*das*): siehe S. 119.
Dritter Stand (*der*): siehe S. 98 f.
Dualismus (*der; Pl. die* **Dualismen**): Nebeneinander oder Rivalität zweier Mächte oder Auffassungen.
Dynamik (*die; Adj.* **dynamisch**): Wirkung von Kräften.
Dynastie (*die*): Herrscherfamilie, die durch Erbfolge und Heirat entstanden ist und viele Generationen umfasst.

E

Elite (*die*): Gruppe überdurchschnittlich qualifizierter Personen oder herrschender bzw. einflussreicher Kreis.
Emanzipation (*die*): siehe S. 154.
emanzipatorisch: auf einen Zugewinn von Freiheit und Gleichheit gerichtet, meist durch Kritik an autoritären, bevormundenden oder diskriminierenden Verhältnissen.
Embargo (*das*): staatliches Verbot, mit bestimmten Ländern Handel zu treiben.
Emigration (*die; weiteres Subst. der* **Emigrant;** *Verb* **emigrieren**): aus politischen oder religiösen Gründen auswandern.
Engagement (*das*): Einsatz, Verpflichtung für etwas.
Entente (*die*): Einvernehmen zwischen England und Frankreich zunächst in der Kolonialpolitik; 1907 mit Russland zur Triple Entente erweitert (Vertrag von St. Petersburg); später kamen weitere Staaten hinzu. Im Ersten Weltkrieg standen die Entente-Mächte (auch „Alliierte" genannt) den „Mittelmächten" (Deutschland, Österreich-Ungarn) gegenüber.
„Ermächtigungsgesetz" (*das*): siehe S. 303.
Erzbischof (*der*): Titel eines Bischofs, der eine Erzdiözese leitet, eines Metropoliten, der eine Kirchenprovinz leitet.
eskalieren (*Subst. die* **Eskalation**): sich rasch verschärfen.
etabliert (*Verb* **etablieren**): einen sicheren Platz innerhalb einer Gruppe innehaben.
Ethnie (*die; Adj.* **ethnisch**): Volks- oder Menschengruppe, die sich aufgrund ihrer gemeinsamen Herkunft, Kultur, Sprache, Religion, Geschichte und/oder Wirtschaftsweise zusammengehörig fühlt und eine Gemeinschaft bildet.
eurozentrisch: Texte, Karten, Betrachtungweisen, die Europa in den Mittelpunkt stellen.
„Euthanasie" (*die*): siehe S. 358.

Evolutionstheorie *(die):* Theorie von Charles Darwin (1859) zur Entwicklung = Evolution der Tierarten. Die Evolution ist im Tierreich demnach ein Resultat des Überlebenskampfes, in dem nur die angepasstesten und stärksten Tierarten Überlebenschancen haben.
Exekutive *(die):* eine der drei unabhängigen staatlichen Gewalten im Rahmen der Gewaltenteilung (neben Legislative, Judikative). Sie führt die Gesetze aus, die die Legislative beschlossen hat; im Rahmen der Gesetze kann sie Verordnungen und Erlasse verfügen. Zu ihr gehören Regierung und Verwaltung.
exemplarisch: beispielhaft.
Exil *(das; z. B. jmd. muss ins Exil gehen):* unfreiwilliger langfristiger Aufenthalt außerhalb des Heimatlandes aufgrund von Verbannung, Ausbürgerung, Verfolgung.
Expansion *(die):* starke räumliche, oft kriegerische Ausdehnung.
Exponent *(der):* herausgehobener Vertreter einer Richtung oder einer Partei.
exportieren *(Subst. der* **Export***):* Güter ins Ausland ausführen.

F

Fabrik *(die):* siehe S. 18.
Faschismus *(der):* siehe S. 206.
Feudalismus *(der)*/**Feudalgesellschaft** *(die):* siehe S. 8.
Föderalismus *(der):* staatliche Organisationsform, in der die Gliedstaaten gegenüber dem Gesamtstaat in begrenztem Maße eigenständig sind (*Ggs.* Zentralismus).
fokussieren: Hauptaugenmerk auf etwas richten.
forcieren: etwas mit Nachdruck vorantreiben.
Fraktion *(die):* Partei, Gruppe.
Freikorps *(Pl. die):* bewaffnete Freiwilligenverbände außerhalb des Heeres.
Freischärler *(der; weiteres Subst. die* **Freischar***):* siehe S. 355.
Freistaat *(der):* im 19. Jh. in Deutschland entstandene Bez. für einen von keinem Monarchen regierten freien Staat, das heißt für eine Republik. Es ist heute die amtliche Bezeichnung für die Länder Bayern (seit 1945), Sachsen (seit 1990) und Thüringen (seit 1993).
Freizügigkeit *(die):* Recht einer Person zur freien Wahl des Wohn- und Aufenthaltsortes.
Frontier *(die; engl. frontier = Grenze):* Bezeichnet in der US-Geschichte den Grenzbereich, der die von Weißen besiedelten Gebiete des Ostens von den unerschlossenen Gebieten des Westens trennte. Mit Frontier-Bewegung ist das ständige Vorrücken dieses Bereichs nach Westen gemeint, was von der Gründung der ersten Siedlung 1607 bis 1890 dauerte. Die Frontier-Bewegung prägte das nationale Selbstverständnis der USA, wo der Begriff bis heute benutzt wird, um die Vervollkommnung politischer und gesellschaftlicher Ziele zu benennen (z. B. die New-Frontier von John F. Kennedy).
Frühe Neuzeit *(die):* europ. Epoche 16.–18. Jh.
Führerprinzip *(das):* Der „Führer" vereint in sich die oberste vollziehende, gesetzgebende und richterliche Gewalt und kennt keine Gewaltenteilung. Er bedarf keiner Legitimation und verlangt unbedingten Gehorsam. Autorität wird in der Staats- und Parteiorganisation von oben nach unten ausgeübt, Verantwortung von unten nach oben verlagert.
Funktion *(die):* Aufgaben oder Wirkweisen einer Sache.

G

gären: sich schäumend zersetzen, „brodeln".
Generalstände *(Pl. die):* siehe S. 99.
Genossenschaft *(die; Adj.* **genossenschaftlich***):* siehe S. 236.
Genozid *(der; Pl. die* **Genozide***):* Völkermord.
Getto *(das; Pl. die* **Gettos***):* Begriff für aufgezwungene, begrenzte, abgeschlossene jüdische Stadtviertel.
Gewaltenteilung *(die):* Trennung der staatlichen Gewalt in drei unabhängige Bereiche: gesetzgebende Gewalt (Legislative), ausführende Gewalt (Exekutive), rechtsprechende Gewalt (Judikative).
Gewerbe *(das; mit Adj. z. B.* **gewerbliches Produkt***):* Industrie, Handwerk, Dienstleistungsbetriebe (in Abgrenzung zu Landwirtschaft und freiberuflichen Tätigkeiten).
Gewerbefreiheit *(die):* die grundsätzliche Freiheit für jeden, ein Gewerbe zu betreiben. Sie ist ein Grundanliegen des Liberalismus. Sie steht im *Ggs.* zu den Zwängen von Zünften und Ständegesellschaften.
Gewerkschaft *(die):* Interessenvertretung von Arbeitnehmern.
Girondisten *(Pl. die):* siehe S. 100.
„Gleichschaltung" *(die):* siehe S. 303.
Globalisierung *(die):* Prozess der Zunahme und Verdichtung weltweiter Beziehungen in allen Lebensbereichen. In der Geschichte gab es drei große „Globalisierungsschübe": um 1500, um 1900 und um 2000.
Glorious Revolution *(die):* siehe S. 83.
großdeutsche Lösung *(die):* Ziel eines Teils der dt. Nationalbewegung im 19. Jh., den dt. Nationalstaat inklusive des Vielvölkerreiches Österreich zu gründen.
„Große Depression" *(die):* Konjunkturtief der Weltwirtschaft in den Jahren 1873 bis 1895/96.
Grundrechte *(Pl. die):* unantastbare, vom Staat zu achtende Rechte der Bürger, die in der Regel in der Verfassung festgeschrieben sind – in der Bundesrepublik Deutschland im Grundgesetz. Zu den Grundrechten gehören u. a. das Recht auf Leben, Religions-, Meinungs-,

Presse-, Versammlungsfreiheit, Freizügigkeit, persönliche Sicherheit, Eigentum. Die Grundrechte gehen zurück auf die Aufklärung und wurden erstmals in der Amerik. und Frz. Revolution mit Verfassungsrang ausgestattet. In der Weimarer Reichsverfassung konnten sie – im Gegensatz zu der Verfassung der Bundesrepublik – abgeändert oder aufgehoben werden.
Gulag *(der):* siehe S. 200.

H
Hegemonie *(die):* siehe S. 165.
Hemisphäre *(die):* Erdhälfte, auch: Einflussbereich.
Hierarchie *(die; Adj.* **hierarchisch***):* siehe S. 296.
Holocaust *(der):* bez. die Vernichtung der europäischen Juden durch die Nationalsozialisten. Lange Zeit sprach man von „Endlösung", nahm dabei aber einen Begriff auf, der von den für die „Judenfrage" verantwortlichen Nationalsozialisten gebraucht worden war. Dann kam das Wort „Holocaust" auf, ein griechischer Begriff, der den Vorteil hat, die Einzigartigkeit zu vermitteln. Sein Gebrauch beruht allerdings auf einer Sinnentstellung. In der Bibel stellt der Holocaust ein vollkommenes Brandopfer dar; der Opfernde war ein Priester, das Opfer war Gott geweiht und es war vollkommen, weil das ganze Opfertier verbrannt und kein Teil für den Priester oder den Opfernden zurückbehalten wurde. Die Verwendung des Begriffs „Shoah" bedeutet den Rückgriff auf ein hebräisches Wort, das zudem die Einzigartigkeit des Geschehens zum Ausdruck bringt. Die Wortwurzel bedeutet Nichtexistenz, das Nichts, und in der Bibel (Buch Hiob 3,1) entspricht es der Idee der Verheerung, der absoluten Leere oder totalen Zerstörung.

I
identifizieren: sich mit etwas gleichsetzen, darin wiederfinden.
Identität *(die):* das, was einen Menschen nach eigenem Erleben ausmacht; die Werte und Gruppen, denen er sich verbunden fühlt. Identitäten sind nie starr, sie sind wandelbar, vielfach und sind von Umständen beeinflusst.
Ideologie *(die; Adj.* **ideologisch***):* Deutung gesellschaftlich-politischer Verhältnisse oder historischer Entwicklungen, die aus bestimmten Interessen einseitig und verzerrend ist. Sie soll bestimmte Verhältnisse rechtfertigen.
Ikonografie *(die):* Deutung von Bildwerken.
Illegalität *(die):* Gesetzeswidrigkeit (*Ggs.* Legalität).
Imperialismus *(der; Adj.* **imperialistisch***):* siehe S. 171.
Imperium *(das; Pl. die* **Imperien;** *Adj.* **imperial***):* im antiken Rom ursprünglich die militärische und zivile Befehlsgewalt; im Mittelalter Bez. für das Heilige Römische Reich; allgemein für Kaiserreich, Großreich, Weltreich.
impulsiv: sprunghaft, unberechenbar.
Indoktrination *(die):* vehemente (psychologische) Beeinflussung, die keinen Widerspruch duldet.
Industrialisierung *(die):* siehe S. 16.
Industrie *(die)*/**Industriewirtschaft** *(die):* Der Begriff „Industrie" umfasst nach heutigem Verständnis nur einen bestimmten Teil der gewerblichen Produktion. Hauptmerkmal der Industrie ist die Fertigung von Gütern und Waren in Fabrikbetrieben. Ausgeschlossen bleiben dabei die handwerklichen, also alle kleingewerblichen Betriebsformen.
Industrielle Revolution *(die):* siehe S. 16.
Inflation *(die):* beträchtliche Erhöhung der Geldmenge im Vergleich zur Produktion und dadurch Entwertung des Geldes.
Infrastruktur *(die):* wirtschaftlicher und organisatorischer Unterbau, der Voraussetzung für die Versorgung und Nutzung der Wirtschaft oder eines Gebietes ist.
initiieren: einleiten, in Gang bringen.
instrumentalisieren: jemanden als Mittel z. B. zur Durchsetzung von Interessen missbrauchen.
integraler Nationalismus *(der):* siehe Nationalismus.
Integration *(die):* in ein größeres Ganzes eingliedern.
Internierung *(die):* während eines Krieges Angehörige eines gegnerischen Staates in Gewahrsam nehmen.
Intervention *(die):* Eingreifen.
Invasion *(die):* militärischer Einmarsch in ein Land.
Investition *(die; Verb* **investieren***):* langfristige Anlage von Kapital in Sachgütern oder Dienstleistungen.
Islam *(der):* vom Propheten Mohammed im 7. Jh. gegründete monotheistische Religion, deren Glaubensregeln im Koran verzeichnet sind und deren Anhänger (Muslime) zu Allah beten. Die heilige Schrift ist der Koran.
Isolationismus *(der):* selbst gewählter Rückzug eines Landes aus internationalen Verbindungen; Abschottung.
Isolierung *(die; weiteres Subst. die* **Isolation;** *Verb* **isolieren***):* Abtrennung von anderen Menschen oder Dingen.

J
Jakobiner *(Pl. die):* siehe S. 100.
Judentum *(das):* Bez. für die Religion und Lebensweise der Gesamtheit der Juden. Das Judentum ist mit über 3 000 Jahren die älteste der monotheistischen Religionen Judentum, Christentum, Islam. Die heilige Schrift ist die Thora (= die 5 Bücher Mose des Alten Testaments).
Judikative *(die):* eine der drei unabhängigen staatlichen Gewalten im Rahmen der Gewaltenteilung (neben Legislative, Exekutive). Sie ist die rechtsprechende Gewalt. Zu ihr gehören die Gerichte.
„Julikrise" *(die):* siehe S. 167.
Jurisprudenz *(die):* Rechtsprechung.

K

Kanzelparagraf *(der):* Gesetz des dt. Strafgesetzbuches (1871–1953/BRD bzw. 1968/DDR). Es verbot Geistlichen, bei Amtsausübungen politisch Stellung zu beziehen.
Kapitalismus *(der; Adj.* **kapitalistisch***):* Wirtschaftsordnung, in der sich das Produktivkapital in Händen von Privatpersonen bzw. -personengruppen befindet, d.h. der Kapitalisten und der Unternehmer. Der Gewinn, der durch Kapitaleinsatz und den Einsatz von Lohnarbeitern erwirtschaftet wird, geht wieder an den Unternehmer. Die wichtigsten unternehmerischen Entscheidungen werden im Hinblick auf den Markt getroffen (und z.B. nicht, wie in der Planwirtschaft, im Hinblick auf staatliche Ziele und Vorgaben).
Kapitulation *(die; Verb* **kapitulieren***):* in einer kriegerischen Handlung die Erklärung, besiegt worden zu sein.
Karikatur *(die):* siehe S. 126.
karitativ: wohltätig.
Kartell *(das; Pl. die* **Kartelle***):* siehe S. 29.
Katalysator *(der):* Stoff, der in der Chemie eine chemische Reaktion beeinflusst, ohne sich selbst zu verändern. Im übertragenen Sinn: Faktor, der etwas beschleunigt.
kausal: ursächlich, begründend.
Kirchenstaat *(der):* weltlich-politisches Herrschaftsgebiet des Papstes, 756 durch die „Pippinische Schenkung" aus Ländereien des Bischofs von Rom entstanden. 1870 wurde er aufgelöst und ein Teil Italiens. 1929 wurde er mit den Lateransverträgen erneut ein staatlich souveränes Gebiet (Vatikanstadt).
Klasse *(die)*/**Klassengesellschaft** *(die):* gesellschaftliche Großgruppen seit Ende des 18. Jh., gekennzeichnet durch Besitz bzw. Nichtbesitz von Produktionsmitteln und sich daraus ergebende Interessen. Im 19. Jh. beschleunigte sich in den Industriestaaten die Klassenbildung zwischen Unternehmern (Bourgeoisie) und Arbeitern (Proletariat). Wenn sich diese Klassenunterscheidung und -spannungen in einer Gesellschaft deutlich ausprägen, spricht man von einer Klassengesellschaft.
klassifizieren: nach Merkmalen, Eigenschaften einteilen.
kleindeutsche Lösung *(die):* Ziel eines Teils der dt. Nationalbewegung im 19. Jh., den dt. Nationalstaat ohne Österreich mit Preußen als Führungsmacht zu gründen.
Klerus *(der):* Gesamtheit der Geistlichen (Priester, Nonnen, Mönche, Bischöfe usw.).
Kollaboration *(die; Adj. z.B.* **kollaborationswillig***):* aktive Unterstützung einer feindlichen Besatzungsmacht.
kollektiv: gemeinschaftlich.
Kollektivierung *(die):* siehe S. 198.
Kolonialismus *(der; weitere Subst. die* **Kolonie,** *die* **Kolonisationspolitik***):* siehe S. 171.
Komintern *(die):* Abkürzung für „Kommunistische Internationale". Verbund aller kommunistischen Parteien, auf Anregung Lenins 1919 in Moskau gegründet; bestand bis 1943 und war ein Instrument sowjetischer Außenpolitik.
Kommunismus *(der; weiteres Subst. der* **Kommunist;** *Adj.* **kommunistisch***):* klassenlose Gesellschaft ohne Privatbesitz an Produktionsmitteln. Nach marxistischer Lehre wird die Aufhebung der bürgerlich-kapitalistischen Gesellschaft durch eine Revolution eingeleitet und endet nach einem Übergang mit der Diktatur des Proletariats. Der Kommunismus als politische Bewegung wurde seit der Oktoberrevolution stark von der Sowjetunion geprägt.
komplex: vielschichtig.
Konformität *(die):* Übereinstimmung mit etwas anderem.
Konfrontation *(die):* Auseinandersetzung zwischen Gegnern.
Konjunktur *(die):* siehe S. 28.
Konkordat *(das):* Vertrag zwischen einem Staat und dem Vatikan über die Rechtsstellung der katholischen Kirche in diesem Staat.
konservativ: Bewährtes beibehalten und behutsam mit Neuem verbinden.
konsolidieren: in seinem Bestand festigen.
Konstellation *(die):* Gesamtlage, die sich aus mehreren Umständen ergibt.
konstituieren: Grund legen, begründen.
konstitutionell: verfassungsmäßig.
konstitutionelle Monarchie *(die):* siehe S. 114.
Konterrevolution *(die):* Gegenrevolution.
kontinental: in Bezug auf Europa die Festlandsstaaten (im Gegensatz zu den Inselstaaten England, Irland).
Kontinuität *(die):* gleichmäßiger Fortgang von etwas.
Konzentrationslager (KZ) *(das):* Die Lager waren eines der wichtigsten Instrumente des NS-Staates, um Menschen aus politischen, religiösen, rassischen oder anderen Gründen zu inhaftieren, zu misshandeln und zu ermorden. Die Inhaftierten – 1944 ca. 397 000 Männer und 145 000 Frauen – wurden mit Drill, Mangelernährung und Folter unterdrückt sowie ab 1938 zur Zwangsarbeit, insbesondere für die Rüstungsindustrie, eingesetzt. Seit 1941 errichteten die Nationalsozialisten in den besetzten Gebieten im Osten Vernichtungslager, in denen bis Frühjahr 1945 etwa 6 Millionen Juden und 500 000 Polen, Sinti, Roma und andere Gefangene „fabrikmäßig", vor allem durch Giftgaseinsatz, ermordet wurden. Bis Kriegsende gab es insgesamt 22 Hauptlager mit über 1 000 Außenlagern. Unter ihnen war das seit Juni 1940 eingerichtete KZ Auschwitz in seiner räumlichen Ausdehnung und in seiner Vernichtungskapazität das größte Todeslager der Menschheitsgeschichte.

Kooperation *(die; Adj.* **kooperativ***):* Zusammenarbeit *(Ggs.* Konfrontation, Konflikt).
Kreisauer Kreis *(der):* siehe S. 374.
Kreml *(der):* in Moskau der Sitz der russischen Zaren, später der Sowjetregierung, seit 1992 des Präsidenten; auch Synonym für russische bzw. sowjetische Führung.
Kulturkampf *(der):* siehe S. 54.

L

„Lebensraum"-Ideologie *(die):* siehe S. 296.
legal: dem Gesetz gemäß.
Legislative *(die):* eine der drei unabhängigen staatlichen Gewalten im Rahmen der Gewaltenteilung (neben Exekutive, Judikative). Sie ist die gesetzgebende Gewalt. Zu ihr gehören die Parlamente als gewählte Volksvertretungen.
Legitimation *(die):* rechtliche Anerkennung von Herrschaft (durch Gottesgnadentum oder Mehrheitswillen). Die Rechtmäßigkeit (Legitimität) einer Herrschaft sorgt für die Zustimmung der Untertanen oder Staatsbürger.
Legitimität *(die):* Rechtmäßigkeit einer Herrschaft; sie sorgt dafür, dass Untertanen bzw. Staatsbürger der Herrschaft zustimmen.
liberal *(Subst. die* **Liberalisierung***):* freiheitlich.
Liberalismus *(der):* siehe S. 113 ff.
Liquidierung *(die; Verb* **liquidieren***):* Beseitigung, Hinrichtung.
Loyalität *(die, Adj.* **loyal***):* Treue, insb. gegenüber Personen, Staaten, Verträgen.
lukrativ: einträglich.

M

Manufaktur *(die):* siehe S. 18.
Markt *(der; Pl. die* **Märkte***):* Ort, wo zu bestimmten Zeiten Verkäufer (Anbieter) und Käufer (Nachfrager) zusammenkommen. Das Verhältnis von Angebot und Nachfrage bestimmt den Preis, wenn es keine Eingriffe in die Konkurrenz, z. B. durch staatliche Preisfestsetzungen, gibt. In der Industriegesellschaft werden Geschäfte nicht mehr auf Marktplätzen abgewickelt, dennoch wird das Zusammenspiel von Angebot und Nachfrage abstrakt als Markt bez.
Marxismus *(der; Adj.* **marxistisch***):* die von Marx und Engels im 19. Jh. begründete Theorie des wissenschaftlichen Sozialismus. Die Theorie basiert auf zwei Grundlagen: (1) der Gesetzmäßigkeit der Entstehung einer sozialistischen Gesellschaft und (2) der Kritik an den Gesetzmäßigkeiten der kapitalistischen Produktionsweise.
Marxismus-Leninismus *(der):* von Lenin interpretierter Marxismus, der u. a. den zeitgenössischen Kapitalismus als Imperialismus betrachtet.
Mehrheitssozialdemokratie (MSPD) *(die):* siehe S. 224.
Memoiren *(Pl. die):* schriftlich aufgezeichnete Lebenserinnerungen.
Memorandum *(das):* Denkschrift.
Menschen- und Bürgerrechte *(die):* Begriff, der besagt, dass jeder Mensch unantastbare Rechte besitzt, die der Staat achten muss: Recht auf Leben, Glaubens- und Meinungsfreiheit, Versammlungs- und Vereinigungsfreiheit, Freizügigkeit, persönliche Sicherheit, Eigentum, Widerstand im Fall der Verletzung von Menschenrechten. Im 19. und 20. Jh. kamen soziale Rechte hinzu (Recht auf Bildung, soziale Sicherheit u. a.).
Mittelalter *(das):* europ. Epoche ca. 500–1500.
Mittelmächte *(die):* im Ersten Weltkrieg Bez. für die Bündnispartner Dt. Reich und Österreich-Ungarn sowie deren Verbündete Osmanisches Reich und Bulgarien.
mobilisieren: dazu bringen, sich für etwas einzusetzen.
Mobilisierung *(die; Verb* **mobilisieren***):* Aktivierung von Bewegung oder Handeln; militärisch: Mobilmachung von Truppen.
Moderne *(die)*/**Modernisierung** *(die)*/**Modernisierungstheorie** *(die):* beschleunigter Wandel einer Gesellschaft in Richtung auf einen entwickelten Status, meist von der Agrar- zur Industriegesellschaft; oft verbunden mit dem Begriff „Fortschritt", der auf die Aufklärung (18. Jh.) zurückgeht. Kennzeichen der Modernisierung: Verstädterung, Säkularisierung, Rationalisierung, höhere Technikstandards (Güterproduktion mit Maschinen), dauerhaftes Wirtschaftswachstum, Ausbau der technischen Infrastruktur (Verkehrswege, Massenkommunikation), Bildung (Schulpflicht, Alphabetisierung, Wissenschaft), räumliche und soziale Mobilität, Parlamentarisierung, Demokratisierung, Nationalstaatsbildung.
Monarchie *(die, Pl. die* **Monarchien;** *Adj.* **monarchistisch***):* Alleinherrschaft, z. B. eines Königs *(Ggs.* Republik).
Monokratie *(die; griech. mono = allein, einzeln; kratein = herrschen):* Allein-/Einzelherrschaft *(Ggs.* Polykratie).
Montanindustrie *(die):* Industriezweig, der Bergbau und Hüttenwesen umfasst.
multiethnisch: viele Völker betreffend.
Mythos *(der; Pl. die* **Mythen***):* siehe S. 296.

N

Nation *(die):* große Gruppe von Menschen mit ihnen bewussten Gemeinsamkeiten (z. B. Sprache, Geschichte, Verfassung, innere Bindungen, wirtschaftliche, politische, kulturelle Kontakte). Die Angehörigen der Nation werten diese Bindungen positiv. Nationen haben oder wollen eine gemeinsame staatliche Organisation (Nationalstaat) und grenzen sich von anderen Nationen ab.
Nationalismus *(der):* Ideologie zur Integration von Großgruppen. Der demokratisch-freiheitliche Nationa-

lismus entstand in der Frz. Revolution. Er war verbunden mit den Menschen- und Bürgerrechten, dem Selbstbestimmungsrecht und der Volkssouveränität. Der integrale Nationalismus entstand Ende des 19. Jh. Er lehnte die Gleichberechtigung der Nationen ab. Die eigene Nation wurde allen anderen übergeordnet und dadurch aggressiv.

Nationalsozialismus *(der):* siehe S. 294 ff.

Nationalstaat *(der):* siehe S. 113.

Nationalversammlung *(die):* siehe S. 99.

Neutralität *(die):* unparteiische Haltung.

Neuzeit *(die):* Epoche in der Geschichte, die mit der Wende vom 15. zum 16. Jahrhundert beginnt und bis in die Gegenwart reicht (als Unterepochen: die Frühe Neuzeit vom 16.–18. Jh., die Moderne ab dem 19. Jh.). Zentrale Veränderungen um 1500 waren u. a.: Erfindung des Buchdrucks, die Entdeckungen und Eroberungen der Welt durch die Europäer, ein neues geozentrisches Weltbild, Renaissance und Humanismus und ihr individualisiertes Menschenbild, im christlichen Kulturkreis die Reformation, die osmanische Eroberung Konstantinopels.

New Deal *(der):* siehe S. 188 f. und S. 282.

nominieren: ernennen.

Norddeutscher Bund *(der):* vereinte 1866–1871 alle dt. Staaten nördlich der Mainlinie unter preußischer Führung. Er war die Vorstufe zum dt. Kaiserreich von 1871.

Note *(die; Pl. die* **Noten***):* in Politik und Diplomatie eine schriftliche Mitteilung zwischen Staaten.

Notverordnung *(die):* auf den Artikel 48 der Weimarer Reichsverfassung gestütztes Recht der Exekutive, in Notzeiten unter Umgehung des Reichstags Gesetze zu erlassen; 1930–1933 regierten die Kanzler Brüning, von Papen und von Schleicher mithilfe von Notverordnungen.

Novemberrevolution *(die):* siehe S. 223 ff.

nuklear: auf der Kernenergie beruhend.

„Nürnberger Gesetze" *(Pl. die):* siehe S. 323 ff.

O

obliegen: als Pflicht oder Aufgabe zufallen.

obligatorisch: verbindlich (*Ggs.* fakultativ, freiwillig).

öffentlicher Haushalt *(der):* zusammenfassende Darstellung aller Ausgaben und Einnahmen von Bund, Bundesländern, Gemeinden und anderen öffentlichen Einrichtungen.

oktroyieren: aufzwingen.

Oligarchie *(die):* Herrschaft weniger.

opportunistisch: allzu bereitwillige Anpassung, um persönliche Vorteile zu erlangen.

Opposition *(die):* die nicht regierende Gruppe/Partei.

P

Parlamentarismus *(der):* Regierungsform, in der das Parlament ein zentrales und mächtiges Staatsorgan ist, das Wahlrecht ist allgemein und geheim. Häufig gibt es ein Zweikammersystem (z. B. Bundestag und Bundesrat). Das Parlament entscheidet mit Mehrheit über Gesetze und Haushalt und kontrolliert oder wählt die Regierung.

Partisan *(der):* siehe S. 355.

passives Wahlrecht *(das):* Möglichkeit, sich in ein Amt wählen zu lassen.

patriarchalisch: von Männern bestimmt.

Paulskirche *(die)*/**Paulskirchenparlament** *(das):* siehe S. 188 f.

Pauperismus *(der):* siehe S. 41 f.

Pazifist *(der; weiteres Subst. der* **Pazifismus***):* Anhänger einer weltanschaulichen Strömung, die jeglichen Krieg als Mittel der Auseinandersetzung ablehnt.

Petition *(die):* Bittschrift, z. B. an eine Behörde.

plädieren: sich für etwas aussprechen.

Pogrom *(der; Pl. die* **Pogrome***; wörtl. „Zerstörung"):* siehe S. 321.

Polemik *(die):* scharfer, oft pauschaler Angriff in einem Meinungsstreit.

Polykratie *(die; griech. poly = viele; kratein = herrschen):* Herrschaft mehrerer Herrschaftsinstitutionen mit gleichen oder ähnlichen Kompetenzen (*Ggs.* Monokratie).

Potenzial *(das; Pl. die* **Potenziale***):* mögliche Kraft.

pragmatisch: sachbezogen, ideologiefrei, lösungsorientiert.

Präsidialkabinett *(das; Pl. die* **Präsidialkabinette***):* Regierung in der Weimarer Republik, die allein vom Vertrauen des Reichspräsidenten abhing. Der Reichspräsident konnte jederzeit den Reichstag auflösen, um dessen Misstrauensvotum gegen eine Regierung zu umgehen, und Notverordnungen mit Gesetzeskraft erlassen. In der Weimarer Zeit gab es drei Präsidialkabinette unter folgenden Reichskanzlern: Heinrich Brüning (Zentrum), April 1930 bis Mai 1932; Franz von Papen (parteilos), Juni 1932 bis Dezember 1932; Kurt von Schleicher (parteilos), Dezember 1932 bis Januar 1933.

Prestige *(das):* Geltung einer Person oder einer Gruppe.

Priorität *(die):* Vorrang.

Privileg *(das; Pl. die* **Privilegien***; Verb* **privilegieren***):* Vorrecht; in der Ständegesellschaft, z. B. aufgrund adliger Geburt.

Produktivität *(die):* siehe S. 17.

profilieren: sich einen Namen machen; eine besondere Prägung verleihen.

Proletariat *(das):* Im Zuge der Industrialisierung entwickelte sich in der neu entstehenden Arbeiterschicht ein Bewusstsein, gegenüber den Unternehmern als proletarische Klasse zusammenzugehören, deren Lage durch Reformen oder Revolutionen zu verbessern sei.

Propaganda *(die):* siehe S. 313.

Protektionismus *(der):* siehe S. 28.

Protektorat *(das; lat. protegere = „schützen“)*: im 17./18. Jh. ein unter Schutzherrschaft des Protektors stehendes Gebiet. Im modernen Völkerrecht seit dem 19. Jh. die Schutzherrschaft eines Staates oder einer Staatenmehrheit über einen anderen Staat.
Protestantismus *(der; Adj.* **protestantisch***)*: Ausprägung des Christentums, die aus der Reformation Martin Luthers hervorgegangen ist. Sie umfasst im weiteren Sinne die christlichen Kirchen, die nicht zur katholischen Kirche oder zur Ostkirche gehören (z. B. Lutheraner, Reformierte).
Provisorium *(das)*: vorläufige Lösung.
Puritaner *(der; Pl. die)*/**Puritanismus** *(der)*: siehe S. 82.

Q
quantitativ: zahlenmäßig (*Ggs.* qualitativ).

R
Rassismus *(der)*: Rassendenken und die daraus folgende Diskriminierung von Personen aufgrund bestimmter äußerer Merkmale. Siehe auch S. 295 f.
Rat der Volksbeauftragten *(der)*: siehe S. 224.
Rätesystem *(das)*: Form der direkten Demokratie, bei der alle Abstimmberechtigten in den jeweiligen Basiseinheiten Räte als ihre Vertreter wählen, die ihnen direkt verantwortlich und jederzeit abwählbar sind. Im Gegensatz zum repräsentativen System, der parlamentarischen Demokratie, gibt es keine Gewaltenteilung, sodass die Räte gesetzgeberische, ausführende und rechtsprechende Kompetenzen besitzen.
Rationierung *(die)*: Zuteilung von Gütern und Dienstleistungen, die nur beschränkt vorhanden sind.
reaktionär: politischen Rückschritt anstrebend.
Realeinkommen *(das)*: Einkommen, das abzüglich der Inflation dargestellt wird und damit die reale Kaufkraft der Löhne und Gehälter widerspiegelt.
Rechtsstaat *(der)*: Staat, der das (gemäß seiner Verfassung) von seiner Volksvertretung gesetzte Recht verwirklicht und die Kontrolle unabhängiger Richter akzeptiert.
Reform *(die)*: Umgestaltung von politischen und sozialen Verhältnissen innerhalb der bestehenden Ordnung.
Reichstag *(der)*: Ständevertretung oder (gewählte) Volksvertretung. Im Heiligen Römischen Reich die unregelmäßige Ständeversammlung aus Fürsten, Grafen, freien Herren, Vertretern von Reichs- und Bischofsstädten; befasste sich mit Heerfahrt, Reichskriegen, -steuern, -gesetzen, Erhebungen in den Reichsfürstenstand; seit 1663 als ständiger Gesandtenkongress in Regensburg. Im Norddt. Bund und im Dt. Reich bis 1933 übte der gewählte Reichstag die Reichsgesetzgebung aus.
Reichstagsbrand *(der)*: siehe S. 302.
Renaissance *(die; dt.: Wiedergeburt)*: Das französische Wort „Renaissance“ bezeichnete seit dem 16. Jh. zunächst die Wiederentdeckung und Pflege der griechisch-römischen Sprache, Kunst und Wissenschaft sowie ein neues Bildungsideal. Erst im 19. Jh. verwendeten es Historiker als Epochenbegriff für die Zeit des Übergangs vom Mittelalter zur Neuzeit.
Reparationen *(Pl. die)*: offiziell ausgehandelte Wiedergutmachungsleistungen für Schäden, die ein besiegtes Land einem anderen in einem Krieg zugefügt hat.
Repräsentant *(der)*/**Repräsentation** *(die)*: Vertreter/Vertretung.
Repression *(die)*: Unterdrückung der Entfaltung des Einzelnen durch staatliche oder gesellschaftliche Autoritätsverhältnisse.
Republik *(die; lat. res publica = öffentliche Sache; Adj.* **republikanisch***)*: Staatsform, bei der das Volk die Regierenden auf Zeit wählt; das Staatsvolk ist oberste Quelle der Legitimität (*Ggs.* Monarchie).
resignieren: aufgeben.
Resonanz *(die)*: Reaktion auf etwas.
Restauration *(die)*: Rückkehr zum „Altbewährten“.
restaurativ: Wiedererrichtung einer alten politischen und sozialen Ordnung nach einem Umsturz.
Revision *(die; weitere Subst. die* **Revisionspolitik,** *der* **Revisionismus***)*: siehe S. 259.
Revolution *(die; Adj.* **revolutionär***)*: Das vom lateinischen *revolvere* (= zurückwälzen, zurückkehren) abgeleitete Substantiv gehörte ursprünglich zur Fachsprache der Astronomie und bezeichnete die Rückkehr eines Planeten nach Vollendung seiner Umlaufbahn zu seinem Ausgangspunkt, also einen Kreislauf. In der Moderne meint Revolution im politischen Sinn den tiefgreifenden, meist gewaltsamen Umbau eines Staates und dessen Gesellschaft. Im weiteren Sinne wird Revolution auch für grundlegende, wenn auch teils langwierige Wandlungen in Wirtschaft (z. B. Industrielle Revolution) oder Technik/Wissenschaft (z. B. digitale Revolution) verwendet.
Rezession *(die)*: Rückgang der Wirtschaftskonjunktur.
Royalist *(der; Adj.* **royal, royalistisch***)*: Anhänger der Königsherrschaft.

S
Sabotage *(die)*: planmäßige Störung, Behinderung oder Zerstörung von Einrichtungen oder Abläufen im Hinblick auf bestimmte (politische) Ziele.
Säkularisierung *(die)*/**Säkularisation** *(die)*: Lösung der Menschen aus kirchlichen und religiösen Bindungen.
Sanierung *(die)*: Instandsetzung.
Sanktion *(die)*: Maßnahme, mit der jmd. ein bestimmtes Verhalten erzwingen will.
Sansculotte *(der; Pl. die* **Sansculotten***)*: siehe S. 100.
saturiert: gesättigt.

Schutzzollpolitik *(die)*: siehe S. 146.
Schwerindustrie *(die; Adj.* **schwerindustriell***)*: umfasst Eisen-, Stahlindustrie und Bergbau.
Selbstbestimmungsrecht der Völker *(das)*: Grundrecht des Völkerrechts, entstanden mit der Aufklärung. Demnach hat ein Volk das Recht, frei von Fremdherrschaft zu sein. Es kann über die Staats- und Regierungsform, seine wirtschaftliche, soziale und kulturelle Entwicklung selbst entscheiden. Es kann einen eigenen Nationalstaat bilden, sich aber auch frei einem anderen Staat anschließen.
Shoah *(die; hebräisch = „Katastrophe")*: Begriff für den Völkermord an den europäischen Juden; siehe auch Holocaust.
Skepsis *(die)*: durch Zweifel bedingte Zurückhaltung.
Sklave *(der)*/**Sklaverei** *(die)*: In allen antiken Hochkulturen hat es Sklaverei gegeben. Nach griechischem, röm., später islamischem Recht waren Sklaven unbeschränktes Sacheigentum eines Besitzers; sie wurden in Bergbau und Landwirtschaft eingesetzt, aber auch im Haushalt, als Lehrer, Ärzte, in Verwaltung, Handwerk; Sklave wurde man durch Kriegsgefangenschaft, Raub, Handel, Verschuldung, Vererbung. Im Röm. Reich konnten Herren ihre Sklaven freilassen. Das Ende der Sklaverei wurzelt in der Aufklärung (18. Jh.); die Abschaffung begann Ende des 18. Jh. (z. B. britische Kolonien 1833, frz. Kolonien 1848, USA 1863, Saudi-Arabien 1963). Sklavenähnliche Abhängigkeiten und Arbeitsverhältnisse gibt es bis heute.
Sold *(der, Pl. die* **Solde***)*: Entgelt für Dienste als Soldat.
Souveränität *(die; Adj.* **souverän***)*: Unabhängigkeit (z. B. eines Staates).
Sozialdarwinismus *(der)*: Theorie des 19. Jh., die in unzutreffender Weise die aus dem Tierreich stammende Evolutionstheorie von Charles Darwin (siehe oben) auf menschliches und staatliches Zusammenleben übertragen hat. Humanität, Mitgefühl, Hilfe für Schwache, auf Ausgleich und Kompromiss gerichtetes Handeln von Menschen und Staaten seien, so die unzutreffende Annahme, unnatürlich.
„soziale Frage" *(die)*: siehe S. 41 ff.
Sozialisierung *(die)*: siehe S. 228.
Sozialismus *(der)*: bis ins 20. Jh. synonym mit Kommunismus. Ziel ist die Schaffung gesellschaftlicher Gleichheit und Gerechtigkeit durch Aufhebung des Privateigentums an Produktionsmitteln und Planwirtschaft. Umstritten ist, ob der Weg über Reformen oder Revolutionen geht. Im Marxismus ist der Sozialismus Vorstufe zum Kommunismus.
Sozialistengesetz *(das)*: siehe S. 42.
Sozialprodukt *(das)*: wirtschaftliche Gesamtleistung (Güter, Dienstleistungen) einer Volkswirtschaft in einem bestimmten Zeitraum, ausgedrückt in einer Summe Geld.
Staat *(der)*: politische Organisation einer Personengemeinschaft mit drei Merkmalen: (1) abgegrenztes Staatsgebiet; (2) Staatsvolk als Summe der Staatsangehörigen; (3) Staatsgewalt als stabile Regierung, die effektiv ihre hoheitliche Gewalt ausübt.
Staatenbund *(der)*: siehe S. 84.
Staatsform *(die)*: charakterisiert Organisationsform, Verfassung und äußere Herrschaftsordnung eines Staates.
Staatstheorie *(die; Pl. die* **Staatstheorien***)*: wissenschaftliche Lehre, die sich mit Entstehung, Bedingungen, Formen, Einrichtungen, Aufgaben, Zielen und Grenzen des Staates beschäftigt.
Stalinismus *(der)*: die unter der Herrschaft Stalins in den 1920er- und 1930er-Jahren in der UdSSR entstandene Staats- und Gesellschaftsordnung. Gestützt auf den zentralistischen Staats- und Parteiapparat war sie durch diktatorische Unterdrückung, Terror und Personenkult gekennzeichnet. Nach 1945 wurde sie auch auf die osteuropäischen Staaten übertragen. Nach Stalins Tod 1953 setzte eine vorsichtige Entstalinisierung ein, allerdings ohne die Grundprinzipien des Stalinismus aufzugeben. Erst die 1985 von Gorbatschow eingeleitete Reformpolitik führte zur Überwindung.
Status quo *(der)*: bestehender, aktueller Zustand.
Struktur *(die)*: Aufbau oder Gliederung, z. B. einer Gesellschaft, eines Staates; auch Regeln und Vorstellungen, die Menschen einer Kultur beeinflussen oder bestimmen.
Suspendierung *(die)*: Aufhebung.
Symptom *(das)*: Anzeichen, aus dem etwas (häufig auch Negatives) erkennbar wird.
synchron: gleichzeitig.

T

Technologie *(die; Adj.* **technologisch***)*: Verfahren der technischen Produktion und Verarbeitung.
Termini *(Pl. die; Sg. der* **Terminus***)*: Begriffe.
Territorium *(das; Pl. die* **Territorien***)*: fest umrissenes Herrschaftsgebiet.
„totaler Krieg" *(der)*: siehe S. 359.
totalitäre Diktatur *(die)*: siehe S. 207.
Transformation *(die)*: tiefgehender Wandel von Dauer.
Trikolore *(die)*: (die) dreifarbige Fahne, z. B. Frankreichs (blau, weiß, rot).
Typologie *(die)*: Gruppeneinteilung nach Merkmalen.

U

Ultimatum *(das; Adj.* **ultimativ***)*: Fristsetzung unter Androhung von Gegenmaßnahmen.
Unternehmer *(der)*: Person, die einen Gewerbebetrieb leitet. In der Zeit der Industriellen Revolution waren Unternehmer und Kapitalist, d. h. der Eigentümer der Fabrik, der Maschinen usw., meist noch dieselbe Person. Später wurden die Rollen des Kapitalbesitzers und die des Unternehmers von verschiedenen Personen- oder Perso-

nengruppen wahrgenommen; so z. B. in der Aktiengesellschaft, die von „Managern" geleitet wird.
Urbanisierung *(die)*: siehe S. 58.

V

verbal: sprachlich.
Verfassung *(die)*: bestimmt den gesetzlichen Rahmen eines Staates, indem sie die Staatsform, den organisatorischen Aufbau, die Aufgaben und die Beziehungen der einzelnen Institutionen sowie die Rechte der Bevölkerung festlegt.
Verhältniswahlrecht *(das)*: Wahlrecht, bei dem jede Partei Abgeordnetenmandate im Verhältnis zu ihrer Stimmenzahl erhält. In der Weimarer Republik z. B. erhielt jede Partei für 60 000 gültige Stimmen ein Mandat (*Ggs.* Mehrheitswahlrecht: nur der Wahlkreissieger erhält ein Mandat).
Vernichtungskrieg *(der)*: siehe S. 355 ff.
Vernichtungslager *(das)*: siehe Konzentrationslager.
Versailler Vertrag *(der)*: siehe S. 245 ff.
versus: *lat.* gegenüber, im Gegensatz zu.
Vetorecht *(das; lat. veto = ich verbiete)*: Recht, einen Einspruch einzulegen, z. B. gegen das Inkrafttreten eines Gesetzes.
Vision *(die)*: in Bezug auf die Zukunft entworfenes Bild von einer Gesellschaft, einem Staat usw.
Völkerbund *(der)*: siehe S. 261.
Völkermord *(der; Syn.* **Genozid***)*: Laut UN-Definition von 1948 eine Bezeichnung für Handlungen, die in der Absicht begangen werden, eine nationale, ethnische, rassische oder religiöse Gruppe ganz oder teilweise zu zerstören.
Völkerrecht *(das)*: international verbindliches Recht zwischen Staaten.
völkisch: auf einem rassistischen Menschenbild basierender Volks-Begriff (z. B. in der NS-Ideologie).
Volksfront *(die)*: insb. in den 1920er/30er-Jahren (z. B. China, Spanien, Frankreich) Regierungsbündnisse aus linksbürgerlichen Parteien, Sozialdemokraten, Sozialisten und Kommunisten zur Abwehr faschistischer oder anderer rechter Machtübernahmen.
„Volksgemeinschaft" *(die)*: siehe S. 311 ff.
Volkssouveränität *(die)*: Grundprinzip, das eine demokratische Herrschaft legitimiert. Demnach geht alle Staatsgewalt vom Volk aus. Die Ausübung von Herrschaft ist an die Zustimmung des Volkes durch direkte Mitwirkung/Volksbefragung (= Plebiszit) oder durch Wahlen gebunden. Das Prinzip setzte sich seit der Amerikanischen und Französischen Revolution Ende des 18. Jh. gegen das absolutistische Königtum durch. Begrenzt ist die Volkssouveränität durch individuelle Menschen- und Bürgerrechte.
„Vormärz" *(der)*: vorrevolutionäre Epoche der dt. Geschichte zwischen frz. Julirevolution 1830 und den Revolutionen 1848.
votieren: wählen, stimmen für.

W

Wannsee-Konferenz *(die)*: siehe S. 356.
Weltmachtpolitik *(die)*: siehe S. 166 f.
Weltwirtschaftskrise *(die)*: ausgelöst durch Aktienspekulation, Nachfragestagnation und Überproduktion in den USA 1928/29; sie führte im Oktober 1929 zum Zusammenbruch der New Yorker Börse, die nach dem Ersten Weltkrieg London als Weltfinanzmarkt abgelöst hatte; Tiefpunkt der großen Krise war 1932. Folgen: Zerstörung des internationalen Finanzsystems, Vermögensverluste und hohe Arbeitslosigkeit in allen Industrieländern.
Wettrüsten *(das)*: wechselseitige Steigerung der militärischen Rüstung mehrerer Staaten.
Widerstand *(der)*/**Widerstandsrecht** *(das)*: Seit der Antike gilt Widerstand als das Recht, den Missbrauch staatlicher Gewalt, z. B. durch Tyrannen (Willkürherrschaft ohne gesetzliche Bindung), abzuwehren. In der Neuzeit wurde das Widerstandsrecht Teil der Menschenrechte (Grundgesetz Art. 20, Abs. 4). Es dient vor allem zur Rechtfertigung der Abwehr diktatorischer staatlicher Gewalt oder völkerrechtswidriger Fremdherrschaft.
Wiener Kongress *(der)*: siehe S. 113.

Z

Zäsur *(die)*: markanter Einschnitt in der Geschichte.
Zensur *(die)*: insb. von staatlichen Stellen angeordnete Überprüfung von Druckwerken, Filmen usw. im Hinblick auf Unerwünschtes oder Unerlaubtes und ggf. Verbote.
Zensuswahlrecht *(das)*: ungleiches Wahlrecht, bei dem das Recht zu wählen bzw. die Gewichtung der Stimmen vom Besitz oder der Steuerleistung abhängt, die ein Wähler erbringt.
zentralistisch: politische Ordnung, in der die Macht (oft auch räumlich konzentriert) bei einer bzw. wenigen staatlichen Stellen liegt (*Ggs.* regionalistisch, föderal).
Zentrumspartei *(die)*: dt. Partei bis 1933, die insb. katholische Interessen vertrat.
Zionismus *(der)*: siehe S. 369.
Zivilehe *(die)*: staatlich geregelte Ehe (*Ggs. durch Glaubensgemeinschaften geregelte Ehe*).
Zivilisation *(die)*: ursprünglich verfeinerte Lebensweise der Städte gegenüber dem bäuerlichen Landleben; allgemein: Entwicklungsstand von insb. Wirtschaft, Technik, Politik, Kunst, Religion, Wissenschaft, Umgangsformen.

Personenlexikon und -register

Trotzki, Leo (1879–1940), russischer Revolutionär, kommunistischer Politiker und marxistischer Theoretiker; nach ihm wurde die von der sowjetischen Parteilinie des Marxismus-Leninismus abweichende Richtung des Trotzkismus benannt. Nachdem er von Josef Stalin 1927 entmachtet und 1929 ins Exil getrieben worden war, ermordete ihn 1940 ein sowjetischer Agent in Mexiko. *183, 195ff.*

Washington, George (1732–1797), nordamerik. Plantagenbesitzer; Oberbefehlshaber der Truppen der aufständischen Kolonien gegen England; siegte im Unabhängigkeitskrieg gegen England 1777 bei Princeton; zwang die Engländer 1781 zur Kapitulation von Yorktown; 1787 Präs. des Verfassungskonvents; 1789 erster US-Präs. (bis 1789); 1797 Ablehnung einer dritten Wiederwahl, seither ist die Amtszeit der US-Präs. auf zwei Perioden begrenzt (Ausnahme F. D. Roosevelt). *79, 83, 86, 106, 287*

Weber, Max (1864–1920), dt. Soziologe, Jurist und Nationalökonom; gilt als einer der „Klassiker" der Soziologie und trug maßgeblich dazu bei, das Fach institutionell zu begründen; Hauptwerke: „Wirtschaft und Gesellschaft" (1922 postum), „Wissenschaft als Beruf" und „Politik als Beruf" (beide 1919). *64, 379*

Weizsäcker, Richard Karl Freiherr von (1920–2015), dt. Politiker (CDU), Anwalt und Wirtschaftsprüfer; 1981–1984 Regierender Bürgermeister von Berlin; 1984–1994 Bundespräsident. In seine Amtszeit fiel die deutsche Wiedervereinigung 1989–1990; somit wurde von Weizsäcker der erste Bundespräsident des vereinten Deutschlands. *382, 384, 387ff.*

Wilhelm I. (1797–1888), König von Preußen 1866–1888, dt. Kaiser 1871–1888; wurde stark von Reichskanzler Bismarck beeinflusst. *42, 108, 115, 127ff., 149*

Wilhelm II. (1859–1941), König von Preußen und dt. Kaiser 1888–1918; zwang Bismarck 1890 zum Rücktritt; vertrat eine expansive Politik; nach dem militärischen Zusammenbruch des Deutschen Reichs im Ersten Weltkrieg und nach der Novemberrevolution ging er nach Holland ins Exil und dankte dort am 28. Nov. 1918 ab. *111, 165f., 169f., 175, 222*

Wilson, Thomas Woodrow (1856–1924), US-amerik. Politiker; Präsident 1913–1921, plädierte für einen „Frieden ohne Sieg" und das Selbstbestimmungsrecht der Völker („14 Punkte"); erwirkte 1919 die Gründung des Völkerbundes, aber der Senat lehnte den Beitritt der USA ab; scheiterte mit seinen Plänen für eine Nachkriegsordnung; 1919 Friedensnobelpreis. *182ff., 186ff., 192, 222, 245f., 248f., 287f.*

Zetkin, Clara (1857–1933), sozialistisch-kommunistische Politikerin und Friedensaktivistin; mehrfach im Exil wegen politischer Verfolgung; 1917 von SPD zur USPD, dann Mitglied im Spartakusbund und KPD; 1920 bis 1933 für die KPD im Reichstag; auch aktiv in der Kommunistischen Internationale; enge Kontakte mit Lenin und Stalin; nach Reichstagsbrand 1933 ins Exil in die Sowjetunion. *153, 157, 275*

Sachregister

Fettdruck: Erläuterungen im Lexikon S. 642 ff.
Kursiv gesetzte Begriffe: Erläuterungen in der Marginalspalte

Bildquellen

S. 10 M 6: interfoto e.k./Mary Evans/Library of Congress, **M 7:** akg-images/Heritage-Images/London Metropolitan Archives (City of London);
S. 11 M 8: bpk/British Library Board;
S. 12 (a): akg-images, **(b):** akg-images/Schütze/Bildarchiv Monheim/Rodemann, **(c):** sciencephotolibrary, **(d):** mauritius images/ClassicStock,
S. 13 (e): mauritius images/mauritius history/All mauritius images History;
S. 14 M 1: akg-images;
S. 15 M 2: akg-images;
S. 19 M 3: akg-images/IAM, **M 4:** bpk/British Library Board/Robana, **M 5:** Shutterstock.com/Matt Ledwinka;
S. 21 M 8: akg-images;
S. 30 M 3: bpk;
S. 33 M 8: akg-images;
S. 35 M 1: akg-images;
S. 38 M 1: ZOOEY BRAUN/Ingeborg Kuhler: Technoseum, 1990, **M 2** u. **M 3:** TECHNOSEUM, Foto: Klaus Luginsland;
S. 39 M 5: TECHNOSEUM (Urheber unbekannt);
S. 40 M 1: interfoto e.k./Archiv Friedrich, **M 2:** bpk;
S. 41 M 3: akg-images/WHA/World History Archive;
S. 42 M 4: bpk;
S. 43 M 5: akg-images;
S. 48 M 10: bpk/Deutsches Historisches Museum/Arne Psille;
S. 50 M 1: Bridgeman Images/© Purix Verlag Volker Christen, **M 2:** Bridgeman Images/© British Library Board. All Rights Reserved;
S. 51 M 3: dpa Picture-Alliance/CPA Media/CPA Media Co., **M 5:** mauritius images/alamy stock photo/Historic Images;
S. 52 M 8: akg-images/Heritage Images/The Print Collector;
S. 54 M 1: Montanhistorisches Dokumentationszentrum (montan.dok) beim Deutschen Bergbau-Museum Bochum 033303933001;
S. 55 M 2: interfoto e.k./TV-Yesterday;
S. 58 M 1: akg-images;
S. 60 M 3: bpk;
S. 61 M 4: bpk/Dietmar Katz;
S. 63 M 8: akg-images;
S. 65 M 11: akg-images;
S. 66 M 1: bpk, M2: Bridgeman Images/Granger;
S. 68 M 5: akg-images;
S. 71 M 3: interfoto e.k./TV-Yesterday;
S. 72 M 5: mauritius images/SZ Photo Creative;
S. 77 M 3: akg-images;
S. 78 (2): mauritius images/alamy stock photo/De Luan, **(a):** akg-images, **(b):** Bridgeman Images, **(c):** Bridgeman Images;
S. 79 **(a):** Bridgeman Images/© S. Bianchetti/Leemage, **(b):** Bridgeman Images/Photo © CCI, **(c):** Bridgeman Images/Granger;
S. 80 M 1: bpk/RMN-Grand Palais/Bulloz;
S. 81 M 2: akg-images/Catherine Bibollet;
S. 83 M 2: Bridgeman Images/Granger;
S. 86 M 5: mauritius images/H.-D. Falkenstein;
S. 88 M 1: Bridgeman Images/© Look and Learn;
S. 89 M 2: Bridgeman Images/Photo © Christie's Images;
S. 91 M 4: mauritius images/alamy stock photo/Photo 12;
S. 94 M 11: Bridgeman Images/Granger;
S. 96 M 15: mauritius images/Glasshouse;
S. 97 M 17: Bridgeman Images;
S. 98 M 1: akg-images/Jacques-Louis David;
S. 100 M 2: Bridgeman Images;
S. 101 M 3: akg-images;
S. 105 M 10: bpk;
S. 106 M 2: bpk;
S. 107 M 3: akg-images/Glasshouse Images;
S. 108 M 1: Shutterstock.com/Bildagentur Zoonar GmbH, **M 2:** Panther Media GmbH/Peter Eckert;
S. 108-109 M 3: Imago Stock & People GmbH/Bild13;
S. 109 M 4: mauritius images/Chris Seba/All mauritius images, M5: mauritius images/RODRUN/Knöll;
S. 110 M 1: bpk/Germanisches Nationalmuseum/Jürgen Musolf;
S. 111 M 2: mauritius images/Heidi Fröhlich;
S. 112 M 1: bpk;
S. 113 M 2: akg-images/Erich Lessing;
S. 114 M 3: bpk/Deutsches Historisches Museum;
S. 115 M 4: dpa Picture-Alliance/Gemeinde Angelbachtal, **M 5:** akg-images;
S. 126 M 1: Gerhard Mester;
S. 127 M 2: bpk;
S. 128: bpk;
S. 131 M 3: akg-images;
S. 132 M 6: bpk/RMN-Grand Palais/Franck Raux;
S. 133 M 7: akg-images;
S. 135 M 11: interfoto e.k./Sammlung Rauch, **M 12:** akg-images;
S. 140 M 1: bpk/DeA Picture Library/A. Dagli Orti;
S. 141 M 2: akg-images/MPortfolio/Electa, **M 3:** Bridgeman Images/Photo © Isadora;
S. 142 M 4: bpk/Alinari Archives/Ranzani Mauro;

S. 144 M 9: Bridgeman Images/De Agostini Picture Library, **M 10:** mauritius images/alamy stock photo/ FLHC41;
S. 146 M 1: akg-images/arkivi;
S. 148 M 4: akg-images;
S. 149 M 5: bpk;
S. 150 M 6: akg-images;
S. 151 M 11: akg-images;
S. 153 M 1: akg-images, **M 2:** akg-images/Sammlung Berliner Verlag/Archiv;
S. 155 M 3 u. M 4: akg-images;
S. 159 M 2: interfoto e.k./Sammlung Rauch, **M 3:** mauritius images/alamy stock photo/Niday Picture Library;
S. 160 M 1: bpk/Staatsbibliothek zu Berlin;
S. 161 M 3: bpk/Deutsches Historisches Museum;
S. 163 M 1: bpk/DeA Picture Library/A. Dagli Orti, **M 2 (beide):** bpk/Staatsbibliothek zu Berlin;
S. 166 M 3: akg-images;
S. 169 M 8: bpk;
S. 170 M 12: akg-images;
S. 172 M 2: interfoto e.k./Mary Evans;
S. 173 M 3: bpk;
S. 175 M 8: interfoto e.k./Thomas Höfler;
S. 176 M 2: interfoto e.k./Sammlung Rauch;
S. 178 M 1: Bridgeman Images/Look and Learn/Elgar Collection, **M 2:** Bridgeman Images;
S. 179 M 3: bpk, **M 4:** akg-images/ © Succession Picasso/ VG Bild-Kunst, Bonn 2021; Pablo Picasso: Guernica, 1937;
S. 180 M 6: dpa Picture-Alliance/CPA Media/CPA Media Co.;
S. 181 M 8: akg-images;
S. 182 ob.: Bridgeman Images/Collection Gregoire, un.: interfoto e.k./TV-Yesterday;
S. 183 (beide): bpk;
S. 186 M 1: Bridgeman Images;
S. 187 M 2: Bridgeman Images/The Stapleton Collection;
S. 188 M 3: akg-images, **M 4:** interfoto e.k./National Portrait Gallery;
S. 190 M 7: akg-images/Heritage Images/Fine Art Images;
S. 192 M 10: akg-images/Science Source, **M 13:** dpa Picture-Alliance/WHA/United Archives/United Archiv;
S. 194 M 1: akg-images/WHA/World History Archive;
S. 195 M 2 u. M 3: bpk;
S. 197 M 5: bpk/Alinari Archives/Alinari/© VG Bild-Kunst, Bonn 2021; Marc Chagall: Krieg den Palästen, 1918/19;
S. 198 M 6: Bridgeman Images/Pictures from History;
S. 201 M 7: Bridgeman Images/Everett Collection;
S. 204 M 13: akg-images/© VG Bild-Kunst, Bonn 2021; Yurij (Georgij) Ivanov Pimenov: Das neue Moskau, 1937, **M 14:** akg-images/Elizaveta Becker
S. 206 M 1: bpk;
S.209 M 4: Bridgeman Images/© Look and Learn, **M 6:** akg-images;
S. 210 M 7: akg-images/Mondadori Portfolio, **M 8:** interfoto e.k./Colorpoint/Alinari/RCS/Ernesto Lapadula: Palazzo della Civiltà Italiana1943, **M 9:** mauritius images/ alamy stock photo/Stefano Ravera/Marcello Piacentini: Siegesdenkmal (Bozen), 1928, **M 10:** dpa Picture-Alliance/AP;
S. 212 M 13: dpa Picture-Alliance/ZB/Berliner Verlag;
S. 217 M 2 li.: akg-images/ William Van Alen: Chrysler Building, 1930, **M 2 re.:** akg-images/Jochen Helle/ Bildarchiv Monheim/ www.bildarchiv-monheim.de/ Alexei Duschkin: Das Haus am Roten Tor, 1953;
S. 218 (a): Bridgeman Images/© SZ Photo, **(b):** akg-images, **(c):** akg-images/Voller Ernst/collector, **(d):** interfoto e.k./Friedrich;
S. 220 M 1: akg-images;
S. 221 M 2: bpk/Nationalgalerie, SMB/Jörg P. Anders/© Estate of George Grosz, Princeton, N. J./VG Bild-Kunst, Bonn 2021; George Grosz: Stützen der Gesellschaft, 1926;
S. 222 M 1: akg-images/Sammlung Berliner Verlag/ Archiv;
S. 224 M 3: akg-images;
S. 225 M 5: bpk/Kunstbibliothek, SMB;
S. 227 M 13: interfoto e.k./Pulfer/© VG Bild-Kunst, Bonn 2021; Walter Schnackenberg: Bolschewismus bringt Krieg, Arbeitslosigkeit und Hungersnot, Plakat, 1918;
S. 229 M 1 u. M 2: Bridgeman Images/© SZ Photo/ Scherl;
S. 230 M 3: Bibliothek der Friedrich-Ebert-Stiftung;
S. 231 M 4: bpk/Staatsbibliothek zu Berlin/Carola Seifert, **M 6:** Bridgeman Images/© SZ Photo/Scherl;
S. 234 M 1: Bridgeman Images/© SZ Photo/Scherl;
S. 238 M 4: bpk/Deutsches Historisches Museum, **M 5:** bpk/Deutsches Historisches Museum/Indra Desnica;
S. 240 M 11: bpk;
S. 242 M 1: akg-images;
S. 243 M 2 u. 244: bpk/Deutsches Historisches Museum/Sebastian Ahlers;
S. 246 M 2: Bridgeman Images;
S. 247 M 5: bpk;
S. 249 M 9: bpk/Staatsbibliothek zu Berlin;
S. 250 M 13: bpk;
S. 251 M 1: bpk/Kunstbibliothek, SMB/Dietmar Katz/©VG Bild-Kunst, Bonn 2021; Karl Arnold: Frankreich im Rheinland, 1923;
S. 252 M 2: Bridgeman Images, **M 3:** bpk/Heinrich Hoffmann;